News 急速に進むインフレ

ロシアのウクライナ侵攻が世界経済にもたら

ロシア、ウクライナからの穀物輸出が停滞	▶ 食糧価格が高騰	▶
ロシアからの原油や天然ガス、希少資源の輸出が停滞	▶ ガソリン価格や電気代が高騰	▶
国際経済からのロシア金融機関の排除	▶ ロシア関連ビジネスが停滞	▶

供給不安やコスト増で物価高騰に拍車

（「読売新聞」2022年３月９日を参照）

⊖値上げのお知らせが出された飲料売り場（2022年９月）　小売店のペットボトル飲料の売り場には、出荷価格引き上げのお知らせが出された。

⊖１ドル＝140円台まで下落した円相場（2022年９月）　2022年３月初旬までは１ドル＝115円程度であった円相場は、同年10月下旬に1ドル＝150円台に突入した。

消費者物価指数の推移（2000年＝100）

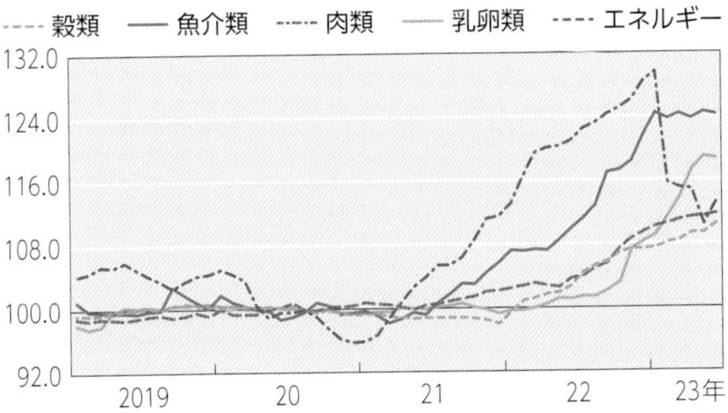

（総務省資料）

アメリカで年率８～９％という40年来の高水準のインフレが進行した。原因として、新型コロナウイルス感染症対策のための金融緩和、その後の急速な景気回復、ロシアのウクライナ侵攻に伴う資源価格の高騰などがある。ＦＲＢ（米連邦準備制度理事会）はインフレを抑えるため、2022年３月、金利を引き上げることを決定した。一方の日本は、いま金利を引き上げると景気が悪化するとして、金融緩和を続ける姿勢を崩していない。このため日米の金利差が拡大し、より高い利回りが期待できるドルを買い、円を売る動きが強まり、急速に円安が進行した。日本は、資源価格の高騰によるコスト・プッシュ・インフレと、円安による輸入インフレとに見舞われている。

News 主要国首脳会議（Ｇ７サミット）、広島で開催 (⊖p.346)

平和記念公園での原爆死没者慰霊碑への献花後，記念撮影に臨むＧ７各国首脳ら（2023年５月，広島市）

2023年５月、広島で主要国首脳会議（Ｇ７サミット）が開催され、世界的課題への対応が協議された。今回のサミットでは「グローバルサウス」とよばれる新興国や発展途上国との連携強化が打ち出され、オーストラリアや韓国のほか、ベトナム、ブラジル、インド（G20議長国）、インドネシア（ASEAN議長国）、コモロ（アフリカ連合議長国）、クック諸島（太平洋諸島フォーラム議長国）の首脳が招待国として参加した。また、ウクライナがゲスト国として参加し、「ロシアの違法な侵略」に直面するウクライナへの支援が表明された。一方、被爆地での開催をふまえて、首脳声明には「核兵器のない世界」が盛り込まれ、また、将来的な核廃絶に向けた声明として「広島ビジョン」が出された。しかし、同時に核抑止の必要性も強調されるなど、その実効性には疑問が残る。

⊖原爆慰霊碑に花をささげる岸田首相（左）とウクライナのゼレンスキー大統領（右）　Ｇ７と招待国の首脳のほか、ウクライナのゼレンスキー大統領も平和記念資料館を訪問し、被爆の実相にふれるとともに、原爆死没者慰霊碑に献花した。

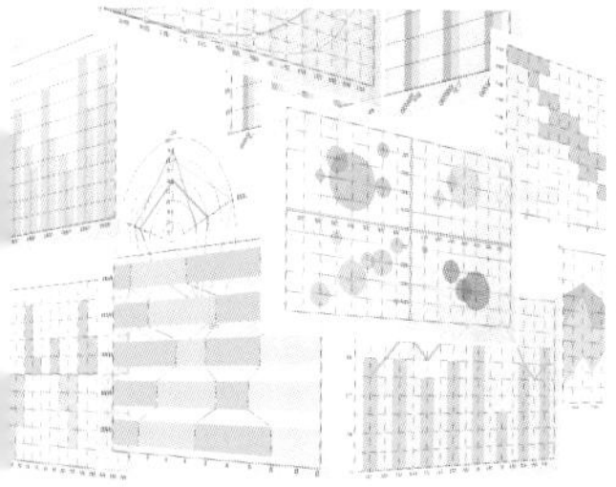

統計資料の見方

インターネットが普及した現在では、私たちは自宅にいながらにしてさまざまな統計資料やデータを収集することができる。情報のあふれる現代社会だからこそ、他人のデータ分析をすべて鵜呑み(うの)にするのではなく、資料やデータを適切に解釈する力をつける必要がある。

1 情報の信頼性

●情報の出所を見る

現在は、多くの公的機関や民間企業などが自分たちのもつ情報をウェブサイトやSNSに掲載している。一般に、公的機関のデータは信頼度が高いと考えられる。その一方で、個人のブログなどを中心に、不確かな情報も蔓延(まんえん)している。統計資料を見る際には、その情報がどれほど信頼度のあるものなのかをきちん確認しよう。出所を明示していないデータは、信頼に値(あたい)しないと考えた方がよい。

●調査対象を見る

「調査の対象となる人数は十分か」「調査対象の属性に偏(かたよ)りはないか」などに注意を払うようにしよう。例えば、インターネットによる調査の場合には、「1人が何度も回答している」「高齢者のサンプルが少ない」といったことが考えられる。調査対象の偏りは、研究の信頼を損(そこ)ねることにつながる。

2 因果関係と相関関係

データを読み取る上では、因果関係と相関関係の違いに着目する必要がある。**因果関係**とは、一方が原因、他方が結果となっている関係をさす。**相関関係**とは、「一方が増加すると他方が増加または減少する」というように、双方が関連しあう関係をさす。

2つの情報に因果関係があるかどうかを確認するためには、次の3つのことを意識する必要がある。第一に、それらの関係がまったくの偶然ではないかと疑(うたが)うことである。資料1を見ると、「ある図書館の年間利用者数」と「俳優Aの年間映画出演本数」は同じような動きをしていることが読み取れる。しかし、これらの因果関係を読み取ることはできない。

資料1

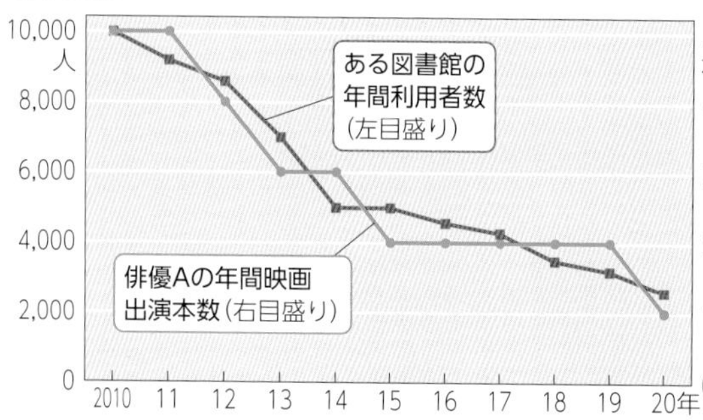

第二に、2つの間に因果関係があるのではなく、その他の要因が影響しているのではないかと疑うことである。資料2は、小学6年生の朝食の摂取(せっしゅ)と学力調査の平均正答率との関係を示したものである。「朝食をきちんと食べる児童は、そうでない児童よりも成績がよい」というデータを得た場合、「朝食」と「児童の成績」には相関関係があるといえる。一方で、「朝食を食べるほど児童の成績が上昇する」という因果関係を簡単に指摘してはいけない。なぜなら、「朝食をきちんと用意する家庭は教育熱心である」というような別の要因が存在する可能性があるためである。データから、簡単に因果関係を主張しないよう気をつけよう。

資料2

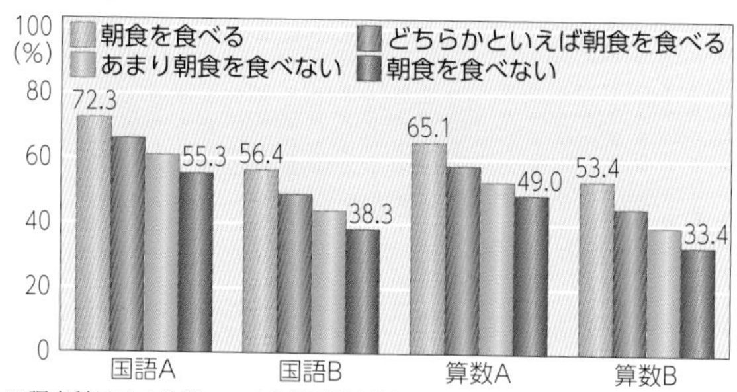

※調査科目での分類　（文部科学省「全国学力・学習状況調査」2018年度）

第三に、因果関係のうち、原因と結果の関係が逆ではないかと疑うことも必要である。資料3は、5つの市の「犯罪発生件数」と「警察官の人数」を示したものである。これを見て「警察官が多い地域ほど犯罪が増える」という解釈を聞いた場合には、「犯罪が多い地域ほど警察官を多く配置している」というように逆の解釈があるのではないかと疑ってかかる必要がある。

資料3

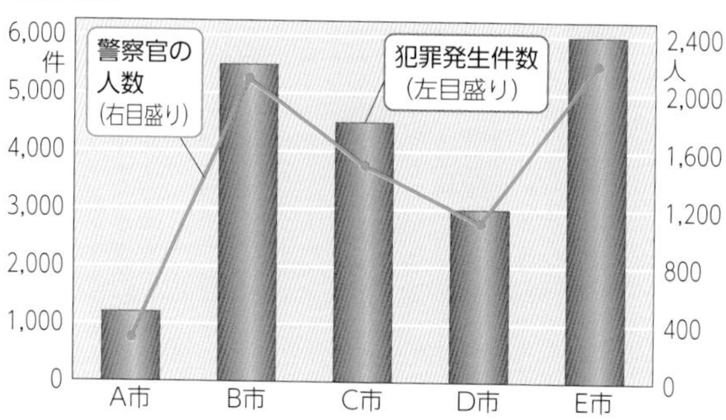

3 平均値と中央値の違い

データを解釈する上では、平均値と中央値の違いにも
意する必要がある。**平均値**とは、データの数値をすべ
足してデータの個数で割ったものである。一方で**中央**
値は、すべてのデータを数値順に並べたときに、ちょう
真ん中に位置する値のことである。

平均値は、すべてのデータを合計して導き出されたも
であるため、データ全体としての変化を追いやすい。
かし、極端に大きな値や小さな値が存在する場合は、
ータ全体の傾向を示すものとして適さないことがあ
。例えば、所得のように上限がなく、極端に高い人が
在している場合である。仮に９割の人が年収300万円
、残りの１割が年収３億円であったとき、平均値は
,270万円と、現実的な感覚よりも高くなってしまう。
このように、極端な値が存在する場合には、中央値を見
ことでデータ全体の傾向を把握するとよい。

資料４は、実際の日本の所得別世帯数の分布（2019年
調査）を示したものである。この資料からは、所得の平
均値と中央値に差があることがわかる。

資料4　(2019年)

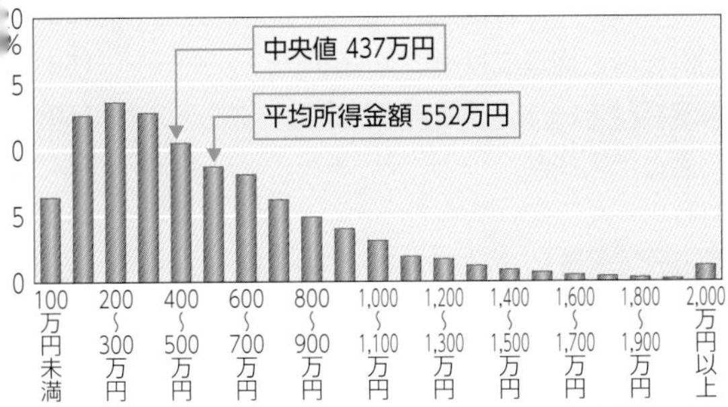

(厚生労働省資料)

統計グラフの種類

統計グラフにはさまざまな種類がある。それぞれの特徴を把握して、グラフの読み取りや作成の際に活用しよう。

棒グラフ

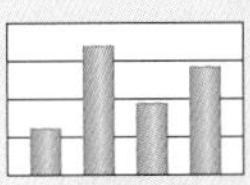

各項目の数量の大小を比較する。

折れ線グラフ

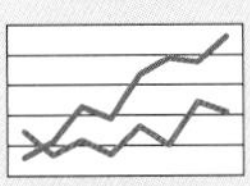

経過時間ごとの変化を示す。

円グラフ
帯グラフ

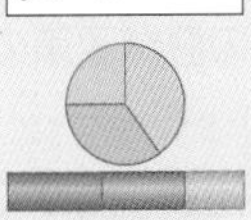

全体のなかでの割合を示す。

レーダーチャート

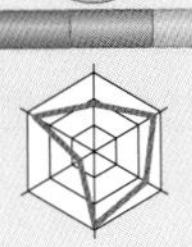

複数の項目の大きさや量を比較する。

散布図

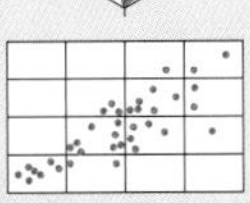

二つの量の関係を示す。

4 グラフを見る際に気をつけること

●グラフの軸の設定

グラフを見る際には、グラフの軸の設定がどうなっているか、ということにも注意しよう。資料５・６はどちらもＦ市の人口の推移を示したものであるが、資料６は縦軸の０から4.3（万人）までの間が省略されている。できるだけ変化を強調して見せたいという場合には、資料６のように縦軸の一部を省略して大きい数値から始める場合が多い。軸の設定によって受ける印象が大きく変わるので、グラフを見る際にはグラフ作成者の意図も意識しながら解釈する必要がある。

資料5

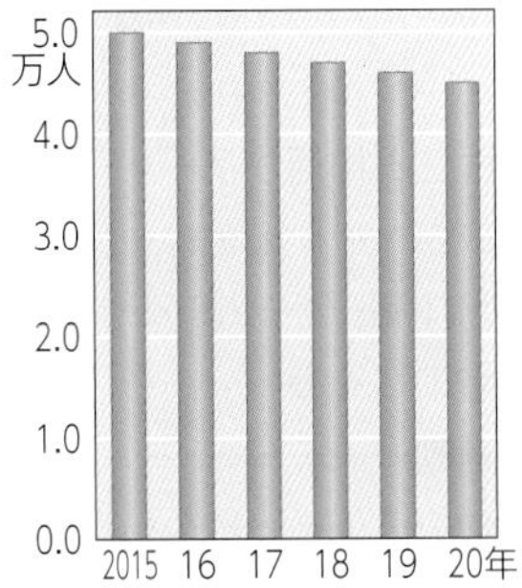

資料6

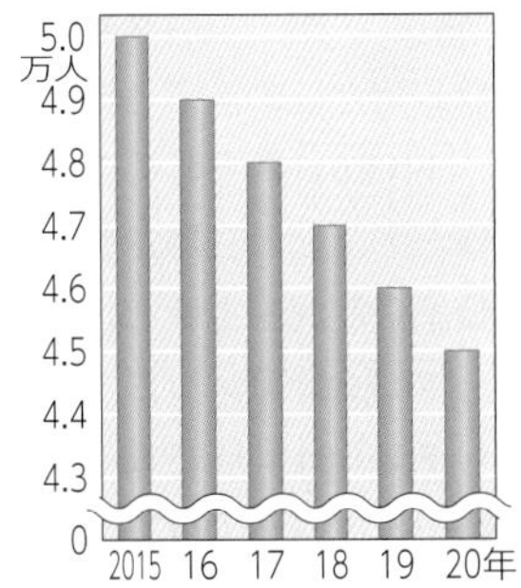

●縦軸が２つあるグラフの目盛りの設定

縦軸が２つあるグラフの読み取りにも注意しよう。資料７はＧ国の「福祉予算」と「高齢者数」について示したものであるが、それぞれの縦軸の目盛りが異なる。これだけで、２つのグラフの増え方について、読み手の受け取る印象が大きく変わってしまう。このような状況を防ぐ方法として、資料８のように数値を指数化し、軸を１つにまとめる方法もある。指数化とは、基準年を100として変化をわかりやすくしたものである。

資料7

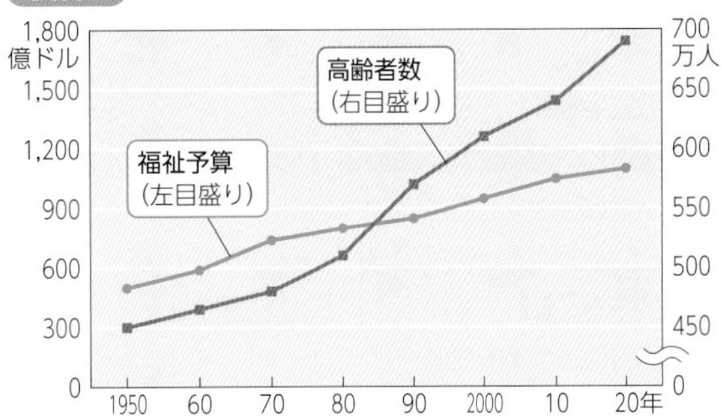

資料8

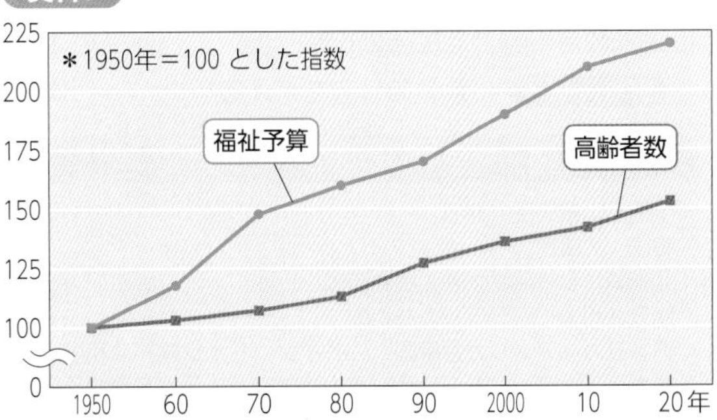

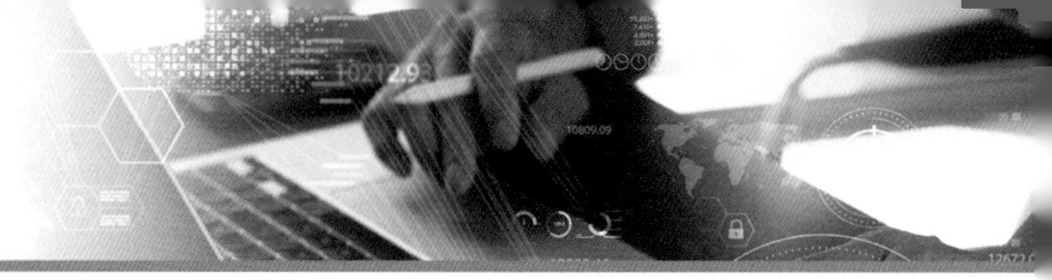

Contents 目次

巻頭特集

第1編 現代日本の政治・経済の諸課題

第1章 民主政治の基本原理と日本国憲法

本書で使用した国名：正式国名

中国：中華人民共和国
韓国：大韓民国
北朝鮮：朝鮮民主主義人民共和国
南ア共和国：南アフリカ共和国
アメリカ：アメリカ合衆国　**ドイツ**：ドイツ連邦共和国
イギリス：グレートブリテンおよび北アイルランド連合王国
ロシア：ロシア連邦(ソ連：ソビエト社会主義共和国連邦)

第2章 現代経済のしくみと特質

第2編　グローバル化する国際社会の諸課題

第1章　現代の国際政治と日本

第2章　国民経済と国際経済

巻末資料

本書の特色

- 要点の整理 …各節の冒頭で、重要事項を整理しました。
- —COLUMN— …興味深い内容や時事的な内容を取り上げました。
- ISSUE …社会的な問題を題材に、さまざまな視点から考える内容を取り上げました。
- ? …資料を読み取る際の着眼点を問いの形式で示しました。
- 出題 頻出 …過去のセンター試験・共通テストで出題された内容には、出題頻度別にマークをつけました。
- Zoom …学習事項に関して深掘りした内容や補足説明を取り上げました。
- TOPIC トピック …雑学的な豆知識のほか、情勢や制度上の変更点を取り上げました。
- FILE 00 …時事的事項を中心に、学習内容をより詳しく解説しました。
- 経済学レクチャー …難解な経済分野の理論やメカニズムを丁寧に解説しました。
- 諸課題の論点 …課題に関する複数の主張や根拠を示し、「論点」がわかるようにしました。
- 構想しよう …章の最後に、これまでの学習内容をふまえて考える内容を取り上げました。

プラスウェブ

紙面にある二次元コードをスマートフォンやタブレットで読みこむことで、関連リンクやオリジナルコンテンツを収録したサイト「**プラスウェブ**」にアクセスすることができます。

https://dg-w.jp/b/2b50001

＊利用にあたっては、一般に通信料が発生いたします。
＊本書の発行終了とともに当サイトを閉鎖することがあります。

第１章　民主政治の基本原理と日本国憲法

特集 Feature　民主主義を考える

—古代ギリシャの民主政—

民主主義(democracy)の語源は古代ギリシャ語の人民(demos)＋政治・支配(kratia)である。当時、アテネなどのポリス(都市国家)では、市民(成人男性)全員が参加する民会が行われ、官職は抽選で選ばれた。

—フランス革命期の国民議会—

第三身分(平民)を中心に結成された国民議会(1789～91年)では、議長席からみて左側に革命を支持する共和派が座り、右側に旧体制の維持を望む王党派が座った。これが左翼、右翼ということばの語源となった。

—現代日本の衆議院—

日本の帝国議会は大日本帝国憲法下の1890年に開設され、日本国憲法施行の1947年に国会として生まれ変わった。 議長席から見て右側(写真の左側)に第１党の議員が座るのが慣例となっている。

■民主主義の歩み

①民主主義の源流

民主主義の始まりは、古くは古代ギリシャのポリス(都市国家)にさかのぼる。ポリスにおいて、民衆は民会を通じて権力を行使していた。今では民主主義に欠かせないと考えられている多数決も、僭主制(独裁による暴政)を防ぐために行われた陶片追放(オストラシズム)にみることができる。

しかし、政治は、自由民の成人男性のみの直接民主制で行われ、女性や奴隷には政治に参加する権利がないなど、現代の民主主義とはかけ離れたものであった。

②近代民主主義の形成

民主主義が現代的な政治制度として確立するのは、17世紀の市民革命以降である。市民革命では、自由権を求めた市民階級が絶対王政(専制政治)を武力や言論で打倒した。その結果、政治権力は人民のものとなり、議会に参加する議員を選ぶための選挙も広く行われるようになった。

一方で、設立当初の議会は、有産階級などの限られた者しか立候補も投票もできなかった。しだいに、資本主義の発達により、資本家階級と労働者階級の対立が深まっていくにつれて、チャーチスト運動のような普通選挙の実現に向けた動きが強まってきた。また、女性の社会進出も進み、女性の地位向上と選挙権獲得の声も大きくなった。しかし、これらの実現には、多くの犠牲と長い時間を要した。多くの国で男女の**普通選挙**が実現するのは、20世紀に入ってからである。

⇧チャーチル
(1874～1965)

民主主義は最悪の政治形態といえる。ただし、これまで試されたすべての政治形態を別にすれば……

イギリスで首相を務めたチャーチルのことばである。民主主義には良い点も悪い点もあるが、それでもなお、民主主義は最もマシな政治制度であるという指摘は、民主主義の獲得の歴史を物語るものでもある。

■民主主義とポピュリズム

ポピュリズムの特徴

- カリスマ的な指導者が、民衆に対して感情的で巧みなことばで直接訴えかけ、民衆の不満や怒りをあおる。
- 大衆を支持基盤とし、官僚・既存の政治家・特権層などのエリート層を批判する。
- 複雑な政治課題を「善」と「悪」の二項対立により単純化し、「融和」よりも「排除」の論理を重視する。このため、つねに民衆の「敵」がつくられる。

チャーチルは「民主主義は最悪の政治形態」と述べた。これは、民主主義にも欠点があることを指摘してのことであろう。民主主義の欠点の１つは、**ポピュリズム**に陥る危険と隣り合わせということである。

ポピュリズムとは、特定の支持基盤を超えて、幅広く大衆に直接訴える政治スタイルである。確かに、ポピュリズムには、政治家が市民と対話し、直接的に民衆の意見を政治に反映させようとする「草の根民主主義」としての側面がある。こうした側面からみれば、ポピュリズムには、これまで排除されてきた集団の政治参加が促されるなど、民主政治の発展に寄与すると考えられる。しかし、ポピュリズムは、官僚や特権層を民衆の利益に反する集団と位置づけ、カリスマ的リーダーがエリート層と対峙する構図になりやすい。そして、国民の政治的な分断をもたらし、法の支配や議会など民主主義の手続きを軽視することにつながるという側面もある。私たち主権者は、そこから抑圧的な独裁体制が生まれるという事実を注視しなければならない。

⇧ヒトラー
(1889～1945)

大衆は理解力が小さく忘れっぽい。このため、効果的な宣伝方法は、理性ではなく感情に訴え、誰もがわかるような簡単な主張を、スローガンのように何千回も繰り返して行わなければならない！

ヒトラーは『わが闘争』の中でみずからの演説論を展開している。彼は大きな身振り手振りで演説し、世論操作を行った。

■民主主義のあり方

①多数決は絶対か？

⬆ベンサム
(1748〜1832)

民主主義は、政治的な意思決定の手続きを問題にする。意思決定のしかたの中でも民主的といわれ、日常的に使われるのが「多数決」である。イギリスの哲学者ベンサムは、「**最大多数の最大幸福**」を説いたように、功利主義的な観点から考えれば、多数決は、社会に幸福をもたらすといえる。

多数決よりも全会一致の方が、より決定に納得できるとも考えられる。しかし、全員の意見が同じという状況は少ない。全会一致制では、反対者が一人でもいれば否決されるし、全会一致が簡単に成立するならば、少数派が圧力をかけられた可能性が高い。これに対して、多数決は原則的に全体の過半数の賛成で成立するため、全会一致よりも速(すみ)やかに集団の意思を決定できる。

しかし、多数決の結果は必ずしも正しいとは限らないが、多数決で決まったという理由で正当化される。また、多数決では、反対意見が無視され、少数派に不利な状況が生じることもある。トクヴィル(➲p.96)はこうした状況を「**多数者の専制**」と称した。多数決をより民主的なシステムとするためには、慎重な審議と少数派への配慮が必要となる。

②民主主義と自由主義

政治思想の概念図（ノーランチャート）

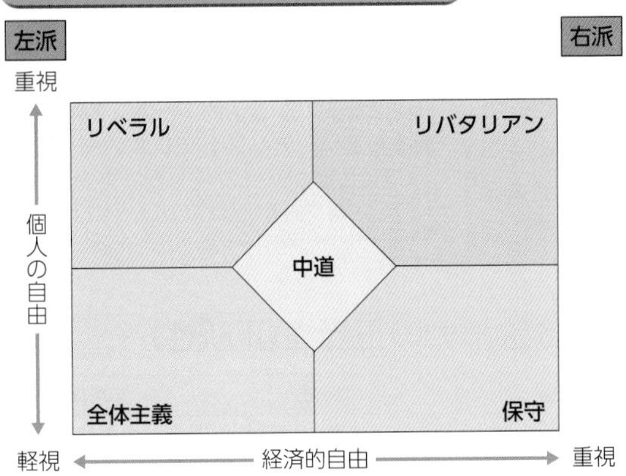

（平和政策研究所資料などを参照）

民主主義は、政治的なことがらを決定するための「手続き」が問題となる。みんなで納得して決めたという事実が、その決定の正当性を高めている。しかし、決め方にはさまざまなやり方があり、民主主義を一つに整理することは難しい。世界をみると、国名に民主主義を冠(かん)する国であっても、民主主義とはほど遠い体制だと感じる国もある。

一方、自由主義は、民主主義的な政治制度の中で、個人の自由がどの程度実現されるべきかが問題となる。自由放任を標榜(ひょうぼう)し、できるだけ個人の自由を維持するために、個人に対する国家による規制や介入は最小限に抑えようとする「**リバタリアニズム**」の考え方もあれば、個人の自由を保障しつつも、平等の実現と福祉国家をめざす観点から、経済的な自由をある程度制限して、貧富の格差を是正(ぜせい)しようとする「**リベラリズム**」の考え方もある。

このように、民主主義も自由主義も一義的な考え方ではないことに注意が必要である。自分がどの立場で民主主義の実現をめざしているのか、あるいは、どの政党と立場が近いのか、チェックしていくことが重要となる。

■民主主義を発展させるために

①民主主義はどれだけ達成されているか？

政治体制と民主主義の達成度

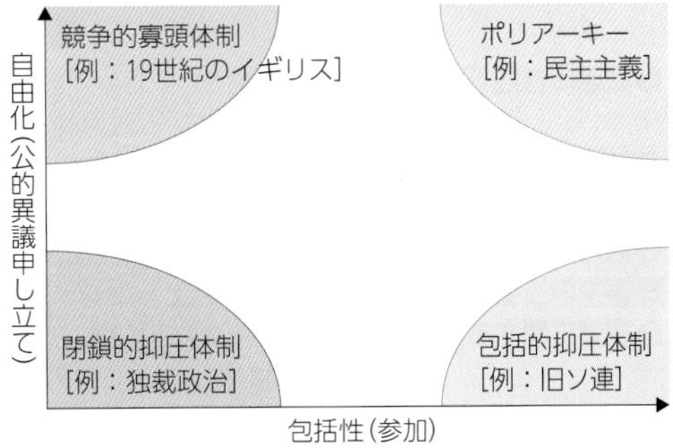

アメリカの政治学者ダール(1915〜2014)は、❶包括性(参加)：選挙権がどれだけの人々に認められているか、❷自由化(公的異議申し立て)：選挙権を認められている人々が、抑圧されずに自由に政府を批判することができるか、という条件を軸に、民主主義の達成度を示した。そして、この2つが保障されている政治体制のことを**ポリアーキー**と呼んだ。

民主主義が達成される条件には、自由権の保障、選挙権・被選挙権の保障、公正な選挙、選挙された議員による行政の監督など数多くある。この意味で、民主主義が完全に達成された国は、現実の世界では多いとはいえない。それでは、各国の民主主義はどれくらい達成されているのだろうか。それを測(はか)るには2つの「ものさし」がある。

「ものさし」の1つ目は、選挙権の付与(ふよ)の度合いなど、政治に関与できる人の割合などに関する視点である。「ものさし」の2つ目は、どれだけ言論・結社の自由を許容し、自由な政府批判を認めているかという視点である。

これらの視点は、相互に独立していて、一方が高くても他方は低いという場合もありうる。民主主義の達成に向けて、これらの事項に関心をもつ必要がある。

②多数決を補完する熟議民主主義

民主主義をより確かなものにするための、多数決を補完する方法として「**熟議民主主義**」がある。これは、政治的な課題に対して、人々の話しあいによって合意形成を図(はか)る方法であり、タウンミーティングや討論型世論調査(➲p.121)などの方法がある。熟議においては、賛成・反対の表明よりも、賛成・反対の理由を検討し、議論するというプロセスが重視される。

多数決のみによる意思決定が「多数者支配型」の民主主義に陥りやすいのに対して、意思決定に「熟議」を取り入れることは「合意形成型」の民主主義をめざす上で有効な試(こころ)みである。

コンドルセの陪審定理

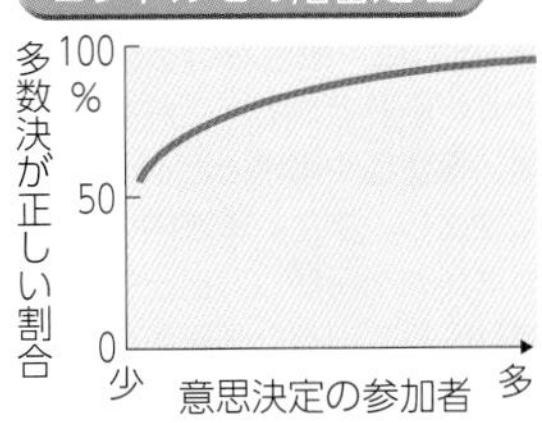

※数学者コンドルセ(仏、1743〜94)が発表したもの。二者択一(賛成か反対かを選択する投票など)で、その結果が正しい割合を示している。

この定理によれば、意思決定の参加者が多いほど、多数決の結果が正しくなる確率は高まる。しかし、この定理は、人々が正しい選択をする確率が平均的に50%を超えていることなどを前提とする。仮に、人々の過半数が間違った選択をするのであれば、この定理とは逆に、多数決で間違った決定をする確率が高まる。

1 政治と法の意義と機能

要点の整理

＊1～7は資料番号を示す

❶**政治の機能** 1……人間が社会生活の中で生ずる利害対立の調整・解決を通して、社会に一定の秩序を保つこと
→人間は**ポリス的（政治的・社会的）動物**である（アリストテレスのことば『政治学』）

❷**政治権力** 2……政治を行う上で、人々の行動を統制する力（強制力）
→国家は、物理的な強制力となる政治権力を合法的に独占している。

❸**政治権力の正当性（正統性）** 3……伝統的支配、カリスマ的支配、合法的支配（マックス＝ウェーバーによる類型）

❹**国家の三要素** 4……**国民・領域**（領土・領海・領空）・**主権**

❺**国家に関する理論** 5……①起源による分類：**王権神授説**、**社会契約説**など
②機能による分類：**夜警国家**（消極国家）、**福祉国家**（積極国家）など

❻**法の機能** 6……社会秩序の維持、人の活動の促進、紛争解決、資源配分などの機能をもつ
• 法が機能するためには、**安定性・妥当性・実効性**を備えていることが必要

❼**法の分類** 7……①起源による分類：**自然法、実定法**　②形式による分類：**成文法、不文法**
③適用地域による分類：**国内法、国際法**　④適用対象による分類：**公法、私法**、社会法
⑤規定内容による分類：実体法、手続法　⑥適用範囲による分類：一般法、特別法

1 政治の機能

？政治のはたらきとはどのようなものか

〔定義〕政治とは、関係する人びとすべてを拘束することがらを決定することである。

……大勢の人間が社会生活を営んでいれば、利害の相剋や対立が生じるのは当然だろう。実際に紛争が起こってしまったら、それを個々のケースごとに解決するしかないのであって、それが裁判だ。法律は、そのための規準となる。いっぽう、なるべく紛争が起こらないよう、大事なことがらは事前に決定しておいたほうがよい。これが政治だ。法も政治も、どちらも紛争を防ぐための技術なのである。

（橋爪大三郎『橋爪大三郎の社会学講義』夏目書房）

これを決めることが政治
＝
全員を拘束するルール

政治の機能…ルールによって、秩序が生まれるため、衝突を回避できる

解説 **政治とは何か**　私たちは、多くの人と社会的関係を結びながら生活を送っている。しかし、社会にはさまざまな価値観（考え方）が存在するため、利害対立が起こる。これが取り返しのつかない争いにまで発展しないように、お互いの利益を調整し、社会に一定のまとまり（秩序）を与えているのが「政治」である。「**人間はポリス的（政治的・社会的）動物である**」という**アリストテレス**（384～322B.C.）のことばは、政治を必要とする人間社会の本質を的確に示しているといえる。

2 政治権力の本質

権力の定義と目的	
権力の定義と目的	・「AがBに対し命令を下し、Bの意思に反してでもその行為をさせる能力のことを権力といい、AはBに対して権力を有する」（ダール） ・「国家は公権力である。それが公的という性格を帯びるのは、同一の法を共有するすべての人々の共通の福祉を配慮することを課題としているからである」（ハーバーマス） ・「政治権力は、たんに憲法上の制限に服する以外、それが命ずることはどんなことに関しても最高であり、かつ政治権力のみが強制力をもち、そのための必要な実力を付与されている」（マッキーバー）

（大塚桂著『政治哲学入門』法律文化社などを参照）

解説 **市民生活の安全・安心のために**　政治を行う上で、人々の行動を統制する力（強制力）が必要となる。これを**政治権力**（**国家権力**）という。国家は、警察権や軍事力といった強制力を伴う政治権力を合法的に独占し、また、領域内の人々に対して、紛争を解決するために実力を行使して自己の救済を図ることを禁止（**自力救済の禁止**）している。国家が刑罰によって市民の自由を制限することは合法であるが、私たちが他人に刑罰（監禁や拘束など）を加えることは違法となるのがその例である。こうして、**政治権力は紛争を抑止し、社会に秩序を生み出し、市民生活に安全・安心をもたらしている。**

3 政治権力の正当性（正統性）

出題

類型	特徴	具体例
伝統的支配	伝統によって裏づけられた権威を支配者が与えられ、その権威に対して人々が服従を示す支配形態	君主制、天皇制
カリスマ的支配	非日常的、超人的な資質（呪術・啓示・弁舌など）をもった人物への魅力（カリスマ）に対して人々が服従を示す支配形態	ナポレオン、ヒトラーなど
合法的支配	法律や、それに基づいて政治を行う者の命令（合法的な権力）に対して、人々が服従を示す支配形態	近代国家の官僚制、近代民主政治

解説 **政治的決定をどうやって納得する!?**　古今東西、政治の機能は共通するが、その決定を人々に納得させる手続きはさまざまである。多少の不満があっても人々がその決定に従うのは、そこに人々が正当性を認めているからである。そして、政治権力には、正当性の問題がつねに絡むのである。社会学者の**マックス＝ウェーバー**（独、1864～1920）は、この正当性を人々の心理的根拠をもとに3類型に分類した。民主主義国家では、おもに合法的支配を基礎としている。

Zoom　**「人間はポリス的（政治的・社会的）動物である」**　アリストテレスは、人間の徳のうち、友愛と正義が社会で生きる上で欠かせないものと考えていた。これらはポリスの中でしか実践できないものとされた。このため、人間は「社会的動物」であるとした。

4 国家の三要素

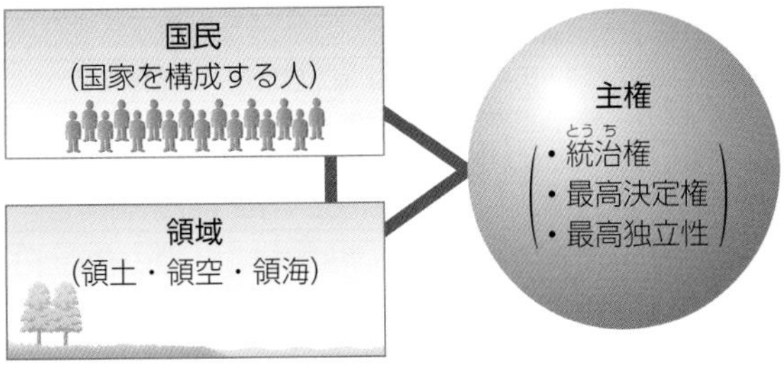

解説 **国家とは何か？**　「**国家の三要素**」を説いたのは、ドイツの法学者イェリネック(1851〜1911)である。この考え方は、法学・政治学において、国家(state)を定式化するための基本的な学説となっている。今日では、国際法上、国家として承認されるには、**国民・領域・主権**(➲p.255)の３つの要件を満たしている必要がある。しかし、国家の承認には、他国の判断が絡んでいるため、国家の三要素を満たしていても、政治的関係から、国家として承認されない場合もある。

5 国家に関する理論

出題

視点	学説・理論	代表的思想家	内容
起源による分類	王権神授説	フィルマー(英) ボシュエ(仏)	王権は神から直接国王に授けられたものであって、人民は王に服従するだけで抵抗できない。絶対主義擁護の思想
	国家征服説	オッペンハイマー(独)	強者が弱者を支配する関係、つまり、実力的支配において国家は成立する。「実力は権力」という思想
	社会契約説	ホッブズ(英)　ロック(英) ルソー(仏)	国家の成立、特に国家主権の基礎は、その構成員である自由・対等・独立な個々人の自発的な契約にある。市民革命の理論として機能
本質による分類	国家有機体説	スペンサー(英) ブルンチェリ(独)	国家を生命のある一つの有機体とみなし、その構成員(細胞)は全体の機能を分担しているにすぎない。「元首」とはこの説に基づいた用語
	国家法人説	イェリネック(独) ゲルバー(独)	国家は統治権を有する一種の法人である。それゆえ、主権は君主にも人民にも属さず、国家自体にある。日本の天皇機関説もこの一つ
	階級国家論	マルクス(独) レーニン(露)	国家はある階級が他の階級を抑圧・支配するための機関である。近代国家は資本家階級が労働者階級を支配・搾取するための道具であるとする思想
	多元的国家論	ラスキ(英) マッキーバー(米)	国家は教会、企業、組合などその他のさまざまな社会集団と同格であり、並立的に存在するにすぎないという考え
機能による分類	夜警国家 (消極国家)		国家は、自由放任経済の下で成立し、外的防衛、国内の治安維持、個人の財産と自由の保護といった必要最小限の任務のみを行う。19世紀の国家観で、「**小さな政府**」を理想とする
	福祉国家 (積極国家)		国家は、資本主義の発展に伴い発生した社会問題(失業、独占の弊害、所得格差など)を経済政策の実施や社会保障制度の整備により積極的に解決し、国民に最低限度の生活を保障することを目的とする。20世紀の国家観で、「**大きな政府**」を理想とする

解説 **時代によって変わる国家観**　国家に対する考え方は、時代によって変わってきた。起源に関する理論は「身分から契約へ」という流れでとらえられる。本質に関する理論は、国家を社会の頂点とする国家観から、現代のように国家が賠償を請求されるような、多元的な国家観への移り変わりと捉えられる。機能からみれば、19世紀の自由放任(レッセ・フェール)を認める国家観から、20世紀の資本主義の成熟に伴い発生した問題を解決する機関としての国家観へという流れで捉えられる。

6 法の機能

？法の機能とはどのようなものか

機能	内容	例
人の行動を規制し、社会の秩序を維持する機能	犯罪に対して刑罰を科すことを明示することで、人々が犯罪を行わないように心理的な抑制を働かせる	窃盗罪や傷害罪を定める(刑法)
人の活動を促進する機能	人々が自主的な活動を行う際の指針となり、その活動を予測可能で安全なものにする	契約についてのルールを定める(民法)
紛争を解決する機能	紛争が生じた場合、その紛争を解決する手段となる	交通事故でどちらに責任があるか決める(道路交通法)
資源を配分する機能	人々の自由・平等をより実質的に保障するために、国家が一定の政策に基づいて、資源を配分する	税を徴収し、公共サービスや社会保障を提供する(生活保護法など)

(法務省『未来を切り開く法教育』より作成)

解説 **法は相互尊重のルール**　現代社会のように、人々の価値観が多様化している状況では、お互いの権利や利益の衝突が起きやすい。その中で、**法**は、お互いを尊重して共生するためのルールであり、紛争を解決に導いたり、紛争を未然に防いだりしている。**法は、私たちの生活をより豊かにする存在であり、法に基づいて紛争を解決するためのしくみとして司法制度が存在している。**

法の効力

法が安定的に機能するためには、どのような行為に対して、どのような法的な効力が及ぶかを人々が予測できなければならない。そのためには、法律が朝令暮改でないことや、裁判官や役所によって解釈が変わらないことなどが条件となる(**安定性**)。その上で、法が法としての効力をもつには、以下のような性質が備わっている必要がある。

❶**妥当性**……法が人々にその遵守を要求する資格をもっていること。

❷**実効性**……多くの人々が実際にその法を遵守していること。

例えば、憲法違反の法令は妥当性に欠けるものであり、また、誰も従っていない法令(いわゆる「ザル法」)は実効性に欠けるものである。このような法は効力をもたないといえる。

TOPIC トピック　ドイツの社会主義者ラッサールは、資本家たちの財産を夜警する程度の役割しか果たそうとしない自由主義国家のことを「夜警国家」と批判した。

用語解説　❶国家の三要素，❷夜警国家，❸福祉国家

7 法の分類

頻出

●法の種類

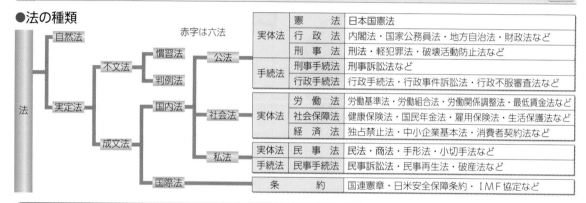

区分		法	おもな法律
公法	実体法	憲法	日本国憲法
		行政法	内閣法・国家公務員法・地方自治法・財政法など
		刑事法	刑法・軽犯罪法・破壊活動防止法など
	手続法	刑事手続法	刑事訴訟法など
		行政手続法	行政手続法・行政事件訴訟法・行政不服審査法など
社会法	実体法	労働法	労働基準法・労働組合法・労働関係調整法・最低賃金法など
		社会保障法	健康保険法・国民年金法・雇用保険法・生活保護法など
		経済法	独占禁止法・中小企業基本法・消費者契約法など
私法	実体法	民事法	民法・商法・手形法・小切手法など
	手続法	民事手続法	民事訴訟法・民事再生法・破産法など
国際法		条約	国連憲章・日米安全保障条約・IMF協定など

❶起源による分類

自然法…人間の理性に基づく普遍的な性質をもつ法であり、時間・空間を超えて適用される

※自然法の発見は社会契約説が発展した要因

実定法…人為的につくられた法

❷形式による実定法の分類

成文法(制定法)…文章の形式をとって定められた法

- **成文憲法**…国家の基本法であり、最高法規
- **法律**…議会が制定する法
- **命令**…内閣が制定する政令や、各省が制定する省令
- **条例**…地方公共団体が制定する法

不文法…文章の形式をとらない法

- **慣習法**…伝統や習慣がルールとなった法
- **判例法**…裁判所の判断の積み重ねにより形成された法

❸適用地域による分類

国内法…おもに法律による形式で、国内で通用する法

国際法…おもに条約による形式で、締結国で適用する法

❹適用対象による分類

公法…政府(国・地方)の内部関係および、政府と私人との関係を規律する法

私法…私人相互の関係について定めた法

社会法…社会権の実現のために定めた法

❺規定内容による分類

実体法…権利・義務や刑罰の内容について定めた法

手続法…実体法の内容を実現するための手続きについて定めた法

❻適用範囲による分類

一般法…法の効力が一般的(全体的)に及ぼされる法

特別法…適用対象が特定されている法。特別法は一般法に優越する

成文法の上下関係について、日本では、①憲法→②法律→③政令→④省令→⑤条例の順に構成され、上位の法規範は下位の法規範に優越する。このため、上位の法規範と矛盾する下位の法規範は無効となる。

私人…個人(自然人)や法人のこと。法律上の権利・義務の主体となる資格(権利能力)をもつことができる。たとえば、民法上、私人は売買契約の締結や金銭の支払い・請求などができる。

法人…会社や社団法人・財団法人などがある。団体が法人と認められるには、行政機関の認証が必要となる。

解説 **法とは何か？** 法は社会生活の規範であり、一般的に国家権力によって強制される。また、法には、ある行為を禁止または命令し、これに違反した行為を処罰するものや、国家機関などの組織の構成や権限を規定するものがある。

COLUMN

法と道徳の違い

法は「きまり」や「ルール」といいかえることができるように、人々の行動を一定の方向へ導き、秩序をつくり出すものである。こうした役割を果たすものとして、法のほかに道徳もある。では、法と道徳の違いは何か。

たとえば、A氏が車を運転しているとする。A氏は急いでいたため、「思いきりスピードを出して走れたら…」と思いながらも、法定速度を守りながら走っていた。

法的には当然、A氏の行為は問題ない。なぜなら、法は人間の外に現れてくる「行為」を問題にするものであり、A氏は心の中で「スピードを出したい」と思っていても、法定速度を守って走行していたからである。

それでは、A氏の行為を道徳的に分析するとどうだろうか。道徳は、人間として望ましい行為を要求する。A氏は結果的に、みずからの道徳的規準に従って「スピード違反」という秩序を乱す行為を慎んだ。もし、みずからの道徳的規準に背いた行為を行っていれば、A氏は良心の呵責を感じただろう。このように、道徳は法が問題とする「行為」を越えて、人間の「思考」をも問題とするのである。

また、法規範に違反する行為には、罰則や損害賠償などの制裁が規定されていることが多い。こうした制裁の規定は、法で定められたことを外側から守らせる強制力となる。一方、道徳には法のように外的な強制力はない。

法と道徳

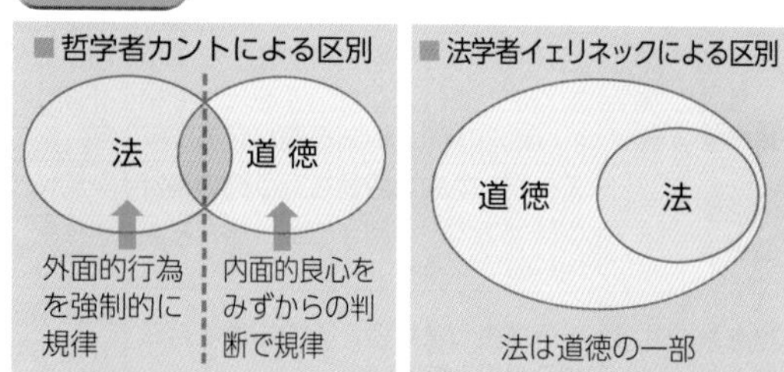

Zoom **尊属・卑属** 民法に定められている血族関係の用語。尊属とは、自分よりも先の世代に属する直系および傍系の血族。卑属とは、自分よりも後の世代に属する直系および傍系の血族。兄弟や従姉弟(いとこ)は尊属でも卑属でもない。

暮らしの中の法ー民法とは何か？ー

社会生活を送っていく上で、私たちはさまざまな場面で法的な関係を結ぶことになる。たとえば、モノの売り買いや、就職・結婚などにおいて、当事者同士が納得した形で、取り決めを交わしている。これを契約と呼ぶ。民法は、こうして結ばれた私人間の法的な権利・義務関係を規定する法律である。

民法が扱う問題

民法の扱う問題は、財産に関する事柄と、家族に関する事柄に大きく分けられる。前者に関する規定は財産法、後者に関する規定は家族法とも呼ばれる。

❶財産法の規定―物権(第2編)と債権(第3編)―

物権とは「モノ」に対する直接の支配権である。一方、債権とは人が人に対して特定の行為を請求する権利である。

たとえば、AさんがBさんから自動車を購入する契約を結んだ場合、AさんはBさんに自動車の引き渡しを請求する権利(債権)をもつ一方、購入代金を支払う義務(債務)を負う。反対に、BさんはAさんに代金の支払いを請求する権利(債権)をもつ一方、自動車を引き渡す義務(債務)を負う。そして、契約が履行されれば、自動車の支配権である物権(所有権)が、BさんからAさんに移転することになる。

● 物権

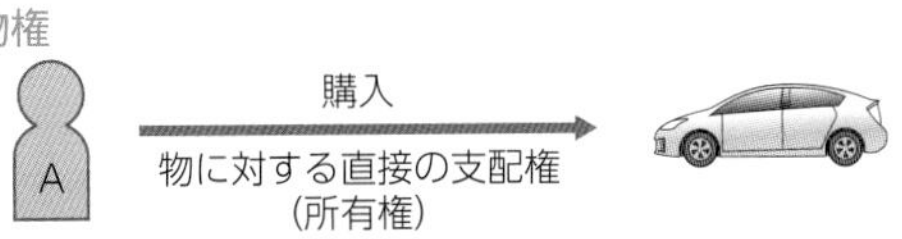

● 債権・債務

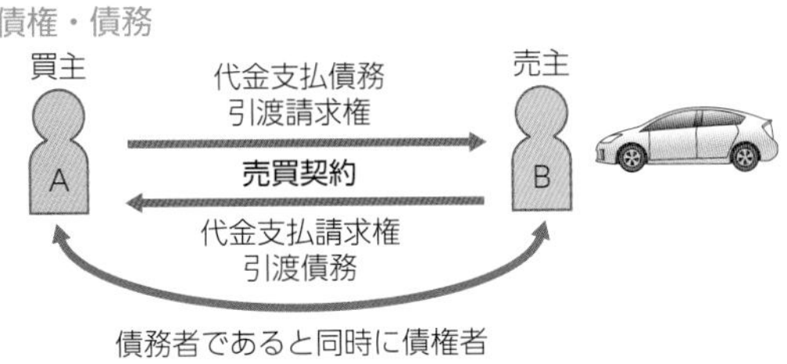

❷家族法の規定―家族(第4編)と相続(第5編)―

家族法に規定されるのは、婚姻、離婚、親子などの家族関係や、家族が死亡した場合の遺産相続についてである。

たとえば、親族とは、6親等内の血族(血のつながりがある人)、配偶者、3親等内の姻族(自分の配偶者の血族と自分の血族の配偶者)のことと規定している。また、自分よりも前の世代に属する血族を「尊属」、自分よりも後の世代に属する血族を「卑属」と規定し、相続のルールなどを定めている。

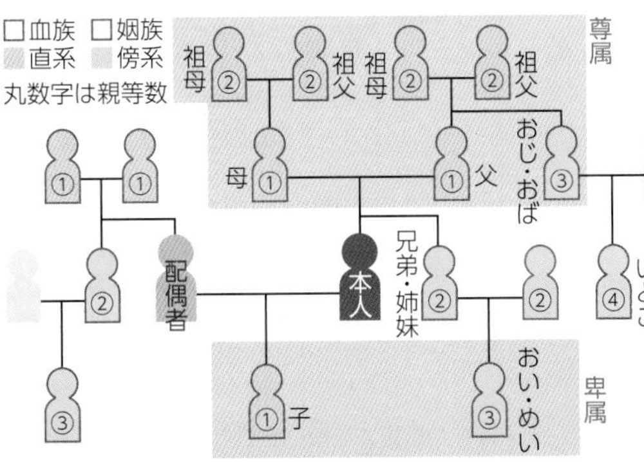

民法の諸原則とその例外

● 民法の諸原則

権利能力平等の原則	すべての人は生まれながらに平等に権利をもち、義務を負う資格を有する
所有権絶対の原則	自分が所有する物などの財産は、自由に使ったり処分したりすることができる
私的自治の原則	個人間で法律上の関係を結ぶ場合、個人の自由意思に基づいてのみ、決定することができる
契約自由の原則	契約においても、契約の内容や締結について、個人の自由意思が尊重される。私的自治の原則と同義とする説もある
過失責任の原則	他人に損害を与えた場合、故意※または過失※がなければ、責任を負わなくてよい

※故意…自分の行為によって損害が発生することを認識していたにもかかわらず、意図的にこうした行為を行うこと。
※過失…損害の発生をあらかじめ予測できたにもかかわらず、不注意などにより実際には予測していなかった場合。または、損害の発生を予測していたが、これを回避する義務を認識していなかった場合。

民法は、憲法の規定する自由権に従い、上のような原則を定めている。もっとも、これらの原則に則った行為がすべて有効になるわけではない。公共の福祉に反するものや、公の秩序や善良の風俗(公序良俗)を乱すものは、無効である。また、未成年や成年被後見人は自由にアパートの賃貸契約を結べないなど、権利能力が制限される場合もある。

第1条【信義則、権利濫用の禁止】 ① 私権は、公共の福祉に適合しなければならない。
② 権利の行使及び義務の履行は、信義に従い誠実に行わなければならない。
③ 権利の濫用は、これを許さない。
第90条【公序良俗】 公の秩序又は善良の風俗に反する事項を目的とする法律行為は、無効とする。

現代社会における民法の原則の修正

ある行為によって他人に損害賠償を支払う責任が生じた場合、その行為を不法行為という。民法では、過失責任の原則から、被害者が加害者の故意または過失を立証できないと、損害を受けても、損害賠償を請求できない。つまり、被害者が加害者の過失を立証することが困難な場合は、被害者を救済することができない。そこで、現在では、被害者保護の立場から、過失責任の原則を修正して、過失の存在を立証しなくても、加害者側に責任を負わせることができる**無過失責任制**を認めるようになった。製造物責任法(PL法)などは、この原理を採用している(➲p.210)。

また、当事者の一方に不利な契約が結ばれないように、契約自由の原則に対する修正も、さまざまな法律によって図られている(消費者契約法や労働基準法など)。

TOPIC トピック 民法は1896年に制定されて以来、大きな改正はなされていなかった。しかし、債務者や消費者保護の観点から、債権分野を中心に2017年に抜本的な改正が行われた。

用語解説 ❹法, ❺民法

2 法の支配と立憲主義

政治

要点の整理

＊1～7は資料番号を示す

Ⅰ 民主主義思想の展開

❶**民主主義の発達** 1……［欧州13世紀］封建国家 ⟶［15～17世紀］「王権神授説」⟶ 絶対主義国家 ⟶［17～18世紀］自然権思想に基づく「社会契約説」⟶ 市民革命 ⟶ 近代市民国家

❷**社会契約説の比較** 2……ホッブズ（英）：『**リバイアサン**』（「**万人の万人に対する闘争**」からの脱却）
ロック（英）：『**市民政府二論**』（**抵抗権・革命権**の規定、権力分立論3）
ルソー（仏）：『**社会契約論**』（**一般意思**による統治、人民主権による直接民主制）

❸**三権分立** 3……モンテスキュー（仏）：『**法の精神**』（立法権・行政権・司法権に分け、権力の抑制と均衡を図る）

❹**法の支配** 4……主権者である国民が決めた法により、個人の自由と権利を保障する ⟷ 人の支配
エドワード=コーク（英）は中世の法学者ブラクトンのことばを引用し、法の支配を強調
※**法治主義**……行政権の行使は法律に従ってなされなければならないとする考え方

Ⅱ 人権保障の発達 5

❶**人権思想の萌芽**……1215年：**マグナ・カルタ**（英）　1628年：**権利請願**（英）　1689年：**権利章典**（英）

❷**人権宣言の誕生**……1776年：**バージニア権利章典**（米）　1776年：**アメリカ独立宣言**　1789年：**フランス人権宣言**

❸**人権宣言の広がり**

1919年：**ワイマール憲法**（独）……生存権など社会権的基本権を規定 ⟶ ナチスによるワイマール共和制の破壊
1941年：F=ローズベルト（米）の「**4つの自由**」演説 ⟶ 国際連合憲章（1945年）や世界人権宣言（1948年）へ（➲p.258）

Ⅲ 憲法と立憲主義

❶**憲法の種類** 6……①形式による分類：**成文憲法**（日本国憲法など）、不文憲法（イギリスなど）
②改正手続きによる分類：**硬性憲法**（日本国憲法など）、軟性憲法（イギリスなど）
③制定者による分類：**民定憲法**（日本国憲法など）、欽定憲法（大日本帝国憲法など）

❷**立憲主義** 7……憲法によって国家権力を制限することで、人権の保障を確実なものとすること

Ⅰ 民主主義思想の展開

1 人権保障と民主主義の歩み

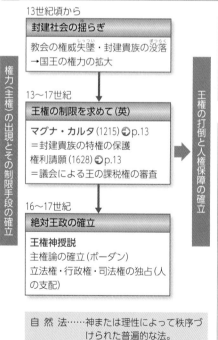

権力（主権）の出現とその制限手段の確立

13世紀頃から
封建社会の揺らぎ
教会の権威失墜・封建貴族の没落
→国王の権力の拡大

13～17世紀
王権の制限を求めて（英）
マグナ・カルタ（1215）➲p.13
＝封建貴族の特権の保護
権利請願（1628）➲p.13
＝議会による王の課税権の審査

16～17世紀
絶対王政の確立
王権神授説
主権論の確立（ボーダン）
立法権・行政権・司法権の独占（人の支配）

自 然 法……神または理性によって秩序づけられた普遍的な法。
自 然 権……人間が生まれながらにもっている自然法に基づく権利。
自然状態……国家が成立する以前の状態。

王権の打倒と人権保障の確立

17～18世紀
民主政治の理論的確立
法の支配➲p.12
社会契約説（ホッブズなど）
権力分立論➲p.12
（モンテスキューなど）

市民革命による王権の打倒
名誉革命（英、1688～89）
アメリカ独立革命（米、1775～83）
フランス革命（仏、1789）

自由権の保障
民主政治の発達
権利章典（英、1689）➲p.14
＝立憲君主制の確立
バージニア権利章典➲p.14
独立宣言（米、1776）➲p.14
＝自然権（自由権）の保障
　抵抗権の確立
フランス人権宣言（仏、1789）
➲p.15
＝国民主権、基本的人権の尊重、権力分立など民主政治の基本原理を盛りこむ

人権保障の広がりと国家の役割の拡大

19～20世紀
労働者階級の不満増大
産業革命（18世紀）➲p.127
→貧富の差の拡大
労働運動の激化
→チャーチスト運動➲p.108など

20世紀初頭
国家による自由を求めて
ロシア革命（露、1917）
　世界初の社会主義革命
ワイマール憲法（独、1919）➲p.15
＝社会権の保障
　男女普通選挙の実現
→福祉国家の出現

20世紀中頃
普遍的な人権保障をめざして
第二次世界大戦
ファシズムの台頭と人権蹂躙
↓反省
人権の国際化
国際連合発足（1945）➲p.262
【国連による人権宣言採択】
世界人権宣言、女子差別撤廃条約、子どもの権利条約など

■社会契約説……国家は成員相互の合意からなる契約によって成立したとする説。国家は神から権力を授けられた国王によって統治されるとする王権神授説に対立する考え方。

Zoom **封建社会の崩壊**　宗教改革をめぐるカトリック教会の失墜、貨幣経済の発達による商人階級の台頭、ペストによる人口減少などが原因となり、中世ヨーロッパの封建社会は崩壊していった。

2 社会契約説の比較

? それぞれの社会契約説の違いはどのような点にあるのか　出題

思想家	トマス=ホッブズ(英) (1588～1679) 	ジョン=ロック(英) (1632～1704) 	ジャン=ジャック=ルソー(仏) (1712～1778) 
主著	『リバイアサン』 (1651年)	『市民政府二論』 (『統治二論』) (1690年)	『社会契約論』 (1762年)
自然状態	**「万人の万人に対する闘争」** 食料・資源は有限であるが、法や正義が存在しないので、必ず各人は対立しあう。	人間にとって有用な食料や資源は増やすことができるので、万人は自由・平等・独立・平和の状態となる。	万人は、闘争せず、自由・平等であり、精神的・経済的に完全に独立した存在である。私有財産制がこれを破壊する。
自然権	**自己保存の権利** ⟶ 放棄し国家へ譲渡	生命・自由・財産の権利 ⟶ 代表者に信託	自由・平等の権利 ⟶ 共同体に全面譲渡
社会契約のあり方	• 各人が、**自然権**を放棄し、社会契約を結んで国家(君主)に譲渡。 • 契約に基づき成立した国家は、神聖不可侵なので、抵抗権は否定。 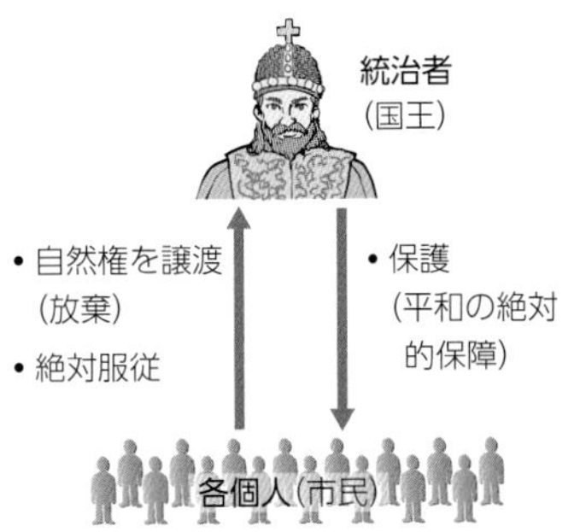 	• 各人が自然権の一部を代表者に信託する社会契約を結び国家をつくる。 • 代表者が信託に反して自然権を侵害した場合は、人民はそれに抵抗する権利(**抵抗権・革命権**)をもつ。 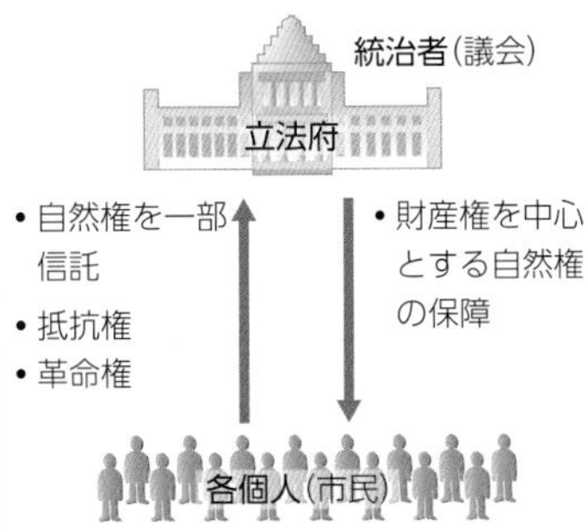 	• 各人が自然権を完全に共同体に譲渡する社会契約を結び、国家をつくる。 • 人民の**一般意思**によって政治が行われる**人民主権**の下で、個人が政治に直接参加する**直接民主制**を主張。 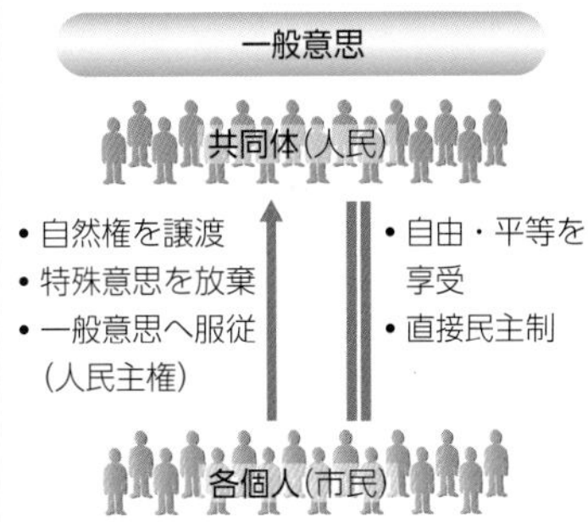
特徴・影響	• 結果的に絶対王政を擁護 • 近代政治思想、人権思想の根本	• 間接民主制を主張 • 名誉革命を理論的意義づけ • アメリカ独立革命に影響を与える • 権力分立論➲p.12	• 直接民主制をめざす • 国民主権の理論を樹立 • フランス革命に影響を与える

時代背景を読む

ホッブズは、ピューリタン(清教徒)革命の各派閥の思想から、自然権や契約の絶対性などの考え方を学び、『リバイアサン』を著した。リバイアサンとは、旧約聖書の「ヨブ記」に出てくる海獣で、この地上で最強のものとされる。ホッブズは、これを国家に見立て、**「万人の万人に対する闘争」を回避するための、社会の調停者たる「国家」の役割を説いた**。右の絵は、王冠をつけた主権者が右手に剣(安全保障を意味する)、左手に杖(正邪の判断を意味する)を持ち、市民を守っているという国家のしくみを示している。**人々と社会契約を交わした主権者が定めた法律によって統治する社会が、最善のものであることを**言おうとしている。

➊『リバイアサン』初版本(1651年)の扉絵

これを受けて、社会契約説を発展させたのが**ロック**である。彼が生きたのは、ピューリタン(清教徒)革命後、王政復古を経て、1688年の名誉革命につながる、王と議会の激しい対立の時代であった。ロックも、ピューリタニズムから自然権思想や契約思想などの影響を受けた。また、ヒューマニズム思想、特に、ベーコンが主張した「経験論」からも影響を受けた。ロックは、これらの考え方を基礎として、絶対王政を理論的に支えたフィルマーの「家父長制論」を合理的に批判した。また、**彼は、自然権思想をもとに民衆の抵抗権(革命権)を主張するなど、ホッブズの社会契約説をさらに発展させ、名誉革命を理論的に擁護した。**

隣国フランスでは、17世紀に絶対王政全盛の時代を迎え、18世紀に入っても身分制社会は続いていた。一方で、技術や経済の面では、他国の先進的な思想を取り入れていたので、特権階級はさらに裕福になっていたが、農民たちは高い地代を払わされ、生活は厳しくなっていた。このような社会に異議申し立てを行ったのが**ルソー**である。彼は、文明の発達が人間性を失わせたと主張する。ところが、いさかいのない自然状態に戻ることは現実には難しい。そこで、**個々人が美しい人間性を取り戻すため、すべての人間が共同してつくりあげ、すべての人間によって運営される徹底した平等社会の実現を提言した。これが人民主権(国民主権)の思想を生み、フランス革命に影響を与えたのである。**

TOPIC トピック　ルソーは、政治思想家の顔以外に、教育者としての顔(『エミール』の著者)、音楽家としての顔(「むすんでひらいて」の作曲家)をもっていた。

用語解説　❻自然権、❼王権神授説、❽社会契約説

3 権力分立論

①モンテスキューの三権分立論 出題

●『法の精神』(1748年)

権力をもつ者はすべて、それを濫用する傾向があることは、永遠の体験である。……人が権力を濫用しえないためには、事物の配列によって、権力が権力を阻止するのでなければならぬ。……

⬆モンテスキュー

同一人、または同一の執政官団体の掌中に立法権と執行権が統合されているときには、自由はない。…… 裁判権が立法権と執行権から分離されていないときにもまた、自由はない。もしそれが、立法権に結合されていれば、市民の生命と自由を支配する権力は恣意的であろう。…… もし同一の人間、または貴族か人民のうちの主だった者の同一団体がこれらの三つの権力、すなわち法律を定める権力、公共の決定を実行する権力、罪や私人間の係争を裁く権力を行使するならば、すべては失われるであろう。 (井上堯裕訳『世界の名著28』中央公論社)

②ロックとモンテスキューの権力分立論の違い

Ⓐロックの権力分立論

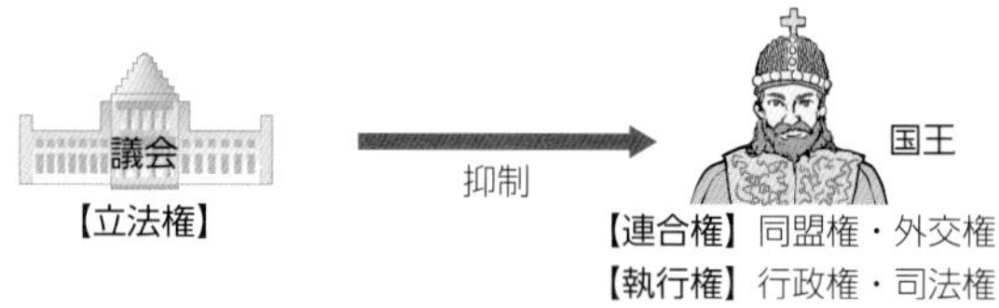

Ⓑモンテスキューの権力分立論

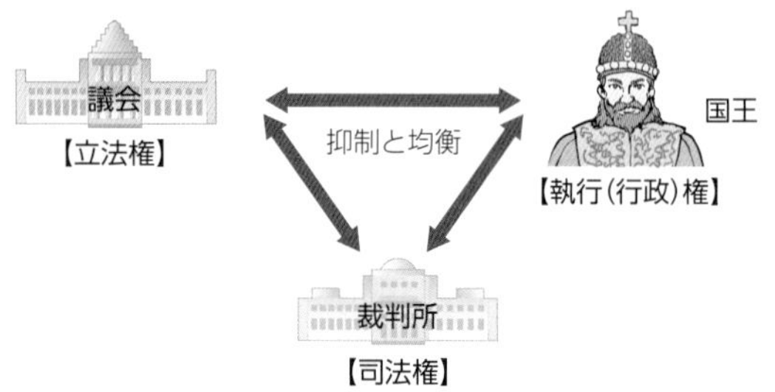

解説 Check & Balance **権力分立論**は、国王に権力が集中していた絶対王政の反省にたち、権力を異なる国家機関に委ねるという考え方である。ロックの場合、国民の代表である議会が立法権をもち、国王が行政権と司法権を有する二権分立である。一方、**モンテスキュー**(仏、1689~1755)は主著『**法の精神**』で、立法権・行政権・司法権の3つの権力の行使は、それぞれ独立に別々の担当者によって行われるのが、専制政治を防ぐ最良の方法だと述べている。権力の「**抑制と均衡**」に基づく**三権分立論**は、アメリカの政治制度に忠実に受け継がれている。

COLUMN 出題

コークとジェームズ1世の論争

17世紀、王権神授説の熱烈な支持者であったイギリス国王ジェームズ1世(在位1603~25)は、慣習法(コモン・ロー)によって認められていた議会の特権を無視し、ひたすら王権の拡張を求めて行動した。それに対し、裁判官のエドワード=コーク(クック)(1552~1634)は述べた。

「国王は生来豊かな天分をもっておられるが、イギリスの法には通じておられない。臣民の生命と財産に関する問題の決定は、法の知識によるべきであって、それには長年の経験が必要である」と。

「それではお前は国王を法の下におこうとするのか」という国王の問いに対して、コークはブラクトン(1216~68)のことばを引用し、「国王は人の下にあるものではないが、神と法の下にあるものである」と反論した。コークはこの後、裁判官を罷免されたが、後に庶民院議員として活躍し、権利請願をジェームズ1世の子チャールズ1世(在位1625~49)に署名させた。

⬆**エドワード=コーク**
イギリスの法律家・政治家。主著に『イギリス法提要』がある。

---

4 法の支配 出題

? 法の支配と法治主義の違いは何か

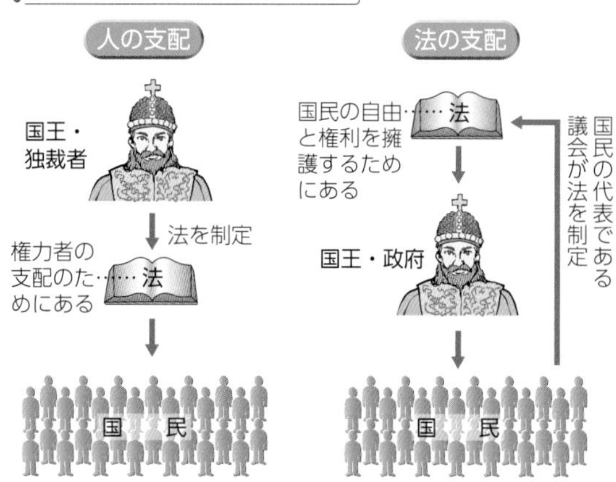

解説 **人の支配から法の支配へ** 絶対王政の下では、国王は自由に法の制定・改廃を行い、自分のつくった法に縛られることなく、超越した存在として国民を拘束していた(**人の支配**)。しかし、16~17世紀にイギリスの立憲政治が発達する中で、自然法および議会が制定した法によって、治める者、治められる者すべてを拘束し、権力の濫用を防いでいくという考え方が中心となった(**法の支配**)。法の支配において、法は人権を保障するものでなければならない。一方、ドイツでは、行政権の行使は議会が制定した法律に従わなければならないという立法の手続きを重視した考え方が発達した(**法治主義**)。これが、手続きが正当なら「**悪法も法なり**」という思想につながり、ナチズムを生み出す温床となった。

Zoom **哲学者ロック** ロックは、イギリス経験論の考え方を展開した哲学者でもある。ロックは、人間の精神は「白紙(タブラ・ラサ)」であり、経験を積むにつれて白紙に書き込むように知識が増えていくと説いた。

Ⅱ 人権保障の発達

5 人権保障の歩みと人権宣言

自然権の確立	マグナ・カルタ (英) 1215年→①	国王ジョンに対して封建貴族が、不当な逮捕・拘禁の制限、課税の制限などを認めさせた。
	権利請願 (英) 1628年→②	チャールズ1世に対して議会が提出した人民の権利に関する請願書。
	権利章典 (英) 1689年→③	名誉革命の結果、ウィリアム3世とメアリ2世が発布。議会が権利請願の内容を国王に認めさせた。
	バージニア権利章典 (米) 1776年→④	**自然権・天賦人権を定めた最初の成文憲法。**「自由権」といわれるものがほとんど網羅されている。
	アメリカ独立宣言 (米) 1776年→⑤	基本的人権・人民主権・**抵抗権**をうたい、イギリス植民地支配からのアメリカの独立を宣言した。
	フランス人権宣言 (仏) 1789年→⑥	フランス革命の進行中、国民議会で可決採択された。フランス革命の根本理念たる自由・平等・友愛の精神を明らかにした。
新たな人権の確立	ゲティスバーグの演説 (米) 1863年➲p.18	南北戦争中のリンカーンの演説。民主政治の基本理念を端的に示した。
	ワイマール憲法 (独) 1919年→⑦	**世界で初めて社会権(生存権)を規定した憲法。**福祉国家観に立ち、経済的自由の制限も規定した。
人権の国際化	4つの自由 (米) 1941年→⑧	第二次世界大戦中(アメリカの参戦前)、F=ローズベルト米大統領が年頭教書演説で述べたことば。
	ジェノサイド条約 1948年➲p.258	ナチス・ドイツが行ったような非人道的行為を防止し、処罰するための条約。
	世界人権宣言 1948年➲p.258	世界共通の権利として、自由権・参政権・社会権を認めた。
	難民条約 1951年➲p.289	難民の人権保護と難民問題の解決に向けて、国際協力を効果的に行うための条約。
	人種差別撤廃条約 1965年➲p.258	あらゆる形態の人種差別を撤廃するための具体的な措置をとることを義務づけた。
	国際人権規約 1966年➲p.259	A規約とB規約からなり、世界人権宣言の内容を具体化して**法的拘束力をもたせた**もの。
	女子差別撤廃条約 1979年➲p.260	男女平等の実現をめざす。締結国は女子差別撤廃のための国内措置をとることが規定された。
	子ども(児童)の権利条約 1989年➲p.260	**18歳未満の子ども**を市民的自由の権利を行使する主体と認め、意見表明権などを保障した。
	障害者権利条約 2006年➲p.260	障害のある人にも、これまで認められてきた人権条約の内容を等しく保障することを義務づけた。
	先住民族の権利に関する国連宣言 2007年	先住民族に対する差別を禁止し、文化やアイデンティティ、言語などに関する諸権利を規定した。

①マグナ・カルタ(抄) (1215年、英)

第12条　いっさいの楯金もしくは援助金は、朕の王国の一般評議会によるのでなければ、朕の王国においてはこれを課しない。……　※ 楯金＝軍役代納金のこと

第39条　自由人はその同輩の合法的裁判によるか、または国法によるのでなければ、逮捕、監禁、差押、法外放置、もしくは追放をうけまたはその他の方法によって侵害されることはない。……

(田中英夫訳『人権宣言集』岩波文庫)

➲**封建貴族に迫られ、渋々マグナ・カルタに署名するジョン王**(在位1199～1216)　マグナ・カルタは、「大憲章」のラテン語名で、イギリスの憲法を構成する最も有名な文書である。

解説　民主政治の萌芽　マグナ・カルタは封建貴族らが国王に迫って、強制的に課税しないことや不当に逮捕しないことなどを認めさせたもの。その本質は庶民の権利の尊重ではなく、貴族の特権を守ることであった。しかし、王権を制限したことが、イギリス民主政治の萌芽として評価されている。

②権利請願(抄) (1628年、英)

10　したがって、国会に召集された僧俗の貴族および庶民は、謹んで至尊なる陛下につぎのことを嘆願したてまつる。すなわち、今後何人も、国会制定法による一般的同意なしには、いかなる贈与、貸付、上納金、税金、その他同種の負担をなし、またはそれに応ずるよう強制されないこと。何人も、このことに関し、またはこれを拒否したことに関して、答弁、前記のような宣誓、もしくは出頭を求められること、勾留されること、その他いろいろな方法で、苦痛を加えられ、心の平静を奪われること、はないこと。……

(田中英夫訳『人権宣言集』岩波文庫)

➲チャールズ1世

解説　専制政治の批判　チャールズ1世(在位1625～49)は、王権神授説を唱え、議会を無視する政治を行った。1628年、議会は、エドワード=コークによって起草された権利請願によって、議会の同意なしに課税しないことなどをチャールズ1世に認めさせた。しかし、翌年、王は権利請願を反故にして議会を解散し、議会との対立は深まっていった。これがきっかけで1642年に内戦が起き、独立派を率いたクロムウェルが、チャールズ1世を処刑し、共和制をうちたてた。この革命がピューリタン(清教徒)革命(～1649年)である。

TOPIC トピック　ジョン王はヘンリー2世の末子で、ジョンだけ領地を与えられなかったことから「欠地王」と呼ばれた。また、戦争によって多くの領土を失ったため「失地王」とも呼ばれた。

用語解説 ⑨法の支配

③権利章典(抄) (1689年、英)

1　国王は、王権により、国会の承認なしに法律(の効力)を停止し、または法律の執行を停止し得る権限があると称しているが、そのようなことは違法である。

4　大権に名を借り、国会の承認なしに、(国会が)みとめ、もしくはみとむべき期間よりも長い期間、または(国会が)みとめ、またはみとむべき態様と異なった態様で、王の使用に供するために金銭を徴収することは違法である。

5　国王に請願することは臣民の権利であり、このような請願をしたことを理由とする収監または訴追は、違法である。

9　国会における言論の自由および討議または議事手続は、国会以外のいかなる裁判所、またはその他の場所においても、これを非難したり問題としたりしてはならない。

(田中英夫訳『人権宣言集』岩波文庫)

王冠をささげられるウィリアム3世(在位1689～1702)とメアリ2世(在位1689～94)

解説 **王は君臨すれども統治せず**　名誉革命後の1689年、ウィリアム3世・メアリ2世が共同で、イギリスの王位についた。この即位の後、権利請願よりもさらに断固たる態度で、より詳細に権利の保障(「議会の同意のない課税の禁止」、「請願権」、「議会における言論の自由」など)を明記し、民主政治の構造を規定した権利章典が制定された。こうして、議会主権に基づく立憲君主制が確立した。

④バージニア権利章典(抄) (1776年、米)

1　**すべて人は生来ひとしく自由かつ独立しており、一定の生来の権利を有するものである。**これらの権利は人民が社会を組織するに当り、いかなる契約によっても、人民の子孫からこれを[あらかじめ]奪うことのできないものである。**かかる権利とは、すなわち財産を取得所有し、幸福と安寧とを追求獲得する手段を伴って、生命と自由を享受する権利**である。

2　**すべて権力は人民に存し、したがって人民に由来するものである。**行政官は人民の受託者でありかつ公僕であって、常に人民に対して責任を負うものである。

3　政府というものは、人民、国家もしくは社会の利益、保護および安全のために樹立されている。……いかなる政府でも、それらがこれらの目的に反するか、あるいは不じゅうぶんであることがみとめられた場合には、**社会の多数のものは、その政府を改良し、変改し、あるいは廃止する権利を有する。**この権利は疑う余地のない、人に譲ることのできない、また、棄てることのできないものである。ただし、この[権利の行使]方法は公共の福祉に最もよく貢献し得ると判断されるものでなければならない。

5　国家の立法権および行政権は、司法権から分離かつ区別されなければならない。

(斎藤真訳『人権宣言集』岩波文庫)

解説 **人権宣言の先駆**　アメリカ独立戦争のさなか、バージニア州で採択された人権宣言で、ジョージ=メーソンらによって起草された。人権は生まれながらにして不可侵のもので、自由かつ独立したすべての人々は、財産を所有し、幸福追求手段を有することを宣言している。抵抗権、三権分立、言論・出版の自由、信仰の自由も明記し、「自由権」といわれるものがほぼ網羅されている。**自然権を世界で初めて明記したものであり、人権宣言の先駆と位置づけられている。**

⑤アメリカ独立宣言(抄) (1776年、米)

われわれは、自明の真理として、**すべての人は平等に造られ、造物主によって、一定の奪いがたい天賦の権利を付与され、そのなかに生命、自由および幸福追求の含まれる**ことを信ずる。また、これらの権利を確保するために人類のあいだに政府が組織されたこと、そしてその正当な権力は被治者の同意に由来するものであることを信ずる。そし**ていかなる政治の形体といえども、もしこれらの目的を毀損するものとなった場合には、**人民はそれを改廃し、かれらの安全と幸福とをもたらすべしとみとめられる主義を基礎とし、……**新たな政府を組織する権利を有することを信ずる。**

(斎藤真訳『人権宣言集』岩波文庫)

独立宣言に署名する人々

ロックの影響による革命～アメリカ独立革命～

イギリスは、代表者をイギリス議会に送れない植民地アメリカ(当時は東部13州)に対し、さまざまな税を同意なしにかけていた。

イギリスの憲法には、「**代表なくして課税なし**」という原則がある。ロックは、国家権力は人民の契約で成り立っているので、勝手な課税は許されないという理論を展開していた。この観点から、勝手な課税は明らかに憲法違反であり、アメリカ側は猛然と抗議する。ところがイギリス側は、課税を強行。そのため、ロックの「**抵抗権**」の考え方を盾に、アメリカは独立革命を起こし、植民地の人々による社会契約でつくられた政府設立をめざしたのである。

解説 **ロックの思想の具体化**　アメリカ独立宣言は、トマス=ジェファーソン(第3代大統領)やフランクリンら5人の起草委員が起草し、フィラデルフィアで発表した。ロックの啓蒙思想の影響を受け、基本的人権・人民主権・社会契約・抵抗権をうたい、フランス革命に影響を与えた。こうしてロックの自然権や社会契約の観念は、アメリカでは現実の体験としてアメリカ人のものとなっていったのである。この意味において独立宣言は「アメリカ人一般の精神」の表明であった。ただし、宣言にある「すべての人」は白人男性に限られており、黒人や先住民、女性を含むものとはいえなかった。

Zoom **フランス革命、その後**　フランス人権宣言が出された後、権力闘争の中で、ロベスピエールの独裁、そしてナポレオンの軍事独裁を経て、フランス革命は幕を閉じた。しかし、人権宣言は普遍的な人間の権利であったため、後世に大きな影響を与えた。

⑥フランス人権宣言(抄)（1789年、仏） 出題

※正式名称は「人及び市民の権利宣言」

◎フランス人権宣言の扉絵　フランス人権宣言は、フランス革命勃発直後に国民議会で採択された。向かって左には自由を象徴する女神、右には法を象徴する女神、その杖の先には理性をあらわす目が描かれている。

国民議会として組織されたフランス人民の代表者達は、人権の不知・忘却または蔑視が公共の不幸と政府の腐敗の諸原因にほかならないことにかんがみて、一の厳粛な宣言の中で、人の譲渡不能かつ神聖な自然権を展示することを決意した……

第１条　**人は、自由かつ権利において平等なものとして出生し、かつ生存する。**社会的差別は、共同の利益の上にのみ設けることができる。

第２条　あらゆる政治的団結の目的は、人の消滅することのない自然権を保全することである。**これらの権利は、自由・所有権・安全および圧制への抵抗である。**

第３条　**あらゆる主権の原理は、本質的に国民に存する。**……

第４条　自由は、他人を害しないすべてをなし得ることに存する。

第７条　何人も、法律により規定された場合でかつその命ずる形式によるのでなければ、訴追され、逮捕され、または拘禁され得ない。……

第11条　**思想および意見の自由な伝達は、人の最も貴重な権利の一である。**……

第16条　**権利の保障が確保されず、権力の分立が規定されないすべての社会は、憲法をもつものでない。**

第17条　所有権は、一の神聖で不可侵の権利であるから、何人も適法に確認された公の必要性が明白にそれを要求する場合で、かつ事前の正当な補償の条件の下でなければ、これを奪われることがない。

（山本桂一訳『人権宣言集』岩波文庫）

解説　**近代市民社会の原理**　フランス人権宣言は、フランス革命の初期にラ=ファイエットが起草し、国民議会によって採択された。前文と17か条からなり、フランス革命の根本理念である自由・平等・友愛の精神を明らかにした。世界の民主主義思想の伝統を受け継ぎ、他方ではフランス啓蒙思想に支えられながら、18世紀までの民主主義思想を集大成したものである。民主主義の諸原理の集約、強い個人主義的傾向など、近代市民社会の原理を確立した点に大きな意義がある。また、「法律は一般意思の表明」（第６条）とされたほか、訴追における法定手続きの保障（第７条）なども規定されている。なお、フランス人権宣言は、アメリカ独立宣言やバージニア権利章典などを参考に、ロックやルソーの影響を受けている。後の各国の憲法に与えた影響も大きい。

⑦ワイマール憲法(抄)（1919年、独）※ドイツ国

第109条　①　すべてのドイツ人は、**法律の前に平等**である。

②　男子および女子は、原則として同一の公民権を有し、および公民としての義務を負う。

③　出生または身分にもとづく公法上の特権または、不利益は廃止されなければならない。……

第151条　①　**経済生活の秩序は、すべての者に人間たるに値する生活を保障する目的をもつ正義の原則に適合しなければならない。**この限界内で、個人の経済的自由は、確保されなければならない。

第153条　①　所有権は、憲法によって保障される。その内容およびその限界は、法律によって明らかにされる。

③　**所有権は義務を伴う。その行使は、同時に公共の福祉に役立つべきである。**

第159条　①　労働条件および経済条件を維持し、かつ、改善するための**団結の自由は、各人およびすべての職業について、保障される。**この自由を制限し、または妨害しようとするすべての合意および措置は、違法である。

第161条　①　健康および労働能力を維持し、母性を保護し、かつ老齢、虚弱および、生活の転変にそなえるために、**ライヒ※は、被保険者の適切な協力のもとに、包括的保険制度を設ける。**

（山田晟訳『人権宣言集』岩波文庫）

解説　**社会権の保障**　第一次世界大戦後、ワイマールの国民会議で成立したドイツ共和国憲法。前文と181か条からなり、**世界で初めて生存権を含む社会権を広範に規定**した。一方で、所有権の制限、労働組合結成の自由、労使の対等などを規定しており、社会主義色も濃かった。ナチス政権による「全権委任法」で1933年に事実上、無効となった。

⑧４つの自由（1941年、米）

◎F=ローズベルト（1882～1945）

われわれが安泰たらしめんと願う、きたるべき日において、われわれは人間にとって欠くべからざる４つの自由の上に打ちたてられた世界を望むのである。

第１に、全世界にあまねき、**言論および表現の自由**である。

第２に、全世界にあまねき、すべての人間に対しての、みずからのしかたで**神を敬う自由**である。

第３に、全世界にあまねき、**欠乏からの自由**――すなわち現実の世界にあてはめれば、すべての国家に対しその住民に健全な平和生活を送ることを保障する、経済上の相互理解ということである。

第４に、全世界にあまねき、**恐怖からの自由**――すなわち現実の世界にあてはめれば、世界的規模における徹底的な軍縮をおこない、いかなる国もその近隣に対し実力行使による侵略をおこないえぬようにすることである。

（村瀬興雄編『世界の歴史　15』中央公論社）

解説　**人権保障の国際化のきっかけ**　アメリカのF=ローズベルト大統領が、年頭の一般教書演説で、ファシズムとの戦いに勝利するには、武器ばかりでなく、みずからが守るものの価値、すなわち、４つの自由を信じる必要があると説いた。「欠乏からの自由」「恐怖からの自由」ということばは、「欠乏からの解放」「恐怖からの解放」の意味で使用されており、「人間の安全保障」（➲p.375）の考え方の基盤となっている。

TOPIC トピック　独立した当初のアメリカは、13の州からなる連邦国家だった。それが、南北戦争（1861年）までに33州となり、1960年にハワイが州となって現在の50州となった。

用語解説　⑩権利章典，⑪自由権，⑫アメリカ独立宣言，⑬フランス人権宣言，⑭ワイマール憲法，⑮社会権

Ⅲ 憲法と立憲主義

6 憲法の種類と特徴

形式	成文憲法	内容を文章のかたちで明文化したもの 例：日本、アメリカ、フランス、ドイツなど
形式	不文憲法	1つの憲法典として明文化されていないもの 例：イギリス、ニュージーランドなど
改正手続き	硬性憲法	一般の法律より改正が厳格になっているもの 例：日本、アメリカ、フランス、ドイツなど
改正手続き	軟性憲法	一般の法律と同じ改正手続きのもの（改正しやすい） 例：イギリスなどの不文憲法
制定者	民定憲法	国民の同意に基づいて定められた、国民主権によるもの 例：日本、アメリカなど
制定者	欽定憲法	君主が独断で定めた君主主権によるもの 例：大日本帝国憲法、プロイセン憲法

解説 **憲法を分類すると…** 多くの民主主義国家では、憲法をまとまった文章（憲法典）に記し（**成文憲法**）、改正の方法を法律に比べて厳格にしている（**硬性憲法**）。また、国民の同意に基づいて定めた憲法（**民定憲法**）が多い。日本国憲法も、立憲主義に立脚して制定された成文・硬性・民定の憲法である。そして、憲法は法律の上位に位置し、他の法令を根拠づけている。なお、国家権力を制限するという意味で、国会法・内閣法・裁判所法など、国家の統治機構の基本を定めた国家の基礎法を総称して、「憲法」と位置づける場合もある。

COLUMN ファシズムを防ぐために 出題

ワイマール共和国の国会議員選挙の推移

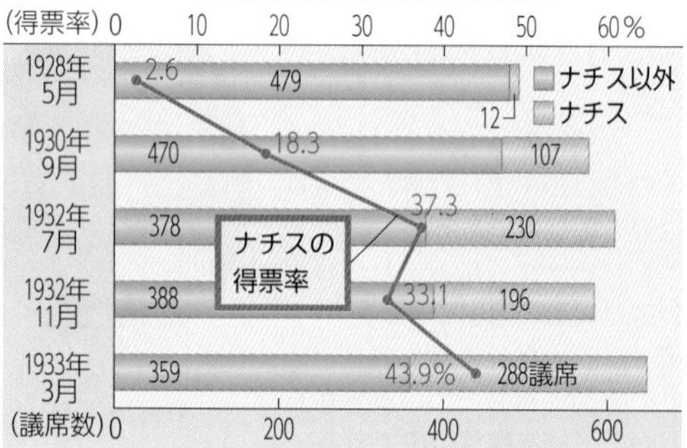

（ハインツ=ヘーネ『ヒトラー　独裁への道』朝日新聞社）

ファシズムとは、1920年代～40年代に盛んになった全体主義的思潮をさす。語源は、イタリアのムッソリーニ（1883～1945）が結党したファシスト党である。この体制下では、帝国主義的な国家目標を達成するために権力を集権化し、①議会政治の否定、②社会主義革命の防止、③人権抑圧などを伴う国家統制が推進され、国民は国家全体への従属を求められた。ドイツでは、ヒトラー（1889～1945）率いるナチスが、たくみなプロパガンダで国民からの支持を勝ち取り、1933年には議会で全権委任法を成立させ、合法的に独裁を成立させた。こうした歴史は、民主主義が万能な政治制度ではないことを物語っている。

ファシズムの経験から、ヨーロッパの多くの国で違憲審査制が採用されるようになった。人権保障を確実なものとするためには、立憲主義的な機能が国家に備わっていることが不可欠なのである。

7 憲法の役割と立憲主義 出題

？ 立憲主義とはどのような考え方か

憲法の本質

国家の基本法
- 他の法令を根拠づける（授権規範性）
- 憲法に違反する法令は無効（最高規範性）

立憲主義の確立
- 国家権力を制限する（制限規範性）

目的――国民の権利を擁護

立憲主義とは

①国家権力を縛る	②権力を分立する	③多数決の横暴を防ぐ
権力者による恣意的な政治	権力が集中すると、人権が抑圧される	多数決だけでは人権を守れないおそれ
		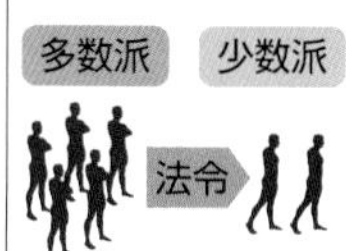
権力者も憲法に従って統治する	憲法で権力を分ける（三権分立）	違反があれば、裁判所が止める（違憲審査）

日本国憲法にみる立憲主義の理念

①**国家権力を縛る**➡第99条で、国家権力を保持する立場にある者（天皇、摂政、国務大臣、国会議員、裁判官、その他の公務員）に対しては、憲法を尊重し、擁護する義務を定めている。

②**権力を分立する**➡第4章（国会）、第5章（内閣）、第6章（裁判所）の各条文で三権の権限を定めて、権力の抑制と均衡を図っている。

③**多数決の横暴を防ぐ**➡第13条では、個人の生命・自由・幸福追求に対する国民の権利について、国政上、最大限尊重することを規定し、第97条で、基本的人権を「侵すことのできない永久の権利」としている。また、第98条では、国の最高法規として、憲法に反する法律や命令などは一切効力をもたないとしている。

違憲審査制と憲法保障

立憲主義の下では、国家は憲法に基づいて行動する義務があり、国家権力の行使は憲法に違反したものであってはならない。国家権力が憲法に違反する行為を防ぐ手段として、**違憲審査権**（違憲法令審査権・違憲立法審査権）を裁判所に与えている国も多い。違憲審査権などのように、憲法が守られていることを確保し、憲法による秩序を存続させること、またはその手段のことを**憲法保障**という。

解説 **憲法は民主主義の生命線** 国家は軍隊や警察を独占し、国民を統治している。そのため、国家権力が濫用されると国民の人権が奪われ、生命や財産が危険にさらされる可能性がある。このため、憲法によって国家が国民に対して負う責務を規定し、権力を立法・行政・司法の三つに分散させている。このように、**憲法は国家権力を制限し、国民の権利を擁護するためにあるとする憲法観は、立憲主義と呼ばれる。**

Zoom **人権宣言の中の立憲主義** フランス人権宣言第16条は「権利の保障が確保されず、権力の分立が規定されない社会は、憲法をもつものではない」と規定した。これは立憲主義の典型的な宣言といわれている。

3 議会制民主主義と世界の政治体制

要点の整理

＊1～16は資料番号を示す

I 議会制民主主義

❶民主政治の形態

(1)**直接民主制**1……国民みずからが直接、国家意思の形成と執行に参加する政治システム
現在は、間接民主制を補完するかたちで制度化
具体例：**イニシアティブ(住民発案)**、**レファレンダム(住民投票)**、**リコール(解職請求)**

(2)**間接民主制**1……国民が選んだ代表者が組織する議会を通じて、国民の意思を間接的に国家意思の形成と執行に反映させるシステム

❷間接民主制の目的・原理……目的2：「人民の、人民による、人民のための政治」(リンカーン)
3つの原理3：代表の原理、審議の原理、監督の原理

II 各国の政治制度

❶政治制度の比較5

(1)**議院内閣制**……不完全な三権分立、内閣は議会(下院)に対して連帯責任を負う
例：イギリス7、日本、ドイツ10など
• イギリス……二院制〔上院(貴族院)と下院(庶民院)、下院が優越〕・二大政党制〔保守党と労働党〕

(2)**大統領制**6……厳格な三権分立、大統領は国民に対して直接責任を負う。三権の抑制と均衡が機能する
例：アメリカ8、フランス9、ロシア11、韓国12など
• アメリカ……二院制〔上院(元老院)と下院(代議院)、両院は対等〕・二大政党制〔民主党と共和党〕
• フランスやロシア……議員内閣制の要素を一部取り入れているため、半大統領制ともいわれる

(3)**民主集中制**……社会主義政党による独裁体制、党や党が主導する議会に全権力が集中(権力集中制)
例：中国13、旧ソ連など

❷世界のさまざまな政治体制14～16

• 北朝鮮……社会主義による民主集中制を標榜するが、内実は、金日成－金正日－金正恩による世襲後継体制
• 東南アジア……第二次世界大戦後、独立した国が多い。議会制民主主義を敬遠し、軍部などの**開発独裁**により経済発展をめざしてきた。近年、民主化の動きが出ている
• イスラーム諸国……イラン：イスラーム共和制、サウジアラビア：王制、トルコ：大統領制(憲法で世俗主義を明記)

I 議会制民主主義

1 直接民主制と間接民主制

出題

直接民主制	国民みずからが直接、国家意思の形成と執行に参加する政治システム。古代ギリシャにおける民会や、スイスのカントン(州)の州民集会、アメリカのタウンミーティングなどがその一例。現代の巨大な国家では事実上不可能であるが、一部で民主制度を補完
間接民主制(代議制・代表民主制)	国民がその自由な意思によって投票、選挙を行い、その限りで政治に参加するが、現実の権力行使は代表者に委任してなされる支配形式。代議員は個別的な国民の代理人ではなく、「信託」に基づく国民全体の代表者である

→ 直接民主制の具体例

形態	内容	日本での事例
イニシアティブ(住民発案)(国民発案)	国民や住民が立法に関する提案を行う制度	条例制定・改廃請求・監査請求(地方自治法第5章)
レファレンダム(住民投票)(国民投票)	国家や地域の重要問題を議会でなく、国民の直接投票で決定すること	地方特別法の住民投票(憲法第95条) 憲法改正の国民投票(憲法第96条)
リコール(解職請求)(解散請求)	国または地方公共団体の公職者を国民の発議により罷免する制度	最高裁判事の国民審査(憲法第79条) 地方公共団体の役員の解職請求(地方自治法第5章)

⬆現在の直接民主制・スイスの州民大会(ランツゲマインデ)
最近は代議制が増加し、州民大会も減少している。

解説 **民主政治の形態** 民主政治は、主権者である国民(市民)が政治に参加する方法によって、**直接民主制**と**間接民主制**に分類される。今日のように、国家の巨大化が進んでいる社会では、主権者が代表者を選んで政治を行う間接民主制を行わざるを得ない。しかし、議会政治を補完するために、ルソーが提言した直接民主制も、イニシアティブ・レファレンダム・リコールといった形で一部導入されている。日本では、「住民投票条例」を定め、重要問題に対して住民投票を実施する地方公共団体も増えている。

TOPIC トピック　タウンミーティングは、日本では行政と住民との対話型の意見交換会として、市町村レベルで実施される例がみられる。

用語解説 16直接民主制

2 間接民主制の目的

●ゲティスバーグの演説(抄) (1863年、米)

現在われわれは一大国内戦争のさなかにあり、これによりこの国家が、……永続できるか否かの試練を受けているわけであります。……

ここで戦った人々が、これまでかくも立派にすすめて来た未完の事業に、ここで身を捧げるべきは、むしろ生きているわれわれ自身であります……。それは、これらの名誉の戦死者が最後の全力を尽くして身命を捧げた、偉大な主義に対して、彼らの後をうけ継いで、われわれが一層の献身を決意するため、これら戦死者の死をむだに終らしめないように、われらがここで堅く決心をするため、またこの国家をして、神のもとに、新しく自由の誕生をなさしめるため、そして**人民の、人民による、人民のための、政治**を地上から絶滅させないためであります。

(高木八尺訳『リンカーン演説集』岩波文庫)

⇧ゲティスバーグで演説するリンカーン

解説 **民主政治の本質**　1863年7月、南北戦争中の最大の激戦といわれるゲティスバーグの戦いの後、第16代大統領リンカーン(1809～65)が、戦死者を祀る国有墓地を設立するための式典に出席し、行ったのが「ゲティスバーグの演説」である。最後の「**人民の、人民による、人民のための政治**(government of the people, by the people, for the people)」は、民主政治の原理を簡潔に示したものである。この考え方は、日本国憲法の前文での「**そもそも国政は、国民の厳粛な信託によるものであつて、その権威は国民に由来し、その権力は国民の代表者がこれを行使し、その福利は国民がこれを享受する**」ということばに受け継がれている。

COLUMN
ルソーの間接民主制批判

> **……イギリスの人民は自由だと思っているが、それは大間違いである。彼らが自由なのは、議員を選挙するあいだだけのことで、議員が選ばれてしまうと、彼らは奴隷となり、何ものでもなくなる。** (ルソー『社会契約論』)

直接民主制を主張したルソーは、主権を代表者に委任すれば政治的自由が喪失すると考え、「人民が代表者をもつやいなや、もはや自由ではなくなる」と評して、間接民主制を批判した。彼は、選挙が終われば市民が公共の問題に無関心となり、人民主権が空洞化することを危惧したのである。直接民主制の政治は、大規模化した国家では不可能である。しかし、ルソーの間接民主制に対する批判は、現代においても示唆に富むものといえる。

3 間接民主制の３原理

代表の原理	選挙を通じて選ばれた代表者は、一部の利益を代表するのではなく、全国民の利益を代表しなければならない。
審議の原理	公開の議場で、少数意見も尊重されるような慎重な審議がなされ、その中で最も多くの支持が得られる結論を導き出す。
監督の原理	行政が国民のために適正に行われているかを議会が監督する必要がある。

解説 **国民の意見を反映させるために**　間接民主制では、国民みずからが政治を行うわけではない。そこで、国民の意見を政治に反映させるためには、「**代表**」、「**審議**」、「**監督**」の３原理を遵守することが必要となる。また、政策を決定する場面では、多数者の意見を結論とする意思決定の方法(**多数決の原理**)がとられ、より多くの国民の意見が尊重されるようになっている。

4 民主主義と連邦制国家 出題

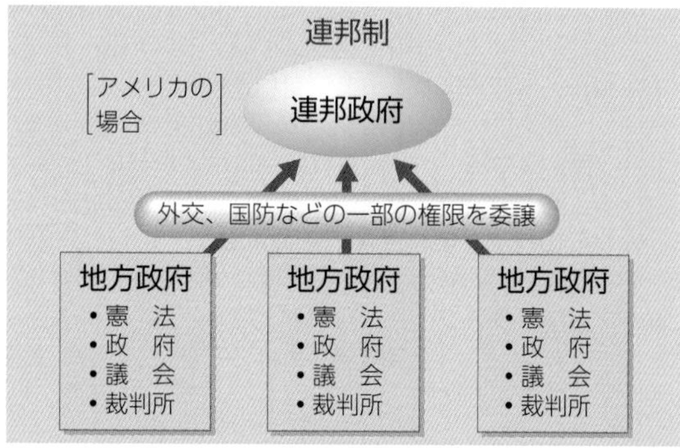

アメリカは建国当初、東部13州が集まって形成された連合国家で、中央(連邦)政府と地方(州・地方自治体)政府が権限を分かちあう連邦制は重要な建国の理念になっている。このため、州は、独自の憲法、政府、議会、裁判所をもっており、それぞれの州では十分に対応できない外交、国防、通貨制度、外国との貿易が、連邦政府に与えられた役割である。憲法修正第10条には、連邦政府に委ねられていない権限はすべて州政府に帰すると明文化されている。

世界の連邦制国家

アジア・ヨーロッパ……インド、ネパール、パキスタン、マレーシア、ミャンマー、アラブ首長国、オーストリア、スイス、ドイツ、ベルギー、ロシア

アフリカ……エチオピア、ソマリア、ナイジェリア

北米・中南米・オセアニア……アメリカ、カナダ、ブラジル、メキシコ、アルゼンチン、オーストラリア

解説 **権限が強い地方政府**　**連邦制**とは、州などの地方政府が結合し、一部の権限を中央政府に委譲した国家形態のことである。一方、中央政府に統治権が集中する国家は単一国家といわれる。一般的に、**連邦制国家は単一国家に比べて、地方政府に広範な権限が認められている**。したがって、連邦制国家の下で、言語や宗教、文化規範の異なる地域が存在する場合、それぞれの地域で、地域の実情にそった政治が期待できる。また、各地域は平等・対等の関係にあるため、地域間の多様性が維持されやすく、少数派のエスニック・グループ(民族集団)が排除されにくいという特徴がある。

Zoom **リンカーン**　さまざまな仕事をしながらイリノイ州議会議員に当選後、一時政界を引退し、弁護士として活躍した。弁護士業のかたわら、奴隷制拡大の動きに対して反対を訴え、政界に復帰。共和党に入党し、共和党員として最初の大統領に昇りつめた。

Ⅱ 各国の政治制度

5 政治制度の比較（2023年7月現在）

頻出

政治体制	議院内閣制（イギリスの場合）	大統領制（アメリカの場合）	民主集中制（中国の場合）
政体	立憲君主制	共和制	共和制
国家元首	国王（世襲制） チャールズ3世 ［1948年生まれ 在位2022年～］ 	大統領（選挙制） バイデン大統領 ［1942年生まれ 在任2021年～］ 	国家主席 （全人代で選出） 習近平国家主席 ［1953年生まれ 在任2013年～］ 
権力分立	議会（立法権）と内閣（行政権）が融合関係。本国内の司法権は裁判所が管轄	議会（立法権）、大統領（行政権）、裁判所（司法権）が独立する厳格な三権分立	全国人民代表大会（全人代）に全権力を集中
議会	二院制……下院優位の原則	二院制……上下両院は対等だが、威信は上院の方が強い	年1回の全人代が議会に相当
内閣の組織	• 内閣総理大臣と国務大臣は下院議員から選出 • 内閣総理大臣は原則的に下院で議席が最も多い党の党首 • 国務大臣は内閣総理大臣が任免	• 大統領は国会議員とは別の間接選挙で選出 • 各省の長官は議員以外から大統領が任免	• 国務院が内閣に相当。国務院総理（首相）は、国家主席の指名に基づいて、全人代が任命。国務大臣は、国務院総理の指名に基づいて全人代が任命
内閣の責任	内閣は議会に対して連帯責任を負う	大統領は議会に対して責任を負わず、直接国民に責任を負う。各省庁の長官は大統領に責任を負う	国務院は全人代に責任を負う
立法権と行政権の関係	• 下院において、内閣不信任決議案が可決された場合、内閣は総辞職するか、下院の解散を行う • 内閣には、下院の解散権と法案提出権がある	• 大統領には、議会解散権や法案提出権はなく、教書により、議会に立法の要請を行う • 法律は議員立法のみ。大統領には法案拒否権がある	• 国務院は、全人代（閉鎖中は常務委員会）に議案を提出したり、事務報告をする
特徴 長所	議会（下院）で第1党となった政党は、国民の支持を背景に内閣を組織して思い切った政治ができる	大統領は、国民の支持さえあれば、議会の同意を得なくても強力な政策を行うことができる	事実上、共産党の独占的な支配が、計画経済などの強力な経済政策を遂行するのにも有効にはたらく
特徴 短所	与党の勢力が弱いと、政治が不安定になる	• 4年間民意が反映されにくい • 大統領と議会の対立で政治が混乱する危険がある	権力が集中しているために、民意が届きにくく、政治が硬直化して腐敗や専制政治をまねくおそれがある

立憲君主制……君主（国王など）は存在するが、憲法によって君主の権限が制限されている政治体制。
共和制……君主が存在しない政治体制。一般的に、国家元首は国民による選挙で選ばれる。
国家元首……対外的な国家の代表者をさす。元首に関する規定が明文化されていない国もある。

6 各国の大統領の比較

？大統領の役割は国によってどのように異なっているのか

	アメリカ	フランス	ドイツ	ロシア
資格	アメリカ生まれの市民で、市民権を取り14年以上住んでいる35歳以上の者	23歳以上のフランス国民で徴兵義務を済ませている者	連邦議会の議員の選挙権を有し、かつ40歳に達したドイツ人	35歳以上で、10年以上ロシアに居住のロシア市民
任期	4年（3選禁止）	5年（3選禁止）	5年（3選禁止）	6年（連続3選禁止）
選出方法	大統領選挙人による間接選挙	国民の直接選挙（有効投票数の過半数を得ること）	連邦会議（連邦議会議員・各州代表で構成）の間接選挙	国民の直接選挙（有効投票数の過半数を得ること）
権限	• 行政権の長 • 軍の最高司令官 • 法案拒否権 • 議会に対して教書による立法勧告	• 首相・閣僚任免権 • 国民議会解散権 • 軍の最高司令官 • 緊急時の非常大権 • 国民投票施行権	• 象徴的存在 • 連邦議会が選出した首相を任命	• 首相・閣僚任免権 • 下院の解散権 • 軍の最高司令官 • 戒厳令の宣告権
解任方法	上院の弾劾裁判	なし（起訴には両院の同意が必要）	両院の2/3以上の賛成で憲法裁判所が判断	下院が提起し、両院の2/3以上の賛成

解説 **大統領もいろいろ…** 大統領には2つの型がある。アメリカのように、大統領みずからが行政を担当する場合と、ドイツのように、大統領が日本の天皇と同じ象徴的立場にあり、事実上は議院内閣制の場合がある。フランスやロシア・韓国には首相がいるが、アメリカ型に近い大統領制である。一方、イタリアはドイツ型に近く、議院内閣制である。

TOPIC トピック 憲法修正13条（奴隷制廃止）は1865年に連邦議会で成立した。しかし、当時の州のうちミシシッピ州が批准したのは1995年のことであった（2013年に正式承認）。

用語解説 ⑰議院内閣制，⑱大統領制，⑲民主集中制

7 イギリスの政治制度(2023年11月現在) 頻出

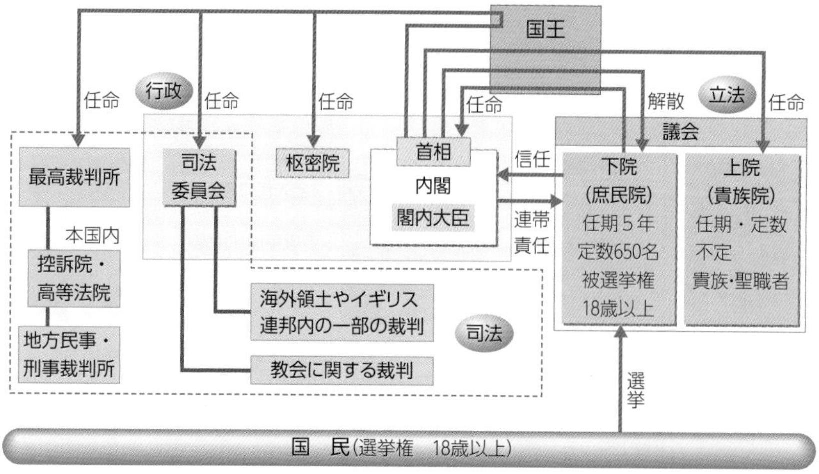

⇧イギリスの下院　写真正面の議長席に向かって左が与党、右が野党。それぞれの席の前に**ソードライン**(剣線)といわれる線が引かれている。暴力否定の印とされている。

憲法	体系的な成文憲法のない、いわゆる**不文憲法**の国である。議会制定法(**マグナ・カルタ**、**権利章典**、議会法など)や、**コモン・ロー**(中世以来の慣習法に基づく判例法の体系)のうち、国家の構造、国家と国民との関係を取り決めているものが憲法の役目を果たしている。改正も一般法と同様の手続きにより行われる(**軟性憲法**)。
国家元首	国王。慣習上、イギリス国民統合の象徴とされ、政治的には「**君臨すれども統治せず**」といわれる。形式的には大きな権限をもつが、政治上の実権はもたない「**立憲君主制**」の国である。なお、イギリスはイングランド、北アイルランド、スコットランド、ウェールズの４つの国からなる連合王国である。
議会	最高の立法機関。構成は、上院(貴族院)と下院(庶民院)の**二院制**を採用している。法案の審議は本会議中心で、本会議における第一読会(法案の題名の朗読)、第二読会(法案の趣旨説明と審議委員会への付託)、第三読会(委員会で審査された法案の最終審議と採択)を経る読会制が採用されている。
	①**上院(貴族院)**　貴族や聖職者から構成される。首相の推薦により国王が任命する。ほとんど実権がなく、下院を通過した法案の見直しと修正を加えるのが任務である。世襲貴族議員制の廃止など、上院改革が進められ、かつては上院議長を兼務していた大法官(法務大臣に相当)の権限も大幅に縮小された。
	②**下院(庶民院)**　18歳以上の有権者(被選挙権も18歳以上)による選挙(小選挙区)で選ばれた650名から構成される。任期は５年。1911年のアスキス内閣で議会法が制定され、**下院優位の原則**が確立された。
内閣	行政府の最高権限は形式的に枢密院がもつが、実質的に内閣が代行する。原則的に下院の多数党党首が首相になる。内閣は下院に対し責任を負い、下院の信任を失えば、下院の解散か総辞職をしなければならない(**議院内閣制**)。
政党	従来、二大政党が政権を争ってきたが、近年は多党化が進んでいる。 **保守党**……17世紀に成立したトーリー党(国王に忠誠を尽くす保守派)を前身とし、有産階級を基盤とする自由主義政党。 **労働党**……元の名称は「労働代表委員会」。1906年改称。議会主義による社会主義実現をめざす、労働者階級を基盤とした社会民主主義政党。 その他の政党は、自由民主党(ホイッグ党を前身とする旧自由党と社会民主党が1988年に合併)や、スコットランド国民党などがある。
司法	上院が最高司法機関であったが、2009年10月に**最高裁判所**が設置され、司法府は立法府から厳格に分離された(スコットランドの刑事裁判では、最高裁判所は審理しない)。違憲審査権はもたない。海外領土やイギリス連邦内の裁判、教会に関する裁判は、最終的には枢密院司法委員会で行われる。

⇧スナク首相

国王：チャールズ３世
(2022年即位)
首相：リシ=スナク【保守党】
(在任2022年～)
外相：デーヴィッド=キャメロン
(在任2023年～)

国家元首

イギリス連邦(コモンウェルス)所属の国(カナダ、オーストラリア、ジャマイカなど)では、イギリス国王を国家元首とし、国王から任命された総督が元首権を代行する。総督はその国で市民権をもつ人が、首相の推薦により、イギリス国王から任命される。

枢密院

貴族によって構成される国王評議会を前身とする国王の諮問機関。やがて、枢密院の一組織として内閣が誕生した。形式的には、枢密院が行政の最高機関となっているが、現在では、行政を監督・指揮する権限は内閣が有している。

下院の解散制限の撤廃

日本では、首相は衆議院を任意に(いつでも)解散できる。一方、イギリスでは2011年に議会任期固定法が成立し、下院の解散は、①内閣不信任決議案の可決時、②下院の自主解散決議案の可決時、③５年ごとの定期的な総選挙時、に制限された。しかし、EU離脱時にみられた議会の混乱を受けて、議会任期固定法は2022年に廃止され、下院の解散制限は撤廃された。

影の内閣(シャドー・キャビネット)

イギリスでは、野党第一党の党首は、「影の内閣」を組織する。影の首相の下、政府の各省の担当領域ごとに影の閣僚が任命される。内閣と同様に定期的に会議を開き、政府の政策に対する批判と代案の提出を行う。その運営費は国庫より補助される。議会においては、与党や政府閣僚と対峙して、政府を批判する。日本でも、運営費の補助などはないものの、野党が影の内閣を組織したことがある。日本はイギリスから、他にも「**党首討論(クエスチョン・タイム)**」や「**政権公約(マニフェスト)**」などを取り入れている。

Zoom **イギリスの爵位**　現在も残るイギリスの爵位には、上から公爵・侯爵・伯爵・子爵・男爵となり、これらが世襲貴族となる。その他、世襲されない一代貴族、そして世襲制だが「貴族」とはみなされず、貴族院のメンバーにもなれない准男爵がある。

ウェストミンスター宮殿　16世紀からイギリス議会の議事堂として使用されている。1834年に火災で焼失後、再建された。写真右手の時計塔は通称「ビッグ・ベン」。

①イギリスの政党

イギリスの二大政党制の起源

イギリスの**二大政党制**の起源となったのは、トーリー党(後の保守党)とホイッグ党(後の自由党)である。トーリー党のおもな支持層は、農業を基盤としている地主や貴族であり、保護貿易を唱えていた。ホイッグ党の支持層は、産業資本家など商工業者を中心としており、自由貿易の推進をめざしていた。両党とも誕生当時は、近代的な政党としての機能はなかった。しかし、19世紀にトーリー党が党の綱領を定め、近代的な政党である保守党へと発展していった。ホイッグ党も自由貿易路線を鮮明にし、自由党へと脱皮した。以降、自由貿易か、保護貿易かの論争の中で、二大政党が政権を争うようになった。

第二次世界大戦後になると、労働者階級を支持基盤とする**労働党**(1906年結党)が躍進し、自由党に代わって、**保守党**とともに二大政党として、政権を争うようになった。

●二大政党の得票率の推移

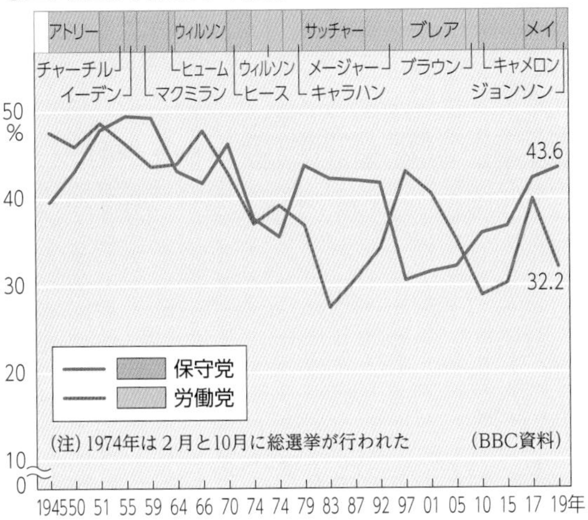

(注) 1974年は2月と10月に総選挙が行われた　(BBC資料)

宙ぶらりんの議会

2010年5月に行われたイギリスの総選挙は、多党化が進んだ結果、保守党、労働党ともに得票が伸びなかったため、議会は36年ぶりにいずれの党も過半数の議席を獲得できない「ハングパーラメント(宙ぶらりんの議会)」となった。保守党は第一党として政権の座に就いたが、議席の過半数を維持するために自由民主党と連立を組むことになり、この連立政権は2015年の総選挙まで続いた。

2017年の総選挙でもハングパーラメントの状態となった。このため与党の保守党は、北アイルランドの地域政党である民主統一党と閣外協力を結び、政権を運営することとなった。

②議院内閣制

ウォルポール(1676～1745)

議院内閣制(責任内閣制)とは、議会から信任を得た内閣が、議会に対して連帯して責任を負い、行政権を行使していくことである。つまり、議会内で多数派を形成した党派が与党となり、内閣を組織することで政権を運営する。また、各大臣は議会に出席して発言する権利と義務をもつ。一方、議会で内閣不信任案が可決された場合などは、議会の信任を失ったとみなされる。その際、内閣は総辞職をしなければならない。

議院内閣制の起源

議院内閣制は、18世紀のウォルポール内閣のときにスタートしたといわれる。

ウォルポールは、初代の内閣総理大臣と考えられる。正式な役職は、「第一大蔵卿」。当時は、内閣総理大臣という役職はなく、この役職がイギリスの内閣のトップであった。ウォルポールは、事実上の首相として21年間にわたり内閣を指揮した。しかし、1730年代末に政治腐敗が広まり、1741年の総選挙で敗れ、議会での与野党の議席数が縮まった。これを受けてウォルポールは、第一大蔵卿の辞意を表明する。国王ジョージ2世は慰留を求めたが、議会での信任を失ったとして、ウォルポールは翌年に辞任した。ここから議院内閣制の伝統が始まり、この制度は日本をはじめ、さまざまな国に採り入れられた。

COLUMN 多様化するイギリス世論

イギリス下院の議席(2019年12月)

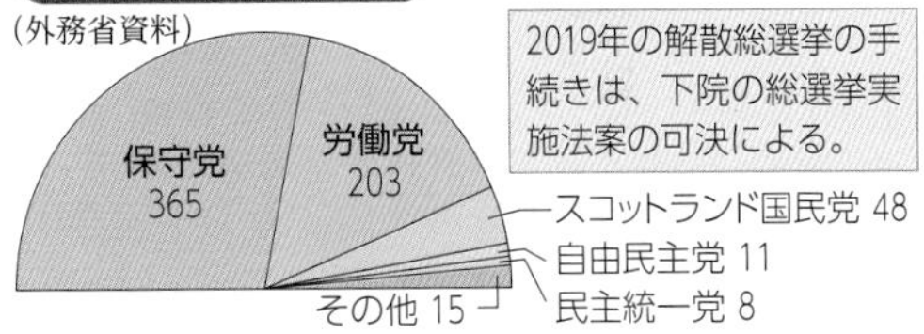

イギリスではEU離脱の是非を問う国民投票が2016年6月に実施された(➡p.352)。その結果、離脱支持が多数を占めたことで、キャメロン首相は辞任し、メイ政権(2016～19年)が発足した。

2017年にはメイ政権の下で、下院の自主解散決議に基づいて総選挙が行われたが、保守党が定数の過半数を割る結果となった。その後、議会ではEUと合意した離脱協定案が3度も否決される事態に陥り、メイ氏は首相辞任を表明、2019年7月にジョンソン氏が首相に就任した。

ジョンソン政権の下で行われた2019年12月の総選挙では、EU離脱を主張する保守党が圧勝し、議席の過半数を獲得した。また、EU残留派でスコットランドの独立を主張しているスコットランド国民党も議席を伸ばし、地域間の世論の相違が浮き彫りになった。一方、EU残留を明確に打ち出さなかった労働党は議席を大きく減らす結果となった。

TOPIC トピック　イギリスの上院(貴族院)の議員定数は不定である。現在は800名程度だが、1,000人を超える時代もあった。定足数は議長を含めて3名(議決時の定足数は30名)である。

用語解説　⑳軟性憲法

8 アメリカの政治制度(2023年7月現在)

頻出

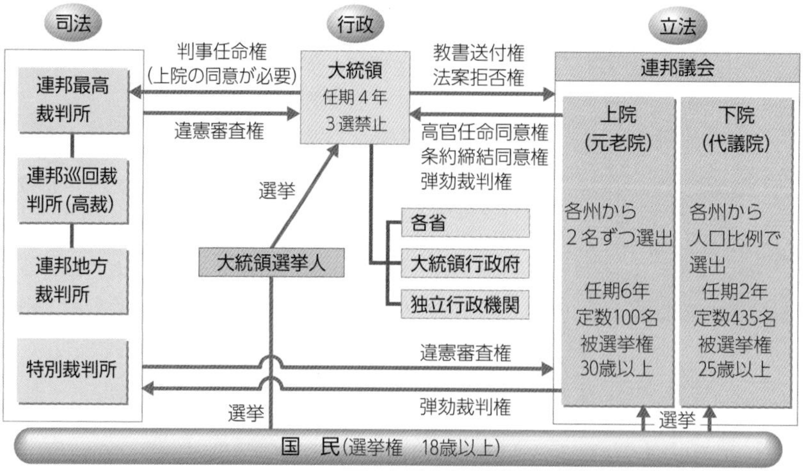

⬆大統領の一般教書演説(上院)

憲法	1787年、フィラデルフィアで行われた憲法制定会議で制定。1788年に発効。アメリカの州レベルの憲法を除(のぞ)けば、世界最古の**成文憲法**である。改正には一般法の制定よりも厳格(げんかく)な手続きが必要とされる(**硬性憲法**)。
国家元首	大統領は行政府の最高責任者で、軍の最高司令官。強大な権力を誇(ほこ)るが、厳格な三権分立により、その権力は抑制もされている。国民の**間接選挙**によって選ばれ、任期4年で3選禁止。 ●**大統領のおもな権限** ①議会の制定した法律の執行 ②**教書**の議会への提出……教書とは、連邦の状況についての報告や政策提案であり、一般教書・予算教書・経済報告がある。**大統領は議会への法案提出権や解散権がない**が、教書を通じて法律の制定を議会に勧告・要請できる。 ③**法案拒否権**……ただし、両院の3分の2以上の再可決があれば無効となる。 ④その他……官吏(かんり)任命権、臨時議会の招集権、議会停止権、大統領令の発令など ※**大統領令**：議会の承認や立法を経(へ)ずに、直接、連邦政府や軍に発令する命令で、法律と同等の効力をもつ。議会が大統領令に反対する法律を成立させるか、最高裁判所が違憲判断を出せば、無効となる。
議会	上院と下院の二院制を採用し、両院は対等な立法権をもっている。議会は委員会中心で、本会議は形式的である。 ①**上院(元老院)** 定数100名。各州から2名ずつ選出。任期6年。被選挙権は30歳以上。2年ごとに3分の1ずつ改選される。上院は、高級官吏の任命と条約の締結について、大統領に対する同意(承認)権をもつ。また、大統領・副大統領・高級官吏に対する弾劾(だんがい)裁判権をもつ。弾劾裁判で有罪となると罷免(ひめん)される。なお、副大統領が上院議長となる。 ②**下院(代議院)** 定数435名。各州からの人口比例で選出。任期2年。被選挙権は25歳以上。各選挙区から1名選出の小選挙区制を採用。予算先議権において上院に優越する。選挙は上院の改選と同時に行われる。特に、4年ごとの大統領選挙の中間にあたる選挙は「**中間選挙**」と呼ばれ、次の大統領選挙の動向を占(うらな)う指標になる。 ※その他にも、コロンビア特別区(ワシントンD.C.)、ヴァージン諸島、米領サモア、グアムから各1名派遣委員(任期2年)が選出され、プエルトリコから1名常駐(じょうちゅう)弁務官(任期4年)が選出される。しかし、これらは基本的に評決権をもたない。

内閣	上院の助言と承認のもとで大統領が任命した15省15長官で構成される大統領の諮問(しもん)機関。大統領のみに責任を負う。長官の議員兼任禁止(議員に対しても行政機関の職に就(つ)くことを禁止)。行政機関としては他に、多くの独立した局や委員会などの機関、大統領に助言を行う補佐官が置かれている大統領行政府がある。
政党	民主党と共和党の**二大政党制**である。 **民主党**……ニューディール政策以後、黒人と労働組合の支持を受ける。リベラルな立場で、国際協調主義をとる。**大きな政府**をめざす傾向が強い。 **共和党**……白人や有産層の支持を受け、保守主義的な色彩が強い。外交政策は強硬(きょうこう)姿勢を示す。**小さな政府**をめざす傾向が強い。
司法	連邦最高裁判所判事は、大統領が上院の承認を得て任命する。裁判官の任期は終身。憲法上の規定はないが、**違憲審査権**をもつ。

民主党・共和党の議席数の推移 (アメリカ下院議会資料)

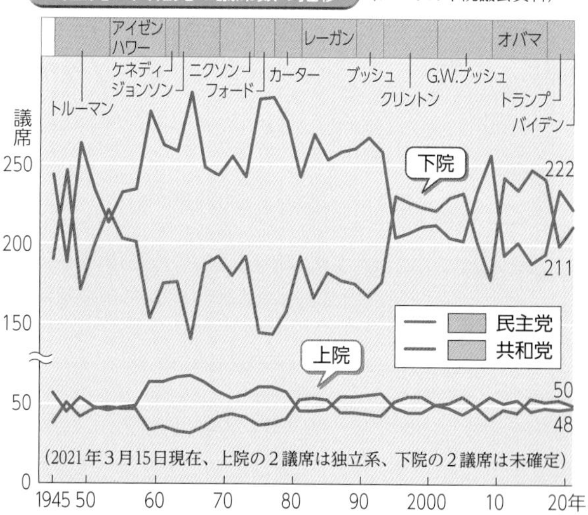

2年ごとに行われる連邦議会選挙では、上院議員の3分の1と下院議員の全員が改選される。

大統領：**ジョセフ=バイデン**(在任2021年〜)【民主党】
副大統領※：**カマラ=ハリス**(在任2021年〜) ※上院議長を兼務
国務長官※：**アントニー=ブリンケン**(在任2021年〜) ※外相に相当

Zoom **アメリカの省** アメリカの省は、国務、財務、国防、司法、内務、農務、商務、労働、厚生、住宅・都市開発、運輸、エネルギー、教育、復員軍人、国土安全保障からなる。国土安全保障省は2001年のアメリカ同時多発テロ事件を契機に設立された。

FILE 02

アメリカ大統領選挙のしくみ

2020年、新型コロナウイルス感染症の拡大や、大規模な人種差別抗議デモの発生など混乱が続くアメリカで、大統領選挙が行われた。「アメリカ第一主義」を継続するか、国際協調路線へ転換するかという争点を中心に、アメリカ国内にとどまらず、世界中でさまざまな議論が巻き起こった。

政治

アメリカ大統領選挙の流れ

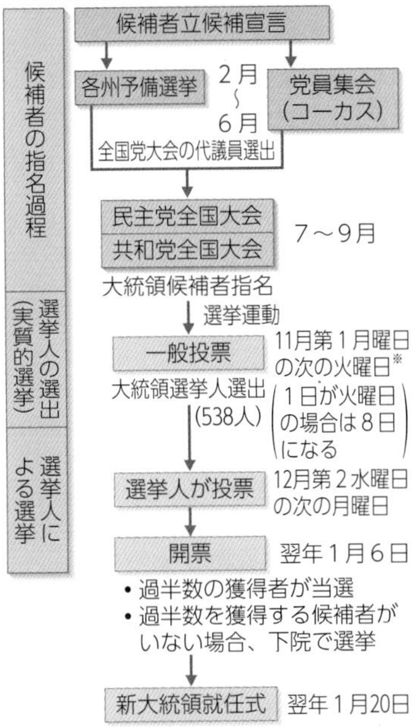

※すべての下院議員および、上院議員のうち3分の1の選挙も同時に行われる。

2020年のアメリカ大統領選挙

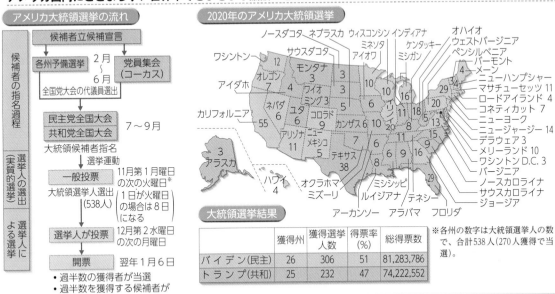

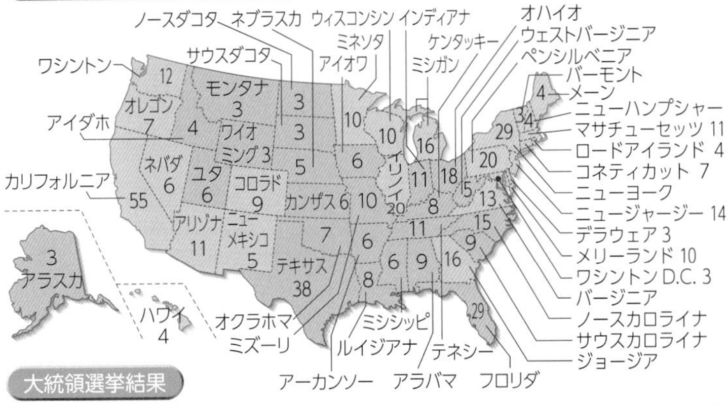

大統領選挙結果

	獲得州	獲得選挙人数	得票率(%)	総得票数
バイデン(民主)	26	306	51	81,283,786
トランプ(共和)	25	232	47	74,222,552

※各州の数字は大統領選挙人の数で、合計538人(270人獲得で当選)。

「勝者総取り方式」が採用されている州では、ある候補者が他の候補者より一票でも多く獲得すれば、得票率に関わらず、大統領選挙人全員を獲得できる。そのため、全国の総得票数の少ない候補が勝利するという、民意と選挙結果の逆転現象が生じることもある。実際に、2016年の選挙におけるアメリカ全土での獲得選挙人1人当たりの得票数は、当選したトランプ候補(共和党)の約20.4万に対して、クリントン候補(民主党)は約27.9万であり、7万以上もの差があった。

アメリカ大統領選挙のしくみ

4年に1度、閏年に行われるアメリカ大統領選挙の日程は1年間の長丁場である。

大統領選挙を3つの段階に区切ると、各州の政党の代議員を選ぶ「予備選挙(または党員集会)【2～6月】」、代議員が大統領候補を選ぶ「党大会【7～9月】」、そして、国民が投票する「一般投票【11月】」になる。

一般投票では、国民が大統領選挙人を選ぶ**間接選挙**の形式をとるが、大統領選挙人は、どの候補に投票するかが決まっており、事実上、国民が大統領を選ぶことになる。

大統領選挙人は、各州に上下院議員の合計数が割り当てられている。また、ほとんどの州※の一般投票で「**勝者総取り方式**」が採用されている。これは、州の意見を一つにまとめる工夫であり、アメリカが建国以来、州の独立性を重要視している表れでもある。

※ネブラスカ州とメーン州を除く。

アメリカと世界のこれから

2020年、アメリカ大統領選挙の一般投票が行われた。オバマ政権時代に副大統領を務めるなど、政治経験が豊富なバイデン候補(民主党)と、アメリカ第一主義を掲げて再選をめざすトランプ候補(共和党)の接戦となったが、結果的にバイデン候補が勝利した。

トランプ氏は、大統領を務めた2017年からの4年間で、貿易相手国への関税の強化をはじめ、保護主義的な政策を推し進めてきた。これに対して、バイデン氏は、他国と連携・協力しつつ世界的な危機に立ち向かう必要があるとして、国際協調路線へ転換した。

その一方で、バイデン政権発足後、国際社会におけるアメリカの軍事的な関与は後退した。その結果、アフガニスタンにおけるタリバンの勢力拡大と政権交代、ロシアのウクライナ侵攻など、国際社会の平和を脅かす事態が深刻化している。

アメリカ連邦議会襲撃事件

2021年1月、トランプ大統領(当時)の支持者らが、アメリカ連邦議会を襲撃し、占拠する事件が起きた。この事件の直前、トランプ氏はホワイトハウス近くで行われていた集会で、大統領選挙で根拠のない不正があったと訴え、議会に向かって行進する支持者に向かって「戦う」ように促した。この行為が、民衆を議会襲撃に扇動したとして、トランプ氏は、大統領弾劾訴追を受けた(無罪評決)。この事件はアメリカの政治的分断を象徴しており、多くの人々が、アメリカの民主主義は衰退する危険性があるとの見方を示した。

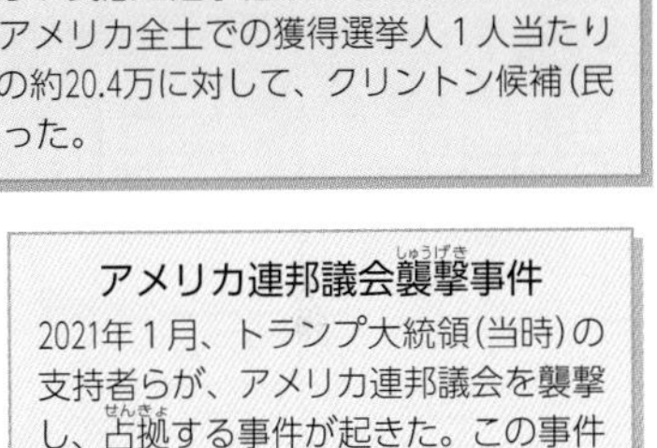

↑連邦議会の襲撃現場(2021年1月)

TOPIC トピック アメリカ大統領選挙の大統領選挙人の数は538名。上院と下院の議員数に応じて535名が各州に割り当てられ、残りの3名はワシントンD.C.に割り当てられる。

9 フランスの政治体制(2023年7月現在)

頻出

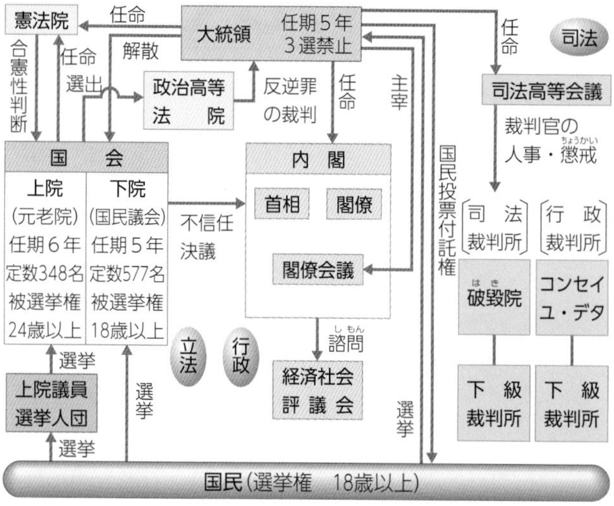

大統領：エマニュエル=マクロン(在任2017年〜)
首相：エリザベット=ボルヌ(在任2022年〜)
与党：「再生」などの中道・与党連合

マクロン大統領

フランス国民議会(下院)

大統領選挙は国民の直接選挙で行われる。過半数の票を得ると大統領が決まるが、過半数を超える候補者がいなければ上位二人の決選投票が行われることになる。2022年の決選投票では、中道のマクロン候補が右翼のルペン候補を破って再選を果たした。

フランス共和国憲法

第1条　フランスは、不可分の非宗教的、民主的かつ社会的な共和国である。……

第2条　4　共和国の標語は「自由、平等、友愛」である。

5　共和国の原理は、人民の、人民による、人民のための政治である。

1958年に第五共和制憲法、別名ド=ゴール憲法が発布された。この憲法の特徴は、議会中心主義から大統領中心主義への移行である。1962年の改正によって直接選挙で選出されることになった大統領は、以前より多くの権限を有することになった。

解説　**半大統領制**　現在のフランスの政治制度は、ド=ゴール(1890〜1970)によって採用された。不安定だった議院内閣制の問題点を克服するため、大統領には、首相の任命権、国民議会の解散権、国民投票付託権など強大な権限が与えられた。しかし、内閣・首相が議会の信任の下に成り立つなど**議院内閣制の枠組みも残しており、「半大統領制」と呼ばれる**。政治的慣例として、大統領は外交政策、首相は内政に責任を負うものとされる。

10 ドイツの政治体制(2023年7月現在)

出題

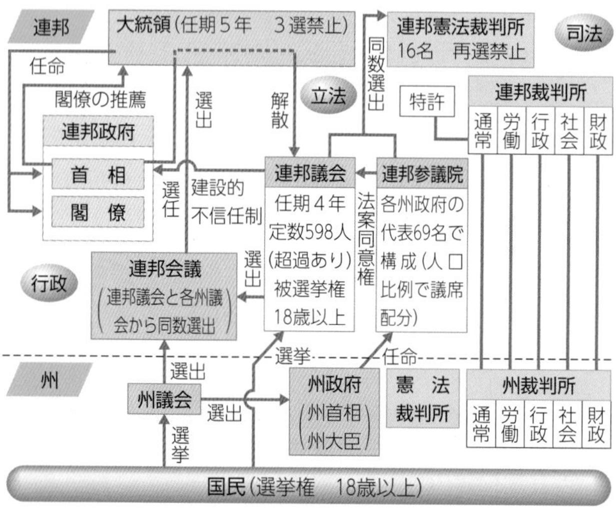

大統領：フランク=ヴァルター=シュタインマイヤー(在任2017年〜)
首相：オラフ=ショルツ(在任2021年〜)
与党：社会民主党と緑の党、自由民主党の連立

ショルツ首相

ドイツ連邦議会(下院)

連邦制のドイツでは、各州の権限が強い。州の代表者で構成される連邦参議院は、法案同意権(州の権利を拘束するものに限る)があるため、国政の上でも、州の意見を無視できない。また、大統領は国民の直接投票ではなく、連邦議会と各州議会議員によって構成される連邦議会によって選出される。

ドイツ連邦共和国憲法

第16a条　1　政治的に迫害されている者は、庇護権を有する。……

第23条　1　ドイツ連邦共和国は、……ヨーロッパ連合の発展に協力する。連邦は、そのために、連邦参議院の同意を必要とする法律によって、主権的権利を委譲することができる。

ドイツ連邦共和国基本法(西ドイツ時代はボン基本法)は、ワイマール憲法の基本的諸原理を継承しつつ、しかも、ナチスを生み出した反省のもと成立した。東西ドイツ統一後も数条項を改定の上、引き続き適用されている。また、ヨーロッパ統一に向け、EUに関する条項も含まれている。しかし、近年の改正で、庇護権を制限したことは、基本法のリベラル精神に反するものといわれている。

解説　**象徴的な大統領**　ドイツの政治制度の特徴は、**議院内閣制にもかかわらず、象徴的な大統領をおいている**点にある。大統領は、首相の任命や議会の解散を行うが、実質的な権限を握っているのは、議会や内閣である。その中でも、特徴的なのは、「建設的不信任制」である。連邦議会は、過半数で「次の連邦首相」を決めることができなければ、内閣不信任案を議決することができない。この意味で、ドイツの首相は日本の首相よりも、権限は強い。

Zoom **ヨーロッパ統合の原動力**　かつてのドイツとフランスは、普仏戦争、アルザス・ロレーヌ地方の国境問題、ナチスのパリ侵攻など、争いが絶えなかった。第二次世界大戦後、両国は友好関係を築き、EUにみられるようなヨーロッパ統合の原動力になった。

11 ロシアの政治体制(2023年7月現在)

出題

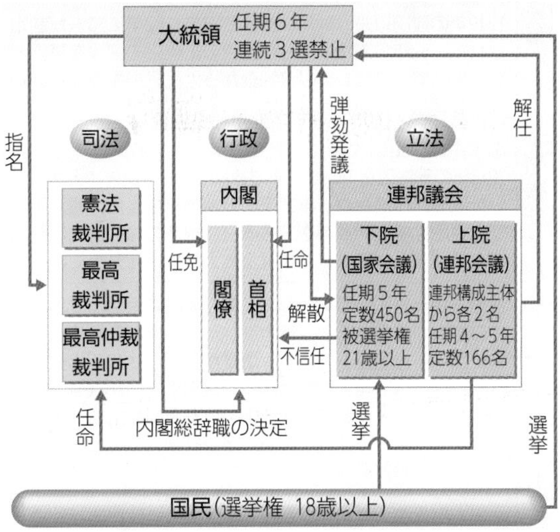

大統領：ウラジーミル=プーチン
(在任2000～08、2012年～)
首相：ミハイル=ミシュスチン
(在任2020年～)
与党：統一ロシア

⇧プーチン大統領

⇧大統領府が置かれているクレムリン(左)と下院(右)

プーチンによる憲法改正

現行のロシア憲法は、1993年に国民投票を経て発効した。三権分立を基本とし、複数政党制をとる民主的な立憲主義国家体制が構築された。しかし、2020年、憲法改正の国民投票が実施され、「プーチンのための改憲」が成立した。大統領の任期制限に変更はないものの、改正時点のプーチン大統領の任期(本来は2024年まで)が一旦リセットされることとなり、プーチンは2025年から再び2期12年(最長2036年まで)大統領職に留まることが可能となった。また、中央集権的な統治の強化、大統領権限の強化などが盛り込まれ、大統領個人がロシアを統治する体制へと変貌した。その他、ロシアの国家主権を擁護するために、領土割譲の禁止や内政不干渉に関する条項が新設されるなど、ウクライナ問題を見据えたかのような改正も行われた。

解説 **強大な権限をもつ大統領** 1991年のソ連崩壊後、ロシア連邦(ロシア)は、独立国家共同体(ＣＩＳ)の中心的地位についた(➲p.276)。1991年6月に大統領に就任したエリツィン(1999年まで在任)は、93年12月に新議会の選挙と新憲法の国民投票を行い、新憲法を制定した。これにより、ロシア国民の直接選挙による大統領制が採用されている。大統領は国家元首であり、軍の最高指揮官であるなど強大な権限をもっている。

12 韓国の政治体制(2023年7月現在)

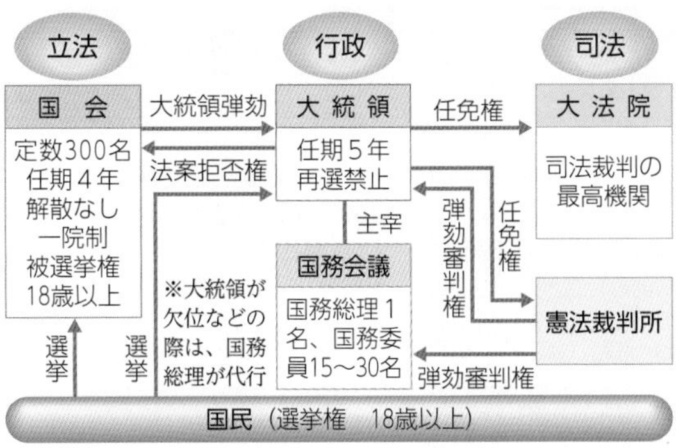

⇦大統領府が置かれていた青瓦台
2022年に大統領府は国防部庁舎に移転され、現在、青瓦台は一般開放されている。

大統領：尹錫悦[ユン・ソンニョル](在任2022年～)
首相：韓悳洙[ハン・ドクス](在任2022年～)
与党：国民の力

⇧尹錫悦大統領

⇧韓国議会

軍事政権時代からの脱却

1948年に建国(初代大統領は李承晩)。冷戦時代は軍事政権が長く続いた。1961年に朴正熙がクーデターを起こし、政権を奪取した。朴大統領は開発独裁を進め、奇跡的な経済発展(漢江の奇跡)を実現させたが、1979年に暗殺された。1980年には民主化運動に対する軍部の大規模な弾圧(光州事件)が行われたが、1980年代後半に民主化が進み、1991年の国連加盟を経て、1993年以降は文民による政権が続いている。

2022年の大統領選挙では、革新系の「共に民主党」(当時の与党)の候補を破って、保守系の「国民の力」の尹錫悦が当選し、大統領に就任した。

解説 **改憲で大きく変わった政治体制** 韓国の憲法は、建国以前の1948年に制定された。以降、6回の改憲が行われ、政治のしくみが大きく変貌している。その変更は、軍部独裁から民生移行への転換の歴史と重なっている。現行の憲法は、第六共和国憲法(1988年施行)と呼ばれるものである。この改憲により、大統領の直接選挙制、大統領権限の制限、憲法裁判所の設置、国会権限の強化、基本的人権の強化など、より民主的な憲法へと生まれ変わった。なお、大統領は再選が禁止されているため、任期末になると次期に向けての指導力が発揮できず、求心力が低下しやすいという指摘がある。

TOPIC トピック 2022年の韓国大統領選挙の投票率は77.1%であり、多くの人が投票している。若い世代も高い投票率を示しており、日本との差が浮き彫りとなっている。

13 中国の政治体制（2023年7月現在）

出題

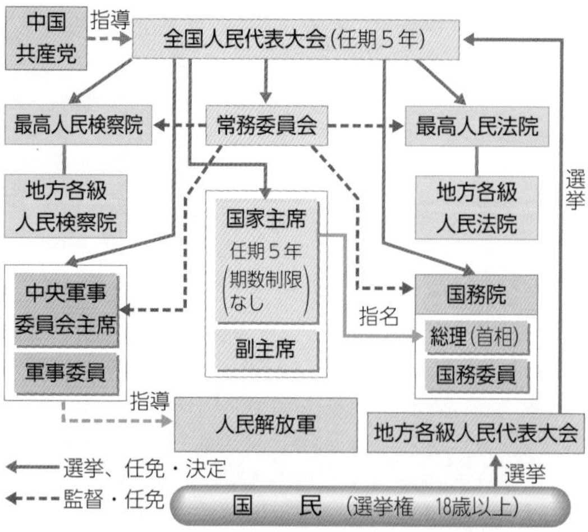

⇧全国人民代表大会（全人代）

国家主席：習近平（在任2013年～）
総理：李強（在任2023年～）

憲法	1949年の建国以来、54年、75年、78年、82年に憲法が制定された。82年の憲法は、社会主義の近代化の建設を基調とした憲法で、プロレタリア独裁から人民民主主義独裁の社会主義国家へと規定を改めた。
国家元首	国家主席。全国人民代表大会で選出される。任期5年。2018年の憲法改正で、これまで連続2期（10年）までとされていた制限が撤廃され、事実上の無期限となった。憲法上、国家主席は儀礼的な存在であるが、現在では共産党の最高実力者が就任しており、事実上強大な権力をもっている。
議会	**全国人民代表大会（全人代）**。国家の最高権力機関で、すべての権力が集中する**民主集中制（権力集中制）**をとる。一院制で、省、自治区、直轄市、軍隊から選出される代表からなり、任期は5年。解散はなく、毎年1回開かれる。立法のほか、主席・国務院総理・中央軍事委員会主席・最高人民法院院長などの決定・罷免、経済計画、予算と決算の承認などの権限がある。 **全国人民代表大会常務委員会**　全人代の常設機関で、全人代により選出される。権限は大きく、憲法・法律の解釈、全人代が制定すべき法律以外の法律の制定、条約の批准・廃棄の決定、全人代の招集などを行う。
内閣	国務院。全人代の執行機関である。総理（首相）は、国家主席の指名に基づき、閣僚は、総理の指名に基づいて、全人代で選出される。全人代と常務委員会に対して責任を負う。
政党	**共産党**が中心だが、他にも政党は存在している。ただし、憲法の前文で「中国の各民族の各人民は、引き続き中国共産党の指導の下に」と規定され、事実上共産党が政治の実権を握っている。
司法	人民法院が国家の裁判機関。**最高人民法院**が最高の司法機関である。各級の国家権力機関（最高人民法院の場合は全人代）に対して責任を負う。
軍事	人民解放軍の統率権は、名目上は中央軍事委員会にあるが、事実上、共産党が握っている。

解説 **資本家も共産党員！？**　社会主義国家（➲p.130）の中国では、2002年の共産党大会で江沢民党総書記（当時）の打ち出した「3つの代表」※という考え方が、党規約に書き加えられた。これにより、資本家ともいうべき私営企業家にも共産党に入党することが認められた。

一国二制度…**香港**（1997年にイギリスから返還）と**マカオ**（1999年にポルトガルから返還）では、返還後50年間は特別行政区として「高度な自治」が保障され、資本主義経済や返還前の社会制度・生活様式が維持されてきた（➲p.28）。

※「3つの代表」：中国共産党は、①先進的生産力の発展要求、②先進的文化の進路、③広範な人民の根本利益、の3つを代表するという理論。

COLUMN

権威主義体制の拡大

権威主義体制とは、独裁政権ではあるが、全体主義とは異なり、国民の政治参加や結社の自由は限られた範囲で認めらている政治体制をさす。冷戦期には、韓国やインドネシアといった第二次世界大戦後に独立を果たした国々の多くが、一党独裁政権や軍事政権による権威主義体制の下で、工業化による経済発展を推進してきた（**開発独裁**）。これらの国々は、経済成長の過程で貧富の差や権力者層の腐敗などが原因となって、独裁への批判が高まり、民主的な政権が生み出されてきた。しかし、近年、再び政治権力の独裁化が進み、世界的に民主主義が後退しているケースが目立っている。

世界の国の民主主義指数（2020年）

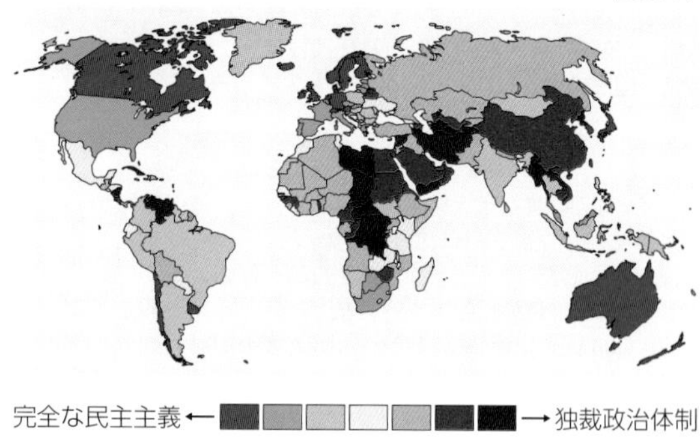

（エコノミスト・インテリジェンス・ユニット資料）

権威主義体制とされる中国では、近年、情報通信技術（ＩＣＴ）を駆使して国家統制を強化している。また、ロシアでも、野党や非政府組織（NGO）への監視や規制が強化され、ウクライナ侵攻に対する批判も封じ込められている。

Zoom **共同富裕**　毛沢東が提唱した「貧富の格差を縮小して社会全体が豊かになる」という意味のスローガン。その後、鄧小平は改革開放路線において「先富論（先に富める者から豊かになる）」に方針転換したが、現在、習近平は「共同富裕」に舵を切っている。

14 朝鮮民主主義人民共和国（北朝鮮）

政体：社会主義人民共和制
（一党独裁制）
元首：国防委員会第一委員長
議会：一院制（定数687議席）
政党：朝鮮労働党

⬆金正恩
（在任2012年〜）

■世襲政治と主体思想

1948年の建国以来、建国者の金日成が最高指導者の地位に就いていた。1991年に国連に加盟。金日成が1994年に死去した後は、息子の金正日が党総書記と国防委員長を兼任した。1998年の憲法改正では国家主席の職を廃止し、金日成を永遠の国家主席と位置づけ、2009年には、国防委員長を「最高指導者」とする憲法改正を行った。この憲法改正により、主体思想・先軍政治が指導理念として明記された。主体思想とは、金日成が強調した「思想における主体、政治における主体、経済における自立、国防における自衛」という考え方であり、先軍思想とは、軍事優先思想を示している。

●北朝鮮の政治動向

2011年に金正日が死亡し、三男の正恩に権力が継承された。正恩は主要ポストを引き継ぎ、新体制を完成させた。正恩が指導者となっても、核実験やミサイル実験をたびたび強行し、大陸間弾道ミサイルを完成させたとされる。この状況の中で、アメリカのトランプ大統領（当時）は北朝鮮に対する強硬姿勢を転換し、2018年に史上初めての米朝首脳会談が行われた。しかし、アメリカが制裁解除を行わないことに北朝鮮が反発し、再びミサイル実験を繰り返している。一方、国連では毎年、北朝鮮の人権侵害を非難する決議が採択されているが、北朝鮮国内では恐怖政治で統制する姿勢に変化はみられない。

15 台湾（2023年12月現在） 出題

政体：共和制
元首：総統（任期４年）
議会：一院制（定数113議席）
政党：民主進歩党（与党）、
国民党など（野党）

⬆蔡英文総統
（在任2016年〜）

■２つの中国

第二次世界大戦後、中国では内戦の末に中国共産党が中華人民共和国を建国した。それ以前に、中国の代表権をもっていた国民政府は、海を渡って台湾に遷った。その中心となったのが、蔣介石である。蔣介石は国連の「中国」の代表権が台湾にあるとして、中華人民共和国と国際的な地位をめぐって対立を続けた。しかし、1971年、国連は台湾を中国の代表とみなすことをやめ、国際社会においては、中華人民共和国が中国の唯一の国家とみなされるようになった。

●台湾の民主化と日本との関係

冷戦時代は台湾全土に戒厳令（1949〜87年）が敷かれ、国民党による事実上の一党独裁が続いたが、1988年に総統に就いた李登輝は、台湾の民主化を急速に進めていった。

1996年には初めて直接選挙による総統選挙が行われた。2000年には民主進歩党（民進党）の陳水扁が総統に就き、政権交代も起こるようになった。2016年の総統選挙では民進党の蔡英文が当選した。なお、1972年の日中共同声明（➲p.315）によって、日本と台湾との国交は断絶し、それ以降の日台関係は非政府間の実務関係として維持されている。

16 イラン・イスラーム共和国

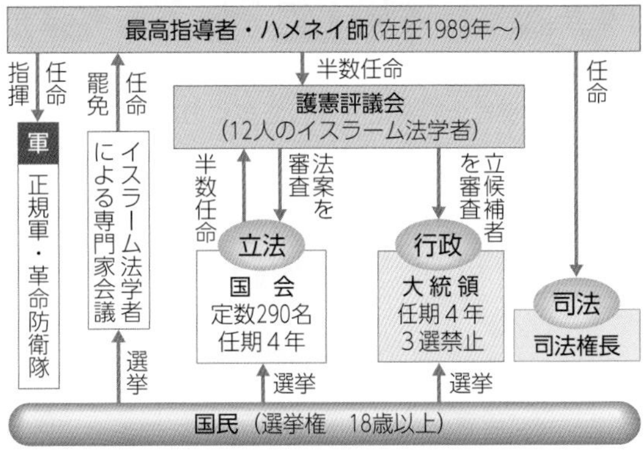

政体：イスラーム共和制
元首：イスラーム法学者から選ばれた最高指導者（任期は終身）
議会：一院制（定数290議席）

■イスラームに基づく政教一致体制

1979年、ホメイニ師（1901頃〜89）の指導によるイスラーム革命によって親米の王制パフラヴィ政権が崩壊し、現体制となった。イランでは、国家元首である最高指導者をイスラーム法学者から選び、大統領（現在は保守強硬派のライシ大統領）は国民が選ぶ。最高指導者は大統領や国会よりも強い権限をもち、国軍の指揮権や司法府の長官の任命権をもつ。国内法はコーランをもとにしたイスラーム法（シャリーア）に基づき、信教・表現の自由が制限されている。イランのように、「共和制」をとりながら、イスラーム法に基いて政治を行う政体を**イスラーム共和制**という。

COLUMN イスラーム諸国の政治制度

イスラームが多数派の国

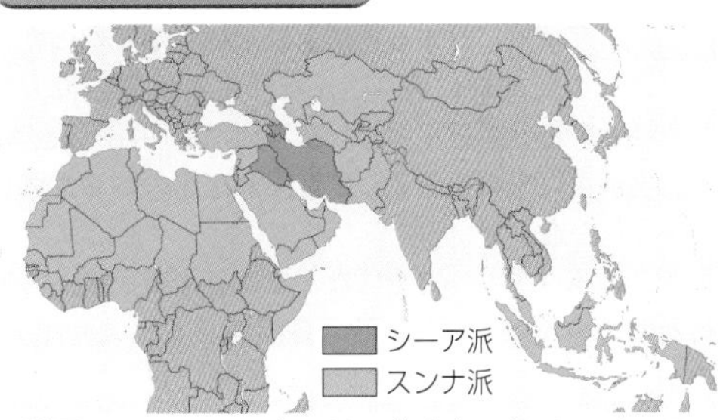

世界のイスラーム人口は17億人をこえる。イスラーム社会では、イスラームの教えに則って政治を行うべきとする原理主義を採用している国から、より柔軟な世俗主義を採用している国まで存在している。

■サウジアラビア（王制）…国王は首相を兼任し、行政・司法・立法の三権について、最終的な権限をもつ。国内法を含む政治システムのすべてがイスラーム法に立脚している。2016年の選挙では女性の地方参政権を認めたが、女性の人権への制約は多い。

■トルコ（共和制）…元首は国民から選ばれた大統領である。憲法に政教分離を明記し、イスラーム社会で禁止されている飲酒も比較的自由であるなど、世俗主義的な政策をとる。近年では、政教分離の原則上禁止されていた女性の公の場でのスカーフ着用が、与党の穏健イスラーム政党によって認められるようになるなど、社会と宗教との距離が変容している。

TOPIC トピック 2021年にイランで大統領選挙が行われた。保守穏健派や改革派の有力候補者が事前審査で失格となる中、保守強硬派のライシ師が他の候補者を抑えて当選を果たした。

用語解説 ㉑社会主義，㉒全国人民代表大会，㉓開発独裁

FILE 03

抑圧される民主化運動

第二次世界大戦後に独立した多くの国々は、軍部の開発独裁などを経て、民主化を実現した国が多い。しかし、近年、再び民主主義を抑圧し、強力な政治権力の下で政治を行おうとする動きもみられる。ここでは東アジア・東南アジアにおける民主化の後退とその行く末を見定めるために、現状を見てみよう。

政府による統制が強まる中国

天安門事件　1989年６月、中国の民主化を求めた学生たちが中心となり、北京の天安門広場を占拠した。しかし、軍の武力での弾圧によって死傷者がでる惨事となり、民主化運動は鎮圧された。

中国は、鄧小平(1904～97)の指導の下、社会主義市場経済が導入され、現在、経済面では高い経済成長率を誇っている。しかし、政治面では、1989年の**天安門事件**にみられるように民主化は抑圧されている。現在でも中国共産党の一党独裁の下で、インターネットの閲覧制限や監視に代表されるように、中国政府に対する抗議や批判はタブー視され、言論の弾圧は日常的に行われている。

2018年の憲法改正では国家主席の任期が廃止され、習近平の国家主席続投に対する憲法上の制約はなくなった。また、共産党の党規約に盛り込んだ「中華民族の偉大な復興」を柱とする「習近平思想」を憲法にも明記した。こうして、毛沢東以来の権威として習国家主席の権威が強化され、集権化が進んでいる。

また、新疆ウイグル自治区などでは、少数民族への迫害が行われているといわれ、欧米各国からジェノサイド(大量虐殺)であると非難されている。これに対して、中国政府は、他国からの非難は内政干渉であると反論している。経済大国に発展した中国は、国際社会において、責任ある対応が求められている。

軍事クーデターが発生したミャンマー

●2021年軍事クーデター前のミャンマーの政治制度

政体：共和制
元首：大統領(任期５年)
(事実上の指導者は国家最高顧問)
議会：二院制(両院とも４分の１が軍人)
政党：国民民主連盟(与党)
連邦団結発展党など(野党)

アウンサンスーチー
(1945年～)

■軍事政権と民主化運動

1948年にイギリスから独立後、不安定な状態が続いており、1988年には軍が全権を掌握し、国名をビルマからミャンマーに変更した。しかし、民主化を求める声は消えず、軍の弾圧にもかかわらず、民主化運動の指導者アウンサンスーチーや、同氏が率いる国民民主連盟(ＮＬＤ)への市民の支持は拡大した。2010年代には、形式上は民政移管が行われ、2015年には選挙で大勝したＮＬＤによる政権が発足し、スーチーは国家最高顧問に就任した。こうして、民主化が進展したミャンマーは、「アジア最後のフロンティア」として海外から投資を集め、高い経済成長も期待されていた。

2021年２月、ミャンマー軍がクーデターを起こし、国家最高顧問のアウンサンスーチーと大統領が拘束された。2020年に行われた民政移管後の２度目の総選挙で、親軍派の政党が大敗を喫したことで、軍は影響力の低下を恐れてクーデターに踏み切ったのである。クーデター後のミャンマーでは、市民の抗議活動が続き、軍との衝突によって市民が命を落とすケースもみられる。軍はインターネットを遮断するなど情報統制を行い、抗議活動の沈静化を図っているが、市民の民主化への願いは強く、内戦に発展することも懸念されている。

軍に抗議するミャンマーの市民(2022年)

香港でも民主化の灯が消える－香港国家安全維持法の制定－

1997年にイギリスから返還された香港では、一国二制度(➡p.26)が採用され、50年間は従来からの資本主義制度と生活方式が維持されることになっている。ところが、2020年、中国本土で「香港国家安全維持法」が制定された。これによって、「国家の安全を脅かす行為」に対して、中国政府が香港市民を直接訴追できるようになった。この法律は「国家の安全を脅かす行為」の定義があいまいであり、香港市民によるデモや政府批判までもが封じ込められている状況である。

また、2021年５月、香港立法会(議会)によって選挙制度を改正する条例案が可決された。これにより、市民からの直接選挙で選ばれる議員が削減され、立候補するには、中国政府寄りの選挙委員会による事前審査を経なければならなくなった。さらに、2022年７月には、民主派が排除された選挙委員による選挙を経て、民主派を弾圧してきた人物が行政長官に就任した。こうして、香港市民に対する政府の締め付けは強化されており、香港でも民主的な風潮の後退が進んでいる。

「香港国家安全維持法」が施行され、デモ隊に訴追を警告する警察官(2020年)

日本国憲法の成立と基本原理

要点の整理

＊1～10 FILEは資料番号を示す

I 大日本帝国憲法(明治憲法)の政治制度とその特徴

❶**大日本帝国憲法(明治憲法)の制定**(1889年発布) 1
……プロイセン憲法がモデル、**欽定憲法**・外見的立憲主義

❷**大日本帝国憲法下の政治機構** 2
- 天皇－神聖不可侵。主権者で**統治権の総攬者**、広範な天皇大権
- 権利－「**法律の留保**」(法律による権利制限)を伴う
- 三権－立法＝帝国議会(天皇の協賛機関)
  行政＝内閣(天皇の輔弼機関)
  司法＝裁判所(「天皇ノ名ニ於テ」行う裁判)

⬆**大日本帝国憲法発布の式典** 1889(明治22)年2月11日、式典は宮中正殿の大広間で行われ、天皇は「憲法発布勅語」を朗読し、憲法の原本を黒田清隆首相の手に授けた。

II 日本国憲法の制定

❶**日本国憲法の制定過程** 4～6 FILE
- **ポツダム宣言**の受諾(1945年8月14日)
  ⟶**マッカーサー三原則・GHQ案**に基づく憲法改正案作成
  ⟶議会での審議⟶憲法公布(1946年11月3日)⟶施行(1947年5月3日)

❷**日本国憲法の基本原理** 1……①**国民主権**、②**平和主義**、③**基本的人権の尊重**

❸**象徴天皇制** 7……天皇は国の象徴、日本国民統合の象徴⟵地位は国民の総意に基く(第1条)
- 天皇は内閣の助言と承認により、形式的・儀礼的な国事行為を行う(第3条、第4条、第6条、第7条)

❹**憲法改正手続き** 8……各議院の総議員の3分の2以上の賛成で改正を発議し、国民投票の過半数の賛成で成立
- 2007年：**国民投票法**成立(2010年施行)。憲法改正への法的手続きが整う
- 投票権は18歳以上の日本国民がもつ
- 憲法改正の限界 9……主権者(国民)がもつ**憲法制定権力**および、憲法の三大基本原理を改変することはできない

❺**憲法の最高法規性** 10……憲法を国の最高法規とし、天皇・国務大臣・国会議員・裁判官その他の公務員の**憲法尊重擁護義務**を定める(第98条、第99条)

I 大日本帝国憲法(明治憲法)の政治制度とその特徴

1 大日本帝国憲法と日本国憲法の比較

出題

? 大日本帝国憲法と日本国憲法のそれぞれの特徴と、その違いはどのような点にあるのか

	大日本帝国憲法	日本国憲法
憲法の特質	二元的憲法(皇室典範とともに最高法規) **欽定憲法**・硬性憲法・成文憲法	一元的憲法(最高法規) **民定憲法**・硬性憲法・成文憲法
主権	**天皇主権**	**国民主権**
天皇	神聖不可侵、国家元首、統治権の総攬者	象徴天皇制、国事行為のみを行う
戦争・軍隊	天皇大権による陸海軍の統帥権、兵役の義務	**平和主義**(戦争放棄、戦力不保持、交戦権の否認)
国民の権利	**「臣民」としての権利** 自由権的基本権のみ(法律の留保を伴う)	**永久不可侵の権利** **基本的人権**として、社会権的基本権まで保障
国会	天皇の協賛機関、二院制、貴族院は非民選、両院対等	国の最高機関、唯一の立法機関、二院制、衆議院の優越
内閣	条文なし、国務各大臣は天皇の輔弼機関 **天皇に対してのみ責任を負う**	行政の執行機関、議院内閣制 **国会に対して連帯責任を負う**
裁判所	**天皇の名による裁判** 違憲審査権なし、特別裁判所あり	**司法権の独立**、裁判官の独立 違憲審査権あり、特別裁判所は禁止
地方自治	条文なし 中央集権的な地方行政	地方自治の本旨に基づく 首長・議員の直接選挙、条例制定権、特別法の住民投票
予算	不成立の場合は前年度予算を施行	不成立の場合の条文なし(暫定予算を国会で議決)
改正	天皇が発議し、帝国議会が議決	国会が発議し、国民投票を実施(天皇が国民の名で公布)
最高法規	条文なし	基本的人権の本質・憲法尊重擁護の義務を含めて明記

解説 **日本国憲法の基本原理** 日本国憲法は、前文と本文から構成され、本文は11章103条からなる。前文には、「**国民主権**」、「**平和主義**」、「**基本的人権の尊重**」が、日本国憲法の基本原理として示されている。一方、大日本帝国憲法では、主権は神聖不可侵の天皇にあり、国民の権利は天皇から与えられる「臣民の権利」として、法律の範囲内で認められていたにすぎなかった(**法律の留保**)。その他、大日本帝国憲法には記載されていなかった地方自治や憲法の最高法規性が、日本国憲法では取り入れられている。このように、上記の表を見れば、日本国憲法は、大日本帝国憲法と比べて、基本原理を柱として、より民主的なものとなっていることがわかる。

TOPIC トピック 明治憲法では天皇に大きな権限が与えられていたが、天皇は憲法の規定に従い、内閣や枢密院のサポートを経て権限を行使しており、自由に権限を行使していたわけではない。

用語解説 ㉔欽定憲法，㉕天皇大権，㉖法律の留保

2 大日本帝国憲法（明治憲法）下の政治機構

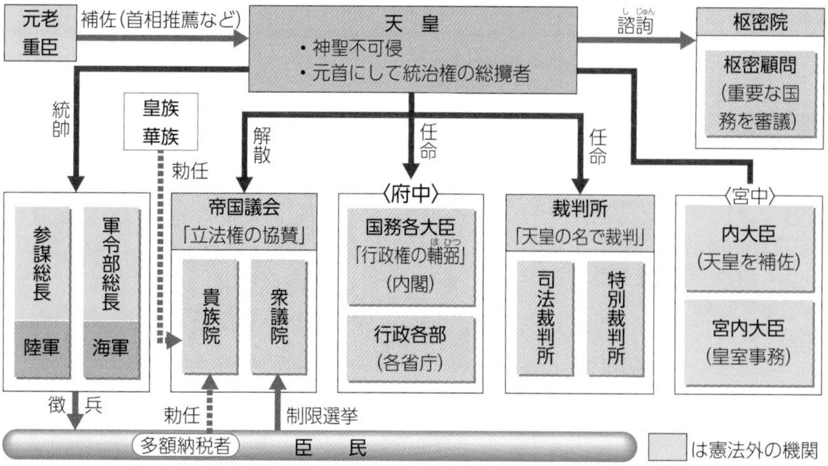

帝国議会…天皇の協賛（協力・賛同する）機関。貴族院と衆議院は対等の関係。

国務各大臣…天皇の輔弼（助言・補佐する）機関。
- 内閣に関する憲法上の条文はなく、内閣官制（1889年制定）で規定されており、国務各大臣は天皇に対してのみ責任を負い、内閣総理大臣は同輩中の首席として、他の国務大臣と対等の関係とされた。

裁判所…裁判は天皇の名の下で行われ、軍法会議などの特別裁判所の設置も認められた。

■**天皇大権**　（　）は大日本帝国憲法の条文を示す。

①**国務大権**…立法（6）、議会の召集・解散（7）、緊急勅令（8）、独立命令※（9）、外交（13）、戒厳※の宣告（14）、非常大権※（31）、栄典（15）、特赦（16）、憲法改正（73）など

②**統帥大権**（軍隊の最高指揮権）…陸海軍の指揮・命令（11）

③**皇室大権**（皇室の長として皇室事務を統括する権限）…帝国議会は皇室典範を改正できない（74）

※独立命令：法律の規定に基づかずに独立に定める命令。独立命令や緊急勅令は法律と同じ効力を有する。

※戒厳：戦時などの非常事態において、対象地域の行政・司法権を軍の管理下に置き、警備を厳しくすること。

※非常大権：非常事態において、臣民の権利を停止する権限。

解説　**外見的立憲主義**　ドイツのプロイセン憲法を模範とする大日本帝国憲法（明治憲法）は、天皇が制定し、国民に与える形式がとられた（**欽定憲法**）。国民は臣民とされ、天皇が主権者となって**統治権を総攬**し、立法権・行政権・司法権も握った。また、天皇は、議会の関与なく行使できる**天皇大権**をもっていた。特に、統帥大権は、その行使の助言者が参謀本部や軍令部であったため、軍の行動の自由を確保することにつながった。このように、明治憲法は、権力分立制によりつつも、人々の権利を保障すること（立憲主義）が徹底されておらず、立憲君主制で政治を行うことを表明しただけのものだった（外見的立憲主義）。

COLUMN
大正デモクラシー

■大正デモクラシー期の各分野での思想的潮流

政　治	外　交	社　会	文　化
普通選挙制度確立，議会中心の政治（憲政の常道）	欧米との協調外交・軍縮の推進	労働争議の増加，女性や被差別部落の解放運動	自由教育の実現，大学の自治，個人主義の伸張

大正デモクラシーとは、大正期（1912～26年）の民主主義的思潮の高まりや運動をさす。その理論的な柱となったのは、吉野作造（1878～1933）の民本主義である。民本主義とは、主権が誰にあるのかは問題にしないが、国家は国民を幸福にしなければならないという、明治憲法にそったデモクラシー思想だった。このうごきの中で、本格的な政党内閣が誕生し、1925年には**男子普通選挙法**が制定された。

しかし、同時に制定された**治安維持法**によって、自由な政治運動は弾圧されていった。1932年には5.15事件が起こり、政党政治は終焉し、日本は軍国主義とともに戦争への道に向かっていったのである。

◀『百年後の日本』の挿絵「対面電話」　この書籍は大正デモクラシー期の1920年に発売された。左上の挿絵の説明に「芝居も寄席も居ながらにして、観たり聴いたりできる」と書いてある。

3 天皇機関説

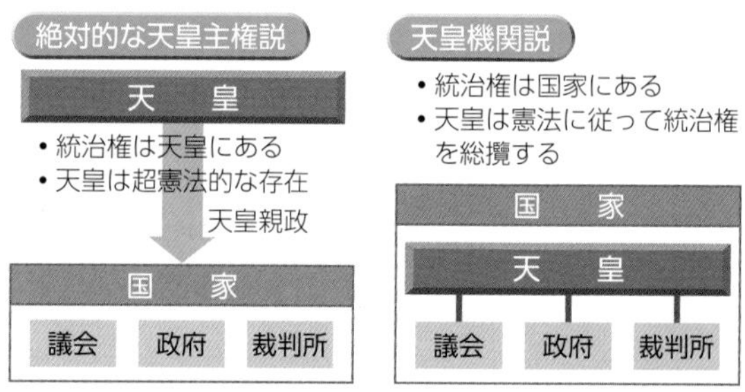

天皇機関説は、西洋の近代法学の体系（国家法人説）から、明治憲法下の日本を解釈した学説である。その代表的な論者が美濃部達吉（1873～1948）である。美濃部は著書『憲法撮要』の中で、①明治憲法下の日本では、統治権は国家に属し、天皇は統治権を行使する最高「機関」であること、②天皇は憲法の定めに従って、帝国議会の協賛や国務大臣の輔弼を経た上で権能を行使する立憲君主であること、などを説いた。

⬆美濃部達吉

解説　**学会の通説だった天皇機関説**　大正デモクラシー以降、学会では天皇機関説が通説となり、議会の役割を高め、政党政治の理論的基礎となった。しかし、軍部が台頭してきた1935年、帝国議会で、天皇機関説が絶対的な天皇主権に基づく日本の国体に反するとして問題となり、美濃部の著書は発禁処分を受けた。さらに、国体明徴声明によって天皇機関説の教授は禁止された（天皇機関説事件）。

Zoom　『百年後の日本』　大正デモクラシー期の1920年に発売され、国会議員、大学教授、小説家、軍人、弁護士などが予想した100年後の日本を、図とともに紹介している。どの論説も自由な発想で展開されている。なお、現在では復刻版を入手できる。

Ⅱ 日本国憲法の制定

4 日本国憲法の制定過程 出題

? 日本国憲法はどのような過程を経て制定されたのか

	年月日	事　　項
①ポツダム宣言受諾	1943.11.22	米英中によるカイロ会談 →対日戦争と戦後処理の方針を宣言
	1945. 2. 4	米英ソによるヤルタ会談→ソ連の対日参戦
	7.17	米英ソによるポツダム会談
	7.26	→米英中の名でポツダム宣言発表
	7.28	鈴木首相、ポツダム宣言黙殺の談話発表
	8.10	御前会議にてポツダム宣言受諾を決定
	8.14	**ポツダム宣言受諾**
	8.15	終戦
	9. 2	降伏文書に調印
②政府の憲法改正作業	10. 4	マッカーサー、近衛国務相に改憲を示唆
	10.11	マッカーサー、幣原内閣に五大改革を指令
	10.27	憲法問題調査委員会(松本烝治委員長)初総会
	11.11	[共産党、「新憲法の骨子」発表]
	12.26	[憲法研究会、「憲法草案要綱」発表]
	12.28	[高野岩三郎、「改正憲法私案要綱」発表]
	1946. 1. 1	天皇の「人間宣言」(➲p.33)
	1.21	[自由党、「憲法改正要綱」発表]
	2. 1	毎日新聞、政府の憲法改正案をスクープ
	2. 3	マッカーサー、GHQ民政局にマッカーサー三原則に基づく憲法案の作成を指示
	2. 8	政府が憲法改正要綱(**松本案**)をGHQに提出
③GHQ案の受け入れ	2.13	GHQは、松本案を拒否。憲法草案(GHQ案)を日本政府に交付
	2.14	[進歩党、「憲法改正案要綱」決定]
	2.22	閣議で、GHQ案の受け入れを決定
	2.23	[日本社会党、「新憲法要綱」発表]
	2.26	極東委員会、ワシントンで第1回会合
	3. 2	政府、GHQ案に基づく憲法改正草案作成
	3. 6	**政府、「憲法改正草案要綱」を発表**
④議会での審議	4.10	新しい衆議院議員選挙法(女性参政権実現)による衆議院議員総選挙(戦後第1回) →39名の女性議員が誕生
	4.17	政府、「憲法改正草案」発表
	6.20	政府、第90回帝国議会に憲法改正案提出 (10.7　衆議院・貴族院での審議・修正可決)
	11. 3	**日本国憲法公布**
	1947. 5. 3	日本国憲法施行

解説 **日本国憲法の制定**　日本国憲法は、1945年8月のポツダム宣言受諾から1947年5月の施行まで、**連合国軍総司令部(GHQ)**による占領期のはじまりの混乱の中で制定された。最終的には、GHQの最高司令官マッカーサーによる**マッカーサー三原則**(➲p.32)を基準にGHQ民政局が10日程度で作り上げた憲法草案が、議会で修正され、現在の日本国憲法になった。

➲第90回帝国議会(衆議院)での、初の女性議員(1946年5月16日)　戦後最初の総選挙で39名の女性が当選し、代議士となった。日本国憲法の国会での審議はここからスタートした。

5 ポツダム宣言(抄)(1945年7月26日)

1【**戦争終結の機会**】　われら合衆国大統領、中華民国政府主席及び「グレート・ブリテン」国総理大臣は、われらの数億の国民を代表して、協議の上、日本国に対して、今次の戦争を終結する機会を与えることで意見が一致した。

10【**戦争犯罪人の処罰・民主主義の復活強化**】　われらは、……戦争犯罪人に対しては厳重な処罰を加える。日本国政府は、**日本国国民の間における民主主義的傾向の復活強化**に対する一切の障害を除去しなければならない。言論、宗教及び思想の自由並びに基本的人権の尊重は、確立されなければならない。

12【**占領軍の撤収**】　前記の諸目的が達成され、かつ日本国国民が自由に表明する意思に従って平和的傾向を有し、かつ責任ある政府が樹立されたときには、連合国の占領軍は、直ちに日本国より撤収する。

13【**日本国政府への要求**】　……全日本軍隊の無条件降伏を……同政府に対し要求する。これ以外の日本国の選択には、迅速かつ完全な壊滅があるだけである。

解説 **日本に民主主義の復活を求める！**　日本の敗色が濃厚となった1945年7月26日、連合国側は、日本に降伏を促す**ポツダム宣言**を発表した。それは、軍国主義指導者の権力と勢力の除去、平和的秩序の確立と戦争遂行能力の破壊が確認されるまでの占領、軍隊の武装解除と兵士の復員、戦争犯罪人の処罰、民主主義的傾向の復活強化に対する障害の除去、言論・宗教・思想の自由その他の基本的人権の確立など13項目を明記し、日本にその受諾を要求した文書である。

6 政党・民間の憲法草案

(保守 ↑↓ 革新)

主権者	憲法草案	特徴
天皇主権(天皇制護持)	松本案	・天皇は至尊、不可侵 ・天皇の統帥権を守る
	進歩党案	・実質的な天皇大権護持 ・国民は「臣民」、権利制限
	自由党案	・天皇大権の制限 ・精神的自由の法律の留保廃止
国家主権(君民同治)	社会党案	・統治権について、主要部分を議会に、一部は天皇に分割
	憲法懇話会案	・君民同治 ・国民の各種権利の拡大
国民主権(天皇象徴)	憲法研究会案	・天皇の権限は国家的儀礼のみ ・直接民主制の採用、人民尊重
	日本国憲法	・国民主権 ・象徴天皇制
人民主権(天皇制廃止)	高野案	・大統領制の導入、共和制 ・土地、生産手段の国有化
	共産党案	・人民共和国の建設 ・国民の権利を社会権的に解釈

解説 **さまざまな憲法改正案**　政府による憲法改正とは別に、政党や民間からも多くの憲法草案が発表された。なかには鈴木安蔵らの憲法研究会案や高野岩三郎の憲法草案など、斬新な内容のものもあった。

TOPIC トピック　内閣制度は1885年に創設された。これにより、当初は内閣総理大臣および外務、内務、大蔵、陸軍、海軍、司法、文部、農商、逓信の各大臣の10名で内閣が組織された。

用語解説　㉗ポツダム宣言、㉘連合国軍総司令部

FILE 04 日本国憲法成立までの動き

日本国憲法は、1946年11月３日に公布され、翌年５月３日に施行された。連合国軍総司令部（GHQ）占領下で制定されたこともあり、その成立過程は、旧体制を維持したい日本と、日本の民主化を急ぐGHQのぎりぎりのせめぎあいの中で行われた。その成立過程は、どのようなものだったのだろうか。現在の改正論議について理解を深めるためにも、詳細を検証していこう。

毎日新聞
憲法改正調査會の試案
立憲君主主義を確立
國民に勤労の権利義務
千島 樺太はソ聯領
秘密協定を確認
大臣は議會にも責任
議會に常置機關

➡調査会の試案を報じた新聞記事（「毎日新聞」1946年２月１日）　この試案は、実際には調査会メンバーの宮沢俊義がそれまでの調査会での議論を踏まえて作成したもので、1946年１月に調査会に提出した２つの憲法改正案のうちの１つであった。

> **マッカーサー３原則**
> ①　天皇は、国家の元首（Head of State）の地位にある。皇位の継承は世襲である。……
> ②　国家の主権的権利としての戦争を廃棄する。日本は、紛争解決のための手段としての戦争、および自己の安全を保持するための手段としてのそれをも放棄する。……いかなる日本陸海空軍も決して許されないし、いかなる交戦者の権利も日本軍には決して与えられない。
> ③　日本の封建制度は、廃止される。皇族を除き華族の権利は、現在生存する者一代以上に及ばない。華族の授与は、爾後どのような国民的または公民的な政治権力を含むものではない。……

日本政府の誤算

ポツダム宣言（➡p.31）の受諾にあたり、日本政府内では、明治憲法の改正が迫られるかどうかが問題になった。しかし、ポツダム宣言の内容を検討した結果、「①連合国は日本の民主化を日本政府自身に行わせようとしている。②ポツダム宣言第12項にある『平和的傾向を有する責任政府の樹立』とは、現政府と異なる、まったく別の顔ぶれの政府樹立の必要性を確認しただけである」と判断し、必ずしも憲法改正に結びつくとはいえないというのが、日本政府の見解となった。しかし、GHQは、明治憲法のままでは、ポツダム宣言の内容を実現することができないと考えていた。

保守的な松本案

GHQの最高司令官マッカーサー元帥は、1945年10月４日、東久邇宮内閣の近衛文麿副総理格国務相に対し、また、５日、同内閣が総辞職したため、幣原喜重郎首相に対し、11日、それぞれ憲法改正を示唆した。

幣原首相は、**松本烝治**国務大臣を責任者として、旧帝国大学の憲法研究者たちからなる**憲法問題調査委員会**を設置した。憲法問題調査委員会は、同年10月の総会以来、何度か会議を重ねたが、大詰めを迎えていた1946年２月１日、憲法問題調査委員会の試案とされるものが毎日新聞にスクープされてしまった。

この記事はただちに翻訳され、マッカーサー元帥に提出された。マッカーサーは、その内容があまりにも保守的なもので、受け入れられないと判断した。そして、マッカーサーはGHQで日本国憲法の草案を用意する必要があるという結論に達し、GHQ民政局で日本国憲法草案を作成するように命じた。こうして、大急ぎかつ極秘のうちに作業が進められた。

GHQが憲法改正を急いだ理由は極東委員会の設置にある。それは、連合国の対日占領方式を大幅に変更するもので、同委員会が活動を始めれば、憲法改正に関するGHQの権限は一定の制約の下に置かれることになっていた。

明治憲法と憲法改正要綱（松本案）の比較

項目	明治憲法	松本案
天皇	第３条　天皇ハ**神聖**ニシテ侵スヘカラス	第３条　天皇ハ**至尊**ニシテ侵スヘカラス
軍	第11条　天皇ハ**陸海軍**ヲ統帥ス	第11条　天皇ハ**軍**ヲ統帥ス
義務	第20条　日本臣民ハ法律ノ定ムル所ニ従ヒ**兵役ノ義務ヲ有ス**	第20条　日本臣民ハ法律ノ定ムル所ニ従ヒ**公益ノ為必要ナル役務ニ服スル義務ヲ有ス**
国会	第５条　天皇ハ帝国議会ノ協賛ヲ以テ立法権ヲ行フ 第33条　帝国議会ハ貴族院衆議院ノ両院ヲ以テ成立ス	第５条　天皇ハ帝国議会ノ協賛ヲ以テ立法権ヲ行フ 第33条　帝国議会ハ貴族院衆議院ノ両院ヲ以テ成立ス

帝国議会での憲法改正草案に対する修正

条項	憲法草案	議会での修正・追加
前文	国民の総意が至高なるものであること……	主権が国民に存すること……
第１条	日本国民の至高の総意に基く……	主権の存する日本国民の総意に基く……
第９条	議会で「日本国民は、正義と秩序を基調とする国際平和を誠実に希求し」と「前項の目的を達するため」を追加	
第25条	議会で「すべて国民は、健康で文化的な最低限度の生活を営む権利を有する。」を追加	
第27条	勤労の権利を有する	勤労の権利を有し、義務を負ふ
第44条	社会的身分又は門地	社会的身分、門地、教育、財産又は収入
第66条	議会で「内閣総理大臣その他の国務大臣は、文民でなければならない。」を追加	

Zoom **極東委員会**　1945年12月に設置され、1946年２月26日から活動を開始した連合国の対日占領政策の最高意思決定機関。GHQもその決定に従うものとされていた。新憲法草案の最終採決には、極東委員会の承認が必要であった。

人間宣言

茲ニ新年ヲ迎フ。顧ミレバ明治天皇明治ノ初国是トシテ五箇条ノ御誓文ヲ下シ給ヘリ。曰ク、……

然レドモ朕ハ爾等国民ト共ニ在リ、常ニ利害ヲ同ジウシ休戚ヲ分タント欲ス。朕ト爾等国民トノ間ノ紐帯ハ、終始相互ノ信頼ト敬愛トニ依リテ結バレ、単ナル神話ト伝説トニ依リテ生ゼルモノニ非ズ。天皇ヲ以テ現御神トシ、且日本国民ヲ以テ他ノ民族ニ優越セル民族ニシテ、延テ世界ヲ支配スベキ運命ヲ有ストノ架空ナル観念ニ基クモノニモ非ズ。……

1946年1月1日、昭和天皇は新日本建設に関する詔書を発し、みずからの神性を否定した。これは天皇の「人間宣言」といわれる。

⇧マッカーサー(左)と昭和天皇(右)(1945年9月)

新憲法案に対する国民の評価

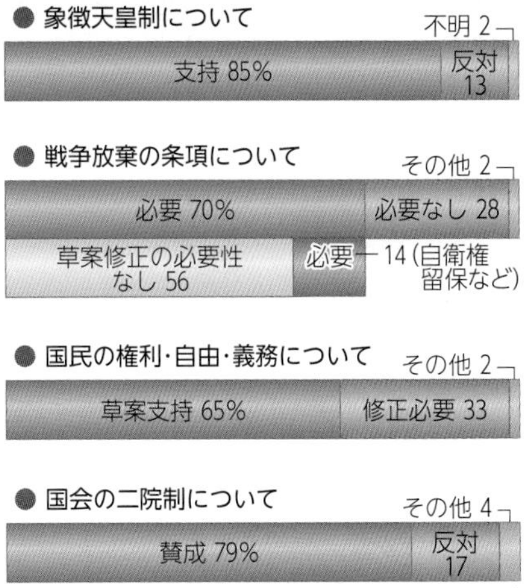

（「毎日新聞」1946年5月27日）

密室の9日間

極東委員会は、天皇が戦犯であるとして、天皇制の廃止を含めて日本の民主化を考えていた。しかし、マッカーサーはそう考えてはいなかった。彼は、陸軍参謀総長であったアイゼンハワーへの書簡の中で、「天皇は、日本国民の象徴であり、天皇を排除するならば、日本は瓦解するであろう」と述べている。象徴天皇制の保持のためには、GHQが中心となって日本国憲法の草案を作成する必要があったのである。

2月3日、マッカーサーは民政局局長のホイットニー准将に、憲法改正の必須要件(マッカーサー3原則)を示し、GHQ案(**マッカーサー草案**)の起草作業が開始された。

民政局では、ラウエルを中心に、日本国内で発表される憲法改正草案について、強い関心を示していた。特に、憲法研究会(➲p.31)の憲法草案要綱について、ラウエルは「民主的で賛成できる」と評し、詳細な分析を行っていた。このように、GHQ案は、日本の私的な研究団体の影響も受けながら、9日間で完成した。

アメリカ国民を対象とする世論調査
(1945年、天皇の処遇に関する調査)

❶天皇の処刑を要求する者……33%
❷戦犯として公判にかけることを要求する者……18%
❸終身禁錮を要求する者……11%
❹日本からの追放を支持する者……9%
❺天皇制を利用することを認める者……3%
❻その他……22%　（米ギャラップ社）

GHQに拒否された松本案

GHQは、GHQ案の起草作業を急ぐ一方で、日本政府に政府案の提出を要求していた。これに対して、日本政府は2月8日、憲法問題調査委員会による「**憲法改正要綱**」(松本案)をGHQに提出した。

しかし、2月13日、ホイットニーから松本国務大臣、吉田茂外務大臣らに対し、明治憲法の字句修正にしかなっていない憲法改正要綱を拒否することが伝えられ、その場でGHQ案が手渡された。両大臣はそれに驚愕する。GHQの内部で日本国憲法草案が作成されていたという事実を初めて知らされたほかに、その内容にも驚かされたのである。

GHQ案の第1条には、天皇は「象徴」とあり、第8条には、戦争放棄規定がある。また、土地・天然資源の国有化の規定まである。明治憲法を当然として考えていた彼らにとっては、とても受け入れられるものではなかった。後日、松本が「憲法改正案説明補充」を提出するなどして抵抗したが、GHQの同意は得られなかった。

日本国憲法の成立

日本政府は、2月22日の閣議において、GHQ案にそう憲法改正の方針を決め、法制局が中心となって日本政府案の作成に着手した。この政府案は3月4日午前にGHQに提出。同日夕方から、確定案作成のため民政局と日本政府で徹夜の協議に入り、5日午後、すべての作業を終了した。

日本政府は、この確定案(3月5日案)を要綱化し、3月6日、「**憲法改正草案要綱**」として発表した。その後、ひらがな口語体での条文化が進められ、4月17日、「憲法改正草案」として公表されたのである。

公表された4月、女性参政権を認めた衆議院議員総選挙が行われ、女性初の国会議員も誕生した。憲法改正の国会手続きは、貴族院と新たな衆議院で構成される第90回帝国議会で行われた。

この帝国議会において、新憲法草案は、衆議院では憲法の性格・人権・統治機構全体にわたる修正・増補が、貴族院では大臣の文民規定の追加が行われ、圧倒的多数の賛成をもって議決された。そして、明治憲法を改正するという形で、日本国憲法は1946年11月3日公布、1947年5月3日に施行された。

⇦皇居前広場で日本国憲法の公布を祝う人々(1946年11月3日)

TOPIC トピック マッカーサーは朝鮮戦争で中国への空爆を主張したため、GHQの職を解かれた。その後、彼が退任時に演説で述べた「老兵は死なず、ただ消え去るのみ」とのセリフは有名。

7 象徴天皇制

第1条【天皇の地位・国民主権】 天皇は、日本国の象徴であり日本国民統合の象徴であつて、この地位は、主権の存する日本国民の総意に基く。

①天皇の地位の変化

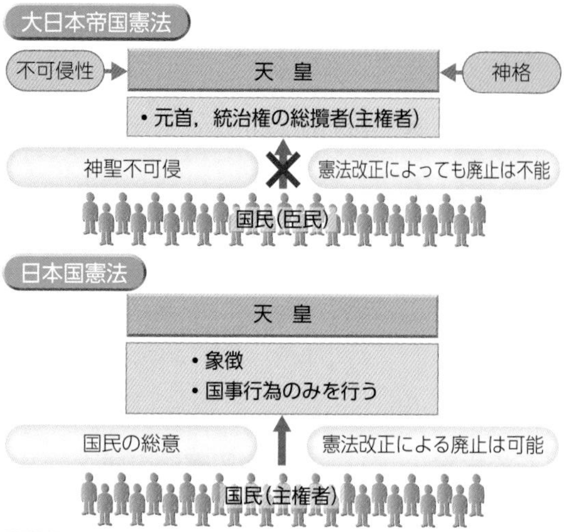

解説 **神聖不可侵の神から国のシンボルへ** 日本国憲法は、国民主権を原則とし、国家を「個人」の人権を基礎とする「社会契約」から成立するものと考える。この考えをもとに、明治憲法下での、神の如く絶対的な権力をもった「統治権の総攬者」という天皇の地位は否定され、国民の総意(社会契約)によって、**日本国及び日本国民統合の象徴**としての地位となった。天皇は、象徴としての役割と国事行為以外の権能を有しないことになった。

COLUMN 天皇と皇室のあり方をめぐる議論

	賛成の理由	反対の理由
女性宮家創設	将来ありうる危機を解消できる	皇室の本質を変える女系天皇につながる
女性皇族の結婚後の尊称保持	公務を続けて活動するためにも望ましい	皇族と国民の区別があいまいになる
旧皇族の復帰	男系を守ることができる	若い末裔は出生時から一般国民である

2016年8月、天皇陛下(当時)が「お気持ちの表明」という形で、退位の意向を示された。高齢となり、公務である国事行為が行えなくなるのは、象徴としての役割が果たせなくなるとの想いからだった。皇位の継承に関しては皇室典範に定められているが、退位に関する取り決めは存在しない。また、天皇の退位を恒久的に認めていくか、今回だけの措置とするか、意見が多様にあった。政府は、有識者会議を発足させて議論を進めた結果、天皇の一代限りの退位を認める特例法を2017年6月に制定した。そして、2019年4月30日に退位、翌日に新天皇即位・改元の方針が決まった。

また、「女性宮家創設」や「女性天皇」の是非をめぐる議論もあるが、これらの問題も踏まえた上で、これからの時代の象徴天皇制がどうあるべきか、掘り下げた議論が期待される。

②天皇の国事行為 出題

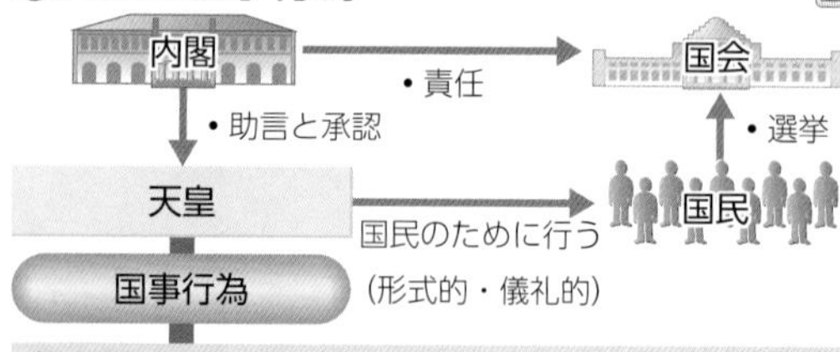

第6条
- 内閣総理大臣の任命(←国会の指名に基づく)
- 最高裁判所長官の任命(←内閣の指名に基づく)

第7条
1. 憲法改正、法律、政令、条約の公布
2. 国会の召集
3. 衆議院の解散
4. 国会議員の総選挙の施行の公示
5. 国務大臣、法律で定めるその他の官吏の任免並びに全権委任状、大使・公使の信任状の認証
6. 大赦、特赦、減刑、刑の執行の免除、復権の認証
7. 栄典の授与
8. 批准書、法律で定めるその他の外交文書の認証
9. 外国の大使・公使の接受
10. 儀式を行うこと

解説 **天皇の役割** 日本国憲法は、**象徴天皇制**を採用したが、単に天皇の存在を認めるだけでなく、憲法の定める**国事行為**のみ、内閣の助言と承認の下に行うことを認めている。なお、国事行為のほかに、天皇による国会開会式への臨席、国内巡幸、外国訪問、外国賓客の接遇などは、法令上に規定のない公的行為とされる。

③皇室典範(抄) (1947年、最終改正：1949年)

第1条【男系主義】 皇位は、皇統に属する男系の男子が、これを継承する。

第4条【即位】 天皇が崩じたときは、皇嗣が、直ちに即位する。

第5条【皇族の範囲】 皇后、太皇太后、皇太后、親王、親王妃、内親王、王、王妃及び女王を皇族とする。

第9条【養子の禁止】 天皇及び皇族は、養子をすることができない。

皇位継承順位 (2023年7月現在)

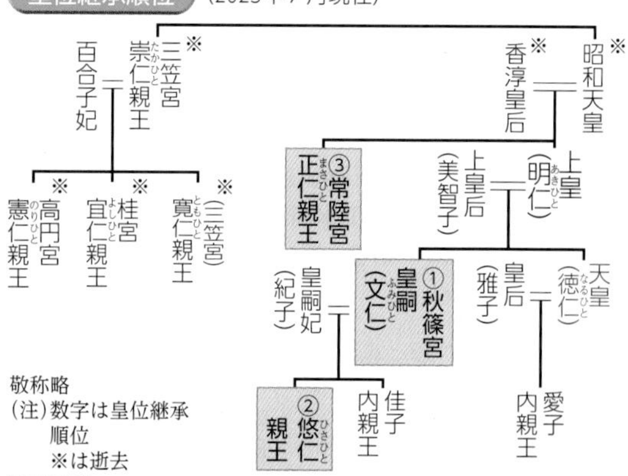

解説 **皇室の法律** 皇室典範は、皇位継承の順位、皇族の範囲、皇族の婚姻・敬称、皇室会議などについて規定する法律である。明治憲法下では、憲法とともに最高の法規であった。また、1979年に元号法が制定され、元号は皇位継承があった場合のみ改められることを定めた。

Zoom 天皇の譲位 平成から令和における天皇の譲位は、皇室典範そのものを改正せず、特例法を定める形で行われた。この措置は、あくまでも天皇の生前退位は特例であるとの立場からとられたものであった。

8 日本国憲法の憲法改正手続き　頻出

憲法改正手続きの流れ

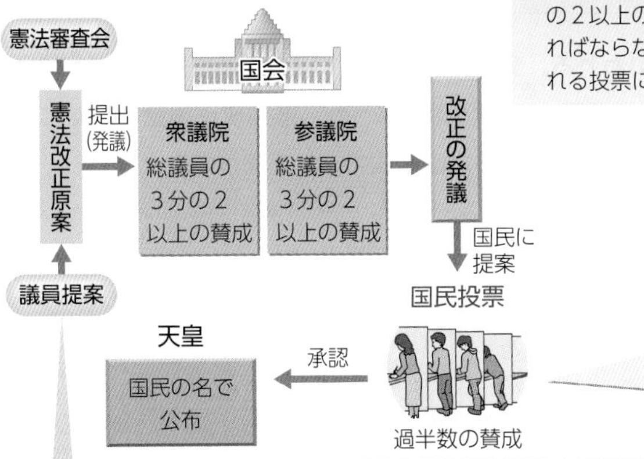

国会議員が憲法改正原案を提出(発議)するには、衆議院では100人以上、参議院では50人以上の賛成が必要(国会法第68条の2)

第96条【改正の手続き、その公布】 ①この憲法の改正は、各議院の総議員の3分の2以上の賛成で、国会が、これを発議し、国民に提案してその承認を経なければならない。この承認には、特別の国民投票又は国会の定める選挙の際行はれる投票において、その過半数の賛成を必要とする。

「国民投票法」(2007年5月18日公布、2010年5月18日施行)
いつ行われるのか？…国会発議後、60日以後180日以内
投票できるのは？…日本国民で年齢満18歳以上の者(2014年の改正で、改正法施行から4年後の2018年6月21日から18歳以上とする)
国民投票運動へのメディア規制は？…メディアは、放送法で定められた政治的公平に留意する。国民投票の期日前14日に当たる日から政党・団体による有料CMは禁止。
公務員の選挙運動は？…地位を利用しての選挙運動は禁止。
投票方式…憲法改正に限定。改正案ごとに賛成、反対のどちらかに○をつける。

解説 **憲法改正のハードル**　日本国憲法第96条には、**憲法改正手続き**についての記述がある。一つ目は、国会が憲法改正を発議するための要件である。**衆議院と参議院の両議院とも総議員の3分の2以上の賛成が必要**であり、国会の表決において、最も厳(きび)しい成立要件となっている。二つ目は、**国民投票で過半数の賛成を得ること**である。このほか、国会法の規定により、国会議員が国会に憲法改正原案を提出するためには、衆議院では100人以上、参議院では50人以上の賛成が必要とされる。つまり、この3つのハードルをクリアしなければ、憲法改正は実現しない。

国民投票法の成立
国民投票については、憲法制定以来、50年以上も細かい手続きが決まっていなかったが、2007年に**国民投票法**が成立し、国民投票の手続きがようやく整備された。また、2014年の改正で、18歳以上の日本国民に投票権が与えられることになった。2021年には国民投票法が改正され、市町村内の駅や商業施設で投票できる共通投票所を設けることが可能となった。このほか、国民投票をめぐるテレビCMやインターネット広告に対する規制については、今後、法的措置(そち)を講じることが規定された。

9 憲法改正の限界

？ 憲法改正にはどのような限界があり、それはなぜか

(加藤晋介『日本国憲法のしくみ』日本実業出版社をもとに作成)

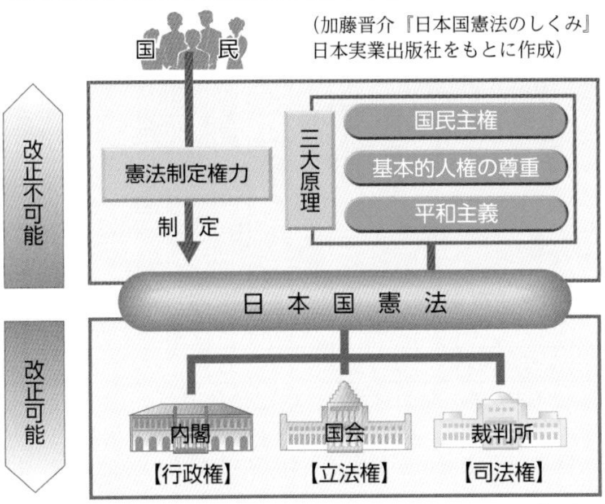

・国民主権の理念からは、憲法改正手続きにおける国民投票をなくすような改正を行うことはできないとされる。

解説 **憲法改正は無制限ではない**　憲法には、憲法をつくる力、すなわち**憲法制定権力**(制憲権)と、憲法によってつくられる権力が考えられる。憲法制定権力は主権者である国民がもつのに対して、国会・内閣・裁判所はいずれも憲法によって初めて権力が与えられる機関である。この憲法によってつくられた権力は、憲法制定権力を破壊できない。これを破壊することは、憲法の「正当性」の根拠を喪失(そうしつ)させることにつながるからである。また、**国民主権、平和主義、基本的人権の尊重といった三大原理も、憲法改正手続きをもって否定することはできないとするのが通説となっている。**

10 日本国憲法の最高法規性

……憲法は、国の最高法規ですから、この憲法できめられてあることにあわないものは、法律でも、命令でも、なんでも、いっさい規則としての力がありません。これも憲法がはっきりきめています。

このような大事な憲法は、天皇陛下(へいか)もこれをお守りになりますし、国務大臣も、国会の議員も、裁判官も、みなこれを守ってゆく義務があるのです。

(文部省『あたらしい憲法のはなし』)

第98条【最高法規、条約及び国際法規の遵守(じゅんしゅ)】 ①この憲法は、国の最高法規であつて、その条規に反する法律、命令、詔勅(しょうちょく)及び国務に関するその他の行為の全部又は一部は、その効力を有しない。
②日本国が締結した条約及び確立された国際法規は、これを誠実に遵守することを必要とする。

第99条【憲法尊重擁護の義務】 天皇又は摂政(せっしょう)及び国務大臣、国会議員、裁判官その他の公務員は、この憲法を尊重し擁護する義務を負(う)ふ。

解説 **憲法に反する法律は無効**　日本国憲法の第10章「最高法規」には、基本的人権の本質(第97条)、憲法の最高法規性、条約・国際法規の遵守(じゅんしゅ)(第98条)、憲法尊重擁護の義務(第99条)が定められている。特に、第98条1項では、憲法が法の中で最も強い効力を有することを、「この憲法は、国の最高法規」ということばで表現している。すなわち、**憲法に反する一切の国内法は、その法形式を問わず効力を有しないのである(憲法の最高法規性)。**

TOPIC トピック　天皇・皇族には戸籍がない。その代わり、皇統譜によってその身分が登録されている。女子の皇族が非皇族の男子と婚姻した場合、新たに作成された相手との戸籍に入る。

用語解説　㉙国事行為，㉚憲法改正手続き

FILE 05

憲法改正論議

日本国憲法は、改正手続きが厳格な憲法(硬性憲法)といわれる。実際、施行されて以来1か条も改正されていない。このような中、2007年に国民投票法が成立し、憲法改正への手続きが整った。憲法改正論議は徐々に国民の間にも浸透してきている。これまでの改正論議の経緯をふまえ、日本国憲法の未来を探ってみよう。

憲法改正に関する世論調査

(読売新聞社による2023年3～4月調査)

憲法改正への賛否

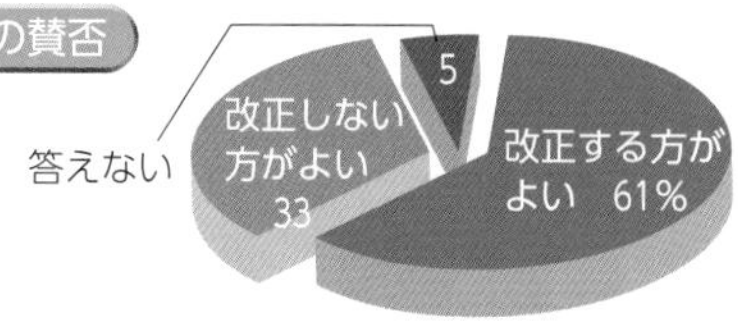

第9条改正の賛否

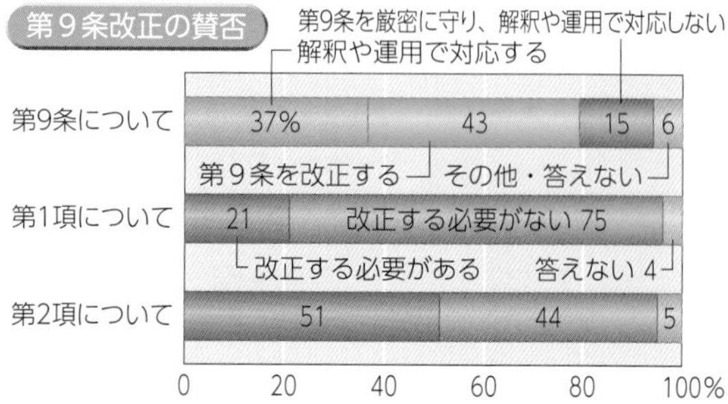

憲法についてのおもな関心事項 (複数回答)

関心事項	関心を持つ人の割合(%)
戦争放棄、自衛隊の問題	57
教育の問題	34
環境問題	33
緊急事態への対応の問題	28
平等と差別の問題	26
憲法改正の問題	26
天皇や皇室の問題	25
生存権、社会福祉の問題	23

国民の反応をみると、毎年公表される新聞社の世論調査では、近年、憲法改正に賛成している国民は過半数を超えるようになった。しかし、内容ごとにみると、憲法第9条を改正すべきではないとの意見は根強い。一方で、新しい人権などは、憲法に明記する必要があると考えている人が多い。

憲法改正手続きの整備と改正論議の経緯

❶55年体制～憲法調査会の最終報告書提出　戦後の55年体制の下では、改憲派＝自民党、護憲派＝社会党の構図ができあがった。自民党と社会党は憲法第9条をめぐって激しく対立したが、憲法改正の具体的な動きがみられるようになったのは2000年代に入ってからである。

まず、2000年1月に衆参両院に憲法調査会が設置され、これを機に憲法改正論議が活発化するようになった。2005年に提出された最終報告書では、憲法第9条の平和主義は堅持するとしつつも、現行憲法の改正すべき点として、国際貢献、集団的自衛権、自衛隊の存在を明記すべきとの意見が出された。また、環境権やプライバシー権などの新しい人権を憲法に規定すべきという意見が大勢を占めた。

❷国民投票法成立～現在　2006年に発足した第一次安倍内閣は、「憲法改正」を中心政策にすえた。2007年には**国民投票法**を成立させ、これまで決められていなかった憲法改正時の国民投票についての細かな手続きを定めた。また、この法律により、改正の原案を審議するための機関として、憲法調査会に代わって衆参両院に**憲法審査会**が発足した。

憲法審査会は発足から4年あまり休眠状態が続いていたが、2011年の民主党の野田政権下で実質的な審議がスタートした。その後、2012年の政権交代によって再発足した安倍政権は、憲法改正に積極的な姿勢をみせてきた。

2022年、岸田政権の下で初の召集となった通常国会において、憲法審査会の開催が過去最多となり、国会では改正の機運の高まりがみられた。こうした中で迎えた参議院議員通常選挙では、改憲勢力(自民、公明、維新、国民民主)が発議に必要な3分の2以上の議席を獲得した。岸田政権は、憲法改正の発議、そして国民投票に向けた動きを活発化する意向を示している。

「世界最高齢」の憲法

あるアメリカの大学教授たちは、戦後の1946年から2006年までの各国憲法の改正や独立国の新憲法(成文憲法をもつ世界188か国)を調査し、国民の権利と保障のしくみを項目ごとにデータ化し、その分析結果を発表した。

世界の憲法にうたわれている権利

権利の種類	信教の自由	報道・表現の自由	平等の保障	私有財産権	不当逮捕・拘束の禁止	集会の権利	団結権	女性の権利	移動の自由	教育の権利	拷問の禁止	違憲審査権
1946年	81	87	71	81	76	73	72	35	50	65	37	25
1976年	88	86	88	83	79	75	77	70	58	65	45	51
2006年	97	97	97	97	94	94	93	91	88	82	84	82

[数値は188か国の憲法で認められている割合(%)]

(「朝日新聞」2012年5月3日を参照)

日本国憲法は条文が変更されていないという意味で、世界の憲法の中で「最高齢」とされる。しかし、上の表に示された基本的人権を70年以上前にすべて満たしていることからも、日本国憲法の先進さが見てとれる。

このように、日本国憲法がこれまで改正する必要がなかった背景には、人権に関する規定が充実しており、追加する必要性が少なかったことがあげられる。その一方、国会・内閣・裁判所といった統治機構の詳細な規定は法律で規定されており、法律の改正だけで対応できたことなども指摘されている。国家権力をしばり、国民一人ひとりの権利を守るための憲法はどうあるべきか、憲法改正にはこのような視点での国民的議論を高めていくことが重要になる。

Zoom **憲法審査会**　衆参両院に設置された憲法を議論するための専門機関。憲法改正原案を審査し、採決して、国会に提出する役割を担う。衆議院では50名、参議院では45名の委員から構成され、各会派の所属議員の比率により委員の割り当てが決まる。

憲法改正の論点

(「憲法調査会報告書」(2005年)をもとに作成)

	改憲に賛成の意見	改憲に反対の意見
前文	日本の伝統文化の尊重を明記	歴史・伝統は多様であり、特定の価値観の明記は慎むべき
天皇	天皇を国家元首として明記	象徴天皇には元首との明記はふさわしくない
自衛隊(第9条)	自衛権を国防軍とし、自衛隊の存在と、その行動の限界を明記する	①自衛隊は違憲ではなく、改憲の必要はない ②自衛隊は違憲なので、災害救助を目的とした別組織にするべき
新しい人権	新しい人権を憲法に明記。環境権を人権として明記する以外にも、環境に対する国や国民の責務についての条文を設けるべき	憲法第13条(幸福追求権)などを根拠にすでに認められている。第13条は将来生まれ得る人権にも対応可能
緊急事態条項	緊急事態には首相に権限を集中する必要がある	基本的には法律で対応可能。市町村が対応すべき
改正	改正の発議は過半数の議員で可能にすべき	3分の2の要件は、他国と比べても厳しい条件ではない。慎重であるべき
道州制	道州制を憲法に明記	現行憲法でも可能
財政規律	健全な財政運営をするために、財政規律条項を設ける	財政政策を縛るので、現実的ではない。破られることが前提となる

憲法改正論議のおもな論点は第9条にあるといえるが、このほかに、新しい人権なども争点となっている。自民党は第9条の改正に加えて、天皇の元首性の明記や緊急事態条項の新設に積極的である。また、公明党は現行の憲法に環境権などの新たな条文を盛り込む「加憲」の立場をとる一方、立憲民主党は現政権下での憲法改正に反対しており、共産党や社民党は憲法改正そのものに反対である。

国民投票制度の課題

憲法改正の国民投票には、主権者としての国民が最終的な決断をすることで、その結果に正統性をもたせるとともに、安易な改正を防止するという意義がある。しかし、現在の国民投票制度にはおもに以下の課題が残っている。

❶最低投票率制度　最低投票率制度とは、国民投票において、あらかじめ設定していた投票率に達しない場合、国民投票は不成立とする制度である。現在の国民投票法では、この制度は盛り込まれていない。これは、最低投票率に関する憲法上の規定がないことが要因といわれている。しかし、投票率が低いならば、主権者の国民の意思が十分に反映されず、憲法改正の正統性に疑問が生じるとして、制度の導入を推す声もある。諸外国では、憲法改正など重要な案件では、最低投票率などの要件を定めている国も多い。

❷有料意見広告のあり方　国民投票法では、個人や団体・政党による賛成・反対の意見広告は投票の14日前から禁止されている。しかし、その他の規制は存在しない。マスコミやインターネットを介した広告の影響力は大きい。一方で、大量の広告を出すためには莫大な資金を投じる必要があり、政党の資金力によって広告の影響力が変化する可能性がある。有料意見広告の規制が緩いのは表現の自由に配慮したためといわれるが、公平な投票を期するためには有料意見広告の規制を再検討する必要があるとの声もある。

憲法改正をめぐる各党の主張

推進派	自民党	①自衛隊の明記、②緊急事態への対応、③参議院選挙区における合区の解消、④教育の充実
推進派	日本維新の会	①教育無償化、②統治機構改革、③憲法裁判所の設置、④第9条は平和主義・戦争放棄を堅持した上で自衛隊を明記
推進派	公明党	①第9条1項・2項は堅持し、自衛隊の明記は引き続き検討、②改正しないと解決できない問題には、必要な規定の追加(加憲)を検討
推進派	国民民主党	①緊急事態条項を創設し、議員任期の特例延長を認める、②憲法第9条については具体的な議論を進める
慎重派	立憲民主党	①立憲主義に基づいて国民の権利拡大に資する議論を行う、②自衛隊を明記する自民党案に反対
慎重派	れいわ新選組	①安易な改憲に反対、②生存権の保障など現行憲法が守られている社会状況にする必要あり
慎重派	共産党	①憲法第9条の改正に反対、②現行憲法を守り、平和的民主的諸条項の完全実施をめざす
慎重派	社民党	①憲法改正に反対、②現行憲法の理念を暮らしや政治に活かす

(「日本経済新聞」2022年6月20日ほか参照)

⬆憲法審査会(衆議院)　憲法審査会は衆参両院に設置されている。

各国の憲法改正手続き

日本国憲法は改正手続きが厳格すぎるという意見もあるが、諸外国ではどのような手続きがとられているのか。

アメリカ	上院、下院それぞれの3分の2以上の賛成 ⇒全州議会の4分の3以上の承認
ドイツ	各議院の3分の2以上の賛成⇔ただし、人間の尊厳や基本権などの基本原則は改正できない
イタリア	各議院の過半数の賛成 ⇒3か月以上を経た後、再び各議院の過半数の賛成 ⇒2回目の採決で両院とも3分の2以上の賛成が得られなければ、反対派は国民投票を要求できる
フランス	各議院の過半数の賛成 ⇒国民投票。政府提出なら両院合同会議の5分の3以上の賛成
韓国	国会の3分の2以上の賛成 ⇒国民投票(有権者の過半数の投票、かつ、投票総数の過半数の賛成で改正される)
オーストラリア	各議院の総議員の過半数の賛成 ⇒連邦全体で投票総数の過半数の賛成、かつ、全部の州のうち過半数の州で投票総数の過半数が賛成

多くの国も硬性憲法であり、憲法改正には法律より厳しい要件を設けている。また、議会の議決に加えて、国民投票や連邦内の州の承認を手続きに加えている国も多い。ただし、そのような国でも改正は行われてきた。憲法は国家の形をつくる重要なルールであるが、国民の合意があれば時代の変化によって変更することもできるといえる。

TOPIC トピック　日本国憲法は、文章量の少なさも世界有数である。これは、「……は、法律でこれを定める」と憲法に具体的な規定を置いていない条文が多い点が要因としてあげられる。

用語解説　㉛硬性憲法、㉜憲法審査会

5 基本的人権の保障

要点の整理

＊1～20 FILEは資料番号を示す
※違は最高裁での違憲判決を示す

I 基本的人権

❶基本的人権の体系 1

- 平等権……法の下の平等[14条]・両性の本質的平等[24条]・参政権の平等[44条]
- 自由権的基本権(自由権)……精神的自由・人身の自由・経済的自由 ⟶ 国家からの自由
- 社会権的基本権(社会権)……生存権・教育を受ける権利・労働基本権 ⟶ 国家による自由
- 参政権……国民が政治に参加できる権利 ⟶ 国家への自由
- 国務請求権……国民が自己の利益や権利を確実なものとするために、国家に対して要求する権利(受益権)

※国民の義務……子女に教育を受けさせる義務[26条]、勤労の義務[27条]、納税の義務[30条]

❷基本的人権の一般原理と限界

- 基本的人権の普遍性・固有性・不可侵性(ふかしん)[11条・97条] 2
- **個人の尊重、生命・自由・幸福追求の権利**[13条]
- 人権相互の矛盾(むじゅん)・衝突(しょうとつ)には**公共の福祉**による調整が必要FILE、自由・権利の保持の責任とその濫用(らんよう)の禁止[12条]

II 平等権

❶法の下の平等 5 (違**尊属殺重罰規定違憲判決**、違**婚外子法定相続分差別違憲判決**、違**性別変更要件規定違憲判決**)
❷女性差別 6 (違**女性再婚禁止期間規定違憲判決**、選択的夫婦別姓問題、DV防止法)/性的多様性の理解に向けた課題
❸国籍をめぐる問題 7 (違**国籍取得制限規定違憲判決**)、**❹部落問題** 8 (全国水平社宣言、同和対策審議会答申)
❺ハンセン病差別 9 (ハンセン病国家賠償請求訴訟)、**❻障害者差別** 10 (障害者入学拒否訴訟、**障害者差別解消法**)
❼アイヌ民族差別 11 (二風谷(にぶたに)ダム訴訟、**アイヌ施策推進法**)、**❽在日韓国・朝鮮人差別** 12 (ヘイトスピーチとその対策)
❾外国人の人権 12 FILE (マクリーン事件、外国人地方参政権訴訟)

III 自由権的基本権(自由権)

❶精神的自由(精神の自由) 13

- 思想・良心の自由[19条](三菱樹脂(じゅし)訴訟)
- 信教の自由[20条](津地鎮祭(つじちんさい)訴訟、違**愛媛(えひめ)玉ぐし料訴訟**、違**北海道砂川政教分離訴訟**、違**沖縄孔子廟(びょう)訴訟**)
- 表現の自由[21条](チャタレイ事件、家永教科書裁判―**検閲(けんえつ)の禁止**、**通信の秘密**と**通信傍受法**)
- 学問の自由[23条](東大ポポロ事件)

❷人身の自由 14……**法定手続きの保障(罪刑法定主義)**[31条]、**令状主義**[33条・35条]、**弁護人依頼権**[34条・37条]、**黙秘(もくひ)権**[38条]、**遡及処罰(そきゅうしょばつ)の禁止**・**一事不再理**[39条]、**冤罪(えんざい)**・**死刑制度**をめぐる問題FILE、刑事司法改革(取り調べの可視化・司法取引の導入など)

❸経済的自由(経済の自由) 15[22条・29条]……「**二重の基準**」により、精神の自由よりも公権力による規制が強い(違**薬事法距離制限規定違憲判決**、違**森林法共有林分割制限規定違憲判決**)

IV 社会権的基本権(社会権)

❶生存権 16[25条]……**プログラム規定説**(朝日訴訟、堀木訴訟)
❷教育を受ける権利 17[26条]……義務教育の無償、教育の基本方針や理念は**教育基本法**で規定(旭川(あさひかわ)学力テスト訴訟)
❸労働基本権 18……**勤労の権利**[27条]と**労働三権**:団結権・団体交渉権・団体行動権(争議権)[28条]
➡労働三法:労働基準法・労働組合法・労働関係調整法

V 基本的人権を確保するための権利

❶参政権 19……**選挙権と被選挙権**・**最高裁判所裁判官の国民審査**・**特別法の住民投票**・**憲法改正の国民投票**(違**在外日本人選挙権制限規定訴訟**、違**一票の格差をめぐる訴訟**、違**在外日本人国民審査訴訟**)
❷国務請求権 20……**請願権**[16条]、**損害賠償(国家賠償)請求権**[17条]、**裁判を受ける権利**[32条・37条]、**刑事補償請求権**[40条](違**書留郵便免責(めんせき)規定違憲判決**)

I 基本的人権

1 日本国憲法における人権保障の体系

?基本的人権にはどのようなものがあるのか 頻出

●基本的人権の一般原理

第11条【基本的人権の享有】 国民は、すべての基本的人権の享(きょう)有(ゆう)を妨(さまた)げられない。この憲法が国民に保障する基本的人権は、侵(おか)すことのできない永久の権利として、現在及び将来の国民に与(あた)へられる。

第13条【個人の尊重・幸福追求権・公共の福祉】 すべて国民は、個人として尊重される。生命、自由及び幸福追求に対する国民の権利については、公共の福祉に反しない限り、立法その他の国政の上で、最大の尊重を必要とする。

第97条【基本的人権の本質】 この憲法が日本国民に保障する基本的人権は、人類の多年にわたる自由獲得の努力の成果であつて、これらの権利は、過去幾多(いくた)の試錬に堪へ、現在及び将来の国民に対し、侵すことのできない永久の権利として信託されたものである。

＊幸福追求権は、個別の基本的人権を包括する権利であり、人権保障の一般原理を示したものである。現在では、具体的な権利をもち、新しい人権を導くものとしての性格を有するとされている。

Zoom 基本的人権の「基本的」の意味 基本的人権は、憲法で明記されている基本的な権利であるため、「基本権」とも呼ばれる。そして、例えば憲法上の生存権を受けて生活保護法が制定されるなど、基本的人権の価値は立法などで具体化される。

●基本的人権の分類

分類	内容	条項（憲法の条文）	事例
一般原理	日本国憲法で規定されている基本的人権の性質と、基本的人権のベースとなる個人の尊重が示されている。	基本的人権の永久不可侵性（11条・97条） 自由・権利の保持の責任とその濫用禁止（12条） 個人の尊重、生命･自由･幸福追求の権利（13条）	
平等権	基本的人権の根本であり、すべての人が法の下に平等であるという前提が示されている。	法の下の平等（14条） 両性の本質的平等（24条） 議員及び選挙人の資格（44条）	尊属殺重罰規定違憲判決、 婚外子法定相続分差別違憲判決、 女性再婚禁止期間規定違憲判決、 国籍取得制限規定違憲判決など ➲p.42〜49
自由権的基本権（自由権）	国家権力の介入から自由である権利（**国家からの自由**）であり、基本的人権の中では最も早く確立した。**18世紀的人権**ともいわれる。		
自由権的基本権（自由権）：精神的自由	個人の内心まで権力や他人に踏みこまれない権利（精神の自由）と、自由意思（志）に基づいて行動し、自己の考えを自由に発表することを保障する権利（行動の自由）。	思想・良心の自由（19条） 信教の自由（20条） 集会・結社・言論・出版・表現の自由（21条） 検閲の禁止・通信の秘密（21条） 学問の自由（23条）	三菱樹脂訴訟、津地鎮祭訴訟、 愛媛玉ぐし料訴訟、 チャタレイ事件、 家永教科書裁判、東大ポポロ事件など ➲p.50〜54
自由権的基本権（自由権）：人身の自由	生命・身体に対する拘束や圧迫を受けない権利。明治憲法下では、治安維持法などにより、この自由が侵害された反省から、詳細に規定されている。	奴隷的拘束及び苦役からの自由（18条） 児童酷使の禁止（27条） 法定手続きの保障（31条） 不当に逮捕されない権利（33条） 不当に抑留・拘禁されない権利（34条） 不当に住居侵入・捜索・押収されない権利（35条） 拷問・残虐刑の禁止（36条） 刑事被告人の権利（37条）　自白強要の禁止（38条） 遡及処罰の禁止（39条）	適正手続き（デュープロセス）、 死刑制度、 冤罪事件、 刑事司法改革など ➲p.55〜58
自由権的基本権（自由権）：経済的自由	資本主義経済の基礎となる自由。二重の基準により、精神の自由よりも比較的強い制限を受ける。	居住・移転・職業選択の自由（22条） 国籍離脱の自由（22条） 財産権の保障（29条）	薬事法距離制限規定違憲判決、 森林法共有林分割制限規定違憲判決 ➲p.59
社会権的基本権（社会権）	人に値する生活を国家に求める権利（**国家による自由**）。**20世紀的人権**ともいわれる。 ※勤労権と労働三権を総称して労働基本権という。	生存権（25条） 教育を受ける権利（26条） 勤労の権利（27条） 労働三権［勤労者の団結権・団体交渉権・団体行動権（争議権）］（28条）	朝日訴訟、 堀木訴訟など ➲p.60〜62
参政権	国民が政治に参加する権利（**国家への自由**）。 選挙などを通して、自らの意思を政治に反映させる権利。	公務員の選定・罷免権（15条） 最高裁判所裁判官の国民審査（79条） 地方参政権（93条）　特別法の住民投票（95条） 憲法改正の国民投票（96条）	在外日本人選挙権制限規定訴訟、 議員定数不均衡問題など ➲p.63，114
国務請求権	みずからの権利を守るため、直接的に国家に対して、積極的な行動をとることを請求する権利。	請願権（16条）　損害賠償（国家賠償）請求権（17条） 裁判を受ける権利（32、37条） 刑事補償請求権（40条）	書留郵便免責規定違憲判決 ➲p.64
義務	国家の一員として国民が果たすべき義務（**国民の三大義務**）。	子女に教育を受けさせる義務（26条） 勤労の義務（27条）　納税の義務（30条）	

●国民の責任と義務

第12条【自由・権利の保持の責任とその濫用の禁止】　この憲法が国民に保障する自由及び権利は、国民の不断の努力によつて、これを保持しなければならない。又、国民は、これを濫用してはならないのであつて、常に公共の福祉のためにこれを利用する責任を負ふ。

［国民の義務に関する条文］

第26条　②すべて国民は、法律の定めるところにより、その保護する子女に普通教育を受けさせる義務を負ふ。義務教育は、これを無償とする。

第27条　①すべて国民は、勤労の権利を有し、義務を負ふ。

第30条　国民は、法律の定めるところにより、納税の義務を負ふ。

日本国憲法第12条では、国民は「不断の努力」によって自由と権利を保持しなければならず、これを濫用してはならないとし、自由と権利に対する国民の責任を規定している。さらに、憲法は個別に３つの義務を国民に課している。

第26条は、子どもに教育を受けさせる義務を保護者に課す一方で、義務教育を無償で提供するように政府に求めている。第27条は、強制的な労働が求められているのではなく、法的義務は薄い。しかし、働く能力とその機会があるのに、働こうとしない者に対しては、社会保障給付を行わないことが認められている。また、第30条は、第80条の租税法律主義（➲p.169）に基づいて、国民に納税義務を課している。

解説　**詳細な規定を定めている日本国憲法**　基本的人権の規定は、国家が個人の人権を尊重するため、国家に対して人権の擁護を法的に義務づけ、その侵害を禁止するものである。日本国憲法には、自由権のほか、平等権、社会権、参政権、請求権などが規定されているが、**新しい人権**については憲法に明文規定がない。また、人権の制約原理である**公共の福祉**は、人権相互間の矛盾・衝突を調整するためのものである。これを「公益」や「安寧秩序」と捉えてしまうと、戦前の「法律の留保」と同じ結果をもたらしかねない。公共の福祉は、全体のために個人の人権を犠牲にするための規定ではないことに留意しなければならない。

TOPIC トピック　日本国憲法は前文と11章103条で構成されているが、基本的人権に関しては、第３章のうち、第30条（納税の義務）を除く第10〜40条で中心的に取り扱われている。

2 人権の３つの性質 出題

? 人権にはどのような性質があるのか

性質	内容	日本国憲法の該当箇所
固有性	人間が生まれながらにしてもっている当然の権利であること。	第11条「現在及び将来の国民に与へられる」第97条「信託されたもの」
普遍性	人種・性別・身分などの区別なく、すべての人に保障される権利であること。	第11条「国民は、すべての基本的人権の享有を妨げられない」
不可侵性	国家によっても侵すことができない権利であること。ただし、他人の人権を不当に侵害しない範囲で認められる。	第11条および第97条「侵すことのできない永久の権利」

解説 **人権の概念** 「基本的人権」と「人権」は、ほぼ同じ意味である。学説によっては「人権」と「基本権」とを区別する考え方もあるが、一般的には、憲法や国家が成立する以前から、人間が生まれながらにもっている権利であり、日本国憲法で規定されているさまざまな権利の総称と捉えることができる。

COLUMN 人権侵犯事件とその救済

人権侵犯事件の救済手続開始件数

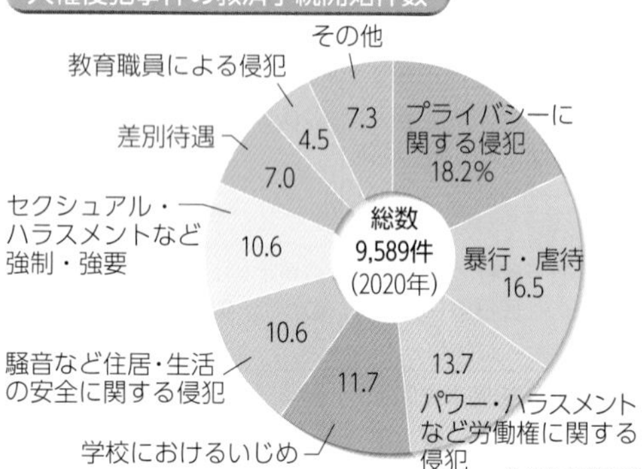

（法務省資料）

国民の人権擁護に携わる行政機関（人権擁護機関）として、法務省に人権擁護局があり、その下部組織として地方に人権擁護部・人権擁護課が設置されている。また、法務大臣から委嘱された人権擁護委員が全国に約14,000名配置されている。無報酬の民間人である人権擁護委員は、地域の中で人権尊重の考え方を広め、人権侵害から住民を守るために活動している。

人権擁護機関では、法務局職員や人権擁護委員などの相談員が、不当な差別、職場や学校でのいじめ、インターネットでの誹謗中傷・プライバシー侵害などの人権侵犯に対する相談（人権相談）を受け付けている。そして、調査を行った上で、法律上の助言などを行う「援助」や、当事者間の関係調整を行う「調整」から、人権侵害を行った者に対して改善を求める「説示・勧告」、刑事事件として訴える「告発」といった加害者に対する厳しい措置までの救済方法が用意されている。

3 私人間における人権保障 出題

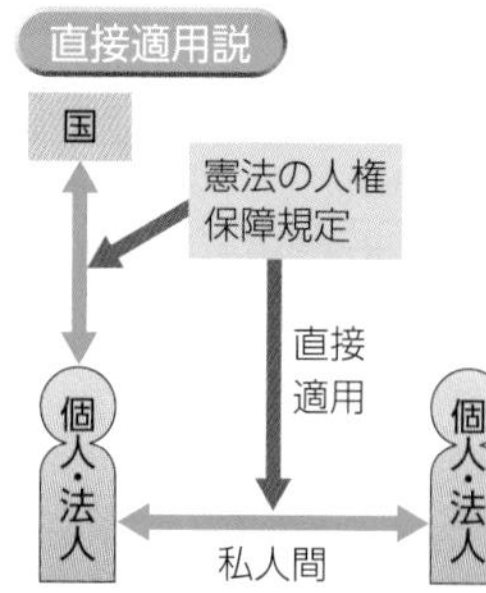

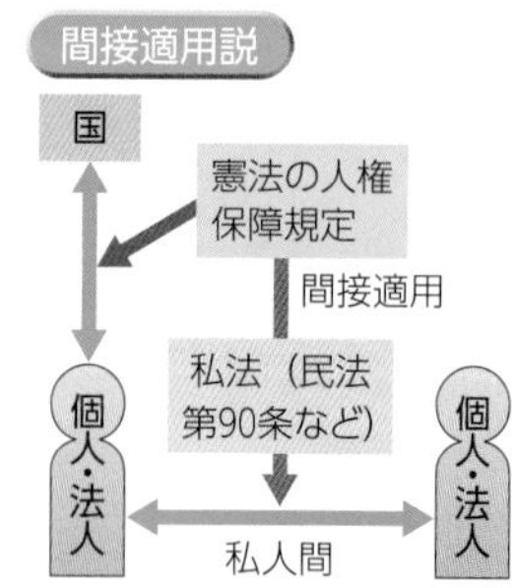

解説 **直接適用説と間接適用説** 国家権力から個人の自由を守るという近代立憲主義に基づいて、基本的人権は発展してきた。**直接適用説**は、憲法の人権規定は国家と私人との関係に対するのと同様に、私人間（➲p. 8）にも直接効力をもつと考える説である。しかし、私的自治の原則に基づいて、私人間に対する国家権力の関与は、不当な介入として避けてきた歴史がある。そこで、公序良俗に反する法律行為は無効とする民法第90条などを介在して、憲法上の基本的人権の諸規定を間接的に適用する**間接適用説**が主張されるようになった。

4 日本国憲法における人権の享有者

享有者	説明
国民	日本国憲法における人権のおもな享有者であり、公共の福祉に反しない限り、最大限尊重される。 ■第10条【国民の要件】日本国民たる要件は、法律でこれを定める⟶国籍法によって認められた日本国籍の保有者が国民
未成年（➲p.65）	成年者と同様に人権を享有できるが、心身の成熟度を考慮して一定の権利が制限される。 ■選挙権（第15条３項）、婚姻の自由、職業選択の自由、財産権⟶制限される
外国人	自然権思想に基づいて、多くの人権を日本国民と同様に享有しているが、人権の性質によっては制限することも認められる。➲p.49 ■入国の自由、選挙権、公務員への就職、社会権の一部⟶制限される
天皇	「国民」であるかどうかは学説によって分かれる。どの学説にしても、日本国および日本国民の象徴として一般国民とは異なる扱いがなされる。 ■選挙権や外国移住の自由、国籍離脱の自由⟶認められていない
法人	会社などの法人も、性質上可能なかぎり、自然人（個人）と同様の人権が認められる。出版などの表現の自由、財産権や営業の自由などの経済的自由、請願権、裁判を受ける権利、請求権は認められる。 ■婚姻の自由や生存権など⟶性質上、認められない
公務員	日本国民であるが、「全体の奉仕者」として、一定の人権が制限される。➲p.62, 84 ■政治活動の自由などの参政権、労働基本権⟶制限される

解説 **「国民」と「何人」** 日本国憲法では、「国民は、すべての基本的人権の享有を妨げられない」（第11条）などとするほか、「何人も…」とする規定がある。しかし、通説では、憲法は「国民」と「すべての人」を使い分けているわけではないとしている。そのため、基本的人権はその性質によって、外国人に対してもできるだけ認めるべきである。

Zoom **侮辱罪の厳罰化** 侮辱罪の刑罰は拘留または科料であったが、2022年法の刑法改正によって「１年以下の懲役もしくは禁錮、30万円以下の罰金」が追加された。これはＳＮＳなどでの誹謗中傷による人権侵害に厳正に対処するためである。

5 法の下の平等

?法の下の平等とはどのようなことか　出題

第14条【法の下の平等】 ①すべて国民は、法の下に平等であつて、人種、信条、性別、社会的身分又は門地により、政治的、経済的又は社会的関係において、差別されない。
②華族その他の貴族の制度は、これを認めない。
③栄誉、勲章その他の栄典の授与は、いかなる特権も伴はない。
……

平等の意味

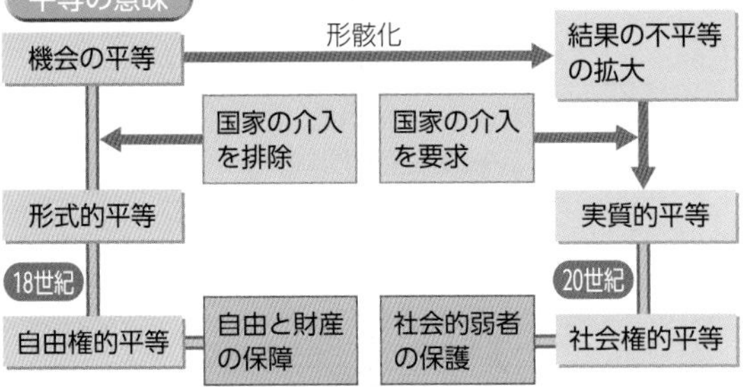

形式的平等と実質的平等

形式的平等……機会の平等を確保するものであり、不合理な差別を禁止して、すべての人々を一律公平に扱うこと
実質的平等……結果の平等を確保するものであり、人々の間にある格差に着目して、その是正を図ること

●平等とポジティブ・アクション

ポジティブ・アクションの方式

名称	内容
クオータ制	一定の採用人数や割合を女性やマイノリティに割り当てる方式
プラス・ファクター方式	能力が同等である場合には、女性やマイノリティを優先的に取り扱う方式
ゴール・アンド・タイム・テーブル方式	達成すべき目標と達成までの期間の目安を示して、その実現に努力する方式

ポジティブ・アクション（アファーマティブ・アクション）は、日本語では積極的改善措置などと呼ばれる。これは、従来差別されてきた人々の社会的地位を高めるため、一定の範囲で特別の機会を提供することにより、実質的平等を実現することを目的とした措置のことである。アメリカなどでは、大学入学で人種的・民族的少数者に配慮した優先枠を設けているところがある。日本の場合は、特に女性に対するポジティブ・アクションの導入が論じられている。

一方、形式的平等の観点からみて、過度の優遇措置は「逆差別」をまねきかねないため、ポジティブ・アクションの範囲や程度は、慎重に検討する必要があるとの指摘もある。

解説 **身分制度の廃止から平等の実現へ** 近代以前は身分制度があった。ヨーロッパでは市民革命によって人の支配から法の支配に移行し、法の下の平等が実現した。しかし、それは身分制度の廃止であり、**機会の平等（形式的平等）**を意味するにすぎなかった。つまり、資本主義経済の下で貧富の格差などの不平等は依然として残ることとなった。その後、平等の観念をより徹底させて、**結果の平等（実質的平等）**まで主張されるようになった。この主張は労働基本権や生存権の保障といった社会権の拡大につながっていった。

「判例」の構成

●「判決」と「判例」の違い

訴訟に対して裁判所が示した判断や結論を「判決」という。一方、これまでに出された「判決」のうち、現在でも拘束力をもつものを「判例」という。判例は将来の裁判の判決に影響を与え、また、下級裁判所が最高裁判所の判例に反した判決を出した場合は上告の理由となる。最高裁判所が従来の判例を変更するときには、大法廷（➲p.89）で合議しなければならない。

●「法律上の争訟」とは

裁判に訴えることができるのは、「法律上の争訟」だけである。「法律上の争訟」とは、「当事者間の具体的な権利義務や、法律関係の存否に関する争い」で、かつ、「法律の解釈や適用によって最終的に解決できるもの」をさす。したがって、自分の権利が侵害されていないのに、ある法律が違憲であるとして訴えることや、裁判では解決・救済できないことを訴えても、「訴えの利益」がなく、不適法として却下される。

●裁判上の用語解説

- **棄却と却下**：訴えや上訴に対して、理由がないとして退けることを棄却という。手続きの不備などで訴えが不適法であるとして退けることは却下という。
- **破棄差戻し**：上訴審の裁判所が下級審で出された判決を取り消して、下級審に再審理を命じること。

●判決書の構成

判決の内容を示した書面を判決書といい、判決の主文や理由などが記載される。判決は、裁判官の言い渡しによって効力を生じる。主文には裁判の結論が簡潔に示される。なお、判決は裁判官の合議で決められるが、個別の裁判官の補足意見があれば、それも示される。

（民事裁判の場合）

判　決
東京都○○区△△３丁目１番１号
原　告　◇山　△男
同訴訟代理人弁護士　◇谷　○子
東京都△△区◇◇５丁目３番15号
被　告　○本　□郎
同訴訟代理人弁護士　○西　△三

主　文
１　原告の請求を棄却する
２　訴訟費用は、原告の負担とする

（裁判の結論。被告勝訴の場合はこの例のようになる。原告勝訴の場合は、「被告は、原告に対し、○円支払え」となる。）

事実及び理由
第１　請求
被告は、原告に対し、250万円及びこれに対する平成○年５月１日から支払済みまで年５分の割合による金員を支払え。
第２　事案の概要

（大抵の場合、法廷では主文のみが読み上げられる。）

※刑事裁判の場合、主文は「被告人は無罪」「被告人を○○に処す。この裁判が確定した日から○年間その刑の執行を猶予する。」などとなる。

TOPIC トピック　2013年にいじめ防止対策推進法が成立したことを受け、文部科学省はスクールカウンセラーの配置を充実させ、深刻化する「ネットいじめ」の対策に乗り出した。

用語解説　㉝法の下の平等

判例 尊属殺重罰規定違憲判決

争点 ①尊属殺人が一般の殺人に比べて刑が重い刑法第200条は、憲法第14条の法の下の平等に反しないか。
②たとえ反しなくとも、尊属殺の刑が重すぎないか。

事件の概要 被告人Xは、14歳のときから実父Yより夫婦同然の関係を強いられ、5人の子どもを産み、逃走しようとしても執拗に連れ戻されるといった扱いを受け続けた。その後、Xが職場の同僚と結婚を考えるようになったところ、Yは10日あまりにわたって脅迫虐待した。Xは、なんとか逃れようと考え、Yを絞殺し、自首した。

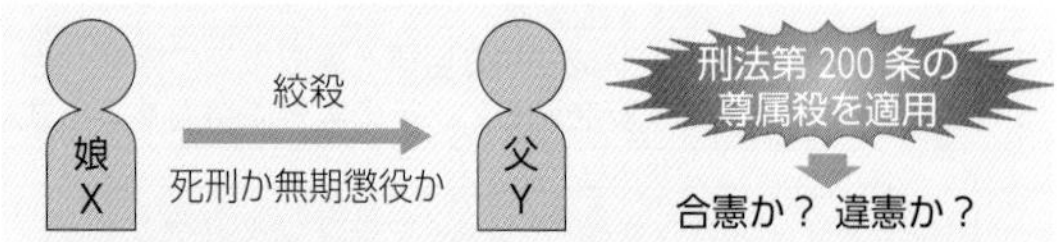

刑法 第199条【殺人】 人ヲ殺シタル者ハ死刑又ハ無期若シクハ3年以上ノ懲役ニ処ス
刑法 第200条【尊属殺】 自己又ハ配偶者ノ直系ノ尊属ヲ殺シタル者ハ死刑又ハ無期懲役ニ処ス
(注)上記の刑法は1995年の改正前のものである。

判決

第一審(宇都宮地裁 1969年5月29日) 刑法第200条は違憲 ⟶ Xは刑を免除。
第二審(東京高裁 1970年5月12日) 刑法第200条は合憲 ⟶ Xは懲役3年6か月の実刑。
最高裁(1973年4月4日) 刑法第200条は違憲。刑法第199条をXに適用 ⟶ Xは懲役2年6か月、執行猶予3年。

最高裁の見解「刑法第200条が尊属殺の刑罰を死刑または無期懲役刑のみに限っているのは、普通殺に関する刑法第199条の刑罰に比べて著しく不合理な差別的取り扱いであり、憲法第14条第1項に違反して無効である」とし、尊属殺にも刑法第199条の普通殺人罪を適用すべきであるとした。

解説 **刑が重すぎることが違憲** 尊属とは、血縁関係で上の世代の者をさすが、刑法において普通殺よりも尊属殺の方が著しく重い刑が科せられていた。この判決は、最高裁が違憲審査権を行使して、法律の規定に対して違憲を明示した最初の例としても注目された。1995年に刑法を現代用語に平易化する際に、刑法第200条の尊属殺などの規定が削除された。

判例 婚外子法定相続分差別違憲判決

争点 婚外子(非嫡出子)の相続分を、結婚している夫婦の子(嫡出子)の2分の1とする民法第900条4号但書の規定は、憲法第14条に反しないか。

事件の概要 Aの嫡出子の原告Xは、2001年に死亡した父親であるAの遺産分割について、嫡出でない子(婚外子)であるYとの調停が成立しなかったため、遺産分割の審判を裁判所に申し立てた。第一・二審では婚外子の相続分を嫡出子の2分の1とする民法の規定を合憲としたため、Yは特別抗告した。

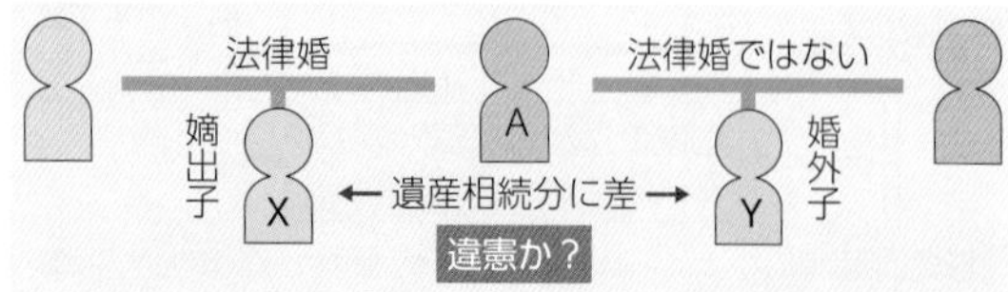

民法第900条【法定相続分】 ④子、直系尊属又は兄弟姉妹が数人あるときは、各自の相続分は、相等しいものとする。ただし、嫡出でない子の相続分は、嫡出である子の相続分の2分の1とし、父母の一方のみを同じくする兄弟姉妹の相続分は、父母の双方を同じくする兄弟姉妹の相続分の2分の1とする。
(注)下線部は2013年の改正で削除

判決

最高裁(2013年9月4日) 原決定を破棄、高裁に差し戻し民法第900条4号但書の規定は違憲。

最高裁の見解 法律婚自体は日本に定着しているとしても、父母が婚姻関係になかったという、子にとっては自ら選択できない事柄を理由として、子に不利益を及ぼすことは許されない。民法第900条4号は、遅くとも本件の相続が開始した2001年当時において、合理的理由のない差別となっており、憲法第14条1項に反する。

解説 **家族形態の多様化とともに** かつての最高裁の見解は、嫡出子と婚外子の間の財産分割に差が生じてもやむをえないとしてきた。しかし、2013年の最高裁では、家族形態の多様化や国民意識の変化を考慮して、民法の規定は違憲・無効とされた。この判決を受けて、同年に民法が改正された。なお、2004年11月から戸籍上の嫡出子と婚外子の区別記載はなくなっているが、出生届は今も区別記載がなされている。

COLUMN

さまざまなハラスメント

ハラスメントとは、嫌がらせやいじめのこと。つまり、他人に対する行動や発言によって相手を不快にさせたり、不利益を与えたりすることである。

■セクシュアル・ハラスメント(セクハラ)…性的な嫌がらせをさす。この背景には、企業の男性中心の雇用環境や、異性を対等とみなさない意識がある。1992年のセクハラをめぐる国内初の裁判では、加害者と会社に対して賠償責任が認められた。

■マタニティ・ハラスメント(マタハラ)…妊娠や出産を理由として、女性が解雇や降格などの不利益を受ける例が後を絶たない。2014年、最高裁は妊娠を理由とした降格を違法と認定した。

■パワー・ハラスメント(パワハラ)…職場での優位性を利用した嫌がらせをさす。上司の執拗な叱責が原因でうつ病になり、労働災害として認定された例もある。2022年にはパワハラ防止措置がすべての企業に義務化された。

■アカデミック・ハラスメント(アカハラ)…大学教授などの教官が研究室の学生や部下の教官に対して、上下関係を利用して不当な扱いや嫌がらせをすること。

↑ハラスメント防止を喚起する厚生労働省のポスター

Zoom 嫡出をめぐる住民票と戸籍の記載 かつて、嫡出子と婚外子は住民票や戸籍の記載のしかたにも違いがあった。現在では、住民票では「子」に、戸籍では「長男」「長女」などに統一されている。

6 女性差別

第24条【両性の平等】 ①婚姻は、両性の合意のみに基いて成立し、夫婦が同等の権利を有することを基本として、相互の協力により、維持されなければならない。
②配偶者の選択、財産権、相続、住居の選定、離婚並びに婚姻及び家族に関するその他の事項に関しては、法律は、個人の尊厳と両性の本質的平等に立脚して、制定されなければならない。

判例 日産自動車男女別定年差別訴訟

争点 男女別定年制は、憲法第14条に反しないか。

事件の概要 原告Xは、日産自動車の女性社員であったが、男性55歳・女性50歳を定年と定めた就業規則によって、1969年の満50歳を前に定年退職を命ずる旨の予告がなされた。そのため、Xは就業規則が違法であるとし、雇用関係存続確認などを求めて提訴した。

定年年齢	
男	女
55歳	50歳

民法第90条【公序良俗】 公の秩序又は善良の風俗に反する事項を目的とする法律行為は、無効とする。

判決
最高裁(1981年3月24日) 原告勝訴
男女別定年制は民法第90条により無効。日産自動車の上告**棄却**。

最高裁の見解 会社の就業規則中、女性の定年年齢を男性より低く定めた部分は、**性別のみによる不合理な差別を定めたものとして民法第90条の規定により無効**である。

解説 職場における女性差別は違法 この裁判では、民法第90条の公序良俗規定を通して、憲法第14条を間接適用した(➲p.40)。企業などの組織による個人の人権侵害という問題に対しては、民法などの法律の中に存在する一般規定を利用し、間接的に憲法の人権保障を適用する考え方を採用したのである。2015年には**女性活躍推進法**が制定され、職場などで女性が活躍しやすい環境をつくることがめざされている。

判例ダイジェスト

判例 住友電工事件

事件の概要 女性社員2名が同世代の男性社員と同じように働いているのに、同じように昇進できず、給与にも差があるとして、男性の給与との差額と慰謝料を求めて提訴した。

判決 大阪高裁(2003年12月24日付で**和解**)
会社側が女性社員に解決金を支払い、2名をそれぞれ課長級、係長級に昇格させた。

判例 コース別人事による男女賃金差別訴訟

事件の概要 一般職は男性、事務職は女性というコース別人事を理由にした賃金格差は、男女差別にあたるとして、総合商社の女性社員・元社員の計6名が損害賠償を求めて提訴した。

判決 最高裁(2009年10月20日)
コース別人事は労働基準法第4条の男女同一賃金に違反するとした東京高裁の判決を支持。原告4人について男女差別を認定し、**損害賠償の支払いを命じた**。

判例 女性再婚禁止期間規定違憲判決

争点 女性のみに再婚禁止期間を設けている民法第733条の規定は、性差別にあたらないか。

事件の概要 原告Xは、前夫と2006年に結婚したが、前夫の暴力が原因で別居の状態にあった。裁判を経て離婚が成立した時には現夫との間に子をもうけていたが、民法第733条を理由として、離婚後6か月間(180日)は再婚できなかった。さらに、第772条の「嫡出の推定」のために、現夫との子の出生届も出せず、子は一時的に無戸籍の状態になった。そこでXは、第733条は違憲であるとして訴訟を起こした。

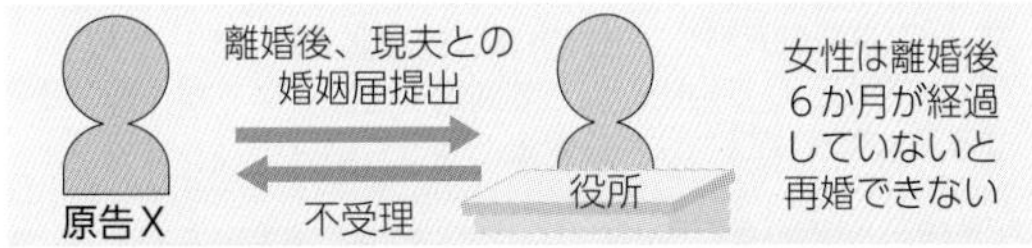

民法第733条【再婚禁止期間】 ①女は、前婚の解消又は取消しの日から6箇月を経過した後でなければ、再婚をすることができない。 (2016年6月の改正前の条文)

判決
最高裁(2015年12月16日) 原告勝訴
再婚禁止期間のうち、100日間を超える部分は**違憲**。

最高裁の見解 再婚禁止期間の規定は、父子関係をめぐる紛争を未然に防ぐことにあり、この規定自体は合理的な理由がある。しかし、結婚後200日を過ぎた後に生まれた子は現夫の子と認められるので、必要な再婚禁止期間は100日間であり、それ以上の期間は合理性がなく、**憲法第14条の法の下の平等や、第24条の両性の本質的平等に違反する**。

解説 女性だけにある再婚禁止期間 この判決を受けて、2016年に民法が改正され、女性の再婚禁止期間が100日に短縮された。また、再婚禁止期間内でも、妊娠可能性がない場合などは再婚が認められることになった。さらに、2022年には、女性の再婚禁止期間を廃止し、女性が出産時点で再婚していれば「現夫の子」とする民法の改正法が成立した。

離婚後300日問題とその影響

民法第772条【嫡出の推定】 ※2022年改正前の条文
①妻が婚姻中に懐胎した子は、夫の子と推定する。
②婚姻の成立の日から200日を経過した後又は婚姻の解消若しくは取消しの日から300日以内に生まれた子は、婚姻中に懐胎したものと推定する。

民法第772条によって、離婚成立後300日以内に生まれた子どもは、離婚前の夫の子であると推定される。離婚後、戸籍上の父親の欄を空欄にしないための規定である。結婚生活が破綻した女性が別の男性と同居しているような場合でも、離婚成立前に妊娠し、離婚後300日以内に生まれた子どもは、前の夫の子どもとして届け出なくてはならない。そのため、これを避けようとして出生届を提出せず、子どもが無戸籍になるケースがある。
なお、2022年の改正民法は2024年4月に施行される予定。

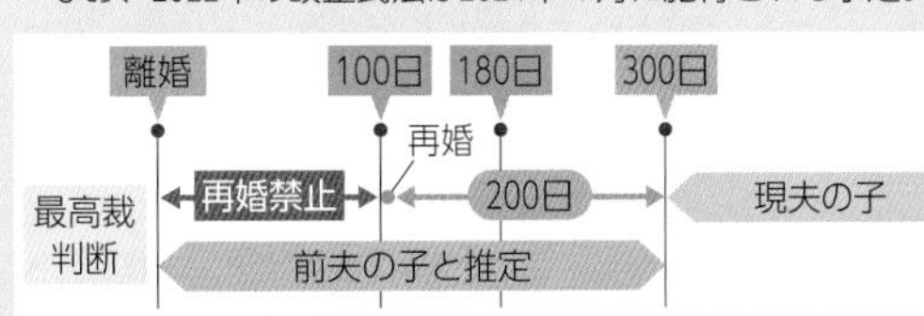

TOPIC トピック 「イッキ飲み」などの飲酒の強要はアルコール・ハラスメント(アルハラ)といわれ、重大な事故につながる人権侵害である。

ＤＶ防止法……ＤＶとは、ドメスティック・バイオレンス(domestic violence)の略で、配偶者や婚姻届を出していない事実婚にある者からの身体的・精神的な暴力のことをいう。日本においては、家庭内の問題は家庭内で解決するという意識が強く、女性の泣き寝入りが多かった。2001年にＤＶ防止法(配偶者からの暴力の防止及び被害者の保護に関する法律)が施行し、被害者の申し立てにより、裁判所は加害者に６か月の接近禁止命令などの保護命令を出すことができるようになった。対象者は男性・女性を問わない。また、2013年の改正で、離婚後の暴力や同居中または同居していた交際相手にまで対象者が広げられた。最近では、同居していない恋人同士での身体的・精神的な暴力が「デートＤＶ」として問題視されているが、同法では対象となっていない。

女性に対する暴力根絶のためのシンボルマーク(内閣府資料)
暴力を断固として拒絶する意志を表している。

COLUMN
性的多様性への理解の拡大に向けて

性的多様性に関する世論調査（2023年）（NHK資料）

■ＬＧＢＴなどの人たちの人権は守られていると思うか？

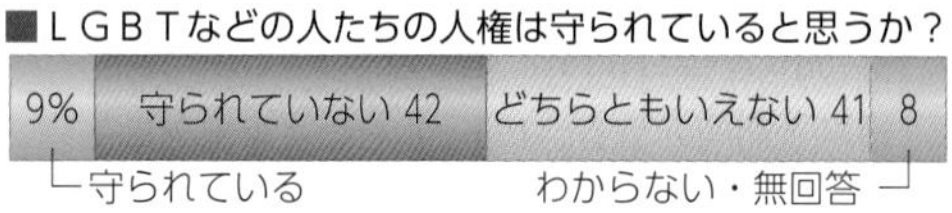

■同性どうしの結婚は認められるべきと思うか？

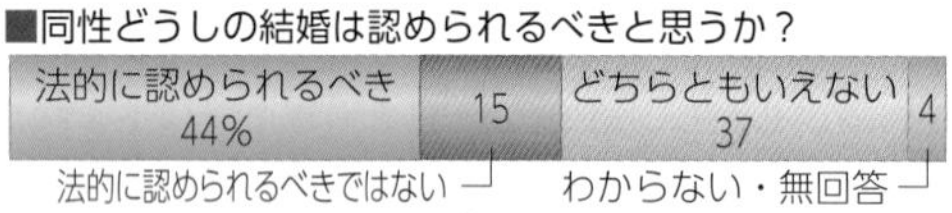

「同性婚訴訟」で初の違憲判決(2021年３月、札幌地裁)　2019年に提訴された同性婚をめぐる訴訟で、2021年、札幌地裁が「同性婚を認めないのは、法の下の平等を定めた憲法第14条に違反する」との司法判断を下した。

性的指向と性自認……性的指向とは、どのような性別の人を好きになるかということをいう。一方、性自認とは、自分の性をどのように認識しているのかということをいう。性的指向や性自認はＳＯＧＩ(Sexual Orientation and Gender Identity)ともいわれる。

性的多様性に関連して、**ＬＧＢＴ**ということばが使われるようになった。Ｌはレズビアン(女性の同性愛者)、Ｇはゲイ(男性の同性愛者)、Ｂはバイセクシュアル(両性愛者)、Ｔはトランスジェンダー(出生時に割り当てられた性別と自認する性別が異なる人)をさす。日本では、2003年に**性同一性障害者特例法**が制定され、性別違和(性別不合)の人による性別の変更が可能となった(➡欄外)。また、同性カップルを夫婦と同様のパートナーと認める制度が全国の地方自治体に広まっている。しかし、同性婚自体は認められていないため、憲法の「法の下の平等」に反するとして、現在、複数の訴訟が起こされている。

2023年に成立した**ＬＧＢＴ理解増進法**では、性的指向にかかわらず「不当な差別はあってはならない」と規定された。しかし、差別の禁止が明確化されなかったことなどから、これを批判する声もある。

●選択的夫婦別姓の是非

？ 夫婦別姓をめぐっては、どのような意見があるのか

選択的夫婦別姓制度に関する世論調査（内閣府資料）

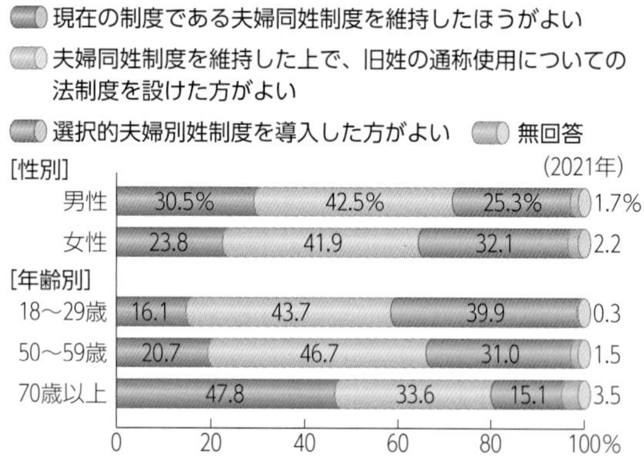

夫婦別姓の賛成意見	夫婦別姓の反対意見
・夫婦の不公平感がなくなる。 ・実家の名字を存続できる。 ・姓を変更した際の名義変更の負担がなくなる。	・家族で名字が異なることになる。 ・結婚している意識や家族のきずなが弱くなる。

解説 **賛否分かれる夫婦別姓**　民法第750条は、結婚後の夫婦の姓は「夫又は妻の氏」のいずれかとすると定めて、夫婦同姓を義務づけているが、実際は女性が男性の姓を名乗ることが多いのが実情である。そのため、女性が名字の変更による不便さや不満を感じることがあり、別姓のままの結婚も法的に認めるべきだという主張(**選択的夫婦別姓論**)がなされるようになった。なお、現在、夫婦同姓を法律で義務づけている国は、世界で日本だけだといわれている。

判例 夫婦同姓規定訴訟

争点 民法第750条の夫婦同姓規定は憲法第13条、第14条および第24条に反しないか。

事件の概要 男女５人の原告が「夫婦別姓を認めない民法の規定は、個人の尊重や法の下の平等、両性の平等を定めた憲法に違反している」として、損害賠償を求めて国を訴えた。

判決　〔第一審・第二審ともに原告敗訴〕
最高裁(2015年12月16日)　原告の上告**棄却**
民法の規定は合憲。

最高裁の見解 夫婦のどちらの姓を選ぶかは、夫婦間の合意に基づくものであり、夫婦同姓規定に男女間の不平等が存在するわけではない。また、婚姻による改姓によって受ける社会的な不利益に対しては、旧姓の通称使用が普及することで一定程度は緩和される。したがって、**民法上の夫婦同姓規定が合理性を欠くとは認められない。**

解説 **夫婦別姓の導入は裁量次第**　最高裁は夫婦別姓制度を違憲としたのではなく、夫婦の姓に関する制度のあり方は国会で判断される事柄であるとした。また、この裁判では、15人の裁判官のうち、３人の女性裁判官全員が違憲との意見を示した。その後、2018年に同様の訴訟が起こされたが、2021年の最高裁判決も夫婦同姓規定は合憲との判断を維持した。夫婦別姓をめぐって、違憲と判断した少数派の裁判官からは、「夫婦別姓を法的に認めないのは合理性がなく、婚姻の自由と夫婦の平等を保障した憲法の趣旨に反し、不当な国家介入にあたる」などの意見があった。

Zoom **性別変更要件規定違憲判決**　性同一性障害者特例法は性別適合手術を受けることを性別変更の要件としていた。これに対し、最高裁判所は2023年、この規定は身体への侵襲(切除や挿入をともなう医療行為)を受けない自由を侵害し、憲法第13条に違反すると判断した。

7 国籍をめぐる問題

?日本国籍の有無によってどのような違いがあるのか 出題

●日本国籍取得の要件（国籍法による）

出生による日本国籍の取得	認知された子の日本国籍の取得
• 出生時に父または母が日本国民であるとき • 出生前に死亡した父が死亡時に日本国民であったとき • 日本で生まれた場合において、父母がともに知れないとき、または国籍を有しないとき	• 父または母が認知した18歳未満の子で、父または母が子の出生時に日本国民であった場合は、届け出によって取得できる。 ※届け出の時点で父と母のどちらも日本国民でない場合などは取得できない

父母両系血統主義

日本では、どこで生まれたかによって国籍を取得（生地主義）するのではなく、誰から生まれたかによって国籍を取得する（血統主義）。つまり、父母のいずれか一方が日本国民であることを要件に、子どもに日本国籍を付与するのである。従来、父が日本人であることを要件とする父系優先血統主義がとられていたが、女子差別撤廃条約の批准（1985年）に向けて、1984年に国籍法を改正し、父または母が日本人であればよいという**父母両系血統主義**に変更した。

子どもの国籍

血統主義 親の国籍による

父母両系血統主義（現在）	父系優先血統主義
父母どちらかの国籍を選択	父の国籍を優先

解説 **日本国民の条件**　国籍とは、個人が特定の国家の構成員（国民）である資格をいう。日本国憲法では国籍離脱の自由（第22条２項）を認めているが、日本国籍の取得については国籍法で規定されている。国際法上は国籍唯一の原則（人は一つの国籍をもつべきとする原則）と、国籍自由の原則（国籍の変更と離脱は自由であるとする原則）がある。なお、外国人が日本国籍を取得する帰化については、一定の要件の下で認められている。

●重国籍と無国籍

重国籍（二重国籍・多重国籍）……国際結婚により外国国籍を取得した日本人や、生地主義の国で生まれた日本人の子どもは二重国籍となる。国籍法第14条は、未成年時に重国籍となった者は22歳に達するまでに、成年になってから重国籍となった者はそのときから２年以内に、日本と外国の国籍のいずれかを選択しなければならないと定めている。ただし、国籍を選択しなかった場合の罰則はない。

無国籍……法務省の統計によると、日本には約600人の無国籍者がいるとされるが、実際はこれよりはるかに多いといわれている。たとえば、在留期間満了後も日本に滞在している外国人は、不法滞在が発覚することを恐れて、子どもが生まれても出生届を提出せず、子どもが無国籍となるケースが多い。また、生地主義を採用しているブラジル国籍をもつ外国人が、日本で子どもを生んだ場合、子どもがブラジル国籍を取得するには、親が子どもをいったんブラジルに連れて帰り、届け出をする必要がある。その手続きができずに、子どもが無国籍となる場合がある。

解説 **欧米では認められている重国籍**　ヨーロッパでは、欧州国籍条約によって、生まれながらの重国籍者に国籍選択を要求しないことや、単一国籍者と重国籍者を平等に扱うことを加盟国に義務づけている。アメリカでも重国籍が認められている。

判例　国籍取得制限規定違憲判決

争点　国籍法第３条１項の条件を満たさないと日本国籍を取得できないのは、憲法第14条の法の下の平等に反しないか。

事件の概要　結婚していない日本人の父とフィリピン人の母との間に生まれた原告Ｘらが、出生後に父から認知を受けたことを理由に、法務大臣あてに国籍取得届を提出したところ、原告らが国籍法第３条１項に規定する国籍取得の条件を備えていないとして、日本国籍の取得が認められなかった。そのため、父母の婚姻を国籍取得の要件とする同項の規定は、憲法第14条に違反するなどと主張して、日本国籍を有することの確認を求めて提訴した。

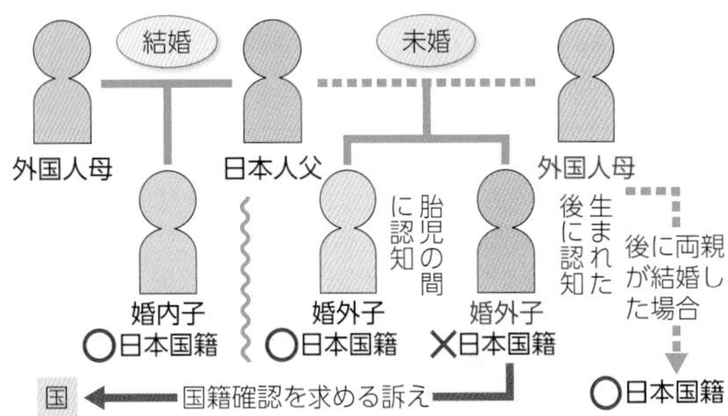

国籍法第３条【認知された子の国籍の取得】　①父母の婚姻及びその認知により嫡出子たる身分を取得した子で20歳未満のもの（日本国民であった者を除く。）は、認知をした父又は母が子の出生の時に日本国民であった場合において、その父又は母が現に日本国民であるとき、又はその死亡の時に日本国民であったときは、法務大臣に届け出ることによって、日本の国籍を取得することができる。（2008年12月の改正前の条文）

判決

第一審（東京地裁　2005年４月13日）　原告勝訴
　国籍法第３条１項は**部分的に違憲無効。**

第二審（東京高裁　2006年２月28日）　原告敗訴
　国籍法第３条１項を無効にしても国籍取得不可。

最高裁（2008年６月４日）　原告勝訴
　父母の婚姻を国籍取得の条件とする国籍法は、憲法第14条の法の下の平等に反し、**違憲。**

最高裁の見解　日本国民である父と外国籍の母との間に出生し、父から出生後に認知された子に対して、父母の婚姻を条件として日本国籍を認めるのは、法の下の平等に反する。父母の婚姻により嫡出子たる身分を取得していない場合でも、**国籍法第３条１項の「父母の婚姻」という部分以外の要件を満たしているときは、日本国籍が取得できる**と解し、原告Ｘらに日本国籍を認める。

解説 **父母の婚姻の有無にかかわらず国籍取得が可能に**　母が日本人である場合、子どもは日本国籍が取得できるのに対して、母が外国人で父が日本人である場合、未婚での出生後認知では日本国籍が取得できなかった。これは合理的差別とはいえないと判断され、国籍法は2008年12月に改正された。この改正と同時に、国籍取得に関する虚偽の届け出に対する罰則が新設された。

TOPIC トピック　外国人も日常生活において通称を使用していることが少なくないが、日本国籍を取得すると自由に氏名を決定できる。ただし、アルファベットなどの外国の文字は使えない。

8 部落問題

●全国水平社創立大会「宣言」(1922年３月３日)

全国に散在する吾(わ)が特殊部落民よ団結せよ。……

兄弟よ、我々の祖先は自由、平等の渇仰者(かっこうしゃ)であり、実行者であつた。陋劣(ろうれつ)なる階級政策の犠牲者であり男らしき産業的殉教者であつたのだ。……

吾々(われわれ)は、かならず卑屈(ひくつ)なる言葉と怯懦(きょうだ)なる行為によつて、祖先を辱(はずか)しめ、人間を冒瀆(ぼうとく)してはならぬ。そうして人の世の冷たさが、何(ど)んなに冷たいか、人間を勦(いたわ)る事が何(な)んであるかをよく知つてゐ(い)る吾々は、心から人生の熱と光を願求礼讃(がんぐらいさん)するものである。

水平社は、かくして生(うま)れた。

人の世に熱あれ、人間に光あれ。

©水平社博物館

↑大会参加を呼びかけるビラ

解説 **日本最初の人権宣言**　全国水平社は、京都市の岡崎公会堂で1922(大正11)年に結成され、このとき採択されたのが、「宣言」である。これは、被差別部落の人々が自主的な運動で解放を勝ち取ることを宣言した歴史的文書であり、日本最初の人権宣言といわれる。

●同和対策審議会答申(1965年８月11日)

[前文]　……いうまでもなく同和問題は人類普遍(ふへん)の原理である人間の自由と平等に関する問題であり、日本国憲法によって保障された基本的人権にかかわる課題である。したがって、審議会はこれを未解決に放置することは断じて許されないことであり、その早急な解決こそ国の責務であり、同時に国民的課題であるとの認識に立って対策の探求に努力した。……

[同和問題の本質]　……いわゆる同和問題とは、日本社会の歴史的発展の過程において形成された身分階層構造に基づく差別により、日本国民の一部の集団が経済的・社会的・文化的に低位の状態におかれ、現代社会においても、なおいちじるしく基本的人権を侵害され、とくに、近代社会の原理として何人にも保障されている市民的権利と自由を完全に保障されていないという、もっとも深刻にして重大な社会問題である。

その特徴は、多数の国民が社会的現実としての差別があるために一定地域に共同体的集落を形成していることにある。最近この集団的居住地域から離脱して一般地区に混在するものも多くなってきているが、それらの人々もまたその伝統的集落の出身なるがゆえに陰に陽に身分的差別のあつかいをうけている。……

近代社会における部落差別とは、ひとくちにいえば、市民的権利、自由の侵害にほかならない。市民的権利、自由とは、職業選択の自由、教育の機会均等を保障される権利、居住および移転の自由、結婚の自由などであり、これらの権利と自由が同和地区住民にたいしては完全に保障されていないことが差別なのである。……

解説 **部落問題の解決は国の責務**　同和対策審議会答申において、部落差別の解消が「国民的課題」であり、「国の責務である」と明記された。この答申によって、行政が部落問題の解決を国策として取り組むことを初めて確認した。その後、同和対策事業特別措置法(1969年)や地域改善対策特別措置法(1982年)などの時限立法に基づく施策が続けられ、2016年には部落差別解消推進法が制定された。この法律は罰則のない理念法ではあるが、現在もなお存在する部落差別を解消することが重要であるとした。

9 ハンセン病差別

判例 **ハンセン病国家賠償請求訴訟**

争点 ①ハンセン病患者の隔離(かくり)政策は違法ではないか。②ハンセン病を治(なお)せるようになっても、法律を改廃しなかったのは、国会議員の立法不作為ではないか。

＊立法不作為……法律を制定すべきところを国がその義務を怠(おこた)ったこと。

事件の概要 1953年に制定された「らい予防法」は、旧法を引き継ぎ患者の強制隔離や外出制限を定めていた(1996年廃止)。ハンセン病元患者である原告13人は、厚生大臣の隔離政策および「らい予防法」を廃止しなかったのは違法であるとして、1998年に提訴した。

判決

熊本地裁(2001年５月11日)　原告勝訴(原告の請求を一部認容)

国は控訴(こうそ)せず→確定。

地裁の見解 1960年時点において、厚生省はハンセン病患者に対する隔離政策の抜本(ばっぽん)的改革を行う必要があり、国家賠償法上の違法性および過失があると認められる。また、遅くとも1965年以降の国会議員の立法不作為についても国家賠償法上の違法性および過失が認められる。

解説 **隔離政策は過度な人権の制限**　1943年にアメリカでハンセン病の特効薬が開発されていたにもかかわらず、日本ではハンセン病患者に対する隔離政策が温存(おんぞん)されていた。このため、ハンセン病に対する国民の差別と偏見が続いてきた。隔離政策を違法とした2001年の熊本地裁判決を受けて、国会と政府は患者に謝罪した。また、患者の家族への差別についても、2019年に熊本地裁が国の責任を認めて賠償を命じた。この判決に対して政府は控訴せず、判決が確定した。

隔離政策への反省と旧優生保護法をめぐる問題

❶隔離政策について三権の府が謝罪

かつて、ハンセン病患者がかかわった裁判が、裁判所外に設置された特別法廷で開かれていた事例があった。裁判所法では「法廷は裁判所で開く」と定められているにもかかわらず、偏見に基づく理由からハンセン病療養所内で特別法廷が許可されていたのである。2016年に最高裁判所はその実態を調査し、報告書において「偏見、差別を助長し、人格と尊厳を傷つけたことを深く反省し、おわび申し上げる」と謝罪した。これにより、立法(国会)・行政(政府)・司法(裁判所)の三権の府すべてが過去の誤(あやま)りを認めた。最高検察庁も特別法廷に関与した当事者として、2017年に元患者に謝罪した。

❷優生保護法の下での人権侵害

旧優生保護法(1948～96年)の下で、ハンセン病患者をはじめ、特定の疾病(しっぺい)や障害を有する人に対して、強制的な不妊手術や人工妊娠中絶手術が行われていたことが問題になっている。「不良な子孫の出生を防止する」という目的で、差別的な優生思想に基づく人権侵害が行われてきたのである。

1996年、旧優生保護法は、強制不妊手術などの部分を削除して母体保護を目的としたものに改正され、名称も母体保護法に変更された。2019年には、強制不妊手術の被害者救済法が成立し、一時金の支給が決定した。しかし、救済法には、強制不妊手術に対する国の責任は明記されていない。

そこで、過去に不妊手術を強制された人々は、「手術は人権侵害であり憲法に違反する」として、国の賠償責任を認めるよう提訴し、現在でも各地で裁判が行われている。2020年の大阪地裁の判決では、「手術から20年以上経過し、損害賠償を請求する権利は消滅した」とされた。しかし、大阪高裁は2022年、「優生保護法自体が憲法違反である」として、原告に対する賠償金の支払いを全国で初めて国に命じた。

Zoom **事情判決**　行政機関の処分や裁決の取り消しを求める訴訟で、これを取り消すと公の利益に著しい障害を生じる場合は、裁判所が請求を取り下げること。「一票の格差」をめぐる衆議院議員定数不均衡訴訟の最高裁違憲判決なども事情判決となった。

10 障害者差別

判例 障害者入学拒否訴訟

争点 身体的障害を唯一の理由とする不合格処分は、憲法第14条、第26条１項に反しないか。

事件の概要 進行性の筋ジストロフィー症の原告Xは、市立高校への入学を志願し学力検査を受検した。合格ラインに達していたものの、合否判定委員会は、身体的状況が高校の全課程を無事に履修する見通しがないものとして不合格と判定し、校長も入学を不許可とした。Xは、処分取り消しと慰謝料を求めて提訴した。

第26条【教育を受ける権利】 ①すべて国民は、法律の定めるところにより、その能力に応じて、ひとしく教育を受ける権利を有する。

判決

神戸地裁(1992年３月13日) 原告勝訴

入学不許可処分の取り消し。市立高校を管轄する市に対しては、100万円の慰謝料の支払いを命じる。

地裁の見解 障害を有する児童・生徒も、国民として、社会生活上あらゆる場面で一人の人格の主体として尊重され、健常児と何ら異なることなく学習し、発達する権利を保障されている。本件処分は、全課程の履修可能性の判断に際し、前提とした事実または評価において重大な誤りをしたことに基づく処分であり、**学校長の裁量権の逸脱または濫用があったと認めるのが相当**である。

解説 **すべての国民に教育の機会均等がある** 教育の機会均等は、子どもの心身の発達過程に応じた教育の保障を意味し、心身に障害のある者に対して、健常者以上の条件整備を行うことなどを国や地方公共団体に要請する意味をもっている。2006年に改正された教育基本法第４条２項では「国及び地方公共団体は、障害のある者が、その障害の状態に応じ、十分な教育を受けられるよう、教育上必要な支援を講じなければならない」と定めている。

11 アイヌ民族差別

アイヌの伝統行事「まりも祭り」(阿寒湖) アイヌ民族はおもに北海道を中心に居住する先住民族で、独自の言語と文化をもつ。

判例 二風谷ダム訴訟

争点 ①土地の強制収用は違法かどうか。
②アイヌ民族は先住民族かどうか。

事件の概要 1982年、北海道平取町の沙流川水系に工業用水確保のためのダムが着工されることとなった。北海道収用委員会が水没予定地の土地収用を決定したことに対し、地権者でアイヌ民族の原告Xは、当地はアイヌ民族の聖地であるとして、強制収用の差し止めを請求した。

判決

札幌地裁(1997年３月27日)

原告の請求を**棄却**。土地の収用裁決は**違法**。

地裁の見解 国は、先住少数民族であるアイヌ民族の文化に最大限の配慮をしなければならないにもかかわらず、**本件事業を決定したことは違法**である。しかし、すでにダムが完成しているため、**収用決定を取り消すことは公共の福祉に適合しない**と認められる。土地収用は違法であるが、収用決定は取り消さない**事情判決**(p.46欄外)とする。

解説 **日本の先住民族** 裁判では、原告の請求は棄却されたが、アイヌ民族を先住民族として認めた。この判決の後、1997年に北海道旧土人保護法を廃止し、**アイヌ文化振興法**が成立した。しかし、この法律にはアイヌ民族の先住性は明記されていなかった。その後、国会において、2008年に「アイヌ民族を先住民族とすることを求める決議」が採択された。また、2019年に成立した**アイヌ施策推進法**では、アイヌ民族を先住民族として法的に位置づけた。しかし、アイヌ民族の「先住権」は明記されていない。

COLUMN

障害者差別解消法

障害者権利条約(2006年採択)(p.260)の批准に向けて、行政機関や民間事業者による障害を理由とする差別を禁止する「**障害者差別解消法**」が2013年に成立(2016年施行)した。この法律では、障害者に対する差別を「差別的取り扱いの禁止」(障害者だけにサービスの提供や入店を拒否するなど)と、「合理的配慮の不提供」(公共施設にスロープを設置しないなど)の２つに区分している。差別解消のための具体的な施策については、法律ではなくガイドラインに委ねている。同法は2021年に改正され、2024年からは行政機関に加えて民間事業者に対しても合理的配慮の提供が義務化されることになった(差別的取り扱いの禁止は従来から義務化されている)。

不当な差別的取り扱い：正当な理由がなく、障害を理由にサービスの提供を拒否・制限することを禁止。

合理的配慮：障害者からの求めに応じて、障壁を取り除くために必要な配慮を行う。

TOPIC トピック 障害者雇用に関して優良な企業に「もにす認定」を付与する制度がある。「もにす」とは、企業が障害者とともに明るい未来に向かって「ともにすすむ」ことを意味している。

12 在日韓国・朝鮮人差別

判例 日立就職差別訴訟

争点 ①外国人を理由とした内定取り消しは違法か。
②氏名・本籍の詐称を理由とした内定取り消しは違法か。

事件の概要 在日韓国人の原告Xは、1970年に日立製作所の就職試験に日本名で受験し合格した。その後、戸籍謄本の提出を求められたが、Xは韓国籍であるため戸籍謄本を提出できない旨を報告すると、「一般外国人は雇わない」として、採用内定が取り消された。そのため、解雇無効を主張して提訴した。

労働基準法第3条【均等待遇】 使用者は、労働者の国籍、信条又は社会的身分を理由として、賃金、労働時間その他の労働条件について、差別的取扱をしてはならない。

判決
横浜地裁(1974年6月19日) 原告勝訴
採用取り消しは**無効**。

地裁の見解 在日朝鮮人が通用名として「日本名」を用いるのは、みずから意図して積極的に選びとったものではなく、詐称に同情すべき点が多い。また、採用取り消しの名のもとに解雇した真の決定的理由は、原告が在日朝鮮人であること、すなわち原告の「国籍」にあったものと推認せざるを得ない。解雇は労働基準法第3条に抵触し、民法第90条に反するため、**採用取り消しを無効**とし、さらに**未払い賃金の支払いを命じる**。

解説 **在日韓国・朝鮮人の日本名使用** 日本の植民地政策により母国を離れた在日韓国・朝鮮人の多くは、日本名を使用させられ、同化するための教育を受けていた。それにもかかわらず、第二次世界大戦後は外国人であるとして差別を受けている。この裁判では、裁判所が歴史的・社会的背景を踏まえた結論を導いている。

判例ダイジェスト

判例 東京都管理職国籍条項訴訟

事件の概要 保健師(当時は保健婦)として採用された韓国籍の特別永住者Xが、課長級の管理職選考試験の受験を日本国籍でないとの理由で拒否された。このため、女性は受験資格の確認と、受験を拒否されたことによる精神的苦痛に対する慰謝料を求めて提訴した。

判決 最高裁(2005年1月26日) Xの請求棄却
地方公務員のうち、管理職などの公権力を行使する職務は、住民の生活に重大なかかわりを有するため、国民主権の原理に基づいて日本国民が最終的な責任を負うべきである、したがって、日本国民に限って管理職に昇進できるとする措置をとることは合理的な理由に基づいており、労働基準法第3条や憲法第14条1項に反するものではない。

国籍条項……公務員の採用・昇進について、日本国籍の保持を条件とすること。国家公務員法や地方公務員法に明文の規定はない。職種によっては国籍条項を撤廃している地方公共団体もある(➲p.49)。

●ヘイトスピーチとその対策

➲ヘイトスピーチに焦点を当てた啓発ポスター
※法務省人権擁護局・全国人権擁護委員連合会が作成した「平成28年度ヘイトスピーチに関するポスター」

ヘイトスピーチ…特定の民族や国籍の人々を排斥する差別的言動をいう。数年前から在日韓国・朝鮮人に対して「日本から出て行け」などと叫ぶデモ行進が各地であり、問題となった。

ヘイトスピーチ解消法
「本邦外出身者に対する不当な差別的言動の解消に向けた取組の推進に関する法律」(いわゆるヘイトスピーチ解消法)が2016年に成立・施行した。日本では、個人に対する差別や嫌がらせとは異なり、民族集団といった不特定多数の人々に対する差別的言動に対しては、脅迫罪などによる刑事規制や不法行為の認定による民事的救済が難しいとされてきた。そのため、こうした行為を規制する法律の制定が望まれてきた。また、2016年、ヘイトスピーチをした人の氏名を公表できる条例が大阪市で制定された。こうした条例の制定は他の地方公共団体にも広がっている。

解説 **差別的言動の解消に向けて** ヘイトスピーチ解消法は、違反者への罰則規定がないなどの不備を指摘する声がある一方で、「不当な差別的言動」について、定義があいまいで表現の自由への制限になるのではないかという意見もある。世界的には、ヨーロッパの多くの国ではヘイトスピーチを法律で禁止しているが、アメリカでは表現の自由を重視することから、ヘイトスピーチを法律で規制することに消極的とされる。

COLUMN

入管の収容施設をめぐる問題

出入国管理及び難民認定法(入管法)は、国境を越えるすべての人を管理するとともに、外国人に対する在留資格を定めている。また、出入国管理庁は、密入国のほか、在留資格がなくなった人(オーバーステイ)や難民として認められなかった人などに対して強制退去の手続きをとり、送還のときまで施設に収容している。

近年、収容施設における外国人への劣悪な処遇が問題となっている。収容施設では医療体制が不十分であり、収容が長期化する中で十分な治療を受けられずに死亡する事件が発生している。また、一定の基準を満たした者を施設から解放する仮放免などの制度はあるが、入国管理庁の裁量権が広く、運用が不透明であるという指摘もある。日本の入管制度は国際社会からも改善が求められているが、課題は山積している。

➲入国管理局の収容施設で起きた外国人留学生死亡事件の真相究明を求める遺族(2021年)

Zoom **特別永住者** 1951年のサンフランシスコ平和条約によって日本国籍を失い、外国人とされた人である。一般永住者には在留カードが交付されるが、特別永住者には在留カードの代わりに特別永住者証明書が交付される。

FILE 06

外国人の権利は？

出題

外国人とは居住している国の国籍をもたない者をいう。日本に住む外国人の多くは在留資格をもって暮らしており、その数は約300万人以上にのぼる。日本国憲法第３章の表題には「国民の権利及び義務」とあるが、法的には「国民」とはされていない外国人に対する権利の保障はどうなっているのだろうか。

外国人の人権

日本に在留する外国人は、**出入国管理及び難民認定法（入管法）**によって、目的別に在留資格が定められており、それぞれに就労などの活動内容と在留期限が制限されている。

永住者と定住者

永住者…在留期限や活動の制限はない。第二次世界大戦前に移住や強制徴用で日本に来た朝鮮・台湾出身者とその子孫は**特別永住者**とされる。

定住者…在留期限は６か月～５年の範囲内で、更新が必要。活動の制限はない。日系３世や第三国定住難民などが該当する。

外国人の入国に関しては、出入国管理や難民認定など法務大臣の裁量が広く認められている。また、参政権や社会権については、外国人に対しては一定の制限があるといわれる。しかし、国籍を理由として国民と異なった扱いをすることは、合理的な理由のない限り平等権の侵害になる。

日本国籍をもたない者の中には、日本の法令を遵守しながら生活し、納税などの義務を果たしている人が多い。人権の問題を考える際に重要なのは、その人の国籍ではなく、生活の実態である。そのため、国民一般と同じような生活を送っている外国人の人権保障や平等への実現が強く求められている。

デニズンシップ

スウェーデンで提唱されたデニズンシップ（denizenship）とは、永住市民権のことで、自国民と外国人の中間に位置づけられる。デニズンシップの中核は地方参政権であり、民主主義を考える際、国民と外国人とを対立関係でとらえない発想でもある。

地方参政権については、最高裁判決では、定住外国人に付与することは可能であるとされた。また、神奈川県川崎市は、1996年に、外国人市民代表者会議を条例で設置して、外国人市民の声を市政に反映させるなど、共生社会づくりを進めている。しかし、地方参政権については、国民主権の一環であるところから反対論も根強い。

判例 マクリーン事件

事件の概要 1969年に入国したアメリカ人のマクリーンが、１年間の在留期間の更新を申請した。しかし、無届けで転職をし、ベトナム反戦運動にも参加したことを理由に不許可処分とされた。これを不服として不許可処分の取り消しを求めて提訴した。

判決 最高裁（1978年10月４日）

外国人の入国や在留の権利は憲法上保障されているものではない。また、基本的人権の保障は在留外国人にも等しく及ぶが、在留制度の枠内で与えられているにすぎず、**不許可処分は違法ではないと**判示した。

判例 外国人地方参政権訴訟

事件の概要 永住資格をもつ外国人が、地方参政権は憲法上保障されているとして、選挙管理委員会に選挙人名簿への登録を求めて提訴した。

判決 最高裁（1995年２月28日）

「住民」とは「我が国の国籍を有する者」であるが、「永住者」等であって、その居住する地方公共団体と緊密な関係をもつと認められた者については、法律を特別に定めて、**地方参政権を付与することは「憲法上禁止されていない」**。しかし、地方参政権が付与されないからといって**違憲になるものではない**と判示した。

在留資格別在留外国人の割合

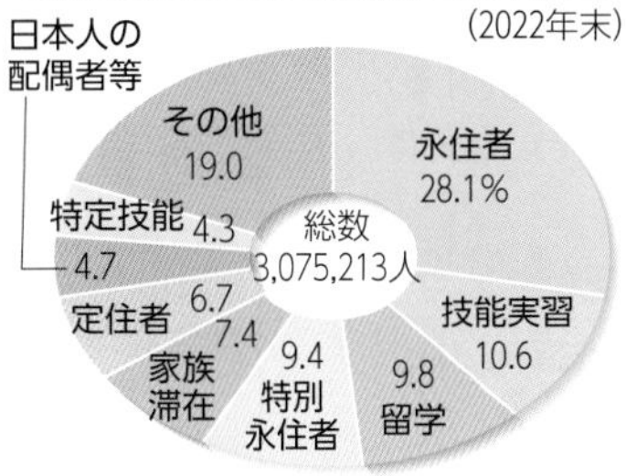

国籍（出身地）別在留外国人の割合

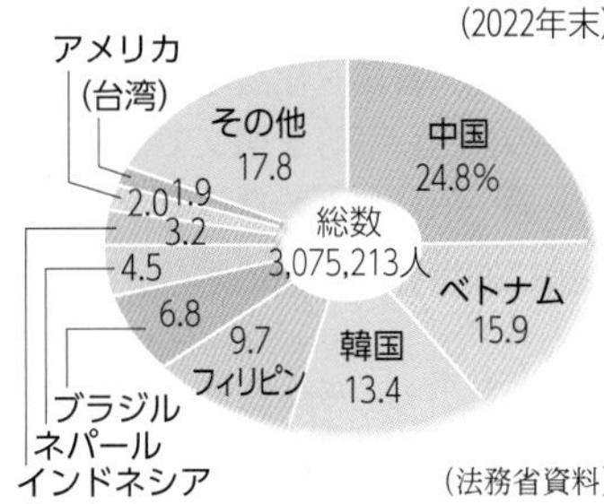

（法務省資料）

社会保障	年金	○ 〔国民年金と国民健康保険については、不法滞在者は不適用。その他についても、現実的には本人や雇用主が発覚を恐れて加入・申請しない（させない）ため、不法滞在者が実際に給付を受けることは困難〕
	医療保険	○
	労災保険	○
	雇用保険	○
	生活保護	△（法的根拠はないが、外国人にも準用。ただし、不法滞在者は不適用）
参政権		国政…×　地方…× ・地方レベルでは定住外国人に住民投票を認めた例もある ・定住外国人に対する地方参政権の付与について、最高裁は憲法上禁止しておらず、立法政策の問題であるとしている
請願権		○
直接請求権		×
就職		国家公務員…×（現業公務員は任用可） 地方公務員…×（現業や専門職など、職種によっては国籍条項を撤廃する動きがある） 国公立学校の教員…○（小中高では常勤講師として採用）
労働		労働基準法や最低賃金法などの労働者保護法制…○（不法滞在者にも適用）
就学		義務教育…○（通説では不法滞在者の子女にも適用） 高等学校…○（実際は入試があるため、入学が困難な状況にある） 大学…○（ただし、外国人学校卒業者の入学資格は各大学が判断）
納税の義務		○（憲法上は「国民」が義務を負うが、実際には外国人も納税義務がある）

↑在住外国人に対する権利・義務

TOPIC トピック　朝鮮学校、韓国学校、インターナショナルスクールは学校教育法第１条に基づく学校ではないが、高校野球や高校総合体育大会の参加は1990年代に認められるようになった。

Ⅲ 自由権的基本権(自由権)

13 精神的自由(精神の自由)

?憲法は精神的自由をどのように保障しているのか

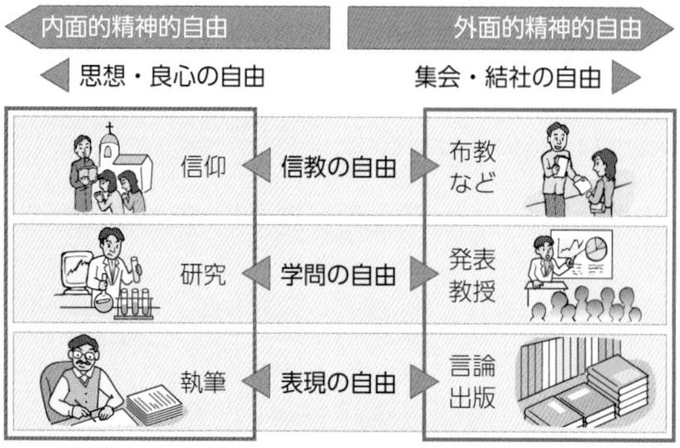

近代人権宣言において中心的な位置を占めていた自由権のうち、精神的自由は最も重要なものである。それは、精神的自由が権力に対する批判を可能にするために、権力者側から弾圧されてきた歴史があるからである。また、精神的自由は、人格の発展に寄与することで個人の尊重と密接に結びつき、世論の形成などを通じて民主制の基礎をかたちづける。このため、精神的自由は、基本的人権の中で優越的地位を占めているといえる。このような歴史と重要性に照らして、憲法は、**思想・良心の自由**(19条)、**信教の自由**(20条)、集会・結社・言論・出版その他一切の**表現の自由**(21条)、**学問の自由**(23条)を明文で保障しており、その制約は必要最小限にとどめなければならない。

●第二次世界大戦前の思想・学問への弾圧

滝川事件(1933年)	京都大学の滝川幸辰教授が著書『刑法講義』などを内務省から発売禁止処分にされ、その後、文部省によって休職処分とされた事件。これに抗議するため、京都大学法学部の教授ら全員が辞表を提出した。京大事件とも呼ばれる。
天皇機関説事件(1935年)	美濃部達吉博士(貴族院議員)の唱える天皇機関説(天皇は国家を代表する一機関にすぎないとする説)が、軍部などから国体に反するものとされた。美濃部は貴族院で「学匪」と非難され、議員を辞職し、さらに、著書は発売禁止処分、天皇機関説の教授は禁止となった。

◐特別高等警察による拷問を受けて死亡した作家・小林多喜二の死にかけつけた友人 小林は『蟹工船』で有名なプロレタリア小説家。当時非合法であった共産党の一員として活動していた。

解説 **明治憲法では内心の自由を保障できなかった** ポツダム宣言には「言論、宗教及び思想の自由並びに基本的人権の尊重は、確立されなければならない」(10項)と内心の自由の保障が定められ、戦前の思想弾圧への反省がこめられている。日本国憲法では、諸外国ではあまり定められていない「思想の自由」や、同様に諸外国では宗教信仰の自由の規定に書かれている「良心の自由」を独立して保障している。

①思想・良心の自由 出題

第19条【思想・良心の自由】 思想及び良心の自由は、これを侵してはならない。

判例 **三菱樹脂訴訟**

争点 ①労働者の特定の思想、信条を理由に企業が雇入れを拒否することは許されるか。
②私人である企業が、私人に対して憲法上の権利を主張できるか。

事件の概要 原告Xは、大学卒業と同時に、三菱樹脂に管理職要員として3か月の試用期間を設けて採用された。しかし、Xが入社試験の際に提出した身上書などに在学中の学生運動歴を隠していたことが、虚偽の記載にあたるとして、試用期間の満了日に本採用を拒否された。そのため、Xは雇用契約上の地位確認と賃金の支払いを求めて訴えを提起した。

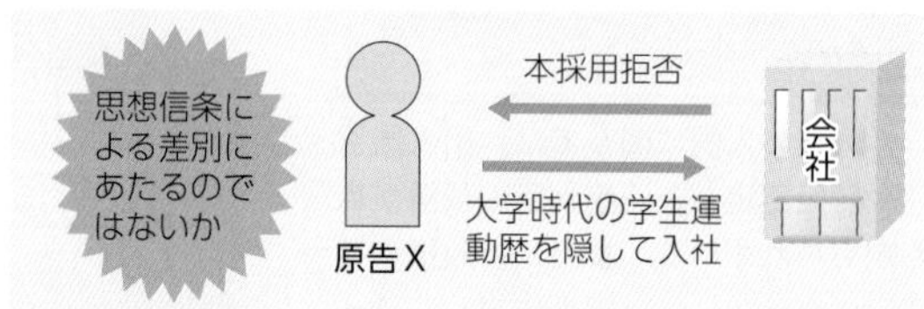

判決
第一審(東京地裁 1967年7月17日) 原告勝訴
本採用を拒否したのは解雇権の濫用。
第二審(東京高裁 1968年6月12日) 原告勝訴
政治的信条などの申告を求めたこと自体が違憲。
最高裁(1973年12月12日) 破棄差し戻し
差し戻し審(東京高裁1976年3月11日)にて、本採用拒否の撤回、原告Xの職場復帰、和解金2,500万円の支払いで**和解**成立。

最高裁の見解 憲法の人権保障が私人間に対してどのような効力を及ぼすかという問題について、憲法はもっぱら国または地方公共団体と個人との関係を規律するものであり、私人相互の関係を直接規律するものではない。また、憲法第22条・第29条などにおいて財産権の行使や営業の自由が幅広く認められており、経済活動の自由の一環として企業は契約締結の自由を有する。このため、どのような人物を雇い入れるかは企業の自由である。したがって**採用にあたって政治的信条を申告させること自体は違憲でない**。しかし、学生運動歴を隠していたことが、本採用を拒否するにあたってどれだけ合理的な理由となるかは一概にはいえない。そのため、高等裁判所へ裁判のやり直しを命じる。

解説 **間接適用説を採用** 高裁の差し戻し審で和解が成立した原告は、13年ぶりに復職し、同期入社社員の人が受け取る賃金に見合う平均的ポストに配属された。最高裁判決では、憲法で保障されている思想・信条の自由は直接私人間に適用されないとしており、民法上の一般原則を通して間接的に効力をもつとする**間接適用説**を採用した。

Zoom **特別高等警察** 1911年に思想を取り締まるために設置された。「特高」ともいわれ、治安警察法や治安維持法を根拠として、社会主義者のほか、労働運動、反戦運動、自由主義者らも弾圧した。戦後の1945年10月にGHQの指令で解体された。

②信教の自由

出題

第20条【信教の自由】 ①信教の自由は、何人に対してもこれを保障する。いかなる宗教団体も、国から特権を受け、又は政治上の権力を行使してはならない。
②何人も、宗教上の行為、祝典、儀式又は行事に参加することを強制されない。
③国及びその機関は、宗教教育その他いかなる宗教的活動もしてはならない。

第89条【公の財産の支出又は利用の制限】 公金その他の公の財産は、宗教上の組織若しくは団体の使用、便益若しくは維持のため、又は公の支配に属しない慈善、教育若しくは博愛の事業に対し、これを支出し、又はその利用に供してはならない。

判例 津地鎮祭訴訟

争点 地鎮祭への公金支出は宗教的活動にあたるか。

事件の概要 1965年、三重県津市が市立体育館を建設するにあたって神式の地鎮祭を行った。その際、市は神官への謝礼と供物料あわせて7,663円を市の財源から支出した。そのため、住民であり市議会議員の原告Xは、特定の宗教への公金支出は、憲法第20条第３項、第89条に定める政教分離の原則に反するとして、市長を提訴した。

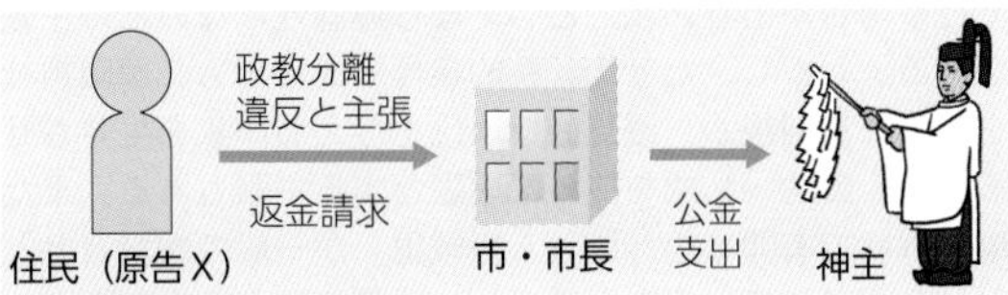

判決

第一審（津地裁　1967年３月16日）　原告敗訴
　習俗的行事への公金支出は**合憲**。
第二審（名古屋高裁　1971年５月14日）　原告勝訴
　宗教的活動への公金支出は**違憲**。
最高裁（1977年７月13日）　原告敗訴
　合憲。習俗的行事であり、宗教的活動にあたらない。

最高裁の見解 政教分離規定は、国家と宗教との分離を制度化することにより、信教の自由を間接的に確保するものである。しかし、宗教的文化財への補助金のように完全な分離は不可能であり、禁止される「宗教的活動」とは、「その目的が宗教的意義をもち、その効果が宗教に対する援助・助長又は圧迫・干渉による行為」に限られる。そのため、**本件の地鎮祭は世俗的なものであり、「宗教的活動」に該当しない。儀式費用の支出も憲法に違反しない。**

地鎮祭

解説 世俗的な行事への公金支出は合憲 最高裁は、「国家と宗教との完全分離は不可能に近いという事実を考えれば、政教分離の原則といえども、国家と宗教とのかかわりあいはまったく許されないわけではない」とした。そして、両者の関係について、「宗教的活動」にあたるかどうかは、そのかかわりあいの目的と効果を考慮して判断しなければならないとした（**目的・効果基準**）。「宗教的活動」かどうかは、結局は社会通念に従うことになる。

●信教の自由の内容

信教の自由は、①内心における信仰の自由、②宗教的行為の自由、③宗教的結社の自由を総称したものである。これは、ある宗教を信じるという積極的な側面だけではなく、宗教を信じないという消極的側面もある。宗教的行為を強制されない自由は、国家とのかかわりでいえば、**政教分離の原則**となる。政教分離の原則は、①宗教団体への特権付与の禁止、②宗教団体の政治権力行使の禁止、③国の宗教的活動の禁止に分けられるが、特に国の宗教的活動の禁止については、これを厳格に適用するべきか、社会的儀礼や慣例をふまえて緩やかに適用するべきか、議論されている。

判例 愛媛玉ぐし料訴訟

争点 靖国神社の例大祭やみたま祭への公金支出は宗教的活動にあたるか。

事件の概要 愛媛県が、靖国神社の例大祭やみたま祭に対し、玉ぐし料・献灯料として計76,000円、愛媛県の護国神社の慰霊大祭に対し、供物料として計90,000円を県の財源から支出した。そのため、住民である原告Xらが、特定の宗教への公金支出は、憲法第20条第３項、第89条に定める政教分離の原則に反するとして、県知事を提訴した。

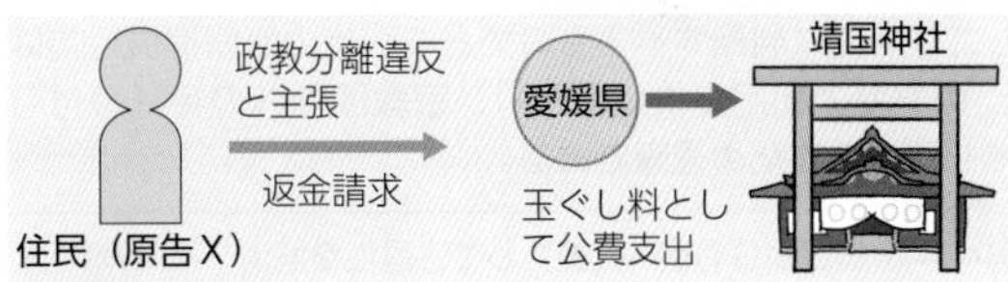

判決

第一審（松山地裁　1989年３月17日）　原告勝訴
　社会的儀礼の限度を超えた公金支出は**違憲**。
第二審（高松高裁　1992年５月12日）　原告敗訴
　社会的儀礼への公金支出は**合憲**。
最高裁（1997年４月２日）　原告勝訴
　県の行為は宗教的意義をもっており、**違憲**。

最高裁の見解 工事の無事安全などを祈願するために行う儀式である起工式（地鎮祭）とは違い、一般人が靖国神社や護国神社への玉ぐし料などの奉納を社会的儀礼の一つにすぎないと評価していることは考えがたく、特定の宗教への関心を呼び起こすものといわざるをえない。そのため、その目的が宗教的意義をもつことを免れず、その効果が特定の宗教に対する援助、助長、促進になる（目的・効果基準）。よって、**憲法第20条第３項、第89条に反する。**

解説 玉ぐし料などへの公金支出は違憲 最高裁は、例大祭や慰霊大祭は各神社の挙行する祭祀の中でも重要なものであるとした。これらの儀式では玉ぐし料・供物料などが神前に供えられ、献灯料については境内に奉納者の名前を書いた灯明が掲げられる。このような事実に基づき、地鎮祭とは違って、目的・効果基準の面から宗教的活動にあたり、禁止されている公金の支出であるとして違憲判決を出した。

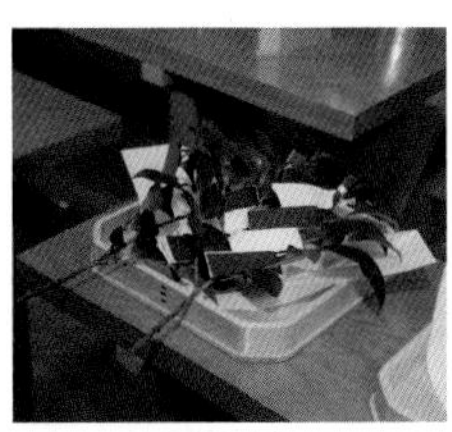
玉ぐし

政治

TOPIC トピック 玉串とは、榊（さかき）・樫（かし）・杉などの木の枝に、紙垂（しで）といわれる紙片や木綿を麻で結んだものである。

用語解説 ㉞政教分離

判例 北海道砂川政教分離（空知太神社）訴訟

争点 市が神社に敷地を無償提供していることは、憲法第20条第１項、第89条の政教分離の原則に反するか。

事件の概要 砂川市の市有地を管理していた地元町内会が、砂川市からの補助金で会館を新築したが、その一角に祠を設置し、敷地内に鳥居などを建てた。そのため、住民である原告Xが、市有地を無償で神社の敷地として利用するのは政教分離の原則に反するとして提訴した。

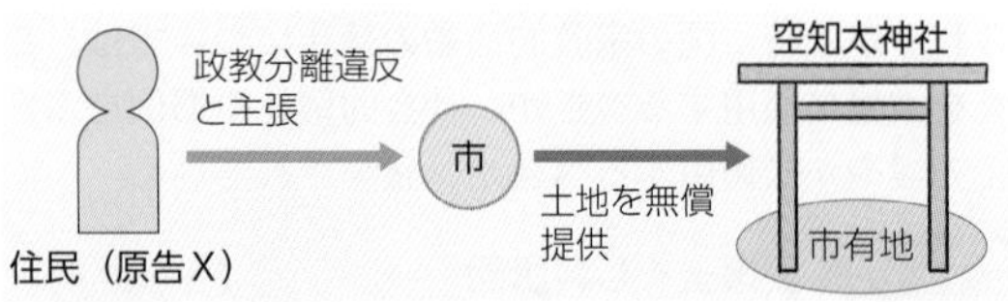

判決 〔一審・二審ともに違憲、原告勝訴〕
最高裁（2010年１月20日） 破棄差し戻し
無償提供行為は宗教行為にあたり**違憲**。ただし、違憲状態の解消の手段を検討すべきとして高裁に差し戻し。

最高裁の見解 市が土地を無償で利用させる行為は、一般的に便宜の供与になる。しかし、宗教的行為といえるかどうかについては、宗教的施設の性格、無償提供の態様、これらに対する一般人の評価などを考慮し、社会通念に照らして総合的に判断すべきものである。**市の無償提供行為は、公の財産の利用提供にあたり、宗教団体への特権の付与にも該当するため違憲である。**

解説 **無償から有償へと変更して違憲性を解消** 最高裁判決を受けて、市側は神社に有償で土地を貸し出すことにした。こうして神社全体を撤去することもなく、違憲の状態が解消されたため、2012年の差し戻し後の上告審（最高裁）では原告の敗訴が確定した。本件では市の宗教的行為は明らかであるため、目的・効果基準は採用されなかった。

判例 沖縄孔子廟訴訟

争点 市が孔子廟に敷地の使用料を全額免除することは、憲法第20条３項の「宗教的活動」にあたるか。

事件の概要 孔子廟とは儒教の祖である孔子の霊を祀った建物である。沖縄県那覇市が管理している公園に孔子廟が設置された。市が孔子廟の管理者に対して、無償で土地を提供し、使用料を徴収しないのは、宗教施設に便宜を与えているものであるとして、住民が那覇市を訴えた。

判決 〔一審・二審ともに違憲、原告勝訴〕
最高裁（2021年２月24日） 孔子廟所有者の上告を棄却
孔子廟は宗教施設に該当し、無償提供行為は**違憲**。

最高裁の見解 孔子廟で行われる祭礼には宗教的意義があり、孔子廟は社寺と同様に宗教性がある。また、那覇市が特定の宗教に対して使用料を免除することは「宗教的活動」にあたり、違憲である。

解説 **本件でも目的・効果基準は採用されず** 孔子廟について、市は公共性を有する施設であり、観光にも活用されていると主張した。しかし、当該施設での行事は観光化されておらず、使用料の免除は特定の宗教への利益提供とみなされうるとされた。この判決を受けて、市は違憲性を解消するために、孔子廟の所有者に使用料を請求するようになった。

●靖国神社参拝問題

靖国神社
靖国神社は、1869（明治２）年、戊辰戦争での官軍の戦死者を祀った東京・九段の招魂社にはじまり、その10年後に靖国神社と改称された。日清戦争以降、靖国神社に祀られる戦死者の数は増え、太平洋戦争までで246万人となっている。また、極東国際軍事裁判で戦争責任を問われた東条英機元首相をはじめとする「Ａ級戦犯」14人が、1978年に「昭和殉難者」としてひそかに合祀された。

↑靖国神社の拝殿

毎年、終戦記念日が近づくと、首相の靖国神社参拝問題が新聞紙上をにぎわす。首相の参拝は、日本国内閣総理大臣の肩書きで公人として行う場合と、私人（一個人）として行う場合があり、私人としてなら違憲性はないとの主張がある。しかし、たとえ、私的参拝であっても、靖国神社を公的に特別視し、優越的な地位を与える印象を生じさせるため、公的・私的を問わず違憲とする主張もある。また、東京裁判で有罪になった「Ａ級戦犯」が一般の戦没者とともに合祀されていることに対し、近隣諸国から批判の声があがっている。なお、靖国神社参拝をめぐる訴訟において、最高裁では合憲・違憲の判断をしていないが、下級審では違憲とされたこともある。

●海外における国家と宗教の関係

イギリス	広い意味での国教制度をとりつつ、政府は他の宗教にも寛容政策をとり、宗教の自由を認めている。
ドイツ	政治と宗教の距離をとりつつ、宗教団体に租税徴収権などの特権を付与している（国が代行）。
アメリカ	憲法で国教の樹立を禁止し、宗教の自由を保障している。国は特定の宗派を特別扱いしない。
フランス	憲法で非宗教的国家であることを定めており、すべての宗教が公共の空間で排除されている。

解説 **各国で異なる政教分離のあり方** 欧米でも政教分離が原則となっているが、その程度は異なる。アメリカは国教制度を憲法で禁止しているが、大統領は就任式で聖書に手を置いて宣誓することが慣例となっている。一方、歴史的にカトリック教会の権力が強かったフランスでは、憲法で世俗主義（ライシテ）を標榜しており、政教分離が徹底している。

判例ダイジェスト

判例 自衛官合祀訴訟

事件の概要 原告Ｘの夫は自衛官であったが、公務中死亡した。自衛隊ＯＢの隊友会は、自衛隊の協力を得て、山口県護国神社へ殉職自衛官を合祀した。キリスト教信者である妻のＸは合祀手続きの取り消しと損害賠償を求めて提訴した。

判決 最高裁（1988年６月１日）
国＝自衛隊は合祀の事務上の協力をしたにすぎず、護国神社への合祀申請は隊友会の単独行為である。また、特定の宗教を援助し、他の宗教に圧迫を加える効果をもったとは認めがたい。したがって、護国神社への合祀は合憲。

Zoom **世界人権宣言における表現の自由** 世界人権宣言では、「意見および表現の自由に対する権利」を「干渉を受けることなく自己の意見をもつ自由」「情報および思想を求め、受け、伝える自由を含む」と規定し、知る権利と一体のものとして捉えている。

③表現の自由　頻出

第21条【集会・結社・表現の自由】 ①集会、結社及び言論、出版その他一切の表現の自由は、これを保障する。
②検閲は、これをしてはならない。通信の秘密は、これを侵してはならない。

言論・出版などの表現行為は、個人の自己実現と人格形成のための重要な手段である。また、国民主権と直結する重要な基本的人権の一つであり、国民が言論その他の活動を通じて政治的意思決定に関与するために不可欠な権利である。そのため、表現の自由に対する規制は必要最小限でなければならず、特に表現の自由に対する公権力の事前規制に対しては厳しく審査されることになる。

判例　チャタレイ事件

争点 ①刑法が禁止するわいせつ文書とは何か。
②わいせつ文書頒布罪は出版の自由を侵しているか。

事件の概要 D・H・ロレンス原作『チャタレイ夫人の恋人』の日本語訳が刊行されたところ、小説の性愛の描写がわいせつであるとして、翻訳者の伊藤整と出版社がわいせつ文書頒布の罪で起訴された。

刑法　第175条【わいせつ文書頒布等】 猥褻ノ文書、図画其他ノ物ヲ頒布若クハ販売シ又ハ公然之ヲ陳列シタル者ハ２年以下ノ懲役又ハ5,000円以下ノ罰金若クハ科料ニ処ス販売ノ目的ヲ以テ之ヲ所持シタル者亦同シ　（当時の条文）

判決

第一審（東京地裁　1952年１月18日）
翻訳者は無罪。出版社社長は罰金25万円。
第二審（東京高裁　1952年12月10日）
翻訳者は罰金10万円。出版社社長は罰金25万円。
最高裁（1957年３月13日）
上告棄却。翻訳者および出版社社長は**有罪**。

最高裁の見解 わいせつ文書とは、「その内容が徒らに性欲を興奮又は刺戟せしめ、且つ、普通人の正常な性的羞恥心を害し、善良な性的道義観念に反する文書」をいう。そして、著作自体が刑法第175条のわいせつ文書にあたるかどうかの判断の基準は、「一般社会において行われている良識すなわち社会通念」である。また、**憲法第21条の表現の自由が保障されているとはいえども、絶対無制限のものではなく、公共の福祉に反することは許されない。**よって、本件訳書をわいせつ文書と認める。

解説　性に関する記述は慎重に 小説の性的場面の描写は、芸術的特色が認められるが、だからといってわいせつ性が否定されるものではなく、社会通念という公共の福祉によって制限を受ける。その結果、出版の自由は事後に規制されてもしかたがない。しかし、わいせつ性についての定義はあいまいにならざるをえない。結局、わいせつ文書の違法性と憲法が保障する表現の自由の価値とを個別的に比較検討し、禁止すべきものの範囲を慎重に定めることが必要となる。

判例　家永教科書裁判

争点 ①教科書検定制度は、憲法第21条の禁止する検閲にあたるか。
②具体的な不合格処分は、憲法第21条の禁止する検閲にあたるか。

事件の概要 東京教育大学（当時）の家永三郎氏が執筆した高等学校用の日本史の教科書が、文部省の行う検定で不合格あるいは条件付き合格という処分を数次にわたり受けた。そのため、条件付き合格であっても、不合格処分の一種にほかならず、不当であるとして、文部大臣を相手に合計３回提訴した。

⬆家永三郎さん（1913～2002）

判決

種類	第１次訴訟	第２次訴訟	第３次訴訟
検定	1962、1963年度	1966年度	1980～83年度
請求理由	条件付き検定合格を不服として国家賠償を請求	６か所の不合格処分の取り消しを請求	検定意見が違法であるとして国家賠償を請求
提訴	1965年６月	1967年６月	1984年１月
第一審（東京地裁）	1974年７月 「高津判決」 家永氏一部勝訴 ・検定制度は合憲 ・具体的な不合格処分は、８か所について違法	1970年７月 「杉本判決」 家永氏全面勝訴 ・検定制度自体は違憲ではない ・具体的な不合格処分は検閲にあたり違憲	1989年10月 家永氏一部勝訴 ・検定制度は合憲 ・具体的な不合格処分は、一部裁量権の逸脱があり違法
第二審（東京高裁）	1986年３月 家永氏敗訴 ・検定・不合格処分は合憲	1975年12月 家永氏一部勝訴 ・不合格処分を裁量権の逸脱としたが、検定制度については憲法判断せず	1993年10月 家永氏一部勝訴 ・検定制度は合憲 ・具体的な不合格処分は、一部裁量権の逸脱があり違法
最高裁	1993年３月 上告棄却 →家永氏敗訴確定	1982年４月 ・高裁へ差し戻し →高裁で、検定基準変更のため訴えの利益なしとして、家永氏の敗訴確定（89年）	1997年８月 ・検定制度は合憲 ・具体的な不合格処分は、４か所について違法 →家永氏一部勝訴

最高裁の見解 検閲とは行政権が主体となって、思想内容などの表現物を対象とし、その全部または一部の発表を禁止することとしている。教科書は、検定で不合格とされたとしても、一般図書としてならば、発行することが可能である。したがって、**教科書検定制度は検閲にあたらず、表現の自由を侵害するものではない。**

解説　合理的で必要やむをえない検定は許される 普通教育の場においては、教育は中立・公正で、一定水準を確保しなければならない。児童、生徒に不適切と認められる内容を含む図書を教科書として発行、使用することを禁止した検定制度は、合理的でやむをえない限度であれば許されるとされた。３次におよぶ裁判によって、検定制度の合憲性を確立した。

TOPIC トピック 現職の首相の靖国神社への参拝は、2013年12月に安倍晋三首相が行ったことが最後となっている。ただし、その後も私費での玉ぐし料の奉納は行われている。

●検閲

検閲は、一般的には公権力が出版物や映像などを、その発表の事前に審査し、好ましくないとみなした思想や表現などを発表禁止にすることである。日本国憲法第21条第２項では、検閲を禁止している。

◎検閲の結果、不許可となった日中戦争の写真　日本では、第二次世界大戦までは内務省や軍部などが、戦後の占領下ではＧＨＱが、検閲を行っていた。

解説　**検閲の主体は？**　日本国憲法で禁止されている検閲の主体を、最高裁判所の見解では行政権とし、裁判所の事前差し止めは含まないとしているのに対し、行政権に限らず裁判所を含む公権力とする説がある。いずれにしても、行政による検閲は絶対禁止されているのに対して、裁判所による差し止めは、厳格な要件の下で、例外的に認められるとされる。

●通信傍受法　成立：1999年　最終改正：2019年

目的	平穏かつ健全な社会生活を著しく害する組織的な重大犯罪を摘発するために、電話その他の電気通信の傍受を行う手続き、その他必要な事項を定めた。
対象犯罪	①組織的殺人等の対象犯罪そのものがなされた場合 ※当初は薬物、銃器、集団密航、組織的殺人の４類型であったが、2016年の改正でほぼすべての犯罪に拡大 ②対象犯罪がなされた上、引き続き同様の罪が犯されるおそれがある場合 ③死刑または２年以上の懲役・禁錮に当たる罪が本法の対象となる犯罪準備のために犯された場合
条件	•裁判所の傍受令状に基づくこと •傍受期間は原則10日(最大30日)以内 ※傍受は電気通信事業者などの立ち会いの下で行うという条件は、2016年の改正で不要になった

解説　**通信傍受法の問題点**　**通信傍受法**は、捜査機関による通信の傍受を認めた法律である。電話だけではなく、電子メールなども傍受の対象となる。通信の傍受は、通信の秘密を定めた憲法第21条第２項や、プライバシーの権利(➲p.70)を侵害するおそれがある。しかし、政府は、通信の秘密を最大限尊重しつつ、公共の福祉に基づく場合、必要最小限の範囲で通信の秘密の制約が許されるとしている。

④学問の自由　出題

第23条【学問の自由】　学問の自由は、これを保障する。

判例　東大ポポロ事件

争点　①大学の自治とはどのようなものか。
②学生集会は大学の自治として認められるか。

事件の概要　1952年、東京大学公認の学生団体「ポポロ劇団」が、大学の許可を得て松川事件を題材とした演劇を教室内で行った。上演中、教室に私服警官がいることがわかり、学生は警官の警察手帳を取り上げ、さらに警官の上着のボタンを引きちぎるなどの行為を行った。この行為が暴力行為等処罰法違反であるとして、学生らは起訴された。

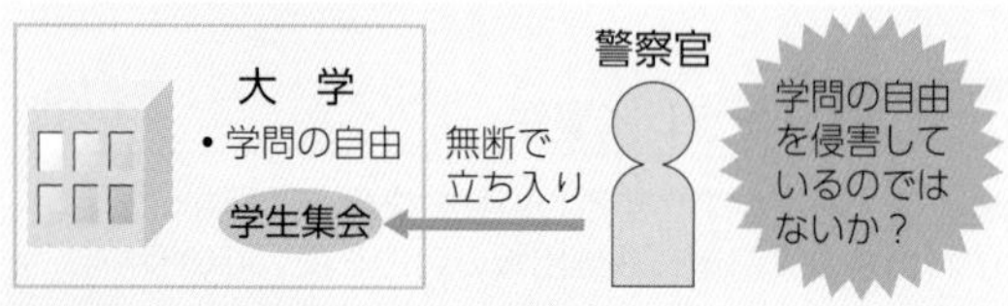

判決　〔第一審・第二審ともに学生無罪〕
最高裁(1963年5月22日)　破棄差し戻し
差し戻し審(東京地裁1965年６月26日)にて、学生**有罪**

最高裁の見解　大学における学問の自由は研究活動に対して保護される。また、大学における学問の自由を保障するため、大学の人事や施設の管理に関する大学の自治が認められている。学生も学問の自由と施設の利用が認められる。しかし、大学の許可した学生集会ということだけで特別の自由や自治を享有するものではない。本件集会は一般の公衆の自由な入場が許されており、学問の研究と発表のためではなく、公開の集会とみなされるべきである。したがって、本件集会は学問の自由と大学の自治を享有しない。

解説　**学問的な活動でなければ認められない**　学問の自由は、教授その他の研究者の研究、発表、研究結果の教授の自由と、これらを保障するための**大学の自治**を含むが、学生集会はその範囲内で認められるにすぎないとした。本件の場合は、学生集会が「実社会の政治的社会的活動」であり、また公開の集会であったところから、大学への警官の立ち入りを認めた。なお、大学の自治の主体については、教員や職員の他、学生の参加も一定の範囲内で認められている。

判例ダイジェスト

判例　東京都公安条例事件

事件の概要　被告人Ｘらは、警察官職務執行法の改悪に反対する集団行動(デモ行進)を東京都公安委員会の許可なく行った。このためＸらは東京都公安条例違反で起訴された。第一審でＸらが無罪とされた後、検察は跳躍上告した。

判決　最高裁(1960年7月20日)Ｘらは**有罪**

集団行動は一瞬にして暴徒と化す危険性がある。事前規制は憲法第21条で禁止されているが、公安条例の規定は不許可の場合が厳格に制限されており合憲である。また、秩序を維持するために必要最小限の措置を事前に講ずることはやむをえない。

※この判決に対して、公安条例の規定は必要最小限度の規制とは認められず、表現の自由を侵害するものであるとの批判もある。デモ規制をめぐっては、近年では、東京都新宿区が騒音などを理由に、デモの集合地にできる公園を１か所に限定したことに対する批判がある。

判例　「表現の不自由展」をめぐる訴訟

事件の概要　「表現の不自由展」は、各地の施設で展示拒否となった作品を集め、「表現の自由」を問うことをねらいとして、東京や愛知などで開催されてきた。作品の中には、いわゆる「慰安婦像」や、昭和天皇の肖像を燃やす映像があったため、中止を求める抗議や脅迫が相次いだ。こうした状況の中、2021年に大阪で予定された「表現の不自由展かんさい」は、利用者や職員の安全確保が困難であるとして、会場の管理者が展覧会の利用承認を取り消した。これに対して、展覧会の企画団体が会場の利用を認めるよう提訴した。

判決　最高裁(2021年７月16日)

展覧会の利用を認めた大阪高裁の判断を不服として、会場側が特別抗告したが、最高裁はこれを棄却した。展覧会の開催を実力で阻もうとする人がいることを理由に公共施設の利用を拒むことは、憲法第21条の表現の自由を侵害することだとする大阪地裁と大阪高裁の司法判断が確定した。

Zoom　**跳躍上告**　第一審(地方裁判所)の判決で憲法違反の判断が示されている場合に、控訴審(高等裁判所)を飛び越えて、直接に上告審(最高裁判所)に不服申立てをすること。

14 人身の自由

? なぜ、憲法は刑事手続きに詳細な人権規定を設けているのか　頻出

第18条【奴隷的拘束及び苦役からの自由】 何人も、いかなる奴隷的拘束も受けない。又、犯罪に因る処罰の場合を除いては、その意に反する苦役に服させられない。
第31条【法定の手続の保障】 何人も、法律の定める手続によらなければ、その生命若しくは自由を奪はれ、又はその他の刑罰を科せられない。
第36条【拷問及び残虐刑の禁止】 公務員による拷問及び残虐な刑罰は、絶対にこれを禁ずる。

人身保護法
第2条【救済の請求】 法律上正当な手続によらないで、身体の自由を拘束されている者は、この法律の定めるところにより、その救済を請求することができる。

日本国憲法第18条および憲法第31条～第39条では、人身の自由の保障が詳細に明文化されている。また、拘束からの自由を保障するために人身保護法(1948年)を、苦役からの自由を保障するために労働基準法(1947年)(➲p.224)をそれぞれ制定している。人身の自由の例外が刑罰であり、国家の刑罰権を濫用させないために、刑事手続きに詳細な人権保障規定(**適正手続き・デュープロセス**)が盛りこまれている。

●刑事手続きにおける詳細な人権保障

罪刑法定主義(31条)	犯罪とされる行為とそれに対する刑罰が、あらかじめ刑法をはじめとする法律で明確に規定されておかねばならないという原則。
裁判を受ける権利(32・37条)	何人も裁判所で裁判を受ける権利を奪われない。また、裁判所では公平・迅速な公開裁判を受ける権利を有する。
令状主義(33・35条)	現行犯以外は、裁判官が発行し、犯罪を明示する**逮捕令状**がなければ逮捕されない。住居の不可侵に基づき、捜索・押収を原則禁止とし、その必要がある場合も令状を必要とする。
弁護人依頼権(34・37条)	何人も弁護人に依頼する権利が与えられている。被告人が、経済的事情などで弁護人を依頼することができない場合は**国選弁護人**がつく(➲p.90)。
拷問及び残虐刑の禁止(36条)	拷問や残虐な刑罰を禁止。日本の死刑は絞首刑を採用しているが、最高裁の判例では、「死刑は残虐な刑罰ではない」と判示されている。なお、死刑廃止論も主張されている。
自白強要の禁止(38条)	取り調べや法廷で一切の供述を拒否することができる(**黙秘権**)。自白の強要による人権侵害を根絶するために、被疑者の任意性のない自白の証拠能力は否定され、唯一の証拠が自白の場合は無罪とされる。
遡及処罰の禁止・一事不再理(39条)	行為がなされた当時は適法であった行為を、後に法律を定めて有罪とすることを禁止。判決確定後、同一事件について再審理することを禁止。

(1)**無罪推定の原則**……被疑者や被告人に対して、刑事裁判で有罪が確定するまで「罪を犯していない人」として扱わなければならないという原則。
(2)**「疑わしきは被告人の利益に」**……被告人には無罪の推定がはたらくため、刑事裁判で検察官が犯罪を証明しなければ被告人に有利な方向で決定しなければならないという原則。
※(1)(2)は、明文規定はないが、憲法第31条と刑事訴訟法第336条を法的根拠としている。

身柄の拘束と刑事手続きの流れ　*特別な場合は5日延長できる

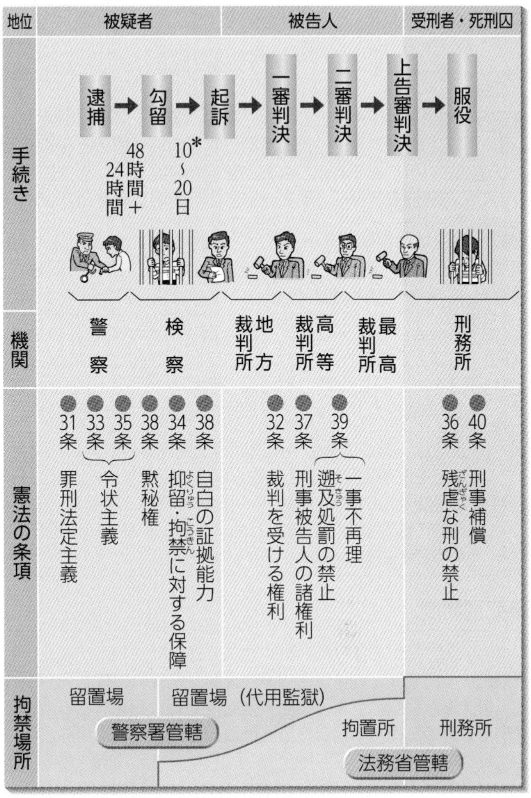

抑留…比較的短期間の身体拘束をさす。逮捕から勾留までの留置など。
拘禁…比較的長期間の身体拘束をさす。起訴までの勾留など。

令状主義の例外
現行犯逮捕……現に犯行を行っている犯人の逮捕。犯罪とその犯人が明らかであり、誤認逮捕のおそれがないことや、逃亡や証拠隠滅を防止するために、その場で犯人を取り押さえる必要があり、令状の発行は不要とされる。
緊急逮捕……罪状の重い一定の犯罪では、厳格な制約の下に、やむを得ない場合に限り、逮捕後に令状を発することが認められる。これに対しては違憲とする見方もある。

―逮捕・勾留時以外の出頭・取り調べは任意―

刑事訴訟法
第198条① 検察官、検察事務官又は司法警察職員は、……被疑者の出頭を求め、これを取り調べることができる。但し、**被疑者は、逮捕又は勾留されている場合を除いては、出頭を拒み、又は出頭後、何時でも退去することができる。**

解説　身柄の拘束　逮捕された者が抑留・拘禁される場合には、なぜ身体拘束を受けなければならないのか、理由の告知を受ける権利がある(34条)。また、勾留は原則として10日間以内とされるが、証拠隠滅の疑いがあると判断された場合などは、勾留期間が延長される。起訴後は勾留が継続するのが一般的であり、保釈されにくい傾向がある。なお、留置場は取り調べなどのために逮捕した被疑者を収容し、拘置所は被疑者、被告人、死刑確定者を収容する。刑務所は、懲役などの刑罰が確定した受刑者を収容する。

TOPIC トピック　拘置所や刑務所の中では、希望をすれば、教誨師(きょうかいし：キリスト教や仏教などの宗教者)から教えや諭しを直接受けられる。

用語解説　㉟検閲，㊱通信傍受法，㊲罪刑法定主義，㊳令状主義

●刑罰の軽重と刑罰の違い

刑の軽重　　　拘禁刑に一本化

没収	科料	拘留	罰金	禁錮	懲役	死刑
付加刑	財産刑	自由刑	財産刑	自由刑	自由刑	生命刑

軽 ←――― 刑 ―――→ 重

■現行の刑法では、主刑としては、死刑、懲役、禁錮、罰金、拘留、科料の６種あり、主刑を言い渡す場合に付加刑として没収が追加されることもある。なお、懲役と禁錮については2025年までに拘禁刑を創設し、刑を一本化する予定である(➲p.94)。

懲役 禁錮 拘留	懲役には強制作業があるが、禁錮にはない。両者とも有期(1か月～20年)と無期の２種に分かれ、刑務所に収容される。一方、拘留は30日未満の身体拘束を拘置所で行う。
罰金 科料	科料は、1,000円以上１万円未満であるが、罰金は１万円以上である。両者とも納入できない者については、１日を一定額に換算して労役場留置を行うこともできる(交通違反などに支払う過料は刑罰ではなく行政処分)。
没収	没収は、賭博の賭金や偽造通貨を使用して購入した物品などを国庫に帰属させる処分。没収できないときは、その価額を追徴する。追徴は、金銭の納付であるから、実質的には罰金と同じ負担となり、没収よりも重い処分となることもある。

●死刑制度

死刑が定められている法律

刑法……内乱罪、現住建造物等放火罪、汽車転覆等致死罪、殺人罪、強盗致死罪、強盗・強制性交等致死罪など

刑法以外の法律……航空機墜落等致死罪、爆発物使用罪、決闘罪など

永山基準

日本における死刑選択の基準。①犯行の罪質、②動機、③犯行態様(特に殺害方法の執拗性・残虐性)、④結果の重大性(特に殺害された被害者数)、⑤遺族の被害感情、⑥社会的影響、⑦被告の年齢、⑧前科、⑨犯行後の情状、などを考慮し、やむをえない場合には死刑が適用されるというものである。1968年に起きた４人連続射殺事件の永山則夫元死刑囚に対する判決で、最高裁判所が1983年に示した。

日本の死刑確定者数と死刑執行数の推移　(法務省資料ほか)

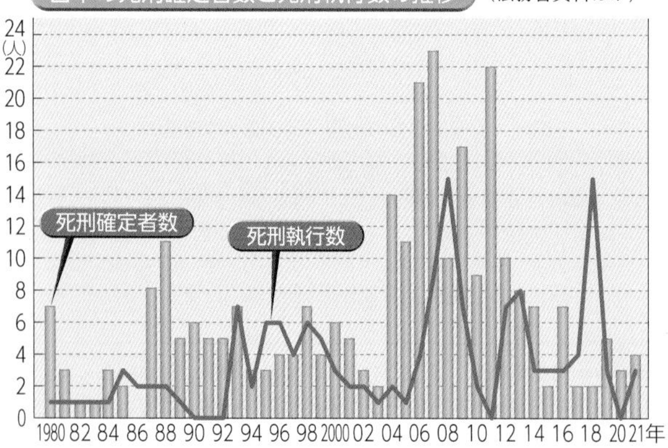

解説　**死刑執行手続き**　刑事訴訟法により、死刑が確定すると６か月以内に法務大臣の命令により執行される。ただし、再審手続きの期間などは含まないため、長期にわたって死刑が執行されないケースも少なくない。執行の方法は絞首刑とされるが、最高裁判所は残虐な刑罰を禁じた憲法第36条に違反していないとしている。

●刑事司法改革

被疑者国選弁護人(2006年)…刑事被告人だけでなく、身柄を拘束された被疑者についても国選弁護人がつく制度。2018年に対象事件が被疑者の勾留を伴う全事件に拡大された。

取り調べの可視化(2019年義務化)…被疑者を取り調べる際に、その内容を録音・録画し、自白の強要など、不適切な取り調べがあったかどうか第三者が検証できるようにすること。ただし、裁判員が加わる事件と検察が独自に捜査する事件に限られている。

司法取引(2018年)…被疑者や被告人が共犯者など他人の犯罪への捜査に協力する見返りに、検察官がその人の刑罰を軽くしたり不起訴にしたりする制度。司法取引の対象は、薬物や銃器に関する犯罪、詐欺、汚職などで、組織犯罪の摘発が期待されている。「合意制度」ともいう(➲p.57)。

名称	取り調べの可視化		その他
日本	○	裁判員裁判事件と特捜部事件の全過程	司法取引制度(合意制度)を2018年に導入
アメリカ	○	３分の１の州で実施。重大事件に限定の州が多い	司法取引制度あり
イギリス	○	軽微な事件は除外	司法取引制度のほか、被告人に対する捜査協力型減免制度あり
フランス	○	一定の重大事件、少年事件	被告人が捜査に協力した場合などに刑を減軽する制度あり
ドイツ	×		被告人が捜査に協力した場合などに刑を減軽する制度あり
韓国	○	罪を認めている事件や簡易な事件など	17歳以上の国民を対象とした指紋登録制度を捜査にも活用

⇧おもな国の取り調べの可視化などの実施状況

解説　**刑事手続きの変更**　刑事手続きにおける証拠の収集方法の適正化や、公判・審理の充実化を図るため、刑事司法改革が進められた。その結果、2016年に刑事司法関連改革法が成立し、刑事訴訟法などが改正された。これにより、**取り調べの可視化**や**司法取引**の導入、被疑者国選弁護制度の対象事件の範囲の拡大などが行われた。また、取り調べの可視化については、2019年６月から義務化された。しかし、義務化の対象事件は全事件の３%にすぎないため、対象事件を広げるべきとの意見もある。

COLUMN

公訴時効の延長・廃止

「人を死亡させた罪」の法定刑	改正前	改正後
上限が死刑である犯罪	25年	時効なし
上限が無期の懲役・禁錮である犯罪	15年	30年
上限が20年の懲役・禁錮である犯罪	10年	20年
上限が懲役・禁錮で上記以外の犯罪	５年・３年	10年

⇧改正前と後の公訴時効

公訴時効とは、犯行から一定の期間が経過すれば、犯人を処罰することができなくなることをいう。2010年の刑事訴訟法の改正により、「人を死亡させた罪」のうち、法定刑の上限が死刑である犯罪(殺人罪など)の時効が廃止され、それ以外の「人を死亡させた罪」についても公訴時効期間が延長された。その背景には、ＤＮＡ鑑定などの科学技術が飛躍的に向上したことにより、証拠の長期保全が可能になったことがあげられる。なお、この改正法の施行前の犯罪であっても、公訴時効が成立していない犯罪については、公訴時効の延長・廃止が適用される。

Zoom　**刑事免責**　司法取引とは別に、2018年から始まった制度。この制度は、刑事裁判の証言者に対して、証言者本人の罪の証拠としないことを条件に、証言を強制するものである。証言を拒んだり虚偽の証言をしたりすると刑事罰の対象となる。

FILE 07

冤罪とは何か？

出題

冤罪とは、罪を犯していないのに逮捕され、裁判で有罪とされることである。冤罪をなくすためには、捜査過程での適正手続き（デュープロセス）の保障と、裁判における推定無罪が確立しなければならない。「疑わしきは被告人の利益に」という刑事訴訟法の鉄則があるにもかかわらず、冤罪が生まれるのはなぜだろうか。

政治

再審のしくみ

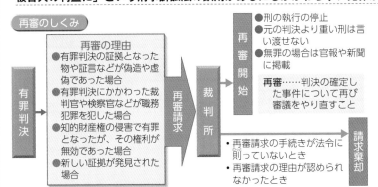

有罪判決 → 再審の理由
- 有罪判決の証拠となった物や証言などが偽造や虚偽であった場合
- 有罪判決にかかわった裁判官や検察官などが職務犯罪を犯した場合
- 知的財産権の侵害で有罪となったが、その権利が無効であった場合
- 新しい証拠が発見された場合

→ 再審請求 → 裁判所

裁判所 → 再審開始
- 刑の執行の停止
- 元の判決より重い刑は言い渡せない
- 無罪の場合は官報や新聞に掲載

再審……判決の確定した事件について再び審議をやり直すこと

裁判所 → 請求棄却
- 再審請求の手続きが法令に則っていないとき
- 再審請求の理由が認められなかったとき

■再審に関する最高裁の判断（1975年5月）「再審決定のためには確定判決における事実認定につき合理的な疑いを生じさせれば足りる。……疑わしきときは被告人の利益に解すべきである。」（白鳥決定）

自白偏重が冤罪を生む

自白の証拠能力を過度に重んじる傾向がある日本では、取り調べ官が被疑者から自白を引き出すために、強引な取り調べを行う事例があることが指摘されている。また、あらかじめ犯人を決めつけて捜査する見込み捜査や、被疑者を別件の微罪な容疑で逮捕し、余罪追及の過程で自白を強制・誘導することがある（別件逮捕）。こうした自白偏重の捜査が冤罪の温床になっていると指摘されている。

免田事件、財田川事件、島田事件、松山事件の死刑再審4事件は、いずれも自白の強要が虚偽の自白を生み、誤判の原因となった。

おもな冤罪事件

事件名	事件の内容	罪名と判決	逮捕から無罪確定までの年数
免田事件	1948年12月、熊本県人吉市で強盗殺人事件。翌年1月、免田栄さん逮捕	強盗殺人罪で死刑（1951年）	約34年6か月（1983年）
財田川事件	1950年2月、香川県財田村で強盗殺人事件。同年4月、谷口繁義さん逮捕	強盗殺人罪で死刑（1957年）	約33年11か月（1984年）
島田事件	1954年3月、静岡県島田市で女の子が連れ出され絞殺された。赤堀政夫さん逮捕	殺人罪で死刑（1960年）	約34年8か月（1989年）
徳島ラジオ商事件	1953年11月、徳島県徳島市でラジオ店の店主が殺害された。冨士茂子さん逮捕	殺人罪で懲役13年（1958年）	約30年11か月（1985年）
松山事件	1955年10月、宮城県松山町で一家4人が惨殺、放火された。斎藤幸夫さん逮捕	放火と強盗殺人罪で死刑（1960年）	約28年7か月（1984年）
布川事件	1967年8月、茨城県利根町で殺人事件。桜井昌司さんと杉山卓男さん逮捕	強盗殺人罪で無期懲役（1978年）	約43年7か月（2011年）

⇧代用監獄（代用刑事施設）

冤罪の温床「代用監獄」

「代用監獄」（代用刑事施設）では、自白の強要などの不適切な取り調べが行われやすいといわれている。

本来、逮捕されて警察署内の留置場に入れられた被疑者は、2日以内に検察庁に送致された後、法務省管轄の拘置所に収監される。しかし、拘置所は過剰収容であるため、その代わりに留置場に引き続き収容されるケースがある。これが「代用監獄」である。「代用監獄」では、警察官が長時間にわたって取り調べを進めることができるため、それだけ行き過ぎた取り調べが行われる可能性が高くなる。冤罪をなくすためにも「代用監獄」を廃止すべきとの意見が根強い。

2018年に導入された司法取引は、企業や集団による組織犯罪を解明するものとして期待される（➡p.56）。一方で、被疑者が罪を逃れるために、虚偽の証言や他人を陥れる供述をして、冤罪が生じる危険性も指摘されている。

足利事件とDNA鑑定

1990年、栃木県足利市で女子児童が死体となって発見された。その後、前科のない男性が「犯人」と決めつけられて、殺人と死体遺棄の疑いで逮捕された。

裁判ではDNA鑑定と自白が重要な有罪の証拠とされ、2000年に無期懲役が確定した。その後、男性は再審請求を行った。当初、再審請求は却下されたが、男性は即時抗告し、DNAの再鑑定が認められることになった。そして、最新のDNA鑑定を行った結果、男性が犯人でないことが明らかとなり、男性の無実が証明された。

2009年、男性は釈放され、東京高裁で再審開始が決定、翌年の宇都宮地裁で無罪判決が確定した。逮捕から17年半の月日が流れていた。

⇧無罪判決が出された足利事件の再審

DNA鑑定

日本でDNA鑑定が実用化されたのは1989年頃であるが、当時の精度はかなり低かった。しかし、現在では、4兆7,000億人中1人まで見分けることができるようになっている。たばこの吸い殻やコップについた唾や髪の毛などさまざまなところからDNAは採取される。東日本大震災では遺体の身元確認にも使用されるなど、本人の特定に活用されている。

TOPIC トピック　第二次世界大戦中の言論弾圧事件である横浜事件は、戦後に再審請求が出され、2006年の地裁では免訴（裁判の打ち切り）の判決が出された。その後、刑事補償が決定した。

FILE 08

死刑制度を考える

日本では18種類の罪に対して死刑が適用されている。国際的には死刑の抑止効果を疑問視したり、誤判を根拠にしたりして、死刑に反対する傾向がある。一方、日本では犯罪自体の残虐性や被害者の感情を重視して死刑に賛成する傾向がある。世界の約7割の国が廃止している死刑制度について、どのように考えるべきだろうか。

死刑制度の賛否

死刑存置派の主張	論点	死刑廃止派の主張
命を奪った者は、自分の命で償いをし、責任を果たすべきである。	根本思想	死刑は残虐な刑罰であり、国家であっても人を殺す権利はない。
最高刑である死刑に抑止力がないというのは説得的ではない。	犯罪抑止力	自暴自棄に陥った者に対しては、死刑は抑止力をもち得ない。
事件の中には誤判の余地のない事件もあり、誤判のおそれは死刑特有の問題ではない。	誤判のおそれ	冤罪による死刑執行の可能性は現実に存在し、いったん失われた命は回復できない。
現実に、被害者や遺族が犯人の死刑を望むことが少なくない。	被害者・遺族の感情	今は仇討ちを彷彿させるような時代ではない。
被害者や遺族に謝罪し、更生したからといって、犯人が犯した罪が消えるわけではない。	犯人の更生の可能性	凶悪な罪を犯した者であっても、被害者遺族に心から謝罪し、更生する可能性はある。
犯した罪に見合うだけの刑罰を科さなければ、国民の刑事司法に対する信頼が得られなくなる。	国民世論	死刑は人権の問題であり、多数派の意見にこだわるべきではない。
一国の司法制度や犯罪対策は、その国の国民が決めるものであり、他国が介入すべき問題ではない。	国際的潮流	死刑廃止は国際的な潮流であり、日本も国際的な人権重視の考え方を尊重すべきである。

日本の死刑制度の存廃に関するアンケート

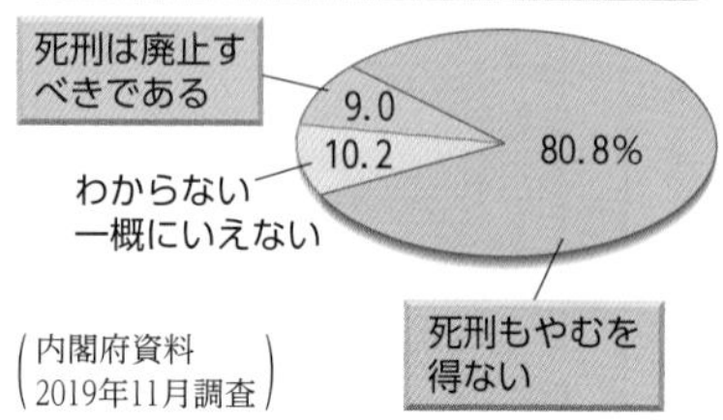

（内閣府資料 2019年11月調査）

国内世論と国際的潮流の隔たり

国連総会は1989年に国際人権規約B規約の第二選択議定書（死刑廃止条約）を採択し、死刑停止決議が採択されるなど、世界的には死刑を廃止している国が多い。しかし、日本は死刑廃止条約を批准していない。日本弁護士連合会は死刑廃止を要請しているが、世論は死刑を容認する意見が根強い。

死刑廃止国と死刑存置国

（地域を含む）（アムネスティ・インターナショナル資料）

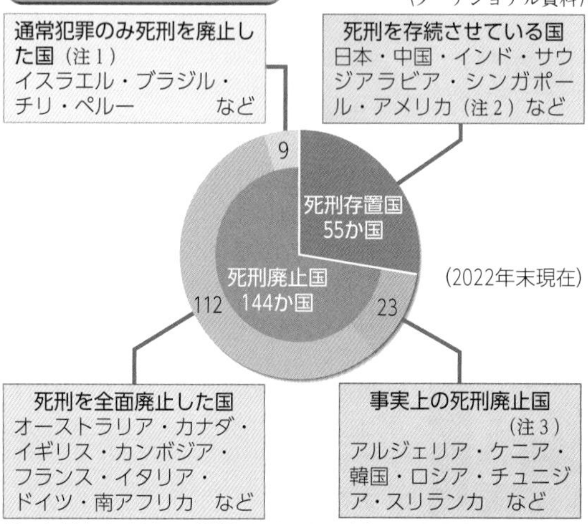

（注1）軍法下の犯罪など例外的な犯罪に限り法律で死刑を規定している国。
（注2）アメリカでは死刑制度が廃止されている州もある。
（注3）死刑制度は残されているが、長年にわたり死刑が執行されていない国。

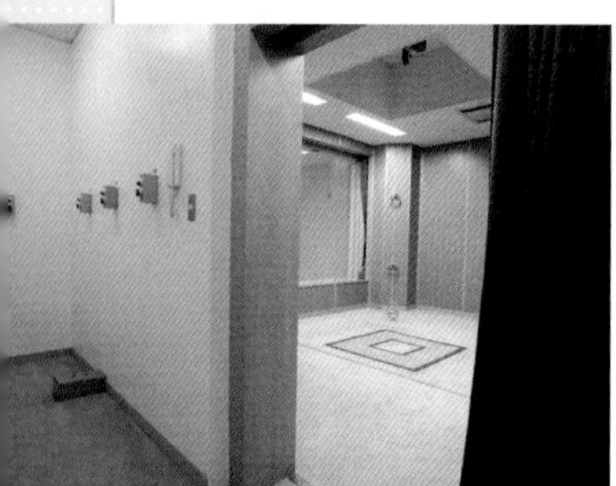

◀死刑執行室のようす　右奥が死刑執行室で、手前左は死刑執行のボタンを押す部屋である。3つのボタンのうち1つだけが作動するようになっており、3人の刑務官が同時にボタン押すので、誰が執行のボタンを押したかわからないようになっている。

国連は死刑執行に反対

2016年12月、国連総会は、すべての死刑存続国に対し、死刑廃止を視野に執行停止を求める決議案を過去最多の117か国の賛成によって採択した。この決議には法的な拘束力はないが、死刑制度のある日本にとっては国際的圧力となっている。

この決議に反対したのは、日本を含む40か国であり、31か国は棄権した。この決議は、即刻死刑制度を廃止せよというものではなく、執行の猶予期間（モラトリアム）を設けることや、死刑を適用する罪名を減らすことなどを求めるものである。

終身刑導入議論

終身刑とは、仮釈放の可能性がない無期懲役刑のことであり、生涯釈放されない刑罰である。現在の日本の法体系では、無期懲役刑であっても仮釈放の可能性が常にある。

終身刑導入に賛成する意見には、死刑には社会復帰の可能性はないが、現行刑法下における無期懲役には社会復帰の可能性があるため、社会復帰のない無期懲役を導入する余地があるというものである。その多くは、死刑を廃止した上で導入すべきだと考えている。死刑制度について存置か廃止かの議論に新たな議論が加わったといえる。

日本国憲法第31条には「何人も、法律の定める手続によらなければ、その生命若しくは自由を奪はれ、又はその他の刑罰を科せられない。」とあり、死刑を予定している。死刑制度については、政策論、立法論として今後どうすべきか、国民の判断にかかっている。

Zoom **死刑の執行停止**　死刑は法務大臣の命令後5日以内に執行される。しかし、心神喪失の状態にあるときや、懐胎しているときには、法務大臣の命令によって死刑執行を停止することが定められている（刑事訴訟法第479条）。

15 経済的自由(経済の自由)

?なぜ、資本主義経済の下では経済的自由が不可欠なのか

経済の自由は、日本国憲法上では「公共の福祉に反しない限り」という留保がつけられ、精神の自由よりも公権力からの規制を受ける程度が強いことが示されている(**二重の基準**)。精神の自由と違い、経済の自由は規制を前提とした権利といえる。

①職業選択の自由 頻出

第22条【居住・移転及び職業選択の自由】 ①何人も、公共の福祉に反しない限り、居住、移転及び職業選択の自由を有する。

職業選択の自由は、自己の選択した職業を遂行する自由、すなわち**営業の自由**も含まれている。職業選択の自由に対する規制の合憲性については、規制の目的や規制手段に合理性が認められるかどうかによって審査される。

判例 薬事法距離制限規定違憲判決

争点 薬事法の距離制限を理由に、薬局の開設を不許可にする規制は、憲法第22条に反しないか。

事件の概要 1963年の薬事法の改正によって、薬局開設についての配置基準(距離制限)を都道府県条例で定めるとした。これに基づいて広島県は既存の薬局から「おおむね100メートル」との距離制限規定を定めた。

原告Xが医薬品の一般販売業の許可申請をしたところ、配置基準に適合しないとして不許可とされた。そこでXが、薬事法は憲法の定めた職業選択の自由を侵害しているとして、知事の不許可処分の取り消しを求めて提訴した。

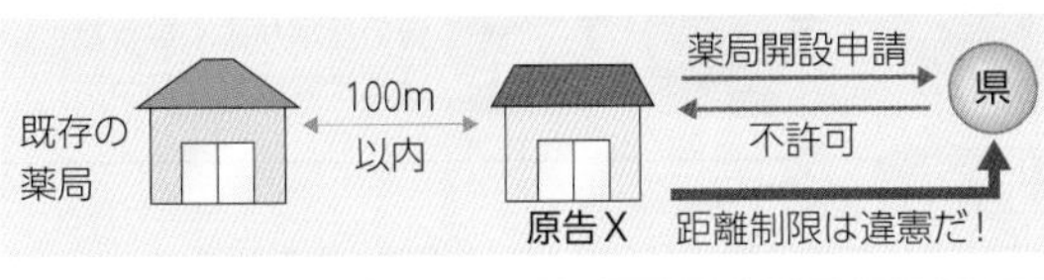

薬事法第6条 ②前項各号に規定する場合のほか、その薬局の設置の場所が配置の適正を欠くと認められる場合には、前条第1項の許可を与えないことができる。…… (当時の条文)

判決

第一審(広島地裁 1967年4月17日) 原告勝訴
　憲法判断は避けた。
第二審(広島高裁 1968年7月30日) 原告敗訴
　Xの請求棄却。**合憲**。
最高裁(1975年4月30日) 原告勝訴
　控訴審を破棄。薬事法第6条は**違憲**。

最高裁の見解 薬局の開設等の許可基準の一つとして距離制限を定めた薬事法は、不良医薬品の供給の危険または医薬品の乱用を防止する目的のために必要かつ合理的な規制であるとはいえない。よって、**薬事法は、憲法第22条第1項に違反し無効である**。

解説 **距離制限は違憲である** 薬局開設に対する許可制は、職業選択の自由そのものを規制する強力な制限である。その合憲性を認めるためには、公共の利益のために必要かつ合理的な措置でなければならない。しかし、合憲性が認められなかったため、薬事法と県条例は判決後に改正された。現在、薬事法は「医薬品医療機器等法」に名称変更されている。

②財産の自由(財産権) 頻出

第29条【財産権】 ①財産権は、これを侵してはならない。
②財産権の内容は、公共の福祉に適合するやうに、法律でこれを定める。
③私有財産は、正当な補償の下に、これを公共のために用ひることができる。

経済的に価値あるものに対する権利が**財産権**である。財産権は、かつては神聖不可侵のものとされてきた。しかし、福祉国家の理念の下に、財産権に対する一定の制限が認められるようになってきた。財産権の規制の目的は、経済的弱者の保護を目的とするものから、社会生活における安全・秩序の維持を目的とするものまで、さまざまなものがある。

判例 森林法共有林分割制限規定違憲判決

争点 共有林の分割請求を原則禁止にする規制は、憲法第29条に反しないか。

事件の概要 兄弟XとYは父から山林を生前贈与され、共有していた。父の死後、弟(原告)が兄(被告)に分割するように請求したが、森林法第186条の共有林分割制限規定を理由に拒否された。弟は、森林法が財産権を侵害するものとして、兄を提訴した。

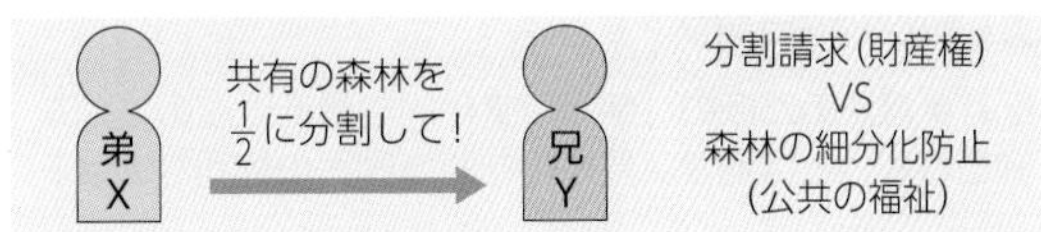

森林法第186条【共有林分割請求の制限】 森林の共有者は、民法256条1項(共有物の分割請求)の規定に係わらず、その共有に関わる森林の分割を請求することができない。ただし、各共有者の持分の価額に従いその過半数をもって分割の請求をすることを妨げない。 (当時の条文)

判決

第一審(静岡地裁 1978年10月31日) 原告敗訴
　森林法第186条は**合憲**。
第二審(東京高裁 1984年4月25日) 原告敗訴
　森林法第186条は**合憲**。
最高裁(1987年4月22日) 原告勝訴
　森林法第186条は**違憲**。控訴審を破棄。

最高裁の見解 森林法第186条の立法目的は、森林の細分化を防止することで森林経営の安定化を図ることにあったと解され、公共の福祉に合致するといえる。しかし、この規制が公共の福祉に適合するかどうかは、規制の目的、必要性、内容、その規制によって制限される財産権の種類、性質及び制限の程度等を比較衡量して決すべきである。そして、森林経営の安定という目的は他の手段によって達成できるため、**森林法の規制は合理性・必要性がなく、憲法第29条第2項に違反し無効である**。

解説 **分割請求禁止は違憲である** 森林法の規定は、森林の細分化を防止することで森林の生産力を増進させることを目的としていたが、分割請求禁止によって争いが生じた場合、かえって森林経営がいきづまり、結果として森林の荒廃をまねくことが懸念された。この判決後、森林法は改正された。

TOPIC トピック 薬事法はたびたび改正され、2009年からは市販薬の9割以上がスーパーなどでも扱えるようになった。また、現在では医薬品医療機器等法(薬機法)に名称変更されている。

用語解説 ㊴二重の基準

Ⅳ 社会権的基本権(社会権)

16 生存権

?生存権の保障はどのように行われているのか 頻出

第25条【生存権、国の社会的使命】 ①すべて国民は、健康で文化的な最低限度の生活を営む権利を有する。
②国は、すべての生活部面について、社会福祉、社会保障及び公衆衛生の向上及び増進に努めなければならない。

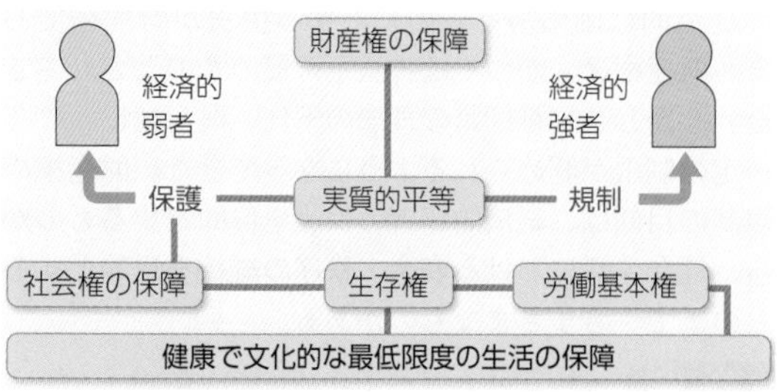

資本主義経済が発展するとともに、貧富の差が拡大し、従来の自由権だけではなく、すべての人に人間らしい生活を営む権利を保障しようとする考え方が重要となってきた。それが**生存権**である。生存権に基づいて、社会保障の充実、経済的劣位にある労働者の権利の保護など、国民の生活全体の向上をめざしている。

判例 朝日訴訟

争点 憲法第25条の「健康で文化的な最低限度の生活を営む権利」とは何か。具体性をもつ国民の権利なのか。

事件の概要 1955年、原告の朝日茂さんは結核で岡山県の病院に入院していた。朝日さんは身寄りがなく、生活保護法に基づき医療扶助と生活扶助を受けていた。医療費を全額国が負担し、また、日用品費として、月額600円が支給されていた。その後、音信不通だった実兄が九州にいることがわかり、社会福祉事務所は実兄に毎月1,500円の仕送りを命じた。社会福祉事務所は、実兄からの仕送り1,500円のうち900円を医療費の自己負担分とし、残りの600円を日用品費として渡し、生活扶助を打ち切った。朝日さんは、これでは仕送り前と同じではないかと、不服申立てをしたが、厚生大臣はそれを却下した。このため、朝日さんは却下処分取り消しを求めて提訴した。

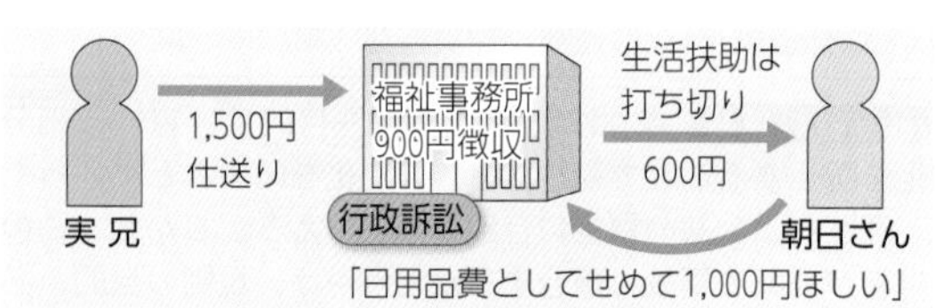

600円の日用品の中身の一部			当時の物価	
費目	年間数量	月額	費目	1955年
		円銭		円
肌着	2年1着	16.66	かけそば	30
パンツ	1枚	10.00	カレー	100
手拭	2本	11.66	駅弁	100
下駄	1足	5.83	(幕の内)	
理髪料	12回	60.00	コーヒー	70
石けん	洗顔12コ		ワイシャツ	596
	洗濯24コ	70.00	公務員初任給	8,700
歯ブラシ	6コ	7.50	(上級職)	(月額)
チリ紙	12束	20.00		

1952年の被保護者170万人、当時のボーダーライン層1,000万人

●生存権の法的性格

プログラム規定説		**憲法第25条は国の政策目標ないし政治的・道徳的な責務を定めたものであって、個々の国民に具体的な請求権を保障したものではないとする考え方。**生存権の実現は国の裁量に任され、国民が具体的な社会保障を要求することや国の不作為を裁判所で争うことはできないとされる。
法的権利説	具体的権利説	憲法第25条を具体化する法律が存在しない場合においても、現在の社会保障制度が健康で文化的な生活水準に満たない場合には、憲法第25条を直接の根拠として、国の不作為やその違憲性について裁判所で争うことができるとする考え方。
	抽象的権利説	**憲法第25条のみを根拠として国の不作為やその違憲性について裁判所で争うことはできないが、憲法第25条を具体化する法律が存在していれば、その限りで国は生存権を保障する法的義務を有するとする考え方。**その法律に基づく訴訟において憲法第25条を援用することができる。**現在の通説となっている。**

病床の朝日茂さん　当時月600円では、日用品のほかは、ほとんど買うことができなかった。朝日訴訟は本人死亡により訴訟の終了がいい渡されたが、この事件をきっかけに、生活保護費の基準が高くなったという大きな成果があった。

判決

第一審(東京地裁　1960年10月19日)　原告勝訴
　社会福祉事務所の処分は**違法**。
第二審(東京高裁　1963年11月4日)　原告敗訴
　生活保護の基準は厚生大臣の裁量が認められている。「すこぶる低額」ではあるが、**違法とまではいえない。**
最高裁(1967年5月24日)　原告敗訴
　本件訴訟は**原告の死亡とともに終了。**

最高裁の見解 憲法第25条第1項は、すべて国民が健康で文化的な最低限度の生活を営めるように国政を運営すべきことを、国の責務として宣言したにとどまり、個々の国民に対して直接、具体的な権利を賦与したものではない(**プログラム規定説**)。健康で文化的な最低限度の生活なるものは、文化の発達、国民経済の進展に伴って向上するのはもとより、多数の不確定的要素を総合して決めるものである。したがって、**何が健康で文化的な最低限度の生活であるかは、厚生大臣の裁量に委ねられており、政治責任を問われることがあっても、直ちに違法とはいえない。**

解説 **どの説を採用したか** 本件判決ではプログラム規定説を採用したという考え方がある。しかし、憲法や生活保護費の趣旨・目的に反して著しく低い支給水準を設定するなど、厚生大臣の裁量権の逸脱があった場合には違法となるとしたことから、抽象的権利説を採用したとも解される。この訴訟は生存権の意味を改めて世に問うた裁判として知られている。

Zoom 「人間裁判」 朝日訴訟は人間としての「最低限度の生活」とは何かを考えさせるきっかけとなったため、「人間裁判」ともいわれた。朝日訴訟の後、生活保護基準の月600円の日用品費が月2,700円に大幅アップされた。

判例 堀木訴訟

争点 障害福祉年金と児童扶養手当の併給禁止は、憲法第25条の生存権の保障および第14条の平等原則に反しないか。

事件の概要 視力に障害があり障害福祉年金で生活していた堀木文子さんが、夫と離別し、夫との間の子どもを養うため、兵庫県知事に児童扶養手当の受給申請を行った。しかし、児童扶養手当法が児童扶養手当と他の公的年金との併給を禁じていたため、申請は棄却された。そのため、堀木さんは申請却下の取り消しを求めて提訴した。

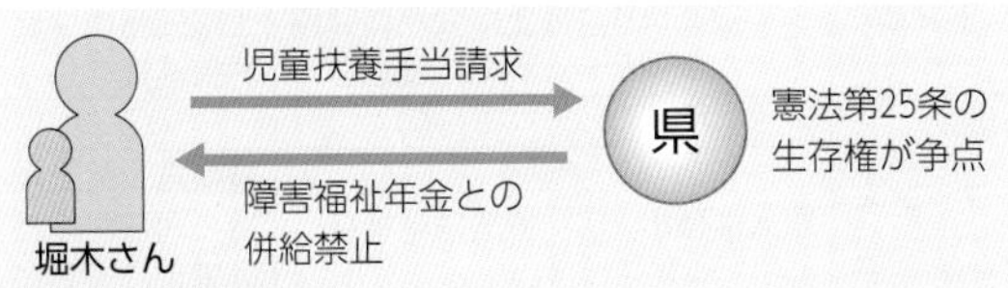

判決

第一審(神戸地裁　1972年9月20日)　原告勝訴
　併給禁止条項は、**憲法第14条に違反し無効**。
第二審(大阪高裁　1975年11月10日)　原告敗訴
　併給禁止条項は、憲法に違反せず。**第一審判決を取り消し**。
最高裁(1982年7月7日)　原告敗訴
　原告の上告を棄却。

最高裁の見解「健康で文化的な最低限度の生活」の具体的内容は、国の財政事情を無視することができず、具体的にどのような立法措置を講ずるかは、立法府の広い裁量に委ねられており、併給禁止は許される。また、著しく合理性を欠き、明らかに裁量権の逸脱・濫用と認められる場合を除き、**併給禁止条項は、裁判所が審査判断するのに適しない事柄**であるといわなければならない。

解説 **社会保障制度を改善する一つの契機**　児童扶養手当は、ひとり親家庭や、親が障害をもっている家庭などに対して支給される。第一審判決後、兵庫県知事は原告と同様の境遇にある人々に対して、見舞金を支給する形で実質的な併給を認めた。さらに、児童扶養手当法の改正によって、併給も可能になった。しかし、生存権に対する広範な裁量権を立法府に認めた最高裁判決後、再び法改正が行われ、児童扶養手当と他の公的年金は再び併給禁止に戻された。その後、格差や貧困が社会問題化する中で、併給について改めて見直しが行われ、現在では、公的年金を受給していても、条件つきで児童扶養手当の受給が認められるようになっている。

17 教育を受ける権利　頻出

? 教育を受ける権利はなぜ必要なのか

第26条【教育を受ける権利、教育を受けさせる義務】 ①すべて国民は、法律の定めるところにより、その能力に応じて、ひとしく教育を受ける権利を有する。
②すべて国民は、法律の定めるところにより、その保護する子女に普通教育を受けさせる義務を負ふ。義務教育は、これを無償とする。

教育を受ける権利は、子どもの**学習権**としてとらえられるが、今日では広く生涯学習の観点から国民全員の権利として、国家に対して合理的な教育制度と施設を通じて適切な教育の場を提供することを要求する権利として位置づけられている。また、一般的には、教育を施す側が、その内容や方法を自由に決める権利(**教育権**)も、憲法上の権利であると解される。義務教育の無償については、授業料だけか、教育活動にかかわる一切の費用も含むか、さまざまな意見があるが、現在では教科書も無償で供与されている。なお、憲法と関連して教育上の基本原則を明示したものとして教育基本法が制定されている。

●教育基本法　公布：1947年　全面改正：2006年

第1条【教育の目的】 教育は、人格の完成を目指し、平和で民主的な国家及び社会の形成者として必要な資質を備えた心身ともに健康な国民の育成を期して行われなければならない。
第4条【教育の機会均等】 すべて国民は、ひとしく、その能力に応じた教育を受ける機会を与えられなければならず、人種、信条、性別、社会的身分、経済的地位又は門地によって、教育上差別されない。
第14条【政治教育】 ①良識ある公民として必要な政治的教養は、教育上尊重されなければならない。
②法律に定める学校は、特定の政党を支持し、又はこれに反対するための政治教育その他政治的活動をしてはならない。
第16条【教育行政】 教育は、不当な支配に服することなく、この法律及び他の法律の定めるところにより行われるべきものであり、教育行政は、国と地方公共団体との適切な役割分担及び相互の協力の下、公正かつ適正に行われなければならない。

解説 **教育基本法改正のポイント**　2006年に**教育基本法**が全面改正され、「公共の精神」を尊ぶこと(前文)や、教育の目標に「道徳心を培う」こと、「伝統と文化を尊重し、……我が国と郷土を愛する」態度を養うこと(第2条)などが明記された。その後、2018年度以降の小中学校における道徳が、「教科外での活動」から「特別の教科」に格上げされた。こうした一連の動きは、国家が個人の内心を統制・評価することにつながるのではないかと批判する声もある。

判例ダイジェスト

判例 生活保護減額取り消し訴訟

事件の概要 2013年から15年にかけて、国は生活保護費のうち一部の基準額を平均6.5%引き下げた。この減額は最低限度の生活を保障した生存権を定めた憲法に違反するとして、住民がその取り消しを求めて国や地方公共団体を相手に提訴した。訴訟は全国29の都道府県に広まった。

判決 佐賀地裁(2022年5月13日)住民敗訴
　生活保護費の基準を定めることについては、厚生労働省に裁量権があるとした。その上で、引き下げはデフレを反映したものであり、その判断や手続きに裁量権の逸脱があったとはいえないとして、住民の訴えを棄却した。他の地裁における同様の訴訟でも、ほとんどが住民側の敗訴となっている。

判例 旭川学力テスト訴訟

事件の概要 1961年に、北海道旭川市の中学校で予定された全国中学校一斉学力調査(学テ)に対して、反対する労働組合役員らが中学校に侵入し、実力阻止行動を行った。労働組合役員は建造物侵入や公務執行妨害などで起訴された。

判決 最高裁(1976年5月21日)　有罪
　国は適切な教育施策を実施するために、「必要かつ相当と認められる範囲において、教育内容について決定する権能を有する」として、文部省の学力テストを認めた。被告人は有罪。しかし、子どもに対する教育権は、国家にあるのか、国民(教師や親)にあるのかについては、「いずれも極端かつ一方的である」として折衷する立場をとった。

TOPIC トピック 生活保護の教育扶助は義務教育(小・中学校)を対象としている。高校生などには就学支援金制度によって、家庭の教育負担を軽減している。

用語解説 ㊵生存権，㊶プログラム規定説，㊷教育基本法

18 労働基本権

? なぜ、憲法上で労働者の権利が保障されているのか　出題

第27条【勤労の権利及び義務、勤労条件の基準、児童酷使の禁止】
①すべて国民は、勤労の権利を有し、義務を負ふ。
②賃金、就業時間、休息その他の勤労条件に関する基準は、法律でこれを定める。
③児童は、これを酷使してはならない。
第28条【労働三権】 勤労者の団結する権利及び団体交渉その他の団体行動をする権利は、これを保障する。

近代社会は「身分から契約へ」といわれるように、個人が契約を結ぶことで、社会を形成している。しかし、使用者と労働者が賃金や労働時間などの雇用条件に関して結ぶ労働契約においては、経済的弱者である労働者が不利な立場に立たされることもある。そこで、憲法は直接、私人間の契約に介入して、労働者に**団結権・団体交渉権・団体行動権(争議権)**の**労働三権**を保障した(➲p.224)。

なお、公務員の労働基本権は公共の福祉によって制限されており、これに対して人事院による給与の是正勧告などの代償措置がとられている。

●公務員の労働三権

		団結権	団体交渉権	団体行動権
国家公務員	警察官・自衛隊 海上保安庁・刑事施設職員	×	×	×
	非現業公務員(官庁に勤務する一般の行政職員)	○	△	×
	現業公務員※ 行政執行法人職員※	○	○	×
地方公務員	警察官・消防職員	×	×	×
	非現業公務員 公立学校教員	○	△	×
	現業公務員※・公営企業職員 特定地方独立行政法人職員※	○	○	×

△：労働協約の締結権なし
※現業公務員…現場作業に従事する職員(国有林野に従事する職員・清掃職員・用務員・給食調理員など)
※行政執行法人・特定地方独立行政法人…独立行政法人・地方独立行政法人のうち、特に国民生活や社会経済の安定に必要とされているもの。職員は公務員としての身分が保障される。

●人事院制度

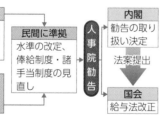

月例給を比較	国家公務員と民間の役職段階、勤務地、学歴、年齢が同じ者同士を比較
国家公務員の特別給の支給月数と民間のボーナスの支給割合を比較	

→ **民間に準拠**　水準の改定、俸給制度・諸手当制度の見直し → **人事院勧告** → **内閣**　勧告の取り扱い決定 →(法案提出)→ **国会**　給与法改正

人事院とは、国家公務員法に基づき、公正な人事行政を行うための行政委員会である。人事院の人事官は内閣によって任命される。国家公務員の採用試験や任免基準の設定を行い、労働基本権の制約の代償として、給与など勤務条件の改定を国会や内閣に勧告している。

解説 **特殊な立場の公務員** 公務員は「全体の奉仕者」として公共の利益のために勤務するという立場にあり、国家公務員法や地方公務員法によって労働三権が制限されている。団体行動権(争議権)については、1966年に最高裁で「制限は必要最小限にとどめるべき」とされた(全逓東京中郵事件)。しかし、**その後の判例では一律禁止を合憲としている。**

●各国の公務員の労働三権

	団結権	団体交渉権	団体行動権
アメリカ	○ 軍人・外交官・FBI職員などは禁止	○ 勤務条件についての協約締結権なし	× 地方公務員には認められている例がある
イギリス	○ 軍人・警察官は禁止	○ 警察官は禁止	○ 明文の規定はないが、一般的に違法ではない
ドイツ	○	○ 上級公務員は協約締結権なし	○ 上級公務員は協約締結権なし
フランス	○ 軍人は禁止	○ 協約締結権なし	○ 警察官・監獄職員・司法官などは禁止

➲フランスで起きた公務員改革に反対する公務員によるストライキ(2018年)

ヨーロッパ諸国では原則的に公務員の労働基本権を認めている。日本は団体行動権(争議権)を認めていないため、アメリカ型といえる。国際労働機関(ILO)は2002年に、日本政府に「国の行政に直接従事しない公務員への団体交渉権及び団体行動権の付与」を勧告したが、日本国内でも、労働基本権の制限を原則としてなくすべきという主張もある。

判例ダイジェスト

判例 全農林警職法事件

事件の概要 1958年に全農林労働組合幹部が、労働者の団体運動を抑圧する危険のある警察官職務執行法(警職法)の改正に反対する抗議行動への参加を職員に執拗に勧めた。このことが、公務員の違法な争議行為のあおり行為にあたるとして、国家公務員法第98条違反で起訴された。

判決 最高裁(1973年4月25日) 有罪
公務員の労働基本権に対して、必要やむをえない限度の制限を加えることは憲法に違反せず許される。公務員には、争議行為などの制約に見合う代償措置として、身分保障や人事院の制度が設けられており、**公務員の争議行為は容認することができない**。したがって、あおり行為の処罰規定を定めた国家公務員法は憲法違反ではない。

判例 全逓名古屋中郵事件

事件の概要 1958年の春闘で、全逓信労働組合の幹部が、勤務時間中の職場大会への参加を、名古屋中央郵便局内の組合員らに呼びかけ職場を離脱させた。その際、立ち入り禁止の建物に入るなどした。この行為が、郵便法の郵便物不取扱罪の幇助、建造物侵入罪、公務執行妨害罪にあたるとして起訴された。

判決 最高裁(1977年5月4日) 有罪
職務の公共性、代償措置の整備などの点から、**公務員の争議行為の一律禁止を合憲とした全農林警職法事件の判決を踏襲した**。建造物侵入罪等については有罪を免れないとした。

Zoom **地方公務員の給与の決め方** 地方公務員の給与は、人事院勧告の内容や民間の賃金動向をふまえて、都道府県などに置かれている人事委員会によって給与に関する勧告が行われる。これを受けて給与改定方針が決定され、議会が給与条例を改正する。

19 参政権

?参政権とはどのような権利をさすのか 頻出

第15条【公務員の選定及び罷免の権利、公務員の本質、普通選挙の保障、秘密投票の保障】 ①公務員を選定し、及びこれを罷免することは、国民固有の権利である。
②すべて公務員は全体の奉仕者であつて、一部の奉仕者ではない。
③公務員の選挙については、成年者による普通選挙を保障する。
④すべて選挙における投票の秘密は、これを侵してはならない。選挙人は、その選択に関し公的にも私的にも責任を問はれない。

日本国憲法には、その前文に「日本国民は、正当に選挙された国会における代表者を通じて行動し……」とあるように、政治のあり方を決める主体は国民であることが定められている。**参政権**とは、この**国民主権**の原理に基づいて、国民が直接または代表者を通じて国や地方の政治に参加する権利である。参政権には選挙権や被選挙権のほか、最高裁判所裁判官の国民審査(第79条)、一つの地方公共団体のみに適用される特別法の住民投票(第95条)、憲法改正の国民投票(第96条1項)も含まれている。

公務員に対しても参政権が認められているが、憲法第15条2項の「全体の奉仕者」という規定から、政治的中立性が厳しく要求されており、政治活動は一定の制限を受ける。

公務員の政治活動の制限の例 (人事院資料)

政治的目的(特定の候補者・政党・内閣・政策に対する支持や反対など)のために行う政治的行為は禁止

×寄附の要求・受領など

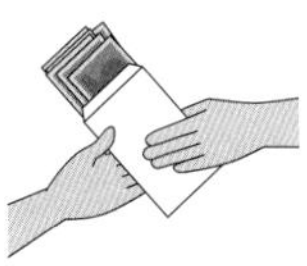

×選挙での投票運動 署名・デモの主宰

×政治団体への勧誘 文書・図画の配布

代理投票は認められるか?

選挙などでの投票は、あくまで本人が直接行うものであり、本人以外の者が投票することは原則禁止されている。そのため、身体に障害のある家族の代わりに投票用紙を投票箱に入れたところ、公職選挙法違反で起訴されたというケースがある。また、重度の認知症患者など判断能力が低下した成年被後見人(➲p.213)については、かつては公職選挙法で選挙権が認められていなかったが、この規定に対して2013年、東京地裁が憲法違反との判断を下したことで、選挙権を行使できるようになった。いずれの場合も、本人に代わって投票を行うことができる者については、家族ではなく、投票所の職員である「投票事務従事者」に限定されている。

判例 在外日本人選挙権制限規定訴訟

争点 ①在外日本人に国政選挙の機会を保障すべきか。
②在外選挙制度は、すべての選挙権を保障すべきか。

事件の概要 海外に住む日本人(在外日本人)に対し、在外選挙制度が1998年に創設された。しかし、在外日本人(原告)は、それ以前の国政選挙で投票の機会がなかったこと、1998年以降も衆議院小選挙区選挙・参議院選挙区選挙の投票を認められていなかったことを理由に、在外日本人も選挙権を行使できることの確認と、国が選挙権を行使できるような措置をとらなかったこと(立法不作為)に対する国家賠償を求めて提訴した。

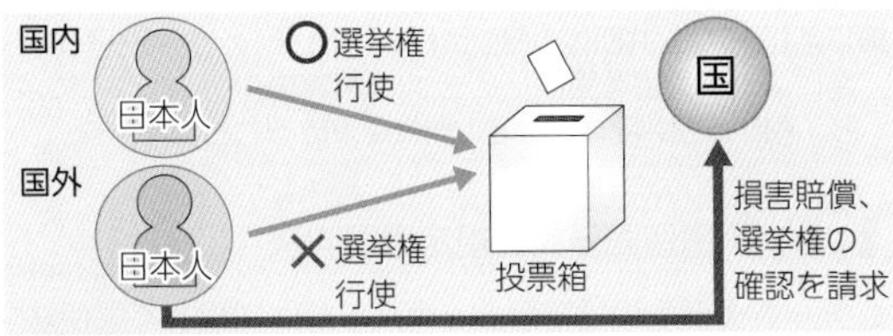

判決

第一審(東京地裁 1999年10月28日) 原告敗訴
第二審(東京高裁 2000年11月8日) 原告敗訴
最高裁(2005年9月14日) 原告勝訴。**違憲。**

公職選挙法は憲法第15条1項、3項、第43条1項、第44条但書に違反する。原告には5,000円の国家賠償を認めた。

最高裁の見解 「在外日本人に選挙権の行使を認めると、公正な選挙を行うことが事実上不可能ないし著しく困難な場合」でない限り、選挙権の制限は認められない。また、長期間にわたって立法上の是正措置を講じなかったことは正当な理由がなく、立法不作為にあたるといえる。よって、国家賠償を認めた。

解説 **選挙権は議会制民主主義の根幹** 国民が選挙権を行使できないのは国民主権に反する。最高裁の判決後、公職選挙法の改正が行われ、在外日本人による選挙権の範囲は、国政選挙全般に拡大された。なお、**最高裁判所裁判官の国民審査の投票権も、在外日本人には付与されていなかったが、これについても2022年に最高裁で違憲判決が出された。**

判例ダイジェスト

判例 衆議院議員定数不均衡訴訟

事件の概要 1983年12月の衆議院議員総選挙において、選挙区間における議員1人当たりの有権者の人口の比率(一票の格差)が最大1対4.40まで広がっていた(➲p.114)。これに対して、平等選挙に反するとして、選挙無効を訴えた。

判決 最高裁(1985年7月17日) **違憲、選挙は有効**

一票の格差拡大は以前からみられ、議員定数を是正する期間があったにもかかわらず、これを是正しなかったのは、憲法第14条に違反し、違憲である。ただし、選挙を無効とすると、その選挙後の国会で可決された法律や予算なども無効になり、混乱が避けられない。そのような事情を考慮して、選挙自体は有効とする事情判決(➲p.46欄外)となった。

判例 共産党機関紙配布事件

事件の概要 国家公務員が勤務時間外に共産党機関紙を配布したという行為に対し、国家公務員法の禁じる政治的行為にあたるとして、職員と元課長補佐が起訴された。

判決 最高裁(2012年12月7日)

公務員の政治的行為の禁止は、行政の中立的運営のためにやむをえない範囲にとどめるべきであり、具体的には、管理職か、勤務時間内か、職場の施設を利用したか、などを総合的に考慮し判断すべきだとした。その上で、職員については「管理職でない公務員によって、職務とまったく無関係に行われた」として無罪とする一方、元課長補佐については「職員に影響を及ぼすことのできる地位にあった」として有罪と結論づけた。

TOPIC トピック 議員定数不均衡訴訟のように、選挙や当選の効力に関する訴訟は、法律の規定により、最初に高等裁判所へ訴えを提起し、高等裁判所が第一審として審理する。

用語解説 ㊸人事院、㊹参政権

20 国務請求権

?国務請求権は何のために必要とされているのか

①請願権

第16条【請願権】 何人も、損害の救済、公務員の罷免、法律、命令又は規則の制定、廃止又は改正その他の事項に関し、平穏に請願する権利を有し、何人も、かかる請願をしたためにいかなる差別待遇も受けない。

請願権とは、近代人権宣言において早くから登場した権利の一つであり、国や地方公共団体の諸機関に対して、それぞれの職務権限にかかわる事項について、苦情や要望を申し立てることのできる権利である。請願権は未成年、外国人、法人にも認められる。

請願の手続きは、請願の内容に氏名(法人の場合は名称)と住所を記載した文書を官公署や国会に提出する(国会に提出する場合は議員の紹介が必要)。

[請願書の書式例]

請願書

令和○年　○月　○日

○○市議会議長　様

請願者　住　所

氏　名　　　印

電話番号

紹介議員　氏　名　　　印

件　名＿＿＿＿＿＿＿＿に関する請願

要　旨＿＿＿＿＿＿＿＿

理　由＿＿＿＿＿＿＿＿

請願法の概要

- 請願は、請願者の氏名と住所を文書に記載しなければならない。
- 請願書は、請願の事項を所管する官公署に提出しなければならない。
- この法律に適合する請願は、官公署が受理して誠実に処理しなければならない。
- 何人も、請願をしたためにいかなる差別待遇も受けない。

②損害賠償請求権(国家賠償請求権)　出題

第17条【国及び公共団体の賠償責任】 何人も、公務員の不法行為により、損害を受けたときは、法律の定めるところにより、国又は公共団体に、その賠償を求めることができる。

判例　書留郵便免責規定違憲判決

争点 ①郵便物の損害賠償を免責または制限する郵便法は、損害賠償請求権を侵害するか。
②特別送達郵便の送達の遅滞は違法か。

事件の概要 金融会社(原告)が債務者の預金と給与の差し押さえを申し立て、裁判所が、債権差押命令という特別送達郵便を銀行と債務者の会社に郵送した。しかし、郵便局員が直接銀行ではなく銀行の私書箱に投函したため送達が遅れ、その間に債務者に預金を引き出されてしまった。そのため、原告は国に国家賠償請求訴訟を提起した。一審・二審とも原告が敗訴したため、原告は上告した。

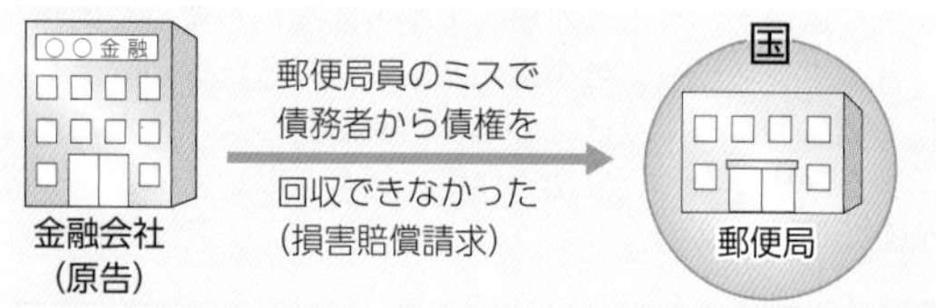

判決

最高裁(2002年9月11日)　破棄差し戻し

郵便法は**違憲**。高裁に差し戻し。差し戻し審で国から訴訟を引き継いだ日本郵政公社と**和解**。

最高裁の見解 「郵便の役務をなるべく安い料金で、あまねく、公平に提供」するため、損害賠償に一定の制限があることに対しては「正当なものである」とした。しかし、書留郵便の信頼が大きく損なわれる郵便局員の重大な過失によって損害が生じた場合や、裁判所からの特別送達郵便について、郵便局員の過失により損害が生じた場合は、郵便法の賠償責任を免除し、または制限している部分は、損害賠償請求権を定めた憲法第17条に違反すると示した。

解説 **裁判所からの郵便物は特別である** 損害賠償は、一律に認めたり、免責したりするのではなく、個々の事例にそって総合的に判断すべきものである。最高裁は、裁判所からの特別送達郵便についての過剰な免責・制限を定める郵便法の規定の部分を違憲・無効とした。

③刑事補償請求権　出題

第40条【刑事補償】 何人も、抑留又は拘禁された後、無罪の裁判を受けたときは、法律の定めるところにより、国にその補償を求めることができる。

犯罪を行ったと疑うべき相当の理由のある者について、逮捕・起訴することは、国の正当な行為とされる。たとえ被告人が無罪の判決を受けたとしても、起訴したこと自体は違法とはいえない。しかし、身体を拘束され、起訴された者は大きな犠牲を払っており、無罪とするだけでは正義の観念に反する。そこで、刑事補償法(1950年制定)によって、金銭による事後救済が図られている。一方、逮捕後に不起訴となった者に対しての救済措置については十分な整備がされていないのが実情である。

補償内容	❶抑留・拘禁など	1日1,000円以上1万2,500円以下
	❷死刑	本人死亡により財産上の損失額に、3,000万円を加算した範囲内
	❸罰金・科料・追徴	徴収した金額に、徴収の翌日から補償の日までの期間に応じ1年につき5分の金利を加算
	❹没収	処分前なら返付、処分後ならばその時価総額
例	• 免田事件…9,071万2,800円(7,200円×1万2,599日拘禁) • 足利事件…7,993万7,500円(1万2,500円×6,395日拘禁)	

刑事補償法に基づく刑事補償の内容と具体例
※❶・❷は、上記の範囲内で裁判所が事情を考慮する。

④裁判を受ける権利 (➲p.90)

第32条【裁判を受ける権利】 何人も、裁判所において裁判を受ける権利を奪はれない。

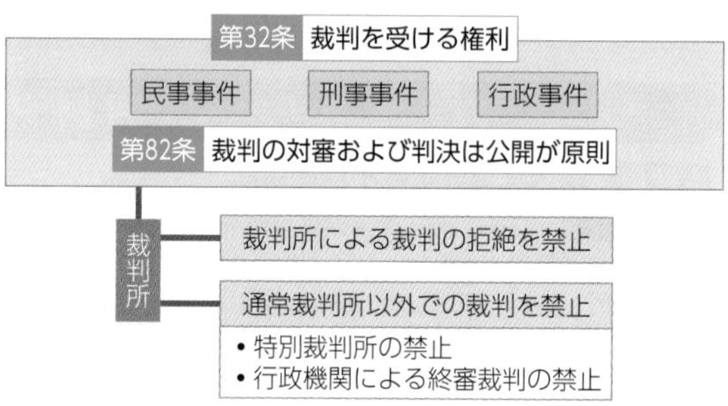

解説 **裁判は基本的人権の保障を確保する** 裁判を受ける権利とは、行政事件と民事事件では裁判所に救済を求めることができること、刑事事件では裁判によらなければ刑罰を科せられないことを意味している。

Zoom **賠償と補償** 「賠償」は不法な行為によって生じた損害に対して支払われる救済措置である。一方、「補償」は適法な行為によって生じた損害に対して支払われる救済措置である。

FILE 09

成年としての権利

出題

政治

選挙権付与年齢が20歳以上から18歳以上に引き下げられたことに加えて、民法改正によって成年年齢も2022年4月から18歳以上に引き下げられた。それに伴って婚姻年齢も男女とも18歳以上とされた。その一方で飲酒・喫煙、公営ギャンブル等年齢は20歳に据え置かれた。18歳以上の権利はどのようになっているのだろうか。

日本のさまざまな年齢制限と2022年からの変更点

年齢	できることや対象となること
30歳	○参議院議員・都道府県知事の被選挙権
25歳	○衆議院議員・市町村長・地方議会議員の被選挙権
20歳	○国民年金への加入義務 ○馬券の購入、飲酒、喫煙 ○中型自動車の免許取得
18歳	○普通自動車などの運転免許取得 ○死刑の適用対象 ○選挙権 ○深夜労働(午後10時から午前5時まで)が可能に ○結婚 ○公認会計士や医師などの国家資格の取得 ○法定代理人を立てずに訴訟行為を行うこと ○親の同意なしにローンやクレジットを契約 (以上3項目:2022年に20歳から引き下げ)

諸外国の法定年齢

年齢	私法上の成年	婚姻 男	婚姻 女	飲酒	刑事手続での成年	義務教育修了	選挙権
イギリス	18	16	16	18	18	16	18
アメリカ	18	18	18	21	18	18	18
ドイツ	18	18	18	18	18	16	18
フランス	18	18	18	16	18	16	18
イタリア	18	18	18	16	18	16	18
ロシア	18	18	18	18	18	15	18
韓国	19	18	18	19	19	15	18
中国	18	22	20	18	18	15	18

(注1)イギリスはイングランドでの法定年齢を示している。
アメリカやドイツは一部の州で異なる。
(注2)ドイツでのビール・ワインの飲酒は16歳以上。
フランスでの蒸留酒の店内での飲酒は18歳以上。
(国立国会図書館資料)

未成年者の人権とパターナリズム

パターナリズムとは、相手の利益のために、本人の意向にかかわりなく生活に干渉し、行動を制限することをいう。未成年者は成熟していない者として、その保護の必要性から、人権の制約を認めることも、この一例である。民法では、未成年者が契約をするとき、不利益を被らないように、法定代理人(父母など)の同意がない場合は契約を取り消すことができると定めている。

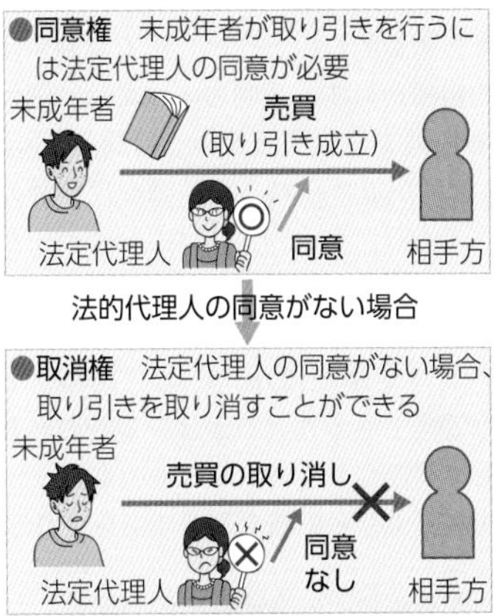

未成年者に対するパターナリズムについては、「人権の制限は、理性を欠いた行動の結果、回復不可能なほど子ども自身に害をもたらす場合に限って、正当化される」といった考え方がある。こうした考え方から、18歳未満の選挙運動を禁止することなどに対しては、疑問視する見方がある。

成年になればできること

成年になれば、自分の判断だけで有効な契約を締結することができる。契約の中には、スマートフォンの購入、クレジットカードの作成、ローンによる自動車の所有、アパートの賃貸借など、さまざまなものがある。

また、未成年者の契約は、親の同意がない場合にはその契約を取り消すことができるが、成年に達してからは取り消すことが原則できなくなる。ただし、この**未成年者取消権**は、契約時に未成年であった場合、成年になってから5年間は有効とされる。

成年になれば、親の親権に服することがなく、あらゆる場面で自己決定権(➡p.71)が尊重される。資格試験では、公認会計士や医師などの国家資格を得ることができる。また、性同一性障害のある人が、家庭裁判所に性別の変更を求めることも可能になる。

契約を1人ですることができる年齢を18歳にすることに対して……

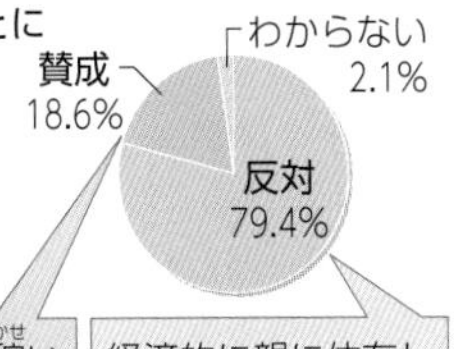

おもな理由

- 働いて自分で稼いだお金は、自分の判断で使えるようにしてもよいと考えられるから
- 経済的に親に依存しているから
自分がしたことに対して責任をとることができないから

予想される課題

成年年齢が20歳のときには、その年齢層を狙った消費者問題が急増していた。18歳以上が成年になったときはどうなるであろうか。今後は、特に高校卒業後の進学・就職・引っ越しといった生活面での転機に、悪質事業者のターゲットとなるのではないかと懸念されている。その他、自立が困難な18・19歳の若者に対する支援や、悪質な労働契約に対する救済措置などが十分に講じられていないといった指摘もある。

また、少年法(➡p.93)の適用年齢の引き下げも議論されてきた。2021年には少年法が改正され、18・19歳は「特定少年」と位置づけられ、厳罰化が図られた。これについては、少年の更生に必要な支援が受けられなくなるとして反対する意見がある一方、少年であっても、重大な犯罪には厳しい刑罰が必要であるとの意見もある。

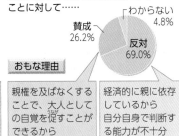

親権に服する年齢を18歳未満にすることに対して……

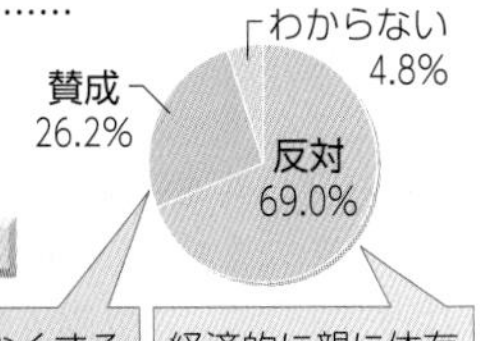

おもな理由

- 親権を及ばなくすることで、大人としての自覚を促すことができるから
- 経済的に親に依存しているから
自分自身で判断する能力が不十分

(2013年調査，内閣府資料)

TOPIC トピック　「明日18歳の誕生日だから、今日は未成年の17歳だ」と思っていても法律上は成年とみなされる。法律上、誕生日の前日に年齢を加算することになっているからである。

FILE 10

「公共の福祉」と権利との関係

政治

立憲主義に基づく憲法は、国家権力を制限することによって基本的人権を保障している。しかし、個人の自由や権利は無制限ではなく、ときとして「公共の福祉」の名の下に法律によって制限される。それでは、日本国憲法の「公共の福祉」は明治憲法の「法律の留保」とどこが違うのか。「公共の福祉」による制限はどこまで認められるのか。

公共の福祉による権利制限の例

（衆議院資料参照）

	権利	制限の内容
精神的自由	表現の自由	プライバシーの侵害➡民法（不法行為） 他人の名誉を傷つける行為➡刑法（名誉毀損） 不当な選挙文書の禁止➡公職選挙法
精神的自由	集会・結社の自由	デモの規制➡公安条例 破壊活動を行った団体への規制➡破壊活動防止法
経済的自由	居住・移転の自由	感染症患者の隔離➡感染症法 破産者に対する居住制限➡破産法
経済的自由	財産権	建築制限➡建築基準法 土地利用の制限➡都市計画法
経済的自由	職業選択・営業の自由	不公正な経済活動の制限➡独占禁止法 営業には資格が必要（医師など）➡医師法など

⇦感染症予防のために営業時間を短縮した飲食店　今回の措置では、要請に応じない事業者には行政が命令できるようになり、これに応じない事業者には、行政罰として過料の規定が設けられた。

新型インフルエンザ等対策特別措置法が2021年に改正され、新型コロナウイルス感染症対策として休業や営業時間短縮、外出自粛要請が行われた。この措置は営業の自由や移動の自由などを制限する側面がある。政府が個人の権利を制限してまで守ろうとした「公共の福祉」の内容とは何だろうか。

「公共の福祉」の捉え方

明治憲法下では、臣民の権利は天皇から与えられたものであり、「法律の留保」（➲p.29）による権利の制限が認められていた。しかし、個人の尊厳を基礎とする基本的人権は「侵すことのできない永久の権利」として捉えるべきものであり、立憲主義の立場からも、憲法その他の法令によって安易に制限されることは、許されるべきではない。

しかし、個人の権利を無制限に認めてしまうとお互いの権利の衝突・対立が生じ、一方の権利が侵害されたり、社会的な不平等をもたらしたりすることになる。そこで、日本国憲法では、「公共の福祉」を規定し、その下で必要最小限の人権の制限を認めている。公共の福祉は、人権相互間の衝突を調整し、平等を確保するための原理なのである。

自由国家的公共の福祉…すべての人に基本的人権を公平に保障し、個人の人権と人権の衝突を調整するための制約。人権に対する規制は必要最小限度とする。
→憲法第12・13条の人権全般に対する包括的規定であり、人権そのものに存在している限界を示す（内在的制約）。
例：他人の生命・安全・財産を損なう行為
他人の名誉や尊厳を傷つける行為

社会国家的公共の福祉…社会的・経済的弱者を救済し、すべての人に社会権を実質的に保障するとともに、社会政策上必要な措置をとるための積極的な規制。
→憲法第22・29条の経済の自由に対する規定（政策的制約）
例：大規模スーパーの出店規制←営業の自由の制約
道路や空港建設のための土地収用←財産権の制限

もっとも、現代社会では、人々の活動が環境や景観といった社会の共通利益を損なっているといった場面も生じている。そのため、公共の福祉を人権相互の調整原理としてだけではなく、より幅広く捉えようとする見方もある。いずれにしても、公共の福祉は、国家のために個人の人権を犠牲にするための規定であってはならず、「安寧秩序」などと捉えてしまうと、戦前の「法律の留保」と同じ結果をもたらしてしまうことに留意しなければならない。

「公共の福祉」による権利制限とその条件

基本的人権の中でも、民主政治に不可欠とされるのは、思想・良心の自由や集会・結社・言論などの自由といった精神的自由であり、この点で精神的自由は経済的自由に優越すると考えられる。このため、裁判所は、精神的自由に対する規制を、経済的自由に対する規制よりも厳しい基準で審査することが求められている（**二重の基準**）。

「職業の自由は、……精神的自由に比較して、公権力による規制の要請がつよく、憲法22条１項が『公共の福祉に反しない限り』という留保のもとに職業選択の自由を認めたのも、特にこの点を強調する趣旨に出たものと考えられる。」

（薬事法距離制限規定違憲判決）

一方、経済的自由は、精神的自由と比べて広く規制が認められている。経済的自由に対する規制の一つには、国民の生命や健康に対する危険を防止するという目的（**消極目的規制**）がある。衛生管理が求められる調理師や理容師の免許制などはこの事例である。もう一つには、経済の円滑な発展を図り、福祉国家の理念に基づいて社会的弱者を保護するという目的（**積極目的規制**）がある。消費者の保護を目的とした独占禁止法による規制（➲p.152）がこの事例である。これらの規制が妥当であるかどうかは、規制の必要性や合理性を基準にして判断されなければならないが、消極目的規制は積極目的規制よりも厳格な基準で審査される。

権利の規制に対する裁判所の違憲審査の判断

規制が違憲になりやすい（規制を厳格に審査）
精神的自由➡経済的自由よりも厳しい基準で判断
（二重の基準論）
経済的自由
・消極目的規制
➡精神的自由よりも緩やかな基準で判断
・積極目的規制
➡消極目的規制よりも緩やかな基準で判断
規制が合憲になりやすい（立法裁量を広く認める）

6 現代社会における新しい人権

要点の整理

＊1～7 FILEは資料番号を示す

Ⅰ 新しい人権

新しい人権1……憲法に明文規定がないため、幸福追求権[13条]や生存権[25条]などを根拠に保障

❶**環境権**2……生活環境の悪化に対して、自然環境の保護を国家に求める権利(大阪国際空港公害訴訟など)

❷**知る権利**3…… 国や地方公共団体の保有する情報の開示を求める権利(外務省公電漏えい事件)

- 国レベル……**情報公開法**(1999年) ※**特定秘密保護法**による秘密情報の管理

❸**プライバシーの権利**4……私生活をみだりに公開されない権利 ⟶ **自分に関する情報をみずからコントロールする権利**(「宴のあと」事件、「石に泳ぐ魚」事件)

- **個人情報保護法**(2003年)……個人情報の利用目的の制限や適正な取得・管理

❹**アクセス権**5……番組や紙面で自分の意見を取り上げてもらう権利(サンケイ新聞意見広告事件)

❺**肖像権**……みだりに容貌・姿態を撮影されない権利

❻**自己決定権**6……個人的事柄について、公権力に干渉されず自分で決める権利(エホバの証人輸血拒否事件)

Ⅱ 高度情報社会と権利

❶**知的財産権**7……**著作権**や**特許権**など ※著作権法の改正 ⟶ インターネット上の違法な配信から著作物を保護

❷**情報通信技術(ＩＣＴ)分野における権利保護のあり方**8 FILE……ＥＵでは「**忘れられる権利**」を認める

Ⅰ 新しい人権

1 新しい人権の体系と人格権

？新しい人権はどのような利益を守ろうとしているのか

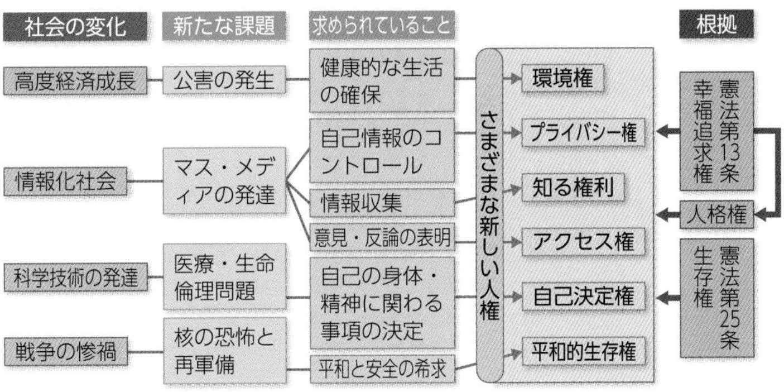

人格権

人格権とは、生命、身体、精神、氏名、名誉、肖像、生活上の利益などに対する、個人の人格に本質的な権利の総体とされる。人格権は、憲法第13条の幸福追求権に基づくものとされており、環境権、プライバシーの権利、自己決定権なども、人格権の一部と捉えられている。また、民法では、身体、自由、名誉など、財産以外に対する侵害についても損害賠償をしなければならないと規定し、人格権を保障している(民法第710条)。

解説 **新しい人権の構造** 日本国憲法制定後の社会の変化に伴って、自由権にも社会権にも分類できない**新しい人権**が主張されるようになった。新しい人権は憲法に明文の規定がないため、幸福追求権を保障した憲法第13条や、生存権を保障した憲法第25条などを根拠に主張されている。また、新しい人権は、私法の領域で発展してきた**人格権**と結びつけて主張されることが多く、新しい人権の侵害については、人格権の侵害であるとして損賠賠償請求や差し止め請求が行われることもある。

2 環境権

？環境権を具体化するにはどのようなことが必要なのか

環境権とは、自然環境の保護を国家などの公権力に求める権利である。日本では、1960年代の高度経済成長以降、公害が深刻化する中で、良好な環境を享受するために環境権が主張されるようになった。

環境権の根拠は憲法第13条の幸福追求権と第25条の生存権などに求められる。環境権は、「良好な環境の享受を妨げられない」という側面からみれば自由権的な権利であり、その意味では幸福追求権などと結びついたものと理解することができる。しかし、環境権を具体化して実現するには、公権力による環境保全のための施策が必要であるから、その側面からみれば社会権的な権利であり、生存権が環境権の根拠となる。

最近では景観などの文化的・歴史的環境も含めたものとして広く環境を捉える傾向にある。この他、**環境権には、日照権や景観権、嫌煙権、静穏権、眺望権なども含まれるが、最高裁では認められていない。**

日照権	住宅などの建物への日当たりを確保する権利。建築基準法では、一定の高さを超える建物は、近隣の敷地に一定時間以上の日当たりを確保するように規制されている(日影規制)。
景観権	地域の街並みや自然の風景全体について、地域住民がその利益を享受する権利。2004年に景観法が制定され、良好な景観は国民共通の資産として保護されるようになった。
嫌煙権	公共の場などでタバコによる受動喫煙を拒否する権利。喫煙者のみならず、非喫煙者にも健康被害が生じることから、2018年に健康増進法の改正が行われ、屋内は原則禁煙として、喫煙室を設置する場合は標識掲示を義務づけることなどが決まった。
静穏権	静かな場所で暮らす権利。環境基本法や騒音規制法に基づいて、地域の特性ごとに騒音の規制基準が設けられており、福祉・療養施設などが集合する地域では特に厳しく設定されている。
眺望権	風景を建物によって妨害されることなく、眺めることができる権利。健康被害がない点で日照権とは異なり、地域全体の風景の維持を求めるものでない点で景観権とも異なる。観光旅館などが眺望を遮る建物の差し止めを求めたことがある。

TOPIC トピック 新しい人権を憲法に明記することに賛否がある。反対意見の中には、憲法を改正するよりも、法律で具体的に明記したほうが実質的に新しい人権を保障できるという考えもある。

用語解説 ㊺環境権

判例 大阪国際空港公害訴訟

争点 夜間の飛行差し止めと、将来発生するであろう被害の損害賠償は認められるか。

事件の概要 大阪国際空港に離発着するジェット機の騒音・振動などにより、周辺住民(原告)が睡眠妨害などの健康被害を被っているとして、空港を管理する国に対し、午後９時から翌朝７時までの飛行禁止および、これまでの被害と将来予想される被害の損害賠償請求訴訟を提起した。

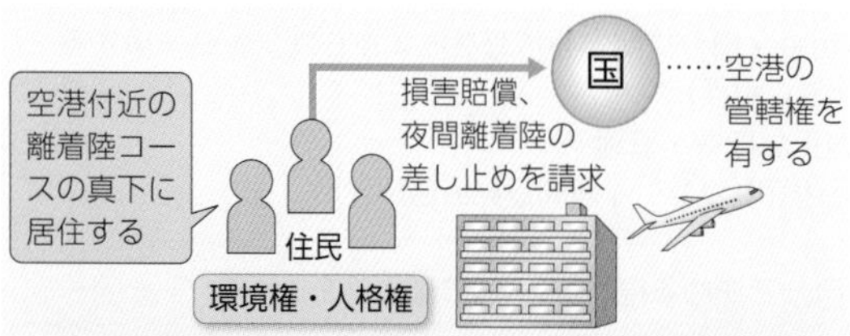

住宅地の付近を飛ぶ旅客機(大阪府豊中市)

判決

第一審(大阪地裁　1974年２月27日)　原告一部勝訴
　夜間飛行差し止めと過去に生じた損害賠償を認めた。
第二審(大阪高裁　1975年11月27日)　原告勝訴
　人格権に基づいて、原告の主張を全面的に認めた。
最高裁(1981年12月16日)　差し止め請求却下
　夜間飛行差し止めは不可。過去の損害賠償請求は認容。

最高裁の見解 ジェット機の離発着については「運輸大臣の有する空港管理権と航空行政権」の総合判断を尊重すべきで、民事上の請求として**夜間飛行差し止めは不適法**とした。損害賠償については、「空港の供用につき公共性ないし公益上の必要性」を理由に、住民に対してその被る損害を受忍すべきことを要求することはできないとして、**過去の損害賠償を認めた**。その一方で、明確な具体的基準によって賠償されるべき損害を把握することができないとして、**将来の損害賠償については認めない**と判示した。

判例ダイジェスト

判例 尼崎公害訴訟

事件の概要 兵庫県尼崎市では、自動車の排ガスを中心とした大気汚染により健康被害が生じていた。そのため、周辺住民やその遺族(原告)が、国や企業(被告)に対して、汚染物質の排出差し止めと損害賠償を求めて1988年に提訴した。
※企業については解決金の支払いなどを条件に、1999年に原告と和解。

判決 大阪高裁(2000年９月21日)
　裁判所は原告・被告双方に和解を勧告。住民側が賠償金請求権を放棄する代わりに、国側が交通量削減対策、排ガス低減対策、健康調査実施などを約束し、和解が成立した(2000年12月)。なお、一審の神戸地裁の判決では、道路公害では初めて**差し止め請求(道路供用の差し止め)が認められた**。

判例 国立マンション訴訟

事件の概要 東京都のＪＲ国立駅から伸びる「大学通り」は、高さ20mのイチョウが並び、良好な景観を保っている。その付近に地上14階建てのマンションが建設されたため、住民が「景観が損なわれる」として、マンションの高さ20m以上の部分の撤去と慰謝料を求めて訴訟を起こした。

判決 最高裁(2006年3月30日)
　良好な景観を有する地域に居住する者が、その景観の恵沢を享受する利益(景観利益)は保護に値する。しかし、景観権といった権利性を有するものは認められない。マンションは建築時点で市の建築規制に違反しておらず、外観も周囲の景観を乱すものではないとして、住民の訴えを退けた。

判例 鞆の浦景観訴訟

事件の概要 広島県福山市の鞆の浦は、瀬戸内海の景勝地である。県は、鞆の浦の交通混雑を解消するために、湾内の一部埋め立て・架橋計画を発表したところ、県の計画に反対する住民が「景観が損なわれる」として、工事中止を求めた。

判決 広島地裁(2009年10月1日)
　景観利益は法的保護に値するとし、工事によって歴史的・文化的価値を有する景観が損なわれると、その回復は不可能であるとして、工事差し止めを認めた。
※2016年、埋め立て免許申請と訴訟の同時取り下げにより終結した。

鞆の浦(左)と混雑する付近の道路(右上)

COLUMN
差し止め請求とは？

　差し止め請求(差し止め訴訟)とは、他者の権利を侵害し、または、そのおそれがある場合、その行為をやめるように裁判所に請求する訴訟である。損害賠償請求訴訟は、権利が侵害された後に、その被害の回復を求めるものであるのに対して、差し止め請求は、今後想定される権利の侵害を事前に防止するためのものである。環境問題をめぐる差し止め請求では、公害の原因企業や団体に対して、操業の制限や停止を求めてなされることが多い。
　行政に対する差し止め請求については、2004年の行政事件訴訟法の改正によって明文化された。これにより、行政が行おうとしている処分や裁決についても、事前にやめるように、裁判所に訴えることが容易になった。

発電所の再稼働をめぐり、差し止めを求めて訴えを起こした訴訟の原告団(2022年)

Zoom 動物たちによる裁判 1995年、奄美大島の住民が、そこに生息する希少動物を原告にして、ゴルフ場の開発を止めさせるための訴訟を起こした。動物を原告とするのは認められずに訴訟は却下されたが、「自然の権利」に対する注目が集まった。

3 知る権利

？政府は国民の知る権利に応えるために、何をする必要があるのか　頻出

判例　外務省公電漏えい事件

争点　①国家秘密とは何か。
②報道のための取材の自由は認められるか。

事件の概要　1971年、毎日新聞記者Xは、外務省事務官Yとの親密な関係を通じて、日米両政府の沖縄返還交渉に関する秘密文書のコピーを入手した。その内容は、沖縄の米軍基地の復旧補修費を日本が肩代わりする旨の密約を裏づけるものであった。1972年、その秘密文書のコピーをXから入手した社会党の議員が、衆議院予算委員会で暴露して政府の責任を追及した。政府は、機密漏えい事件として告発し、Xは公務員に対して秘密をもらすことをそそのかした罪(国家公務員法第111条)で、Yは公務員の守秘義務違反(国家公務員法第100条)で、それぞれ起訴された。

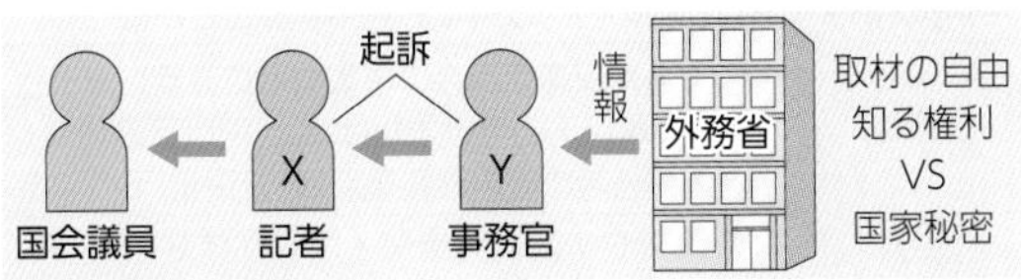

判決

第一審(東京地裁　1974年1月31日)　X無罪、Y有罪
　Yの有罪は確定。Xは無罪のため、検察は控訴。
第二審(東京高裁　1976年7月20日)　X有罪→上告
最高裁(1978年5月31日)　上告棄却。X有罪

最高裁の見解　秘密とは「非公知の事実であって、実質的にもそれを秘密として保護するに値すると認められるもの」をいう。記者Xの入手した文書は、国家秘密に該当するが、秘密をもらすことへの「そそのかし」については、直ちに違法となるものではない。しかし、Xは事務官Yと情を通じて秘密文書を入手するなど、取材の手段・方法は社会観念上是認することができない。よって、**正当な取材活動の範囲を逸脱し違法**であるとした。

解説　**報道は知る権利に奉仕する**　健全な世論が形成されるためには、国民が正しい情報にふれる必要がある。国政に関する報道は、国民に重要な判断資料を提供し、国民の**知る権利**に奉仕するものである。報道が正しい内容をもつためには、報道の自由や報道のための取材の自由も尊重されなければならない。最高裁は、**取材の自由**を是認しつつも、結果的には、知る権利の限界を示すことになった。なお、2010年、政府はようやく密約を認定したため、記者Xは密約文書の公開を求めた。東京地裁は国に文書の開示を命じた。

●**情報公開法**(行政機関の保有する情報の公開に関する法律)

開示請求権	何人も、行政機関の長に対し、当該行政機関の保有する行政文書の開示を請求できる。
開示・不開示決定の実施	原則30日以内に書面で通知。開示の場合は通知後30日以内に手数料をそえて手続き。
不服申し立て	非開示決定から60日以内。申し立てを受けた行政機関は情報公開・個人情報保護審査会に諮問し、裁決を行う。申し立てが却下された場合、地裁に非開示取り消し訴訟を行える。
開示請求できない文書	個人情報、法人の正当な利益を害する情報、国家の安全に関する情報、犯罪の予防や鎮圧などに関する公共の安全に関する情報など。

国の情報公開制度

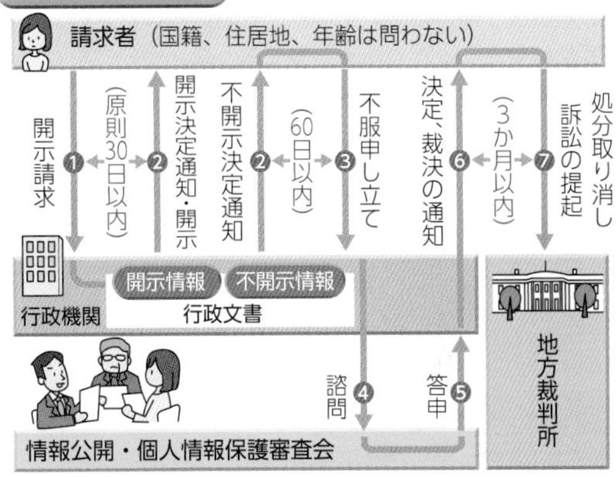

国の情報公開制度の問題点

個人情報や法人の正当な利益を害する情報などは公開されない。また、不動産などに関する登記簿や、官僚の私的なメモなど、行政文書とみなされないものは対象外である。このため、行政機関が恣意的に非開示にする可能性がある。

↑墨塗りされて公開された文書

解説　**情報収集の機会を保障**　情報公開の法制度は欧米諸国で制定されてきた。日本においても、地方公共団体で情報公開を条例化する動きがあり、国レベルでは**情報公開法**が1999年に成立(2001年施行)した。国民の知る権利については明記されていないが、「**国民主権の理念にのっとり、行政文書の開示を請求する権利**」が明記された。情報公開制度は独立行政法人に対しても法制化されている。

COLUMN　特定秘密保護法　出題

特定秘密保護法が2013年12月に成立し、翌年12月に施行された。この法律は、外交・安全保障に関する国家秘密の漏えいの防止を目的としている。同法では「国民の基本的人権を不当に侵害するようなことがあってはならず、国民の知る権利の保障に資する報道又は取材の自由に十分に配慮」すべきことが明記された。また、省庁による特定秘密の指定の妥当性をチェックする組織が設けられ、運用状況が国会に報告されることになった。しかし、これらは行政機関からの独立性が確保されておらず、不十分といえる。国民の知る権利を狭めることのないよう、適正な運用が求められている。

特定秘密保護法の概要

特定秘密とは	政府が保有する国家の安全保障に関する情報のうち、①防衛、②外交、③スパイ防止、④テロ対策、に関する分野から、特に重要な情報
特定秘密の指定	行政機関の長が指定し、5年を限度に有効期間を定める。原則として30年間(暗号などは60年間)の延長が可能
適性評価	特定秘密を扱う公務員や民間企業の従業員らに対して、犯罪歴や飲酒の程度、借金、配偶者の国籍などを事前に調査する
罰則	特定秘密を漏えいした者は、10年以下の懲役、または10年以下の懲役および1,000万円以下の罰金

TOPIC トピック　政府による特定秘密の指定が適切かどうかチェックするための機関として、内閣府に独立公文書管理監が設置された。不適切な指定があった場合の内部通報制度もつくられた。

用語解説　㊻知る権利，㊼情報公開法

4 プライバシーの権利

? プライバシーの権利はどのように変化してきたのか　出題

プライバシーの権利については、「私生活をみだりに公開されない権利」と考えられてきた。しかし、高度情報社会においては、個人に関する情報が、自分の知らないうちに国家や企業によって収集・利用されるおそれが高まった。そこで、現在ではプライバシーの権利を「自己に関する情報をみずからコントロールする権利」として積極的に捉えるようになっている。

判例 「宴のあと」事件

争点 ①プライバシーの権利は認められるか。
②損害賠償および謝罪広告は認められるか。

事件の概要 作家・三島由紀夫の小説『宴のあと』は、東京都知事選を描いたものであり、登場人物は特定の人物をモデルにしたことがわかるものであった。そのため、モデルとされた原告Xは、小説で私生活が公開されプライバシーを侵害されたとして、三島と出版社(被告)に対して、損害賠償と謝罪広告の掲載を求める訴訟を提起した。

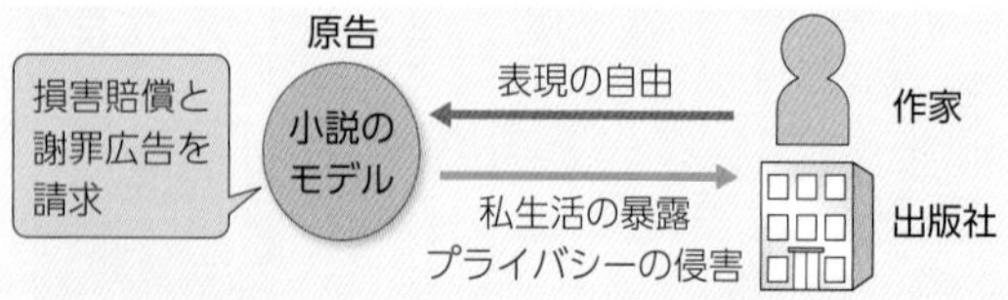

判決

第一審(東京地裁　1964年9月28日)　原告勝訴
プライバシーの侵害であるとして、被告に損害賠償80万円の支払いを命じた。謝罪広告については棄却。

地裁の見解 判決は、プライバシーの権利を「私生活をみだりに公開されないという法的保障ないし権利」とした上で、プライバシーの権利と表現の自由は、どちらが優越するというものではなく、表現の自由は無差別・無制限に私生活を公開することは許されないとした。

解説 **私生活を公開されない権利** 「宴のあと」事件は、**プライバシーの権利を初めて認めた裁判**である。この裁判では、プライバシーの侵害に対し法的な救済が与えられる要件があげられた。それは、公開された内容が、①私生活上の事実または私生活上の事実らしく受け取られるおそれのあること、②一般人の感受性を基準にして公開を欲しないであろうと認められること、③公開により実際に不快、不安の念を覚えたことである。ただし、プライバシーは公開されると回復不可能だとして、謝罪広告については認めなかった。

判例ダイジェスト

判例 「石に泳ぐ魚」事件

事件の概要 作家・柳美里の小説『石に泳ぐ魚』は、原告Xの身体的特徴が詳細に描かれ、さらにXの私的事柄が多く記述されていた。特定の人物をモデルとしたとわかるため、プライバシーを侵害されたとして、Xは柳と出版社(被告)に対して、出版差し止めと損害賠償を求める訴訟を起こした。

判決 最高裁(2002年9月24日)
公的立場にない者の名誉が毀損され、プライバシーおよび名誉感情が侵害されたと認定し、原告に計130万円の損害賠償を認めた。また、この小説は、本人とわからないような構成上の工夫がなく、回復困難な損害を被らせるおそれがあるとして、**出版差し止めを認めた**。

●**個人情報保護法**　成立：2003年　最終改正：2020年

個人情報の定義	生存する個人に関する情報で、氏名、生年月日など、個人を特定できるもの。指紋・DNA・マイナンバー・運転免許証の番号など、個人に対して割り当てられる「個人識別符号」を含む。
利用目的の特定	本人の同意を得ずに、当初の目的とは関係なく個人情報を取り扱うことは禁止。
個人情報の取得	個人情報を取得する際は、利用目的を事前に公表、または取得後に速やかに本人に通知。
本人による請求	本人からの求めがあれば、保有している個人情報を開示・訂正・利用停止しなければならない。
漏えい発生への対応	個人の権利利益を害するおそれが大きい場合は、個人情報保護委員会に報告し、本人にも通知。
ビッグデータとしての利用の条件	特定の個人を識別できないように個人情報を加工した「匿名加工情報」などは、一定の条件の下で当初の目的以外にも利用することができる。
罰則	•個人情報保護委員会の措置命令に違反した場合は、1年以下の懲役または100万円以下の罰金 •虚偽報告等の報告義務違反は50万円以下の罰金
例外	報道機関や学術研究機関・宗教団体などについては、表現・学問・信教の自由の観点から、義務規定の適用の対象外。

解説 **個人情報は利用目的を制限** 情報化の進展に伴い、個人情報の流出や不適切な利用が危惧されるようになったことから、民間企業を対象に**個人情報保護法**が2003年に制定された。個人情報を扱う企業は、利用目的を示して本人の同意を得て、適切な管理を行わなければならない。個人情報が漏えいすれば、損害賠償を本人から請求されることもある。なお、国などの行政機関が保有する個人情報に対しても、現在では個人情報保護法によって取り扱いが規制されている。

COLUMN 電子政府への期待と懸念

マイナンバー導入前と後の違い 社会保障の場合

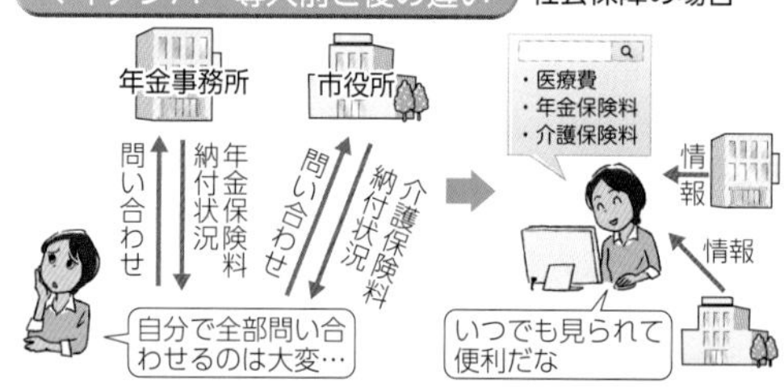

マイナンバー制度…国民に12桁の番号を割り当て、複数の行政機関が税と社会保障に関する個人情報の共有化を図る。災害対策の分野でも利用できるようにする。この目的以外で民間事業者が利用することは禁止。

電子政府とは、行政機関どうしや行政と国民・事業者との間で行われている業務をオンライン化し、情報を共有・活用するものである。これによって行政上の手続きが簡素化され、行政の効率化と経費削減が期待されている。しかし、住民基本台帳ネットワークシステム(2002年運用開始)や**マイナンバー制度**(2016年運用開始)に対しては、個人情報の流出を懸念して導入に反対する声もあった。マイナンバー制度と同様の制度を導入しているアメリカや韓国は、「なりすまし」による被害が多発しているといわれる。

Zoom **神経の権利** 南米のチリでは、2021年に憲法を改正して、世界で初めて「神経の権利(neuro-rights)」を明記した。これは、科学技術の発達によって、ヒトの神経情報を第三者が操れるようになることが現実化しつつあるためである。

5 アクセス権 出題

判例 **サンケイ新聞意見広告事件**

争点 反論文掲載請求権は認められるか。

事件の概要 1973年、自民党がサンケイ新聞に共産党(原告)に向けて意見広告を掲載した。そのため、共産党が、新聞の意見広告は誹謗・中傷にあたるとして、名誉毀損を理由に、その損害回復の手段として同一スペースの反論文を無料で掲載するように新聞社を提訴した。

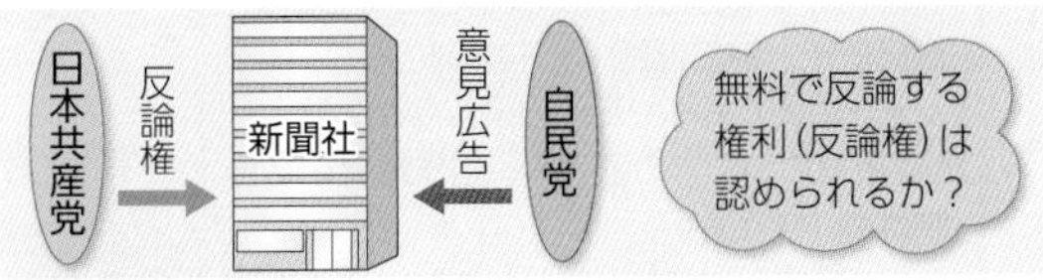

判決

第一審(東京地裁　1977年7月13日)　原告の請求棄却
第二審(東京高裁　1980年9月30日)　原告の請求棄却
最高裁(1987年4月24日)　上告棄却
　反論文掲載請求権は認められない。

最高裁の見解 新聞紙上における政党間の批判・論評の目的が、公益のためであれば、他の政党からみればその意見が一方的であっても不法行為は成立しないとした。また、反論権の制度は、新聞を発行・販売する者にとっては紙面を割かなければならなくなる等の負担を強いられる。これらの負担が公的事項に関する批判的記事の掲載を躊躇させ、表現の自由を間接的に侵す危険につながるおそれもあるとして、具体的な成文法の根拠がない限り**反論権は認めることはできない**と判示した。

解説 **マス・メディアに対して要求する権利**　**アクセス権**とは「近づく権利」であり、裁判請求も情報公開請求もアクセス権の一種ではある。しかし、一般的には、アクセス権はマス・メディアに対して自己の意見の発表の場を提供することを要求する権利であるといわれ、反論権もその一種である。

6 自己決定権 出題

①自己決定権とインフォームド・コンセント

自己決定権とは、「一定の個人的事柄について、公権力から干渉されることなく自分で決定する権利」とされる。現代社会において、自己決定権は、生命に直結する医療に関連する権利として注目されている。

また、**インフォームド・コンセント**(informed consent)とは、患者が医師による十分な説明を受けた上で、治療に同意することである。医療行為に関して自己決定を行うには、インフォームド・コンセントが欠かせない。そのためには、個人の生命・身体にかかわる事柄において、医師と患者との関係を、上下関係ではなく対等な立場で考えることが大切である。

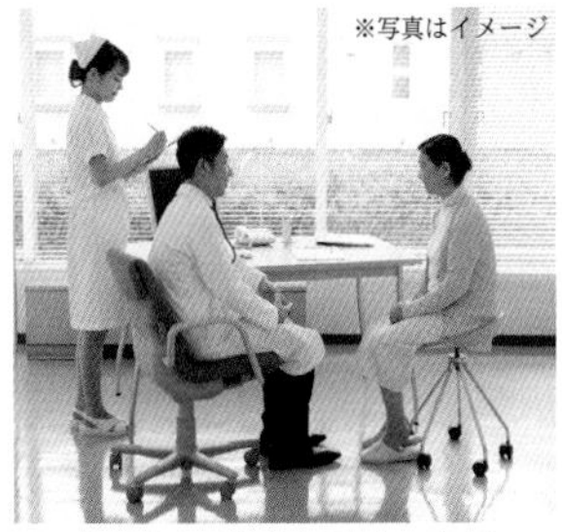
※写真はイメージ
医師の説明を受ける患者

判例ダイジェスト

判例 **エホバの証人輸血拒否事件**

事件の概要 患者Aはエホバの証人の信者で、宗教上の信念から、いかなる場合にも輸血を拒む固い意思をもっていた。しかし、医師Bが患者Aに対し、「他に救命の手段がない事態に至った場合には輸血する」との方針をとっていることを説明しないまま手術し、輸血した。そのため、Aが不法行為を理由として損害賠償請求訴訟を起こした。

判決 最高裁(2000年2月29日)

第一審では患者Aが敗訴、第二審ではAの請求を一部認容した。最高裁では医師の不法行為を認めて損害賠償を命じた。最高裁の見解では「自己決定権」という表現はしなかったが、意思決定をする権利は人格権の一内容として尊重すべきあるとした。また、輸血の説明を怠ったことは、「輸血を伴う可能性のあった本件手術を受けるか否かについての意思決定をする権利を奪った」といわざるをえないとした。

COLUMN

肖像権とパブリシティ権

現代ではスマートフォンの普及により、気軽に写真を撮ったり、それをSNSで公開したりすることが多くなった。しかし、被写体となった人の了解をとらずに撮影したり、無断で公開したりして、トラブルに発展することが出てきた。

最高裁は「何人も、個人の私生活上の自由の一つとして、承諾もなくその容貌や姿態を撮影されない自由を有している」という判決を出し、正当な理由もなく個人の容貌などを撮影することは、憲法第13条に反するとして、**肖像権**を認めている(1969年)。肖像権には、「自己の情報をコントロールする権利」としてのプライバシーの権利の側面と、**パブリシティ権**としての側面がある。

パブリシティ(publicity)とは「一般に広く知らせること」を意味する。パブリシティ権は、芸能人やスポーツ選手など、客を引きつける力のある著名人が、みずからの名前や写真がもつ価値を独占的に利用できる権利のことであり、財産権の一つに位置づけられる。

あるタレントが、アイドル時代の写真を無断で雑誌に掲載されたことに対して、損害賠償請求訴訟を起こした。2012年、最高裁は損害賠償請求を認めなかったものの、初めてパブリシティ権を認めた。パブリシティ権の侵害の例として、著名人の写真を商品化することや、著名人の写真を商品の広告に使うことがあげられる。

一方で、判決は「著名人は社会の耳目を集めることで、その肖像を時事報道、論説などの正当な表現行為に使用されることもある」とし、こうした場合には無断使用も許されるとした。そして、記事中でのタレント写真の掲載が小さかったことが、今回の請求棄却の根拠になった。

写真無断使用に歯止め
パブリシティー権初判断
「侵害」基準示す

パブリシティ権について報じる新聞記事
(「読売新聞」2012年2月3日)

②自己決定権と安楽死・尊厳死

医療の最終段階においては、一定の厳しい要件の下で、自己決定権の行使としての**安楽死**を容認する余地があるという考え方がある。海外では、患者本人の意思を前提に、薬物注射による安楽死が合法化されている国もあるが、日本では安楽死が認められた事例はない。

一方、末期患者が延命治療を拒否し、自然のままで、品位(ひんい)のある死をみずから選びとるという場合には、**尊厳死**という表現も用いられるようになった。

終末期医療における自己決定権に対する意識は高まりつつある。

人生の最終段階における医療について家族や医療・介護関係者との話し合い

(厚生労働省資料)

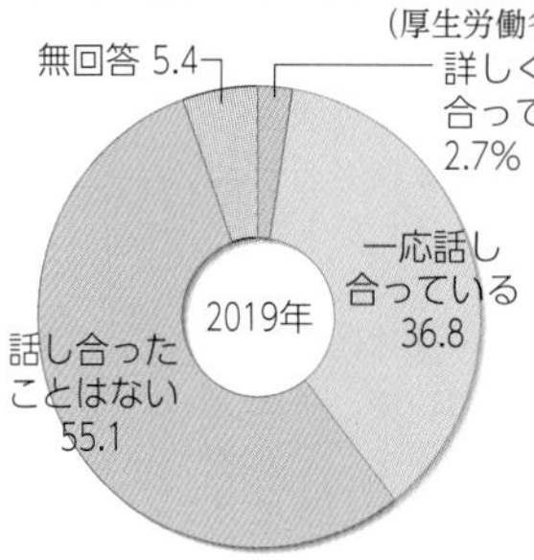

※全国満20歳以上の男女6,000人対象。

③臓器移植と自己決定権

脳死とは

従来、死の判定には、①瞳孔散大(どうこうさんだい)・対光反射消失(目に光を当てても反応しない)、②呼吸停止、③心拍(しんぱく)停止、の3つを確認してきた。しかし、医療技術が高度化すると、脳全体の機能が停止しても、人工呼吸器によって心臓や肺の機能が一定期間停止しないという状態がみられるようになった。これが「脳死」である。

1997年に**臓器移植法**が成立し、自己の臓器を提供する意思を表示する書面があれば、心臓死だけではなく「脳死した者」からの臓器移植が可能になった。2009年には同法の改正があり、従来は15歳以上であった臓器提供の年齢制限が撤廃され、家族の承諾(しょうだく)だけで提供できる場合も付加された。

人の死という究極の場面における自己決定権については、十分(じゅうぶん)に議論することが必要であり、また、人の死とどう向きあっていくべきか、一人ひとりが考えていくことも大切である。

■脳死は人の死か？

賛成意見	•人工呼吸器などの延命措置(そち)をしても、大抵(たいてい)は数日で心臓が停止する •脳死になれば意識が戻ることはない •臓器を提供することで人を救うことができる
反対意見	•脳死状態でも身体機能の一部が動いている •医学が進歩すれば助かるかもしれない •脳死を人の死とすることに国民的合意が得られていない

《1. 2. 3. いずれかの番号を◯で囲んでください。》

1. 私は、脳死後及び心臓が停止した死後のいずれでも、移植の為に臓器を提供します。
2. 私は、心臓が停止した死後に限り、移植の為に臓器を提供します。
3. 私は、臓器を提供しません。

《1又は2を選んだ方で、提供したくない臓器があれば、×をつけてください。》
【心臓・肺・肝臓・腎臓・膵臓・小腸・眼球】
〔特記欄：　　　　〕
署名年月日：　　年　　月　　日
本人署名(自筆)：
家族署名(自筆)：

臓器提供意思表示カード
厚生労働省・(公社)日本臓器移植ネットワーク
このカードは常に携帯してください。
ドナー情報用全国共通連絡先 0120-22-0149
臓器移植に関するお問い合せ先：(公社)日本臓器移植ネットワーク
フリーダイヤル 0120-78-1069 http://www.jotnw.or.jp

◐**臓器提供意思表示カード**　死後に、自分の臓器を他人に提供するかどうかの意思を表示するカードである。役所やコンビニエンスストアなどで入手できる。

Ⅱ 高度情報社会と権利

7 知的財産権

？知的財産権とはどのような権利か

知的財産権　※【　】は権利の存続期間を示す。

- 営業標識についての権利……信用の維持
  - **商標権**(商標法)
    ⟶商品のマークなどを保護【登録から10年(更新あり)】
  - **商号**(会社法、商法)
    ⟶商号(取引上、商人が自己をあらわす名称)を保護
  - **商品表示・商品形態**(不正競争防止法)
    ⟶商品の名称や形態の模倣(もほう)などを禁止
- 知的創造物についての権利……創作意欲を促進
  - **特許権**(特許法)
    ⟶発明を保護【出願から20年(一部25年)】
  - **実用新案権**(実用新案法)
    ⟶商品の形状などの考案を保護【出願から20年】
  - **意匠権**(意匠法)⟶商品のデザインを保護【登録から20年】
  - **著作権**(著作権法)⟶音楽・美術・文芸などの作品【作者の死後70年(法人の場合は公表後70年、映画は公開後70年)】
  - **回路配置利用権**(半導体集積回路配置法)
    ⟶ＩＣの回路配置に関する創作を保護【登録から10年】
  - **育成者権**(種苗法)
    ⟶植物の新品種を保護【登録から25年(樹木は30年)】
  - **営業秘密**(不正競争防止法)
    ⟶商品開発のための秘密情報や顧客リストの盗用を防止

●**デジタル時代に合わせた著作権法改正**

著作権法で禁止されているのは…

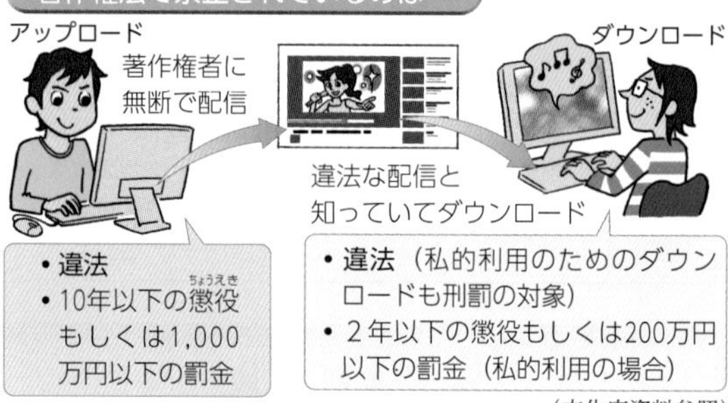

- **違法**
- 10年以下の懲役(ちょうえき)もしくは1,000万円以下の罰金

- **違法**(私的利用のためのダウンロードも刑罰の対象)
- 2年以下の懲役もしくは200万円以下の罰金(私的利用の場合)

(文化庁資料参照)

インターネット上には海賊(かいぞく)版と呼ばれる違法な音楽や動画があふれている。海賊版が広まると消費者が正規の商品を購入しなくなり、著作権者の利益が侵害される。こうした事態に対処するため2012年に著作権法が改正され、違法配信を知りながらダウンロードした者にも刑事罰が科されることになった。さらに、著作権法はその後も改正を重ね、2020年の改正では、それまで映像と音楽だけが対象であった違法ダウンロードによる罰則規定が、漫画や書籍を含むすべての著作物に適用されることになった。

解説 **知的財産の保護と活用**　**知的財産権**(知的所有権)とは、創造活動によって生み出された成果物を、創作者の財産として保護する権利のことである。知的財産は、他人による複製や模倣を防止することが難しい。しかし、知的財産が保護されなければ、創作に対するインセンティブ(経済的動機づけ)が低下し、その結果、産業・技術・文化の発展が阻害(そがい)されかねない。そのため、知的財産の創造・保護・活用を推進することを目的として、2002年に**知的財産基本法**が制定された(2003年施行)。

Zoom **安楽死で問われる罪**　日本では、医師が薬物によって患者の命を直接絶つ「積極的安楽死」について、裁判で厳しい条件が提示された(東海大学病院安楽死事件)。しかし、安楽死を認めた例はなく、刑法第202条の嘱託(同意)殺人罪として処罰される。

8 情報化の進展と権利保護のあり方

?情報化に伴って生じた新たな権利上の問題とは何か

高度情報社会では、インターネットを利用すれば誰でも情報の発信者となり、その情報は半永久的に保存され、全世界に向かってその情報が拡散される。その中で、ウェブサイトやブログなどに掲載されている個人の人格的な権利や利益を侵害するような情報については、これを削除するように発信者に求める事例や、検索事業者に対して検索結果などの削除を求める事例がみられるようになった。

判例 インターネット検索結果削除請求訴訟

争点 インターネット上で、個人に関する情報が含まれる検索結果は、削除請求できるか。

事件の概要 インターネット上では、原告Xの過去の犯罪歴が電子掲示板に書きこまれており、検索によってその内容が容易に閲覧できるようになっていた。そのため、Xは該当の検索結果を削除することを、検索事業者に求めて提訴した。

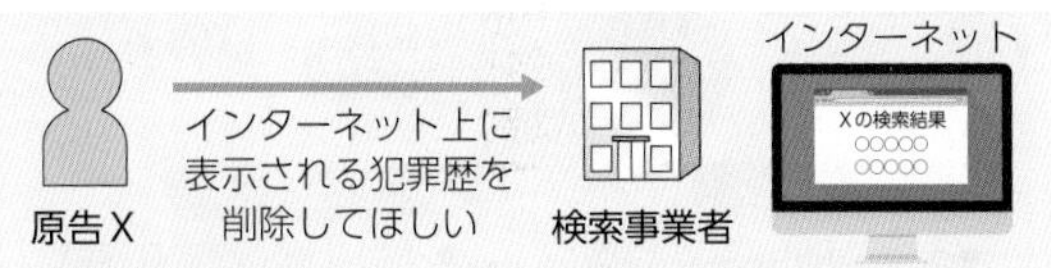

判決 〔第一審は原告の請求を認めたが、第二審は認めず〕
最高裁(2017年1月31日)　原告の抗告棄却

最高裁の見解 検索結果の削除は、プライバシー保護の法的利益と、検索結果として表示される理由を比較して、プライバシー保護の法的利益が優越することが明らかな場合にのみ、これを求めることができる。Xの犯罪に関する事実は、今なお公共の利害に関する事項であり、この事実を公表されない法的利益が明らかに優越するとはいえない。

解説 **「忘れられる権利」はふれられず**　本件は検索結果削除の条件について、最高裁が今後起こりうる同様の裁判の判断基準を初めて示したものである。しかし、地裁(第一審)の段階で認められていた「**忘れられる権利**」は、最高裁では言及されなかった。

ネット接続遮断と通信の秘密

インターネット上の海賊版サイトへの対策として、2018年、政府は国内に拠点を置くインターネット接続事業者(プロバイダ)に対して、利用者が海賊版サイトにアクセスした場合、接続を遮断するよう対応を求めた。しかし、政府がプロバイダに要請した接続遮断は、通信の秘密などを侵害する行為として憲法第21条に抵触する、との指摘がある。

これまでにも、児童ポルノに対しては、ただちに重大かつ深刻な人権侵害のおそれがあるとして、緊急避難的にネット接続遮断が認められてきた。しかし、著作権保護のための接続遮断については、緊急避難の要件を満たさず、また、これまで接続遮断の対象外とされていたものを、法的根拠がないまま政府の判断で解釈を変更したものであり、この点が問題視されている。

接続遮断のしくみ (朝日新聞社資料ほか参照)

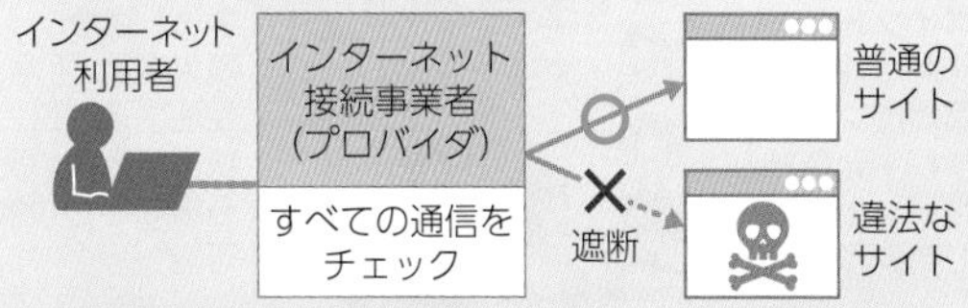

判例ダイジェスト

判例 GPS捜査事件

事件の概要 盗難車両を利用した窃盗事件の捜査のため、大阪府警は、被告人や被告人の知人の車やバイクにGPS※(全地球測位システム)端末を令状なしで秘かに取り付けた。これに対して、車両などの移動状況を把握するGPS捜査に基づいた証拠は違法であるとして、被告人が訴えた。

判決 最高裁(2017年3月15日)令状がない捜査は違法

GPS捜査は、個人の意思に反して、その人の私的領域に侵入する捜査手法であり、プライバシーの侵害を伴うものである。そのため、刑事訴訟法上、特別の根拠規定がなければ許されず、令状がなければ行うことができない。しかし、GPS以外による捜査によって集められた犯罪の証拠能力は認められるとして、被告人の有罪は確定した。

※GPSはGlobal Positioning Systemの略

COLUMN インターネット上での権利侵害への対応

「忘れられる権利」は、本人に不都合な情報の検索結果を、一定の規準に基づいて、ネット事業者に削除を求める権利である。この権利は、他人によって投稿された記事や写真だけではなく、たとえ本人が投稿したものであっても、削除を要求できるところに特色がある。2014年にEU司法裁判所で初めて「忘れられる権利」を認める判決があった。そして、2016年に「一般データ保護規則」(GDPR※)が採択され、「情報を収集、処理した当初の目的が失われた場合や個人が同意を撤回した場合には、個人は情報の管理者に対して情報の消去を求める権利がある」とし、2018年からEU全域で適用されることになった。　※General Data Protection Regulation

日本では「忘れられる権利」を法的には認めていない。しかし、日本でもネット上でのプライバシー侵害や名誉毀損といった権利侵害への対応については、プロバイダ責任制限法(2001年成立)によって規定されている。同法に基づいて、権利侵害が明白な場合には、本人や代理人がサイトの管理者(プロバイダなど)に対して、削除を請求することができる。また、権利侵害を行った発信者がわからない場合は、発信者を特定するために、サイトの管理者に対して発信者情報の開示を請求することもできる(請求が拒否された場合には、裁判所に訴えることもできる)。

プロバイダ責任制限法
- 権利侵害情報に関して、プロバイダが情報の削除を行わなかった場合・行った場合のそれぞれについて、プロバイダの損害賠償責任の免責要件を規定
- 権利侵害情報に関して、プロバイダが保有する発信者の情報の開示を請求できる権利を規定

権利侵害情報

(総務省資料を参照)

TOPIC トピック 先進事故自動通報システムは、交通事故時に自動的に自動車から通報できるシステムである。位置情報などが的確に救急医療機関に伝達され、人命救助がより確実になる。

用語解説 51自己決定権

FILE 11

高度情報社会と人権

情報通信技術（ＩＣＴ）の進展に伴い、ビッグデータやＡＩの利用による産業の活性化が期待されている。その一方で、個人情報が知らない間に収集・利用される可能性も生じている。また、将来的には、ＡＩの判断の結果が新たな人権侵害を引き起こす懸念や、ＡＩの判断に対する責任の所在をめぐる課題も浮上している。

吸い上げられる個人情報

非接触型ICカード
(Suicaなど)
乗降駅と乗降時間。自宅や学校・勤務先、よく行く場所も類推可能
SNS
趣味・関心事、居住地、出身地、学校・勤務先など、データから個人を特定しやすい
ビッグデータ
ポイントカード
年齢・性別、購買履歴。自宅や学校・勤務先の場所、生活状況も類推可能
ネット通販
購入履歴。所得、生活水準、生活状況、趣味や関心事なども類推可能

（「週刊ダイヤモンド」2015年4月25日号などを参照）

人間中心のＡＩ社会原則

（内閣府資料参照）

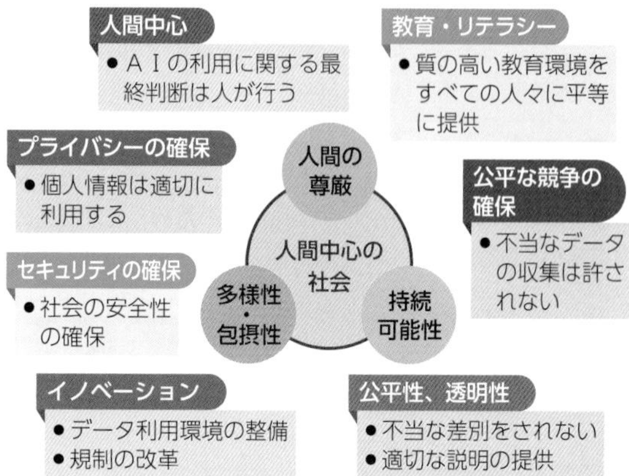

ビッグデータとＡＩの可能性

ビッグデータとは膨大な量の情報の集合体をさす。現在では、家電製品や自動車など、さまざまなモノがインターネットとつながる「モノのインターネット」（ＩｏＴ）が進展し、ビッグデータの収集がいっそう容易になっている。また、これまで人間には処理しきれなかったビッグデータを**ＡＩ**（Artificial Intelligence：人工知能）が分析することで、多くの分野での活用が実現している。例えば、ビッグデータとＡＩを用いて商品の需要をリアルタイムで予測し、消費者のニーズに合わせたマーケティングが行われている。

今後のＡＩの活用事例としては、医師の診療過程にＡＩを導入することが期待されている。患者の症状をもとにＡＩが示した疾患や推奨される治療方針などを医師が参考とすれば、より適切な医療行為が可能となる。

技術革新が社会に与える影響

（内閣府資料を参照）

これまでの社会
これからの社会
必要な情報を発見、分析するのに膨大な時間がかかる
ＩｏＴで人とモノがつながり、新たな価値が生まれる
地方の過疎化や災害などの課題への十分な対応が困難
地域の課題をドローンなどのイノベーションで克服
知識や情報が共有されず、新たな価値の創出が困難
ＡＩにより、多くの情報を分析でき、仕事量が減る
AI
人が行う作業が多く、高齢者や障害者の負担が大きい
ロボットや自動運転車などの支援により、負担が低減

※ＩｏＴは「Internet of Things」の略

デジタル社会・ＡＩ社会のあり方

ＡＩやビッグデータの活用に伴う課題も浮上している。「いつ、どこで、何を買ったのか」「いつ、どこからどこへ移動したか」などのデータを収集・分析すれば、個人の行動の全容を把握することができてしまう。このようなことが悪用されれば、完全な監視社会が出現することになりかねない。また、ＡＩの誤診による医療事故や、自動運転で交通事故が発生した場合、誰がどのような責任を負うのか。こうした課題がある中で、技術開発や規制のあり方も議論されている。このほか、デジタル機器の利用をめぐる格差が経済的・社会的な不平等をもたらすという**デジタルデバイド**の問題も是正していかなければならない。

技術開発のあり方に対する考え方

規制を緩和する考え方		規制を強化する考え方
経済的自由 イノベーションを重視	重視される権利など	プライバシーの権利 安全性や平等を重視
企業が競争して商品開発を行い、よりよいものを消費者が市場で選択すればよい	主張	消費者を保護するための法律の整備や、プライバシーを保護するための規制が必要
社会実装した上で、問題が見つかるたびに修正し、被害者には補償する（アジャイル型）	研究開発の進め方	社会で生じる問題への対応を組みこんでから社会実装する（ウォーターフォール型）

今後のデジタル社会のあり方として「人間中心のＡＩ社会原則」が政府によって策定され、2021年にはデジタル社会の形成に関する基本理念を示した**デジタル社会形成基本法**が制定された。これからのＡＩとの関わり方については「人間中心のＡＩ社会原則」で掲げられているように、ＡＩの利用は基本的人権を侵すものであってはならず、最終的な判断は利用者が行うことが求められる。また、ＡＩの開発にあたっては、「情報弱者」が生じないようにして、ＡＩの恩恵をすべての人が享受できるようにする必要がある。

7 国会の組織と立法

要点の整理

＊1～15は資料番号を示す

Ⅰ 国会の地位と組織

国会……国権の最高機関・唯一の立法機関。**立法権**を独占1

- 二院制3……**衆議院**と**参議院**の二院を設け、多様な民意の反映や互いの院の独走の抑制を図る
- 国会の種類4……**通常国会**（第52条）、**臨時国会**（第53条）、**特別国会**（第54条①）、**参議院の緊急集会**（第54条②③）

↑国会議事堂

Ⅱ 国会の権能と課題

❶国会の権限5……**法律案の議決**7（第59条）、**予算の議決**（第60条）、**条約の承認**（第61条）、**弾劾裁判所**9**の設置**（第64条）、**内閣総理大臣の指名**（第67条）、**憲法改正の発議**（第96条）など

❷衆議院の優越と両院協議会10 11……衆議院は解散があるため民意が反映されやすいとされ、参議院に優越する

- **法律案の議決**、**予算の議決**、**条約の承認**、**内閣総理大臣の指名**は衆議院の議決が優先する

❸国政調査権12……各議院に別個に与えられる。証人の出頭などを求めることができ、**議院証言法**も制定されている

❹国会議員の特権13……**歳費特権**（第49条）、**不逮捕特権**（第50条）、**免責特権**（第51条）

❺国会改革と国会の課題

- 審議の形骸化14 ⟶ 国会審議活性化法の制定＝**副大臣**、**大臣政務官**の設置、政府委員制度の廃止、**党首討論**の導入
- 国会の課題15……**国対政治**、会期制・会期不継続の原則による会期末の混乱、参議院のあり方など

Ⅰ 国会の地位と組織

1 日本国憲法の政治機構

?権力の抑制と均衡はどのように行われているのか

前文…そもそも国政は、国民の厳粛な信託によるものであつて、その権威は国民に由来し、その権力は国民の代表者がこれを行使し、その福利は国民がこれを享受する。…

第41条【国会の地位・立法権】 国会は、国権の最高機関であつて、国の唯一の立法機関である。

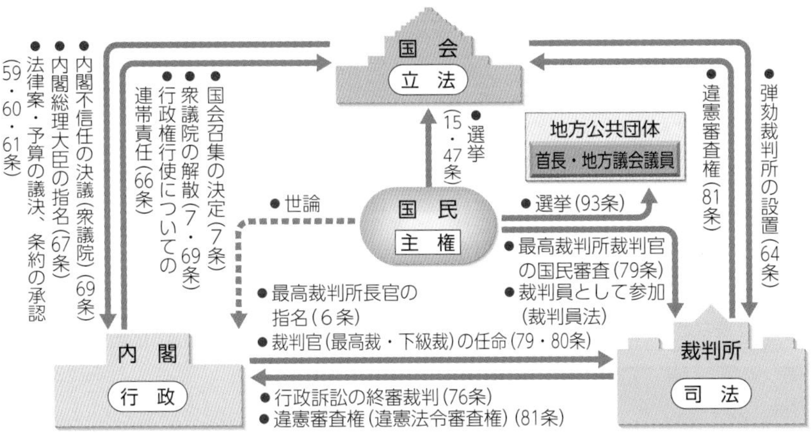

解説 **国会の地位** 国会は、内閣や裁判所に優越するわけではない。しかし、国会議員は主権者である国民を直接代表しており、憲法改正の発議や首相指名などの政治的な意思を決定する権能を与えられているため、国会は**国権の最高機関**とされる。また、明治憲法下と異なり、議院規則制定権や最高裁判所の規則制定権などの例外を除いて、国会が立法権を独占している（**唯一の立法機関**）。

COLUMN

国会の1年

1月に通常国会が召集されて、国会の1年が幕を開ける。まずは、政府四演説（内閣総理大臣による施政方針演説など）と、これに対する各党（会派）の代表質問が行われる。続いて、4月から開始される予算の審議が開始される。通常国会は大抵延長され、臨時国会もほぼ毎年開かれているため、国会が閉会している期間は短い。

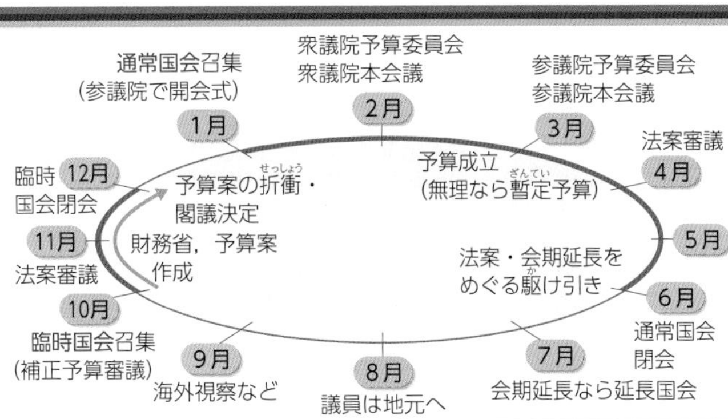

TOPIC トピック 憲法で毎年1回召集されることが決まっている通常国会は、国会法によって1月に召集することを「常例」とすると定められている。

政治

2 国会の組織 頻出

第42条【両院制】 国会は、衆議院及び参議院の両議院でこれを構成する。

第43条【両議院の組織・代表】 ①両議院は、全国民を代表する選挙された議員でこれを組織する。
②両議院の議員の定数は、法律でこれを定める。

第44条【議員及び選挙人の資格】 両議院の議員及びその選挙人の資格は、法律でこれを定める。但し、人種、信条、性別、社会的身分、門地、教育、財産又は収入によつて差別してはならない。

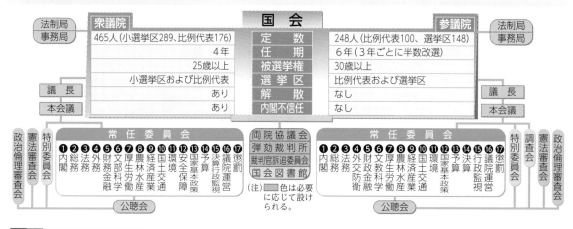

国会

衆議院		参議院
465人（小選挙区289、比例代表176）	定数	248人（比例代表100、選挙区148）
4年	任期	6年（3年ごとに半数改選）
25歳以上	被選挙権	30歳以上
小選挙区および比例代表	選挙区	比例代表および選挙区
あり	解散	なし
あり	内閣不信任	なし

衆議院：法制局・事務局／議長／本会議
常任委員会：❶内閣 ❷総務 ❸法務 ❹外務 ❺財務金融 ❻文部科学 ❼厚生労働 ❽農林水産 ❾経済産業 ❿国土交通 ⓫環境 ⓬安全保障 ⓭国家基本政策 ⓮予算 ⓯決算行政監視 ⓰議院運営 ⓱懲罰
特別委員会／憲法審査会／政治倫理審査会／公聴会

両院協議会／弾劾裁判所／裁判官訴追委員会／国会図書館
（注）■色は必要に応じて設けられる。

参議院：法制局・事務局／議長／本会議
常任委員会：❶内閣 ❷総務 ❸法務 ❹外交防衛 ❺財政金融 ❻文教科学 ❼厚生労働 ❽農林水産 ❾経済産業 ❿国土交通 ⓫環境 ⓬国家基本政策 ⓭予算 ⓮決算 ⓯行政監視 ⓰議院運営 ⓱懲罰
特別委員会／調査会／憲法審査会／政治倫理審査会／公聴会

解説 **本会議と委員会** 日本の国会では、本会議よりも委員会の審査に重点が置かれている（**委員会中心主義**）。委員会には、衆参それぞれ17の**常任委員会**と、会期ごとに各議院で設けられる**特別委員会**があり、議員は必ずいずれかの常任委員会に所属する。常任委員会のうち、議院運営委員会では本会議の日程や採決方法など、議院の運営をめぐって各党（会派）の駆け引きが行われる（➲p.78）。

3 二院制 ？衆議院と参議院はどのような関係か

二院制の長所	①多様な意見を反映できる ②慎重な審議が期待できる ③二院間の抑制と均衡が図られる ④一方が機能停止した場合にも審議が可能である
二院制の短所	①第二院（参議院や上院）の力が弱すぎると二院制の意味がないが、強すぎると機能不全に陥る ②政策決定に時間がかかり、非効率である ③両院の意思統一のための手続きが複雑化する ④議会運営の費用が増加する
二院制の種類	①身分制に基づくもの…イギリスの上院、明治憲法下の貴族院など ②連邦制に基づくもの…アメリカやロシアの上院、ドイツの連邦参議院などの議員は、州の代表 ③上記以外のもので、民意を多角的に反映させるもの…日本の参議院、フランスの上院など

⬆参議院本会議場 写真は開会式のようす。

解説 **参議院のあり方** 参議院は衆議院の「数の政治」をチェックする「**良識の府**」とされ、初期には有識者による無所属議員が多数を占めた。しかし、徐々に政党化が進み、衆議院の議決を追認するだけの「衆議院のカーボンコピー」と揶揄されるようになった。近年では与党が参議院で過半数の議席を確保できない「**ねじれ国会**」が問題となった。

4 国会の種類 出題

種類	会期	開会	議題
通常国会（常会）	150日（延長は1回まで）	毎年1回、1月中に召集	当初予算など
臨時国会（臨時会）	両議院一致の議決で決定※（延長は2回まで）	•内閣が必要と認めたとき、または衆議院・参議院いずれかの総議員の4分の1以上の要求 •衆議院の任期満了による総選挙後、または、参議院議員通常選挙後	緊急議題（補正予算など）
特別国会（特別会）	同上	衆議院解散後の衆議院総選挙の日から30日以内	内閣総理大臣の指名
参議院の緊急集会	不定	衆議院解散中に緊急の必要がある場合、内閣が求める	緊急議題

※両議院の議決が一致しないとき、または参議院が議決しないときは、衆議院の議決が国会の議決となる。

会期

国会が活動するのは一定の期間のみであり、この期間を会期という。同一会期中は、一度議決した議案は再び審議できないことが慣例となっている（一事不再議）。会期は延長することができるが、延長は一般的に与党に有利にはたらくため、与党はより長く、野党はより短くしようとするとされる。

※会期不継続の原則…各会期は独立して活動することが原則となっており、会期中に議決できなかった議案は次の国会に継続しない。しかし、これには例外も多い。

解説 **臨時国会をめぐる問題** 臨時国会は内閣の決定または議員の要求によって召集され、ほぼ毎年開催されている。しかし、議員の要求から内閣による召集までの期間には法の定めがなく、これまで半数以上が要求書の提出から60日以上を経過して召集されており、必ずしも速やかに開かれないことが問題となっている。最長は1970年の第64回国会（いわゆる「公害国会」）で、要求書の提出から176日後に召集された。

Zoom **党議拘束と「ねじれ国会」** アメリカでは党議拘束がなく、「ねじれ国会」は問題にならない。しかし、議院内閣制の日本では国民は国会の選挙を通じて政権選択を行うため、党議拘束がないと民意と異なる政権が生まれる可能性がある。

Ⅱ 国会の権能と課題

5 国会の権限 頻出

国会の権能	両院共通の権能	衆議院のみ
憲法改正の発議(96条)	❶法律案の提出	❶内閣の信任・不信任の決議(69条)
法律案の議決(59条)	❷議院規則の制定	❷緊急集会に対する同意(54条)
条約の承認(61条)	❸国政の調査	❸予算の先議(60条)
内閣総理大臣指名(67条)	❹請願の受理	❹以下の場合の優越 法律案の議決(59条) 予算の議決(60条) 条約の承認(61条) 内閣総理大臣の指名(67条)
弾劾裁判所の設置(64条)	❺議員の資格争訟	
財政に関する議決・監督(83・91条)	❻議員の逮捕の許諾、釈放の要求	
	❼議員の懲罰	
	❽会議公開の停止	
	❾役員の選任	
	❿大臣出席の要求	
	⓫決議(祝賀・弔意などの決議)	

参議院のみ
参議院の緊急集会

解説 **立法権だけではない国会の権限** 国会は国の唯一の立法機関であり、法律を制定することが最も重要な役目であるが、そのほかに上記の権限をもっている。このうち、国会の権能は衆議院と参議院が一体となって権限を行使するものである。また、議院規則の制定、議員の資格争訟の裁判、議員の懲罰、議長・副議長・常任委員長・特別委員長・憲法審査会会長などの役員の選任などについては、各議院が単独で権限を行使できる(議院の自律権)。

6 法案の提出件数と成立数 出題

? 議員提出法案は成立率が低いのはなぜか

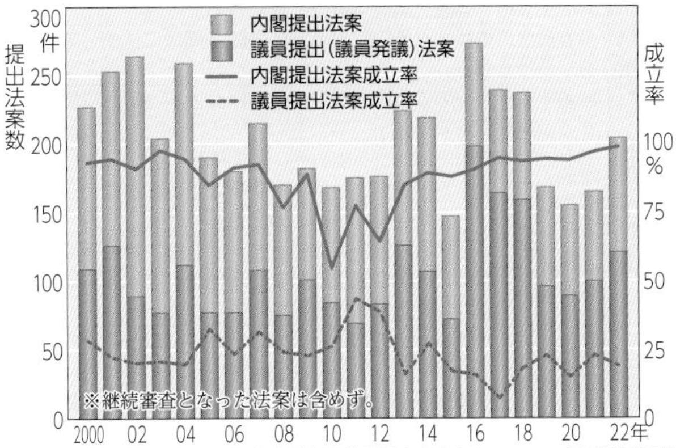

(注)通常国会のほか、臨時国会や特別国会を含む。 (衆議院資料)

解説 **法案をつくるのは誰か** 国会議員が法律案を提出するには、一定数の議員の賛同を得る必要がある。また、議院内閣制では、議会での多数派が内閣を組織し、政策立案を主導する。このため、法案は内閣が提出することが多く、議員提出法案や、これによって成立した法律(**議員立法**)は少なかった。しかし、2000年代に入ると議員提出法案が増加するようになり、国民投票法(2007年)や子どもの貧困対策推進法(2013年)、候補者男女均等法(2018年)など、社会的な問題に関しては超党派で提出された法案が成立する例もみられる。

7 法律の成立過程(衆議院先議の場合)

? 法律はどのようにして成立し、公布されるのか 頻出

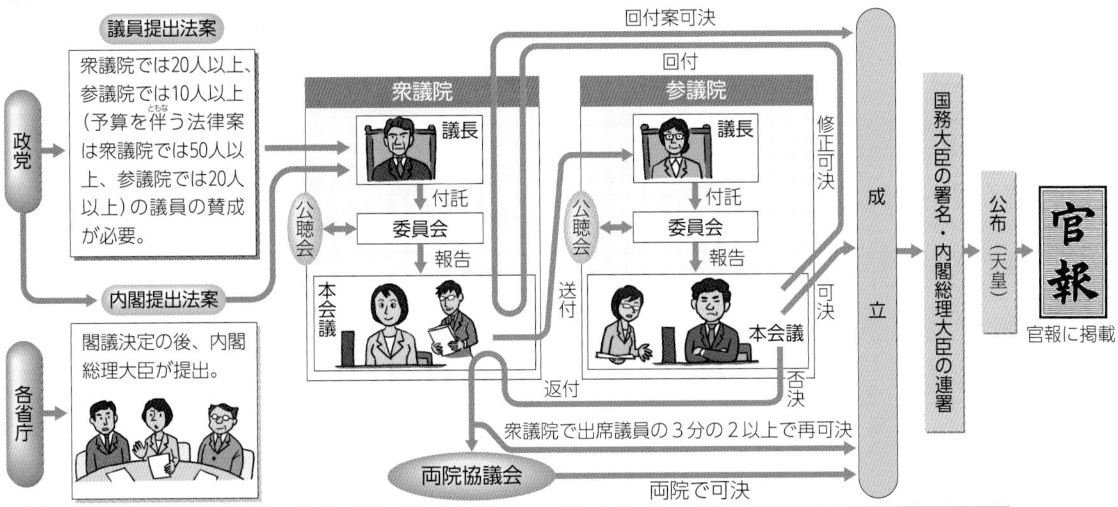

公布…成立した法律を国民に知らせること。天皇の国事行為であるが、実際には閣議決定を経て、官報に掲載される。
施行…公布された法律が実際に効力をもつこと。通常、法律の施行日は、その法律の附則で規定されている。

解説 **国会における審議の手順** **法律案は衆議院と参議院のどちらからでも提出することができる。**法律案は委員会における審査で可決されると、本会議で審議される。そして、先議の議院で可決されると一方の議院に送付され、同様の手続きで審議が行われることになる。本会議は原則的に公開され、憲法に特別の定めのある場合を除いて、衆参両議院で可決されると法律となる。そして、内閣から天皇に報告された日から30日以内に公布される。なお、内閣提出法案については、閣議に付される前に、憲法や他の法律との整合性などの観点から**内閣法制局**で審査される。

国会における定足数と表決数

	定足数	表決数
委員会	委員の2分の1以上	出席委員の過半数
本会議	総議員の3分の1以上	出席議員の過半数(注)

定足数…議事を開くために必要とされる出席者の最低人数
表決数…議決するのに必要な賛成の投票数
(注)**出席議員の3分の2以上**…議員の議席を失わせる場合、秘密会の開催、議員の除名、衆議院での法律案の再可決
総議員の3分の2以上…憲法改正の発議

TOPIC トピック 参議院は3年ごとに議員の半数の改選が定められているが、1947年に行われた最初の選挙では全議員の選出が行われ、当選順位の下位半数の議員の任期が3年とされた。

用語解説 ㊾委員会制度、㊿二院制、51内閣提出法案

8 委員会・公聴会 出題

? 委員会にはどのようなはたらきがあるのか

役割		議案を本会議で審議する前に、予備的・専門的に審査・調査する。国会閉会中でも、議院の議決によって特に付託された案件は、審査・調査することができる。
構成		各委員会の委員は、その院の会派の所属議員数に比例して振り分けられる。
常任委員会		衆参それぞれ17の委員会があり、各委員会は担当分野に属する議案を審査する。
	予算委員会	最も注目される委員会。内閣総理大臣のほか、すべての国務大臣が出席する。予算の審査のほか、国政全般についての審査を行う。
	議院運営委員会	本会議の日程、議事の順序、発言者や発言時間など、議院の運営に関する事項を協議する。委員は与野党の大物議員が就いている。
特別委員会		各議院が特に必要と認めた案件や、常任委員会の所管に属さない特定の案件を審査する。特別委員会は、本会議の議決によって名称や委員数を定めて設置される。
公聴会		重要な案件について、利害関係者や有識者などから意見を聞くために、必要に応じて開かれる。総予算および重要な歳入法案については、開催が義務づけられている。

解説 **委員会中心主義**　明治憲法下での帝国議会では三読会制(➡p.20)を採用しており、イギリスと同様に本会議中心主義であった。戦後、**委員会**を国会運営の中心とした制度がGHQの要請でとり入れられた。法律案を委員会で詳細に検討するアメリカの制度をとり入れることで、国会の能率的な運営が意図されたのである。委員会では、議案の提案理由の説明や質疑応答形式の審査が進められる。

9 弾劾裁判 (➡p.89) 出題

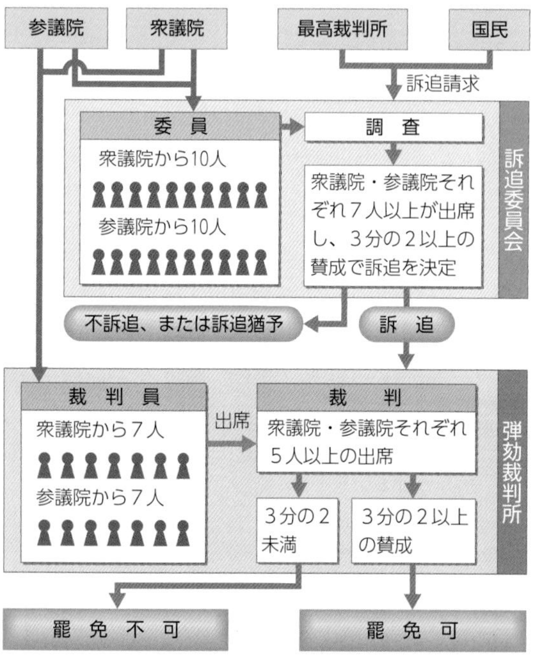

解説 **常設されている弾劾裁判所**　**裁判官弾劾裁判所**は、裁判官としてふさわしくない行為をしたり、職務上の義務に違反したりした裁判官を罷免するかどうかを裁判する。弾劾裁判所は常設の機関で、衆議院と参議院からそれぞれ７名の国会議員(合計14名)で構成されている。罷免の訴追を行う裁判官訴追委員会も、衆参両院の国会議員から構成される。

10 衆議院の優越 頻出

? なぜ、衆議院は参議院よりも強い権限をもっているのか

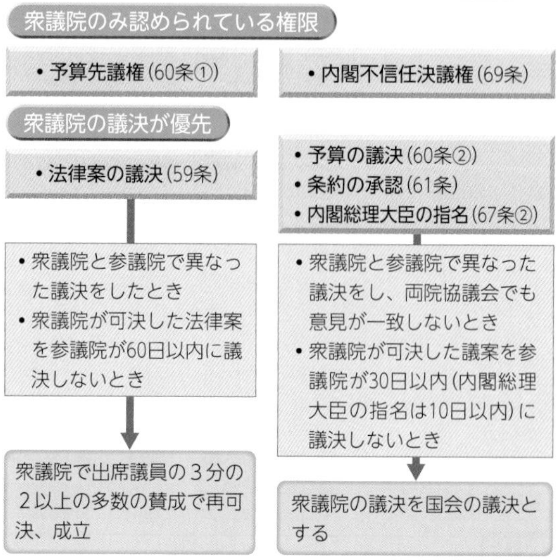

衆議院のみ認められている権限
・予算先議権(60条①)
・内閣不信任決議権(69条)
衆議院の議決が優先
・法律案の議決(59条)
・予算の議決(60条②)
・条約の承認(61条)
・内閣総理大臣の指名(67条②)
・衆議院と参議院で異なった議決をしたとき
・衆議院が可決した法律案を参議院が60日以内に議決しないとき
・衆議院と参議院で異なった議決をし、両院協議会でも意見が一致しないとき
・衆議院が可決した議案を参議院が30日以内(内閣総理大臣の指名は10日以内)に議決しないとき
衆議院で出席議員の３分の２以上の多数の賛成で再可決、成立
衆議院の議決を国会の議決とする

解説 **ハードルの高い法律案の再可決**　衆議院は解散があることなどから、参議院よりも民意を反映しやすいため、**参議院に優越することが認められている。しかし、衆議院の優越のうち、法律案の議決に関しては、衆議院の３分の２以上での再可決が求められており、ハードルは高いといえる。**つまり、立法に関していえば両議院は対等に近い。このようなしくみの下では、与党は参議院でも多数派を形成しようとするため、参議院の政党化が進んだ要因の一つであるともいわれている。なお、2007年に行われた衆議院での法律案の再可決は、51年ぶりのことであった。

11 両院協議会 出題

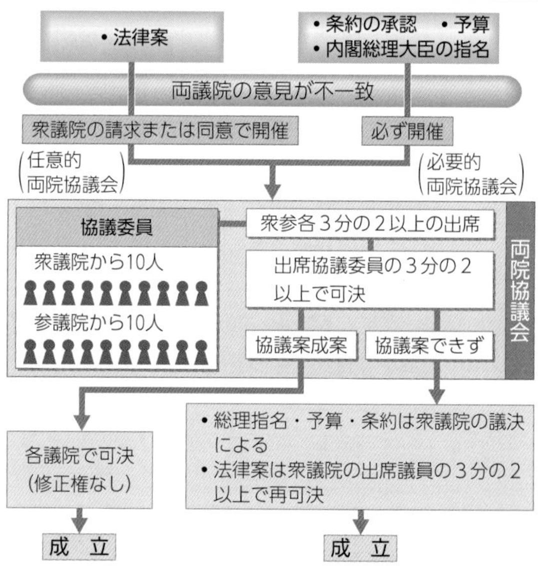

解説 **両院の議決が一致しない場合**　衆参両院の意見を調整するための機関である**両院協議会**は、予算の議決、条約の承認の議決、内閣総理大臣の指名の議決については必ず開かれなければならない。しかし、法律案の議決については任意で開くことができる。両院協議会は傍聴することができないが、会議録は公開される。

Zoom **委員会の審議**　委員会は本来、丁寧な審議で法案をよりよくするためにある。しかし、議会の多数派が政権を構成する議院内閣制の下では、野党による政府・与党の法案の修正は困難であり、むしろ、次の選挙に向けて政府批判が行われやすい。

12 国政調査権 出題

? 証人喚問と参考人招致の違いは何か

第62条【議院の国政調査権】 両議院は、各々国政に関する調査を行ひ、これに関して、証人の出頭及び証言並びに記録の提出を要求することができる。

議院証言法
（議院における証人の宣誓及び証言等に関する法律）
〔1947年公布、2014年最終改正〕

第１条【証人の出頭・書類提出の義務】 各議院から、議案その他の審査又は国政に関する調査のため、証人として出頭及び証言又は書類の提出を求められたときは、この法律に別段の定めのある場合を除いて、何人でも、これに応じなければならない。

第５条の３【宣誓・証言中の撮影・録音の許可】 ①委員会又は両議院の合同審査会における証人の宣誓及び証言中の撮影及び録音については、委員長又は両議院の合同審査会の会長が、証人の意見を聴いた上で、委員会又は両議院の合同審査会に諮り、これを許可する。

第６条【偽証の罪】 ①この法律により宣誓した証人が虚偽の陳述をしたときは、３月以上10年以下の懲役に処する。

国政調査権には、議院証言法に基づく証人喚問のほかに、官公庁などに対する資料の提出要求や、関係者から意見を聞く参考人招致がある。参考人招致は証人喚問とは異なり、出頭を拒否したり、虚偽の証言を述べたりしても罰せられない。

解説 **行政を監視するための権限** **国政調査権**は各議院にそれぞれ別個に与えられており、立法府が行政を統制・監督するための重要な機能とされる。その内容は、法律の制定や行政の監督のための調査のほか、国政全般にわたる広範なものである。また、その手段として、議院証言法に基づいて証人に出頭を求め、証言や記録の提出を求めること（**証人喚問**）がある。出頭した証人には、旅費と日当が支給されるが、出頭を拒否した場合は、１年以下の禁錮または10万円以下の罰金が科せられる。

政治倫理審査会……国政調査権とは別に、疑惑のある国会議員に対して、質疑や審査を行うための政治倫理審査会（政倫審）がある。これは、ロッキード事件の判決を契機として1985年に設置された。しかし、政倫審で議員が出席を求められても強制力はなく、発言が偽証罪に問われることもない。

13 国会議員の特権と待遇 出題

? 国会議員が職を失うのはどのような場合か

国会議員の特権

（　）内は憲法の条数

	国会議員の特権	補足説明
歳費特権	国庫から相当額の歳費を受ける（49条）。一般職の国家公務員の最高給与額より少なくない歳費を保障	
不逮捕特権	国会の会期中は逮捕されない。会期前に逮捕された場合は、議院の要求があれば釈放される（50条）	院外での現行犯や議院が許諾した場合は逮捕される
免責特権	院内で行った演説・討論・表決について、院外で責任を問われない（51条）	院内の懲罰（戒告・陳謝・登院停止・除名）は受ける

議席を失う場合

身分保障	•任期満了（45・46条）　•衆議院の解散（45条）　•資格争訟裁判による議席喪失（55条）　•除名処分（58条）　•その他〔被選挙権の喪失など〕	➡ 退任

●**国会議員の歳費等一覧**　（2022年12月現在）

種類	支給額等
歳費（月額）	議長：2,170,000円　副議長：1,584,000円 議員：1,294,000円
調査研究広報滞在費	1,000,000円（月額、非課税）
期末手当（６月と12月に分けて支給）	議長：約10,070,000円　副議長：約7,350,000円 議員：約6,000,000円
立法事務費	議員１人につき650,000円（月額） →所属会派に支給
その他	議員会館・議員宿舎の提供、ＪＲ無料パスなどの支給、公設秘書（３人）の給与の支給など

解説 **圧力から守られるための特権** 「全国民の代表」である国会議員には、政府の権力や外部の圧力に縛られることなく、自由かつ独立して政治活動ができるように、３つの特権が認められている。また、国会法に基づいて公設秘書を公費で雇うことが認められている。一方で、国会議員の地位を利用した蓄財が行われないよう、議員の資産を国民の監視の下に置くために、国会議員資産公開法に基づいて、資産の公開が1993年から義務づけられている。しかし、普通預金や家族名義の資産は対象外であり、抜け道が多いとの指摘もある。

14 国会の活性化に向けた取り組み 出題

■国会審議活性化法のおもな内容

国家基本政策委員会の設置	2000年から設置された。各党党首が１対１で国家の基本政策について討論する場が設けられ、**党首討論**が行われるようになった。
副大臣・大臣政務官の設置	2001年に設置された。各省庁に数名ずつ置かれ、政務次官は廃止された。副大臣は大臣不在の際の職務の代行も行う。なお、大臣や副大臣および大臣政務官をあわせて政務三役と呼ぶ。
政府委員の廃止	委員会の審議で、官僚が政府委員として閣僚に代わって答弁していたが、政府委員を廃止し、原則として大臣や副大臣および大臣政務官が答弁を行うことで、政策論争の活発化を図った。

解説 **官僚主導から政治主導へ** 国会における審議の活性化とともに、国の行政機関における政治主導の政策決定システムを確立するために、**国会審議活性化法**が1999年に制定された。それまで官僚主導で政策決定が進められてきたという批判に対して、政治主導、すなわち国会議員による政策決定を進めることが目的とされている。

15 国会の運営をめぐる議論

■国会の課題

国対政治	非正式機関である各党の国会対策委員会同士が水面下で交渉して、与野党が妥協を図ること。政策の決定過程が不透明であると批判されている。
会期制	会期不継続の原則（➡p.76）のため、会期末は審議時間や会期延長をめぐる与野党の攻防に時間が費やされる。そのため、審議が政策中心にならないことが指摘されている。
参議院のあり方	衆議院に対するチェック機能を果たしていないといわれたが、近年では、参議院において野党が過半数の議席を維持する「ねじれ国会」となり、「強すぎる参議院」が問題となった。

解説 **国会改革の難しさ** 「ねじれ国会」には、「強すぎる参議院」によって国会が空転してしまうという問題がある。しかし、参議院の権限を弱くしすぎれば、二院制のチェック機能が働かなくなってしまう。進まない国会改革の背後には、現行の制度の意義を損なうことなく課題を解決することの困難さが存在している。

TOPIC トピック 政府委員の廃止後、国会の委員会では官僚を政府参考人として招致し、質疑を行っている。政府参考人は委員会の議決を経て委員長が招致する。

用語解説 ㊺衆議院の優越，㊻弾劾裁判，㊼議院証言法，㊽党首討論

8 内閣の機構と行政

要点の整理

1～17 FILE は資料番号を示す

Ⅰ 内閣の組織と権限

❶**議院内閣制**1……内閣は国会に対して連帯して責任を負う(第66条)
⟶**不信任決議**を受けた場合、10日以内に**総辞職**するか衆議院を**解散**5 6

❷**内閣**2：行政権をもつ。閣議で意思決定(全会一致制)
- **内閣総理大臣**4……国会議員かつ文民。国務大臣の任命・罷免権をもつ
- **国務大臣**……16(必要なら19)人以内、文民、過半数は国会議員

❸**内閣の権限**3：おもに憲法第73条に規定
- 第73条に規定……一般行政事務、法律の執行、外交関係の処理、**条約の締結**、**予算の作成**と国会への提出、**政令の制定**7、恩赦の決定
- その他……天皇の国事行為への助言と承認(第３、７条)、臨時国会召集の決定(第53条)、**最高裁判所長官の指名**(第６条)、最高裁判所裁判官および下級裁判所裁判官の任命(第79・80条)

⇧首相官邸

Ⅱ 行政国家化と公務員制度

❶**行政の効率化**……**中央省庁等改革関連法**2の制定 ⟶ １府22省庁を**１府12省庁**に再編。**独立行政法人**16の設置

❷**政令**7：内閣が制定する法……**委任立法**の増加

❸**官僚制・許認可権**8 9 ⟶ 非効率性・**族議員**10・**天下り**13 ⟶ 政・官・財の癒着などの**行政国家**における問題

❹**法による規制**……**行政手続法**9(許認可権の明確化)、**国家公務員倫理法**10(公務員に対する贈与や接待の報告・公開)

Ⅲ 行政の民主化と行政改革

❶**行政委員会**14……人事院・国家公安委員会・公害等調整委員会など。中立性、専門的判断が必要な事柄について設置

❷**オンブズマン(行政監察官)制度**15……行政を監視、国民の権利・利益を保護　※国レベルでは設置していない

❸**行政改革**17 FILE……1980年代：**三公社民営化**　2000年代：**特殊法人**の統廃合、**郵政民営化**、公務員の削減など
2008年：**国家公務員制度改革基本法**成立 ⟶ 2014年：**内閣人事局**の設置……幹部職員人事の一元化

Ⅰ 内閣の組織と権限

1 議院内閣制

?内閣が議会の信認に基づくとは、どのようなことか　出題

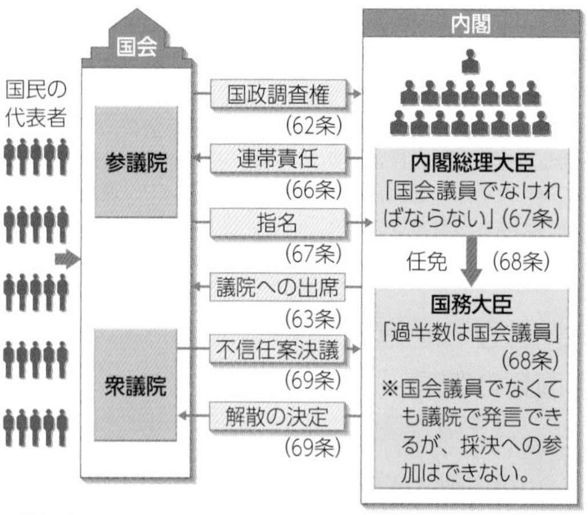

第65条【行政権】　行政権は、内閣に属する。
第66条【内閣の組織、国会に対する連帯責任】　①内閣は、法律の定めるところにより、その首長たる内閣総理大臣及びその他の国務大臣でこれを組織する。
②内閣総理大臣その他の国務大臣は、文民でなければならない。
③内閣は、行政権の行使について、国会に対し連帯して責任を負ふ。
第67条【内閣総理大臣の指名】　①内閣総理大臣は、国会議員の中から国会の議決で、これを指名する。……

解説 **イギリス型の議院内閣制**　日本の政治機構は、厳格な三権分立ではなく、イギリス型の**議院内閣制**である。そのため、内閣は議会の信任に基づいて成立し、首相(内閣総理大臣)は衆議院の多数派党から選ばれる。また、衆議院は内閣に対して不信任決議権をもつ一方、これに対して内閣は衆議院を解散することができる。

COLUMN

首相公選論

出題

1990年代、首相の強いリーダシップを求めて、国民が直接首相を選ぶ**首相公選制**を導入すべきという議論が登場した。現在でも首相公選制の導入に対する世論の支持は根強いが、これには当然、憲法改正が必要になる。また、首相の所属政党が国会で少数派となる可能性もあるため、かえって首相がリーダーシップを発揮できないという問題点も指摘されている。世界では1990年代に、イスラエルが議院内閣制の下での首相公選制を導入した。しかし、同時に小党分立による多党化が起こり、連立内閣が不安定化する結果となったため、首相公選は３回実施されただけで廃止された。

首相公選制の是非

賛成	反対
• 国民の政治への参加意識が高まる • 国民の信任を背景に、首相が指導力を発揮できる • 首相が政党の利害に巻きこまれずに政治を進められる	• 首相が国会の多数派から選ばれないと、政治が混乱する • 人気投票に陥る可能性がある • 実質的に大統領を選ぶに等しく、天皇制と両立しない

Zoom **大統領制と首相公選制**　1990年代の議論の中で、当初は大統領制も提案されたが、通常、大統領は国家元首であることから、天皇の地位との関係をめぐる議論を避けるため、もっぱら首相公選制での議論が行われるようになった。

2 日本の行政機構

?行政の仕事とは何か　出題

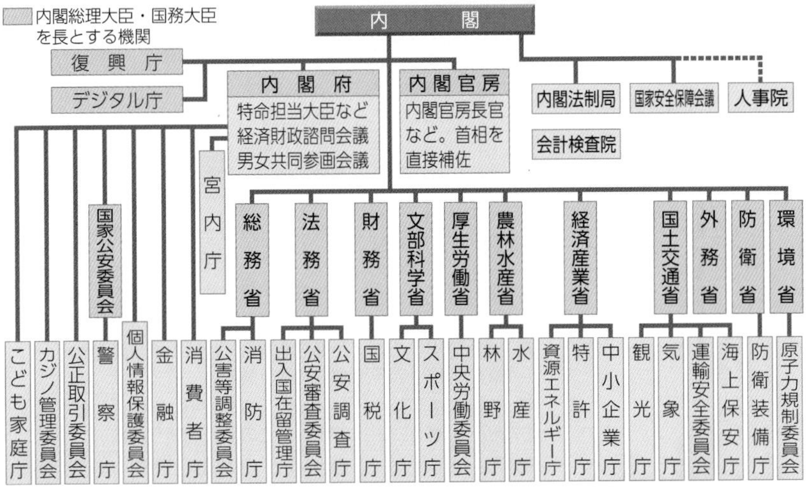

国務大臣

内閣法により、首相以外の国務大臣の定数は14人以内(特別に必要な場合には17人以内)と規定されている。ただし、復興担当大臣、万博担当大臣を設置している間は、この定数に1人ずつ追加することができる。

首相補佐官

内閣の重要政策に関して首相に直接助言する役職で、内閣官房に所属する。1996年に設けられ、現在の定員は5人。

中央省庁の再編

行政の効率化や内閣機能の強化などを目的とした中央省庁等改革関連法に基づき、2001年に日本の行政機構はそれまでの1府22省庁から1府12省庁に再編された。

内閣府…首相を長とし、どの省庁にも属さない施策や内閣の重要政策を担当する。

特命担当大臣…政権の重要な課題や法定の事務を担当する大臣。沖縄及び北方対策担当大臣、金融担当大臣、消費者及び食品安全担当大臣は必ず置かれる。

解説 **強化された内閣機能**　行政権の範囲は幅広く、一般的には、国家の機能のうち、立法と司法を除(のぞ)いたものと定義されている。明治憲法では内閣に関する規定はなく、各国務大臣は、統治権を総攬(そうらん)する天皇を輔弼(ほひつ)(補佐)するにとどまっていた。しかし、日本国憲法においては、第65条で「行政権は、内閣に属する」と明記され、内閣を最高の行政機関と位置づけている。そして、内閣の下に、国家行政組織法や内閣府設置法をはじめとした各省設置法に基づいて、行政各部の省庁などが設置されている。なお、内閣官房は首相を直接補佐するための内閣の補助機関であり、その長である内閣官房長官は国務大臣が就く。

3 内閣の機能と運営

頻出

■内閣の権限

法律の執行・国務の総理(73条1)	国会で成立した法律を誠実に執行し、行政各部を統括・管理する
外交関係の処理(73条2)	重要な外交関係は外務大臣にまかせず、内閣が一体になって処理する
条約の締結(73条3)	条約を締結する。ただし、事前または事後に国会の承認を必要とする
官吏に関する事務の掌理(73条4)	国家公務員法に従って、公務員の人事行政事務を行う(国会議員等を除く)
予算の作成(73条5)	予算を作成して国会に提出する
政令の制定(73条6)	政令を制定して、憲法や法律の規定を具体化させる
恩赦の決定(73条7)	大赦・特赦・減刑・復権などの恩赦(刑罰の減免)を決定する。天皇が認証する

臨時国会召集の決定(53条)　緊急集会の要求(54条②) → 国会

国事行為の助言と承認(3・7条) → 天皇

最高裁判所長官の指名(6条②)　裁判官の任命(79条①、80②) → 裁判所

解説 **内閣は行政権の主体**　内閣の基本的な性格は、日本国憲法第73条の1に示されている。これによれば、内閣は、国民主権に基づいて立法府が作成した法律を誠実に執行するだけではなく、国務の総理、つまり、政治の中心として国政全般を総合調整するという役割を担(にな)っている。また、憲法上に規定はないが、天皇の国事行為を通じた常会や臨時会の召集や、衆議院の解散についても、実質的な決定権は内閣がもつとされる。

■閣議

↑**閣議室**　閣議室は首相官邸にあり、テレビなどでみかける閣僚応接室の奥に位置している。

閣議

首相が主宰(しゅさい)する内閣の会議であり、内閣は閣議に基づいて行政権を行使する。閣議の定足数や表決数に関しては法律などの定めはなく、慣例として全会一致制をとっている。また、閣議での議事は秘密とされる。処理を急ぐ案件などでは、会合を開かずに内閣参事官が閣議書を持って、閣僚の署名を集めて回る「持ち回り閣議」が行われる場合もある。

■条約締結の流れ

条約を締結しようとする当事国間の協議
↓
署名・調印(多国間条約の場合は採択)　(内閣の任命した全権委員)
↓
国会提出→承認　(緊急の場合は批准(ひじゅん)書の交換・寄託後)
↓
内閣による批准→天皇が認証　(批准…署名した条約を国家として最終的に承認すること)
↓
批准書の交換(多国間条約の場合は批准書の寄託)
↓
発効　(国際的な効力発生)

TOPIC トピック　内閣府に設置されている経済財政諮問会議は、関係する国務大臣と有識者からなり、予算編成に先立って経済財政政策に関する重要事項について調査審議にあたる。

用語解説　(59)首相公選制、(60)国務大臣

4 内閣総理大臣の権限 出題

第68条【国務大臣の任命及び罷免】 ①内閣総理大臣は、国務大臣を任命する。但(ただ)し、その過半数は、国会議員の中から選ばれなければならない。
②内閣総理大臣は、任意に国務大臣を罷免(ひめん)することができる。

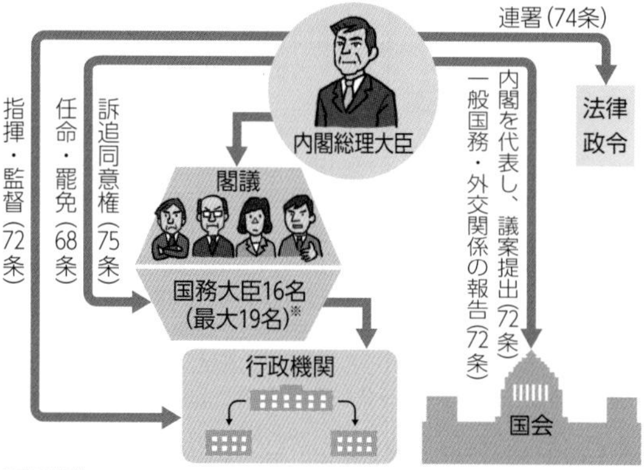

解説 **「同輩中の首席」から「首長」へ** 日本国憲法第66条には、内閣総理大臣は内閣の「首長」であると明記されており、**国務大臣の任命・罷免権をはじめ、国務大臣に対して優越的な地位が与えられている。**明治憲法下では、首相は「同輩中の首席」にすぎず、他の国務大臣と対等な立場であった。このため、閣内不一致の際は総辞職せざるを得ず、軍部の独走を許してしまった。この反省に立ち、現行憲法下では首相の地位が強化された。

5 衆議院の解散と内閣総辞職 出題

第69条【内閣不信任決議の効果】 内閣は、衆議院で不信任の決議案を可決し、又は信任の決議案を否決したときは、10日以内に衆議院が解散されない限り、総辞職をしなければならない。
第70条【内閣総理大臣の欠缺(けんけつ)・新国会の召集と内閣の総辞職】 内閣総理大臣が欠(か)けたとき、又は衆議院議員総選挙の後に初めて国会の召集があつたときは、内閣は、総辞職をしなければならない。
第71条【総辞職後の内閣】 前２条の場合には、内閣は、あらたに内閣総理大臣が任命されるまで引き続きその職務を行ふ(う)。

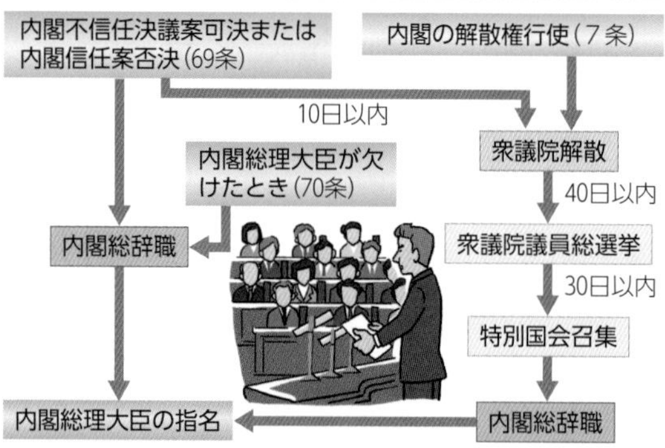

解説 **総辞職がなされる理由** 内閣総辞職とは、首相以下、**国務大臣全員が辞職すること**である。憲法上、①内閣不信任決議案が可決されるか、信任案が否決された後、②衆議院解散・総選挙後、③内閣総理大臣が欠けたとき、内閣は必ず総辞職することになっている。首相が病気や事故にあった場合は、特定の国務大臣が臨時代理として職務を代行する。

6 日本国憲法下のおもな衆議院の解散

? 内閣による任意の解散(７条解散)に正当性はあるのか

回次	内閣・年月日	経過
第１回 [69条]	吉田 茂 1948.12.23	**なれあい解散** ＧＨＱの示唆で野党からの不信任案可決→解散
第２回 [７条]	吉田 茂 1952. 8.28	**抜き打ち解散** 自由党内の対立から突如解散、初の「７条解散」
第３回 [69条]	吉田 茂 1953. 3.14	**バカヤロー解散** 吉田首相が野党議員の質問中に「バカヤロー」と発言、これに対して不信任案可決→解散
第５回 [７条]	岸 信介 1958. 4.25	**話し合い解散** 社会党の統一と保守合同に伴い、自社党首会談で解散決定
第７回 [７条]	池田 勇人 1963.10.23	**所得倍増解散** 所得倍増政策の実績への信任を問う解散
第９回 [７条]	佐藤 栄作 1969.12. 2	**沖縄解散** 佐藤首相訪米後、沖縄返還が決定し、この真価を問う解散
第10回 [７条]	田中 角栄 1972.11.13	**日中解散** 日中国交正常化の成果を背景に解散
1976.12. 9 三木武夫内閣 任期満了		
第12回 [69条]	大平 正芳 1980. 5.19	**ハプニング解散** 自民党内の抗争から、非主流派が本会議を欠席して不信任案が可決→解散
第14回 [７条]	中曽根康弘 1986. 6. 2	**死んだふり解散** 衆議院の一票の格差是正のため衆参同日選挙は行えないと思わせて、これを実行するために解散
第16回 [69条]	宮澤 喜一 1993. 6.18	**ウソつき解散** 政治改革の断行を明言しながら先送りしたことに対して、与野党が反発し、不信任案が可決→解散
第20回 [７条]	小泉純一郎 2005. 8. 8	**郵政解散** 郵政民営化法案が参議院で否決→国民の信を問うために衆院解散
第23回 [７条]	安倍 晋三 2014.11.21	**アベノミクス解散** 高支持率の中、経済政策に対する国民の信を問うために解散

戦後に行われた解散のうち、「69条解散」は４例しかない。また、衆議院総選挙が任期満了に伴(ともな)って行われたのは１回だけである。「７条解散」については、衆議院で内閣の重要案件が否決された場合や、新しく発生した重大な政治的課題への対処が必要な場合などへの対応として、内閣は民意を問うために任意で解散を決定できるとの解釈が通説である。しかし、解散の決定には慎重な運用を求める意見や、任意の解散は内閣の権限を強くしすぎるという批判がある。

↑衆議院解散で万歳する議員(衆議院本会議場)

解説 **７条解散と69条解散** 解散とは、**任期満了前に全議員の資格を失わせること**である。日本国憲法第69条には、内閣不信任決議(または信任決議案の否決)があった場合、内閣が総辞職するか、衆議院が解散されるとしている(**69条解散**)。しかし、内閣不信任決議を経なくても、第７条第３号の「内閣の助言と承認を必要とする天皇の国事行為」として衆議院解散の手続きを定めていることを根拠に、**内閣が任意の時期に解散を行っている(７条解散)**。７条解散をめぐっては、1952年の吉田内閣の「抜き打ち解散」が最高裁で司法審査の対象外(苫米地(とまべち)事件)とされて以来、一般的となっている。

Zoom **７条解散と司法** 苫米地事件をめぐる最高裁の判決では、司法審査の対象外としたことについて、「この司法権に対する制約は、結局、三権分立の原理に由来し……司法権の憲法上の本質に内在する制約と理解すべき」と述べられている。

Ⅱ 行政国家化と公務員制度

7 政令の制定 出題

? 委任立法とはどのようなものか

委任立法の具体例

国会 食品衛生法（法律）

第８条　厚生労働大臣は…特定の食品又は添加物について、…**厚生労働省令で定める事項**を勘案して、…当該特定の食品又は添加物を販売し、…調理することを禁止することができる。

第14条　前条第１項の承認は、３年を下らない**政令で定める期間**（以下この条において「有効期間」という。）ごとにその更新を受けなければ、…その効力を失う。

内閣 食品衛生法施行令（政令）

第２条　法第14条第１項の**政令で定める期間**は、３年とする。

厚生労働省 食品衛生法施行規則（省令）

第４条　法第８条第１項に規定する**厚生労働省令で定める事項**は、次のとおりとする。
一　特定食品等が人の健康を損なうおそれの程度…

解説 **進む行政国家化**　行政府が制定する法を**命令**といい、そのうち、内閣が定めるものを**政令**という。政令は根拠となる法律がなければ制定できず、また、法律の委任がなければ罰則を定めることは許されない。行政が関与する分野の拡大に伴って、法律では基本方針のみを示し、具体的内容は行政府の政令や省令に委ねる**委任立法**が増えている。これは、行政国家化の進行によって行政の仕事が複雑化・専門化し、議会が対応できなくなってきたことが理由とされる。しかし、行政府の発言権が強まり、立法府による行政監督機能が弱まることが懸念されている。

8 官僚制のおもな問題点

縦割り行政	専門外の事柄に関わろうとせず、省庁間での情報の共有が不十分。セクショナリズムともいう
秘密主義	官僚のもつ情報が国民に知らされない
法律万能主義	規則の遵守が重視され、その結果、規則にないことはできないといったような、いわゆるお役所的態度
権威主義	権威にただ従っていればよく、独創性が失われ、責任を回避しようとする
文書主義	本来は業務を円滑に遂行するためであった文書の作成が目的化し、些細なことにも書類の提出を求められるようになる

解説 **官僚制の合理性と問題点**　官僚制（ビューロクラシー）は合理的な組織形態として、大規模な組織でみられるが、行政においては公務員制度として形成されている。マックス＝ウェーバー（独、1864～1920）は、近代以降の官僚制の特徴として、組織内での明確な権限配分や上意下達の階層的統制、職務の専門的遂行など、合理的な組織運営をあげた。しかし、現代では、上の表のように**非効率で形式主義的な官僚制のもつ弊害（逆機能）が指摘されるようになり**、さまざまな改革が試みられている。

9 許認可権・行政手続法 出題

許認可件数の省庁別の割合と推移（総務省資料）

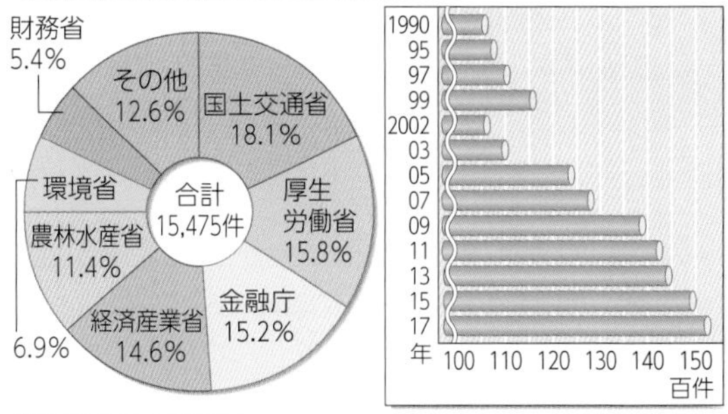

2017年４月１日現在

行政手続法（1993年成立）…民間企業に対する許認可の手続きや行政指導を明確化することを定めた。また、不許可処分や不利益処分を行った場合は、その理由が開示されるようになった。行政の公正の確保と透明性の向上を図ることを目的としている。

行政指導…法律上の義務はないが、行政側が民間に対して助言や勧告を行い、その指示に従うことを求めること。行政指導は日本の行政の運営手法として広く行われてきたが、行政機関と業界との癒着が生じやすいとの批判もある。

解説 **日本独特の「行政指導」**　行政は国民生活の向上を図るため、営業の許可・不許可・取り消しなど、許可・認可の権限（**許認可権**）を通じて企業活動に一定の規制を加えている。しかし、許認可のいきすぎは非効率性や官民の癒着、さらには民間の新しい試みを抑制することにもつながる。近年は許認可権に対する規制緩和が進められているが、効果的に行われているとはいえない状況である。

10 族議員と政・官・財の癒着

? 族議員とはどのような議員をさすのか

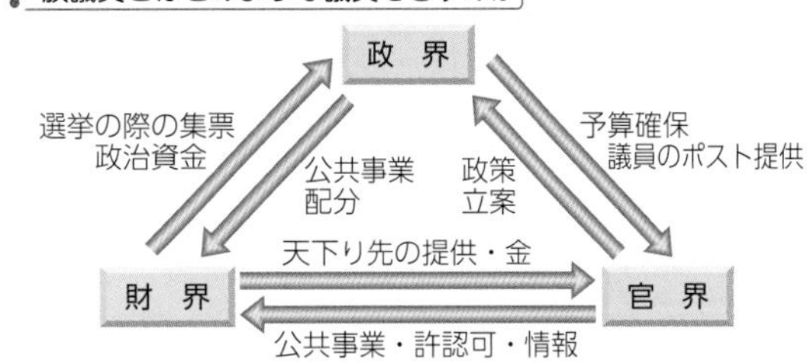

政・財・官の関係は「鉄のトライアングル」と呼ばれ、それぞれに影響を与えている。

国家公務員倫理法（1999年成立）…国家公務員が事業者などから贈与や接待・報酬を受けた場合、これを報告し公開することを定めている。特に、同法の政令である国家公務員倫理規程では、行政から許認可や行政指導などを受けている事業者（利害関係者）からの贈与や接待を原則禁止している。「全体の奉仕者」である公務員が国民の疑惑や不信をまねくような行為を行うことを防止することを目的としている。

解説 **鉄のトライアングル**　特定の政策分野で専門知識をもち、政策決定に影響力を及ぼす国会議員は「**族議員**」と呼ばれる。専門知識があることで官僚の独走をチェックできるといった一面もあるが、**族議員（政界）と関係省庁（官界）や特定の業界（財界）とが癒着しやすい**という問題がある。

TOPIC トピック　現在の首相官邸は2002年から使用されており、5・15事件や2・26事件の現場となったそれまでの旧首相官邸は首相公邸（首相の住居）となった。

用語解説　61衆議院の解散，62委任立法，63官僚制，64行政手続法，65許認可権

11 公務員制度

公務員の種類と人数

（人事院資料ほか）

国家公務員	一般職	・給与法適用職員（約28.0万人） ・検察官（約3,000人） ・行政執行法人職員（約7,000人）
	特別職	・大臣、副大臣、大臣政務官、大使・公使など（約500人） ・裁判官、裁判所職員（約2.6万人） ・国会職員（約4,000人） ・防衛省職員（約26.8万人） ・行政執行法人役員（約30人）
地方公務員	一般行政	・福祉関係を除く一般行政職員（約55.5万人） ・福祉関係職員（約39.9万人）
	その他	・教育関係職員（約106.5万人） ・警察関係職員（約28.9万人） ・消防関係職員（約16.3万人） ・病院・水道・交通・下水道などの職員（約34.9万人）

※国家公務員数は2021年度末現在、地方公務員数は2021年４月現在

⬅宣誓書を読み上げる新人公務員　新人公務員は、憲法を尊重し、全体の奉仕者として公共の利益のために勤務することを宣誓することが、政令や条例によって定められている。

解説 **全体の奉仕者**　公務員は憲法で「**全体の奉仕者**」とされ、中立、公正で国民の立場に立って職務を遂行することが求められている。国会公務員法と地方公務員法は一般職に適用され、特別職には適用されない。全体の奉仕者として、労働基本権の制約（争議行為の禁止）や信用失墜行為の禁止、職務上知り得た秘密を守る義務（守秘義務）などの制約が課せられている。国家公務員の人事については縦割り行政の弊害を排除して政治主導を進めるために、2008年に成立した**国家公務員制度改革基本法**を受けて、2014年に**内閣人事局**が内閣官房に設置された。これによって省庁ごとに行われていた幹部職員人事が内閣人事局で一元管理されることになった。

12 公務員数の削減 出題

？ 日本の公務員数は諸外国と比較して多いのか

公務員数の推移

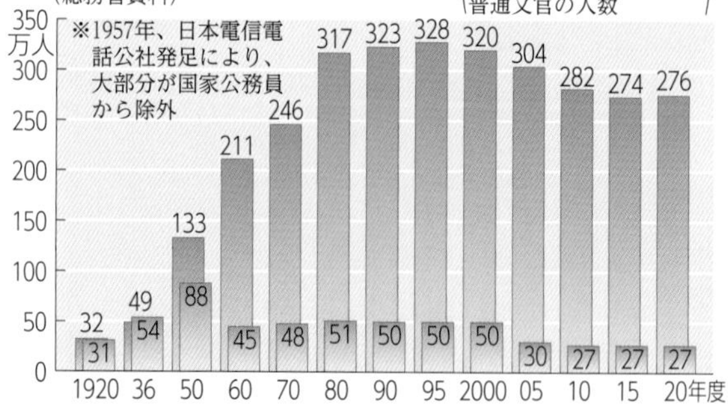

※2022年度の特別職を含む国家公務員全体の数は58.9万人

人口1,000人当たりの公的部門における職員数

（人事院資料）

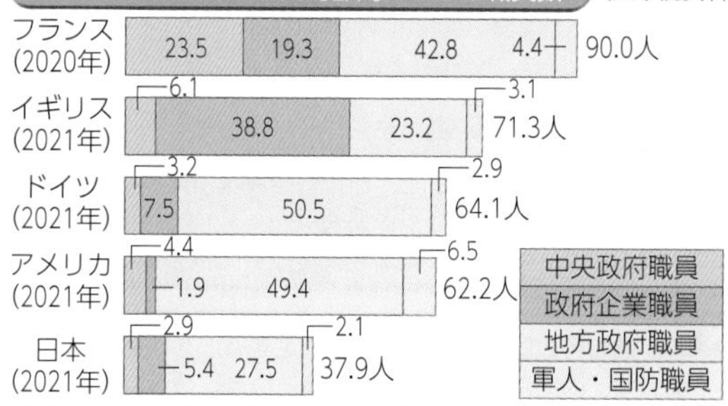

※日本の「政府企業職員」には、独立行政法人・特殊法人・国立大学法人などの職員を計上している。

解説 **人口比では諸外国より少ない公務員数**　公務員数の削減を求める世論は高度経済成長期にすでに存在したが、2000年代に入ると小さな政府を求める声がさらに強まる中で、独立行政法人化や公社・公団の民営化、省庁再編などが進められ、公務員数は減少傾向にある。また、同時に職員の非正規雇用化なども進められてきた。多すぎると批判されてきた日本の公務員数であるが、人口1,000人当たりの公務員数はフランス・イギリス・アメリカ・ドイツに比べて少ない。

13 天下りとその規制

天下りのイメージとそのしくみ

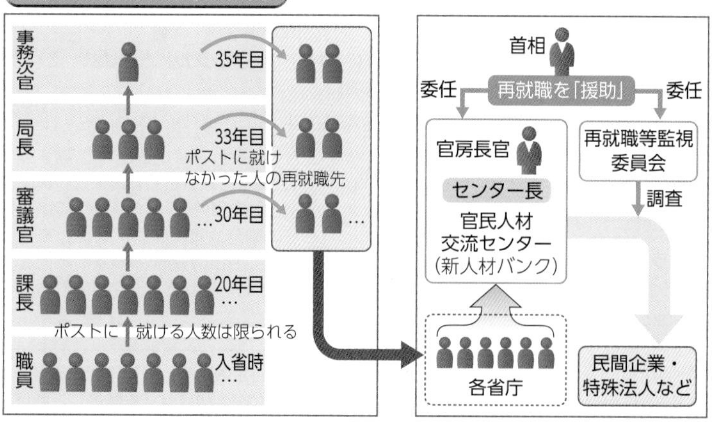

天下り

退職した公務員が、所属していた省庁の斡旋を受けて、特殊法人や独立行政法人、民間企業などに再就職することを「天下り」という。官民が癒着して行政の規制や監視が機能しなくなることや、天下り先での高額な給与が問題となっている。

なお、「天下り」は地方公務員にもみられるが、国家公務員の場合、幹部候補生として採用されたキャリア官僚は、同年度採用のうち、ポストに就けなかった者から順に退職するという慣行がある。そのため、大部分は定年前に退職を勧められて、天下り先に再就職するのが慣例となっている。

解説 **強化された「天下り」規制**　一般的に官僚と呼ばれる官庁職員の再就職は、神が天から地上に降り立つさまになぞらえて「**天下り**」と呼ばれる。2007年、これまでの天下り規制に例外や抜け道が多かったとして、国家公務員法が改正された。これにより、天下りの斡旋を一元的に行う官民人材交流センターが設置され、各省庁が独自に斡旋することが禁止された。

Zoom **日本の公務員が少ない理由**　日本の公務員数が少ない理由については、労働基本権の制約の代わりに人事院制度によって給与水準が維持されたため、経費削減を目的に、早くから政府が公務員数の抑制を図ってきたことが指摘されている。

Ⅲ 行政の民主化と行政改革

14 行政委員会 ？行政委員会の特徴とは何か 出題

区分の基準	例	仕事の内容	委員数	任期	任命権者
不当な政治勢力の介入と官僚統制の排除をめざすもの。これによって行政の政治的中立を確保する。	人事院	公務員の給与などの勧告	3人	4年	内閣
	国家公安委員会	警察行政の統轄、調整	6人	5年	総理大臣
利害の対立する労使関係の利益を調整するもの。	中央労働委員会	労働争議の調停・仲裁 不当労働行為の審査など	45人	2年	総理大臣
行政上とくに専門知識が要求されるもの。	公害等調整委員会	公害の紛争について調停・仲裁・裁定	7人	5年	総理大臣
特殊な事件について行政上の不備を補い決定するもの。	公正取引委員会	独占禁止法の運用	5人	5年	総理大臣

地方公共団体における行政委員会

都道府県…教育委員会、人事委員会、選挙管理委員会、公安委員会、収用委員会、都道府県労働委員会など

市町村…教育委員会、人事(公平)委員会、選挙管理委員会、農業委員会など

解説 **独立性の高い行政委員会** 行政委員会はアメリカの制度をモデルとして、第二次世界大戦後に導入された。職権の行使にあたって内閣や首長からの独立性が高い、合議制の機関である。行政権のうち、政治的中立性や専門的判断が必要とされる事柄に関して設置される。**その任務には、規則の制定などの準立法的作用や、審決・裁決などの準司法的作用がある。**福島原発の事故を受けて2012年には原子力規制委員会が新たに設置された。

15 オンブズマン制度 出題

熊本市のオンブズマン制度

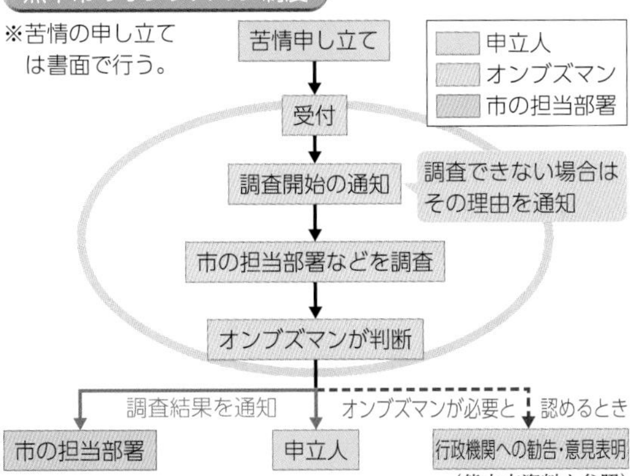

(熊本市資料を参照)

解説 **一部の地方公共団体で導入** オンブズマンとはスウェーデンで「代理人」を意味し、行政監察官やオンブズパーソンともいわれる。議会などの任命によって、独立して行政を監視し、調査・勧告などを行い、国民の権利や利益を守る役割を与えられている。**日本では国レベルでは設置されていないが、**1990年に東京都中野区や神奈川県川崎市が初めて導入し、これまで約60の地方公共団体で導入されている。

16 特殊法人・独立行政法人

？独立行政法人にはどのようなものがあるか

特殊法人	設置基準	対象事業…政府の事業のうち、民間経営になじむもので、行政機関では効率的な運営をしにくいもの • 特殊法人ごとに特別の法律によって設置される。政府の監督下で、なるべく自主性が認められる
	特徴	• 事業計画に国の承認が必要 • 役職員の地位は原則的に民間に準じる。ただし、公務員と同じ法的規制を加えられる場合もある
	【例】日本放送協会(NHK)、日本電信電話(NTT)、日本年金機構、東京地下鉄(東京メトロ)など33法人	
独立行政法人	設置基準	対象事業…業務の質や効率性の向上などのため、各府省から一定の事務・事業を分離したもの • 独立行政法人ごとに個別の法律によって設置されるが、この他に、独立行政法人通則法によって運営方法が共通化されている
	特徴	• 主務大臣が、3～5年ごとに中期目標を定め、各法人は目標達成のための計画を策定し、遂行する • 職員の地位は原則的に民間に準じる。ただし、公的性格が特に強い行政執行法人は公務員扱い
	【例】行政執行法人は国立印刷局、造幣局、国立公文書館など7法人。その他は、国民生活センター、国際協力機構、日本原子力研究開発機構、国立病院機構など80法人	

解説 **イギリスをモデルとした独立行政法人** 独立行政法人は、効率性や透明性の向上を図るために、2001年から導入された。イギリスの外庁(エージェンシー)がモデルとされており、特殊法人から改組して業務の効率化・透明化をめざしたものも多い。しかし、相変わらず天下りの温床となり、無駄遣いが多いといった批判もあり、制度の見直しが進められている。なお、国立大学に関しては、独立行政法人に類似した国立大学法人が設置されている。

17 行政改革関連法

法律名	内容
行政改革推進法	政策金融改革、総人件費改革、特別会計改革、国の資産・債務に関する改革、独立行政法人改革の5つを重点分野とする。 • 具体的には、政府系金融機関の再編、国家公務員総人件費の削減、特別会計の統廃合、国の資産の削減、独立行政法人の組織と業務の見直しなど
公共サービス改革法	官民競争入札(**市場化テスト**)を導入。 • 公共サービスについて、官と民が対等に参加する競争入札を行うことで、官の世界に競争原理を導入し、効率性と質の向上をめざす
公益法人制度改革3法	公益法人とは、公益に関する事業を行う非営利・民間の法人で、社団法人と財団法人に分けられる。この2つの公益法人を「一般社団法人・一般財団法人」と「公益社団法人・公益財団法人」に分離した。 • 税制上の優遇措置は、所管省庁の審査が厳しい公益社団法人・公益財団法人のみを対象とした。

解説 **小さな政府をめざした小泉改革** 小泉内閣の下で2006年に制定された**行政改革関連法**は、「簡素で効率的な政府を実現」することで財政の健全化を図り、行政の無駄削減を求める国民の声に応えることを目的としている。公益法人についても、特殊法人や独立行政法人と同様に、天下りや不透明な経営が指摘されており、改革の対象となった。

TOPIC トピック 国立大学法人は、現在でも国からの「運営費交付金」が収入(外部資金を除く)の約半分を占めている。残りの半分が授業料や附属病院からの収入である。

用語解説 ㉖天下り，㉗行政委員会，㉘オンブズマン，㉙独立行政法人

FILE 12

行政改革と民営化

出題

政府の役割が拡大するにつれて、経費の増大や業務の拡大とともに、その非効率性が問題となった。そこで、肥大化した行政の役割を減らし、予算の削減や組織を縮小することで財政再建をめざす行政改革が行われてきた。これは、「大きな政府」から「小さな政府」への取り組みともいえる。日本の行政改革はどのように進められたのか。

	財政再建・組織削減	民営化・民間委託	ガバナンス改革
1960年代	1961～64年　第１次臨時行政調査会[池田内閣]→本格的な行政改革論議が始まる		
1980年代	1981～83年　**第２次臨時行政調査会**[鈴木～中曽根内閣]→増税なき財政再建が基本方針		
	一般会計予算でマイナス・シーリング(一般予算において、前年度よりも一般財源を減らす措置)を導入(1983年)	三公社民営化(1985～87年) •電電公社→ＮＴＴ　•専売公社→ＪＴ •国鉄→ＪＲ	
1990年代	1996～98年　**行政改革会議**[橋本内閣]→国の行政機関の再編		
	中央省庁等改革基本法成立(1998年) 中央省庁等改革関連法成立(1999年) →中央省庁を１府12省庁に再編し、独立行政法人制度を導入(2001年)	ＰＦＩ(Private Finance Initiative)制度を導入(1999年)	行政手続法(1993年)、情報公開法(1999年) パブリック・コメントの導入(1999年) 副大臣・大臣政務官の導入、政府委員の廃止(2001年)
2000年代	2001～06年　**小泉内閣による構造改革**→「改革なくして成長なし」がスローガン		
	財政投融資改革(2001年) 特殊法人改革(2001年) ※民主党政権による「事業仕分け」(2009～10年)	指定管理者制度を導入(2003年) 道路公団民営化(2005年) 市場化テスト法成立(2006年) 郵政民営化(2007年) 政府系金融機関改革(2008年)	経済財政諮問会議での重要政策の調査・審議(2001年～) 公益法人制度改革(2008年) 裁判員制度を導入(2009年) 内閣人事局の設置(2014年)

「小さな政府」への取り組み

戦後の日本の行政改革論議は、1961年に第１次臨時行政調査会が設置されてスタートした。1980年代になると、特例公債(赤字国債)への依存が問題化する中で、第２次臨時行政調査会(二次臨調)が設置され、「増税なき財政再建」をめざして議論された。この結果、1983年度にはマイナス・シーリングが導入された。また、二次臨調の答申に基づき、電電公社(電話)・国鉄(鉄道)・専売公社(たばこと塩)の**三公社民営化**が実現した。

国鉄とＪＲ７社における経常収支　(国土交通省資料)

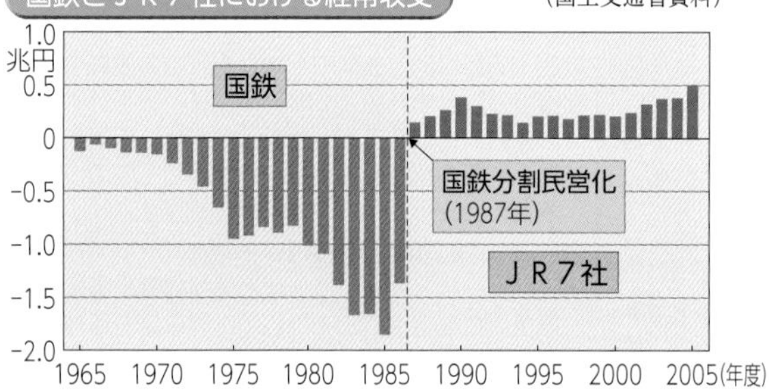

その後、橋本内閣による行政改革に基づいて、2001年に中央省庁再編や財政投融資改革が行われた。2000年代の小泉内閣時には「聖域なき構造改革」と称して、**道路公団民営化**や**郵政民営化**をはじめ、各種の規制改革が推進された。

このほかにも、公の施設の建設や管理・運営に民間の資金や手法を導入する**ＰＦＩ**(Private Finance Initiative)**制度**(1999年)や、施設の管理・運営を民間事業者に認める**指定管理者制度**(2003年)などが導入された。指定管理者制度では民間事業者が施設の管理・運営のみを行うのに対して、ＰＦＩ制度では施設の設計・建設の段階から民間事業者に委託できることなどに、その違いがある。

さまざまな民営化

民営化には、すべての資産と業務を民間に譲渡・移行する完全民営化から、一部の機能を民間に委託するものまでさまざまな方法がある。完全民営化された国鉄(ＪＲ)では、人員削減を含む合理化に加えて、駅ビルの運営や不動産事業などによって収益が改善され、頻繁に行われていた鉄道運賃の値上げも少なくなった。しかし、鉄道利用者が減少したことに加えて、新型コロナウイルス感染症の流行による旅客減や商業施設の不振のために不採算路線の維持が重荷になっており、路線の整理縮小の議論も始まっている。

また、近年では、空港施設の効率的な活用を目的として空港の民営化が進められている。経営統合された関西国際空港と大阪国際空港では、施設の所有権を公共主体(国や地方公共団体など)が保有したまま、事業を運営する権利を民間事業者に譲渡する「コンセッション方式」が2016年から採用されている。一方、一部の地方公共団体では、市町村による経営が原則であった水道事業の民営化が議論されており、民間の資金や技術を生かした持続的な水道事業のあり方が模索されている。その背景には、過疎化による料金収入や職員数の減少が進む中で、老朽化した水道施設を修繕するための負担が増加していることがある。

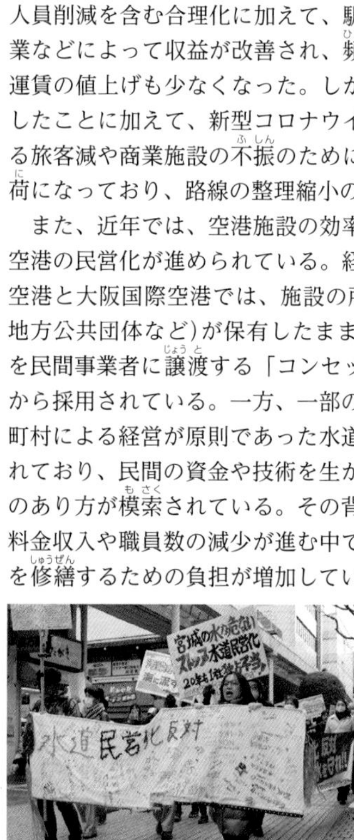

水道民営化に反対する住民(2022年)　宮城県は2022年に全国で初めて水道事業の運営を民間に委託した。水道民営化に対しては、料金の引き上げや水質の悪化、災害時の復旧の遅れなどを心配する声もある。

9 裁判所の機能と司法制度

要点の整理

＊1～13は資料番号を示す

Ⅰ 司法権と裁判官の地位

❶**司法権**1……具体的な事件において、法を適用することによって紛争を解決する国家のはたらき
- 特別裁判所の設置は禁止

❷**司法権独立の原則**2……裁判所だけに司法権を与える(第76条)。最高裁判所の**規則制定権**(第77条)
- 裁判官の職権の独立……裁判官は、その良心に従い、憲法・法律にのみ拘束される(第76条)
  ⟶ 大津事件、浦和事件、平賀書簡事件

❸**裁判官の身分保障**3……裁判官が外部の圧力や干渉、司法内部の上からの指揮・命令によって、罷免されたり、懲戒処分されないように、裁判官の身分を保障(第78～80条) ⟶ 心身の故障、**国民審査**4、**弾劾裁判**5、定年以外でやめさせられることはない

↑最高裁判所

Ⅱ 日本の司法制度とその課題

❶**裁判所の種類**6……**最高裁判所**(終審裁判所)と**下級裁判所**(高等・地方・家庭・簡易裁判所) ⟶ **三審制**で**再審制度**あり。**裁判の公開の原則**

❷**裁判の種類**

(1)**民事訴訟**9……私人(個人や法人)が私人を訴え、裁判官が判断する。
行政裁判も民事裁判の一種
- 東京高等裁判所に**知的財産高等裁判所**を設置(2005年)
- **裁判外紛争解決手続(ADR)法**……調停や斡旋など、裁判によらない紛争解決方法

(2)**刑事訴訟**10……検察官が被告人を訴追し、弁護人は被告人を弁護する。裁判は**罪刑法定主義**に基づく
- **裁判員制度**(2009年から実施)……重大な刑事事件の第一審において、国民参加による裁判制度
  ⟶ 原則として裁判官3人と裁判員6人による合議制。英米では陪審制、仏独では参審制を採用
- **検察審査会**……国民から選ばれた委員が、検察官による不起訴処分の妥当性を審査
- 刑罰の意義と目的……①応報刑論(刑罰は犯罪行為に対する報いとする説)
  ②目的刑論(刑罰は犯罪予防を目的とする説)
- 犯罪者の更生と再犯の防止11……**再犯防止推進法**の成立(2016年)、「**拘禁刑**」の新設(2025年6月導入予定)
- 犯罪被害者への支援12……犯罪被害者保護法や犯罪被害者等基本法、**被害者参加制度**の導入

❸**違憲審査権**13……**終審裁判所**である最高裁判所は「憲法の番人」
- 付随的違憲審査制……具体的な争訟事件に付随して行われる。日本にはドイツのような憲法裁判所はない

Ⅰ 司法権と裁判官の地位

1 日本国憲法と大日本帝国憲法(明治憲法)における司法制度の比較 出題

？日本国憲法で認められている司法権は、大日本帝国憲法下における司法権と比較してどの点が異なっているのか

大日本帝国憲法		日本国憲法
統治権を総攬する天皇(4条)	司法権の所属	最高裁判所と下級裁判所(76条)
天皇の名において裁判所が行使(57条)	司法権の行使	裁判所が行使 ※裁判官は良心に従い独立して職権を行使(76条)
民事裁判・刑事裁判	司法権の範囲	民事裁判・刑事裁判・行政裁判
刑法違反または懲戒処分以外に罷免されない(58条)	裁判官の身分保障	心身の故障または弾劾裁判によらなければ罷免されない(78条)
特別裁判所(60条) 行政裁判所(61条)	特別裁判所	特別裁判所は設置禁止(76条) 終審としての行政裁判所の設置は禁止(76条)
規定なし	違憲法令審査権	最高裁が終審裁判所(81条) ※違憲審査は下級裁判所にも認められている
規定なし	国民審査	最高裁判所の裁判官に対しては国民審査による罷免可(79条)

日本国憲法での司法権の所属の例外…国会の両議院の**議員資格争訟裁判**(55条)、国会に設置される**裁判官弾劾裁判所**(第64条)。また、外国大使館の治外法権や条約によって決められた事項など、国際的な規定事項も裁判所の司法権が及ばない。

特別裁判所

司法権を行使する通常の裁判所の系統外にあり、特別な身分の者または特別な事件について裁判をするところ。例として、明治憲法下では、皇族間の訴訟を扱う皇室裁判所や、軍人に関する刑事裁判を扱う軍法会議などがあった。日本国憲法では特別裁判所の設置を認めていない。家庭裁判所や知的財産高等裁判所などは、通常の裁判所の系統に属するため、特別裁判所ではない。

↑戦前の軍法会議　5.15事件の海軍公判

TOPIC トピック　憲法裁判所の設置については。現行憲法上認められないとする説と認められるとする説があるが、認められないとする説が通説であるとされる。

用語解説　70特殊法人改革、71三公社の民営化

2 司法権の独立

?司法権の独立はどのように守られているのか

①日本国憲法における司法権の独立　出題

司法権の独立

- **裁判所の独立**（国会・内閣からの独立）
  - すべて司法権は最高裁判所及び下級裁判所に属する（憲法第76条１項）
  - 特別裁判所の設置の禁止（憲法第76条２項）
  - 行政機関による終審裁判の禁止（憲法第76条２項）
  - 裁判所の自律権（憲法第77条）
    - 最高裁判所の規則制定権（憲法第77条）
    - 最高裁判所による下級裁裁判官の指名（憲法第80条１項）
  - 違憲審査権（憲法第81条）
- **裁判官の独立**
  - 裁判官の職権の独立（憲法第76条３項）
  - 裁判官の身分保障（憲法第78条）
  - 裁判官の経済的保障
    →相当額の報酬と減額の禁止（憲法第79条６項、第80条２項）

例外　国会議員の資格争訟の裁判（憲法第55条）　裁判官の弾劾裁判（憲法第64条）

第76条【司法権・裁判所、特別裁判所の禁止、裁判官の独立】　①すべて司法権は、最高裁判所及び法律の定めるところにより設置する下級裁判所に属する。
②特別裁判所は、これを設置することができない。行政機関は、終審として裁判を行ふことができない。
③すべて裁判官は、その良心に従ひ独立してその職権を行ひ、この憲法及び法律にのみ拘束される。

最高裁判所の規則制定権

最高裁判所が法律によらず、独自に司法内部の規則を制定する権限をもつ。これは三権分立を徹底させるための規定である。裁判官だけでなく、弁護士や検察官もこの規則に従わなければならない。

解説　**公正な裁判のために**　外部からの圧力を排除し、公正な裁判を行い、国民の権利を守るために、**司法権の独立**が憲法で保障されている。具体的には、裁判所の自律権など他機関からの「**裁判所の独立**」と、「**裁判官の職権の独立**」からなる。

②司法権の独立をめぐる事件

	概　要
大津事件	**事件**　1891（明治24）年、ロシア皇太子ニコライがシベリア鉄道起工式に出席する途中、国賓として日本を訪問した。その際、ニコライは琵琶湖周遊後、警備にあたっていた津田三蔵巡査によってサーベルで切りつけられ、頭部にけがを負うという事件が起きた。 **経緯**　旧刑法では外国の元首も一般人と同様の扱いであり、殺人未遂の最高刑は無期懲役であった。これに対して、当時の松方内閣は、強国ロシアとの関係悪化を恐れて津田に死刑を科したいと考え、担当の裁判官に「皇室に対する罪」を適用し、死刑にすることを迫った。これに対して、大審院院長の児島惟謙は内閣の圧力に反対し、担当の裁判官を説得。この結果、裁判官は無期懲役の判決を下した。 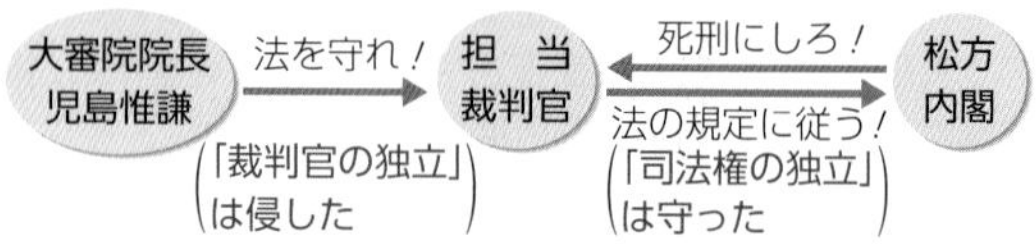  ↑児島惟謙（1837〜1908） **解説**　児島が担当の裁判官を説得したことは、裁判官の独立を侵す行為でもあった。しかし、内閣の圧力から司法権の独立を守ったことで、日本が法治国家であることを諸外国に認めさせることになった。
浦和事件	**事件**　1948年、賭博にふける夫と別居中であった浦和充子は、３人の子どもと無理心中を図り、子どもに殺鼠剤を食べさせたが、苦しむ様子を見ておられず絞殺し、殺人罪に問われた。浦和地方裁判所は懲役３年、執行猶予３年の判決を下した。 **経緯**　判決後、参議院法務委員会は国政調査権を発動し、この事件を調査したところ、この判決は「子は親のもの」という封建的な思想に基づくもので、判決の刑は軽すぎる、との非難を行った。これに対して、最高裁判所は、法務委員会が裁判の事実認定と量刑について調査し、非難することは司法権の独立を侵害するものと反論した。 **解説**　両議院による国政調査権には司法制度に関する調査権が含まれる。しかし、具体的な裁判の進行や判決内容については国政調査権の範囲を逸脱したものとされ、裁判官の職権の独立を侵害すると考えられている。 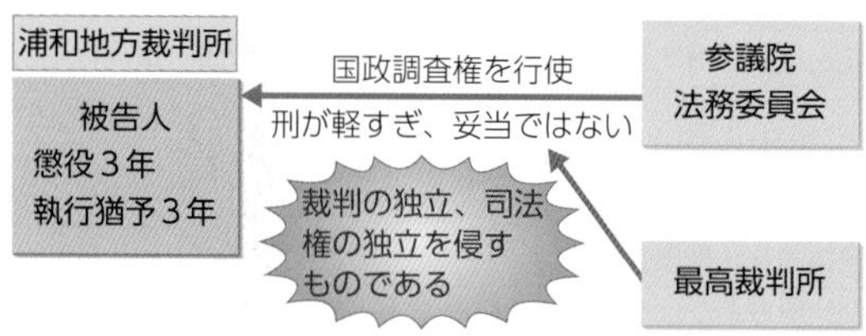
平賀書簡事件	**事件**　1969年、国は北海道長沼町に自衛隊の地対空誘導ミサイル基地を建設するため、35ヘクタールの国有保安林を保安林から解除するという告示を出した。これに対して、住民73名が告示の取り消しを求めた（**長沼ナイキ基地訴訟**）。 **経緯**　札幌地裁で行われた裁判には福島裁判官ほか２名が担当し、審理が進められたが、1969年、当時の札幌地裁の平賀所長は、重要な事件と判断し、自己の見解を福島裁判官に書簡で送った（**平賀書簡**）。この書簡の内容は、訴訟の判断に関するものであり、裁判官の職権の独立を侵害するとして問題となった。 **解説**　福島裁判官が平賀書簡を公表したため、問題が表面化した。平賀所長は注意処分を受けて東京高等裁判所に異動となった。一方、福島裁判官が平賀書簡を公表したことに対しても問題とされ、平賀・福島両氏は国会議員からなる裁判官訴追委員会での審議対象となった。その結果、平賀所長は不訴追、福島裁判官は訴追猶予となった。 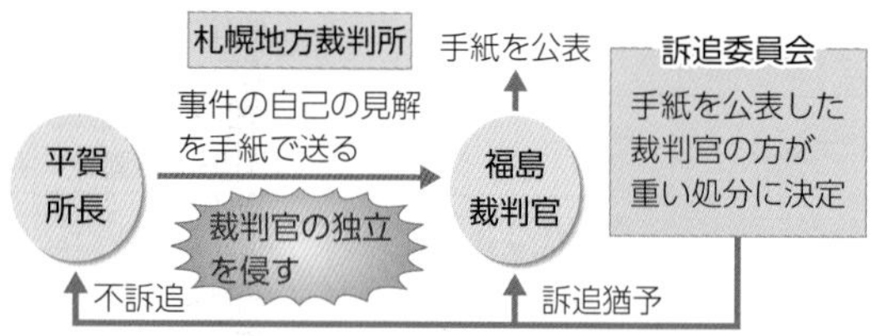

Zoom　**司法権の独立**　議会制民主主義では多数決によって意思決定が行われ、少数派の権利が侵害されるおそれがある。少数者の権利を保障するためには、司法機関が立法や行政をチェックできるしくみが欠かせない。したがって、司法権の独立が重要となる。

3 裁判官の身分保障 出題

？ 裁判官の身分保障はなぜ必要なのか

第78条【裁判官の身分の保障】 裁判官は、裁判により、心身の故障のために職務を執ることができないと決定された場合を除いては、公の弾劾によらなければ罷免されない。裁判官の懲戒処分は、行政機関がこれを行ふことはできない。

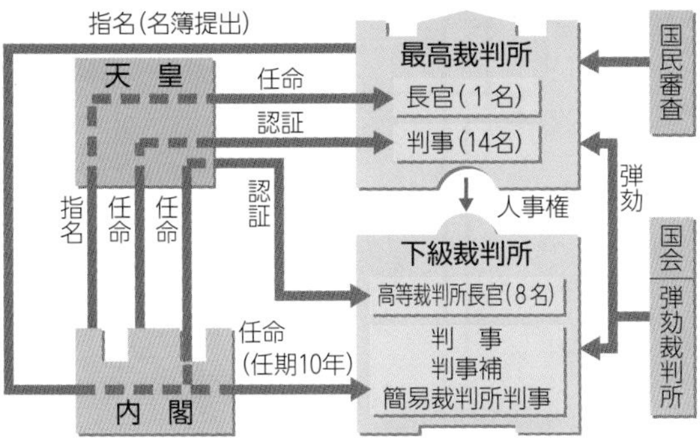

裁判官が本人の意思に反して身分を失う場合

- 心身の故障のために職務をとることができないと裁判で決定された場合(第78条)
- 弾劾裁判により罷免の判決を受けた場合(第78条)
- 最高裁判所裁判官が国民審査によって罷免を可とされた場合(第79条)
- 定年(最高裁判所・簡易裁判所は70歳、その他は65歳〈裁判所法第50条〉)に達した場合(第80条)

解説 **裁判官の手厚い身分保障** 裁判官の職権の独立を保障するために、裁判官は行政府などの圧力から独立して裁判を行えるよう、強力な身分保障がなされている。また、行政裁判を公正に行い、行政機関からの圧力を排除するために、行政機関による懲戒処分は行うことができず、裁判官の報酬は在任中に減額することができない。

4 国民審査 出題

第79条【最高裁判所の裁判官、国民審査、定年、報酬】 ①最高裁判所は、その長たる裁判官及び法律の定める員数のその他の裁判官でこれを構成し、その長たる裁判官以外の裁判官は、内閣でこれを任命する。

②最高裁判所の裁判官の任命は、その任命後初めて行はれる衆議院議員総選挙の際国民の審査に付し、その後10年を経過した後初めて行はれる衆議院議員総選挙の際更に審査に付し、その後も同様とする。

③前項の場合において、投票者の多数が裁判官の罷免を可とするときは、その裁判官は、罷免される。

●最高裁判所裁判官国民審査結果(2021年10月31日)

※数値は罷免を可とするもの、( )内は不信任投票率を示す。

深山　卓也	4,473,315(7.82%)	三浦　守	3,813,025(6.67%)
岡　正晶	3,544,361(6.20%)	草野　耕一	3,821,616(6.68%)
宇賀　克也	3,911,314(6.84%)	渡邉　恵理子	3,468,613(6.07%)
堺　徹	3,539,058(6.19%)	安浪　亮介	3,384,687(5.92%)
林　道晴	4,397,748(7.69%)	長嶺　安政	4,138,543(7.24%)
岡村　和美	4,149,807(7.26%)		

(速報値、総務省資料)

解説 **国民審査は信任かリコールか** 国民審査は直接民主制の一つであり、内閣による指名・任命を国民の監視下に置くための制度である。投票用紙に罷免を可とする場合に×を記入する形式で行われており、解職(リコール)の性質が強い。現在まで一人も罷免になっていない。

5 弾劾裁判 (➡p.78) 出題

裁判官	訴追事由
静岡地裁判事(1948年)	懇意の弁護士と一緒に旅行し、無断欠勤した。また、旅行の際に、弁護士らが行った商売に関わり、さらに、商売対象であった「するめ」が警察に摘発されたことを受けて、警察署長らに不問にするように迫った。⟶欠勤中は緊急事務もなく、公判は支障なく行われた。また、その際の商取引には直接介入していなかったことや、利益供与の事実は認められなかったことなどから、**不罷免**。
京都地裁判事補(1977年)	ロッキード事件に関して、検事総長の名をかたって当時首相であった三木武夫に電話をかけ、虚偽の捜査状況を報告した上、田中角栄前首相らの起訴並びに逮捕の取り扱いについて直接の裁断を仰ぎたいと告げ、裁断の言質を引き出そうとした。これを録音し、録音テープを新聞記者に聞かせた。⟶**罷免**、のちに資格回復。
大阪地裁判事補(2013年)	走行中の電車内で、乗客の女性に対して携帯電話を使ってスカート内の下着を盗撮した。⟶**罷免**。

解説 **弾劾裁判の役割** **弾劾裁判**は、裁判官にふさわしくない行為をした裁判官を国会議員が罷免するための制度である。しかし、司法権の独立を侵害する危険性もあるため、裁判官弾劾法では罷免事由や罷免手続きを厳格に規定している。罷免された裁判官は法曹資格を剥奪されるが、5年経過すると弾劾裁判所はその資格を回復する裁判を行うことができる。弾劾裁判所は参議院第二別館内に設置されている。なお、これまでに7人が罷免され、そのうち4人が資格回復している。

COLUMN
最高裁判所の裁判官

⬆最高裁判所大法廷

最高裁裁判官(判事)は15人で、裁判官出身、検察官出身、行政官出身、弁護士出身、学者出身で構成されている。日本では、最高裁判事の国民審査の材料として、個々の裁判官がどのような判断をしたのか明らかにするために、個別意見制を採用している。まず、判決の主文と理由の双方について、多数決で決める。大法廷(15人)、小法廷(5人)ともに過半数の賛成が必要である。結論に賛成して補足的に意見を述べたいときは補足意見を、賛成できない場合は反対意見を書く。

なお、**訴訟はすべて小法廷で審理し、その中で法令が違憲かどうかを判断する場合などに、大法廷で審理することになる。**

TOPIC トピック 大津事件の被害者ニコライは1894年にロシア最後の皇帝に即位し、ニコライ2世となった。しかしロシア革命によって1918年に処刑された。

用語解説 ⑫司法権の独立、⑬国民審査

Ⅱ 日本の司法制度とその課題

6 裁判制度

？三審制度はどのように行われているのか　出題

裁判所の構成

最高裁判所
東京、長官と14人の判事
大法廷15人（定足数９人）
小法廷５人（定足数３人）

高等裁判所
８か所（札幌・仙台・東京・名古屋・大阪・広島・高松・福岡）
原則３人、重要５人の合議制

地方裁判所
50か所（北海道４、各都府県１）、支部203か所
１人または３人の合議制

簡易裁判所
438か所、１人制

家庭裁判所
253か所（地裁と同じ所）
１人または３人の合議制

裁判制度と三審制

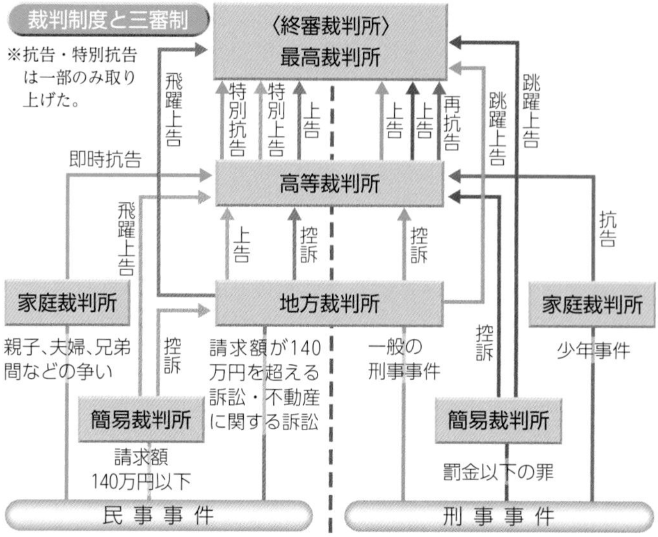

裁判の種類

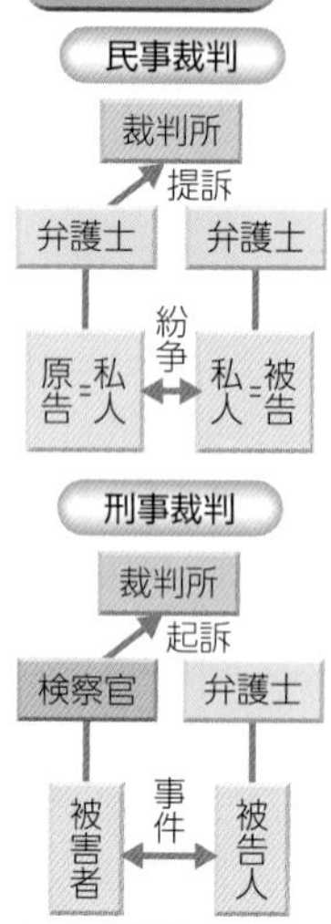

判決と決定・命令…判決は、裁判において口頭弁論に基づいて公開の法廷で言い渡されるもの。一方、決定と命令は、比較的簡素な形式の裁判によるもので、口頭弁論を必要としない。決定は裁判所が行うのに対して、命令は裁判官が単独で行う。
対審…裁判の当事者同士が、法廷で主張を述べあうこと。口頭弁論（刑事訴訟では公判ともいわれる）がこれに当たる。

- ◆**控訴**…第一審裁判所の判決に不服の場合、上級審に訴えること。
- ◆**上告**…第二審裁判所（控訴審）の判決に不服の場合、上級審に訴えること。
- ◆**飛躍**（ひやく）**上告**…民事事件において、憲法違反の可能性のある場合に、控訴審を飛び越して上告することをいう。刑事事件では跳躍（ちょうやく）上告という。
- ◆**抗告**（こうこく）…裁判所の決定・命令に不服の場合、上級の裁判所に訴えること。
- ◆**特別上告**…民事事件で高等裁判所が上告審になるとき、最高裁判所に訴えること。

解説 **三審制と再審制度**　国民の基本的人権を守り、誤りのない公平で慎重な裁判を行うために**三審制**が採用されている。被告人（民事裁判では被告）や原告は、第一審の判決に不服があれば**控訴審**に、さらに不服があれば**上告審**に訴えることができる。これに加えて、有罪が確定し、裁判が終了した事件に関して、新たな証拠が出てきた場合などでは、裁判のやり直しを請求できる**再審制度**も用意されている。また、**裁判における対審**（たいしん）**と判決は原則として公開されるが、特に判決や国民の権利が問題となるときの対審は常に公開しなければならない。例外として、「公の秩序または善良の風俗を害する」おそれがある場合は、裁判官の全員一致で対審の非公開を認めている**（第82条）。

7 弁護士の役割

●**弁護士バッジ**

表面は十六弁のひまわりの花
↓
「**正義と自由**」を意味する

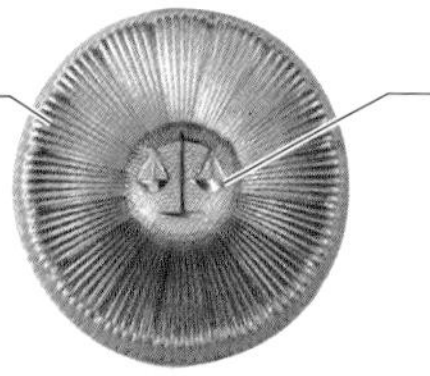

中心部にはかり１台
↓
「**公正と平等**」を意味する

弁護士

弁護士は、民事裁判では依頼人の利益を実現するために活動し、刑事裁判では被告人の側に立って、冤罪（えんざい）やいきすぎた刑罰が科されるのを防ぐために活動している。憲法では、刑事被告人は弁護人依頼権が認められ、被告人が弁護士費用を払うことができない場合は、**国選弁護人**を依頼する権利もある（第37条）。2006年からは起訴前の被疑者に対しても、国選弁護人制度が実施されている。

解説 **社会正義の実現**　憲法では被告人の弁護人依頼権を規定しているが、不当な捜査や取り調べを防止するためには、逮捕から起訴されるまでの被疑者に対しても、弁護人をつける必要がある。1992年から日本弁護士連合会は、逮捕された被疑者の求めに応じて弁護士を派遣する制度として当番弁護士を設けている（１回のみ無料）。なお、裁判官・弁護士・検察官を**法曹**（ほうそう）**三者**という。

8 検察制度

検察官の権限
①被疑者を起訴するかどうかを決定する。
②第一次的な捜査は警察が行うが、検察官も独自の捜査権をもつ。
③刑罰の執行を行う。
④法務大臣は検察を一般的に指揮できるが、個別の事件については検事総長に対してのみ指揮できる。

特別捜査部…東京・大阪・名古屋の地方検察庁に置かれ、政治家の汚職や企業の不祥事（ふしょうじ）に関して、国税庁や公正取引委員会などからの告発に基づいて独自捜査を行う。

法務大臣　個別事件の指揮
〈対応裁判所〉

- **最高検察庁** ― 最高裁判所
  〈検事総長　次長検事〉東京
- **高等検察庁** ― 高等裁判所
  〈検事長　次席検事〉
  東京・大阪・名古屋・広島・福岡・仙台・札幌・高松（支部が６庁）
- **地方検察庁** ― 地方裁判所
  〈検事正　次席検事〉
  各都道府県庁所在地１か所，北海道４か所の50庁，他に支部が203か所
- **区検察庁** ― 簡易裁判所
  全国438か所

解説 **検察権の独立性**　検察庁は検察官の行う事務を統括するところであり、法務省の「特別の機関」とされる。検察官は単独で検察権を行使できる独立性をもつが、国の行政機関として一体となって活動するため、検事総長をトップとした指揮系統に服している。

Zoom **三審制の進め方**　三審制では毎回裁判を最初からやり直すわけではない。控訴の際は、第一審判決の判断を事後的に審査する手続きが行われる。上告の際は、下級審での事実認定に基づいて法律の解釈などに関わる判断を行う。

9 民事訴訟のしくみ

?民事訴訟が行われるのはどのようなときか

①民事裁判の流れ

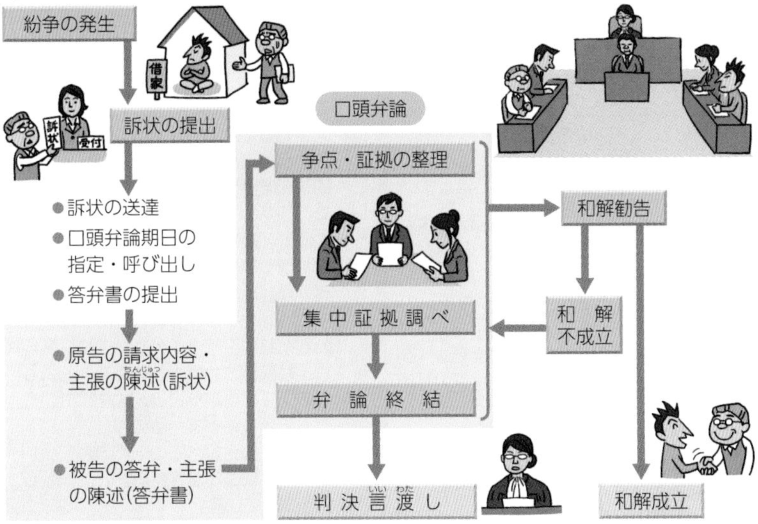

◆**和解**…裁判の過程で判決を待つことなく、原告と被告が和解することにより、裁判が終了する場合もある。和解は判決と同一の効力をもつ。

◆**強制執行手続き**…被告が判決や和解した内容を履行しない場合には、裁判所が判決や和解の内容を強制的に実現させる。たとえば、被告である債務者の不動産や預貯金の差し押さえなどがこれにあたる。

◆**訴訟額と提訴裁判所**…訴訟額が140万円を超える場合は地方裁判所に、140万円以下は簡易裁判所に提訴する。60万円以下は少額訴訟手続きが可能で、1回の審理で判決が出る。

◆**訴訟費用**…法律で定められている訴訟費用は、基本的には裁判に負けた側が負担する。

解説 **私人間のトラブルを解決**　**民事裁判**とは、私人(個人や法人)が私人を訴え、おもに財産権に関する紛争の解決を裁判所に求める裁判をいう。また、私人が国や地方自治体を訴える**行政裁判**も、民事裁判の一種である。民事訴訟と刑事訴訟とでは、その果たす役割が違うため、同一の事件に対してそれぞれ別個に責任が問われる。たとえば、人身事故の加害者は、民事訴訟では損害賠償責任が問われ、刑事訴訟では業務上過失致死などの量刑が問題となる。この場合、刑事裁判で無罪判決が出されても、民事裁判では賠償の支払いが命じられる場合もある。なお、家庭内のトラブルについて扱う家事事件は家庭裁判所で行われる。

②裁判外紛争解決手続との比較

民事訴訟		ADR
裁判官のみ	**手続きの主宰者**	裁判官のほか、各分野の専門家
不要	**開始するための相手の同意**	必要
原則公開	**手続きの公開**	非公開
できない。ただし、控訴・上告による不服申し立てはできる	**解決案の拒否**	和解の仲介…できる 仲裁…できない。不服申し立ても不可
申し立て費用のほかに弁護士費用が必要	**費用**	原則として弁護士費用は不要

解説 **第三者による紛争解決**　裁判は時間や費用などの負担が大きい。そのため、裁判所による**調停**(民事調停や家事調停)や、裁判所以外の行政機関や民間団体などの第三者が関与して、民事上の紛争を早期に解決する**裁判外紛争解決手続**(ADR)が注目されている。2007年にはADR法が施行された。民間機関が第三者として和解の仲介(調停や斡旋)を行うには、法務大臣の認証を必要とする。

③知的財産高等裁判所

	訴訟の概要
商標登録関係	井村屋は商品「あずきバー」の商標登録を特許庁に出願したが、特許庁は「他社も『あずきバー』をつくっている」として認めなかった。井村屋はこの決定の取り消しを求めて訴訟を起こした。2013年の判決では、井村屋の「あずきバー」は販売実績や知名度が高く、商標登録できるとして、特許庁の決定を取り消した。
特許技術関係	伊藤園は2013年に「甘くて濃厚な味わいで、酸味を抑えた」とするトマトジュースの製法を特許登録した。これに対して、カゴメは「製法の定義が曖昧だ」として特許の無効を特許庁に申し立てたが認められなかったため、提訴した。2017年の判決では、特許技術と風味との関連性についての試験評価が適切でなく、特許の要件を満たしていないとして、特許を無効とした。

解説 **東京高裁の一部**　2005年、知的財産に関する事件を専門的に取り扱う**知的財産高等裁判所**が、東京高等裁判所の特別支部として設置された。知的財産高等裁判所の扱う事件は、知的財産権に関する民事訴訟の控訴審や、特許庁が下した審決の取り消し訴訟(第一審)などがある。また、知的財産高等裁判所の判決に不服のある場合は、最高裁に上告できる。

COLUMN

法テラスの目的と業務

2006年に業務を開始した**日本司法支援センター**(通称「**法テラス**」)は、頻発する法的トラブルの解決に必要なサービスを提供するために、民事・刑事を問わず、法律に関する情報の提供・無料法律相談・犯罪被害者の支援・過疎地域での司法サービスなどを行っている独立行政法人である。また、被疑者国選弁護制度では、裁判所の依頼を受けて、法テラスが弁護人を派遣している。

↑法テラスの電話相談

用語解説　74三審制，75再審制度，76裁判の公開，77裁判外紛争解決手続，78知的財産高等裁判所

10 刑事訴訟のしくみ

①刑事裁判の流れ　？刑事裁判が行われるのはどのようなときか

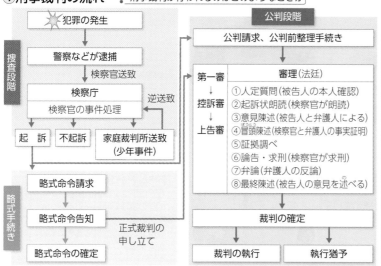

捜査段階
- 犯罪の発生
- ↓
- 警察などが逮捕
- ↓ 検察官送致
- 検察庁／検察官の事件処理（←逆送致）
- → 起訴／不起訴／家庭裁判所送致（少年事件）

略式手続き
- 略式命令請求
- ↓
- 略式命令告知 →（正式裁判の申し立て）→ 公判段階へ
- ↓
- 略式命令の確定

公判段階
- 公判請求、公判前整理手続き
- ↓
- 第一審 ↓ 控訴審 ↓ 上告審
- 審理（法廷）
  - ①人定質問（被告人の本人確認）
  - ②起訴状朗読（検察官が朗読）
  - ③意見陳述（被告人と弁護人による）
  - ④冒頭陳述（検察官と弁護人の事実証明）
  - ⑤証拠調べ
  - ⑥論告・求刑（検察官が求刑）
  - ⑦弁論（弁護人の反論）
  - ⑧最終陳述（被告人の意見を述べる）
- ↓
- 裁判の確定
- ↓
- 裁判の執行／執行猶予

◆**公判請求**…裁判所に起訴状を提出し、法廷での審理を求めること。
◆**略式命令手続き**…被疑者の同意を得て、公判を開かずに、簡易裁判所での簡略化した書面審理を請求する。比較的軽微な刑事事件に限られる。
◆**即決裁判手続き**…被疑者の同意を得て、簡略な方法で証拠調べが行われ、１日で判決が言い渡される。比較的軽微な刑事事件に限られ、懲役・禁錮を科す場合は、執行猶予がつく。2006年から実施されている。
◆**公判前整理手続き**…公判の前に、裁判官・検察官・弁護人が争点を明確にした上で証拠を絞りこみ、短期間で審理できるようにするための手続き。裁判員裁判では、すべての刑事事件で公判前整理手続きがなされる。2005年から実施されている。

解説 **「疑わしきは被告人の利益に」が原則**　**刑事裁判**では、検察官は被疑者（罪を犯した疑いのある者）を取り調べた上で、十分な証拠が認められる場合、原告の立場から被疑者を裁判所に訴える。被疑者は起訴された段階で被告人となる。そして、裁判官は被告人が罪を犯したかどうか、罪を犯したならどのような量刑（刑罰の種類や重さ）を科すべきかを判断する。日本国憲法では迅速な裁判を受ける権利を保障しており、即決裁判手続きや略式命令手続きで行われる刑事事件は短期間で終結する。しかし、なかには長期化する刑事裁判もあり、「東大ポポロ事件」では起訴から判決確定までに21年かかっている。なお、2003年に成立した**裁判迅速化法**では、第一審を２年以内のできるだけ短い期間内に終わらせることが目標として掲げられている。

②裁判員制度　？どのような刑事訴訟で裁判員裁判が行われるのか　出題

裁判員の選任

裁判員候補者名簿（本人に通知）
有権者（18歳以上）の中から、翌年の裁判員候補者を選ぶ
- 調査票に記入
  「70歳以上や学生で辞退を希望するか？」「忙しい日は？」など

↓

事件ごとに裁判員候補者を選ぶ
- 公判６週間前までに呼び出し状送付
  裁判所に来てもらう日時を連絡
- 質問票に記入
  「重要な仕事や用事は？」「育児や介護は？」「裁判員に選ばれたことはあるか？」など

↓

質問手続き（非公開）
- 裁判所で行われる
- 一定の理由があれば断ることができる

↓

除外されなかった候補者を抽選、選任

捜査・逮捕
↓
起　訴
↓
公判前整理手続き
争点や証拠を絞りこみ、短期間で審理できるようにする
↓
公判・審理
証人や被告人に質問。証拠書類の取り調べ
↓
評議（非公開）
裁判官（３人）と裁判員（６人）とで事実認定、量刑判断を決定
↓
判決言い渡し
審理終了後も守秘義務は継続

＊被告人が罪状を認めている、争いのない事件については、裁判官１人・裁判員４人で審理することもある。
＊評議について、原則は多数決であるが、有罪とする裁判官が１人もいなければ被告人を有罪にすることはできない。

⇧公開された模擬法廷での判決宣告

●**裁判員になれない人**
国会議員、国の行政機関の幹部職員、法曹関係者、地方自治体の首長、自衛官、被告人や被害者の親族、禁錮以上の刑に処せられた人　など

●**裁判員を辞退できる場合**
70歳以上の人、学生、重い病気やケガ、親族や同居人の介護・養育、重要な仕事で休むと損害が出る、父母の葬式など重要な用務　など

●**審理終了後も守秘義務は継続**
評議での意見の内容や関係者のプライバシーなどは話してはいけない（法廷での出来事は話してもよい）。守秘義務違反は、６か月以下の懲役、または50万円以下の罰金。

解説 **重大な刑事裁判が対象**　司法に対する国民の理解の増進とその信頼の向上に資することを目的として、2004年に**裁判員法**が成立、2009年から**裁判員制度**がスタートした。**裁判員制度の対象となるのは、死刑や無期懲役などに相当する重大な刑事裁判であり、第一審のみを担当する。**裁判員法上、国民の感覚を裁判に反映させることが制度の趣旨とは明記されていない。しかし、裁判によっては、これまでの類似の事件よりも重い量刑が言い渡され、その後、上級審で破棄されたものもあり、裁判員の心証で判断が左右されることへの懸念もある。制度の課題として、裁判員の心理的負担、上級審のあり方、対象事件の範囲などがあげられている。なお、すべての刑事裁判のうち、裁判員制度の対象となる裁判は２～３％程度で推移している。

Zoom **裁判員裁判と控訴審**　裁判員が加わった第一審の判決を尊重するという意味から、第一審の量刑が不当だとして控訴したときの審理については、その量刑が不合理であることが明らかな場合以外は、第一審の判断を尊重するべきとされる。

③少年法と少年事件 出題

? 少年事件は、一般の刑事事件と手続きが異なるのはなぜか

少年事件手続きの流れ

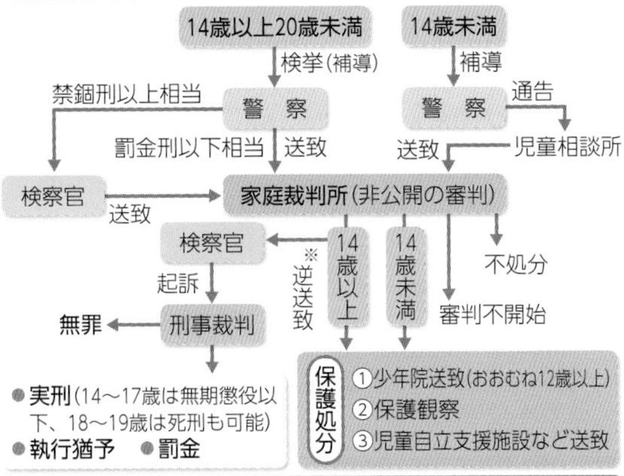

※14〜15歳は家庭裁判所の判断で逆送致、16〜19歳は故意の殺害事件は原則逆送致、18・19歳は1年以上の懲役または禁錮にあたる罪の事件も対象

◆**少年法の目的**…少年の健全な育成のため、非行のある少年に対して性格の矯正や保護処分を行い、少年の刑事事件について特別の措置を講じること。

◆**家庭裁判所に付される少年(20歳未満)**…①罪を犯した少年(犯罪少年)、②罪を犯すおそれのある少年(虞犯少年)、③14歳未満で刑罰法令にふれる行為をした少年(触法少年)

◆**保護処分**…少年を更生させるための少年法上の処分。保護観察、少年院送致、児童自立支援施設等送致がある。場合によっては、成年と同様の刑事処分を受けることもある。

◆**記事などの報道規制**…家庭裁判所の審判に付された少年は、氏名・年齢・職業・住居・容貌などに関する記事や写真を新聞紙その他の出版物に掲載してはならない。18・19歳は原則として起訴段階で規制解除。

解説 **少年法の改正** **少年法**では20歳未満の少年が犯罪を犯した場合の取り扱いを定めている。保護・更生の観点から、少年は成人と同様の刑事手続きで裁判されるのではなく、まずは家庭裁判所の審判に付されることになっている。少年法はたびたび改正され、厳罰化されている。2021年の改正では、**18・19歳の少年を「特定少年」として、逆送致によって刑事裁判を行う事件の対象を拡大した**。また、「特定少年」は起訴後の実名報道が認められることになった。今回の改正は、18・19歳を少年法の対象から外すのではなく、成年に対する処遇に近づけつつも保護更生を図るものとなっている。

④検察審査会 出題

検察審査会による審査の流れ

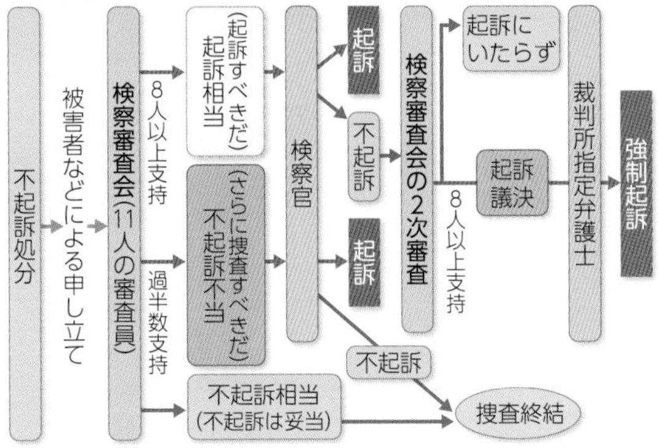

●検察審査会で強制起訴された事件の例

	概　要
陸山会事件	政治家の小沢一郎氏の資金管理団体「陸山会」が2004年に東京都内に土地を購入した。その際、小沢氏が土地代金として提供した4億円を隠すため、政治資金収支報告書に虚偽の記載をしたとして、元秘書3人が逮捕・起訴された。小沢氏本人は嫌疑不十分で不起訴となったが、検察審査会によって2011年に強制起訴された。 →2012年、小沢氏が元秘書と共謀していたとはいえないとして、小沢氏の無罪が確定。
明石歩道橋事故	2001年、兵庫県明石市で開催された花火大会の際、海岸と駅をつなぐ歩道橋に見物客が殺到し、11人が転倒するなどして死亡、多くの人々が重軽傷を負った。この事故に対して、警備が不十分だったとして、明石警察署の元地域官や市の幹部らは有罪が確定した。検察審査会は2010年に明石警察署の副署長にも責任ありとして、彼を強制起訴した。 →2013年の一審判決では、過失責任はなく、5年の公訴時効が過ぎていることから、裁判を打ち切る「免訴」が言い渡された(2016年の最高裁で確定)。

解説 **検察の決定を審査** 検察官は起訴・不起訴の権限を有しているが、不起訴の場合、被害者からみれば職務を果たしていないようにみえることから、準司法機関である検察を国民による監視の下におく必要がある。**検察審査会**では、くじで選ばれた11人の有権者(18歳以上)が検察審査員となり、検察の決定を審査する。起訴相当の議決があっても検察官はその議決に拘束されないが、**同一の事件で2回、8人以上が起訴を支持した場合は、裁判所が指定した弁護士により強制的に起訴される**。しかし、強制起訴後に無罪となるケースも多く、その決定には慎重さが求められている。

COLUMN

諸外国における国民の司法参加

日本の裁判員制度やドイツ・フランスの**参審制**は、裁判官と裁判員・参審員がともに討議し、有罪・無罪だけでなく量刑(刑の種類と重さ)も決める制度である。一方、アメリカやイギリスの**陪審制**は、市民から無作為に抽出された陪審員が有罪・無罪を決めて、量刑は職業裁判官が決める制度である。日本でも第二次世界大戦前の一時期に陪審制が採用され、1928年から実施されたが、戦争の激化によって1943年に停止された。

裁判員や陪審員は事件ごとに選ばれ、その事件に対する裁判の終了によって任務が終了する一方、参審員は一定期間の任期があり、特にドイツでは5年間と長い。

	構成	選任方法	評決方法	対象事件
米 陪審	裁判官1(評決には不参加)・市民12	無作為抽出	全員一致が原則	重罪事件で無罪を主張するもの
英 陪審	同上	同上	同上	同上
仏 参審	裁判官3・市民9(控訴審は3対12)	同上	8人の賛成で有罪	テロ事件などを除く重罪事件
独 参審	裁判官3・市民2(一部1対2)	政党推薦など	2/3の賛成で有罪	軽微な事件を除くすべて

※アメリカは裁判官だけの裁判も選べる。(「朝日新聞」2004年3月3日参照)

TOPIC トピック 裁判員裁判では公判前手続が行われ、公判から判決までの裁判期間は2009年に約4日で終了していたが、現在では平均10日以上かかるようになっている。

用語解説 79裁判員制度, 80検察審査会

11 犯罪者の更生と再犯の防止

刑法犯の検挙者数と再犯者率の推移　（法務省資料）

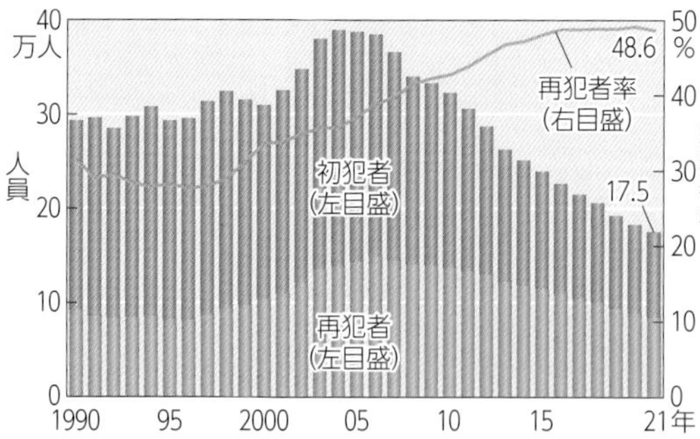

保護観察の目的

保護観察は、犯罪をした人または非行のある少年が、実社会で更生するように、刑務所などの施設ではなく、保護観察官や保護司が社会の中で指導と支援を行う。その対象は、家庭裁判所で保護観察処分に付された少年・少年院仮退院者・仮釈放者・保護観察付執行猶予者・婦人補導院仮退院者の人とされる。実社会の中で対象者への処遇を行うことから、「社会内処遇」ともいわれる。

■**保護司**……保護司法に基づく非常勤の国家公務員であるが、実質的に民間のボランティアであり、無給で活動している。保護司の人手不足と高齢化が課題となっている。

解説 **犯罪者の更正のために**　刑務所などを出た人への支援策を充実させ、再犯を防止するための**再犯防止推進法**が2016年に成立・施行された。この法律では罪を犯した人の再犯防止を国と地方自治体の責務としている。また、禁錮刑を廃止し、懲役刑と一本化して新たに「**拘禁刑**」を創設することが予定されている。刑務所内で、刑務作業だけではなく、再犯防止に向けた教育プログラムや、就業・修学指導を導入しやすくして、特に若年受刑者の更生に役立てるとしている。犯した罪をつぐない、社会の一員として立ち直るには、行政機関の支援や地域社会の理解と協力が求められる。

12 犯罪被害者への支援

犯罪被害者への支援を規定する法律

■**犯罪被害者保護法**（2000年成立）……被害者やその家族が優先的に裁判を傍聴できるようにすることを義務づけた。また、法廷で証人を被告人や傍聴人から遮蔽（しゃへい）する措置（そち）や、別室からのテレビモニターを介（かい）した証言などを認めた。

■**犯罪被害者等基本法**（2004年成立）……国や地方公共団体が取り組むべき施策として、相談や情報の提供、損害賠償の請求についての援助、保健・医療・福祉サービスの提供、二次的被害の防止や安全確保などを規定している。

※二次的被害とは、犯罪の被害を受けた後に、周囲の無理解や心ない言動、インターネットでの誹謗中傷、マスコミによる過剰な取材などによって、被害者の人権が侵害されること。

■**刑事訴訟法の改正法**（2007年成立）……殺人や傷害などの犯罪被害者やその遺族が、検察官とともに被告人や証人に質問し、量刑についても意見を述べることができる被害者参加制度を創設した。

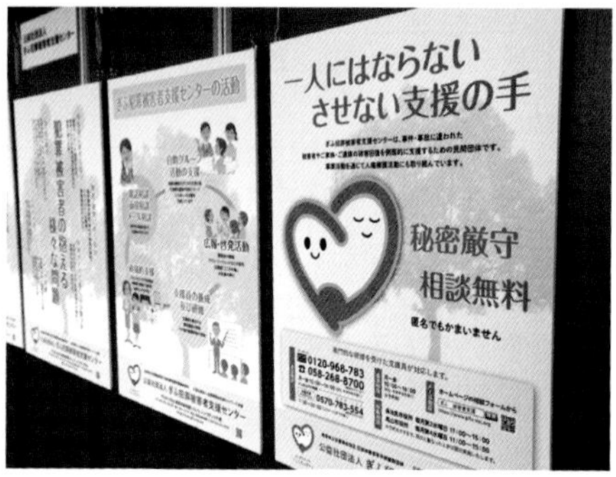

犯罪被害者やその家族への支援を啓発するポスター

解説 **被害者の裁判参加**　**被害者参加制度**によって、これまで傍聴席で見守るしかなかった被害者や遺族が、被害者参加人として直接裁判に参加できるようになった。被害者参加人は、被告人への質問などを弁護士に委任することもでき、経済的に余裕がない場合は国選弁護人（被害者参加弁護士）を求めることもできる。被害者や遺族が自分たちの考えを裁判で訴えることができるようになる一方、裁判員の判断が被害者や遺族の意見に流されてしまうといった懸念（けねん）などもある。

ISSUE

刑罰の意義と目的とは何か

刑罰をめぐる考え方について、現在通説とされているのは、刑罰は犯罪に対する報い（むく）であると同時に、犯罪予防の効果をもつことで正当化されるという考え方（相対的応報論・統合説）である。刑罰について、目的刑論では、「将来の犯罪を防止できるなら厳罰化しても構（かま）わない」という意見につながりやすい。一方、応報刑論では、「個人は自由な意思をもつという前提に立ってその行為の責任を負（お）うべき」という考え方から、犯罪行為と刑罰との均衡（きんこう）を図（はか）ろうとする。そのため、応報刑論の方がいたずらな厳罰化を避（さ）けることにつながりやすいとされる。

人々の素朴（そぼく）な正義感に基づいて行われている厳罰化の議論が、加害者の責任能力を考慮しないまま刑罰を求めるものになっていたり、犯罪行為との均衡を欠（か）いた重罰化を求めることになっていたりしないか、注意が必要である。

刑罰をめぐる考え方

？刑罰をめぐる2つの考え方の違いや問題点にはどのようなものがあるか

応報刑論		目的刑論
・刑罰は、人間の犯罪行為に対して、その行為の報いとして科されるものであるとする考え方。 ・自由意思を持つ人間が、みずからの意思に基づいて犯罪行為を行ったことに対しては、その責任に応じて刑罰を科すことが正義にかなっているとの考え方に由来する。	考え方	・刑罰は、将来の犯罪の防止という目的を実現するために科されるものとする考え方。 ・目的刑論には、刑罰を実施することで社会一般に向けて犯罪を抑止するという目的と、犯罪者の考え方を変えたり贖罪（しょくざい）意識をもたせたりして更生を促（うなが）し、再犯を防止するという教育的な目的がある。
・犯罪行為と刑罰は均衡していることが求められる。そのため、犯罪行為の程度よりも過重な刑罰は認められないことになる。 ・一方で、犯罪行為の程度に応じた刑罰が要求されることから、「同害報復」の容認につながることにもなる。	刑罰のあり方	・犯罪行為と刑罰の均衡は求められない。そのため、個々の犯罪行為の状況に応じて不定期刑や情状酌量をふまえた執行猶予（ゆうよ）などが提案される。 ・一方で、社会的影響が大きい場合や犯罪者の更生が困難であると判断されれば重罰化が認められることになる。

Zoom **自由意思と責任能力**　「みずからの意思で行った行為については、その行為への責任を問うことができる」という考え方に基づけば、みずからの意思による選択の余地がなかった場合には、責任は問えない。そのため、加害者の責任能力が問題とされる。

13 違憲審査権（違憲法令審査権）

? 日本の違憲審査制度の特徴はどのようなことか

第81条【法令審査権と最高裁判所】 最高裁判所は、一切の法律、命令、規則又は処分が憲法に適合するかしないかを決定する権限を有する終審裁判所である。

①違憲審査制度の類型 出題

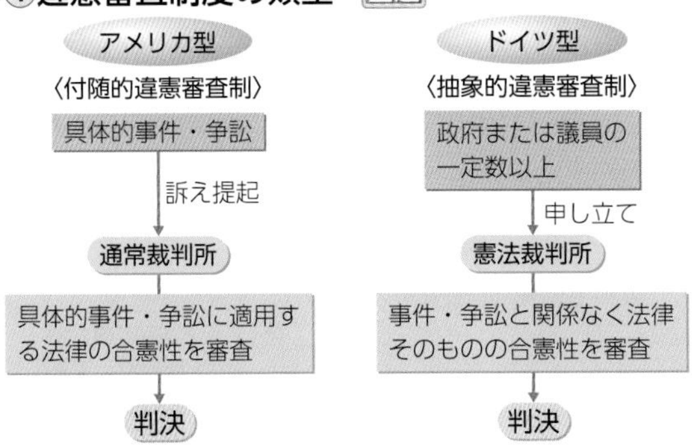

解説 **日本はアメリカ型** **違憲審査権**の性格として付随的違憲審査制と抽象的違憲審査制の二つがある。付随的違憲審査制とは、通常の裁判所が具体的な訴訟事件を裁判するときに、適用される法令の違憲審査を行うものである（アメリカ型）。一方、抽象的違憲審査制とは、憲法裁判所が具体的な争訟とは関係なく、法令の違憲審査を行うものである（ドイツ型）。日本ではアメリカ型をとっている。また、終審裁判所である最高裁判所は**「憲法の番人」**といわれるが、**違憲審査権は最高裁判所だけでなく下級裁判所も行使できる。**

②最高裁判所でのおもな違憲判決の実例 頻出

憲法の条文	事例
第14条［平等権］	•尊属殺重罰規定違憲判決（1973年）［➡p.42］ •衆議院議員定数不均衡訴訟（1976年、1985年）［➡p.63］ •国籍取得制限規定違憲判決（2008年）［➡p.45］ •婚外子法定相続分差別違憲判決（2013年）［➡p.42］ •女性再婚禁止期間規定違憲判決（2015年）［➡p.43］ •性別変更要件規定違憲判決（2023年）［➡p.44］
第15条［参政権］	•在外日本人選挙権制限規定訴訟（2005年）［➡p.63］ •在外日本人国民審査訴訟（2022年）
第17条［損害賠償請求権］	•書留郵便免責規定違憲判決（2002年）［➡p.64］
第20条ほか［政教分離］	•愛媛玉ぐし料訴訟（1997年）［➡p.51］ •北海道砂川政教分離訴訟（2010年）［➡p.52］ •沖縄孔子廟訴訟（2021年）［➡p.52］
第22条［職業選択の自由］	•薬事法距離制限規定違憲判決（1975年）［➡p.59］
第29条［財産権］	•森林法共有林分割制限規定違憲判決（1987年）［➡p.59］

※上記の違憲判決のうち、政教分離に関する訴訟以外は、法令違憲（法令の規定が違憲）とされる。その他、適用違憲（法令の規定が当該事件に適用される限りにおいて違憲）などがあるが、違憲の分類については学説によって考え方が分かれている。

解説 **違憲審査に消極的な裁判所** 日本の裁判所は、国民の代表者から構成される国会の意思を最大限尊重すべきとの理由から、違憲審査をなるべく回避する**司法消極主義**をとってきた。また、高度に政治性のある国家行為（**統治行為**）については、違憲判決の影響が大きいため、司法審査の対象外とすべきという統治行為論があり、苫米地（とまべち）事件（➡p.82）や砂川事件（➡p.301）の最高裁判決などで主張された。

14 法曹人口の拡充

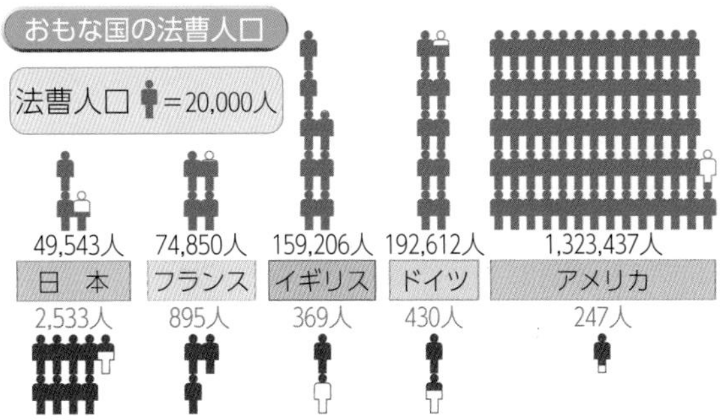

日本の法曹人口
裁判官：3,841人
検察官：2,765人
弁護士：42,937人

法曹1人当たりの国民数 = 300人

（注）日本は2022年、フランスは2019年、アメリカは2018年、イギリス、ドイツは2017年の統計（『裁判所データブック』2022年版ほか参照）

解説 **少ない法曹人口** 日本では、人々の間の社会関係を法的に調整する近代的な法意識が確立されておらず、日常生活の中では法の支配よりも人の支配があらわれがちであるとされてきたが、社会の変化に伴って、日本でも日常生活において法に基づいた紛争解決を行う「法化（legalization）社会」が進んでいくと指摘されている。その中で今後、法の専門家が身近な存在となっていくには法曹人口の拡充が求められる。一方で、アメリカでは過度な「法化」による訴訟社会化が社会問題として共有されている。

COLUMN
法科大学院

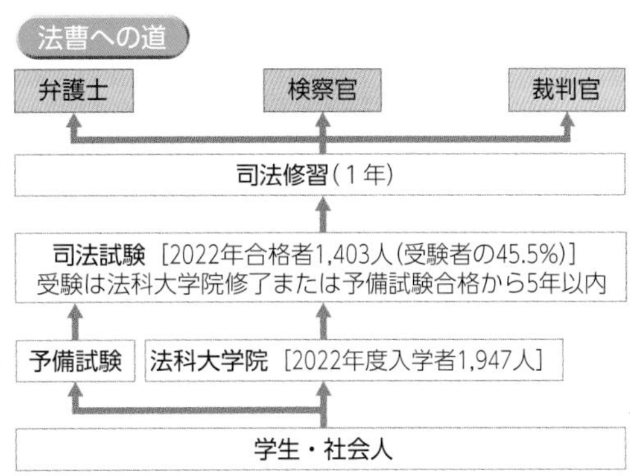

（文部科学省・法務省資料）

2004年4月からスタートした**法科大学院（ロースクール）**は、質・量ともに豊かな法曹を確保し、司法分野に人材を供給するための専門職大学院である。諸外国に比べて少ない弁護士数を増やすことや、多様な専門性や経験をもつ人材を法曹界に取り入れることなどが目的とされた。

2006年から行われている新司法試験では、合格者数は大幅に増えたものの、年間合格者数3,000人という当初の目標には届いておらず、弁護士の存在が身近になったとはいいがたい。また、法科大学院間の合格者数の差が問題とされ、募集を停止する法科大学院も出てきたことで、司法教育の機会の地域間格差が生じている。その一方で、法科大学院に行かなくても司法試験の受験資格を得られる「予備試験」の人気が高まっている。

TOPIC トピック 法科大学院ごとの司法試験合格率が公表されているが、最も合格率が高いのは予備試験合格者である。ただし、予備試験そのものの合格率は約4％の狭き門である。

用語解説 ㉛違憲審査権、㉜統治行為論

10 地方自治制度と住民の権利

要点の整理

＊■1～■13は資料番号を示す

Ⅰ 地方公共団体のしくみ

❶**大日本帝国憲法下の地方行政制度**■2……国ー府県ー市町村の強い統制：中央集権体制（憲法に地方自治の記載なし）
❷**日本国憲法下の地方自治制度**■1……「**地方自治は民主主義の学校**」（**ブライス**）
⟶憲法に「地方自治」の章（第８章）を設ける：「**地方自治の本旨**に基いて、法律でこれを定める」（第92条）
- **団体自治**……地方の政治は中央政府（国）から独立して行われること
- **住民自治**……地方の政治は住民の手によって行われること
- **地方自治法**の制定（1947年）……団体自治と住民自治の原理をとりいれる

❸**地方自治の組織**
- **地方公共団体**の機関……執行機関（首長及び行政機関）と議決機関（都道府県及び市区町村議会）の**二元代表制**
- **首長**■5と**議会**の関係……拒否権・解散権と不信任決議権（大統領制と議院内閣制の部分的導入）
- **行政委員会**■6……政治的に中立（選挙管理委員会、教育委員会など）

❹**地方自治の事務**■7……①**自治事務**（国の関与は助言や勧告にとどまる）
②**法定受託事務**（国の関与は自治事務よりも強い）
❺**条例の制定**■4……地方独自の政策として、法律の範囲内で定める
❻**住民の権利**……**直接請求権**■8■9
①**リコール**（住民解職）……首長・議員などの解職請求、議会の解散請求
②**イニシアティブ**（住民発案）……条例の制定・改廃請求、事務の監査請求
③**レファレンダム**（住民投票）……地方特別法制定の際の住民投票（憲法第95条）
※住民投票条例に基づく住民投票……法的拘束力はなし

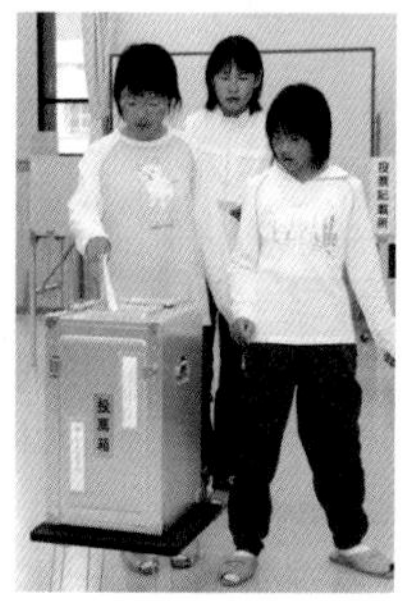

◯市町村合併をめぐって住民投票を行う中学生（2003年、長野県平谷村）

Ⅱ 地方分権への対応と地方自治の課題

❶**地方分権一括法**■7（1999年）……**機関委任事務の廃止**→自治事務と法定受託事務に再編
❷**地方公共団体の組織と役割の見直し**……**広域連合**■3、**市町村合併**■10（「平成の大合併」）⟶**道州制**■11の導入も検討
❸**特別区域（特区）の設置**■12……地域限定で規制改革を行い、地域の活性化を図る
- 構造改革特区（2003年～）・総合特区（2011年～）・国家戦略特区（2014年～）

❹**地方財政の現状**■13……「三割自治（四割自治）」：自主財源（地方税）の不足⟶**独自課税**の導入、**三位一体の改革**の実施
- 依存財源……**地方交付税交付金**（使途は定められていない）、**国庫支出金**（使途が定められている）、**地方債**
- 地方の財政破綻への対応→**地方公共団体財政健全化法**の制定（2007年）……**財政再生団体**となった市町村への支援

Ⅰ 地方公共団体のしくみ

1 地方自治の原則

？日本国憲法における「地方自治の本旨」とは何か　頻出

第92条【地方自治の基本原則】 地方公共団体の組織及び運営に関する事項は、地方自治の本旨に基いて、法律でこれを定める。
第93条【地方公共団体の機関、その直接選挙】 ①地方公共団体には、法律の定めるところにより、その議事機関として議会を設置する。
②地方公共団体の長、その議会の議員及び法律の定めるその他の吏員は、その地方公共団体の住民が、直接これを選挙する。

日本国憲法第92条　地方自治の基本原則
地方自治の本旨

住民自治（民主主義の要素）	団体自治（分権の要素）
住民が直接・間接に自分が住んでいる地方公共団体の政治に参加していること	都道府県および市町村が中央政府から一応独立した統治組織として設置されていること

住民による政治
第93条　議会の設置、首長・議員その他吏員の選挙

地方の独立
第94条　財産管理　事務処理　行政執行　条例制定

直接請求（地方自治法）

特別法の住民投票
第95条　１つの地方公共団体のみに適用される特別法は、住民投票において過半数の賛成が必要

住民投票 → 国会
国会 → 特別法

トクヴィル（仏）（1805～59）『アメリカの民主主義』（1835年）	「地方自治の自由に対する関係は、小学校の学問に対する関係と同じである。それは自由を民衆の手の届くところに引き渡す。」
ブライス（英）（1838～1922）『近代民主政治』（1921年）	「**地方自治は民主主義の最良の学校**、その成功の最良の保証人なりという格言の正しいことを示すものである。」

解説 **地方自治の必要性**　地方自治は民主政治にとって不可欠の要素である。上記のブライスのことばは、地域の政治に参加することによって、民主政治の担い手として必要な能力を形成することができることを示している。かつては、主権は単一・不可分であるとの立場から、権力を中央政府に集中する傾向があった（中央集権）。しかし、地域の多様性を尊重し、地域が抱えている課題を解決するためには、国の政策を一律に地方に落としこむのではなく、地域ごとに政策を立案・実施する**地方分権**が必要であると考えられるようになった。

Zoom **首長と首相の選出方法の違い**　住民自治の具体化として、首長（都道府県知事や市町村長）は住民が直接選挙で選ぶ。一方で、議院内閣制の日本では、首相（内閣総理大臣）は国民が直接選挙で選ぶのではなく、国会議員が選ぶ。

2 日本の地方制度の変遷

？大日本帝国憲法と日本国憲法の地方制度の違いはどのようなものか

①明治憲法下の地方行政

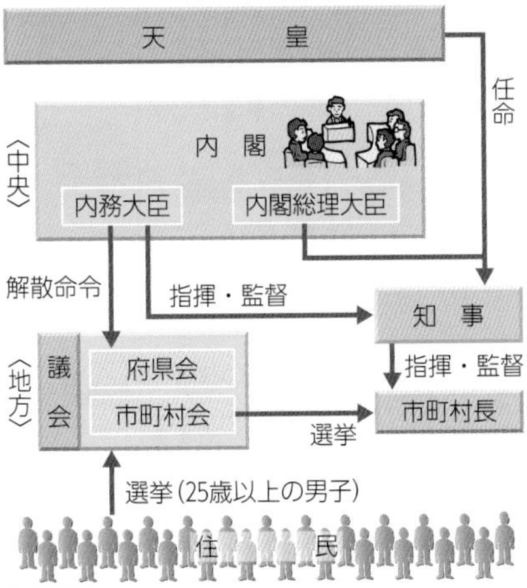

解説 **知事は国の官吏** 明治憲法には地方自治の規定がなかったが、1888年に市制・町村制、1890年に府県制・郡制が制定されたことにより、地方行政制度が確立した（郡制は1921年に廃止）。この制度は中央集権的性格が強く、地方は政府の下部組織としておかれていた。また、知事は天皇が任命する官吏として中央政府から派遣された。そして、政府を頂点に、府県－市町村といった上下関係が築かれた。

②日本国憲法下の地方自治 頻出

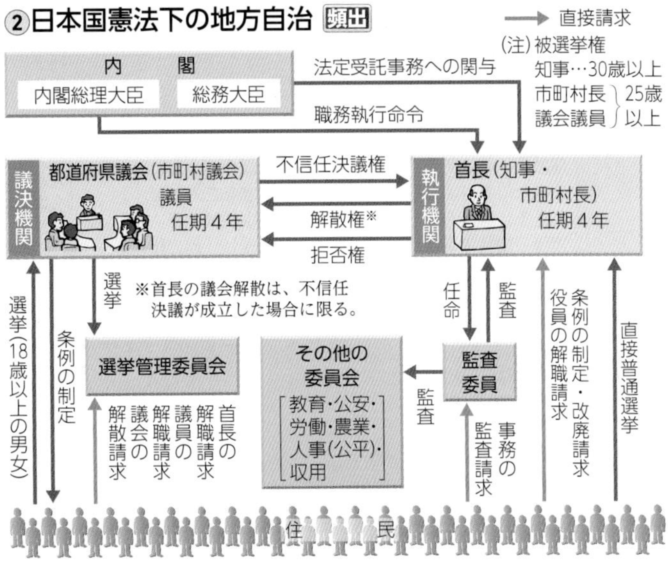

解説 **国と対等な地方** 日本国憲法では、地方自治に関する章を設け、1947年には**地方自治法**も制定された。**首長**は住民から直接選挙で選ばれ、議会の決定に対して拒否権をもつという大統領制のしくみがとりいれられている。その一方で、議会は首長の不信任決議権を、首長は議会の解散権をそれぞれもっており、議院内閣制のしくみもとりいれている。また、地方公共団体の執行補助機関として、都道府県には副知事、市町村では副市町村長がおかれている。これらの役職は首長が指名し、議会の同意を得て選任される。

3 地方公共団体の種類 出題

種類			内容
普通地方公共団体	都道府県		広域自治体として市町村を包括し、広域的な事務や事業、市町村に関する連絡調整などを行っている。警察行政はもっぱら都道府県が行う。全国に47（1都1道2府43県）ある。
	市町村		基礎自治体として、住民に身近な行政を行う。市の要件は人口5万人以上であるが、その中でも人口50万人以上の市のうちから政令で指定された政令指定都市は、都道府県に準ずる権限をもち、行政区の設置が可能となる。
特別地方公共団体	特別区		東京23区。消防、水道など都が一体的に処理するものを除き、市と同等の権限をもつ。区長は選挙によって選ばれている。
	組合	一部事務組合	一部の事務を複数の都道府県・市町村が共同で行うための組織（ごみ処理、救急、消防、公営競技など）。
		広域連合	広域計画に基づき、複数の都道府県・市町村が共同で事務を行う。関西広域連合や各地の後期高齢者医療広域連合などがある。
	財産区		市町村および特別区の一部で、住民が維持管理し利用してきた財産（用水路、山林など）の運営にあたる。

解説 **広域行政化** 一般的に**地方公共団体（地方自治体）**は、普通地方公共団体と特別区をさす。現在では、行政のコスト意識が高まり、人口減少や過疎化の進行などを背景に、市町村合併や広域連合のような広域行政への流れが加速した。なお、政令指定都市には20の市が指定されているが、そのほかにも、人口規模に応じて人口20万人以上の市で中核市に指定されている市もある。

4 条例の制定 頻出

第94条【地方公共団体の権能】 地方公共団体は、その財産を管理し、事務を処理し、及び行政を執行する権能を有し、法律の範囲内で条例を制定することができる。

条例	地方公共団体	内容
情報公開条例	全国各地の地方公共団体	制定率はほぼ100％（2017年）（１つの町で未制定）
個人情報保護条例	全国各地の地方公共団体	制定率は100％（2016年）
地球温暖化対策条例	京都府・京都市など	地球温暖化を防止し、脱炭素社会の実現をめざすための取り組みを推進する。
受動喫煙防止条例	東京都・神奈川県・兵庫県など	屋内や公共施設の敷地内などでの喫煙を規制して、たばこによる健康被害を防止する。
ネットゲーム依存症対策条例	香川県	ネットゲーム依存症対策を総合的かつ計画的に推進する。
エスカレーターの安全な利用を促進する条例	埼玉県・名古屋市	エスカレーターを歩かずに立ち止まって利用するよう努力義務を課す。

解説 **地方独自の施策** 憲法第94条では、地方公共団体は「法律の範囲内で」**条例**を制定できるとしている。しかし、地域の実情にあわせて、国の法令で定めた基準よりも厳しい基準を設けた「上乗せ条例」や、国の法令では規制対象外の事項についても規制した「横出し条例」も制定することができる。実際に、**地方公共団体は国に先駆けて情報公開手続きや個人情報の保護、公害規制などを条例化してきた**。また、条例によって罰則を定めたり、課税を創設したりすることも認められている。

TOPIC トピック 政令指定都市は、平成の大合併の中で一般市からの移行の要件が一時的に緩和され、その数は2005年から12年までの間に13から20に増加した。

用語解説 ⑧3地方自治法

5 首長 頻出

? 首長と議会との関係は、どのようになっているのか

任期	4年、再選は何度でも可能
役割	条例の執行、議案（条例案や予算案）の議会への提出、規則の制定、地方税の賦課・徴収、地方公共団体の財産の管理や処分
議会への権限	**解散権**…議会で首長に対する不信任決議が成立した場合に限り、10日以内に議会を解散することができる。議会を解散しなければ、首長は失職する。 **再議**…議会の議決に対して拒否権を行使し、再度議会の議決を要求すること。この場合、議会が出席議員の3分の2以上の多数で賛成すれば、その議決は確定する。 **専決処分**…本来は議会の議決が必要な事項について、緊急時に議決を経ることなく、首長が独断で決定し、処理すること。

不信任決議（議決）と解散権の関係は？

議会での首長に対する不信任決議は、議員の3分の2以上が出席し、その4分の3以上の賛成で成立する。不信任決議に対して首長が議会を解散しても、選挙後の議会で再び不信任決議が成立すれば、首長は失職する。この場合の不信任決議は、出席議員の過半数の賛成で成立する。

解説 **直接選挙で選出**　議決機関である議会の議員と執行機関である首長は、それぞれ住民の直接選挙で選ばれている（**二元代表制**）。地方公共団体を代表する首長は、強い職務権限が与えられており、議会が議決した事項に対しては拒否権を発動して**再議**を求めることができる。また、緊急時の措置である専決処分に関しては、この濫用が問題となり、市長のリコールに発展したケースもある。なお、条例案は首長のほかに、議員からも提出できる。

COLUMN NPOが果たす役割 出題

震災や台風の被災地へ贈る支援物資を箱詰めするNPO

NPO（Non-Profit Organization）は**非営利組織**といわれ、非営利で社会貢献活動を行っている。NPOは行政や企業と連携しながら、地域の課題に対する草の根の取り組みを行っている姿も珍しくない。

これらの団体は、法的な裏づけのない任意団体として活動してきたが、1995年の阪神・淡路大震災をきっかけに活発化したボランティア活動を後押しするため、1998年に**NPO法（特定非営利活動促進法）**が制定され、NPOは法人格を取得できるようになった。これにより、銀行口座の開設や事務所の賃貸借などを団体名義で契約することが可能となった。また、NPO法人には税制上の優遇措置がとられる一方で、活動内容の情報公開が義務づけらている。

6 地方のおもな行政委員会 頻出

種類	選任方法	権限	設置先
選挙管理委員会	議会での選挙	選挙事務の管理	都道府県・市町村
監査委員	首長が議会の同意を得て任命	財務や事業に関する監査	
人事委員会 公平委員会		人事行政に関する事務	
教育委員会		教育行政の管理	
公安委員会		警察の管理	都道府県
都道府県労働委員会	知事による任命	労働関係の改善	
収用委員会	知事が議会の同意を得て任命	土地収用に関する事務	
農業委員会	農業者による選挙と首長の選任	農地の利用調整に関する業務	市町村

解説 **中立的立場で行政を推進**　政治的中立性を必要とする行政を推進するため、首長をトップとする一般の行政機構から独立して設置される。**行政委員会**には、訴訟の判断などの準司法的権能や、規則制定などの準立法的権能を有するものもある。なお、行政委員会は合議制の機関であるが、監査委員は建前上、一人ひとりが独立して職権を行使する独任制であるため、「委員会」とは呼ばない。

7 地方公共団体の仕事 頻出

? なぜ機関委任事務は廃止されたのか

公共事務・行政事務・団体委任事務 → **自治事務**
- 地方公共団体の処理する事務のうち、法定受託事務を除いたもの
- 国の関与は是正の要求にとどまる

〈具体例〉
- 介護保険サービス
- 各種福祉サービス
- 国民健康保険の給付
- 公共施設の管理
- 病院や薬局の開設許可
- 都市計画の決定

機関委任事務 → **法定受託事務**
- 国が本来果たすべき事務であって国が適正な処理を特に確保する必要があるもの
- 国は是正の指示や代執行ができ、自治事務よりも強く関与する

〈具体例〉
- 国政選挙
- 旅券の交付
- 戸籍事務
- 生活保護
- 国道の管理

機関委任事務 → **国の直接執行事務**

〈具体例〉
- 国立公園の管理
- 駐留軍等労務者の労務管理実施事務

機関委任事務 → **事務自体の廃止**

〈具体例〉
- 国民年金の印紙検認事務
- 外国人登録原票の写票の送付等に係る経由事務

解説 **地方の自立**　2000年の**地方分権一括法**の施行に伴い、475の法律が一括して改正された。地方自治法も改正され、国の地方公共団体に対する関与が見直された。この中で、**国の関与が大きい機関委任事務が廃止され、存続する事務は自治事務と法定受託事務のどちらかに統合されるか、または国の直接執行へと移された**。これによって、地方公共団体の自主性が高まったといえる。こうした流れの中、国の関与に不服のある地方公共団体は、**国地方係争処理委員会**に国の関与が適正かどうか審査を求めることができるようになった。

Zoom **地方自治特別法**　地方自治特別法制定の際の住民投票は18都市（法律数は16）で行われており、否決されたことはない。特別法には広島平和記念都市建設法や長崎国際文化都市建設法、旧軍港市転換法、首都建設法などがある。

8 直接請求権 頻出

? なぜ地方自治では直接請求権を認めているのか

直接請求権

イニシアティブ(住民発案)……条例の制定・改廃請求権、事務の監査請求権

リコール(住民解職)……議会の解散請求権・解職請求権

レファレンダム(住民投票)……地方特別法制定の際の住民投票、首長・議員などの解職請求や議会の解散請求の際の住民投票、条例に基づく住民投票

直接請求権		必要署名数	請求先	取り扱い
条例の制定・改廃請求		有権者の50分の1以上	首長	首長が議会にかけ、結果を公表
事務の監査請求			監査委員	監査結果を公表し、議会・首長に報告
議会の解散請求		原則として有権者の3分の1以上※	選挙管理委員会	住民投票に付し、過半数の同意で解散・失職
解職請求	議員・首長			
	副知事・副市町村長・監査委員など		首長	議会で3分の2以上の議員が出席し、その4分の3以上の同意で失職

有権者総数が40万人を超える地方公共団体での必要署名数
…(40万を超える数)×6分の1＋40万×3分の1
有権者総数が80万人を超える地方公共団体での必要署名数
…(80万を超える数)×8分の1＋40万×6分の1＋40万×3分の1

直接請求の内訳と結果 (2007～20年度)　(総務省資料)

条例の制定・改廃請求	議会に付されたもの…256件 可決・修正可決：22件　否決：234件 (成立率8.6%)
事務の監査請求	受理されたもの…26件
議会の解散請求	住民投票に付されたもの…5件 解散成立：4件　不成立：1件
解職請求	投票を執行したもの…12件 成立：11件(首長9・議員2人) 不成立：1件(首長1人)

解説 **直接民主制的制度**　地方自治においては間接民主制に加えて、住民自治の観点から、直接請求権のような直接民主制を導入している。直接請求の具体的な内容は地方自治法で明記されており、解職請求の対象となるのは上記のほかに、選挙管理委員・公安委員・教育委員がある。

9 住民投票 頻出

? なぜ特別法の制定には住民投票を必要としているのか

第95条【特別法の住民投票】　一の地方公共団体のみに適用される特別法は、法律の定めるところにより、その地方公共団体の住民の投票においてその過半数の同意を得なければ、国会は、これを制定することができない。

■住民投票の種類

内容	詳細	根拠	法的拘束力
特別法の制定	一つの自治体のみに適用される特別法への賛否	日本国憲法第95条	○
解散・解職請求	議会の解散や議員・首長の解職への賛否	地方自治法第76～85条	○
特別区の設置	総務大臣に対する特別区の設置申請	大都市地域特別区設置法第7～8条	○
政策の決定	重要政策の決定に対する賛否	住民投票条例	×

■住民投票条例に基づくおもな住民投票

地方公共団体	実施年	内容・投票結果とその後の対応
新潟県巻(まき)町(現新潟市)	1996.8	内容：原子力発電所の建設 結果：反対多数→計画撤回(てっかい)
沖縄県(➲p.308)	1996.9	内容：日米地位協定の見直しと米軍基地の整理・縮小 結果：賛成多数→県が国に見直し等を要望
岐阜県御嵩(みたけ)町	1997.6	内容：産業廃棄物最終処分場の建設 結果：反対多数→計画撤回
徳島県徳島市	2000.1	内容：吉野川可動堰の建設 結果：反対多数→建設中止
滋賀県米原(まいばら)町(現米原市)	2002.3	内容：市町村合併(全国で初めて永住外国人に投票権を与えた) 結果：坂田郡単独での合併が最多→坂田郡内で合併し、米原市に
長野県平谷(ひらや)村	2003.5	内容：市町村合併(全国で初めて中学生に投票権を与えた) 結果：合併賛成が多数→近隣(きんりん)自治体との合併協議が進まず

解説 **民意は反映されるか？**　**住民投票条例**を制定し、住民投票を実施する地方公共団体が増加している。条例に基(もと)づく住民投票には法的拘束(こうそく)力がないが、投票結果としての住民の意思が政策に反映される例は多い。

政治

ISSUE

「大阪都」構想

? 地方行政の効率化とサービスの向上を図るために、「特別区」の設置は必要か

地域政党「大阪維新の会」が推進してきた「大阪都」構想とは、大阪市を廃止し、既存の24行政区を4特別区に再編する構想だった。特別区(現在は東京23区のみ)では公選の区長と区議会をもち、市町村と同じように税の徴収(ちょうしゅう)や条例の制定ができる。この構想を支持する立場からは、大阪府と大阪市の「二重行政」が解消されて行政コストが削減されることや、特別区に児童相談所・保健所・教育委員会などを設置でき、地域の実情に合ったサービスを展開できるなどのメリットがあるといわれてきた。一方、反対する立場からは、特別区の財政基盤の違いから行政サービスに差が生じるという課題や、何よりも大阪市自体がなくなってしまうことが指摘されてきた。

地方自治法では特別区の設置を東京都に限っていたが、**大都市地域特別区設置法**(2012年制定)では、他の道府県でも住民投票に付した上で、政令指定都市を含む市町村を廃止して特別区を設置できるようにした。「大阪都」構想の是非(ぜひ)を問う住民投票は、2015年と2020年に2回行われたが、いずれも反対がわずかに上回り、「大阪都」構想は否決された。

「大阪都」構想での大阪市分割案

人口は2015年現在（概数）

❶淀川区　人口：60万人　面積：67㎢

❸中央区　人口：71万人　面積：65㎢

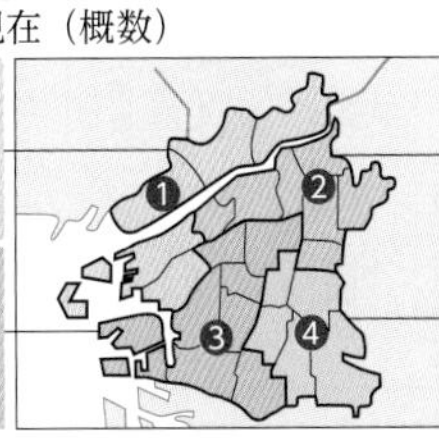

❷北区　人口：75万人　面積：49㎢

❹天王寺区　人口：64万人　面積：44㎢

用語解説 (84)首長の拒否権，(85)地方分権一括法，(86)機関委任事務，(87)自治事務，(88)ＮＰＯ法，(89)直接請求権，(90)事務の監査請求，(91)住民投票

Ⅱ 地方分権への対応と地方自治の課題

10 市町村合併 ？なぜ市町村合併が推進されたのか

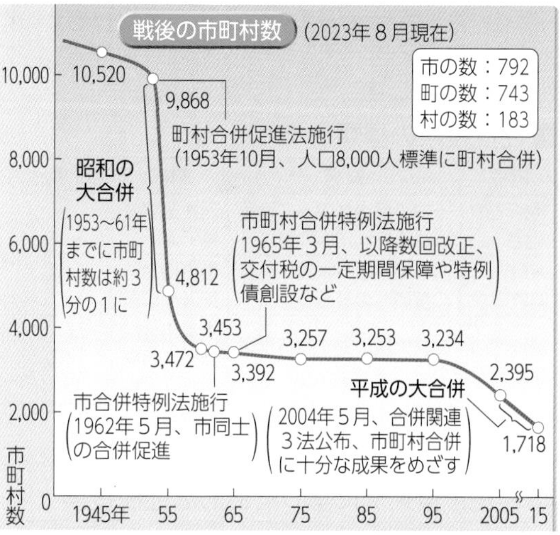

合併のメリット	合併のデメリット
○規模の拡大で効率的な行財政を行えるようになる ○増えた財源を使い、重要な計画に集中的に投資できる	×中心部だけが便利になり、周辺部は取り残される ×財政力の弱い地域と合併すると、行政の質が落ちる

解説 **平成の大合併** 1999年に市町村合併特例法が改正され、合併特例債による国からの財政支援が行われるなど、**市町村合併**が推進された。この背景には、地方分権の推進とともに、少子高齢社会が進展する中で、住民に身近な行政サービスを提供する基礎自治体として、市町村の役割が重要になっていることがある。2004年に合併三法が成立して合併が加速したが、合併後の自治体数は国が目標とする1,000市町村には届かず、2010年３月に合併推進運動は終了した。

11 道州制 ？なぜ道州制の構想が議論されたのか

答申された道州制３案（南関東の区域では、東京都の区域のみで一つの道州とすることも考えられる）

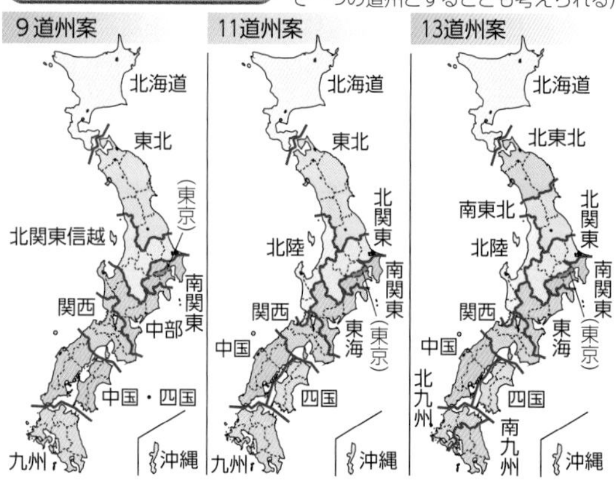

解説 **徹底した地方分権** **道州制**とは、現行の都道府県を統合して「道」や「州」といった広域自治体を設置して、国からより大きな権限や財源を委譲する制度である。道州制をめぐる議論の背景には、社会資本整備や環境対策などで、都道府県の枠を超えた広域行政が必要になったことや、地方財政が疲弊する中で、徹底した地方分権によって、地域の特性にあった行政が求められていることがあげられる。

12 さまざまな特別区域（特区） 出題

特別区域（特区）の比較（2023年３月現在）（内閣府資料）

名称	特徴	認定件数
構造改革特区	地域主導で運用し、個別の規制を緩和 税制・金融上の国の支援：なし 目的：地域活性化	1,402 （累計）
総合特区	地域主導で運用し、複数の規制を緩和 税制・金融上の国の支援：あり 目的：地域活性化と国際競争力の強化	25
国家戦略特区	自治体の提案に基づき、国主導で運用 税制・金融上の国の支援：あり 目的：国際競争力の強化	13

国家戦略特区の区画計画（2023年４月現在）（内閣府資料）

地域	内容
①仙北市	「農林・医療の交流」のための改革拠点
②仙台市	「女性活躍・社会起業」のための改革拠点
③東京圏	国際ビジネス、イノベーションの拠点
④新潟市	大規模農業の改革拠点
⑤愛知県	「産業の担い手育成」のための総合改革拠点
⑥関西圏	イノベーション拠点、チャレンジ人材支援
⑦養父市	中山間地農業の改革拠点
⑧広島県・今治市	国際交流・ビッグデータ活用特区
⑨福岡市・北九州市	創業のための雇用改革拠点
⑩沖縄県	国際観光拠点
⑪つくば市 ⑫大阪市	スーパーシティ型国家戦略特区
⑬加賀市・茅野市・吉備中央町	デジタル田園健康特区

解説 **地域限定の規制緩和** 2003年に施行された構造改革特区法により、地域を限定して規制を緩和する**構造改革特区**が設定されている。これは、地域の特性やニーズに応じた取り組みにより、地域経済を活性化するために導入された。これとは別に、2011年以降、**総合特区**に指定されている地域もある。構造改革特区がもっぱら規制緩和を対象とするのに対して、総合特区は、国から税制・財政・金融上の支援を受けることができる。また、2014年以降に設置された**国家戦略特区**は、「アベノミクス」の成長戦略の１つとして、国主導で規制緩和を行う地域として創設されている。

Zoom **合併特例債** 合併特例債とは、合併した地方公共団体が、一定期間内に限ってまちづくりのための財源として借り入れるための地方債である。平成の大合併による合併特例債は15年の発行期限となっていたが、東日本大震災を受けて発行が延長されている。

13 地方財政の現状

?地方財政にはどのような課題があるのか

①歳入・歳出状況　頻出

国・地方公共団体の租税収入の配分 (2022年度)　(財務省資料)

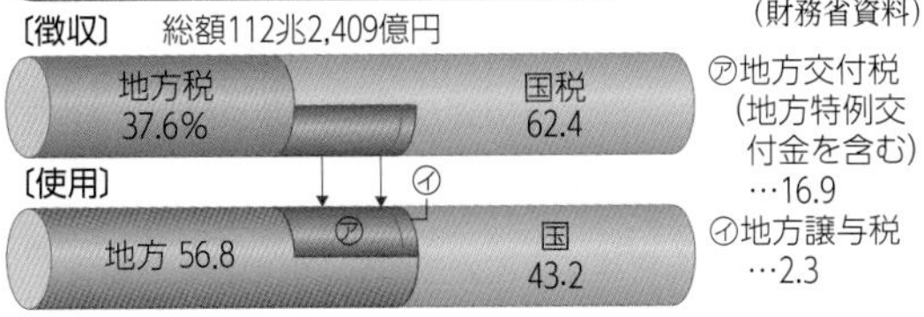

地方譲与税　国税として徴収する自動車重量税・道路税・消費税などの一部を地方公共団体に譲与。

地方財政計画 (2023年度)　(総務省資料)

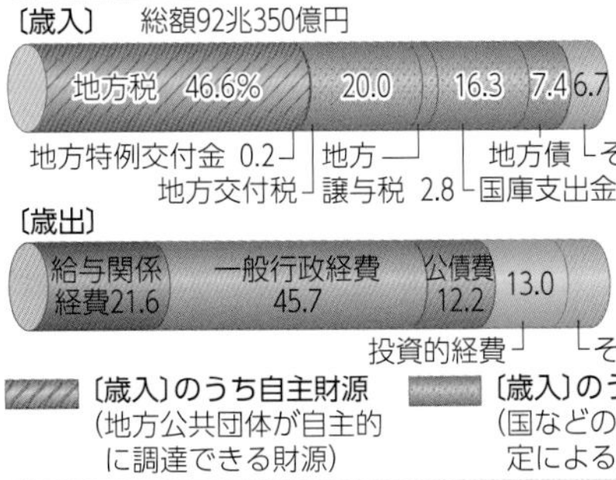

国庫支出金…国が使途を定めて地方公共団体に交付する。交付は国の裁量で判断され、使い道も決まっている。おもな使途には生活保護費、社会資本などの公共施設の整備費、義務教育にかかる経費、児童手当などがある。

地方交付税交付金…地方公共団体間の税収格差を是正するため、国税の一部(所得税・酒税・法人税・消費税の一定割合と地方法人税の全額)を、地方公共団体の財政状況に応じて交付する。使途は定められていない。

地方財政の借入金残高　(総務省資料)

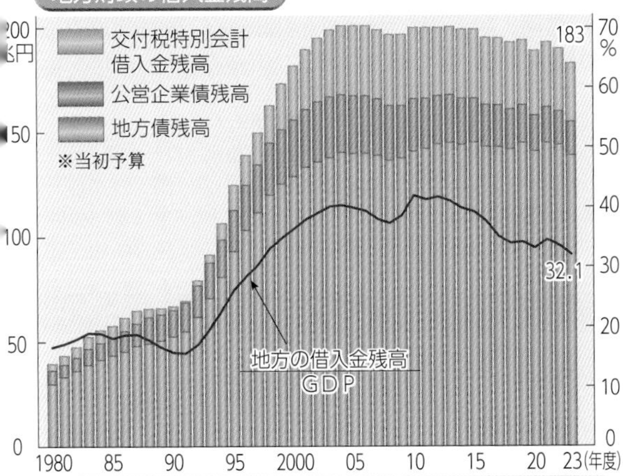

地方債…地方公共団体が収入不足を補ったり、特定の事業を行うための借入金で、年度を超えて返済される長期の債務。発行に際して、かつては国の許可制であったが、2006年から国との事前協議制となり、国の関与が縮小された。

解説　**三割自治**　地方公共団体の歳入には、使途が限定されていない**一般財源**と、使途が限定されている**特定財源**がある。一般財源には地方税や**地方交付税交付金**、地方譲与税、地方特例交付金がある。また、特定財源には**国庫支出金**や**地方債**などがある。地方公共団体によっては、一般財源のうち、自主財源である地方税収入が3割(4割)しかないため、こうした財政の現状を「**三割自治**(四割自治)」と呼んでいる。

②独自課税　頻出

種類	税の名称	地方公共団体
法定外普通税	核燃料税	福井県、新潟県など
	別荘等所有税	静岡県熱海市
	歴史と文化の環境税	福岡県太宰府市
法定外目的税	産業廃棄物税等	三重県、鳥取県など
	宿泊税	東京都、大阪府など
	遊漁税	山梨県富士河口湖町

解説　**地域の実状に応じた課税**　地方公共団体は、地方税法に定める税(法定税)以外に、財源確保や環境対策などの政策を達成するため、条例により税を新設することができる。これを「法定外税」という。1999年に成立した地方分権一括法により、法定外普通税の導入は許可制から協議制に改められて条件が緩やかになるとともに、新たに法定外目的税(一定の目的のために使用される税)が創設された。

③三位一体の改革

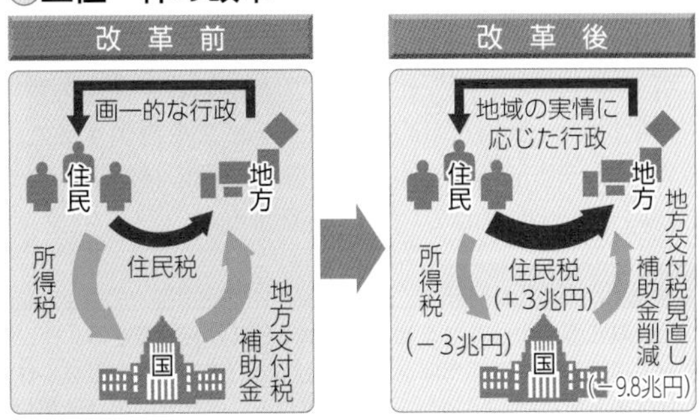

解説　**多くの自治体で歳入が減少**　**三位一体の改革**は、地方財政をめぐって2002年に小泉内閣が行った一連の改革で、**国からの補助金の削減、地方交付税の見直し、税源の移譲からなる**。この目的は、地方行財政に対する国の関与の縮小と、地方の権限と責任の大幅な拡大、国に対する依存体質からの脱却であるが、同時に国の財政負担の軽減もねらった。この結果、2004年度から3年間で、約9.8兆円の地方交付税および補助金の削減と約3兆円の税源移譲が行われた。

④地方公共団体財政健全化法　頻出

財政再生団体…財政状況が極度に悪化した地方公共団体。国の指導の下で財政再建を行い、地方債の発行は制限される。

早期健全化団体…財政再生団体に至る前の段階の財政状況にある地方公共団体。自主的に財政健全化を行う。

夕張市の財政再生計画

- 個人住民税(均等割):3,000円から3,500円に(約17% UP)
- 軽自動車税:7,200円から10,800円に(50% UP)
- 公共施設使用料:50%引き上げ
- 市職員数:220人(2006年)から88人(2009年)に削減
- 市職員給与:2006年比で平均20%削減
- 小中学校:9→2校に(2010～11年)

解説　**自治体の財政破綻への対応**　従来の地方公共団体の財政再建制度では、財政状況が深刻化するまで対応できなかった。そこで、2007年に**地方公共団体財政健全化法**を制定して、財政が一定以上に悪化した地方公共団体には、財政健全化計画の策定を義務づけた(2009年に施行)。同法に基づいて、**財政再生団体**となった北海道夕張市では、財政赤字の削減に向けた取り組みが行われている。

TOPIC トピック　政令指定都市以外の市町村にも「区」を設ける地域がある。しかし、この「区」は地域自治区と呼ばれるもので、政令指定都市に設置される区とは異なる制度である。

用語解説　㉒構造改革特区、㉓地方交付税交付金

I これからの地方自治のあり方

頻出

課題の把握

- 今後も、個性のある自立した地方をめざすために、さらなる地方分権を求める声がある。しかし、地方間の人口規模や税収面の格差が拡大する中で、いっそうの地方分権を進めることには慎重な意見もある。

論点

地方分権の重要性は長らく指摘されてきた。しかし、少子高齢化の進展や、過疎化の進展などで、存続が危ぶまれている地方公共団体もある。これからの地方自治は、どうあるべきなのだろうか。

事実 **地方間格差と地方財政の現状**

①財政面や産業・就労環境における地方間格差の拡大が進み、その結果として、大都市部、特に東京圏への一極集中が続いている。
②地方の多くは自主財源だけで歳出を賄うことができず、国からの地方交付税や国庫支出金などに頼らざるをえない状況にある。
③地方行政を効率化して限られた財源を有効活用するとともに、誰もが安心して暮らせる「持続可能なまちづくり」を推進する必要がある。

主張

A 地方分権を推進して、権限や財源を地方にできるだけ移譲していくべきである。

全国一律の行政サービスの提供は、地域の現状や、住民の要望に合致しないことがある。住民の意思に沿い、かつ効率的な行政サービスを提供するためには、地方公共団体への権限と財源の移譲を、よりいっそう推進していくべきである。

B 国の関与の下で住民に必要な行政サービスを維持し、地域間格差を減らすべきである。

現在でも地域間の人口格差、財政格差の広がりは大きい。とくに過疎地域では、行政サービスの維持が困難になる。国の関与を維持し、特に財政面の地域間格差を減らすことで、住民への安定した行政サービスを提供していくべきである。

Aの主張の根拠

①権限移譲によって効率的な行政サービスが展開できる。
人口の集中する都市部と、過疎化の進行する地域とでは、住民が求める行政サービスのニーズが異なる。各地域の実情に即した行政サービスを効率よく展開するためには、地方公共団体への権限移譲が必要である。

②地方公共団体に権限を移譲したほうが、国の負担も減る。
外交や防衛など国として行うべき行政サービスと、地域の実情に沿って地方公共団体が担った方が効率よく提供できる行政サービスを明確に分け、地方公共団体に業務と権限の移譲を進めることで、結果的に国の負担も減少する。

③規制緩和を進めれば、地域の実情に応じた課税ができる。
住民税などの主要な地方税の税率は、原則的にほぼ全国一律であり、税率の変更は制限されている。こうした全国一律の課税のあり方について規制緩和を進め、独自課税の導入を推進することで、地域の実情に応じた財源を確保することができる。

Bの主張の根拠

①地方財政は、自主財源だけでは歳出を賄えない。
多くの地方公共団体では、今後もますます人口減少が進み、就労人口の減少が加速する。このような地域では、地方税収入はいっそう減少する。国からの財政支援がなければ、財政破綻する地方公共団体が増加する可能性もある。

②教育や医療・公共交通機関などは最低限の維持が求められる。
学校や病院の統廃合など、行政サービスの低下の問題はすでに起きている。また、公共交通機関の路線維持は、採算面の悪化と就労者不足から、都市部でも困難になり始めており、人口減少地域では、より深刻な事態になると想定される。

③民営化は行政サービスの低下をまねきかねない。
地方公共団体においても業務の効率性が重視される結果、行政サービスや施設の民営化が進んでいる。しかし、民営化すれば、採算性を重視するあまり、サービスの質が低下したり、就労者の雇用条件が悪化したりする可能性が危惧される。

現状 日本の半分が過疎地域

高度経済成長期からの急激な人口の移動によって、農山漁村地域では人口が激減する「**過疎化**」が問題となった。この現象は、人口減少社会に突入した現在においてますます深刻化している。農村では65歳以上の高齢者が過半数に達し、冠婚葬祭など共同体の機能が維持できない**限界集落**もみられる。

過疎地域の中には、ダムや発電所の建設によって固定資産税や補助金の収入が大きい町や村がある。しかし、多くの過疎地域では経済の停滞によって税収が減少し、厳しい財政運営を強いられている。また、全国の市区町村の約半数では、20～39歳の女性の人口が2010年からの30年間で５割以上も減少し、将来的に消滅する可能性があるとの指摘もある。

一方、首都圏を中心とする都市部でも、高齢化による介護施設や介護職員の不足が指摘されている。高齢化と人口減少への対応は、全国的な課題となっている。

過疎地域 赤い部分が過疎地域を示す。

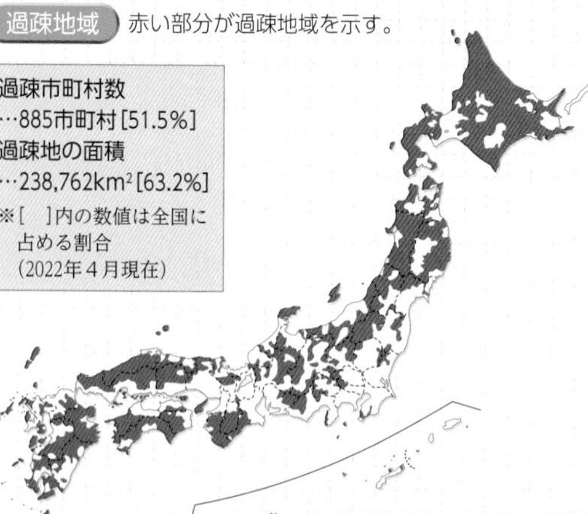

過疎市町村数
…885市町村［51.5%］
過疎地の面積
…238,762km²［63.2%］
※［　］内の数値は全国に占める割合
（2022年４月現在）

（全国過疎地域自立促進連盟資料）

■「ふるさと納税」をどう捉(とら)えるか？

2008年から「ふるさと納税」制度が始まった。これは、都市と地方の税収格差の是正(ぜせい)をねらったもので、今住んでいる地域ではなく、故郷など他の地域に納税することができる制度である。実際には納税ではなく、地方公共団体にお金を寄付し、その金額を申告することで、寄付金額に応じて個人住民税や所得税が控除(こうじょ)されるしくみとなっている。また、自治体によっては返礼品がもらえるサービスもある。

しかし、自分の住む地域の税収を他の自治体に移転することは、自分が住む地域の行政サービスの質の低下をもたらすことを考える必要もある。実際、大都市部では、他の自治体に「ふるさと納税」する住民が多いため、結果として税収が大幅に減少しているケースが少なくない。

ふるさと納税のしくみ

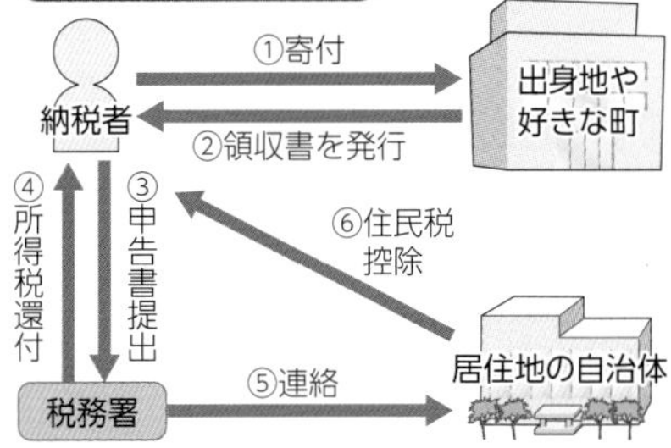

現状 財政からみる地方間格差

地方税の収入状況 (2021年度)

※財政力指数が高いほど、財源に余裕があるといえる。

(『地方財政白書』2023年版)

都道府県の財源構成

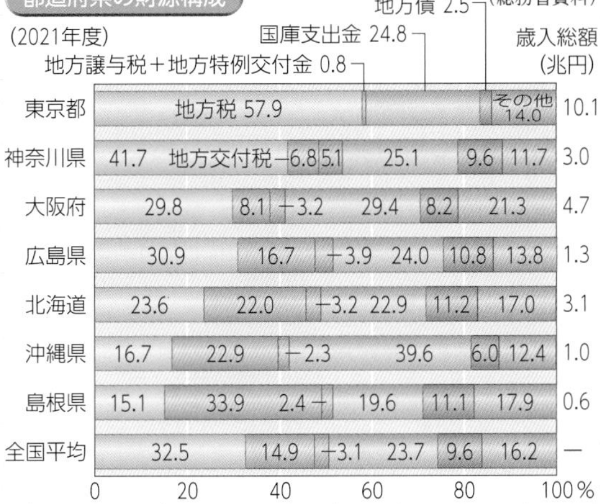

都道府県の場合、地方税は住民税や事業税、地方消費税が中心となっている。仮に、人口と企業数に応じた地方税収が見込まれるのであれば、その規模に応じた歳出を行うことで、どの都道府県も同じ財源構成になるはずである。

しかし、人口1人当たりの地方税収に格差があり、中でも住民税や事業税は、大企業が集中する都市部のほうが大きい。一方、一定の規模のインフラ整備や行政サービスを行うことは、どの地域でも必要とされるが、そのためのコストは人口が少ない地方ほど高くなる傾向がある。

こうして、人口が少ない地方では、歳出額と自主財源との間の不均衡(きんこう)が拡大し、自主財源で賄えない部分は、地方交付税や国庫支出金などの依存財源に頼ることになる。

事例 持続可能な地域づくりをめざして

❶コンパクトシティのまちづくり　コンパクトシティとは、住宅や商業施設・公共施設など、郊外に分散した都市機能を都心に集約して、規模をコンパクトにした都市のことである。都心にさまざまな機能を集めることで、自動車を利用しなくても歩いて商店街や公共施設を利用できるようにすることが想定されている。人口減少・高齢化が進む中、地元の活力を維持し、高齢者が安心して暮らせるように、コンパクトシティの整備を推進している地域もある。

コンパクトシティのイメージ

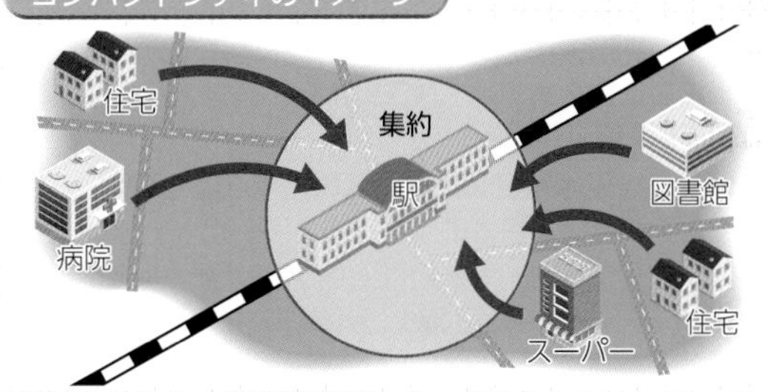

❷地域でのＩｏＴ活用事例　ＩｏＴ(モノのインターネット)化の具体例として「デマンドバス」がある。通常の路線バスと違い、利用者が事前予約して乗車する。利用者がいるときに限って運行するため、コスト削減を図(はか)ることができる。また、乗客が少ない路線を維持するために、採算面の課題を克服するとともに、これから進む運転手(働き手)不足への対応策としても期待されている。デマンドバスは、住民が多い東京23区内でも、すでに実証実験が行われている。

デマンドバスの運行イメージ

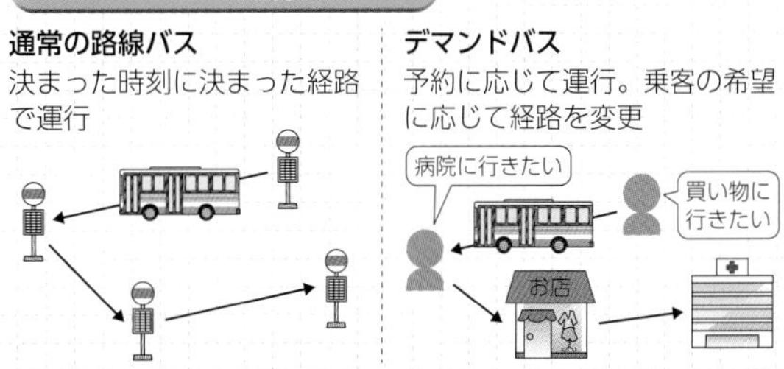

こうした過疎地域の課題に対してＩｏＴ化で克服する取り組みは、新型コロナウイルス感染症への対応として導入されたオンライン診療など、医療・介護を含むさまざまな場面での活用が見込まれている。一方、地域におけるＩｏＴ化の課題として財政難や人材不足があげられており、国による財政支援や専門家の派遣など、国の役割を期待している地方公共団体も少なくない。

小論文課題　地域社会の自立と住民生活の向上のためにはどのような政策が必要なのだろうか？ (➲p.380)

11 政党政治と選挙制度

政治

要点の整理

＊1～19 FILEは資料番号を示す

Ⅰ 政党政治

❶**政党の役割** 1……政治上の主義・主張を同じくする人々が集まり、政権獲得をめざす政治集団。イギリスで発達
→ **マニフェスト**（政権公約、選挙公約）を示して選挙を戦う
- 政党の変遷……19世紀：**名望家政党** → 20世紀：**大衆政党** → 20世紀後半：**包括政党**

❷**政党政治の形態** 2 3
- **二大政党制**……**単独政権**となりやすく、政局が安定しやすい：アメリカ、イギリスなど
- **多党制**……多様な意見を反映するが、**連立政権**となりやすく、政権が不安定化しやすい：フランス・ドイツなど
- **一党制**………強力な政策実現が可能。民主的な政権交代が不可能で、独裁政治となる：中国・北朝鮮など

❸**日本の政党政治** 5 （➲p.116～119）
- **55年体制**（1955～93年）……社会党の統一と保守合同による自由民主党の誕生による55年体制の成立
→ 自民党の長期政権
- 細川非自民非共産連立政権（1993年）……55年体制崩壊。連立政権が主流に
- 自民党中心の連立政権（1994～2009年）……自民党が政権を取り戻したが、自民党単独政権ではない
- 民主党中心の連立政権（2009～12年）……衆議院第１党となった民主党を中心とした連立政権
- 自民党中心の連立政権（2012年～）……2012年の衆院選で自民党が大勝し、政権に復帰

Ⅱ 圧力団体と政治資金

❶**圧力団体（利益集団）** 6……みずからに有利な政治的決定を引き出すために、行政や政党・政治家にはたらきかけを行う団体。政権獲得を目的とはしない ←→ アメリカでは**ロビイスト**が政策に対して影響力をもつ

❷**政治資金問題** 7……政治家への企業献金と不透明なカネの流れが政治腐敗に（ロッキード事件・東京佐川急便事件など）
- **政党助成法**の成立（1994年） → 国民１人当たり250円を**政党交付金**に充てる
- **政治資金規正法**の改正により、政治家個人への企業・団体の献金を禁止 ← 金権政治の防止

Ⅲ 選挙制度

❶**日本の選挙制度** 9 11……**公職選挙法**13で規定
- 選挙権……日本国籍を有する満18歳以上の者
- 被選挙権……満25歳以上（衆議院議員、都道府県・市町村議会議員、市町村長）
満30歳以上（参議院議員、都道府県知事）

❷**選挙の原則** 12……普通選挙・平等選挙・直接選挙・秘密投票・自由選挙

❸**選挙運動に対する規定** 13……戸別訪問の禁止、署名運動の禁止、ビラ・ポスターの制限、違反者には**連座制**が適用

❹**国政選挙のしくみ** 14……衆議院：定数465人の**小選挙区比例代表並立制**（小選挙区289人、比例区176人）
参議院：定数248人（選挙区148人、比例区［原則として**非拘束名簿式**］100人・特定枠あり）

❺**有権者の政党離れ**……有権者が特定の支持政党をもたない**無党派層**16が増加

Ⅳ 日本の選挙の課題

❶**一票の格差** 18……選挙区定数と有権者数の不均衡 ← 最高裁でも衆議院の選挙結果について２度にわたり違憲判決
- 「一票の格差」の解消をめざし、衆議院の選挙に「**アダムズ方式**」を導入予定

❷**有権者数の世代間格差** 19……有権者は高齢者が多く、高齢者の意見が政治に反映されやすい「**シルバー民主主義**」

❸**投票率の低下** FILE……**政治的無関心**の拡大 ← 対策：投票時間の延長や期日前投票の緩和、「ネット選挙」の解禁13

Ⅰ 政党政治

1 政党の定義

？政党の特徴にはどのような変遷がみられるのか　出題

■政党の変遷

名望家政党（19世紀）	制限選挙の下で、財産・教養・地位をもつ有力者（名望家）によって構成される。議員間の結合は緩く、活動は議会内に限られる。
大衆政党（20世紀）	普通選挙によって有権者が飛躍的に拡大し、**大衆民主主義**の成立とともに形成された。本格的な議会外組織をもち、大衆に対して宣伝を行い、大衆の政治的要求を集約する。党の指導者層が強力な指導権を掌握。
包括政党（20世紀後半）	特定のグループによって支持されるのではなく、幅広い階層から緩やかな支持を集めた政党。大衆民主主義の深化と、イデオロギー対立の緩和によって現れた。キャッチ･オール･パーティーといわれる。

➲**エドマンド＝バーク**（英、1729～97）
イギリスの政治家バークは、政党とは「特定の主義または、原則において一致している人々が、その主義または原則に基づいて、国民的利益を増進しようと協力するために組織された団体」と述べた。

解説 **政党の役割**　イタリアの政治学者サルトーリ（1924～2017）は、政党とは「社会と政治の間に存在する中間・媒介構造である」と述べた。**日本では憲法上明記されていない私的な組織とみなされるが、選挙を経て、国会や地方議会などの政治の場で活動する。**また、全国的に組織された政党だけではなく、一定地域に限定して活動している地域政党も注目を集めている。

Zoom **バークの思想**　バークは議会主義を擁護し、アメリカの独立革命を支持する一方、個人の理性よりも社会の伝統や慣習を重んじる保守主義の立場から、当時起こったフランス革命には否定的であった。

2 政党政治の形態

	代表的な国	長所	短所
二大政党制	イギリス（保守党・労働党） アメリカ（民主党・共和党）	❶単独政権となりやすく、政局が安定しやすい ❷政権交代が容易である ❸政策上の争点が明確で、有権者の選択が容易である ❹批判勢力がつねに存在する	❶政権を握る多数党（与党）が暴走しやすい ❷国民の多様な政治的意見を十分吸収できず、少数者の意見が反映されにくい
多党制	フランス ドイツ イタリア スウェーデン	❶国民の多様な政治的意見を、比較的忠実に政治に反映できる ❷連立内閣となるため、政策に弾力性がある	❶連立内閣となるため、政権が不安定化しやすい ❷政治上の責任があいまいになりやすい ❸少数党が政治の主導権（キャスティング・ボート）を握ることもある
一党制	中国 北朝鮮 ベトナム	❶政局が安定し、長期化する ❷強力な政策の実現が可能である	❶民主的な政権の交代が不可能 ❷政策が固定化し、世論は無視される ❸少数幹部の独裁となり、腐敗が起きる

解説 **第3党もある二大政党制**　アメリカは民主党と共和党、イギリスは保守党と労働党による二大政党制であるが、それぞれ第3の勢力も存在する。特に、イギリスではスコットランド国民党などが議会で一定の議席を占めており、二大政党も無視できない存在になっている。**現在の日本は多党制に分類されるが、自民党の勢力が強い一党優位政党制といえる。**

3 政権の形態

単独政権			議会で過半数の議席を有する第一党が存在する場合、その政党が与党として、他の野党と協力関係をとることなく政権を運営する
連合政権			議会で過半数の議席を有する政党が存在しない場合、何らかのかたちで他の政党と協力関係を結ぶ
連合政権	少数単独政権		内閣は単独与党が組織するが、野党と協力関係をもって政権を運営する
連合政権	少数単独政権	部分連合	個々の政策や法案ごとに、野党と協力して国会審議を進める。パーシャル連合ともいう
連合政権	少数単独政権	閣外協力	野党は内閣の閣僚を出さずに、政策協定を結んで協力する
連合政権	連立政権		二つ以上の政党が内閣の閣僚を出し、協力して政権を運営する

解説 **選挙制度と政権との関係**　日本では、55年体制下では一部期間を除いて自民党による**単独政権**が長く続いてきた。しかし、1993年に細川護熙を首相とする非自民連立政権の誕生によって55年体制が崩壊して以降は、1994年に衆議院で小選挙区比例代表並立制が導入された影響もあって**連立政権**が続いている。他の議院内閣制の国では、小選挙区制（下院）のイギリスが単独政権であるのに対して、比例代表制の要素をもつドイツやイタリアでは連立政権となっている。

4 党議拘束

国	党議拘束	例
日本	強い ↕	・政府提出法案は内閣が国会に提出する前に与党が事前に審査し、採決時には原則として党議拘束がかかる ・造反議員は、所属政党から処分されることが多い
イギリス ドイツ フランス	弱い	・与党の事前審査はなく、議案によっては採決時に党議拘束がかかる ・造反議員に対する処分は少ない
アメリカ	無い	・与党議員が政府（大統領）の政策に反対することも珍しくない

解説 **議員を縛る党議拘束**　日本では、法案の賛否などにおいて、党の執行部が所属議員に対して党の決定方針に従うよう義務づけることが多く、これを**党議拘束**という。近年では、自民党の小泉首相（当時）が郵政民営化関連法案の議決に際して厳しい党議拘束をかけ、造反議員は除名された。党議拘束は議員の自由な議会活動を阻害するという意見がある。一方、政党単位の行動を前提とする政党政治にとっては、党議拘束によって議員の一致した行動を促す必要があるとの意見もある。

ISSUE

女性議員比率を高めるために

？日本の女性議員が増えないのは、どのような原因があると考えられるか

日本の女性議員の割合は低水準にとどまっている。そこで、2018年、国会や地方議会で各政党の候補者の男女比をできる限り均等にする**候補者男女均等法**（政治分野における男女共同参画推進法）が成立した。2021年には同法が改正されて、政党や国、地方公共団体などに対して、セクハラの防止などを求める内容が加えられた。同法に罰則規定はないが、議会における女性議員の躍進が期待できる。

⇧議会で子どもをあやす女性議員（オーストラリア）

諸外国では、議会の議席数の一定割合を女性に割り当てるクオータ制を導入している国もある。フランスでは2000年に制定された「パリテ法」によって、各政党に対して男女の候補者を半数ずつにすることを義務づけており、違反した政党は罰金を科される。このような取り組みによって、現在のフランス議会の女性比率は約4割を占めるに至っている。

なお、「パリテ」とは「同等」「同量」を意味するフランス語である。

女性議員の比率（2023年）

・二院制の国は下院の数値

順位	国名	女性比率
1	ルワンダ	61.3%
2	キューバ	55.7
4	アラブ首長国	50.0
9	スウェーデン	46.4
34	オーストラリア	38.4
36	フランス	37.8
45	ドイツ	35.1
48	イギリス	34.5
56	イタリア	32.3
61	カナダ	30.7
72	アメリカ	28.7
88	中国	26.5
120	韓国	19.1
139	ロシア	16.4
166	日本	10.0

（参考）日本の参議院は25.8%

TOPIC トピック　都道府県議会における女性議員の占める割合の平均は約12%となっている。しかし、最も高い東京都の約31%から、最も低い熊本県の約2%まで、地域によって差が大きい。

用語解説　94政党，95連立政権

5 日本のおもな政党 (2023年11月15日現在)

出題

与党

政権を担当し、内閣を組織する政党

自由民主党(1955年結党)　総裁　岸田文雄

- 国会議員(衆議院263人 参議院118人)
- おもな綱領など
  ①新しい憲法を制定する
  ②家族の絆を大切にし、国や地域を愛し、高い志をもった日本人を育てる
  ③行財政改革を進め、小さな政府を実現し、地方分権を推進する

公明党(1964年結党)　代表　山口那津男

- 国会議員(衆議院32人　参議院27人)
- おもな綱領など
  ①生命・生活・生存を尊重し、人間・人類の幸福追求を目的とする
  ②生活者重視の文化・福祉国家の実現
  ③エコロジー重視の立場から、人間と自然の調和を追求する

政策など ⟷ で対立

野党

与党の政策を監視・批判し、将来の政権交代に備える政党

立憲民主党(2017年結党、20年再結党)　代表　泉健太

- 国会議員(衆議院95人　参議院38人)
- おもな綱領など
  ①憲法の三原則を堅持し、自由と民主主義に立脚した立憲主義を守る
  ②税金のムダ遣いを排し、行財政改革、政治改革、地域主権改革を断行する

日本維新の会(2015年結党、16年党名変更)代表　馬場伸幸

- 国会議員(衆議院41人　参議院19人)
- おもな綱領など
  ①憲法を改正し、首相公選制、一院制、憲法裁判所を実現する
  ②大阪を副首都にすることで、東京一極集中を打破し、道州制を実現する

日本共産党(1922年結党、45年再建)　委員長　志位和夫

- 国会議員(衆議院10人　参議院11人)
- おもな綱領など
  ①当面は、対米従属と大企業の支配を打破する民主主義革命をめざす
  ②日米安保条約の廃棄と米軍基地の撤退

国民民主党(2018年結党、20年再結党)　代表　玉木雄一郎

- 国会議員(衆議院10人　参議院11人)
- おもな綱領など
  ①改革中道政党として、大胆な規制緩和や減税・非課税化を講じる
  ②責任ある再分配政策でくらしを守る一方、効率的な政府を実現する

れいわ新選組(2019年政党要件獲得)　代表　山本太郎

- 国会議員(衆議院3人　参議院5人)
- おもな綱領など
  ①消費税の廃止などで暮らしを底上げ
  ②防災庁の創設や公共投資の拡大により災害対策・国土強靭化を図る

社会民主党(1945年結党、96年党名変更)　党首　福島瑞穂

- 国会議員(衆議院1人　参議院2人)
- おもな綱領など
  ①社会的な規制による公正な市場経済の確立、公共サービスの役割を重視
  ②働きがいのもてる労働環境の整備

みんなでつくる党(2019年政党要件獲得、23年党名変更)　党首　大津綾香

- 国会議員(衆議院0人　参議院2人)
- おもな綱領など
  ①政治の透明化により、国民の信頼を回復
  ②国民生活の支援と経済の活性化

※この他、参政党(参議院1人)が2022年7月の参院選の結果、公職選挙法上の政党要件を満たした。

■衆議院と参議院の議席数(会派別)

※無所属などの一部は改憲を支持。また、公正中立な議事運営を行うため、両議院の正副議長は所属会派を離脱するのが慣例となっている。

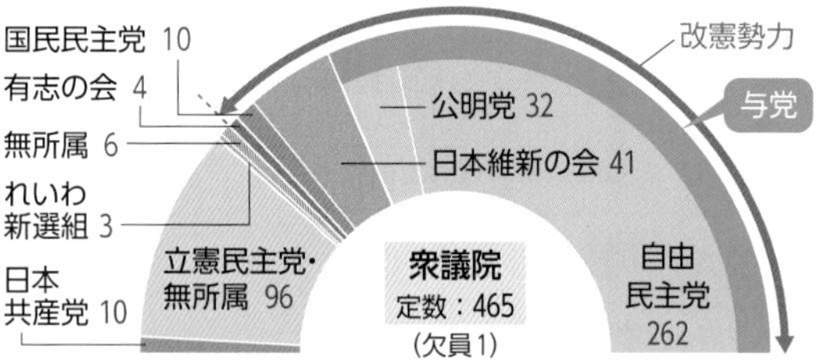

(注)自由民主党は「自由民主党・無所属の会」、国民民主党は「国民民主党・無所属クラブ」を示す。

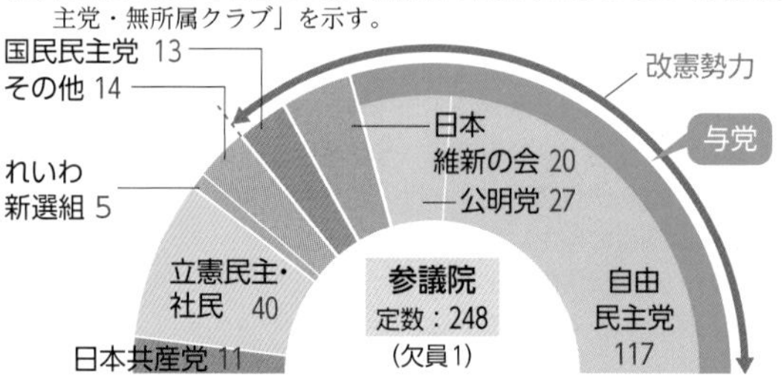

(注)自由民主党は「自由民主党・国民の声」、国民民主党は「国民民主党・新緑風会」を示す。

衆議院における与党の議席数と政策推進力

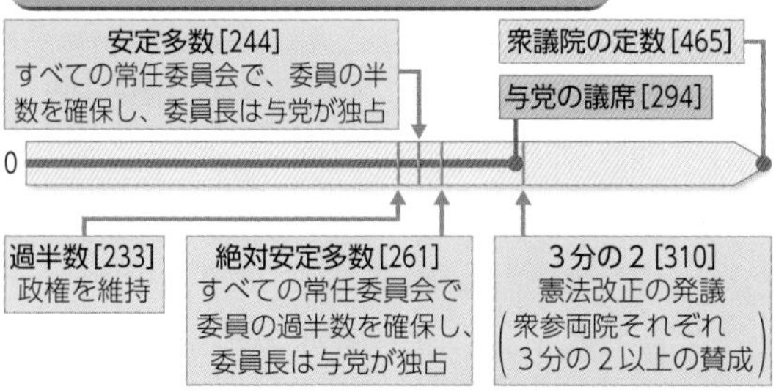

(2023年11月15日現在)

■**会派**…議員が議会活動をともにする団体。議会では政党別ではなく会派別で行動する。会派の人数に応じて委員会の議席数や質問時間、議案提出権などが割り当てられる。公明党や共産党のように政党＝会派の場合や、複数政党が会派を結成する場合、無所属議員が政党と行動をともにする場合、無所属議員同士で会派を結成する場合などがある。

解説 **政党の地位**　日本国憲法は政党に関する規定がないが、「結社」としてその活動の自由は保障されている。国会議員が少ないかまったくいない「政党」は、マスコミでは諸派と称される。なお、派閥とは、政党内において同一の考えをもった議員の集まりのことである。特に自民党においては、派閥の所属議員数に応じて、選挙資金や大臣などのポストを配分することが多い。

Zoom **政党の要件**　新党発足時に政党交付金を受け取れるように、公職選挙法の政党要件である国会議員5人で結成された例がみられる。2019年の参院選では、国政選挙の有効得票数で政党要件(選挙区または比例区で2％以上)を満たした政党があった。

Ⅱ 圧力団体と政治資金

6 圧力団体(利益集団) 出題

? 圧力団体の役割とは何か

■圧力団体と他機関の関係

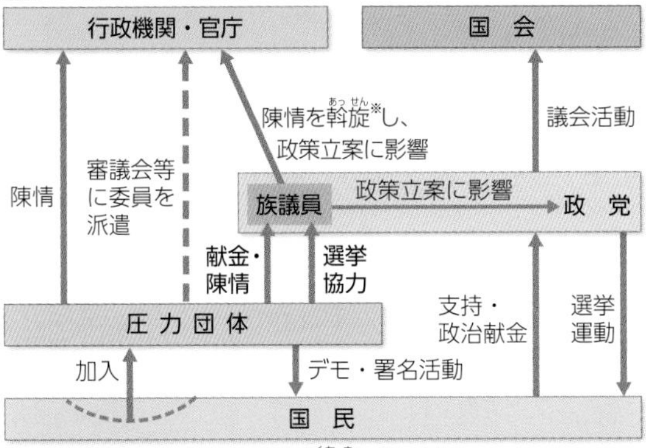

※議員が公務員に対して斡旋(口利き)し、その見返りとして報酬を得ることは、斡旋利得処罰法により禁止されている。

■日本のおもな圧力団体

	団体名・規模	内　容
経営者団体	日本経済団体連合会(日本経団連)約1,650会員	経済、産業、労働・雇用環境の整備など、幅広い問題に取り組む。企業・団体などを会員としている。2002年に「経団連」と「日経連」が統合して発足した
	経済同友会 1,537人	経営者個人を会員とした財界団体。政府に経済問題を提言している
	日本商工会議所(日商)515商工会議所(約123万企業)	全国各地にある商工会議所の総合団体。企業を会員とした組織で、中小企業の利益を代表する
労働団体	日本労働組合総連合会(連合)約700万人	全日本民間労働組合連合会と官公労組が統一。日本最大の労働組合のナショナルセンター(全国組織)。旧民主党系
	全国労働組合総連合(全労連)約97万人	労働者、国民の利益を大切にするナショナルセンターとして結成された、反「連合」組織。共産党系
	全国労働組合連絡協議会(全労協)約10万人	「たたかう、まともな労働運動」の結集体をめざし、1989年に設立された反「連合」組織。社民党系
その他	全国農業協同組合中央会(全中)　約1,035万人(准組合員を含む) 全国森林組合連合会(全森連)　約152万人 全国郵便局長会　約2万局 日本医師会　約17万人 日本遺族会　主婦連合会(主婦連)	

(2022年4月現在)

解説 **特殊利益の達成が目的**　圧力団体(利益集団)は、特定団体の意向を政治に反映させようとする団体である。政党とは異なり政権獲得が目的ではない。アメリカには、圧力団体の代理人として**ロビイスト**が存在し、議員や官僚などにはたらきかけを行い、政策決定や立法に影響を与えている。日本にはロビイストは存在しないが、企業・団体から献金や選挙支援を受けて、その企業・団体の代弁者として特定の政策に影響を与える**族議員**が存在する。しかし、圧力団体と族議員の結びつきが強まれば、政治腐敗が起きる場合もある。なお、アメリカのロビイストは登録制となっており、「ロビイスト規制法」で活動が制限されている。

7 政治資金規正

? 政治資金規正法には、どのような課題があるのか

①政治資金規正法の概要 出題

目的	政治団体や政治家によって行われる政治活動が、国民の監視と批判の下に行われるようにする		
規正の方法	政治資金の収支の公開		・収支報告書の要旨の公表 ・収支報告書の閲覧および写しの交付 ・支出はすべて領収書の保管と公開を義務づけ
	政治資金の授受の規正	寄付者と寄付の対象者	・会社などのする寄付の制限 ・政治家の政治活動に関する寄付の制限
		寄付の量的制限	・総枠制限と個別制限 ・政治資金パーティーの対価の支払い(パーティー券)の制限
		寄付の禁止	補助金などを受けている会社・赤字の会社・外国人や外国法人・他人名義や匿名による寄付の禁止
	罰　則		・5年以下の禁錮または100万円以下の罰金 ・一定期間の公民権(選挙権・被選挙権)停止

政治資金パーティー

政治資金を捻出するため、「励ます会」「出版記念会」などの名目で開くもので、企業や団体・個人がパーティー券を購入し、その売り上げが政治活動に充てられる。特定の政治家のために、政治団体によって開催される。同一の者から1つの政治資金パーティーに対して150万円を超えて支払いをすることは禁止されているが、20万円以下なら公表の必要はなく、不透明な資金となっている。

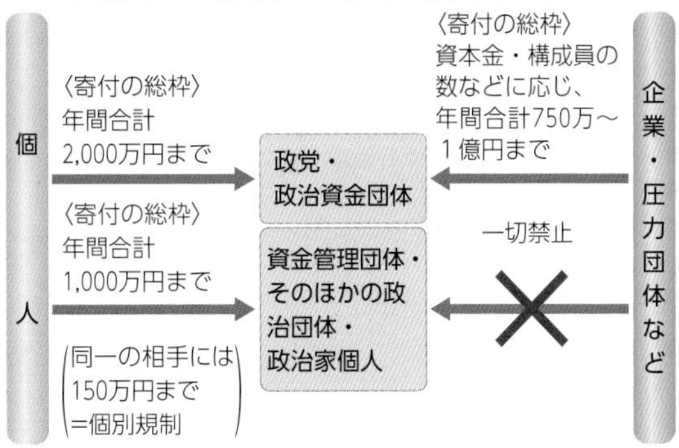

対象となる政党…衆議院議員または参議院議員を5人以上有する団体。または、直近の国政選挙(前回の衆院選、前回・前々回の参院選のいずれか)の得票総数が有効投票総数の2%以上の団体。

政治資金団体…政党のために資金を援助することを目的とし、政党が指定した団体。

資金管理団体…政治家が自分のために政治資金を受け取るための団体。政治家自身が代表者となっている政治団体から1つの団体を指定する。

解説 **金権政治の防止**　政治資金とは、政治団体や政治家個人の政治活動のための資金のことである。企業などの団体や個人から集めた寄付と、政党交付金がこの資金源となっており、原則非課税である。政治資金の収入および支出は収支報告書に正確に記載し、都道府県の選挙管理委員会または総務省に届けなければならない。これまでにも不適切な寄付や収支報告書の虚偽記載が問題になり、政治資金規正法はたびたび改正されている。

TOPIC トピック　政党交付金は年4回に分けて交付される。その間に選挙が行われた場合は、選挙後に残りの交付額が改めて算定される。

用語解説　96派閥，97圧力団体，98族議員，99政治資金規正法

②政治献金をめぐる事件

出題

事件	内容
ロッキード事件	1970年代後半、アメリカの航空機メーカー、ロッキード社が日本に旅客機を売りこむための工作を行い、贈収賄事件に発展した。田中角栄元首相をはじめ、国会議員や大手商社の幹部などが受託収賄、贈賄などの容疑で起訴された。
リクルート事件	1980年代後半、リクルート社から値上がり確実なグループ会社の未公開株が、多くの政治家や官僚に譲渡された事件。竹下登首相が辞任したほか、多数の政治家や企業幹部が辞職し、うち12人が起訴された。
東京佐川急便事件	1990年代前半、東京佐川急便が政治家に巨額の政治献金を行っていたことが明るみに出た。佐川急便側から暴力団関連会社に資金が流出していたことも発覚するなど、大規模な汚職事件に発展した。

政治家や選挙をめぐるおもな違法行為

違法行為	内容
贈収賄(贈賄と収賄)[刑法]	便宜を図ってもらおうとして、公務員が職務に関して他人から賄賂を渡すことを贈賄といい、公務員が職務に関して他人から賄賂を受け取ることを収賄という。これらは合わせて贈収賄罪として罰せられる。
政治資金規正法違反	政治資金の収支の公開や、政治資金の授受の規正などを目的としている政治資金規正法に違反する行為。具体的には、政治資金収支報告書に記載されていない収支が発覚すると、政治資金規正法違反として罰せられる。
公職選挙法違反	投票や選挙運動の見返りに金銭などを供与する行為(買収)、政治家の違法な寄付行為、戸別訪問(➲p.110)、車上運動員(ウグイス嬢)・手話通訳者などに対して規定以上の報酬を支払うことは、公職選挙法違反で罰せられる。

③政党別にみる政治資金

出題

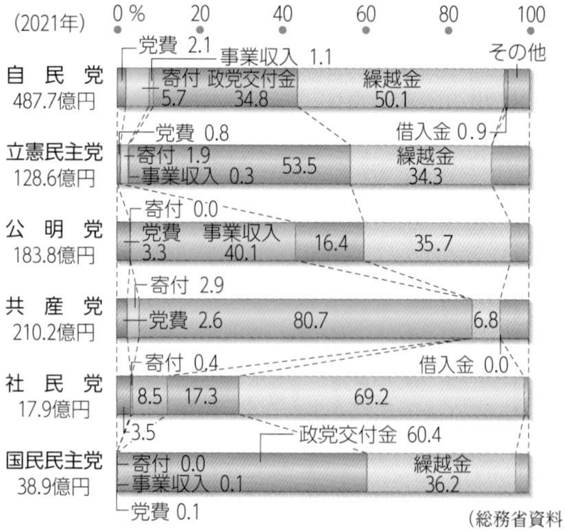

(総務省資料)

政党交付金は国民1人当たり250円の税金が使われており、総額320億円(議員1人当たり約4,600万円)が支払われている。日本共産党はこの制度を批判しており、交付金支給の申請を行っていない。

解説 **政党助成制度** 政党は、党員や賛同者からの党費や寄付金、独自の事業活動の収入により運営されることが基本である。しかし、それだけでは選挙対策費や政党の運営費をまかないきれないため、企業・団体からの政治献金に依存しやすく、政治献金によって特定企業や団体と政党の間で癒着や疑惑が生じることがある。そのため、政治の公正さを確保するために、1994年に**政党助成法**が成立し、政党の国会議員数に応じて国庫から政党交付金を支給されることになった。

Ⅲ 選挙制度

8 おもな国の普通選挙の実現

国名	フランス	スイス	アメリカ	ドイツ
男子のみ	1848年	1848年	1870年	1871年
男女	1944年	1971年	1920年	1919年
国名	ニュージーランド	イギリス	ロシア(旧ソ連)	中華人民共和国
男子のみ	1879年	1918年		
男女	1893年	1928年	1936年	1953年

➲チャーチスト運動の風刺画　人民憲章を議会に押しこんでいる。「チャーチスト」は、労働者が掲げた人民憲章(People's Charter)に由来する。労働者は普通選挙権を求めて大規模な請願やストライキを行った。

解説 **普通選挙権獲得の歩み** 初期の議会政治において、選挙権は財産や地位のある人々だけがもつ特権であった。19世紀に入ると、イギリスの労働者階級は厳しい労働環境を打開するため、1837年～40年代にかけて、普通選挙権の獲得を求めて運動を起こした(**チャーチスト運動**)。しかし、すぐに実現したわけではなく、イギリスで普通選挙が実現したのは、20世紀に入ってからであった。その他の大部分の国でも、男女普通選挙は20世紀に入ってから実現した(上表参照)。

9 日本の選挙制度の変遷

? 日本の選挙権の拡大はどのように推移してきたのか

日本の選挙制度の変遷 (衆議院)

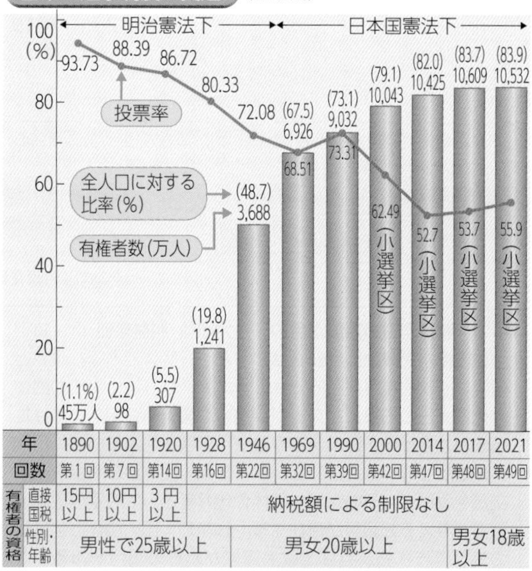

年	1890	1902	1920	1928	1946	1969	1990	2000	2014	2017	2021
回数	第1回	第7回	第14回	第16回	第22回	第32回	第39回	第42回	第47回	第48回	第49回
有権者の資格 直接国税	15円以上	10円以上	3円以上	納税額による制限なし							
有権者の資格 性別・年齢	男性で25歳以上				男女20歳以上					男女18歳以上	

※年は選挙実施年を示す。1889年に衆議院議員選挙法が制定され、有権者の資格が規定された。また、有権者の資格が変更された法律改正年は、1900年、1919年、1925年、1945年、公職選挙法の2015年である。

Zoom **直接国税** 明治憲法下での選挙権付与の条件である直接国税には、地租を中心に所得税や営業税があった。当時の15円は現在の金額で60万～70万円程度になるといわれる。1925年の衆議院議員選挙法の改正(普通選挙法)によって、納税の条件は撤廃された。

10 選挙区制度の特色

? 各選挙制度の短所はどのようにしたらおぎなうことができるのか　頻出

制度	選出方法	長所	短所
小選挙区	1つの選挙区から1名を選出	❶有権者が候補者をよく知ることができる ❷選挙費用が節約できる ❸候補者の乱立を防止できる ❹二大政党型の政治となり、政局が安定しやすい	❶死票（落選者に投じた票）が多く、大政党に有利で、少数意見を反映しにくい ❷買収や供応が行われやすい ❸地域の利益誘導型の政治になりやすい ❹ゲリマンダーの危険性がある
大選挙区	1つの選挙区から2名以上を選出	❶少数意見も反映した選挙結果となりやすい ❷死票が少ない ❸全国的視野をもつ人材が選出されやすい	❶小党乱立傾向で政局が不安定になりやすい ❷選挙費用が多額化する ❸同一政党同士での当落争いが起きやすい
中選挙区	1つの選挙区から原則として3～5名を選出	大選挙区制の一種で、小選挙区制と大選挙区制の両者の長所と短所をあわせもつ	
比例代表制	政党の得票率に比例して、各党に議席を配分する	❶死票が少ない ❷得票数に応じた公平な議席配分が可能	❶小党乱立傾向で政局が不安定になりやすい ❷政党中心型の選挙になり、候補者自身の資質などは無関心となりやすい

解説　どの選挙区制度も一長一短　選挙区制度は、どの制度にも長所と短所がある。一概にどの制度がよいとはいえないが、一部の政党や政治家にとって都合の良い制度ではなく、民意を反映できる制度にする必要がある。主要国では**小選挙区制**と**比例代表制**が主流となっている。投票方法については、有権者が候補者名を1名のみ記名して投票する単記式と、複数名を記名して投票する連記式がある。比例代表制は政党名または個人名で投票する。

11 各国の選挙制度

国名	議会	任期	定員	選挙権	被選挙権	選出方法
日本	参議院	6年	248	18歳以上	30歳以上	選挙区選挙と比例代表選挙（3年ごとに半数ずつ改選）
	衆議院	4年	465		25歳以上	289の小選挙区と11の比例代表区（176人）
イギリス	上院（貴族院）	不定	不定	王族・聖職者・貴族などから首相が推薦し、国王が任命		
	下院（庶民院）	5年	650	18歳以上	18歳以上	小選挙区制（650の選挙区）
アメリカ	上院（元老院）	6年	100	18歳以上	30歳以上	各州2名選出、2年ごとに3分の1ずつ改選、州単位の小選挙区
	下院（代議院）	2年	435		25歳以上	小選挙区制（435の選挙区）。10年ごとに人口に比例して選挙区割を行う
フランス	上院（元老院）	6年	348	18歳以上	24歳以上	国民議会議員や地方議会議員などによる間接選挙。3年ごとに半数改選
	下院（国民議会）	5年	577		18歳以上	小選挙区（577の選挙区）。有効投票の過半数の得票者がいなければ、決選投票を行う
ドイツ	連邦参議院	不定	69	各州政府の代表者（州の首相や閣僚）。人口比により各州3～6名から構成		
	連邦議会	4年	598	18歳以上	18歳以上	299の小選挙区と16の比例代表区（超過議席あり）
ロシア	連邦院（上院）	4～5年	166	83の連邦制主体（共和国・州など）の議員から2名ずつ		
	国家院（下院）	5年	450	18歳以上	21歳以上	小選挙区比例代表並立制
中国	全国人民代表大会	5年	約3,000	18歳以上	18歳以上	地方人民代表大会の間接選挙で選出された代表と、軍が選んだ代表で構成

解説　さまざまな選挙制度　世界には選挙権を18歳以上としている国が多い。日本は1945年に衆議院議員選挙法が改正され、25歳から20歳に引き下げられた。さらに、2015年の公職選挙法の改正により、2016年からは18歳に引き下げられた。また、イギリス・アメリカ・フランス下院は完全な小選挙区制であるが、世界の国の多くは比例代表制または小選挙区制に比例代表制を加味した選挙制度を導入している。

12 選挙の基本原則　出題

原則	内容	憲法の条文
普通選挙	選挙権・被選挙権の資格を年齢以外の要件（性別・納税額など）で差別しない選挙	第15条
平等選挙	一人ひとりの有権者が同等の価値の投票を行うことができる選挙	第14条、第15条、第44条
直接選挙	有権者が、みずからの意思に基づいて直接代表者を選ぶことができる選挙	第93条
秘密投票	有権者が、どの候補者や政党に投票したのか、秘密が保障される選挙	第15条
自由選挙	誰にも干渉されずに、自分の判断で自由に投票または立候補できる選挙	第15条

解説　民主的な選挙を行うために　選挙は、主権者である国民が政治に参加する重要な機会である。そのため、選挙のしくみは、有権者の意思が正しく反映されるものでなくてはならない。民主的な選挙運営のもっとも基本的な原則は日本国憲法に定められており、それをもとに公職選挙法など選挙に関する法律が制定されている。

COLUMN ゲリマンダー

小選挙区の区割り改正には、権力者の恣意的な思惑が絡んでいる可能性がある。19世紀初頭、アメリカのマサチューセッツ州知事で民主党員のゲリーが、反対派を抑えこむために、自分の政党に都合のいいように選挙区割りの改正を行った。その結果、火の中に住むといわれる伝説上の動物サラマンダーにそっくりな区割りができあがった。以来、特定の政党が有利になるように、不自然な選挙区割りをつくることをゲリマンダーと呼ぶようになった。ゲリマンダーは現在でも問題になることがある。

↑ゲリマンダー

TOPIC トピック　1956年、鳩山一郎内閣が自民党に有利な選挙区の区割り案を国会に提出した。その案に反発した野党が「ゲリマンダー」ならぬ「ハト（鳩）マンダー」だと揶揄した。

用語解説　⑩政党助成法、⑩小選挙区制

13 公職選挙法

?公職選挙法の改正によって、どのようなことが認められるようになったのか

①公職選挙法の概要 頻出

	項目・条数	内容
総則	目的〔1条〕	日本国憲法の精神に則り、選挙制度を確立し、その選挙を公明・適正に行う。
総則	法律の範囲〔2条〕	衆議院議員、参議院議員、地方公共団体の議会の議員、首長の選挙
選挙権・被選挙権	選挙権〔9条〕	日本国民で満18歳以上の者
選挙権・被選挙権	被選挙権〔10条〕	•衆議院議員、地方公共団体の議会の議員、市町村長は満25歳以上の者 •参議院議員、都道府県知事は満30歳以上の者
選挙権・被選挙権	選挙権・被選挙権を有しない者〔11条〕	禁錮以上の刑に処せられその執行を終わるまでの者など 。
選挙運動	期間〔129条〕	立候補の届け出があった日(公示日・告示日)から当該選挙の期日の前日まででなければ、選挙運動をすることができない。当日や事前の運動は一切禁止されている。
選挙運動	選挙運動ができない者〔135～137条〕	選挙事務関係者、特定公務員(裁判官・検察官・警察官など)、満18年未満の者、選挙犯罪により選挙権・被選挙権を有しない者など
選挙運動	戸別訪問の禁止〔138条〕	戸別訪問は、買収や利害誘導などの自由公正を害する犯罪にとって格好の温床となるという理由から、禁止されている。
選挙運動	文書図画の頒布〔142条〕	衆議院小選挙区選挙で候補者1人当たり、通常はがき35,000枚。選挙管理委員会に届けた2種類以内のビラ7万枚など。インターネットのウェブサイトやメールも文書図画であり、一定の措置が講じられている。
選挙運動	選挙運動の費用の制限〔194条〕	候補者1人当たりの上限は、選挙区の有権者数などに基づいて決められており、この金額を超えて支出することはできない。
選挙運動	実費弁償及び報酬の額〔197条〕	選挙運動に従事する者(車上運動員や事務員など)に対する実費弁償(交通費や宿泊費)と報酬は、政令によって定められている。ただし、街頭での宣伝活動や電話がけなどを行う選挙運動員に対する報酬は禁止。
投票	投票時間〔40条〕	午前7時から午後8時まで(例外あり)。投票率の低下をふまえ、1997年に投票時間や不在者投票の要件が改正された。
投票	期日前投票〔48条の2〕	仕事がある者、投票時間に投票区外にいる者、歩行困難者、遠隔地に居住する者は、選挙人名簿に登録されている市区町村の期日前投票所で期日前投票が行える。
投票	不在者投票〔49条〕	期日前投票ができる者に加えて、選挙当日には18歳になっているが、それまではまだ17歳の者は、選挙人名簿に登録されている市町村や出先の市町村、指定された病院や老人ホームなどで不在者投票が行える。
投票	在外投票〔49条の2〕	海外に居住し、在外選挙人名簿に登録されている者は、衆参両院の選挙に限り、大使館などで投票が行える。
連座制	当選無効及び立候補の禁止〔251条の2～3〕	選挙の総括主宰者、地域主宰者、出納責任者が、罰金刑以上の有罪判決を受けた場合、または、親族、秘書、組織的選挙運動管理者が選挙違反で禁錮以上の有罪判決を受けた場合、当選人の当選は無効とし、5年間同一選挙区への立候補ができない。

②公職選挙法の改正の流れ

改正年	内容
1950	公職選挙法制定
1982	参議院の全国区(大選挙区)に代えて比例代表制を導入
1994	衆議院に小選挙区比例代表並立制を導入 連座制の適用範囲を拡大
1997	不在者投票の要件緩和、投票時間の延長
1998	在外投票制度を導入(比例のみ)
2001	参議院比例代表制に非拘束名簿式を導入
2002	地方選挙で電子投票を容認
2003	期日前投票制度を創設
2006	在外投票制度を選挙区にも導入
2013	インターネットで選挙運動を行う「ネット選挙」が解禁
2015	選挙権年齢を20歳から18歳に引き下げ(2016年6月から) 参議院選挙区に合区を導入
2016	駅や商業施設などでの「共通投票所」の設置が可能に 衆議院小選挙区に「アダムズ方式」の導入を決定(➡p.112)
2018	参議院比例区に「特定枠」を導入

解説 **公正な選挙をめざして** 公職選挙法は1950年に、それまでの選挙関係の法律や地方自治法の条文を統合するかたちで成立した、選挙の基本法である。選挙運動の違反には罰則が設けられている。候補者が有権者宅を訪問して投票をお願いする「戸別訪問」は、不正の温床になるとして禁止されている。しかし、戸別訪問は欧米では禁止されておらず、「表現の自由」を定める憲法第21条に違反するのではといわれているが、最高裁は戸別訪問の禁止規定を合憲としている。

COLUMN
「ネット選挙」解禁

ネット選挙運動の解禁でできること・できないこと		政党	候補者	有権者
ウェブサイト	ホームページ・ブログの利用	○	○	○
ウェブサイト	SNSの利用(フェイスブック・ツイッターなど)	○	○	○
電子メールの利用		△※	△※	×
有料インターネット広告の利用		○	×	×

※送信先は,選挙運動用メールの送信を求めた人など一定の条件がある。

かつて、公職選挙法ではインターネットを使った選挙運動が禁止されており、政党のホームページや候補者のブログは、選挙期日の公示(発表)後に更新することが認められていなかった。しかし、海外の民主主義国ではネットを使った選挙運動は認められており、各政党や候補者のネット利用は盛んである。そこで、日本でもネットを使った選挙運動を解禁すべきとの声が高まり、2013年の公職選挙法の改正によって、いわゆる「ネット選挙」が解禁された。

ネットを利用した選挙運動は有権者でもできるが、ウェブサイトにメールアドレスなどの表示が義務づけられている。また、候補者や政党以外の有権者が選挙運動のために電子メールを送信することは禁止されており、候補者や政党に対する誹謗中傷や「なりすまし」は処罰の対象となっている。

Zoom **共通投票所** 2016年の参院選から共通投票所がショッピングセンターや公共施設に設置されるようになったが、二重投票を防ぐことなどの課題もある。2021年の国民投票法改正で、憲法改正の国民投票でも共通投票所を設置できるようになった。

14 日本の国政選挙制度

? 衆議院と参議院の選挙制度は、どのようなところが異なっているのか

①衆議院議員総選挙のしくみ～小選挙区比例代表並立制～

頻出

投票方法（２票制）

小選挙区 289

各都道府県に１議席(47)＋人口比例で配分(242)

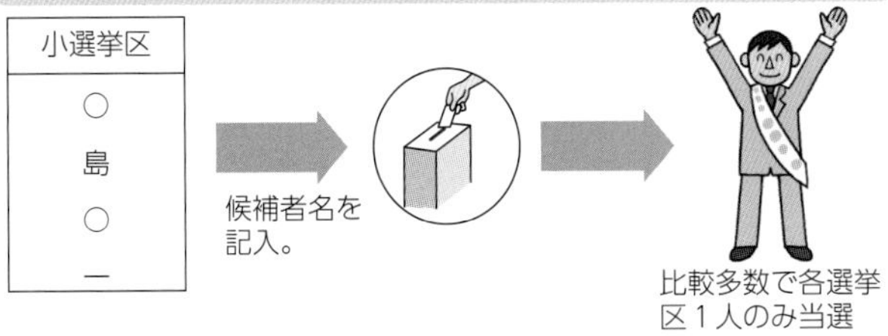

比較多数で各選挙区１人のみ当選

(注) 1. 小選挙区と比例代表の重複立候補が可能。
2. 小選挙区は候補者名、比例代表は政党名を記入する。
3. 小選挙区で当選した重複立候補者は比例代表の名簿から自動的に除かれる。

比例代表 176

全国11ブロック拘束名簿式（同一順位可）

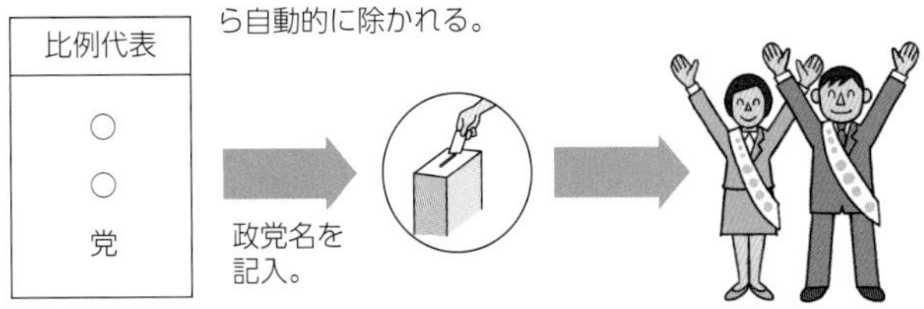

政党のブロック別得票数を整数で順に割り、割った数値の大きい順に議席を配分する（ドント方式）→**名簿順に当選**

当選例（重複制）

ア選挙区

			得票数	惜敗率（せきはい）
当選			90,000	
落選	A	○○党	80,000	89%
	D	××党	45,000	50%

イ選挙区

			得票数	惜敗率
当選			110,000	
落選	B	○○党	90,000	82%
	C	××党	75,000	68%

$$惜敗率(\%)=\frac{落選者の得票数}{当選者の得票数}\times 100$$

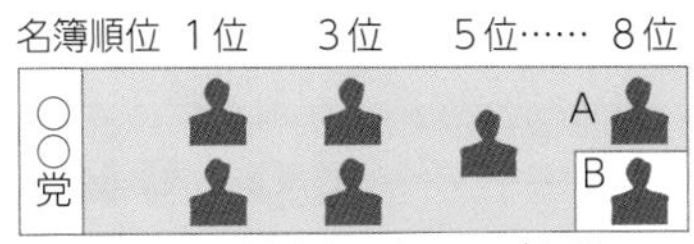

小選挙区での惜敗率の高いAが当選

解説 **小選挙区と比例区での重複立候補も可能**　1994年、公職選挙法が改正され、衆議院議員総選挙に従来の中選挙区に代えて、小選挙区選挙と比例代表選挙を同時に行う**小選挙区比例代表並立制**が導入された。そして、**候補者が小選挙区と比例区のどちらにも同時に立候補が可能な重複立候補制が採用された。**これにより、小選挙区で落選しても、比例区で復活当選ができるシステムとなっている。しかし、選挙制度上の矛盾も多かったため、2000年からは小選挙区での得票数が有効投票数の10%に満たない得票者は、比例区での復活当選ができなくなった。なお、衆議院の小選挙区で２人以上の候補者が同じ得票数で１位になった場合などは、くじで当落を決めることになっている。衆議院の定数は、2017年の選挙から小選挙区289人、比例代表176人となっている。

②参議院議員通常選挙のしくみ～選挙区選挙と比例代表制～

出題

投票方法（２票制）

選挙区 148

原則都道府県単位で行われ、選挙区から１～６名選出。

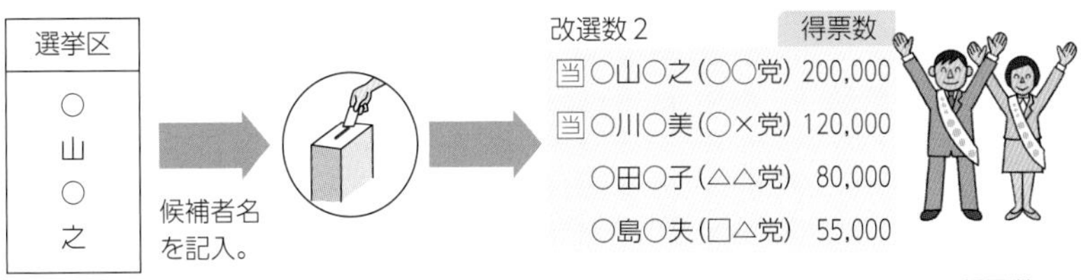

・人口の少ない鳥取・島根と徳島・高知は２県で１つの選挙区（合区）。

当選例

改選数２

	候補者	得票数
当	○山○之（○○党）	200,000
当	○川○美（○×党）	120,000
	○田○子（△△党）	80,000
	○島○夫（□△党）	55,000

・各選挙区の改選の数にあわせて、得票数の最も多い候補者から順次当選人が決まる。

特定枠を設定した場合

○×党　300万票

特定枠（拘束名簿式）

当	○村○太	20万票
当	○谷○彦	100万票
	○井○美	70万票
	○木○志	60万票
	政党名	50万票

○村○太氏が優先的に当選

比例代表 100

全国単位で行われ、原則として候補者に順位をつけない**非拘束名簿式**。

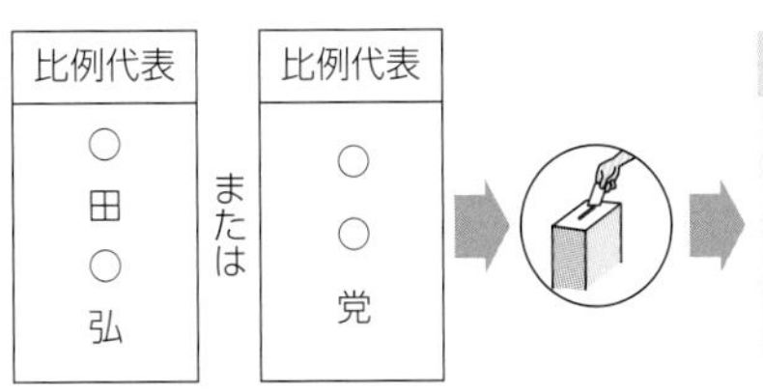

・候補者名または政党名を記入。
・政党の得票数は、候補者個人の得票と政党の得票を合計したもの。

○○党　500万票

当	○木○子	150万票
当	○田○弘	110万票
当	○村○司	90万票
	○野○美	50万票
	政党名	100万票

３人当選

○×党　300万票

当	○谷○彦	100万票
当	○井○美	70万票
	○木○志	60万票
	○村○太	20万票
	政党名	50万票

２人当選

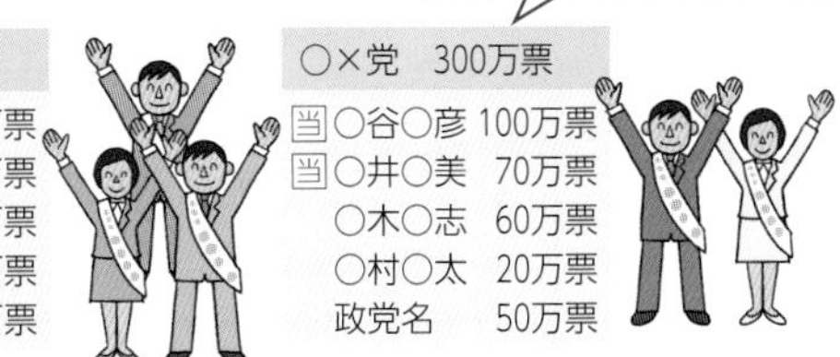

・政党の総得票数に基づいて**ドント方式**（➲p.112）により各政党の当選人の数が決まり、**得票数の多い候補者から順次当選人が決まる。**

解説 **比例区では政党名でも候補者名でも投票できる**　参議院議員通常選挙は、1980年までは都道府県単位の地方区（選挙区）選挙と全国を１つの選挙区とする大選挙区（全国区）制をとりいれ、いずれも個人名で投票していたが、1982年からは全国区制に代わって全国を１ブロックとする拘束名簿式比例代表制が導入された。2000年には比例代表選挙で拘束名簿式に代えて**非拘束名簿式**が導入された。この制度では、**名簿搭載（とうさい）の候補者に順位をつけず、政党名だけではなく、候補者名を書き入れた投票も認められ、各党の当選者は個人名の得票が多い順に決まるようになった。**そのため、各政党が得票数を稼ぐために、いわゆる「有名人候補者」の立候補が多くなる傾向がある。また、2019年の通常選挙からは、比例代表の一部に拘束名簿式の「特定枠」の導入が可能になった。「特定枠」は、合区で立候補できない県の候補者を救済するための措置とされ、与党側に有利との批判もある。

TOPIC トピック　期日前投票制度は国民の間に浸透してきており、2022年の参院選では約1,961万人（有権者の約15%）が期日前投票を行った。

用語解説　102公職選挙法，103連座制，104小選挙区比例代表並立制，105非拘束名簿式

③ドント方式

出題

政党	A	B	C	D
得票数	10,000	8,000	6,000	3,500
得票数÷1	10,000❶	8,000❷	6,000❸	3,500❻
得票数÷2	5,000❹	4,000❺	3,000❽	1,750
得票数÷3	3,333❼	2,666❾	2,000	1,166
得票数÷4	2,500❿	2,000	1,500	875
配分議席	4	3	2	1

解説 **議席を公平に分配するしくみ　ドント方式**とは、衆議院と参議院の比例代表制における各政党の当選者数の決定方式であり、ベルギーの数学者ドントが考案した。この方式は、各政党の得票数を1、2、3…で順々に割って得た数値を比較して、大きなものから順位をつけていく。上の表で定数10の場合は❶～❿が当選となり、各政党の当選者の数が各党に割り当てられる。例えば、A党では、衆議院(拘束名簿式)の場合は名簿順に上位4人が当選となり、参議院(非拘束名簿式)の場合は個人得票順に上位4人が当選となる(ただし、特定枠を政党が設定していれば特定枠の候補者が優先する)。

COLUMN

「アダムズ方式」の導入

アダムズ方式とは、アメリカの第6代大統領アダムズが考案した議席配分方式である。衆議院議員総選挙での一票の格差を解消させるため、小選挙区の都道府県別と比例代表のブロック別の議席配分で、2020年の国勢調査後にこの方式を導入することが決まった。

アダムズ方式のしくみ

アダムズ方式では、まず、各県の人口を、ある数Xで割る。次に、その答えの小数点以下を切り上げる。こうして出した数が各県の議席数となる。なお、ある数Xとは、各県の議席数の合計が、ちょうど議員総定数となるように調整した数値である。

仮に、人口の異なるA～Eの5つの県があるとする。議員総定数が20の場合、ある数Xは115となる(Xを114にすると議席数の合計は21になり、116にすると議席数の合計は19になってしまうから)。そして、以下のように議席が割り振られる。

	人口				議席
A県	800	÷(115)＝	6.957…	小数点以下を切り上げ	7
B県	580		5.043…		6
C県	430		3.739…		4
D県	220		1.913…		2
E県	100		0.870…		1
合計	2,130		—		20

アダムズ方式を導入すれば、各都道府県の人口比率を議席数にいっそう反映させることで、一票の格差を2倍以下に抑えることができるが、この他にも大きな意義がある。現行の各都道府県への議席配分は、政治家が判断し、法律で決めている。実際の政治では、与野党の力関係といった、時の政治状況が大きく影響するため、選挙の公正性という観点からは問題が残る。アダムズ方式を導入すれば、今後は政治家が判断するまでもなく、人口変動に応じて、自動的に各都道府県への議席数の配分が決まることになる。

④全国の選挙区と比例代表ブロック

■衆議院選挙区

※2022年の公職選挙法改正後の定数

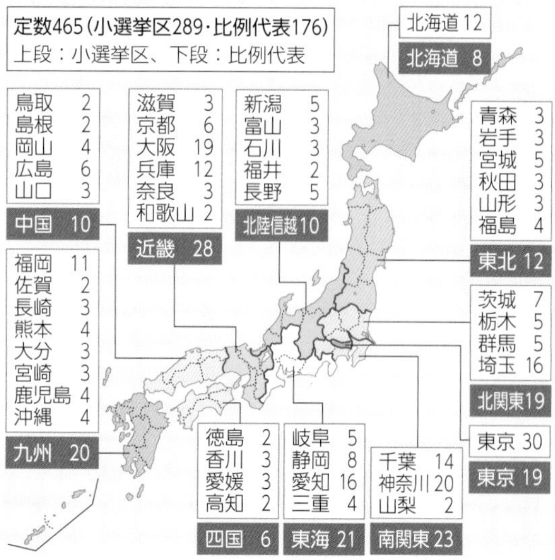

解説 **一人別枠方式からアダムズ方式へ**　衆議院の選挙制度は、議員の定数が465で、289の小選挙区と全国11ブロックから176人を選出する比例代表からなる。これまでの小選挙区の区割り方法は、まず、各都道府県に1ずつ配分し、残りの242を都道府県の人口に応じて配分するものであった。これを「**一人別枠方式**」という。しかし、これが「**一票の格差**」に開きを生じさせている原因ともなってきた。そのため、2022年の公職選挙法の改正で「一人別枠方式」を廃止して「**アダムズ方式**」が採用された。これにより、議席数は5都県で10議席増加、10県で10議席減少した。

■参議院選挙区

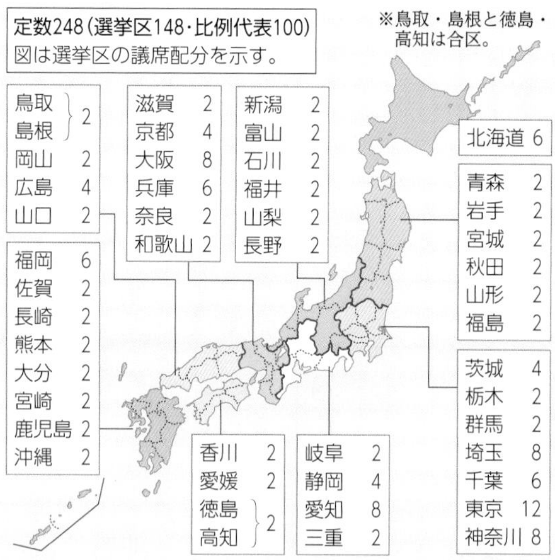

解説 **「選挙区選挙」とは**　**参議院議員の議席は248で、都道府県単位(一部合区)の選挙区(定数148人)と全国を1つの単位とした比例代表(定数100)から選出されるが、選挙では3年ごとに議員の半数(124人)を改選するしくみとなっている。**また、選挙区選挙では、都道府県の人口に応じて、1回の選挙で1人のみを選出する選挙区と、複数名を選出する選挙区がある。そのため、小選挙区制と大選挙区(中選挙区)制が混在していることから、単に「選挙区選挙」といわれる。

Zoom **参議院の選挙区の定数是正**　2018年に公職選挙法が改正され、参議院における埼玉県の選挙区が2議席増え、一票の格差は3倍未満に抑制された。また、比例代表は4議席増えたが、比例代表の定数変更は一票の格差是正につながらない。

15 得票率と議席数の関係

? なぜ得票率と議席占有率に差が出るのだろうか

衆議院小選挙区

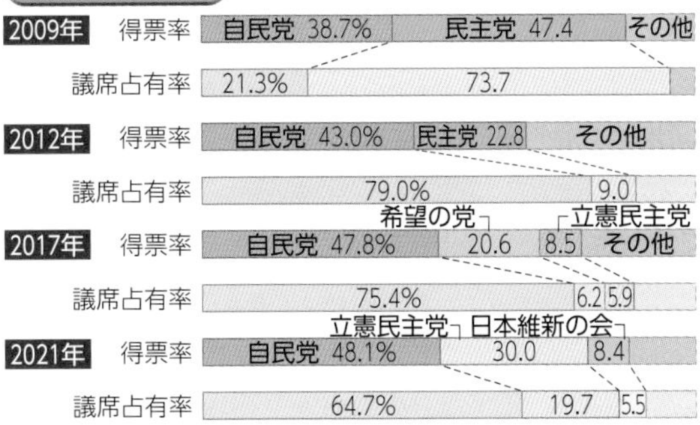

衆議院比例代表

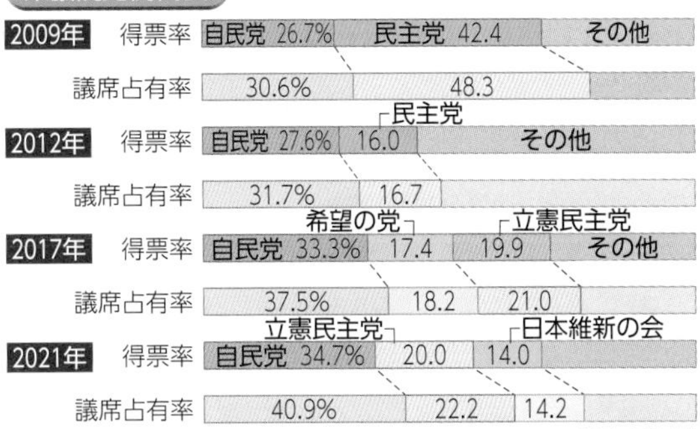

（総務省資料）

解説 **選挙制度によって異なる議席占有率** 2021年に行われた衆院選の小選挙区では、自民党は議席の64.7%を占有した。しかし、得票率をみると48.1%であり、半数に満たない。どうしてこのようなミスマッチが起こるのか。これは、小選挙区が1つの選挙区から1人しか選出できず、大政党に有利となり、多数の死票が出るためである。「選挙で民意を得た」ということばは、必ずしも適切とはいえない。

16 無党派層の動向

有権者に占める無党派層の推移

※読売新聞社の世論調査（各年3月）に基づく。
（「読売新聞」2019年7月15日ほか参照）

解説 **有権者の多くは無党派層** 特定の支持政党をもたず、世論調査などでは「支持政党なし」と回答する有権者を**無党派層**と呼ぶ。かつては業界団体・圧力団体などの組織票の力が大きかったが、現在では有権者の半数以上が無党派層である。無党派層は政治的無関心層だけでなく、政治に強い関心をもち、選挙ごとに政党や候補者の主張を比較・検討して投票先を決定する人々も多い。一方で、選挙をワイドショー的な感覚でとらえ、政治家の政策よりもイメージで選んでしまう傾向があるともいわれる。

17 地方選挙のしくみと現状 出題

地方選挙の種類(一般選挙)

首長選挙	・都道府県知事や市区町村長を選ぶ選挙。任期満了時のほか、住民のリコールによる解職、不信任議決などによる失職、退職の際に行われる。 ・当該の地方公共団体につき1名を選出する。	
地方議会選挙	・都道府県や市区町村の議会の議員を選ぶための選挙。任期満了時のほか、議会が解散された際に行われる。 ・議員の定数は、各地方公共団体の人口に比例して、議会が制定した条例によって定められている。	
	都道府県・政令指定都市	地域を複数の選挙区に分けて、選挙区ごとに1名または複数名を選出する。
	その他の市区町村	原則として、地域を1つの選挙区として、複数名を選出する。

定数に占める無投票当選者数の割合

（総務省資料）

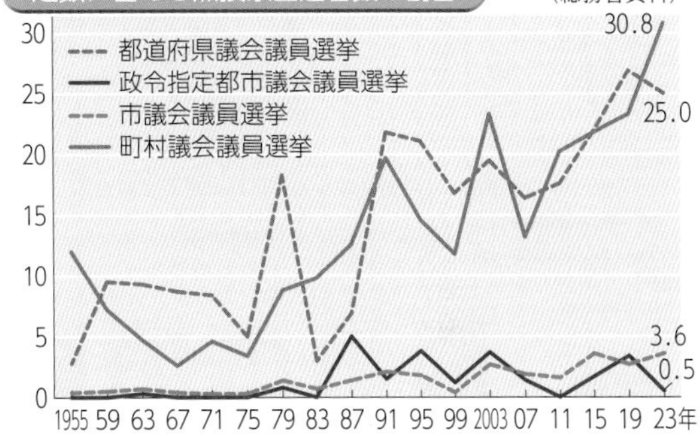

解説 **地方議員の「なり手不足」** 近年の地方選挙では、候補者数が規定の定数以下となり、無投票当選となる事例が多い。特に町村議会議員選挙では定数割れとなることもある。この原因としては、過疎化や高齢化の進行などがある。また、町村議員は農業などとの兼業者が多い一方、議員報酬は月額平均で約21万円と低いことも、「なり手不足」の原因となっている。このため、議員報酬の見直しや、女性や会社員が立候補しやすくするといった対策が主張されている。

COLUMN 統一地方選挙

4つの選挙ポスターの掲示版が同時に並んだ札幌市(2007年) 北海道知事、札幌市長、北海道議会議員、札幌市議会議員の選挙が同時に行われた。

多くの地方公共団体の首長および議員の選挙が4年ごとに一斉(いっせい)に行われる。これを統一地方選挙という。これは、戦後間もない1947年に、政府が全国一斉に地方選挙を実施したのが最初で、その後も地方の首長や議員の任期である4年おきに、政府が選挙期間を統一して実施している。ただし、首長の辞職・議会の解散・市町村合併などによって選挙の年がずれる場合も多く、現在では、全部の地方選挙のうち統一地方選挙の日程中に行われるのは約30%にすぎない。

TOPIC トピック 地方選挙の投票率は低下傾向にあり、40%に満たない県もある。また、都道府県議会議員選挙での無投票当選選挙区は、全選挙区の約4割に達している。

Ⅳ 日本の選挙の課題

18 一票の格差と定数是正問題

?一票の格差はなぜ是正すべきなのか　出題

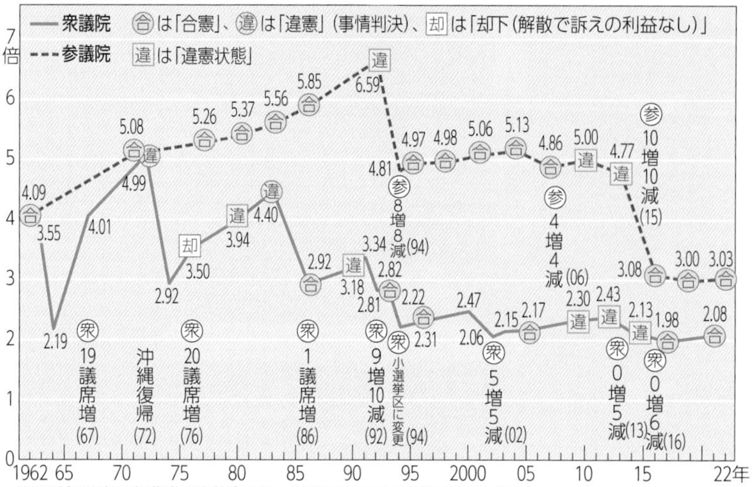

※2002年以降の衆議院の定数変更は小選挙区における定数を示している。

違憲状態とは？

2014年の衆議院議員総選挙での一票の格差をめぐる訴訟で、最高裁は「違憲状態」と判断した。この訴訟において、最高裁が違憲ではなく「違憲状態」の判断を出したのは、「憲法の投票価値の平等の要求に反する状態にあったが、憲法上要求される合理的期間内における是正(ぜせい)がされなかったといえない」としたためである。つまり、選挙区間の人口の格差を是正するために、これまで定数配分や区割りの見直しが行われてきたことを考慮すると、さらなる是正のために十分な期間があったとはいえないから、今回は違憲とまではいえない。しかし、今後も見直しを行わなければ違憲と判断しますよ、と警告していると考えてもいい。

衆議院小選挙区（議員１人当たり有権者数）

参議院選挙区（議員１人当たり有権者数）

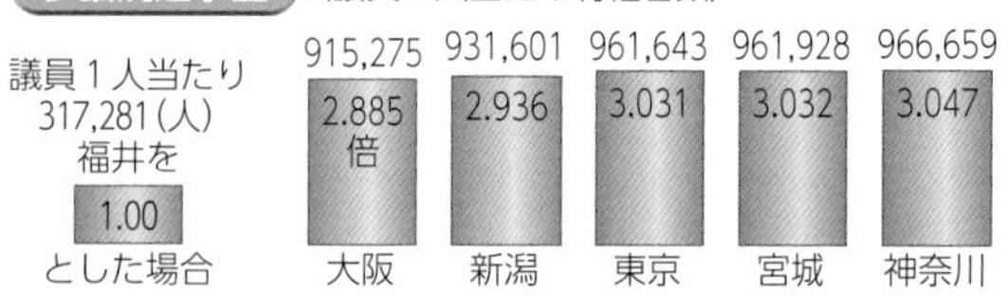

（2022年９月１日現在、総務省資料）

低得票当選者と高得票落選者　（2019年参院選）

当落	候補者（選挙区）と得票数		
低得票で当選	❶A氏（山梨）…18.4万票獲得	❷B氏（佐賀）…18.6万票獲得	❸C氏（福井）…19.6万票獲得
高得票で落選	❶D氏（東京）…49.6万票獲得	❷E氏（新潟）…47.9万票獲得	❸F氏（宮城）…46.5万票獲得

定数是正は地方切り捨てか？

衆議院の選挙にアダムズ方式(➡p.112)が導入されることで、「一票の格差」の緩和(かんわ)が期待されている。その一方で、人口減少地域の議席が減るため、地方の切り捨てにつながると懸念(けねん)する声もある。これに対しては、地方への配慮は立法政策によって対処するべき事柄(ことがら)であり、選挙権の不平等を放置することは許されないとする反論がある。

解説 **求められる一票の格差の是正**　日本国憲法には、法の下の平等に基づく「平等選挙」の原則が盛りこまれ、有権者の一票の価値は同じである。しかし、選挙区の人口の違いから、一票の価値に格差が生じている。おもに都市部と農村部では格差が顕著(けんちょ)であり、この「**一票の格差**」をめぐって多くの訴訟が起こされた。過去には衆院選で違憲判決が下されたが、選挙そのものは有効としている(事情判決)。近年では衆院選・参院選で相次(あいつ)いで「違憲状態」の判決が下されている。

19 有権者数の世代間格差

?有権者数の世代間格差が広がると、どのような問題が生じるのか

■投票の際に考慮した問題（2021年10月衆議院議員総選挙）

	18-29歳(%)		30-49歳(%)		50-69歳(%)		70歳以上(%)	
1	景気対策	43.5	景気対策	57.3	医療・介護	56.5	医療・介護	63.9
2	子育て・教育	39.5	子育て・教育	51.7	景気対策	55.7	年金	55.4
3	コロナ対策	34.7	医療・介護	42.5	コロナ対策	42.9	景気対策	46.1
4	医療・介護	25.0	コロナ対策	33.5	年金	41.1	コロナ対策	43.9
5	雇用対策	21.0	雇用対策	28.6	子育て・教育	29.2	子育て・教育	27.5
6	年金	17.7	年金	24.0	雇用対策	26.7	外交・防衛	24.0
7	財政再建	16.1	消費税	19.2	財政再建	23.4	消費税	22.9
8	男女共同参画	15.3	財政再建	18.2	原発・エネルギー	18.1	財政再建	21.2
9	消費税	12.9	外交・防衛	13.8	外交・防衛	18.1	原発・エネルギー	19.7
10	憲法改正	8.9	防災対策	10.0	消費税	17.7	防災対策	19.5

（明るい選挙推進協会資料）

年代別有権者と投票者の割合

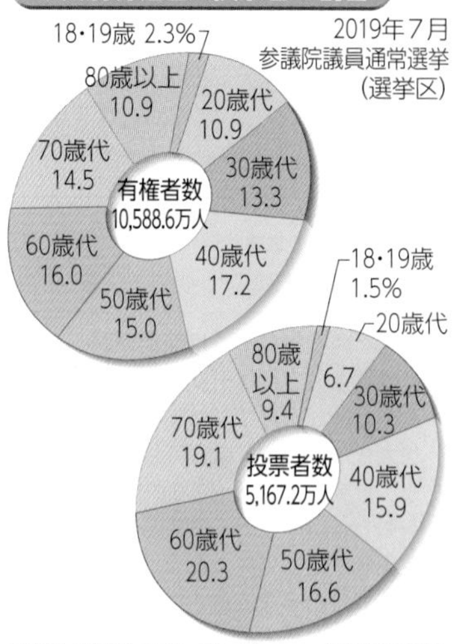

※割合は抽出調査に基づく　（総務省資料）

解説 **「シルバー民主主義」**　少子高齢社会の日本では、有権者数においても高齢者の割合が高くなっている。このため、高齢者の意見が政治に反映されやすく、「シルバー民主主義」ともいわれる。このことは、若者の意見が政治に反映されにくくなっていることを意味する。2016年の選挙権年齢の引き下げにより、約240万人の10代の有権者が誕生したが、**若者の意見を政治に反映させるには投票率を向上させることも必要である。**

Zoom **有権者数と投票者数**　10～20歳代の有権者数は有権者全体の13％しかいないが、10～20歳代の投票者数をみると投票者全体の８％となってしまっている。一方で、60歳代以上の有権者数は40％以上おり、投票者全体の半数近くを占めている。

FILE 13 投票率は高められるのか？ 出題

1980年代以降、投票率の低下が問題となっている。その要因としては、有権者の中に、民意が政治に反映されないことへの不満や、政治に対する無力感・無関心が広がっていることがある。公職選挙法の改正で投票時間の延長や期日前投票の要件の緩和(かんわ)などが実施され、投票しやすい環境整備が進んだものの、投票率は回復していない。

国政選挙の投票率の推移　（総務省資料）

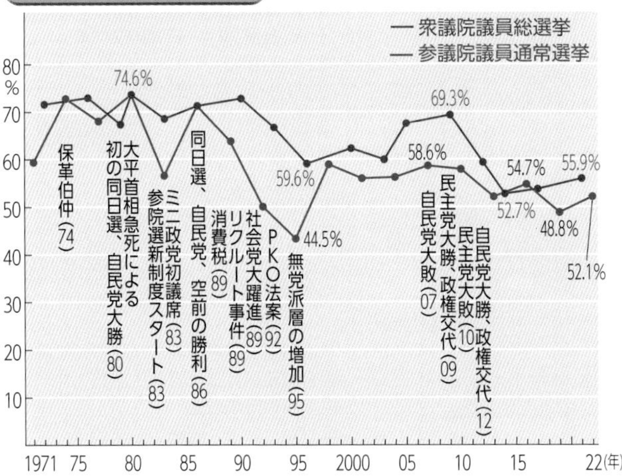

年代別投票率の推移（衆議院議員総選挙）　（総務省資料）

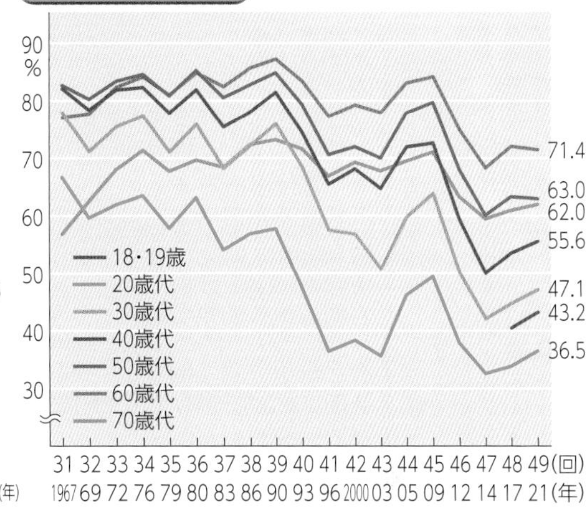

政治的無関心

政治的無関心の３つの類型

脱政治的態度	政治では自分の欲求や期待が満たされないと考え、政治に幻滅(げんめつ)して引き下がってしまう。
無政治的態度	芸術など政治以外の価値に極端に傾倒(けいとう)し、政治は自分とは無関係であると考える。
反政治的態度	アナーキスト（無政府主義者）や宗教的原理主義者などにみられるように、自己のもつ価値が本質的に政治と衝突(しょうとつ)すると考える。

若者の政治に対する関心度　(2018年)

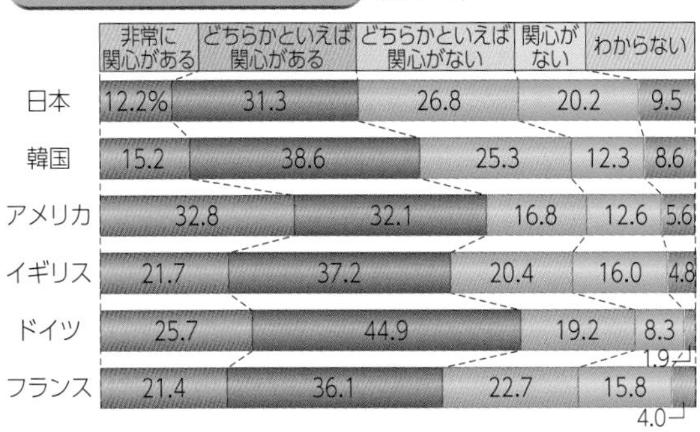

（内閣府「我が国と諸外国の若者の意識に関する調査」）

日本国憲法には、その前文で「日本国民は、正当に選挙された国会における代表者を通じて行動し……」とあるように、政治のあり方を決めるのは国民であることが定められている。民主主義国家では、選挙結果次第で政権交代が行われることで、政策の変更が可能となる。そのため、国民が選挙権を行使することは、重大な意味をもつ。しかし、日本でも選挙での投票率が低下するなど、政治的無関心層の広がりが危惧(きぐ)されている。多くの人々が選挙で投票しなくなれば、一部の人々の意見だけが政治に反映される結果となり、民主主義的な政治運営が機能しなくなる。

投票率を上げるための取り組み

投票率を高めるための行政の取り組みとしては、バスやワゴン車による「移動期日前投票所」を導入する事例がある。これは、過疎化が進行した地域で投票機会を提供するためのものや、高校に派遣して高校生の投票率を上げるために実施されている。また、居住する市町村内の有権者であれば、どの投票所でも投票できる「共通投票所」を導入した地域もあり、買い物などの帰りに気軽に立ち寄れるように、駅や商業施設内に設置する取り組みもみられる。

⊙高校の前に設置された移動期日前投票所（2022年参議院議員通常選挙）

一方、「選挙割（センキョ割）」のように、投票済み証明書や投票所の前などで「自撮り」した写真がクーポン代わりとなって、選挙割の参加店で割引などのサービスをする民間の取り組みもある。

⊙「選挙割」を知らせるポスター（宮城県岩沼市）

１回の国政選挙にかかる経費（公費負担分）は600億円前後に上(のぼ)り、有権者１人当たりでみると約600円ということになる。これは民主主義を維持するための経費といえるが、投票率が低い現状を考えたとき、はたして私たちはこのお金を有効に活用できているのだろうか。

用語解説 ⑯政治的無関心

特集　第二次世界大戦後の内閣と政党の変遷

占領下の日本

43 東久邇宮稔彦　1945.8～45.10（在任54日）
1945. 9 降伏文書調印
➡10 ＧＨＱが戦前の国体の全面否定を指令。内閣は終戦処理の一段落を理由に総辞職

44 幣原喜重郎　1945.10～46.5（在任226日）
1945.11 財閥解体指令
12 第１次農地改革指令
1946. 4 新選挙法による普通選挙の実施
➡ 5 食料危機の混乱や退陣要求により総辞職
極東国際軍事裁判開廷

45 吉田茂①　1946.5～47.5（在任368日）
■与党　日本自由党・日本進歩党
1946. 9 労働関係調整法公布
11 日本国憲法公布（1947.5施行）
1947. 1 マッカーサー、２・１ゼネストを中止
4 独占禁止法公布、労働基準法公布
➡ 5 ４月の総選挙の結果、社会党が第１党となり、総辞職

46 片山哲　1947.5～48.3（在任296日）
■与党　日本社会党・民主党・国民協同党
1947.12 新民法公布
➡48. 2 炭鉱国家管理問題で閣内が対立、総辞職

47 芦田均　1948.3～48.10（在任220日）
■与党　民主党・日本社会党・国民協同党
1948. 7 政令201号により公務員のスト権剥奪
➡10 昭和電工事件により総辞職

※通算は2,616日
②1948.10～49.2
③1949.2～52.10
④1952.10～53.5
⑤1953.5～54.12
特需景気（1950年）

48～51 吉田茂②～⑤　1948.10～54.12（在任2,248日）※
■与党　②・③民主自由党、④・⑤自由党
1948.11 極東国際軍事裁判（東京裁判）判決
12 ＧＨＱ、経済安定９原則を指令
1949. 3 ドッジ・ライン発表
１ドル＝360円の単一為替レート設定
6 労働組合法、全面改正
1950. 6 朝鮮戦争勃発　8 警察予備隊発足
1951. 9 サンフランシスコ平和条約、日米安全保障条約調印
1952. 8 日本、ＩＭＦ・世界銀行に加盟
10 警察予備隊を保安隊に改組
1954. 3 日米相互防衛援助協定調印　7 自衛隊発足
➡12 反吉田勢力の内閣不信任案議決を前に総辞職

55年体制の誕生と高度経済成長

①1954.12～55.3
②1955.3～55.11
③1955.11～56.12
神武景気（1954年12月～57年6月）

52～54 鳩山一郎①～③　1954.12～56.12（在任745日）
■与党　①・②日本民主党、③自由民主党
1955. 9 日本、ＧＡＴＴ加盟。砂川事件
11 日本民主党と自由党が合同し、自由民主党結成⇒55年体制成立
1956. 7 「もはや戦後ではない」（『経済白書』）
10 日ソ共同宣言調印、日ソ国交回復
12 日本、国連加盟
➡ 鳩山首相引退表明、総辞職

55 石橋湛山　1956.12～57.2（在任65日）
■与党　自由民主党
➡57. 2 首相病気のため総辞職

①1957.2～58.6
②1958.6～60.7
なべ底不況（1957年7月～58年6月）
岩戸景気（1958年7月～61年12月）

56・57 岸信介①・②　1957.2～60.7（在任1,241日）
■与党　自由民主党
1957.10 日本、国連安保理の非常任理事国に選出
11 警察官職務執行法反対闘争激化
1958.12 国民健康保険法改正
1959. 4 最低賃金法公布、国民年金法公布
1960. 1 日米新安保条約調印
新安保条約、国会で強行採決
➡ 7 新安保批准書交換（６月）ののち、総辞職

①1960.7～60.12
②1960.12～63.12
③1963.12～64.11
オリンピック景気（1962年11月～64年10月）
40年不況（1964年11月～65年10月）

58～60 池田勇人①～③　1960.7～64.11（在任1,575日）
■与党　自由民主党
1960.12 国民所得倍増計画決定
1961. 6 農業基本法公布・施行
1963. 2 日本、ＧＡＴＴ11条国へ移行
7 中小企業基本法公布
8 部分的核実験禁止条約調印
1964. 4 日本、ＩＭＦ８条国へ移行、ＯＥＣＤに加盟
10 東海道新幹線開通。東京オリンピック開催
➡11 首相病気により、総辞職

①1964.11～67.2
②1967.2～70.1
③1970.1～72.7

61～63 佐藤栄作①～③　1964.11～72.7（在任2,798日）
■与党　自由民主党
1965. 6 日韓基本条約調印
1966. 1 赤字国債発行（1965年度補正予算）
1967. 8 公害対策基本法公布（71.7環境庁設置）
1968. 4 小笠原諸島返還協定調印
※ 日本、ＧＮＰ資本主義国で第２位に
1970. 3 大阪万国博覧会開催　6 日米安保条約自動延長
1971. 6 沖縄返還協定調印　8 変動相場制採用
➡72. 7 首相引退表明により総辞職

⬆**戦後初の衆議院議員総選挙**（1946年）　日本国憲法の公布に先立って行われた衆議院議員総選挙では、20歳以上の男女に選挙権が付与された。

⬆**新安保条約強行採決**（1960年）　強行採決とは、野党の合意なく審議を打ち切り、採決を行うこと。衆議院議長の清瀬一郎は警官500人を動員して条約可決を強行した。

⬆**第１次池田内閣**（1960年）　「寛容と忍耐」をスローガンに掲げた池田首相は、政策の中心を所得倍増に置いた。厚生大臣の中山マサは女性初の大臣。

長期政権が続く自民党

①1972.7～72.12
②1972.12～74.12

64・65 田中角栄①・② 1972.7～74.12（在任886日）

■与党　自由民主党
1972. 9　日中共同声明（日中国交正常化）
　※土地ブーム
1973. 2　円、変動相場制に移行
　※第１次石油危機
➲74. 12　田中金脈問題により総辞職

66 三木武夫 1974.12～76.12（在任747日）

■与党　自由民主党
1975.11　第１回先進国首脳会議（サミット）開催
1976. 2　ロッキード事件発覚（7月、田中前首相逮捕）
➲12　任期満了に伴う総選挙での敗北により総辞職

67 福田赳夫 1976.12～78.12（在任714日）

■与党　自由民主党
1978. 8　日中平和友好条約調印
➲12　自民党総裁予備選挙での敗北により総辞職

①1978.12～79.11
②1979.11～80.6

68・69 大平正芳 1978.12～80.6（在任554日）

■与党　自由民主党
1979. 6　元号法公布、東京サミット開催
　※第２次石油危機
➲80. 6　初の衆参同日選挙中、大平首相の急死により総辞職

70 鈴木善幸 1980.7～82.11（在任864日）

■与党　自由民主党
1981. 5　日米、対米輸出自主規制で合意
　ライシャワー発言（核もちこみ疑惑）
➲82.11　自民党総裁選に鈴木首相出馬せず総辞職

①1982.11～83.12
②1983.12～86.7
③1986.7～87.11
円高不況（1985年7月～86年11月）
バブル景気（1986年12月～91年2月）

71～73 中曽根康弘①～③ 1982.11～87.11（在任1,806日）

■与党　①・③自由民主党、
　②自由民主党・新自由クラブ
1983. 1　中曽根首相訪米、「不沈空母」発言
　6　旧全国区に比例代表制導入
　国債発行残高100兆円突破
1985. 4　電電公社、専売公社が民営化
　5　男女雇用機会均等法成立　9　プラザ合意
1987. 2　ルーブル合意　4　国鉄分割民営化
➲11　後継に竹下登を指名後、総辞職

74 竹下登 1987.11～89.6（在任576日）

■与党　自由民主党
1988. 6　日米牛肉・オレンジ交渉決着
　7　リクルート事件が問題化
1989. 1　昭和天皇逝去、平成に改元
　4　消費税実施（税率３％）
➲6　消費税導入とリクルート事件への批判高まり、総辞職

75 宇野宗佑 1989.6～89.8（在任69日）

■与党　自由民主党
1989. 6　宇野首相の女性スキャンダル発覚
➲8　参議院選挙での与野党議席逆転による総辞職

①1989.8～90.2
②1990.2～91.11

76・77 海部俊樹①・② 1989.8～91.11（在任818日）

■与党　自由民主党
1989. 9　日米構造協議開始
　12　米ソ、マルタ会談（冷戦の終結を宣言）
1991. 4　自衛隊掃海艇、ペルシャ湾へ派遣
➲11　政治改革の失敗などで総辞職

55年体制の終焉と連立政権の時代

78 宮澤喜一 1991.11～93.8（在任644日）

■与党　自由民主党
1992. 6　ＰＫＯ協力法成立
➲93. 8　内閣不信任案可決後、衆議院解散・総選挙の結果、自民党過半数割れにより総辞職⇒55年体制崩壊

79 細川護熙 1993.8～94.4（在任263日）

■与党　社会党・新生党・公明党・日本新党・さきがけなどの**非自民・非共産８会派**
1993. 9　日米包括経済協議開始　11　環境基本法公布
　12　ウルグアイ・ラウンド妥結
1994. 1　政治改革関連４法成立
　2　日米包括経済協議物別れ
➲4　佐川急便グループからの不正資金提供疑惑の中で総辞職

80 羽田孜 1994.4～94.6（在任64日）

■与党　新生党など５党（非自民・非共産、社会党離脱による少数与党）
1994. 6　初めて１ドル＝100円を突破
➲　内閣不信任案提出前に退陣を表明、総辞職

81 村山富市 1994.6～96.1（在任561日）

■与党　日本社会党・自由民主党・新党さきがけ
1995. 1　阪神・淡路大震災発生
　3　地下鉄サリン事件
➲96. 1　首相が突然退陣を表明、総辞職

①1996.1～96.11
②1996.11～98.7

82・83 橋本龍太郎①・② 1996.1～98.7（在任932日）

■与党　①自由民主党など３党、②自由民主党
1996. 3　ＨＩＶ訴訟和解（東京、大阪）
　4　「日米安保共同宣言」発表
1997. 4　消費税５％に引き上げ　6　臓器移植法成立
　9　日米間で新ガイドライン合意
➲98. 7　参議院選挙で自民党敗北し、総辞職

84 小渕恵三 1998.7～2000.4（在任616日）

■与党　自由民主党、自由党（のち離脱し、公明党・保守党が参加）
1999. 7　中央省庁等改革関連法成立
　8　通信傍受法成立　9　東海村で臨界事故
➲2000. 4　小渕首相の病気入院により総辞職

①2000.4～00.7 ②2000.7～01.4

85・86 森喜朗①・② 2000.4～01.4（在任387日）

■与党　自由民主党、公明党、保守党
2000. 5　「神の国」発言
　7　九州・沖縄サミット開催。２千円札発行
➲01. 4　失言などによる低支持率のため総辞職

①2001.4～03.11
②2003.11～05.9
③2005.9～06.9

87～89 小泉純一郎①～③ 2001.4～06.9（在任1,980日）

■与党　①自由民主党、公明党、保守党（保守新党）
　②・③自由民主党、公明党
2001. 9　アメリカ同時多発テロ事件発生
　10　テロ対策特別措置法成立
2002. 9　日朝首脳会談　10　拉致被害者５人帰国
2003. 4　日本郵政公社発足　6　有事関連３法成立
2005. 2　京都議定書発効　10　郵政民営化法成立
➲06. 9　後継に安倍晋三を指名後、総辞職

90 安倍晋三① 2006.9～07.9（在任366日）

■与党　自由民主党、公明党
2006.12　教育基本法改正
2007. 1　防衛省発足　5　国民投票法成立
　7　参院選で自民党惨敗、与野党逆転
➲9　首相が突然退陣を表明、総辞職

政権交代、そして再び自民党政権へ

91 福田康夫(ふくだやすお) 2007.9〜08.9(在任365日)
■与党　自由民主党、公明党
2007.10 日本郵政グループ発足
2008. 1 補給支援特別措置法、衆議院で再可決
4 後期高齢者医療制度スタート
➲ 9 **支持率低迷のため総辞職**

92 麻生太郎(あそうたろう) 2008.9〜2009.9(在任358日)
■与党　自由民主党、公明党
2008.10 観光庁設置
2009. 5 裁判員制度開始　9 消費者庁設置
➲ 9 **衆議院選挙で与野党逆転、総辞職⇒政権交代**

93 鳩山由紀夫(はとやまゆきお) 2009.9〜2010.6(在任266日)
■与党　民主党、社民党、国民新党
2009. 9 国家戦略室・行政刷新会議発足
11 「事業仕分け」スタート
➲10. 6 **普天間問題の行きづまりなどにより総辞職**

94 菅直人(かんなおと) 2010.6〜2011.9(在任452日)
■与党　民主党、国民新党
2010. 7 参院選敗北
2011. 3 東日本大震災　6 復興基本法成立
➲ 9 **震災への対応が批判を浴びる中、復興に向けて一定のメドがついたとして総辞職**

95 野田佳彦(のだよしひこ) 2011.9〜2012.12(在任482日)
■与党　民主党、国民新党
2011.10 1ドル=75円台となり、戦後最高値を更新
2012. 9 原子力規制委員会発足
➲12 **衆議院選挙で与野党逆転、総辞職⇒政権交代**

※通算は3,188日
②2012.12〜14.12
③2014.12〜17.11
④2017.11〜20.9

96〜98 安倍晋三(あべしんぞう)**②〜④** 2012.12〜2020.9(在任2,822日)※
■与党　自由民主党、公明党
2013. 4 日銀、「量的・質的金融緩和」政策を導入
12 国家安全保障会議(日本版NSC)発足
特定秘密保護法成立
2014. 4 防衛装備移転三原則を発表
7 集団的自衛権の行使を一部容認
2015. 9 新しい安全保障関連法成立
2017.10 18歳選挙権で初の衆院選、与党が勝利
2019. 5 新天皇即位、令和に改元
➲20. 9 **新型コロナウイルス感染症への対応が問われる中、持病の再発を理由に総辞職**

99 菅義偉(すがよしひで) 2020.9〜21.10(在任384日)
■与党　自由民主党、公明党
2021. 7〜 東京オリンピック・パラリンピック開催
9 デジタル庁発足
➲ 10 **任期満了による党総裁選に出馬せず、総辞職**

①2021.10〜21.11
②2021.11〜

100・101 岸田文雄(きしだふみお)**①②** 2021.10〜
■与党　自由民主党、公明党
2022. 2〜 ロシアがウクライナに侵攻
7 参院選の選挙応援中に安倍元首相が銃撃され死亡
2023. 4 こども家庭庁発足
5 広島サミット開催

政党別議席数の推移①(衆議院)

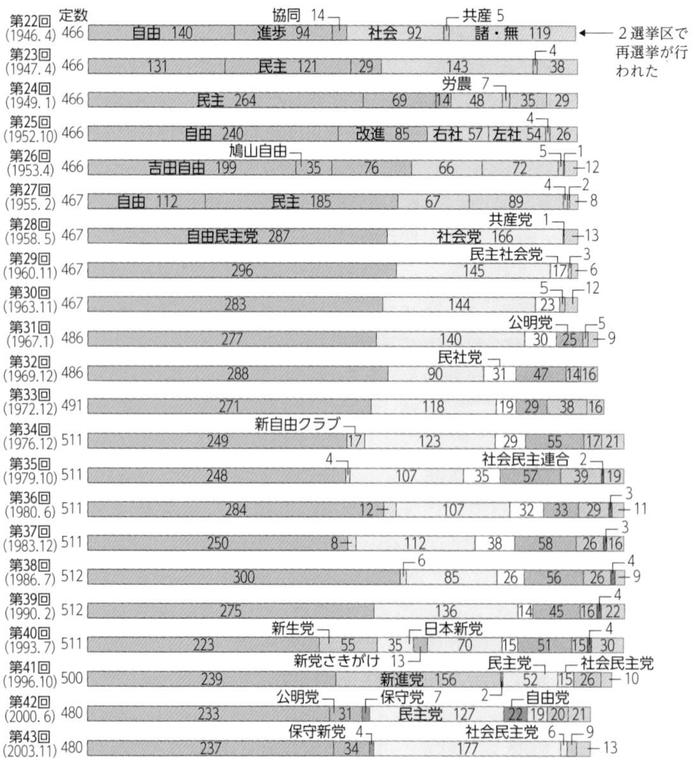

■保守と革新

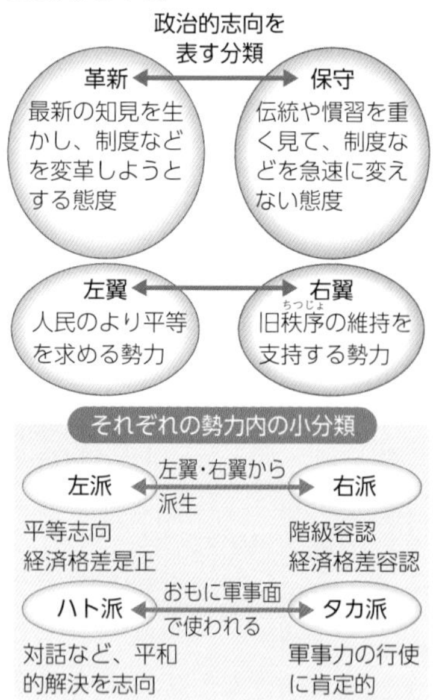

(「朝日新聞」2015年9月27日などを参照)

●保守と対極の立場は「リベラル」ともいわれる。このことばは本来、「自由」を意味するが、近年では、人権や平和、現行憲法を重視する立場として使われている。

戦後日本の政党の変遷

(2022年８月１日現在)　図は一部簡略化している。

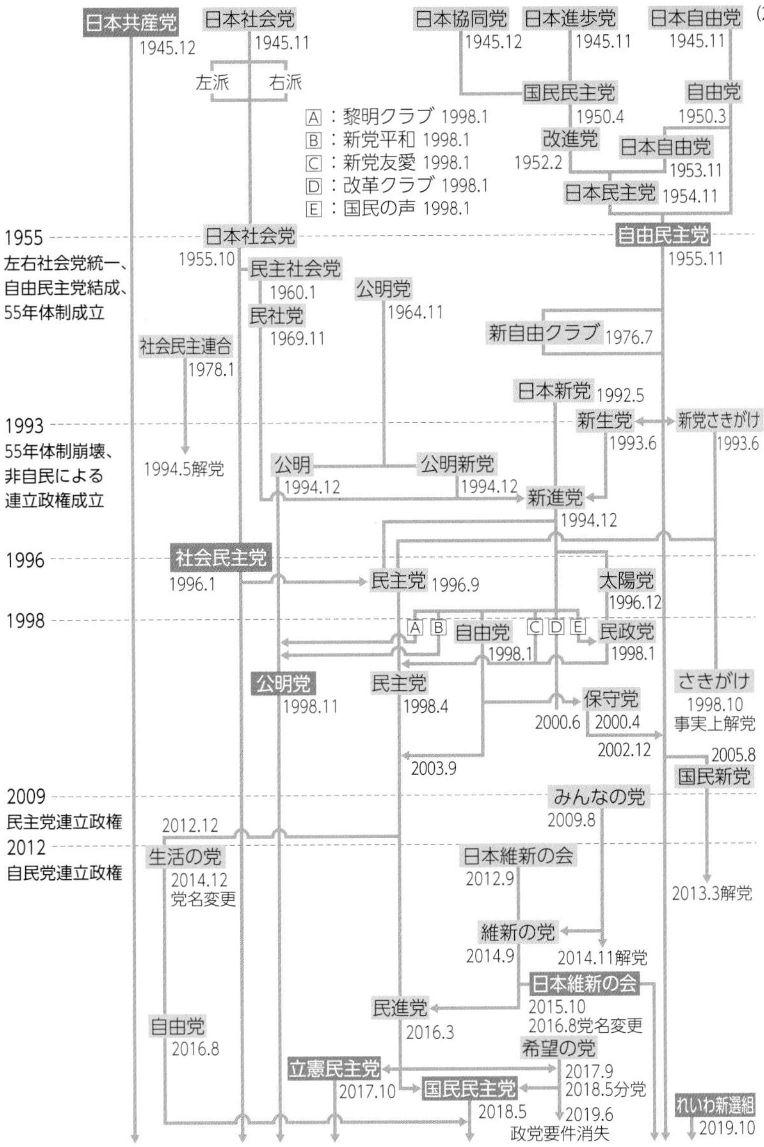

↑自由民主党の発足(1955年)　社会党統一後、日本民主党(鳩山一郎総裁)と自由党(緒方竹虎総裁)が合同して、自由民主党(初代総裁は鳩山一郎)が結成された。

↑細川内閣の成立(1993年)　社会党・公明党・新生党・日本新党・民社党・新党さきがけ・社会民主連合・民主改革連合の８党派による連立政権が発足した。

↑民主党政権の誕生(2009年)　第45回衆議院議員総選挙で民主党が大勝した。写真は民主党の施設の壁一面に貼られた候補者のポスター。

政党別議席数の推移②(衆議院・参議院)

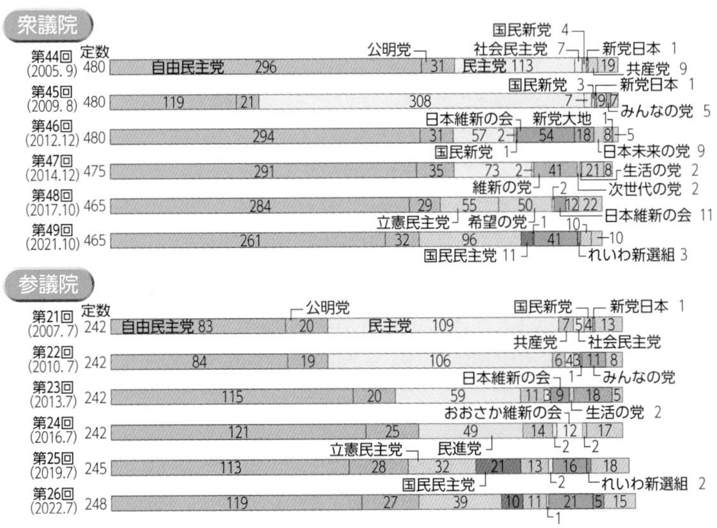

「ねじれ国会」

「ねじれ国会」とは、参議院で与党が議席の過半数をもたない状態のことをさす。安倍晋三内閣(第１次)の時代には、年金未納問題や政治資金問題が批判を浴び、2007年の参院選で自民党は過半数を維持できず、「ねじれ国会」となった。その後、2009年の衆院選で自民党は野党に転落し、民主党政権が誕生した。

しかし、民主党は普天間基地問題に対する対応のブレなどが批判され、2010年の参院選で敗北し、再び「ねじれ国会」が生じた。

2012年の衆院選は自民党が大勝し、政権に復帰した。自民党は2013年の参院選でも圧勝し、「ねじれ」が解消されて、現在に至っている。

12 民主政治における世論の役割

要点の整理

＊ 1～5は資料番号を示す

❶**世論** 1……公共の問題について、人々がもつ意見の総体 ⟵ **インターネット**が高度情報社会における世論形成に活躍
- 知る権利の保障 ⟶ 政府・地方公共団体の情報公開
- 表現の自由の保障（報道の自由）⟶ 民主政治が発達……民主政治は世論の政治
- **世論調査** 2の実施……選挙予想や内閣支持率など ⟶ 調査結果は必ずしも実際の世論を忠実に反映しているとは限らない

❷**政治への民意の反映** 3
- **ソーシャル・メディア**の影響 4……一般の人々によって発信された情報が瞬時に拡散 ⟶「フェイクニュース」の流布（るふ）の危険
- **マス・メディア**の役割：国民の必要とする情報を正確に伝達すること
  マス・コミュニケーション（マスコミ）……不特定多数の大衆に対して一方的に大量の情報を伝達すること ⟶ 世論形成に影響を及ぼす
- マス・メディアの課題 5……**世論操作**の危険
  記者クラブ制度のあり方
  メディア・スクラムに対する批判など

❸**世論を政治に反映させる取り組み**……**パブリック・コメント** 1
タウンミーティング、**討論型世論調査**など

⇧タウンミーティング（福島県福島市）

1 世論の形成

? 世論はどのように形成されるのか

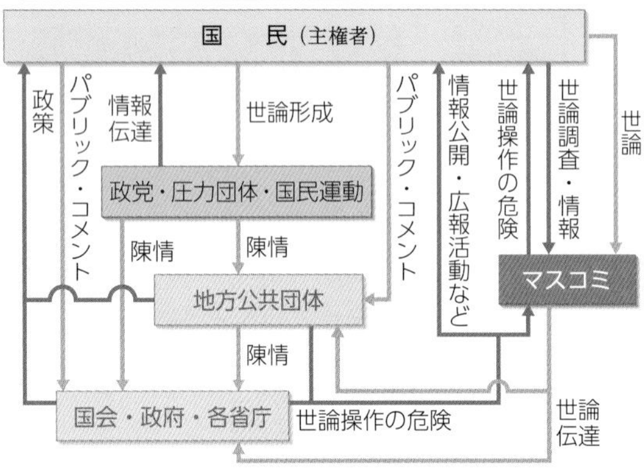

パブリック・コメント

政策を決定する上で、公正さや透明性を向上させるため、国民から広く意見を集め、それを政策決定に反映させる制度のこと。1999年に国レベルのパブリック・コメント制度が導入され、2005年には、行政手続法において条文化された。

行政機関が命令・規則を策定もしくは変更する場合、インターネットのウェブページなどを通じて原案を公表し、国民に広く意見を求める。国民の意見は電子メール、郵便、ファックスなどで集められ、それが意思決定に反映されるしくみとなっている。地方公共団体にも同様の制度がある。

解説 **高度情報社会における世論形成**　人々の意見の総体を**世論**といい、民主政治は世論の政治といわれる。世論の形成に影響を与えているものは、新聞・雑誌・テレビ・ラジオなどの**マス・メディア**であり、**第四の権力**とも呼ばれる。また、マス・メディアが不特定多数の大衆に対して大量の情報を伝達することを**マス・コミュニケーション（マスコミ）**という。最近ではインターネットを利用したＳＮＳなどの**ソーシャル・メディア**も世論への影響力をもつようになっているが、情報の受け手は配信されている内容が正確かどうかを見極（みきわ）めることを、これまで以上に要求されている。

2 世論調査

? マスコミ各社によって、世論調査の結果が違うのはなぜか

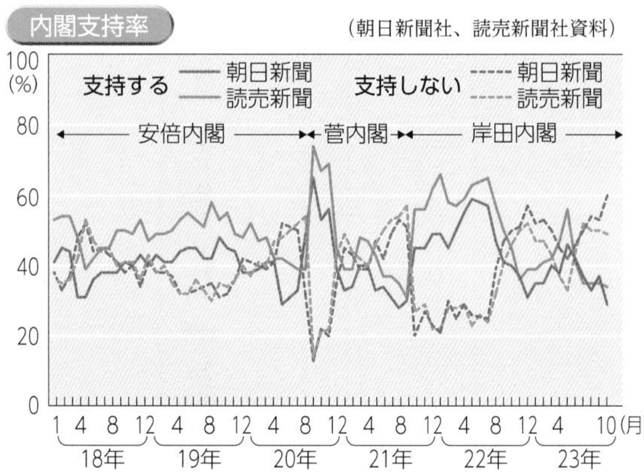

アナウンスメント効果

報道が人々の心理に影響を及ぼし、投票結果などに変化を生じさせる現象を「アナウンスメント効果」という。

選挙の際、投票前に新聞やテレビで、事前の世論調査の結果から選挙予測が出される。たとえば、「○○県知事選挙、□□氏はあと一歩」などと報道されると、有権者の同情票を獲得することで当選することもある。このように、選挙予測で不利とされた候補者が、実際の選挙では有利になることを**アンダードッグ効果**という。その逆に、選挙予測で優勢とされた候補者が、さらに勢（いきお）いづく**バンドワゴン効果**などもある。

解説 **世論調査の問題点**　**世論調査**は政治・社会問題に対する国民の関心を調べるために行われる。日本では政府やマスコミ各社によって実施されている。世論調査の問題点として、①同じ内容の質問でも、質問のしかたによって結果が変わる可能性がある、②調査結果が実際の世論の動向と必ずしも一致（いっち）しているとは限らない、ということが指摘されている。また、調査機関によって情報操作が行われ、世論が扇動（せんどう）される危険性もある。さらに、**アナウンスメント効果**にみられるように、世論調査の結果が報道されることによって、実際の世論が変化する可能性があることにも注意する必要がある。

Zoom **ディープフェイク**　本来は、人工知能（ＡＩ）の深層学習（ディープラーニング）を用いて、「２つ以上の画像や動画を入れ替える技術」をさすが、現在では、本物そっくりな高精度の「フェイク動画」のことをいう。

3 政治への民意の反映　出題

Q:国政に民意は反映されているか

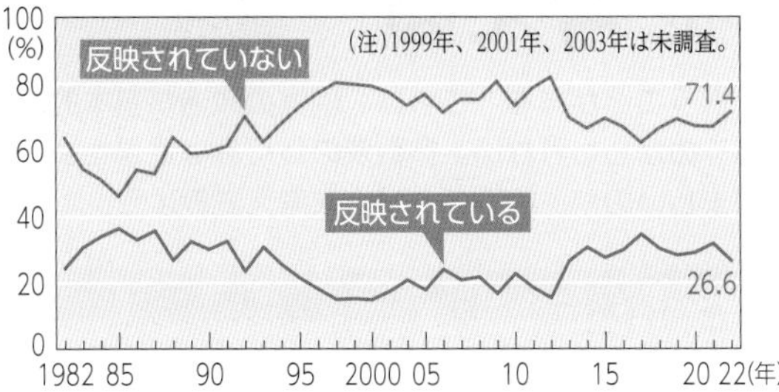

Q:どうすれば民意が国政に反映されるか(2022年)

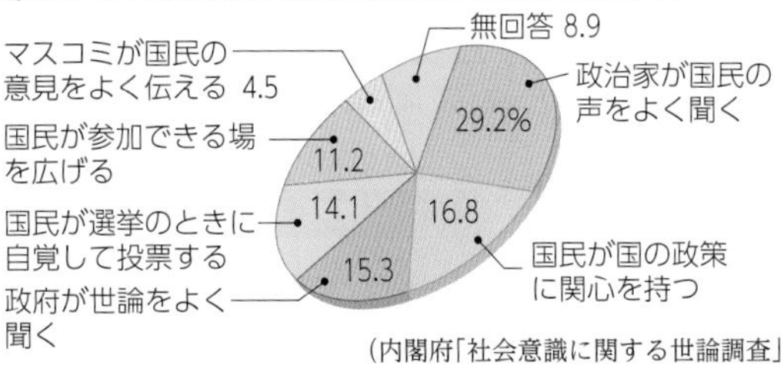

(内閣府「社会意識に関する世論調査」)

解説 **政治からの疎外感**　民主政治では、主権者たる国民の声が国政に正しく伝わり、国民の意思をどのようなかたちで反映させるかが重要となる。しかし、政党が本来の民意反映という役割を十分に果たすことができず、有権者の政党離れという現象がみられる。そのため、近年、特定の政党を支持しないという**無党派層**が増えた。彼らは選挙ごとに各政党の政策を考慮して投票するため、選挙の勝敗の鍵を握っている。

4 ソーシャル・メディアの影響と課題

誤情報や偽情報の拡散や要因(仮説)

フィルターバブル

SNSや検索エンジンの機能がフィルターの役割を果たし、その人が見たい情報や自分と同じような意見だけが画面に入ってくることで、ものの見方や考え方が狭くなる現象

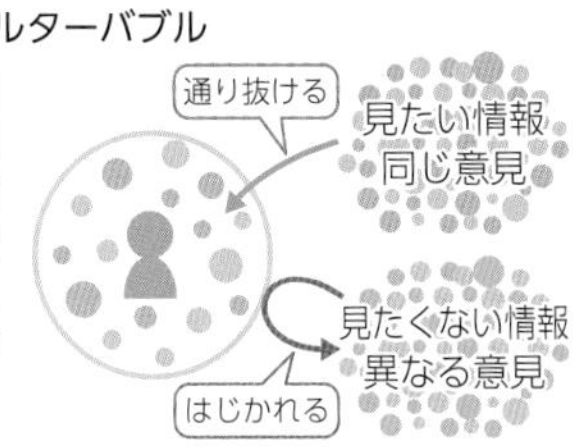

エコーチェンバー

SNSなどで自分と同じような意見をもつ人たちとだけコミュニケーションを繰り返すことで、自分の特定の意見や信念が増幅・強化される現象。閉じた小部屋の中で音(エコー)が反響することにたとえたもの

(経済産業省資料を参照)

解説 **真実を見極めるために**　個人や企業の情報発信・取得ツールとして、ソーシャル・メディアが大きな役割を果たすようになってきた。ソーシャル・メディアを利用すれば、不特定の人々とさまざまな意見を交換できるため、民主主義が活性化することが期待されている。その半面、**「エコーチェンバー」**や**「フィルターバブル」**といった現象が起こることで、かえって自分と違う意見に耳を傾けなくなったり、フェイクニュースが流布したりする可能性が高まっている。私たちは真実は何かを見極めていかなくてはならない。

5 マス・メディアの課題　出題

世論操作	一方的な情報を流したり、不都合な情報を隠したりして、世論を特定の考え方に誘導すること
扇情主義	人々の興味や関心をあおり、熱狂に導く手法。センセーショナリズムともいう
商業主義	営利(金儲け)目的の報道を行うこと。コマーシャリズムともいう
記者クラブ制度	国会や官庁に設置されている、会見や取材のための組織。一部ではフリーのジャーナリストが排除されているなど、排他的との批判もある
メディア・スクラム	注目される事件などで、大量の報道陣が取材対象者やその周辺に押しかけて、過熱取材を行うこと

解説 **警戒すべき世論操作**　国家権力によってマス・メディアが利用されたり、報道規制を受けたりして、世論操作が行われることがある。また、マス・メディア自身が世論を誘導することもありうる。世論操作は民主主義の本質を歪めるものであるため、私たちは、これに対して注意を払う必要がある。**国民には、報道を主体的に活用する能力(メディア・リテラシー)が求められている。**

↑詰めかけた報道陣

COLUMN 世論をくみあげるために

エネルギー政策をめぐる調査―討論型世論調査

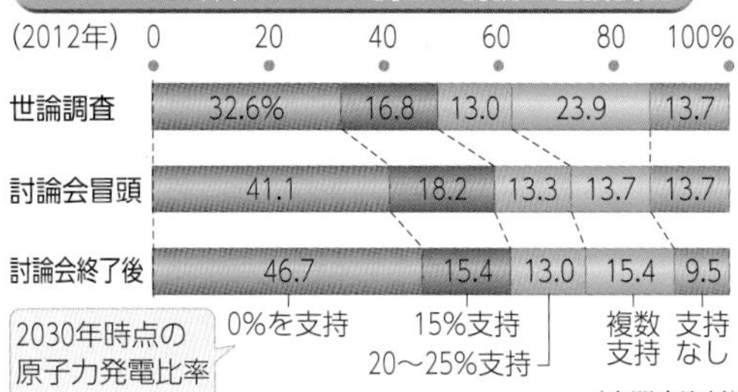

(内閣府資料)

マス・メディアの発達により、情報が大きな価値をもつようになった現在、世論をくみあげ、それを政治の意思決定に反映させる手法が考えられている。

タウンミーティングは政治家と一般市民が直接対話する政治集会であり、国政レベルでは小泉政権時の2001年に始まった。この目的は、市民が政策立案に参加する機運を高めることにあった。しかし、これまでのタウンミーティングでは、やらせ質問が行われていたことが明るみに出るなど、政権の世論誘導の道具に使われる危険性もはらんでいる。

一方、**討論型世論調査**は、①通常の世論調査を行う、②無作為に抽出された市民が、複雑な政策課題について学習し、専門家の情報提供を受ける、③市民どうしの議論を行う、④熟慮した上での市民の意見の変化を調べる、という方法である。日本で行われた例としては、2012年、中長期のエネルギー政策をめぐる調査がある。

TOPIC トピック　世論調査のおもな方法は、個別訪問による対面での聞き取り、無作為に電話をかけての聞き取り、インターネットを使っての調査の3つである。現在は電話による調査が主流である。

用語解説 ⑩メディア・リテラシー

構想しよう

投票のあり方を考える

私たちは、民意を反映した政治が行われているのかと疑問に思うことがある。これは、現実の政治が基本的に単純多数決によって決定されていることに、原因のひとつがあるのかもしれない。多数決のしくみはさまざまであり、その結果も変わってくる。どのような多数決の方法が望ましいのか、投票のあり方を考えてみよう。

多数決で決められるのか？

●コンドルセのパラドクス

例えば、Aさん・Bさん・Cさんの3名が、「雇用」・「福祉」・「教育」の3つの政策の優先順位(選好)を付ける場合を考えてみよう。例えば、3人が3つの政策について、以下のように優先順位をつけているとする。

優先度… 高　中　低
Aさん：雇用>福祉>教育
Bさん：福祉>教育>雇用
Cさん：教育>雇用>福祉

	雇用	福祉	教育
Aさん	①	②	③
Bさん	③	①	②
Cさん	②	③	①

上のような場合、投票で決定しようとすると、3つの選択肢が同率で1位となって結論が出ない。

そこで、3つの政策から2つずつ取り出して比較しようとする。まず、「雇用」と「福祉」を比較すると、AさんとCさんは「雇用」を、Bさんは「福祉」を高く評価しているので、「雇用」のほうが高く評価されていると考えられる。しかし、次に「雇用」と「教育」を比較したら、「教育」のほうが高く評価されており、さらに「教育」と「福祉」を比較すると「福祉」のほうが高く評価されているということになる。つまり、「福祉」よりは「雇用」が、「雇用」よりは「教育」が、「教育」よりは「福祉」が高く評価されており、優先順位1位を決定することができない。

そこで、まず選択肢を2つに絞ってから予選投票を行い、その結果として優先順位が比較的高い政策と、残りの政策とを決選投票で競わせて、優先順位1位を決定することが考えられる。しかし、この方法では、どの選択肢(政策)を予選で戦わせるかによって最終結果が異なってしまう。

【予選投票】→【決選投票】→【最終結果】

予選投票	雇用	福祉
Aさん	①	②
Bさん	③	①
Cさん	②	③

→

決選投票	雇用	教育
Aさん	①	③
Bさん	③	②
Cさん	②	①

→ 教育

予選投票	福祉	教育
Aさん	②	③
Bさん	①	②
Cさん	③	①

→

決選投票	雇用	福祉
Aさん	①	②
Bさん	③	①
Cさん	②	③

→ 雇用

予選投票	雇用	教育
Aさん	①	③
Bさん	③	②
Cさん	②	①

→

決選投票	福祉	教育
Aさん	②	③
Bさん	①	②
Cさん	③	①

→ 福祉

このように、投票のやり方によって勝者が変わってしまうことは、18世紀のフランスの数学者コンドルセが発見したため、「**コンドルセのパラドクス**」と呼ばれている。

多数決の結果は民意を反映しているのか？

●オストロゴルスキーのパラドクス

私たちは選挙で、「候補者」や「政党」を選んで投票しているが、たとえ支持する「候補者」や「政党」といえども、個々の政策すべてにおいて完全に支持できることは少ない。

19世紀末から20世紀初めに活躍したロシアの政治学者オストロゴルスキーは、選挙で代表者(政党)を選ぶことと、個別の政策の賛否を直接多数決で決定することとの間に矛盾が生じることがあり、選挙結果が必ずしも民意を反映したものにはならないことを明らかにした。これを「**オストロゴルスキーのパラドクス**」という。下の表のように有権者が5人、政党は○党と×党の2つの政党があり、争点になっている政策は「税金」「外交」「社会保障」の3つであるとする。また、表はA～Eの有権者が、3つの政策に対してどの政党を支持しているかを示している。

	個別の政策			投票
	税金	外交	憲法改正	支持政党
有権者A	○党	×党	○党	○党
有権者B	×党	×党	×党	×党
有権者C	×党	○党	○党	○党
有権者D	○党	○党	×党	○党
有権者E	×党	×党	×党	×党
多数決の結果	○党2 ×党3	○党2 ×党3	○党2 ×党3	**○党3 ×党2**

ここで有権者Aをみると、「税金」は○党、「外交」は×党、「社会保障」は○党の政策を支持している。そして、3つの政策を総合的に判断して支持政党を決めた場合、有権者Aは○党に投票することになる。ここで、多数決の結果に注目すると、個別の政策の多数決の結果では、すべて×党の支持のほうが多い。しかし、選挙を行うと○党に支持が集まってしまう。

このように、複数の政策を1つのパッケージとした選挙の結果と、政策別に支持されている政党は、異なる場合がある。そこで、国民的議論が必要な重要な事項については、政策別に国民投票を行って民意をきめ細かくすくい上げることが考えられる。実際に日本でも、憲法改正の際の国民投票については、内容が関連する事項ごとに改正案が提案され、また、それぞれの改正案に対して1つずつ賛成か反対かを投票するしくみになっている。

選挙でも議会での議決でも、その「決め方」次第では結論が変わってくる。また、私たち有権者は候補者の「政策A」には賛成するが、同じ候補者の「政策B」には賛成できないということはありがちで、投票前や選挙後にこの矛盾に気づくこともある。そのため、有権者は自分たちの意思を選挙での一票に託すだけで終わらせるのではなく、選挙後に政権がどのような政策を実行しようとしているか、注視していく責任があるといえる。

「決め方」をめぐるさまざまな方法

❶法律案などが賛否同数の場合　日本国憲法第56条では「両議院の議事は、この憲法に特別の定のある場合を除いては、出席議員の過半数でこれを決し、可否同数のときは、議長の決するところによる」と規定されており、議長の賛否によって決することになる。衆議院・参議院ともに一般的に議長は議席数が最も多い第１党から選出されるので、与党が賛成した法律案には賛成することが一般的である。

❷日本の選挙で得票数が同数の場合　選挙で得票数が同数であったときはどうだろうか。公職選挙法第95条では「当選人を定めるに当り得票数が同じであるときは、選挙会において、選挙長がくじで定める」と規定されており、くじ引きで決することになる。実際に2019年の統一地方選挙では、最下位当選者の票数が２人同数となったケースが５か所も存在した。くじ引きであっても不正ではなく、再選挙をする時間や費用を節約できるため、公正で効率のよい決め方ではある。ただし、選挙結果という民意を「時の運」に任せてしまうことには疑問の余地が残る。

❸フランス大統領選挙の場合　フランスの大統領選挙では、第１回の投票で得票率が過半数を超える候補がいない場合、上位２人の間で決選投票が行われることになっている。2022年の大統領選でも、第１回投票で得票率１位のマクロン候補の得票率は約28%にすぎず、得票率２位のルペン候補との決選投票となり、決選投票ではマクロン候補が過半数を獲得して再選を果たしている。フランス大統領選では直接選挙を導入した1965年から現在までに第１回投票で当選者が決定した例はなく、すべて決選投票によって大統領が決定している。決選投票は、第１回投票で得票率３位以下の候補者に投票した有権者にも次善の候補者を選ぶ機会を与えることで、死票をできるだけ少なくするしくみとして機能している。

⬆市議会選挙で得票数同数となった候補者のくじ引き（2019年、神奈川県相模原市）

2022年フランス大統領選挙の第１回投票結果

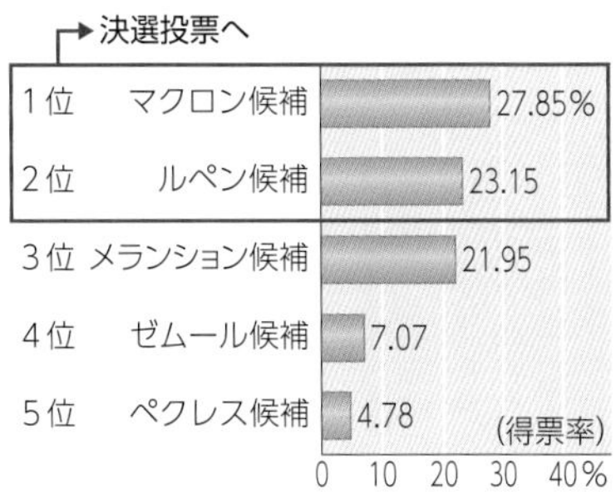

（フランス内務省資料）

さまざまな投票制度

日本の選挙制度の投票方式は**単記式**（単記投票）というもので、有権者が候補者１名だけに投票する。これに対して２名以上の候補者に投票するものを**連記式**（連記投票）といい、選挙区の定数分の候補者に投票できる「完全連記制」と、定数よりも少ない候補者を複数選んで投票する「制限連記制」がある。大選挙区制では、投票方法が単記式であれば、少数派からも代表者が選出されやすくなる。一方、完全連記式の下で大政党が定数分の候補者を立てた場合、大政党に票が集中して少数政党に不利になるといわれる。

このほか、死票を減らす方法として、候補者に優先順位を付ける投票方法を導入している国もあり、アイルランドやオーストラリアなどでみられる。その制度の詳細は各国によって異なるが、その一つとして以下の方法がある。

優先順位付き投票のしくみ（単記移譲式投票制の場合）

⬆候補者の優先順位が記載された投票用紙（オーストラリア・下院）

①有権者は、すべての候補者に優先順位（ランキング）を付けて投票する。
②優先順位１位の票が集計され、一定の得票数を得た候補者が当選する。
③その後、一定の得票数を超える当選者の過剰な票と、落選が決まった最下位候補者の票については、有権者が付けた２位の候補者に票が移譲される。
④有権者が付けた２位の候補者がすでに当選、または落選が決まっている場合は、３位の候補者に票が移譲される。
⑤上記の④を、優先順位にしたがって、当選者が定数に達するまで繰り返す。

ボルダルール

投票者が各候補者に得点をつけて投票する**ボルダルール**という投票方法もある。優先順位付き投票は、あくまで候補者１人に１票が与えられるが、ボルダルールでは、有権者が票に示した得点が、候補者全員に配分される。

候補者／有権者	千葉氏（政策Ⅰ）	福島氏（政策Ⅱ）	石川氏（政策Ⅰ）	奈良氏（政策Ⅱ）	山口氏（政策Ⅲ）
Aさん	5	4	3	2	1
Bさん	1	3	2	4	5
Cさん	3	4	2	5	1
Dさん	2	4	1	3	5
合計得点	11点	**15点**	8点	14点	12点
単純多数決	1票	0票	0票	1票	**2票**

※（　）は候補者の支持政策を示す。

例えば、上の表のように有権者は一番よいと思う候補者に５点、２番目によいと思う候補者に４点……と票に点数を付けていく。そして、１名を当選させる場合で表のような結果が出るとしたら、福島氏が当選する。このように、単純多数決で決めたときと、ボルダルールで決めたときとでは、当選者が違ってくることがあり、幅広く支援されているのは福島氏であると考えることができる。また、ボルダルールでは、支持政策が同じ複数の候補者に票が分散する「票割れ」が起こりにくいと考えられている。上の表では「政策Ⅱ」を支持する福島氏と奈良氏が「票割れ」を起こしているが、ボルダルールではどちらも高得点になる。

単純多数決に対して、優先順位付き投票やボルダルールでは、有権者が好ましいと考える候補者の順番が考慮される。このため「選好投票」と呼ばれており、単純多数決の課題を補う投票方法として提案されている。

構想　さまざまな多数決のしくみを比較して、民意をよりいっそう反映させることができる投票制度を構想してみよう。

第2章　現代経済のしくみと特質

特集 Feature　経済的なものの見方・考え方　頻出

「経済」ということばは、「経世済民」ということばを短くしたものであり、中国の故事で「世をおさめ、民を救う」の意味である。また、経済学を英訳すれば、「economics」となる。この語源はギリシャ語の「オイコノミコス」であり、「共同体のあり方」という意味になる。このことからもわかるように、私たちの生活をよりよくしようと考えるならば、経済的なものの見方・考え方を学ぶことは有意義なことである。

資源の希少性と経済

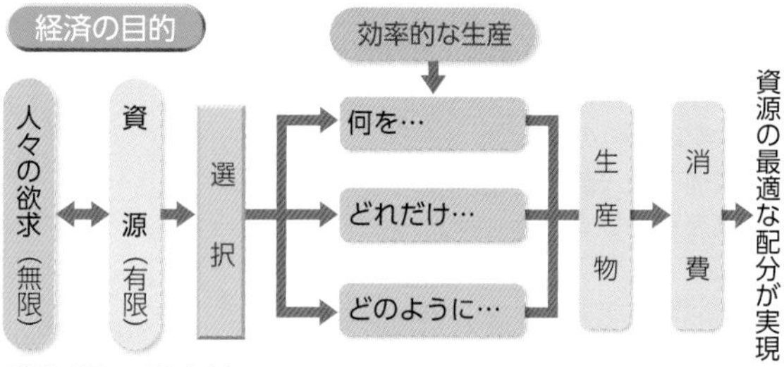

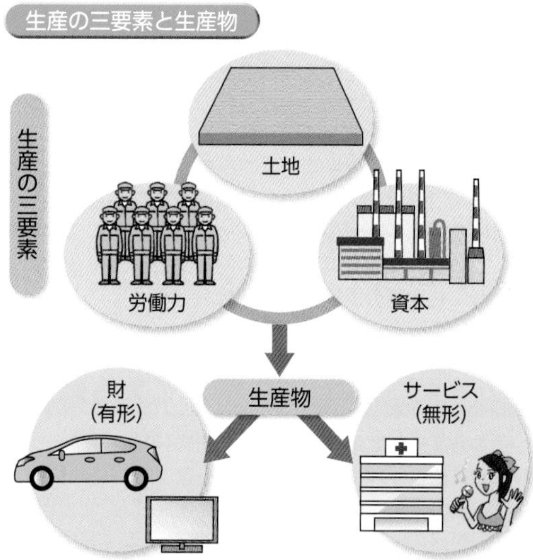

①資源の希少性

私たちの社会では、ものが生産され、それらが最終的に消費されている。この生産から消費の流れが経済の基本原理である。しかし、人々の欲求は無限であるのに対して、生産に必要な資源は有限である。これを**資源の希少性**という。資源とは、生産物をつくるのに必要なすべてのものであり、原材料のほか、労働者、工場、土地、機械設備やそれを動かすためのエネルギーなども含む。資源が希少だからこそ、ものの生産には限度があり、したがって、人々の欲求をすべて満たすことはできない。

②「選択」と資源の最適配分

資源の希少性の下で、生産者は、何を、どれだけ、どのような方法で生産するかを決める。一方、消費者は、何を、どれだけ購入するかを決める。このとき、人々は、生産や消費にかかる**費用**と、生産や消費によって得られる**便益**を比較検討して、経済的な意思決定を行っている。ここでいう便益とは、財やサービスを売ったときの利益（収入や利潤など）や、それを購入したときの効用（満足感）のことである。

このように、経済の基本的な問題は、人々が「何を、どれだけ」生産し、または消費するかという「**選択**」の問題である。そして、生産物が売れ残ったり、不足したりすることなく消費されると、社会全体としては**資源の最適配分**が行われたことになり、これを実現するのが経済の目的といえる。

生産要素…財やサービスの生産に供される資源は生産要素とも呼ばれ、おもに土地・資本・労働力に分類される。
①**土地**(land)……経済学において土地とは、人工物ではなく、自然に存在しているもののこと。したがって、農地や工場の敷地だけではなく、森林、水、鉄鉱石、石油、動植物などのあらゆる天然資源を含むとされる。
②**資本**(capital)……生産に用いられる道具、機械設備、工場などのこと。資本は生産された人工物である。そのため、自動車や家電製品など消費者が購入するような消費財に対して、資本財ともいう。金融資本は含まれない。
③**労働力**(labor)……生産活動に従事する労働者のこと。そのほかに、労働力を活用して、技術革新などのイノベーションを通じて生産活動を推進する経営者（企業家）も存在する。

資本とは何か？

資本の意味は多義的であり、一言では捉えにくいが、広い意味では「儲けを生み出す元手となるもの」といえる。例えば、会社を設立し、事業を営むために必要な資金・土地・工場・機械・原材料・労働力などが資本である。また、これらによって生産された財やサービスも資本の概念に含む場合もある。

経済活動において、企業は儲けを出すことで、以前よりも多くの資本を活用して、より多くの生産を行う。そして、生産物がより多く売れれば、企業はさらに資本を増やせる。このように、資本が営利目的のために利用されることで、経済が発展する。資本主義とは、こうした経済のしくみや社会のありようのことをいう。

分類①	実物資本	生産物のうち、資本財として生産要素となるもの
	金融資本	現金や預金、株式などの金融資産
分類②	固定資本	工場や機械など、ある程度の期間にわたって生産に利用できるもの
	流動資本	1回の生産ごとに消耗し、そのつど補充・更新されるもの。原材料のほか、労働力もそのつど賃金を支払って雇われていると考えて、流動資本に含む
その他	人的資本	労働者や経営者など生産活動に従事する人
	社会資本	道路や港湾など、経済活動を行う上での基盤となる設備。インフラストラクチャー

■トレード・オフとインセンティブ

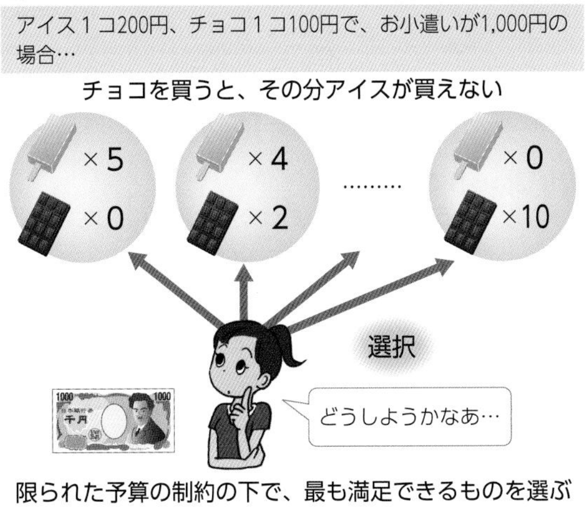

私たちは効用（満足感）が最大化するように商品の購入を選択している。しかし、私たちは自分がもっているお金以上に、ものを買うことができない。ということは、予算の制約の下で買い物をするため、何かを購入したら、ほかの何かを諦めなければならない。このように、あることを選んだら、別のことを断念しなければならない状況を**トレード・オフ**という。

トレード・オフは生産者が行う選択にもあてはまる。たとえば、予算が一定の状態で、パン屋がパンのほかにケーキもつくって売ろうとした場合、ケーキをつくればつくるほど予算が足りなくなるため、パンの生産量を減らさなければならなくなる。

トレード・オフの状態では、人々はできるだけ便益が高い（費用が少ない）選択肢を選ぶ。つまり、便益や費用が変われば、人々の選択も変わる。アイスの値段が高くなれば、アイスを買う量を減らして、チョコを買う量を増やすだろう。このような人々の選択に影響を与える経済的な誘因を**インセンティブ**という。

■機会費用

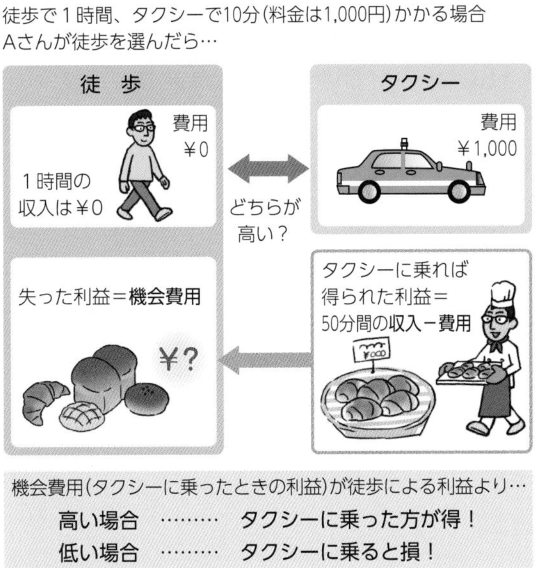

私たちが何かを選択する際には、**機会費用**という概念を用いれば、経済的にはより効率的で合理的な判断が可能となる場合もある。機会費用とは、私たちがある選択をしたとき、選ばなかった方を仮に選んでいたら得られた利益のうち、最大のものをさす。別のいい方をすれば、あることを選択したために失った最大の利益ともいえる。これは、実際にかかったコストである費用とは異なる概念である。

例えば、パン屋を経営しているＡさんが、職場まで１時間かけて徒歩で行くか、それとも10分でタクシーで行くかを考えてみる。徒歩を選んだ場合、かかった費用はタダであるが、タクシーと比べて50分遅れる。このとき、タクシーを選んでいたら得られたはずの利益が、徒歩によって失われた利益とみなされ、１時間の徒歩の機会費用となる。

左の図では、徒歩による利益（収入ー費用）は０円なので、タクシーに乗ったときの利益がプラスになるのであれば、タクシーの方が得をする。つまり、タクシー代よりも多くの売り上げを得られるなら、タクシーを選択すべきである。

このように、私たちは何をすべきかという日常の「選択」にも、経済的な見方・考え方を応用することができる。

■経済の効率性と公平性

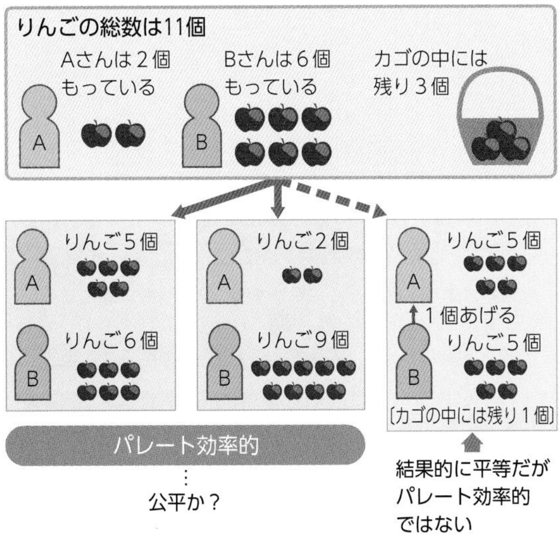

社会全体にとって、より望ましい資源配分の状態に改善することを、考案者の名をとって「パレート改善」という。これは、誰かの経済状態を悪化させることなく、社会全体の経済状態を向上させることである。そして、これ以上改善できない状態を「パレート効率的」であるという。つまり、これ以上誰かが得をするためには、他の誰かが損をしなければならない状態といえる。

経済において効率性を追求することは、パレート効率的な状態をめざすことにほかならない。しかし、たとえ効率的であったとしても、こうした社会は果たして公平であるといえるのであろうか。なぜなら、貧しい人々は貧しいままで、豊かな人々はよりいっそう豊かになった結果、パレート効率的な状態になることもあるからである。

現実には、経済の諸問題の多くは効率性だけではとらえることができない。そのため、公平性の観点から社会をとらえ直し、不平等を是正するためにはどうすればよいのかを考える必要がある。

1 経済社会の発展

要点の整理

＊1〜11 FILEは資料番号を示す

❶資本主義経済の特質
- 私有財産制度……生産手段(土地、機械、原材料など)の所有が認められている
- 経済活動の自由……契約自由の原則の下で、私的な利潤の追求が行われる。市場経済における自由競争(自由主義)

❷資本主義の発展 1

①重商主義政策……資本主義初期の段階で展開された保護貿易の立場の経済政策
- 土地の囲い込み運動(**エンクロージャー**)……多くの農民が土地を追い出され、賃金労働者になる

②産業資本主義……18世紀末のイギリスの**産業革命**2により確立 ⟶ 工場制機械工業が発達
- 自由放任主義(レッセ・フェール)の主張……**アダム＝スミス**(著書『**国富論**』)3などが代表者とされる
  ※ラッサールは小さな政府を「夜警国家」と呼び、これを批判

③独占資本主義……19世紀末、自由競争によって、少数の大企業だけが生き残る状態となる
⟶ 国外へも市場を求め、植民地の拡大を図る(**帝国主義**4)

❸資本主義経済の変容
- **世界恐慌**(きょうこう)5……1929年にアメリカの株式市場が大暴落。「小さな政府」では、問題を解決できず
  ⟶ F.ローズベルト大統領が**ニューディール政策**6を実施し、市場に積極的に介入(かいにゅう)
- 修正資本主義経済……公的経済と私的経済が並存するため、混合経済とも呼ばれている
  ⟶ **ケインズ**7……**有効需要の原理**を提唱。積極的に市場に介入すべきだと説く ⟶ 「**大きな政府**」9
- 大きな政府の弊害8……財政赤字や物価上昇など。ケインズ経済学は有効な対策を打ち出せず
  ⟶ **フリードマン**……財政赤字や市場機能の低下から、「**小さな政府**」への回帰を主張(**新自由主義**)9
  新自由主義的政策11……1980年代のイギリス(サッチャリズム)、アメリカ(レーガノミクス)など

❹社会主義経済の特質と変容 FILE
- **社会主義経済**の特質……生産手段の社会的所有と国家による計画経済。**マルクス**が『**資本論**』で主張
- 社会主義の変容……計画経済の停滞と混乱、生産性の低下 ⟶ ソ連崩壊(1991年)、中国は**社会主義市場経済**を導入

1 資本主義の誕生と発達

？資本主義はどのように変容しながら発達してきたのか

16〜18世紀前半(産業革命前) 商業資本主義		18世紀中頃〜19世紀 産業資本主義	19世紀後半 独占資本主義
担い手：交易活動を行う商人(商業資本家) 政策：重商主義的政策 特徴：生産形態が問屋制家内工業から工場制手工業(マニュファクチュア)へ	18世紀、産業革命始まる	担い手：製造業を中心とした工場経営者(産業資本家) 政策：自由放任主義的政策 特徴：資本家と労働者の階級が成立。生産形態が工場制手工業から工場制機械工業へ	担い手：巨大企業と銀行が結合して成立した金融資本 政策：帝国主義的政策 特徴：少数の企業による寡占・独占。失業や恐慌が発生し、資本家と労働者との階級対立が先鋭化

恐慌…景気が急速に後退し、経済活動全体が一時的にマヒ状態に陥る現象をいう。19世紀のイギリスでは、約10年ごとに恐慌が発生した。

問屋制家内工業…資本家が手工業者に道具を貸与(たいよ)して生産させる。
工場制手工業…資本家が労働者を雇(やと)って工場で生産する。
工場制機械工業…産業革命で道具が機械化されることで発展した。

重商主義

国内
国王
税↑ ↓保護
商人
国王は一部の商人に特権を与え保護

金銀を積極的に獲得 ←

金銀

前期(スペイン)
海外
海外への金銀持ち出しの禁止と鉱山の開発
(**重金主義**)

輸出を奨励 →

交易品

後期(イギリスなど)
海外
輸入の制限と輸出の奨励で貿易黒字を拡大
(**差額貿易主義**)

重商主義とは「富＝貴金属(金・銀)」という考え方をさす。初期の重商主義に基づく政策は、海外の植民地などから金・銀を獲得する一方で、海外への金・銀の流出を禁止するものであった。やがて、輸入の制限と輸出の奨励(しょうれい)によって金・銀を蓄積(ちくせき)するべきとの考え方(貿易差額主義)へと転換していった。

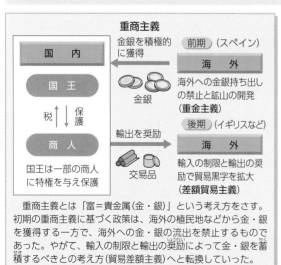

土地囲い込み(エンクロージャー)

封建制下の農村

農民は耕地で農業に従事

土地囲い込み(エンクロージャー)

領主は羊毛生産のために耕地を囲い込み、牧羊場にする
↓
資本主義の発達　賃金労働者を生み、羊毛工業が発達

15〜16世紀のイギリスでは、毛織物業の発達により牧羊業が重要産業となった。こうした背景から、領主は所有者が不明確な農地を柵(さく)で囲い込み、牧羊地としていった。そして、土地を追い出された農民は都市に流入し、賃金労働者となった。18世紀後半の第2次囲い込みは食糧増産のために合法的に行われ、その規模は第1次囲い込みよりも大規模であった。

Zoom **日本の産業革命**　日本は1868年の明治維新以降、西洋諸国に学びながら工業化を進めていった。飛躍的に工業化が進んだのは、1890年代以降の日清戦争、日露戦争の頃である。

2 産業革命

イギリスにおける産業革命の進展

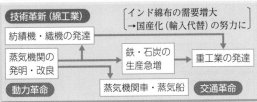

技術革新（綿工業）
- 紡績機・織機の発達
- 〔インド綿布の需要増大→国産化（輸入代替）の努力に〕
- 蒸気機関の発明・改良（動力革命）
- 鉄・石炭の生産急増 → 重工業の発達
- 蒸気機関車・蒸気船（交通革命）

〔結果〕
- 資本主義の確立
- 自由貿易主義の高まり
- 工業都市の発展

➡
- 労働問題・社会問題の発生（低賃金・長時間労働／女性・子どもの労働）

➡
- 労働運動の高まりと社会主義思想の成立
- 各国に産業革命が波及

解説 **産業革命**　18世紀のイギリスの**産業革命**は、綿工業の技術革新が中心となって起こったものである。綿工業の変革は、製鉄業、炭鉱業の発展を牽引し、それらが工場制手工業（マニュファクチュア）から工場制機械工業への変化へと結びついた。これによってイギリス国内の生産性が向上し、イギリスは「世界の工場」と呼ばれるようになった。一方で、資本家と労働者の格差の問題や、都市への人口の集中など、社会問題が発生することとなった。

3 国富論　頻出

⬆アダム=スミス（英、1723～90）

生産物の価値がもっとも高くなるように労働を振り向けるのは、自分の利益を増やすことを意図しているからにすぎない。だがそれによって、その他の多くの場合と同じように、**見えざる手**に導かれて、自分がまったく意図していなかった目的を達成する動きを促進することになる。そして、この目的を各人がまったく意図していないのは、社会にとって悪いことだとはかぎらない。**自分の利益を追求する方が、実際にそう意図している場合よりも効率的に、社会の利益を高められることが多いからだ。**

（アダム=スミス著、山岡洋一訳『国富論一下』日本経済新聞出版社）

『国富論』の主張
①富とは貴金属ではなく、国民が消費するすべての生活必需品や便益品であり、それは、国民の労働に由来するとした。
②分業と交換によって市場経済が発達し、ピンの製造を例に、分業が生産性を向上させるとした。
③政府の活動は国防・司法・公共事業に限るべきであり、市場での経済活動を各人の利己心にまかせることで、「**見えざる手**」によって、社会に調和のとれた状態（**予定調和**）がもたらされるとした。

解説 **見えざる手**　**アダム=スミス**（英、1723～90）が『**国富論（諸国民の富）**』を著したのは1776年である。彼は、市場での経済活動を各人が自由に行うことで、経済が発展すると考え、重商主義的な政策を批判した。このように、経済活動を市場原理に委ねるべきとの考え方を**自由放任主義**（**レッセ・フェール**）という。一方、政治学者**ラッサール**（独、1825～64）は自由放任主義的な国家を**夜警国家**と批判的に呼んだ。

4 帝国主義

■経済学者ジェボンズの記述

わが国の経済学者たちが支持するところの石炭資源を基礎とする自由な貿易のおかげで、地球の諸地域はすすんでわれわれの進貢国となった。北アメリカとロシアの平原は、われわれの小麦畑である。シカゴとオデッサはわれわれの穀物地帯であり、カナダとバルト海沿岸諸国はわれわれの木材の森林である。オーストラレイジア※はわれわれの牧羊地であり、アルゼンチンと北アメリカ西部の草原はわれわれの牛の放牧場である。……インド人と中国人はわれわれのために茶を栽培し、われわれのコーヒー、砂糖、香料の農園は東西インドに広がっている。スペインとフランスはわれわれのブドウ園であり、地中海沿岸諸国はわれわれの果樹園である。長い間合衆国の南部の特産物であったわれわれの綿花は、いまや熱帯地域のいたるところに広がっている。

（秋田茂編著『イギリス帝国と20世紀 第1巻』 ミネルヴァ書房）
※オーストラリアとニュージーランドをまたぐ地域

解説 **帝国主義の出現**　19世紀後半には巨大な少数の企業が市場を支配する**独占資本主義**の段階に突入した。さらに、大規模な設備投資を必要とする重化学工業が産業の中心となると、多額の資金調達に適した株式会社制度が発展し、独占企業（独占資本）と巨大な銀行（銀行資本）が結びつきを強めることとなった（**金融資本主義**）。また、列強諸国は強大化した独占資本と結びつき、利潤獲得を求めてアジア・アフリカなどを侵略し、植民地の再分割競争を行うようになった。このような膨張主義的な政策を**帝国主義**という。

COLUMN 石油王ロックフェラー

A　民衆の入口は閉鎖されている
B　「独占の独占による独占のための上院」
C　ロックフェラー
⬆議会を支配する独占資本（風刺画）

19世紀後半のアメリカでは、市場の独占が大きな問題となっていた。なかでも、石油王と呼ばれたロックフェラー（1839～1937）率いるスタンダード・オイル社は、国内の石油市場の90%のシェアを誇り、その経済力を背景に、議会にまで影響力を及ぼした。彼の強引な経営手腕による巨富の独占は非難の対象となり、「泥棒男爵（robber baron）」とも呼ばれた。

その一方で、晩年はロックフェラー財団を設け、慈善活動に積極的に関わった。その評価は分かれるところであるが、彼の資金がなければ、医学の分野で有名なロックフェラー大学や、世界トップレベルとされているシカゴ大学は存在しなかったかもしれない。

TOPIC トピック　アダム=スミスは、のちに経済学の父と称されることになるが、彼自身は論理学や道徳哲学の教授であった。著書『道徳感情論』はその時の講義録である。

用語解説　⑱資本主義経済，⑲重商主義，⑳産業革命，㉑アダム=スミス

5 世界恐慌

世界恐慌の要因と世界の動き

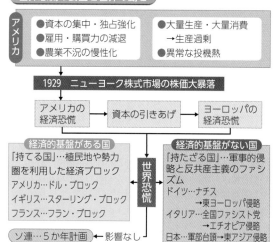

アメリカ
- ●資本の集中・独占強化
- ●雇用・購買力の減退
- ●農業不況の慢性化
- ●大量生産・大量消費 →生産過剰
- ●異常な投機熱

↓

1929 ニューヨーク株式市場の株価大暴落

↓

アメリカの経済恐慌 → 資本の引きあげ → ヨーロッパの経済恐慌

↓

世界恐慌

- 経済的基盤がある国
  - 「持てる国」…植民地や勢力圏を利用した経済ブロック
  - アメリカ…ドル・ブロック
  - イギリス…スターリング・ブロック
  - フランス…フラン・ブロック
- 経済的基盤がない国
  - 「持たざる国」…軍事的侵略と反共産主義のファシズム
  - ドイツ…ナチス →東ヨーロッパ侵略
  - イタリア…全国ファシスト党 →エチオピア侵略
  - 日本…軍部台頭→東アジア侵略
- ソ連…５か年計画 ← 影響なし

解説 **連鎖した恐慌** 1929年10月24日にニューヨーク証券取引所で株価が大暴落したことがきっかけで、世界規模での**恐慌**が起こった。1933年のアメリカの失業率は、約25％を記録する深刻なものであった。各国は自国の産業を守るために輸入品に高い関税をかけたため、世界的な保護貿易が進んでいくこととなった。イギリス、アメリカ、フランスは自国通貨圏内での**ブロック経済**を実施する一方で、ドイツ・イタリア・日本ではファシズムや軍国主義が台頭することとなった。

6 ニューディール政策

主要政策
- 農業調整法（ＡＡＡ　1933年５月）
  - 農作物の生産削減に協力する農家に対して、補助金を支給し、農産物価格の下落を調整
- 全国産業復興法（ＮＩＲＡ　1933年６月）
  - 政府による産業統制と労働条件の改善
- テネシー川流域開発公社（ＴＶＡ　1933年５月）
  - 政府の出資でテネシー渓谷を総合開発し、雇用を創出
- ワグナー法（全国労働関係法　1935年７月）
  - 労働者の団結権、団体交渉権を認める
- 社会保障法（1935年８月）
  - 老後や失業中の生活費・養育費を年金や補助金で援助

◎ニューディール政策の一環として着工されたダム建設（1942年、アメリカ・カリフォルニア）　ニューディール政策が成功したかどうかについては議論が分かれる。この政策のはっきりとした効果が現れる前に、アメリカ経済は第二次世界大戦による軍需生産で一気に回復したからである。

解説 **公共投資による恐慌対策**　**ニューディール政策**とは、1933年以降にＦ＝ローズベルト大統領が行った政策の総称であり、「新たに配りなおす」を意味する。この間に短期間で数多くの法律が制定されたが、特に、国債を発行して公共投資を積極的に行った点は、これまでの政府の役割を大きく変更させた。このように、自由放任主義を改め、政府が市場に介入して経済の調整を図る政策を**修正資本主義**という。

7 ケインズと有効需要の理論 出題

ケインズ理論に基づく景気回復策

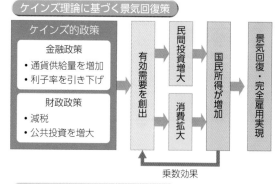

ケインズ的政策
- 金融政策
  - ・通貨供給量を増加
  - ・利子率を引き下げ
- 財政政策
  - ・減税
  - ・公共投資を増大

→ 有効需要を創出 → 民間投資増大／消費拡大 → 国民所得が増加 → 景気回復・完全雇用実現

（国民所得が増加 → 有効需要を創出：乗数効果）

総供給と総需要（有効需要）の関係

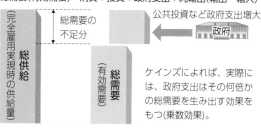

総需要（有効需要）＝消費＋投資＋政府支出＋純輸出（輸出－輸入）

- 総供給（完全雇用実現時の供給量）
- 総需要（有効需要）
- 総需要の不足分
- 公共投資など政府支出増大 ← 政府

ケインズによれば、実際には、政府支出はその何倍かの総需要を生み出す効果をもつ（乗数効果）。

■**有効需要**…単なる「買いたい」という欲望ではなく、実際の貨幣の支出を伴う需要のこと。

■**完全雇用**…現行の賃金水準で働く意思と能力のある人が全員雇用されていること。完全雇用の状態でも自発的な失業者は存在する。

古典派経済学とケインズ経済学の違い

古典派経済学（18世紀後半～）		ケインズ経済学（20世紀前半～）
市場は放っておけば安定するので、政府は国防や教育など最低限度の役割を果たせばよいと主張した（自由放任主義）。	**政府の役割についての考え方**	不況期には、公共事業などの財政出動を行って有効需要を作り出すべきとして、政府が積極的に市場に介入することを主張した。
不況期には一時的に失業が発生するが、賃金の変動を通じて労働力の調整が行われ、失業は自然に解消される。	**失業についての考え方**	不況期に発生した失業は、市場にまかせても解消されない。
供給が需要を作り出す（セイの法則）。	**需要と供給についての考え方**	需要が供給を作り出すとして、セイの法則を否定。

※セイ…フランスの経済学者（1767～1832）で、生産物はすべて売れると主張した。

解説 **ケインズ革命**　**ケインズ**（英、1883～1946）は、不況下で失業が生じるのは、**有効需要**が不足しているからだと考えた。そして、政府が政府支出を増加させることによって有効需要を作り出すべきだと考えた（**有効需要の原理**）。また、ケインズは、政府支出の増加は生産者の所得の増加や消費の増加へと波及していき、初期の支出額の何倍もの効果が生じると主張した（乗数効果）。こうしたケインズ経済学は、これまでの古典派経済学の自由放任主義や、供給が需要を作り出すといったセイの法則を否定する画期的なものであったため「ケインズ革命」といわれた。

Zoom ニューディール政策は違憲？　当初、ニューディール政策に対しては反対する者も多く、また、経済活動の自由や財産権を制限するとして連邦最高裁で違憲判決が出された。ニューディール政策が合憲とされるようになったのは1937年以降のことである。

8 政府の役割の変遷と資本主義の変容 頻出

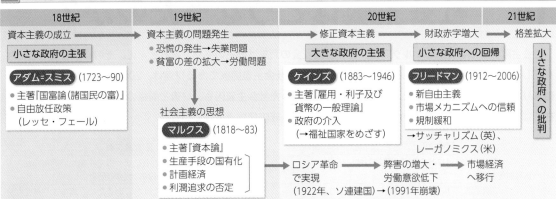

18世紀	19世紀	20世紀		21世紀
資本主義の成立 →	資本主義の問題発生 →	修正資本主義 →	財政赤字増大 →	格差拡大
小さな政府の主張	・恐慌の発生→失業問題 ・貧富の差の拡大→労働問題	大きな政府の主張	小さな政府への回帰	小さな政府への批判
アダム=スミス(1723～90) ・主著『国富論(諸国民の富)』 ・自由放任政策(レッセ・フェール)	↓ 社会主義の思想 **マルクス**(1818～83) ・主著『資本論』 ・生産手段の国有化 ・計画経済 ・利潤追求の否定	**ケインズ**(1883～1946) ・主著『雇用・利子及び貨幣の一般理論』 ・政府の介入(→福祉国家をめざす)	**フリードマン**(1912～2006) ・新自由主義 ・市場メカニズムへの信頼 ・規制緩和 →サッチャリズム(英)、レーガノミクス(米)	

(マルクスの思想)→ロシア革命で実現(1922年、ソ連建国)→弊害の増大・労働意欲低下→(1991年崩壊)→市場経済へ移行

解説 **政府は経済にどの程度関わるべきか** 市場における企業間の自由競争(**市場経済**)に基づいた資本主義は、独占や寡占、所得格差などの問題が生じる。そのため、政府が社会的利益の追求をめざして、財政政策や金融政策を行うことも必要であるとも考えられている。このような私的経済部門と公的経済部門が併存した経済体制を**混合経済**という。公的経済部門を重視すれば「**大きな政府**」となり、私的経済部門を重視すれば「**小さな政府**」となるが、政府の役割に対する考え方は、時代によって大きく変化している。

9 大きな政府か小さな政府か

?「大きな政府」と「小さな政府」の経済政策には、どのような違いがみられるのか 出題

← 大きな政府 | 小さな政府 →

ケインズ経済学

不況下で失業が生じるのは、有効需要が不足しているためである。政府や中央銀行が積極的に財政政策や金融政策を行って経済に介入し、有効需要を創出するべきである。

ケインズ(英、1883～1946)

問題点
- 慢性的に財政赤字が拡大する。
- 第1次石油危機(1973年)で発生したスタグフレーションに対して、効果的な経済政策を打ち出せなかった。

↓ 修　正 ↓

近年

スティグリッツ(米、1943～　)

- 賃金の引き下げは労働者の士気に悪影響を与えるため、企業は賃金を引き下げるべきではない。
- 市場には情報の非対称性が存在するため、政府の介入がなければ市場がゆがめられ、不平等が拡大する。
- 規制のないグローバリズムは国家間の格差を拡大させることになる。
- 経済の持続的な成長のためには、所得の分配を重視すべきである。

解説 **「裁量」か「ルール」か** ケインズは裁量的政策(経済状況に応じて柔軟に政府支出や貨幣供給量を増減させる政策)を重視する。一方、マネタリストは貨幣供給量を一定のルールに基づいてコントロールするべきだと主張する。こうした主張を**マネタリズム**といい、**フリードマン**が代表的存在である。マネタリストは市場メカニズムを重視し、できるだけ政府が市場に介入しない「小さな政府」を理想とする。

急進的自由主義(リバタリアニズム)

人々の知識には完璧なものはなく、国家が知識を集約して合理的に経済を運営してもうまくいかない。政府は市場に介入すべきではなく、市場のもつ「自生的秩序」を重視すべきである。

ハイエク(オーストリア、1899～1992)

ハイエクのケインズ批判

ハイエクは、国家が生産量や価格を決める社会主義的な計画経済は、理論にとらわれすぎたもので、うまくいかないとした。同様に、ケインズ主義に対しても批判的な立場をとった。ハイエクは、合理的に運営される市場ではなく、自由に行動するさまざまな人々が集まることで自然に発生した「自生的秩序」が存在している市場を支持した。

新自由主義(ネオ・リベラリズム)

政府が裁量的に政策を行っても、逆効果になる可能性もある。政府の役割は原則として、あらかじめ定められた一定の割合(k%ルール)で、貨幣供給量を増加させることにとどめるべきだ。

フリードマン(米、1912～2006)

フリードマンのケインズ批判

①不況や失業の解決は市場メカニズムにまかせるべきである。これを保障するためには、適切な競争が行える環境が必要であり、そのために、民営化や規制緩和などの経済の自由化を行う必要がある。

②景気を刺激するために通貨供給量を増大させても、長期的にはインフレを起こすだけである(貨幣数量説)。また、裁量的な政策の実施は効果が出るまでに時間差があるため、結果的には逆効果になる可能性もある。

問題点
- 自由放任主義は人々の経済的格差を極端に広げてしまう。

TOPIC トピック 経済の自由化を掲げるフリードマンは、年金制度や医師免許制度も必要ないと考えた。さらに、麻薬の規制も、個人の選択の自由を制限するので撤廃するべきだと主張した。

用語解説 ⑪世界恐慌、⑫ケインズ、⑭有効需要、⑮混合経済、⑯マネタリスト、⑰新自由主義

FILE 14

社会主義はどうなったのか？

出題

社会主義の提唱者であるマルクスは、社会主義社会の到来は歴史の必然であると考え、その後継者たちもそれを信じて疑わなかった。しかし、現実には歴史上初の社会主義国家であるソ連は、20世紀半ばから経済に行き詰まり、そしてついに崩壊した。中国やベトナムといった社会主義国も、ソ連と同様の問題が露呈したため、現在では資本主義のしくみを部分的に取り入れることで、経済発展を続けている。

資本主義		社会主義
土地や工場、機械、原材料などの生産手段は私的に所有される（**私有財産制度**）。	生産手段	生産手段の私有は認められず、国営企業や協同組合が生産の中心となる（**生産手段の社会的所有**）。
生産手段をもつ資本家（**ブルジョアジー**）と、賃金と引き替えに資本家に対して労働力を提供する労働者（**プロレタリアート**）に分かれている。	階級	生産手段の私有が廃止されているため、資本家や地主が存在せず、階級はない。
利潤追求を目的とした市場での自由な取り引きが行われ、価格や生産量は市場における需要と供給の関係（**価格機構**）で決定される（**市場経済**）。	価格	個人の利潤追求は排除され、社会的利益のために、国家が生産量や価格を計画する（**計画経済**）。
生産手段をもつ資本家や地主に多くの所得が配分され、貧富の差が大きい。	分配	労働者は能力に応じて働き、労働に応じて受け取るので、貧富の差が小さい。
不況と好況を繰り返す景気循環がみられ、不況期には失業が生じやすい。	景気変動 失業	理論上、景気変動は起こらず、国営企業の倒産はないため、失業は存在しない。

社会主義思想の発展

⬆マルクス
（独、1818～83）

資本主義経済が進展するにつれて、社会的な格差や恐慌、失業などの問題が生じるようになった。こうした資本主義経済のあり方を批判したのが**マルクス**である。彼は、工場や土地などの生産手段の社会的所有（国営化）と、政府が何をどれだけ生産するかを決定する計画経済によって、平等な社会の実現をめざす社会主義経済を説いた。

サン＝シモン（仏、1760～1825）、オーウェン（英、1771～1858）、フーリエ（仏、1772～1837）といった、初期の社会主義思想家たちは、人道的な立場から、共同体による理想的な社会の実現を訴えた。一方、彼らの社会主義思想は、具体的な解決策を見出すことができないとして、マルクスや**エンゲルス**（独、1820～95）から「空想的社会主義」として批判された。マルクスらは、自分たちの社会主義を「科学的社会主義」として、それまでの社会主義と区別し、経済学の見地から資本主義を批判的に分析した。

社会主義の諸派

「空想的社会主義」 サン＝シモン、オーウェン、フーリエ

↑ 批判

「科学的社会主義」 マルクス、エンゲルス

人類の歴史＝階級闘争、労働者階級の団結の必要性

↓

社会民主主義

労働組合や議会主義を通して資本主義内部を改革、もしくは社会主義への平和的移行を重視。**プロレタリア革命を否定**

◆主として西欧

↓

共産主義

私有財産を否定して、共有財産に基づく社会・政治体制の実現をめざす

◆ソ連、中国

『資本論』

マルクスは、主著『資本論』の中で、資本主義経済の構造分析を行ってその矛盾を指摘し、資本主義経済が社会主義経済へ移行することの必然性を説いた。

『資本論』の主張

①**剰余価値の搾取**…生産過程での資本家（ブルジョアジー）の利潤は剰余価値（商品の価格から生産コストを引いた額）であり、本来は労働者（プロレタリアート）が働いて生み出した価値である。しかし、労働者は剰余価値より低い賃金しか支払われない。こうして、労働者は剰余価値分の労働を資本家から搾取されている。

②**恐慌の発生**…資本主義経済では、資本家は利潤の追求をめざし、購買力以上の生産を行う。すると、意図しない在庫が累積し、全面的に商品の売れ行きが悪化する不況が必然的に訪れる。この時期に多数の企業が倒産し、失業の増大と賃金の低下によって、人々は生活苦に追いやられる。

③**社会主義革命**…資本主義の発展とともに資本家と労働者の格差は広がり、両者の階級対立は激化する。そして、必然的に労働者による社会主義革命が起き、労働者による資本家の権力と資本の奪取が行われる。

ソ連や中国などの社会主義国家では、資本家の存在を認めず、すべての生産手段は公有とし、生産・分配を計画経済によって行った。当初はこのような経済体制はうまく機能すると思われたが、しだいにその欠点が明らかになった。

社会主義経済が破綻した理由

①社会主義経済では、私有財産や私的な利潤の追求を禁じている。そのため、人々の労働意欲が低くなり、社会の停滞をまねいた。

②中央集権による計画経済は、市場経済のように市場メカニズムによる効率的な資源の配分を実現できない。また、よりよい製品を生み出そうというインセンティブ（誘因）がはたらかず、技術革新が行われない。

③政治的な自由がなく、社会主義を指導する特権的な立場の官僚に権力が集中してしまう。

Zoom **プロレタリア革命** プロレタリア革命とは、労働者階級（プロレタリアート）が農民階級を指導することで中産階級を打破し、労働者階級による国家の独裁を目的とする革命のことである。

ソ連の歩みと経済改革

1917	**ロシア革命**
	レーニン(1870〜1924)主導によるロシア革命(10月革命)によって、初の社会主義政権が誕生。
1922	**ソビエト社会主義共和国連邦(ソ連)**成立
1928〜32	第1次5か計画→重工業の建設、農業の機械化と集団化(コルホーズ〈集団農場〉やソフホーズ〈国営農場〉の形成)
	1960年代に入ると、経済の停滞が目立つようになった。食料品不足などが問題となり計画経済の見直しが迫られた。
1966	国営企業に利潤方式(リーベルマン方式)を導入
	経済学者リーベルマンが提唱。生産の効率化や労働者の勤労意欲の促進を目的に、利潤の高い企業に報奨金を払うなどの改革を実施。
1985	**ゴルバチョフ**が共産党書記長に就任。
	情報公開(グラスノスチ)と同時に、市場経済を積極的に導入する**ペレストロイカ(建て直し)**が推進された。
1989	**マルタ会談(冷戦の終結)**、東欧諸国が民主化により社会主義経済体制を放棄
	1991年にソ連崩壊、独立国家共同体(ＣＩＳ)成立

ペレストロイカとは、ロシア語で「建て直し」を意味し、ゴルバチョフ政権の誕生とともに始まった。その中心は、企業の自主権拡大と私企業形態の認可、貿易の自由化、中央官庁の権限の縮小など、市場経済体制へ移行することであった。また、経済だけでなく、情報公開(グラスノスチ)や複数政党制の導入などの民主化を進めた。しかし、十分な成果が得られないまま、結果として社会主義体制そのものに対する批判へとつながり、ソ連は崩壊した。

⬆ソ連に初めてオープンしたマクドナルド(1990年、モスクワ)

ベトナムの経済改革

ベトナムでは1975年にベトナム戦争が終結し、翌年にはベトナム社会主義共和国が成立した。その後、戦争による疲弊に加えて、計画経済の非効率性のために国民生活は困窮した。これを解決するために、1986年には**ドイモイ(刷新)**政策が実施され、国家レベルでの産業政策の見直しや対外開放路線がとられた。

現在でも社会主義的な政治体制を維持しながら、一部の私有財産を認めており、憲法では中国と同様に市場原理の導入が明記されている。ベトナムはＡＳＥＡＮ加盟国の中でも賃金が安いため、ベトナムに工場を移転させている日本企業も多い。

⬆ホーチミン市(ベトナム)の通勤ラッシュ

中国の歩みと経済改革

1949	**中華人民共和国建国**[主席：毛沢東(1893〜1976)]
1958	大躍進運動
	人民公社を設立し、大衆を動員して工業や農業の急速な発展をめざした。しかし、この急進的な社会主義路線は失敗し、多くの餓死者を出した。
1966〜76	プロレタリア文化大革命
	大躍進政策の失敗により、穏健派が実権を握った。しかし毛沢東が大衆を巻きこんでの権力奪還闘争によって穏健派を失脚させたため、中国国内は大混乱に陥った。
1978	新憲法が公布され、農業・工業・国防・科学技術の「４つの現代化」が目標に
	毛沢東死去後に復権した鄧小平(1904〜97)は、**改革開放政策**を開始し、**経済特区**・経済開発区の導入や、個人経営の企業の許可など、資本主義的なシステムを導入した。
1990	上海に証券取引所を設立
1993	**社会主義市場経済**を憲法に明記
1997	香港返還(1999年、マカオ返還)
2001	ＷＴＯ(世界貿易機関)に加盟
2004	憲法改正を採択→私有財産権を憲法で保障
2010	ＧＤＰが日本を抜いて世界第２位に

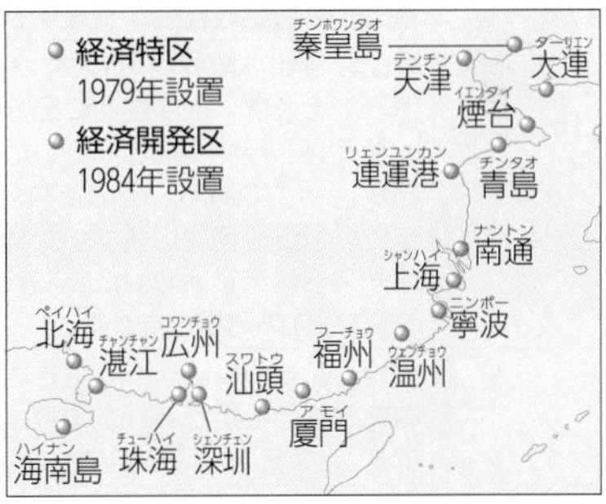

鄧小平の下で行われた改革開放政策は、経済特区の導入による外資の積極的受け入れや、民営企業の自由化を進めるなど、市場経済の要素を取り入れたものであった。

1970年代から始まった**改革開放政策**が中国の経済発展の出発点である。1993年には、社会主義政治体制の下で市場経済を重視するという**社会主義市場経済**が憲法に明記され、沿岸部を中心に目覚ましい経済発展を遂げることとなった。ただし、土地の私有は認められておらず、個人や企業に対する「土地の利用権」が存在しているにすぎない。

近年、貧富の差の拡大や環境問題など、経済発展の負の側面にも目を向けられるようになった。2021年には習近平国家主席が「共同富裕」というスローガンを打ち出した。「共同富裕」とは、もともと建国の父である毛沢東が唱えたもので、貧富の格差を是正し、すべての人が豊かになるという理念をさしている。このようなスローガンが打ち出された背景には、本来の社会主義に回帰する姿勢を見せることによって、急速な格差による国民の不満を和らげたいという政権の思惑があると指摘されている。

⬅格差を象徴する北京市中心部の一地区(2017年) 高層ビルが立ち並ぶビジネス街の近くに、粗末な平屋の家が並ぶ。

経済

TOPIC トピック マルクスが就職できずに経済学の研究を続けているときに、彼を金銭的に支えたのがエンゲルスであった。

用語解説 ⑱マルクス，⑲社会主義経済，⑳改革開放政策，㉑社会主義市場経済，㉒ドイモイ

10 経済思想史

頻出

重商主義[16～18世紀] トマス=マン(英) コルベール(仏)	絶対主義下のヨーロッパでの経済思想の総称。富とは貴金属であると考え、金・銀の流出を阻止する一方で、国内への流入を促進するような政策を主張した。この思想は輸出を促進して輸入を抑制する**保護貿易**を導き、後の自由放任主義を主張する人々から批判されることになった。
重農主義[18世紀中頃] ケネー(仏)	ケネーは農民に負担を強いるフランス重商主義(コルベール主義)を批判し、穀物の輸出自由化などの**自由放任主義**(**レッセ・フェール**)を唱えた。彼は農業こそが純生産物(新たに増加した付加価値)を生み出す唯一の産業であると考えた。また、『経済表』において、初めて経済活動を再生産の循環としてとらえ、地主階級のみに課税すべきと主張した。
古典学派 [18世紀後半～19世紀] アダム=スミス(英) リカード(英) マルサス(英)	イギリスを中心として展開され、経済学を初めて体系的・統一的にまとめあげた。自由貿易の立場から重商主義を批判し、商品の価格決定においては供給側を重視したのが特徴である。また、商品の価値はその生産に費やされた労働量と等しいという労働価値説を、それぞれ独自の考え方で発展させた。 ①アダム=スミスは、分業が生産性を高める点に着目した。また、各人が利己心に基づいて行動すれば「**見えざる手**」が社会全体を調和に導くと主張し、政府は市場に介入すべきではないとした。 ②マルサスは、人口は1・2・4・8…と等比数列(幾何級数)的に増加するのに対して、食料の生産は1・2・3・4…と等差数列(算術級数)的にしか増加しないとし、人口抑制の必要性を唱えた。 ③リカードは、国際分業の理論として**比較生産費説**(➲p.322)を提唱し、**自由貿易**を支持した。
歴史学派 [19～20世紀前半] リスト(独)	イギリスと比べて工業の発達が遅れていたドイツで主張された、自由貿易に反対する考え方。リストは一国の経済段階を、①未開・②牧畜・③農業・④農工業・⑤農工商業の5つに分類した。そして、ドイツは第4段階にあり、このような発展途上の国では、幼稚産業を保護するべきだとした。
マルクス経済学 [19世紀中頃～20世紀] マルクス(独) エンゲルス(独) レーニン(露)	マルクスを始祖とする科学的社会主義思想。マルクスは、資本主義経済の下では、労働者は賃金以上の価値(剰余価値)を生み出すが、剰余価値は資本家の手に入り、労働者は資本家によって搾取されるとした。また、資本主義の下では生産が自由に行われる結果、過剰な生産がもたらされ、周期的な恐慌が引き起こされると考えた。このため、資本家と労働者との階級闘争が起こり、資本主義社会は必然的に崩壊し、**社会主義社会**が到来するとした(史的唯物論)。
近代経済学 **新古典派** [19世紀後半～20世紀前半] ジェボンズ(英) メンガー(墺) ワルラス(仏) マーシャル(英)	商品の価値は限界効用(人々が商品を1つ購入したことで得られる満足感)によって決まると考えた学派。たとえば、水は生活に必要であるが、豊富に存在する。そのため、消費すればするほど満足感はなくなる(限界効用は低い)。したがって、商品としての価値は低い。一方、ダイヤモンドは生活に必要ないが、希少である。そのため、限界効用は高く、商品としての価値は高い。こうした考え方は、それまでの労働価値説に基づいた経済学の前提を大きく覆したため、「**限界革命**」と呼ばれた。メンガーはオーストリア学派(ハイエクなど)、ワルラスはローザンヌ学派、マーシャルはケンブリッジ学派(ケインズなど)の始祖となった。
近代経済学 **ケインズ経済学** [20世紀～] ケインズ(英)	供給されたものはすべて需要されるというセイの法則を否定し、不況期に大量の失業が発生する原因は有効需要の不足であり、政府はこれに対して積極的に有効需要を創出するべきだとした。この考え方はアダム=スミス以来の自由放任を否定するものであり、「**ケインズ革命**」と呼ばれた。
近代経済学 **マネタリズム** [20世紀中頃～] フリードマン(米)	ケインズの政府による裁量的な財政・金融政策を否定し、規制のない自由主義経済を理想とした。そして、政府の役割は貨幣供給量を一定の率(k%)で増加させるだけでよいとした(k%ルール)。なお、マネタリズムとは異なった視点でケインズ経済学を否定した経済学説に、オーストリア学派やサプライサイド経済学、合理的期待形成仮説などがある。
近代経済学 **その他** シュンペーター(墺)	シュンペーターは、企業家による技術革新などのイノベーション(新結合)が、経済発展の原動力だと主張した。また、イノベーションがもたらす景気変動に着目し、景気循環に関する研究を行った。

11 各国の新自由主義的政策

出題

⇧サッチャー首相
(英、1925～2013)

サッチャリズム(在任1979～90)

• 国有企業の民営化　• 金融自由化

当時のイギリスは国有企業の赤字に加えて、民間企業の活力がなく、「英国病」と呼ばれる状態であった。これを解決することを目的に、国有企業のほとんどが民営化されたほか、「金融ビッグバン」などの規制緩和が行われた。

⇧レーガン大統領
(米、1911～2004)

レーガノミクス(在任1981～89)

• 大規模減税　• 社会保障費の削減

経済政策上は「小さな政府」をめざしたが、同時に「強いアメリカ」をめざして国防費を増大させたため、実際は財政赤字が膨らんだ。また、高金利政策によるドル高は経常赤字を生み、いわゆる「双子の赤字」を抱えることになった。

■日本の新自由主義的政策

中曽根政権 1982～87年	三公社民営化…日本国有鉄道、日本電信電話公社、日本専売公社の三公社が民営化され、JR、NTT、JTに事業が継続されている。➲p.86
橋本政権 1996～98年	金融の自由化(日本版金融ビッグバン)…銀行業、証券業、保険業に対する規制を取り払い、金融の再編を進めた。➲p.185
小泉政権 2001～06年	• 道路公団民営化、郵政民営化➲p.86 • 派遣労働の自由化…それまで専門職のみに認められていた派遣労働が、工場などで働く製造業などでも解禁された。➲p.231

解説 **新自由主義に対する評価** 新自由主義とは、マネタリズムやサプライサイド経済学(生産者などの供給側を重視する経済学)の立場から、政府の役割を限定し、できるだけ規制緩和を進めようとする考え方であり、アダム=スミス以来の「小さな政府」を理想とする。これらは、経済の非効率性を解消し、民間の活力を高めたと評価される一方で、経済的格差を拡大させたと批判する声もある。

Zoom **第三の道** サッチャー政権後のイギリスでは、労働党のブレア政権(1997～2007年)によって、社会民主主義路線(従来の労働党の路線)に新自由主義的政策を取り入れた「第三の道」が提唱された。

2 経済主体と経済循環

要点の整理

＊ 1 ～ 8 FILE レクチャー は資料番号を示す

Ⅰ 経済主体と企業の種類

❶**経済主体** 1
①**家計**……消費を中心に行う経済主体。生産要素（土地、労働力、資本）を企業に提供し、その対価として所得を得る
②**企業**……生産を中心に行う経済主体。生産要素を使って、財・サービスを生産し、**利潤**を得る
③**政府**……家計・企業から租税を徴収し、財政活動を行うことで、経済活動の調整を行う

❷**家計の役割** 2……生産要素（土地、労働力、資本）を提供して、賃金や利子・配当、地代などの所得を得る。家計全体の消費支出が国民総支出に占める割合は約６割と高く、景気に大きな影響を及ぼす
⟶ 所得＝消費＋貯蓄……かつての日本の貯蓄率は高いとされていたが、現在では低下している

❸**企業の種類** 4……**私企業**（個人企業、法人企業［会社企業、組合企業］）、**公私合同企業**（株式会社形態、特殊法人形態）、**公企業**（国営企業、公社、独立行政法人、公庫、地方公営企業）など

Ⅱ 株式会社の種類としくみ

❶**株式会社** 5 ～ 8 FILE……多数の株主（出資者）から出資してもらい、多くの資金を集める
- **株主の責任**……株式会社に出資した範囲内での責任（**有限責任制**）
- **株式**（株券）レクチャー……株式会社に資金を出資したことを示す証券。所有者にはさまざまな権利が与えられる
- **株主総会**……通常、年に１回開かれる株式会社の最高意思決定機関
- **所有と経営の分離**……会社の所有者である株主が、経営者である取締役を選定する
- **会社法**（2006年施行）……最低資本金制度の撤廃、有限会社の廃止、合同会社の新設など

❷**企業の合併・買収**（M＆A）7……**規模の利益**（**スケール・メリット**）や経営の多角化を目的に行われる

❸**企業の社会的責任**（ＣＳＲ）FILE……あらゆる利害関係者に対して企業が果たすべき責任。**コンプライアンス**の徹底

Ⅰ 経済主体と企業の種類

1 ３つの経済主体 出題

？ ３つの経済主体において、お金はどのように流れているのか

国民経済の循環

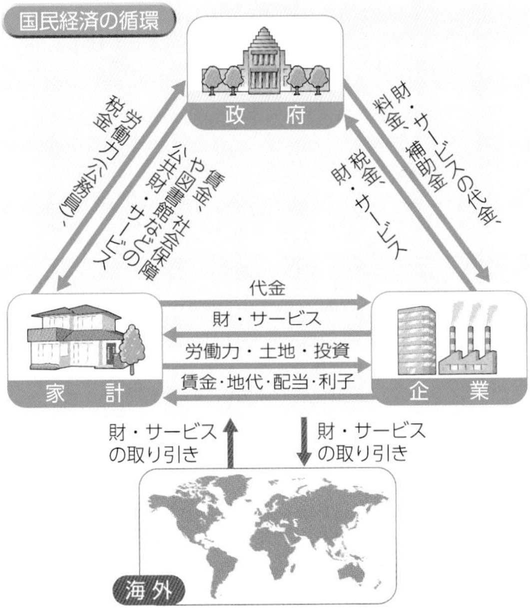

解説 **経済循環**　国民経済は家計・企業・政府の３つの経済主体から成り立っており、これらが密接な結びつきをもって経済活動を行っている。**企業**は土地・労働力・資本といった**生産要素**を用いて財・サービスを生産し、それらを**家計**や**政府**が消費する。一方、家計は企業や政府に対して労働力を提供する。そして、それらへの対価として金銭が支払われている。この流れを経済循環という。また、３つの経済主体は海外に対しても財・サービスの取り引きを行っている。

2 家計の収支 頻出

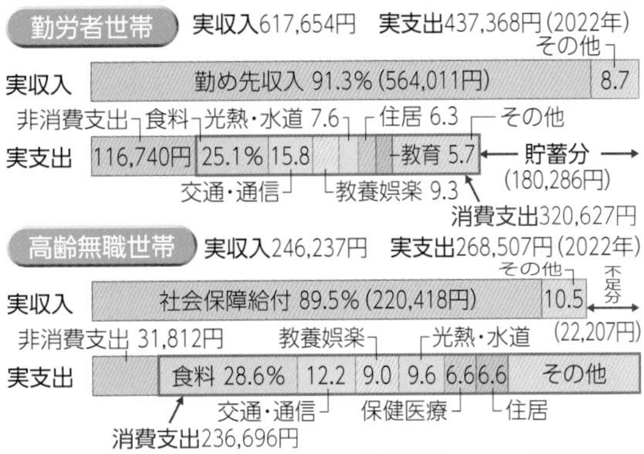

※高齢無職世帯は65歳以上の夫婦のみの無職世帯　（総務省資料）

可処分所得……実収入から非消費支出を差し引いた額で、家計が自由に使える所得。
消費支出……商品やサービスを購入して実際に支払った金額。
非消費支出……社会保険料や税金など、消費以外の支出。
エンゲル係数……家計の消費支出に占める食料費の割合。所得が上昇するほどエンゲル係数は低くなる傾向にある。
平均消費性向……可処分所得に対する消費支出の割合。一定期間に得た所得のうち、どれだけ消費に回したかを示す。

解説 **減少する家計の貯蓄**　家計の消費のうち、食料費の割合が最も大きい。また、高齢無職世帯は、年金などの社会保障給付のほかに、現役時代に蓄えた資産を消費に回して、収入の不足分を補っている。日本はかつて貯蓄率が高いといわれてきたが、高齢化に伴って家計全体の貯蓄率も減少しているとみられる。なお、家計の消費は、所得の増加以外にも、土地や株式などの資産価格の上昇によって拡大する傾向がある（**資産効果**）。

TOPIC トピック　共働き世帯の増加や高齢化で家事が行えない人が増えたことから、スーパーやコンビニのお惣菜が売れるようになり、エンゲル係数の上昇にも影響したとされている。

用語解説　⑫経済主体、⑬生産要素

経済

3 資本の循環

出題

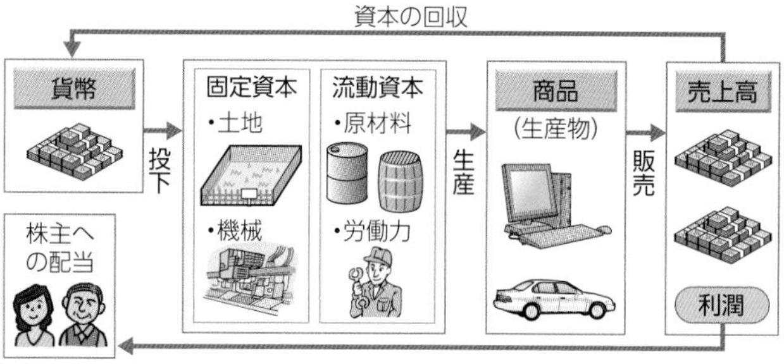

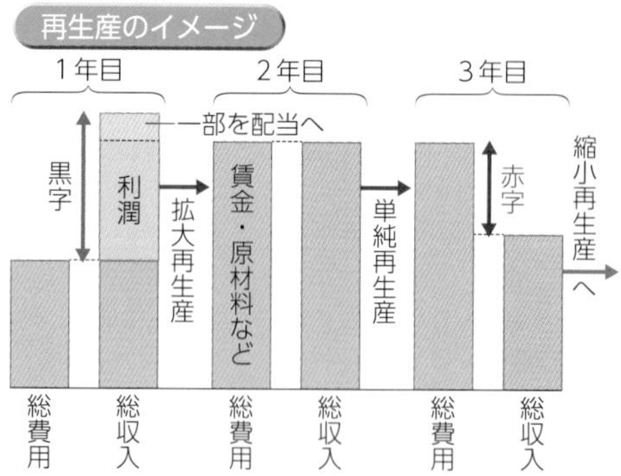

解説 **資本の循環**　企業は資金によって、生産に必要な機械や原材料といった生産手段を購入(こうにゅう)し、また、労働者を雇(やと)う。こうして最初に投下された資金が生産・流通の過程を経(へ)て、回収されることを**資本の循環**と呼ぶ。企業は商品の販売で得た利潤のうち、一部を株主への配当などに回し、残りを再び生産活動へ投資する。このようにして生産水準が継続的に拡大していくことを拡大再生産、生産水準が同規模のままであれば単純再生産、生産水準が縮小していれば縮小再生産という。

企業は資本の循環の過程で、利潤の最大化をめざそうとする。利潤とは、総収入(売上高)から総費用(賃金・原材料など)を差し引いたものである。つまり、利潤を増やすためには、総収入を増やすか総費用を減らす必要がある。

4 企業の種類

出題

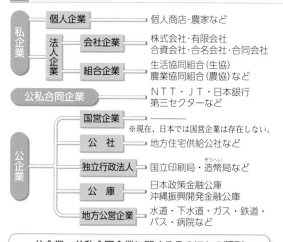

- 私企業
  - 個人企業 → 個人商店・農家など
  - 法人企業
    - 会社企業 → 株式会社・有限会社　合資会社・合名会社・合同会社
    - 組合企業 → 生活協同組合(生協)　農業協同組合(農協)など
- 公私合同企業 → ＮＴＴ・ＪＴ・日本銀行　第三セクターなど
- 公企業
  - 国営企業 → ――――　※現在、日本では国営企業は存在しない。
  - 公　社 → 地方住宅供給公社など
  - 独立行政法人 → 国立印刷局・造幣(ぞうへい)局など
  - 公　庫 → 日本政策金融公庫　沖縄振興開発金融公庫
  - 地方公営企業 → 水道・下水道・ガス・鉄道・バス・病院など

公企業・公私合同企業に関するそのほかの類型

特殊法人…公益のために特別の法律によって強制的に設立された法人　【例】日本放送協会(ＮＨＫ)、日本年金機構など
認可法人…特別の法律によって設置されたものであるが、民間の関係者が任意に設立したもので、主務大臣の認可が必要とされる　【例】預金保険機構、日本赤十字社、日本銀行
特殊会社…特殊法人のうち、株式会社の形態をとるもので、国が株式の全部または一部を保有する　【例】ＮＴＴ、ＪＴ

組合…組合は共同の事業を目的として設立されるが、その定義は幅広い。民法上の組合は、無限責任制で法人格をもたない。一方、特別の法律で規定された協同組合や企業組合は、有限責任制で法人格をもつ。これに対して、会社法によって設立できるようになった有限責任事業組合(ＬＬＰ)は、有限責任制で法人格をもたないという性格をもつ。このため、ＬＬＰは出資額以上の責任を問われず、また、法人税を支払う必要がないため、起業しやすいというメリットがある。

国営企業…かつては、郵政・造幣・印刷・国有林野(りんや)・アルコール専売の五現業が存在していた。現在、国有林野を除(のぞ)いて民営化または独立行政法人に移行した。また、国有林野は国営企業形態を廃止し、一般行政として扱われている。

公社…公共性の高い事業を経営するために、国や地方公共団体が設立した法人。かつては国の公社として、日本国有鉄道・日本電信電話公社・日本専売公社(三公社)や、日本郵政公社があったが、それぞれ民営化されている。地方公共団体が設立した公社としては、住宅供給公社、道路公社などがある。

解説 **企業の区分**　企業は出資者や経営主体により分類される。企業の多くは民間資本によって設立された**私企業**である。そのほかに、公益を目的として、国や地方公共団体によって運営される**公企業**や、国・地方公共団体と民間資本との共同出資によって運営される**公私合同企業**がある。

COLUMN

第三セクター

公企業を第一セクター、私企業を第二セクターというのに対して、公私合同企業を**第三セクター**という。一般的には、公私合同企業のうち、地方公共団体が出資する企業を第三セクターと呼ぶ。その多くは株式会社であり、公益性の高い地域開発や交通のほか、レジャー施設などの運営に携(たずさ)わっている。ＪＲの赤字路線を引き継(つ)いだ第三セクターの鉄道会社も各地にある。

第三セクターの経営不振(ふしん)は、地方公共団体にとって大きな財政リスクになる。ただし、第三セクターの中には地域経済に貢献したり、工夫を凝(こ)らすことによって黒字経営を続けていたりするものもある。また、たとえ財政状況が良くなくても、交通機関や介護施設などに関わる第三セクターについては、採算性だけで議論するのではなく、地域の実情を考慮(こうりょ)する必要もある。

⬆第三セクターの鉄道の駅(鳥取県)　智頭(ちず)急行は鳥取県智頭町の恋山形駅を「恋の駅」としてアピールし、観光客から人気を集めている。

Zoom **三公社五現業**　かつて、公企業のうち国鉄・専売公社(塩とたばこ)・電電公社を三公社、郵政・造幣・印刷・国有林野・アルコール専売を五現業と呼んでいたが、国有林野を除いて民営化または独立行政法人に移行した(国有林野は国営企業形態を廃止)。

Ⅱ 株式会社の種類としくみ

5 会社企業の種類

？株式会社は他の会社企業とどのような点で異なっているのか　頻出

	株式会社			持分会社		
	公開会社	株式譲渡制限会社	特例有限会社	合資会社	合名会社	合同会社
特徴	最低資本金の下限額が撤廃され、１円から設立できる 従来の株式会社制度に近く、上場会社があてはまる	最低資本金の下限額が撤廃され、１円から設立できる 従来の有限会社のしくみを採用しており、中小企業に多い	会社法により新たに有限会社の設立は不可	小規模会社に多い。新規設立はほとんどない	家族経営が多い。新規設立はほとんどない	会社法により新設された。株式会社よりも設立が容易なため、ベンチャー企業に適している
出資者	有限責任の株主	有限責任の株主	有限責任の株主	無限責任社員と有限責任社員	無限責任社員	有限責任社員
経営者	取締役３人以上、取締役会を設置、監査役１人以上	取締役１人以上、取締役会の設置は任意、監査役は任意	取締役１人以上、監査役は任意	業務を執行する社員(無限責任社員)	業務を執行する社員(無限責任社員)	業務を執行する社員(有限責任社員)
株式(持分)譲渡	原則自由。一部制限のある場合がある	株主総会または取締役会の承認が必要	株主以外への譲渡は株主総会の承認が必要	無限責任社員全員の承諾が必要	他の社員全員の承諾が必要	他の社員全員の承諾が必要

会社法のおもな内容

①**最低資本金制度の撤廃**…会社法施行前までは、株式会社を設立するための最低資本金は1,000万円であったが、資本金が１円でも会社設立が可能となった。
②**有限会社の廃止**…株式会社よりも小規模な会社として位置づけられてきた有限会社制度が廃止された。ただし、それまで存在していた有限会社は「特例有限会社」として、株式会社の枠組みの中で扱われることとなった(商号は「有限会社」のままでよい)。
③**合同会社の設立**…出資者が有限責任であり、かつ株式会社よりも経営の自由度が高い合同会社の設立が可能となった。
④**取締役の最低人数の変更**…従来の株式会社は、取締役３人以上、監査役１人以上が必要であったが、株式譲渡制限会社の取締役は１人以上でよい。

解説 **会社法の特徴**　**会社法**は、2005年に成立(翌年施行)した比較的新しい法律である。企業のあり方の変化や経済のグローバル化に対応するために、それまで商法や有限会社法に記されていた会社に関する規定が会社法にまとめられたのである。会社法は、2014年と2019年に大きな改正が行われた。2019年の改正では、株主総会資料の電子化、一部の大企業に対する社外取締役設置の義務化、取締役の報酬の透明化などが盛り込まれた。

6 株式会社のしくみ

？所有と経営の分離が必要とされるのはなぜか

↑株主総会のようす

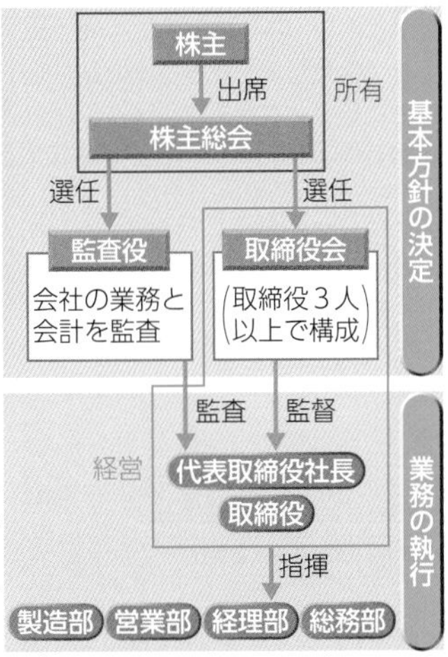

※株式譲渡制限会社では、取締役会の設置は任意。特に、取締役が１人の株式譲渡制限会社では、監査役の設置が不要となる。

解説 **所有と経営の分離**　株式会社の出資者である**株主**は、株式会社の所有者である。株主は**株主総会**で会社の基本方針を決定するが、実際の経営は取締役にまかせている。これを**所有と経営の分離**と呼ぶ。日本の株式会社は、業務を執行する取締役が業務を監督する取締役会のメンバーになっているため、取締役会の監督機能が不十分であるとの批判がある。そこで、大企業の中には、**企業統治(コーポレート・ガバナンス)**を強化するため、業務の監督のみを行う社外取締役を登用したり、業務の執行を行う執行役を設けたりして、監督と執行の役割を分離する動きもある。

役職名

社長、副社長、専務などの役職名は、会社法上に定めがなく、それぞれの会社で任意に使用できる。一般的には、社長の肩書をもつ者が代表取締役を務めているが、銀行では「頭取」の名称を用いる場合が多い。「会長」は名誉職的な意味合いが強い。また、最高経営責任者(ＣＥＯ：cheif executive officer)や最高執行責任者(ＣＯＯ：chief operating officer)についても同様に法律上の定めはないが、ＣＥＯは会社の経営方針を決定するのに対し、ＣＯＯはＣＥＯの決定した経営方針にそった業務執行を行うのが一般的である。

雇用者規模別企業等数とその割合 (2021年)

※有限会社・相互会社を含む。

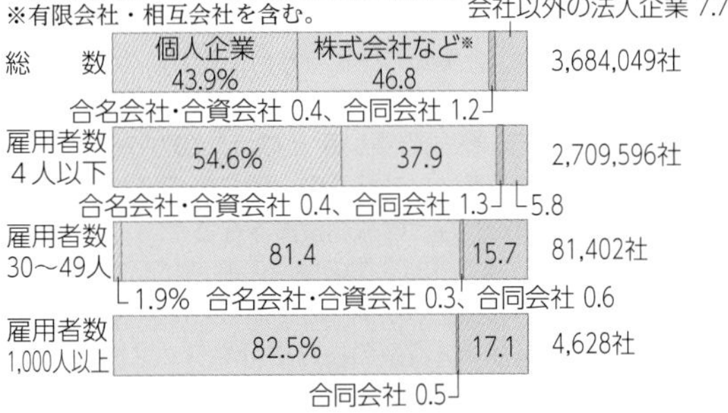

会社企業の資本金の割合 (2021年)

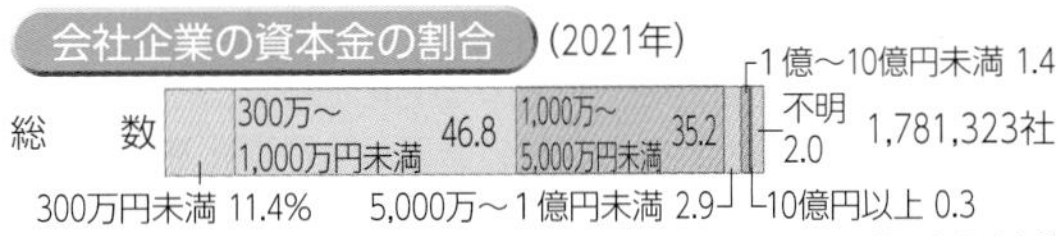

(総務省資料)

TOPIC トピック　日本で一番古い会社は大阪府にある「金剛組」とされる。この会社は578年に四天王寺建設のために百済から聖徳太子に招かれた人物によって創設されたといわれている。

用語解説　⑫有限会社，⑫株式，⑫株式会社

7 企業の合併・買収

M&A件数の推移 （『日本国勢図会』2023/24年版）

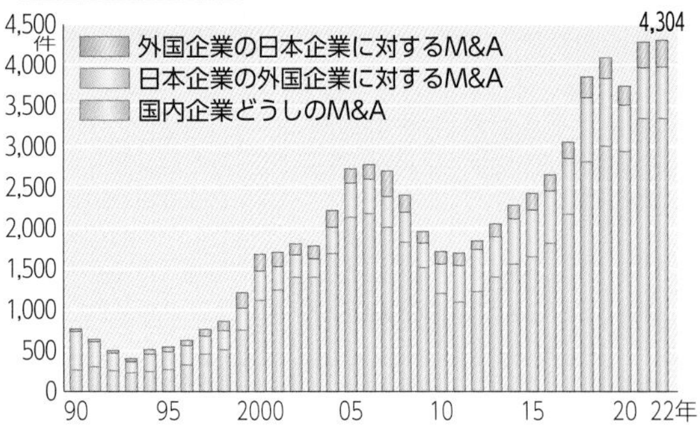

合併と統合の違い

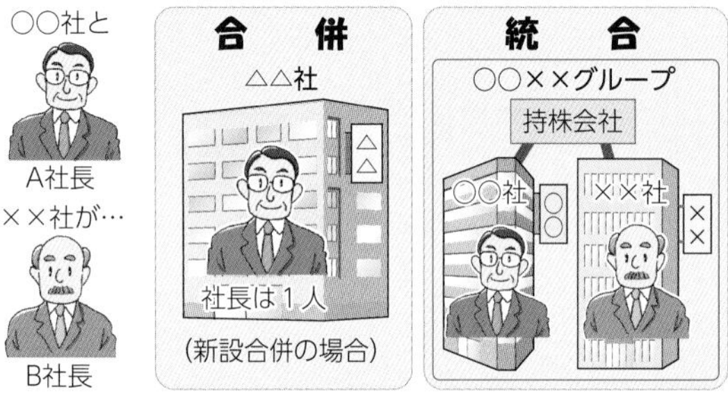

合併…複数の企業が1つの企業になる。新設合併と吸収合併がある。
統合…複数の企業が1つの持株(もちかぶ)会社の傘下(さんか)に入るが、企業自体はそれぞれ存続する。

解説 **M&A(Merger & Acquisition)**　M&Aは直訳すると「合併と買収」を意味し、一般的には他の企業の株式を取得して行われる。広義には資本参加や合弁企業の設立も含み、経営の多角化や規模の利益の拡大が目的である。M&Aは、お互(たが)いの経営者が同意した上で進められる友好的なものもあれば、相手企業の経営陣の賛同を得ずに行う敵対的なM&Aもある。また、統合は共同で設立した持株会社に株式を移転させて行われるのが一般的である。統合はそれぞれの企業自体を存続させることで、企業間のあつれきを回避でき、比較的迅速(じんそく)に手続きを行うことができる。

8 持株会社

持株会社グループの例

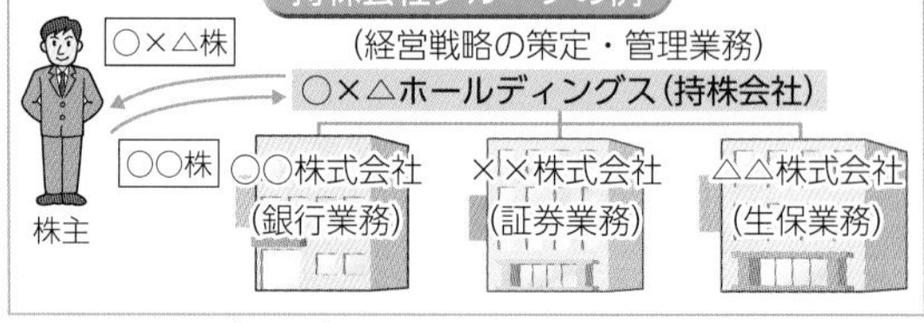

※○×△ホールディングスは、○○株式会社株式、××株式会社株式、△△株式会社株式を保有している（100%所有の場合が多い）。
※○○株式会社、××株式会社、△△株式会社の元株主は、それぞれ○○株式会社株式、××株式会社株式、△△株式会社株式と交換に、○×△ホールディングスの株式を取得し、保有している。

コングロマリット 出題

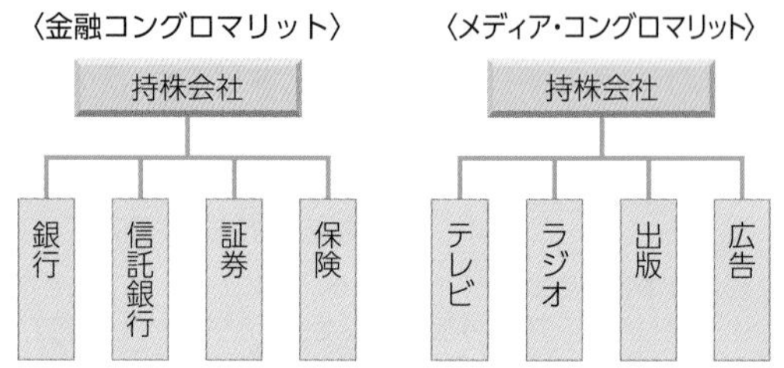

複数の事業を行っている巨大企業を**コングロマリット**（複合企業）と呼ぶ。企業内で一から新事業を立ち上げるよりも、M&Aを繰り返すことによって、コングロマリットとなることが多い。近年では、テレビや出版などを包括(ほうかつ)的に経営するメディア・コングロマリットや、証券・銀行・保険業務などを経営する金融コングロマリットが形成されているが、市場の寡占(かせん)化も問題となってきている。

解説 **持株会社の解禁**　**持株会社**とは、他の会社の株式を所有して、経営を支配することを目的にした会社のことである。みずからも事業を行う持株会社を事業持株会社といい、他の会社を支配することのみを目的とする会社を純粋持株会社という。事業持株会社はこれまでも存在していたが、**純粋持株会社は1997年の独占禁止法の改正で認められるようになった。**現在の持株会社は、戦前の財閥のような国家権力との結びつきはなく、同族による排他的な支配を行うわけではない。その点からも、現在の持株会社を財閥とみなすことは一般的ではない。

COLUMN

外国法人による持株比率の増加

1990年代以降、企業間の株式持ち合い(➲p.140)の解消のために、金融機関による日本企業の株式の保有割合が低下した。その一方、株式の買い手となったのが外国法人であった。外国法人とは、外資系の一般企業のほか、海外の年金基金や投資銀行などの機関投資家をさす。

日本の株式市場で外国企業の投資の割合が高まったことで、日本的経営の見直しがいっそう迫(せま)られた。債務超過に陥(おちい)った日本企業が、外資系の投資銀行やファンドからの増資を受けて、再生を果(は)たした事例もある。しかし、外資系の投資銀行やファンドは、買収した企業の株価を高めることで、短期的な利益を目的とするものも多い。そのため、買収した企業にリストラなどの徹底した合理化を突きつけることもある。

所有者別持株比率の推移

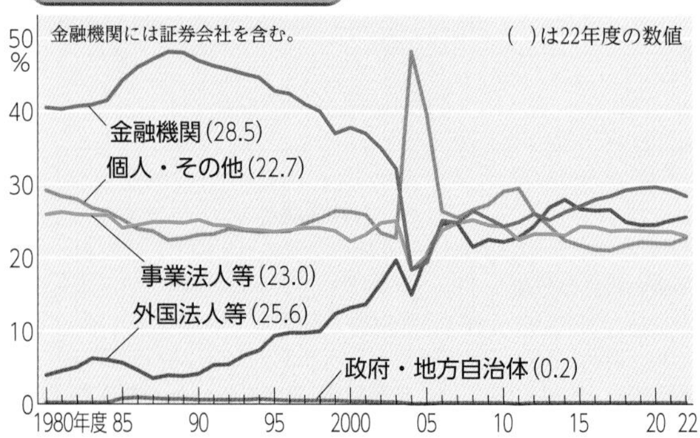

※2004、05年の数値は、ライブドアが大規模な株式分割を行った結果、ライブドア1社の株式が大幅に増加した影響を含んでいる。（東京証券取引所資料）

Zoom GPIF　大量の資金を株式や債券などに運用する機関投資家の中でも、国民の年金保険料を運用する厚生労働省管轄の年金積立金管理運用独立行政法人（GPIF）は、世界的にもトップクラスの資金量を誇る。

FILE 15

企業に求められる社会的責任とは？

近年、企業の利益至上主義や不祥事に対して、今まで以上に厳しい目が向けられている。一方、環境をはじめとしたさまざまな問題に対しては、企業の取り組みがいっそう期待されるようになっている。「企業の社会的責任」(CSR：Corporate Social Responsibility)をキーワードに、これからの企業のあり方を考えてみよう。

生活者の企業観に関するアンケート (2020年度)

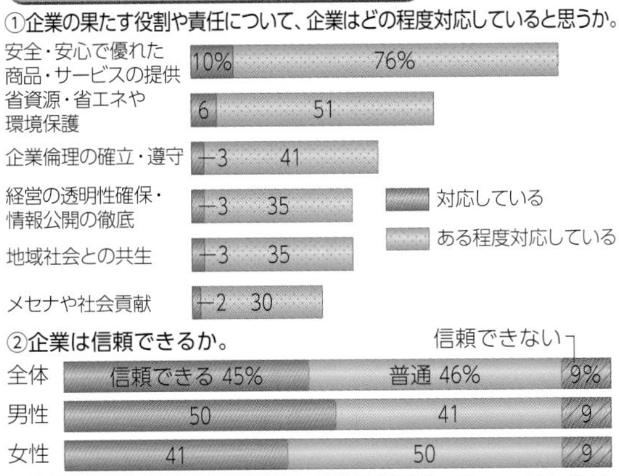

※調査対象者は、会社員・団体職員・公務員(40.0%)、パート・アルバイト(12.8%)、自営業・自由業(7.4%)など　(経済広報センター資料)

企業行動憲章(抜粋)　社団法人 日本経済団体連合会

1. ……社会に有用で安全な商品・サービスを開発、提供し、持続可能な経済成長と社会的課題の解決を図る。
2. 公正かつ自由な競争ならびに適正な取引、責任ある調達を行う。また、政治、行政との健全な関係を保つ。
3. 企業情報を積極的、効果的かつ公正に開示し、企業をとりまく幅広いステークホルダーと建設的な対話を行い、企業価値の向上を図る。
4. すべての人々の人権を尊重する経営を行う。
5. 消費者・顧客に対して、商品・サービスに関する適切な情報提供、誠実なコミュニケーションを行い、満足と信頼を獲得する。
6. 従業員の能力を高め、多様性、人格、個性を尊重する働き方を実現する。また、健康と安全に配慮した働きやすい職場環境を整備する。
7. 環境問題への取り組みは人類共通の課題であり、企業の存在と活動に必須の要件として、主体的に行動する。

経済

ＣＳＲの必要性

企業の社会的責任(ＣＳＲ)とは、企業が利潤の追求だけでなく、環境への影響などを配慮して、社会に貢献していくことを意味する。企業は事業活動を行う上で、従業員や取引先のほか、株主・消費者・地域住民・行政機関などのさまざまな**利害関係者**(**ステークホルダー**)と関わりをもっている。それらの利害関係者と積極的に対話し、社会の期待に応えていくことこそが、企業の社会的責任であるといえる。こうした取り組みは、企業にとっても、信頼性の向上につながることが期待できる。

企業が社会から信頼されるには、事業活動に関する**情報公開**(**ディスクロージャー**)を行い、ステークホルダーに対して**説明責任**(**アカウンタビリティ**)を果たしていくことも必要である。

企業は、業績や財務状況の開示を中心とした投資家向け広報活動(ＩＲ：Investor Relations)を行っている。しかし、近年、企業の業績や財務状況だけでなく、環境や社会問題への取り組みを評価した上で投資する「**社会的責任投資**」(ＳＲＩ：Socially Responsible Investment)や「**ＥＳＧ投資**」(➡p.141)も広がりつつある。このため、企業価値を高めるためにも、社会的責任への取り組みに関する情報を積極的に発信することも重要になってきた。

コンプライアンスとは？

近年、企業が法律やルールを守るという当たり前のことが、**コンプライアンス**(**法令遵守**)という表現で叫ばれている。この背景には、利益を最優先させた企業の倫理観の欠如がある。日本では、自動車の欠陥隠しや食品の賞味期限の改ざん・産地の偽装、Ｍ＆Ａに絡んだ粉飾決算やインサイダー取引といった不祥事が相次いだ。

コンプライアンスとＣＳＲの観点から、法律よりも厳格な独自の社内ルールを導入する企業も存在する。また、2004年に成立した**公益通報者保護法**によって、内部通報の窓口を置く企業も増えている。企業が社内の不正やミスに対して適切に監視し、処理するしくみ(内部統制)を構築することが、重要になっている。

公益通報者保護法

企業の不正を内部告発した労働者を保護するための法律であり、公務員にも適用される。2006年に施行された。公益通報と認められた場合は、通報者の解雇や降格・減給などの不利益な取り扱いを禁止することが定められた。2020年の改正では、企業側への罰則の導入や、保護される通報者と通報内容の対象範囲が拡大された。保護の基準は、通報先がどこであるか(企業内部の窓口・行政機関・その他外部)によって分かれている。

メセナとフィランソロピー

メセナ(文化活動への支援)や**フィランソロピー**(ボランティアなどの奉仕活動)を積極的に行う企業が増加している。メセナは、芸術家を手厚く保護した古代ローマ帝国の役人の名前に由来するフランス語であり、フィランソロピーは、ギリシャ語の「人間愛」に由来している。

メセナやフィランソロピーは社会全体にとって望ましいことであり、企業にとってブランドイメージの向上に役立つものである。バブル経済崩壊後、資金に余裕がなくなった企業はこうした活動を縮小する傾向にあった。しかし、今日ではＣＳＲやＳＤＧｓ(➡p.374)の理念に基づいて、積極的に取り組んでいる企業も少なくない。

⬆**富士フイルムによる「写真救済プロジェクト」**　東日本大震災の津波で被害を受けた写真やアルバムを洗浄し、被災者に返却する取り組みを続けている。

TOPIC トピック　かつては東京以外にも、京都・広島・新潟・大阪に証券取引所があったが、2000年代に入って他の証券取引所と合併するかたちで消滅した。

用語解説　⑱Ｍ＆Ａ，⑲持株会社，⑳コングロマリット，㉑企業の社会的責任，㉒ディスクロージャー，㉓メセナ

Economics lecture
経済学レクチャー

株式のしくみ

私たちの社会に存在する多くの企業が株式会社である。その発祥は17世紀のオランダ東インド会社であるとされている。株式の本質的なしくみは、資金を多くの人から少しずつ集めて、大きな事業を行うための制度である。近年、株式を保有する個人株主が増えているが、株主にとってそのメリットは何だろうか。

株主と会社の関係

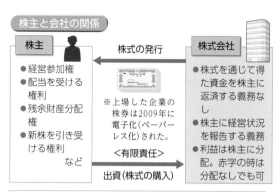

株主
- 経営参加権
- 配当を受ける権利
- 残余財産分配権
- 新株を引き受ける権利

など

株式の発行 ←

※上場した企業の株券は2009年に電子化(ペーパーレス化)された。

<有限責任>

→ 出資(株式の購入)

株式会社
- 株式を通じて得た資金を株主に返済する義務なし
- 株主に経営状況を報告する義務
- 利益は株主に分配。赤字の時は分配なしでも可

株式保有比率と株主の権利
赤字が保有比率

株主総会における議題提案権……1％以上
帳簿閲覧権、役員の解任請求権……3％以上

10%以上	3分の1超	2分の1超	3分の2超
会社解散請求権を得る。	株主総会における拒否権を得る(特別決議を阻止できる)。	株主総会における普通決議の成立が可能。取締役の選任・解任、監査役の選任ができる。	株主総会における特別決議の成立が可能。合併や会社分割などの組織再編、事業の全部譲渡、定款の変更、監査役の解任ができる。

株式による資金調達のメリット

株式とは、株式会社をつくるのに必要な資金を集める際に、出資者(株主)に発行される有価証券であり、株式会社にお金を提供(出資)したという証明書のようなものである。株式は会社設立時だけではなく、新工場を建設したり、設備を購入したりするための資金を調達するときに、追加発行されることもある。これを**増資**(**エクイティ・ファイナンス**)という。

株式の発行によって資金調達を行うことは、経営者にとっても、出資者である株主にとっても、メリットがある。

①**経営者にとって**…株式を発行すれば、不特定多数の人から少しずつ出資してもらえるので、資金を集めやすい。また、こうして集めた資金は借金とは違い、返済しなくてもよい。
②**株主にとって**…株主は会社に対して出資金自体の払い戻しを要求できない。しかし、会社が倒産しても、出資した金額が返ってこないだけで、自分の財産を差し出して弁償する必要はない(有限責任制)。これに対して、合名会社の出資者(社員)は、会社が倒産したとき、出資金が返ってこないだけではなく、それ以上の負債に対しても、自分の財産によって穴埋めしなければならない(無限責任制)。

株主の権利

株主は、保有している株式の数に応じて権利(**株主権**)が与えられる。株主の権利には、おもに次の3つがある。

①**経営に参加する権利**…株主総会で、一株につき一票の議決権が与えられる。
②**配当を受け取る権利**…会社の事業が成功して利益が出た場合には、利益の一部を受け取ることができる。ただし、会社が赤字の場合は受け取ることができない。
③**残余財産の分配を請求する権利**…会社が解散したとき、残った財産の一部を受け取る権利

株主総会では、株式を多く所有しているほど、大きな権利が株主に与えられる。このほか、増資の際に新株を優先的に取得する権利や、会社から自社製品が送られてきたり、サービスを受けられたりする株主優待制度を導入している企業もある。

また、株主は、配当によって定期的に得られる利益(**インカムゲイン**)のほかに、株式を手に入れたときよりも高い価格のときに売ることで利益(**キャピタルゲイン**)を得ることもできる。しかし、株価が買ったときよりも下がってしまえば損をする。

証券取引所とは？

株式を集中的に売買する場所が証券取引所である。証券取引所があることで、買い手と売り手が個別に取り引き相手を探すよりも、容易かつ短時間で取り引きを成立させることが可能となる。

証券取引所での株式の取り引きは、証券取引所が示す条件を満たした証券会社に限られており、証券会社は投資家から株式の売買注文を受けて、実際の取り引きを行っている。日本では、現在、東京・名古屋・福岡・札幌の4つの証券取引所がある。証券会社を通じて株式を売買しているのは、個人投資家のほか、銀行や生命保険会社、年金基金、投資信託委託会社などの機関投資家である。

近年、アメリカやヨーロッパだけでなく、中国や韓国の証券取引所が台頭しており、世界規模での証券取引所の競争が激化している。そのような中で、日本では2013年に大阪証券取引所と東京証券取引所が経営統合し、上場企業数世界3位の「日本取引所グループ」が発足した。これにより、情報処理システムの一元化によるコスト削減や、取引の効率化が期待されている。

⬆東京証券取引所 東証アローズのマーケットセンターでは、投資家に対して株式市場の情報をリアルタイムで提供している。

Zoom **会社四季報** 投資家が企業の内容を調べるための代表的な投資情報誌。証券取引所に上場している企業について、それぞれの特色や業績などがまとめられている。3月、6月、9月、12月に発行される。

禁止されているインサイダー取引

金融商品取引法では、株式市場の信頼性と公平性を確保するため、会社の株価に影響を与える情報を知っている者(インサイダー)が、その情報が公表される前に、株式を売買すること(インサイダー取引)を禁じている。

たとえば、勤め先の製薬会社が新薬の開発に成功したことを知り、その事実が公表される前に自社の株式の値上がりを察知し、株式を購入することは、典型的なインサイダー取引の事例といえる。インサイダー取引のような不公正な取引が見過ごされると、情報をもたない投資家が損害を被るだけではなく、株式市場に対する投資家からの信頼が失われ、市場自体の魅力の低下につながる。

インサイダー取引とみなされる場合とは　×は具体例

誰が	何を知って	いつ株を売買?
会社内部者、情報受領者。役員など以外でも、重要事実を知った人は対象となる  ×一般社員　×家族	合併、会社分割、株式分割、新株予約権発行などの重要事実 ×「今度○○が△△株を大量取得する」ことを知った	重要事実が報道機関(2社以上)に公開されてから12時間後までに株を売買した場合  ×ホームページ公開直後

なぜ株式を上場するのか?

株式会社が多くの投資家から出資を募る場合、株式を公開する必要がある。これは、株式を証券取引所で取引できるようにすることであり、**上場**(**株式公開**)と呼ばれる。

株式を上場するためには、企業の資産額や株主数、発行済み株式数などに関して、各証券取引所の審査基準を満たす必要がある。日本取引所グループの東京証券取引所は2022年4月に再編され、大企業を対象としたプライム市場、中堅企業を対象としたスタンダード市場、ベンチャー企業を対象とした**新興株式市場**としてのグロース市場に分類された。

株式を上場すると、その企業は財務状況などを証券取引所に報告することが義務づけられるため、社会的な信用が増すことになる。また、上場によってその企業の株式の価格は大きく高まる。そのため、上場前から自社の株式を大量に保有している創業者は、上場後に保有する株式を売ることで大きな財産を築くことができる。

一方、上場すると株式を買い占められて経営権を外部の人間に奪われる危険が出てくる。そのため、大企業でも上場しない場合がある。また、会社が不祥事を起こしたり、業績の悪化などで証券取引所の審査基準を満たさなくなった場合には、上場を廃止させられることもある。

東京証券取引所の新市場と上場会社数

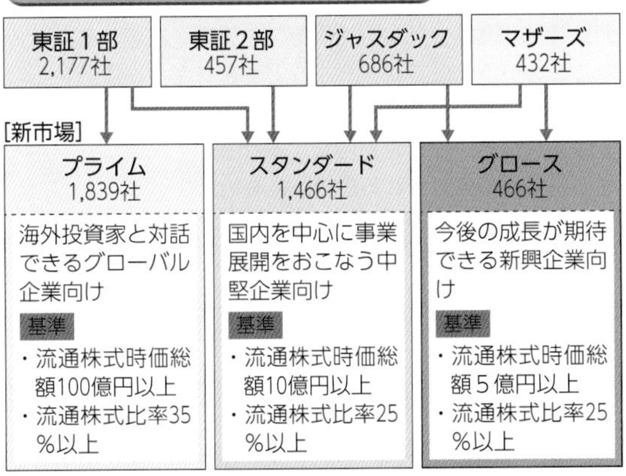

※会社数は2022年4月の再編時の数値。(毎日新聞社資料などを参照)

株価の決まり方

証券取引所で売買される株式の価格(**株価**)は、需要と供給の関係によって決まる。投資家が株式を「売りたい」「買いたい」と考えるのには、さまざまな理由がある。

①**景気や会社の業績**…景気や会社の業績が良くなれば、会社はより多くの利益を出すことができる。このため、投資家は多くの配当を受け取ることができると期待して、株式が買われて、株価が上昇しやすい。この逆に、景気や会社の業績が悪くなれば、投資家は企業の業績の先行きを不安視して、株式が売られて、株価が下がる。

②**金利**…金利が上昇すると、会社の借入金(負債)の返済負担が増すことになる。また、株式を買うよりも債券を購入した方が、資産運用の面で有利になる。このため、株式が売られて、株価が下がりやすい。この逆に、金利が下がれば、株式が買われて、株価が上がりやすい。

③**為替相場**…為替相場が円高になると、輸出企業の利益は減少すると考えられるため、その企業の株式は売られる。一方、円高は輸入品を扱う企業の利益が上がると考えられるため、その企業の株式は買われる。円安はその逆になる。

このほかにも、財政・金融政策や海外の経済状況なども、株価の変動に影響を与える。しかし、実際のところは、多くの要因が組みあわされて株価が変動する。

日経平均株価の推移(終値)　(日本経済新聞社資料)

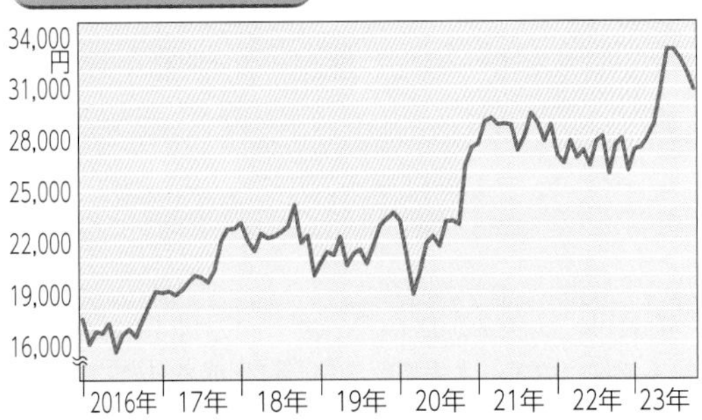

日経平均株価…日本経済新聞社が選んだ225銘柄(東証プライム市場の全銘柄の約1割)の株価を平均化した指標
東証株価指数(TOPIX)…これまでの東証一部上場企業の全銘柄の時価総額を、基準年を100として示した指標

POINT

①**株式会社制度とは、企業が事業活動に必要な資金を、多くの投資家から集めるためのしくみである。**
②**株主には、さまざまな権利が与えられる一方で、出資者としてのリスクと責任を負っている。**
③**株価は需要と供給の関係で決まるが、その要因はさまざまであり、株価変動の予想は難しい。**

TOPIC トピック　東京証券取引所の内部にある株価掲示板はリング型になっており、売買が成立した企業の株価の表示が回り続ける。取引量が増えるほど、回転速度が上がるようになっている。

FILE 16

変わる日本企業

出題

株式持ち合いの解消、会社法の改正、企業の国境を越えたM＆Aなど、日本企業をとりまく環境は大きく変化している。今後、企業が競争の中で生き残っていくためには、このような環境の変化に柔軟に対応して、世界標準(グローバル・スタンダード)を満たし、独自の強みを世界に発信していかなければならない。

企業集団の変化

かつての日本の企業集団

(1974年時点での企業集団)

グループ (メインバンク)	保険	商社 鉄鋼	機械・電気・ 輸送機器	その他
三井系 (三井銀行)	三井生命 大正海上火災	三井物産 日本製鋼所	東京芝浦電気 トヨタ自動車	日本製粉 東レ
住友系 (住友銀行)	住友生命 住友海上火災	住友商事 住友金属	住友重機械 日本電気	ハウス食品 武田薬品
三菱系 (三菱銀行)	明治生命 東京海上火災	三菱商事 三菱製鋼	三菱電機 三菱重工業	麒麟麦酒 旭硝子
三和系 (三和銀行)	日本生命 大同生命	岩谷産業 神戸製鋼所	シャープ ダイハツ工業	大林組 東洋ゴム
芙蓉系 (富士銀行)	安田生命 安田火災海上	丸紅 日本鋼管	日本精工 日産自動車	昭和電工 キヤノン
一勧系 (第一勧業銀行)	富国生命 日産火災海上	伊藤忠商事 川崎製鉄	富士通 川崎重工業	旭化成 ライオン

(菊地浩之著『三井・三菱・住友・芙蓉・三和・一勧 日本の六大企業集団』角川選書などを参照)

企業の借り入れ先の中で最も密接な関係をもつ銀行をメインバンクという。戦後の日本では、メインバンクが中心となって、企業集団が形成されたとされている。メインバンクは結びつきの強い企業に重点的に融資を行うと同時に、融資先の企業の債権者や大株主として、経営を監視する役割を果たした。このような企業と特定の銀行が強く結びつく金融慣行を**メインバンク制**という。

上場企業の株式持ち合い比率の推移

(野村資本市場研究所資料)

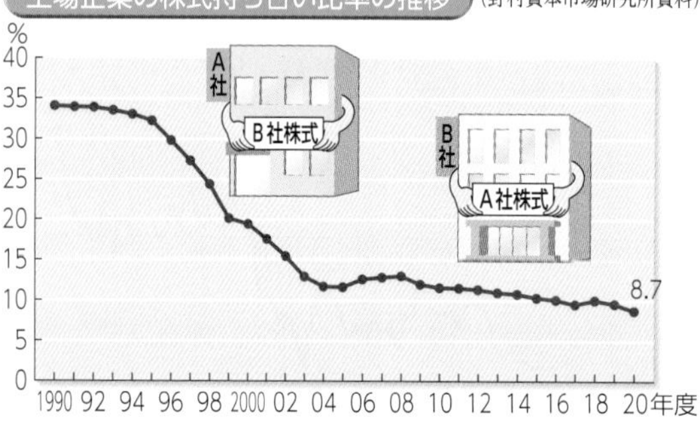

日本ではかつて、大手銀行を中心に形成された六大企業集団が大きな役割を果たしてきた。それらの企業集団は相互に株式を持ち合い、集団内での系列取引を通じて安定的な経営を行ってきた。しかし、今日では、六大企業集団は過去のものとなりつつあり、企業集団の垣根を越え、生き残りをかけた再編・統合が次々と行われている。

また、企業集団間の**株式持ち合い**比率も少なくなっている。株式持ち合いとは、企業同士がお互いに相手企業の株式を保有しあい、経営の安定化をめざすものである。バブル経済崩壊後には、多額の不良債権を抱えた銀行が、株式持ち合いを解消させる方向へと向かった。

変化する日本的経営

従来の日本的経営		新しい経営方法
年功序列型賃金体系と終身雇用制	賃金・雇用	成果主義の導入と非正規雇用の増加
間接金融が中心であり、株主よりもメインバンクの意見を重視	資金調達	直接金融の比率が高まり、株主の意見を重視、配当の増加にも積極的
情報公開に消極的であり、閉鎖的な企業体質	情報開示	積極的に情報を公開し、株主や消費者の信頼向上に努める
取締役は社内だけから登用したため、役員間の相互監視が不十分	役員人事	取締役を社外から抜擢し、コンプライアンスを強化
資産の評価方法は資産取得時の帳簿上の価格(簿価)で計算し、決算はグループ内のそれぞれの企業が単独で行う(単独決算)	会計	現時点での資産価格(時価)で資産を評価し、決算はグループ企業全体で総合的に行う(連結決算)

❶会社は誰のもの？ そもそも会社は誰のものなのか。法的には経営者ではなく、企業にお金を出資している人のものであり、株式会社ならば株主が会社の所有者である。特にアメリカでは企業は株主のものであるという意識が強く、経営者は株価の動向を意識しながら株主に配慮して経営を進めていく必要がある。このような株主の中には、企業価値を高めるために積極的に経営陣に提言をする**アクティビスト**と呼ばれる投資家も多い。その一方で、株主だけではなく消費者・地域・従業員などのさまざまな**利害関係者(ステークホルダー)**全体との関わりあいや、環境を意識した経営も求められている。

❷コーポレート・ガバナンスの強化 **コーポレート・ガバナンス(企業統治)**とは、企業経営を管理・監督するしくみのことをいう。企業が不祥事などを起こさないように監査役を設置しているのはそのためである。しかし、実際は、不利益な情報を経営者が隠蔽するなどして、ステークホルダーの利益が侵害される事例が後を絶たない。

このような状況から、日本ではコーポレート・ガバナンスの強化が求められるようになっている。2019年には会社法が改正され、原則として上場企業には、企業経営が健全かどうかを外部からチェックする**社外取締役**を設置することが義務づけられた。さらに、会社法に違反した企業に対しては、罰則規定(過料)も設けられることになった。

また、東京証券取引所は「コーポレートガバナンス・コード」を定め、株主の権利の確保やステークホルダーとの適切な協働、適切な情報開示と透明性の確保、取締役会の責務などに関して基本原則を掲げている。「コーポレートガバナンス・コード」に法的拘束力はないが、上場企業が遵守しない場合には、その理由を説明することが求められている。

株主代表訴訟の増加

株主代表訴訟とは、経営陣が違法行為などによって会社に損害を与えたにもかかわらず、会社側が賠償請求をしない場合に、株主が会社に代わって経営陣の責任を追及するものである。以前は訴訟費用が高額であったために、ほとんど活用されることがなかった。しかし、訴訟における手数料が一律(現在は13,000円)となったことや、株主の経営への監視の目が厳(きび)しくなったこともあり、以前に比べて増加した。

株主代表訴訟

経営者側にとっては、適切に経営を行わなければ、多額の賠償金を個人として支払わなければならない可能性もあり、株主を軽視することができなくなった。企業にとっては、株主代表訴訟を未然に防(ふせ)ぐためにも、適切なコーポレート・ガバナンスや意思決定のしくみを明確にして、内部統制システムを構築していく必要がある。

株主代表訴訟の事例

①**オリンパス粉飾決算事件**(2019年5月東京高裁)　歴代社長らが本業以外の資産運用による損失を10年以上にわたって隠蔽し、その間、限度額を超えた違法な配当も行った。さらに、後任の社長がこの不正を察知して調査し始めると、取締役会でこの社長を解任した。
→歴代社長ら6人に、約590億円の支払いを命じた(確定)。

②**関西電力金品受領事件**(2020年6月提訴、大阪地裁訴訟中)　関西電力の役員らが原発の設置に関連して、地元有力者から金品を受領していたとして問題となった。会社の信用を低下させ、株価が低下したとして株主らが当時の取締役ら17人を相手取り、約69億円の損害賠償を求めて株主代表訴訟を行った。

ESG投資の広がり

ESG投資とは、企業の財務状況だけではなく、環境(Environment)、社会(Social)、統治(Governance)に対する企業の取り組みもふまえて投資する手法のことをさす。具体的には、「E」は地球温暖化対策など、「S」はジェンダーギャップの解消など、「G」は社外取締役の割合を高めることなどが挙げられる。

企業経営は、環境問題や社会問題に影響を及ぼすことが避けられない。また、こうした問題に積極的に取り組むことが、ひいては企業の持続可能性(サステナビリティ)につながるといわれている。そのため、ESG投資は、長期的に安定した収益を得るための投資先を選ぶ方法として、機関投資家などを中心に注目を集めている。近年の日本では、ESG投資を推進するための整備が進んでおり、企業もこれまで以上に環境や社会に配慮した視点での経営が求められている。ただし、欧米諸国と比べると、広く普及しているとはいえない状況にある。

ESG投資の規模

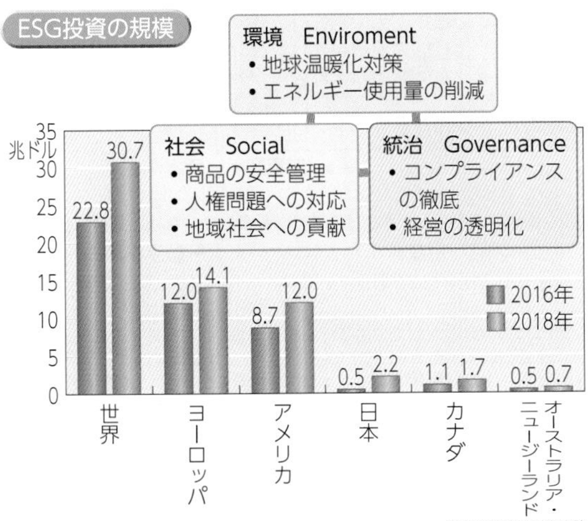

(経済産業省資料)

ソーシャル・ビジネスの取り組み

ソーシャル・ビジネスとは、環境保護や地域活性化、介護・子育て支援、障害者への就労支援など、地域や社会の課題に対して、ビジネスの手法を用いて解決しようとする取り組みのことをさす。社会的企業やコミュニティ・ビジネスなどと呼ばれることもある。単なるボランティア活動ではなく、収益を確保しながら活動を行うことから、事業としての持続可能性が高い点が特長といえる。

ソーシャル・ビジネスが事業を行うにあたり課題となっているのが、消費者・利用者の認知不足や資金の確保、人材不足などである。そのため、資金については、ソーシャル・ビジネスを始めようとする人に対して、日本政策金融公庫が無担保で融資を行ったり、一部の地方公共団体では支援金を交付したりする制度が設けられている。

ソーシャル・ビジネスの定義とその担い手

社会性	現在解決が求められる社会的課題に取り組むことを事業活動のミッション(使命)とすること。
事業性	上記のミッション(使命)をビジネスの形に表し、継続的に事業活動を進めていくこと。
革新性	新しい社会的商品・サービスや、それを提供するための仕組を開発すること。また、その活動が社会に広がることを通して、新しい社会的価値を創出すること。

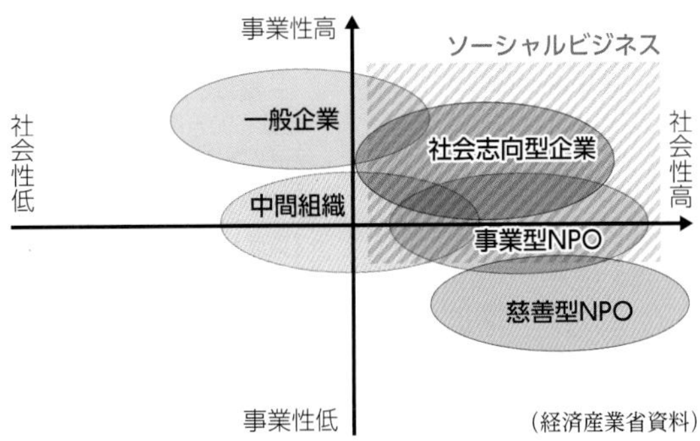

(経済産業省資料)

企業会計のしくみ

出題

企業は経営状況や財務状況を示すために決算書を作成する。中でも「貸借対照表」「損益計算書」「キャッシュフロー計算書」は財務三表といわれ、特に重視される。これらの書類によって、企業がどこから資金を調達し、何に使っているのか、どれくらいの売り上げや、現金・預金をもっているのかといった情報を確認することができる。

なぜ、決算書が必要か？

決算書は経済の効率性を促進し、公正な取り引きを実現するためのものである。

企業は、銀行や投資家から融資や投資をしてもらうことによって企業活動を行っている。この融資や投資に際して判断材料となるのが、企業が開示する決算書である。決算書のおかげで、企業と銀行・投資家との間にある企業情報に関する**情報の非対称性**が解消されて、将来性のある企業に資金が流れるようになる。また、企業間の取り引きは、代金を後払いで行う**信用取引**で行われることが多い。信用取引が円滑に行われるためには、企業は自社の財務状態を相手先に知らせて、代金をきちんと支払えることを信用してもらう必要がある。そのためにも決算書が必要となる。

決算書は一般的に法律で定められている基準で作成することが求められており、虚偽の数字を載せること(粉飾決算)は法律違反となる。上場企業の場合には、年に1回、決算書や事業内容が記載されている「有価証券報告書」を国に提出しなければならない。さらに、**公認会計士**によって、第三者の立場から決算書が正しい数字であるか監査を受けることも義務づけられている。

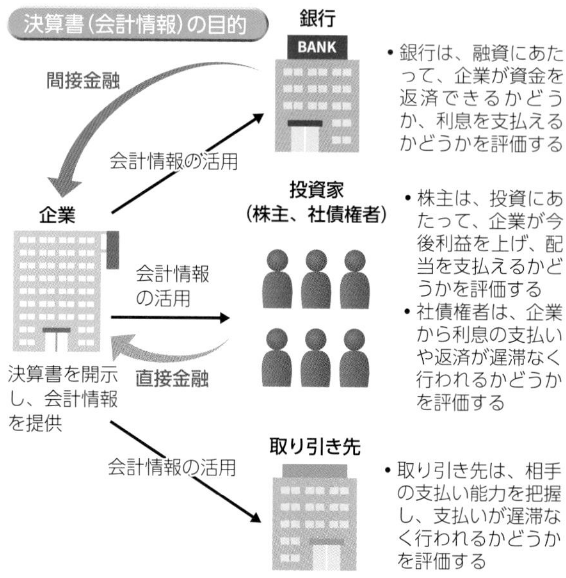
決算書(会計情報)の目的
銀行
BANK
間接金融
会計情報の活用
•銀行は、融資にあたって、企業が資金を返済できるかどうか、利息を支払えるかどうかを評価する
企業
投資家
(株主、社債権者)
会計情報の活用
•株主は、投資にあたって、企業が今後利益を上げ、配当を支払えるかどうかを評価する
•社債権者は、企業から利息の支払いや返済が遅滞なく行われるかどうかを評価する
決算書を開示し、会計情報を提供
直接金融
取り引き先
会計情報の活用
•取り引き先は、相手の支払い能力を把握し、支払いが遅滞なく行われるかどうかを評価する

(日本公認会計士協会資料などを参照)

貸借対照表

貸借対照表(バランスシート：B/S)は、会社が資金をどのように集めて、どのように運用したか(何に使ったか)を示したものである。貸借対照表を見ることで、**企業の財務状態**を測ることができる。

貸借対照表は二つの側面から捉える複式簿記が用いられており、右側と左側の合計額は等しい。右側は資本(負債と純資産)の内容が記され、資金をどのように集めたのかがわかる。このうち、負債は返済する必要があるのに対して、純資産は返済する必要がない資金である。一方、左側には資産の内容が記され、集めた資金をどのように運用したのかがわかる。なお、貸借対照表の右側は「貸方」、左側は「借方」ともいわれる。

また、企業の安定性を測る指標の一つに、**自己資本比率**がある。これは、総資産に占める純資産(自己資本)の割合を示しており、[純資産÷総資産×100＝自己資本比率]となる。一般的に、自己資本比率が高い企業は負債の割合が少なく、経営は安定していると考えられる。

資産 [どのように運用したか]		負債・純資産 [どのように集めたか]	
【資産】		【負債】(他人資本) (返済する必要がある)	
現金・預金	3億円	銀行借入	1億円
商品・製品	2億円	社債	2億円
原材料	1億円	建物	3億円
土地	2億円	【純資産】(自己資本) (返済する必要がない)	
機械	2億円	資本金 ……株式の発行	1億円
利益剰余金のうち、一部が配当に回され、残りは内部留保として資産の部に回される。		利益剰余金 ……利潤の蓄積	3億円
総資産	10億円	総資本	10億円

総資産＝総資本

企業活動と貸借対照表の記載の変化

※図は簡略化しており、減価償却費や人件費などの経費を考慮していない。図の単位は万円。

ー会社を設立ー

400万円を出資し、600万円を借りて起業した。

資産		負債・純資産	
【資産】		【負債】	
現金	1,000	借入金	600
		【純資産】	
		資本金	400
総資産	1,000	総資本	1,000

⇨

ー機械と原材料の購入ー

機械(500万円)と原材料(400万円)を購入した。

資産		負債・純資産	
【資産】		【負債】	
現金	100	借入金	600
		【純資産】	
原材料	400	資本金	400
機械	500		
総資産	1,000	総資本	1,000

⇨

ー製品を生産ー

300万円分の原材料で製品を生産した。

資産		負債・純資産	
【資産】		【負債】	
現金	100	借入金	600
製品	300	【純資産】	
原材料	100	資本金	400
機械	500		
総資産	1,000	総資本	1,000

⇨

ー製品を販売ー

製品を600万円で売って、300万円の利益が出た。

資産		負債・純資産	
【資産】		【負債】	
現金	700	借入金	600
		【純資産】	
原材料	100	資本金	400
機械	500	利益剰余金	300
総資産	1,300	総資本	1,300

キャッシュフロー計算書

キャッシュフロー計算書(C/S)は、一定期間内にその企業の現金や預金がどれくらい増減したのかを示す書類である。

企業が現金や預金をどれくらいもっているかは重要な情報となる。なぜなら、利益が出ている企業でも、現金や預金がなければ必要な支払いが行えなくなり、結果的に倒産してしまうこともあるからである。そのため、会社の支払い能力を知るためには、キャッシュフロー計算書の内容を把握することが必要なのである。

キャッシュフロー計算書は、企業活動を「営業活動」「投資活動」「財務活動」の3つに分け、それぞれで現金や預金の増減を示す構造となっている。

営業活動	本業の営業活動による現金・預金の増減を示したものである。プラスであれば、本業でしっかりと現金・預金を生み出しており、順調な企業活動ができていると判断できる。
投資活動	固定資産や株式などの投資による現金・預金の増減を示したものである。マイナスであれば投資活動を活発に行っていると判断できる。
財務活動	借入金や自社株などの発行による資金調達の増減を示したものである。プラスであれば借入などによる資金が増加しており、マイナスであれば資金の返済が行われていると判断できる。

キャッシュフロー計算書のしくみ

	一年間のキャッシュフロー	
営業活動	営業収入	＋4億円
	原材料費の支出	−1億円
	人件費の支出	−2億円
	小計	＋1億円
投資活動	株式の取得	−1億円
	株式の売却	＋0.5億円
	土地の取得	−1億円
	土地の売却	＋1億円
	小計	−0.5億円
財務活動	借入金の借入	＋0.5億円
	借入金の返済	−1億円
	自社株の発行	＋0.5億円
	社債の発行	＋0.5億円
	小計	＋1.5億円

キャッシュフローの合計＋2億円
当初の現金・預金の残高(期首残高)＋5億円
↓
一年後の現金・預金の残高(期末残高)＋7億円

損益計算書

損益計算書(P/L)は、企業が一定期間内で、どれだけ売り上げて、そのためにどれだけの費用が必要であり、結果としていくら利益が出たかを示したものである。

売上高(本業での売り上げ)	100億円
売上原価(原料や仕入れ代金など)	(−)55億円
売上総利益(粗利益)	45億円
販売及び一般管理費(減価償却費を含む)	(−)15億円
営業利益(本業での利益)	30億円
営業外収益(本業以外での収益)	(＋)6億円
営業外費用(本業以外での費用)	(−)2億円
経常利益(通常の経済活動での利益)	34億円
特別利益(一時的に発生した利益)	(＋)0.8億円
特別損失(一時的に発生した損失)	(−)0.6億円
税引前当期純利益	34.2億円
法人税など	(−)13億円
当期純利益(最終的な利益)	21.2億円

企業が一定期間内に本業(企業が本来の業務としている中心的な事業)で売り上げた金額が「売上高」であり、そこからさまざまな費用が差し引かれ、最終的な利益(当期純利益)が確定する。差し引かれる費用には、仕入れの代金のほか、広告宣伝や人件費・光熱費・家賃・減価償却費※などからなる「販売及び一般管理費」、税金などがある。

損益計算書を見ることで、その企業が効率的に利益を上げているか、本業以外でどれだけ利益を上げているかなど**企業の経営成績**を把握することができる。また、年次ごとに比較することで、会社の成長度を測ることができる。

※人件費・光熱費・家賃・減価償却費については、基本的に「販売及び一般管理費」に含まれるが、製造業の場合、生産に直接携わる労働者の人件費や、工場の光熱費・家賃、機械の減価償却費は売上原価に含まれる。

財務三表はどのように関係しているのか?

「貸借対照表」「損益計算書」「キャッシュフロー計算書」は、企業の経営活動を3つの側面から捉えたものであり、それぞれ関係している。一年間の最終的な利益を示している損益計算書の当期純利益は、貸借対照表の利益剰余金に計上される。つまり、企業が利益を上げるほど、企業の純資産が大きくなる。また、キャッシュフロー計算書の現金・預金の残高(期末残高)は、その会社が保有している現金と預金の総額を示したものであり、貸借対照表の現金・預金の額と一致する。

財務三表の相互の関連

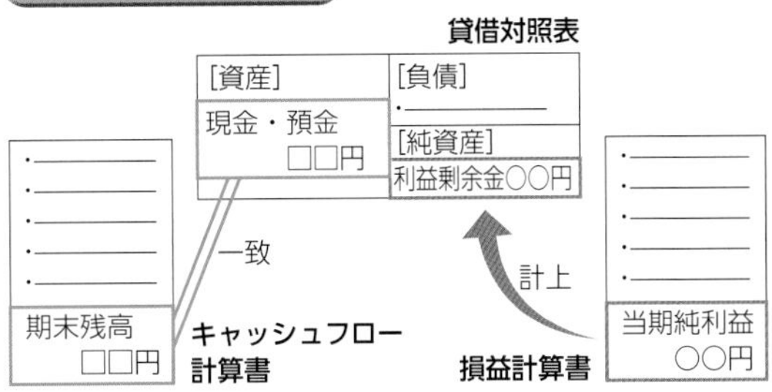

銀行の貸借対照表

貸借対照表において、通常、企業の預金は左側の「資産」に計上される。しかし、銀行の場合、預金者からの預金は、預金者からの要求に応じて返済する必要があるため「負債」となる。また、企業の借入が「負債」となるのに対して、銀行の貸出金は顧客への融資であり、将来的には返してもらえるため「資産」となる(➲p.187)。

資産		負債・純資産	
【資産】		【負債】	
貸出金	85	預金	90
日銀当座預金	15	【純資産】	
		資本金	10
総資産	100	総資本	100

POINT

①決算書は、企業の財務状態に関する情報の非対称性を解消するのに重要な役割を果たしている。
②貸借対照表は企業の一時点での財務状況、損益計算書は企業の期間内の経営成績を把握するのに役立つ。
③キャッシュフロー計算書は、企業の資金繰りの状態を把握するのに役立つ。

3 経済活動と市場

要点の整理

＊ 1 ～ 2 レクチャー は資料番号を示す

❶市場 1 2 ……買い手(需要側)と売り手(供給側)が出会い、価格を仲立ちとして、財・サービスなどを取り引きする場
　⟶ 市場経済では、市場における自由な取り引きにより、価格と生産量が決まる
　①**完全競争市場**……多数の市場参加者の存在、参入・撤退の自由、財の同質性、情報の完全性の4つの特徴を満たす
　②市場の種類……財・サービス市場、労働市場(労働力を取り引き)、金融市場(資金を取り引き)、外国為替市場

❷需要と供給 レクチャー
- **需要**の法則……市場での取り引きは、価格が上昇(低下)すれば、需要量は減る(増える)
- **供給**の法則……市場での取り引きは、価格が上昇(低下)すれば、供給量は増える(減る)
- **均衡価格**……需要と供給が一致したときに決まる価格
- **価格の自動調節機能**……価格の変化を通じて需要量と供給量を一致させるはたらきのこと
  ⟶ 希少な資源が効率的に配分される(**市場機構**・価格機構・価格メカニズム・市場メカニズム)
- 曲線のシフト……①財の人気・所得・人口の変化 ⟶ 需要曲線がシフト
  ②原材料費・賃金・税率の変化 ⟶ 供給曲線がシフト

1 市場の形態 頻出

? 完全競争市場にはどのような特徴があるのか

市場の種類	企業数	特徴
独占市場	単一	売り手は供給量をコントロールして価格を支配できる。【例】水道
寡占市場	少数	主要企業がプライス・リーダーとなり、価格の下方硬直性が起こる。企業間で戦略的行動をとる。【例】ビール、携帯電話
独占的競争	多数	商品の差別化が行われているので、売り手はある程度の価格支配力をもつ。【例】書籍、観光業、レストラン
完全競争市場	多数	売り手と買い手が多数存在し、価格支配力をもつものが存在しない。

解説 **完全競争市場**　**完全競争市場**では、①市場参加者が多数存在し、単独で価格支配力をもたない、②市場への参入・撤退が自由である、③取り引きされる商品の品質が同一である、④市場参加者は商品や市場に関する情報を完全に把握している、といった条件を満たしている。しかし、これは理論的なものにすぎず、現実には、このような市場はほとんど存在しない。**市場参加者が限られたり、商品の差別化が行われている市場(不完全競争市場)では、市場機構(価格機構・市場メカニズム・価格メカニズム)がうまくはたらかない。**

2 市場の種類 出題

解説 **市場とは**　**市場**とは、買い手(需要側)と売り手(供給側)が取り引きを行う場のこと。これは特定の空間を表すわけではなく、抽象的な概念であり、財市場のように目に見える市場だけでなく、労働市場や外国為替市場のように目に見えないものもある。需要と供給の関係によって、財・サービス市場では価格が、労働市場では賃金が、金融市場では利子率が、外国為替市場では為替相場が、それぞれ決まる。

COLUMN
市場機構のメリット

価格には、その財やサービスに対する需要量と供給量を自動的に調節する作用がある(**価格の自動調節機能**)」。この作用は、アダム=スミスの「見えざる手」(➲p.127)を具体的にあらわしたものといえる。そして、完全競争市場では、価格の自動調節機能を経て、資源の最適配分が実現する。このような市場のはたらきを**市場機構**(価格機構・市場メカニズム・価格メカニズム)という。

例えば、世の中にお菓子がプリンとケーキの2つしかないと仮定してみる。人々がプリンよりもケーキを好むようになったとしよう。生産する側は右の図のようなプロセスで、やがてプリンよりもケーキの生産を増やす。このように、原材料や労働力、資本などは、価格を通じて、それが必要とされていない産業から、必要とされる産業へと配分される。市場の自由な取り引きに任せておけば、資源が効率的に配分されるというのは、経済学の基本的な考え方である。

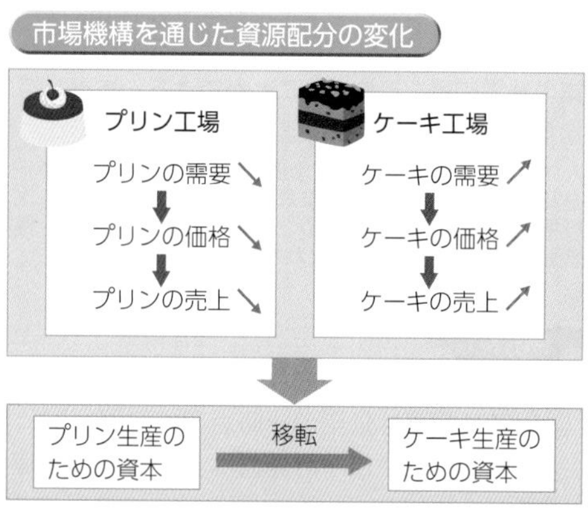

Zoom **外国為替市場**　ドルと円などの通貨を交換する市場のこと。扱う財(つまり通貨)はどれも同質であること、取引する人が多数いること、取引を左右する経済指標などの情報がオープンであることなどから、現実の市場の中では、最も完全競争市場に近い。

Economics lecture
経済学レクチャー

価格はどうやって決まるのか？①　頻出

私たちは、普段さまざまな商品を購入している。これらの商品の価格はどのように決まるのだろうか、経済学のキーワードである「需要」と「供給」から考えてみよう。ただし、ここでは生産者と消費者がともに多数存在する完全競争市場であると仮定することが前提である。

需要の法則

一般的に、消費者(需要側)は商品に対して「安いから買おう」とか「高いので買わない」と考える。だから、価格が下がれば需要は増加していき、価格が上がれば需要は減少していく。したがって、需要(Demand)曲線は右下がりとなる。価格が下がれば、1人で何個も買おうとする場合もあれば、より多くの人が買おうとする場合もあるが、いずれにしても社会全体での需要量は増えることとなる。これが**需要の法則**である。

下のグラフはAさん、Bさん、Cさんの3人がプリンを1つずつ購入したいと考える価格と需要量の関係を示している。Aさんは500円でも購入したい、Bさんは300円なら購入したい、Cさんは200円なら購入したいとする。この場合、全体の需要量は、500円ならば1個、300円ならば2個、200円ならば3個と考えられる。

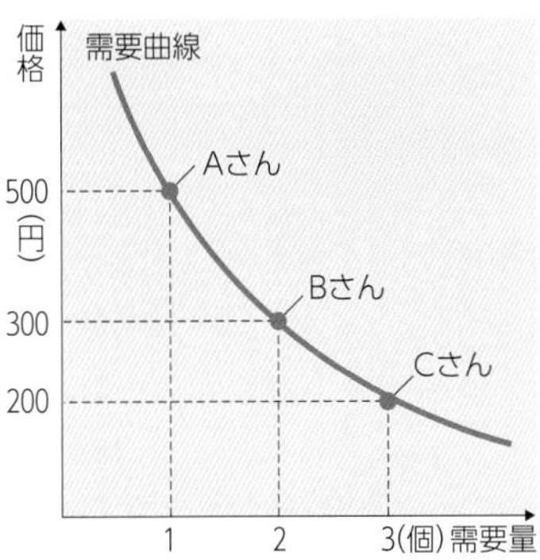

供給の法則

一方、メーカー側(供給側)にとっては、販売価格が上がるほど、高いコストをかけなければ生産できなかった企業でも、販売して儲けることができるようになる。だから、価格が上がれば供給は増加していく。したがって、供給(Supply)曲線は右上がりとなる。この例のように、価格が上がるほどに財の供給量が増えていく。これが**供給の法則**である。

例えば、A社、B社、C社の3社がプリンを販売しようとしているとする。プリン1個につき、A社は200円で販売することができる、B社は300円で販売することができる、C社は500円ならば販売することができるとする。この場合、全体の供給量は、200円ならば1個、300円ならば2個、500円ならば3個と考えられる。

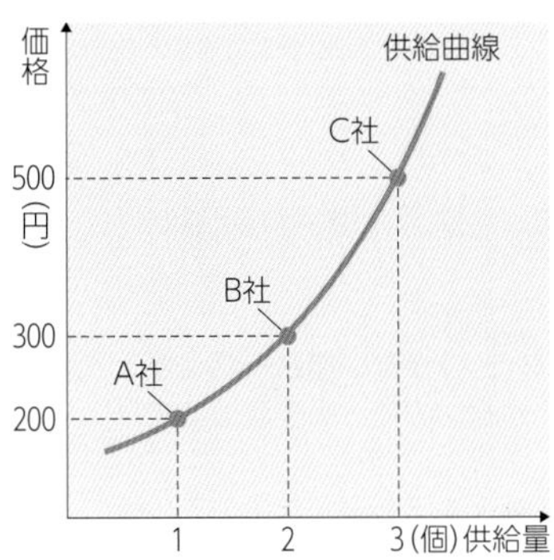

※実際は価格が低下しすぎると儲けが出なくなるため、生産されなくなる。

価格の自動調節機能

完全競争市場の下では、需要と供給が一時的に乖離しても、最終的には価格は需給が一致する**均衡価格**に落ち着き、売れ残りや品不足が解消される。価格のこうしたはたらきを価格の自動調節機能と呼ぶ。

下の図において、価格がP_1のときの需要側の数量はQ_2でしかない。これによりQ_1-Q_2が超過供給(売れ残り)となる。この結果、供給側は均衡点まで価格を下げざるを得ない。その反対に、価格がP_2の場合はQ_3-Q_4だけ超過需要(品不足)となる。この場合は、需要側は多少高くても購入しようと考え、供給側も値上げを考える。

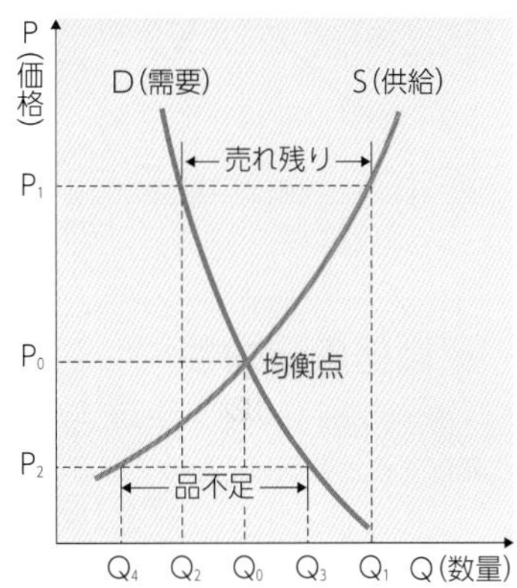

需要・供給曲線のグラフは、縦軸の価格Pが○○のとき、横軸の数量Qは△△になる、と読む。数量が価格を決定するのではなく、価格が数量を決定することに注意。

ダイナミックプライシング

ダイナミックプライシングとは、需要に応じて価格を変動させるしくみのことである。近年では、人工知能(AI)などの技術を活用することで、天候や、周辺で開催されるイベントなどの膨大なデータを活用することによって、最適な価格を決めることが可能となっている。

例えば、あるサッカーチームでは、ダイナミックプライシングを活用して、時期によって観戦チケットの価格が変動するようにしている。ダイナミックプライシングは、消費者の満足度と企業の利益を最大化すると期待されている。その一方で、需要の高まる時期に、消費者から「思っていたよりも高い値段の支払いを求められた」との不満が一部であがっていることも指摘されている。

[ある観戦チケットの販売例]

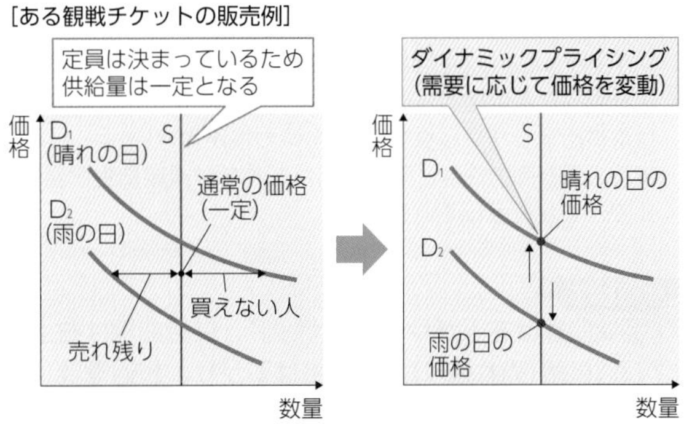

経済学レクチャー

価格はどうやって決まるのか？②

需要曲線のシフト（移動）

①右側へシフトする場合…消費者の所得が増加した場合や、商品が流行した場合は、需要曲線は右側にシフトする。また、コメの価格が急騰した場合には、パンなど代わりとなるモノ（代替財）の需要曲線が右側にシフトする。

②左側へシフトする場合…新商品の販売により、今までの商品が必要とされなくなった場合、需要曲線は左側へシフトする。また、パンが売れなくなると、パンと一緒に購入されることの多いバターなどのモノ（補完財）の需要曲線も左側へシフトする。

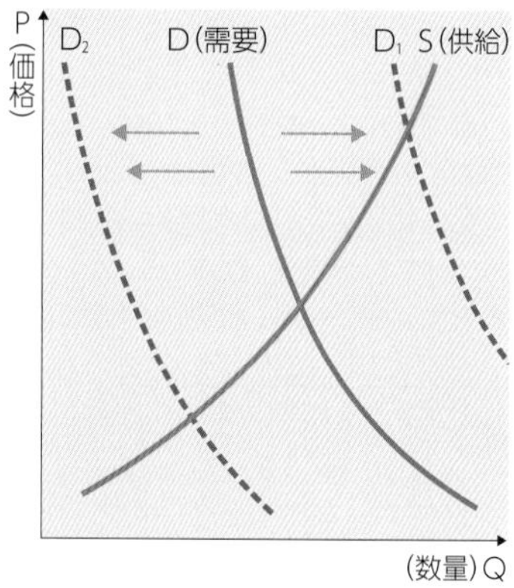

供給曲線のシフト（移動）

①右側へシフトする場合…技術革新によって、今までと同じ費用でより多く生産できるようになれば、供給曲線は右側にシフトする。また、原材料費や従業員の賃金の低下、農作物の豊作なども、同様である。

②左側へシフトする場合…商品への課税が行われたり、従業員の賃金が上昇したりするなど、今までと同じ費用で生産できる量が減った場合には、供給曲線は左側にシフトする。また、災害によって生産拠点が破壊された場合や、農作物の不作なども、同様である。

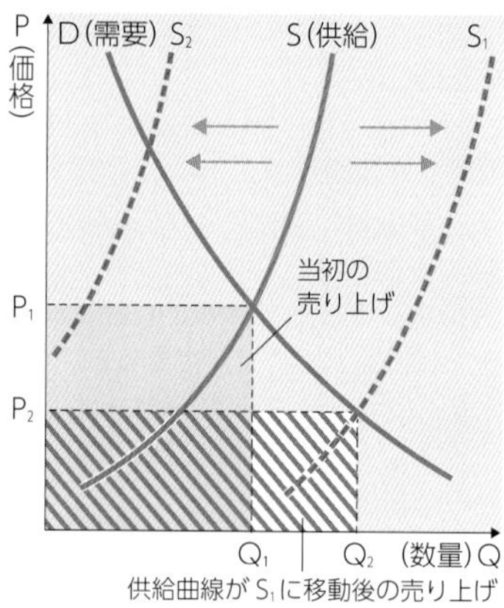

曲線のシフトによる売り上げの変化

供給曲線がSからS_1にシフトすると、新たな均衡価格がP_2に設定され、均衡数量はQ_1からQ_2に増加する。売り上げは単位（価格）×販売量（数量）だから、従来の$P_1 \times Q_1$と新たな$P_2 \times Q_2$の面積を比較することで、売り上げが増加したかどうかわかる。

ところで、農作物は値下がりしても、それだけ多く消費されることはないため、一般的に需要の価格弾力性が小さい。豊作によって供給曲線が右にシフトしても、数量の変化の度合いよりも価格の変化の度合いが大きいため、売り上げが減少するということがわかる。いわゆる豊作貧乏はこうして起こる。

需要曲線の移動要因		
左（下）へ		右（上）へ
低下	人気	上昇
減少	所得	増加
減少	人口	増加

供給曲線の移動要因		
左（上）へ		右（下）へ
上昇	原材料費	低下
上昇	賃金	低下
上昇	税率	低下
上昇	その他のコスト	低下

価格の弾力性

価格の弾力性とは、価格の変化に対して、需要量や供給量がどれだけ変化するかを示したものである。

—需要の価格弾力性—

①**生活必需品や代替財（代わりになるようなモノ）がない場合**…価格が上がっても消費者は購入しないわけにはいかないので、需要量はあまり減らない（価格弾力性が小さい）。

②**ぜいたく品や代替財がある場合**…無理に購入する必要がないので、価格が上がると需要量は大きく減少する（価格弾力性が大きい）。

→需要の価格弾力性は、買い手側がどれだけ柔軟に消費量をコントロールできるかを示している。

—供給の価格弾力性—

①**農作物や住宅などの場合**…短期的に生産量を大きく増減できないため、価格が上がったとしても容易に供給量を増やしにくい（価格弾力性が小さい）。

②**工業製品などの場合**…生産量を調整しやすいため、価格が上がった場合に供給量を増やしやすい（価格弾力性が大きい）。

→供給の価格弾力性は、売り手側がどれだけ柔軟に生産量をコントロールできるかを示している。

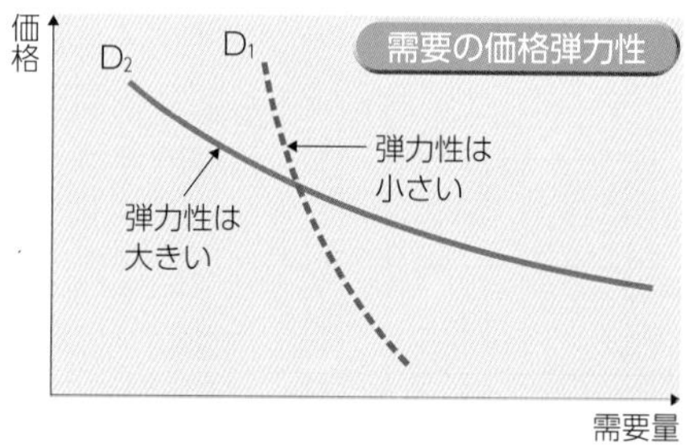

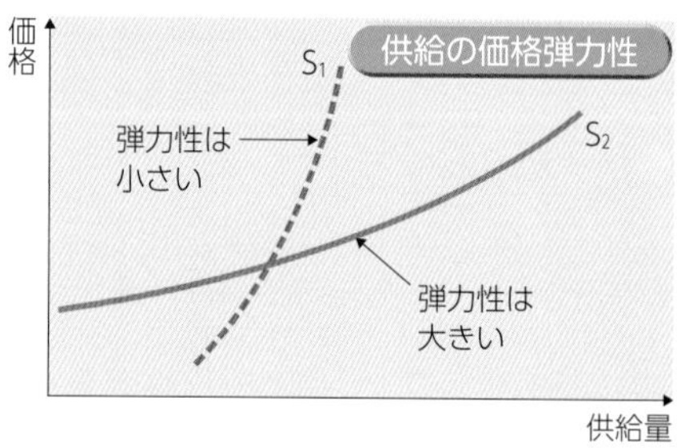

POINT

①需要曲線は右下がり（需要の法則）、供給曲線は右上がり（供給の法則）となる。

②超過供給（売れ残り）では価格は下がり、超過需要（品不足）では価格は上がる。

③価格以外の要因の変化によって、需要曲線や供給曲線はシフトする。

Zoom **価格弾力性の「値」** 価格弾力性は「需要（供給）の変化率÷価格の変化率」で示され、この数値が大きいほど価格弾力性が大きくなる。例えば、価格が10％下がったときに、需要が20％上昇した場合には、需要の価格弾力性は2であると表現する。

経済学
レクチャー

価格はどうやって決まるのか？③

共通テスト対策 実践編

実例１　【2009年度本試験（改）】

次の図は、ある農産物の需要曲線と供給曲線とを示している。政府はこの農産物をいったんP_1の価格で買い上げる。そして、政府は買い上げた量と需要量が一致するような販売価格で消費者に販売する。このとき、この農産物の販売量と、政府が負担することになる農産物１単位当たりの金額の組合せとして正しいものを答えよ。

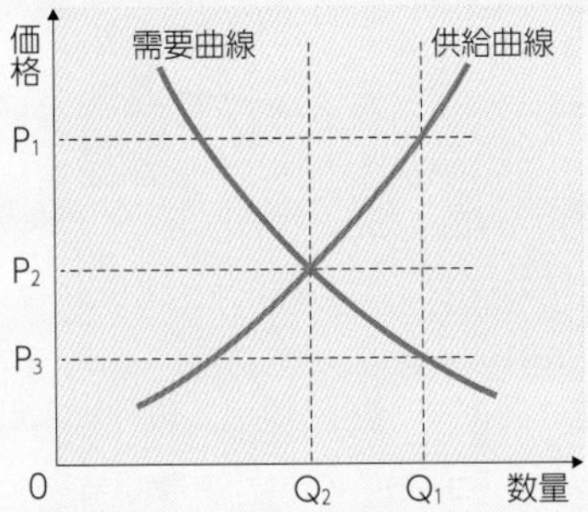

	販売量	１単位当たりの政府負担額
①	Q_1	P_1-P_2
②	Q_1	P_1-P_3
③	Q_1	P_2-P_3
④	Q_2	P_1-P_2
⑤	Q_2	P_1-P_3
⑥	Q_2	P_2-P_3

着眼点

農業保護を目的とする国の農産物価格維持政策に絡めた問題。政府は買い上げ価格を市場価格（均衡価格）よりも高く設定し、生産者の所得を高める一方で、農産物が売れ残らないように消費者への販売価格は均衡価格より低く設定する。こうして政府が差額を補塡する「逆ザヤ」が生じていることを念頭に置いて解けば、正解を導きやすい。

―手順１―

市場機構の下での価格・数量は均衡点（P_2Q_2）に落ち着く。しかし、政府がP_1の価格で買い取るのであるから、買い上げた量は価格P_1の水平線と供給曲線が交わるQ_1となる。また、問題文に「政府は買い上げた量と需要量が一致するような販売価格で消費者に販売する」とあるが、このことは買い上げた量をすべて販売することに他ならない。したがって、**買い上げた量＝販売量＝需要量となり、販売量はQ_1となる。**

―手順２―

政府が買い上げた価格P_1で消費者に販売すると、P_1の水平線と需要曲線との交点の数量しか売れず、Q_1-Q_3（右下図①を参照）が売れ残ることになる。この供給過剰を解消し、販売量＝需要量とするためには、政府は販売量Q_1の垂直線と需要曲線の交点に販売価格を設定しなければならない。こうして販売価格はP_3となり、**買い上げ価格P_1と販売価格P_3の差額、すなわちP_1-P_3が１単位当たりの政府負担額となる。**

正解…②

ポイント…生産者と消費者の間に政府が介在し、農産物の取り引きが二度行われている。そして、政府の立場は、生産者にとっては需要者になり、消費者にとっては供給者になることを見抜くことがポイントとなる。本来の均衡点（P_2Q_2）は無視し、生産者と政府間の均衡点（P_1Q_1）および、政府と消費者間の均衡点（P_3Q_1）の関係をつかめば正解できる。

［図①］

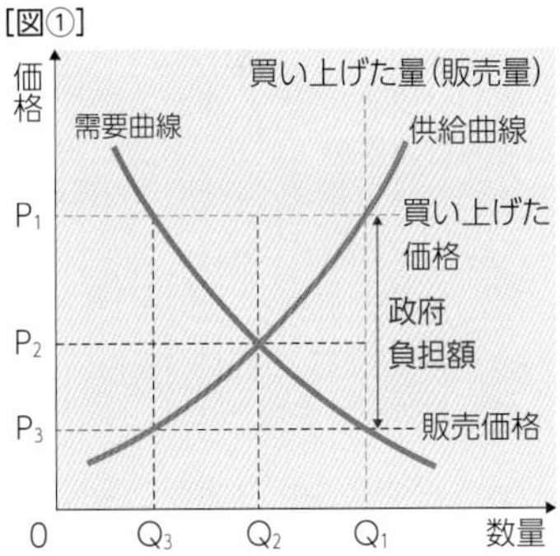

実例２　【2011年度本試（改）】

労働移動の自由化が実現していない産業のＸ国内とＹ国内の労働市場について考える。次の図のD_X、D_YとS_X、S_Yは、各国内の需要曲線と供給曲線である。この産業の生産物は両国間で貿易ができないものとする。その他の条件は一定として、この産業だけで二国間の労働移動が自由化された場合、新たな均衡点の組み合せとして最も適当なものを、下の①～④のうちから一つ選べ。

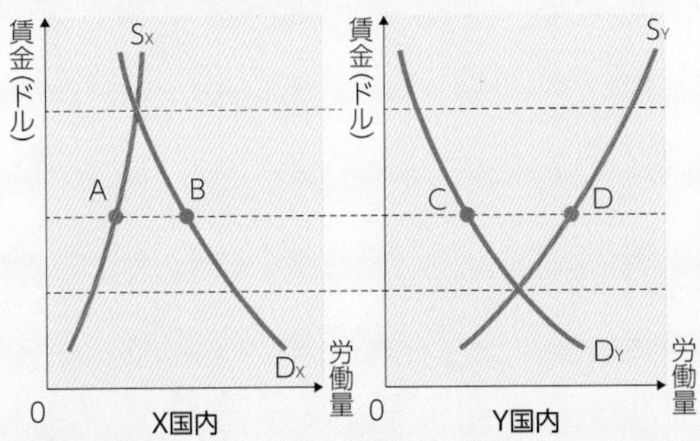

	X国	Y国		X国	Y国
①	A	C	③	B	C
②	A	D	④	B	D

着眼点

二国間で労働移動が自由化された場合にどのようなことが起こるかを問う問題。労働市場の供給曲線Ｓは求職者側（労働者側）、需要曲線Ｄは求人側（企業側）であることをおさえ、需給曲線がどのように移動するかを考えればよい。

―手順１―

労働移動が自由化される前の段階では、均衡点における賃金はＸ国の方が高く、Ｙ国の方が安いことを確認する。

―手順２―

労働移動が自由化された場合には、Ｙ国の労働者が賃金の高いＸ国に働きに来ると考えられる。つまり、Ｘ国の供給曲線（S_X）が右側へ移動し、Ｙ国の供給曲線（S_Y）が左側へ移動する。この移動は両国の賃金水準が同じになるまで続くと考えられるので、最終的にＸ国の労働市場での均衡点はＢ、Ｙ国の均衡点はＣとなる。

正解…③

［図②］

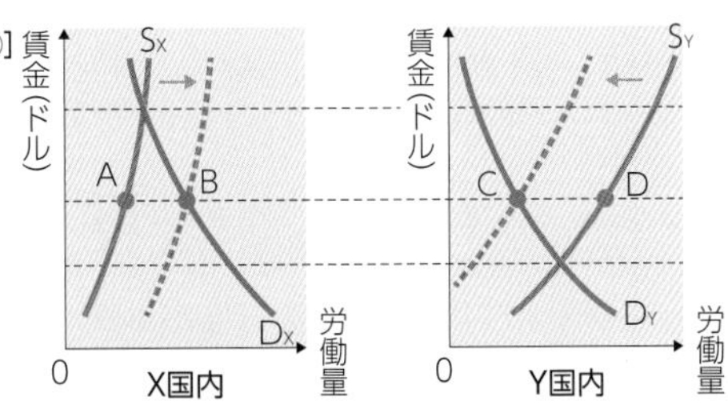

経済

TOPIC トピック　60年前に初めて電卓が販売されたときの値段は50万円を超えていた。しかし、技術革新により生産費が下がったことで、今では1,000円を切る電卓も販売されている。

経済活動の利益と効率性

市場において、私たち消費者は限られた予算の中から商品を購入することで満足度を最大化しようとする。その一方で、企業は利潤の最大化をめざして生産活動を行う。消費者と企業が自由な経済活動を行った場合には社会全体の利益にどのような影響を与えるのだろうか。また、政府が経済活動に介入することは何を意味しているのだろうか。

取り引きをすることで生み出される利益

通常、私たちは双方の自由な意思と合意に基づいて商品を売買する。それによって、売り手も買い手も得をする。例えば、120円のコーラの売買が成立する条件を考えてみよう。買い手がこのコーラを買うのは、そのコーラに120円よりも高い価値を感じているときである。

ここで、気をつけなければならないのは、経済学において、**価格**と**価値**は別物であるということである。商品の価値とは、買い手にとっては、その商品にどれだけ支払ってもよいかと考える上限の金額のことである。自分が思っている商品の価値よりも、その商品の価格が低い場合でなければ、買い手はその商品を購入しようとしない。そして、買い手は価値と価格の差額分だけ満足感を得るのである。

一方、売り手が120円のコーラを販売する条件は、120円より低い費用でコーラを生産したときである。つまり、売り手にとって、そのコーラは本来、120円よりも低い価値しかもたない場合である。もし、売り手が120円よりも高い価値をもつと考えるのであれば、より高い価格で販売するだろう。

このようにみると、売り手と買い手によるコーラの売買、つまりお金を通じた商品の交換は、売り手と買い手の双方の利益となるのである。

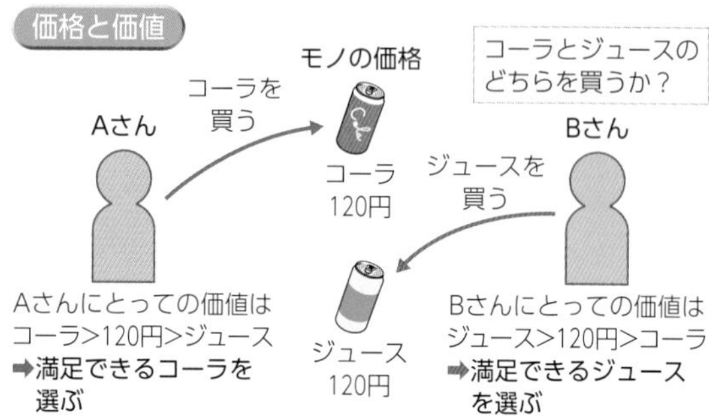

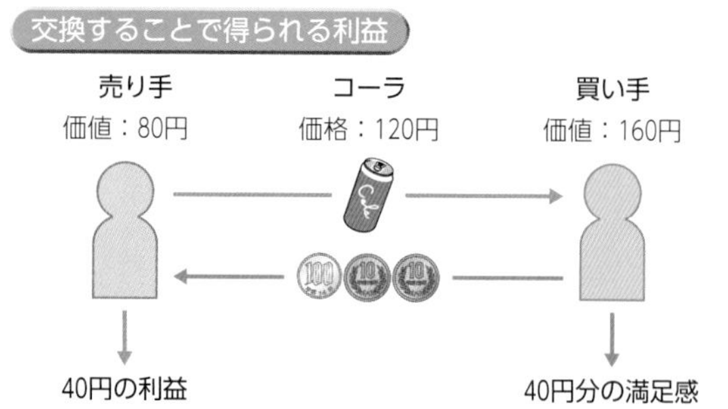

消費者の満足度はどのように示すことができるか？

私たち消費者の満足度（**効用**）を数値で表すことは難しい。しかし、経済学では単純化して消費者の満足度を金銭的に評価しようとする。例えば、300円を払ってでも購入したいと思っていたモノが100円で購入できるなら、その人の純粋な満足度は「300－100＝200円」となる。

消費者（需要側）が複数いる場合を考えてみよう。多くの消費者のうち、Aさんは喉が渇いており、1本250円でもコーラを購入したい。また、同様にBさんは200円でもコーラが飲みたい。Cさんは150円ならコーラを買ってもいいと考えている。A～Cさんのコーラに対するそれぞれの価値を需要曲線で示すと、そのグラフは右下がりとなる（図①）。

次に、A～Cさんの満足度の合計を考えてみよう。Aさんは250円で購入してもよいと考えており、価格が100円ならば、150円（250円－100円）も得したと感じることになる。同じように、Bさんは100円（200円－100円）、Cさんは50円（150円－100円）、それぞれ満足したことになる。よって、A～Cさんの純粋な満足度の合計は「150＋100＋50＝300円」となる（図②）。

このように、各人が財やサービスを購入することによって発生した満足度の合計を足しあわせたものを、**消費者余剰**という。右のグラフの場合、図中の三角形（水色）の部分が消費者余剰となる。

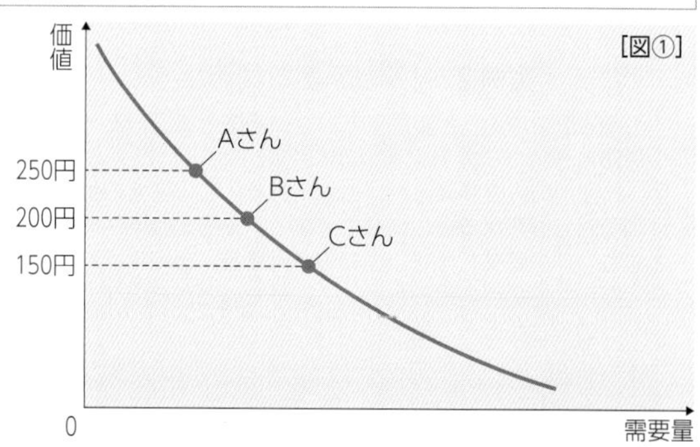

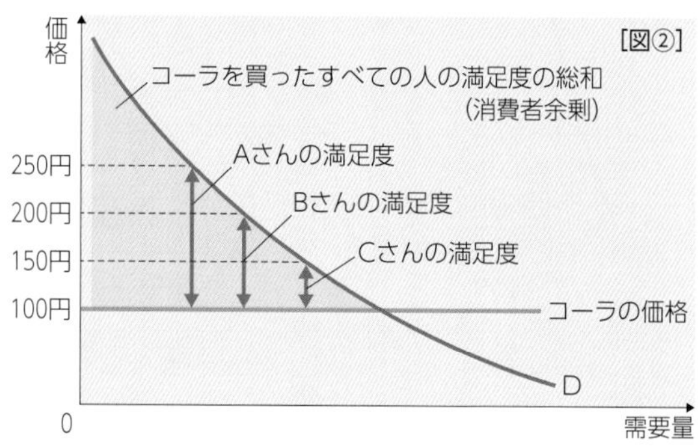

生産者の利潤はどのように示すことができるか？

一方、売り手（供給側）の利益（利潤）はどのように示すことができるのだろうか。例えば、ある会社がコーラを40円の費用で生産している場合、最低でも40円で販売できれば採算がとれる。このコーラを100円で販売できたならば、その会社の利潤は「100－40＝60円」となる。

売り手が複数いる場合を考えよう。例えば、多くのコーラ会社のうち、F社は生産効率がよく、コーラを40円の費用で生産できる。また、G社は60円、H社は80円の費用で生産できるとする。F～H社が販売したいと考える最低価格を供給曲線で示すと、グラフは右上がりとなる。

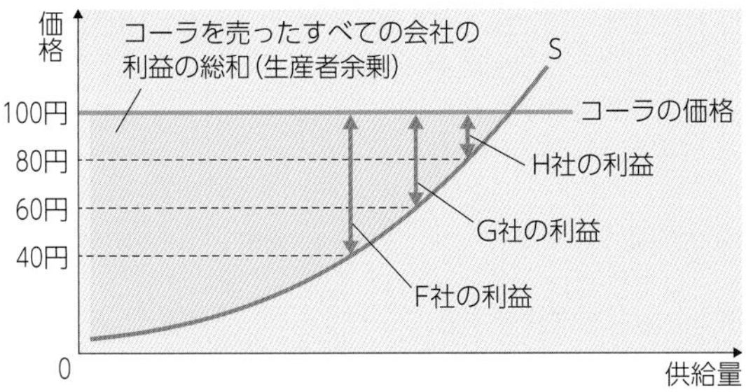

実際に販売されている価格（均衡価格）が100円だった場合の各社の利潤の合計を考えてみよう。F社の利益は「100円－40円＝60円」である。同様に、G社は40円（100円－60円）、H社は20円（100円－80円）の利潤を得る。したがって、売り手の利益の合計は「60＋40＋20＝120円」となる。

このように、モノの販売によって発生した各社の利潤を足しあわせたものを**生産者余剰**という。上のグラフの場合、図中の三角形（ピンク色）の部分が生産者余剰となる。

社会全体の経済的な利益とは？

完全競争市場を前提とした場合、消費者の満足度の合計と生産者の利潤を合計を足しあわせたもの、つまり、消費者余剰と生産者余剰の合計を**社会的余剰**という。

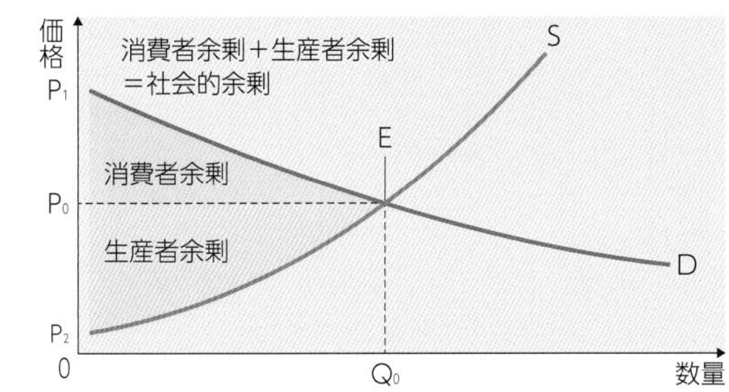

需要と供給のグラフを使って説明してみよう。上の図では、需要曲線と供給曲線の均衡点はEで、均衡価格P_0、均衡数量Q_0となっている。この場合の社会的余剰は、P_1・E・P_2に挟まれた部分となる。このように、完全市場競争を前提とした場合、実際の販売価格が均衡価格と一致しているときに社会的余剰が最も大きくなる。

政府の介入は何を意味しているのか？

❶カルテルへの規制は社会的余剰を維持する　仮にカルテル（➲p.150）によって価格がつり上げられて、商品が均衡価格よりも高いP_3で販売された場合を考えてみよう。

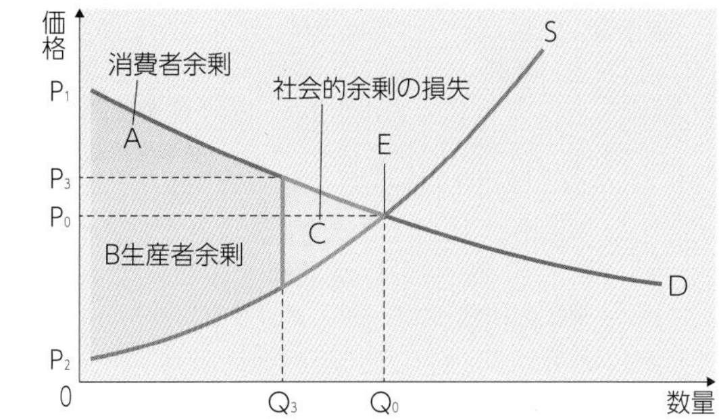

このとき、社会的余剰はA＋Bの部分となり、均衡価格であれば実現しているはずの社会的余剰を下回ってしまう。この状況は消費者、生産者全体にとって望ましいものではない。そのため、政府は公正な経済活動が行われるように市場を監視し、カルテルによる価格つり上げなどの不当な行為を禁止しているのである。

❷租税は社会的余剰を減少させる　課税は社会的余剰をどのように変化させるのか。下の図は、ある商品の需要・供給曲線だとする。ここで、政府が商品1単位につきt円の課税を行ったとする。このとき、販売側はt円分だけ価格を高くするため、供給曲線はS_tにシフトし、販売数量はQ_tとなる。この場合、消費者余剰はAの部分、生産者余剰はBの部分、政府に入ってくる税金はTの部分となる。

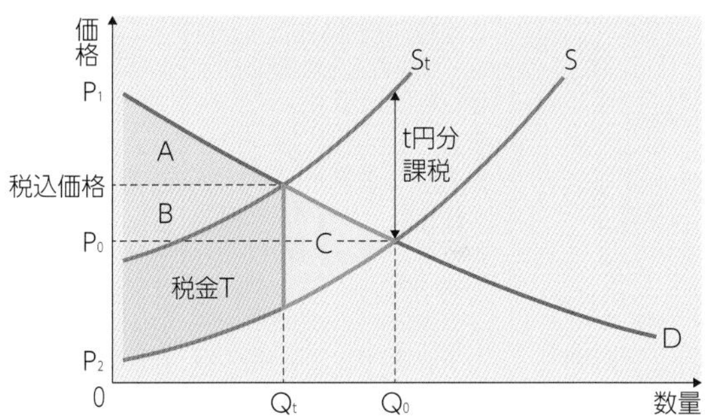

上の図のCの部分は、課税しない場合と比べて減少してしまった社会的余剰である。このことから、課税は消費者側、生産者側の両方の利益を下げてしまうことがわかる。

ただし、以上の説明から、課税は社会的余剰を減少させてしまうだけだと安易に考えるべきではない。例えば、たばこは、健康被害やポイ捨てによる景観の悪化などを生み出している。したがって、たばこ税には一定の健康や環境といった側面から合理性があると考えることができる。このように、政府による市場への介入（かいにゅう）の是非（ぜひ）は、その政策を導入した背景となっている社会的問題や政策自体の目的などを総合的に考えていく必要がある。

POINT

①自由意思と合意に基づく取り引き（売買や交換）は、売り手と買い手の双方にとって利益となる。
②完全競争市場では、公正で自由な競争に基づく経済活動が行われることで、社会的余剰が最大化される。
③政府による経済政策は、社会的余剰の視点だけではなく、総合的に判断する必要がある。

4 市場の失敗と政府の役割

要点の整理

＊1～10は資料番号を示す

❶**市場の失敗**1……市場機構がうまくはたらかずに、効率的な資源の配分が行われない（＝市場機構の限界）
①**独占・寡占**……市場での競争原理がはたらかず、買い手が不利益を被る
- 独占の形態2
  - **カルテル**……同一産業部門の企業間で生産量や販売価格などについて、協定を結ぶ
  - **トラスト**……同一産業部門の複数の企業が市場支配をめざして、合併や吸収により新たな企業になる
  - **コンツェルン**……株式の保有や融資関係を通じて、多数の異なる産業部門の企業を支配下に置く
- 寡占市場……少数の大企業によって支配された市場。特に1社によって支配された市場を独占市場という
- 寡占市場の特徴……**管理価格**5が設定され、**価格の下方硬直性**3がみられる。**非価格競争**6が行われる
- **規模の利益（スケール・メリット）**4……生産規模を拡大すれば単価が下がる ⟶ 利潤が増加し、競争が優位に

②**公共財**8……道路や公園などは、社会にとって必要であるが、市場に任せても供給されにくい
③**外部性**9……公害などの**外部不経済**は供給過剰となり、教育などの**外部経済**は供給過少となる
④**情報の非対称性**10……売り手と買い手との間にある、商品に対する情報量の格差
⟶ **逆選択**や**モラルハザード**が起こる
※その他の「市場の失敗」の例……所得格差、景気変動や不況、失業の発生など

❷**「市場の失敗」に対する政府の役割**
- 公共財の供給……国民から税金を徴収し、それを元手に道路、公園などを供給する
- 規制・課税……有毒物質の排出に対して総量規制をかけたり、排出に応じて課税をする
- 独占禁止政策（競争政策）……**独占禁止法**7を制定し、競争原理を維持する。**公正取引委員会**がその監視を行う

1 「市場の失敗」の分類 頻出

種類		内容	政府の役割
不完全競争	独占	商品の売り手が1社の場合は価格競争が行われず、商品価格が高く設定される。	独占禁止法による規制・公共料金の設定による価格抑制など
	寡占	売り手が少数の場合も、管理価格が形成されたり、非価格競争が生じたりして、価格競争が行われにくい。	
公共財		多数の人が同時に使用できるという性質（非競合性）と、特定の人の消費を排除できないという性質（非排除性）をもつ財やサービス。	政府による供給
外部性	外部経済	人々の行動が、市場での取り引きを通さずに、他の経済主体によい影響を与えること。➡供給が過少に	補助金の支給や義務化など
	外部不経済	人々の行動が、市場での取り引きを通さずに、他の経済主体に悪い影響を与えること。➡供給が過剰に	直接規制・課税など
情報の非対称性		商品に関する情報量について、売り手と買い手との間に格差があること。逆選択やモラルハザードといった問題を引き起こす。	情報公開の義務化・許認可制による悪質業者の排除など
その他		・所得格差 ・景気変動や不況 ・失業の発生　など	再分配政策、景気や雇用の安定化など

解説 **市場機構の限界**　現実の社会では、市場機構に任せていると社会全体の資源の最適配分が実現しない。これを**市場の失敗**という。政府は、市場の失敗を克服するために一定の役割を果たさなければならない。しかし、政府が介入する過程で、無駄な道路建設や不必要な規制を行うこともある。このような政府介入の弊害を**政府の失敗**という。

2 独占の形態 出題

? 独占のそれぞれの形態には、どのような特徴があるか

カルテル（企業連合）	同一産業内の複数の企業が、生産量や価格などについて協定を結んで競争を回避する。カルテルは、独占禁止法によって原則として禁止されている。	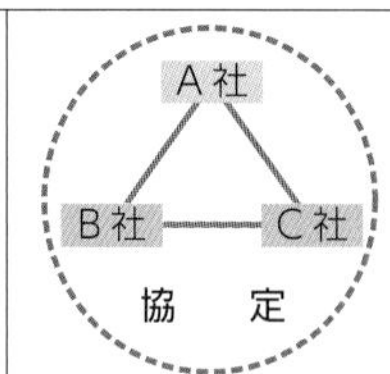
トラスト（企業合同）	同一産業内の複数の企業が競争を回避するために合併して、1つの巨大な企業となることで、さらなる規模の利益（スケール・メリット）を追求する。	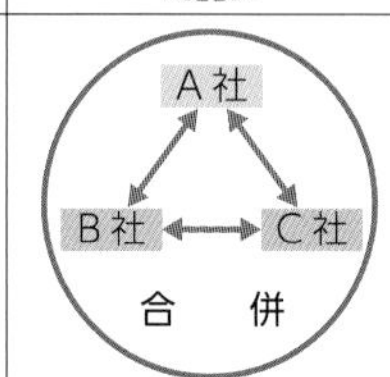
コンツェルン（企業連携）	持株会社が中心となり、株式取得や融資などの方法によってさまざまな産業分野の企業を傘下におさめて支配する。強い市場支配力をもち、独占的地位を得た巨大な企業集団となる。	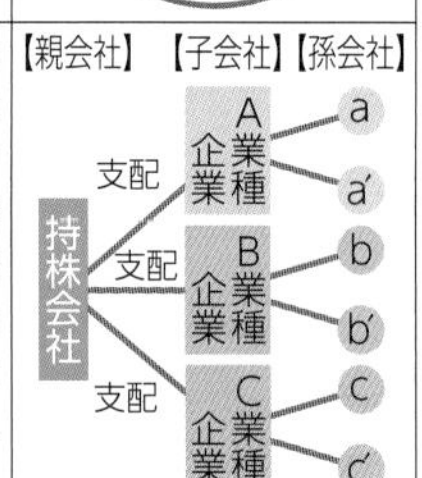

独占禁止法では、トラストやコンツェルンについて、会社の株式取得や合併、事業の譲り受けなどによって企業間の競争が実質的に制限される場合、これを禁止している。

解説 **市場の競争の妨げに**　カルテルとトラストの違いは、カルテルはそれぞれの企業の経営が独立しているのに対して、トラストは企業どうしの合併により巨大企業になることにある。カルテルとトラストが同一産業内におけるものであるのに対して、コンツェルンは異業種が結び付いてグループ化することが特徴である。戦前の三井・三菱・住友といった日本の財閥はコンツェルンの例といえる。なお、これらの独占の形態を総称して、企業結合という。

Zoom **携帯電話の通信料金の値下げ**　携帯電話の料金は管理価格の代表例であった。日本の携帯電話の料金は世界と比較して高すぎるとして、政府は端末代金と通信料金の分離を徹底させるなどの施策を実施した。その結果、通信料金の大幅な値下げが実現した。

3 日本の市場占有率

(『日本マーケットシェア事典』2022年版)

解説 **市場の寡占化が進むと…** 市場占有率(マーケット・シェア)とは、ある企業の商品の生産高や販売高などが市場全体に占める割合を示したものである。市場占有率が高い寡占市場では、価格が下がりにくくなる**価格の下方硬直性**が起こりやすくなる一方で、**非価格競争**が展開されやすい。

4 規模の利益

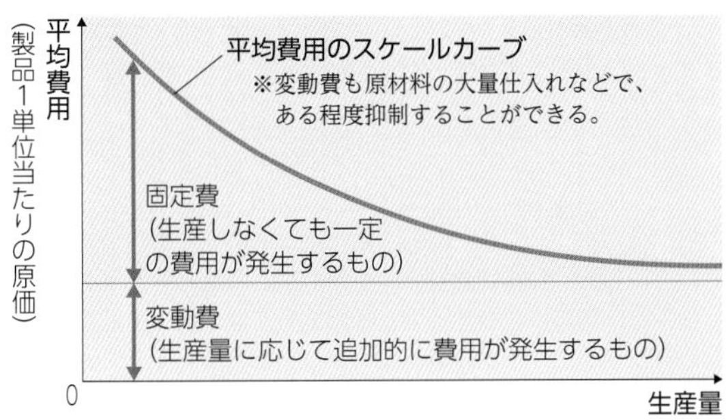

上の図は、生産量を増やしたときの、商品を1つ生産するのにかかる費用(平均費用)の変化を示している。生産量に応じて必要とされる原材料などの費用を**変動費**という。変動費は、商品を1つ生産するごとに増えていくが、平均費用としてみれば、生産量にかかわらず一定となる。一方、工場の機械や地代などの費用を**固定費**という。固定費は、生産量にかかわらず一定であるが、平均費用としてみれば、多く生産するほど減少する。ただし、生産規模を大きくしすぎると、無理な生産によって効率が悪くなり、規模の利益が縮小する。

解説 **企業が生産を拡大させる理由** 企業は生産規模を拡大させるほど、商品1つを生産するのにかかる費用(コスト)を低下させることができる。これを「**規模の利益(スケール・メリット)**」または「**規模の経済**」という。特に、市場に参入する際に大きな設備投資が必要となる産業では、規模の利益が働きやすいため、新規参入が難しく寡占化が生じやすい。

5 不完全競争市場での価格 出題

? それぞれの価格の事例には、どのような財があてはまるか

種類	価格
独占価格	独占市場における価格のことで、市場を独占する企業が利潤を最大化できるように設定される。 ＊広い意味では、寡占価格や管理価格を含んだ概念
寡占価格	寡占市場における価格のことで、協定(カルテル)による寡占企業の価格の設定も含まれる。
管理価格	有力企業が**価格先導者(プライス・リーダー)**として一定の利潤を確保できるように価格を設定し、他の企業もその価格に追従する。寡占市場において発生することが多い。
統制価格	一定の政策目的のために、政府が価格の決定や改定に直接関与して決められた価格のこと。公共料金(水道料金や鉄道運賃※、公衆浴場など)がこれに該当する。

※鉄道運賃の上限の変更にあたっては、国の認可を得る必要がある。

解説 **公共料金が存在する理由** 公共料金が存在するのは、水道料金や鉄道運賃が私たちの生活に密接に関係しているからだけではない。これらの業種は、初期費用などの固定費が大きく規模の経済が働きやすいため、独占が発生しやすい(**自然独占**)。そこで、政府が価格の決定に関与して、消費者の利益のために価格を維持・抑制する必要がある。また、公衆衛生上、誰もが利用できるよう安く設定されている公衆浴場の料金のように、一定の政策目的のために統制されているものもある。

6 非価格競争

? 非価格競争は、消費者にどのような影響をもたらすのか

非価格競争：価格以外の面で行われる企業間の競争のこと。寡占市場では、価格競争が弱くなる一方、消費者の購買意欲を高めるために非価格競争が激しくなる傾向にある。

種類	具体例
広告・宣伝による競争	テレビのコマーシャルや、インターネット、新聞広告、街頭のポスターなどで、自社製品のイメージアップを図る。
デザインによる差別化	自動車など、たびたびモデルチェンジを行って、新しさを強調して消費意欲を喚起する。
サービス競争	アフターサービスの充実や、無料配送地域の拡大などを消費者にアピールする。

企業の広告宣伝費 2020年9月期～2021年8月期

企業名	広告宣伝費(円)	企業名	広告宣伝費(円)
ソニーグループ	2,600億[2.9%]	マツダ	925億[3.2%]
日産自動車	2,325億[3.0%]	資生堂	860億[9.4%]
イオン	1,705億[2.0%]	任天堂	844億[4.8%]
リクルートHD	1,417億[6.3%]	三菱商事	744億[0.6%]
サントリー食品	1,306億[11.1%]	花王	719億[5.2%]
セブン&アイHD	1,129億[2.0%]	SUBARU	697億[2.5%]
ブリヂストン	974億[3.3%]	パナソニック	673億[1.0%]

※[ ]は売上高に占める広告宣伝費の割合 (東洋経済新報社資料を参照)

解説 **広告が消費者に与える影響** 非価格競争による広告費の増加は、そのコストが商品の価格に上乗せされるために、消費者が高い商品を買うことになるという不利益をもたらす。また、広告の影響を受けて不必要なものまで買ってしまうことを、経済学者ガルブレイスは依存効果(➡p.209)と呼んでいる。一方で、広告は企業と消費者の間に存在する情報の非対称性の解消に役立っているという考え方もある。

TOPIC トピック 銭湯(公衆浴場)の料金は都道府県知事が決定する。これは、自宅に風呂がないことが一般的な時代には銭湯が生活に必要不可欠な施設であったことの名残(なごり)である。

用語解説 ⑬市場の失敗, ⑬寡占, ⑬カルテル, ⑭価格の下方硬直性, ⑭管理価格, ⑭非価格競争

7 独占禁止法と公正取引委員会

①独占禁止法(私的独占の禁止及び公正取引の確保に関する法律)

頻出

市場支配力をもたらす行為の規制	競争回避行為の規制	**不当な取引制限の禁止**：カルテルや入札談合によって企業どうしで競争を回避することを禁止。
		事業者団体の規制：業界団体が、その業界の企業に対して商品の販売価格を指示したり、不公正な取引をさせたりして、競争を回避することを禁止。
	競争排除行為の規制	**私的独占の禁止**：不当な低価格販売などによって新規参入者を市場から排除したり、株式取得などによって競争相手に不当に圧力をかけたりすることを禁止。 ※市場を独占していること自体を禁止しているものではない。
市場構造に関する規制	市場構造を悪化させる企業結合の規制	**企業結合の規制**：株式取得や合併によって企業どうしが結合し、特定の市場で商品の価格や供給数量などを左右できるようになる場合は、その企業結合を禁止。
		一般集中規制：経済全体として、特定の企業や企業グループに経済力が集中しないようにするための規制。もともとは、財閥の復活を阻止するために設けられた。
	市場構造を改善するための規制	**独占的状態の規制**：反競争的な行為がなくても、規模が非常に大きい産業で1社か2社が高いシェアをもち、価格の高止まりなどの弊害が大きい場合には、企業の営業の一部譲渡を命じる場合がある。
公正な競争を阻害する行為の禁止		**不公正な取引方法の禁止**：再販売価格維持行為や、人気商品と不人気商品をセット売りする「抱き合わせ販売」など、取引先や消費者への優越的地位の濫用を禁止。
		下請法に基づく規制：親会社の子会社に対する、下請け代金の支払い遅延や減額、買い叩きなどの行為を規制。

入札談合……国や地方公共団体などは、公共事業や物品の調達の際に、取引業者から見積もり額を書いた文書を提出させて、最も安い価格を提示した業者と契約する(競争入札)。この際に、取引業者どうしで入札価格を事前に話し合って決めてしまうこと。

再販売価格維持行為……メーカーが販売店に商品の販売価格を強要する行為のこと。不公正な取引方法として原則禁止されている。しかし、書籍や新聞、音楽用CDなどについては、例外的に認められている。

解説 **独占禁止法の目的**　市場が競争的な状態にあることで、①消費者によりよい商品が適正な価格で提供されるという消費者の利益と、②企業活動によって社会全体の資源が無駄なく利用される資源配分の効率性、の2つが実現される。この目的を達成し、経済の健全な発達をめざすために、日本では**独占禁止法**が制定され、公正で自由な競争を促進している。

②日本の独占禁止政策の流れ

年	事項
	第二次世界大戦後
1946	持株会社整理委員会 ⟶ 持株会社の解体
1947	過度経済力集中排除法 ⟶ 巨大企業の分割
	独占禁止法の制定
	朝鮮戦争後の不況
1953	不況カルテル・合理化カルテルを認める
	高度経済成長〜現在
1977	違法カルテルへの**課徴金制度**を導入➡❶
1993	再販指定商品から医療品、化粧品などを除外
1997	**持株会社**(純粋持株会社)**解禁**➡❷
1999	不況カルテル・合理化カルテルの禁止
2006	**課徴金減免制度**の導入➡❸
2009	課徴金の適用範囲の拡大など罰則強化
2015	公正取引委員会の**審判制度**を廃止➡❹
2020	同一地域の地方銀行どうしの合併に独占禁止法を適用しない特例法の制定
	デジタルプラットフォーム取引透明化法の制定(➲p.153)

❶**課徴金制度**……公正取引委員会(公取委)が独占禁止法に違反した企業に対して、違反にかかわる売上高の一定比率を国に支払うことを命令する制度。

❷**持株会社解禁**……日本では第二次世界大戦後、持株会社の設立は戦前の財閥の復活につながるとして原則禁止された。しかし、経済のグローバル化に対応するために、持株会社の設立が認められるようになった。

❸**課徴金減免制度**……違法行為に関わっている企業が、その旨をみずから報告した場合は、課徴金を減免する制度。

❹**審判制度**……公取委の命令に不服がある場合は、審判請求を行うことになっていた(審判制度)。しかし、公取委がみずから下した処分を審判で覆すことは期待しにくいと批判されてきた。そこで不服がある場合は、東京地裁に対して訴訟を提起する制度になった。

解説 **時代により変化する独占禁止法**　独占禁止法はその時代の経済状況により変化をしてきた。**1997年に持株会社の設立が解禁された**のは、その例といえる。また、日本が人口減少社会を迎え、特に地方では地域の交通網や金融ネットワークを維持することが困難な状況になりつつある。そこで2020年に特例法が制定され、地域のバス会社や地方銀行が合併する場合などには、独占禁止法の適用除外を例外的に認めることになった。

③公正取引委員会

出題

独占禁止法違反事件に対する法的措置件数

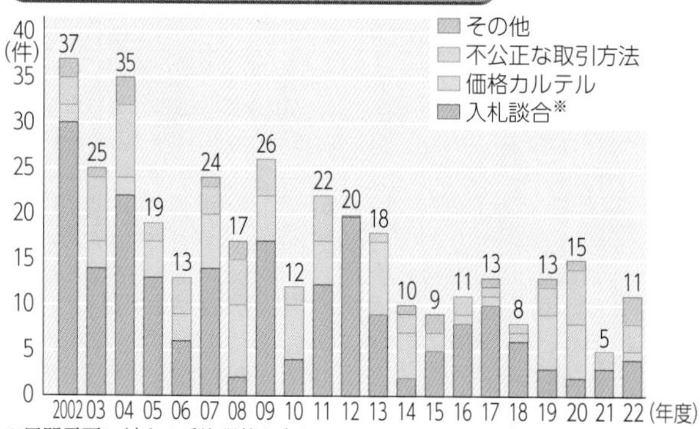

※民間需要に対する受注調整を含む。　(公正取引委員会資料)

➲**公正取引委員会が入っている庁舎**　公正取引委員会は、調査の結果、悪質な違反と判断した場合は、検事総長に告発し、刑事処分を求めることもできる。

解説 **公正取引委員会の機能**　**公正取引委員会**は、独占禁止法第27条に基づいて**内閣府の外局として設けられた行政委員会であり、一般行政機関からある程度独立して権限を行使することができる**。法律または経済に関する学識経験者から選ばれた5名によって構成されている。その役割は、独占禁止法の目的を実現することであり、準立法的な権限も与えられている。独占禁止法に違反する行為については審査のうえ、行政処分を科すことができる。

Zoom **地域の足を守れ**　人口減少や車社会の進展などの理由から、路線バス会社の経営は苦しい。そのため、バス会社どうしが重複区間のダイヤや本数を調整することは、これまでカルテルとして禁止されてきたが、2020年の独占禁止法の改正で可能となった。

独占の場合の価格決定

売り上げから生産費(コスト)を引いた額が企業の利潤となる。完全競争市場では、値段を上げて販売数を減らしても、他の企業が安い商品を大量に売るため、価格と数量は均衡点に落ちつく。ところが、売り手独占市場の場合、独占企業(供給側)は利潤を最大化するために価格を上げて、販売数を少なくする。この状態では、他に販売する企業がないため、消費者(需要側)は高い価格で買うしかなったり、買いたくても買えないという不利益を被(こうむ)る。

図①は、完全競争市場での状況を表している(商品1単位当たりの生産費は一定であると仮定する)。この時、価格と数量は均衡点で決定する。したがって、均衡価格はP_1、均衡数量(生産量)はQ_1となり、この時の企業の売り上げ総額は「$P_1 \times Q_1$」となる。「利潤＝売り上げ総額－生産費(コスト)の総額」なので、企業の利潤は、「$P_1 \times Q_1$」から「生産費$\times Q_1$」を引いた「(P_1－生産費)$\times Q_1$」となる。

[図①]

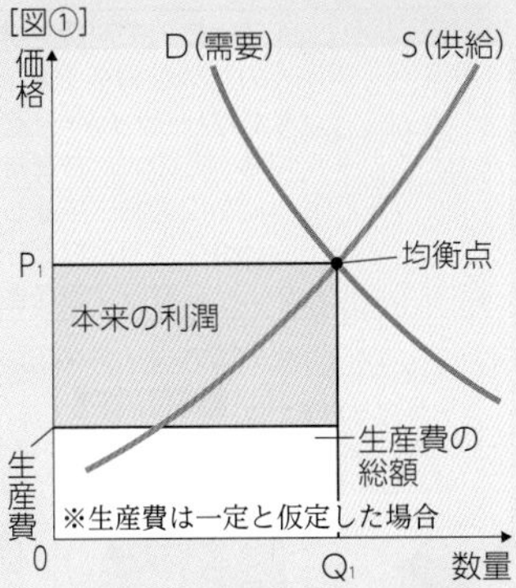

図②は、独占が発生した不完全競争市場での状況を表している。この状況では、独占企業(供給側)は利潤を最大化するために、価格をP_1からP_2に引き上げる一方、販売量をQ_1からQ_2に減少させる。この時の企業の利潤は、「(P_2－生産費)$\times Q_2$」となる。図①のときの利潤(図①の紫色の部分)と、図②のときの利潤(図②の緑色の部分)の面積を比較すると、後者の緑色の部分の方が大きいことがわかる。

[図②]

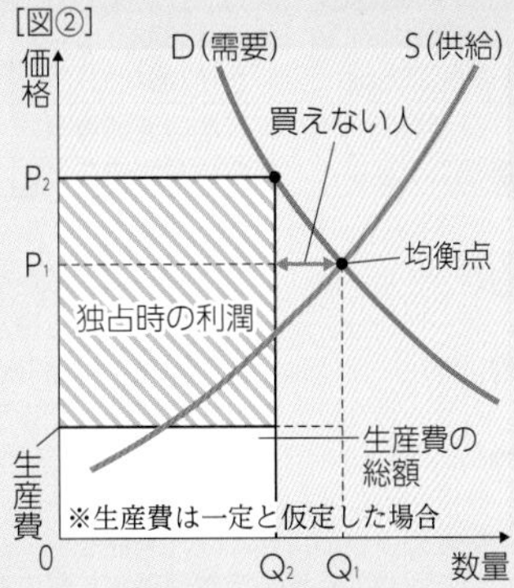

ISSUE

プラットフォーム企業と競争政策

? プラットフォーム企業に対する法規制のあり方はどうあるべきか

❶プラットフォーム企業とは

私たちは、日々、検索サービスやアプリを利用し、インターネット上で商品やサービスを購入することも多い。これらのサービスを提供するのが**プラットフォーム企業**である。これらの企業はサービスのための基盤(プラットフォーム)を利用者に提供する一方、収集した検索結果や購入履歴、個人情報などの大量のデータ(ビッグデータ)を解析(かいせき)することで、サービスの向上につなげている。これが顧客増につながり、いっそうデータの蓄積が可能となるという循環を生み出している。また、製造業では、工場での生産能力に一定の制約があるため、急速な事業の拡大には限界がある。しかし、プラットフォーム企業にはそのような制約がない。そのため、プラットフォーム企業がシェアを一気に拡大し、世界的に市場を支配する状況がみられる。

プラットフォーム企業の役割 (消費者庁資料)

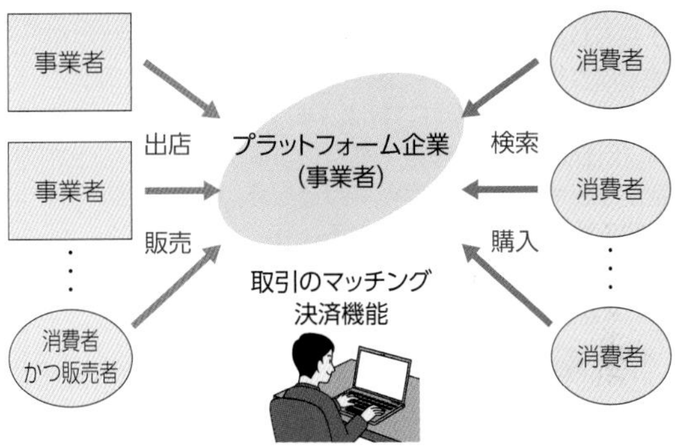

❷プラットフォーム企業がもたらす市場への影響

電子商取引(e-コマース)市場の分野では、生産者や出品者は、プラットフォーム企業が提供するサービスを用いることで、世界中の消費者に対して容易にみずからの商品を売り込むことができる。一方、消費者にとっては、店舗で購入するよりも、多くの商品の中から安く売っているものを選択し、購入することができる。しかし、特定のプラットフォーム企業が市場を支配することで、独占・寡占の弊害がもたらされることもある。例えば、あるプラットフォーム企業が商品の出品者に対して、他で販売する場合と比べて安い価格にするよう強要していたため、公正取引委員会が独占禁止法違反の疑(うたが)いで調査を行ったことがある。

IoTプラットフォーム企業の市場シェア (総務省資料)

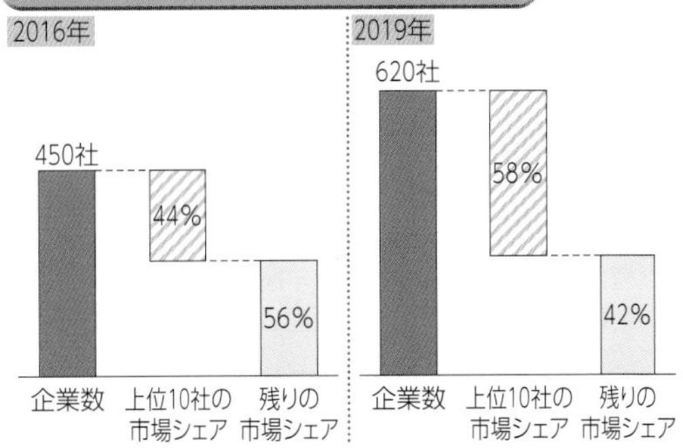

❸プラットフォーム企業に対する規制のあり方

プラットフォーム企業が優越的地位を利用して出品者や消費者に不利益をもたらしたり、新規参入者を排除したりする行為があってはならない。こうした行為を防止することは、独占禁止政策(競争政策)の重要な役割である。しかし、一方で、プラットフォームが利用者にとって魅力的であるためには、ある程度の「巨大さ」が必要であり、利用者もまたビッグデータの恩恵(おんけい)を受けていることも確かである。また、市場原理に基づくならば、政府による規制は産業の発展を阻害(そがい)しかねないとも考えられる。現在、プラットフォーム企業に対する規制のあり方が議論されているが、2020年に制定された**デジタルプラットフォーム取引透明化法**では、「プラットフォーム提供者が透明性及び公正性の向上のための取り組みを自主的かつ積極的に行うこと」を基本とし、国の関与や規制は必要最小限にすることが規定されている。

TOPIC トピック　プラットフォーム企業のGoogleの収益の柱は広告収入である。検索内容に応じた広告が表示され、企業にとってはピンポイントで広告を打つことができるメリットがある。

用語解説　⑬独占禁止法，⑭公正取引委員会，⑮電子商取引

8 公共財

①非競合性と非排除性

? 公的保険による医療や介護サービスは公共財といえるのか

財の性質による分類

排除性＼競合性	あり	なし
あり（排除できる）	私的財（一般的な財）	クラブ財（有料の衛星放送など）
なし（排除できない）	共有地の天然資源（牧草や海産物など）	公共財

❶競合性……財の数量に限りがあるため、ある人が消費すれば、その分、他の人が消費できる量が減るという性質。
❷排除性……特定の人の消費を排除できるという性質。対価を支払わない人はその財を消費できないような場合。
➡私的財（一般的な財）は、競合性と排除性の両方の性質を備えている。また、私的財でも公共財でもない、競合性と排除性のうちの片方だけの条件を満たしている財もあり、クラブ財や共有地の天然資源がこれにあたる。これらは準公共財ともいわれる。

COLUMN 「共有地の悲劇」を防ぐために

「共有地（コモンズ）の悲劇」とは、有限な資源を人々が共有した場合に発生する問題を、羊飼いたちが牧草地で放牧する例を用いて説明したものである。この例では、牧草地での飼育許容量は決まっているにもかかわらず、自分の利益を優先する個々の羊飼いたちは、その許容量を超えても羊を増やし続けるため、最終的には共有の牧草地は荒廃することになる。

羊を増やしたほうが自分の利益が上がる。
牧草はなくなり、羊はいきられない。
自分が羊を減らしてもほかの人が羊を増やす。
➡社会の崩壊

この「共有地の悲劇」を防ぐ一つの方法として、牧草地をそれぞれの羊飼いに分け与えて私有地化することが考えられる。そうすれば、羊飼いたちは自分の土地の牧草が枯渇しないように管理し、持続可能な範囲内で放牧するようになる。しかし、私有地化のためにに土地を分割して、全員の合意を得ることは難しい。そのため、共有地の利用者が利用に関するルールを決めて、全員で管理するという方法も考えられる。

「共有地の悲劇」は、現在では水産資源の保護の問題にあらわれている。何の規制もない状況では海の魚も共有資源といえる。漁師一人ひとりがみずからの利益を優先すると乱獲が起き、結果的に魚が枯渇してしまう。そこで、持続可能な漁業を行うために、国や地域ごとに漁獲可能枠を設定し、水産資源を適切に管理するといった方法がとられている。

②公共財の性質 出題

非競合性（競合性なし）	ある人が消費しても、他の人の消費量を減らすことがなく、多数の人が同時に消費（使用）できるという性質。 【例】ある人が道路で自動車を運転しても、他の人もその道路で自動車を運転できる。
非排除性（排除性なし）	特定の人の消費を排除できないという性質。そのため、対価を払っていないのに利用する人（**フリーライダー**）を防ぐことができない。または、その人たちを排除することが割に合わないために通常は排除していない。 【例】生活道路など一般の道路すべてで通行料金を徴収することは現実的ではない。

〈一般的な財〉
自分が買った分だけ他の人は買えない（競合性あり）
FRESH FRUITS
100
お金を払わないと売ってくれない（排除性あり）
〈公共財〉
みんな一緒に遊べる（非競合性）
誰でも使える（非排除性）

解説 **公共財は政府が供給する必要がある** **公共財**とは、**非競合性**と**非排除性**という性質の両方を満たす財・サービスのことである。公共財の例としては、消防、国防、警察、灯台などがあげられる。公共財の性質をもつ財・サービスは、供給しても対価を得ることが難しく、誰かが供給してくれれば「ただ乗り」が可能なので（フリーライダー問題）、民間企業では誰も供給しなくなる。その結果、公共財は政府が費用を負担して供給することになる。ただし、政府が費用を一部負担する公共性のある財・サービスと、公共財とが完全に一致するとは限らないことには注意が必要である。

③公共財供給の決定 出題

費用対効果分析

- 政府は費用と効果（または便益）を比較して公共財の供給を決定する。
- 費用対効果（効果÷費用）が1を上回れば、事業を実施する。
- 費用対効果が高ければ高いほど、事業の優先度は高い。

	効果	費用	費用/効果	➡	事業の優先度
事業A	6億円	4億円	1.5		2番目
事業B	8億円	4億円	2.0		1番目
事業C	3億円	4億円	0.75		実施しない

解説 **費用対効果分析の必要性** ダムや一般道路の建設は、それが公共財であることから政府が建設することになる。しかし公共財であるからといって、どのようなものでも建設していると、政府による税金の無駄遣いが生じてしまう。それでは政府はどのような事業なら行うべきなのだろうか。費用対効果分析（➲p.177）、または費用便益分析は、その判断の基準となる。建設したことで生じる効果や便益（＝利用者の満足度の総量）を金額に換算して、それが費用（建設にかかる費用や維持するための費用）を上回るなら、政府が供給した方がよい。しかし、建設前の効果や便益はあくまで予測であり、建設後にこれが外れることもあり得る。

Zoom **公共性のある財と公共財の違い** 政府が供給する財のすべてが公共財ではない。例えば、地方公共団体が運営している図書館は公共財ではない。なぜなら、図書館の本は競合性も排除性もある財だからである。

9 外部性 出題

外部性とは？

人々の行動が、市場での取り引きを通じないかたちで他の経済主体に影響を与えることを**外部性**(外部効果)という。外部性には次の２つがある。

▶**外部経済**……他の経済主体に良い影響(プラスの影響)を与えること。「正の外部性」ともいわれる。

▶**外部不経済**……他の経済主体に悪い影響(マイナスの影響)を与えること。「負の外部性」ともいわれる。

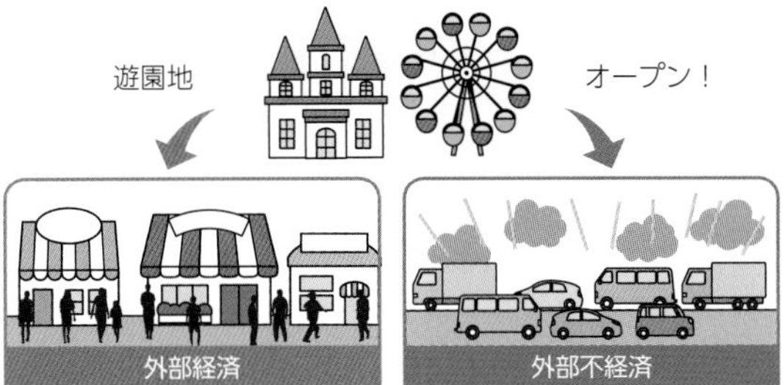

外部経済	外部不経済
人が集まるので、周囲の商店街の売り上げが上がる	自動車通行量が増え、周辺の住民が渋滞や騒音(そうおん)・排出ガスに悩まされる

●外部不経済が社会全体に及ぼす影響

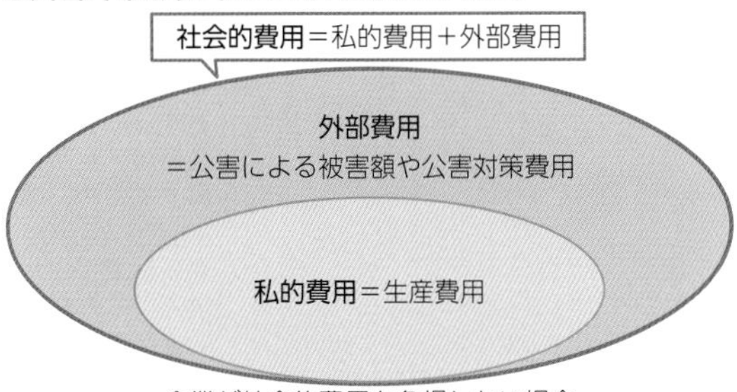

企業が社会的費用を負担しない場合
➡外部不経済が発生

〈企業が私的費用しか考慮しないと…〉

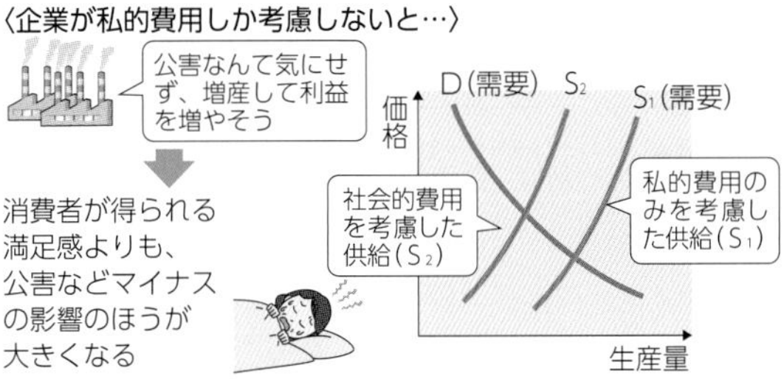

企業がある商品を生産する際に、工場から有害な煙が発生すると、周囲の住民の健康に悪影響を与えるという外部不経済が生じる。このとき、企業は、公害による被害額や公害対策費用(外部費用)を考慮することなく、企業が実際に支払う原材料費や人件費といった生産費用(私的費用)だけに基づいて生産量を決定をしてしまうと、その分、企業は安い費用で生産できるため、結果的に過剰な生産が行われる。

解説 **外部不経済は社会にとってマイナス**　より多くの商品が生産されることで、消費者はより多くの満足感(効用)を得ることができる。しかし、企業が外部費用を考慮しなければ、社会的にみて望ましい生産量よりも過剰な生産が行われる。過剰な生産によって増加した満足感と、発生した外部費用とを比較すると、外部費用の方が大きくなる。このとき、社会的余剰(➲p.149)は減少するため、社会全体にとっては望ましくない。企業は、私的費用に外部費用を含めた社会的費用に基づいて生産を行うようにする必要がある。

10 情報の非対称性

? 情報の非対称性を解消するためには、どのような方法があるか

情報の非対称性とは？

・取引関係にある者のうち、一方の人だけが知っている情報があり、他方の人がその内容を知らない状況にあること。

どんな問題がおこるの？
・中古車を取引する場合、買い手は情報をもたないために…

売り手にとって	買い手にとって
 状態のよい車だから高めの値段をつけよう！	 車の状態がわからないからこんな高い中古車は不安だな…

結果的に…
・情報をもたない側が疑心暗鬼になり、本来ならばお互いの利益になるはずの取引が抑制されてしまう。

解説 **情報の非対称性への政府の対応**　**情報の非対称性**の典型的な例として、中古車市場のほか、医薬品市場があげられる。医薬品の買い手は、医薬品の品質や効果を正確に判断することが難しく、それを必要とする人に行き渡らないこともある。情報の非対称性による弊害を解消するためには、次のような政府の対応が考えられる。例えば、政府が情報をもつ側に情報公開を義務化したり、販売についての許認可や資格認証を行う制度を導入したりする。このような対応をとることで、当事者は安心して取り引きできるようになる。

COLUMN

「逆選択」と「モラルハザード」

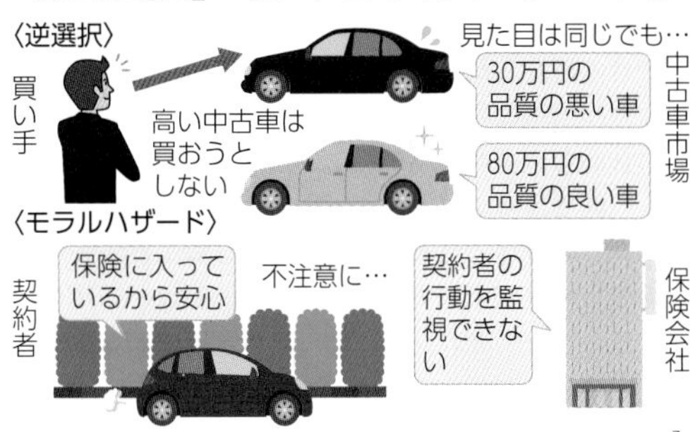

逆選択とは、情報の非対称性があることによって、粗悪(そあく)な商品だけが市場で売買されるようになることをいう。例えば、中古車の取引で品質の情報をもたない買い手は「高い価格の中古車を買って、もし品質のよくない車に当たってしまったら損だ」と考えて、安い価格の中古車しか購入しない。すると、品質が高いがゆえに価格が高い中古車は、誰も購入しなくなる。その結果、中古車市場には品質の高い車は出回らないことになり、社会全体にとって不利益な状況となる。

また、**モラルハザード**とは、契約後に当事者が取る行動について、情報の非対称性があることで生じる「倫理観の欠如」のことをいう。例えば、自動車保険では、契約者が保険に加入することで「事故しても安心」と思ってしまい、気が緩(ゆる)んで事故を起こす確率が増えるかもしれない。これは、契約後に保険会社が契約者の行動を監視できず、保険会社が契約者本人の情報を完全には把握できないことから生じる。モラルハザードは、医療保険や融資(借金)などでもみられる。

TOPIC トピック　利用者が増えるほど商品やサービスの価値が上がることをネットワーク外部性という。ＳＮＳは多くの人が投稿することでアプリの価値が高まり、ビジネスとしても成功した。

用語解説　⑭公共財

Economics lecture
経済学レクチャー

「外部性」をめぐる解決方法 頻出

完全競争市場においては、多数の買い手(需要者)と売り手(供給者)が自由に経済活動を行うことによって資源の最適配分が実現し、社会にとって最適な状況が成立する。しかし、ときには人々の行動が市場を通さずに他者に影響を与えることがある(外部性)。外部性の問題に対しては、どのように対応することができるのだろうか。

■直接規制の限界

外部不経済の典型的な事例として公害問題がある。この問題を解決するための方法としては、政府が企業や消費者に対して汚染物質の排出規制を行うことが考えられる(**直接規制**)。

しかし、直接規制は、規制のための監視や取り締まりに費用がかかり、規制が適切でなければ費用対効果が低くなるといった課題がある。また、過度の規制が市場の効率性を損なう場合もある。そのため、直接規制のみで外部不経済を解決するのではなく、価格メカニズムをとおして売り手や買い手の行動を変化させる**経済的手法**によって、その解決を図ることも必要になる。

	具体例
直接規制	・不法投棄の禁止 ・ディーゼル車規制 ・特定の化学物質の製造や使用の禁止 ・汚染物質の排出基準の設定
経済的手法	・環境性能の悪い製品への課税 ・プラスチック製品の有料化 ・廃棄や処理にかかる手数料の徴収 ・デポジット制の導入 ・環境にやさしい製品の生産・購入に対する補助金

外部不経済を解決するための経済的手法

❶課税による解決方法

イギリスの経済学者ピグー(1877～1959)は、生産者に税を課すことで外部不経済を解決することを提案した。

課税することで、これまで市場での取り引きにおいて考慮されることのなかった外部費用が市場の中で考慮されるようになる。その結果、生産量が減少して外部不経済は緩和されることになる。このような外部不経済を解決するための税のことを**ピグー税**という。

ピグー税は、理論的には社会的に最適な生産量を導くことができる優れた政策とされており、この手法をふまえた**環境税**や**炭素税**の導入が構想されている。しかし、外部費用の具体的な金額を算出することは難しいため、実際には最適な税額や税率を課すのは困難である。

課税による外部不経済の内部化

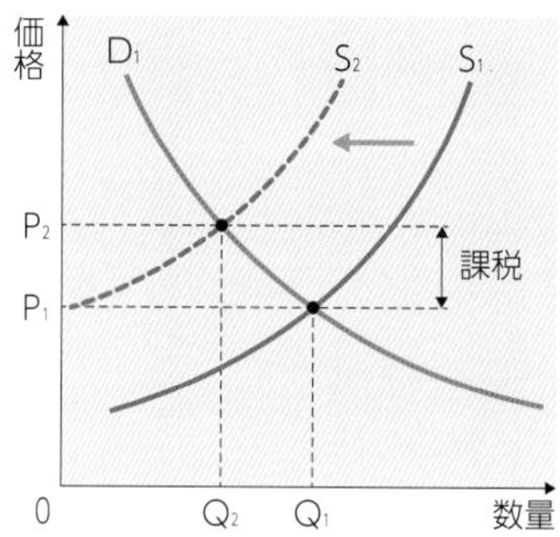

生産者に定額の税を課税したとする。すると、生産コストが上昇するため、供給曲線は図のS_1からS_2にシフトする。その結果、均衡価格はP_0からP_2になり、取り引きされる数量はQ_1からQ_2に減少する。

❷「権利」の設定と当事者の交渉による解決方法

アメリカの経済学者コース(1910～2013)は、一定の条件の下では、当事者間の交渉によって外部不経済は内部化することができるとした(**コースの定理**)。

例えば、ある河川の河岸で操業する２つの企業があるとする。上流で操業する企業Aは生産に伴って発生する排水を河川に流し、河川を汚染している。一方、下流で操業する企業Bは河川の水を利用して商品を生産するために、きれいな水を必要としている。この状況では、企業Aが生産を行うことで企業Bが被害を受けている。

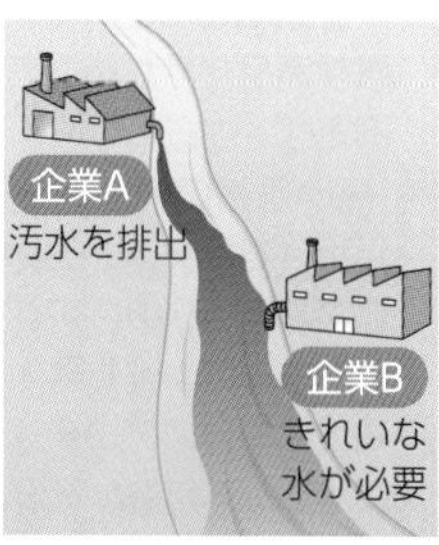

そこで、企業Bにきれいな水を使用する「権利」を設定する。この場合、上流の企業Aは下流の企業Bに生産の許可を求めなければならないとする。また、企業Aが企業Bに生産を認めてもらうためには、企業Bが受ける被害(外部費用)にあたる金額を企業Aが企業Bに補償する必要があり、補償金の額は企業Aと企業Bの交渉によって決めるものとする。

交渉による外部不経済の内部化

企業Bに、きれいな水を使用する権利を設定

▼

企業Aは、排水によって企業Bが受ける被害にあたる金額を補償

▼

その結果、企業Aは……

生産量を１単位増やすことで得られる利潤 ⇔ 比較 ⇔ 生産量を１単位増やすことで必要となる補償額

補償額のほうが大きい場合には生産を停止

この結果、企業Aは、生産量を増やすことで得られる利潤と、生産量を増やすことで必要となる補償額を比較し、補償額が利潤より大きくなれば、生産を停止する。

ただし、コースの定理はどのような場面でも実現可能なものではない。現実の社会では、当事者間が交渉を行っていくためには時間やお金や労力が必要となる。このような当事者どうしが交渉を行うためにかかるコスト(取引費用)が大きい場合には、コースの定理のような解決は難しい。また、工場密集地域では、そもそもどの工場が汚染の加害者なのかを特定することが難しく、当事者間の交渉ができないことも多い。

排出量取引とカーボンプライシング

コースの定理を応用した環境政策に排出量取引(排出権取引)があり、その一つに「キャップ・アンド・トレード」と呼ばれる方法がある。これは、国や企業が排出する二酸化炭素の量に上限(排出枠(わく))を設定して、その排出枠を超えて二酸化炭素を排出する国や企業には、排出枠に余裕のある国や企業から排出枠を購入することで、その分の排出を認めるという制度である。これは、全体の二酸化炭素排出量を一定の範囲内に収(おさ)めることを目的としている。

排出量取引は、効率的に排出量を削減することができる手法と考えることができる。例えば、図のA国は優れた環境技術をもっており、安価なコストで排出量の削減ができる。一方で、B国は優れた環境技術をもっておらず、排出量削減には高いコストがかかるとしよう。この場合、A国が安いコストで排出量の削減を進める一方、B国はA国から排出枠を購入することで、B国がみずから高いコストで削減をするよりも、社会全体としては効率的に安いコストで排出量を削減することができる。この排出量取引の制度は、日本国内の企業間で行われている国内排出量取引制度や、京都議定書(➲p.366)における京都メカニズムの一つとして採用された。

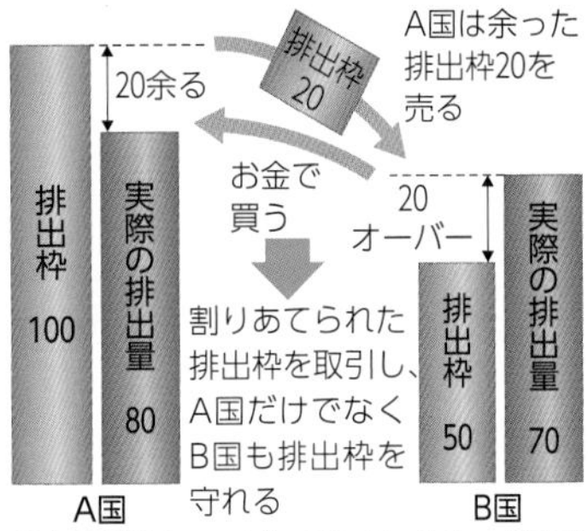

※上の図はキャップ・アンド・トレード方式に基づく排出量取引の場合。

なお、排出量取引のように、二酸化炭素に価格を付けることで排出のコストを意識させて、排出削減に対するインセンティブを高める手法をカーボンプライシングという。国内排出量取引制度では、その価格は排出枠の需要と供給によって決まる。また、排出される二酸化炭素に一定の税額を課税する炭素税もカーボンプライシングの一つである。

外部経済と補助金による供給量の変化

外部不経済とは逆に、人々の行動が市場をとおさずによい影響を与えることを外部経済(正の外部性)という。しかし、外部経済は、市場に任(まか)せておくと供給が過少になる。その場合、政府が**補助金**を与えることで過少になることを解消するといった解決策が考えられる。

例えば、電気自動車などの低公害車は、環境保全に役立つという外部経済を伴(ともな)うが、その普及が課題となっている。そこで、供給が過少となっている低公害車を普及させるために、補助金を給付する方法がとられる。

補助金による供給量の変化

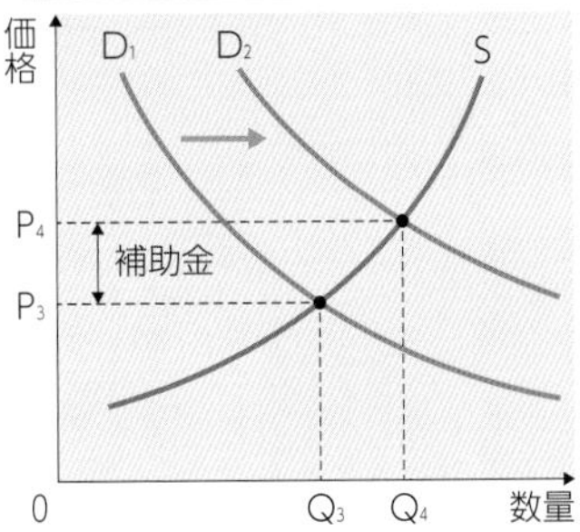

政府が消費者に補助金を給付して、安く買えるようにする場合、消費者自身が負担する価格P_3に補助金が上乗せされるため、図の需要曲線はD_1からD_2にシフトし、取り引きされる数量はQ_3からQ_4に増加する。

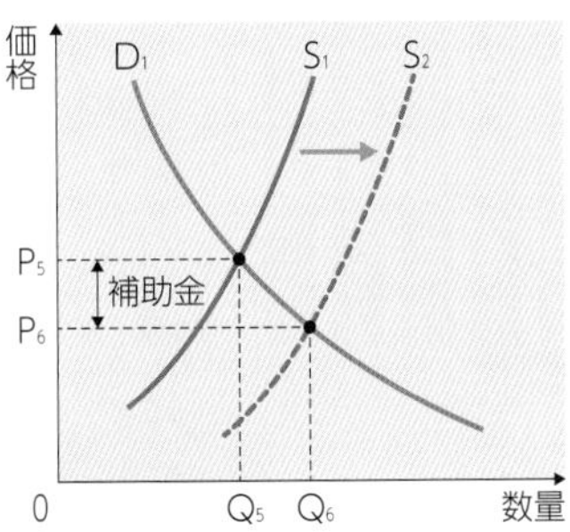

メーカーに補助金を給付して、安い価格P_6で生産・販売できるようにする場合、補助金の分だけ費用を考慮せずにすむため、図の供給曲線はS_1からS_2にシフトし、取り引きされる数量はQ_5からQ_6に増加する。

外部性をめぐるさまざまな取り組み

経済的手法を導入すれば、企業は生産費用(私的費用)だけではなく、それまで考慮してこなかった環境汚染の被害額や対策費といった外部費用も意識して生産を行うようになる。また、価格の変化を通じて人々の消費行動も変化する。このように、外部不経済を市場における経済主体の意思決定に反映させることを「**外部不経済の内部化**」という。レジ袋を有料化してその使用を抑制(よくせい)したり、ビンなどの容器に預り金を上乗せして販売し、返却時に払い戻す**デポジット制**なども、「外部不経済の内部化」の事例である。

一方、外部経済ついては、企業が外部経済の効果を取り込んで収益を上げている事例もみられる。鉄道各社では、駅がもたらす「集客効果」という外部経済に着目して、「駅ビル」や「駅ナカ」などの商業施設を充実させることで、本業の鉄道事業を上回る収益を得ている事例もある。

近年では、外部性の問題を解決するための取り組みとして、ナッジと呼ばれる手法が注目されている。ナッジとは「そっと後押しする」という意味であり、罰則や課税、補助金といった経済的インセンティブを使わずに、人々の自発的な行動の変化をやんわりと促(うなが)す手法である。この手法はさまざまな分野に応用されており、環境・省エネ対策にも有効であることが証明されている。

➲**中に入れたくなる回収箱** 2025年の大阪・関西万博でごみを減らすため、ナッジの手法を取り入れた資源回収箱。

POINT

①外部不経済の解決には、政府による直接規制のほか、経済的手法よって生産や消費を変化させる方法がある。
②経済的手法には、政府による課税や「権利」の設定などがあり、これによって外部不経済が内部化される。
③外部経済に対しては、政府が補助金を出すことで、供給を増やして普及を促す方法がある。

5 国民経済と経済成長

要点の整理

＊1～6は資料番号を示す

I 国民経済の水準を示す指標

❶**ストックとフロー** 1
- **ストック**……ある一時点において測られた量 ⟶ **国富**2、国債残高、マネーストック、預貯金など
- **フロー**……ある一定期間当たりで測られた量 ⟶ **ＧＤＰ・ＧＮＩ**、公債発行額、国際収支、年間売上など
  ＊一国内の経済活動をストックとフローの二つの面から捉えたものを国民経済計算という

❷**国民所得とGDP** 3 4 レクチャー
①**国内総生産**（ＧＤＰ）＝国内の総生産額－中間生産物＝最終生産物の総額
②**国民総所得**（ＧＮＩ）＝ＧＤＰ＋海外からの純所得（海外から受け取る所得－海外へ支払う所得）
＊国民総所得（**ＧＮＩ**）と国民総生産（ＧＮＰ）は物価変動の除去のしかたが異なるだけで、名目値は一致する
③国民純生産（ＮＮＰ）＝ＧＮＰ－固定資本減耗
④国民所得（ＮＩ）＝ＮＮＰ－間接税＋補助金
⑤国民総支出（ＧＮＥ）＝ＧＮＩを支出面からみたもの
⑥**三面等価の原則**……国民所得・GDPは生産・分配・支出のどの角度からとらえても、それぞれ等しい
【ＧＤＰの限界】
- 市場では取り引きされない家事労働やボランティア活動はＧＤＰなどに含まれず、環境破壊は考慮されない
  ⟶ 国民の福祉水準を測る指標……国民純福祉（ＮＮＷ）やグリーンＧＤＰなど

II 経済成長とその要因

❶**経済成長率** 5 $= \frac{\text{ある年のＧＤＰ}-\text{前年のＧＤＰ}}{\text{前年のＧＤＰ}} \times 100(\%)$
＊**実質ＧＤＰ**＝名目ＧＤＰ÷ＧＤＰデフレーター（×100）
- 実質経済成長率……物価の変動の影響を除いた実質的なＧＤＰの伸び率
- 名目経済成長率……物価の変動の影響を含めた名目上のＧＤＰの伸び率

❷**経済成長の要因** 6……技術革新などによる**生産性**の上昇、建物や機械などの資本投入の増加、質の良い労働力の増加
- **シュンペーター**は、技術革新などの**イノベーション**こそが経済発展の原動力であるとした
- **労働生産性**……労働者１人当たりの生産の成果を示す

I 国民経済の水準を示す指標

1 ストックとフロー 出題

？ストックとフローの違いは何か

ストックとフローの関係

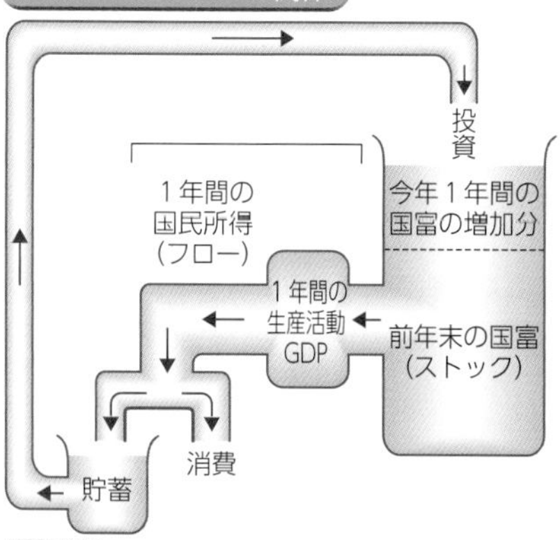

解説 **国富と国民所得** ある時点で存在する富の蓄積（資産から負債を引いた純資産）を**ストック**という。国富や金融資産などがこれにあたる。一方、一定期間の経済活動の大きさを表す数値を**フロー**という。これは、財・サービスの生産規模を、お金の流れで捉えたもので、国民所得がこれにあたる。例えば、個人の年収はフローであり、貯蓄はストックというように考えればよい。

2 国富の推移 出題

？日本の国富の内訳は、時代とともにどのような特徴を示しているか

国富の推移

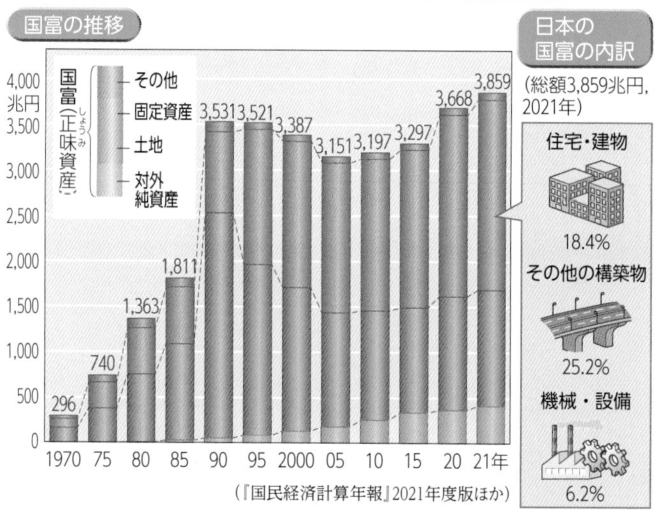

（『国民経済計算年報』2021年度版ほか）

解説 **国富に含まれるもの** **国富**は、国内の非金融資産（土地や地下資源、住宅・建物、企業の在庫や機械などの実物資産）と、対外純資産（海外に保有している資産と海外への負債の差額）を含む。国内の金融資産（現金・預金・株式・国債など）も、１つの経済主体からみればストックではある。しかし、ある経済主体の金融資産は、別の経済主体の負債（借金）となり、国内全体でみれば、その額は相殺されてしまうので、国富には含まれない。

Zoom **無形資産** 現金・土地・建物など、目に見える資産を有形資産というのに対して、無形資産とは特許や著作権など物理的な実態のない資産のことをいう。企業の価値を評価する際には、有形資産だけでなく無形資産にも注目する必要がある。

3 日本の国民所得（内閣府資料） 頻出

	項目	1970年度 兆円	1970年度 %	1990年 兆円	1990年 %	2021年 兆円	2021年 %
生産国民所得	第１次産業	4.5	7.5	8.5	2.5	3.7	0.9
	農林水産業	4.5	7.5	8.5	2.5	3.7	0.9
	第２次産業	22.4	38.0	124.1	36.5	87.4	22.3
	鉱業	0.4	0.6	0.8	0.2	0.1	0.0
	製造業	17.7	29.9	86.0	25.3	62.9	16.1
	建設業	4.4	7.5	37.2	11.0	24.4	6.2
	第３次産業	32.3	54.7	222.4	65.6	274.0	69.9
	運輸・通信業など	4.7	8.0	27.5	8.1	36.5	9.3
	卸売（おろしうり）・小売業	10.7	18.2	50.0	14.7	58.1	14.8
	金融・保険業など	6.7	11.3	55.8	16.4	51.7	13.2
	保健衛生・社会事業	—	—	—	—	41.2	10.5
	その他サービス業	7.9	13.3	62.9	18.5	70.4	18.0
	公務	2.3	3.9	26.2	7.7	16.1	4.1
	帰属利子	—	—	−18.3	−5.4	—	—
	海外からの純所得	−0.1	−0.2	2.8	0.8	26.7	6.8
	合計	59.0	100.0	339.4	100.0	391.8	100.0
分配国民所得	雇用者報酬	32.6	54.8	227.3	67.0	288.7	73.7
	財産所得	7.0	11.8	46.6	13.7	27.1	6.9
	企業所得	19.7	33.4	65.5	19.3	76.1	19.4
	合計	59.0	100.0	339.4	100.0	391.9	100.0
支出国民所得	民間最終消費支出	37.6	51.3	234.7	53.0	294.0	51.0
	政府最終消費支出	6.1	8.3	59.0	13.3	117.7	20.4
	国内総資本形成	28.6	39.1	144.9	32.7	140.6	24.4
	総固定資本形成	25.7	35.2	142.3	32.1	140.6	24.4
	民間	19.6	26.7	113.3	25.6	110.1	19.1
	政府	6.2	8.5	29.0	6.5	30.5	5.3
	在庫品増加	2.9	3.9	2.6	0.6	0.0	0.0
	経常海外余剰	0.9	1.3	4.2	0.9	23.7	4.1
	合計	73.2	100.0	442.8	100.0	576.0	100.0
	固定資本減耗（控除）	9.9		71.4		138.7	
	間接税−補助金（控除）	4.6		31.4		46.9	
	統計上の不突合	0.4		−0.6		1.5	
	合計	59.0		339.4		391.9	

※小数点以下の四捨五入の関係で、合計が100%とならない項目がある。
1990年以前の保健衛生・社会事業はその他サービス業や公務に含まれる。

生産国民所得（NIP）	付加価値がどの産業で生まれたかを示している。経済発展が進むにつれて、生産額の割合が第１次産業から第２次産業、第３次産業にシフトする。これを産業構造の高度化という（➲p.199）。
分配国民所得（NID）	生産した付加価値の対価がどこに向かっているのかを示している。 **雇用者報酬**…労働者の賃金のほか、雇（やと）い主の社会保険料負担など **財産所得**…家計の家賃収入や預貯金の利子、株式の配当など、資産運用で得た収入 **企業所得**…生産した付加価値から雇用者報酬を除いた企業の取り分。企業の財産所得も含む
支出国民所得（NIE）	分配された所得がどのように使われているかを示している。財やサービスへの消費、工場の建設や機械の購入（こうにゅう）への投資、海外からの純受け取り（経常海外余剰）からなる。なお、商品の売れ残りは在庫品の増加とみなして投資に計上する。

解説 **３つの国民所得**　国民所得とは、広義にはGDPなどの指標を含み、狭義には「NNP－（間接税－補助金）」をさす。一国の経済全体でとらえた場合、生産・分配（所得）・支出の数値は理論上一致する。これを**三面等価の原則**と呼ぶ。

4 各国のGDPと１人当たりのGDP

GDP総額	(2021年)	1人当たりGDP
23兆3,151億ドル	アメリカ	69,185ドル
17兆7,341億	中国	12,437
4兆9,409億	日本	39,650
4兆2,599億	ドイツ	51,073
3兆2,015億	インド	2,274
3兆1,314億	イギリス	46,542
2兆9,579億	フランス	44,229
2兆1,077億	イタリア	35,579
1兆8,110億	韓国	34,940
1兆7,788億	ロシア	12,259
1兆6,090億	ブラジル	7,507
1兆2,728億	メキシコ	10,046
8,129億	スイス	93,525
4,822億	ノルウェー	89,242
4,190億	南ア共和国	7,055
1,796億	カタール	66,799

（『世界国勢図会』2023/24年版）

解説 **GDP統計の見方**　GDPはその国の国内で生みだされた付加価値の総計である。国別にGDPを比較することにより、その国の経済規模を知ることができる。また、人口の多い国ほどGDPは大きくなりやすいので、その国の国民の豊かさを知るためには１人当たりのGDPをみる必要がある。一方、GDPはその国の国内格差や環境問題などを反映していない点に注意する必要がある。

COLUMN

真の豊かさを示すには？

GDPやGNIには、市場取り引きではない家事労働や、ボランティア活動による便益（べんえき）は計算されない。また、経済活動によって起きた環境破壊による損失は考慮されない。こうしてみると、GDPは一国の経済規模を示す指標にすぎず、豊かさを示したものではない。それにもかかわらず、GDPを増やすこと自体が経済政策の目的となってしまった。そのため、真の豊かさを示すための指標が考案されてきた。

金額として示した指標	
国民純福祉（NNW）	GNPに、家事労働や余暇時間など、福祉の観点から好ましいものを貨幣評価で加え、環境破壊や交通事故被害などの都市化に伴（ともな）う損失額を差し引いたもの。
グリーンGDP	環境調整済国内純生産ともいう。GDPから、環境問題にかかわると考えられる損失などを計算して差し引いたもの。
金額ではなく点数（ポイント）として示した指標	
人間開発指数（HDI）➲p.374	国連が提唱し、1993年に初めて公表された。長寿で健康的な生活・教育などの知識へのアクセス・生活水準の３つの要素に関するデータから総合的に算出する。
国民総幸福量（GNH）	1970年代にブータンの国王が提唱した。国民にアンケート調査を行い、教育・健康・生活水準・時間の使い方などに関する指標をもとに、GNHを作成する。

TOPIC トピック　その国のおおよその豊かさを測る方法として、人工衛星画像でその国の夜の明るさを計測するという方法がある。明るい地域ほど経済的に豊かであると類推することができる。

Economics lecture
経済学レクチャー

国民所得の捉え方

頻出

一国の経済の大きさを測るとき、ＧＤＰなどの国民所得に関する指標が使われている。これらの指標は国際比較ができるように、国際連合が定めた基準に従って作成されており、国民経済計算（ＳＮＡ：System of National Accounts）といわれる。それでは、これらの指標の基本的な計算方法はどのようなものだろうか。

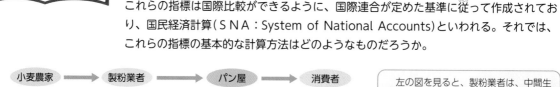

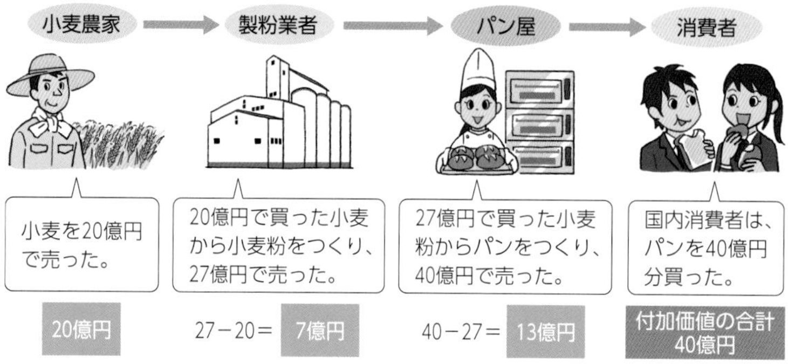

小麦農家
製粉業者
パン屋
消費者
小麦を20億円で売った。
20億円で買った小麦から小麦粉をつくり、27億円で売った。
27億円で買った小麦粉からパンをつくり、40億円で売った。
国内消費者は、パンを40億円分買った。
20億円
27－20＝ 7億円
40－27＝ 13億円
付加価値の合計 40億円

左の図を見ると、製粉業者は、中間生産物（原材料費）として小麦代20億円を支払って27億円の売り上げをあげているので、新たに生み出した額（付加価値）は、27－20＝７億円となる。このように計算していくと、小麦農家（20億円）、製粉業者（７億円）、パン屋（13億円）の付加価値の合計は40億円となり、これがＧＤＰの額となる。この場合、最終生産物であるパンの総額と一致する。

ＧＤＰとは

ＧＤＰ（Gross Domestic Product）は**国内総生産**と訳され、一定期間に国内で生産された財・サービスの付加価値の合計を意味する。付加価値とは、商品を生産する過程で新たに生み出された価値である。したがって、原材料費や部品などの中間生産物の額は、二重計算を避けるために、国内の総生産額から差し引かなければならない。

付加価値（粗付加価値）
　＝売上高－中間生産物の金額
※粗付加価値から固定資本減耗分を引いたものは純付加価値という。
国内総生産（ＧＤＰ）
　＝国内の（粗）付加価値の合計
　＝国内の総生産額－中間生産物
　＝最終生産物の総額

たとえば、上の図のように、一国内でパンが生産・消費されると仮定する。小麦、小麦粉、パンの生産額をすべて合計して、「世の中に87億円分の財・サービスが生み出された」と考えてはならない。忘れてはならないのは、この生産過程で最終的に生み出されたのは、40億円分のパンだけだという事実である。小麦や小麦粉はパンをつくるために材料として使われた「中間生産物」にすぎない。このため、ＧＤＰを算出するにあたっては、中間生産物として差し引く必要がある。つまり、付加価値の合計とは、最終生産物の総額だということもできるのである。

ＧＤＰとＧＮＰ・ＧＮＩ

ＧＤＰのほかに、かつては**国民総生産**（ＧＮＰ：Gross National Product）が使われてきた。ＧＤＰは「国内」という場所に着目した指標である（属地主義）。一方、ＧＮＰは「国民」という主体に着目した指標である（属人主義）。海外の日本人の所得※は日本のＧＮＰに含まれるが、ＧＤＰには含まれない。

※実際には、ＧＮＰは日本の居住者の生み出した付加価値の総計のこと。国民経済計算では、居住者とは、日本に６か月以上居住している個人をさす。一方、国外に２年以上居住する個人は、日本国籍の者でも非居住者とみなされる。したがって、外国人でも日本に６か月以上居住していれば日本のＧＮＰに計上され、日本人でも２年以上海外に居住していれば日本のＧＮＰには計上されない。

上記から、**ＧＮＰ＝ＧＤＰ＋海外からの純所得**とあらわすことができる。

経済の国際化が進む中で、国内経済の実態を把握するというねらいから、現在はＧＤＰが使われている。また、**国民総所得**（ＧＮＩ：Gross National Income）という指標も使われるようになった。これは、ＧＮＰを分配（所得）面からみたものであり、ＧＮＰと名目値（物価の変動分を調整しない数値）は同じになる。

ＧＮＰとＮＮＰとの関係

ＧＤＰやＧＮＩは付加価値の合計であると考えてきたが、厳密には、ここから固定資本減耗分を除かなければ、純粋な付加価値とはいえない。

商品をつくるためには、機械などの設備（固定資本）が必要である。たとえば、パンを生産するのに100万円のオーブンが必要な場合を考える。このオーブンの寿命が10年であった場合、パン屋は、オーブンの価値は毎年10万円ずつ減っていくと考え、次のオーブンの購入のために、毎年10万円ずつ積み立てる。この費用のことを**固定資本減耗**（**減価償却費**）と呼ぶ。この部分は付加価値ではないにもかかわらず、ＧＮＰやＧＤＰに算入されている。そのため、この部分を除くことによって、より正確な付加価値の合計である**国民純生産**（ＮＮＰ：Net National Product）が求められる。

ＮＮＰ＝ＧＮＰ－固定資本減耗

ＧＤＰとＧＮＩの違いは？

アメリカで所得を得た日本人（ただし、アメリカに住んで２年未満）	日本で所得を得たアメリカ人（ただし、日本に住んで６か月未満）
↓	↓
日本のＧＮＩであるが、ＧＤＰには含まない。	日本のＧＤＰであるが、ＧＮＩには含まない。

Zoom **帰属計算**　実際には取引されていなくても取引されたものとみなして、例外的にＧＤＰに集計することである。例えば、持ち家に住んでいる場合には、「もしも賃貸だったらいくら払うことになるか」という観点でみなした家賃分をＧＤＰにカウントする。

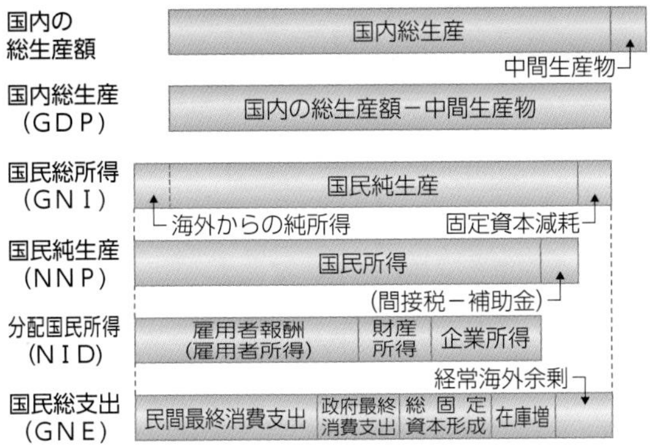

国民総支出(GNE)とはGNIを支出面から測ったもの
民間最終消費支出…家計や民間非営利団体の消費支出の合計
政府最終消費支出…政府の消費支出、社会保障費を含む
総固定資本形成…有形・無形の資産への投資金額の合計
在庫増…企業や政府が所有する製品・原材料・備蓄品の増減
経常海外余剰(よじょう)…(輸出＋海外からの所得)－(輸入＋海外への所得)

●**国内総生産(GDP)**
＝国内の総生産額－中間生産物
●**国民総生産(GNP)**
＝GDP＋海外からの純所得
●**国民純生産(NNP)**
＝GNI－固定資本減耗
●**国民所得(NI)**
＝NNP－(間接税－補助金)

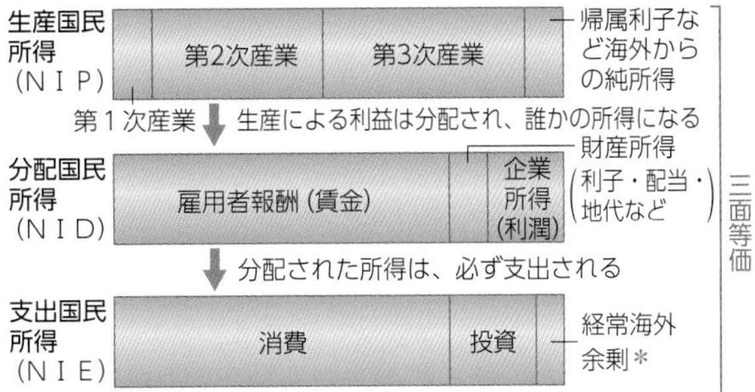

*(輸出＋海外からの所得)－(輸入＋海外への所得)

2008年に「国民経済計算(SNA)」が見直され、日本では2016年からGDPなどの計算方法を変更した。おもな変更点は、これまでは経費としてGDPから除外されていた企業の「研究開発費」などが、付加価値を生む投資として算入されるようになった。これにより、日本のGDPは3％程度、上積みされた。

国民所得と三面等価の原則

NNPは市場で取り引きされている金額(市場価格表示)であるので、より正確なパンの価値(要素価格表示)を知るためには、間接税(消費税)と補助金を考慮しなければならない。

たとえば、パンにいくらかの間接税がかけられ、同時にパン屋に補助金が与えられているとする。この場合、パン屋は本来のパンの価格に間接税分を上乗せして販売するだろうし、補助金分安く販売できるだろう。そのことを考慮して、より正確なパンの価値を見積もるには、間接税分を差し引き、補助金分を加える必要がある。こうして求められた額が(狭義の)国民所得(NI：National Income)である。

NI＝NNP－(間接税－補助金)

なお、国民所得は、広義にはGDPなど他の指標を含む概念でもある。

付加価値の総額であるGDPやGNP、NIなどは、すべて所得として分配され、さらに、支出として需要に回ることになる。このため、国民所得は、生産・分配・支出の3つの面から捉えられ、どれも等しい。これを三面等価の原則という。

GNPの場合には、支出面からみたのが国民総支出(GNE：Gross National Expenditure)であるため、GNP＝GNI＝GNEとなる。

国民所得に含まれないもの

①**新たに生み出された財・サービス以外の取引**…株式・土地などの資産の取引は付加価値を生み出さないため国民所得には含まない。ただし、手数料や利子・配当は国民所得に含む。また、中古品の取引も、以前に取引が行われており、付加価値を生み出さないため国民所得には含まない。

②**市場で行われない活動**…炊事(すいじ)・掃除(そうじ)・洗濯(せんたく)などの家事や育児、ボランティア活動などは無償労働であり、国民所得には含まない。

家事活動の評価額 (2016年)

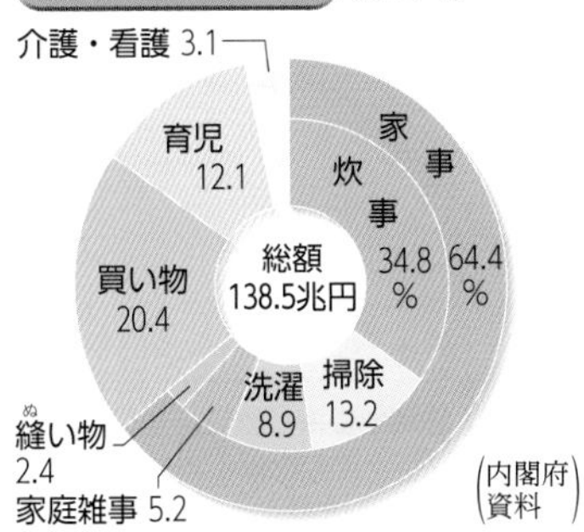

(内閣府資料)

ただし、市場で取引されているわけではないが、国民所得に含むものとして、消防などの公共サービス、農家の自家消費、持ち家の帰属家賃などがあげられる。これらはあたかも取引されたかのようにして国民所得に含める。これを帰属計算という。

共通テスト対策 2020年度本試験(改) 実践編

次の表は、ある年における日本のGNE(国民総支出)の額を算出するために必要な項目とそれぞれの額とを示したものである。この表に関する下の記述アとイの正誤の組み合せとして正しいものを、下の①～④のうちから一つ選べ。

ア　GNP(国民総生産)の額は556兆円である。
イ　GDP(国内総生産)の額はGNPの額より小さい。

①　ア　正　イ　正　②　ア　正　イ　誤
③　ア　誤　イ　正　④　ア　誤　イ　誤

項目	額(兆円)
民間最終消費支出	300
政府最終消費支出	106
総資本形成	127
財貨・サービスの輸出	89
財貨・サービスの輸入	83
海外からの所得	28
海外に対する所得	11
国民総支出	556

手順1　GNEはGNPを支出面から測ったものであるため、GNEとGNPは等しい。
手順2　GDP＝GNP－(海外からの所得－海外に対する所得)であるから、表では556－(28－11)＝539(兆円)となる。　正解…①

POINT
①GDPやGNIは、市場での取り引き額をもとに計算されており、中間生産物は含まない。
②国民所得は生産面・分配面・支出面で捉えることができ、それぞれの大きさは等しい。
③国民所得には家事やボランティア活動、中古品の取り引きなどは含まれていない。

経済

TOPIC トピック　現在注目されているシェアリングエコノミーは、物件やモノを貸し借りしたり共有したりする形態のビジネスであるが、付加価値を生み出さないため、GDPには計上されない。

用語解説　⑯三面等価の原則

5 経済成長率

?日本の名目経済成長率と実質経済成長率は、どのように推移してきたか

日本の名目経済成長率と実質経済成長率（内閣府資料）

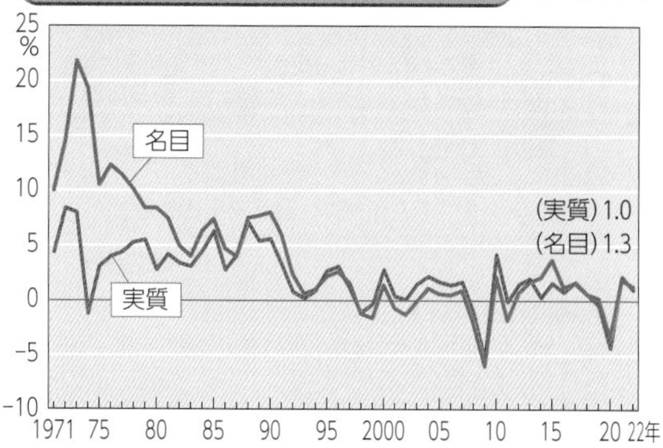

日本の名目GDPと実質GDPの伸び率（指数）（内閣府資料）

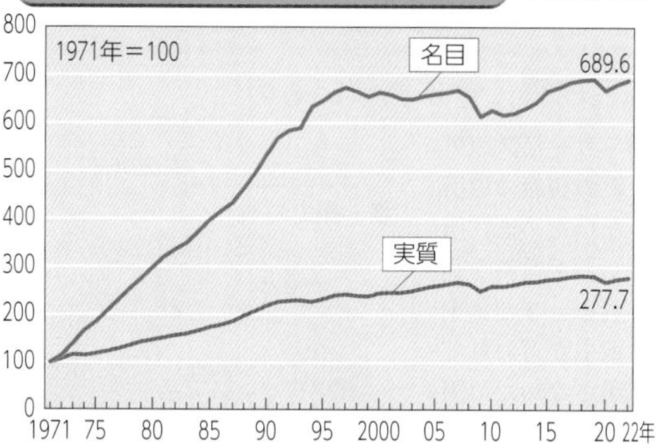

おもな国の実質経済成長率の推移（世界銀行資料）

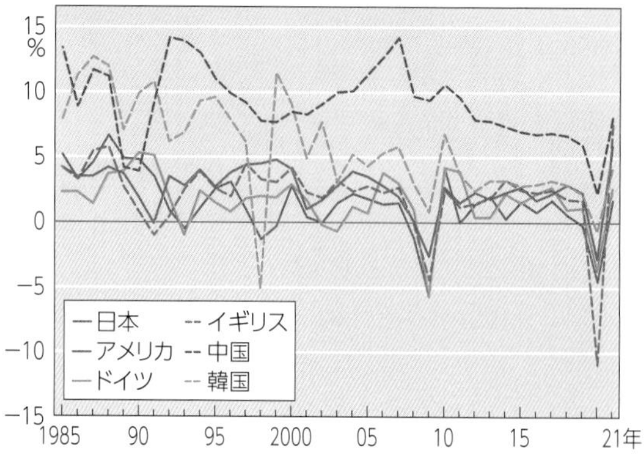

経済成長率……１年間など一定期間のＧＤＰが、前の期間に比べてどれだけ増加したのかを割合（%）で示したもの。経済成長率を３か月ごとに測（はか）った四半期別経済成長率の場合は、その前の四半期と比べるのではなく、前年の同じ時期と比べるのが一般的である。

解説 **経済成長率と物価**　一国の経済規模が拡大しているかどうかは、生産物の価格ではなく生産量によって決まる。その時の価格で算出される名目経済成長率では、物価変動によって数値が変化したのか、生産量の増減によって数値が変化したのか区別することができない。そのため、経済成長率は、物価の変動分を取り除いた実質値が重視される。

名目値と実質値

名目ＧＤＰ…物価の変動分を考慮しないで計算した数値

名目経済成長率（%）

$$= \frac{\text{ある年の名目ＧＤＰ} - \text{前年の名目ＧＤＰ}}{\text{前年の名目ＧＤＰ}} \times 100$$

実質ＧＤＰ…物価の変動分を取り除（のぞ）いて計算した数値

$$= \frac{\text{名目ＧＤＰ}}{\text{ＧＤＰデフレーター}}$$ 〔基準年のＧＤＰデフレーターを100とした場合、さらに100を乗じる〕

実質経済成長率（%）

$$= \frac{\text{ある年の実質ＧＤＰ} - \text{前年の実質ＧＤＰ}}{\text{前年の実質ＧＤＰ}} \times 100$$

※一般に、実質経済成長率と名目経済成長率の間には、近似（きんじ）的に次の関係が成り立つ。

実質経済成長率＝名目経済成長率－物価変動率

共通テスト対策 2021年度本試験（改）実践編

次の表は、ある国の経済状況を示している。この国では、2015年と2016年の１人当たりの名目ＧＤＰが同じである。表中のａ～ｃに当てはまる数字の組み合せとして正しいものを、下の①～⑧のうちから一つ選べ。

	2015年	2016年	2017年
名目ＧＤＰ（億ドル）	500	a	494
人口（百万人）	b	47	45
ＧＤＰデフレーター	100	94	95
実質ＧＤＰ（億ドル）	500	500	520
名目ＧＤＰ成長率（%）		－6	5
実質ＧＤＰ成長率（%）		0	c

（注）2015年が基準年で、2015年のGDPデフレーターを100とする。

① a 450 b 49 c 1　② a 450 b 49 c 4
③ a 450 b 50 c 1　④ a 450 b 50 c 4
⑤ a 470 b 49 c 1　⑥ a 470 b 49 c 4
⑦ a 470 b 50 c 1　⑧ a 470 b 50 c 4

手順1　a…「a÷94×100＝500」となる。➡a=470

手順2　b…「2015年と2016年の１人当たりの名目GDPが同じ」とあることから、「470÷47＝500÷b」➡b＝50

手順3　c…（520－500）÷500×100＝4➡c＝4　正解…⑧

ＧＤＰデフレーター

国内で生産された財・サービスを対象とした物価水準を示したもの。ＧＤＰデフレーターによって実質ＧＤＰを計算することができる。ただし、以下のように、ＧＤＰデフレーターは、実質ＧＤＰがわかっていれば、結果として算出することができる指数である。

■ＧＤＰデフレーターの計算方法

①まず、国内でＡという商品しか生産しないと仮定する。すると、「今年の名目ＧＤＰ＝今年のＡの価格×今年のＡの生産量」となる。

②実質ＧＤＰは、ある年のＡの生産量をすべて、基準年の価格で見積もった場合、その総額はいくらになるかを表している。つまり、「今年の実質ＧＤＰ＝基準年のＡの価格×今年のＡの生産量」となる。

③例えば、基準年のＡの価格が100円、今年のＡの価格が110円、今年のＡの生産量が500個だとすると、以下のように計算できる。
今年の名目ＧＤＰ＝110円×500個＝55,000円
今年の実質ＧＤＰ＝100円×500個＝50,000円

④基準年を100とした場合、今年のＧＤＰデフレーター＝55,000円÷50,000円×100＝110となる。

Zoom **在庫投資**　企業の保有する製品など在庫の増加分のこと。いわゆる売れ残りを意味する。不況時には在庫投資が増加するが、景気がよくなっていくにつれて、在庫投資は減少する。

6 経済成長と生産性

?経済成長率を高めるためには何が必要か

①経済成長の要因

経済成長率の要因分解

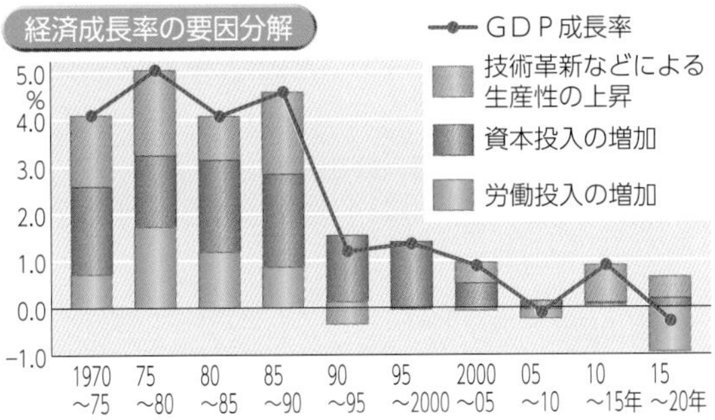

（産業経済研究所資料）

経済成長の３つの要因
①生産性の上昇［技術革新や生産の効率化など］
②資本投入の増加［生産に使用される建物や機械の増加率］
③労働投入の増加［労働者数と労働時間の増加率］

解説 **生産性の上昇がカギ**　経済成長は、労働力や資本（設備投資）の増加のほかに、技術革新、労働や資本の質的向上、経営の効率性向上などの諸要因によって決まる。労働力の増加については、総人口に占める生産年齢人口（15～64歳）の割合の増加が経済成長をもたらすといわれる（人口ボーナス）。しかし、**人口減少をむかえた現在の日本では、技術革新による労働生産性の上昇が経済成長のカギとなってくる。**そのためには、技術革新を生み出しやすい環境の整備や産業構造の変化などが重要となってくる。近年では、人工知能（ＡＩ）の活用による生産性の上昇が期待されている。

COLUMN 出題

イノベーションが経済を発展させる

「馬車を何台つなげても汽車にはならない」。これは、オーストリアの経済学者**シュンペーター**のことばである。シュンペーターは主著『経済発展の理論』で、経済発展の原動力は、人口や資本の増加といった毎年少しずつ起こる変化ではなく、「馬車から汽車への非連続的で急激な変化」であると考えた。シュンペーターは、こうした技術革新などによる変化を**イノベーション（新結合）**と呼び、次の５つに分類した。

↑シュンペーター（1883～1950）

①新しい財の生産　②新しい生産方式の導入
③新しい販路の開拓　④新しい組織の実現
⑤原材料や半製品（部品）に関する新しい供給源の獲得

イノベーションは、それまでの方法を破壊して新しい方法を創造していく「創造的破壊」の上で成り立ち、イノベーションが繰り返されることで景気循環が起きる。シュンペーターはこうしたイノベーションの担い手を、単なる経営者や資本家とは区別し、「企業家」と呼んだ。そして、イノベーションを遂行するための重要な要素として、銀行家の信用創造による資金供給をあげた。

②労働生産性

日本の産業別労働生産性（2021年、就業者１人当たり）

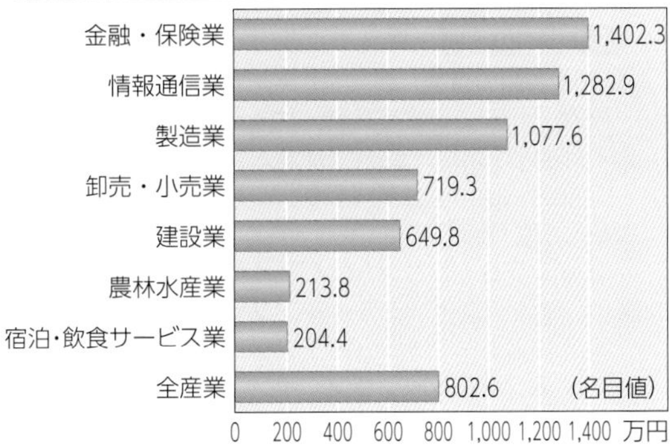

労働生産性の国際比較（2021年、就業者１人当たり）

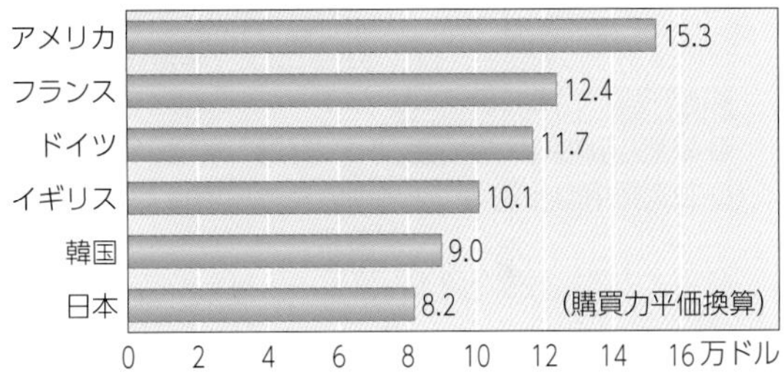

（日本生産性本部資料）

労働生産性……労働者１人当たりの生産の成果を測るものであり、「生産量（または付加価値）÷労働者数」によって示される。労働生産性が高いほど、効率のよい生産が行われている。１時間当たりの労働生産性を測る場合は「生産量（または付加価値）÷（労働者数×労働時間）」とする。

なぜドイツの労働生産性は日本よりも高いのか

日本の労働生産性は欧米諸国と比べて低く、人口減少が進む中で労働生産性の向上は喫緊の課題である。

日本と似た産業構造を有するドイツと比較してみると、ドイツは日本に比べて労働生産性が高く、産業間の労働生産性の格差も小さい。ドイツの労働生産性が日本に比べて高い理由として、労働時間の短さがあげられる。ドイツでは日本よりも長時間労働に対する規制が強く、監督官庁が厳しく取り締まっている。また、「連邦休暇法」によって、企業は社員に対して年間で最低24日の休暇を取らせる必要がある。その他にも、仕事よりも生活を優先する国民性もあげられる。

日本も「働き方改革」が進む中、ドイツのように労働時間を減らしながら効率よく働くことで、さらに労働生産性を高めることができるのだろうか。

日本とドイツの比較

	日本	ドイツ
人口（100万人）	125.1	83.9
名目ＧＤＰ（100万ドル）	5,148.7	3,861.1
１人当たりＧＤＰ（ドル）	40,791	46,232
週当たり実労働時間（時間）	39.2	36.6
年間労働生産性（ドル）	81,183	110,355
年間休日数（日）	138	143

※人口は2021年、名目GDP・１人当たりGDP・年間労働生産性は2019年、週当たり実労働時間・年間休日数は2020年の数値。

（『世界の統計』2022年版ほか参照）

TOPIC トピック　シュンペーターは1883年に生まれているが、この年はマルクスがこの世を去り、ケインズが生まれた年でもあった。

用語解説　⑲経済成長率

6 物価と景気変動

要点の整理

＊1～7は資料番号を示す

Ⅰ 物価の動向

❶物価指数の推移 1

・**物価**……さまざまな財・サービスの価格の平均的な水準。物価の動きは通常、物価指数で示される

①**消費者物価**……消費者が購入(こうにゅう)する商品(小売り段階での財・サービスなど)の物価

②**企業物価**……企業間で取引される商品(卸売(おろしうり)段階にある財・輸入品・原材料など)の物価

❷インフレとデフレ

①**インフレーション(インフレ)** 2……物価が継続的に上昇し、通貨の価値が下がること

- ディマンド・プル・インフレ ⟶ 有効需要の増加による
- コスト・プッシュ・インフレ ⟶ 賃金や原材料費などの上昇による

※**スタグフレーション**：インフレと不況が同時に進行すること

②**デフレーション(デフレ)** 3……物価が継続的に下落していくこと。通貨価値は上がるが、景気が低迷し失業が増える

※**デフレスパイラル**：デフレと景気悪化が悪循環に陥(おちい)ること

【物価安定政策】 4

・インフレ対策……財政支出の縮小・金融引き締め ⟶ 有効需要を抑制(よくせい)

・デフレ対策……財政支出の拡大・金融緩和 ⟶ 有効需要を拡大　※2013年に日本銀行は「**インフレ目標**」を導入

Ⅱ 景気変動と景気循環

❶景気変動の4つの局面 5……**好況・後退・不況・回復**の局面に分けられる

❷景気循環の分類 6……周期の長さに応じて、**キチンの波・ジュグラーの波・クズネッツの波・コンドラチェフの波**がある

❸日本の景気循環を測る指標 7……景気動向指数、日銀短観など

Ⅰ 物価の動向

1 物価指数の推移

物価指数対前年比の推移

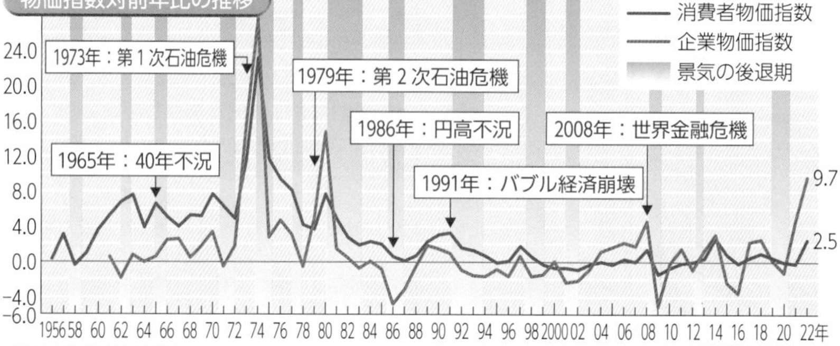

(総務省資料ほか)

戦後日本の物価の変遷

終戦直後の混乱期以外は、日本の物価は上昇傾向であった。特に1970年代には、列島改造ブームによる地価高騰(こうとう)や石油危機の影響で、「**狂乱物価**」と呼ばれるインフレに見舞(みま)われた。その後、1990年代からデフレ基調に転じ、政府や日銀は経済成長の実現に向けてデフレ対策に取り組んでいる。なお、2014年の物価上昇は、消費税率アップや円安による輸入価格の上昇の影響と考えられる。

物価指数の推移

(日本銀行資料ほか)

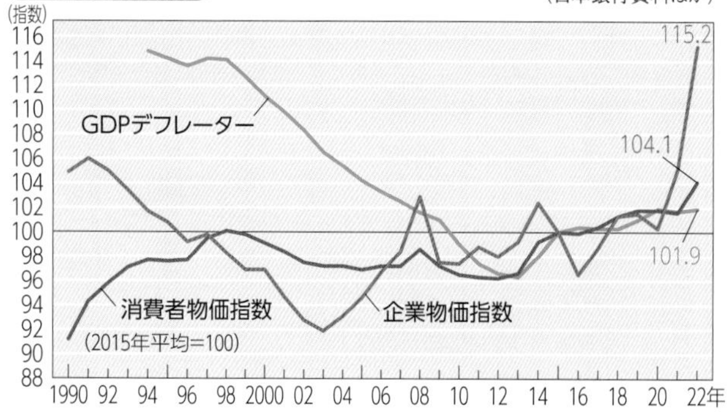

消費者物価指数…消費者が購入する最終消費財(モノ)・サービス(交通費や医療費など)の物価変動を表すもの。総務省統計局が発表する。

企業物価指数…企業間で取引される財の価格動向を指数化したもので、国内企業物価指数、輸出物価指数、輸入物価指数の3つからなる。以前は卸売物価指数と呼ばれていた。日本銀行が発表する。

※指数とは、基準年の水準に対してどの程度上昇(下落)したかを比率のかたちで示したもの。通常、基準年の水準を100とする。なお、月別に物価指数の増減(増加率)を示す場合は、前の月と比べるのではなく、前年の同じ月と比べるのが一般的である。

解説 **物価から景気を読む**　**物価**とは、一国の財・サービス全体の価格水準のことをさす。**インフレーション(インフレ)**とは物価が持続的に上昇すること、**デフレーション(デフレ)**とは物価が持続的に下落することを意味する。インフレは通貨の価値を下げ、デフレは通貨の価値を上げる。一般的に、好況時にはインフレに、不況時にはデフレになりやすい。物価の変動に着目すれば、景気の動向をある程度推(お)し量(はか)ることが可能である。

Zoom **実質賃金**　消費者物価指数に基づく物価変動の影響を差し引いて算出された賃金のこと。ＯＥＣＤの統計によると、日本の実質賃金は諸外国と比べて低迷している。

2 インフレーション

？インフレーションの原因は何か

①原因による分類　出題

(1)ディマンド・プル・インフレ(需要インフレ)

所得の増加や減税、通貨供給量の増加などで、需要量が増えることによって生じるインフレ。

財政インフレ	公共事業など財政支出が拡大し、通貨量が増大することによって発生する。
信用インフレ	銀行の貸し付けが増加し、過度の信用創造によって通貨量が増大して発生する。
輸出インフレ	輸出増加のために、国内でその商品が供給不足になって生じる。

■総需要の増加と総需要曲線の移動
①総需要の増加
→総需要曲線がDからD′に移動
↓
②物価がP_0からP_1へ上昇

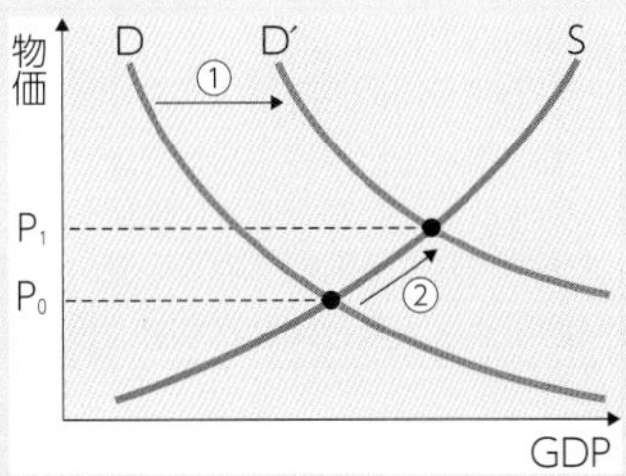

物価
D
D′
S
①
②
P_1
P_0
GDP

(2)コスト・プッシュ・インフレ(供給インフレ)

賃金や原材料費など生産コストの上昇分を、供給側が商品価格に上乗せさせることによって生じるインフレ。

賃金インフレ	賃金の高騰によって発生する。
輸入インフレ	石油危機での狂乱物価など、輸入原材料の高騰によって発生する。
管理価格インフレ	寡占(かせん)市場での管理価格(➲p.151)のため、価格の上昇傾向が続く(価格の下方硬直性)。

■コストの上昇と総供給曲線の移動
①コスト上昇分を価格に上乗せ
→総供給曲線がSからS′に移動
↓
②物価がP_0からP_1へ上昇

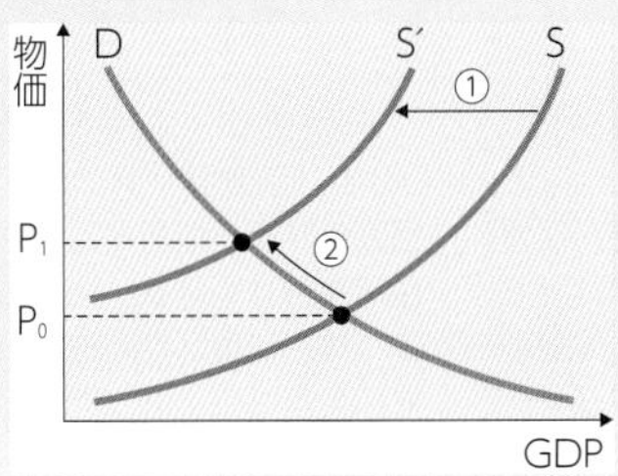

物価
D
S′
S
①
②
P_1
P_0
GDP

②スピードによる分類

クリーピング・インフレ	しのびよるインフレ。年率2～3%の物価上昇が続く状態で、先進国では一般的。
ギャロッピング・インフレ	駆(か)け足インフレ。年率10%以上のインフレが続いている状態。石油危機時の狂乱物価などが例。
ハイパー・インフレ	超インフレ。年率で数千%をこえるような急激なインフレ。第一次世界大戦後のドイツが典型。戦費捻出(ねんしゅつ)のための国債乱発や終戦直後の経済の混乱など、特殊な事情がその背景にあることが多い。

ドイツで起きたハイパーインフレ(1923年)　第一次世界大戦の敗戦国ドイツでは、経済の混乱により5年間で物価が1兆倍以上にもなった。写真は山積みにされた紙幣。

③スタグフレーション　出題

スタグネーション(「停滞」の意味)とインフレーションの合成語で、不況とインフレが同時進行する現象。1973～1974年の第1次石油危機、1979年の第2次石油危機では、多くの先進国が**スタグフレーション**に悩(なや)まされた。

スタグフレーションの原因…おもに、コスト・プッシュ・インフレによる供給能力の低下や、新規雇用の抑制などが原因。スタグフレーションに対しては、政府が物価上昇を抑制しようとすると、景気をいっそう悪化させることになるため、対応が困難である。

第1次石油危機によるパニック(1973年)　スタグフレーションが進行する中、物不足への不安から、消費者はトイレットペーパーなどの買いだめに走った。

経済

3 デフレーション

？デフレーションの原因は何か　出題

①デフレとは

所得の減少や増税による購買(こうばい)力低下、通貨量の減少などによって、需要量が供給量を下回ると発生する。安価な輸入品の増加や、技術革新による生産性向上によっても生じる。なお、地価や株価の下落(げらく)によって資産価値が減り、企業の投資意欲や家計の消費が抑制されて生じるデフレを「資産デフレ」という。

②デフレスパイラル

不況下には、企業は業績が悪化し、失業者が増加する。また、会社にいても給料は減り、生活が苦しくなった人々はモノを買い控(ひか)える。そして、モノが売れないため、企業の業績が悪化する。こうした悪循環が続くことを**デフレスパイラル**と呼ぶ。

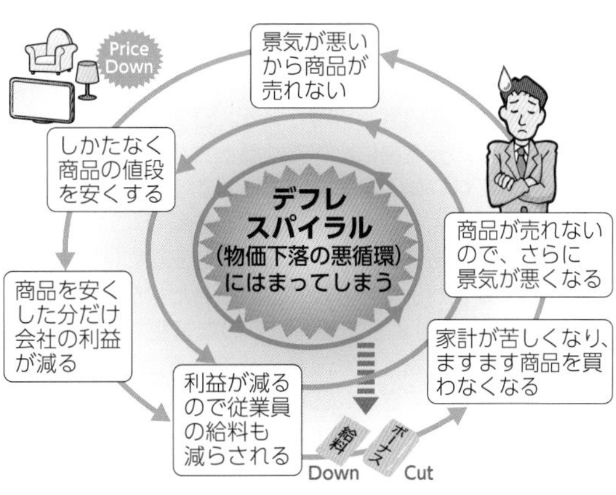

Price Down
景気が悪いから商品が売れない
商品が売れないので、さらに景気が悪くなる
家計が苦しくなり、ますます商品を買わなくなる
利益が減るので従業員の給料も減らされる
商品を安くした分だけ会社の利益が減る
しかたなく商品の値段を安くする
デフレスパイラル(物価下落の悪循環)にはまってしまう
給料 Down
ボーナス Cut

TOPIC トピック　鶏卵は「物価の優等生」といわれるが、近年は飼料価格の上昇や鳥インフルエンザの影響を受けて、価格が高騰した。

用語解説　⑮インフレーション, ⑮スタグフレーション, ⑮デフレーション, ⑮デフレスパイラル

4 インフレ・デフレの影響と対策

？インフレ・デフレは国民生活にどのような影響をもたらすのか　出題

①インフレ・デフレの影響

インフレ		デフレ
物価が上昇すると、企業や消費者は預金を取り崩したり、借金を増やしたりする必要が生じる。こうしてお金に対する需要が増えるので、銀行は金利を上げる。	金利	物価が下落すると、企業や消費者は以前よりも少ない費用で商品・原材料を購入できる。こうしてお金に対する需要は減少するので、銀行は金利を下げる。
お金の価値が下がるため、実質的に減少する。	預金	お金の価値が上がるため、実質的に増加する。
同じ金額の返済であっても、お金の価値が下がるため(または賃金が上昇傾向にあるため)、借金の負担は軽減する。逆にお金を貸していた方(債権者)は損をすることになる。	借金	同じ金額の返済であっても、お金の価値が上がるため(または賃金は下落傾向にあるため)、借金の負担感は増加する。逆にお金を貸していた方(債権者)は得することになるが、債務者からの返済が延滞または不可能になるおそれがある。
年金の受給額が増えなければ、お金の価値は下がっているので、年金生活者の生活水準は低下する。	年金	年金の受給額が変わらなくても、デフレになる前より購買力が増し、年金生活者の生活水準は向上する。
賃金が上昇傾向にあるため、また、今後さらに物価が上がることを警戒して、消費は活発になる。	消費	賃金が低下傾向にあり、また、今後さらに物価が下がることを期待するため、消費は低迷する。
預金の目減りを避けるために、株式や土地などで資産運用する人が増えるので、上昇することが多い。また、企業の売り上げが増加し、経営状態が向上すれば、株価は上昇する。	株価 地価	企業の売り上げが減少し、経営が悪化することになるので、株価は低下しがちである。地価も値上がりが期待できなければ土地に対する需要は減るので、やはり下落することになる。
所得税や法人税、消費税などの税収は増加する。	税収	所得税や法人税、消費税などの税収は減少する。

②インフレ・デフレの対策

インフレ対策	①ディマンド・プル・インフレへの対策 ・有効需要を抑制するために、政府は公共投資の抑制や増税などの財政政策を行う。 ・日銀は世の中の通貨量を抑えるために金融引き締め政策を行う。 ②コスト・プッシュ・インフレへの対策 ・資源の安定供給、生産性の向上、外国為替相場を円高に誘導すること、規制緩和や自由競争の促進、賃金上昇の抑制など、コストを下げるための各種政策を行う。
デフレ対策	・有効需要の拡大のために、政府が減税や公共投資の増加、社会保障支出の拡大を行う。 ・日本銀行が通貨量を増やすために、買いオペレーションなどによる金融緩和政策を採る。

物価と失業率の関係は？

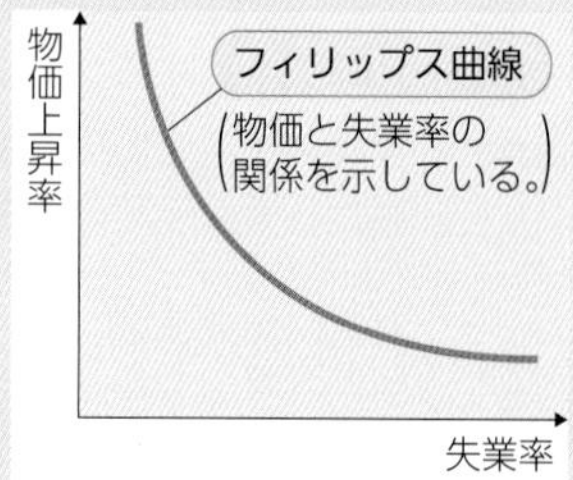

一方を改善すれば他方が悪化する関係をトレード・オフ関係といい、物価と失業率はこの関係にある。景気が過熱してインフレになった場合、日銀は金融を引き締めて物価上昇を鎮静化させる。すると、景気が抑制されて失業率は上昇してしまう。それとは逆に、景気を良くすれば失業率は低下するが、物価は上昇する。ただし、現在の先進国ではこの関係が薄まりつつあるといわれている。

解説 **インフレ・デフレの功罪**　通常、健全な経済成長のためには、緩やかなインフレ(消費者物価の対前年比で２％程度)が望ましいとされる。しかし、上の表に示されたように貨幣価値の低下に伴うデメリットもある。急激なインフレは通貨の購買力を低下させ、経済に重大な影響を及ぼす。債務の負担は軽くなる一方で、預貯金が実質的に目減りする。以前と同じ生活費では同じだけの財やサービスを購入できないので、所得の上昇率が物価上昇率に追いつかなければ、生活が苦しくなる。さらに資産をもつ人ともたない人との所得格差も拡大する。一方、デフレが続けば将来的に賃金の上昇が望めないため、消費は控えられ、不況が長引き経済成長が滞る。物価は基本的に需要と供給の関係によって決まるため、インフレやデフレを抑えるためには、需要と供給のバランスをとることが必要である。

COLUMN 内外価格差

同一の財やサービスについて、国内での価格と国外での価格の差を**内外価格差**という。日本の物価水準は、これまで他の先進国に比べて割高とされてきた。その原因としては、輸入農産物などに対する関税や非関税障壁、政府によるさまざまな規制、複雑で非効率な流通機構などがある。1989年の日米構造協議では、内外価格差の是正が日本に対して求められた。なお、購買力平価(➲p.336)よりも現時点での為替相場が円高になっていれば、物価は割高と判断できる。また、デフレの傾向が続いてきた1990年代後半から2010年代にかけては、内外価格差は縮まる傾向にあった。

●各国の物価水準の対東京比(東京＝100)(2018年)

品目名	韓国	タイ	シンガポール	ベルギー	アメリカ
卵	128.1	84.3	109.0	177.7	82.7
牛乳	127.1	73.8	122.6	105.0	61.0
牛肉	105.0	58.9	86.4	83.7	42.2
トマト	64.8	70.7	30.8	43.7	82.3
じゃがいも	110.3	88.2	40.2	79.6	64.9
炭酸飲料	173.1	72.5	110.1	159.8	101.5
ビッグマック	118.2	102.9	125.4	136.7	144.3
タクシー	75.0	28.8	65.8	76.1	84.5
テレビ	—	61.6	64.4	118.9	30.4
乗用車	—	127.5	446.4	147.9	102.7
ガソリン	105.7	61.7	—	110.2	55.8

(公益財団法人国際金融情報センター資料)

Zoom **物価と失業率の関係を長期的にみると**　フリードマンは、長期的にみれば、失業率と物価は互いに影響しなくなり、フィリップス曲線は垂直の直線(長期フィリップス曲線)になると考えた。

Ⅱ 景気変動と景気循環

5 景気変動の４つの局面

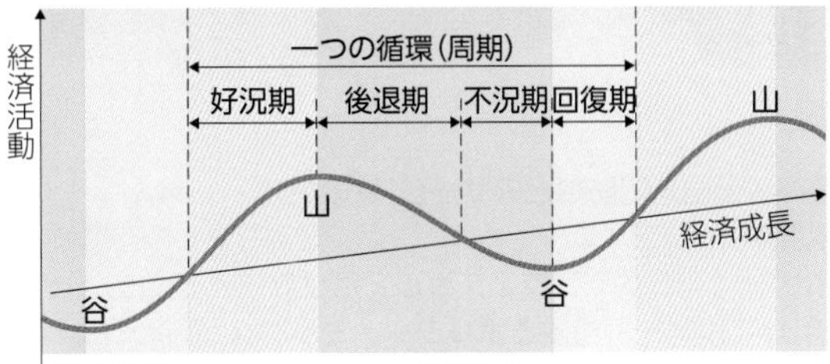

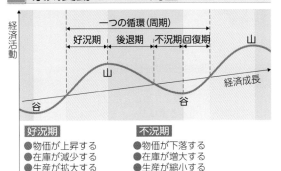

好況期
- 物価が上昇する
- 在庫が減少する
- 生産が拡大する
- 失業者が減少する

不況期
- 物価が下落する
- 在庫が増大する
- 生産が縮小する
- 失業者が増大する

時間

①**好況**：企業は需要の増加に対応するために、投資と生産を拡大する。経済活動が最も活発な局面。
②**後退**：やがて生産が過剰となり、企業は在庫（売れ残り）を抱える。経済活動が縮小していく局面。
③**不況**：企業の倒産・失業者が最高水準に達し、経済活動が停滞する局面。
④**回復**：在庫がしだいに減り、需要と供給のバランスが回復すると、企業が生産活動を本格的に再開する。経済活動が活気を取り戻す局面。
※急速な勢いで好況期から不況期に陥ることを「恐慌」という。

解説 **景気循環の周期**　一国内の有効需要の大きさが変化すると、生産量や所得水準も変化して**景気変動**が起きる。景気変動は好況期➡後退期➡不況期➡回復期➡好況期と、周期的な繰り返しがみられるため、**景気循環**という。なお、急速な勢いで好況期から不況期に陥ることを「**恐慌**」という。

6 景気循環の分類　出題

区分	周期	内容
キチンの波	40か月	原因：企業による在庫投資の増減 在庫循環とも呼ばれる最短期の波。 アメリカの経済学者キチンが提唱した。
ジュグラーの波	7～10年	原因：企業による設備投資の変動 主循環とも呼ばれる。フランスの経済学者ジュグラーが提唱した。
クズネッツの波	15～25年	原因：住宅建設の需要や人口増加 建築循環とも呼ばれる。アメリカの経済学者クズネッツが提唱した。
コンドラチェフの波	50～60年	原因：技術革新や資源の大規模な開発 旧ソ連の経済学者コンドラチェフが提唱した。

シュンペーターによるコンドラチェフ循環の要因分析
1787～1842年：産業革命期の紡績機や蒸気機関の発達
1843～97年：鉄鋼産業の成長と鉄道の建設
1898～1920年頃：電気・化学・自動車技術の発達

解説 **景気循環の理由とは**　資本主義経済の特徴の一つは景気循環である。循環する基本的な要因は、需要と供給のバランスが崩れることである。企業による投資や生産は、将来の需要と供給の予測によって行われるため、計画経済でない以上、景気の変動を完全に失くすことは不可能である。景気循環のとらえ方の違いにより周期も異なってくるが、シュンペーターは、現実に起きている景気の波は、いくつかの波の合成であると考えた。

7 諸指標からみる日本の景気循環

景気動向指数（ＣＩ）の推移（一致指数）

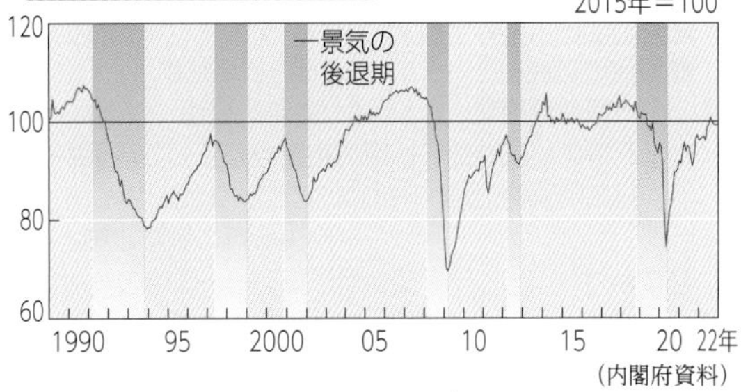

（内閣府資料）

景気動向指数

景気動向指数は生産・販売・在庫・雇用・物価・株価など、重要な景気に関する指標を統合した指標である。景気動向指数の作成方法には、ＤＩ（ディフュージョン・インデックス）とＣＩ（コンポジット・インデックス）が存在する。ＤＩは、各分野への景気の波及度合いを示したものである。一方、ＣＩは過去の景気の勢いを比較することができる指数であり、現在ではＣＩが主流となっている。ＤＩとＣＩはそれぞれ「先行指数」、「一致指数」、「遅行指数」の３つの指数があり、その指数に適した経済指標を採用している。

指数の種類	採用する経済指標
先行指数	景気の動きに対して、先行して動く指数 例：東証株価指数、新規求人倍率など
一致指数	景気の動きに対して、一致して動く指標 例：有効求人倍率、鉱工業生産指数など
遅行指数	景気の動きに対して、遅れて動く指標 例：完全失業率、家計消費支出など

日銀短観・業況判断指数の推移（ＤＩ）

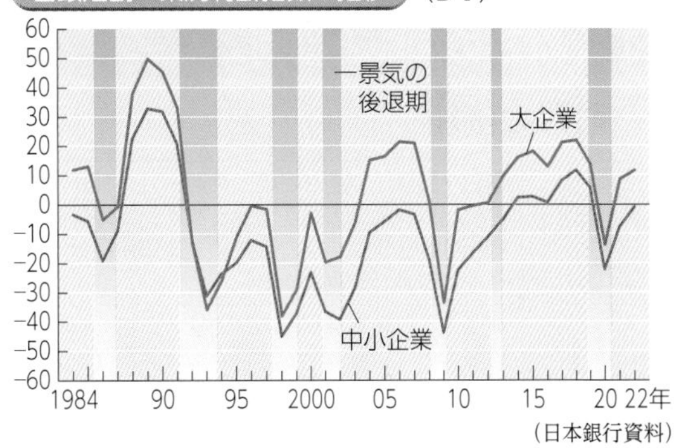

（日本銀行資料）

日銀短観

日本銀行の全国企業短期経済観測調査の略。全国約11,000社を対象に、アンケート調査を実施する。このうち業況判断指数は、景気が良いと答えた企業の割合から景気が悪いと答えた企業の割合を引いた数値であり、この数値がプラスの側に大きくなるほど、経済全体の景気がよいとされる。

解説 **景気の指標**　景気の良し悪しの判断には、景気動向指数や日銀短観などが用いられる。また、政府は景気に対する公式の判断として「月例経済報告」を発表している。これは、個人消費や設備投資、輸出などの指標を分析し、景気の現状と先行きに関する基調判断や、政策の基本的姿勢などが示されている。報告書の中に「弱含み」や「足踏み状態」など、独特の表現を取り入れているのも特徴の１つである。

TOPIC トピック　リフレーション（リフレ）とは「通貨の再膨張」をさし、デフレから脱却してインフレになるまでの状況のこと。インフレ・ターゲットはリフレ政策の１つである。

用語解説 ⑮景気変動

7 財政のしくみとはたらき

要点の整理

＊1～24 論点は資料番号を示す

I 財政の機能と役割

❶**財政の機能** 1……財政＝政府の経済活動
①**資源配分機能**……公共財（道路・公園・港湾などの財や、警察・消防・国防などのサービス）の供給
②**所得再分配機能**……所得格差を是正（累進課税・社会保障制度）
③**景気調整機能** 6……景気の安定化（**ビルトイン・スタビライザー**＜自動的＞、**フィスカル・ポリシー**＜裁量的＞）
→中央銀行の金融政策と一体的に運用して景気を調整する**ポリシー・ミックス**が行われる

❷**国家財政** 2〔国会の議決が必要〕
- **一般会計予算** 3……政府の一般行政の予算で、国家の基本的な収入・支出を管理する会計
- **特別会計予算** 8……年金など特定の事業を行うための会計→無駄な支出が指摘され、改革が進む 9
- **政府関係機関予算**……日本政策金融公庫など特定の政府系金融機関の会計
- **財政投融資計画** 10……特殊法人などの財投機関が資金を調達・運用（2001年の改革により縮小傾向）

II 租税の種類としくみ

●**日本の税制** 11……戦後、**シャウプ勧告**によって「直接税中心」となる 13
①**直接税**：**所得税** 15、**法人税** 16など（納税者と担税者が同じ）……おもに所得や資産に課税
所得税の**累進課税制度**→所得再分配効果をもつ
②**間接税**：**消費税** 17、酒税など（納税者と担税者が異なる）……おもに消費（財・サービスの購入）に課税→**逆進性**をもつ

III 公債（国債）の発行

❶**公債の種類** 18
①**建設公債**（**建設国債**）……社会資本整備を目的に発行される国債
②**特例公債**（**赤字国債**）……当面の財政不足を補うため発行。財政法上は禁止されており、特例法を制定して発行
→**市中消化の原則** 4……日銀直接引き受けの禁止

❷**公債発行の問題点** 19 20
①**財政の硬直化**……歳出に占める国債費の割合が増加し、自由に使える予算が少なくなる
②国債残高の累増……将来世代の負担増大　③公債に対する信用不安……財政破綻のおそれ（財政危機）
→財政健全化に向けた取り組み……**基礎的財政収支**（**プライマリー・バランス**）の黒字化が目標 論点

IV 財政における国と地方の役割分担と財政支出の効率化

❶**地方財政の役割** 22……生活に密接に関連する分野への経費を支出→民生費（年金を除く）や衛生費などの多くを負担
❷**公共事業・公共サービスの見直し** 24……**費用対効果分析**に基づく事業の見直し、公共サービスの民間委託など

I 財政の機能と役割

1 財政の機能

資源配分機能	道路・警察・消防などの公共財・公共サービスの供給は、利潤追求を目的とする民間の経済活動にはなじまない。このため、政府が税金や国債を原資として供給する。
所得再分配機能	資本主義に特有な貧富の差の拡大を防ぐ機能。高所得者には所得税の税率を高くして（累進課税）、低所得者には社会保障支出などで貧富の差を是正する。
景気調整機能	恐慌や失業を回避し、持続的な経済成長を実現することが政府に求められる。このため、ビルトイン・スタビライザー（自動安定化装置）のほか、政府が裁量的に行うフィスカル・ポリシーによって景気変動の行きすぎを抑えている。

解説 **市場のはたらきを補完** 市場は万能ではない。資本主義経済の下では、所得分配の不平等や恐慌の発生のほか、公共財が十分に供給されないといった「市場の失敗」と呼ばれる現象が起きる。こうした問題を解決するために、政府が積極的に市場に介入することが求められるようになった。特に、**20世紀になって福祉国家が理想とされるようになると、それまでの「小さな政府」から「大きな政府」へと、政府の役割は大幅に拡大した。**しかし、その結果、財政支出が膨らみ、財政赤字など新たな問題が発生している。

2 財政の構造

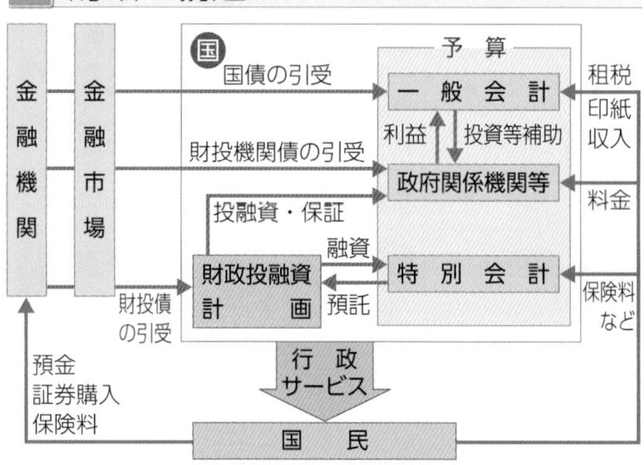

解説 **財政のしくみ** 政府は企業や国民から税金・保険料・公債などで資金を調達し、これを元手に道路や港湾などを建設し、また福祉や教育などさまざまなサービスを提供している。このような政府の活動を財政という。国の予算は**一般会計予算**、**特別会計予算**、**政府関係機関予算**のほか、**財政投融資**があるが、いずれも国会の審議・議決が必要である。このうち、政府関係機関は企業的経営を行うために、特別の法律によって設立された全額政府出資の法人であり、代表的な機関としては株式会社日本政策金融公庫がある。

Zoom **財政政策・19世紀と20世紀との違い** 19世紀までの財政政策はおもに資源配分機能を中心としていたが、20世紀になって所得再分配機能と景気調整機能が新たに加わった（「小さな政府」から「大きな政府」へ）。

3 国の一般会計予算の内訳 出題

①歳入

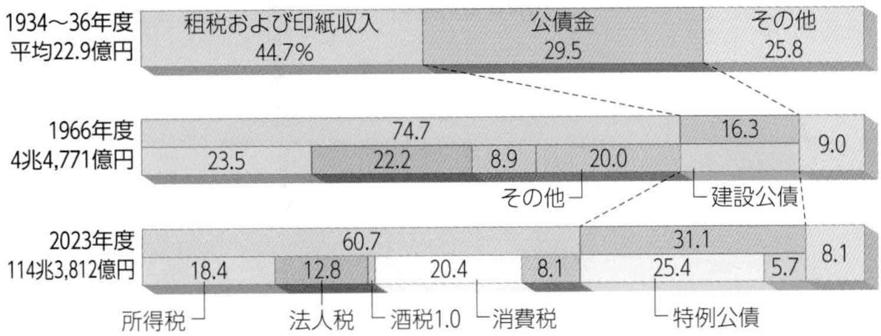

②歳出

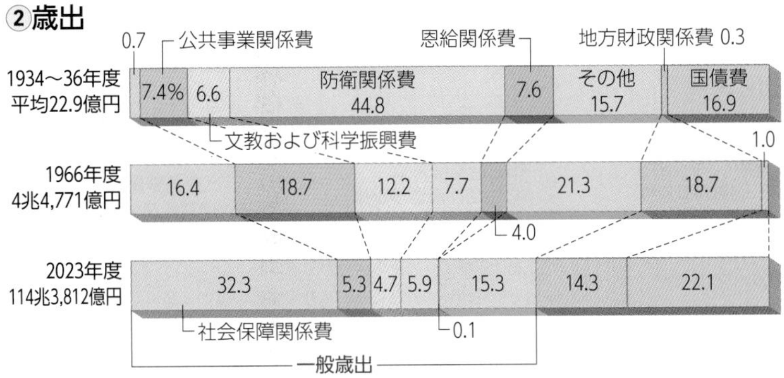

(注)1934〜36年度平均歳入は決算、1934〜36年度平均歳出および1966年度は補正後予算、2023年度は当初予算
2023年度歳出の「その他」の項目には、防衛力強化資金繰入れ(3.0%)、新型コロナ及び原油価格・物価高騰対策予備費(3.5%)、ウクライナ情勢経済緊急対応予備費(0.9%)を計上している(財務省資料)

解説 **恒常化する財政赤字** 憲法第84条には「あらたに租税を課し、又は現行の租税を変更するには、法律又は法律の定める条件によることを必要とする」とあり、税を誰がどのように負担するかは、すべて法律によって決められている。これを**租税法律主義**という。国税の3本柱は、所得税、法人税、消費税である。しかし、近年は租税だけでは歳出に必要な金額を賄えず、公債金収入の割合が増加している。

解説 **財政の硬直化が進む** 歳出のうち、国債費(公債の利払いや返済に充てる経費)と地方交付税交付金(➡p.101)は義務的経費と呼ばれ、一定の支出が制度的に義務づけられている。このため、国が自由に使用できるのは、一般会計から国債費と地方交付税交付金を除いた**一般歳出**だけである。近年、国債費の増加とともに一般歳出の割合が小さくなってきており、**財政の硬直化**が進んでいる。

4 財政法 頻出

公布 1947年3月31日

第1条【目的】 国の予算その他財政の基本に関しては、この法律の定めるところによる。

第4条【財源】 国の歳出は、公債又は借入金以外の歳入を以て、その財源としなければならない。但し、公共事業費、出資金及び貸付金の財源については、国会の議決を経た金額の範囲内で、公債を発行し又は借入金をなすことができる。

第5条【日銀直接引受の原則禁止】 すべて、公債の発行については、日本銀行にこれを引き受けさせ、又、借入金の借入については、日本銀行からこれを借り入れてはならない。但し、特別の事由がある場合において、国会の議決を経た金額の範囲内では、この限りでない。

第27条【予算の国会提出】 内閣は、毎会計年度の予算を、前年度の一月中に、国会に提出するのを常例とする。

第40条【決算の国会提出】 内閣は、会計検査院の検査を経た歳入歳出決算を、翌年度開会の常会において国会に提出するのを常例とする。

解説 **財政規律を定める** 財政法は国の予算やその他の財政の基本原則を定める法律である。第4条の但し書きでは、財源として租税以外に建設公債を発行することも認めている。一方、第5条では、**日銀直接引き受けの公債発行を禁止し、公債の市中消化の原則を定めている**。これは、日銀の公債引き受けにより、市中に過度の通貨が出回り、インフレが起きることを防止するためである。なお、特例公債(赤字国債)の発行は、財政法上では認められていないため、原則として1年限りの特別の法律(特例法)を必要とする。

COLUMN 予算の成立 出題

1月	各省庁、予算編成開始
7〜8月	財務省、概算要求基準(シーリング)を策定→各省庁の予算の上限が決定
8月末	各省庁が財務省に予算要求
9月	財務省が予算の査定開始
12月末	財務省が予算原案を内示→復活折衝(財務省と各府省が原案に盛りこまれなかった予算を協議)→政府が予算案を閣議決定
1〜3月	政府が通常国会に予算案を提出→国会審議→成立
4月	会計年度開始

毎会計年度(4月1日から翌年3月31日まで)の予算の編成開始から成立までには1年以上の期間を要する。

毎年1月に召集される通常国会で成立した予算は**当初予算(本予算)**といわれ、4月から執行される。3月末までに予算が成立しない場合は、当初予算が成立するまでのつなぎとして、人件費や事務費など最小限の費用を計上した**暫定予算**が組まれる。

一方、自然災害などの予見しがたい事態に対応するために作成される予算を**補正予算**という。現在の日本では、予見しがたい事態というよりも、経済情勢の変化に対応するために、補正予算を編成している。

また、会計年度が終わると「歳入歳出決算」が作成され、閣議決定を経て、**会計検査院**に送付される。その後、歳入歳出決算は会計検査院の検査報告とともに国会に提出される(憲法第90条)。

TOPIC トピック 政府系金融機関の統廃合が進んだため、政府関係機関予算の対象となる機関は2004年に8つあったが、現在では4つに減少した。

用語解説 ⑮会計検査院

5 一般会計主要経費別歳出の推移

？一般会計歳出の推移には、どのような特徴がみられるのか

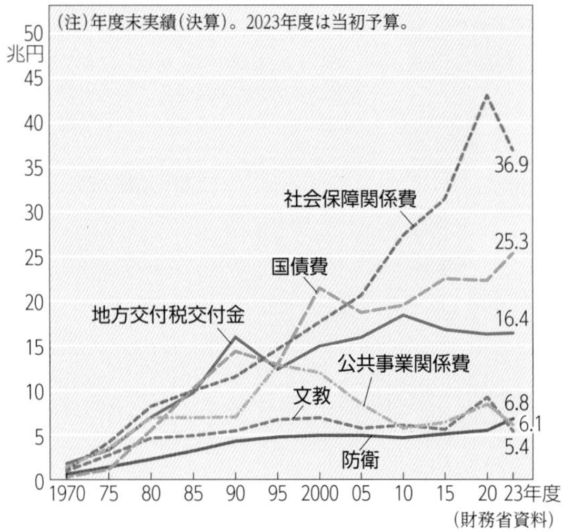

解説 **増大する社会保障関係費**　このグラフから大きく３つのことが読みとれる。第一に社会保障関係費の伸びが著しい。これは高齢社会の到来に伴って、年金・医療費などの社会保障給付費が増えているためである。第二に、公共事業関係費が2000年代に下落している。これは公共事業がかつてのような経済効果をもたなくなってきたことに加えて、小泉純一郎内閣(2001～06年)が「小さな政府」をめざして構造改革を進めた結果である。第三に、国債費が増大している。**歳入に占める公債依存度の上昇に伴って、歳出全体に占める国債費の割合が着実に増大し、財政の硬直化が進んでいる。**

6 ビルトイン・スタビライザーとフィスカル・ポリシー

	不況期	好況期
ビルトイン・スタビライザー(景気の自動安定装置)	累進課税による税負担減 社会保障給付の増加	累進課税による税負担増 社会保障給付の減少
フィスカル・ポリシー(裁量的財政政策)	公共事業の増加 減税	公共事業の抑制 増税

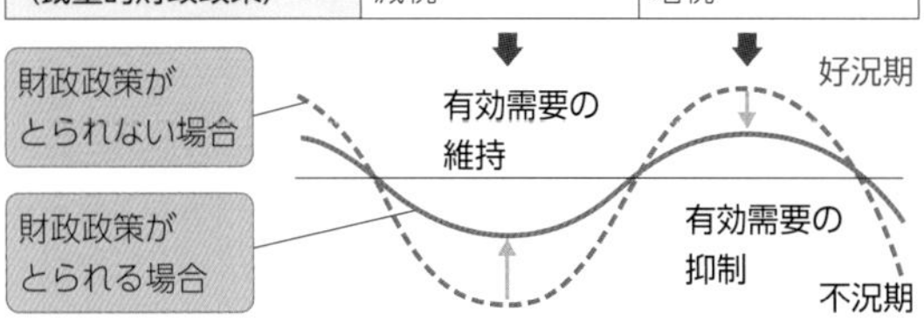

解説 **２種類の景気調整方法**　財政による景気調整方法には２種類ある。一つは**ビルトイン・スタビライザー(自動安定化装置)**で、財政の中に組みこまれた「制度」によって景気調整が自動的に機能する。例えば、不景気になると雇用保険が多く支給される一方、累進課税制度の税率の適用が一段低くなる人が増え、有効需要が創出されて景気浮揚効果が出る。もう一つは**フィスカル・ポリシー**と呼ばれる**裁量的財政政策**である。一般的にはビルトイン・スタビライザーの効果は十分ではないため、不況になると公共事業などの裁量的財政政策が実施される。また、財政政策と中央銀行による金融政策を一体的に運用して景気を調整することを**ポリシー・ミックス**という。

7 公共事業関係費

？公共事業は時代によってどのような分野に重点がおかれたのか

①公共事業の内容

公共事業関係費の内訳

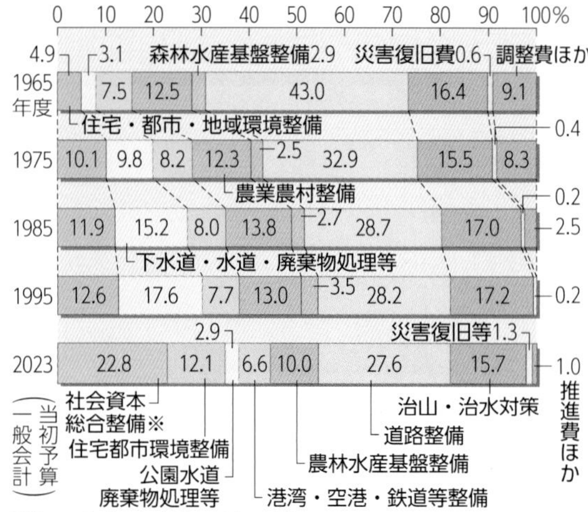

(注)2010年度より内訳の区分が見直された。
※地方公共団体の計画に基づく社会整備のほか、整備効果促進のためのソフト事業支援を含む。(財務省資料)

解説 **生活関連社会資本にシフト**　社会資本(インフラストラクチャー)には２種類ある。一つは道路、港湾、空港など、生産活動を支える**生産関連社会資本**である。もう一つは住宅、上下水道、公園など、国民生活を支える**生活関連社会資本**である。高度経済成長期には道路などの生産関連社会資本の割合が高かったが、経済が成熟段階に達した今日、重点は生活関連社会資本の充実に移ってきている。

②公共事業の規模

公共投資の対GDP比　(財務省資料)

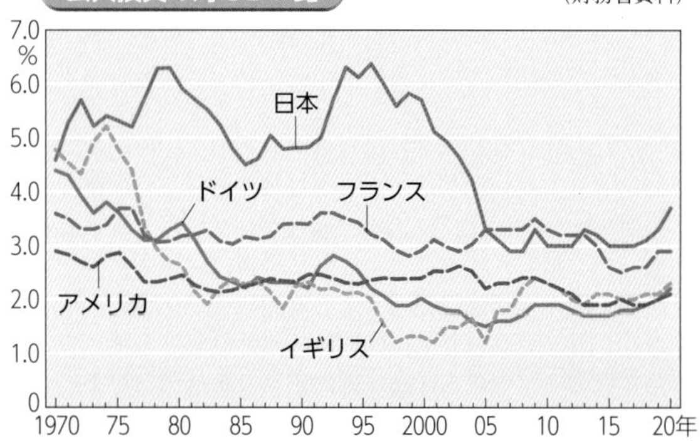

現在、東日本大震災などの災害からの復興や、高度経済成長期に建設された社会資本の老朽化が問題となったため、防災・耐震化や老朽化対策に重点的に取り組んでいる。

解説 **公共投資の削減進む**　国内総生産(GDP)に占める公共投資の比率を国際比較すると、日本は1990年代後半から小さくなっている。高度経済成長期の日本では、高速道路をつくれば、それが経済活動に与える影響は大きかった。しかし、現代では地方に道路をつくっても利用する車はまばらであることも多い。こうしたことから、公共投資の効率化が求められるようになった。特に2000年代の小泉内閣時代には、公共投資を中心とする積極的な経済対策の見直しが行われた結果、公共投資の削減がいっそう進んだ。

Zoom **特別会計の純計額**　特別会計は一般会計からの繰り入れや各特別会計間での資金の移動などが行われているため、重複して計上されている。この重複を除いた金額が純計であり、重複分を計上した総計は純計の約２倍に達する。

8 特別会計

特別会計の役割 (年金の場合)

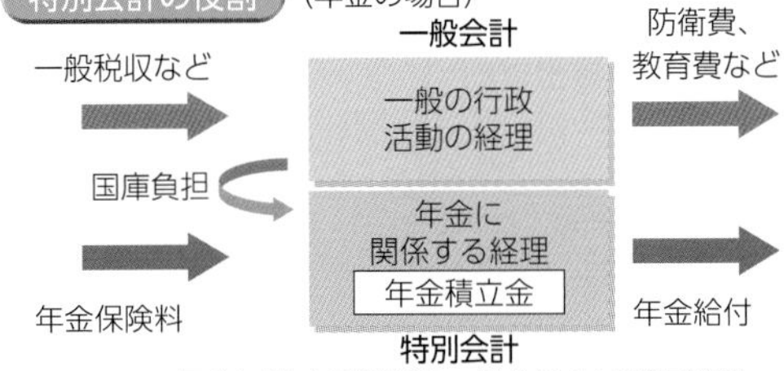

年金に関する経理を一般会計とは別に経理

日本の財政規模 (歳出・純計) (2023年度当初予算)

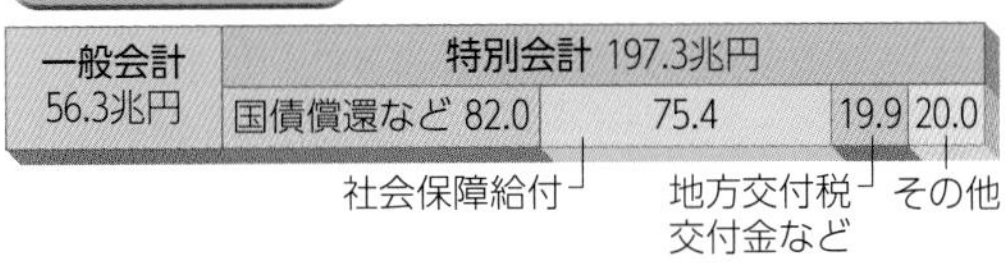

※一般会計の純計は、一般会計(当初予算)の総計114.4兆円から、特別会計に繰り入れた58.1兆円を差し引いた額。 (財務省資料)

解説 **特定の事業のための会計** 本来、国家の会計は一般会計だけで行う方がわかりやすい。しかし、年金に関する経理のように、一般会計から切り離した方が、受益と負担の関係が明確になり、資金の運用状況を把握(はあく)しやすくなるものもある。このように、特定の歳入をもって特定の事業を行うために、例外的に設置されたのが**特別会計**である(➡p.170欄外)。

9 特別会計改革

おもな特別会計統廃合のスケジュール

特別会計 2006年度	2007年度	2008年度	2010年度	2011年度
道路整備	→	社会資本整備事業	→ ※2014年度に一般会計化	
治水	→			
その他社会資本関連特別会計	→			
厚生保険	年金	→		
国民年金				
船員保険	→	→	労働保険	→
労働保険	→	→		
国営土地改良事業	→	一般会計化		
食糧管理	食料安定供給	→		
農業経営基盤強化措置				
登記	→	→	→	一般会計化
特定国有財産整備	→	→	一般会計化	
電源開発促進対策	エネルギー対策	→		
石油及びエネルギー需給構造高度化対策				
産業投資	→	財政投融資	→	
財政融資資金	→			
特別会計の数 31	28	21	18	17

※2023年度現在の特別会計の数は13 (財務省資料)

解説 **特別会計の整理・縮小** 特別会計は一般会計や他の特別会計からの繰り入れがあるため、一般会計から完全に独立しているわけではない。そのため、特別会計が多数設置されると、予算全体のしくみが複雑化し、かえってわかりにくいものとなる。**国民の監視を徹底(てってい)させ、無駄な支出を行わないようにするため、特別会計の整理・縮小が行われた。**なお、2012年には東日本大震災復興特別会計が新たに設けられた。

10 財政投融資計画

改革後の財政投融資のしくみ

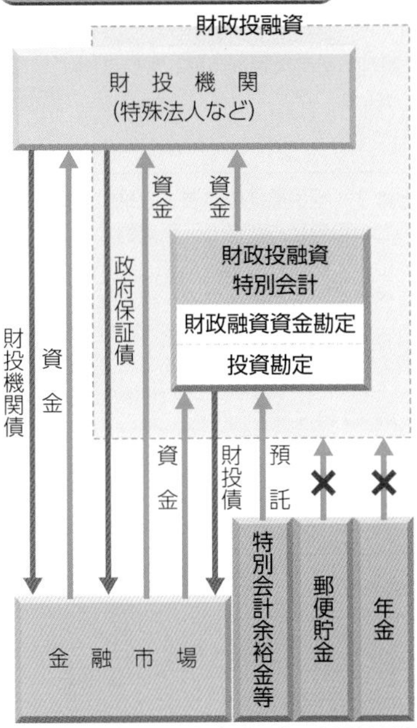

財政投融資計画は一般会計予算や特別会計予算と同様に、国会の議決を経て執行される。

使途別推移

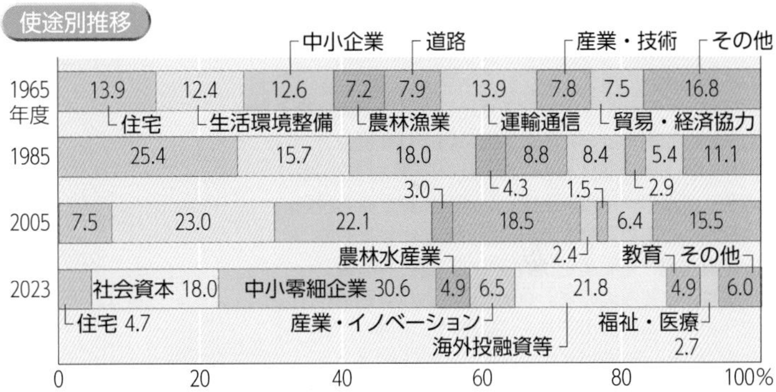

(注)2015年度より内訳の区分が見直された。 (財務省資料)

かつての財政投融資は、郵便貯金や年金積立金などを財務省(大蔵省)の資金運用部に預託し、財投機関に融資していた。改革後は政府が国債の一種である**財投債**を発行し、その資金を財投機関に貸し付けることになった。また、財投機関はみずから必要に応じて**財投機関債**を発行して、金融機関から資金を自主的に調達できるようになった。

財政投融資計画額の推移 (財務省資料)

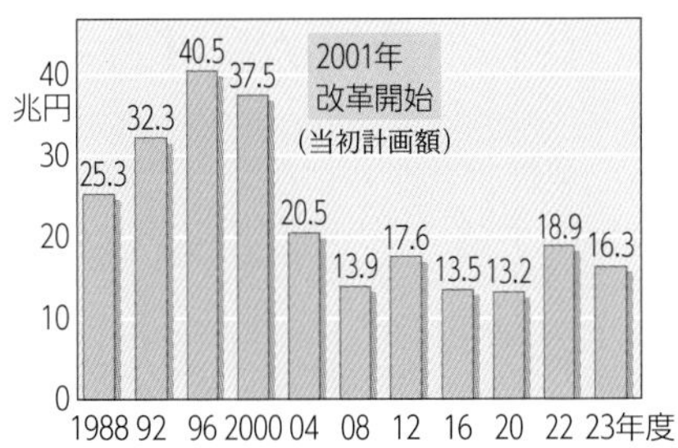

解説 **財政投融資改革** **財政投融資**とは、財投機関が資金を調達し、その資金を中小企業や道路建設など、民間の金融機関では十分(じゅうぶん)に資金が行き渡らない分野に投入する制度をいう。一般会計とは違って「融資」であり、借りたお金は利子をつけて返済しなければならない。財政投融資はその規模が大きく、また、資源配分機能や景気調整機能があり、国会の承認が必要なことから「**第二の予算**」といわれてきた。しかし、**財投機関の肥大化や資金の非効率性が問題となり、2001年に財政投融資改革が行われた。**代表的な財投機関には、住宅金融支援機構などの独立行政法人、日本政策金融公庫などの政府系金融機関、地方公共団体などがある。なお、2021年度は新型コロナウイルス感染症対策として中小零細(れいさい)企業や教育、福祉・医療への支援などを盛り込んだため、規模が大幅に膨(ふく)らんだ。

TOPIC トピック 財政投融資には、長期かつ低金利で行う「財政融資」、リスクが高い事業に対する「産業投資」、財投機関の債券や借入金に政府が元利払いを保証する「政府保証」がある。

用語解説 ⑯ビルトイン・スタビライザー、⑰フィスカル・ポリシー

Ⅱ 租税の種類としくみ

11 日本の租税体系と税の特徴

出題

●日本の租税体系

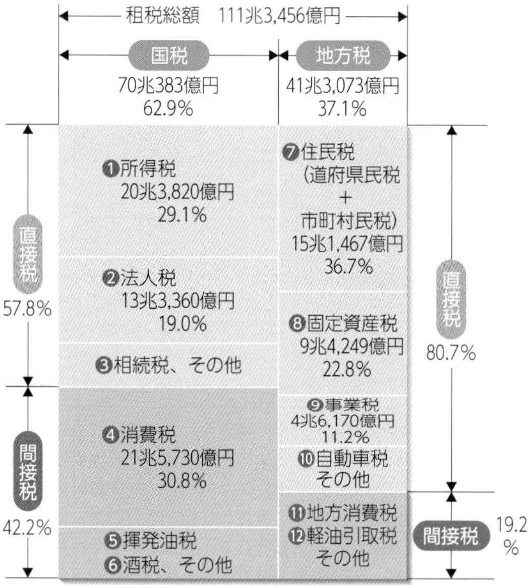

（2022年度当初予算）　　（『財政金融統計月報』2022年5月号）

直接税	間接税
担税者（税負担者）が国や地方公共団体に直接納める。	担税者と納税者が異なる。

❶**所得税**：給料や利益など個人の所得に課される税金。
❷**法人税**：法人の所得に課される税金。
❸**相続税**：死亡した人の財産を相続した場合に課される税金。
❹**消費税**：商品やサービスの消費に課される税金。
❺**揮発油税**：揮発油、おもにガソリンに課される税金。
❻**酒税**：アルコール度１％以上の飲料に課される税金。
❼**住民税**：市町村民税と道府県民税をあわせたもの。
❽**固定資産税**：不動産（土地や建物）に課される税金。
❾**事業税**：事業を営む法人や個人に課される税金。
❿**自動車税**：自動車の所有者に課される税金。
⓫**地方消費税**：消費税10%のうち、2.2%が地方税となる。
⓬**軽油引取税**：軽油を購入（こうにゅう）するときに課される税。

●租税の特徴と基本原則

分類	特徴	例
所得課税	個人や法人の所得にかかる税。 長所：個人や法人の税負担能力（所得）に応じて負担を求める。特に所得税は、累進課税制度が適用されるため、所得再分配機能が高い（注1）。 短所：景気によって税収が変動する。また、税務当局が個人や企業の所得を正確に把握することができず、税を適正に徴収しにくい。	所得税 住民税 法人税 事業税 など
消費課税	物品の消費やサービスに対してかかる税。 長所：景気による税収の変動が小さい。 短所：消費に応じて誰にでも同じ負担を求めるため、低所得者の実質的な負担感が大きくなる（逆進性）。	消費税 酒税 揮発油税 自動車税 など
資産課税	資産の取得や保有に対してかかる税（注2）。所得課税や消費課税を補完する役割をもつ。 長所：資産格差の是正に効果がある。 短所：資産を適切に評価するのが難しく、所得が低くても適用される。	相続税 固定資産税 など

注1：住民税（所得割部分）と法人税の税率は一律となっている。ただし、中小企業に対する法人税の税率は優遇措置が設けられている。
注2：利子や配当などの資産から生じる所得に対する課税は、所得課税に分類される（金融所得課税）。この課税には、所得税と住民税の一定税率が適用される。

租税の基本原則

①**公平**……担税力（税を負担するための経済力）に応じて、税負担額が増減する「垂直的公平」と、担税力が同じなら税負担額も同じであるとする「水平的公平」がある。
②**中立**……課税が個人や企業の経済活動の妨げにならず、経済における資源の最適配分の実現を阻害（そがい）しないこと。
③**簡素**……納税の手続きがわかりやすく、徴税コストがあまりかからないこと。

解説 **優れた税制とは？**　租税原則のうち、公平には**垂直的公平**と**水平的公平**の二つの考え方がある。垂直的公平とは、所得などの経済力に応じて税負担を増減させ、豊かな人には多くの負担を求めるべきだとする考え方で、**累進課税**の根拠となっている。一方、水平的公平とは、所得または消費額が同じ人には同じ金額の税を負担すべきだとする考えをいう。

ISSUE

望ましい課税のあり方

？どのような財やサービスに課税するのが望ましいのか

いま、ここに需要の価格弾力性（➲p.146）が小さい財Ｘ（＝生活必需品）と、需要の価格弾力性が大きい財Ｙ（＝ぜいたく品）があるとする。このＸとＹにそれぞれ同率の税（P_1-P_0）を課した結果、需要量にどのような変化が生じるだろうか。

右図を使って考えてみると、明らかにＹの需要量が大きく減少する。したがって、租税の基本原則の一つである「中立性」の観点（＝効率性の観点）からは、Ｘに課税するほうが望ましいということになる。すなわち、「生活必需品には高い税率を課し、ぜいたく品には低い税率を課すほうが望ましい」という結論が得られる。

しかし、このような考え方は効率性の観点から見たものであり、公平の観点からは容認できない。必需品に課税すれば低所得者の負担が重くなり、逆進性をもつからである。以上のことから、課税においては一般的に、「効率性を追求すれば不公平になり、公平性を追求すれば非効率になる」というトレード・オフの関係が存在すると考えられる。

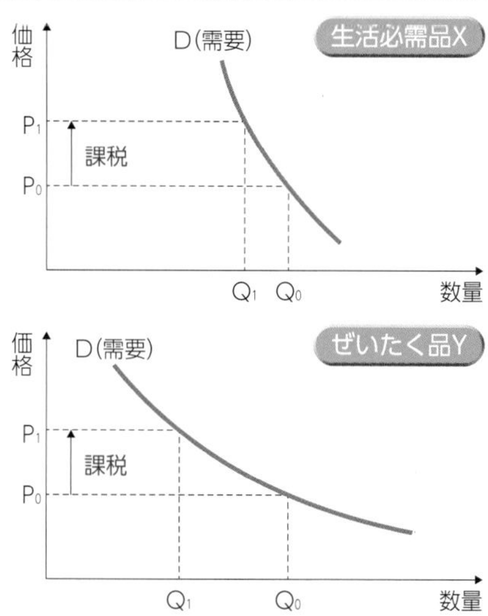

Zoom **物品税から消費税へ**　1989年に消費税が導入される前は、おもに「ぜいたく品」に対して個別の品目ごとに課税する物品税があった。消費生活が多様化する中で、個別の品目を対象とする物品税では対応できなくなり、消費税の導入とともに廃止された。

12 税率と税収の推移 出題

? 近年の日本で税収総額の増加に寄与しているのは、どの税か

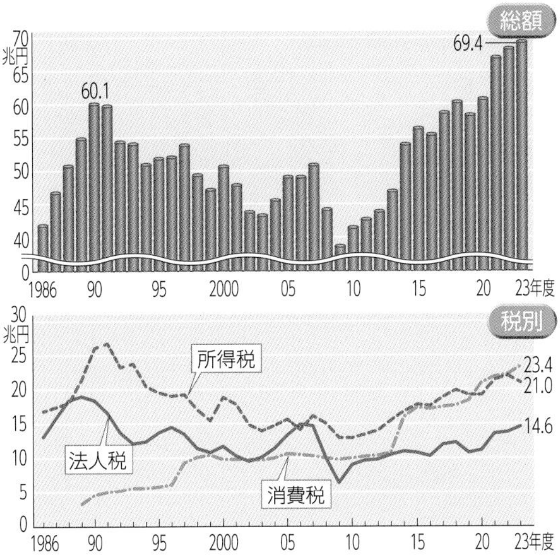

※一般会計分。2021年度までは決算額。2022、2023年度は見込み。
（財務省資料）

解説 **伸び悩む税収**　バブル経済が崩壊した1991年以降、国税の減少に歯止め（はどめ）がかからず、長引く不況で所得税も法人税も落ちこんだ。そうした中で注目されたのが消費税である。日本の消費税率はヨーロッパ諸国に比べて低いが、増加する社会保障費に対する安定財源として、消費税の引き上げが実施されてきた。実際に、消費税は税率を引き上げるたびに、着実にその税収を伸ばしている。しかし、消費税には**逆進性**（低所得者ほど負担感が大きい）という問題がある。

COLUMN
応能負担と応益負担

機能	内容
応能負担の原則（応能説）	税金を支払う所得や能力のある人が、より多くの税金を負担すべきという考え方。
応益負担の原則（応益説）	その人の所得や能力に関係なく、公共サービスから受ける利益（受益）に応じて租税を負担すべきという考え方。

税金のかけ方には大きく二つの考え方がある。一つは**応能負担**の原則（応能説）と呼ばれる。例えば、所得の多い人は多くの負担をし、所得の少ない人はより少ない負担をするということである。もう一つは**応益負担**の原則（応益説）と呼ばれる。例えば、ある地域につくられた公共施設の財源は、その恩恵（おんけい）を受ける地域住民が負担するということである。

現実には両方の説を明確に区分することは難しいが、所得税や法人税、相続税などのおもな国税は応能負担に基づいている。一方、地方税の多くは応益負担に基づいて課税されている。また、使途（しと）が特定されていない税を**普通税**といい、特定の経費にあてられる税を**目的税**というが、目的税は受益と負担の関係が明確化することから、応益負担に基づくものといえる。なお、目的税は、国税には電源開発促進税、地方税には入湯税や都市計画税などがある。

13 主要国の直間比率（国税分）

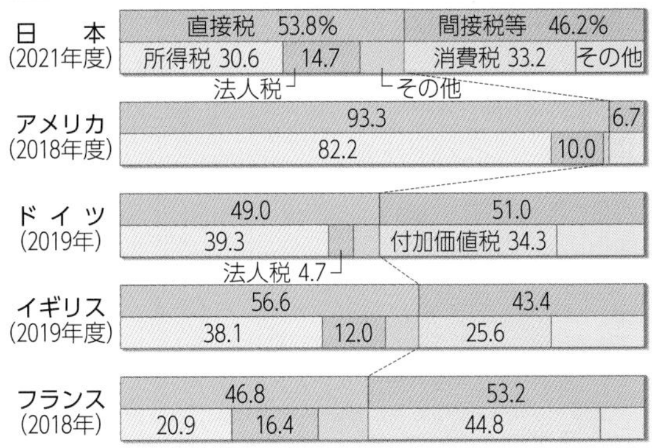

（財務省資料）

解説 **日本は直接税中心**　世界には直接税中心の国（アメリカなど）と間接税中心の国（ドイツやフランスなど）がある。日本は、戦前は間接税が中心であったが、戦後は1949年の**シャウプ勧告**によって直接税中心に変更された。しかし、長引く不況や高齢化に対応するためには、消費税など間接税の比率を高め、財源を確保するしかないとの指摘もある。なお、現在、国と地方を合わせた直間比率は、約6：4である。

14 国民負担率 出題

主要国の国民負担率の国際比較

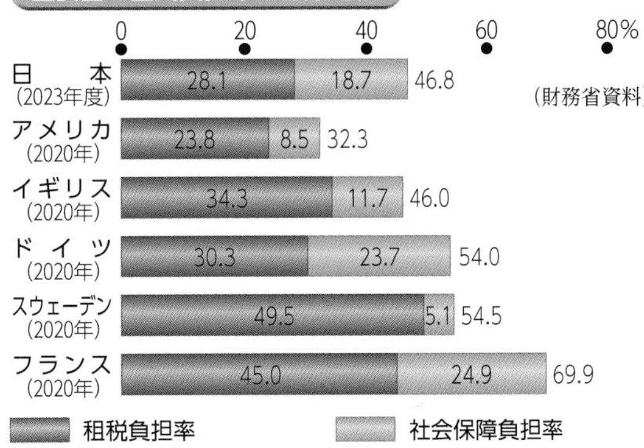

（財務省資料）

$$\text{租税負担率}=\frac{\text{国税＋地方税}}{\text{国民所得}}\times 100 \qquad \text{社会保障負担率}=\frac{\text{各種社会保険の保険料}}{\text{国民所得}}\times 100$$

国民負担率の推移

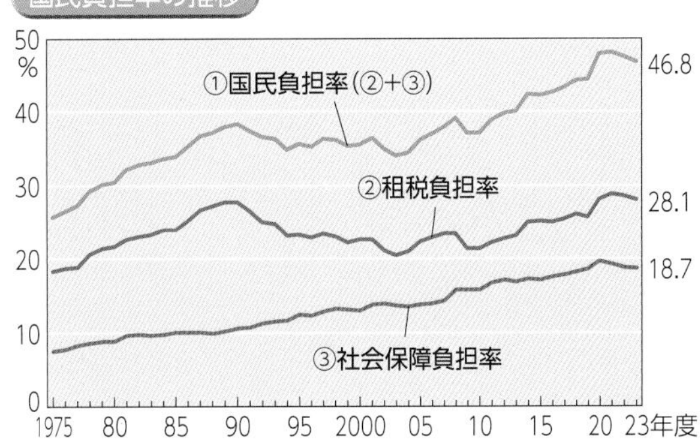

（財務省資料）

解説 **低い租税負担率**　租税負担率とは国税及び地方税の合計の数値である。これに社会保障負担率を加えたものを**国民負担率**という。日本の租税負担率はヨーロッパ諸国に比べて低い。それが国債に依存する原因の一つになっているといえなくもない。しかし、高齢化の進展とともに、日本の租税負担率は徐々（じょじょ）に上昇するものと思われる。

TOPIC トピック　日本の法人税は1985年頃には約45%であったが、1980年後半から徐々に引き下げられている。法人税が高いと企業は税率の安い海外に拠点を移し、税収が減少する可能性がある。

用語解説　158直間比率，159シャウプ勧告

15 所得税 出題

●累進課税制度のしくみ

課税所得	税率
195万円以下	5％
330万円以下	10％
695万円以下	20％
900万円以下	23％
1,800万円以下	33％
4,000万円以下	40％
4,000万円超	45％

■所得税額の計算例
(課税所得500万円の場合)
①195万×5％＝ 9.75万円
②(330万－195万)×10％＝13.5万円
③(500万－330万)×20％＝34.0万円
→課税額＝①＋②＋③＝57.25万円

課税所得とは、総所得金額から所得控除(こうじょ)を差し引いた額。社会保険料や生命保険料を支払った場合や、障害者・配偶者(はいぐうしゃ)・扶養(ふよう)する者がいる場合などは、総所得金額から一定の金額を差し引いた額に課税される。

個人所得課税負担額の国際比較 (財務省資料)

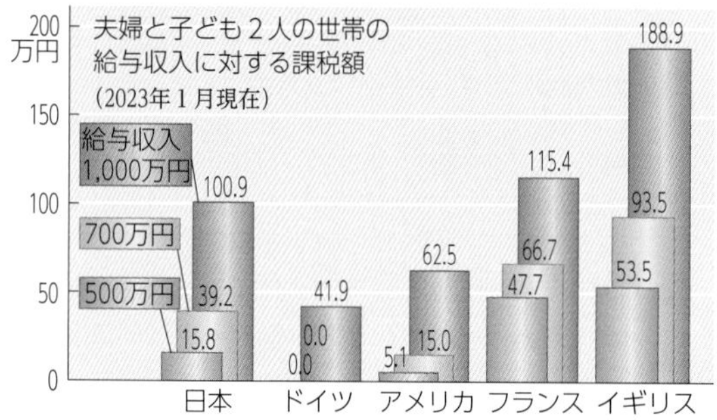

所得階級別の構成割合 (2021年)

通年で勤務した給与所得者

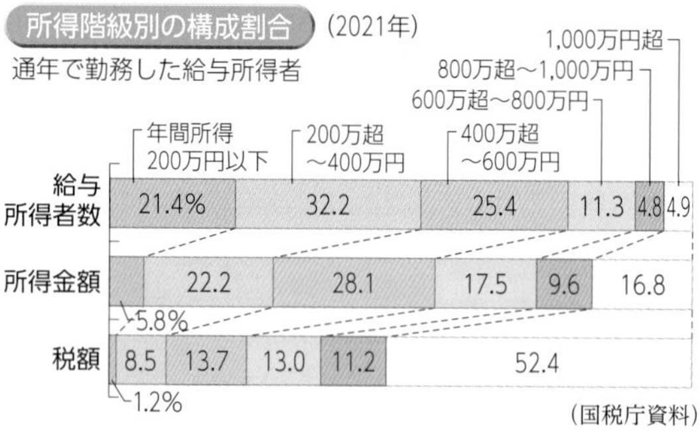

(国税庁資料)

所得税の納め方

勤め先の会社が会社員の給料から所得税分を差し引いて納税する(源泉徴収)。

1年間の所得税額を本人が計算して税務署に申告する(確定申告)。

解説 **所得に応じて税率が異なる** 財政政策の目的の一つに、所得の再分配によって貧富の差を小さくすることがあげられる。**所得税**は総収入から各種控除を引いた所得に課税される。また、税務署が個人の所得の何割を把握(はあく)しているかを示したものを所得捕捉(ほそく)率という。捕捉率は、会社員が9(10)割、自営業者が6(5)割、農業者が4(3)割といわれ、「**クロヨン(トーゴーサン)**」といわれる。捕捉率が低ければ、それだけ本来の所得税額が納められていないことになる。なお、累進税率は相続税にも取り入れられている。

16 法人税

①法人税率の低下

法人所得課税の国際比較 (財務省資料) 2023年1月現在

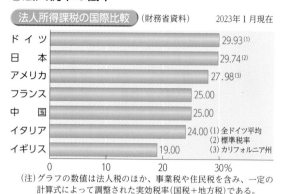

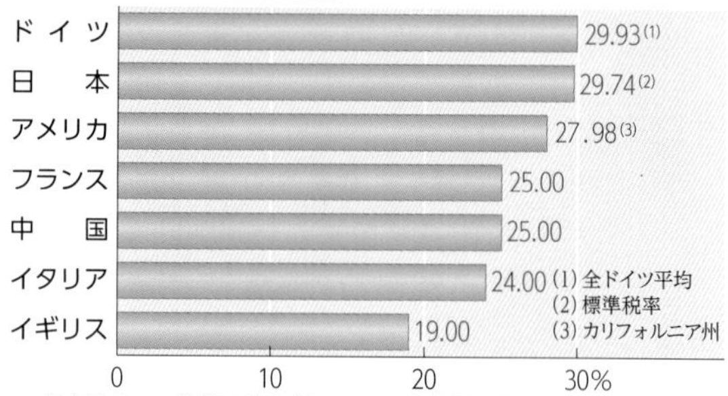

(注)グラフの数値は法人税のほか、事業税や住民税を含み、一定の計算式によって調整された実効税率(国税＋地方税)である。

所得税・消費税・法人税の税率の推移

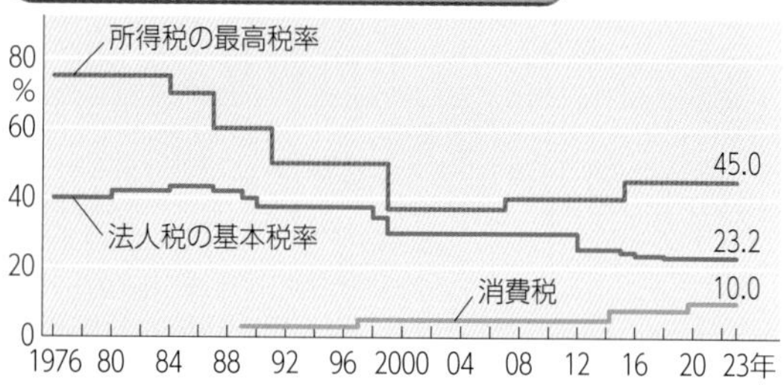

解説 **法人税率は引き下げ傾向** 法人の所得に課税されるのが**法人税**である。バブル経済崩壊後の不況や国際化の流れの中で、法人税率は引き下げ傾向にあり、2018年度からは原則23.2％となった。法人税率の引き下げは、日本企業の競争力を高め、自国に産業を誘致(ゆうち)することがねらいである。しかし、法人税率の過剰な引き下げ競争は、各国の国家財政を縮小させる「底辺への競争」に他ならないとして懸念(けねん)する見方もある。なお、日本では、法人税法上の法人の所得がマイナス(赤字)の場合、法人税は課税されない。

②法人税の国際ルール

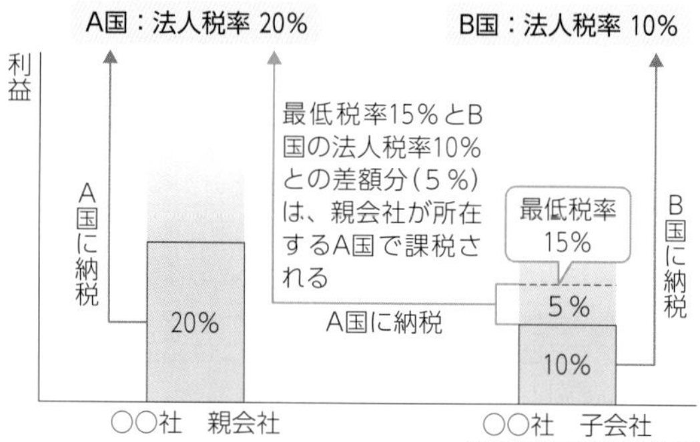

(毎日新聞社資料を参照)

解説 **法人税引き下げ競争に歯止め** これまで法人税は、工場やオフィスなどの拠点がある国や地域で課税されるのが原則だった。ところが近年、IT企業などが、法人税率が極端に低い**タックスヘイブン(租税回避地)**と呼ばれる国に子会社を設立して、本社から利益を移転することで、「税金逃れ」をしていることが国際的に問題になった。これに歯止めをかけるため、2021年に法人税の最低税率を15％とする国際課税の新ルールが合意された。この結果、ある企業が法人税率10％の国に子会社を設立しても、親会社がある国は最低税率との差にあたる5％を上乗せして課税できるようになった。

Zoom **タックスヘイブン** 租税回避地(tax haven)と訳される。代表的な地域としてケイマン諸島、シンガポール、香港などがある。タックスヘイブンの存在は国際的な法人税引き下げ競争の原因となっている。

17 消費税 出題

消費税のしくみ

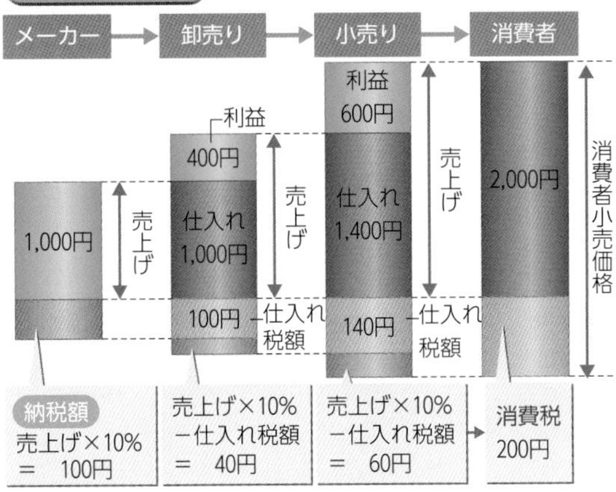

解説 **最終負担者は消費者**　**消費税**は製造、卸、小売りの各段階の事業者が納税者となる。しかし、これらは原則として小売価格に上乗せされるため、税の負担者(担税者)は消費者である。消費税は高齢社会の財源確保の切り札として1989年に導入され、当初の税率は３％であったが、**1997年には５％、2014年には８％になり、2019年10月には10％に引き上げられた。**消費税の引き上げは、安定した税収を確保するために有効である。しかし、その一方で、消費税には逆進性という問題もある。そのため、生活必需品には軽減税率を適用するなどの配慮が求められる。

COLUMN 軽減税率とは？

各国の付加価値税(消費税)の税率

	日本	ドイツ	イギリス	スウェーデン
標準税率	10%	19%	20%	25%
ゼロ税率	なし	なし	食料品、水道水、書籍、新聞、医薬品など	なし
軽減税率	飲食料品(酒と外食を除く)、新聞(定期購読で週２回以上発行)［８％］	食料品、水道水、書籍、新聞、映画など［７％］	家庭用燃料および電力など［５％］	食料品、外食など［12％］書籍、新聞、旅客輸送など［６％］

(財務省資料、2023年１月現在)

消費税には逆進性があり、所得水準が低い人々の税負担が重くなる。そのため、一定の商品の消費税率をゼロにするか、標準税率より低く抑えて、低所得者の税負担を軽くすることを目的とするのが軽減税率である。標準税率が高いＥＵ諸国などでは、生活必需品を中心に軽減税率を導入している国が多い。日本でも、消費税率を10％に引き上げると同時に、外食や酒類を除く飲食料品全般を対象に８％の軽減税率が導入された。しかし、複数の異なった税率が導入されるとレジでの税金の計算が複雑になることや、税収が減少するといった問題が指摘されている。

Ⅲ 公債(国債)の発行

18 新規国債発行額の推移 頻出

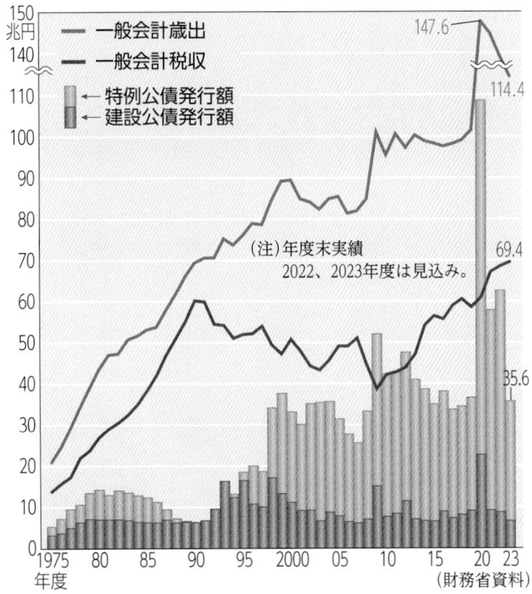

(財務省資料)

公債と国債

国が借金をする際に発行するのが国債であり、地方が借金をする際に発行するのが地方債である。一般的に公債といった場合、この国債と地方債をあわせたものをいう。

国債は大別して２種類ある。一つは**建設公債**であり、おもに公共事業費の財源に充てるために、財政法第４条の但し書きを根拠に発行される。もう一つは**特例公債(赤字国債)**である。特例公債は公共事業費以外の歳出に充てるために発行されるが、財政法上は認められていないので、特別の立法(特例法)によって発行される。

●国債発行の変遷

年度	出来事
1964	40年不況(〜65年)
1965	補正予算で戦後初の特例公債(歳入補てん債)発行
1966	当初予算で建設公債発行→次年度以降も発行
1973	第１次石油危機
1974	実質経済成長率が戦後初のマイナスに
1975	補正予算で10年ぶりに特例公債発行 →これ以降、特例公債が恒常的に発行される
1990	バブル景気の中で税収が改善し、特例公債を発行せず(〜93年度まで)
1991	バブル経済崩壊
1994	補正予算で特例公債を発行→次年度以降も発行
2009	公債発行額が一般会計税収を上回る
2020	補正予算で新型コロナウイルス感染症対策関係経費を計上したため、公債発行額が過去最大に

※上記の特例公債は臨時特別公債や減税特例公債を含まず。

解説 **なかなか減らせない国の借金**　日本の財政支出の中には、社会保障費や地方交付税交付金のように法律によって支出が義務づけられているものも多い。したがって、不景気で税収が不足しても簡単には歳出を削れない構造になっている。そのため、不足分は借金(公債)によって賄うことが常態化した。もし、不況時に借金をしても、景気が良くなったときに返済すれば問題は生じない。しかし、増税や公共投資の縮小に反対する有権者も多い。結局、好況でも増税はできず、不況になるとまた新たな借金を重ねてしまうのである。

経済

TOPIC トピック　消費税を１％引き上げると税収は約２兆円増えるといわれる。消費税は社会保障費に充てられることになっているが、法人税引き下げの穴埋めになっているという指摘もある。

用語解説　⑯所得税，⑯累進課税制度，⑯法人税，⑯特例公債

19 債務残高の膨張

出題

公債残高の推移（財務省資料）

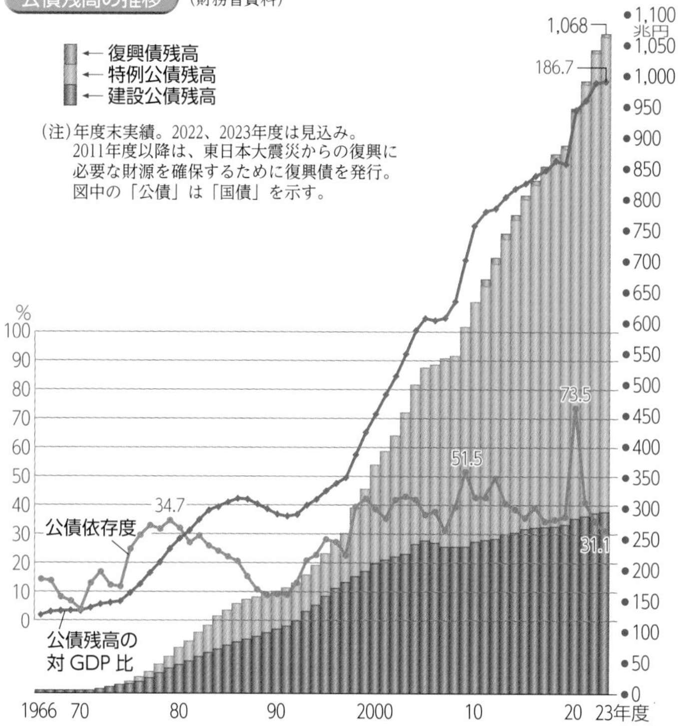

国債等の保有者の内訳（日本銀行資料）

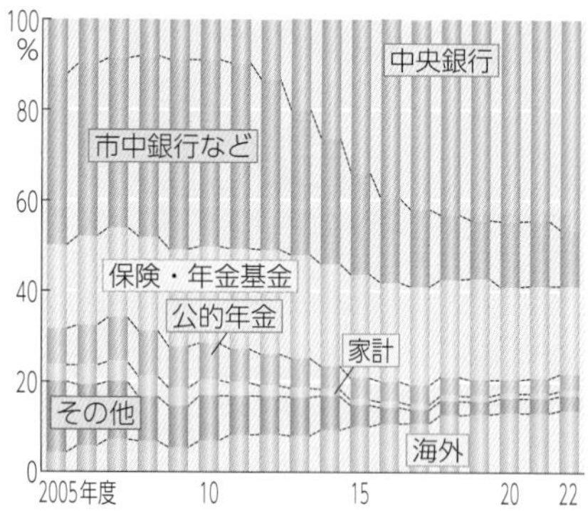

現在のところ、公債の消化（買い手が見つかること）に問題は生じていない。これは、金融政策（➡p.188）によって、多くの公債が最終的に日本銀行（日銀）によって買われているため、国内の金融市場では公債が比較的リスクの低い金融商品と見なされているためである。現在、日銀の保有する国債は発行残高の約5割に上っている。

国債が増えるといけない理由

①政府による借金は、将来世代の負担を増加させる。
②国債費（利払いや返済に必要なお金）が増加し、政府が自由に使えるお金が減少する。その結果、財政の硬直化が起きる。
③国債を発行しすぎると、国債の信用がなくなって国債価格が暴落し、デフォルトや財政破綻をまねく恐れがある。

解説 **加速度的に増える公債残高**　公債（国債）発行額が増加するにつれて、公債残高も加速度的に増加している。この状況に至った背景として、1991年のバブル経済崩壊によって税収が落ち込んだことと、その後の景気対策として公共事業費を増やしたこと、高齢化の影響で社会保障費が増加したことなどがあげられる。また、近年の新型コロナウイルス感染症対策費のための財政出動も一因である。

20 債務残高の国際比較

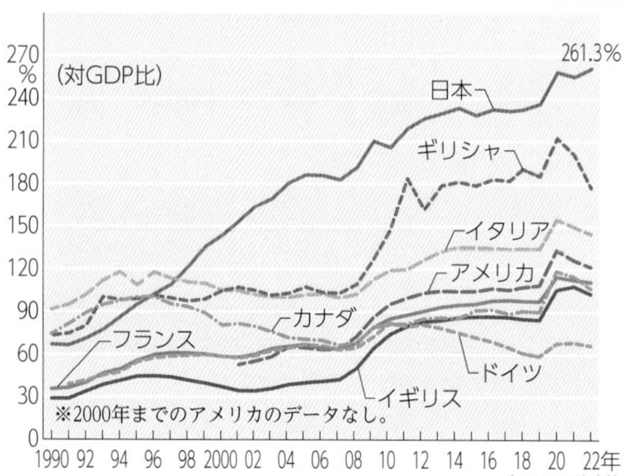

（ＩＭＦ資料）

解説 **国際的に突出した債務残高**　長年にわたって発行されてきた日本の債務残高は、今や先進国の中では最悪の状況にある。債務残高をＧＤＰで割った比率で国際比較をすると、日本は260%に達しており、突出して高い。ＥＵに加盟するための条件が対ＧＤＰ比60%以内であることを考えると、日本の深刻さが理解できよう。ただし、日本の国債の大部分は、日本銀行をはじめとした国内の経済主体が比較的安定的に保有しているため、海外でみられるような国債価格の暴落や財政危機がすぐさま起きる可能性は低いとみられる。

21 公債返済のしくみ

国債償還のイメージと国債発行総額（財務省資料）

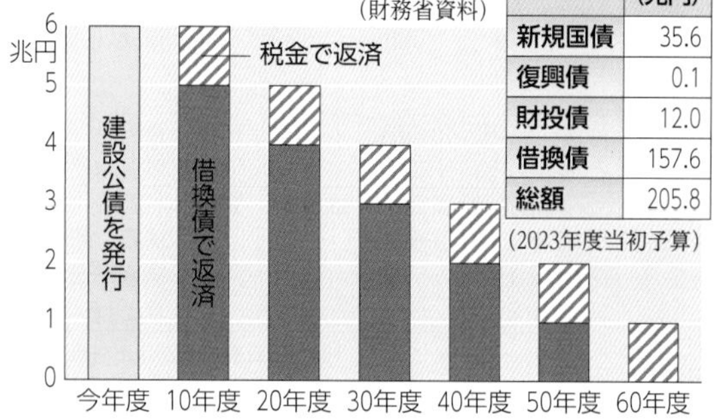

区分	発行額（兆円）
新規国債	35.6
復興債	0.1
財投債	12.0
借換債	157.6
総額	205.8

（2023年度当初予算）

解説 **60年償還ルール**　債券の保有者に額面金額を返済することを償還という。国債の償還までの期間（満期）にはさまざまな種類があるが、ある年度に発行した国債は、基本的には60年で全額を償還することになっている。これは建設国債による建築物の耐用年数がおよそ60年であることに由来する。例えば10年満期の国債の満期がきたら、とりあえず6分の1だけ償還し、残りは借換債を発行して返すということを6回繰り返す。この「60年償還ルール」は1985年度からは赤字国債にも適用されるようになった。なお、借換債の発行による収入は国債整理基金特別会計に繰り入れられるため、新規発行の国債と異なり、債務残高の増加をもたらさない。

Zoom **デフォルトと財政破綻**　デフォルト（債務不履行）とは、借りたお金の利子や元本の返済ができなくなった状態のことをいう。デフォルトが金融機関や民間企業ではなく国家財政で起きた場合には財政破綻となる。

22 地方財政の役割

? 財政上、国と地方はどのような分野に支出しているのか

国と地方の目的別歳出額の割合 (2021年度)

	国	地方
歳出全体(純計)	国の割合 44%	地方の割合 56%
民生費(年金関係)	100	
公債費	66	34
商工費	39	61
民生費(年金関係を除く)	35	65
社会教育費など	33	67
衛生費	32	68
国土開発費	27	73
司法・警察・消防費	23	77
一般行政費など	21	79
学校教育費	16	84

(総務省資料)

民生費……年金関係のほか、児童福祉や介護などの老人福祉、生活保護に関する経費
社会教育費……公民館・図書館・博物館などに関する経費
学校教育費……小学校・中学校・幼稚園などに関する経費
衛生費……ごみ処理や保健所に関する経費
一般行政費など……戸籍・住民基本台帳などに関する経費

解説 **地方の役割とは** 原則として、住民の日常生活に密接に関連することがらは地方公共団体が分担することとなっている。例えば、ごみ処理、学校、警察、消防、福祉、戸籍に関する経費などがこれにあたる。一方、国が担当するものは防衛や年金など、国民生活全般にかかわるものが中心となる。日本全体の歳出額(純計)に占める「国」対「地方」の割合は約4対6となる。

23 都道府県と市町村の役割分担

目的別歳出の構成比 (2021年度)

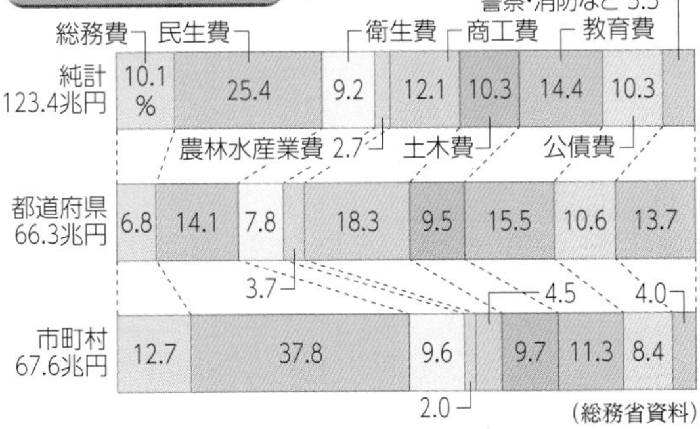

(総務省資料)

解説 **「二重行政」を解消する動きも** 広域自治体である都道府県においては、市町村立(政令指定都市を除く)の小中学校教職員の人件費負担などにより、教育費が大きな割合を占めている。一方、より住民に身近な基礎自治体である市町村においては、児童福祉や生活保護など社会福祉関連の比重が高いことから、民生費が最も大きな割合を占めている。このように、都道府県と市町村にも財政上の役割分担がみられるが、一部の公共サービスが重複する「二重行政」があるとも指摘され、その解消をめざす動きもある。

24 公共事業・公共サービスの見直し

❶費用対効果分析 出題

公的部門の効率化を進めるために注目されているのが「費用対効果」という考え方である(➲p.154)。投入した費用に対してどれだけの効果があったかを計測し、その科学的根拠やデータ(エビデンス)に基づいて事業の効率を高める手法である。ここでいう効果とは、例えば、医療機関であれば治療した患者数、スポーツ施設であれば利用人数の成果で測る。また、これらの効果を金銭換算したもので測ってもよい。

下の表のように、現在の事業を見直して、新たに新規事業の「事業A」か「事業B」を選択する場合、費用対効果の観点からは、どちらが望ましいだろうか。

	現在の事業	事業A	事業B
費用(コスト)	100万円	300万円	200万円
効果(経済的利益)	100万円	500万円	400万円

効果は「事業A」の方が高いが、費用対効果の比率をみれば、「事業B」の方が効率がよいことが分かる。

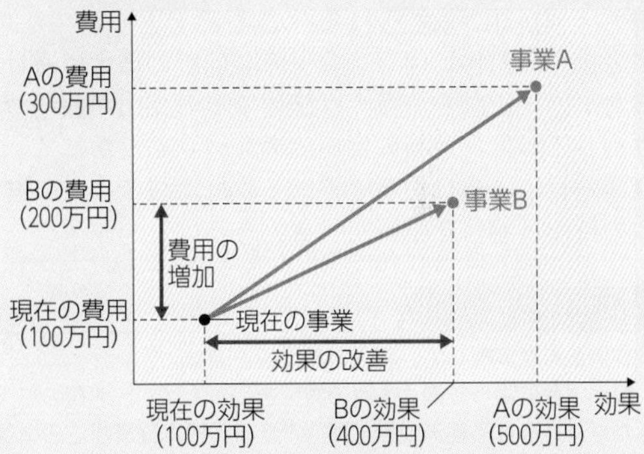

❷公共サービスの見直しの具体例

公共部門における事業のあり方や、財・サービスを「誰が」「どのように」供給するべきかというテーマは、長年議論されてきた問題である。近年、財政赤字が膨らんだこともあり、公共部門の事業の見直しを求める声が高まっているが、事業の民営化はそうした見直しの一環である。また、公共部門から業務を完全に切り離すのではなく、民間企業に委託したり、公共施設の運営を民間の資金やノウハウを活用して行なったりする手法(PFI)も導入されている(➲p.86)。

➲**民間事業者が管理している大阪城公園** 大阪城公園は、公園全体のマネジメントを民間事業者に委託した結果、多くの飲食店などがつくられ、人気の観光スポットとなった。

解説 **行政にも必要なコスト意識** 民間企業では利益の最大化を図るために、投入したコスト(費用)に対してどれだけの効果があったかを検討することは当然のこととされる。費用対効果はコストパフォーマンスと呼ばれることもあり、一般的に数値を使って効果が測定される。近年、財政状況が悪化する中で、行政の施策にもこうした費用対効果の考え方を取り入れようという主張がなされている。特に公共事業の意思決定に際してこの考え方は有力だとされている。

TOPIC トピック 毎日100万円使って1兆円を使い切るには約2,740年かかる。また、1万円札を1兆円分重ねると高さ1万メートル(富士山2つ半以上)、重さは100トンとなる。

経済

諸課題の論点

Ⅱ 財政改革のあり方

出題

課題の把握

- 日本の財政状況は主要国と比較して最悪の水準といってもよい。2019年度には消費税が８％から10％へと引き上げられたが、財政再建のめどはたっておらず、持続可能な財政に向けた取り組みが課題となっている。

論 点

財政赤字を解消して持続可能な財政を構築するためには、「歳入を増やす方法」か、「歳出を減らす方法」かのどちらかしかない。具体的な政策をめぐって議論が展開されているが、どのような取り組みが望ましいのか。

事 実　日本の財政の現状

①財政法第４条は赤字国債の発行を禁止している。しかし、不足する財政資金を赤字国債の発行で調達する状況が常態化している。

②現在の日本では、財政支出が膨張する要因として、高齢化に伴う社会保障費の増大のほか、新型コロナウイルス感染症対策費の増大などもある。

③政府は基礎的財政収支(プライマリ・ーバランス)の黒字化をめざしているが、その実現は先送りされ続けている。

経済

主　張

A　財政再建は基本的に歳入を増やすことを中心に考えられるべきである。

今後も高齢化に伴う社会保障関係費の増大は避けられない。これらの多くは法律でその支出が義務づけられており、容易に変更できない。したがって、経済成長による自然増収をはじめ、増税によって財政の持続可能性を維持すべきである。

B　財政再建は基本的に歳出削減を中心に考えられるべきである。

現在の日本では、増税に反対する国民の声は根強く、これ以上の増税は国民の理解を得にくい。したがって、歳出削減を中心に考えるほうが現実的である。これまでの福祉政策や景気対策を見直して、財政の持続可能性を維持すべきである。

Aの主張の根拠

①経済成長を実現して、税の自然増収を図る。

経済成長によって働く人々の賃金を引き上げて、消費の拡大を促せば、さらなる経済成長が期待できる。日本経済がこの循環を実現すれば、税の自然増収は可能である。

②消費税などは増税の余地がある。

ヨーロッパには20％前後の消費税率を課している国も多くみられるが、日本は10％であり、税率はけっして高いわけでない。日本の消費税率はまだまだ引き上げる余地がある。

③行政のスリム化は限界に近い。

日本はこれまで、肥大化した政府を小さくするために、民営化をはじめとする行財政改革に取り組んできた。国内の人口に対する公務員数を国際比較すると、日本はアメリカやイギリスなどに比べて少なく、行政のスリム化は限界に近い。

Bの主張の根拠

①増税政策は国民の支持を取り付けるのが難しい。

有権者は減税には賛成しても、増税には賛成しない傾向がある。そのため、政治家は選挙に際して増税することを公約に掲げることが難しい。

②消費税の増税は逆進性をもつ。

消費税には逆進性をもつという欠点がある。また、金融所得に対する課税強化も、企業活動にマイナス要因として働く可能性があり、慎重に考えるべきである。

③国に依存しすぎない社会の構築が必要

福祉政策が充実し、さまざまな行政サービスを受けることが当然の権利と考えられるようになった。しかし、国の施策に依存するというのは本来のあるべき姿ではない。一人ひとりが自助努力によって生活することが、もっと強調されてもよい。

視点　歳入を増やす方法

経済成長を実現させて、財政赤字を止めることができれば、それが最良の方法であることは間違いない。しかし、バブル経済崩壊後、日本経済は長期の経済停滞に苦しんでいることから、その実現は容易ではない。財務省の試算では、2025年度に３％の経済成長を実現したとしても、税収は約72兆円にとどまり、必要な歳出として見込まれる額の３分の１しか税収で賄うことができない。

税収を増やすためのもう一つの方法として、所得税や消費税などの税率を引き上げる方法がある。また、新しい税を導入するという方法もある。しかし、安易な税率の引き上げや新しい税の導入を行えば、景気を抑制させる可能性もあるため、望ましい課税のあり方は慎重に検討する必要がある。なお、日本では消費税を１パーセント引き上げると、税収は約2.0～2.5兆円増加するといわれる。一方、消費税の引き上げによって景気が悪化し、その結果、消費が冷え込めば、税収はかえって減少するとの主張もある。

消費税率引き上げの影響

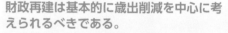

※2014年に、消費税率を５％から８％に引き上げたときの変化。

●個人消費の動向(実質値)

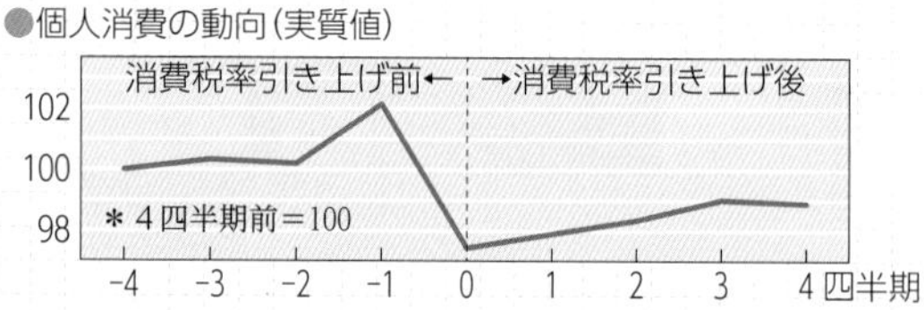

●消費税率引き上げ前後の消費者物価指数の動向(前年比)

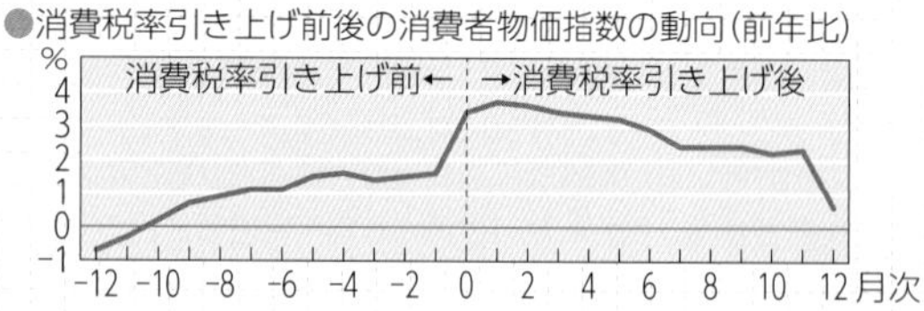

(内閣府資料)

用語解説　⑯基礎的財政収支

財政健全化の目標～プライマリー・バランスの黒字化～

基礎的財政収支(プライマリー・バランス　PB)……1年間に必要な経費(国債費を除く)を、新たな公債発行に頼らずに、その年度の税収などで賄えているかどうか。

国と地方の基礎的財政収支(対GDP比)の推移 (内閣府資料)

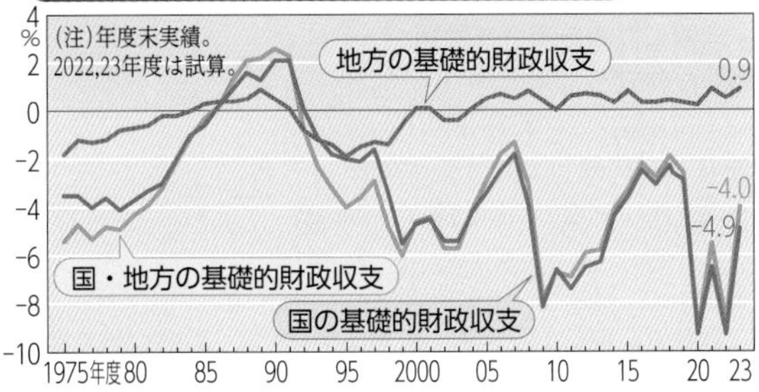

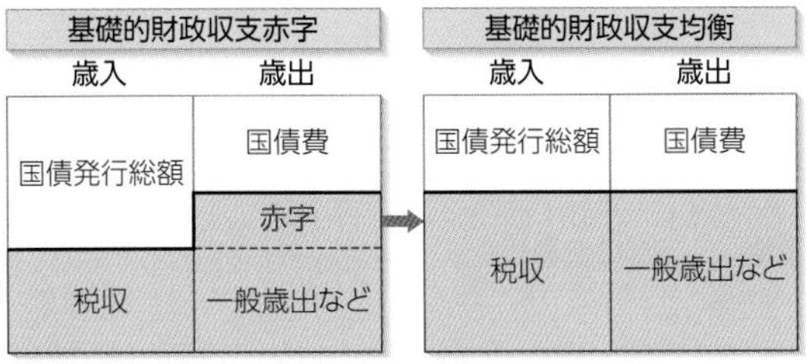

財政健全化のため政府が当面の目標としているのが、プライマリー・バランス(基礎的財政収支)の黒字化である。公債残高を確実に減らすためには、プライマリー・バランスをある程度まで黒字化させる必要がある。

[一般会計の歳入と歳出] (2023年度)

歳入		歳出	
税収	69.4兆円	一般歳出	72.7兆円
その他の収入	9.3兆円	地方交付税交付金	16.4兆円
公債金	35.6兆円	国債費(返済+利子)	25.3兆円
総額	114.4兆円	**総額**	114.4兆円

上の表の歳入総額から公債金を除いた金額と、歳出総額から国債費を除いた金額を比較する。

(114.4兆円－35.6兆円)－(114.4兆円－25.3兆円)＝－10.3兆円

すなわち、プライマリー・バランスは10.3兆円の赤字となる。10.3兆円という数字は、公債金(＝新たな借金)35.6兆円と、国債費(＝返済および利子への支出)25.3兆円の差額としても求めることもできる。政府は財政再建のために、2025年度までにプライマリー・バランスの黒字化をめざしているが、目標達成に向けての見通しが立たず、きわめて困難な状況である。

視点　歳出を減らす方法

主要国の社会保障支出と国民負担率の関係

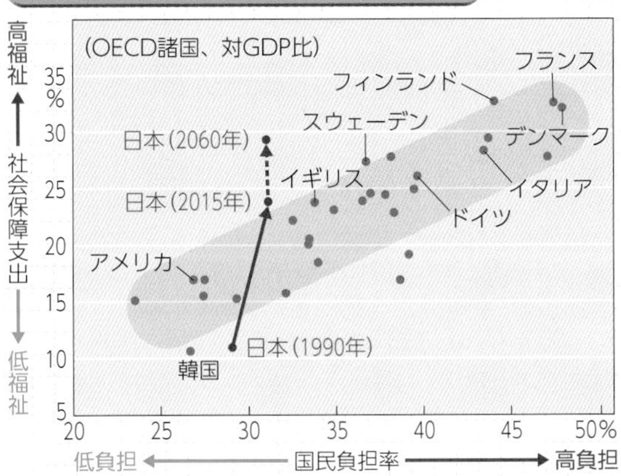

(財務省資料)

現在、一般会計予算の歳出の中で最も大きいものが社会保障関係費であり、予算全体の約3分の1を占めている。少子高齢化が進む中で、高齢者人口がピークを迎えるのは2040年頃と予測されている。持続可能な財政を維持するためには、社会保障関係費の見通しを把握する必要がある。

社会保障関係費のうち、最も大きいのが年金で、次に大きいのが医療費である。政府の推計によれば、年金はマクロ経済スライド(➲p.247)によって伸びをある程度抑えられるが、医療・介護費は約50兆円(2018年度)から2040年度には約90兆円に増加すると見込まれている。

歳出を削減するためには、まずは国民が社会保障制度の現状を共有することが不可欠である。その上で、社会保障関係費の伸びの適正化と国民一人ひとりの生活の質の向上という課題に取り組む必要がある。

視点　財政をめぐるさまざまな考え方

❶独立財政機関(ＩＦＩ)による財政の監視　これまで日本ではプライマリー・バランスの黒字化などさまざまな財政再建目標が設定されてきた。しかし、政府の経済見通しの推計は常に甘く見積もられ、状況は改善してこなかった。こうした状況下で注目されているのが「独立財政機関(ＩＦＩ)」である。独立財政機関の目的は、政府や政党から独立して財政状況を分析し、政府に対して提言を行うことである。すでに、イギリス・フランス・ドイツをはじめＯＥＣＤ加盟国を中心に多くの国で設置されている。

❷統合政府とMMT　近年注目されている理論として、政府の財政政策と中央銀行を一体的に捉えた「統合政府」という考え方がある。政府が発行した国債に対して、日本銀行(日銀)が買いオペレーション(➲p.188)を行えば、政府の借金(国債)は日銀の資産となるから問題ないという理論である。したがって、インフレ率が高くなりすぎない限り、いくら国債を発行してもかまわないとされる。この考え方はMMT(現代貨幣理論)と呼ばれる理論の支持者にみられる。しかし、多くの経済学者はこの理論に懐疑的であり、インフレ率が高くなりすぎてから国債発行を止めても手遅れで、財政破綻は避けられなくなるという批判がある。

❸インフレ税　インフレは実質的に国債の価値を目減りさせ、政府の借金も軽くする。そのため、歳入増加や歳出削減がうまくいかない場合、インフレ率を高めればよいという主張もある。例えば、物価を10倍にすれば、実質的な借金は10分の1になる。ただし、その場合、国民の銀行預金も10分の1になるので、結局、政府の借金を国民が肩代わりしたことになる。こうしたやり方は「インフレ税」と呼ばれている。もちろん、インフレが起きても所得がそれだけ伸びるわけではなく、国民の生活水準は悪化するだろう。

小論文課題　日本の財政赤字が増大した要因および財政改革のあり方とは、どのようなものだろうか？(➲p.380)

8 金融のしくみとはたらき

要点の整理

＊1～23 FILEは資料番号を示す

Ⅰ 金融のしくみ

❶**金融** 1……資金が余っている経済主体から、資金が不足している経済主体に資金を融通すること
- **直接金融** 5……供給者が証券市場で株式や債券を買う ⟶ 需要者に直接資金を融通
- **間接金融** 5……貸し手と借り手の間を、銀行などの金融機関が仲立ち

❷**貨幣の機能** 3：交換手段、価値尺度、価値貯蔵手段　❸**通貨の種類** 3：現金通貨・預金通貨

❹**通貨制度** 4：①**金本位制度**……中央銀行が金との交換を保証する兌換紙幣を発行する制度
②**管理通貨制度**……中央銀行が金との交換を保証しない不換紙幣を発行する制度

Ⅱ 金融の機能と役割

❶**銀行の業務** 11……預金業務、貸出業務、為替業務など　❷**銀行の機能** 12……金融仲介、資金決済、信用創造
- **信用創造**……銀行が預金と貸出を連鎖的に繰り返すことによって、通貨量（**マネーストック**）が増えていくしくみ

❸**金融の自由化・国際化** 17
①護送船団方式の廃止：**護送船団方式**……経営体力の弱い銀行も大蔵省（現財務省）が保護
②**日本版金融ビッグバン**……「フリー・フェア・グローバル」 ⟶ 銀行・証券会社・保険会社の相互参入など

❹**不良債権問題と金融不安への対応** FILE
①金融機関のもつ不良債権の累増 ⟶ 金融機関への公的資金の注入
②金融行政に対する改革 ⟶ 金融庁の設置（2000年）
③**ペイオフ**凍結（1996年） ⟶ ペイオフ解禁（2002年に定期預金、2005年に普通預金）

Ⅲ 日本銀行の役割と金融政策

❶**日本銀行の地位と役割** 18
①**中央銀行**……国家の金融の中枢として通貨供給を行い、金融政策を実施する。日本では**日本銀行** ⟶ 政府から独立
②日本銀行の役割……「**発券銀行**」「**銀行の銀行**」「**政府の銀行**」

❷**日本銀行の金融政策** 19
①金融政策の目的……物価の安定が第一 ⟶ 近年では景気対策（＝雇用の維持）も
②金融政策の手段……(1)**公開市場操作**（オペレーション）……債券や手形を売買して、**コールレート**を政策金利として誘導する　＊現在の操作目標は**マネタリーベース**
(2)**預金準備率操作**……預金準備率の変更（ただし、この政策は1991年以来行われていない）

Ⅳ キャッシュレス社会の進展

❶**キャッシュレス決済** 22……**クレジットカード**や**電子マネー**などによる決済
❷**金融をめぐる技術革新** 23 FILE……デジタル通貨（**暗号資産**など）の発達。**フィンテック**による金融サービスの拡大

Ⅰ 金融のしくみ

1 金融における債権と債務の関係

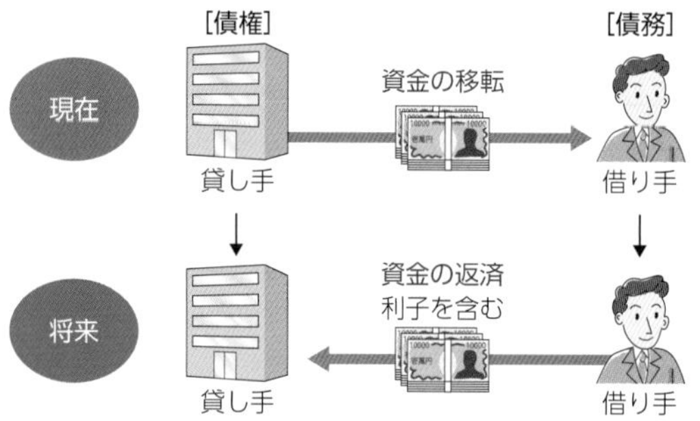

解説 **金融と信用**　お金の余っているところ（黒字主体）が、お金の不足しているところ（赤字主体）に資金を融通することを「**金融**」という。金融取引が行われると、お金の貸し手は、そのお金を返してもらう権利（**債権**）をもち、反対に、お金の借り手は、そのお金を返す義務（**債務**）を負う。貸し手にとって重要なのは、借り手が確実に返済できるという「**信用**」である。そのため、お金の貸し手は、借り手の収入や資産などを基準に返済できるかどうかを審査した上で、貸し手は借り手に信用を与え（与信）、その限度内で融資を行う。

2 実物経済と金融経済

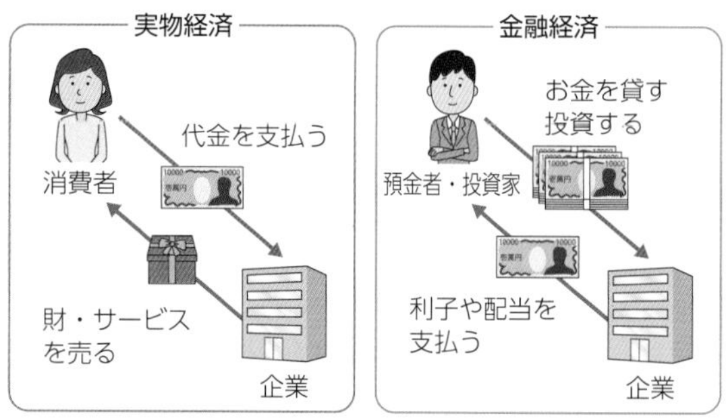

解説 **市場を動かす金融経済**　**実物経済**（実体経済）とは、財・サービスを取り引きし、それによって対価を得る経済活動をいう。一方、**金融経済**とは、資金の貸し借り、株式などの金融商品の取り引き、自国通貨と外国通貨の交換などを行う経済活動をいう。金融経済においては、短期的に大量の株式や通貨を売買して利益を得ようとする**投機**が活発に行われている。現在では、実物経済よりも金融経済におけるお金の流れのほうがはるかに多く、金融経済が実物経済に与える影響もそれだけ大きなものになっている。

Zoom **実物経済と金融経済の代表的指標**　実物経済の代表的指標としてはGDP、経済成長率、失業率、貿易収支統計などがある。一方、金融経済の代表邸指標としては、マネーストック、利子率、物価水準、為替レートなどがある。

3 貨幣と通貨の役割 出題

●貨幣の機能

交換手段（決済手段）	貨幣を仲立ちとして、財・サービスの取り引きを完了（決済）する機能。また、貨幣の受け渡しによって債権と債務を帳消しにする機能。
価値尺度	財・サービスの価値を示す機能。
価値貯蔵手段	劣化・腐敗せず、貯蔵できる機能。これにより、将来の財・サービスと交換できる。

●通貨の種類

硬貨	金・銀・銅などの金属を用いた貨幣。現在では、素材価値と額面価値が異なるもの（補助貨幣）が一般的。
紙幣	紙そのものに価値はないが、国の信用力によって価値を付与され、強制的に通用力をもたせたもの。
預金	銀行などの金融機関に預けられている通貨。 • **預金通貨**…普通預金や当座預金は、決済に利用でき、また、預金者が要求すればすぐに払い戻される。 • **準通貨**…定期預金のように、決済に利用できず、預けてから一定期間引き出すことができない。

解説 **貨幣と通貨**　現在流通している貨幣を**通貨**という。通貨には**現金通貨**（硬貨と紙幣）と**預金通貨**がある。預金通貨はさまざまな支払い手段に利用されている。たとえば、公共料金の自動引き落としや、小切手や手形（➲p.184）、クレジットカードを用いた決済では、預金通貨が使われている。

4 通貨制度 出題

金本位制度		管理通貨制度
• 中央銀行の金の保有量に基づいて通貨が発行される。 • 紙幣は自由に一定の金と交換でき、国境を越えた金の流出入が自由に行われる（**兌換紙幣**）。	制度の説明	• 通貨は政府の信用に基づいて発行される。 • 通貨量は中央銀行が自由に調整できる。 • 紙幣は金と交換できない（**不換紙幣**）。
• 通貨量が金の保有量によって制限されるため、インフレが起こりにくい。 • 国際収支が不均衡に陥っても、自動調整されるメカニズムがはたらく。	長所	• 不景気に陥った場合、中央銀行は通貨量を増やすなど、自由な金融政策をとることができる。
• 不景気に陥っても、中央銀行は通貨量を増やすなどの金融政策ができない。	短所	• 通貨量が増大して、インフレになりやすい。

日本銀行貨幣博物館所蔵

➲戦前の十円紙幣（1899年）

此券引換ニ金貨拾圓相渡可申候也

解説 **金本位制度から管理通貨制度へ**　日本は欧米諸国にならって1897年に**金本位制度**を確立した。金本位制度の最大の欠点は、**発行できる通貨量が中央銀行の保有する金の量に制限されるため、不景気に陥っても通貨量を増やすなどの不況対策がとれない**ことにある。そのため、1929年の世界恐慌をきっかけに金本位制度から離脱する国が相次ぎ、1930年代以降は**管理通貨制度**が一般的となった。

5 資金の流れ

？直接金融と間接金融の相違点はどのようなところか

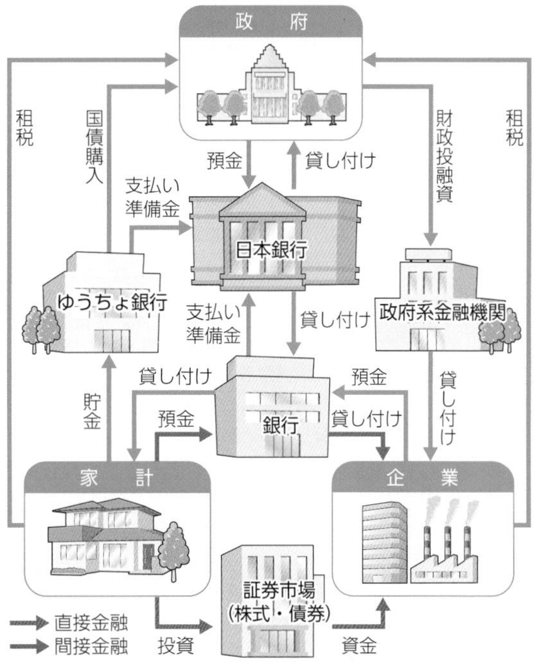

解説 **2種類の金融**　金融機関を仲立ちとして企業や公共部門に融資がなされることを**間接金融**という。一方、株式や社債に投資することにより、企業に資金提供することを**直接金融**という。一般に家計は、収入をすべて使い切るのではなく、その一部を病気・災害・住宅購入・教育資金などに備えて、銀行に預金したり保険に加入したりする。この資金が金融機関を通じて企業に貸し出されたり、国債購入にあてられたりすることで、間接金融が成り立っている。

6 おもな金融市場 出題

相対型（顧客市場）			預金市場や貸付市場など、金融機関に預金したり、金融機関から借りたりする市場。
短期金融市場	インターバンク市場		金融機関だけが参加する。
		コール市場	金融機関が一時的な資金の過不足を調整するために短期の貸し借りを行う市場。ここでの金利はコールレートといわれ、なかでも「無担保翌日物」の金利は日本銀行の政策金利となっている。
		手形市場	手形を担保としてコール市場よりも比較的長い期間（1週間〜1年以内）の貸し借りを行う。
	オープン市場		金融機関や一般の企業などが参加する。
		CD市場	CD（譲渡性預金）と呼ばれる譲渡可能な定期預金証書を売買する。
長期金融市場	株式市場		株式の取引を行う。発行市場と流通市場がある。
	債券市場		国債や地方債、社債を売買する。公社債市場ともいう。発行市場と流通市場がある。

解説 **日銀も参加するコール市場**　資金の融通が1年未満のものは**短期金融市場**、1年以上を**長期金融市場**という。この中で、最も注目を集めるのがコール市場である。金融市場にはこのほかにも、金融派生商品を取引する市場もある。

TOPIC トピック　経済学で「通貨」という場合は、現金だけではなく、銀行に預けている預金などを含むことに注意したい。流通額としては、現金より預金通貨のほうがはるかに大きい。

用語解説　⑯管理通貨制度，⑯間接金融，⑰コール市場

7 日本の金融機関 出題

中央銀行		日本銀行		紙幣を発行し、金融政策を行う
民間金融機関	預金取扱機関	普通銀行	都市銀行	規模が大きく、全国や海外に営業拠点をもつ
			地方銀行	本店のある都道府県を中心に、特定の地域に基盤をもつ
			第二地方銀行	おもに中小企業を対象に営業をしていたかつての相互銀行から普通銀行に転換した銀行
		信託銀行		銀行業務のほかに信託業務や不動産の仲介などを行う
		信用金庫		中小企業や個人を対象とし、会員(利用者)の出資による金融機関。融資は原則として会員を対象としているが、預金は会員以外からも広く受け入れている
		信用組合		信用金庫よりも営業地域が小さい。預金の受け入れと融資は原則として組合員を対象とする
	証券会社			株式・社債・投資信託などを扱う
	保険会社			生命保険・損害保険などを扱う
	ノンバンク			みずからは預金を集めず、銀行から融資を受けて、その資金を貸し出す。消費者金融や信販会社、クレジットカード会社など
政策金融機関(政府系金融機関)				出資金の多くを政府が出している金融機関。日本政策投資銀行、日本政策金融公庫、国際協力銀行など5つの機関がある

解説 **金融の自由化** 第二次世界大戦後、日本では長らく、長期金融、大企業向け金融、中小企業向け金融など、さまざまなかたちで金融機関のすみ分けが行われてきた。しかし、**金融の自由化**によって、金融業務の垣根(かきね)が撤廃(てっぱい)されたのをはじめ、政府系金融機関も統廃合されるなど、さまざまな改革が行われてきた(➲p.185)。

8 企業の資金調達の種類

●自己資本と他人資本

自己資本	株式の発行によって調達した**資本金**や、会社がこれまでに蓄積してきた純利益の合計である**利益剰余金(内部留保)**など。返済の義務がない→純資産(➲p.142)
他人資本	社債の発行や金融機関からの借り入れなどによって調達した資金。返済の義務がある→負債

●外部金融と内部金融

外部金融	直接金融	企業が発行する株式や社債によって投資家から資金を調達する。通常は証券会社が仲介する。
	間接金融	銀行などの金融機関を通じて資金を調達する。融資や借り入れと呼ばれる。
内部金融		利益剰余金(内部留保)や減価償却費(しょうきゃくひ)などによって、社内で資金調達すること。

解説 **財務の健全性のバロメーター** 自己資本には返済の義務がない。また、利益剰余金(内部留保)は企業が利益を得た結果、蓄(たくわ)えられたものである。こうしたことから、総資本(自己資本+他人資本)に対する**自己資本比率**は、財務の安定性・健全性を示す指標として経営分析に用いられる。

9 企業の資金調達の割合 出題

? 日本企業の資金調達には、どのような特徴が見られるか

非金融法人企業の負債構成

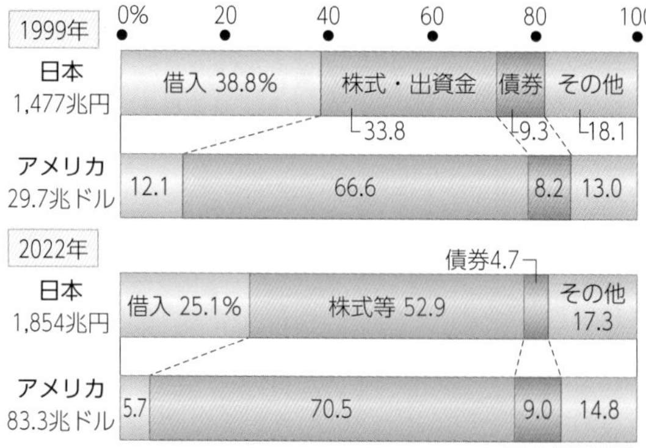

(日本銀行資料)

●直接金融・間接金融の特徴

間接金融	融資に伴(ともな)うリスクをとるのは金融機関である。一方、企業は経営状況が悪化すれば融資を打ち切られるおそれがある。
直接金融	投資をする個人や企業がリスクを負う。一方、投資先の企業には財務内容の情報開示が義務づけられる。

解説 **間接金融から直接金融へ** 高度経済成長期の日本では、企業が主要な取引銀行であるメインバンクから融資を受ける間接金融が中心であった。しかし、直接金融による資金調達の方がコストが安いことや、金融の自由化によって資金調達方法が多様化したこと、さらにはバブル経済の崩壊(➲p.186)による不良債権問題の影響などもあって、間接金融から直接金融にシフトしつつある。

10 家計の金融資産

? 日本の家計の金融資産には、どのような特徴がみられるか

家計の金融資産構成

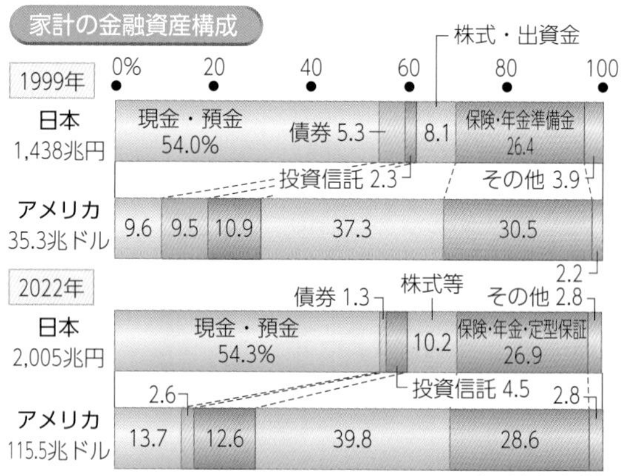

(日本銀行資料)

解説 **貯蓄から投資へ** 日本の家計は、資産の多くを国内の金融機関に預金として預けているため、個人金融資産に占める現金や預金の割合が高い。一方、アメリカでは、投資への関心が高く、現金や預金の割合は低い。ただし、日本でも、資産形成のために、低金利の預金よりも有利な運用先を求める人々が増えている。現在では、自宅からでもインターネットでの金融取引が可能になり、少額からでも購入できる金融商品の選択肢(し)が増えた。その結果、人々の金融商品に対する取り扱いが身近になっている。

Zoom **日米の資産運用の違い** 日本の資産運用は圧倒的に銀行預金が多い。これに対して、アメリカではみずからリスクをとって株式などに積極的に投資する人が多い。この違いの原因として国民性や金融教育のしかたの違いが考えられる。

11 銀行の業務と預金の種類

? 銀行のおもな業務は、どのような内容なのか

業務の分類			業務の内容
預金業務	要求払い預金	普通預金	自由に出し入れができる預金。給与の振り込みや公共料金などの引き落としにも利用される。金利は低い
預金業務	要求払い預金	当座預金	小切手を利用するための預金。利子はつかない
預金業務		定期預金	６か月・１年など、預け入れ期間を定めた預金で、一定期間は引き出せない。普通預金より金利が高い
預金業務		通知預金	預け入れから７日間は引き出せず、引き出し希望日の最低２日以上前に銀行に通知する必要がある
貸出業務		証書貸付	借用証書を利用した貸し付け。企業が銀行から資金を借りたり、個人が住宅ローンを借りる場合に用いられる
貸出業務		手形割引(わりびき)	支払い期日前に満期までの利息を引いて、銀行が買い取る
貸出業務		手形貸付	借り手に自行あての約束手形を振り出させて資金を貸し付ける
貸出業務		コールローン	金融機関同士で融通する短期の貸し付け
為替業務		内国為替(かわせ)	国内の離れた場所の間で、直接に現金を送ることなく資金の受け渡しを行う。銀行の口座(こうざ)振込や口座振替を使って行われる
為替業務		外国為替	貿易など国際間取引の決済や送金。このときの自国通貨と外国通貨との交換比率を外国為替相場（為替レート）という
証券業務			投資信託、個人向け国債などの販売など
保険業務			生命・火災・損害などの保険商品の販売

解説 **銀行のおもな業務**　銀行は金融の中心的役割を果たしており、その業務は大きく「**預金**」「**貸出**(かしだし)」「**為替**」の３つに分けることができる。このほか、金融の自由化によって、証券業務の一部および、すべての保険商品を銀行の窓口で取り扱うことが可能となった。

12 銀行の機能と信用創造　頻出

銀行の機能	内容
金融仲介機能	不特定多数者から余裕資金を集め、資金の必要な人に貸し出すはたらき
資金決済機能	振込や振替によって、各種取引の債権と債務を清算するはたらき
信用創造機能	預金と貸し出しを繰り返すことで、社会全体の通貨量を増やすはたらき

信用創造のしくみ

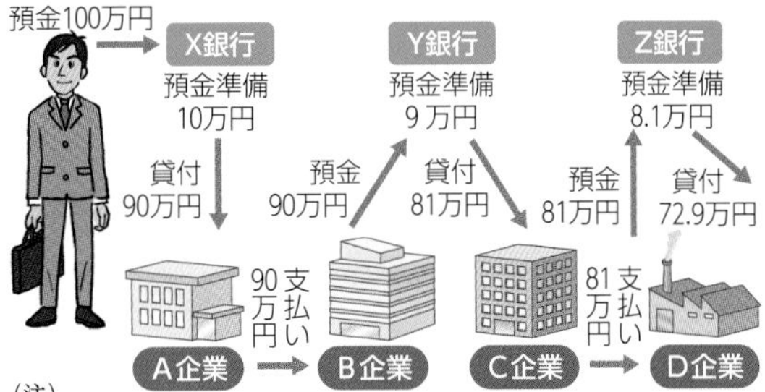

（注）
預金準備率が10％の場合

$$\text{信用創造額}=\frac{\text{最初の預金額}}{\text{預金準備率}}-\text{最初の預金額}$$

練習問題
仮に預金準備率（支払い準備率）を５％として、新たに2,000万円の預金があったとする。この場合、新たに生み出される信用創造額はいくらになるか。　（答え）３億8,000万円

解説 **信用創造のしくみ**　銀行全体として、最初に預金された金額の何倍かの預金通貨を生み出すことを**信用創造**という。いま、Ｘ銀行に100万円が預けられたとする。銀行はその一部を預金準備金として保有し、残りをＡ企業に貸し出す。Ａ企業はそれを取引先のＢ企業に支払う。Ｂ企業はこのお金をＹ銀行に預ける。Ｙ銀行は再びその一部を預金準備金として手元に残し、残りをＣ企業に貸し出す。こうしたことを繰り返すことで、**銀行は全体として当初の預金の何倍もの預金を生みだす**。これが信用創造である。

COLUMN
金利と利回り

❶金利　金利とは借りたお金（＝元本）に対する利子（利息）の割合のことをいい、通常は年率で表示される。たとえば、100万円を１年間銀行に預けて１万円の利子を受け取れば、金利は１％となる。

❷金利を決める要素　金利の水準は、資金の需給関係、借り手の信用度、借入(かりいれ)期間の３つの要素で決まる。特に景気と金利は密接な関係がある。好景気のときは、企業の資金需要が増えて金利は上昇する。反対に不景気のときは、金利は下落する。

金利：一定期間後に元金に対して支払われる利子の比率

高くなる ― ①お金を借りたい人が多い（好景気の時）
　──→資金供給量が不足する
②借りる人の信用度が低い
③借入期間が長い

低くなる ― ①お金を借りたい人が少ない（不景気の時）
　──→資金供給量が多い
②借りる人の信用度が高い
③借入期間が短い

❸利回り　利回りとは、投資金額に対する一定期間の運用収益の割合のことをいう。債券（社債や国債）は、発行された後、流通市場で自由に売買でき、債券価格は需要と供給によって変化する。いま、額面価格100万円当たり２万円の利子が付く新規発行の債券を購入したとする。このとき、１年間の運用収益は２万円だから、「利回り＝（２万円÷100万円）×100＝２％」となる。もし、この債券を流通市場で96万円で購入すれば、「利回り＝（６万円÷96万円）×100＝6.25％」となる。つまり、債券価格が下落すると利回りは上昇する。反対に、債券価格が上昇すると利回りは低くなる。

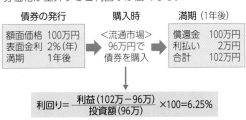

債券の発行	購入時	満期（1年後）
額面価格　100万円 表面金利　2％（年） 満期　1年後	<流通市場> 96万円で 債券を購入	償還金　100万円 利払い　2万円 合計　102万円

$$\text{利回り}=\frac{\text{利益（102万－96万）}}{\text{投資額（96万）}}\times100=6.25\%$$

TOPIC トピック　金融庁の分類では、店舗をもたずインターネットに特化してサービスを行っている「ネット銀行」は、普通銀行のうちの「新たな形態の銀行」とされる。

用語解説　⑯信用創造

13 小切手と手形

この約束手形の受取人。受取人または受取人が指図した人は、この約束手形と引き替えに下の金額を受け取ることができる。

支払期日。お金の受け取りはこの日を含めて3営業日以内にしなければならない。

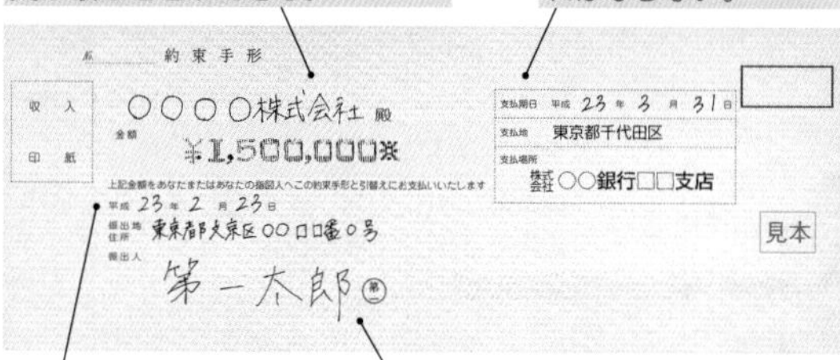

⇧約束手形

この約束手形を振り出した日。支払期日よりも前の日付けとなる。

この約束手形の振出人と振出人の住所。法人の場合は法人名と代表者名を書く。銀行への届出印も必要。

小切手		約束手形
金融機関に当座預金口座を開設して小切手帳を発行してもらい、小切手を発行する(＝振り出す)。振り出す金額と同額以上の当座預金残高が必要。	使用方法	金融機関に当座預金口座を開設して手形を発行する(＝振り出す)。手形の場合、支払期日が明記されており、振出人は支払い期日までに必要なお金を入金すればよい。
小切手を受け取った人は小切手を銀行に持ちこむことで、いつでも現金を受け取ることができる。	現金化	手形を受け取った人は支払い期日が来ないと原則として現金化できない。

解説 **手形割引と不渡り**　手形を使えば、手元に資金がない場合でも原材料などを仕入れることができるため、おもに企業間の取引に多く利用されている。振り出し人から受け取った手形を支払い期日前に換金したいときは、銀行で手形割引が行われる。これは、銀行が手形の額面から期日までの利子を差し引いて、換金に応じることをいう。また、小切手や手形が預金残高不足で決済できない場合を「不渡り」という。不渡りを出すことは企業の資金繰りが苦しいことを意味し、企業倒産につながることが多い。

14 為替のしくみ

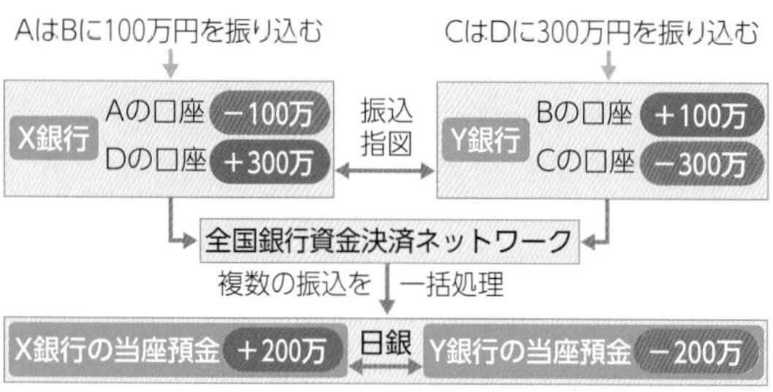

解説 **銀行間で決済**　遠隔地にいる個人や企業の間で現金を運搬することなく、振込や振替によって資金の受け渡しを行うことを為替といい、国内で行われるのは内国為替、海外に対して行われるのが外国為替という。内国為替の基本的なしくみは、銀行が資金を送る人の口座残高を減少させ、受け取る人の口座残高を増加させる。異なる銀行間での振込取引は、全国銀行資金決済ネットワークを利用して行われる。

15 証券会社のおもな業務

? 証券会社のおもな業務は、どのような内容なのか

委託売買業務(ブローカー業務)	証券会社の基本的な業務の一つで、顧客(投資家)から委託を受けて、株式や債券の売買を行う。証券会社は投資家から手数料をとって利益を得る。
自己売買業務(ディーラー業務)	証券会社が自社の資金で株式や債券を売買する業務。証券の売買で生じた利益や損失は、すべて証券会社が受ける。
引き受け・売り出し業務(アンダーライター業務)	国や企業が株式や公社債を発行する際に、証券会社が手数料をとって買い取り、投資家に販売する業務。全部売りきることができなければ、証券会社の負担となる。国債の発行はおもにこの方式による。
募集・売り出しの取り扱い業務(セリング業務)	株式や公社債の購入を投資家に買ってもらうために勧誘する業務。アンダーライター業務と違って売れ残っても引き取りを行わないため、証券会社はリスクを負わない。

解説 **主要業務は4つ**　証券会社とは株式、公社債、投資信託などの有価証券を取り扱う金融機関であり、**直接金融が円滑に行われるための重要な役割を果たしている**。ブローカー業務では、証券会社が手数料をとって有価証券の売買を取り次ぐだけであるため、証券の価値が下落しても、そのリスクは購入した顧客(投資家)がすべて負う。

COLUMN 証券市場とは

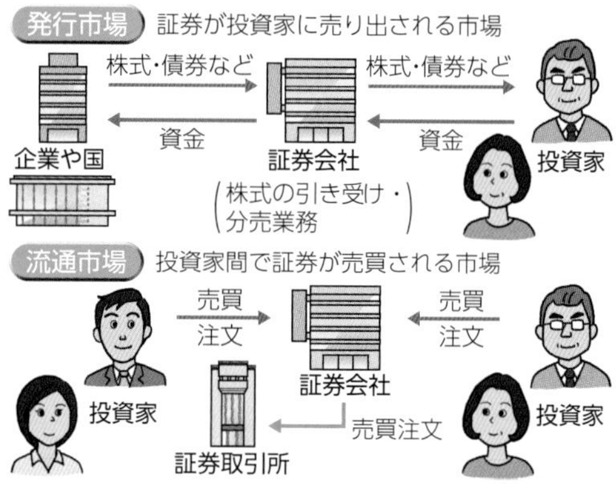

長期金融市場である証券市場では株式や債券(公社債)が取り引きされる。証券市場には**発行市場**と**流通市場**がある。

発行市場とは、企業や政府が株式や債券を新規に発行し、資金を調達するための市場である。企業が発行する債券を社債、国が発行する債券を国債という。債券は毎期の利子支払いのほかに、満期になると元本が償還(返済)されることが約束されている。また、株式は企業が自己資本を調達するために発行される証券である。

一方、流通市場は、すでに発行された証券を投資家同士が売買をするための市場である。毎日マスコミで報道される「株価が値上がりした」とか「値下がりした」といった株式市場ニュースの多くは、この流通市場に関するものである。

Zoom **株式市場と債券市場**　好景気のとき、資金は株式市場に流れ込む。しかし、不景気になると資金は株式市場から債券市場に流れる。この理由は、株価や市場金利(貸出金利や預金金利)が下がり、債券の利回りが相対的に高くなるからである。

16 保険会社の業務

? 民間保険には、どのような特徴があるのか

●預金と保険の違い

預金(貯蓄)は三角
将来の出費に備えて少しずつお金を積み立てる。

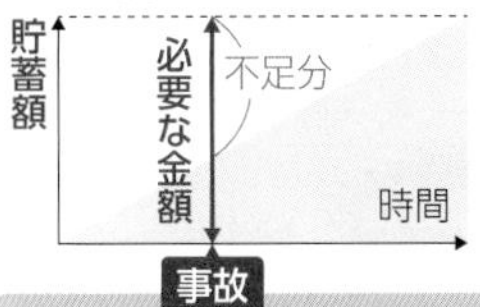

お金を貯めている途中で事故にあえば、不足分が発生する可能性がある。

保険は四角
事故など万一のことがあっても困らないように備えておく。

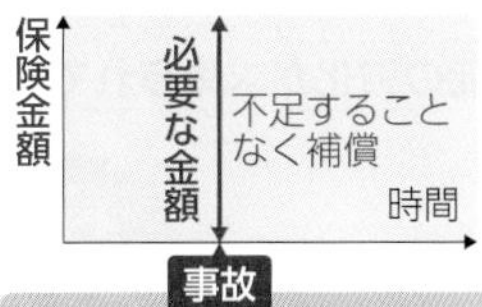

一般に、加入期間にかかわらず一定の金額を受け取れる。

●公的保険と民間保険の違い

	公的保険	民間保険
加入対象者	強制 原則的に全員が加入	任意 加入時に審査があり、契約できない場合も
解約の可否	できない	任意、または保険契約による
保険の内容	選べない	自由に選べる
保険料	一定、または所得によって異なる	保険の内容などによって異なる
公費負担	国や市町村が保険料の一部を負担	なし

●おもな民間保険の種類

	内容	取り扱い
生命保険	死亡保険(終身保険・定期保険・養老保険)、個人年金保険、学資保険など	生命保険会社
損害保険	火災保険、自動車保険、地震保険、傷害保険など	損害保険会社
医療・介護保険	医療保険、がん保険、介護保険など	生命保険会社、損害保険会社

●保険会社の資金運用

資産別構成比 (2020年度)

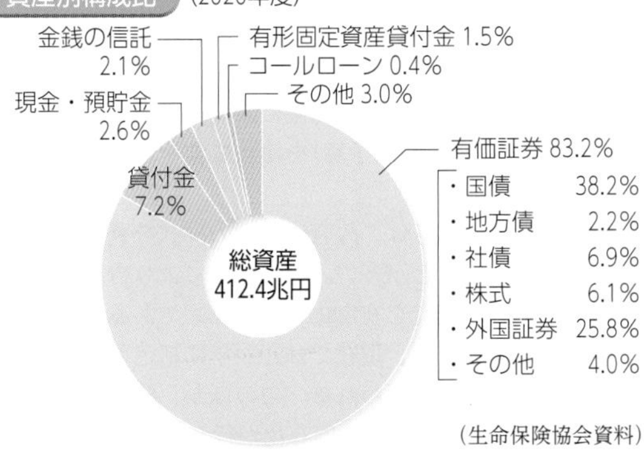

(生命保険協会資料)

解説 **保険はいざというときの備え**　銀行は集めた預金を企業などに貸し付けている。一方、保険会社は契約者から集めた保険料をさまざまな形で運用し、契約者が病気や死亡あるいは火災など何らかの損害を受けた場合、保険金を支払う。保険料として集められた資金の運用には、安全性と確実な収益性が求められる。そのため、資産運用にあたっては厳格な運用リスク管理の基準が策定される。一般的に、金融商品には、利回りが高いとリスクも高く、利回りが低いとリスクも低いという関係があるが、保険資金の運用は比較的リスクの低い国債が中心となっている。

17 金融の自由化・国際化

? なぜ、金融の自由化・国際化が進められたのか

①自由化・国際化の流れ

護送船団方式(第二次世界大戦後～)

競争を制限して、金融機関を保護
- 金利規制➡金利はどこも同じ
- 業務規制 ｛銀行・証券・信託業務の分離など／都市銀行、地方銀行の役割分担など
- 金融商品や店舗新設に対する規制

金融の自由化・国際化のはじまり(1980～90年代)

- 金利の自由化➡預金金利の段階的自由化
- 業務の自由化➡子会社設立による銀行・証券会社の相互参入の解禁
- 都市銀行の店舗規制を撤廃

日本版金融ビッグバン(1996年)

フリー(Free)・フェア(Fair)・グローバル(Global)をキーワードに、金融市場の規制を緩和・撤廃し、国内金融機関の国際競争力向上をめざす。

↓

- 独占禁止法改正(1997年)➡金融持株会社設立による銀行・証券・保険業務の相互参入を解禁
- 外国為替及び外国貿易法(外為法)の改正(1998年)➡外貨預金、海外の債券や株式売買の自由化
- 金融監督庁設置(1998年)➡2000年、**金融庁**に改組
- 証券会社を免許制から登録制に変更(1998年)
- 株式売買委託手数料の自由化(1999年)
- 銀行窓口での保険商品の販売を解禁(2000年)
- 銀行による証券仲介業を解禁(2001年)

↓

護送船団方式の終焉

解説 **金融行政の変化**　戦前のような金融恐慌を引き起こさないために、戦後、大蔵省(財務省)は護送船団方式と呼ばれる金融機関保護政策をとった。一方、アメリカは1970年代から、イギリスは1986年から金融改革に着手し、市場重視と規制緩和によって金融機関の競争力を強化する政策をとった(金融ビッグバン)。日本でも1980年代以降に金融の自由化に取り組み始めたが、バブル経済崩壊後の1996年に橋本龍太郎内閣が「**日本版金融ビッグバン**」を開始したことで改革が本格化した。その目的は、東京を欧米なみの国際金融市場とすることにあった。

②異業種から金融業への新規参入

◀ネット銀行のATM　左からイオン銀行、ローソン銀行、セブン銀行の各ATMと外貨両替機

解説 **競争が激化する金融業界**　金融ビッグバンによる業務の自由化や規制緩和によって、異業種から金融機関に新規参入する事例が増えている。これらの中にはインターネット銀行として実店舗をもたず、人件費などのコストを削減することで、手数料や保険料を安く設定している企業も多い。既存の金融機関との間に、生き残りをかけた激しいサービス競争が展開されている。

TOPIC トピック 機関投資家とは大量の資金を使って株式や債券で運用を行う大口投資家のことをいう。具体的には生命保険会社、損害保険会社、普通銀行、信託銀行、政府系金融機関などがある。

用語解説 ⑯護送船団方式、⑰金融ビッグバン

FILE 17
不良債権問題と金融不安への対応

金融の自由化・国際化をめざした「金融ビッグバン」は、不良債権問題に苦しむ金融機関にとっては厳しい試練となった。1990年代後半から2000年代前半にかけては金融機関の経営危機が相次ぎ、破綻に至るケースも出てきた。国際競争が激化する中、経済成長に不可欠な金融機能の強化が求められている。

バブル経済崩壊後の金融不安

年	内容
1996	ノンバンクの住宅金融専門会社(住専)7社が経営破綻
1997	✵北海道拓殖銀行、山一証券が経営破綻
1998	金融安定化2法(預金保険法改正・金融機能安定化法)制定→21行に1兆8,000億円の公的資金注入 金融再生法・金融早期健全化法制定(2001年廃止) →金融機関の破綻処理のしくみと破綻防止対策を策定 ✵日本長期信用銀行が経営破綻 →国有化後、新生銀行として再生(2000年) ✵日本債券信用銀行が経営破綻 →国有化後、あおぞら銀行として再生(2001年) 金融システム改革法施行
1999	金融再生委員会、15行に7兆5,000億円の公的資金注入へ
2002	小泉首相の構造改革の下で、不良債権処理が加速化(金融再生プログラム)
2003	✵りそなグループ、事実上の国有化により破綻を回避
2004	金融機能強化法制定

※金融再生法や金融早期健全化法は2001年までの時限立法であった。現在、金融機関の破綻処理などの金融安定化対策は、預金保険法に引き継がれている。

1991年、バブル経済が崩壊し、土地や株式の資産価値が激減した。そのため、土地を担保に企業に資金を貸し付けていた金融機関は、回収が困難となった多額の不良債権を抱えることになった。その結果、銀行の収益が悪化し、破綻する大手金融機関があらわれ、金融システムに不安が生じた。日本経済の再生のためには、不良債権の処理が急務であった。

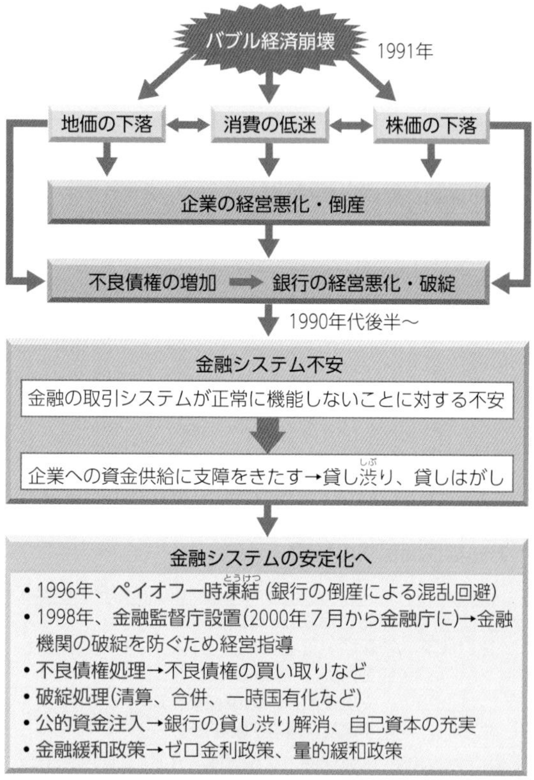

金融機関の自己資本比率が低下

銀行の経営の健全性を示す指標として、**自己資本比率**が使われる。これは、以下の計算式で求められる。

自己資本÷リスク資産×100※

ここでいうリスク資産とは、おもに、貸出金に対して、返済されずに損失を被る可能性(信用リスク)を加味した金額である。**国際決済銀行**(ＢＩＳ)は、1988年のバーゼル合意に基づいて、金融機関の健全な経営のために、国際業務を行う金融機関に対しては自己資本比率８％以上、国内業務を行う金融機関に対しては４％以上を求めている(**ＢＩＳ規制**)。したがって、自己資本比率を上げて経営を健全化するには、以下の方法がある。

①銀行が利益を上げるか、増資(株式の追加発行)することで、分子の自己資本を増やす。
②融資残高を減らして分母のリスク資産を減らす。

そのため、銀行は経営が悪化すると、融資残高を抑制するため貸し出しに消極的になった(**貸し渋り**)。また、返済期限前に融資した資金を回収しようとする「**貸しはがし**」も行われた。こうして、銀行の貸出総量が減少するという**信用収縮**(**クレジット・クランチ**)が発生して、企業(特に中小企業)の資金繰りの悪化をまねいた。

公的資金の注入

経済界では“Too big to fail”(大きすぎて潰せない)ということばがある。特に、金融システムが不安定化すると、決済機能に影響が出て、経済活動全般にわたって大きな支障が出る。そこで、破綻の危機に直面した銀行に対して、政府が公的資金(＝国家予算)を使って救済に乗り出すことが一般的である。

救済の方法としては、政府は銀行の株式を買い取って、資本注入を行うことが多い。資本注入により自己資本比率を高め、銀行の経営を安定化させるためである。公的資金を使った資本注入は、現在では2004年に制定された金融機能強化法に基づいて行われる。このほか、政府による不良債権の買い取りや、銀行の国有化が行われることもある。

銀行を救済するために使われた公的資金は、経営が健全化した段階で政府に返済される。しかし、経営が健全化しなければ、政府は公的資金を回収できなくなる。また、公的資金はおもに国債の発行によって賄われるが、国債の償還には最終的に国民の税金が使われることになる。このため、当初は政府が公的資金を使って銀行を救済することに対して批判もあった。

※一般的に、自己資本比率は総資産に占める自己資本の割合をさすが、銀行の場合はこのような独自の計算方法が国際的に策定されている。

Zoom **国際決済銀行**　1930年に設立された各国の中央銀行をメンバーとする国際銀行で、本部はスイスのバーゼルにある。中央銀行間の協力促進のための組織であるが、当初は第１次世界大戦でのドイツの賠償金の支払いに関する事務も取り扱っていた。

不良債権とその処理

●不良債権発生のしくみ　銀行が企業に融資する場合、銀行は企業の倒産に備えて、土地などを担保に取る。例えば、A銀行がB企業に5億円の土地を担保に取って、5億円の融資をしたとする。これでB企業が倒産しても、担保の土地を売却すれば、融資した5億円は回収できるはずである。ところが、土地の価値が4億円に値下がりしたら、銀行は土地を売っても4億円しか回収できず、1億円は銀行の損失となる。このように、回収できなくなった債権（または回収できないおそれのある債権）を不良債権という。

●不良債権の処理とは？　不良債権の処理とは、帳簿上（貸借対照表）で不良債権の損失分を穴埋めして、不良債権を帳簿から消すことである。不良債権による損失分は、基本的には銀行が稼いだ利益で穴埋めするしかない。すなわち、右図のように、利益の一部は内部留保として自己資本に蓄えられるが、この自己資本と不良債権による損失分とを相殺するのである。不良債権の処理を行うと、銀行の自己資本比率が減り、財務内容が悪化するため、多くの銀行で不良債権の処理が先送りされた。しかし、その間にも不良債権は増え続け、問題はいっそう深刻化した。

不良債権の処理と銀行の貸借対照表

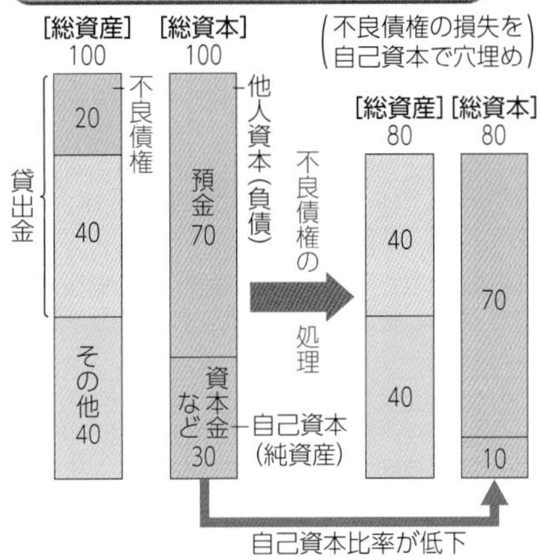

不良債権の処理（直接償却）によって銀行の最終的な損失が確定する。

金融不安と預金者保護制度

預金保険制度（ペイオフ）

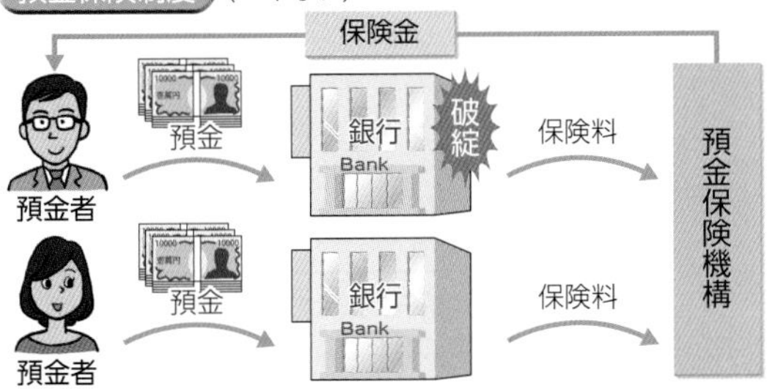

〈預金の保護の範囲〉外貨預金や金融債などは保護の対象外

預金の種類	保護の範囲
決済用預金（当座預金）	全額保護
普通預金・定期預金など	元本1,000万円までとその利息

金融機関が破綻した場合、その金融機関に代わって、**預金保険機構**（1971年、政府・日銀・民間金融機関の出資で設立）が、元本1,000万円までとその利息を保証してくれる。このときの預金者に対する保険金支払いのことを**ペイオフ**という。バブル経済崩壊後の金融不安に対して、1996年からペイオフが停止（凍結）され政府が預金を全額保護するようになったが、2005年からペイオフが全面解禁された。ペイオフ導入の目的は、金融機関に対する預金者の監視を強め、金融機関の体質を強化することにある。ペイオフは、2010年に日本振興銀行が破綻した際に初めて発動された。

金融機関の再編

おもな銀行の統合・合併の流れ　※FGはフィナンシャルグループ。

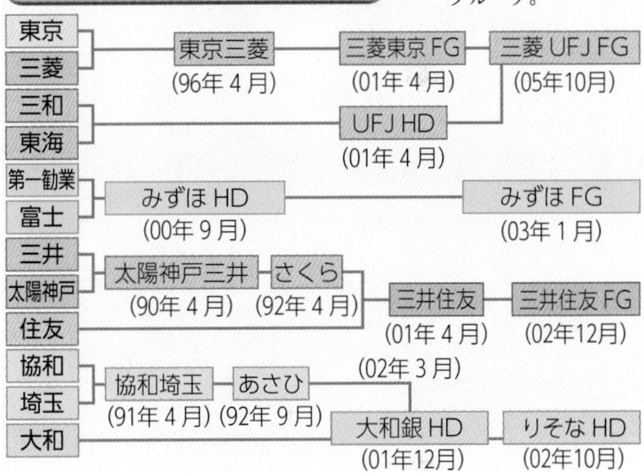

国内の金融危機や金融の国際競争の激化に伴い、経営破綻の危機に陥る金融機関が相次いだ。こうした中で、金融機関は統合・多角化による規模の利益と経営体質の強化を求めて、金融機関の間で再編が急速に進んだ。その結果、金融持株会社の傘下に銀行・信託銀行・証券会社をもつ、三大**メガバンク**（三菱UFJ、みずほ、三井住友）が誕生した。また、2007年の郵政民営化の結果、ゆうちょ銀行が国内最大規模の銀行として誕生した。

今後は、国際的にみて低いといわれている収益性をいかに向上させるかが、日本の金融機関の課題となっている。

●不良債権問題のその後

1992年度から2002年度までに、約88兆円の不良債権の処理が行われた。しかし、それでも金融機関の不良債権比率（貸出総額に占める不良債権の割合）は、依然として高い状態にあった。そこで、政府は不良債権処理を加速させるため、2002年に金融再生プログラムを打ち出した。

このプログラムでは、不良債権比率を2004年度末までに4％台前半に引き下げる目標を掲げ、主要銀行の自己資本の充実やコーポレート・ガバナンス（企業統治）の強化などを打ち出した。こうした取り組みの結果、不良債権問題は収束に向かった。ただし、現在ではコロナ禍での企業への融資が原因で、不良債権比率が増加している地方銀行もみられる。

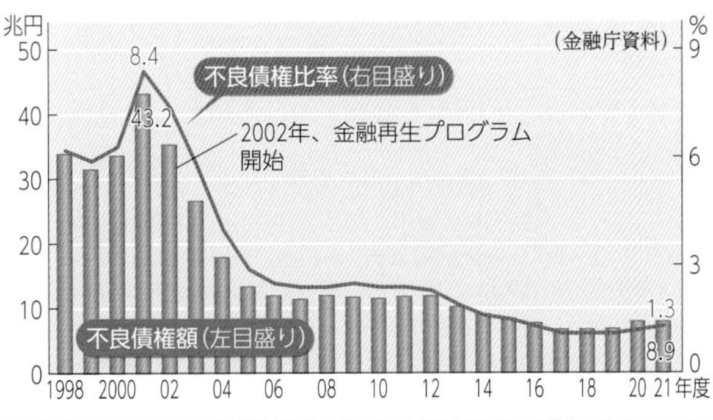

経
済

TOPIC トピック　ペイオフは金融機関が破綻した場合に「預金者を保護する」制度であるが、保護の範囲が限られているため、金融不安が深刻になると、それだけでは預金者を保護できなくなる。

用語解説　⑰不良債権問題，⑰BIS規制，⑰ペイオフ

Ⅲ 日本銀行の役割と金融政策

18 日本銀行の業務と機能 出題

●日本銀行（日銀）の機能

発券銀行	• 日本で唯一、不換紙幣の発行を行う。印刷は独立行政法人国立印刷局で行われる。 • 一般的に、決済や給与支払いが増える月末に発行量が増加する。特に年末は最も発行量が増加する。
政府の銀行	• 国庫金の出納や政府への貸し出しを行う。 • 徴収された税金や社会保険料は「政府預金」勘定に振り込まれ、そこから政府の歳出に必要な額が引き出されていく。
銀行の銀行	• 市中の金融機関を対象とする「貸出」「金融機関どうしの資金決済」「国債や手形の売買」などを行う。 • 各金融機関は日本銀行に口座をもつ。日銀からの貸出、金融機関同士の資金決済、公開市場操作などは、すべてこの日銀当座預金口座を通じてなされる。 • 各金融機関は預金量の一定割合を「預金準備（支払い準備）」として、無利子で日銀当座預金口座に預けることが、法律で義務づけられている。これは金融機関同士の決済を行う際、預金量が不足して決済が不可能になるのを防ぐためである。 • 金融機関が必要な資金を調達できない場合は、「最後の貸し手」として融資（日銀特融）を行い、「金融システムの安定」を図る。

日本銀行法（1942年成立、1997年全面改正）

第1条【目的】 日本銀行は、我が国の中央銀行として、銀行券を発行するとともに、通貨及び金融の調節を行うことを目的とする。

第2条【通貨及び金融の調節の理念】 日本銀行は、通貨及び金融の調節を行うに当たっては、物価の安定を図ることを通じて国民経済の健全な発展に資することをもって、その理念とする。

第3条【日本銀行の自主性の尊重及び透明性の確保】 日本銀行の通貨及び金融の調節における自主性は、尊重されなければならない。

⇧日本銀行本店の本館（手前）と新館（後方） 日本銀行は、公私合同企業（日本銀行法に定められた認可法人）であり、資本金１億円、そのうち5,500万円を政府が出資している。

日本銀行の独立性

日銀は、政府の行う財政政策と一体となって景気調整を行うことが期待されている。しかし、景気回復のために政治家が過剰な金融緩和を日銀に求めた場合、日本経済はインフレに陥る危険がある。そのため、日銀には政府の圧力を受けないで自由に金融政策を決定できるように「政府からの独立性」が保障されなければならない。日本銀行法は第二次世界大戦中の1942年に成立し、政府の統制が強く残っていたが、1997年に大幅に改正されて、政府が総裁を解任できないようにするなど、中央銀行としての独立性が法制度として明確化された。

解説 **通貨の番人** 日本銀行の最大の役割は通貨量の調節によって物価を安定させることである。日銀の金融政策を決定する最高意思決定機関は「政策委員会」で、総裁と２名の副総裁のほか６名の審議委員で構成される。日銀総裁の任期は５年で再任も可能である。総裁と副総裁は内閣が任命し、国会で衆参両院の過半数による同意（可決）が必要である。

19 日本銀行の金融政策 頻出

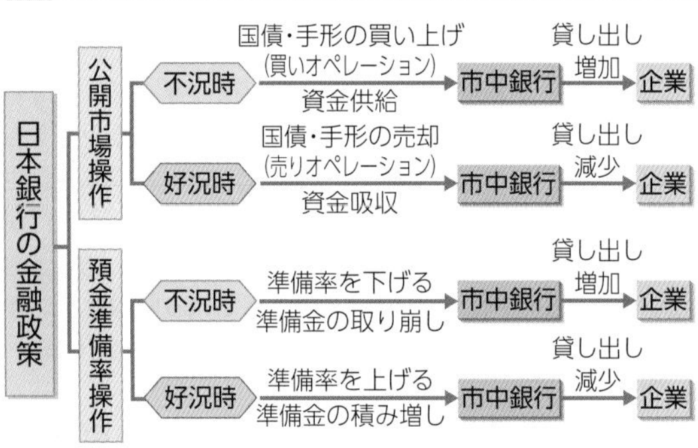

解説 **現在は公開市場操作が中心** 日本銀行は物価の安定と景気調整のために、金融政策を行っている。不況時に通貨量を増加させることを「**金融緩和**」といい、好況時に通貨量を減らすことを「**金融引き締め**」という。このおもな手段は**公開市場操作（オペレーション）**である。**預金準備率操作**は1991年を最後に行われていない。なお、かつては、日銀が市中金融機関に資金を貸し出す際の金利のことを「公定歩合」と呼び、この金利を上下に操作して景気を調整する公定歩合操作も主要な金融政策とされていた。

●公開市場操作のしくみ（買いオペの場合）

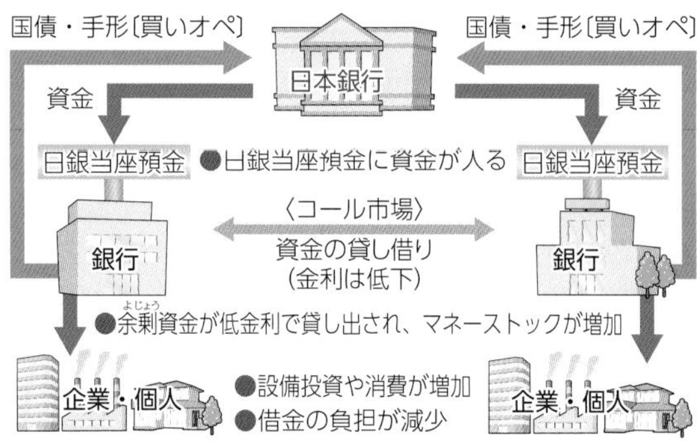

解説 **不況時は買いオペ** 公開市場操作は、日銀が金融機関との間で国債や手形を売買することにより、**コールレート**に影響を与え、市中に流通する通貨量（マネーストック）を調節する政策である。**不況時には買いオペを実施する**。買いオペにより通貨が金融機関に供給され、コールレートは下落する。この結果、金融機関から企業への貸出金利が低くなり、企業が投資活動を活発化することによって景気が良くなる。反対に、**景気が過熱した場合は売りオペを実施する**。

Zoom **政策委員会** 中央銀行の金融政策にはインフレ的な経済運営を求める政治的圧力がかかりやすい。このため、金融政策は日本銀行の政策委員会委員９名による多数決で、政府から独立して行われることになっている。

20 金融に関するおもな指標 頻出

●コールレート・預金準備率の推移

(日本銀行資料)

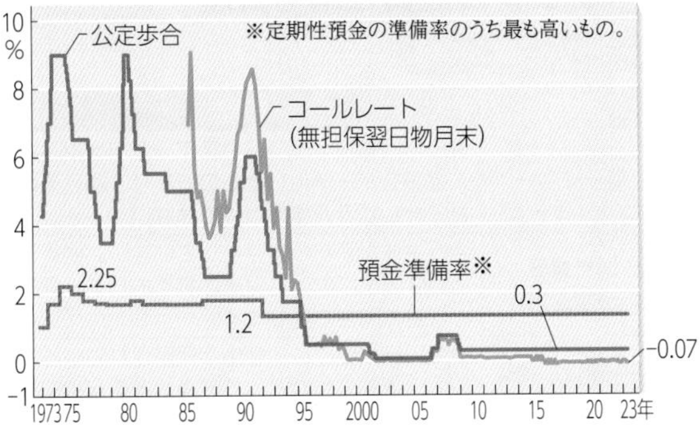

公定歩合…かつての代表的な政策金利。金融の自由化に伴い、市中金融機関は公定歩合より金利の低いコール市場で資金を融通するようになった。このため、公定歩合は「基準割引率及び基準貸付利率」と呼ばれるようになり、短期の市場金利の上限を画する役割を担うようになった。

無担保コールレート(翌日物)…各金融機関は日本銀行当座預金の口座を使って資金決済を行っているが、資金の過不足を補うための短期金融市場がコール市場である。この市場で資金を貸借する際の金利がコールレートである。このうち、日銀が政策金利とするのは、無担保で資金を借りた翌日に返済するものであるため、無担保コールレート翌日物(オーバーナイト物)と呼ばれる。

●マネーストック

M1	現金通貨(紙幣+硬貨)+預金通貨(当座、普通預金など)
M2	M1+準通貨(定期性預金)+CD←ゆうちょ銀行などの預貯金を除く
M3	M2+ゆうちょ銀行、その他金融機関の預貯金

マネーストックの内訳

※CDとは譲渡性預金(第三者に譲渡できる定期性預金)のこと。

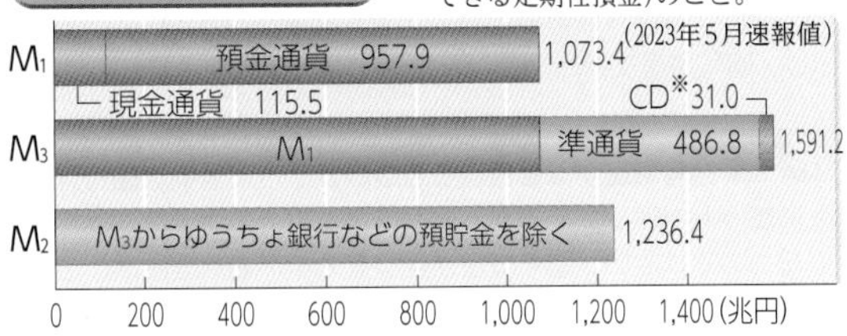

マネーストックの推移(対前年増加率)

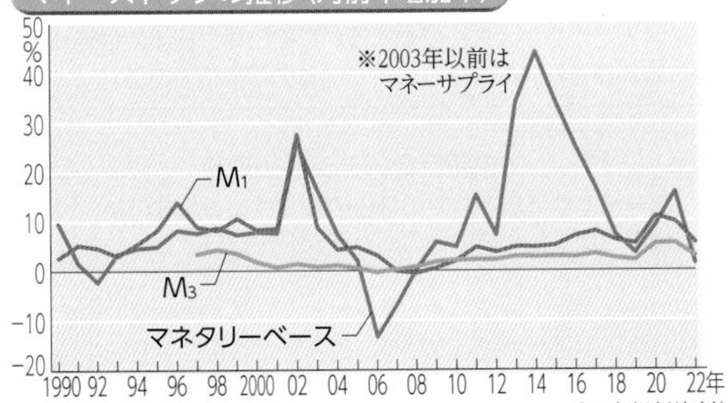

(日本銀行資料)

解説 **M3が代表的指標** **マネーストック**とは、経済全体に流通している通貨量である。日銀が直接供給する通貨量である**マネタリーベース**(現金通貨+日銀当座預金)が、市中銀行の信用創造を経ることでマネーストックが増加する。2008年より、それまでの代表的指標であったマネーサプライのM2+CDに、ゆうちょ銀行や農協・信用組合などを加えたM3が、マネーストックの代表的指標となった。

21 新しい金融政策とそのしくみ 出題

? 新しい金融政策と従来の金融政策との相違点は何か

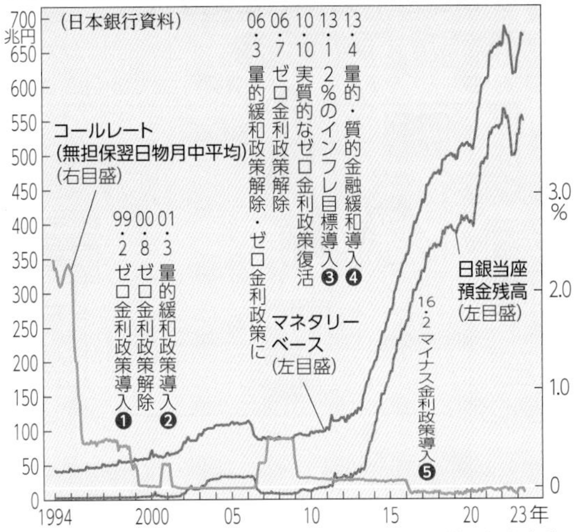

※2016年9月以降、日銀は長期国債の買い入れによる長期・短期金利の引き下げを伴う「長短金利操作付き量的・質的金融緩和」を実施。

❶ゼロ金利政策…政策金利であるコールレート(無担保コールレート翌日物)を0%に誘導する。
❷量的緩和政策…市中銀行の保有する日銀当座預金残高を目標値(5~35兆円)まで増加させる。
❸インフレ目標(インフレ・ターゲット)…消費者物価上昇率の数値目標を設定し、その目標に向けて通貨量を増やす。
❹量的・質的金融緩和…マネタリーベースを年間約60~80兆円増加させるなどして、物価上昇率2%を実現させる。
❺マイナス金利政策…市中銀行が日本銀行に新たに預ける当座預金の金利を−0.1%にして、企業への貸し出しを促す。

マイナス金利政策のしくみ

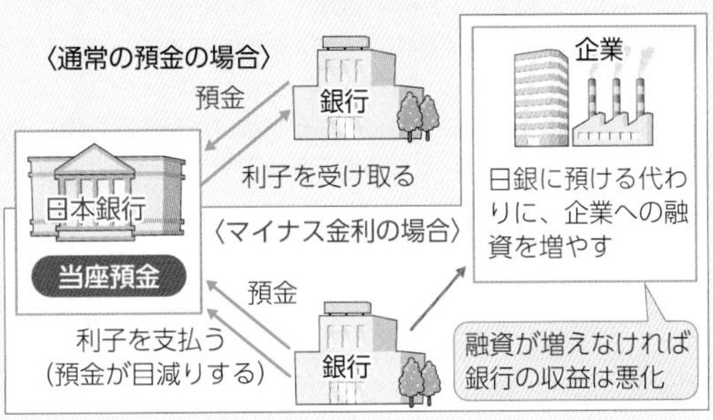

量的・質的金融緩和を導入しても、不景気で企業の資金需要がないため、日銀の当座預金口座には多額の資金が眠ったままになっていた。この資金を企業への融資に向かわせる方法として考え出されたのがマイナス金利である。すなわち、利子を受け取る立場にあった銀行に、逆に利子を払わせるのである。マイナス金利とは企業融資を増やすために銀行に課したペナルティであるといえる。

解説 **非伝統的金融政策** 政策金利に目標値を設定し、これを上下に誘導するのが従来の金融政策であった。しかし、1990年代後半から、金利が極めて低い水準になると、金利誘導の余地がなくなり、従来の方法に限界がみられるようになった。そこで、日銀当座預金残高やマネタリーベースの量に金融政策の目標を設定する「非伝統的金融政策」が採用されるようになった。これは、**おもに公開市場操作の買いオペレーションによって行われる**が、国債のほかに、リスクの高い社債や株式などの資産を日銀が買い入れる方法もある。

TOPIC トピック 日本銀行は、マネタリーベースはコントロールできても、マネーストックはコントロールできない。その理由は、銀行の信用創造のプロセスまでは操作できないからである。

用語解説 ⑰日本銀行, ⑰公開市場操作, ⑰マネーストック, ⑰量的緩和政策

Ⅳ キャッシュレス社会の進展

22 クレジットカードと電子マネー

クレジットカード決済のしくみ

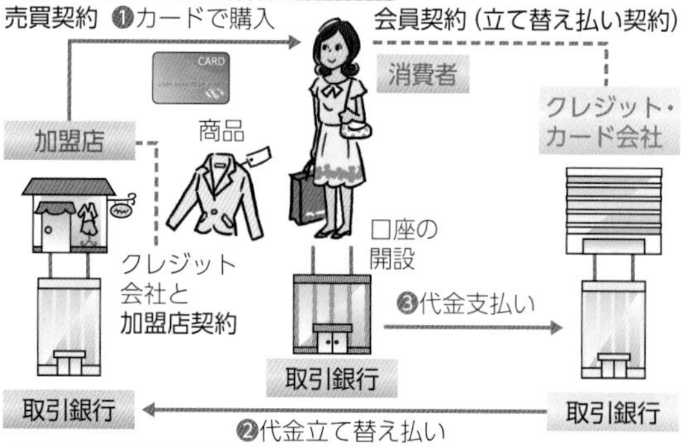

電子マネーの流れ

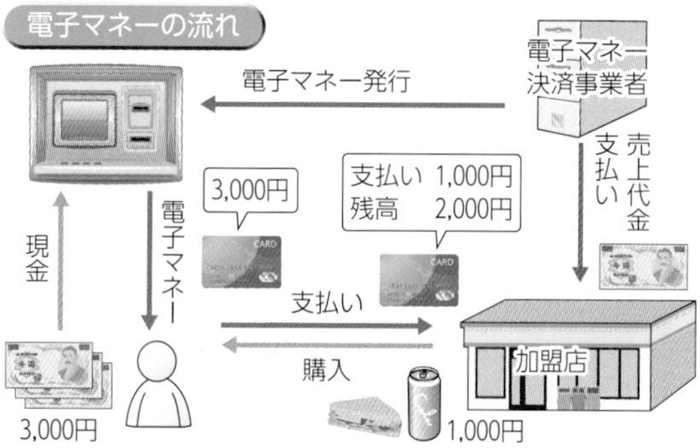

解説 **買いすぎに注意**　**クレジットカード**で商品を買う場合、その代金は、まずカード会社が販売業者に一括(いっかつ)して支払い、消費者はその代金を後日カード会社に支払うしくみになっている。一方、**電子マネー**は、自分が現金または口座からカードに直接入金（チャージ）する。この他に、カードでの支払いと同時に自分の口座から購入金額が引き落とされるデビットカードもある。これらの中には、スマートフォンを使ってバーコードやＱＲコードから支払いができるものもある。手元に現金がなくても購入できるので、必要以上に買い物をしないように注意したい。

日本のキャッシュレス化はなぜ遅れている？

主要国におけるキャッシュレス決済状況 (2020年)

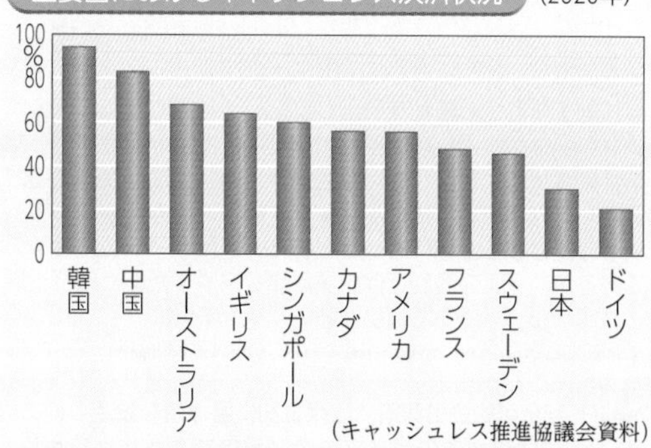

（キャッシュレス推進協議会資料）

主要国と比べて日本のキャッシュレス化は進んでいない。その原因として、治安のよさから現金を持ち歩くリスクが低いこと、その一方で、キャッシュレス化へのセキュリティに不安を感じる人が多いことがあげられる。また、初期費用や手数料の負担のために導入していない店が多いことなども指摘されている。政府は今後の訪日外国人の消費（インバウンド需要）を見込んでキャッシュレス化の普及とその対応を推進している。

23 デジタル通貨と暗号資産

デジタル通貨の種類

種類	内容
電子マネー	現金や口座からカードやスマートフォンへの入金額をデータ化したものであり、通貨そのものとして流通するわけではない。
暗号資産（仮想通貨）	発行主体が必ずしも存在していない。通貨の価値は国家によって保証されておらず、需要と供給の関係で変動する。
中央銀行によるデジタル通貨	中央銀行が発行し、価値が保証されているもの。通貨そのものとして流通する点が電子マネーと異なる。

ブロックチェーンのしくみ

従来の取引管理
第三者機関が取引履歴を管理し、信頼性を担保

ブロックチェーン
すべての取引履歴を世界中で共有し、信頼性を担保

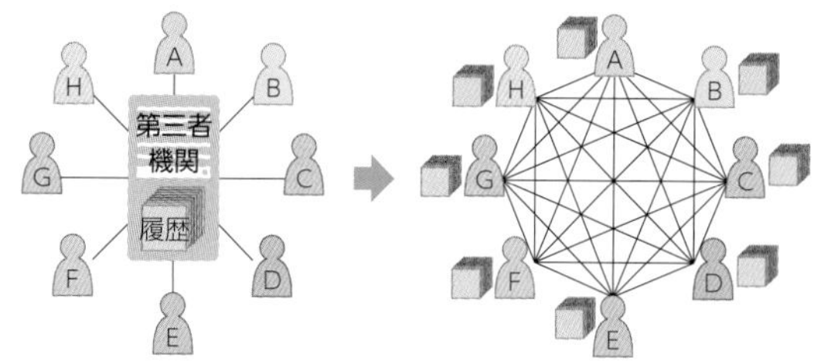

（経済産業省資料を参照）

ブロックチェーンは、仮想通貨１単位ごとに、その流通履歴などの情報を全世界の参加者で共有するシステムある。たとえば、ＡさんがＢさんに１ビットコイン送金した場合、その情報は世界中のコンピュータに記録される。したがって、暗号資産を不正に取得・利用しても、世界中のコンピュータに正しい履歴が残っており、容易に判明してしまう。ただし、暗号資産交換所からの不正流出はたびたび起きている。

解説 **暗号資産がなぜ価値をもつのか？**　代表的な**暗号資産**にビットコインがあるが、国家によってその価値を保証されたものではない。暗号資産が価値をもつおもな理由は、①発行量が制限されており、②交換所（取引所）で法定通貨に交換でき、③ブロックチェーンという技術を導入して偽造を困難にしているからである。ただし、暗号資産は、その時々の需給関係で価格が大きく変動する。このため、日本では通貨としてよりも投機の対象となっているのが実情である。

中央銀行発行デジタル通貨

暗号資産は通貨としての価値の裏づけをもたないが、国家が価値を保証した信頼性の高いデジタル通貨として、中央政府発行デジタル通貨（ＣＢＤＣ）の発行が検討されている。中国ではすでにキャッシュレス化が進み、多くの地域で現金を使わない生活が実現している。こうした状況の中で、中国政府は中国人民元をデジタル化する計画を進めている。

➲**実証実験中のデジタル人民元**　デジタル人民元の発行が実現すれば、利用者は自分の預金口座の現金をデジタル人民元に変え、支払いに使うことになる。

Zoom **暗号資産の価値**　暗号資産は価値の変動が激しく不安定である。例えば、ビットコイン（ＢＴＣ）は、2015年末は１ＢＴＣにつき５万円程度だったのが、2021年には約700万円を超えた。その後、ビットコインの価値は下落傾向にある。

FILE 18

フィンテックの広がりと課題

金融の自由化と情報通信技術（ＩＣＴ）の発達に伴い、インターネットを利用したさまざまな金融サービスが提供されるようになってきた。特に近年、金融（Finance）と技術（Technology）を組み合わせたFinTech（フィンテック）と呼ばれる新しい技術によって、これまでになかった幅広い金融サービスが生み出されつつある。

フィンテックサービスの代表的な分野

種類	機能
個人間送金	従来は銀行での振り込みや郵便による現金書留などで行っていたものを、決済アプリを利用して個人間で送金が行えるサービス。
クラウドファンディング	従来は銀行からの融資で行っていた資金調達を、インターネットを通じて不特定多数の個人から資金調達できるサービス。寄付型や購入型などがある。
融資	インターネットを通じて貸し手と借り手をマッチングさせるサービス。インターネットで申し込みできるので来店しなくてもよい。
資産運用	人工知能（ＡＩ）を利用して、株式・債券投資のアドバイスや運用を行う「ロボアドバイザー」と呼ばれるサービスなど。
クラウド会計	金融機関からの利用明細を自動で取り込み、仕分けなどを行うサービス。経理処理にかかる時間を大幅に削減できる。

クラウドファンディングのしくみ

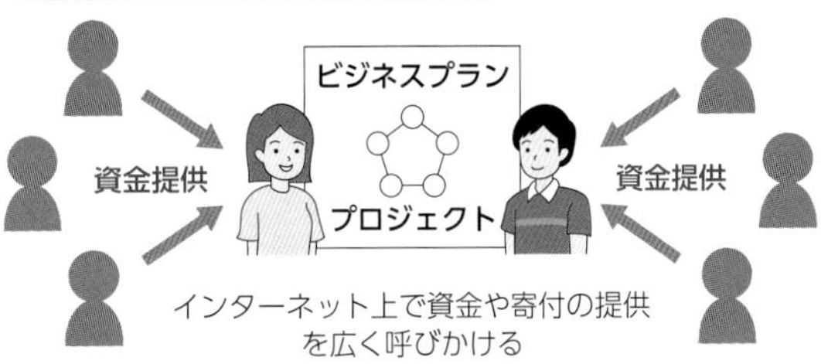

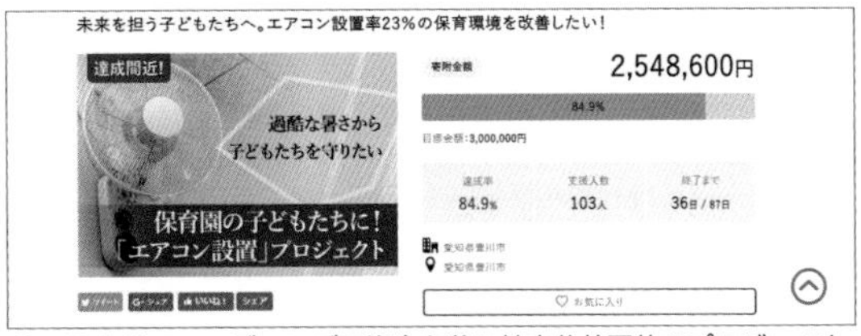

クラウドファンディングで資金を募る地方公共団体のプロジェクト

フィンテックがもたらすメリット

❶現金がなくても決済できる

現在、インターネットを介して銀行口座の確認や、振り込みができるようになっている。株式などの金融商品の取り引きもインターネット経由でできるようになった。また、現金を持ち歩かなくても、電子マネーを使って商品を購入したり、公共交通機関を利用したりすることもできる。

電子マネー決済

❷銀行口座がなくても送金できる

送金をする際にもフィンテックは威力を発揮する。これまでは、銀行に口座を開き、振込手数料を払って送金するのが一般的だった。ところが、フィンテックを使った決済・送金サービスを提供する企業があらわれ、銀行よりも安い手数料で、しかも、銀行口座をもっていない個人にも、スマートフォンを使って送金できるようになった。

❸資金調達の選択肢が広がる

資金調達の面でも、資金調達が困難な企業への融資を行ったりすることが可能になった。クラウドファンディングを使えば、インターネットを介して不特定多数の人から出資してもらうことが可能になった。さらに、オンライン融資を利用すれば、わざわざ金融機関に出向かなくても融資を受けられるようになり、中小企業やベンチャー企業の資金調達の選択肢が広がった。

クラウドファンディングは、ＮＰＯや地方公共団体のプロジェクトにも活用されており、その活動に賛同する人々からの寄付を募る手段としても利用されている。

❹金融サービスの利用が容易になる

フィンテックはアフリカなどの発展途上国でも導入されつつある。フィンテックによって、銀行のない地域でも金融サービスを利用することができるようになり、また、手数料も大幅に安くなるなど、利用者の利便性は大いに高まっている。このように、貧困や地理的制約によって金融サービスから取り残された人々が、基本的な金融サービスを利用できるようにすることは、「金融包摂（ファイナンシャル・インクルージョン）」と呼ばれる。

フィンテックの課題

フィンテックには、災害や停電によってインターネットが利用できなったり、システム障害が起きたりすると、サービスを受けられなくなるという欠点がある。実際に、株式市場、銀行、大手通信事業者などで、こうした問題が発生した。また、不正ログインやハッキングを防止するための強固なセキュリティ対策、さらにはフィッシング詐欺などの犯罪対策が必要となる。

さらに、「信用スコア」の活用が問題となっている。これは、個人の収入や資産のほか、インターネット上の購買履歴やＳＮＳでの交友関係などをＡＩが分析し、その人の信用力を数値化したものである。「信用スコア」が高い人はさまざまなサービスが優遇されるというシステムが普及し始めている。しかし、「信用スコア」の活用が広まれば、新たな不平等や差別が生まれたり、個人情報の流出やプライバシーの侵害が起きたりする可能性がある。

信用スコアが表示された画面（中国）　個人情報をもとに、人の「信用」が点数化されている。

経済

TOPIC トピック　最近増えているＱＲコード決済は、ＱＲコードをスマートフォンで読み取ることで決済が完了する。PayPayやメルペイ、楽天ペイなど大手ＩＴ企業が多く参入している。

FILE 19

さまざまな金融商品と資産運用

規制緩和によって、さまざまな分野で自己責任が求められるようになった。これまで日本の金融は間接金融が中心であった。しかし、金融の自由化に伴(ともな)って、個人が預金以外の金融商品に投資し、みずからの責任で資産運用を行う時代が始まった。私たちが身につけておかなければならない金融知識にも変化が起きている。

さまざまな金融商品

種類	概要
普通預金	金利は低い。預金保険制度によるペイオフの対象。
定期預金	一定期間は引き出せないが、普通預金より金利は高い。預金保険制度によるペイオフの対象。
外貨預金	日本国内の銀行で外貨預金口座を開設し、外国の金利で預金をする。為替レートの変動によるリスクがあり、ペイオフは適用されない。
株式投資	株式の配当を受けたり、売却したりすることで利益を得ることができる。株価の変動によっては、損をする場合もある。
投資信託	投資家が資金の運用を専門家(ファンド)に任せ、専門家が株式や債券などに投資する。運用実績が上がれば投資家は利益を得ることができるが、運用を失敗すれば元本割れをして損をすることもある。
社債	企業が資金を調達する場合に発行する。金利は預金や国債より高いが、満期前に売る場合、債券価格が下落すれば、元本割れをして損をすることもある。
国債	国が発行し、その多くは金融機関が購入しているが、個人も購入できる。外国の国債も購入できるが、リスクが高い場合もある。

金融商品のリスクとリターン

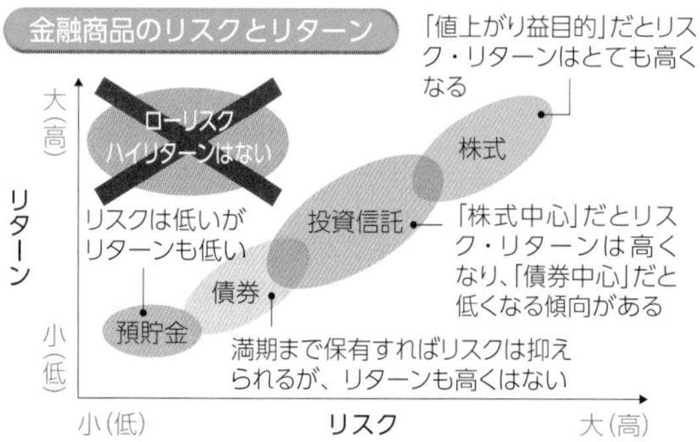

「値上がり益目的」だとリスク・リターンはとても高くなる
大(高)
リターン
小(低)
ローリスク
ハイリターンはない
株式
投資信託
債券
預貯金
リスクは低いがリターンも低い
「株式中心」だとリスク・リターンは高くなり、「債券中心」だと低くなる傾向がある
満期まで保有すればリスクは抑えられるが、リターンも高くはない
小(低)
リスク
大(高)

※これは一般的なイメージ図であり、すべての金融商品が当てはまるものではない。
(日本証券業協会資料)

資産運用の方法

手持ちの資産を効率的に維持・増殖させることを**資産運用**という。資産運用にはどういう方法があるだろうか?

第一に、銀行に預金するという方法がある。確かに銀行預金は一番安全な運用方法ではある。しかし、その金利は低いので、資産を増やす方法としては必ずしも効率的ではない。第二に、株式投資という方法がある。ただし、株式は大きく値上がりする場合もあれば、逆に大きく値下がりする場合もある。第三に、社債や国債を購入する方法もある。これらは株式に比べて安全性が高い資産とされるが、その分、利回りは低い。そのほか、投資信託に投資して、実際の投資先を専門家に委(ゆだ)ねるという方法もある。

なお、資産運用に関連して用(もち)いられる利回りには、名目利回りと実質利回りがあるが、重要なのは物価上昇を考慮した**実質利回り**である。例えば名目利回りが3%だとしても、その間の物価上昇率が2%だとすれば、実質利回りは1%に下がってしまう。

リスクとリターンの関係

収益性と安全性、流動性の関係

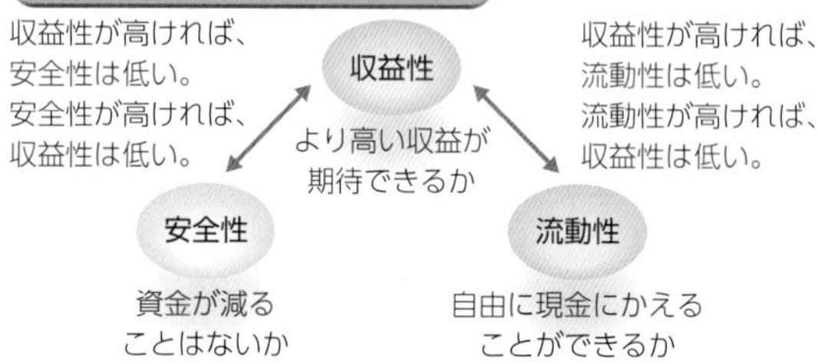

収益性が高ければ、安全性は低い。安全性が高ければ、収益性は低い。
収益性
より高い収益が期待できるか
収益性が高ければ、流動性は低い。流動性が高ければ、収益性は低い。
安全性
資金が減ることはないか
流動性
自由に現金にかえることができるか

リスクの要因	考えられるマイナスの影響
価格の変動	市場での取引価格が購入時の価格よりも下がってしまい、元本割れする。
為替の変動	購入時の時点よりも円高が進み、円に換算すると元本割れとなる。
債務の不履行(デフォルト)	預金先の金融機関や株式・社債の発行元の企業が倒産して、元金が支払われなくなる。

金融商品を選択する場合の基本は、**リスク**(不確実性)と**リターン**(収益性)の関係を理解しておくことである。リスクは「危険性」をさすこともあるが、金融におけるリスクとは、将来の結果を予想しにくいことを示す場合が多い。

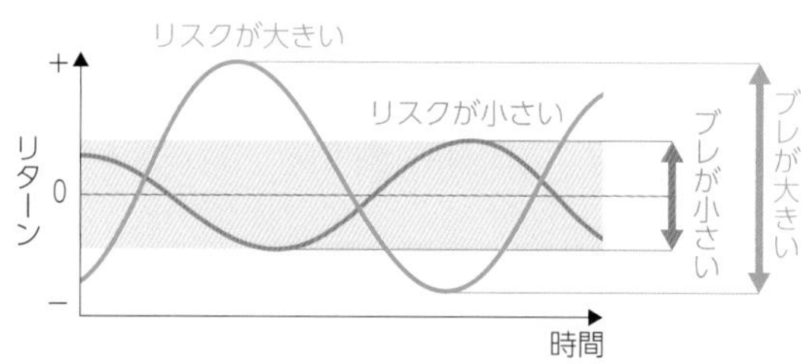

リスクが大きい
リスクが小さい
+
0
−
リターン
ブレが小さい
ブレが大きい
時間

一般に、投資リスクの少ないものほど、投資から得られるリターンは少ない。たとえば、銀行預金の投資リスクは小さく、比較的安全といえる。その代わり得られるリターンも非常に小さい。一方、株式投資の運用に成功すれば、資金を数倍にすることもできる。しかし、投資先の企業が倒産して、資金がゼロになることもありうる。

● リスクを減らす投資の方法　リスクを減らすためには、安全な金融資産に投資するだけではなく、**分散投資**も有効な方法である。投資家への戒(いまし)めとして「卵を1つのかごに盛(も)るな」という格言がある。もし1つのかごに盛って、そのかごを落とした場合、すべての卵が割れてしまう。しかし、卵をいくつのかごに分けておけば、そうしたリスクを回避(かいひ)できる。投資リスクを分散し、仮に1つがうまくいかなくても、全体として利益を得ることができればよいという考え方である。その他、長期的な保有をめざして、少額ずつ定期的に金融資産を購入する**長期投資・積立投資**といった方法も、リスクを減らすためには必要とされている。

Zoom **名目と実質の違い**　名目値から物価変動を除去した値が実質値である。名目GDPと実質GDP、名目賃金と実質賃金、名目利子率と実質利子率などがよく使われる。経済分析で重要なのは実質のほうである。

9 日本経済の歩み

要点の整理

＊1～19 FILEは資料番号を示す

Ⅰ 終戦直後の日本経済の状況　Ⅱ 戦後の経済成長の推移と経済の歩み　Ⅲ 戦後復興期

❶**終戦直後の日本経済の状況**1 2……日本は国富の４分の１を失う・国民は物資不足と急激なインフレに苦しむ

❷**戦後復興期**（1945～55年）

①ＧＨＱによる経済民主化3……**財閥解体**、**農地改革**、**労働の民主化** ⟶ 企業間の競争が活発化、国民生活が向上

②**傾斜生産方式**4……基幹産業（鉄鋼や石炭など）に資源や資金を重点的に投入
⟶ **復金債**の発行でインフレーションをまねく

③**経済安定９原則**（1948年）・**ドッジ・ライン**（1949年）による超均衡予算5 ⟶ インフレは収束したが、不況となる

④**朝鮮特需**6……朝鮮戦争（1950～53年）に伴うアメリカ軍からの特需をきっかけに、本格的な経済成長がはじまる

Ⅳ 高度経済成長期　Ⅴ 安定成長期　Ⅵ バブル経済の発生とその崩壊　Ⅶ 1990年代以降の日本経済

❶**高度経済成長期**（1955～73年）……年に平均約10％の経済成長率（1968年にはＧＮＰが世界２位に）

①高度経済成長期の景気拡大期……神武景気・岩戸景気・オリンピック景気・いざなぎ景気

②高度経済成長の要因7：高い貯蓄率・活発な設備投資・質の高い労働力・強い消費意欲・低い防衛費など

❷**安定成長期**（1973～86年）……年に平均約４～５％の経済成長率を維持 ⟶ 貿易黒字の拡大・産業構造の高度化13

①**第１次石油危機**（1973年）12……石油価格の上昇による激しいインフレ（**狂乱物価**）⟶ 1974年はマイナス成長

②**プラザ合意**（1985年）……ドル高是正 ⟶ 円高不況（輸出産業の不振）⟶ 工場の海外移転 ⟶ **産業の空洞化**15

③**日米経済摩擦**の拡大14……内需主導型の経済をめざす

❸**バブル経済期**（1986～91年）

①バブル経済の発生16……円高不況対策を目的とした日銀による低金利政策（公定歩合の引き下げ）
⟶ 通貨供給量の増大 ⟶ 余剰資金が土地や株式へ ⟶ 地価・株価の高騰＝**バブル経済**

②バブル経済の崩壊（1991年）17……公定歩合引き上げ・土地関連融資の規制強化 ⟶ 地価・株価の暴落、景気後退

❹**1990年代以降の日本経済**

①平成不況（1991～93年）……**不良債権**（回収困難になった債権）の増加 ⟶ 金融機関の破綻が発生

•「貸し渋り」による企業の倒産や人員整理（リストラ）が深刻化 ⟶ 長期の景気停滞・物価はデフレ傾向に

②**小泉構造改革**19：小さな政府をめざし、民営化や規制緩和を推進

③**アベノミクス**19：大胆な金融緩和、積極的な財政出動でデフレからの脱却をめざす

} ⟶ 実感なき好景気、所得格差の拡大

Ⅰ 終戦直後の日本経済の状況

1 日本経済の戦争被害

国富の被害

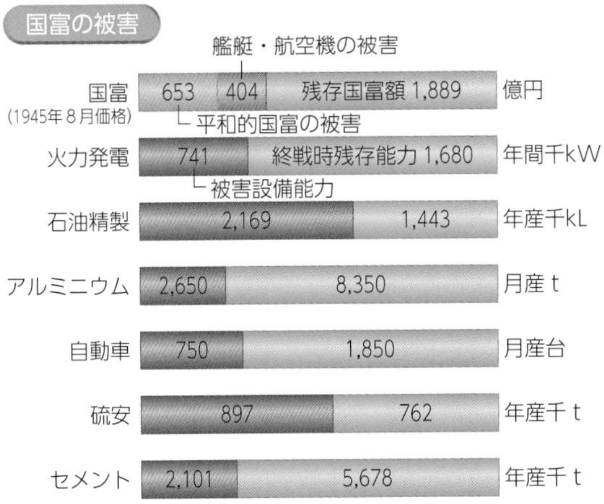

（宮崎勇ほか『日本経済図説 第五版』岩波新書）

解説 **国富の４分の１を失う**　第二次世界大戦の結果、日本は国富（艦艇・航空機を含まず）の約４分の１を失った。石油精製、発電、セメントといった経済の基盤となる業種も大きな被害を受けた。被害調査を行った経済安定本部の報告書では、「わが国の戦争全被害は想像できないほど厖大なものとなり、…その復元を十数年の短期間に望むことは到底不可能…」と記したほどである。戦後は経済復興にむけて、これらの生産設備の回復からはじめる必要があった。

2 戦後の急激なインフレ

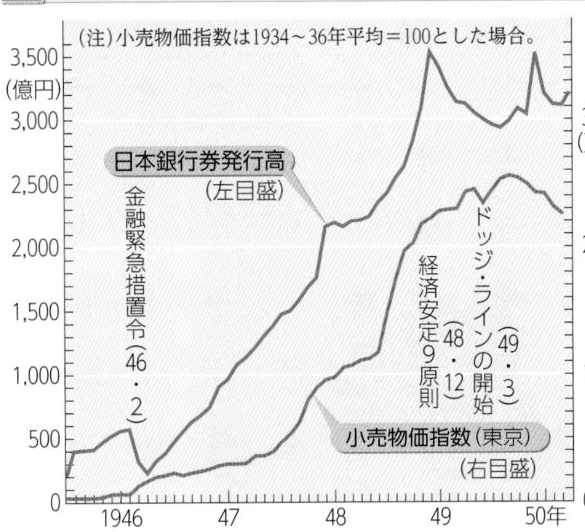

（『本邦経済統計』）

解説 **インフレの発生**　終戦直後から日本では激しいインフレ（ハイパーインフレ）が発生した。この時期のインフレのおもな原因は、戦前の軍事費の膨張に伴う軍事公債の乱発であった。さらに、戦後の物資不足もインフレに拍車をかけた。また、傾斜生産方式（➲p.196）のための資金の多くは、**復興金融金庫**（1947年設立）が発行する復興金融債（復金債）で賄われたが、この多くを日本銀行が引き受けたため、通貨量が増加し、さらなるインフレ（**復金インフレ**）を誘発した。

TOPIC トピック　戦争により打撃を受けた日本だったが、それは新たなビジネスチャンスでもあった。例えば、大企業ソニーの出発点は、終戦直後に20数名で創業したベンチャー企業であった。

Ⅱ 戦後の経済成長の推移と経済の歩み

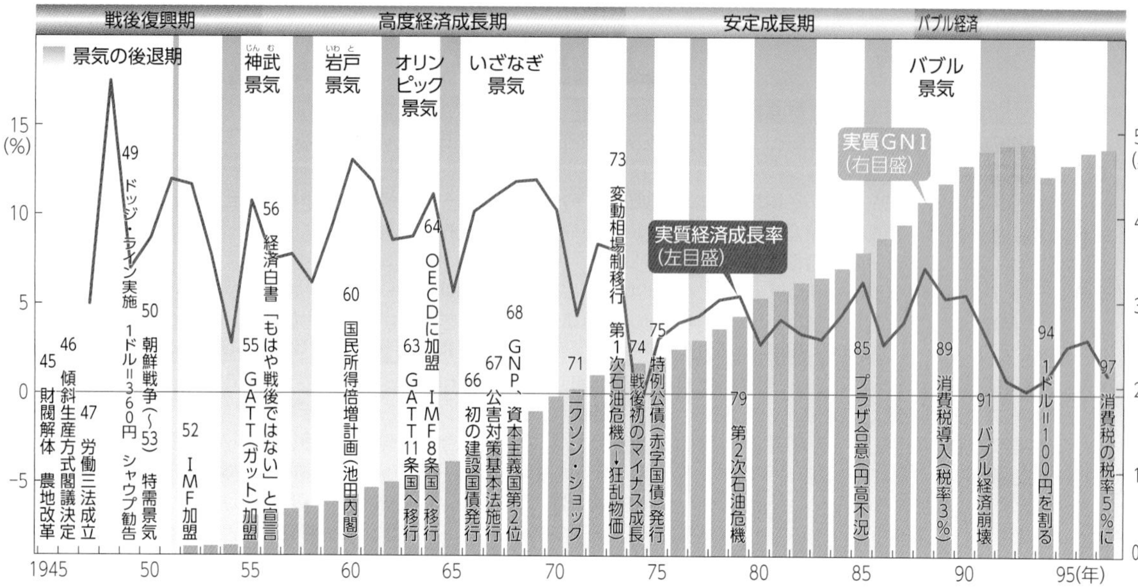

戦後復興期

⬆空襲で焼け野原となった東京（1945年） 太平洋戦争における日本の死亡者は、一般市民と軍人・軍属をあわせて約310万人とされている。さらに、空襲で家を焼かれるなどの被害を受けた人は約875万人にも及んだ。また、経済への被害も大きく、この戦争によって、1946年の日本の実質GNPは戦前の６割程度にまで落ち込んだ。

⬅闇市 焼け跡となった都市には、バラックとよばれる仮設の建物が建ち並び、闇市も出現した。物資の配給が機能せず、人々は闇市で公定価格の数十倍の価格で生活必需品を購入した。

➡買い出し列車（1946年） 食料が不足する都市部の人々は、食料を手に入れるために満員の列車に乗り、農村部まで直接買い出しに行くようになった。

高度経済成長期

⬅集団就職（東京） 地方から都市への流入が急増し、工場などの人手不足を補った。なかでも低賃金の中学卒業生たちは「金の卵」といわれ、もてはやされた。

➡電化製品の普及 人々の所得が上昇し、家庭用の電化製品が普及するようになった。特に、白黒テレビ・洗濯機・冷蔵庫は「三種の神器」とよばれた。

⬅東海道新幹線の開通（1964年） 東京オリンピックの開催にあわせて、首都高速道路や東海道新幹線が相次いで建設された。交通網をはじめとした生活インフラが急速に整備された。

➡大阪万国博覧会（1970年） 「人類の進歩と調和」をテーマに、日本万国博覧会（大阪万博）が開幕した。高度経済成長期の日本を象徴するイベントであった。

Zoom **GATT11条国・IMF８条国への移行** GATT11条国とは、国際収支の赤字を理由とした輸入制限ができない国のこと。IMF８条国とは、経常収支の赤字を理由とした為替取引の制限ができない国のこと。先進国になったことを示す事項である。

出題

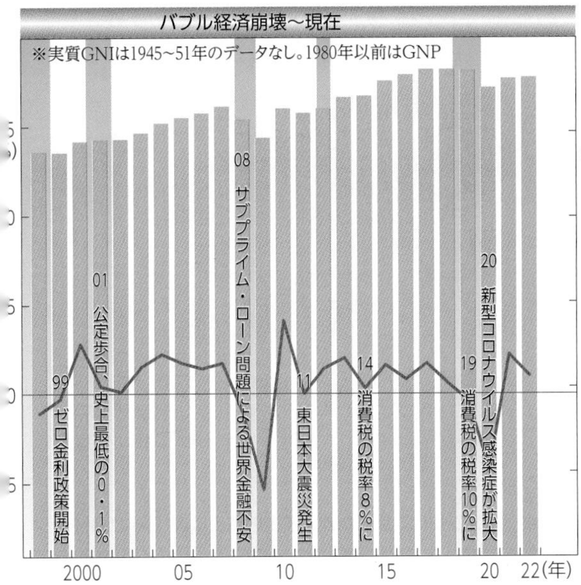

●戦後日本の好景気

名称・期間	特徴・出来事
神武景気 1954〜57年 (31か月)	•戦前の所得水準を回復(1956年)➡「もはや戦後ではない」 •国際収支の天井(てんじょう)(➲p.330)…経常赤字対策として景気引き締め➡なべ底不況
岩戸景気 1958〜61年 (42か月)	•「投資が投資を呼ぶ」(➲p.197) •「国民所得倍増計画」発表(1960年) •「三種の神器」(テレビ・冷蔵庫・洗濯機)の普及
オリンピック景気 1962〜64年 (24か月)	•東京五輪に向けて建設投資が増加 •ＯＥＣＤに加盟(1964年) •ＧＡＴＴ11条国・ＩＭＦ８条国へ移行
いざなぎ景気 1965〜70年 (57か月)	•ＧＮＰが資本主義国第２位に(1968年) •「３Ｃ」(自動車・カラーテレビ・クーラー)の普及 •資本の自由化が進む
バブル景気 1986〜91年 (51か月)	•円高不況対策として実施された金融緩和による好景気(➲p.200) •資産インフレ(地価・株価の高騰)が発生
2002〜08年 (73か月)	•「実感なき景気回復」といわれる •非正規雇用の増加、所得格差の拡大
2012〜18年 (71か月)	•アベノミクスの「３本の矢」(➲p.201) •日銀、２%のインフレ目標を設定(➲p.189)

安定成長期〜バブル経済

➲**ニュータウンに建設されたマンション**(1971年) 列島改造ブームの中、交通網や港湾の整備、宅地の造成が進む一方、乱開発により自然環境が広範囲にわたって破壊された。

➲**輸出される自動車** 1980年、日本の自動車生産台数がアメリカを抜いて世界第１位となった。自動車の他にも、電化製品やハイテク製品の輸出が増加し、日米貿易摩擦(まさつ)が激化した。

➲**東京証券取引所での取り引きのようす** バブル景気によって、株価や地価は大きく上昇した。1989年には日経平均株価が最高値をつけ、３万8,915円を記録した。日経平均株価は、現在までこれを超えたことはない。

➲**人であふれるディスコ** バブル景気の時代には、ブランド服を身に着けた若者たちが踊るディスコが賑わいをみせた。

バブル経済崩壊〜現在

➲**金融機関の取り付け騒ぎ** バブル経済崩壊後、企業の経営状況が悪化したことで、融資をしていた金融機関が不良債権を抱(かか)え、金融機関の破綻(はたん)も起きた。これまでとは一転して、日本経済は長期の景気低迷が続くことになった。

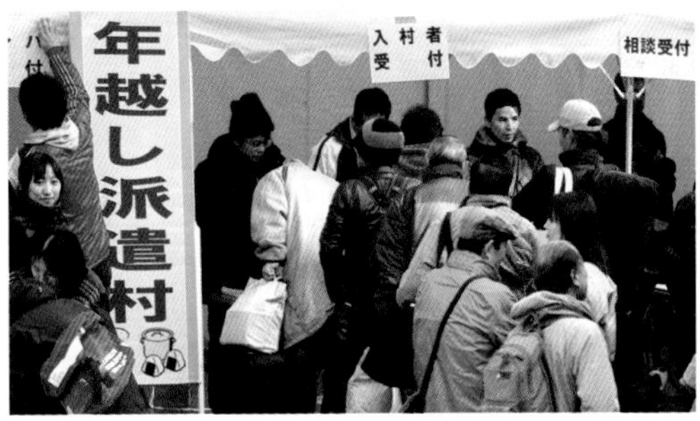

⇧**年越し派遣村** 2008年に起きた世界金融危機の影響で、非正規雇用者が職を失うケースがみられた。その年の年末には、生活に困窮する人たちが年を越せるように食事などを提供する「年越し派遣村」がボランティアによって開設され、非正規雇用をめぐる問題に社会が注目するきっかけとなった。

➲**緊急事態宣言を受け、外出自粛を呼びかける広報車**(2021年) 新型コロナウイルス感染症の拡大を防止するために、政府は2020年以降、数回にわたって緊急事態宣言を出した。対象地域の店舗は営業自粛を余儀(よぎ)なくされた。

TOPIC トピック 日本のＧＤＰは21世紀に入り、名目・実質ともに、おおむね500兆円台前半で推移してきた。これは、日本が経済成長を実感できないことを裏付けるものといえる。

用語解説 ⑰バブル経済

Ⅲ 戦後復興期

3 経済の民主化 出題

財閥の解体

- **持株会社整理委員会**の発足(1946年)➡持株会社の解体など
- **独占禁止法**の公布(1947年)➡持株会社の全面禁止
- **過度経済力集中排除法**の公布(1947年)➡大企業の分割
  ＊財閥系銀行は解体を免除

効果：財閥の支配力が失われ、企業間の競争が高まった。

農地改革

- **自作農創設特別措置法**の公布(1946年)

地主のもつ田畑を政府が買い取り、安い価格で小作農民に売り渡すことで、自作農を増加させた。これにより寄生地主制が崩壊した。

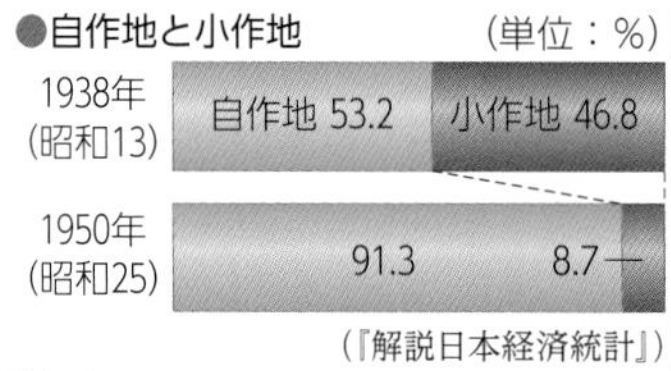

(『解説日本経済統計』)

効果：農家の所得水準が高まり、国内市場の拡大につながった。しかし、経営規模は小さく、農業の労働生産性は低いままだった。

労働の民主化

- **労働三法**を制定
  - **労働組合法**の公布(1945年)
  - **労働関係調整法**の公布(1946年)
  - **労働基準法**の公布(1947年)

効果：労働組合法による労働組合の合法化によって、労働組合と組合員の数が増加し、労働争議件数も増加した。一方、労働基準法によって労働条件の改善がもたらされ、賃金も上昇し、消費が活発になった。

解説 **改革されたものと残されたもの** 終戦後、GHQ主導で経済の民主化に向けた改革が行われた。財閥の解体は、結果的に新興企業の創業を促し、企業間の競争を活発化させた。農地改革と労働の民主化は、庶民の購買力を高める効果をもち、その後の経済成長を需要側から支えた。一方、財閥解体では銀行はほぼそのまま残されたため、その後の企業集団の形成につながる素地がつくられる結果となった。

4 傾斜生産方式 出題

傾斜生産方式のしくみ

復興金融金庫の業種別貸出残高

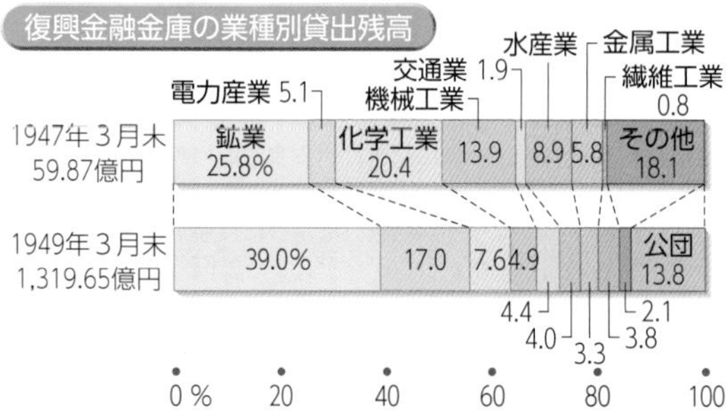

(正村公宏『図説戦後史』筑摩書房)

解説 **供給不足の解消** **傾斜生産方式**とは、鉄鋼や石炭といった基幹産業に重点的に資金や資源を投入する政策のことである。当時、不足していた石炭の増産のために、まず資源を石炭を採掘するのに必要な鋼材の生産に配分する。それによって採掘された石炭を再び鉄鋼に配分する。このように、他の産業への波及効果が大きい部門での増産を優先させることによって、経済復興を実現しようとした。この傾斜生産方式を資金面で支えていたのが、日銀引き受けの復金債を原資とする復興金融金庫(➡p.193)による融資であった。

5 経済安定9原則とドッジ・ライン 出題

戦後の急激なインフレの収束をめざす

- **経済安定9原則**(1948年12月)……GHQの指示による
  [内容]①予算の均衡 ②徴税の強化 ③融資の制限
  ④賃金の安定 ⑤物価統制の強化
  ⑥為替管理の強化 ⑦資材割り当ての改善
  ⑧国産品の増産 ⑨食料供給制度の改善

▼ 具体化

- **ドッジ・ライン**(1949年3月)
  ……アメリカから派遣された銀行家・ドッジが立案
  [内容]①超均衡予算の実現(財政赤字を抑制)
  →**シャウプ勧告**により直接税中心の税体系へ
  ②復金債の発行停止
  (日銀の直接引き受けを解消し、通貨量が安定)
  ③財別の為替レートから、単一の固定為替レートへ
  (1ドル＝360円)

結果：インフレは収束したが、需要の減少により景気が悪化

GHQの財政顧問ドッジは、「日本経済は地に足をつけておらず、竹馬に乗っているようなものである。竹馬の片足はアメリカの援助、他方は国内の補給金の機構(復興金融金庫)である」と述べ、当時の日本経済を竹馬に例えた(竹馬経済)。

解説 **インフレの収束にむけて** 冷戦対立が本格化する中、朝鮮半島における緊迫化など極東情勢の変化に伴い、アメリカ政府を中心とするGHQは対日占領政策を転換し、日本経済の再建を急いだ。そして、GHQは早急なインフレの収束をめざし、**経済安定9原則**を日本政府に指示したが、それを具体化させるために立案された経済政策が**ドッジ・ライン**であった。これによって復興金融金庫の融資は停止され、超均衡予算がとられた。その結果、インフレは解消に向かったが、緊縮財政と金融引き締めによって「**安定恐慌**」とよばれる不況が発生し、企業の倒産や失業者が急増した。

6 朝鮮特需

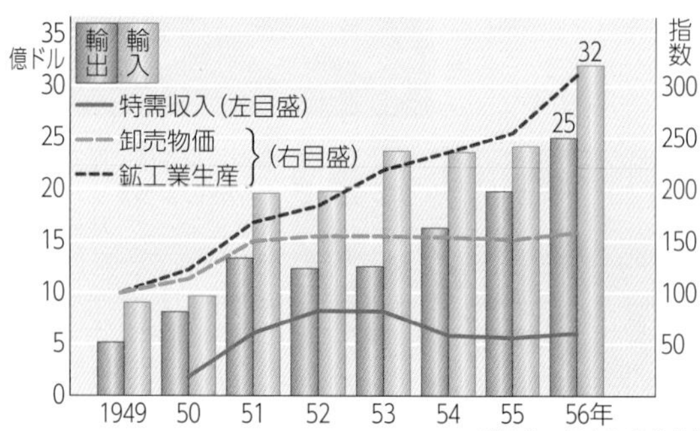

(『日本の歴史』集英社)

解説 **経済成長への足がかり** **朝鮮戦争**(1950〜53年)では、アメリカ軍が武器やトラックの修理などを大量に日本に発注した。この特需景気をきっかけに安定恐慌を脱した日本は輸出を増加させ、本格的な経済成長への足がかりを得た。そして、1955年には日本の1人あたり国民総生産(GNP)が戦前の水準を超え、1956年の経済白書には「もはや戦後ではない」と記述されるまでになった。これは、戦後復興が一段落し、これまでのような経済成長が頭打ちになることへの懸念を表明したものであった。しかし、この懸念はあたらず、日本経済は高度経済成長期に突入していった。

Zoom **復興金融金庫の果たした役割** 重点的に資金が投入された石炭産業では、復興金融金庫の融資が全融資額の70%を占めた。インフレを発生させるといった悪影響もあったが、各産業の設備投資に大きな役割を果たした。

Ⅳ 高度経済成長期

7 高度経済成長の要因

		要因	内容
国内の要因	企業	高い設備投資	•企業による活発な設備投資 ➡設備投資は波及効果を生み、「投資が投資を呼ぶ」状況に
		技術革新	•企業間の競争による積極的な研究開発（R＆D：Research and Development） •海外技術の導入と改良 ➡生産性が向上
	家計	高い貯蓄率	国民の預金をもとに、潤沢な資金が金融機関から企業に供給され、設備投資にまわる
		質の高い労働力	若い労働力が地方から都市部の工業地帯へ大量に供給され、拡大する生産を支えた
		強い消費意欲	農民や労働者の所得水準が向上し、「三種の神器」や「３Ｃ」といった耐久消費財の需要が拡大した
	政府	低い防衛費	平和主義と日米安全保障条約により防衛費が節約でき、予算を道路・港湾などの社会資本の整備に充当できた
海外の要因		固定為替相場	割安（わりやす）な円相場（１ドル＝360円）で固定されたことで、輸出に有利な環境にあった
		安い資源価格	第１次石油危機までは、安価な石油を使うことができ、重化学工業が発展した

日米の個人貯蓄率の推移

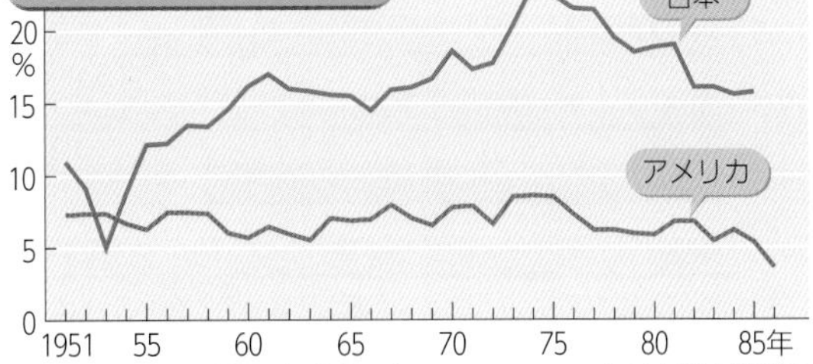

（中谷巌『ボーダレス・エコノミー』日本経済新聞社）

民間企業設備投資の推移

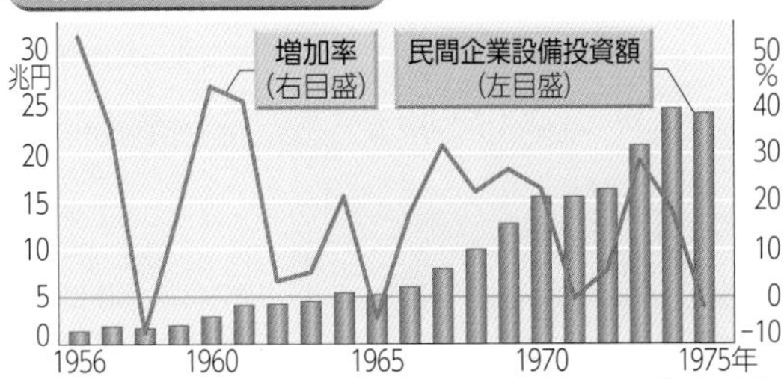

（『経済要覧』）

解説 **高い貯蓄率に支えられた設備投資**　朝鮮特需により立ち直った日本経済は、1955年ごろから高度経済成長の時代に入った。この時代の特徴は、高い水準で推移した民間企業による設備投資である。これは、高い貯蓄率に支えられ豊富な資金をもつ金融機関が、積極的に企業に対して融資をすることで実現した。生産拡大のための投資は、関連産業の需要を増加させる効果をもち、新たな投資を呼び起こした。このことを、1960年の経済白書は「投資が投資を呼ぶ」と表現した。

8 耐久消費財の普及 出題

耐久消費財の普及率

（内閣府資料）

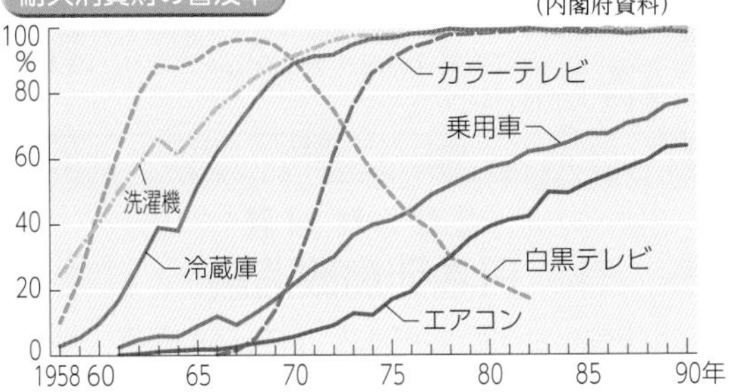

解説 **旺盛（おうせい）な個人消費**　高度経済成長期には国民の所得水準も上昇し、消費意欲が高まった。白黒テレビ、電気洗濯機、電気冷蔵庫は**「三種の神器」**と呼ばれ、1960年代には一般に普及した。1970年代には「**３Ｃ**」と呼ばれるカラーテレビ、クーラー、乗用車が普及した。

9 重化学工業の成長

工業の産業別生産高の変化

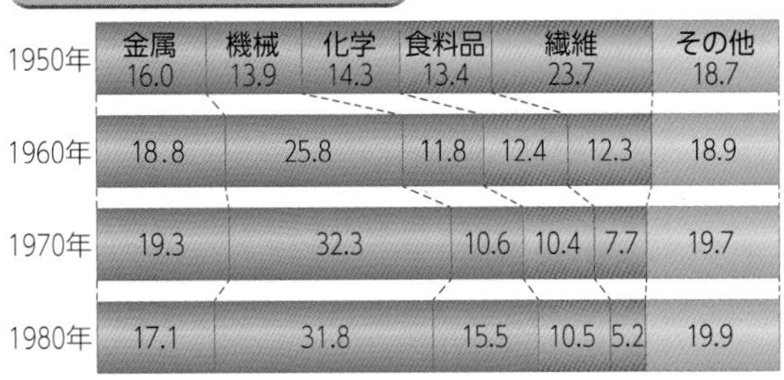

（『日本国勢図会』）

解説 **「糸偏（いとへん）」から「金偏（かねへん）」へ**　戦後復興期の日本の工業の中心は、食料品や繊維などの軽工業であった。その後の高度経済成長期に、鉄鋼、機械、石油化学などの重化学工業が急速に成長し、1970年には工業生産額の３分の２を占めるようになった。

COLUMN

国民所得倍増計画

1960年に首相に就任した池田勇人（はやと）（1899〜1965）は、その年の12月に「所得倍増計画」を閣議決定した。この計画は、1961年度から1970年度までの10年間で実質国民総生産（ＧＮＰ）を２倍にすることをめざすものである。当初は計画の実現性が疑問視されていたが、積極的な公共投資を行い、民間の設備投資を促進させた結果、計画の目標は1967年に達成され、1968年の日本のＧＮＰはアメリカに次（つ）ぐ資本主義国第２位となった。

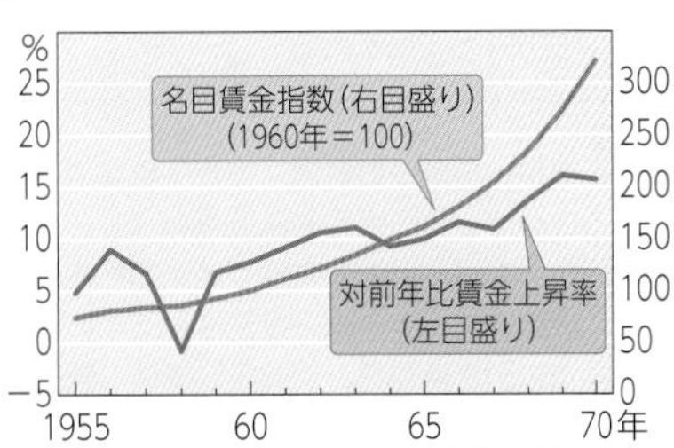

（厚生労働省資料）

TOPIC トピック　戦後の住宅不足を解消するために1950〜70年代に団地の建設が進められた。浴室や水洗トイレといった近代的な設備が揃った団地生活は、当時の人々にとって憧れの生活であった。

用語解説　⑰ドッジ・ライン，⑱国民所得倍増計画

10 エネルギー革命とコンビナートの形成

一次エネルギー総供給の推移　頻出

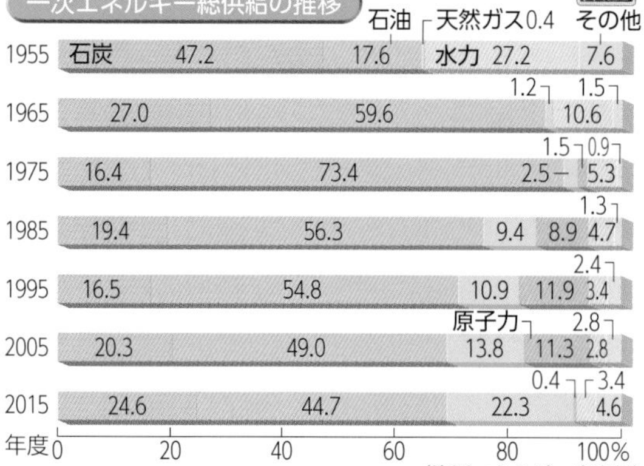

（資源エネルギー庁資料）

⬅高度経済成長期の石油化学コンビナート（三重県四日市市）　コンビナートは京浜・中京・阪神の各工業地帯のほか、瀬戸内海や北九州などの沿岸部に建設された。しかし、公害対策が遅れた結果、地域住民への被害が拡大していった。

解説　**集積の利益とその弊害**　高度経済成長期には、エネルギー源が石炭から石油に転換するという**エネルギー革命**が起きた。それと同時に石油化学コンビナートが各地に形成された。日本ではコンビナートは原油輸入の利便性が高く、消費地である都市にも近い太平洋ベルトの臨海部に立地した。そこでは石油化学、火力発電、製鉄など関連する産業が結びつき、効率的な生産が図られた（**集積の利益**）。しかし、都市部を中心に公害が深刻化することになった。

11 全国総合開発計画

名称	閣議決定	おもな内容
全国総合開発計画（全総）	1962年 池田内閣	**地域間の均衡ある発展➡**太平洋地帯ベルトへの工業立地と開発拠点としての新産業都市を整備
第二次全国総合開発計画（新全総）	1969年 佐藤内閣	**豊かな環境の創造➡**新幹線や高速道路などのネットワーク整備と大規模プロジェクトの推進
第三次全国総合開発計画（三全総）	1977年 福田内閣	**人間居住の総合的環境の整備➡**都市への人口と産業の集中を抑制し、地方振興を図る
第四次全国総合開発計画（四全総）	1987年 中曽根内閣	**多極分散型国土の構築➡**地域の特性を生かした地域整備や、交通・情報通信網を整備
21世紀の国土のグランドデザイン	1998年 橋本内閣	**多軸型国土構造形成の基礎づくり➡**多様な主体の参加と地域連携による国土づくり

解説　**東京一極集中の解消**　東京一極集中と地域間格差を解消するために、全国総合開発計画（全総）が５次にわたって策定された。過疎・過密の問題や地域間格差の解消は、現在まで続く課題である。全総の役割は2005年に改正された国土形成計画法に引き継がれ、2008年以降は「開発中心主義からの転換」「国と地方の協働によるビジョンづくり」を重視した国土形成計画が策定されている。

V 安定成長期

12 石油危機　出題

原油価格の推移　（注）原油価格はアラビアン・ライト原油の実質価格（1987年，ドル）

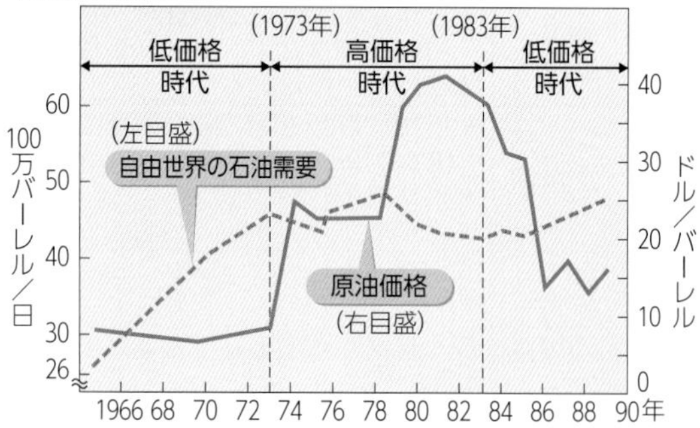

（「日本経済新聞」1989年12月13日）

石油危機（オイル・ショック）

第１次石油危機……1973年に起きた第四次中東戦争を契機に、ＯＰＥＣ（石油輸出国機構）やＯＡＰＥＣ（アラブ石油輸出国機構）の加盟国が、原油価格の引き上げと非友好国（イスラエルを支持するアメリカなど）に対する原油輸出を禁止した。その結果、原油価格は一気に４倍になり、世界経済に大きな影響を与えた。

第２次石油危機……1979年にイラン革命の影響によってイランの石油生産が中断した。また、同じ時期にＯＰＥＣが原油価格の引き上げを決定した。日本は省エネルギー対策を進めていたこともあり、深刻な不況を回避することができた。

解説　**高度経済成長の終わり**　石油危機の影響で、日本では「**狂乱物価**」とよばれるほどの激しいインフレが発生した。インフレ抑制のために、政府は公共投資の削減や公定歩合の引き上げなどの「総需要抑制政策」をとった。結果としてインフレ下での景気の停滞が発生し、**スタグフレーション**に陥った。1974年の実質経済成長率は－1.2％となり、**戦後初のマイナス成長**となった。

COLUMN

日本列島改造論

田中角栄は（1918～93）は著書『日本列島改造論』（1972年）で、高度経済成長期に発生した都市部の人口過密や公害、農村の過疎化といった問題を解消するための構想を打ち出した。この構想は、太平洋ベルトに集中していた工業地帯の再配置や交通・情報通信網の整備を進めることで、人やモノの流れを大都市から地方に逆流させ、地方振興と都市の過密解消をめざすものであった。

首相となった田中は、公約であった日本列島改造論による国土開発を進めたが、これが土地の需要を高め、地価の高騰をまねく結果となった。そして、第１次石油危機（1973年）によって高度経済成長期は終わりを迎え、経済成長を前提とした列島改造の推進にも終止符が打たれた。

⬆田中角栄が著した『日本列島改造論』の表紙

Zoom　**半導体産業と全総**　日本企業は、半導体の世界シェアを1980年代前半に急拡大させた。軽薄短小型産業の典型例である半導体の工場は、全国総合開発計画に基づく地方振興の政策もあり、九州・東北といった地方に多く立地した。

経済

13 日本経済の変化 出題

? 高度経済成長期以降の日本経済にはどのような変化がみられたか

●重厚長大から軽薄短小へ

時代区分	高度経済成長期（1955～1973年）	安定成長期（1973～1986年）
経済の目標	生産重視、量的拡大型	生活重視、環境保全型
成長のタイプ	内需・民間設備投資主導型	輸出主導型
産業の特徴	重厚長大型産業	軽薄短小型産業
生産技術の性格	エネルギー・資源消費型	省エネルギー・省資源型、減量経営
主力産業	鉄鋼・造船・石油化学など	自動車・機械・エレクトロニクス（半導体など）

●産業構造の高度化

日本の産業別就業人口と国内総生産の割合

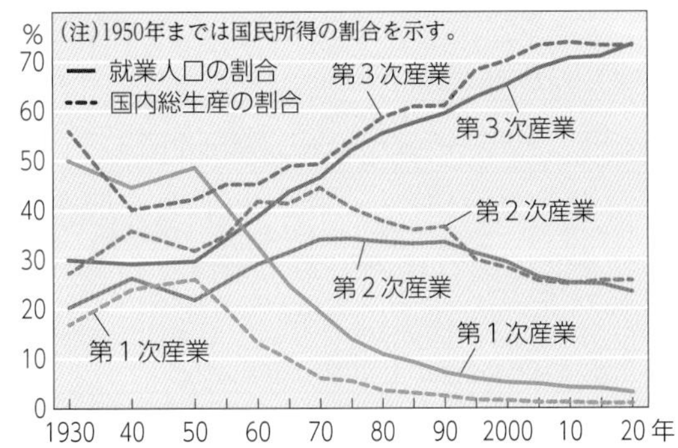

日本の産業別国内総生産（名目）の推移

（単位：億円）

年	第１次産業	第２次産業	第３次産業	総額
1955	16,660	29,230	37,810	83,700
1960	21,010	66,750	72,340	160,100
1965	32,290	135,760	160,610	328,660
1970	44,880	326,730	361,840	733,450
1975	81,410	599,000	802,860	1,483,270
1980	87,780	916,840	1,423,770	2,428,390
1990	109,160	1,618,750	2,699,900	4,427,810
2000	80,760	1,444,570	3,573,270	5,098,600
2010	56,560	1,208,320	3,561,890	4,826,770
2020	56,200	1,385,200	3,940,160	5,381,550

（総務省資料ほか）

ペティ・クラークの法則

各国の産業の比重が、経済の発展につれて、第１次産業から第２次産業へ、さらには第３次産業へと移行して**産業構造の高度化**が起きること。ウィリアム＝ペティ（英、1623～87）は「農業よりも工業さらに商業の方が利益が大きい」と説き、コーリン＝クラーク（英、1905～89）が労働力の構成比の変化からこれを実証した。

第１次産業……農業、林業、水産業など
第２次産業……鉱業、製造業、建設業など
第３次産業……運輸・通信業、商業、金融業、公務など

解説 **産業構造の高度化** 日本でも高度経済成長期に第２次産業にあたる重化学工業が発達したが、石油危機後は第２次産業の比率は徐々に低下し、情報通信産業などの**知識集約型産業**を中心に、第３次産業の比重が高まった。第３次産業を中心に、サービス部門の占める割合が高まることを**経済のサービス化**といい、あらゆる産業において知識・情報などのソフト面の役割が大きくなることを**経済のソフト化**という。

14 拡大する貿易摩擦 出題

⊖**日本の乗用車を壊すアメリカ人男性**（1981年、アメリカ） ハンマーを振るうのは、自動車工場の従業員。この時期、アメリカの自動車業界は日本車の輸入急増の影響もあり、苦境に立たされていた。自動車業界の失業者は30万人にも上った。

前川レポート

1986年、中曽根康弘首相の私的諮問機関「国際協調のための経済構造調整研究会」（座長は元日本銀行総裁の前川春雄）が報告書（前川レポート）を発表した。この報告書は、当時の日米貿易摩擦を背景に、輸出指向型の経済構造から国際協調型の経済構造への変革を説いた。

■前川レポートのおもな提言

①内需拡大…住宅投資の増加や所得税減税など、個人消費の拡大につながる政策の拡充
②産業構造の転換（サービス産業の発展など）
③市場の開放と輸入の促進　④金融の自由化・国際化

解説 **日米貿易摩擦の激化** 高度経済成長期以降、貿易大国となった日本は、さまざまな国と貿易摩擦の問題を抱えるようになった。中でもアメリカとの間では、1950年代は繊維、1960年代は鉄鋼、1970年代はカラーテレビ・自動車、1980年代は半導体などの品目の輸出が通商上の問題となってきた。特に1980年代のアメリカは財政赤字と経常収支の赤字（貿易赤字）という「**双子の赤字**」の問題を抱えており、日本に対する批判（ジャパン・バッシング）が強まった（⊕p.327）。

15 産業の空洞化

企業の海外進出の形態

日本 **企業の海外進出** → 国内生産が減少

● 雇用の減少　● 設備投資の減少
● 輸出の減少　● 安い逆輸入品による物価下落
● 企業の多国籍化（企業内多国間貿易）

企業の海外移転 ↓　企業の海外移転 ↓　安い逆輸入品 ↑

先進国（欧米など）

現地生産
↓
先進国間輸出入

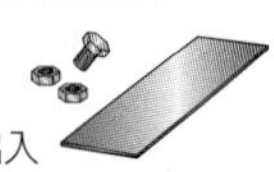

● 貿易摩擦の解消
● 為替変動の影響がなくなる（円高対策）

発展途上国（おもにアジア）

現地生産＋逆輸出

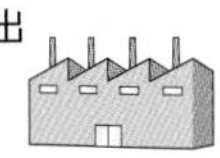

● 豊富な労働力
● 生産コストの低減
● 為替レートも有利（アジア通貨は対ドルレート低い）

輸出

解説 **円高で進む産業の空洞化** 日本では1980年代後半から、輸出拡大型の経済成長から脱却し、新たな経済構造への転換をめざす動きがみられるようになった。こうした動きのなか、日米貿易摩擦への対応や、1985年のプラザ合意（⊕p.337）をきっかけに進行した円高の影響などで、海外進出を本格化させる企業もあった。その結果、生産拠点の海外移転によって国内産業が衰退する**産業の空洞化**も進んだ。

TOPIC トピック 新潟県出身の田中角栄は「高等小学校」の学歴を積極的にアピールし、その庶民性と立身出世ぶりから「今太閤」と呼ばれるほどの人気を集めた。

用語解説 ⑱石油危機、⑱産業の空洞化

Ⅵ バブル経済の発生とその崩壊

16 バブル経済の発生

? バブル経済は、どのようにして引き起こされたのか

円安・ドル高

↓

1985年　プラザ合意：アメリカの貿易赤字解消をめざし、先進５か国蔵相・中央銀行総裁会議（G５）はドル安誘導に向けて協調介入することを合意した。

↓

円高が進む：１ドル＝240円前後からプラザ合意後の1986年には200円台を突破

↓

円高による輸出の不振：円高不況が発生

↓

円高不況対策
- 低金利政策 → 通貨量の増大 → 土地・株式市場に余剰資金が流入
- 海外直接投資の増加 → 産業の空洞化：生産拠点が海外に移転

↓

地価・株価が高騰し，「バブル経済」(平成景気)が発生

公定歩合とマネーストックの推移

(日本銀行資料)

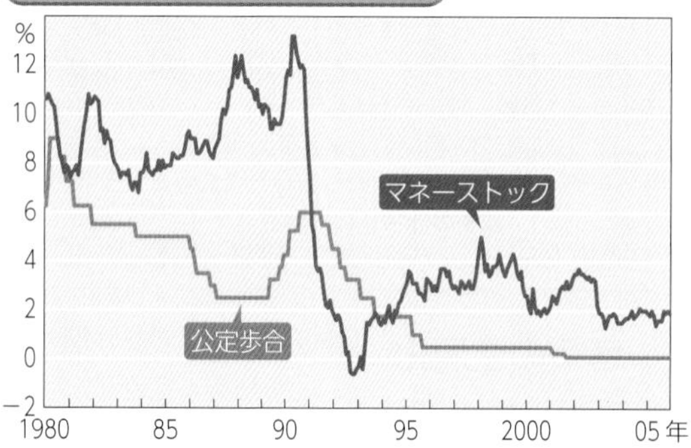

地価・株価の推移

(国土交通省資料ほか)

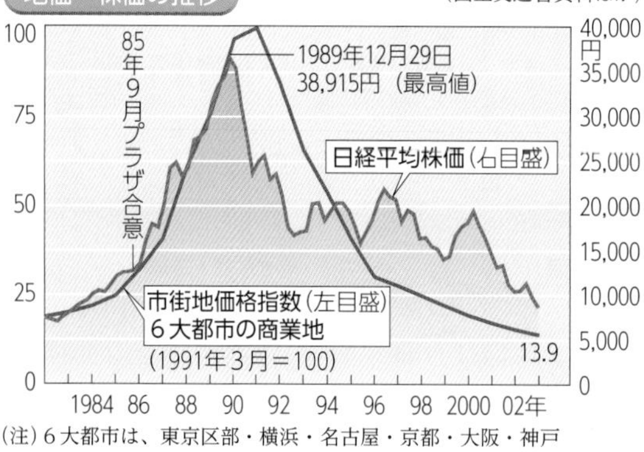

(注)６大都市は、東京区部・横浜・名古屋・京都・大阪・神戸

解説 **バブル経済発生の原因**　1985年のプラザ合意以降の円高不況に対して、日銀が公定歩合の引き下げによる金融緩和を行った。その結果、低金利の下で資金を調達できる状況が生じた。その資金は設備投資に投入されただけでなく、株式や土地購入などの投機にも使われ(財テク)、株価や地価が経済の実態以上に高騰する「バブル」をまねいた。こうして資産価値が上昇することによって消費が刺激され(**資産効果**)、景気がいっそう過熱することになった。

17 バブル経済の崩壊

? バブル経済の崩壊は、どのような影響をもたらしたのか

バブル経済→地価・株価の異常な高騰

↓

金融引き締め・地価抑制政策	
金融引き締め政策	加熱した景気を抑制するため、日銀は1989年から数回にわたり公定歩合を引き上げた。その結果、1989年２月に2.5%であった公定歩合は、1990年８月に6.0%になった。
不動産向け融資への総量規制	土地への過剰投機を抑制するため、大蔵省(現財務省)が1990年に実施した。銀行などの金融機関に対して、不動産向けの貸し出しの伸び率を、すべての貸し出しの伸び率以下に抑制させた。
地価税の導入	一定規模以上の土地の資産価格に課税するものであり、地価の高騰を抑制するために、1991年に導入が決まった(実際には1992年から実施され、1998年に凍結された)。

↓

地価・株価が暴落→バブル経済崩壊

バブル経済崩壊の影響	
企業の倒産	不動産に投資している企業が多く、資産価格の下落は企業収益を圧迫した。さらに建設投資の低下や消費の冷えこみ、円高による輸出の停滞によって、ゼネコン(総合建設会社)をはじめ企業の大型倒産が相次いだ。
金融不安	不良債権が膨らみ、ノンバンクの住宅金融専門会社など多くの金融機関が破綻した。また、企業に対する融資の抑制(貸し渋り)や返済期日前の回収(貸しはがし)を行うようになり、企業の資金繰りは困難になった。
財政赤字	政府は景気を刺激するために公共投資を拡大したが、税収が低迷する中で、その財源を国債に依存した。特に1994年度からは特例公債の発行が復活したため、その後の財政の硬直化(➲p.170)をまねいた。
デフレ	不況による需要の低迷によって商品が値崩れし、さらに安価な輸入製品が流入したため、「価格破壊」と呼ばれる現象が起きた。しかし、長引く不況の下でのデフレは企業収益や雇用を悪化させた。

企業の倒産件数と負債総額

(東京商工リサーチ資料)

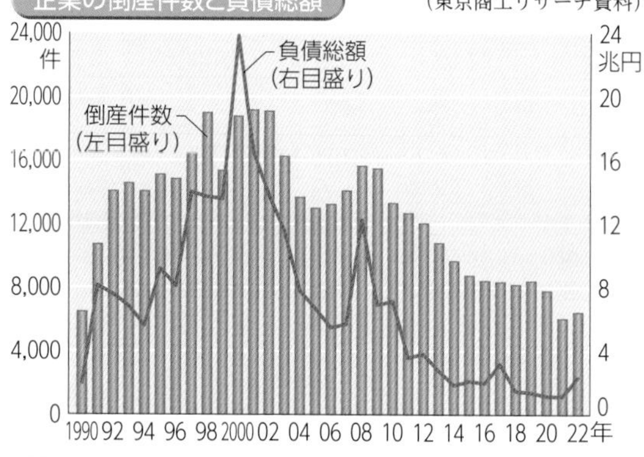

解説 **はじけた「泡(あわ)」**　地価・株価の暴落は、資産価格の大幅な下落をもたらし、消費の縮小(**逆資産効果**)が発生した。さらに、当時の金融機関は土地を担保に貸し付けを行っていることが多かったが、地価の下落によって返済の見込みのない融資(**不良債権**)が大量に発生した。不良債権の処理に追われる金融機関は貸し出しを抑制するようになり(**貸し渋り**)、企業の設備投資も低調になった。1991年のバブル経済崩壊以降、日本経済は停滞の時期が続くことになった。

Zoom **公定歩合とマネーストックの関係**　マネーストックは、金融部門から経済全体に供給されている通貨量のこと。日銀が公定歩合を下げると金融機関の貸出金利も低下する。すると、一般的にはマネーストックが増加して景気が刺激される。

VII 1990年代以降の日本経済

18 伸び悩むGDP

経済成長率と物価・失業率の推移　（総務省資料ほか）

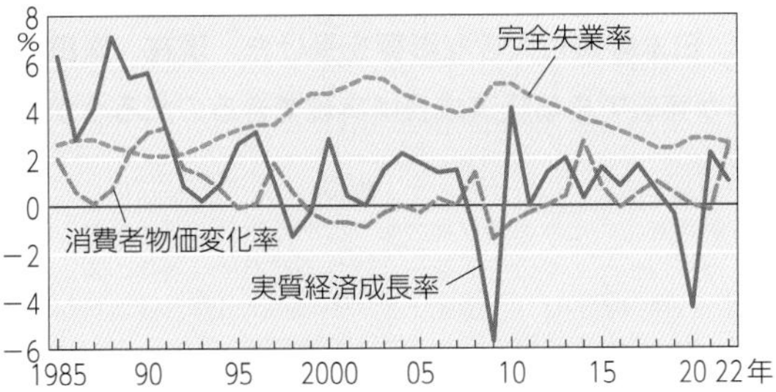

ＯＥＣＤ加盟国の１人当たり名目ＧＤＰの順位　（総務省資料ほか）

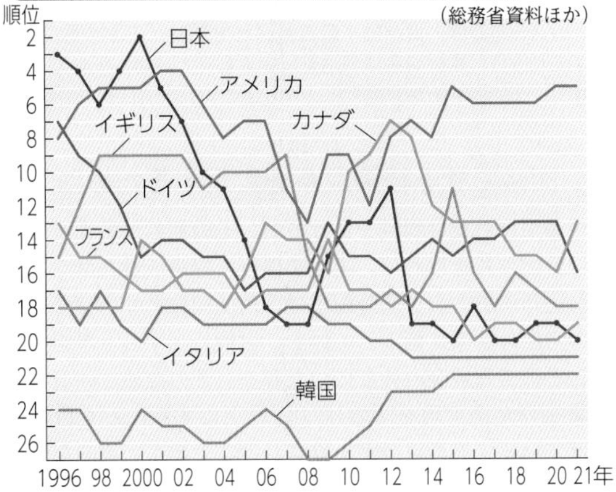

解説 **停滞する日本経済**　1990年代以降、日本経済はデフレ傾向にあり、経済成長率がマイナスを記録した年もある。2000年代には、長期にわたる「好景気」がみられたが、この間の実質経済成長率はおおむね２%以下であり、国民全体としては好景気を実感することができなかった。世界的にみても、日本の１人当たりＧＤＰの順位は低下傾向にある。

19 2000年代のおもな経済政策

●小泉構造改革

理念：「改革なくして成長なし」→小さな政府をめざす	
官から民へ	•特殊法人改革（統廃合、民営化など） •郵政民営化・道路公団民営化（➲p.86）
中央から地方へ	地方分権の推進（三位一体の改革）（➲p.101）
規制緩和	•製造業への派遣労働解禁（➲p.231） •構造改革特区（➲.100）

●安倍政権の経済政策「アベノミクス」

	内容	目標
金融緩和	日銀が物価の２%上昇という目標を定め、大胆な金融緩和を実施。	デフレからの脱却。円安になる効果もある。
財政出動	20兆円を超える緊急経済対策。公共事業を拡大。	公共事業で需要を創出し、雇用を増やす。
成長戦略	企業に対する規制緩和や成長産業への積極的投資、国家戦略特区の創設。	民間の企業活動の活発化による経済成長。

「アベノミクス」と「三本の矢」
「アベノミクス」とは「安倍首相のエコノミクス」を意味する造語で、その中身は「三本の矢」といわれる３つの経済政策からなる。大胆な金融緩和や積極的な財政出動が行われた。

解説 **規制緩和と民営化**　景気が低迷を続ける中、2001年４月に小泉純一郎内閣が成立した。小泉政権は、国民の高い支持率を背景に「**改革なくして成長なし**」をスローガンに掲げて構造改革を進め、規制緩和を行った。また、2012年末からの安倍晋三内閣は、デフレからの脱却と景気回復をめざす経済政策「**アベノミクス**」を展開した。安倍政権時代には、株価上昇と円安が進み、輸出産業などは業績を伸ばし、失業率も改善された。しかし、２%のインフレ目標は達成できず、実質賃金も伸び悩んだ。

ISSUE

規制緩和のあり方

規制とは、本来は個人や企業に認められている自由な選択や行動に対して、「公共の福祉」や「公共の利益」を名目として、一定の範囲で制限することである。企業に関係する規制の多くは、市場の失敗にその根拠を求めることができる。例えば、電力、バス・鉄道、水道といった公益事業では「規模の経済」が働くため、自然独占（➲p.151）を認め、その見返りに価格規制などによって独占の弊害を抑制している。

日本は戦後、行政が主導して経済発展を追い求めてきた。その一方、規制の網が多くの産業に張り巡らされた「規制大国」ともいえる状況でもあった。こうした中で、1980年代から行政の非効率が目立ってくると、アメリカのレーガノミクスやイギリスのサッチャリズムなどの新自由主義の影響を受けて、規制改革が求められるようになった。特にバブル経済崩壊後、経済成長を実現するために、各種の規制を緩和して企業の競争力を高めたり、地域や民間の創意工夫を促したりしていく必要性が叫ばれるようになった。

？ 規制緩和によってもたらされる負の側面を考えた場合、規制緩和を行うにあたっては、どのような施策が求められるのか

しかし、労働法制の規制緩和によって非正規雇用が増加した結果、所得格差を拡大させたとの批判があるように、行き過ぎた規制緩和は、格差の拡大をもたらすという指摘もある。医療・教育・労働などの分野における規制緩和について議論する際には、経済的合理性の観点だけではなく、健康かつ文化的な生活の確保や、社会的不平等の解消などの観点からも考える必要がある。

規制緩和のメリットと懸念されるデメリット

メリット	デメリット
•競争を通じて企業活動が活性化し、経済活動が効率的に行われる。 •技術革新が進み、新たな産業や事業が創出される。 •価格低下やサービスの向上、商品の多様化が進む。 •政府の役割が小さくなり、財政上の負担が軽くなる。	•海外と比べて競争力の弱い産業にとっては打撃となる。 •過当競争により、労働者の賃金が低下する。 •消費者の安全が軽視され、事故や欠陥商品が増える。 •資本力に有利な大企業が中小企業を淘汰し、寡占化が進む。

TOPIC トピック　1995年に210円であったマクドナルドのハンバーガーの価格は、その後、デフレの時代には値下げを繰り返し、ついに2002年には59円となった。デフレを象徴する出来事であった。

FILE 20

近年の日本経済

出題

近年の日本経済は、非正規雇用の増加と所得格差が進む一方、経済成長率は停滞し、実質賃金は伸び悩んでいる。2020年には新型コロナウイルス感染症が世界的に拡大し、日本経済も大きな影響を受けた。現在、岸田内閣は経済の「成長と分配の好循環」をめざしているが、私たちが実感できる経済成長は実現できるのだろうか。

日経平均株価が30年ぶりに3万円を突破（2021年2月）　株価はコロナ規制が緩和された後も上昇を続け、2023年6月には33,000円台を記録した。

半導体の不足で生産が減少した製品（2022年6月）　パンデミックによって半導体工場が操業停止になったことで世界的な半導体不足が起こり、自動車や家電製品などが減産された。

2020年の新型コロナウイルス感染症は、日本経済にも大きな影響を与えた。感染が拡大傾向にあるたびに経済活動に制約がかかり、人々の生活を一変させることになった。また、現在では世界的なサプライチェーン（供給網）が形成されており、海外の工場閉鎖は日本の生産活動にも影響をおよぼした。

こうしたコロナ禍でも、医療関連に対する需要のほか、家で長く過ごすための「巣ごもり需要」といわれる消費の拡大により、情報通信業を中心に業績が好調な企業もみられた。しかし、一方では、資源価格の高騰などを原因とする物価の上昇もみられ、家計や企業の活動に悪影響をおよぼしている。

伸び悩む実質賃金

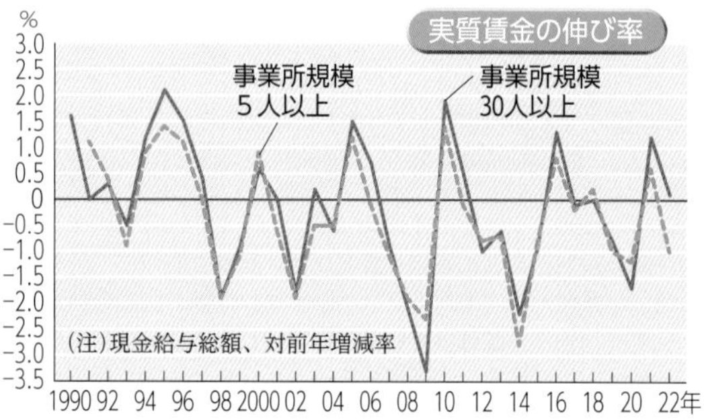

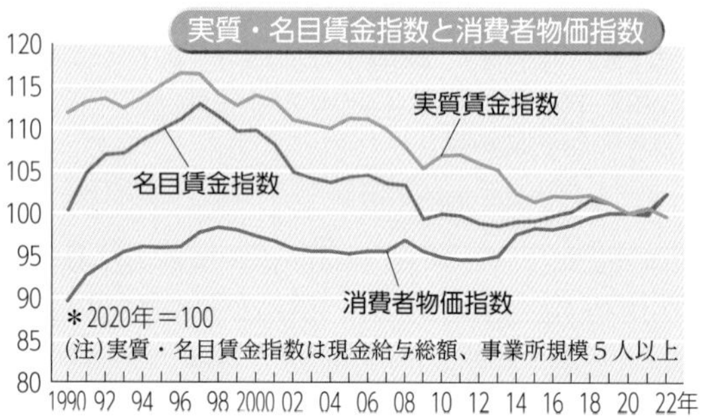

（厚生労働省資料）

実質賃金…従業員に支払われた賃金額（名目賃金）÷その時点の消費者物価。賃金額（名目賃金）が5％上昇しても、消費者物価も5％上昇すれば、実質賃金に変化はなく、生活が豊かになった実感はもてない。物価を考慮した実質賃金の推移をみることで、より実感に近い賃金の変化がわかる。

安倍政権時代（2012～20年）の71か月にわたる好景気は「実感なき景気回復」と批判されることもあった。実際に、消費者物価が上昇傾向にある中で労働者の名目賃金は伸び悩み、実質賃金指数は低下した年が多い。

ただし、この時期の実質賃金の低下の原因は、失業率の減少によって正社員・非正規社員ともに賃金の低い新規就業者が増加したことや、「働き方改革」によって残業代が減少したことなどが一因であるとの意見もある。

実感できる経済成長を実現するために

企業がどれだけ利益をあげても、その利益が労働者の賃金に分配されなければ、実感を伴った経済成長とはならない。近年の日本の労働分配率は下落傾向にあり、特に大企業の労働分配率は低下している。労働分配率の上昇をめざすことは実質賃金の伸びにつながる。そのため、政府は最低賃金の全国平均を時給1,000円以上にすることを目標に掲げている。最低賃金が上昇すれば、企業が効率的な生産体制の構築を求めることにつながるため、労働生産性の向上が期待される。

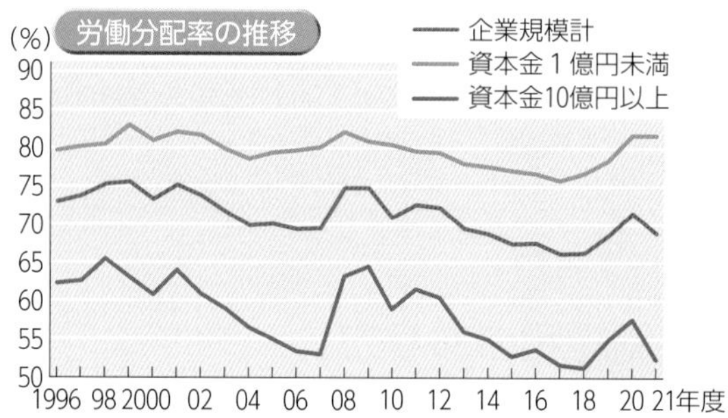

（厚生労働省資料）

労働分配率…生産活動によって得られた付加価値の総額（国民所得）に占める、労働者の賃金など（雇用者報酬）の割合を示したもの。企業の利益のうち、どれだけが労働者（役員を含む）の賃金に回っているのかを示している。

現在の岸田内閣は「新しい資本主義」を経済政策に掲げている。この政策は、国民の経済格差が拡大したことへの反省から、「成長と分配の好循環」による持続可能な経済を実現し、再分配政策による格差是正につなげることを柱としている。その政策の1つとして、賃上げを行う企業の支援や、看護・介護・保育などにおける公的価格（賃金）の引き上げが行われた。しかし、おもに富裕層を対象とし、格差是正に役立つといわれる「金融所得課税」の強化は見送られた。そのため、「分配」よりも「成長」を重視してきたアベノミクスとの違いが見えないとの批判もある。

10 公害と環境政策

要点の整理

＊1～12 FILE は資料番号を示す

❶日本の公害
①日本の公害の原点1……明治時代中頃に起きた足尾銅山鉱毒事件 ⟶ 殖産興業政策による資源開発の優先
②高度経済成長のひずみ1 2……**四大公害訴訟(イタイイタイ病・熊本水俣病・四日市ぜんそく・新潟水俣病)**

❷公害対策と環境行政
①**環境基本法**4(1993年)……公害対策基本法(1967年)に代わって制定 ⟶ 環境保全のための基本法
②環境規制に関する法律4……大気汚染防止法(1968年)、騒音規制法(1968年)、水質汚濁防止法(1970年)など
③環境庁の設置(1971年)……公害対策・環境行政を一元化 ⟶ **環境省**に改組(2001年)
④**環境影響評価(環境アセスメント)法**(1997年)5……環境への影響を事前に調査・予測することを義務づける
⑤公害規制・環境保全のための基本原則……**無過失責任の原則**、**汚染者負担の原則(ＰＰＰ)**6
⑥大気汚染や水質汚濁の規制方法 ⟶ **濃度規制**に加えて**総量規制**を設けることで、地域全体の排出量を抑制6
⑦さまざまな環境問題……不法投棄、ダイオキシン類、アスベスト、ハイテク汚染など8

❸循環型社会への取り組み
①**循環型社会形成推進基本法**(2000年)10 ⟶ **容器包装リサイクル法**11、**家電リサイクル法**12などを制定
②大量消費・大量廃棄社会から循環型社会へ ⟶ **３Ｒ**(リデュース、リユース、リサイクル)の実践 FILE
③企業の**拡大生産者責任(ＥＰＲ)**と**環境ＩＳＯ**の取得 FILE
④**ゼロエミッション**(廃棄物ゼロ)社会の実現……消費者は**グリーン・コンシューマー**としての行動が求められる FILE

1 日本の公害年表と公害苦情件数

出題

年	事項
	―公害の原点―
1890頃	足尾銅山鉱毒事件発生(栃木県渡良瀬川流域)
1891	田中正造、帝国議会で足尾銅山問題を追及
1922	富山県神通川流域で奇病発生(のちのイタイイタイ病)
	―高度経済成長と公害の深刻化―
1955	**イタイイタイ病**発生の学会報告
1956	**熊本水俣病**の存在が社会問題化
1961	**四日市ぜんそく**、患者多発
1965	**新潟水俣病**患者発生の公式確認(新潟県阿賀野川流域)
	―公害防止を求める世論の高まり―
1967	**公害対策基本法**成立
1968	大気汚染防止法、騒音規制法成立
1970	「公害国会」で公害対策基本法改正(「経済調和条項」を削除)
1971	**環境庁**設置→2001年、**環境省**に改組
1972	ＯＥＣＤ、**汚染者負担の原則**(ＰＰＰ)を採択
〃	大気汚染防止法・水質汚濁防止法改正→**無過失責任の原則**導入
1973	公害健康被害補償法成立→汚染者負担の原則(PPP)導入
1974	大阪国際空港公害訴訟で環境権が主張される
〃	大気汚染防止法改正→**総量規制**を導入
1976	川崎市が環境アセスメント条例を制定(全国初)
	―低炭素・循環型社会の構築へ―
1993	**環境基本法**成立(公害対策基本法は廃止)
1995	**容器包装リサイクル法**成立
1997	**環境影響評価法(環境アセスメント法)**成立
1998	**家電リサイクル法**成立
1999	ダイオキシン類対策特別措置法成立
2000	資源有効利用促進法・**循環型社会形成推進基本法**成立
2006	石綿(アスベスト)健康被害救済法成立
2009	水俣病被害者救済法成立→未認定患者の救済へ
2012	地球温暖化対策税の導入
2021	**プラスチック資源循環促進法**成立

足尾銅山鉱毒事件―日本の公害の原点―

↑田中正造(1841～1913)

足尾銅山は江戸時代から開発されてきた鉱山である。明治維新後は新たな鉱脈の発見や採掘技術の向上によって生産量が急増した。その結果、下流の渡良瀬川流域では鉱毒被害が発生し、精錬所から排出された亜硫酸ガスが原因で付近の森林が枯れていった。

地元の代議士であった田中正造は、議会で鉱毒問題を追及したが、訴えは政府に聞き入れられず、1901年には天皇に直訴状を掲げて農民らの窮状を訴えようとした。しかし、銅は殖産興業を進めていた当時の日本の貴重な輸出品であり、銅山を経営する古河鉱業が明治政府と深く結びついていたこともあり、政府は有効な公害対策をとらなかった。

公害苦情件数

(公害等調整委員会資料)

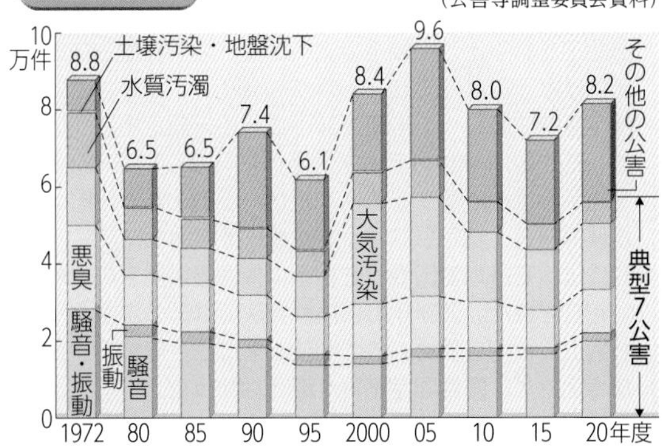

典型７公害…大気汚染・水質汚濁・土壌汚染・騒音・振動・地盤沈下・悪臭の７種類。現在は環境基本法に規定されている。

解説 **公害の発生** 日本では、高度経済成長期に公害の被害が拡大した。その原因は、企業の対策が不十分であったことや、政府の規制が遅れたことにある。その後、対策が拡充したことで環境が改善した地域も多いが、被害者救済などの未解決の問題も残されている。近年は、近隣施設からの騒音や悪臭などの**都市型・生活型公害**が増加している。また、典型７公害以外の苦情処理件数の約５割が廃棄物投棄に関する苦情であり、その多くは家庭から発生する生活系の一般廃棄物投棄に関するものである。

TOPIC トピック 栃木・群馬・埼玉・茨城の４県にまたがる渡良瀬遊水地。この日本最大の遊水地は、足尾銅山の鉱毒被害への対策として、地域住民を移転させてつくられたものである。

2 四大公害訴訟

		イタイイタイ病	熊本水俣病	四日市ぜんそく	新潟水俣病
発生地域		富山県神通川流域	熊本・鹿児島の水俣湾沿岸	三重県四日市市周辺	新潟県阿賀野川流域
発生時期		1922年頃から	1953年頃から	1960年頃から	1964年頃から
症状		骨がもろくなり「痛い痛い」と苦しみながら亡くなる例が多発	手足のマヒ、言語・知覚障害、すい臓などの内臓障害、血管障害など	ぜんそく発作や呼吸困難。子どもの被害者も多い	手足のマヒ、言語・知覚障害、すい臓などの内臓障害、血管障害など
原因物質		亜鉛や鉛などを生産する鉱山から流出したカドミウム	工場排水中の有機水銀(メチル水銀)	石油コンビナートから排出される亜硫酸ガス	工場排水中の有機水銀(メチル水銀)
訴訟	提訴日	1968年3月9日	1969年6月14日	1967年9月1日	1967年6月12日
	被告(原因企業)	三井金属鉱業	チッソ	昭和四日市石油・三菱油化・三菱化成・三菱モンサント化成・中部電力・石原産業	昭和電工
	訴訟の概要	神通川に流れ出たカドミウムが飲料水やコメ、野菜に混入し、流域の住民が体内に取りこんで発症したとして、鉱業法第109条(無過失責任規定)を根拠に提訴	工場から海に流れた排水に含まれた有機水銀が魚介類を経て人体に取りこまれたことが原因であるとして、民法第709条(不法行為)を根拠に提訴	コンビナートが排出する亜硫酸ガスによる大気汚染が原因として、民法第709条(不法行為)、第719条(共同不法行為)を根拠に提訴	上流の工場の排水に含まれた有機水銀が川魚などを通して人体に蓄積して発症したとして、民法第709条(不法行為)を根拠に提訴
	判決日	1972年8月9日(控訴審)	1973年3月20日	1972年7月24日	1971年9月29日
	判 決	**患者側(原告33人)全面勝訴** 被告側は上告を断念し、控訴審で結審した。	**患者側(原告138人)全面勝訴** 四大公害裁判の中でも最大級の訴訟であった。	**患者側(原告12人)全面勝訴** 因果関係の厳密な立証は不要とした。	**患者側(原告77人)全面勝訴** 企業の過失責任をはじめて認定した。
	賠償額	1億4,820万円	9億3,730万円	8,821万円	2億7,779万円
認定患者総数(うち死亡者数)		201人(199人)(2022年12月末)	2,284人(2,030人)(2022年11月末)	300人(生存者のみ)(2022年12月末)	716人(613人)(2022年11月末)

COLUMN 今なお続く水俣病問題

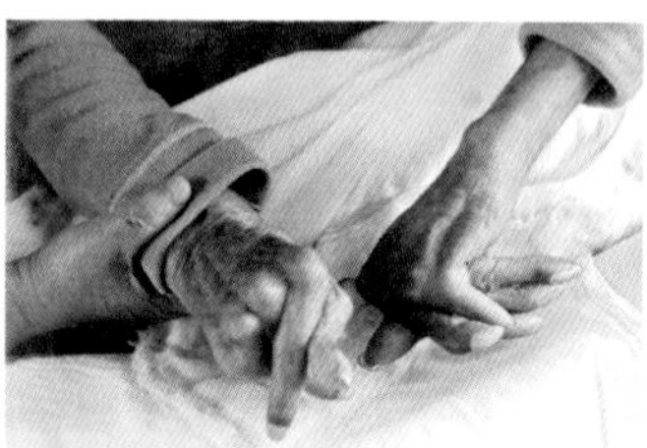

自由がきかない水俣病患者の手 水俣病は、短期間に亡くなる劇症型のほか、徐々に症状が進行する慢性型、母体を通して発症した胎児性患者もみられた。

水俣病の被害者については、国の基準で水俣病患者と認定されると、行政上の救済制度として補償金などを受け取ることができるようになった。しかし、国の認定基準は厳しく、申請を却下される未認定患者が増加した。政府は1995年に未認定の約11,000人に一時金を支払うことで解決をめざしたが、このときも政府は水俣病患者と認定しなかったため、その後も未認定患者によって各地で国や県を相手に損害賠償請求の裁判が起こされた。2004年の最高裁判決では国の基準よりも幅広く被害を認め、この判決を機に認定申請する人が増えたが、国は認定基準を変えなかった。

2009年、**水俣病被害者救済法**が成立し、国は未認定患者に一時金や医療費などを支給することになり、期限の2012年までに約32,000人に支給された。1995年に続く2度目の未認定患者への救済策であったが、救済対象者を地域や年代で線引きしたことへの批判も根強く、水俣病に関する訴訟は継続している。

3 公害病認定患者数

? 公害はどのような地域に集中しているのか

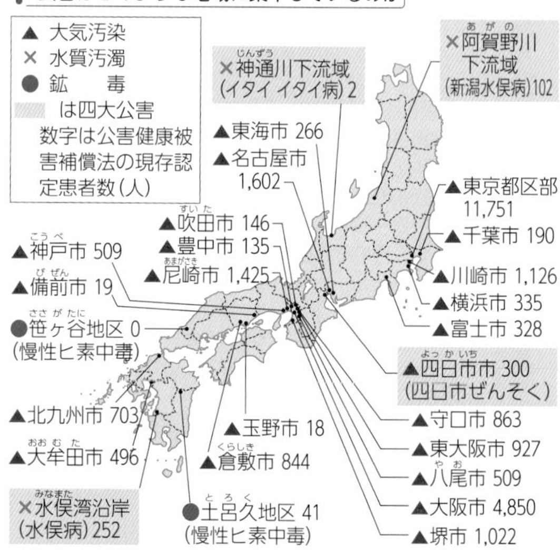

(2022年12月末現在) (『環境白書』2023年版)

解説 **被害者救済は続いている** 1969年に制定された公害被害救済法と、それに代わって1973年に制定された**公害健康被害補償法**により、公害発生地域で認定審査会が公害病患者を認定してきた。公害健康被害補償法は1987年に改正され、翌年に大気汚染の地域指定が解除された。これにより、大気汚染による公害被害患者の新規認定は打ち切られた。しかし、現在も約30,000人もの大気汚染による公害病認定患者がおり、補償給付や福祉事業は継続している。

Zoom **四日市ぜんそく公害訴訟と総量規制** 四日市ぜんそく公害訴訟では、1972年の確定判決で、公害に対する企業の共同責任および、共同不法行為を認定した。この判決が1974年の大気汚染防止法の改正による総量規制の導入につながった。

4 さまざまな公害関係法 出題

	法律	内容
基本法	環境基本法 1993年制定	公害対策基本法を廃止し、新たに環境政策全般について定めた。環境政策の基本理念を示し、典型７公害の規定、国・地方公共団体・事業者・国民の責務、国による環境基本計画の作成義務などを規定している。
環境規制	大気汚染防止法 1968年制定	工場などからのばい煙や自動車の排出ガスを規制する。改正により、総量規制やディーゼル車の排出ガス規制なども加えられた。事業者の無過失責任も定めている。
環境規制	騒音規制法 1968年制定	工場、建設工事による騒音、自動車の騒音に対する規制基準を定めている。
環境規制	水質汚濁防止法 1970年制定	おもに工場排水による海や川、湖沼、地下水の汚染防止を図る。改正により、濃度規制に加えて総量規制も導入した。事業者の無過失責任を定めている。生活排水対策についても規定されているが、罰則はない。
環境規制	自然環境保全法 1972年制定	自然環境を保全する必要がある地域を指定し、立ち入り制限や施設の建築の制限、指定動植物の捕獲・採取を規制している。
被害者救済	公害健康被害補償法 1973年制定	公害病患者と認定された人に医療費や補償費を支給することを定めた。1988年に大気汚染に関する指定地域は解除され、新規の認定は行われないことになった。

解説 **環境行政の基本法**　**環境基本法**は、日本の環境行政の基本法である。この法律には、①健全で恵み豊かな環境の恵沢の享受と継承、②環境負荷の少ない持続的発展が可能な社会の構築、③国際的協調による地球環境保全の積極的推進の３つを基本理念に掲げ、環境基本計画の作成を国に義務づけている。ただし、公害を発生させた事業者への罰則については、この法律では示されていない。

5 環境影響評価（環境アセスメント） 出題

環境アセスメントの手続きの流れ　（環境省資料参照）

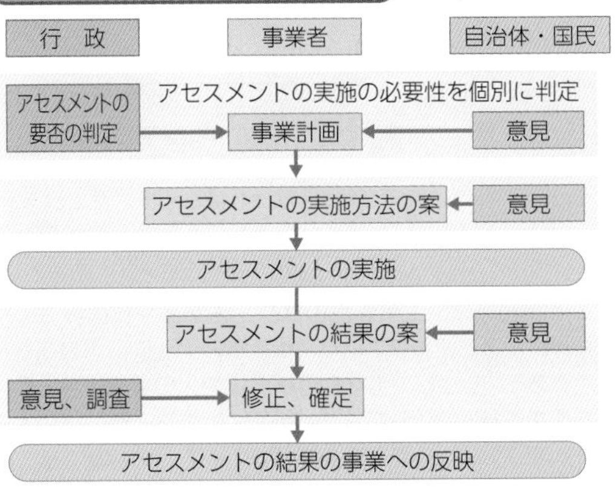

解説 **環境アセスメントの意義**　環境影響評価（環境アセスメント）とは、開発事業の内容を決める際に、環境にどのような影響を及ぼすかについて、事業者みずからが調査・予測・評価を行い、その結果を公表して地域住民や地方公共団体などから意見を聞き、環境保全の観点からよりよい事業計画を作り上げていく制度である。日本では1976年に川崎市がはじめて制度を条例化したが、国が**環境影響評価法**を制定したのは1997年であった。条例でアセスメントの対象を環境影響評価法より広く設定している地方公共団体もある。

6 環境保全のための基本原則 出題

原則	内容
無過失責任の原則	公害被害が発生した場合、公害を発生させた企業に故意や過失がなくても、被害者に対して賠償する義務を負わせる原則。1972年に制定された大気汚染防止法や水質汚濁防止法にも導入された。
汚染者負担の原則（ＰＰＰ）	公害を発生させた者が、公害被害者への補償や汚染防止費用・環境回復のための費用などを負担しなければならないという原則。1972年にＯＥＣＤ（経済協力開発機構）で提唱された考え方であり、日本でも1973年に制定された公害健康被害補償法に導入された。ＰＰＰ（Polluter-Pays Principle）とも呼ばれる。
総量規制	大気汚染や水質汚濁を防止するために、一定の地域内での汚染物質の総排出量を定める規制方法。各企業が排出する汚染物質の濃度を一定の基準値以下に抑える**濃度規制**という規制方法もある。しかし、濃度規制では、各企業が規制値を守っていても、地域全体の汚染物質の排出量が増えてしまい、公害を防ぐことができない。そのため、大気汚染防止法や水質汚濁防止法において、工場密集地では総量規制を行うことが定められている。
拡大生産者責任（ＥＰＲ）	生産者（企業）が、製品が使用された後の廃棄物処理やリサイクルにまで責任をもつべきとする考え方。拡大生産者責任を導入することにより、企業が廃棄物処理やリサイクルにかかるコストを削減しようとして、資源節約型でリサイクルが容易な製品開発を進めるようになることが期待できる。

解説 **企業に求められる環境保全への責任**　1960年代からの公害対策は、工場からの汚染物質の排出を規制するといった、おもに製品の生産時に発生する問題に対処するものであった。しかし、現在の企業には**拡大生産者責任**（ＥＰＲ）のように、製品の廃棄時にまで責任をもつことが求められるようになってきた。現在、拡大生産者責任の理念は、各種リサイクル法や循環型社会形成推進基本法に反映されている。

7 拡大する環境ビジネス

環境ビジネスの国内市場規模　（環境省資料）

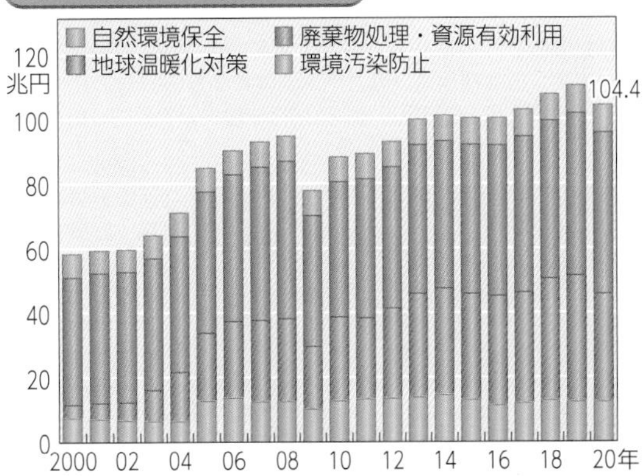

解説 **企業の対策がカギ**　環境ビジネス（環境産業）は、持続可能な社会の実現に重要な役割を果たすとともに、日本の経済成長を後押しするものである。企業による環境分野への投資は増加傾向にあり、その市場規模も拡大している。政府は環境ビジネスを積極的に展開しようとしている企業に対して、補助金を支給したり、税の優遇措置をとったりすることで、企業の環境分野への支出を促している。

TOPIC トピック　環境アセスメントが実施される開発には、ゴルフ場の開発といった民間企業が実施する事業だけでなく、高速道路の建設やごみ焼却場の整備といった公的な事業も含まれる。

用語解説　⑱環境影響評価，⑭環境基本法，⑮汚染者負担の原則

8 さまざまな環境問題 出題

不法投棄	1970年に制定された廃棄物処理法では、産業廃棄物はゴミの排出者や処理業者がみずから適正に処理することが原則とされている。しかし、排出者や処理業者による不法投棄の事案が後を絶たない。不法投棄された産業廃棄物の約80％は「がれき類」などの建設系廃棄物である。
ダイオキシン類	塩素系のプラスチックを焼却したときなどに発生する有機塩素化合物であり、毒性がある。発がん性や環境ホルモンとしてのはたらきなど、人体や環境への影響が指摘されているが、人の健康への影響については未解明な部分もある。1999年に**ダイオキシン類対策特別措置法**が制定され、排出が規制されるようになった。
アスベスト	繊維状の鉱物で石綿ともよばれる。軽くて燃えにくい特徴があり、かつては建築材などに多く使用されてきた。しかし、空中に飛散して体内に入ると肺がんなどを引き起こす。健康被害を受けた人々を救済するため2006年に**石綿健康被害救済法**(アスベスト新法)が制定された。現在では、アスベストの製造・使用は禁止されている。
ハイテク汚染	ＩＣ(集積回路)の洗浄のために用いられる化学物質(トリクロロエチレンなど)の排水によって地下水や土壌が汚染されること。ハイテク産業(先端産業)で起こることから、ハイテク汚染とよぶ。パソコンやスマートフォンなどＩＴ機器の廃棄によるＩＴ汚染も問題となっている。

産業廃棄物の不法投棄件数・投棄量の推移 (環境省資料)

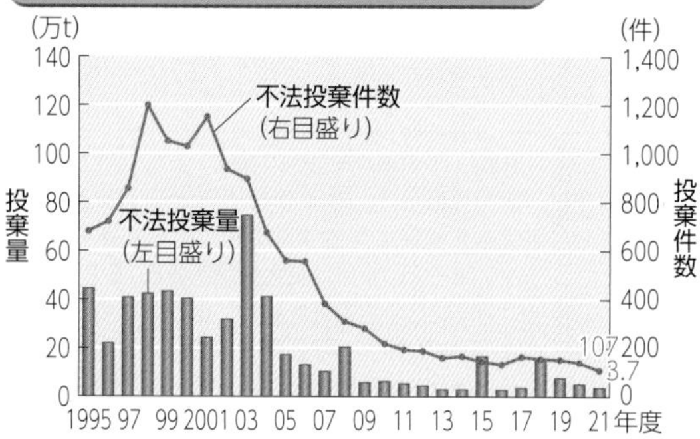

廃棄物の区分

一般廃棄物…家庭が出したごみをはじめ、企業からの産業廃棄物以外のごみ(紙くずなど)、し尿など。地方公共団体(市町村)が処理する。

産業廃棄物…企業が出した汚泥や金属くず・廃油、がれき類、病院からの使用済みの注射器、農家からの家畜の死体やふん尿など。産業廃棄物の総量は一般廃棄物の約９倍になる。基本的に事業者みずからが適正に処理する責任をもつ。

産業廃棄物の処理場 産業廃棄物の処理場は、全国で約21,000か所ある。しかし、それでも数年後には満杯になるため、処理場は毎年つくられている。

解説 **つくられ続ける処理場** 廃棄物は産業廃棄物と一般廃棄物に区分されている。産業廃棄物は排出した事業者(企業)に処理の責任がある。一方、それ以外の家庭ごみなどについては一般廃棄物に区分され市町村が処理を行う。産業廃棄物を抑制するために、産業廃棄物の排出業者や処理業者に産業廃棄物税を課している地方公共団体も多い。しかし、排出者や処理業者が課税を逃れようとして、不法投棄へのインセンティブ(誘因)を高めてしまうとの指摘もある。

9 ナショナル・トラスト運動

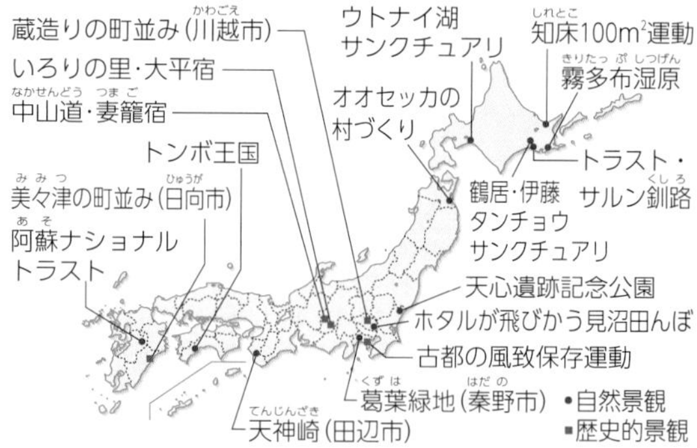

知床(北海道) 知床は2005年に世界自然遺産に登録された。

解説 **将来世代への継承** **ナショナル・トラスト運動**とは、自然が豊かな地域や歴史的建造物を無秩序な開発から守るため、寄付金を集めて土地や建物を買い取ったり、寄贈を受けたりして保護・管理する運動のことである。産業革命期のイギリスではじまった運動とされており、日本でも別荘地としての開発が危惧されていた和歌山県の天神崎を守る運動や、「トトロの森」として知られる狭山丘陵(埼玉県・東京都)の保全運動などが知られている。

ISSUE 化学物質の規制のあり方

? 予防原則は、どのような状況においてとられるべきか

環境規制の考え方

予防原則	比例原則
環境や人体への影響を回避することが最優先とされ、そのためには、原因が疑わしいとされる段階で、早期に規制すべきという考え方	規制の手段は必要の範囲かつ、目的に均衡したものでなければならず、ゼロリスクをめざすものであってはならないとする考え方

化学物質は、工業製品のほか、医薬品や食品などの原材料として使われており、私たちの生活に不可欠なものである。しかし、化学物質が環境や人の健康に与える影響を正確に評価するには時間がかかる。そのため、1992年の国連環境開発会議で採択されたリオ宣言では、環境に与える影響が重大で取り返しのつかない損害を与えるおそれがある場合は、因果関係が必ずしも完全に証明されていない段階でも、対策を講じるという**予防原則**をとるべきだとした。

一方、予防原則をあらゆる場面で採用することは、現実にはあり得ないゼロリスクを追い求め、結果的に過度な規制につながるともいえる。そのため、環境や健康に与える影響の大きさや、影響が発生する可能性を評価した上で対策の必要性や緊急性を判断していくべきという考え方も、状況によっては必要である。

Zoom **デポジット制度** 一定額を販売価格に預かり金(デポジット)を上乗せし、製品(容器)を返却すると預かり金が消費者に戻されるしくみのこと。ペットボトル容器などの回収率を上げるために導入している国もある。

10 さまざまなリサイクル関連法

整備されているおもな法律

基本法	基本的枠組み	廃棄物・リサイクル	個別物品の特性に応じた規制
環境基本法 →	循環型社会形成推進基本法（基本的枠組み法）	廃棄物処理法（廃棄物の適正処理） 資源有効利用促進法（リサイクルの推進）	**容器包装リサイクル法**（2000年完全施行、2006年改正） 市町村に容器包装の分別収集を義務づけ。容器の製造・利用業者に再商品化を義務づけ。小売店にレジ袋などの使用量削減を義務づけ **家電リサイクル法**（2001年完全施行） 小売店などによる廃家電の引き取り・製造業者等による再商品化を義務づけ。リサイクル費用は消費者が廃棄時に負担 **食品リサイクル法**（2001年完全施行） 食品の製造・加工・販売業者に食品廃棄物等の再生利用を義務づけ **建設リサイクル法**（2002年完全施行） 工事の受注者に建設物の分別解体・建設廃材等の再資源化を義務づけ **自動車リサイクル法**（2005年完全施行） 関係業者に使用済自動車の引き取り・フロンの回収・再資源化などを義務づけ、リサイクル費用は販売時に消費者から徴収 **小型家電リサイクル法**（2013年施行） 具体的な対象品目・回収方法は市町村ごとに決定

グリーン購入法〔国などが率先して再生品などの調達を推進〕（2001年完全施行）

？日本では、リサイクルのためにどのような法律が制定されているのか

解説 **持続可能な社会に向けて** 1993年に環境基本法が成立した後、2000年には**循環型社会形成推進基本法**が成立した。また、ごみの減量化や適正処理について具体的に定めた廃棄物処理法や、３Ｒ（➲p.208）を推進するための資源有効利用促進法が改正されたほか、国などの公的機関が率先して環境に配慮した製品やサービスの購入を促（うなが）すグリーン購入法も制定された。これらの法律の下で、食品や自動車、家電などへの規制が個別に整備され、循環型社会の形成をめざす総合的な法体系が整備された。

11 容器包装リサイクル法

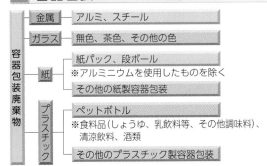

容器包装廃棄物
- 金属 — アルミ、スチール
- ガラス — 無色、茶色、その他の色
- 紙 — 紙パック、段ボール ※アルミニウムを使用したものを除く
  — その他の紙製容器包装
- プラスチック — ペットボトル ※食料品（しょうゆ、乳飲料等、その他調味料）、清涼飲料、酒類
  — その他のプラスチック製容器包装

▨ 特定事業者が再商品化の義務を負う容器包装
□ 特定事業者が再商品化の義務を負わない容器包装

解説 **レジ袋も有料に** 1995年に制定された**容器包装リサイクル法**は、従来は市町村に任されていた容器包装廃棄物の収集・処理について、消費者、市区町村、事業者（小売業者、食品メーカー、容器包装材をつくる企業など）による役割分担を決め、再資源化を義務づけた。また、同法に基づいて、2020年にはプラスチック製のレジ袋（ポリ袋）の有料化が義務化された。消費者もムダな包装を断（ことわ）ったり、マイバッグやマイボトルを活用したりすることによって、資源の有効利用や循環型社会の形成に協力する必要がある。

12 家電リサイクル法

家電リサイクルの流れ

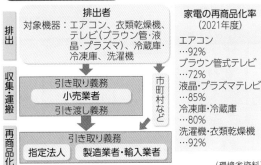

- 排出：排出者　対象機器：エアコン、衣類乾燥機、テレビ（ブラウン管・液晶・プラズマ）、冷蔵庫・冷凍庫、洗濯機
- 収集・運搬：引き取り義務　小売業者　引き渡し義務（市町村など）
- 再商品化：引き取り義務　指定法人　製造業者・輸入業者

家電の再商品化率（2021年度）
- エアコン …92%
- ブラウン管式テレビ …72%
- 液晶・プラズマテレビ …85%
- 冷凍庫・冷蔵庫 …80%
- 洗濯機・衣類乾燥機 …92%

（環境省資料）

解説 **不法投棄を減らせるか？** 以前は廃棄される家電製品のほとんどが埋め立てられていたが、資源の再利用促進と廃棄物削減のために、**家電リサイクル法**が1998年に制定された。この法律は、エアコン、テレビ、冷蔵庫・冷凍庫、洗濯機・衣類乾燥機を特定４品目と指定し、廃棄された製品は、販売店や指定引き取り場所などを経由してリサイクル工場へ運ばれることになる。ただし、消費者が製品を廃棄する際にリサイクル券を購入する後払い方式であるため、かえって不法投棄が増える結果になっているとの批判もある。

COLUMN

小型家電リサイクル法とプラスチック資源循環促進法

パソコンやスマートフォンなどの小型電子機器には、鉄やアルミのほかにも、金・銀などの貴金属、各種のレアメタル（希少金属）・レアアース（希（き）土（ど）類）（➲p.369）が含まれている。そのため、使用済み廃家電の山は「都市鉱山」とたとえられる。こうした資源の有効利用と廃棄物の適正な処理を行うため、2012年に**小型家電リサイクル法**が制定された（2013年施行）。

また、プラスチックによる海洋汚染が問題化するなかで、日本でもプラスチックの廃棄を削減するため、2021年に**プラスチック資源循環促進法**が制定された。これによって、コンビニや飲食店で配るプラスチック製のスプーンやストローなどについても、有料化などの対策が講じられている。

↑家電のリサイクル工場

TOPIC トピック　2021年の東京オリンピック・パラリンピックで選手に贈られたメダルは、使われなくなった小型家電の部品に使われた金・銀・銅をリサイクルしてつくられた。

経済

FILE 21

循環型社会に向けた取り組み

大量生産・大量消費の下で、大量の廃棄物を生み出してきた社会のしくみを改め、循環型社会に移行することが求められている。持続可能な社会の実現に向けて、政府・企業はどのような対策をとればよいのか、そして私たち一人ひとりが、どのような行動をとるべきかを考えてみよう。

卵の殻の有効活用 食品メーカーのキユーピーでは、マヨネーズを製造する過程で発生する卵殻を、カルシウム強化食品や土壌改良材、肥料などに再利用することで、全工場での廃棄物の再資源化100%を達成している。

循環型社会に向けた企業の取り組み

生産工程の見直しやリサイクルの徹底によって、廃棄物ゼロをめざす「ゼロエミッション」(zero emission)に取り組む企業が増えている。

環境問題への取り組みの重要性が認識されるにつれて、企業の環境対策についても世界共通の基準が求められるようになってきた。そこで、工業製品の国際規格を定めている国際標準化機構（ＩＳＯ）によって、1996年にＩＳＯ14000シリーズ(**環境ＩＳＯ**)が制定された。企業が環境ＩＳＯの認証を取得するためには、環境への影響を小さくするためのルールや目標を自主的に決め、その目標達成に向けて取り組まなければならない。

環境ＩＳＯの認証ラベルの一例

３Rとは何か？

循環型社会の姿 (環境省資料)

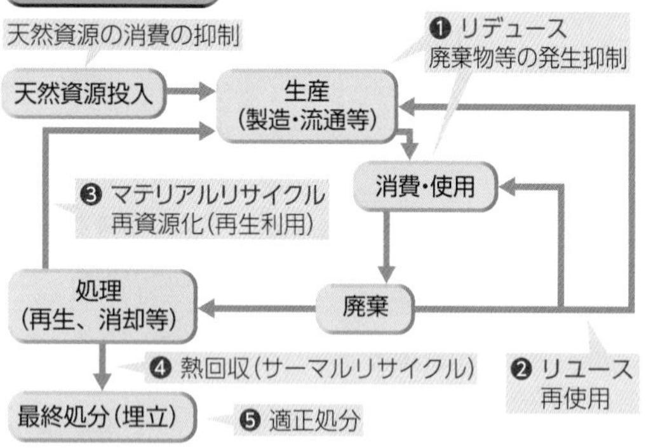

これまでのような「大量生産→大量消費→大量廃棄」を行うことで経済発展を続ける一方向型の経済システムは、もはや限界を迎えつつある。廃棄物処理場の不足やごみの不法投棄といった社会問題の発生は、その一例である。こうした経済システムを改め、循環型社会への転換が求められている。

循環型社会形成推進基本法では、廃棄物処理の優先順位として❶リデュース(Reduce：発生抑制)、❷リユース(Reuse：再使用)、❸リサイクル(Recycle：再資源化・再生利用)の３Ｒに、❹熱回収(廃棄物を焼却した際に発生する熱エネルギーの利用)と❺適正処分の５つが規定されている。また、このほかにも、リフューズ(Refuse：ムダなものは断る)、リペア(Repair：修理する)といったことも大切である。ノーベル平和賞受賞者のケニアのワンガリ・マータイが世界に広めた「もったいない(MOTTAINAI)」はそれを表す象徴的なことばといえよう。

ワンガリ＝マータイ(1940〜2011) 女性の地位向上のための植林活動「グリーンベルト運動」によりノーベル平和賞を受賞した。

つくる責任つかう責任

持続可能な開発目標(ＳＤＧｓ)の目標12は、循環型社会の実現をめざしたものである。その実現のためには、つくる者(生産者)と使う者(消費者)がともに環境に配慮した行動を取らなければならない。

拡大生産者責任(➲p.205)の考え方が採用された循環型社会形成推進基本法では、生産段階で工程の見直しやリサイクルの徹底によって廃棄物を減らすことや、使用済みの商品の再使用や再資源化を図ることが、生産者の責務とされている。一方、消費者も、環境に優しい商品を購入したり、環境保全を重視した経営を企業に求めたりする消費者(グリーン・コンシューマー)へと意識を変化させていくことが必要である。近年は、インターネット上でフリーマーケットのように個人が不要になったものを出品して売買するサービスも人気である。一人ひとりが環境に配慮した生活を心がけることが、大量消費の社会を変えるきっかけになると期待されている。

広まるエシカル消費

エシカル消費の「エシカル(ethical)」には、「倫理的な・道徳的な」という意味がある。エシカル消費とは、地域の活性化や雇用などを含む、人・社会・地域・環境に配慮した消費行動のことである。例えば、農薬や肥料の基準を守ってつくられた綿花であるオーガニック・コットンを使った服を買う、生産者の暮らしの改善や自立を実現するために生産者と購入者の間で適正な価格で売買されたフェアトレード商品を買う、地産地消の商品や、障害がある人の支援につながる商品を買う、といったこともエシカル消費に含まれる。

エシカル消費のためのマーク 左から、エコマーク、ＦＳＣ®マーク(森を守るマーク)、有機ＪＡＳマーク。

Zoom 廃プラスチック輸出大国の日本 日本は2017年まで多くの廃プラスチックを中国に輸出してきた。しかし、中国は2017年末からおもに生活由来の廃プラスチックの輸入を禁止した。そのため、日本の廃プラスチックは行き場を失いつつある。

11 消費者問題と消費者政策

要点の整理

＊1～9 FILEは資料番号を示す

❶消費者主権の確立

①消費者問題の背景と消費者運動
- 企業の利益追求主義 ⟶ 消費者を軽視 ⟶ 消費者問題の発生 ⟶ 消費者運動の展開
- 消費者行政の整備 ⟶ **国民生活センター**、消費生活センターの設立……消費者への情報提供

②**消費者主権**1……どのような財・サービスを生産するかを決定するのは消費者であるという考え方

③**消費者の４つの権利**1……ケネディ米大統領（在任1961～63年）が提唱

❶安全を求める権利、❷知らされる権利、❸選択できる権利、❹意見を聞いてもらう権利 ⟶ 消費者行政に影響

- 消費者主権の阻害要因2
  - 売り手と買い手との間の情報量の格差（**情報の非対称性**）……消費者が契約時に不利
  - 消費者の購買意欲は企業の広告や宣伝によって喚起されるという**依存効果**
  - 他人がもっているものは、自分も欲しくなるという**デモンストレーション効果**

❷消費者保護政策と消費者の自立

①**消費者保護基本法**（1968年制定）……消費者保護政策 ⟶ **消費者基本法**3（2004年制定）……消費者の自立を支援

②**製造物責任（ＰＬ）法**4（1994年制定、1995年施行）……製造者の加害責任を明確化（**無過失責任制**）

③**クーリング・オフ制度**5……一定の期間内であれば契約を解除できる制度。割賦販売法や**特定商取引法**で規定

④**消費者契約法**6（2000年制定、2001年施行）……契約のトラブルに対して、公正な取引ルールを整備

⑤**消費者庁**の設置FILE（2009年）……消費者行政の一元化

⑥**多重債務・自己破産**の増加9 FILE……金融知識の向上が課題。貸金業法の改正で**グレーゾーン金利**が撤廃

1 消費者主権と消費者の権利 出題

？なぜ、消費者の権利が求められるようになったのか

　企業が生産し、販売したいと思っても、消費者が購入しなければ、結局、企業は生産活動を持続させることができない。その意味で、何をどれだけつくるかの最終決定権は消費者が握っているといえよう。このことを政治上の国民主権になぞらえて**消費者主権**という。

消費者の４つの権利

①**安全を求める権利**　健康や生命を脅かす商品の販売から保護される権利

②**知らされる権利**　虚偽や誤った広告・表示・宣伝などから保護され、かつ選択に必要な事実を知らされる権利

③**選択できる権利**　いろいろな製品やサービスについて、競争的価格に接することが保障され、公正な価格で十分な品質やサービスが保障される権利。

④**意見を聞いてもらう権利**　政府が政策を立案する際に、消費者の利益が十分に考慮され、公正かつ迅速な行政上の対応が保障される権利。

↑ケネディ（1917～63）

解説 **消費者保護基本法のモデル**　1962年に、アメリカのケネディ大統領（在任1961～63）は議会に送った特別教書の中で「**消費者の４つの権利**」を提唱した。この教書はさまざまな国の消費者行政に大きな影響を与え、日本の消費者保護基本法のモデルにもなった。その後、フォード大統領（在任1974～77）の時代に消費者教育を受ける権利が付加された。

2 消費者主権の阻害要因 出題

情報の非対称性（➲p.155）	消費者が商品を買う場合、消費者とメーカーとの間には、商品に対する知識について大きな格差がある。このような場合に契約自由の原則を貫けば、消費者は一方的に不利な契約を結ばされるおそれがある。
依存効果	アメリカの経済学者ガルブレイス（1908～2006）のことば。例えば、それまで欲しいと思わなかったモノを、広告を見て買いたくなったということもある。このように、消費者の欲望は企業の宣伝活動に操られており、消費者は自律的な意思決定を行うことが困難だということ。
デモンストレーション効果	他人の消費行動が示威（デモンストレーション）されることによる効果であり、自分の消費行動は他人の消費行動にも影響を受けているということ。例えば、友達が最新の家電製品を買って、それを見せてもらったら、自分もそれを欲しくなった、というような心理をさす。

解説 **「消費者主権」とはいうけれど…**　消費者主権とはいうものの、実際には「**情報の非対称性**」「**依存効果**」「**デモンストレーション効果**」などが存在するため、消費者が主権者として自律的な消費行動を行うことができない状況が生まれる。これに対して、消費者が不十分な情報しかもたないことによって生じる不利益を防止するために、各種の消費者保護法制が整備されたり、消費者が企業の宣伝に踊らされることを防止するために、誇大広告の規制や品質・性能の表示が義務づけられたりしている。

■**消費者問題と行政の対応**……購入した商品やサービスで消費者が損害を被ることを消費者問題という。消費者運動は販売した企業の責任を問い、不利な立場にある消費者を救済するところから始まった。日本での消費者問題に対する行政側の対応としては、国レベルでは**国民生活センター**が、都道府県レベルでは**消費生活センター**が設置されている。そして、消費者からの苦情や相談に応じたり、品質・表示などに問題がある商品についてのテストなどを行ったりしている。

消費生活センターでの相談事例　（甲賀市資料）

注文した覚えのない商品が代引きで届いた
インターネット通販で購入した商品が届かない
クレジットカードを不正利用された
嘘をつかれて契約してしまった
解決にむけた助言、情報提供、事業者との交渉の斡旋

TOPIC トピック　20世紀になって消費者運動が高まったのは、消費者と生産者は対等ではなく、契約自由の原則を貫くと消費者が不利な立場に置かれると認識されるようになったからである。

用語解説　186消費者の４つの権利

3 消費者基本法 出題

消費者保護基本法(1968年)

行政、事業者、消費者の三者の責務や役割を定める。
①行政は消費者の保護に関する施策を策定・実施すること
②事業者は危害の防止など必要な措置を講じ、消費者からの苦情の適切な処理に努めること
③消費者は、みずから進んで消費生活に関する必要な知識を修得すること　など

規制緩和 ⇩ 消費者トラブルの急増　トラブルの多様化・複雑化

消費者基本法(2004年)

消費者の保護だけでなく自立の支援が必要という立場から、行政、事業者、消費者の三者の責務を定めるほか、初めて消費者の権利が明記された。

消費者の権利
- 安全が確保されること
- 自主的かつ合理的な選択の機会が確保されること
- 自主的かつ必要な情報が提供されること
- 自主的かつ消費者教育を受けられること
- 自主的かつ意見が消費者政策に反映されること
- 自主的かつ被害の救済を適切かつ迅速に受けられること

解説 **保護から自立支援へ**　**消費者保護基本法**は事業者を規制することで消費者を保護するものであった。しかしその後、規制緩和が進展し、消費者トラブルが多様化・複雑化したため、消費者の自立や自己責任が求められるようになった。そこで同法は2004年に全面改正され、**消費者基本法**が成立した。この法律により、初めて消費者の権利が明記された。

4 製造物責任(ＰＬ)法(1994年制定、95年施行) 出題

製造物の欠陥で被害を受けた

従来：民法709条(不法行為)	現在：ＰＬ法
被害者は企業に故意または過失があったことを証明しないと、損害賠償の請求ができなかった。→**過失責任の原則**	製品に欠陥があったことを証明するだけで、損害賠償を請求することができる。→**無過失責任の原則**

■ＰＬ法に基づく訴訟例

訴訟名	概要
異物混入ジュース喉頭部負傷事件[1998年提訴]	ファストフード店で購入したオレンジジュースを飲んだところ、異物が混入していたため、のどを負傷した →一審で10万円の賠償を認める[初の原告勝訴]、二審で和解成立
エアバッグ暴発手指等負傷事件[2007年提訴]	信号待ちのため停車していたところ、突然エアバッグが暴発して左指を損傷した →493万円の賠償を認める
エアコン火災建物焼失事件[2009年提訴]	エアコンの欠陥により発火し、建物が全焼した →和解成立

解説 **無過失責任を認める**　1995年に**製造物責任(Product Liability)法**が施行された。これにより製品の欠陥が原因で消費者に被害を与えた場合、企業は故意や過失がなくても賠償責任を問われることとなり(**無過失責任制**)、消費者の立証負担は軽減されるようになった。しかし、製品が事故を起こした場合、被害者が製品に欠陥があることを証明しなくても、欠陥の存在を推定できれば、加害者に責任を負わせるという推定規定も導入すべきとの意見もある。

5 クーリング・オフ制度 頻出

取引内容	適用対象	期間
訪問販売	自宅や喫茶店など、店舗外での、原則すべての商品・サービスの契約	8日間
電話勧誘販売	事業者から電話で勧誘を受けての、原則すべての商品・サービスの契約	8日間
特定継続的役務提供	店舗を含むすべての場所での、5万円を超えるエステティックサロン・語学教室・学習塾・結婚相手紹介サービスなど一定期間継続するサービスの契約	8日間
訪問購入	店舗以外の場所で、事業者が消費者から原則すべての物品を買いとる契約	8日間
連鎖販売取引	マルチ商法(➲p.213)による契約	20日間
クレジット契約	訪問販売・電話勧誘販売・特定継続的役務提供・連鎖販売取引の契約に伴うクレジット契約	8日間または20日間※
その他	内職商法による契約、生命・損害保険契約、宅地建物取引、預託等取引契約、ゴルフ会員権契約など	8日間～14日間※

※取引や契約内容によって異なる。

クーリング・オフ対象外の契約
・自分から店舗に出向いて購入した場合
・電話やインターネットなどの通信販売で購入した場合

解説 **契約の履行義務の例外**　**クーリング・オフ制度**とは、消費者が購入契約をしたのち、一定の期間内であれば理由なしに解約できる制度である。クーリング・オフは、分割払いによる商品の購入について定めた**割賦販売法**や、訪問販売法を2001年に全面改正した**特定商取引法**などに規定がある。販売会社などに内容証明郵便でクーリング・オフを通知すれば、契約は解除となり、払い込んだ商品等の代金も戻ってくる。

6 消費者契約法(2000年制定、2001年施行) 出題

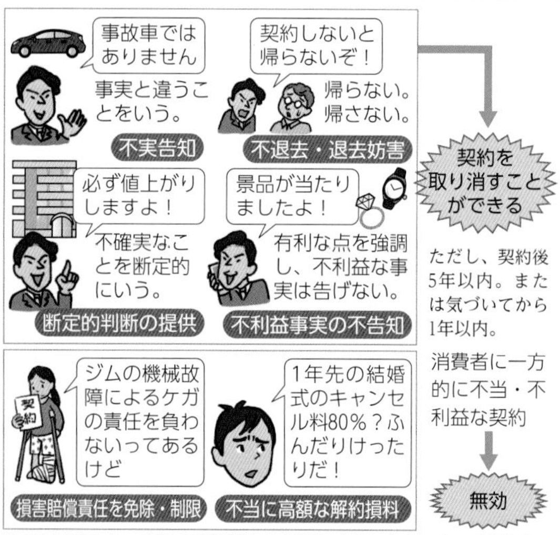

事故車ではありません
事実と違うことをいう。
不実告知
契約しないと帰らないぞ！
帰らない。帰さない。
不退去・退去妨害
必ず値上がりしますよ！
不確実なことを断定的にいう。
断定的判断の提供
景品が当たりましたよ！
有利な点を強調し、不利益な事実は告げない。
不利益事実の不告知
契約を取り消すことができる
ただし、契約後5年以内。または気づいてから1年以内。
ジムの機械故障によるケガの責任を負わないってあるけど
損害賠償責任を免除・制限
1年先の結婚式のキャンセル料80%？ふんだりけったりだ！
不当に高額な解約損料
消費者に一方的に不当・不利益な契約
無効

※上記の他にも、契約の取り消しや無効にすることができる事項がある。

解説 **悪質な業者から消費者を保護**　**消費者契約法**は悪質な業者から消費者を保護するための法律であり、事業者に不適切な行為があった場合は契約を取り消すことができる。消費者契約上のトラブルの未然防止効果が期待されている。ただし、この法律は民事上のルールを規定したものであって、行政が違反した事業者を処罰することはできない。

Zoom **消費者保護基本法と消費者基本法の違い**　消費者保護基本法は消費者保護が主目的であるが、消費者基本法は消費者にも自立を求める点が異なる。この背景には、行政による事前規制から事後救済型社会への転換という時代の流れがある。

7 リコール制度 出題

自動車のリコールの推移（国土交通省資料）

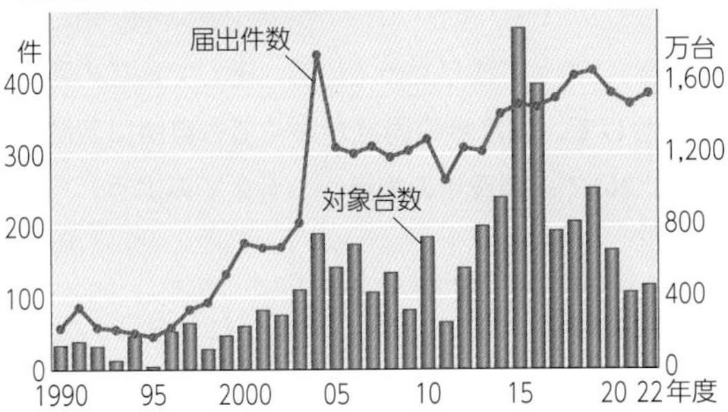

解説 **欠陥には早期の対策が必要**　製品の**リコール**とは、製品に欠陥があった場合、製造者が無償で回収・修理・交換に応じる制度である。リコールは企業が自主的に行うものが多いが、自動車や医薬品、食品などのリコールについては、法律で義務化されている。命にかかわる自動車の欠陥は深刻な問題であるが、リコールは企業にとってマイナスイメージにつながるため、過去にはリコール隠しも起きた。

8 消費者団体訴訟 出題

消費者団体訴訟での差し止め請求の事例

問題となった事例	差し止め請求の成果
予備校の授業料：入校契約後、一定期間後に入校を辞退した場合、前納した年間授業料を一切返還しないとする契約条項。	不返還条項は無効であるとされ、消費者が受講していない日数に応じて授業料が返還されることになった。
貸衣装のレンタル：キャンセルの時期にかかわらず、高額なキャンセル料（レンタル料の30～100％）を求める契約条項。	予約日から衣装の利用日までの期間に関して、キャンセル料を無料～最大30％に段階的に設定した。
健康食品の広告：お試し価格で１回だけ購入できるかのように示しているが、その後も通常価格で継続購入する必要がある。	広告の記載を改め、申し込みの条件である継続購入の回数が明示され、料金の総額も表示された。

消費者団体訴訟制度の流れ

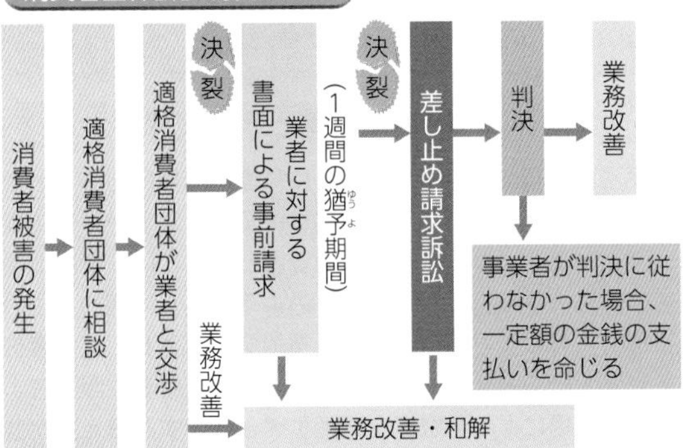

解説 **適格消費者団体が消費者に代わって訴訟**　消費者が事業者を訴えるのは金銭的な負担が大きく、また、個別のトラブルが解決されても同種の事例がなくならないといった問題がある。そこで、2007年から**消費者団体訴訟制度**が始まり、内閣総理大臣が認定した適格消費者団体が事業者に対して訴訟を起こし、不当な勧誘行為や不当な契約条項、誤認表示をやめさせる「差し止め請求」ができるようになった。さらに2016年からは、賠償金を求めることで被害者の救済を図る「被害回復」ができるようになった。

9 貸金業法と消費者金融 出題

■貸金業法改正のポイント（2010年６月完全施行）

変更内容
①総量規制を導入し、個人の借り入れ総額を年収の３分の１までに制限（住宅ローンや葬儀費用などは対象外）
②専業主婦（夫）の借り入れには配偶者の同意が必要
③出資法の上限金利を引き下げ、グレーゾーン金利を廃止（15～20％は行政処分）
④貸金業者への規制強化

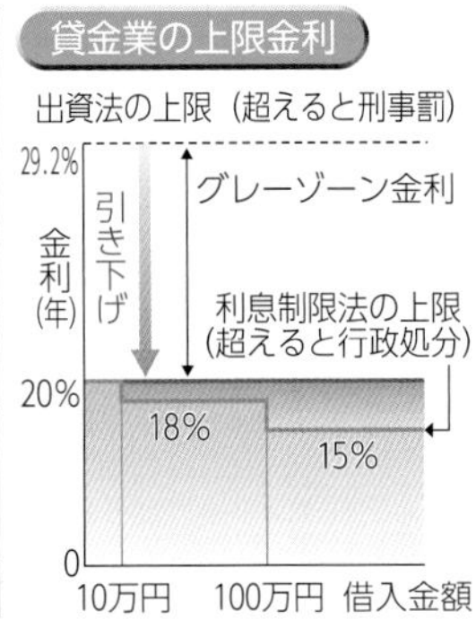

消費者金融……ノンバンク（➲p.182）の一種で、個人に対して無担保で少額の融資を行う金融業のこと。

解説 **借りすぎの防止**　ノンバンクの融資資金は銀行からの借り入れなどで賄われるため、金利は非常に高く設定される。これまでの貸し出しの際の上限金利は、利息制限法と出資法で大きく開いており、その中間はグレーゾーン金利といわれた。2006年に出資法の上限金利を20.0％とする改正が行われることで、グレーゾーン金利は撤廃された。

COLUMN

保証人と連帯保証人

　お金を借りるときや賃貸住宅を借りるときなど、保証人を立てなければならない場合がある。保証人には、単なる「保証人」と「連帯保証人」がある。しかし、両者は法律上、別物であることについて理解したい。

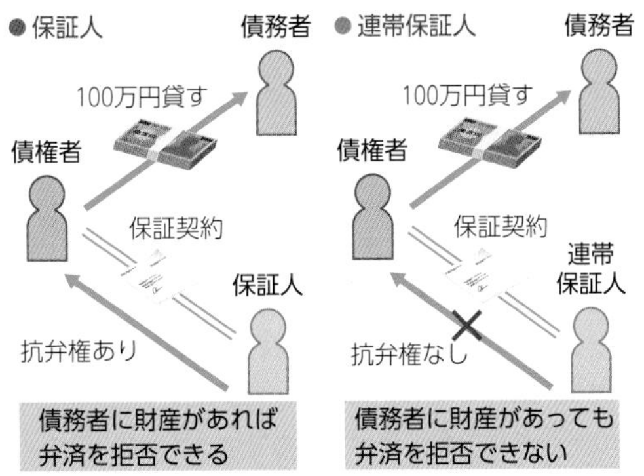

　保証人は、債権者から支払い請求や差し押さえなどの強制執行を受けそうになったとき、まず債務者本人に請求したり、債務者の財産を差し押さえるように要求する権利（抗弁権）がある。

　一方、連帯保証人の場合は債務者とほぼ同じ責任を負わされる。つまり、債権者が債務者に請求せずに、いきなり連帯保証人に請求しても、連帯保証人には抗弁権が認められない。連帯保証人が弁済すべき債務の限度額は一定の範囲内に定められているが、債務の弁済を拒めば、債権者は裁判所に強制執行を申し立てることもできる。他人の借金の連帯保証人になったばかりに、生活破綻状態に追いやられるケースもある。

TOPIC トピック　消費者金融は多くの多重債務者と自己破産者を生んだ。しかし、2006年にグレーゾーン金利の廃止を含む貸金業法の改正が行われ、多重債務問題は劇的に改善に向かった。

用語解説　⑱消費者基本法，⑱消費者契約法，⑱クーリングオフ，⑲特定商取引法

FILE 22

消費者と契約

頻出

商品の購入、銀行への預金、アパートの賃貸などは、すべて契約によって成り立っている。そして、この契約に関する原則を定めているのが民法である。18歳になれば成人として、保護者の同意がなくても自由に契約ができるようになる。民法上の契約の原則とその例外および修正について、消費者の視点から考えてみよう。

契約の流れと消費者の権利

消費者の申し込み(買います) → ← 販売者の承認(売ります)

- 意思の合致：契約成立
- 無効 右参照
- 意思の合致がない：契約不成立

有効な契約
- 買主は売主に対し、期限までに代金を支払う義務を負い、商品の引き渡しを請求する権利をもつ。
- 売主は買主に対し、期限までに商品を引き渡す義務を負い、代金の支払いを請求する権利をもつ。

クーリング・オフ
- 訪問販売、電話勧誘販売、その他

一部条項が無効
- 消費者に一方的に不利な内容の条項は不当条項として無効

取り消すことができる契約
- 未成年者、成年被後見人などが行った契約
- 詐欺、強迫による契約
- 不実告知、不利益事実の不告知、不退去などによる契約

未成年者による契約の取り消し

未成年者(18歳未満)が契約を結ぶときは、原則として法定代理人(親や未成年後見人)の同意が必要である。もし、未成年者が法定代理人の同意を得ずに結んだ場合、その契約は取り消すことができる(**未成年者取消権**)。ただし、次のような場合は取り消しができない。なお、未成年者取消権の時効は、成年になったときから5年間とされる。

【未成年者取消権を行使できない事項】

❶法定代理人から事前に使うことを許された小遣いの範囲内である場合
❷法定代理人の許可の下で自営業をしている未成年者が、その事業に関する契約をした場合
❸成年者であると偽って契約を結んだ場合
❹法定代理人が、未成年者が行った契約を追認した場合

契約無効や取り消しができる場合

無効となる契約
- 実現不可能な契約
- 公序良俗に反する契約(違法な賭博や麻薬の売買)

取り消すことができる契約
- 詐欺や強迫を受けて自分の意思に反した契約
- 錯誤(契約内容の重要事項に勘違いがあった場合)
  ※ただし、重過失(著しい不注意)の場合は原則的に無効にならない
- 未成年者や成年被後見人など、十分な判断能力をもたない者による契約

契約を解除できる場合
- 解除できることを契約時に約束した場合
- 契約相手が解除することに合意した場合
- 契約相手の債務不履行(契約を守らない場合)

■**無効**……契約の当事者による意思にかかわらず、契約は最初から法的な効力がないこと。
■**取り消し**……契約の当事者の意思によって、契約をなかったことにすること。無効とは異なり、契約の効力をなくすためには、契約の相手に取り消しの通知を出す必要がある。
■**解除**……取り消しできるのは民法で定められた場合だけであるのに対して、解除はより広い範囲で行われる。
※取り消しも解除も、契約時に遡って契約の効力を失わせる場合と、将来に向かってのみ効力を失わせる場合(それまでの契約は有効とする場合)がある。

契約自由の原則

人々の間で交わされる約束を**契約**という。私たちはさまざまな場面で契約をしながら社会生活を営んでいる。契約というと、印鑑を押した正式な契約書や、契約内容が記された約款などを思い浮かべるかもしれない。しかし、民法上の契約は、必ずしも契約書などを必要としない。たとえ口約束でも、双方が合意すれば、契約は成立する。

私的自治の原則(➲p. 9)の下で交わされる契約は、当事者が自由な意思に基づいて合意すべきであり、むやみに国家権力などが介入すべきではないとされる。このように、当事者が自由意思に基づいて契約することを**契約自由の原則**といい、近代民法の重要な原則となっている。

契約が成立すると、当事者間に**債権・債務**に関する法的関係が発生する。こうした関係は通常の売買では意識されないが、金銭の貸借や、音楽CDのレンタルなどをみれば、債権・債務が一定期間にわたって継続していることがわかる。

消費者保護政策とその限界

民法は、契約の当事者が互いに対等な関係にあることを前提としている。しかし、現実には契約当事者が対等でない場合が多い。また、企業と消費者との間には、情報量や交渉力に大きな格差がある。このような場合に契約自由の原則を貫けば、消費者は不利な契約を結ばされ、消費者被害が発生するおそれがある。そのため、生産者や販売者より弱い立場にある消費者を保護すべきだとする考え方が強まり、消費者基本法をはじめ、さまざまな法律が整備されるようになった。

しかし、こうした消費者保護政策にもかかわらず、契約をめぐるトラブルは絶えない。成年になれば、自分の意思だけで契約できる範囲が広がり、さまざまな契約を自分で取り交わす機会が多くなる。私たちは、契約の内容を十分に理解した上で、その必要性をみずから判断する**自立した消費者・賢い消費者**をめざして行動する必要がある。

Zoom **契約の成立** 契約は一方が申し入れの意思表示を行い、相手方が承諾をしたときに成立する(民法第522条1項)。この申し込み者と承諾する者の意思表示について、原則として口頭で行った場合も契約は成立する。

FILE 23

さまざまな消費者問題

出題

製品の欠陥や食の安全性、薬害に対する問題については、消費者が自己防衛できない場合が多い。また、商品やサービスを違法または違法ギリギリの手段で販売する悪質商法は、インターネットの普及などによってその手口が巧妙化している。こうした消費者問題について、消費者の安全はどのように確保されるべきなのだろうか。

食品被害と薬害をめぐるおもな事件

事件	内容
森永ヒ素ミルク事件	1955年、森永乳業の工場でつくられた粉ミルクにヒ素が混入し、多くの乳児が発熱、嘔吐の症状を訴え、133名が死亡した事件。1974年に森永が全面的に責任を認め、和解成立。
サリドマイド事件	1960年頃より、大日本製薬から発売されたサリドマイド(睡眠剤)を、妊娠中の母親がつわり止めとして服用した結果、手足に障害をもつ子どもが生まれた事件。1974年に和解成立。
スモン薬害事件	1955年頃、日本チバガイギー、武田薬品、田辺製薬などが発売した整腸剤キノホルムを服用したため、視力・運動障害が発生し、500人以上が死亡した事件。1978年に原告が勝訴し、その後、和解が成立。
カネミ油症事件	1968年、カネミ倉庫が製造した米ぬか油にＰＣＢ(ポリ塩化ビフェニール)が混入し、１万人以上に皮膚障害や内臓障害が発生した事件。1987年に和解成立。
薬害エイズ事件(ＨＩＶ訴訟)	1980年代に、アメリカから輸入された血液製剤を血友病患者に使用したところ、約2,000人がＨＩＶ(エイズウイルス)に感染し、そのうち400名が死亡した事件。1996年に和解成立。
Ｃ型肝炎訴訟	1987年、手術や出産に際して止血剤として使用された血液製剤に、Ｃ型肝炎ウイルスが混入したため感染した事件。推定患者数は１万人ともいわれる。2008年に一部患者と和解成立。 **薬害Ｃ型肝炎被害者救済法**……国から被害者に給付金を支払うことを目的に、2008年に制定された。給付金の支払いは、訴訟などによる国との和解を条件としており、受け取った被害者は約2,500人にすぎない。給付金の請求期限は2028年１月となっている(2023年８月現在)。

消費者生活相談件数

(2021年度)

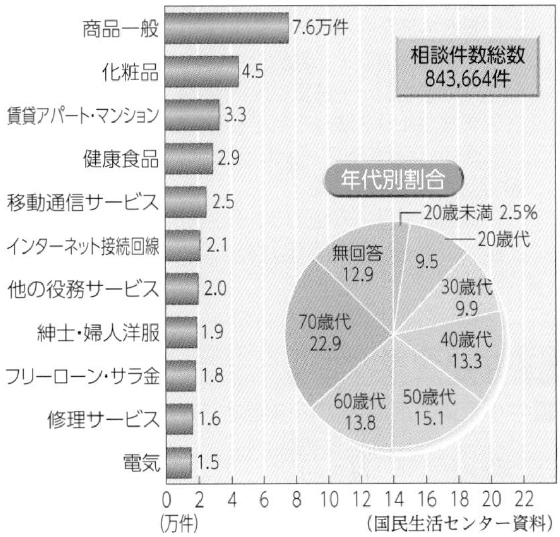

(国民生活センター資料)

悪質商法・問題商法の事例

マルチ商法、キャッチセールス、デート商法、点検商法といった古典的なものから、インターネットを利用したワンクリック請求など、その手口はさまざまである。消費者生活センターなどに寄せられる相談件数をみると、店舗外販売での相談件数は店舗販売での相談件数の約2.5倍もある。

■**マルチ商法**(連鎖販売取引)……販売組織に誘い、商品を購入させて、次々と組織への加入者を増やすと利益が得られるとするもの。勧誘時の成功話と違い、加入者を思うように獲得できず、売れない商品を抱えることが多い。マルチ商法自体は違法化されていないが、若者を中心にトラブルが多く、特定商取引法によって厳しく規制されている。

成年後見制度の導入

悪質商法・問題商法は、判断能力が低下した高齢者がターゲットとなることも多い。また、認知症などの理由で判断能力が十分でないと思われる人は、財産の管理や遺産分割の協議などを、みずから行うことが難しい。そのため、2000年には**成年後見制度**が導入された。

成年後見制度は、大別すると、法定後見制度と任意後見制度がある。法定後見制度とは、家庭裁判所が選任する親族や法律・福祉の専門家などが、本人を保護する制度である。任意後見制度とは、将来、判断能力が不十分な状態になった場合に備え、あらかじめ代理人を選び、本人の判断能力が低下した後に、家庭裁判所の監督の下で、代理人が本人を保護する制度である。

消費者行政の一元化

2009年、**消費者庁**が創設された。それまでの消費者行政は、農林水産省や厚生労働省など、多数の省庁にまたがっており、一元化されていなかった。そのため、食品偽装や製品の欠陥問題などに対して対応が遅れ、被害を深刻化させていた。消費者庁は、そうした縦割り行政の弊害を改め、消費者問題に迅速に対応するために設置されたものである。「消費者行政全般についての司令塔」としての役割が期待されている。

また、食品の表示に関しては、ＪＡＳ(日本農林規格)法・食品衛生法・健康増進法によって、それぞれ異なる目的で定められていた。しかし、表示規制は複雑でわかりにくいため、2015年、**食品表示法**に一元化された。

金融をめぐるトラブルも

消費者問題には、投資信託などの金融商品に関するトラブルもみられる。このなかには、販売員が丁寧な説明をしないまま顧客に売りつけ、顧客が損をしたケースもある。また、金融機関などからの借金の返済に行き詰まり、その返済のために何社からも借り入れる**多重債務**もみられ、裁判所に自己破産を申し立てるケースもある。

金融商品の販売や貸金業の規制については、金融商品販売法や貸金業法によって消費者の保護が図られているが、違法で悪質な取り立てを行う「ヤミ金融」による被害も少なくない。こうした問題に対しても、国民生活センターや各地の消費生活センターが相談に応じている。

経済

TOPIC トピック　お金を貸したのに返してくれない場合や、飲食代や宿泊費を払ってくれない場合、催促しなければ債権者の権利が消滅する時効は、原則５年に統一されている。

用語解説　⑲消費者庁

12 中小企業の地位と役割

要点の整理

＊1～7は資料番号を示す

❶中小企業の地位 1
- ①**中小企業**……資本金または従業員数が一定規模以下の企業（中小企業基本法第２条で定義）
  全事業所数の99％を占める
- ②**中小企業基本法**2の目的……1963年の制定時は中小企業の格差是正 ⟶ 1999年の改正で中小企業の自助努力への支援に

❷日本経済の二重構造……大企業と中小企業との間に、生産性や賃金などの面で差があること
- ①**景気の調整弁**3……大企業が発注量を増減して、中小企業を景気変動の緩衝材にしている
- ②**下請け構造**4……部品づくりなど、大企業が行う生産工程の一部を請け負う
- ③**系列取引**4……特定の大企業との、生産・流通・販売を通じた密接な結びつき
- ④**まちづくり３法**7の制定（2000年）……大規模小売店舗法に代わり、**大規模小売店舗立地法**7（大型店の出店規制の緩和）などを制定 ⟶ 中小商店の経営が悪化 ⟶ 大規模小売店舗立地法の改正（大型店の出店規制）

❸期待される中小企業
- ①**地場産業**5……地元の中小企業による地域密着型の産業。地域団体商標の導入で、地域ブランド化を促進
- ②**ベンチャー企業**6の育成……**ニッチ（隙間）産業**で活躍、大学発ベンチャーも活発
  ベンチャーキャピタルや**エンジェル投資家**などによる資金面での支援が求められる

1 中小企業の地位 頻出

■中小企業の定義（中小企業基本法第２条に基づく）

	資本金		従業員の人数
製造業等	３億円以下	または	300人以下
卸売業	１億円以下		100人以下
小売業	5,000万円以下		50人以下
サービス業	5,000万円以下		100人以下

■日本経済における中小企業の割合

（2016年、民営、企業ベース。＊は2015年。）

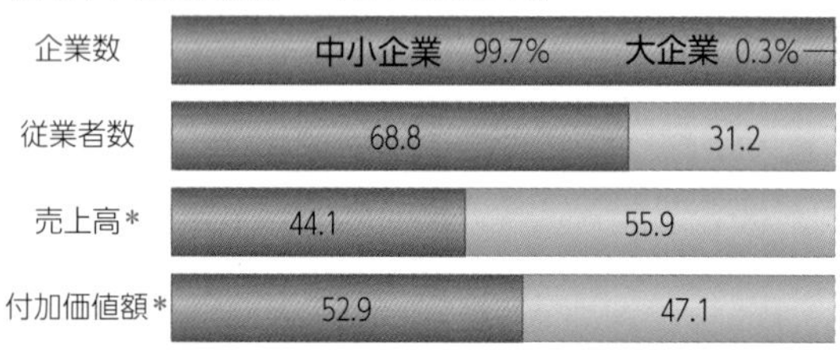

（『中小企業白書』2022年版）

解説 **日本経済を支える中小企業** 日本経済において、中小企業は企業数の99%、全従業者数の約７割、売上高の約４割を占めている。また、**中小企業基本法**では、中小企業のなかでも、従業員数が20人以下（卸売業・小売業・サービス業は５人以下）の企業を小規模企業と位置づけている。

2 中小企業基本法 出題

？新旧の中小企業基本法の違いは、どのような点にあるのか

■中小企業基本法

	旧基本法（1963年成立）	新基本法（1999年改正）
基本理念	①経済的社会的制約による不利の是正 ②中小企業の自主的な努力の助長 ③企業間の生産性などの格差の是正 ④中小企業の取引条件の向上 ↓ 従事者の経済的社会的地位の向上	中小企業が創意工夫を生かした事業活動を行うことで…… ①新たな産業の創出 ②市場での競争の促進 ③就業の機会の増大 ④地域における経済の活性化 ↓ 独立した中小企業の多様で活力のある成長促進

解説 **保護から競争の促進へ** 中小企業基本法は、大企業と中小企業の格差の是正が目的であった。1999年の改正で、**中小企業を日本経済の発展と活力の源泉と捉え、中小企業の自助努力への支援が中心となった。**また、基本的政策が規模の利益（スケール・メリット）の追求から、経営基盤の強化や、前向きな事業活動を行う中小企業へのセーフティネットの整備に重点を置くようになった。なお、中小企業支援のために、中小企業庁が経済産業省の外局として設置されている。

3 大企業との格差

？なぜ、大企業と中小企業の間に格差があるのか 出題

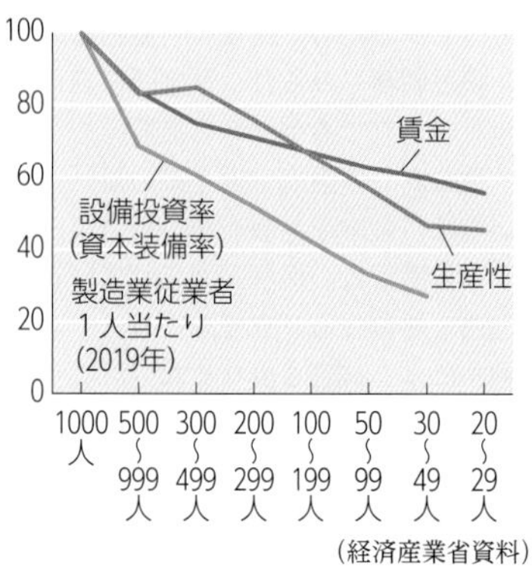

（経済産業省資料）

グラフは従業員1,000人以上の企業を100としたときの中小企業の割合である。
資本装備率：企業の有形固定資産額（土地・建物などの形のある資産の額）を従業員で割ったもの。設備投資率ともいう。
生産性：従業者１人当たりが生み出した付加価値額。
賃金：従業者１人当たりの現金給与総額。

解説 **大きな格差** 大企業と中小企業との間には資本装備率、生産性、賃金の水準に著しい格差がある。このことを日本経済の**二重構造**という。大企業は最新鋭の資本設備を導入し、高い生産性を実現するが、中小企業にはそれが難しい。また、多くの中小企業は大企業の下請けや系列として位置づけられており、親企業から常に低コスト化への対応を求められている。特に、中小企業は親企業の「景気の調整弁」として、不況期に生産調整の対象となり、一層厳しい立場に立たされることになる。この生産性の格差やコスト削減圧力を反映して、大企業と小企業との間に大幅な賃金格差が形成されている。

Zoom **小規模企業の定義** 中小企業基本法では、商業・サービス業では従業員５人以下、製造業などでは従業員20人以下の中小企業をさす。ただし、小規模事業者支援法などでは、宿泊業や娯楽業を営む従業員20人以下の事業者も小規模企業と定義される。

4 下請け構造

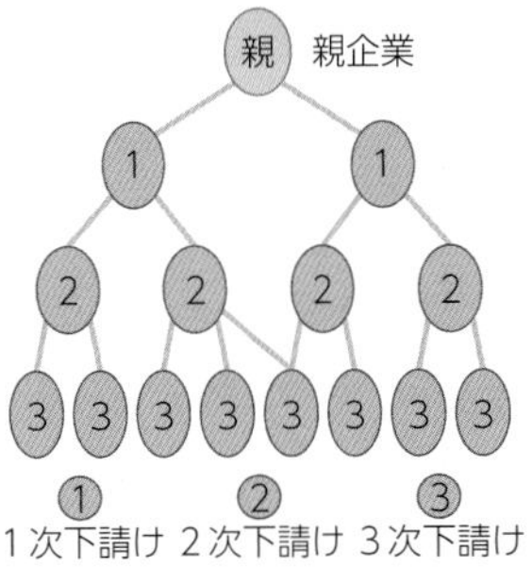

特色	
特色	①下請け企業は、親企業の分業体制の一部。 ②下請け企業自体が1次下請け、2次下請けなど重層構造。 ③親企業と下請け企業との取り引きが長期的かつ継続的。 ④大企業は、資本の節約・景気対策などに利用。

解説 **変化する系列** **下請け**とは、親企業である大企業から部品などの中間財の製造を引き受けることである。大企業には下請企業である中小企業を「**系列**」に組み込むことで、長期的な取り引き関係を継続できるメリットがあり、下請企業にも、経営の安定や独自の営業活動が不要というメリットがあった。しかし、グローバル化の進展や不況の長期化などで、下請企業のなかには親企業から離れ、海外の大手メーカーや研究機関などと直接取り引きする企業も増えている。

5 地場産業 出題

地域団体商標のマーク

江戸切子(きりこ)　江戸切子は東京都東部などで生産されているガラスの加工品で、地域団体商標に登録されている。

解説 **地域ブランド化する地場産業** **地場産業**とは、地元生まれの複数の中小企業によって成り立っている地域密着型の産業であり、その地方の原材料や人材・技術などを活用して生産・販売している。最近では、地場産業の保護と地域経済の活性化を図(はか)るために商標法が改正され、「地域団体商標」が導入された。これによって地域の協同組合が名産品を商標登録して地域ブランドとして売り出すことが可能になった。

6 ベンチャー(スタートアップ)企業

開業率の推移　(経済産業省資料)

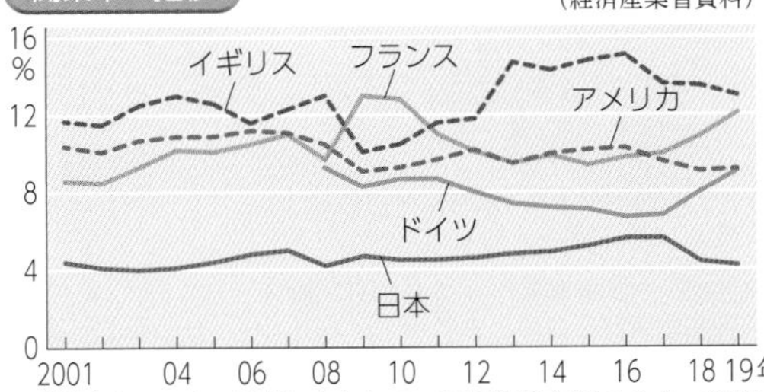

※開業率とは、ある時期に存在している事業所(企業)のうち、新規に開設された事業所(企業)の割合。

解説 **大企業も最初はベンチャー** **ベンチャー企業**とは、「新しい技術やビジネスモデル(アイデア)によって、創造的・革新的な事業を展開する新興企業」のことである。この中には、市場が小さく大企業が進出しない**ニッチ**(隙間)**産業**で活躍する企業や、大学の研究成果を事業化する大学発ベンチャーもある。近年では、新規事業を創出する企業という意味で、**スタートアップ企業**ともいわれるようになった。

7 大規模小売店舗立地法 出題

大規模小売店舗法(1974年施行)－国が主体－
〔目的〕中小小売業者の保護
大規模小売店舗の中心市街地への出店を規制

↓

周辺環境の保持への対応
アメリカからの規制緩和の圧力

↓

まちづくり3法　－地方公共団体が主体－
大規模小売店舗立地法(2000年施行)
中心市街地活性化法(1998年施行)
改正都市計画法(1998年施行)
〔目的〕大規模小売店舗の市街地への出店規制の緩和
周辺地域の生活環境の維持

↓

不況・財政難・人口減少による地方都市の疲弊(ひへい)
止まらない中心市街地の空洞化

↓

まちづくり3法の改正(2006年)
〔目的〕中心市街地の活性化
大規模小売店舗などの郊外への出店を規制

解説 **大型店舗の進出** 地元商店街を守るという性格が強かった大規模小売店舗法(大店法)に代わって、2000年、**大規模小売店舗立地法**などの「**まちづくり3法**」が制定・施行された。しかし、大型店舗の郊外出店は続いたため、中心市街地は空洞化した。このため、「まちづくり3法」は改正され、大型店の郊外への出店は規制されるようになった。

COLUMN
少ない日本のユニコーン企業

起業家がビジネスプランを発表するコンテスト

ベンチャー企業の中でも、企業価値が10億ドル(約1,500億円)を超える新興企業のことをユニコーン企業と呼ぶ。**ユニコーン企業**の数は、アメリカでは少なくとも600社以上といわれるが、日本では数社にすぎない。この一因は、日本におけるベンチャー企業の資金調達手段が限られていることにある。上場していない創業期の企業は、株式市場で資金を調達することができず、銀行からの融資にも限界があるため、必要な資金を確保することが困難な場合が少なくない。

こうしたベンチャー企業を育成するには、成長が予想される未上場の企業に出資する投資会社(**ベンチャーキャピタル**)や、創業から間もない企業に投資する個人投資家(**エンジェル投資家**)などからの融資が欠(か)かせない。日本でも多くのユニコーン企業が生まれるためには、ベンチャー企業への投資を増やすなど、挑戦する起業家がみずからのアイデアや能力を発揮できるような環境を整備することが求められている。

TOPIC トピック　法人税法における中小企業に対する軽減税率の適用は、資本金1億円以下の企業が対象となっている。

用語解説　192ベンチャー企業

13 農業の現状と課題

要点の整理

＊1～12論点は資料番号を示す

Ⅰ 農業の現状

●**農業の地位の低下** 1～3……高度経済成長期以降の産業構造の高度化による
⟶農業就業者数の減少、食料自給率の低下4、**耕作放棄地**(ほうき)面積の拡大(**限界集落**の増加) 5
•**食料自給率**の向上への取り組み⟵食料安全保障への懸念(けねん)

Ⅱ 農業政策の展開

❶**戦後の農業保護政策** 6
①**農地改革**(1947年実施)……自作農の創設⟶経営規模の零細化(れいさい)⟶生産性の低下、兼業農家の増加
②**食糧管理制度**(1942～1995年) 7……**食糧管理法**の制定(1942年)による
• 価格支持政策⟶逆ザヤ現象発生……生産者米価＞消費者米価⟶コメづくりへの依存が定着
③**農業基本法**の制定(1961年) 8
• 目的……高度経済成長によって広がった農工間の所得格差の是正(ぜせい)、自立経営農家の育成
• 手段……農業生産の選択的拡大(コメ以外の作付を奨励(しょうれい))、農業の生産性の向上
• 結果……失敗⟶コメあまり・兼業農家の増加・三ちゃん農業3⟶**減反政策**(げんたん)開始(1970年)……コメの生産調整

❷**日米貿易摩擦(まさつ)と自由化**
①日米貿易摩擦によるアメリカからの農産物の市場開放要求⟶農産物の輸入自由化問題へ
②ＧＡＴＴ、**ウルグアイ・ラウンド**で、コメ市場の部分開放を決定(1993年)⟶最低輸入量(**ミニマム・アクセス**)の受け入れ(1995年)⟶コメの**関税化**実施(1999年) 9

❸**国際競争に耐(た)えられる農業政策への転換**
①食糧管理制度廃止(1995年)⟶**食糧法**施行(1995年)⟶コメの生産流通の自由化(2004年)
②**食料・農業・農村基本法**の制定(1999年) 8
1. 食料の安定供給の確保　2. 多面的機能の発揮　3. 農業の持続的な発展　4. 農村の振興(しんこう)
③農業経営規模の拡大論点……**農地法**の改正(2009年)⟶株式会社の農業への本格参入⟶国際競争力の強化
④**経営所得安定対策**10の実施、減反廃止(2018年)、農業の**6次産業化**

Ⅲ 食の安全をめぐる問題

①**遺伝子組換え食品**11……日本では8つの作物で流通(表示義務あり)
②**トレーサビリティ**12……流通履歴(りれき)の管理(牛肉とコメは義務づけられている)

Ⅰ 農業の現状

1 農業の地位

？日本の経済に占める農業の地位はどのように変化したのか

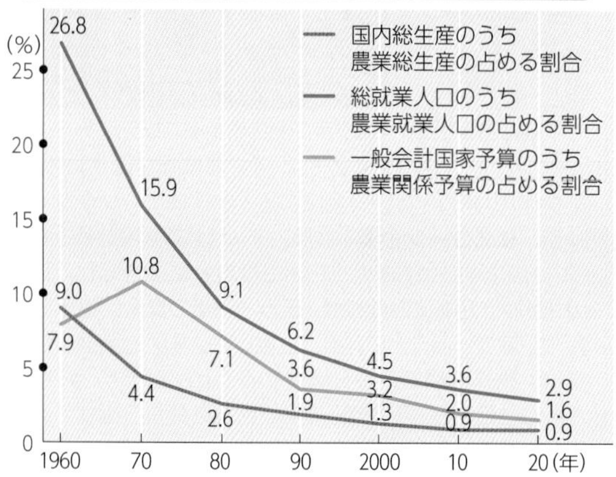

(『日本国勢図会』2022/23年版ほか)

解説 **低下する農業の地位** 高度経済成長期以降の産業構造の高度化とともに、国内経済に占(し)める農業の地位は著(いちじる)しく低下した。現在、ＧＤＰに占める農業生産はわずか1％程度である。農業基本法によって自立経営農家を育成しようとする試(こころ)みは失敗に帰(き)し、**専業農家や主業農家が激減している**。国際競争に耐(た)えうる大規模な農業経営をいかに育成するかが課題である。

2 農家(個人経営体)数の推移

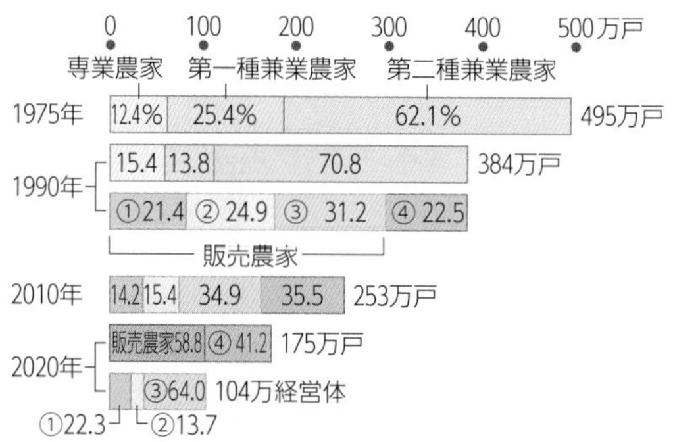

専業農家…兼業従事者が1人もいない農家
第一種兼業農家…兼業従事者が1人以上おり、かつ農業所得の方が兼業所得よりも多い農家
第二種兼業農家…兼業従事者が1人以上おり、かつ兼業所得の方が農業所得よりも多い農家

①**主業農家**…農業所得が主(農業所得が50％以上)
②**準主業農家**…農外所得が主
(注)①②は65歳未満の農業従事60日以上の者がいる農家
③**副業的農家**…65歳未満の農業従事60日以上の者がいない農家
④**自給的農家**…それ以外の小規模な農家

(注)農家分類について、1995年農業センサスから主副業別分類が導入された。また、農家(世帯)を対象としていた主副業別分類は、2020年農業センサスから個人経営体(非法人の世帯経営)を対象としたものに変更された。

(農林水産省資料)

Zoom **食糧管理制度** 第二次世界大戦中に設けられた制度で、政府が国民にコメを責任をもって供給する制度。政府は農家からコメを高く買い上げて消費者に安く販売するもので、戦後の農業保護政策の柱となった。

3 農業就業人口の推移

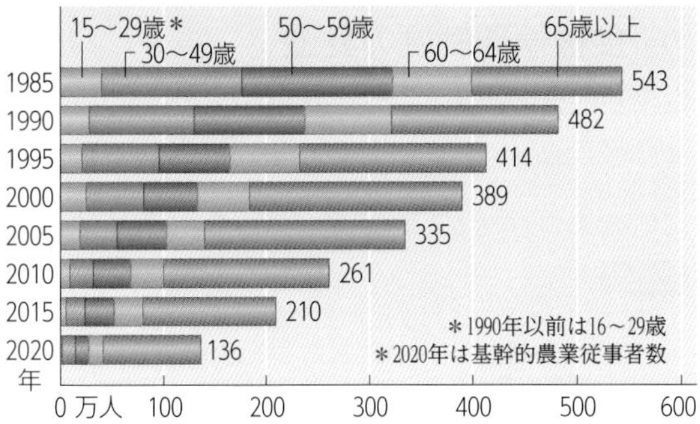

（農林水産省資料）

解説 **急がれる後継者づくり**　農業従事者の所得がサラリーマンの所得にくらべて低いこともあり、農業を継ぐ若い人が少ない。かつては三ちゃん農業（おじいちゃん、おばあちゃん、お母ちゃん）といわれたが、農業従事者の平均年齢は年を追うごとに上昇し、今や日本の農業の主要な担い手は高齢者が中心となっている。魅力ある農業を創造し、後継者を育成することが求められている。

4 食料自給率

? 日本の食料自給率にはどのような特徴があるのか

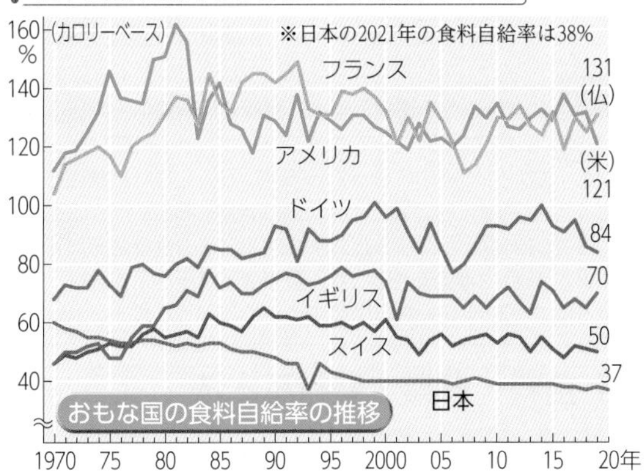

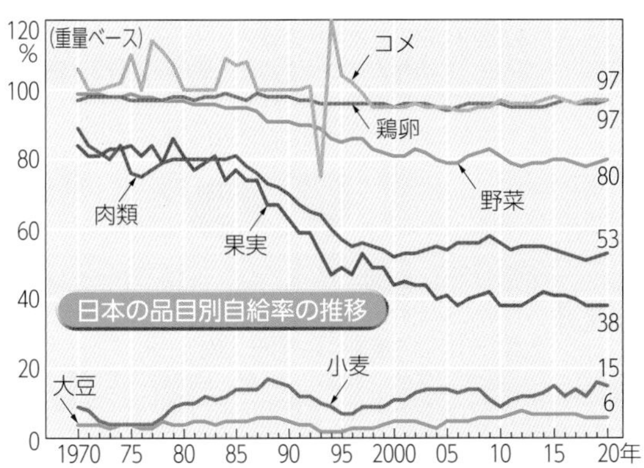

（『食料需給表』2021年度版ほか）

解説 **低い日本の食料自給率**　カロリーベースでみた日本の**食料自給率**は主要国の中では最低水準である。この原因としては、国内の農業が衰退したこと、輸入の自由化によって海外からの安い農産物が増加したこと、肉類や乳製品の需要が伸びたのに対して、家畜の飼料となるトウモロコシなどを輸入に依存したことなどがあげられる。食料安全保障の立場から、自給率をもっと高めるべきだという指摘もある。

5 増える耕作放棄地

? 耕作放棄地が増加した原因とは何か

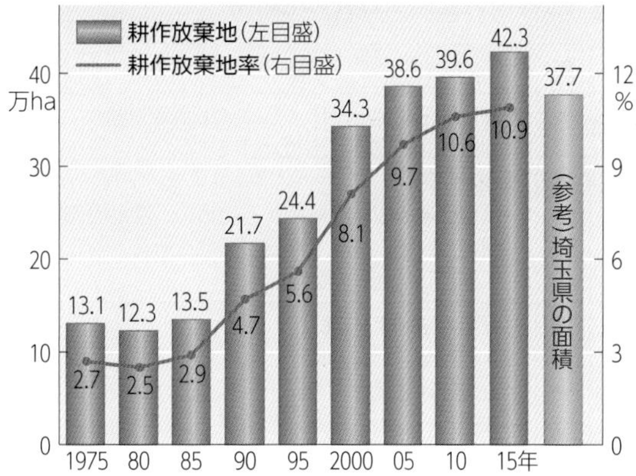

（農林水産省資料）

耕作放棄地……以前耕地であったもので、過去1年以上作物を耕作せず、しかもこの数年の間に再び耕作する考えのない土地

解説 **増える限界集落**　**耕作放棄地**が拡大し、地域社会の維持が困難な農村が出てきた。この原因は、①高齢化と過疎化による労働力不足、②農産物価格の低迷や収益性の高い作物をつくれないこと、③耕作するための土地の条件が悪い、などがあげられる。耕作放棄地の5割以上は平野から離れた中山間農業地域で占められる。こうした地域では過疎化が進み、65歳以上の高齢者が住民の50％を超え、冠婚葬祭など社会的な共同生活の維持が困難になっている**限界集落**も多い。現在、全国の過疎地にある集落の3分の1が限界集落となっている。

COLUMN 3つの食料自給率

国内で消費される食料のうち、国産品の割合を食料自給率という。食料自給率の計算方法には重量ベース、カロリーベース、生産額ベースの3種類がある。

重量ベース	国内生産量÷国内消費量×100 一般に、品目別自給率を求めるには重量ベースが使われる。
カロリーベース	国産供給熱量÷国内総供給熱量×100 食料全体の自給率を国際比較する際には、日本ではカロリー（供給熱量）ベースで出すのが一般的となっている。
生産額ベース	国内生産額÷国内消費額×100 自給率を生産額で産出する。日本の生産額ベースの食料自給率は63％（2021年度）

日本の食料自給率をカロリーベースでみると、約40％（2021年度は38％）であるが、生産額ベースでみると63％である。この違いは、一つには、国内生産の割合が高い野菜などはカロリーが低いためである。また、畜産物のカロリーベースの自給率は本来64％（2021年度）であるが、育成に使う飼料の大半を輸入に頼っているため、その分を差し引くと16％まで落ちこむ。

なお、カロリーベースによる自給率は日本独自の算出方法であり、他国のデータは日本の農林水産省が試算したものである。

TOPIC トピック　日本では食料自給率はカロリーベースで語られることが多い。しかし、カロリーベースを用いるのは、意図的に自給率を低くみせかけるためだという指摘もある。

用語解説 ⑲食料自給率

Ⅱ 農業政策の展開

6 日本の農業政策の展開 頻出

	年	事　項
食料増産期	1942	**食糧管理法**制定→国によるコメの全量管理
	1946	**農地改革**（第２次）実施（➲p.196）
	1952	**農地法**制定 →農地改革の成果を維持するために、農地の売買を規制し、耕作者みずからが農地を所有することを原則とした（自作農主義）。
格差是正・減反	1961	**農業基本法**制定→8
	1967	コメの完全自給を達成
	1969	自主流通米制度の実施 →政府ルート以外の販路(はんろ)を承認
	1970	コメの生産調整（**減反政策**(げんたん)）を開始
	1987	31年ぶりに米価引き下げ（5.95%） →生産者米価が消費者米価を上回る「**逆ザヤ**」現象が解消
自由化の推進	1991	牛肉・オレンジの自由化
	1993	戦後最悪のコメの不作 ＧＡＴＴ、**ウルグアイ・ラウンド**で農業分野が合意 →コメ市場の部分開放決定→9
	1995	食糧管理法廃止、**食糧法**施行（1994年成立）
	1999	**食料・農業・農村基本法**成立、農業基本法廃止→8
	2004	食糧法改正→コメの計画流通米制度を廃止→7
	2009	農地法改正 →株式会社の本格的な参入、農地の貸借規制を緩和
	2010	戸別(こべつ)所得補償制度実施（2011年から本格実施、14年から**経営所得安定対策**に名称変更）→10
	2018	減反政策を廃止

減反政策の転換

高度経済成長期にかけて、コメは消費量の減少と政府による価格支持政策によって、生産過剰に陥(おちい)った。そこで、政府は1970年から**減反政策**を実施し、コメ以外の作物を生産する転作に協力した農家に奨励(しょうれい)金を支給することで、作付面積の抑制(よくせい)を始めた。しかし、2000年代に入ると減反政策は転換期をむかえた。まず、2004年に食糧法の改正法が施行されたことにより、それまで政府主導で行われてきた減反割り当ては、段階的に生産者主導に移行することとなった。さらに、政府は2018年に減反政策を廃止した。

コメの需給の動向

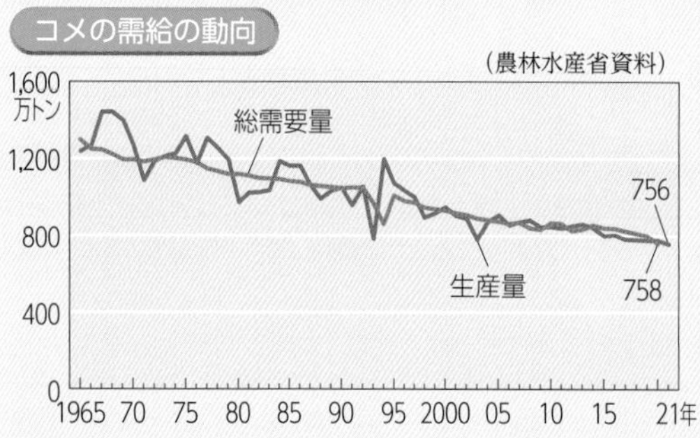

解説 **保護から競争へ**　第二次世界大戦後、**農地改革**によって零細(れいさい)農家が多数誕生した。日本のコメ農家は、食糧管理法と農業基本法によって守られ、しだいに国際競争力を失(うしな)っていった。コメあまりと自由貿易化の波に押されるかたちで、日本は1990年代に入って急速に市場原理を導入し、競争力の強化に乗り出している。今後は農作物のブランド化など、付加価値を高める動きが活発になると予想される。

7 食糧管理制度の変遷 出題

? 食糧法によって日本のコメの流通はどのように変化したのか

食糧管理法（1942年）

第二次世界大戦下における食糧（おもにコメ）の需給と価格の安定を図(はか)るため、政府が生産・流通・消費を管理する。

問題点

①政府がコメを買い入れる価格（生産者米価）が消費者に売り渡す価格（消費者米価）より高く設定されたため逆ザヤが発生。
②米作に頼る農家が増え、コメ以外の作物をつくらなくなる。その結果、コメがあまるようになる。
③コメの価格が国際水準を大きく上回るようになる（7～10倍）。

コメあまり　→ 減反 ←　自由貿易の波

食糧法（1995年）

・政府がコメを買い上げるのではなく、農家が自由に販売。価格も大幅に自由化→価格下落
・国の役割は備蓄米の買い入れとミニマム・アクセス米のみ。

2004年改正法施行

・計画流通米制度廃止。民間流通米と政府米の区別のみ。
・生産調整（減反）制度見直し。将来的に農家が生産量を決定。

解説 **政府管理から市場原理へ**　**食糧管理制度**の下では、生産されたコメは原則としてすべて政府が買い入れていた。しかし、食糧管理法に代わって1995年から施行された**食糧法**では、自主流通米を基本とし、コメの価格は市場での取引によって決まるようになった。また、2004年の食糧法の改正でコメの流通がほぼ自由化され、農家は届け出さえすれば、農協を通さずに販売先を自由に決められるようになった。

8 食料・農業・農村基本法 出題

農業基本法（1961年）

目　的　農工間の所得格差の是正と自立経営農家の育成
施　策　①農産物の選択的拡大を図る。
・食の洋風化にあわせて畜産・果樹・西洋野菜などの生産を増やす。
②生産性の向上→規模拡大、機械化

所得格差は縮小したが、保護政策が合理化を阻害(そがい)　↓　**失敗**　規模拡大進まず

食料・農業・農村基本法（1999年）

目　的　①食料の安定供給の確保（第２条）
②農業の多面的機能の発揮（第３条）
・国土の保全、水源のかん養、自然環境の保全、良好な景観の形成、文化の伝承
③農業の持続的な発展（第４条）
④農村の振興（第５条）

解説 **大規模経営の育成と食料自給率の向上**　旧基本法がまねいたものは、農村の活力の低下であった。これに対して新基本法は、市場原理を導入して国際競争力を強化すると同時に、農業のもつ多面的機能に注目し、農業と農村の役割に大きな価値を見出(みいだ)そうとするものである。厳(きび)しい国際環境の中で、これからの日本農業は、大規模経営の育成と食料自給率の向上という困難な課題を解決していかなければならない。

Zoom **コメの消費支出**　日本では、１世帯当たりの年間のコメの消費支出は1990年には約63,000円であった。しかし、年々減少し、2011年には約28,000円にまで下がった結果、パンの消費支出額がコメのそれを抜いてしまった。

9 コメの関税化 出題

農産物の関税率 (単位：%) (農林水産省資料)

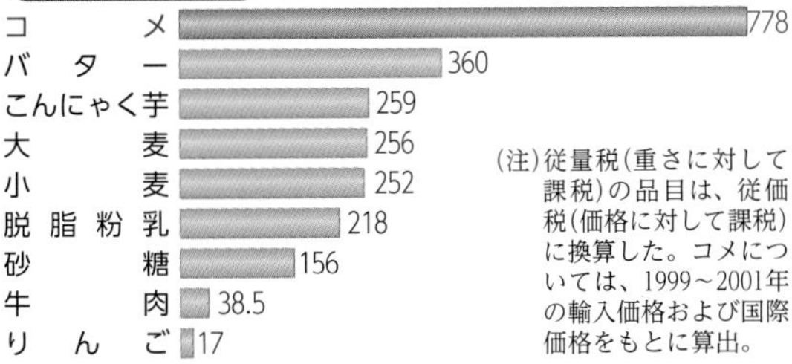

ミニマム・アクセス米の輸入数量と内訳

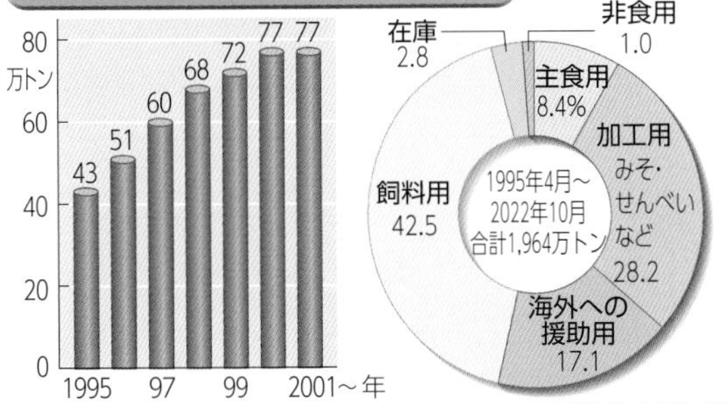

(農林水産省資料)

解説 **高関税で保護** 1993年のGATT、**ウルグアイ・ラウンド**をきっかけに、日本も外国からコメを輸入(部分開放)することとなった。また、1995年度から最低輸入量(**ミニマム・アクセス**)を義務づけられ、1999年からは**関税化**に踏み切った。現在、コメ1kgにつき341円の関税(従量税)を払えばコメを輸入できる。しかし、かつて行われた農林水産省の試算によると、コメの関税を従価税に換算すると778%になる(実際にはこれよりかなり低いという試算もある)。

10 経営所得安定対策

経営所得安定対策の交付金のしくみ (農林水産省資料)

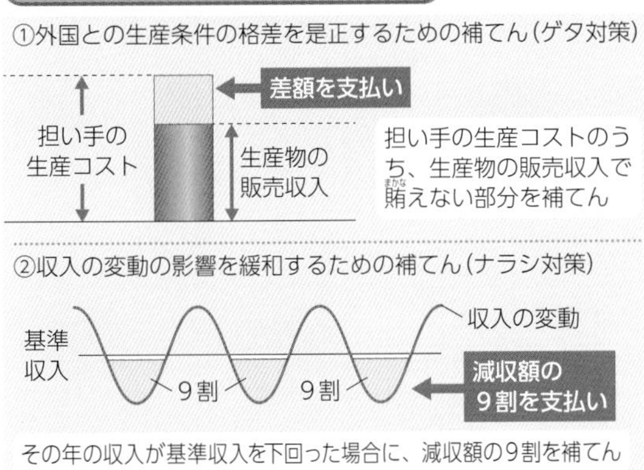

解説 **新たな農業保護政策** **経営所得安定対策**は、政府が農家に補助金を直接支給するものである。現在の日本の中心的な農業保護政策の一つであり、コメ(ナラシ対策のみ)、麦、大豆、てん菜など一部の作物を生産する認定農業者・集落営農・認定新規就農者を対象としている。従来の価格支持政策は、作物の販売価格を引き上げることで、その負担を消費者に転嫁させていた。一方、農家の所得を安定させるための補助金の直接支払いは、市場の需給関係をゆがませることが少ないといわれ、欧米でも類似の制度が実施されている。

Ⅲ 食の安全をめぐる問題

11 遺伝子組換え(GM)食品

⊂食品の遺伝子組換え表示を始めた大手スーパーの食料品売り場 アメリカでは大豆やトウモロコシの大部分が遺伝子組換え品種であり、日本にも多く輸出されている。

※作物の遺伝子が技術的に検出できない食品(油やしょうゆなど)には、表示が義務づけられていない。また、原材料に占めるGM作物の割合が少ない加工食品は表示が省略できる。

解説 **増えているGM食品** **遺伝子組換え**(GM：Genetically Modified)作物の多くは除草剤や害虫に強く、コストをかけずに大量生産できる品種を作り出すために開発された。日本では2001年にGM食品の販売への規制が始まった。現在では大豆やトウモロコシなど8つの作物で販売が認められ、また、上記の食品にはGM作物の使用の有無の表示が義務づけられている。ただし、加工食品の多くは表示義務がない。遺伝子組換え作物については、食の安全の問題だけではなく、環境への配慮などの問題も指摘されている。

12 トレーサビリティ

トレーサビリティとは？ (農林水産省資料)

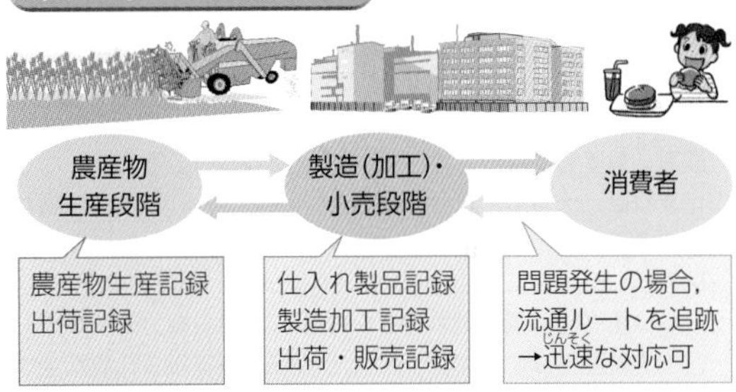

⇧個体識別番号が印字された耳標をつけた牛

⇧個体識別番号がついた商品ラベルの表示

解説 **食品の移動を把握** BSE(牛海綿状脳症)問題をきっかけに、**トレーサビリティ**(流通履歴の管理)が導入されるようになった。これは生産から小売りまで、食品の移動の経路を把握できるようにして、食品事故が発生した際の原因の究明や迅速な回収に役立てようとするものである。現在、日本では牛(牛肉)とコメにトレーサビリティへの取り組みが義務づけられている。

TOPIC トピック 農業基本法は結果的に農村を衰退させる結果に終わった。これに対して、食料・農業・農村基本法は、農業の役割を再評価し、農業の国際競争力を高めることを目的としている。

用語解説 ⑲食糧法, ⑲ミニマム・アクセス

諸課題の論点

Ⅲ これからの農業政策のあり方

出題

課題の把握

● これまで、政府による支援にもかかわらず、主業農家は減少の一途をたどってきた。グローバル化による国際的な競争が激しくなる中で、いかにして自立した農業生産者を育成していくかが課題である。

論点

戦後、日本の農業は保護されてきた。しかし、1990年代になると日本の農業は保護から自由化へと大きく転換した。今後、農産物の自由化をさらに推し進めるべきか、それとも保護を中心に考えるべきか。

事実　日本の農業の現状

①日本の農地の約４割は中山間地域に立地し、立地条件は恵まれているとはいえない。また、農家１戸あたりの耕地面積も狭く、労働生産性は低い。

②日本の農業は政府によって保護されてきた結果、日本の農産物は割高となり、国際競争力を失ってしまった。

③グローバル化に伴う自由貿易が展開される中で、日本の食料自給率の低さが際立っている。

経済

主張

A 農業の自由化を進めるべきである。

例えば、コメの値段は国際価格の数倍もする。これは、コメに高い関税をかけて輸入を制限しているからである。自由化を進めれば、日本の消費者はもっと安い値段でコメを購入できるようになり、消費者にとってメリットが大きい。

B 農業は保護されるべきである。

日本は農業を行うための立地条件がよいとはいえない。そのうえ、小規模農家が多い。その結果、日本の農業労働生産性は国際的にみて低く、これ以上の自由化を進めれば、日本の農業はますます衰退してしまう。

Aの主張の根拠

①経済学の理論にかなっている。

世界は国際分業によって相互に利益を得ている。日本の農業はその立地条件からいっても比較優位をもっているとはいいがたい。したがって、日本は比較優位をもっている財の生産に特化し、農産物は海外から輸入するほうが合理的である。

②国民の負担を減らすことができる。

農家に対する財政支援は国民の税金によるものである。もし自由化すれば、そうした国民の負担を軽減できる。一般に保護が認められるのは幼稚産業の育成など例外的な場合であり、日本の農業はこうした条件に該当しない。

③日本の農産物も国際競争力をつけるべきである。

日本の農産物は価格の面で割高であるとしても、味や安全性の面で海外から高い評価を受けている。こうした強みを活かして、日本も農産物の輸出拡大に向けて取り組むべきである。

Bの主張の根拠

①食料安全保障の観点から、自給率を向上させる必要がある。

世界的にみれば人口増加が続いており。また、世界が常に平和であり続けるという保証はない。戦争が起きて食料の輸入が途絶えるという事態も想定する必要がある。人間の生命維持に不可欠な食料を、ほかの生産物と同一に扱うべきではない。

②食の安全を確保し、環境負荷を低減させることができる。

輸入農作物は、農薬や遺伝子組換えの問題から安全性を不安視する見方がある。また、船舶や航空機による長距離の輸送には大量の二酸化炭素の排出が伴うため、環境負荷が大きい。食の安全とフードマイレージの観点からも国内産を使用する必要がある。

③農業の多面的機能を維持できる。

農業には食料生産という面のほかに、洪水防止・自然環境の保全、良好な景観の形成といった多面的機能がある。こうした農業のもつ外部経済効果を軽視すべきではない。

視点　狭い日本の耕地面積

農家１戸当たり農地面積（日本は2022年、アメリカは2021年、それ以外は2016年）(単位：ha)

（農林水産省資料）

戦後、農地改革によって自作農が創設された。しかし、結果的には耕地面積が２ha(ヘクタール)以下の小規模な農家を大量に生み出し、生産性の低下をまねいた。また、農業所得よりも農業以外の所得のほうが大きい農家が増加し、農業を専業とする農家(専業農家)は育たなかった。こうしたことから、農業の規模拡大は進まなかった。

コメの経営規模別生産費　（農林水産省資料）

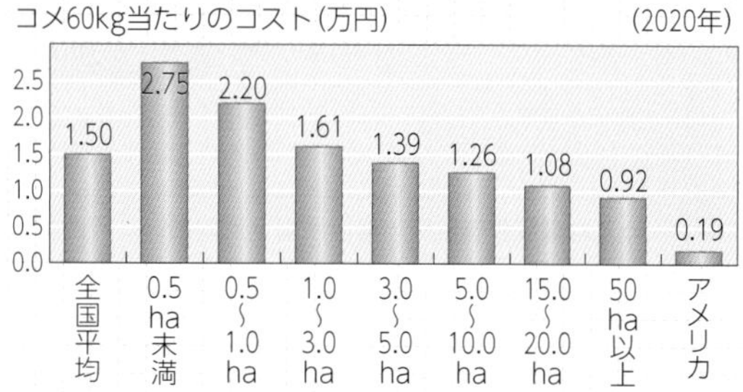

こうした政策によって小規模農家が大量に生み出され、また、政府はこうした農家を食糧管理制度などによって保護したこともあり、農業の国際競争力は失われていった。

スマート農業の取り組み

スマート農業とは、情報通信技術（ＩＣＴ）やロボット技術、人工知能（ＡＩ）などを活用した次世代型の農業のことである。これにより、農作業の省力化、農業技術の継承、高収益化・食料自給率の向上などが期待されている。例えば、次のような試みがすでに行われている。

- ドローンによる圃場の画像から生育状況を判断する。
- 害虫の場所を検知してピンポイントで農薬を散布し、コスト削減を図る。
- 気象データなどのビッグデータを解析して、栽培のリスクを予測する。
- ＡＩを使って農業のノウハウや技術をデータ化することで、これまで農業の経験がない人でも農業に従事できるようにして、人材不足を解決する。
- 全地球測位システム（ＧＰＳ）を搭載して自動走行できるトラクターを使って、農作業の負担を軽くする。
- コンピュータを利用して市場動向を把握し「儲かる農業」につなげる。

⇧薬剤を空中から散布するドローン

ただし、こうした取り組みを普及させるためには、導入するコストをいかに抑えるか、また、スマート農業に取り組む人材の確保をどうするか、といった課題を解決する必要がある。

事例 農業活性化に向けた取り組み

❶６次産業化　農産物を生産する第１次産業だけではなく、それらを加工する第２次産業、さらに販売する第３次産業まで手掛ける活動をいう。１×２×３＝６で「６次産業化」というわけである。農業生産に加えて第２次・第３次産業にまで手を広げることで高付加価値をめざすのである。例えば、ミカン農家が、ミカンの生産に加えて、ジュースに加工し、直販店で販売している事例がある。ただし、６次産業化には多額の資金が必要なほか、衛生管理に関する知識なども必要である。そのための支援策が求められる。

６次産業化➡所得向上・雇用創出・地域活性化

生産者がみずから加工、流通・販売をおこなう

❷地産地消　地域でつくられた農産物を、その地域で消費することを**地産地消**という。これにより、輸送にかかる費用やフードマイレージ（商品の輸送距離）を削減し、輸送に伴う二酸化炭素排出量を抑制することもできる。また、地元の物産を消費することで、地域経済を活性化させることも期待できる。

❸グリーンツーリズム　**グリーンツーリズム**とは、農村漁村地域に滞在して、自然や文化、人々との交流を楽しむ余暇活動をいう。都市住民には自然と触れ合う機会が提供され、農村漁村では地域の活性化につながることが期待される。また、都市近郊では貸農園を開設し、住民が農作業を体験できるようにしている例もある。

⇦農業経営者の指導の下で稲刈りを楽しむ台湾からの観光客　国内外の観光客を農山漁村に呼び込み、活性化を図っている地域もある。

事例 農業の大規模化の推進

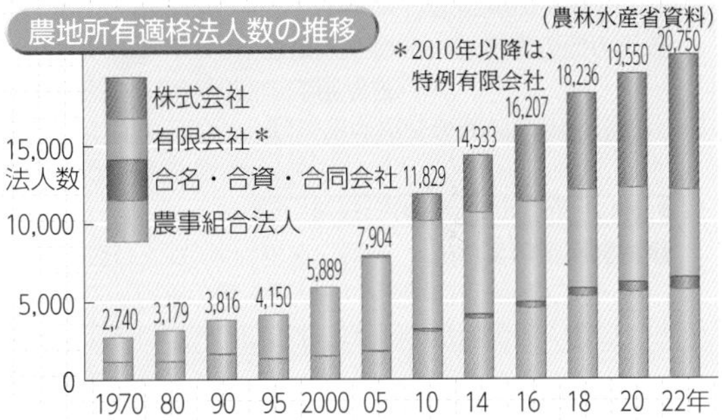

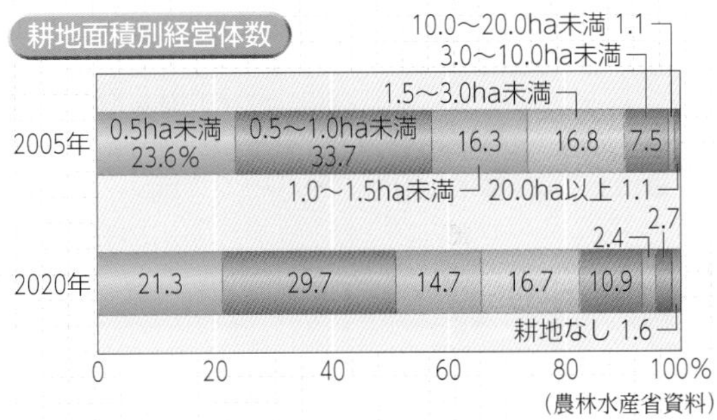

1993年にＧＡＴＴのウルグアイ・ラウンドによってコメの部分開放が合意された。これ以降、農業政策に対する抜本的な改革がに実施された。

1995年に食糧管理制度が廃止され、1999年には農業基本法が廃止された。もちろん、流通部門の改革だけでは不十分である。生産性を高めるためには経営規模の拡大が必要である。そこで政府は、2009年、農地の貸借を厳しく規制していた農地法の改正を行った。これにより、農地の集約・集積化が積極的に進められるようになった。農地を集約・集積化することで、大型機械の導入が可能となり、株式会社の農業参入にも道が開かれた。こうした一連の改革は、高齢化に伴う後継者不足や耕作放棄地の増加といった問題の解決策としても期待できる。

いま、全国に「企業としての農業」「儲かる農業」が育ちつつある。これからの農業政策は、小規模零細農家も含めた一律の保護ではなく、自立経営農家を育成するための支援を中心に行うべきであろう。

小論文課題　現在の日本の農業が直面している課題について、どのような対策が必要だろうか？（➲p.381）

14 労使関係と労働問題

要点の整理

＊1～20 FILE 論点は資料番号を示す

Ⅰ 労働運動の展開

● **労働運動の展開**

①世界の労働運動1……産業革命後、さまざまな労働問題が発生
- **ラッダイト運動**(1811～17年：機械打ち壊し運動)、**チャーチスト運動**(1837～48年：普通選挙権を要求)

②**国際労働機関(ＩＬＯ)**2……1919年設立：労働条件の国際的な基準を設定 ⟶ 第二次世界大戦後、国連の専門機関に

③日本の労働運動3……戦前は労働運動を弾圧 ⟶ 戦後は経済民主化の一環(いっかん)として労働組合を育成(企業別組合が中心)

Ⅱ 労働者の権利

❶ **日本国憲法の労働規定** 4……**勤労権**(第27条)、**労働三権**(**団結権・団体交渉**(こうしょう)**権・団体行動権**[**争議権**])(第28条)の保障
公務員の労働三権の制限 ⟶ 人事院制度で代償(国家公務員の労働条件について勧告)

❷ **労働三法**

①**労働基準法**(1947年)5……労働条件の最低基準、労働契約の有効性、賃金支払い５原則、法定労働時間(週40時間)、女性保護規定(男女雇用機会均等法の改正とともに一部削除)、年少者保護規定など

②**労働組合法**(1949年)7……労働三権を具体化 ⟶ 労働協約の締結、**不当労働行為**の禁止、労働委員会の設置

③**労働関係調整法**(1946年)8……労働委員会による調整(斡旋(あっせん)・調停・仲裁(ちゅうさい))

❸ **その他の労働法**……**職業安定法**(1947年)9、**最低賃金法**(1959年)9、**労働者派遣法**(1985年)15、**労働審判法**(2004年)、**労働契約法**(2007年)6

※法定労働時間の変更や例外5……①三六協定による延長(原則として月45時間、年360時間まで)
②**フレックスタイム制・変形労働時間制・裁量労働制**

Ⅲ 日本の労働問題の現状と課題

❶ **労働事情の変化** 13……第二次世界大戦後、**終身雇用制**と**年功序列型賃金体系**が定着(日本型雇用慣行)
⟶ バブル経済崩壊後……**リストラ**の進行、有効求人倍率の低下、成果主義の導入、**非正規雇用**の増加
課題：労働組合の組織率は1970年代以降低下 ⟶ 個別労働紛争の増加
長時間労働・減らないサービス残業や過労死など ⟶ **「働き方改革関連法」**(2018年)

❷ **非正規雇用問題** 14……正規雇用との賃金格差などが問題 ⟶ **パートタイム・有期雇用労働法**(2018年改正)
労働者派遣の規制緩和 ⟶ 「派遣切り」が問題化15

❸ **女性の労働問題** FILE……**男女雇用機会均等法**(1985年)や**育児・介護休業法**(1995年)などで環境整備
※男性の育児休業取得率の向上をめざす ⟶ **ワーク・ライフ・バランス**の推進

❹ **その他**…… 外国人労働者の受け入れ問題18、法定雇用率の達成が進まない障害者雇用19、高齢者の継続雇用20

❺ **働き方の多様化** 論点……テレワークの普及、**ギグワーカー**や**フリーランス**の増加、**ジョブ型雇用**や限定正社員の拡充

Ⅰ 労働運動の展開

1 世界の労働運動の歩み①

？産業革命はどのような労働問題を引き起こしたのか

年	事　項
18世紀	[英]産業革命→労働問題の発生
1799	[英]団結禁止法→労働組合を禁止し、弾圧
1811	[英]**ラッダイト運動**起こる(～17年)→❶
1824	[英]労働者団結法→労働組合を合法化
1833	[英]工場法→年少者の労働時間を制限
1837	[英]**チャーチスト運動**起こる(～48年)→❷
1848	マルクス・エンゲルス、『共産党宣言』発表 →労働者の国際的団結を訴える
1864	第１インターナショナル(～76年) …労働者や社会主義者の国際組織
1868	[英]労働組合会議(ＴＵＣ)成立
1871	[英]労働組合法→団結権の承認
1878	[独]社会主義者鎮圧(ちんあつ)法
1886	[米]シカゴで８時間制要求スト →メーデーのはじまり [米]アメリカ労働総同盟(ＡＦＬ)成立
1889	第２インターナショナル(～1914年)
1906	[英]労働党成立。労働争議法(スト権の公認)
1917	ロシア革命
1919	第３インターナショナル(コミンテルン) (～43年)

■ 労働問題の発生

◀**酷使**(こくし)**される織物**(おりもの)**工場の少年労働者**(産業革命後期のイギリス)　世界に先駆けて産業革命が起こったイギリスでは、資本家がより大きな利潤を求めて生産設備の拡大を行う一方で、労働者に低賃金で長時間の労働を課(か)した。産業革命によって工場制機械工業が発達すると、熟練労働者は不要になり、女性や児童も劣悪(れつあく)な労働条件で雇(やと)われるようになった。

■ 労働運動の発生

❶**ラッダイト運動**…1811～17年、機械の導入によって失業の脅威(きょうい)にさらされたイギリスの手工業者たちが起こした機械打ち壊し運動。労働運動のさきがけといわれる。「ラッダイト」はネッド・ラッド(Ned Ludd)と呼ばれた指導者に由来するといわれる。これに対して、政府は厳(きび)しい弾圧を加えた。

❷**チャーチスト運動**…1830年代後半のイギリスで始まった、普通選挙権を要求する労働者の政治運動。「チャーチスト」は、労働者が掲(かか)げた人民憲章(People's Charter)に由来する。労働者は結束して大規模な請願やストライキを行ったが、内部対立や政府の弾圧によって1840年代後半に消滅した。

Zoom **メーデー**　労働者の祭典で、５月に行われることから「May Day」といわれる。世界的には５月１日をメーデーしており、この日は労働者団体によってさまざまなイベントが催されたり、デモ行進が繰り広げられたりしている。

2 世界の労働運動の歩み② 頻出

年	事　項
1919	国際連盟の一機関（現在は国連の専門機関）として、**国際労働機関**（ＩＬＯ）発足
1935	［米］**ワグナー法**（全国労働関係法） →労働者の団結権・団体交渉権の保障、不当労働行為禁止などを規定し、労働組合の拡大を促進させた。
1938	［米］産業別労働組合会議（ＣＩＯ）成立
1944	ＩＬＯ総会、**フィラデルフィア宣言**を採択
1945	世界労働組合連盟（世界労連・ＷＦＴＵ）成立
1946	ＩＬＯ憲章採択
1947	［米］**タフト・ハートレー法** →第二次世界大戦後の労働運動の高揚を抑えるため、政府職員のストライキ禁止、大規模争議に対する80日間の停止命令など、従来の労働者の権利を大幅に制限した
1948	結社の自由と団結権の保護に関するＩＬＯ条約採択
1949	団結権と団体交渉権に関するＩＬＯ条約採択
1955	国際自由労働組合連盟（ＩＣＦＴＵ）成立 ［米］ＡＦＬとＣＩＯが合同してＡＦＬ・ＣＩＯ結成
1957	強制労働の廃止に関するＩＬＯ条約採択
1979	国連で**女子差別撤廃条約**採択
1999	最悪の形態の児童労働に関するＩＬＯ条約採択
2008	公正なグローバル化のための社会正義に関するＩＬＯ宣言採択
2011	［米］ニューヨークのウォール街で所得格差の拡大に反発するデモが発生
2019	職場での暴力やハラスメントを禁止するＩＬＯ条約採択（2021年発効、日本は未批准）

■国際労働機関（ＩＬＯ）

⬆第１回ＩＬＯ総会（1919年、アメリカ）

フィラデルフィア宣言の骨子
- 労働は商品ではない。
- 表現・結社の自由は、不断の進歩のために欠くことができない。
- 一部の貧困は、全体の繁栄にとって危険である。
- すべての人間は、自由・尊厳ならびに経済的保障・機会均等の条件において、物質的福祉および精神的発展を追求する権利をもつ。

国際労働機関（ＩＬＯ）は、第一次世界大戦後の1919年に、ベルサイユ条約によって国際連盟の機関として発足し、現在は国際連合の専門機関となっている。日本は発足時の原加盟国であったが、1940年に脱退し、1951年に再加盟した。本部はスイス・ジュネーブにある。ＩＬＯの目的は、各国の労働条件の改善や社会保障の推進などである。各加盟国は総会に４名の代表（政府２名・労働者１名・使用者１名）を送る権利をもっている。1944年に採択された**フィラデルフィア宣言**は、ＩＬＯ憲章（1946年採択）の付属書となっており、ＩＬＯの根本原則が示されている。

OCCUPY WALL ST
「ウォール街を占拠せよ！」

⬅**雇用や賃金の実情をめぐってニューヨークで起きた、若者らによるデモ**（2011年）　アメリカをはじめとして、世界的に富裕層とそれ以外の人々との格差が広がっている。

3 日本の労働運動の歩み

年	事項（戦前）
1886	甲府雨宮生糸紡績女工のストライキ →工場労働者の最初のストライキ
1897	**労働組合期成会**結成 →片山潜・高野房太郎らによって結成された労働団体
1900	**治安警察法**制定（45年廃止）
1903	農商務省、『職工事情』発行
1907	足尾銅山、別子銅山のストライキ
1911	**工場法**制定（1916年実施） →工場労働者の最低年齢を12歳とし、12時間労働制を規定した。しかし、14人以下の零細企業には適用されないなど、不徹底であった
1912	**友愛会**結成→ 鈴木文治によって結成された労働団体
1920	日本ではじめてのメーデー
1921	神戸三菱・川崎両造船所の大争議 **日本労働総同盟**結成（1940年解散） →友愛会の後身であるが、しだいに階級闘争路線に転換した。数回の分裂によって右派に転じた後、40年に解散、大日本産業報国会に合流した
1925	**治安維持法**制定（45年廃止） 日本労働組合評議会結成 細井和喜蔵、『女工哀史』発表
1928	治安維持法改正（規制の強化と厳罰化）
1936	メーデー禁止。全日本労働総同盟結成
1938	**国家総動員法**制定 →第二次世界大戦期の日本の総力戦体制の根幹であり、戦争遂行のため国民生活の全分野を統制した 日本、ＩＬＯ脱退通告、40年発効（51年に復帰）
1940	**大日本産業報国会**発足 →戦時下において労働者を統制するための全国組織

年	事項（戦後）
1945	**労働組合法**制定（49年全面改正）
1946	**労働関係調整法**制定・日本国憲法制定・メーデー復活
1947	**労働基準法**制定、職業安定法制定 労働者災害補償保険法制定
1948	政令201号公布→公務員の争議行為を禁止
1949	全国産業別労働組合連合（新産別）結成
1950	日本労働組合総評議会（総評）結成
1953	スト規制法制定→電力・石炭産業のストライキを規制
1959	**最低賃金法**制定
1960	障害者雇用促進法制定
1971	高年齢者雇用安定法制定
1974	雇用保険法制定
1975	国営企業等労働組合協議会（公労協）、スト権スト →ストライキが禁止されている公共企業体の労働組合による、ストライキ権を求めての違法なストライキ
1985	**労働者派遣法**制定（1986年施行） **男女雇用機会均等法**制定（1986年施行）
1989	日本労働組合総連合会（連合）・全国労働組合総連合（全労連）・全国労働組合連絡協議会（全労協）結成
1991	育児休業法制定（1992年施行）
1993	**パートタイム労働法**制定 →2018年、**パートタイム・有期雇用労働法**に改正
1995	**育児・介護休業法**制定（1999年施行）
1997	男女雇用機会均等法改正（1999年施行）
2004	**労働審判法**制定（2006年施行）
2007	**労働契約法**制定（2008年施行）
2008	「派遣切り」が社会問題化
2015	女性活躍推進法制定（10年間の時限立法）
2018	**「働き方改革関連法」**制定
2019	労働施策総合推進法改正→パワハラ防止の義務化

TOPIC トピック　ＩＬＯは1946年に国連の最初の専門機関となった。現在、ＩＬＯはすべての人のディーセント・ワーク（働きがいのある人間らしい仕事）の実現をめざしている。

用語解説 196 ＩＬＯ

Ⅱ 労働者の権利

4 労働基本権と労働三権

憲法第27条

- **勤労権** — 職業安定法(1947)、障害者雇用促進法(1960)、雇用対策法(1966)、高年齢者雇用安定法(1971)、雇用保険法(1974)、男女雇用機会均等法(1985)、労働者派遣法(1985)
- **勤労条件の基準** — 労働基準法(1947)、労働者災害補償保険法(1947)、最低賃金法(1959)、パートタイム労働法(1993)、育児・介護休業法(1995)、労働契約法(2007)
- **児童酷使の禁止** — 児童福祉法(1947)、児童扶養手当法(1961)、母子及び父子並びに寡婦福祉法(1964)

憲法第28条

- **団結権** → 労働組合の結成
- **団体交渉権** → 団体交渉の確立
- **団体行動権** → 団体行動の保障

労働組合法(1945)、労働関係調整法(1946)、国家公務員法(1947)、特定独立行政法人労働関係法(1948)、地方公務員法(1950)、地方公営企業労働関係法(1952)、スト規制法(1953)、個別労働関係紛争解決促進法(2001)

＊赤字は労働三権、青字は労働三法を示す。

■労働者の労働三権の一部制限

公務員	❶公務員の争議行為は一律禁止 ❷非現業公務員と公立学校職員は、団体交渉権を一部制限(労働協約締結権なし) ❸警察官・自衛隊・消防職員・海上保安庁・刑事施設職員の労働三権は、一切認められていない (➲p.62)	
民間企業	一般事業の労働者	工場事業所の施設の安全保持を妨げる行為の禁止
民間企業	公益事業の労働者	運輸・郵便・電気通信・水道・医療に関する労働者の団体行動は、10日以上前の通知を要する
民間企業	電気・石炭鉱業労働者	•電気の供給を停止する行為の禁止 •鉱山の安全を損なう行為などの禁止

■**団結権**……労働組合を組織し、それに加入する権利
■**団体交渉権**……労働組合を通じて、使用者側と労働条件を交渉し、労働協約を締結する権利
■**団体行動権(争議権)**……労働組合が使用者側に要求を認めさせるために、ストライキなどの争議行為を行う権利

解説 **労働者の権利保障** 労働基本権は勤労権と労働三権からなり、それぞれ、日本国憲法の第27条と第28条に規定されている。その理念を具体化するために、労働基準法・労働組合法・労働関係調整法といった**労働三法**をはじめとした関係法規が制定されている。

5 労働基準法

出題

章	条	項目	おもな内容
1 総則	1	労働条件の原則	人たるに値する生活を保障。この基準は最低を示す
	2	労働条件の決定	労使対等の立場で決定→①
	3	均等待遇	国籍・信条・社会的身分による差別禁止
	4	男女同一賃金の原則	女性であることを理由とする賃金差別の禁止
	5	強制労働の禁止	不当な心身の拘束による強制労働の禁止
	6	中間搾取の排除	他人の労働に第三者が介入して利益を得ること(いわゆる「ピンハネ」などの行為)を禁止
	7	公民権行使の保障	労働時間中に選挙権などの公民権を行使することを保障
2 労働契約	14	契約期間	有期労働契約(契約期間に定めのある労働契約)の期間は、原則として3年まで。ただし、専門的な知識などを有する労働者、満60歳以上の労働者との労働契約については5年まで
	15	労働条件の明示	労働契約締結の際に、賃金・労働時間などを明示→②
	19	解雇制限	業務上の負傷・疾病および出産による休業期間と、その後30日間は解雇禁止→③
	20	解雇の予告	30日前までに予告する
3 賃金	24	賃金の支払	毎月1回以上、一定の期日に通貨で直接全額を支払う→④
4 労働時間その他	32	労働時間	1日8時間、週40時間以内(休憩時間を除く)→⑤
	34	休憩	労働時間が6時間を超える場合は最低45分、8時間を超える場合は最低1時間の休憩を保障
	35	休日	毎週最低1回、または4週間に4回以上の休日を保障
	36	時間外・休日労働	労働組合または労働者の過半数の代表者との書面協定(三六協定)が必要
	37	割増賃金	•時間外・休日・深夜労働に対しては25%以上50%以下の割増賃金を支払う ＊政令で時間外・深夜労働は25%、休日労働は35%の割増賃金の支払いを明記 •月60時間を超える残業に対しては50%以上の割増賃金を支払う
	39	年次有給休暇	6か月勤務で8割以上出勤した者に10日、2年目は1日加算、3年目より2日ずつ加算(最高20日)
6 年少者・女性	56	最低年齢	満15歳未満の児童の労働禁止
	61	深夜業	満18歳未満の深夜(午後10時から午前5時)の労働禁止
	64	就業制限	妊娠中および産後1年未満の女性に対する危険有害業務の就業禁止→⑥
	65	産前産後	産前6週間、産後8週間の休業保障→⑥
	67	育児時間	生後1年間、1日2回(各30分)の育児時間を保障→⑥
	68	生理休暇	生理日の休暇保障→⑥
8 災害補償	75	療養補償	業務上の負傷・疾病に伴う療養費は使用者が負担→⑦
	76	休業補償	療養休業には平均賃金の60%を支払う→⑦
9 就業規則	89	作成・届出の義務	常時10人以上の労働者を使用する者は、始業・終業の時刻、休憩時間、休日、賃金、退職などに関する事項について、就業規則を作成し、労働基準監督署に届け出る義務がある➡①

Zoom **アルバイトを辞めたいときには** 無期労働契約の場合は、2週間前までに雇用主に申し入れることで退職できる(民法第627条)。有期労働契約の場合でも、やむをえない理由があるときは、契約の解除をすることができる(民法第628条)。

①労働条件の決定

労働協約・就業規則・労働契約の関係

憲法（労働基本権）
法律（労働基準法、労働組合法、労働契約法）
労働協約 組合と使用者が結ぶ 労働契約に優先する（労働組合法第16条）
就業規則 使用者が定める 労働時間、休日、賃金、退職に関する事項は必ず明記すること（労働基準法第89条）
労働契約 個々の労働者が使用者と結ぶ

上に行くほど優先される

解説 **労働条件の力関係**　労働条件の規定には上下関係があり、労働者にとって労働契約の労働条件が労働協約や就業規則よりも悪い場合は、労働協約や就業規則の水準まで引き上げられる。なお、労働契約と就業規則は労働基準法に規定されているが、労働協約は労働組合法で規定されている。

②労働契約の明示事項と禁止事項

明示事項	法律で明示を義務づけられている事項	労働契約の期間、就業の場所や従事すべき業務、労働時間、賃金、退職に関する事項
	明示が望ましいとされている事項	賞与、退職金、労働者の負担となる食費や作業用品、職業訓練、災害補償、安全衛生など
締結禁止事項	労働者の退職の自由を奪う事項	労働者の退職に対して違約金を支払わせること、労働者への前借金と賃金を相殺すること

解説 **労働条件は書面で明示**　使用者は労働契約の締結時に、労働者に対して賃金や労働時間などの労働条件を明示することが義務づけられている。労働契約が実際の労働条件と異なっていた場合、労働者は労働契約を解除することができ、また、使用者には罰則が科せられる。

③解雇の制限

解雇理由

労働者側の理由
- 懲戒解雇（犯罪や規律違反）
- 普通解雇（成績不良や無断欠勤など）

会社側の理由
- 整理解雇、倒産など

整理解雇の４要件
- 人員削減の必要性がある
- 解雇回避の努力を尽くした
- 解雇の選定基準と選定に合理的な理由がある
- 解雇手続きが妥当である

解雇には合理的理由が必要

※労働者を解雇する際は、使用者は30日前に解雇の予告をする必要がある。予告を行わなかった場合には、解雇予告手当として30日分以上の平均賃金を支払わなければならない。

解説 **理不尽な解雇は禁止**　解雇は使用者が一方的に労働者との労働契約を解除することを意味しており、労働者は失業に直面する。このため、労働契約法では「解雇は、客観的に合理的な理由を欠き、社会通念上相当であると認められない場合は、その権利を濫用したものとして無効にする」と規定し、解雇を制限している。

④賃金

賃金支払い５原則（第24条）	**通貨払いの原則**……価値が不安定な現物での支給や手形・小切手での支払いを禁止
	直接払いの原則……代理人への支払いを禁止し、中間搾取を防止
	全額払いの原則……賃金の一部天引きを禁止
	毎月１回以上払いの原則……労働者の生活の安定を保障
	一定期日払いの原則……支払いの遅延を予防

解説 **生存権を賃金面で保障**　賃金の支払いには５つの原則があり、その支払い方法には厳しい規定が設けられている。このほかにも、使用者の責任によって休業せざるを得ない場合は、休業期間中、使用者は労働者にその平均賃金の60%以上の休業手当を支払わなければならない。賃金の最低基準に関しては最低賃金法（➲p.228）で定められている。

⑤労働時間　頻出

労働時間の原則と例外

（　）は労働基準法の条文

法定労働時間	１日８時間、１週40時間（32条１項）

適用されない労働者
- 農業・水産業に従事する者（41条１号）
- 監督・管理の地位にある者や機密の事務を扱う者（41条２号）
- 監視または断続的労働に従事する者で、行政から許可を受けた者（41条３号）
- 高度な専門知識を必要とする年収1,075万円以上の者（ただし、本人の同意を得ることなどが要件）（41条の２）

法定労働時間の変更	法定労働時間の例外
・フレックスタイム制、変形労働時間制（32条の２～５） ・裁量労働制（38条の3、４） ・厚生労働省令で特別の定めがある場合（40条） ・坑内労働の場合（38条）	・災害などの事由によって、臨時に必要がある場合。行政の許可が必要（33条） ・労使協定による労働時間の延長（36条） ・労働時間等に関する規定の適用除外（41条）

おもな法定労働時間の変更

フレックスタイム制…３か月以内の総労働時間が総法定労働時間内であれば、労働者が比較的自由に始業・終業時刻を決定することができる制度。必ず出勤しなければならない時間（コアタイム）を設けることもできる。

変形労働時間制…仕事の繁閑に応じて、一定期間の総労働時間が総法定労働時間の範囲内であれば、特定の日や週に法定労働時間を超えて労働させることができる制度。１か月単位、１年単位、１週間単位があるものがあるが、１週間単位の場合は特定の業種に限られる。

裁量労働制…デザイナー、記事の取材、システムコンサルタント、研究・開発に携わる者など、固定的な労働時間になじまない特定の職種に対しては、実際の労働時間にかかわらず、所定内労働時間分だけ労働したとみなす制度。深夜や休日の割増賃金は支払われる。

解説 **時間外は割増**　法定労働時間を超えた労働は時間外労働となり、割増賃金の対象となる。労働者に時間外労働を行わせるためには、労働基準法第36条に基づく労使協定を定めなければならないことから、一般に「三六（サブロク）協定」と呼ばれている。18歳未満に対しては、時間外労働そのものが認められていない。

経済

TOPIC トピック　労働基準法の改正により、2010年から年次有給休暇のうち５日分は、子どもの通院などを理由として、時間単位での有休休暇の取得が可能となった（労使協定の締結が必要）。

用語解説　⑲団結権、⑳労働基準法

⑥女性の保護

一般女性保護規定
- ●坑内労働の規制→2006年の改正で緩和
- ●生理日の就労の免除　●妊娠・出産に有害な業務の禁止

妊娠・出産保護(母性保護)規定
- ●産前6週間・産後8週間の出産休暇
- ●妊娠中の軽易業務への転換　●変形労働時間の適用制限
- ●時間外・休日労働、深夜業の規制　●育児時間の付与
- ●危険有害業務の禁止

解説 **母体を守る**　労働基準法には、女性に関する保護規定に違反した場合の罰則が設けられている。一般女性に対する規定は緩和される傾向にあり、時間外労働と深夜業に関しては1997年の改正で削除され、男性と同じ取り扱いがなされることになった。

⑦災害補償　出題

災害補償の内容

使用者

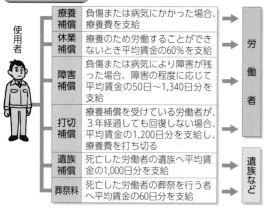

補償	内容	対象
療養補償	負傷または病気にかかった場合、療養費を支給	労働者
休業補償	療養のため労働することができないとき平均賃金の60%を支給	労働者
障害補償	負傷または病気により障害が残った場合、障害の程度に応じて平均賃金の50日～1,340日分を支給	労働者
打切補償	療養補償を受けている労働者が、3年経過しても回復しない場合、平均賃金の1,200日分を支給し、療養費を打ち切る	労働者
遺族補償	死亡した労働者の遺族へ平均賃金の1,000日分を支給	遺族など
葬祭料	死亡した労働者の葬祭を行う者へ平均賃金の60日分を支給	遺族など

解説 **労働者の安全と安心**　**労働者災害補償制度**は、労働災害を被った労働者やその遺族に対して、一定の補償を与える制度である。労働者は、災害の発生が業務上のものであることを立証すれば、使用者に故意・過失がなくても補償を請求することができる。その補償を社会保険として行うことが、労働者災害補償保険法に基づく労災保険制度である。労災保険では、被災労働者の社会復帰の促進などの労働福祉事業も行っている。

⑧監督機関

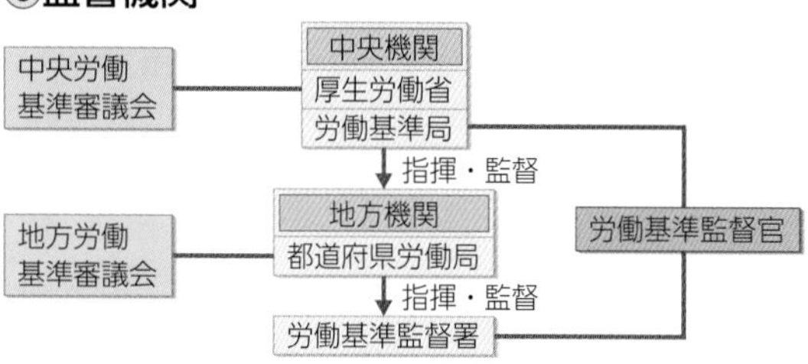

解説 **労働基準法の見張り番**　**労働基準監督署**は、労働基準法に定められた監督行政機関として、職場に対して監督・指導し、重大・悪質な法令違反に対しては刑事処分を行う。就業条件・労働環境・賃金など、労働者と事業者間のトラブルについては、労働基準監督署で話しあうことが多く、事業所への立ち入り調査を行うこともある。このほか、労災保険の認定・給付も行う。中央機関である**労働基準局**の出先機関として各都道府県に設置されている。

6 労働契約法　出題

労働契約の無期転換ルール　(厚生労働省資料)

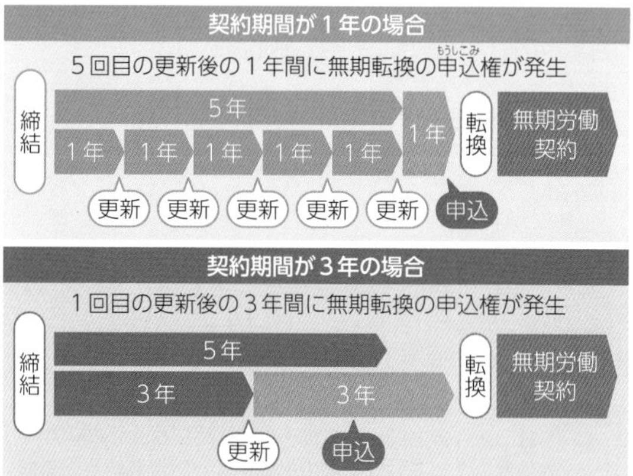

解説 **労働契約のルールを明文化**　労働契約の内容については、労働基準法や民法の規定に基づく裁判所の判断が積み重ねられ、一定のルールがつくられてきた。2007年に制定された**労働契約法**は、こうした労働契約についてのルールを明文化した法律である。この法律では、労働契約の成立・変更は、労使双方の合意によらなければならないという原則が再確認された。2012年の改正では、使用者が一方的に有期労働契約の契約更新を行わないこと(いわゆる「雇い止め」)を、一定の場合に無効とすることなどが追加された。

COLUMN 「働き方改革関連法」

「働き方改革関連法」の概要

事項	内容
時間外労働時間の規制	•月45時間、年360時間までを原則とする。 •臨時的で特別な事情がある場合でも、年720時間、1か月で最大100時間未満(平均80時間)を限度とする。 •自動車運転業務、建設事業、医師、研究開発業務については、例外措置あり。
有給休暇の取得	•事業主は、10日以上の年次有給休暇が付与される労働者に対して、5日分は毎年取得させなければならない。
多様で柔軟な働き方の実現	**高度プロフェッショナル制度の創設**…年収1,075万円以上の高度専門職には、労働時間・割増賃金などの規定の適用を除外。 **勤務間インターバル制度の促進**…終業から翌日の始業の間に一定期間の休息を確保。
公平な待遇の確保	•同一企業内における正社員と非正規社員との不合理な待遇を禁止。

過労死・過労自殺の深刻化や、正社員と非正規社員との待遇格差などの問題を受けて、2018年、「**働き方改革関連法**」が制定された。この法律は、労働基準法や労働契約法などさまざまな法律の改正からなる。これにより、長時間労働の是正や、多様で柔軟な働き方ができる社会の実現、正社員と非正規社員との間の不合理な格差の解消をめざす道すじが示された。一方、現段階では一部の業種で残業規制が先送りになっていたり、残業時間の上限規制の適用除外が設けられたりと、問題点も指摘されている。

Zoom **労働基準法第37条の「完全実施」**　労働基準法第37条の「月60時間超の時間外労働の場合は割増賃金率が60%以上」とする規定はこれまで大企業のみに適用されていたが、2023年からは中小企業にも適用されるようになった。

7 労働組合法

①労働組合の種類

? 日本の労働組合には、どのような特徴があるのか

■ 組織の形態による分類

企業別労働組合
同一企業の労働者だけで組織(日本)

産業別労働組合
同一産業の労働者が組織(欧米)

職業別労働組合
同一職種の労働者で組織(欧米で初期に発達)

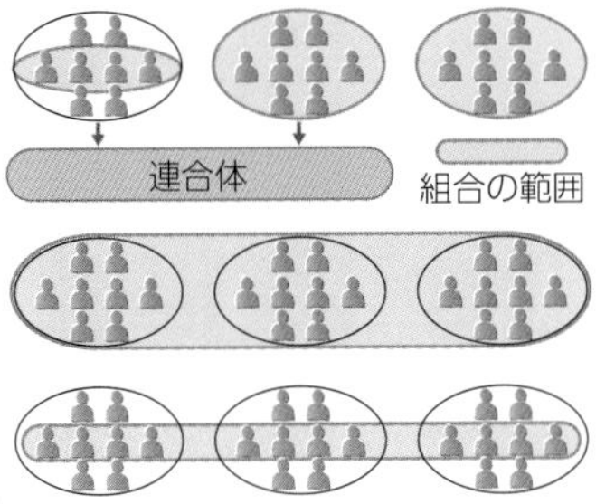

■ ショップ制による分類

オープン・ショップ	組合員資格と従業員資格とは関係ない
ユニオン・ショップ	従業員に組合への加入を義務づけ、組合員資格を失った場合には解雇される
クローズド・ショップ	あらかじめ組合員資格がないと雇用されず、また、組合員資格を失った場合は解雇される

■ 日本のナショナル・センター(2020年現在)

日本労働組合総連合会(連合)	1989年結成、日本最大のナショナル・センター 構成組織：48の産業別組合と47の地方連合 旧民主党・旧民進党系
全国労働組合総連合(全労連)	1989年、連合に対抗して結成 19の産業別組合と47の地方労連 共産党系
全国労働組合連絡協議会(全労協)	1989年、連合と全労連に対抗して結成 構成組織：61の産業別組合・地方全労協など 社民党系

◎春闘の集会　春闘とは春季生活闘争の略で、年度末(2～3月)に各労働組合がナショナル・センターの指導の下に、一斉(いっせい)に次年度の賃金などの労働条件について交渉するもの。これは日本独特のやり方で、1955年から始まった。

地域労組

これまでの日本の労働組合の多くが、企業ごとに正社員だけを対象に組織してきたのに対して、地域労組は地域社会に密着して、パートタイマーやアルバイト、派遣社員などの非正規雇用の労働者でも、個人単位でメンバーになれる労働組合である。また、管理職となって労働組合を脱退したが、残業手当が支払われず、実質的に賃金が下がったケースもある。こうした中間管理職の駆け込み寺的存在の「管理職ユニオン」も地域労組の一つである。

解説 **交渉力が弱い企業別労働組合**　労働組合とは、労働者が主体となって労働条件の維持・改善を目的とする団体である。日本のおもな労働組合は**企業別労働組合**であり、産業・地域・職種によって組織される諸外国の労働組合とは異なる特色をもっている。しかし、企業別労働組合は交渉力が弱く、使用者側となれあいになりやすいと指摘されている。こうした状況の下で、各労働組合は産業別に上部組織を結成し、さらに**ナショナル・センター**(全国的中央組織)に加盟することで、春闘などの労使交渉を展開している。

②不当労働行為(第7条)　出題

? どのような行為が不当労働行為に当たるのか

号		労働者が	使用者が
1号	不利益な取り扱い	❶労働組合の組合員であること ❷労働組合に加入しようとしたこと ❸労働組合を結成しようとしたこと ❹労働組合の正当な行為をしたこと	左記を理由に解雇したり、その他の不利益な取り扱いをすること
1号	黄犬(おうけん)契約	❶労働者が労働組合に加入しないこと ❷労働組合から脱退すること	左記を雇用条件とすること
2号	団体交渉の拒否	団体交渉の申し入れをした	正当な理由もなく拒否すること
3号	支配・介入	❶労働組合を結成したこと ❷労働組合を運営すること	左記について支配したり、介入すること
3号	経費援助	労働組合の運営に要する費用を	援助すること
4号	救済申請などを理由とする不利益な取り扱い	❶不当労働行為の申し立てをしたこと ❷再審査の申し立てをしたこと ❸不当労働行為や再審査の申し立ての調査や審問、労働争議の調整の場合に証拠を提示したり、発言したこと	左記を理由に解雇したり、その他の不利益な取り扱いをすること

解説 **労働者の地位保護のために**　**労働組合法**は、労働組合の健全な活動を維持するために、使用者による労働組合に対する妨害行為や援助を**不当労働行為**として禁止している。不当労働行為が行われた場合、労働組合または組合員は、都道府県労働委員会に救済を申し立てることができる。なお、黄犬(おうけん)契約の「黄犬」(yellow dog)には、「卑怯(ひきょう)な裏切り者」という意味がある。

③労働委員会(第19条)　出題

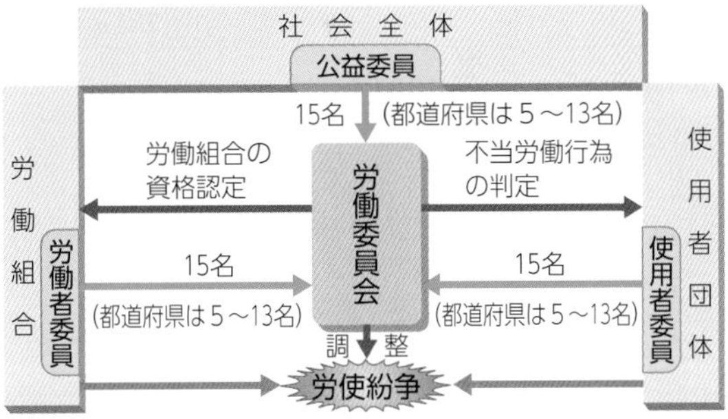

解説 **労働委員会の権限**　**労働委員会**は、労働争議の調整(斡旋・調停・仲裁)や、不当労働行為の審査、労働組合の資格審査などを行う行政委員会である。労働委員会には、各都道府県に設置されている都道府県労働委員会と、厚生労働省の外局として国に設置されている中央労働委員会があり、中央労働委員会は比較的大規模な紛争について審査する。

■ 労働協約と労使協定の違い

	締結主体	位置づけ	適用範囲
労働協約	労働組合	労働基準法の規定の範囲内	原則として組合に加入している労働者
労使協定	会社の過半数の労働者を組織する労働組合か、これがない場合は過半数の労働者を代表する者	労働基準法の規定の例外	非組合員も含むすべての労働者

TOPIC トピック　2012年の労働契約法の改正では、有期契約の労働者と無期契約の労働者との間で、労働条件に不合理な違いを設けることも禁止された。

用語解説　⑲労災保険、⑳企業別労働組合

8 労働関係調整法 出題

? 労働争議が発生した場合、どのように解決すればよいのか

■争議行為の種類(第7条)

労働組合側	ストライキ(同盟罷業)	労務の提供の拒否
	サボタージュ(怠業)	作業能率を意図的に低下させる
	ピケッティング	スト中の職場の入口の見張り
	ボイコット	製品の不買を人々に訴える
	リボン闘争	リボン・腕章などを着用
使用者側	ロックアウト	工場などの職場を閉鎖

・暴力を伴わない正当な争議行為は、刑事上および民事上の免責が認められている(労働組合法第1条2項・第8条)

■労働争議の制限

第8条	交通・水道・電気などの公益事業の争議行為はあらかじめ通知しなければならない
第36条	安全保持のための施設の維持は妨害できない
第38条	内閣総理大臣が緊急調整の決定をすると、50日間争議ができない

■労働争議の調整(第13～34条)

	斡旋	調停	仲裁
労働委員会側の調整主体	斡旋員(人数に規定なし)	調停委員会(公労使委員3名で構成)	仲裁委員会(公益委員3名で構成)
解決案の提示	斡旋案を提示することもある	調停案を原則提示	仲裁裁定を原則提示
解決案の受諾	任意	任意	労働協約と同一の効力をもって当事者を拘束

解説 **労使紛争のルール** **労働関係調整法**は、労働争議を予防または解決することを目的とした法律。労働争議の調整手続きとして、**斡旋・調停・仲裁**がある。このほかに、国民の日常生活や経済を著しく阻害するおそれのある労働争議については、内閣総理大臣の決定によって、当事者の申請を待たずに調整を開始する方法(**緊急調整**)もある。

9 その他のおもな労働法

①最低賃金法 出題

地域別最低賃金と生活保護支給額 (厚生労働省資料ほか)

解説 **賃金の最低水準を明示** 1959年に制定された**最低賃金法**は、国が賃金の最低限度を定め、使用者は労働者に最低賃金額以上の賃金を支払わなければならないとする。正規雇用・非正規雇用の区別を問わず、すべての労働者に適用される。最低賃金額は物価水準など経済の動向を反映させて都道府県ごとに決められているほか、一部の産業では個別に決められている。最低賃金を地域別にみると、大都市を抱える地域の時給は高く、過疎地の多い地方の時給が低い。その格差が人口の大都市集中の一因となっている。

②職業安定法

◎若年層を対象とする「わかものハローワーク」 おおむね35歳未満の求職者に対して、専門の職員がマンツーマンで就職活動をサポートしている。

解説 **ハローワークでの職業紹介** 1947年に制定された**職業安定法**は、公共職業安定所(ハローワーク)が存在する根拠となっている。当初は公共職業安定所以外の職業紹介を禁じていたが、厳しい雇用情勢に対応するため、現在では民間の有料職業紹介事業も認められている。また、ハローワークは、新卒者や子育て中の女性の就労支援などにも取り組んでいる。

COLUMN

労働審判法

かつては、労働組合が集団で労働条件の改善をめざす労働争議が一般的にみられた。しかし、労働組合の組織率の低下に伴い、労働組合による労働争議は少なくなっている。一方、非正規労働者を中心に、労働組合に加入していない労働者が増加した現在では、労働組合ではなく労働者個人が労働条件をめぐって会社側とトラブルを起こすことが増えている。

そこで、2004年に制定された**労働審判法**は、こうした個別労働関係紛争に対応するため、裁判所の労働審判委員会(裁判官1人と労働問題の専門家2人)が紛争の調整を行う労働審判が制度化された。労働審判は非公開が原則とされ、民事訴訟よりも迅速な解決を図ることができる。また、審判の結果は裁判上の和解と同一の効力をもつ。当事者の一方がその結果に不服の場合、異議申し立てをすれば、通常の民事訴訟に移行することになる。

労働審判法の内容

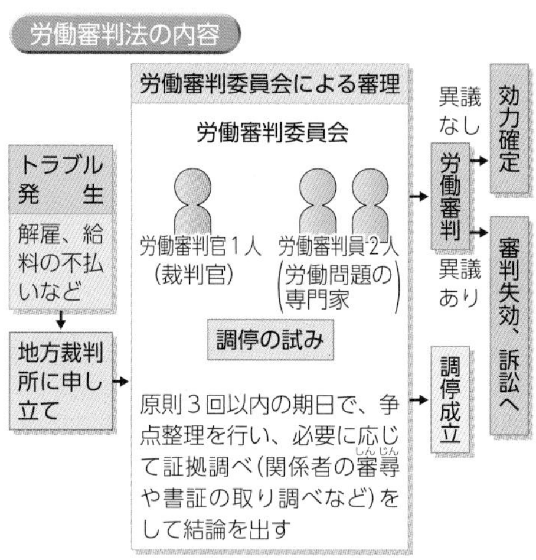

Zoom **ニート(NEET)** Not in Education、Employment or Trainingの略で、「学校に通っておらず、仕事もしておらず、職業訓練も受けていない者」のこと。就職を希望している失業者とは異なる。

Ⅲ 日本の労働問題の現状と課題

10 日本の労働組合

労働組合の組織率の推移　※2011年の雇用者数は岩手県、宮城県、福島県を除く。

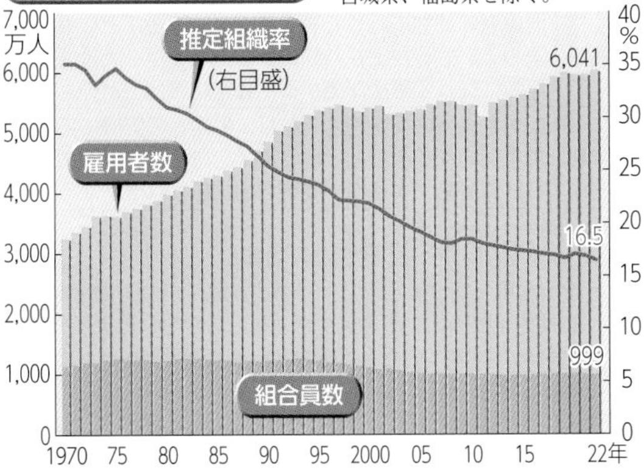

労働争議の件数の推移（争議行為を伴う争議）

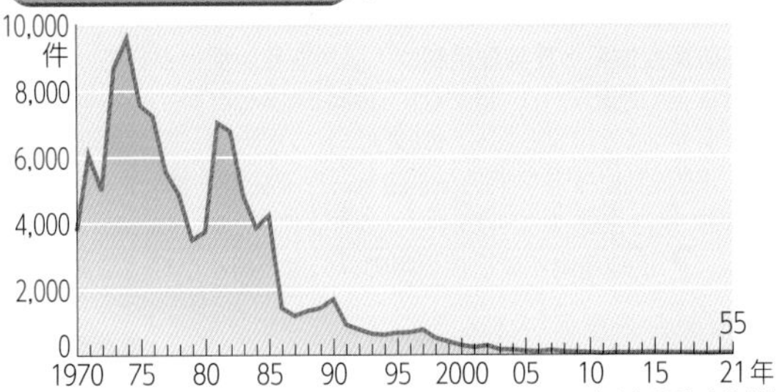

（厚生労働省資料）

解説 **低下傾向の労働組合**　推定組織率は、雇用者のうち労働組合に加入している人の割合を示している。推定組織率の推移をみると1970年をピークに下降し、ここ数年は２割を切っている。これは、正社員のみを組合員としてきたことも影響している。近年は連合などのナショナル・センターもパートタイム労働者など非正規社員の組織化に取り組んでいる。

11 日本の労働力人口の推移 出題

（総務省資料ほか）
※就業者は非農林業

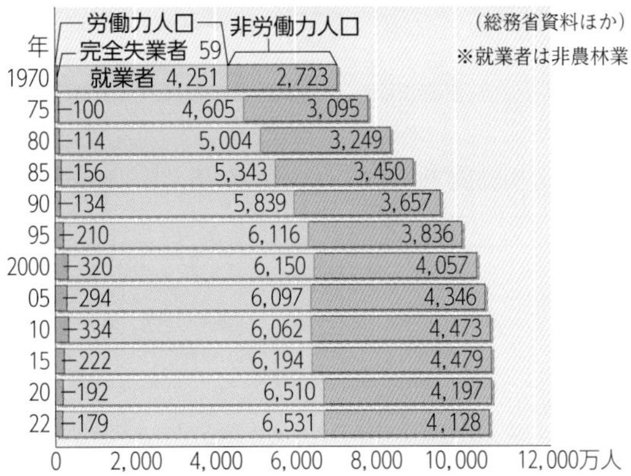

労働力人口…15歳以上人口のうち、就業者（従業者※＋休業者）と完全失業者の合計
※週に１時間以上収入を伴う労働をした者
完全失業者……15歳以上で、①現在仕事に就いていない、②仕事を探す活動をしている、③仕事があればすぐに就くことができる、という３つの条件を満たしている者

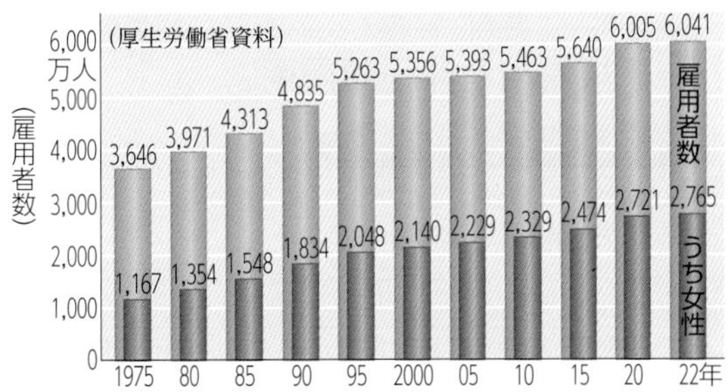

雇用者…就業者のうち、自営業主と家族従業者（自営業主の家族）を除いた者。賃金労働者や会社役員など。

12 求人倍率と完全失業率

求人倍率の推移（厚生労働省資料）

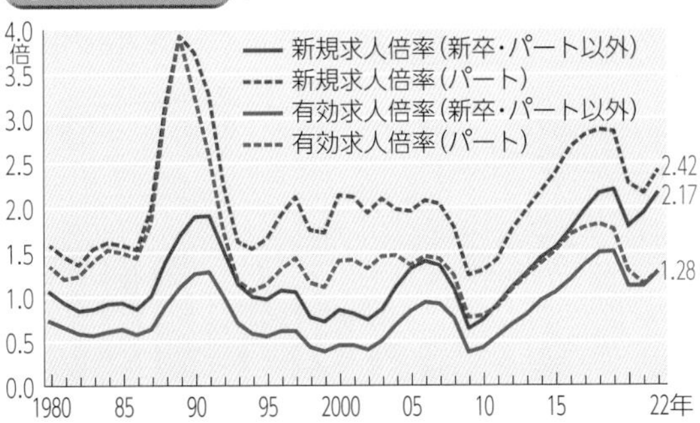

新規求人倍率…全国のハローワークに新たに登録された求人数÷新たに求職の申し込みをした求職者数
有効求人倍率…前月から繰り越された求人数と新規求人数の合計÷前月から繰り越された求職者数と新規求職者数の合計

おもな国の失業率の推移（ドイツの1980～91年の値は旧西ドイツの値。）

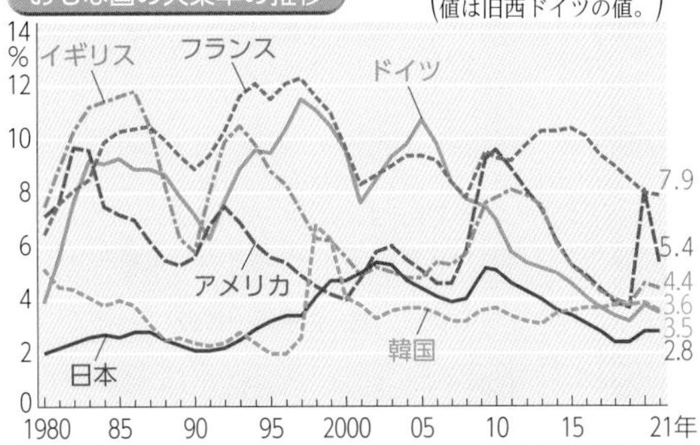

（『労働統計要覧』2021年度版ほか）

完全失業率＝完全失業者÷労働力人口。15歳以上の働く意欲のある人（労働力人口）のうち、職がなく求職活動をしている人（完全失業者）の割合を示す

解説 **雇用環境の実情は？**　有効求人倍率が１倍を超える場合は人材の募集が多いため好況であり、１倍を下回る場合は人材の募集が少ないため不況であるとされる。2009年は前年の世界同時不況の影響で有効求人倍率が落ち込んだが、その後は景気が回復し、上昇に転じている。しかし、求人が正規雇用とは限らない。また、完全失業率も「働く意欲を失ってしまった人」や「求職活動を諦めて止めてしまった人」は失業者に含まれない。そのため、雇用環境が改善したかどうかは、その内容を精査する必要がある。

TOPIC トピック　非労働力人口とは、15歳以上で、通学者、家事従事者、病弱や高齢が理由で生産活動に従事しない人や、働く意思をもっていない人のことをさすことばである。

13 日本の労働環境の変化

? 日本型雇用慣行はなぜ見直しが進んだのか

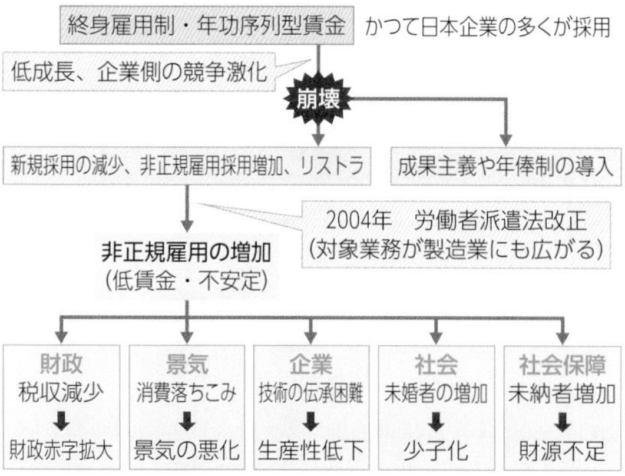

終身雇用制…労働者が新卒で入社してから定年で退職するまで、一つの会社で継続的に雇用される制度。
年功序列型賃金体系…労働者の勤続年数や年齢を重視して、組織内での役職や賃金を決める人事制度。

おもな賃金制度

年齢給	労働者の年齢に応じて賃金を決める。通常は職能給と組みあわせて用いられる。
職能給	労働者の能力に応じて等級を定め、等級ごとに賃金を決める。等級が上がれば賃金も上がるが、大抵は勤続年数に従って等級が上がるため年功序列型といえる。
年俸制	成果主義型の賃金制度であり、労働者の実績に応じて毎年契約を更改し、年間の賃金を決める。成果を上げれば賃金も上がるが、成果を出さなければ下がる。

成果主義の功罪

日本型雇用慣行に変わって、仕事の業績に応じて賃金を決める**成果主義**を導入する企業が増えた。しかし、成果主義は本来、会社の経営に関与する権限をもった管理職などに適用するものであり、一般社員に適用するとモチベーションの低下をまねく可能性も高い。また、個人が自分の業績を上げようとするあまり、チームワークやモラルを低下させる弊害が出たため、成果主義をやめる企業もみられる。

解説 **見直しが進む日本型雇用慣行**　高度経済成長期に普及した**年功序列型賃金体系**と**終身雇用制**は、日本型雇用慣行として、労働者の安定雇用や生活を保障する基盤となってきた。これらは労働者のやる気を引き出し、企業に対する高い忠誠心をもつ労働者の確保を可能にする側面もあった。しかし、1990年代から、経営者は事業の縮小や人件費の削減のためのリストラを行い、日本型雇用慣行に揺らぎが生じるようになった。また、中高年の社員に対して自発的な退職を奨励する早期退職制度を設ける企業も増えた。

14 正規雇用と非正規雇用

? 正規雇用と非正規雇用の違いはどのような点にあるか

正規雇用と非正規雇用の違い

正規雇用	①労働契約の期間の定めがない(無期労働契約) ②所定労働時間がフルタイムである ③実際に働いている会社と直接に雇用契約を結んでいる(直接雇用)
非正規雇用	①労働契約の期間の定めがある場合が多い(有期労働契約) ②就労形態によって異なるが、所定労働時間よりも短い勤務時間で働く場合が多い ③アルバイト、パートタイム労働者、契約社員は直接雇用されるが、派遣労働者は派遣会社と雇用契約を結び、派遣先の会社の指揮命令を受けて働く(間接雇用)

パートタイム・有期雇用労働法の概要

対象者	①1週間の所定労働時間が正社員の所定労働時間よりも短い労働者(アルバイト・契約社員なども含む) ②有期雇用労働者(2018年改正で追加)
企業への措置	①労働者に対する労働条件の明示 ②正社員と同じ業務の労働者について、正社員との間に不合理な待遇差を設けることを禁止 ③正社員への転換を推進するための措置を義務づけ ➡これにより、正社員並みの働きをしているパートタイム・有期雇用労働者の賃金は、正社員と同額に設定しなければならなくなった(**同一労働同一賃金**の義務化)

正社員と非正規社員との相違点

非正規社員は労働組合への加入や労災保険の給付など、正社員と同等の権利をもっている。しかし、正社員は雇用期間を定めずに労働契約を結んでいるのに対して、パートタイム労働者や派遣労働者などの非正規社員は雇用期間を定め、雇用期間が満了すれば会社側と労働契約の更新を行っている。また、非正規社員は正社員に比べて賃金が低く、解雇されやすいため、雇用が不安定であるなど、待遇面で差がある。
バブル経済崩壊後、企業は経費削減のために正社員を削減する一方、非正規雇用を増やした。しかし、行きすぎた非正規雇用化は、熟練技能者を減少させ、次世代への知の伝承が困難になるなどの弊害もある。

雇用形態別雇用者数

(総務省資料)

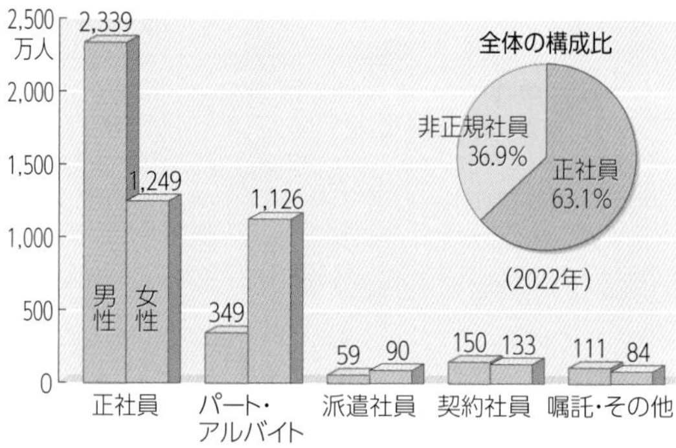

非正規雇用労働者の推移

(総務省資料)

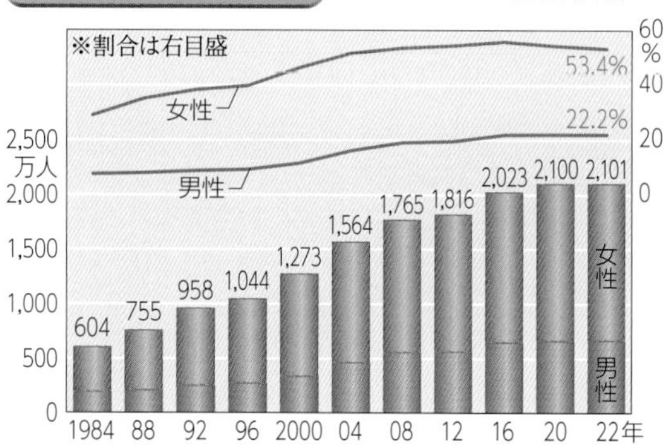

解説 **増加する非正規雇用**　非正規雇用の全労働者に占める割合は、1990年代後半以降増え続けている。この間、格差拡大が社会的問題となり、非正規雇用労働者の待遇改善が課題となった。現在、非正規雇用労働者に対しては、**パートタイム・有期雇用労働法**(パートタイム労働法を2018年に改正)や労働契約法(➲p.226)などで、その保護が図られている。

Zoom **女性に多い非正規雇用**　男女雇用機会均等法が施行されて30年以上たち、雇用者数全体に占める女性の割合は増加した。しかし、女性の正社員は男性の半分で、女性の半分以上が非正規雇用で働いている。雇用機会が均等になったとはいいがたい。

15 派遣労働への規制 出題

労働者派遣のしくみ

労働者派遣は、職業紹介とは異なり、求人者と求職者の間に雇用関係の成立を斡旋するものではない。

年	労働者派遣法の改正の内容
1985	労働者派遣法制定（翌年施行）……適用対象業務は専門的知識を必要とする13業務
1996	労働者派遣の適用対象業務を26業務に拡大
1999	適用対象業務を原則自由化
2004	製造業への派遣が解禁
2012	派遣会社と派遣労働者の労働契約が30日以内の「日雇い派遣」を原則禁止
2015	同一の派遣社員の受け入れ期間を３年までに制限

解説 **拡大した派遣対象業務**　1985年に**労働者派遣法**が制定されて以降、派遣が可能な業務の範囲は徐々に拡大された。2004年に専門職とはいえない製造業への派遣拡大が実施されたことで、派遣労働者数は一気に増加したが、その後の世界金融危機の影響を受けて「派遣切り」が問題となった。そのため、労働者派遣の規制強化が行われることになった。

16 週休二日制と年次有給休暇

完全週休二日制の普及　（厚生労働省資料）

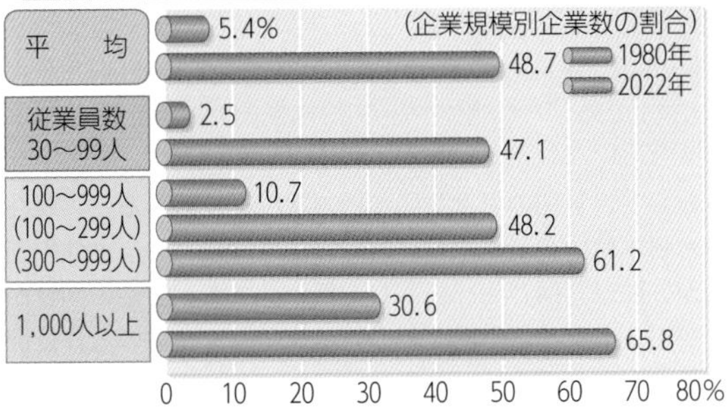

年次有給休暇の取得状況　（企業規模別・労働者１人当たり、2022年）

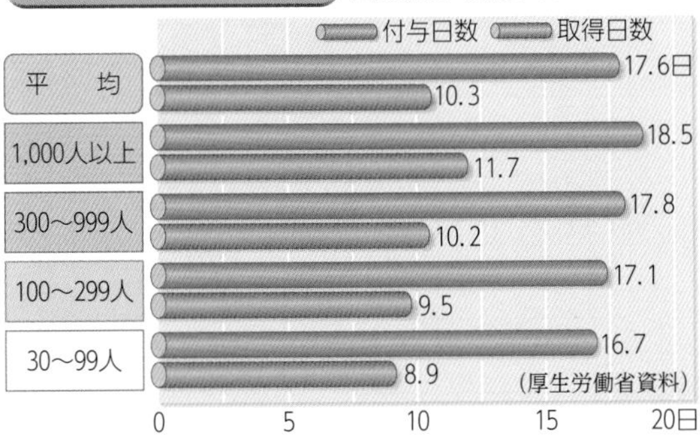

解説 **週休二日制と年次有給休暇の実情は？**　何らかのかたちでの**週休二日制**（１か月の間に週２日の休みがある週が１度以上）の導入は、多くの企業で進んでいるが、毎週２日の休みがある完全週休二日制となると、大企業と中小企業との差が大きく乖離している。また、**年次有給休暇**の取得状況についても、中小企業は大企業に比べて低い。なお、日本は欧米と比べて、週休日以外の休日（祝祭日）は多いが、年次有給休暇付与日数は少なく、年間休日数もやや少ない。

17 年間労働時間の国際比較

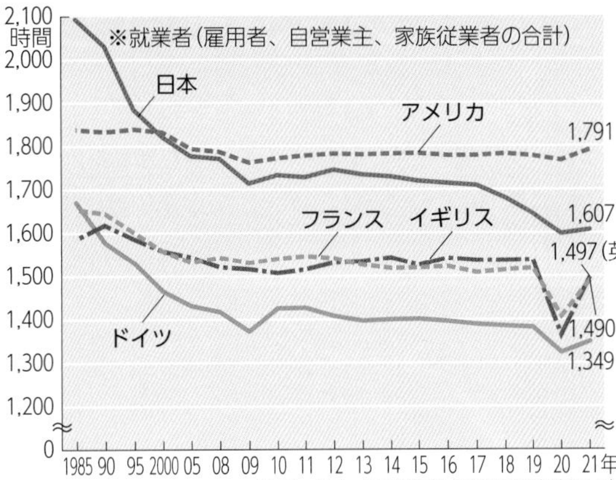

（『データブック国際労働比較』2023年版ほか）

解説 **サービス残業を加えると？**　1987年の労働基準法改正で、１週間に48時間であった法定労働時間が段階的に40時間に変更された。これを契機に、日本の年間労働時間は着実に減少を続け、主要諸外国との労働時間差は統計上、縮小しているようにみえる。しかし、これは非正規雇用の増加の影響であり、正社員の労働時間はそれほど縮小していないとの見方もある。また、記録に残らない「**サービス残業**」（ただ働き）を加えた実際の労働時間は不明である。

COLUMN 過労死と過労自殺

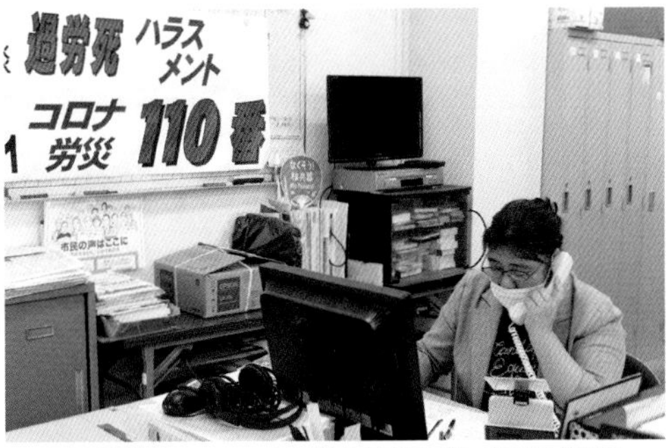

過重労働についての無料の電話相談に応じる弁護士

過労死とは、長時間労働や困難な作業を行うことによる疲労やストレスが原因で、死亡することである。また、疲労やストレスによって精神的に困ぱいして、自殺に至る過労自殺も起きている。過労死・過労自殺は体力の充実している20代にもみられる。

過労死と長時間労働の関係については、１か月間に100時間、または２〜６か月間に月平均80時間を超える時間外労働があった場合は、仕事と病気との関連性が強いとされる。過労死や過労自殺が労働基準監督署に労働災害（労災）として認められると、遺族に補償金が支給される。また、遺族が企業側に損害賠償を求めて裁判を起こし、認められるケースもある。

2018年に成立した「働き方改革関連法」（➲p.226）で、長時間労働の是正に向けた時間外労働の上限規制が導入された。しかし、「特別な場合は１か月で最大100時間未満」とされた上限が、過労死ラインと同じであることから、実効性が疑問視されている。

経済

TOPIC トピック　フランスやイタリアの有給休暇付与日数はおおむね25〜30日であり、取得率も日本と比べて高い。また、祝日は日本が16日、フランスが10日、イタリアが12日となっている。

用語解説　㉑終身雇用制，㉒年功序列型賃金体系，㉓パートタイム労働法

FILE 24

男女共同参画社会に向けて

頻出

男女共同参画社会とは、男女が社会の対等な構成員として、社会のあらゆる分野で活動できる社会である。しかし、女性の就労(しゅうろう)に対する環境条件の整備は不十分であり、現実的には就職・賃金・昇進などで男女格差が存在する。性別にかかわらず、すべての人が能力を発揮(はっき)できる社会を実現するためには、どうすればよいのだろうか。

女性の年齢別労働力率(M字型就労) (厚生労働省資料)

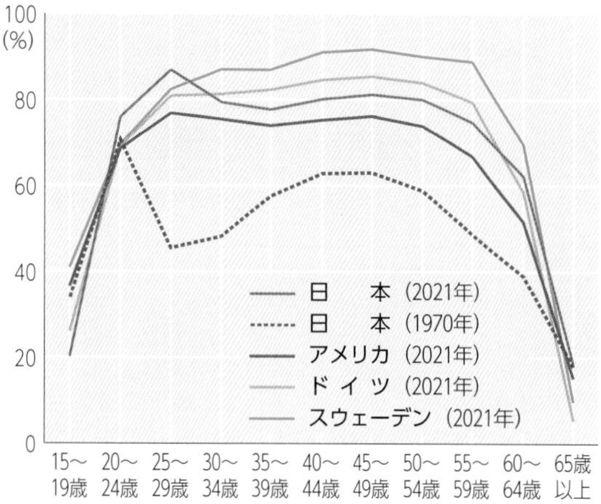

日本の女性は結婚を機に退職し、子育てが落ち着いた後、再びパートとして働きに出ることが多い。このため、女性の労働力率を年齢別にグラフ化するとM字型を示している。現在では、15～19歳が低下する一方、25～34歳の上昇が著(いちじる)しい。これは、女性の高学歴化と同時に、未婚化・晩婚化あるいは、結婚後も離職せずに働く女性が増えたことを意味する。

各国の男女雇用の比較 (厚生労働省資料ほか)
①は2019年のデータ。②は2021年のデータ。

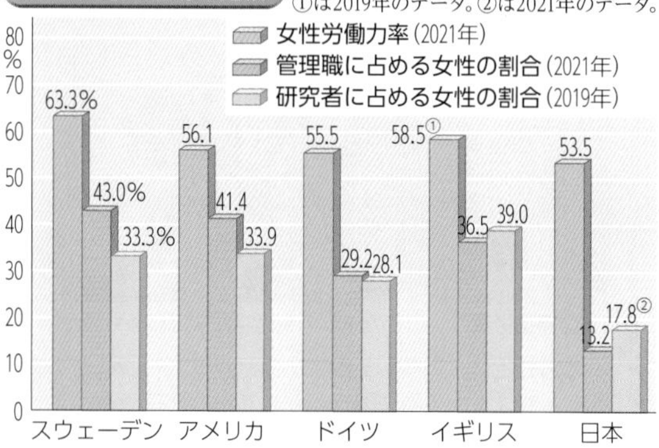

男女間の賃金格差 (厚生労働省資料ほか)

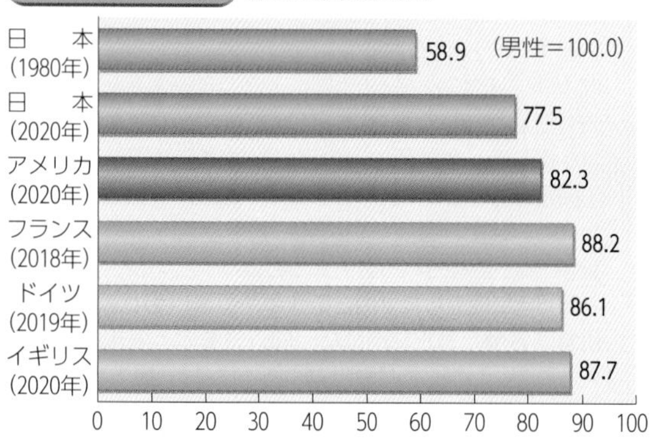

さらなる改善が期待される男女の格差

あらゆる分野における女性の権利を保障した**女子差別撤廃条約**が、1979年の国連総会で採択された。日本はこの条約の批准(ひじゅん)に先立って、1985年に**男女雇用機会均等法**を制定した。また、1999年には**男女共同参画社会基本法**が制定され、さらに、2015年には**女性活躍推進法**が制定された。

男女雇用機会均等法(1985年成立、1986年施行)

採用、配置・昇進、職種・雇用形態の変更、定年・退職・解雇・労働契約の更新など、雇用管理全般について、性別を理由とする差別を禁止している。1997年の改正では、当初は努力義務であった募集(ぼしゅう)・採用・配置・昇進に関する女性差別が禁止された。2006年の改正では、男性への差別も禁止され、女性差別の禁止から一歩進んだ「性差別禁止法」となった。

男女共同参画社会基本法(1999年成立・施行)

男女が対等なパートナーとして社会に参画できることをめざした法律。男女の個人としての尊厳が重んじられること、男女が性別による差別的取扱いを受けないこと、男女が個人の能力を発揮する機会が確保されることなどをめざしている。また、ポジティブ・アクション(積極的改善措置(そち))を含む施策を国と地方公共団体の責務としている。

女性活躍推進法(2015年成立、2016年施行)

女性の職業生活での活躍を推進することを目的とした法律で、10年間の時限立法。国・地方公共団体と、労働者が301人以上の大企業は、女性の活躍推進に向けた行動計画を策定しなければならない(労働者が100人以下の企業は努力義務)。

しかし、各国の男女共同参画の状況を比較すると、現在でも日本は国会議員や管理的職業従事者に占める女性の割合が、欧米諸国と比べて著しく低い。また、女性の割合が高いパートタイム労働などの非正規雇用は企業の人件費抑制(よくせい)に利用されており、女性が低賃金におかれる状況が多い。

ジェンダー不平等指数(2022年)			ジェンダー・ギャップ指数(2023年)		
順位	国名	値	順位	国名	値
1	デンマーク	0.013	1	アイスランド	0.912
2	ノルウェー	0.016	2	ノルウェー	0.879
3	スイス	0.018	3	フィンランド	0.863
4	スウェーデン	0.023	4	ニュージーランド	0.856
5	オランダ	0.025	5	スウェーデン	0.815
13	イタリア	0.056	6	ドイツ	0.815
15	韓国	0.067	15	イギリス	0.792
17	カナダ	0.069	30	カナダ	0.770
19	ドイツ	0.073	40	フランス	0.756
22	日本	0.083	43	アメリカ	0.748
22	フランス	0.083	79	イタリア	0.705
27	イギリス	0.098	105	韓国	0.680
44	アメリカ	0.179	107	中国	0.678
48	中国	0.192	125	日本	0.647

ジェンダー不平等指数(GII)：国連開発計画(UNDP)による指数で、「リプロダクティブ・ヘルス(性と生殖に関する健康)」「エンパワーメント」「労働市場への参加」の３つの側面から測定される。値が大きくなるほど男女の不平等が大きい。
ジェンダー・ギャップ指数(GGI)：世界経済フォーラムによる指数で、経済・教育・保健・政治の側面から測定される。値が小さくなるほど男女の不平等が大きい。

Zoom **ジェンダーギャップ指数の低迷の理由**　日本のジェンダーギャップ指数において、政治分野や経済分野で著しく低い。この原因は、国会議員や大臣、企業のトップの女性の割合がいずれも低いことが、全体の評価を押し下げていることにある。

育児・介護休業法

育児・介護休業法の概要

育児休業	子が１歳になるまでの１年間。ただし、保育所が見つからないなどの場合は、２歳まで延長可能。父母がともに育児休業をする場合は、子が１歳２か月になるまでに１年間休業可能
介護休業	家族１人につき通算93日
看護休暇・介護休暇	小学校就学前の子の看護、または介護を要する家族の通院の付き添いなどのために、対象者１人につき１年に５日まで（２人以上は10日まで）可能
不利益取り扱いの禁止	事業主（派遣先企業を含む）が育児や介護のための休業・休暇を理由として、解雇などの不利益な取り扱いをすることを禁止
時間外労働・深夜業の制限	小学校就学前の子の育児や家族の介護の場合には、労働者の申請で１か月24時間、１年150時間を超える法定時間外労働や深夜（22～５時）労働を禁止。３歳未満の子の育児の場合は所定外労働（法定労働時間内での残業）も免除
勤務時間の短縮	３歳未満の子の育児の場合には、労働者の申請で事業主に短時間勤務の措置をとることを義務化

＊このほか、育児休業とは別に、出生後８週間以内に４週間まで取得可能な「産後パパ育休」が創設された（2022年10月から施行）

仕事を続けながら子育てができる環境づくりをめざして、1991年に育児休業法が制定された。同法は1995年に育児・介護休業法に名称変更され、介護休業制度が導入された。その後も改正され、父親も子育てに取り組みやすい環境づくりが進められている。

この法律は、職業生活と家庭生活の両立をめざすもので、男女労働者に原則１年間の育児休業の取得を認めている。育児・介護休業法には休業期間中の賃金支払い義務はないが、雇用保険から「育児休業給付金」として賃金の50％に相当する金額が支給される。

しかし、女性の育児休業取得率は約８割に達しているが、第一子を出産した女性の５割は出産を機に退職しており、現状では女性が出産後も安心して仕事を続けられる状況にはなっていない。また、男性の育児休業取得率は14％程度である。さらに、育児休業取得期間をみると、女性の９割近くが６か月以上となっているが、男性の９割は３か月に満たない（2021年度）。そのため、現状では女性の社会進出を大きく進めるまでには至っていない。

法改正による男女間格差の是正措置

		改正前	改正後
労働基準法 1997年改正 1999年施行	女性の時間外労働の上限	週６時間、年150時間以内	規制廃止
	女性の休日労働	原則禁止	規制廃止
	女性の深夜業	22時～５時の就業原則禁止	規制廃止
2006年改正 2007年施行	女性の坑内労働	原則禁止	妊産婦、危険な作業以外は可能
男女雇用機会均等法 2006年改正 2007年施行	性別を理由とする差別の禁止	女性への性差別の禁止	男女双方への性差別の禁止
	間接差別	規定なし	合理的理由がない限り禁止
	女性優遇	女性差別として禁止	性差別として禁止
		女性に対するポジティブ・アクションは認められる	
	セクシュアル・ハラスメントの防止	女性のみを対象とする配慮義務	男女に予防・解決の措置をとる義務
	調停の対象	配置・昇進・福利厚生・退職・解雇など	セクハラ・母性健康管理措置を追加

間接差別…男女別定年制や女性結婚退職制度など、明らかな性差別ではなく、採用時に一定の身長・体重・体力を要件とすることや、昇進にあたって転勤の経験があることを要件とすることなど、性別以外を理由としているが、結果的に女性（または男性）にとって不利な要件のこと。

ポジティブ・アクション…弱者に対する不利な現状を是正するための積極的改善措置。アファーマティブ・アクションともいわれる。社会的・経済的な格差が現実に存在する場合、機会の平等は形式的なものにすぎず、平等の実現が困難なことが多い。そのため、機会の平等を実質的なものにするためのものである。具体的には、女性の採用の拡大や女性管理職の増加などがあげられる。

すべての人が活躍できる社会に向けて

❶ワーク・ライフ・バランスへの取り組み

ワーク・ライフ・バランス（仕事と生活との調和）を実現し、誰もが働きやすい社会をめざす取り組みが求められている。2007年に策定された「ワーク・ライフ・バランス憲章」では、①就労による経済的自立が可能な社会、②健康で豊かな生活のための時間が確保できる社会、③多様な働き方・生き方が選択できる社会をめざすべきとした。

❷クオータ制の導入

女性の社会参画を推進する例として、**クオータ制**の導入がある（➲p.41）。これは、議員や職員の定員に対して、一定の女性枠を割り当てて、男女の比率の偏りを縮小させるものである。ノルウェーでは育児休暇にもクオータ制が適用され、両親２人の育児休暇のうち、父親の割り当て期間は14週間とされている。こうした政策により、ノルウェーはヨーロッパの中で高い合計特殊出生率を実現している。

❸ダイバーシティの推進

経営戦略に**ダイバーシティ**（多様性）の推進を掲げる企業も増えている。これは、女性をはじめとする多様な人々に活躍の場を与えて、個人の能力を最大限に生かしていこうとする考え方のことである。ダイバーシティの推進は、多様なものの見方・考え方を企業の経営に取り入れることにつながり、企業の活性化と市場ニーズやリスクへの対応力を高めるといわれている。

企業内に設けられた託児所　現在、政府は「子ども・子育て支援新制度」に基づいて、企業による従業員のための保育施設の設置・運営の費用を助成している。

経済

TOPIC トピック　ワーク・ライフ・バランスの実現のために、男性の育児への取り組みが官民をあげて推進されているが、育児に励む男性は「イクメン」といわれ、流行語にもなった。

用語解説　⑳男女雇用機会均等法、㉑男女共同参画社会基本法

諸課題の論点

Ⅳ 働き方の多様化と労働政策のあり方

課題の把握

- 企業はコスト削減のために非正規雇用を活用するなど人件費の削減を進めてきた。その結果、経済的格差の拡大がもたらされた。一方、従来の雇用制度に縛られない新しい働き方を求める人も多くなった。

論点

雇用形態が多様化し、労働力の効率的活用が推進される一方で、雇用の不安定化が指摘されるようになった。私たちが望ましいと考える「働き方」を実現するためには、どのような労働政策が必要だろうか。

事実　日本の雇用の現状

①非正規雇用が労働者全体の約４割を占めるようになり、現在では男性の２割、女性の半数が非正規雇用労働者となっている。
②1990年代以降、労働者派遣の対象業務が拡大したが、不況期に「雇い止め」や「派遣切り」といった問題が起きるようになった。
③ギグワーカーやフリーランスなど、法的には企業に雇用されていない業務委託・業務請負の形態で働く人が増えている。

主張

Ⓐ 日本型雇用を維持し、雇用の安定を図るべきである。

終身雇用制、年功序列型賃金体系、企業別組合を特徴とする日本型雇用は、日本の戦後の高度経済成長を支え、「分厚い中間層」を生み出してきた。解雇の不安なく安心して働けるこれらのしくみを守ることが必要である。

Ⓑ 日本型雇用にこだわることなく、「働き方」の多様化を推進するべきである。

日本型雇用では、転勤や残業など企業の都合が優先されやすく、ワーク・ライフ・バランスを実現することは困難である。また、変化の激しい時代に日本型雇用の維持にこだわることは、企業にとっても負担となる。

Ａの主張の根拠

①人々には安心して働く権利がある。
憲法には勤労の権利や労働基本権などが保障されている。誰もが安心して働けるためのしくみとして「日本型雇用」を維持する必要がある。

②生活の必要度に応じて賃金が上昇するよさがある。
結婚や出産、子どもの進学など、一般的に年齢を重ねるほど生活に必要なお金は増えていく。年功序列型賃金体系は年齢に応じて賃金が上がるため、労働者はライフプランを立てやすくなる。

③日本型雇用に対する国民の支持は根強い。
ある調査では、終身雇用制を支持する人は約９割、年功序列型賃金体系を支持する人は７割以上にのぼるという結果が出ている。このように、日本型雇用には国民の根強い支持がある。

Ｂの主張の根拠

①実際には、日本型雇用は一部にすぎない。
これまでも日本型雇用が一般的であったわけではない。実際には、正社員は働く世代の半数弱にとどまる上に、中小企業では正社員といえども不安定である。

②日本型雇用は過重労働の温床になる。
明確な職務内容などを定めずに企業に雇用されるため、業務の境界が曖昧で残業が増えやすく、転勤も多い。日本型雇用は女性の社会進出を阻み、過重労働につながりやすい。

③雇用の流動化や効率的な活用も必要とされている。
経済全体からみれば、成長産業に労働力を移動させることが望ましい。また、企業にとっては、景気の変動に合わせて雇用を調整する必要がある。日本型雇用はこれを阻害している。

視点　ディーセント・ワークを求めて

ディーセント・ワークの４つの目標　（ＩＬＯ資料）

①仕事の創出	必要な技能を身につけ、働いて生計が立てられるように、国や企業が仕事をつくり出すことを支援する。
②社会的保護の充実	安全で健康的な職場を確保し、生産性も向上するような環境の整備と社会保障の充実を図る。
③社会対話の推進	職場での問題を平和的に解決できるように、政府・労働者・使用者の話しあいを促進する。
④仕事における権利の保障	不利な立場におかれて働く人々をなくすため、労働者の権利を保障・尊重する。

ディーセント・ワークとは、「働きがいのある人間らしい仕事」という意味である。どんな働き方を選んだとしても、人としての尊厳が保てるような労働条件を政府は保障しなければならない。そのためには、「同一労働同一賃金」や「ワーク・ライフ・バランス」を実現し、すべての人の生活を保障するような法整備が日本でも不可欠である。

視点　各国の労働政策の違い

労働と福祉をめぐる各国の特徴　（厚生労働省資料）

	就労支援と福祉のつながり
アメリカ	強い：ワークフェア（就労が給付の条件）
北欧諸国	中：職業訓練によって雇用の可能性を高める
独・仏など	中～強い（強化傾向）

労働政策と福祉政策は密接な関係にあり、各国によってその政策に違いがみられる。アメリカでは解雇に対する規制が弱く、労働の流動性が高い（転職や再就職がしやすい）。また、就労（work）と福祉（welfare）をつなげた**ワークフェア**という考え方があり、職業訓練を受けないと社会保障給付が打ち切られるなど、就労を給付の条件とすることが多い。一方、スウェーデンなどの北欧でも労働の流動性は高いが、就労と福祉との関係はワークフェアほど強くない。また、北欧では、職業訓練などの支援を通じて失業者の再就職を促す「積極的労働市場政策」が充実している。

用語解説　206ワークシェアリング

さまざまな働き方

テレワーク	情報通信技術（ＩＣＴ）を活用した、場所や時間にとらわれない柔軟な働き方。自宅で仕事をする在宅勤務のほか、外出中にパソコンを使って仕事をするモバイルワークなどがある。
ワークシェアリング・ジョブシェアリング	従業員１人当たりの労働時間を短縮して、より多くの雇用を維持することをワークシェアリングという。複数の短時間労働者を雇用して１つのフルタイムの仕事を分担させることで、雇用機会を創出することは、ジョブシェアリングといわれる。
フリーランス・ギグワーカー	フリーランスとは、会社に雇用されずに、仕事に応じて会社と業務契約して仕事を請け負う人のこと。このうち、インターネット上のアプリを通じて単発の仕事を行う人のことをギグワーカーと呼ぶ。「ギグ」とは、ミュージシャンの「一度限りの演奏」という音楽用語に由来する。
ジョブ型雇用	ジョブ型雇用とは、職務内容を限定して労働契約を結び、専門職として採用する雇用形態のこと。非正規雇用に限らず、「ジョブ型正社員」もいる。これに対して、入社時に職種を限定せずに採用し、仕事内容の変更や部署の異動を通じて雇用することはメンバーシップ型雇用といわれる。日本ではメンバーシップ型雇用が多いのに対して、欧米ではジョブ型雇用が主流となっている。

⇧サテライトオフィスを利用して仕事をする会社員　サテライトオフィスとは、企業の本社などの拠点から離れた場所に設(もう)けられたオフィス。自宅の近くに設けられることで、通勤の負担の軽減につながる。

現状　フリーランス・ギグワーカーの増加

フリーランスとして働く人が増えている。この中には、フードデリバリーの配達員にみられるギグワーカーと呼ばれる人も含まれる。ギグワーカーの増加の背景には、新型コロナウイルス感染症の拡大によって人々の在宅時間が増えたことなどがあるといわれている。

フリーランスは、会社と業務請負契約を結んで仕事をしている個人事業主である。そのため、下請(したうけ)法によって事業主としての立場で保護される反面、雇用された者ではないことから、労働基準法などの労働法制による保護を受けることができない。配達中など仕事上の事故にあっても労災保険が適用されず、十分な補償(ほしょう)が受けられない。また、正社員や週20時間以上働く非正規社員は解雇されると失業手当を受け取れるが、フリーランスはその対象からも外れる。こうしたことから、フリーランスが労働組合を結成し、会社に労働環境の改善を求める事例もみられる。

フリーランスへのアンケート調査結果（2020年）

質問：フリーランスとして働いていく上で、障壁になっていることをお答えください（複数回答可）。

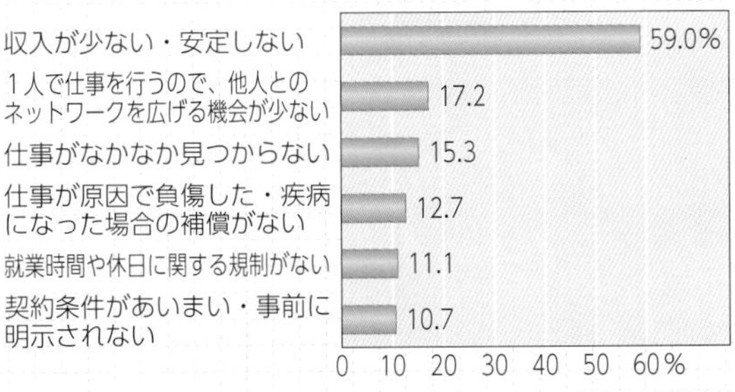

（内閣官房資料）

⇦横断幕を手にする組合員たち（2022年）　配達員によって労働組合が結成された。

事例　ジョブ型雇用と「多様な正社員」

❶ジョブ型雇用と成果主義の違い　ジョブ型雇用は「成果主義」や「雇用が不安定」という誤解をされやすい。成果主義では仕事の「成果」を査定して賃金が支払われるが、ジョブ型雇用では仕事の「内容」（職務）に賃金が支払われるため、同じ内容の仕事であれば、誰でも同じ賃金（同一労働同一賃金）になる。労働生産性を高めるために残業代を抑制(よくせい)して、効率的な働き方をさせようと導入されたのが成果主義であり、その点で成果主義はジョブ型雇用とは異なるしくみである。

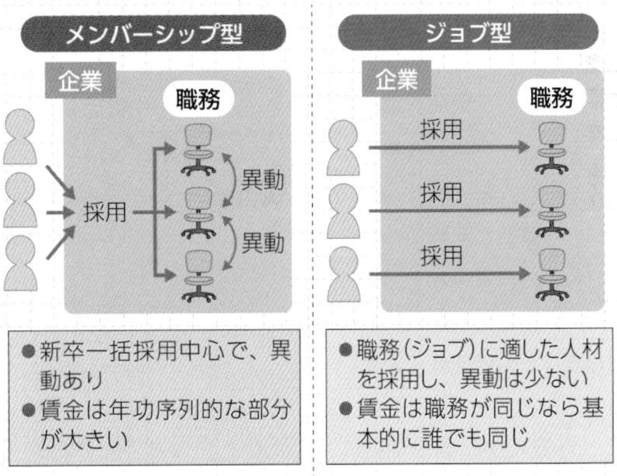

例えば、医師のように特定の業務を行う労働契約を結ぶのがジョブ型雇用であり、期間の定めがない無期労働契約であれば「ジョブ型正社員」となる。欧米ではジョブ型雇用が採用されていることが多いが、通常は終身雇用であり、ジョブ型雇用が不安定なわけではない。

❷「多様な正社員」の普及に向けて　日本では、転勤や残業がある正社員と、転勤や残業はないが雇用が不安定な非正規雇用労働者とに二極化していた。そこで、2012年の労働契約法の改正によって、有期労働契約の無期転換ルール（➲p.226）が定められた。これを契機に、勤務地や仕事内容、労働時間が限定された形で働く**多様な正社員**（限定正社員）が誕生した。「多様な正社員」は、子育てや介護と両立できる働き方として注目されている。

小論文課題　働き方が多様化する中で、どのような労働政策が望ましいのだろうか？（➲p.381）

18 外国人労働者の受け入れ 出題

(厚生労働省資料)

外国人労働者数の推移

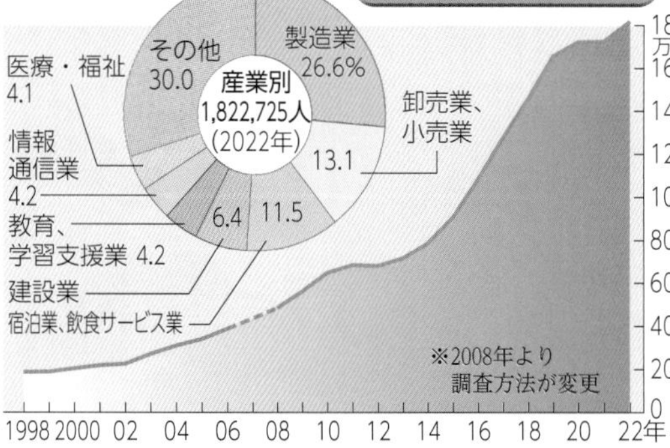

介護分野でも外国人の受け入れが増加　介護分野での外国人の受け入れについては、在留資格「介護」のほか、技能実習制度やＥＰＡ(経済連携協定)に基づいて行われている。2019年に新設された在留資格「特定技能」(➲Column参照)でも、介護人材の受け入れが認められることになった。

解説　**増える外国人労働者**　少子高齢化による労働者不足やグローバル化を背景に、外国人労働者の受け入れをめぐる議論が活発化してきた。外国人労働者数は年々増加し、2016年に初めて100万人を超えた。外国人に対しては、不法就労の状態であっても、労働基準法や労働組合法、最低賃金法、労働者派遣法などの労働法規が適用される。

COLUMN

技能実習制度と「特定技能」

産業別外国人労働者の割合　(総務省資料)

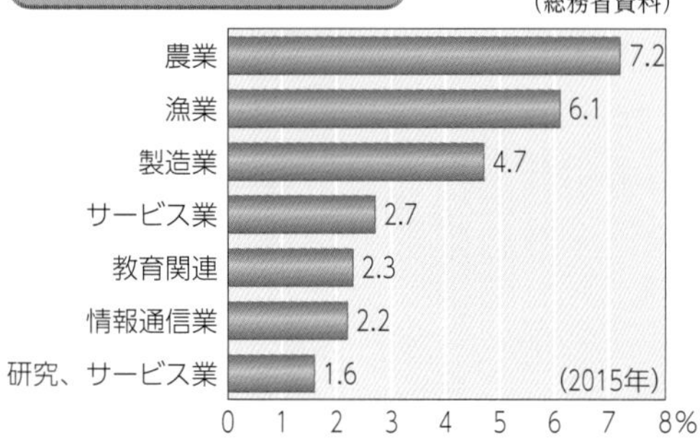

外国人技能実習制度は、発展途上国への技能や知識の移転を目的に、1993年に始まった制度である。技能実習生の在留期間は最長５年間とされている。技能実習生の受け入れは拡大され、現在、85の職種で約40万人を受け入れている。しかし、実習とは名ばかりで、禁止されている単純労働者として、低賃金で長時間の労働を強いられている例もある。こうしたことから、政府内では制度の廃止と新制度への移行に向けたうごきがみられる。

2018年には出入国管理および難民認定法が改正され、翌年に在留資格「**特定技能**」が創設された。特定技能は人手不足を補うための人材確保を目的としている。特定技能には、在留期間が１年(最長５年まで更新可能)の「１号」と、在留期間が３年(更新の制限がなく事実上の永住が可能)で、母国にいる家族の帯同が認められる「２号」がある。しかし、「２号」の認定条件は厳しく、これまで認定された外国人はきわめて少ない。

19 障害者雇用

? なぜ、障害者の法定雇用率が設けられているのか

民間企業における法定雇用率、実雇用率の推移

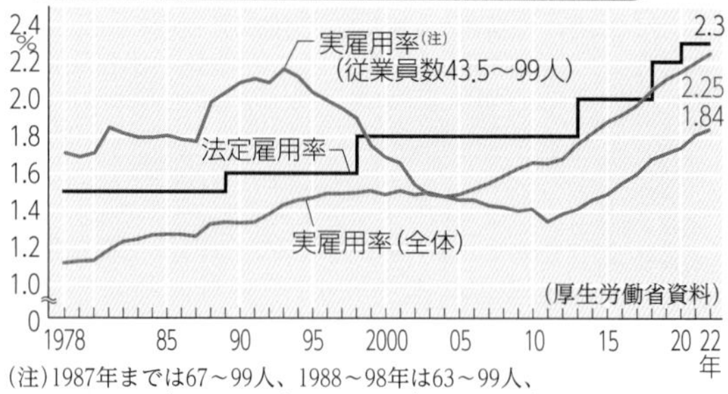

(注)1987年までは67～99人、1988～98年は63～99人、1999～2012年は56～99人、2013～17年は50～99人、2018年～20年は45.5～99人（短時間労働者は0.5人としてカウント）

行政機関の障害者雇用　2022年現在、行政機関の法定雇用率は2.6%。しかし、2018年に国や地方の行政機関で障害者雇用の大規模な水増しが発覚し、問題となった。

解説　**雇用の分野における障害者の待遇確保**　障害者の職業生活での自立促進と雇用の安定を図るため、1960年に**障害者雇用促進法**が制定された。この法律では、すべての企業や行政機関に法定雇用率以上の障害者を雇用する義務を課している。未達成の企業からは法定雇用率に不足する人数に応じて障害者雇用納付金を徴収し、達成企業に対しては調整金や奨励金を支給する。民間企業で働く障害者は増加傾向にあるが、法定雇用率を達成している企業は全体の半数に満たない。

20 高齢者雇用 出題

高年齢者雇用安定法の概要

60歳	60歳未満の定年禁止	
	①65歳までの定年引き上げ ②定年制の廃止 ③65歳までの継続雇用制度	いずれかの導入 ［義務］
65歳～70歳	①70歳までの定年引き上げ ②定年制の廃止 ③70歳までの継続雇用制度 ④70歳まで継続的な業務委託契約 ⑤70歳まで継続的に社会貢献活動へ従事できる制度	いずれかの導入 ［努力義務］

※継続雇用制度の年齢は、2025年度までに段階的に引き上げられる。

➲**定年後もオフィスで働く男性**　日本の就業者のうち、約15%は65歳以上の高齢者であり、また、高齢者の４人に１人が就業者である。

解説　**高齢者の継続雇用**　年金保険(基礎年金)の支給開始年齢の段階的な引き上げに対応するかたちで、高齢者の安定的な雇用の確保が求められるようになった。そこで、**高年齢者雇用安定法**が改正され、2013年に65歳の雇用確保が義務化された。さらに、2021年には70歳までの就業機会の確保が努力義務となった。働く意欲のある高齢者を雇用することは、労働者人口が低下する日本の経済にとってプラスになる。一方、高齢者の継続雇用によって、若者など現役世代の賃金や採用が抑えられてしまうのではないかとの懸念もある。

Zoom **技能実習の監理団体**　技能実習生を受け入れ、受け入れ企業に対するサポートなどを行う非営利団体。受け入れ企業における技能実習生の実習状況を監査し、実習生を保護する役割を担う。国別ではベトナムからの実習生が最も多く、約４割を占めている。

15 社会保障制度と福祉のあり方

要点の整理

＊1～18 FILEは資料番号を示す

Ⅰ 社会保障の歩み

❶**世界の社会保障制度の歩み** 1……①公的扶助の源流：**エリザベス救貧法**(1601年・英) ⟶ ②社会保険の源流：**ビスマルクの社会保険政策**(1883～1889年・独) ⟶ ③社会保障制度の成立：**ベバリッジ報告**(1942年・英)
❷**社会保障制度の類型** 2……①北欧型：高福祉高負担　②大陸型：社会保険中心　③アメリカ型：自己責任が原則
❸**日本の社会保障制度の歩み** 3……①戦前：恤救規則(1874年・初の公的扶助)、健康保険法(1922年・初の社会保険)
②戦後：日本国憲法(1947年)で生存権を規定
⟶ **少子高齢化** FILE の影響……社会保障関係費が増加

Ⅱ 日本の社会保障制度

❶**社会保険**……いざというときの公的な生活保障
①**年金保険** 7……退職後の生活保障：国民年金法成立(1959年) ⟶ 「**国民皆年金**」を実現
- 20歳以上の全国民……**国民年金**(基礎年金)　• 給与所得者……**厚生年金保険**を基礎年金に上乗せ
  ※共済年金は2015年に厚生年金保険に統一された。
- 年金財源の調達方法 8……日本は当初、**積立方式**を採用 ⟶ 現在は、世代間扶養を理念とした**賦課方式**を採用
- 年金制度改革 FILE……2004年、**マクロ経済スライド**を導入 ⟶ 年金額の上昇を、賃金や物価の上昇以下に抑制

②**医療保険** 10……医療費の補助：国民健康保険法全面改正(1958年) ⟶ 「**国民皆保険**」を実現
※75歳以上の高齢者……**後期高齢者医療制度**(長寿医療制度)
③**雇用保険** 14……失業したときの、再就職までの生活保障と再雇用制度
④**労働者災害補償保険**……業務の際の傷病・障害・死亡についての療養・休業・障害・遺族補償➲p.226
⑤**介護保険** 13……**介護保険法**(2000年実施) ⟶ 高齢者介護のサービス・費用を保障：40歳以上の国民が保険料負担
❷**公的扶助** 15……国庫を財源とする生活困窮者への生活・教育・医療扶助などの経済援助。生活保護法に規定
❸**社会福祉** 16……国庫を財源とする児童・障害者 17・高齢者や母子家庭などの社会的弱者に対するサービスの提供
- **ノーマライゼーション**(すべての人が同じ生活を実現)や**バリアフリー**に向けた取り組みを推進 18

❹**保健医療・公衆衛生**……国民の健康の維持・増進を図る政策と公共サービスの提供

経済

Ⅰ 社会保障の歩み

1 世界の社会保障制度の歩み 出題

?なぜ、社会保障制度が必要とされるようになったのか

年	国	事　項
1601	英	**エリザベス救貧法**制定
1833	英	工場法制定
1883	独	疾病保険法制定
1884	独	労働者災害保険法制定
1889	独	老齢・廃疾保険法制定
1911	独	ドイツ国社会保険法制定(各種社会保険の統一)
〃	英	国民保険法(失業保険制度のはじまり)
1917	ソ	国家社会保険制度の開始
1919	※	国際労働機関(ＩＬＯ)設立、失業保険の勧告
1929	※	世界恐慌
1935	米	**社会保障法制定**(社会保障ということばを初めて使用)
1942	英	**ベバリッジ報告**発表
1944	※	ＩＬＯ、**フィラデルフィア宣言**を採択
1945	英	家族手当法成立
1946	英	児童法、国民保険サービス法、国民保険法成立
1948	※	国連、**世界人権宣言**を採択
1952	※	ＩＬＯ102号条約(社会保障の最低基準に関する条約)を採択
1964	※	ヨーロッパ社会保障法典を採択(ＩＬＯ102号よりも高水準の社会保障制度をめざす)
2010	米	医療保険改革法成立➲p.241

ビスマルクの社会保険政策（1883・1884・1889年）

公的扶助の源流

エリザベス救貧法…富裕層に課した救貧税によって、労働できない高齢者や病人を貧困から救済しようとする法律。貧困者を救済する公的扶助制度の源流となった。一方で、働く能力のある貧民や子どもたちは作業所に収容して強制的に働かせた。

社会保険の源流

ビスマルクの社会保険政策…失業や貧困、貧富の格差の拡大などの資本主義経済の矛盾に対応するためにとられたビスマルク(1815～98)の政策。各種社会保険制度を整備し、保険料は労使で負担することにした。社会保険制度の源流となったが、一方で、労働運動や社会主義運動を厳しく弾圧したため、「**アメとムチの政策**」と呼ばれる。

社会保障制度の成立

ベバリッジ報告…1941年、イギリスのチャーチル首相によりベバリッジ(1879～1963)を委員長とする社会保障制度改革委員会が設置された。翌年提出された報告書は「**ゆりかごから墓場まで**」をスローガンに掲げ、国家が生涯にわたり、すべての国民に最低限度の生活(**ナショナル・ミニマム**)を保障するものであった。社会保険を基本的なサービスとし、必要な場合には公的扶助、それ以上の保障は個人の任意による保険加入とした。

解説 **社会保障制度の目的は救貧から防貧へ**　病気・けが・失業・出産・障害・死亡・老齢などの生活上の問題で、私たちは誰もが貧困に陥ることがある。貧困の放置は人々から尊厳を奪い、社会不安をまねきかねない。人々が安心して暮らせる社会をつくるために必要な**セーフティネット**(安全網)が社会保障である。社会保障は資本主義社会の発展に伴って必要とされるようになり、世界恐慌後の1935年にアメリカで制定された社会保障法で、初めて社会保障(Social Security)ということばが使用された。第二次世界大戦後には福祉国家の理念の下に各国で社会保障制度の整備が飛躍的に進んだ。

TOPIC トピック　ビスマルクは鉄血宰相と呼ばれる。「鉄血」の由来は、「現在のドイツの問題は演説や多数決ではなく、鉄と血によってのみ解決される」という彼の議会での演説に基づく。

用語解説　⑳社会保障法

2 社会保障制度の国際比較 出題

? 北欧型・大陸型・アメリカ型の特徴はどのようなものか

社会保障財源の対ＧＤＰ比の国際比較

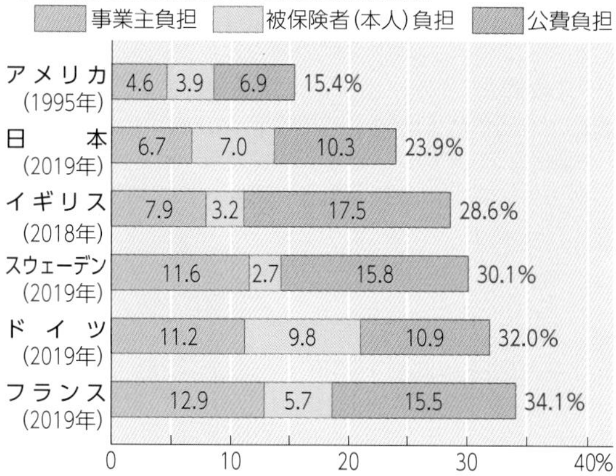

（厚生労働省資料ほか）

	北欧型	大陸型	アメリカ型
特徴	国家の役割が大きい	家族・職域の役割が大きい	市場の役割が大きい
規模	中〜大きい	中〜大きい	小さい
給付の対象	現役世代向け、高齢者向けともに充実	高齢世代向け給付が多い	自己責任が原則。生活貧困者向け給付が多い
おもな歳入	公費（税など）	保険料が中心	公費（税など）

解説 **公的責任か自己責任か**　スウェーデンなどにみられる**北欧型**は、おもに租税を中心とする公費負担の割合が大きい。社会保障の給付は均一になされるのが原則である。一方、ドイツやフランスなどにみられる**大陸型**は職域ごとの社会保険制度を中心としており、その財源は労使双方の拠出による保険料で、給付は所得比例型が多い。北欧型や大陸型の国では高い国民負担率に支えられて高福祉高負担となる傾向がある。一方、**アメリカ型**は、市場原理主義と自己責任が重視され、低福祉低負担が基本である。

3 日本の社会保障制度の歩み 頻出

年	事　項　※■は福祉六法
1874	**恤救規則** → 日本で最初の公的扶助
1922	健康保険法（27年施行） → 日本で最初の社会保険
1923	恩給法 → 公務員に対する恩給制度を整理・統合
1929	救護法 → 恤救規則廃止
1938	国民健康保険法、社会事業法
1941	労働者年金保険法（44年、厚生年金保険法に改正）
1946	**生活保護法**（50年に全面改正）
1947	労働者災害補償保険法、失業保険法、**児童福祉法**
1949	**身体障害者福祉法**
1954	厚生年金保険法全面改正
1958	国民健康保険法全面改正 → 国民皆保険実現
1959	**国民年金法** → 国民皆年金実現
1960	精神薄弱者福祉法（99年、**知的障害者福祉法**に改正）
1961	「国民皆保険・皆年金」の実施、児童扶養手当法
1963	**老人福祉法**
1964	母子福祉法（2014年に**母子及び父子並びに寡婦福祉法**に改正）
1966	国民健康保険法改正→７割給付実現
1971	**児童手当法**
1973	老人医療費無料化 → 福祉元年
〃	年金制度改正 → 物価スライドの導入
1974	雇用保険法（旧失業保険法の改正、75年度施行）
1983	老人保健法 → 老人医療費有料化、86年一部自己負担増額
1985	国民年金法改正 → 基礎年金制度の導入
1989	年金制度改正 → 完全自動物価スライド制の導入、国民
〃	年金基金の設立、20歳以上の学生の年金強制加入
1991	老人保健法改正 → 老人訪問看護制度の導入
1995	**育児・介護休業法**（99年度施行）
1997	健康保険法改正 → 被保険者本人負担を２割に
2000	**介護保険法**（2005年改正）
2002	健康保険法改正 → 03年度から被保険者本人負担３割に
2003	次世代育成支援対策推進法、少子化社会対策基本法
2005	**障害者自立支援法**（06年度から施行） → 12年、障害者総合支援法に改正
2006	医療制度改革関連法 → 後期高齢者医療制度の創設
2008	**後期高齢者医療制度**開始
2010	社会保険庁を廃止し、日本年金機構を設立
2012	障害者総合支援法
〃	社会保障・税一体改革関連法
2015	共済年金を厚生年金保険に統一
2017	老齢基礎年金の受給資格期間を25年から10年に短縮

第二次世界大戦前

●背景：近代化政策〜恐慌の発生〜戦争の拡大
恤救規則は身寄りもなく労働ができない高齢者・障害者・病人・児童などに一定の米代を支給することを定めた、慈恵的救貧制度。恐慌の発生や農村の凶作による貧困者の拡大が社会問題化すると、救護法が制定された。

↓

戦後の混乱・復興期

●背景：遺族・罹災者・負傷者への援護、国民の栄養改善
戦後、日本の社会保障制度は本格的に発展した。1946年、日本国憲法が公布され、第25条で生存権が規定されるなど、福祉国家の理念が掲げられた。この理念に基づいて、生活保護法をはじめとする福祉六法が順次制定された。

↓

高度経済成長期

●背景：生活水準の向上、生活保護から社会保険へ
それまで総人口の約３割存在していた医療保険制度の未適用者に対して、国民健康保険法を改正して医療保険制度の対象とした。また、被用者年金制度の適応外にあった自営業者などを対象として国民年金法が制定された。こうして1961年には「国民皆保険・国民皆年金」が実現した。

↓

安定成長期

●背景：物価の上昇・産業構造の変化・核家族化
上昇する物価に対応するため、1973年、物価の変動に応じて年金給付額を調整する物価スライドが導入された。また、職域間での年金の格差是正や専業主婦への年金の安定化のため、1985年に基礎年金制度が導入された。

↓

現在

●背景：少子高齢化・人口減少社会・格差社会
少子高齢化が進行し、少子化対策や高齢者介護制度の拡充、年金制度の安定化など、持続可能な社会保障制度を構築することが急務となっている。さらに、高齢者世帯や低所得者層の増加に伴い、増える生活保護費への対策も迫られている。

Zoom **社会保障財源の国際比較**　資料2の中で、事業主や公費の負担が最も少ないのはアメリカで、最も公費の負担が多いのがスウェーデン。大陸型でもドイツは被保険者本人の負担が最も多く、フランスは事業主負担が最も多いといった特徴がある。

Ⅱ 日本の社会保障制度

4 日本の社会保障制度の体系 頻出

?日本の社会保障制度はどのような種類があるのか

社会保険	医療	健康保険(民間サラリーマン)、国民健康保険(自営業・農業)、船員保険、各種共済組合(公務員)、後期高齢者医療制度(75歳以上)	疾病・負傷・出産・死亡などに際して適用される。(すべての国民がいずれかの健康保険に加入する。病院で安く治療が受けられる)
社会保険	年金	厚生年金(民間サラリーマンと公務員)、国民年金(全員加入)	老齢・障害・遺族の3種類。(全国民がいずれかの年金保険に加入する。高齢者や障害者は年金を受けられる。また、死亡した場合は遺族に年金が支給される)
社会保険	雇用	雇用保険	失業等給付(求職者給付・就職促進給付)など
社会保険	労災	労働者災害補償保険	業務上の労働災害・通勤途上の災害に対する給付
社会保険	介護	介護保険	要介護認定によって、介護サービスを提供
公的扶助	生活保護	生活扶助、教育扶助、住宅扶助、医療扶助、介護扶助、出産扶助、葬祭扶助、生業扶助の8種類	生活困窮者に対して、最低限度の生活を保障する。その費用は全額公費(国・地方公共団体)による負担
社会福祉	児童福祉 母子福祉 老人福祉 障害者福祉		児童・母子・高齢者・障害者に対する援助。施設・サービスなどを提供。全額公費による負担
保健医療・公衆衛生	保健医療	結核予防・予防接種 感染症予防・精神衛生	国民の健康の維持・増進を図るため、地域保健法により保健所・保健センターを設置
保健医療・公衆衛生	環境政策	上下水道 公害対策	生活環境の整備、公共サービスの提供

保険者・被保険者とは?

保険者:国や地方公共団体・健康保険組合など、保険料の徴収や保険金の給付を行う運営主体のこと
被保険者:医療保険や年金保険などに加入し、給付を受けることができる人のこと

医療保険と労災保険の違いは?

医療保険:疾病・負傷・異常出産・死亡などには、医療保険が適用される。また、出産には一時金が支給される。保険料は労使折半で負担。
労災保険:業務上や通勤途上の災害には、労働者災害補償保険(労災保険)が適用される。保険料は全額事業者が負担。

雇用保険の受給額の違いは?

基本手当の給付日数は、年齢や被保険者期間によって90~360日の間で決められる。また、会社の倒産や経営難による解雇によって職を失った場合と、本人の責任による懲戒解雇や自己都合での退職で離職した場合では、受給額が変わる。

保険料の徴収方法は?

企業などに勤務している場合:給与や賞与に一定の保険料率をかけて算定され、給与や賞与の支給時に天引きされる。
自営業や農業者の場合:国民年金は一定額を金融機関に振り込むか、口座から引き落とされる。医療保険は一定額に所得に応じた額を加算して市町村に納める。

解説 **生存権を実現** 社会保障制度は生存権を実現するためのセーフティネットである。貧困を防ぐ**社会保険**、貧困を救う**公的扶助**、社会的弱者への援助である**社会福祉**、国民の健康と環境を改善する**保健医療・公衆衛生**から構成されている。社会保障制度の中心となる社会保険は、**医療・年金・雇用・労災・介護**の5部門からなる。

5 社会保障関係費の推移 出題

?日本の社会保障関係費はどの世代を対象としたものが多いのか

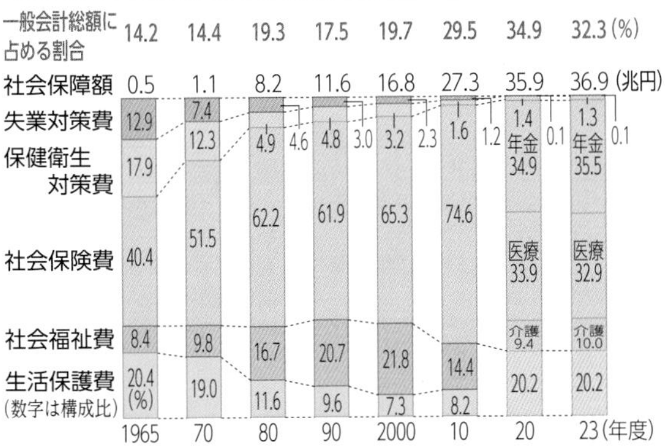

(注)当初予算ベース。2009年度より、失業対策費は雇用労災対策費、社会保険費は年金医療介護保険給付費(2016年度より年金、医療、介護に分割)。2016年度より、社会福祉費および生活保護費は少子化対策費と生活扶助等社会福祉費の合算によった。 (財務省資料)

解説 **歳出の約3割が社会保障関係費** 現在、社会保障関係費は一般会計総額の約3分の1を占めている。また、社会保障関係費の中では医療保険や年金保険などの社会保険費が8割を占めており、日本の社会保障政策が高齢者中心であることがわかる。

6 社会保障給付費の推移

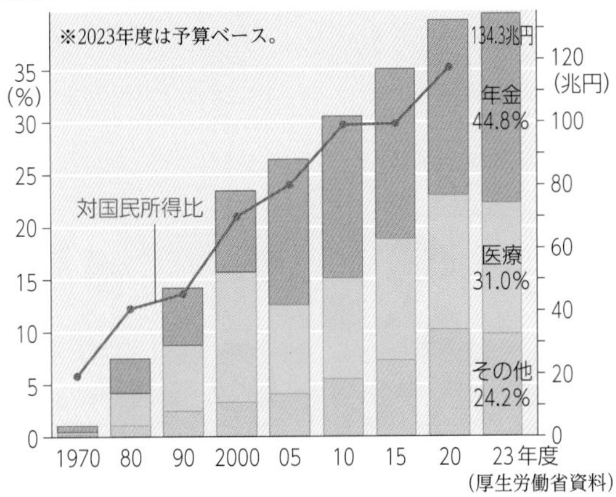

(厚生労働省資料)

解説 **高齢化が押し上げる給付費** 社会保障給付費のおもな財源は、税金や保険料といった国民の負担である。高齢化が進むにつれて、日本の社会保障給付費は増加の一途をたどっている。現在、社会保障給付費の半分を年金が占め、また、3分の2が高齢者向けの給付となっている。なお、国民1人当たりの年間の社会保障給付費は約100万円となっている。

TOPIC トピック 社会保険庁に代わって2010年から業務を開始した日本年金機構は、非公務員型の特殊法人である。国(厚生労働大臣)は日本年金機構を指導・監督する権限をもっている。

用語解説 ⑳国民皆保険・国民皆年金

Ⅲ 社会保険

7 公的年金制度

? 日本の公的年金は、働き方によってどのように異なっているか　出題

（加入員数は2022年３月末現在）

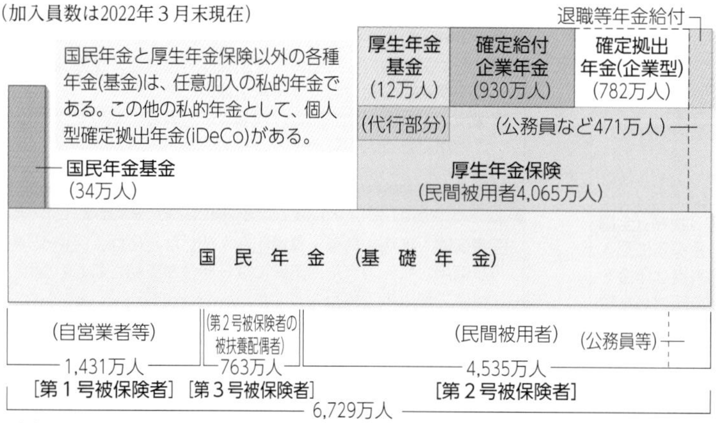

受給開始年齢：原則として、国民年金の受給は65歳からであり、厚生年金の受給は60歳から65歳に段階的に引き上げられている。

第１号被保険者
- ○20歳以上60歳未満の自営業者、農業者、無業者が加入（非正規雇用労働者も多い）
- ○保険料は定額、月額16,520円(2023年度)

第２号被保険者
- ○民間被用者、公務員が加入
- ○保険料は報酬額に比例
  厚生年金保険料率：18.30%(2017年９月〜)（総報酬ベース、２号と３号の基礎年金及び厚生年金保険（報酬比例部分）に充当）
- ○労使折半で保険料を負担

第３号被保険者
- ○民間被用者、公務員の配偶者が加入
- ○被保険者本人は負担を要しない
- ○配偶者の加入している年金の保険者が負担

（厚生労働省資料）

解説 **高齢社会の基盤を支える年金制度**　日本では1961年に**国民皆年金**が実現したが、年金の種類は民間企業の労働者を対象とする厚生年金保険、公務員を対象とする共済年金、自営業者などを対象とする国民年金に分かれていた。加入する年金によって給付や負担の不公平が生じていたため、**1985年に国民年金法が改正され、翌年には国民年金を全国民共通の基礎年金とする制度が導入された。そして、厚生年金保険や共済年金は、基礎年金の上乗せとして報酬に比例して支給される制度に再編成された。**また、1991年には20歳以上の学生も原則的に国民年金に加入することが義務づけられた。その後は高齢化による財源不足に対応するため、保険料の引き上げと年金給付額の削減が行われている。なお、2015年10月、公務員が加入していた共済年金は厚生年金保険に統一された。

8 賦課方式と積立方式　出題

? 賦課方式と積立方式の違いや特徴はどのような点にあるのか

	賦課方式	積立方式
特徴	現在の現役世代が納める保険料は、現在の高齢者に支給される	現在の現役世代が納めた保険料は、将来自分が高齢者になったときに受け取る
長所	物価の影響を受けにくい。また、積立金を運用しなくてよいため、金利の変動を受けなくてすむ	少子高齢社会による人口構成の変動の影響を受けにくい
短所	現役世代が高齢者を支えるしくみのため、少子高齢社会では、現役世代の負担が年々重くなる	物価の影響を受けやすく、将来インフレになると目減りする。また、積立金の運用結果によって保険金が左右される

賦課方式のしくみ

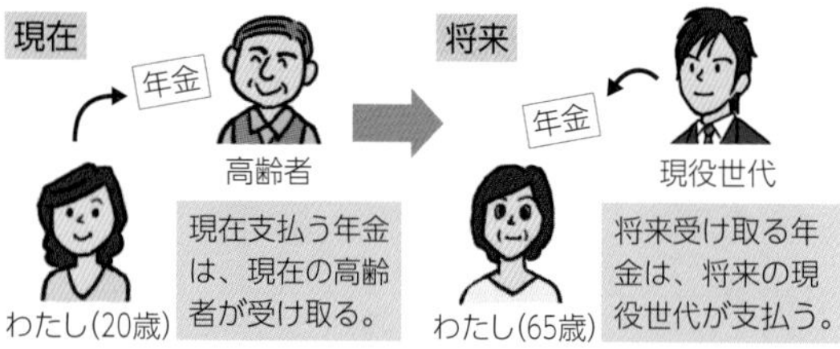

解説 **賦課方式中心**　日本の公的年金制度は、当初は完全積立方式を採用していた。しかし、インフレの進行により積立方式を維持することが困難となり、現在は「世代間扶養」を理念とした賦課方式を主として、一部に積立方式の要素も採用した方式となっている(修正積立方式)。先進国ではおもに賦課方式が採用されている。

9 確定拠出年金(「日本版401ｋ」)

確定拠出年金制度（企業型）のしくみ　（厚生労働省資料）

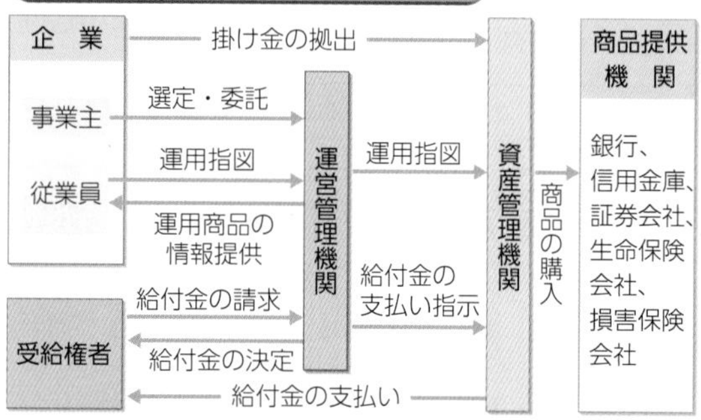

長所	短所
• 加入者個人が運用の方法を決めることができる • 運用が好調であれば年金額が増える • 離職や転職のときに年金資産のもち出しが可能	• 運用が不調であれば年金額が減る • 老後に受け取る年金額が事前に確定しない • 運用のために経済や金融の知識が必要

解説 **リスクもある確定拠出年金**　公的年金を補完する制度として、確定給付企業年金や**確定拠出年金**がある。確定拠出年金はアメリカの制度にならって2001年に導入され、「**日本版401k**」ともいわれる。確定給付企業年金は企業が運用し、給付額はあらかじめ保障されているのに対して、確定拠出年金は加入者個人が運営管理機関に運用を指図し、給付額は運用実績によって決まる。そのため、自己責任型の年金ともいえるが、運用次第では元本割れするリスクもある。また、2002年に始まった個人型確定拠出年金(iDeCo)は、会社員や公務員のほか、自営業者や専業主婦なども加入できる。

Zoom **公的年金制度**　資料7は働き方によって年金が１〜３階建てに分かれていることを示している。第１号で国民年金基金に加入していない人と第３号は１階部分の国民年金のみ支給され、第２号は１・２階部分の国民年金と厚生年金保険が支給される。

10 医療保険制度の概要（2023年４月現在、加入者と保険者は2022年３月末現在）　出題

？医療保険制度は、働き方や年齢によってどのように異なっているのか

制度			被保険者	加入者（万人）	保険者	窓口負担	国庫負担・補助
職域保険（被用者保険）	健康保険	全国健康保険協会管掌健康保険（協会けんぽ）	健康保険組合のない事業所の被用者（おもに中小企業）および日雇い労働者	4,027	全国健康保険協会	本人・家族→３割 義務教育就学前→２割 70歳以上75歳未満→２割（一定以上の所得者は３割）	給付費の16.4%
		組合管掌健康保険（組合健保）	健保組合設立事業所の被用者（おもに大企業）	2,838	健保組合（1,388）		定額（予算補助）
	船員保険		船員	11	全国健康保険協会		定額
	各種共済	国家公務員共済組合	国家公務員	869	共済組合（20）		なし
		地方公務員共済組合	地方公務員		共済組合（64）		
		私立学校教職員共済組合	私立学校の教職員		事業団（１）		
地域保険	国民健康保険		被用者保険の対象以外の者（農業従事者、自営業者など）	2,805	市町村※（1,716）		給付費等の41%
					国民健保組合（160）		給付費等の28.4～47.4%
			被用者保険の退職者		市町村※（1,716）		なし
後期高齢者医療制度（長寿医療制度）			75歳以上および65歳以上75歳未満のねたきり等の状態にある者	1,843	［運営主体］医療広域連合（47）	１割（一定以上の所得者は２～３割）※	保険料10% ←― 75歳以上の保険料 支援金40% ←― 75歳未満の保険料 公　費50% ←― 国：都道府県：市町村＝４：１：１

※2018年４月以降、国民健康保険は都道府県と市町村がともに保険者となり、財政運営が都道府県単位で行われている。また、後期高齢者医療制度の窓口負担割合は、2022年10月から現役並み所得者の３割に加えて、一定以上の所得者が２割になった。

国民医療費の推移

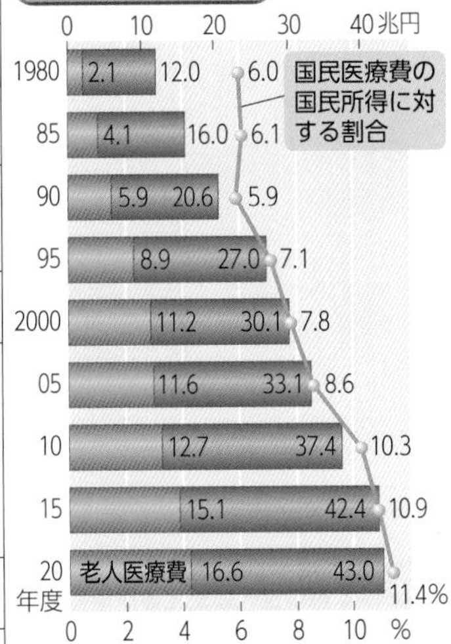

（注）2000年度に介護保険が創設され、医療費の一部が介護保険に移行した。老人医療費は2008年度から後期高齢者医療費。

（厚生労働省資料）

■高齢者医療制度の変更点

老人保健制度	→ 後期高齢者医療制度
○現役世代と高齢者の費用負担関係が不明確	○現役世代と高齢者の費用負担関係を明確化
○保険料を納めるところ（健康保険組合などの保険者）と保険料を使うところ（市町村）が異なる	○保険料を納めるところとそれを使うところを都道府県ごとの広域連合に一元化し、財政・運営責任を明確化
○加入する制度や地域によって保険料額に差がある	○地域ごとの保険料額の格差を緩和

解説 **増加する国民医療費**　国民皆保険を維持するため、保険料での運用を基本としつつ、公費が投入されている。しかし、高齢化による医療費の増加に対応するため、被保険者の窓口負担が2003年度から原則２割から３割になった。また、2008年度から75歳以上を対象とする**後期高齢者医療制度**が施行され、老人保健制度は廃止された。

11 保険診療のしくみ

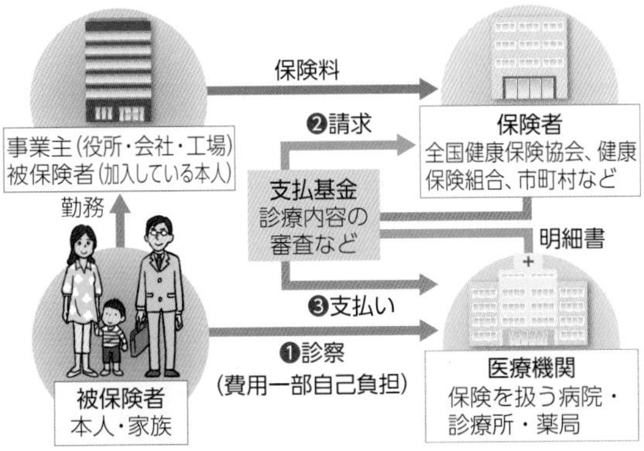

解説 **医療費は基金を通じて**　医療費に対して、患者本人の窓口負担以外は保険者から支払われる。医師は医療行為を点数化し、請求用紙（レセプト）に記入して診療報酬支払基金に提出する。支払基金は診療報酬が適切であるか審査したうえで、保険者に請求書を回す。そして、保険者からの診療報酬が支払基金を通じて医療機関に支払われる。

COLUMN
アメリカの医療保険制度

アメリカでは、低所得者を対象としたメディケイドや、高齢者を対象としたメディケアなど、公的医療保険制度の対象者は一部に限定されている。そのため、アメリカには多くの無保険者が存在する。そこで、オバマ大統領（当時）は医療保険の加入率を引き上げるため、2010年に**医療保険改革法**（オバマケア）を成立させた。この法律によって、民間の保険会社への加入が義務づけられる一方、保険会社の高すぎる保険料設定が禁止された。

⇧連邦最高裁の判決を喜ぶオバマケアの支持者たち（2021年・アメリカ）

アメリカでは「小さな政府」をめざす立場からオバマケアに反対する声があり、オバマケアの無効化を求める訴訟も起こされた。しかし、アメリカ連邦最高裁判所は、2021年にこの訴えを退けている。

TOPIC トピック　2022年３月の調査では、オバマケアに対する好意的な態度を示すアメリカ人は、民主党支持者では87%だが、無党派層では58%、共和党支持者では21%となっていた。

用語解説　209社会保険，210国民年金，211厚生年金，212医療保険

12 医療保険の世代間格差

年齢別医療費と自己負担・保険料

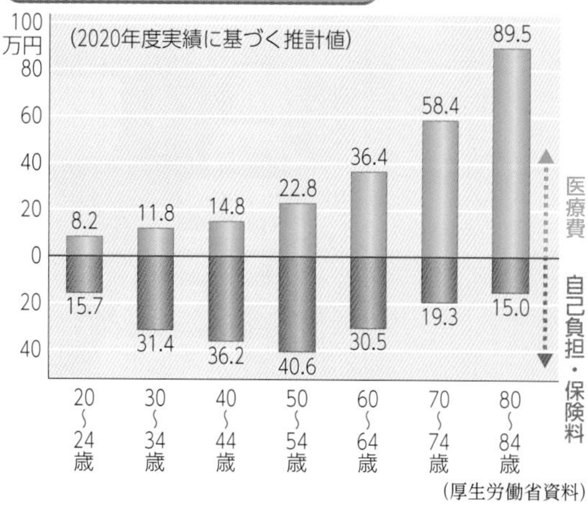

(厚生労働省資料)

医療保険制度の財源構成 (医療給付費、2022年度予算ベース)

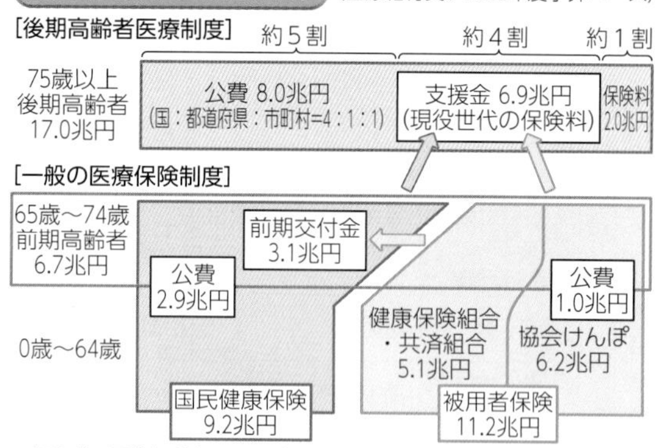

※加入者の平均年齢(2018年度)
国民健康保険:53.3歳、協会けんぽ:37.8歳、健康保険組合:35.1歳、共済組合:32.9歳、後期高齢者医療制度:82.5歳

(厚生労働省資料)

解説 **現役世代が支える医療保険**　**国民医療費**は、加入者の保険料、公費負担、患者が窓口で支払う自己負担金からなるが、1人当たり医療費は高齢になるほど増加している。制度別にみると、民間企業の雇用者が加入する被用者保険(「協会けんぽ」や組合による健康保険)は、加入者の平均年齢が低い。しかし、農業従事者や自営業者、被用者保険の退職者などが加入する国民健康保険は平均年齢が高く、前期高齢者の加入者割合も高い。また、後期高齢者医療制度において、保険料として後期高齢者自身が負担するのは1割だけである。財源の半分を公費で負担し、残りの4割は現役世代が負担する国民健康保険や被用者保険からの「支援金」で賄われている。

13 介護保険制度

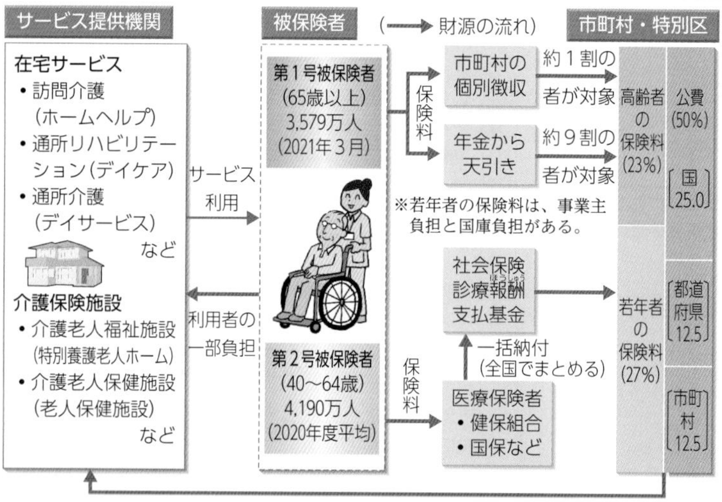

介護保険制度の概要

- 保険者(運営主体)…市町村
- 被保険者…第1号被保険者＝65歳以上。第2号被保険者＝40歳以上64歳以下の医療保険加入者
- 保険給付…被保険者の要介護状態を確認したうえで、医療・福祉サービスを提供
- 利用者負担:原則として費用の1割※
- 公費負担…総給付費の2分の1。国:都道府県:市町村の負担割合は、2:1:1
- 保険料…第1号被保険者は老齢・退職年金からの特別徴収(天引き)が基本。第2号被保険者は各医療保険ごとに医療保険者が徴収のうえ、一括して納付

※一定以上の所得の人は2割。特に所得の高い人は3割。

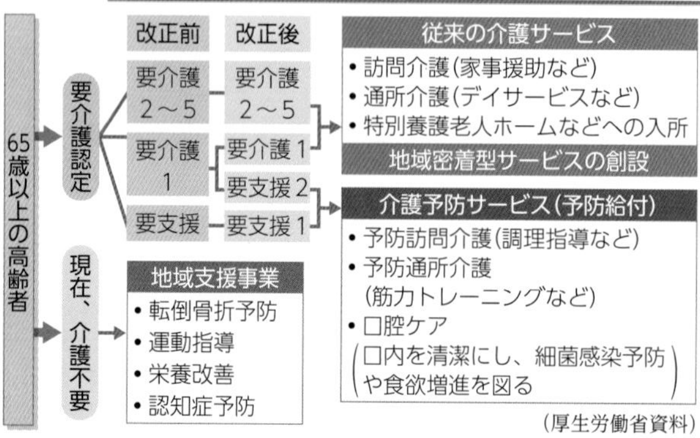

(厚生労働省資料)

地域包括ケアシステム

寝たきりなどの高齢者の介護を行う特別養護老人ホームに入れない高齢者も非常に多い。また、介護福祉士の不足、在宅での介護者の介護疲れ、一人暮らしの高齢者の孤独死など、さまざまな問題が起きている。政府は、特養の増設ではなく、在宅での家族による介護を基本とした「**地域包括ケアシステム**」の構築や、健康な高齢者をボランティアとして活用し、民生委員による地域の支えあいで生活支援の推進を図ろうとしている。

解説 **介護の充実に向けて**　**介護保険制度**は、介護を社会全体で支えるために2000年4月から施行された。高齢化に伴い、寝たきりや認知症の高齢者の長期的な介護の必要性が高まるなか、家族による介護では十分な対応が困難であることから導入された。今後、第1号被保険者である高齢者の割合がいっそう高まるにつれ、介護保険給付額の増加が予想される。保険者である市町村は財政力に差があり、第1号被保険者の介護保険料の全国平均月額約6,000円と比較して、重い負担を求めざるをえない地域もある。

Zoom **生活保護費・国と地方公共団体の負担割合**　生活保護費の支給額は、年齢や世帯構成、居住地域などに応じて決まる。実施機関は都道府県と市および、福祉事務所を設置する町村で、国が4分の3を、地方公共団体が4分の1を負担している。

14 雇用保険

? 雇用保険の加入条件と退職時の給付の制限はどうなっているのか

失業給付のしくみ

求職の申しこみ・受給資格決定 → 待機期間7日間（支給の対象とならない期間）

→ ●会社の都合（倒産、解雇など）、定年、契約満了などによる退職

待期期間が終了した日の翌日から支給対象

→ ●自己の都合などによる退職

給付制限3か月間（支給の対象とならない期間） → 給付制限の期間が終了した日の翌日から支給対象

雇用保険の加入条件

＊公務員、会社役員は加入不可

1週間の労働時間	20時間以上

↓

正社員に加え、正社員でない場合でも、31日以上の雇用見込みがあれば加入可能

●31日以上の雇用見込みとは？
31日以上雇用が継続しないことが明確である場合を除いて適用。雇用条件が31日未満であっても、31日以上の雇用が見込まれる場合は適用

解説 **政府が運営する強制保険**　雇用保険は、労働者と事業主がそれぞれ賃金の一定割合を保険料としてを納める。そして、労働者が失業した場合や、職業訓練を受けた場合、育児や介護のために仕事を休んだ場合に、給付金が支給される制度である。給付のほかに、雇用安定や労働者の能力開発に関する事業も行っている。企業と労働者には原則として強制的に適用されるが、労働時間が週20時間未満の労働者には適応されないため、適用範囲を拡大すべきとの意見もある。

COLUMN

生活保護世帯の増加の影で

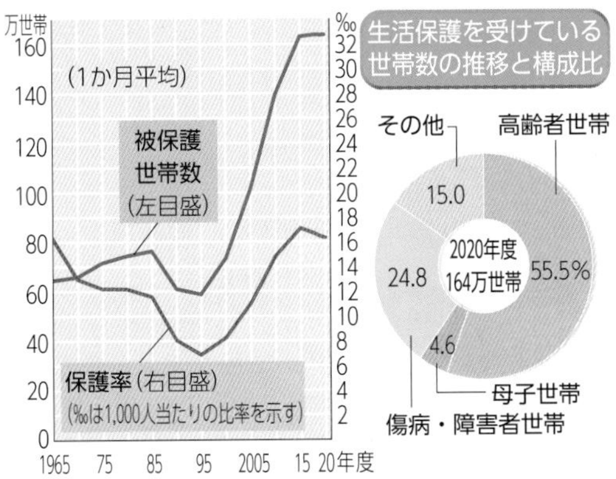

生活保護世帯が増加し続けている。しかし、生活保護が利用可能な人のうち、実際に利用している人は2割にすぎず、多くの貧困世帯が受給していない。この背景には、受給条件を満たしているかを判断するための資力調査（ミーンズテスト）が厳しいために受給できなかったり、受給に対する偏見をおそれて申請をためらったりする人が少なくないことがあげられる。

悪質な不正受給には厳しく対処すべきであるが、生活保護を受給しないことが餓死や孤独死といった事件につながっていることもまた、問題である。

Ⅳ 公的扶助

15 公的扶助

出題

扶助の種類	対象となる費用	支給内容
生活扶助	食費・衣料費・光熱水費など	• 食費・衣料費などは個人単位で年齢別に算定 • 光熱水費は世帯人数別に算定 • 母子家庭など、特定の世帯には加算がある
住宅扶助	アパートなどの家賃	一定の範囲内で実費を支給
教育扶助	義務教育のために必要な学用品	一定の基準額を支給
医療扶助	医療費用	直接医療機関へ支払われる（本人負担なし）
介護扶助	介護費用	直接介護事業者へ支払われる（本人負担なし）
出産扶助	出産費用	一定の範囲内で実費を支給
生業扶助	職業訓練の費用	一定の範囲内で実費を支給
葬祭扶助	葬祭費用	一定の範囲内で実費を支給

生活保護が決まるまで

（「読売新聞」2012年10月6日などを参照）

申請者に意思確認 → 申請書類を渡す → **申請書類を受理、手続き開始**

親族らへの扶養の可否の調査
（申請者に「DVから逃げ、居場所を知られたくない」などの事情があれば省略）
家庭訪問による移住実態調査
預貯金、不動産などの資産調査
就労収入などの調査

→ 原則2週間以内 → **支給決定**

年数回の家庭訪問、就労に向けた助言、指導あり

世帯別最低生活費の例（月額）

（広島市：1級地－2）（2020年10月1日現在）

世帯区分	生活扶助（円）	教育扶助（円）	住宅扶助（円）	合計（円）
標準世帯 夫33歳 妻29歳 子4歳	第1類・第2類 141,930 冬季加算 1,767 児童養育加算 10,190	—	49,000 （限度額）	202,887
高齢単身世帯 71歳	第1類・第2類 71,690 冬季加算 1,096	—	38,000 （限度額）	110,786
高齢夫婦世帯 夫72歳 妻67歳	第1類・第2類 115,890 冬季加算 1,554	—	46,000 （限度額）	163,444
母子世帯 母30歳 子9歳 子4歳	第1類・第2類 140,710 冬季加算 1,767 母子加算 23,600 児童養育加算 20,380	小学校 3,680 給食費 実費 通学費 実費 教材費 実費	49,000 （限度額）	240,470

（注）第1類と第2類の合計額は激変緩和措置後の金額。

解説 **最低限度の生活を保障**　公的扶助（生活保護）は、日本国憲法第25条の生存権の理念に基づき、国がすべての国民に対して、最低限度の生活を保障することを目的としている。その内容は生活保護法（1950年成立）に規定されている。生活保護は公費を財源とし、世帯単位で支給されるが、世帯員全員の資産のほか、年金・手当など、他の制度で受ける給付を活用することや、能力に応じて働くことが前提である。また、扶養義務者の扶養（仕送りなどの援助）は、生活保護に優先して行われることが望ましい。その上で、世帯の収入が最低生活費に満たない場合に、その不足分が保護費として支給される。他の先進国では子が親に対して扶養義務を負わず、日本のように子に親の扶養義務を負わせる国は少ない。

TOPIC トピック 退職するときに「経歴に傷がつくから自己都合にしておくよ」ということばに従ってしまうと、2か月間は失業給付を受けることができなくなってしまうので要注意。

用語解説 ⑬介護保険、⑭雇用保険、⑮公的扶助

V 社会福祉

16 社会福祉全般

社会福祉施設数と在所者数（厚生労働省資料）

（2020年10月現在）	施設数	在所者数（人）	在所率（%）
総数	80,723	3,642,649	91.3
保護施設	289	18,216	95.4
老人福祉施設	5,228	144,390	91.4
障害者支援施設等	5,556	151,215	92.7
婦人保護施設	47	296	28.3
児童福祉施設等	45,722	2,807,519	92.1
うち保育所等	29,474	2,624,335	92.1
その他の社会福祉施設	23,509	—	—
うち有料老人ホーム	15,956	521,013	86.8

※有料老人ホームは、サービス付き高齢者向け住宅を含まない。

解説 **福祉サービスを提供**　**社会福祉**は、広義では、未成年者や高齢者、障害者、生活の上の支援や介助を必要とする人に、生活の質を維持・向上させるためのサービスを社会的に提供することである。社会保障の一分野としては、児童・母子（父子）・高齢者・障害者に対する援助で、施設やサービスなどを提供している。税金を財源として運営され、所得制限はないが、所得によって利用料に差が生じることがある。

COLUMN
バリアフリーは誰のため？

車イス校外体験学習中の生徒

障害者や難病患者、妊婦のための「ヘルプカード」

みんなが住みやすい街とはどんな街だろうか？それを考えてもらうために、ある高校で車イス校外体験学習が行われました。周りの人がわからないように、あえて「体験学習中」というゼッケンをつけずに出発です。

まず、生徒たちが実感するのは、道路は「かまぼこ型」であること。車イスをまっすぐ押していても、傾斜がついているので、排水溝の方に曲がってしまいます。次は目線の低さ。車イスに乗ると小学校低学年の目線になるので、車が通過すると恐怖を感じます。コンビニの陳列棚も上の段の商品は手に取ることができません。

車イス校外体験学習を終えて、何が一番辛かったかを聞くと、多くの生徒が「周囲の哀れむような視線」といいます。「私は違うのと言いたかった」と。でも、それは日頃、自分たちが向けている視線なんですね。普段歩いているときには気づかないちょっとした段差や、坂道で車イスを押すことの難しさなど、その立場になって初めてわかることがあります。私たちは誰でも事故や病気で障害をもつ可能性があり、親になればベビーカーを押すこともあるでしょう。そして、みんな高齢者になります。バリアフリーはみんなのためなのです。

17 障害者福祉

障害者総合支援法の概要

趣旨	地域社会における共生の実現に向けて、障害福祉サービスの充実など、障害者の日常生活及び社会生活を総合的に支援する。
障害者支援	①重度訪問介護の対象拡大 ②共同生活介護（ケアホーム）の共同生活援助（グループホーム）への一元化 ③地域移行支援の対象拡大 地域移行支援…施設に入所・入院している障害者が、地域生活へ移行するための支援を行うこと ④地域生活支援事業の追加…障害者に対する理解を深めるための研修や啓発を行う事業や、意思疎通支援を行う者を養成する事業など

解説 **障害者福祉の課題**　2006年に障害者自立支援法が施行された。それまで障害の種類によって異なっていたサービスを統一する一方、サービス利用者は利用料の原則1割を自己負担することになった（食費・光熱水費などは実費負担）。多くの障害者にとっては負担が増える結果となり、国を相手にした訴訟が相次いだ。その後、障害者自立支援法は2012年に**障害者総合支援法**に名称変更され、その対象者に難病患者が加わった。しかし、自己負担の無料化は行われなかった。

18 ノーマライゼーションの考え 出題

ノーマライゼーション（normalization）

あらゆる人が、障害の有無、年齢の違いなどにかかわらず、ともに生活できる社会を築くこと

バリアフリー（barrier free）
身体が不自由な人が生活する上で障害（バリア）となるものをなくすこと

ユニバーサル・デザイン（universal design）
多様な選択肢を用意するなど、すべての人が使いやすいように、モノや施設をはじめから計画してつくること

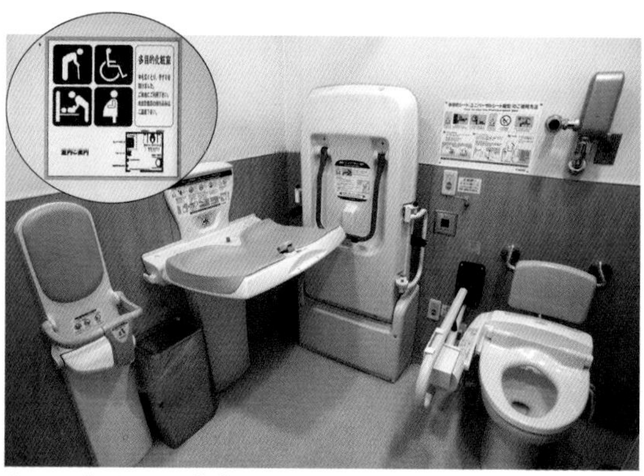

ユニバーサル・デザインの多目的トイレ

解説 **誰もが社会参画できる社会へ**　**バリアフリー**に対する施策として、日本ではハートビル法と交通バリアフリー法を統合した**バリアフリー新法**が2006年に施行された。今日ではあらゆる人々が孤立したり排除されたりしないで、社会の一員として包み支えあうという考え方（社会的包摂：**ソーシャル・インクルージョン**）も重要になっている。

Zoom **ヤングケアラー**　本来は大人が担うような家事や家族の世話を日常的に行っている18歳未満の子どもをヤングケアラーという。政府の調査では、全日制高校2年生の約24人に1人が該当し、学習や部活、友人との時間などが奪われているといわれている。

FILE 25

少子高齢化の現状

日本では1973年をピークに出生数が減少し、1997年には15歳未満の子ども数が高齢者の数を下回った。そして2005年には出生数が死亡数を下回り、ついに人口減少社会に突入した。総人口の４分の１を高齢者が占める現状において、少子高齢化に対する政府の取り組みは必ずしも十分とはいえない。

人口ピラミッドの変化（総務省資料ほか）

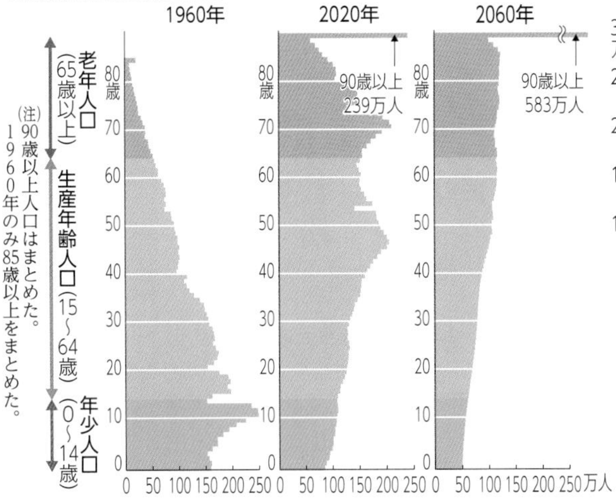

出生数および死亡数の推移

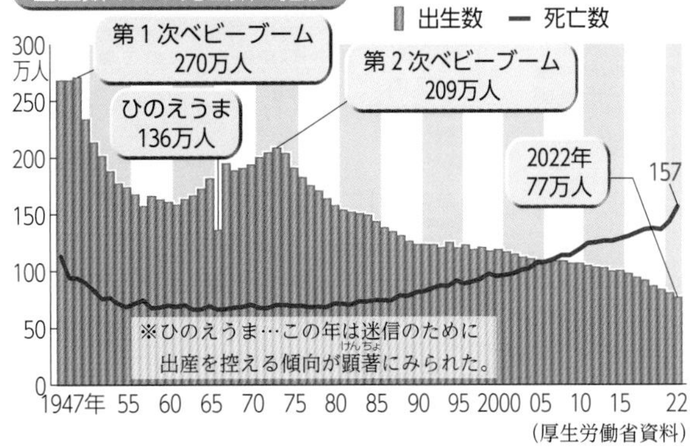

（厚生労働省資料）

1989年には合計特殊出生率が1.57となり、「ひのえうま」の1966年の1.58を下回った。これは「1.57ショック」といわれた。また、2005年には死亡数が出生数を上回った。

少子化の原因は？

各国の合計特殊出生率の推移

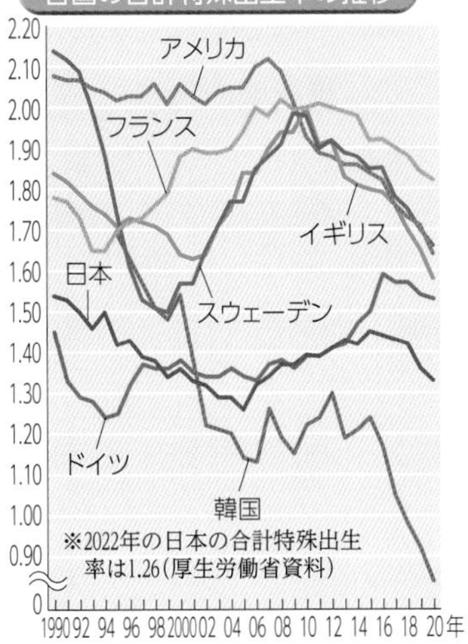

現在の日本社会は、合計特殊出生率（一人の女性が一生に産む子どもの数の平均）が人口置換水準（それ以下になると人口減少をまねく）の2.07を下回っている。2005年と2022年には**合計特殊出生率**が1.26となり、過去最低を記録した。

少子化の原因として、未婚化や、晩婚化に伴う第１子出生時の母親の平均年齢の上昇があげられる。その背景として、経済的事情、働き方や消費生活の変化、結婚や出産・育児に対する価値観の変化が指摘されている。

急速な高齢化

世界の高齢化率の推移

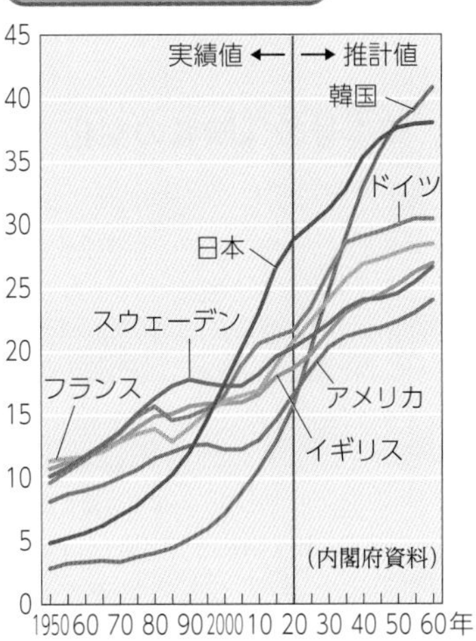

65歳以上の人口が総人口の７％を超えると**高齢化社会**といい、14％を超えると**高齢社会**、21％を超えると**超高齢社会**といわれている。日本は1970年に高齢化社会を迎え、1994年には高齢社会に、2007年には超高齢化社会に突入した。ヨーロッパ諸国に比べて非常に速いスピードである。

高齢化と核家族化に伴い、65歳以上の者のみで構成される高齢者世帯や、高齢者の一人暮らしも増えた。特に女性の一人暮らしは男性の２倍以上いる。

これまでの日本の少子化対策

年	政府の少子化対策
1994	エンゼルプラン策定 →保育所の量的拡大、保育サービスの拡充
1999	新エンゼルプラン策定
2003	**少子化社会対策基本法**成立 →少子化対策を推進することを目的とする。これを受けて、少子化社会対策大綱が策定され、少子化対策の具体的行動が明記された **次世代育成支援対策推進法**成立 →地方公共団体と企業における少子化対策を促進する
2004	子ども・子育て応援プラン →子育て世代の働き方の見直しなど
2010	子ども・子育てビジョン策定 →子ども手当て創設・高校の実質無償化
2012	**子ども・子育て支援法**を含む「子ども・子育て関連３法」成立 →保育所と幼稚園の機能をあわせもつ「認定こども園」の普及、待機児童の解消などを目的とする
2019	子ども・子育て支援法の改正 →幼児教育・保育の無償化

政府は、少子化が問題となりはじめた1990年代から、保育対策を中心に対応に乗り出した。しかし、抜本的な解決には至らず、現在でも少子化に歯止めがかかっていない。

TOPIC トピック 合計特殊出生率の世界平均は2.4前後であり、アフリカでは６に達している国もある。韓国の0.8ほどではないが、日本も世界の国のうち下位１割のグループに入っている。

用語解説 ㉖社会福祉，㉗障害者総合支援法，㉘ノーマライゼーション，㉙合計特殊出生率

FILE 26

公的年金改革

1961年に国民皆年金が実現してから50年以上が経過（けいか）した。現在の社会・経済状況は少子高齢化の進行と人口の減少、巨額の財政赤字など、制度発足当時から大きく様変（さまが）わりした。このような状況の中、今までの公的年金制度では保険料の給付が困難になることが予想される。

公的年金の資金の流れ （厚生労働省資料）

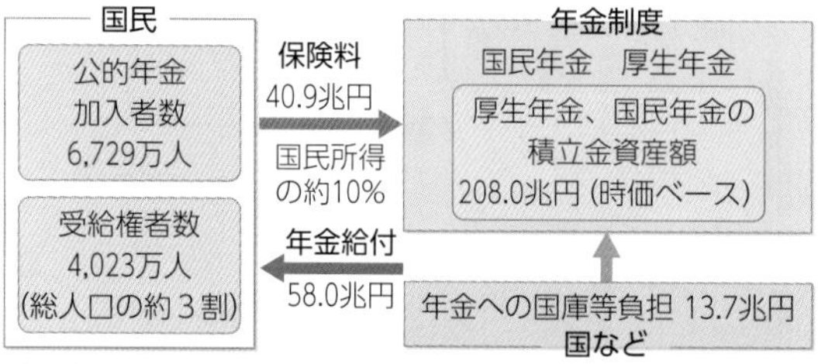

※加入者数と受給権者数は2021年度末、積立金資産額は2022年度末、その他は2023年度。

現役世代と高齢者の比率

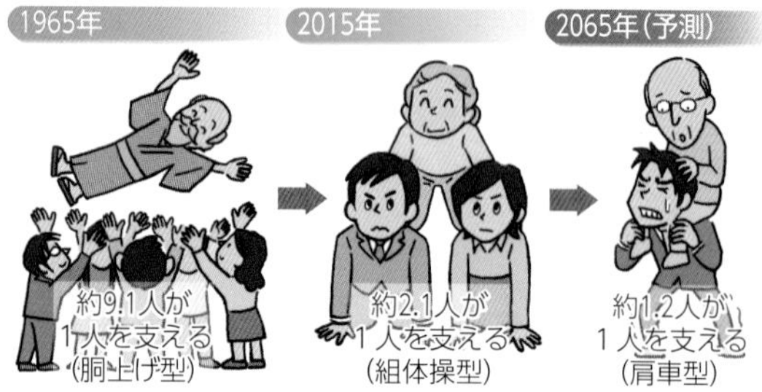

国民年金加入者数の推移 （厚生労働省資料）

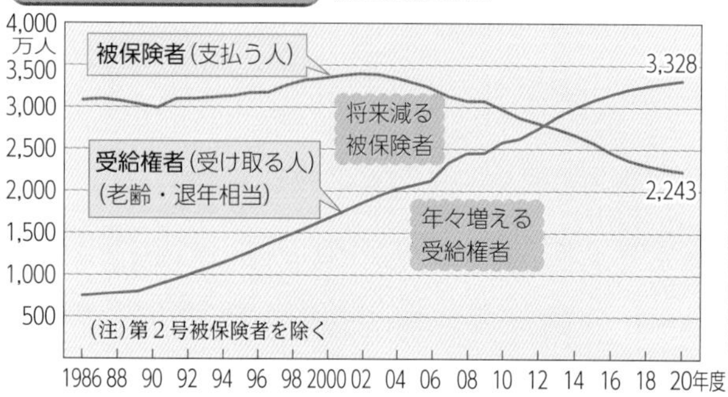

年金を支える人口の変化

高齢者への年金給付を現役（げんえき）世代（20～64歳）の保険料で賄（まかな）う賦課方式の下では、年金の財源の安定性は人口構成の変化（高齢者と現役世代の人口比率の変化）に左右される。1965年の日本は、高齢者１人を現役世代約９人で支える「胴上げ」型の社会だった。しかし、出生数の減少により、2015年には高齢者１人を現役世代約２人で支える「組体操」型の社会になっている。さらに、今後も支え手の減少は続き、2065年には高齢者１人をほぼ１人の現役世代が支える「肩車」型の社会になることが見込まれている。

納付率低下の問題点

年齢別国民年金最終納付率

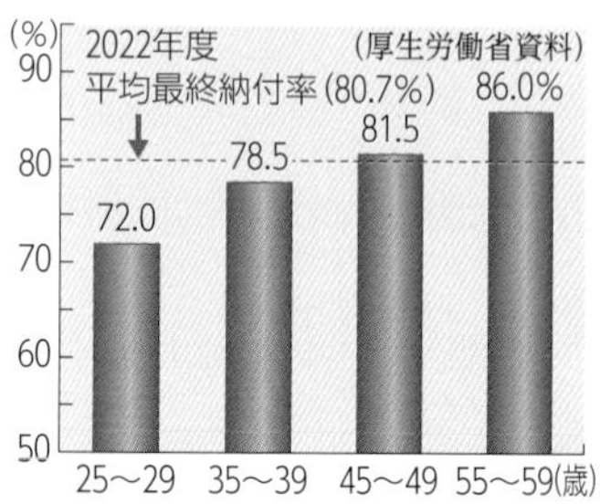

国民年金（第１号被保険者）の保険料の納付率の低下が問題となっている。特に、若年（じゃくねん）層の納付率が低い。この背景には、年金に対する不信感などから納付を怠（おこた）る人々がいるほか、非正規雇用労働者の増加により、収入が少なく保険料を支払うのが困難な人々が増えていることがあげられる。しかし、未納者は将来、年金が支給されず、安定した老後が送れなくなる可能性がある。

一方、厚生年金は保険料が給料から天引きされるため、基本的に未納にはならない。そのため、年金保険全体からみると未納者は少ない。

第１号被保険者の変化

第１号被保険者の就業状況

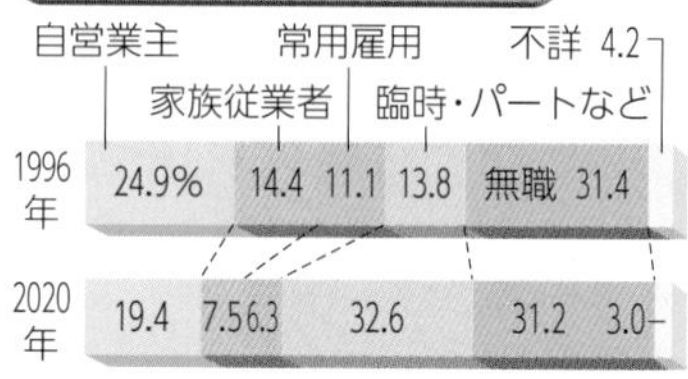

（厚生労働省資料）

国民年金の第１号被保険者は自営業者だといわれるが、実際は被用者の方が多い。これは、非正規雇用労働者が増加したためである。現在の制度では、労働時間が１週間に30時間未満の短時間労働者は、第１号被保険者として国民年金に加入している。

第１号被保険者の保険料には事業主負担がなく、低所得者には負担感が強い。また、給付に報酬比例部分がなく、被用者の所得保障の観点から問題がある。国民年金には未納者が多いことからも、今後、非正規労働者が老後に困窮（こんきゅう）するケースが懸念（けねん）される。このため、2016年10月に、厚生年金の加入資格が緩和された（➲p.247）。

世代間の格差

世代ごとの負担額と給付額（厚生年金）

2015年の年齢	保険料負担額（万円）	年金給付額（万円）	倍率
70歳	1,000	5,200	5.2
60歳	1,400	4,600	3.4
50歳	1,900	5,300	2.8
40歳	2,400	5,900	2.4
30歳	2,900	6,800	2.3
20歳	3,400	7,900	2.3

※モデルケースは同年齢の夫婦で、夫は20歳から60歳まで厚生年金に加入し、妻は第３号被保険者。負担額は加入期間の総額で、事業主負担分を含めず。給付額は各年代の平均余命をもとに算出した総額。金額は、一定の賃金上昇率を用いて65歳時点の価格に換算し、さらに一定の物価上昇率を用いて2014年度時点に割り引いたもの。

年金の世代間格差とは、支払った保険料と給付額の世代ごとの格差である。現在の現役世代は高齢者よりも相対的に多く保険料を負担しなければならない。また、負担額に対する給付倍率において、現在の高齢者が高くなっているのは、物価や賃金の上昇にあわせて、給付額の改善を後の世代の負担で行ってきたためである。世代間の格差は、世代間扶養という観点も加えて総合的に考慮する必要がある。

Zoom **第１号被保険者の就業状況**　第１号被保険者は、自営業主、家族従業者、常用雇用の割合が減り、臨時・パート、無職の割合が増加している。無職を除き、第１号被保険者の中心は自営業者から非正規雇用労働者に変化していることが分かる。

保険料を納められないとき

	支給要件	支給開始時期	年金額(年間)
老齢基礎年金	保険料納付期間が10年以上(40年で満額支給)	原則として65歳	777,792円(満額)
障害基礎年金	保険料納付期間が加入期間の3分の2以上	障害が認定された日	1級972,250円※ 2級777,800円※
遺族基礎年金	保険料納付期間が加入期間の3分の2以上	被保険者が死亡したとき	妻または子に777,800円※

※子どもの数に応じて加算される。

各種猶予・免除制度と未納との違い

		学生納付特例制度 保険料納付猶予制度	保険料免除制度	未納
老齢基礎年金	受給資格期間	入る		入らない
	年金額に計算	計算されない	計算される	計算されない
障害基礎年金 遺族基礎年金 (受給資格期間)		一定の要件を満たせば入る		入らない

※猶予・未納の場合、保険料を追納すれば計算される。

もし自分が20歳になっても、国民年金の保険料を支払わなければ、将来の老齢年金の受給だけではなく、事故や病気で障害を負った場合に障害基礎年金が支給されない。つまり、月々保険料を支払ってさえいれば、障害を認定された段階から、上の表の年金額が支給されることになる。

経済的に保険料を支払えない場合は、「学生納付特例制度」や「保険料納付猶予制度」「保険料免除制度」を利用すれば未納にはならず、障害年金や遺族年金を受け取ることができる。

- **学生納付特例制度**…所得のない学生が保険料の納付を猶予される。親など世帯主の所得が高くても、学生本人の所得がない場合には制度の対象となる。
- **保険料納付猶予制度**…50歳未満で、本人・配偶者の所得が一定額以下の場合、本人の保険料の納付が猶予される。親の所得が高くても制度の対象となる。
- **保険料免除制度**…本人・世帯主・配偶者の所得が少なく、保険料を納めるのが困難な場合、本人の保険料の納付を免除される。同居している親の所得が高ければ制度の対象とならない。

厚生年金適用対象の拡大

第3号被保険者とは、第2号被保険者(会社員や公務員)の配偶者のうち、原則として年収130万円未満の者であり、保険料を負担せずに基礎年金を受給できる。このこと自体は無年金者の発生防止に役立っているが、結果として専業主婦(夫)を優遇しているのではないかとの批判もある。

2016年以降、第2号被保険者の適用対象が拡大されている。現在では、労働時間が週30時間以上の者に加えて、労働時間が週20時間で年収約106万円以上の者も厚生年金に加入することになった。これは、従業員101人以上の企業を適用対象としているが、従業員100人以下の企業でも、労使の合意に基づいて加入できる。

これにより、パートで働いている短時間労働者も、厚生年金に入りやすくなったといえる。ただし、厚生年金に加入すると、保険料は労使折半となるため、保険料の負担がなかった会社員や公務員の配偶者は、保険料の支払いが必要となり、手取り収入は減ることになる。

厚生年金加入条件の拡大

(第2号被保険者の配偶者の場合)

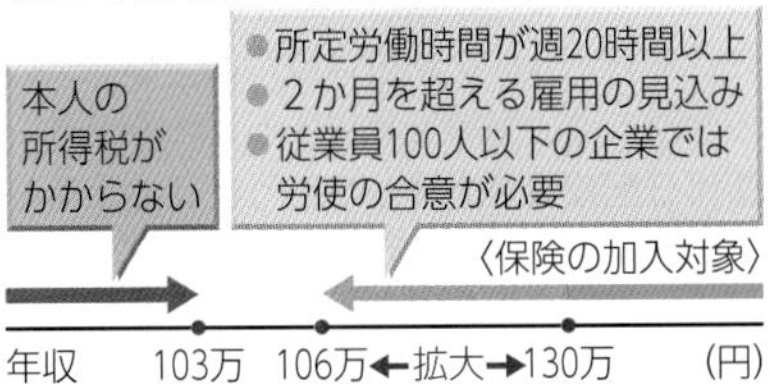

※2024年10月分から従業員50人を超える企業に適用を拡大。

持続可能な年金制度をめざして

年金の給付と保険料負担とのバランスをとり、持続可能な年金制度をめざした改革が、2004年度から始まった。これにより、保険料が段階的に引き上げられる一方、給付水準は引き下げられた。また、これに加えて、基礎年金の国庫負担割合が3分の1から2分の1に引き上げられた。

2012年には社会保障・税一体改革関連法が成立した。消費税率の段階的な引き上げとともに、短時間労働者への厚生年金適用対象の拡大、共済年金を厚生年金へ統一、老齢年金の受給に必要な加入期間(保険料の支払い期間)の短縮などが決定した。これまでの改革は現行制度を修正するものであるが、さらなる少子高齢化が進行した場合には年金制度の抜本的な改革が必要となる。

マクロ経済スライドのしくみ　(厚生労働省資料参照)

〈ある程度、賃金・物価が上昇した場合〉
- ○賃金や物価が、ある程度上昇したときは、完全にスライドの自動調整が適用される。

〈賃金・物価の伸びが小さい場合〉
- ○賃金や物価について伸びが小さく、スライドの自動調整を完全に適用すると、名目額が下がってしまう場合には、年金額を変更しない。

〈賃金・物価が下落した場合〉
- ○賃金や物価の伸びがマイナスの場合には、賃金・物価の下落率分しか年金額を引き下げない。

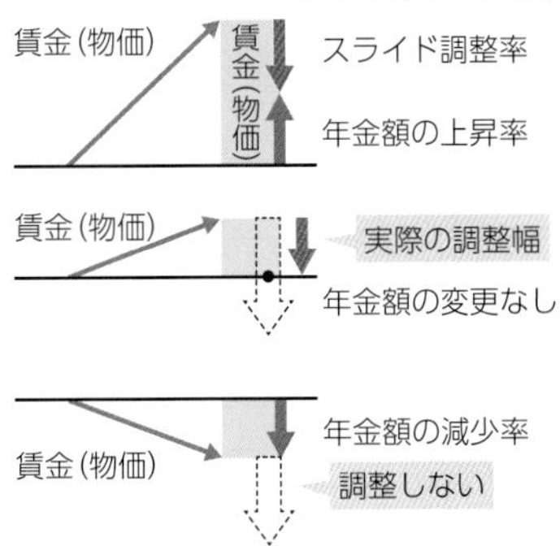

年金給付水準の調整ルール〜マクロ経済スライド〜

2004年の年金制度改革では、現役世代の平均手取り収入に対する給付額の割合(所得代替率)が50%を下回らないようにしつつ、将来の現役世代の保険料負担が過重にならないようにするために、年金の給付水準を自動的に調整するしくみ(**マクロ経済スライド**)を導入した。年金は本来、賃金や物価の上昇に応じて支給額を増やすが、マクロ経済スライドによって、毎年の年金額の上昇は賃金や物価の伸び以下に抑制される。しかし、デフレの状況下でこのしくみを適用すると、年金額が前年よりも下回ってしまうため、これまでほとんど適用されてこなかった。

2021年度からは、物価が上昇しても賃金が下がれば、年金の支給額も賃金に合わせて下がり、また、物価も賃金も同時に下がれば、より下がった方に合わせて支給額が下げられることになった。

TOPIC トピック　政府の「全世代型社会保障構築会議」は、2022年に「社会保障給付は高齢者中心、負担は現役世代中心」というこれまでの社会保障の構造を見直すことを提言した。

V　これからの子育て支援のあり方

課題の把握

- 日本の少子化が急速に進んでいる。少子化は労働力人口の減少による経済・財政基盤の衰退をもたらす。限られた財源の中で、誰もが安心して子どもを産み育てることができる社会の構築が望まれている。

論点

社会保障や福祉の水準は政府によって保たれるべきであるが、同時に個人のニーズにあったサービスを受けられるようにすることも必要とされる。子育て支援の望ましいあり方とは、どのようなものだろうか。

事実　日本の福祉政策の現状

①日本は2008年から人口減少社会に突入した。これ以降、人口の減少幅は拡大し続けている。
②三世代世帯が減少する一方、核家族世帯や単独世帯が増加している。こうした中で、地域社会の希薄化が進んでいる。
③高齢化の進展に伴って社会保障関係費が増大し、国債の発行に頼らなければならないほど一般会計予算の財源はひっ迫している。

主張

A　子育て支援は、政府が一律に保障するべきである。

本来、社会保障は国民の権利であり、政府が全国民に等しく保障するべきものである。少子化が問題となる中で、子育ては家庭の中だけで解決できる問題ではなくなっており、その支援は政府が一律に保障する必要がある。

B　子育ては民間のサービスを活用し、個人の自由な選択が尊重されるべきである。

人にはそれぞれ異なる事情があるため、政府が一律に支援を行えば、無駄が生じたり必要な支援が受けられなかったりするおそれもある。子育ても民間のサービスを活用して、個人のニーズに応じて自由に選択できるようにする必要がある。

Aの主張の根拠

①社会権の保障は国の役目である。
憲法第25条２項は国に社会保障に努めることを求めている。日本の社会保障は高齢者中心であったが、子育て支援にも力を入れるべきである。

②子どもの未来のために最低限保障すべき水準が存在する。
福祉を民間に委ねても、質の高いサービスが保障されるとは限らない。また、利益が出なければ市場から撤退するため、サービスを安定的に受けられなくなるおそれがある。必要とするすべての人に国が一律に保障することで、十分な支援が可能になる。

Bの主張の根拠

①ニーズに合った支援を求める権利がある。
どの保育園に入れたいか、あるいは自宅で子育てをしたいかなど、家庭によって求める支援は異なる。個人の生活のあり方が公的サービスによって左右されるべきではない。

②公的機関によるニーズの把握には限界がある。
政府は支援を必要とする人々の細かなニーズを把握することができない。政府はサービスを提供するのではなく、現金やバウチャー（使い道が限定された補助金）を給付して、利用者が民間のサービスを選択し、購入できるようにしたほうが効率的である。

視点　新たな共助のあり方

自助・共助・公助と地域福祉

自助	共助	公助
自分や家族でできることは自分で	地域でできることは地域で	個人、家族、地域でできないことを公的制度で
家族介護、育児、病気予防など	高齢者の見守り、世代間交流、地域防災・防犯など	医療、介護保険、保健所、障害福祉サービス、年金など

地域で暮らす人々の生活課題の解決

（神奈川県社会福祉協議会資料などを参照）

自助を基本に据えていても、家族の病気や介護に直面すれば、共助や公助に頼らざるを得ない。日本では、核家族化や都市部への人口移動などにより、地域社会が希薄化し、昔ながらの**共助**が行われる場面が少なくなっている。しかし、財源の問題から公的制度に基づく**公助**に頼ることにも限界がある、そこで、再び共助の役割が注目されるようになり、NPOや企業と地域住民との協働が期待されている。

視点　福祉政策における市場と家庭の役割

福祉政策の各国の特徴

（厚生労働省資料）

	特徴	所得再分配の規模	給付の対象・性格
アメリカ	市場の役割が大きい	小規模（小さな政府）	生活困窮層向け給付が多い
北欧諸国	国家の役割が大きい	大規模（大きな政府）	現役世代向け・高齢世代向けともに充実
独・仏など	家庭・職域の役割が大きい	中～大規模	高齢世代向け給付が多い

各国の福祉のあり方は、福祉に対する国家・市場・家庭の役割から３つに分類できる（福祉レジーム論）。個人の自助努力を重んじるアメリカでは、福祉サービスは市場を通じて購入するべきとされ、公的な給付は限定的である。スウェーデンなどの北欧では、平等を重視する考え方が強いため、国家による再分配政策が充実しており、公的な給付の対象も幅広い。ドイツやフランスなどでは、子育てや介護などの扶養に対する家族の役割が大きく、社会保障制度は家族の役割を補完するものという考え方が強い。

どのような給付が望ましいのか

現物給付は、制度を利用する人にモノやサービスを提供する制度である。その例としては、保育所でのサービス、介護保険におけるヘルパー派遣などの介護サービス、医療保険における診療・治療の提供などがある。生活保護における医療扶助や介護扶助についても現物給付とされる。一方、現金給付は、児童手当や生活保護の生活扶助などのように、直接現金を支給する制度である。新型コロナウイルス感染症対策での一時給付金も現金給付である。現物給付と現金給付はそれぞれ長所と短所があるため、福祉政策を考える際には、どのような組み合わせが最適かを考える必要がある。

現物給付と現金給付の特徴

	長所	短所
現物給付	•サービスを必要としている人に限定して給付できる。 •サービスを一定水準以上に保つことができる。	•サービスを受けられる要件に該当しないと受けられないため、利用者の選択の余地が限られる。
現金給付	•受給者が、自分や世帯の状況にあわせて使い方を判断して、自由に使える。 •所得制限を設けなければ、受給漏れがなくなる。	•現金を受け取っても、必ずしもサービスを受けられるとは限らない。 •給付が本来の目的以外のことに使われる懸念がある。

また、現金給付は、所得制限を設けるかどうかが問題になる。所得制限を設けずに一律に支給する場合は、一定以上の所得者も受け取るため、格差是正の効果は弱まる。一方、家族構成や家庭内での働き手の人数などを考慮せずに世帯主の所得に所得制限を設けた場合は、同じ生活レベルの世帯でも、受給できる世帯とできない世帯が生じてしまう。また、一律に支給する場合は、対象者が多くなるため、限られた財源の中では十分な額の支給ができなくなる。所得制限を設けた場合は、行政事務が繁雑になってコストがかかり、必要な人に迅速に給付するのが困難になってしまう。

現状 日本の育児支援策の現状

子育て支援策として、日本では児童手当が支給され、また、高校授業料の無償化(高校等就学支援金制度)も家庭の経済的負担を軽減するのに役立っている。しかし、現金給付だけではなく保育サービスの充実を図らなければ、少子化対策として十分とはいえない。女性の社会進出が進む中、人口が集中する都市部では、少子化にもかかわらず保育所が不足する**待機児童**が問題になった。こうした状況を改善するために、保育所と幼児教育を行う幼稚園が一体化した施設である「認定子ども園」の普及や、認可外保育園の質の向上と認可保育園への転換の促進が求められている。

この数年で待機児童数は大幅に減少したが、保育所などに入れなくても待機児童に数えない「隠れ待機児童」も少なくないとされる。社会情勢の急激な変化に対応できる子育て制度の構築が求められている。

> 隠れ待機児童……①保護者が育児休業中で復職の意思がない、②特定の保育所のみを希望している、③保護者が求職活動を休止している、④自治体が独自で支援する認可外施設に入所、のいずれかに該当する児童のことで、統計上は待機児童数に含まれない。

児童手当と高校授業料無償化の概要 (2023年10月現在)

児童手当	•中学校修了前の子の父母などに手当を支給 •所得制限あり(夫婦と児童2人の家庭では、年収960万円未満まで。それ以上の所得の世帯は一律5,000円) •3歳～中学生は月額10,000円 •3歳未満と第3子以降の3～12歳は月額15,000円
高校等就学支援金制度	•高等学校等に通う生徒の授業料のうち、一定額(公立・全日制で年額118,800円)を国が負担 •私立学校や高等専門学校については、世帯の収入に応じて年額118,800～396,000円を国が負担 •所得制限あり(両親の一方が働き、高校生一人、中学生一人がいる世帯では、年収約910万円未満まで) •支援金は学校が生徒本人に代わって受け取る ※中等教育学校の後期課程、特別支援学校の高等部、専修学校の高等課程などを含む

※児童手当については、政府による少子化対策の一環として、①所得制限の撤廃、②高校生までの支給延長、③第3子以降の支給増額、を柱とする拡充がめざされている(2024年度中に実施予定)。

事例 フランスの福祉政策から考える

各国の公的社会支出の対GDP比

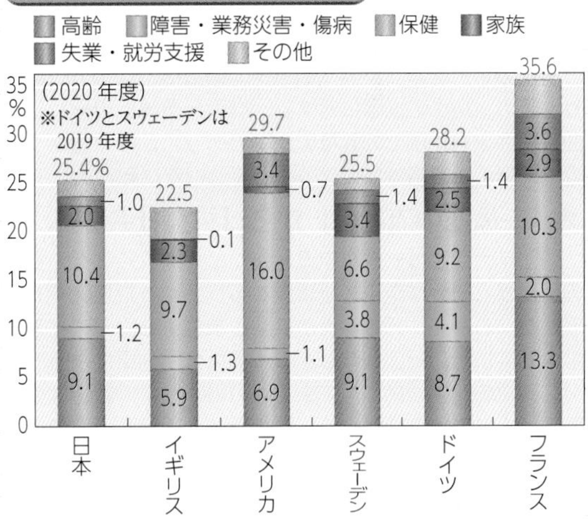

> 高齢：老齢年金、早期退職年金、高齢者向け介護サービスなど
> 障害・業務災害・傷病：障害給付、業務災害給付、傷病手当など
> 保健：外来、入院ケア支出、医療用品、予防など
> 家族：児童手当、保育、育児休業給付、ひとり親給付など
> 失業・就労支援：失業給付、職業訓練など
> その他：住宅扶助、低所得世帯向けの給付など

(国立社会保障・人口問題研究所資料)

合計特殊出生率が回復したフランスやスウェーデンでは、「家族」や「失業・就労支援」の社会給付が手厚く、現役世代が安心して働き、子どもを育て、必要に応じて休むことを保障している。例えば、フランスでは、産休を取得する女性には、賃金の全額が保険から支給される。また、子どもを2人もつ家庭に対しては、所得制限のない家族手当が支給される。さらに、最長3年の育児休暇や、非婚女性に対するサポートも充実している。日本は「保健」や「高齢」に対する社会支出の割合が高い反面、勤労世帯への支出が比較的少ない。そのため、子育ての私的な負担が重く、少子化に拍車をかけているとする指摘もある。

ただし、フランスにおける合計特殊出生率の回復には、移民の増加とそれに伴う外国人のカップルから生まれた子どもの増加も寄与しているともいわれる。福祉政策を評価するには、さまざまな因果関係を分析する必要がある。

小論文課題 誰もが安心して子どもを産み育てることができるための支援はどうあるべきだろうか？ (➲p.382)

構想しよう

格差対策のあり方を考える

頻出

バブル経済崩壊後、企業は非正規雇用を増やし、今では労働者の約４割が非正規雇用となっている。また、新型コロナウイルス感染症の拡大によって、一部の職種では雇用の維持が困難となった。こうした問題から、所得格差の拡大や格差の固定化が進んでおり、その縮小・解消に向けた労働・福祉政策への期待はますます高まっている。

所得格差を示す指標

①ローレンツ曲線とジニ係数

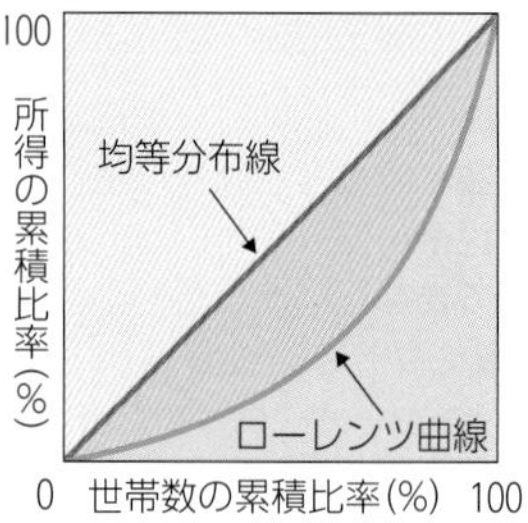

左のグラフの横軸は、所得の低い世帯から高い世帯に順に並べた場合の、世帯の累積比率を示している。

原点を通る45度線（均等分布線）は、すべての世帯の所得が同じ場合、つまり、完全に平等な状態を示している。一方、所得格差が大きければ大きいほど、45度線は下に張り出した曲線（ローレンツ曲線）となる。

所得の格差を示す指標である**ジニ係数**は、均等分布線より右下の三角形の面積に対する、均等分布線とローレンツ曲線に囲まれた部分の面積の比率であり、この数値が１に近づくほど所得格差が大きいことを示している。

②「一億総中流社会」から「格差社会」へ

1970年代には「一億総中流社会」と呼ばれるなど、多くの国民が「自分は中流階級に属する」といった意識をもっていた。しかし、1990年代からはさまざまな面での格差が拡大している。社会保障などの所得再分配効果によって再分配所得の格差は縮小しているものの、日本の数値は先進国の中では高いといわれる。当初所得と再分配所得の差が拡大傾向にある理由としては、非正規雇用の増加による現役世代の賃金格差の拡大のほかに、生活を年金や貯蓄に頼っている高齢者の割合が増えたことが考えられる。

日本のジニ係数の推移（厚生労働省資料）

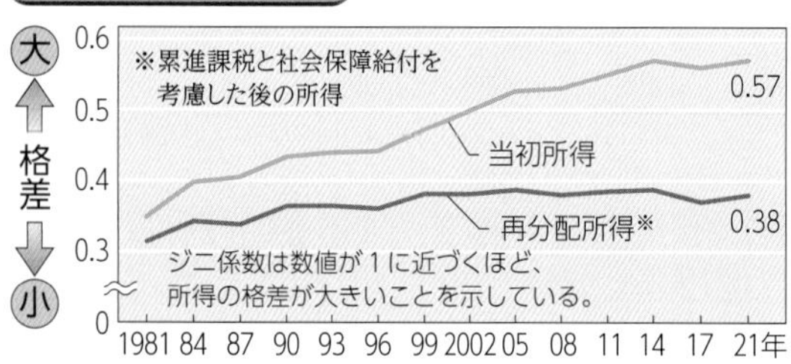

世帯員の年齢階級別ジニ係数（厚生労働省資料）

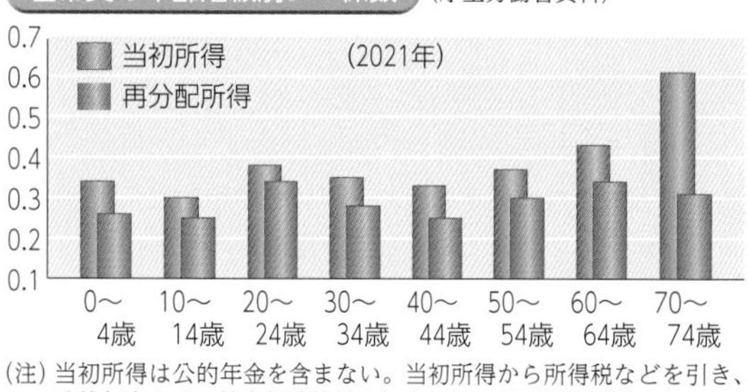

（注）当初所得は公的年金を含まない。当初所得から所得税などを引き、公的年金などの社会保障給付を加えたものが再分配所得である。

③絶対的貧困と相対的貧困

絶対的貧困とは、衣食住にも困り、人間らしい生活を送ることが困難な状態を意味する。国際復興開発銀行（ＩＢＲＤ：世界銀行）の定義では、１日当たり2.15ドル未満で生活する人をさす。世界には７億人を超える「極度の貧困」状態の人がおり、生命の維持さえ困難な状態にある。

一方、**相対的貧困**は、その国や地域で平均的な生活を送るための所得が足りない状態といえる。具体的には、所得がその国や地域の貧困線（所得の低い世帯から順に並べて、中央の世帯の半分の所得）に満たない状態をさす。

絶対的貧困	＊1日2.15ドル未満で暮らす「極度の貧困」 ＊生きるために必要な衣食住の不足
相対的貧困	＊その国の平均的な生活水準に満たない状況 ＊先進国における貧困、特に子どもの貧困

現在、日本の貧困線は127万円（2021年）となっている。相対的貧困にある人も、けがをしたり病気になれば、たちまち絶対的貧困の状況に陥るおそれがある。また、日本の相対的貧困率は1990年代後半から上昇しており、2000年代中頃からＯＥＣＤの平均を上回っている。

各国の相対的貧困率（2018〜21年）　（ＯＥＣＤ資料）

（注）各国のデータは2018〜21年で入手できる直近の数値。

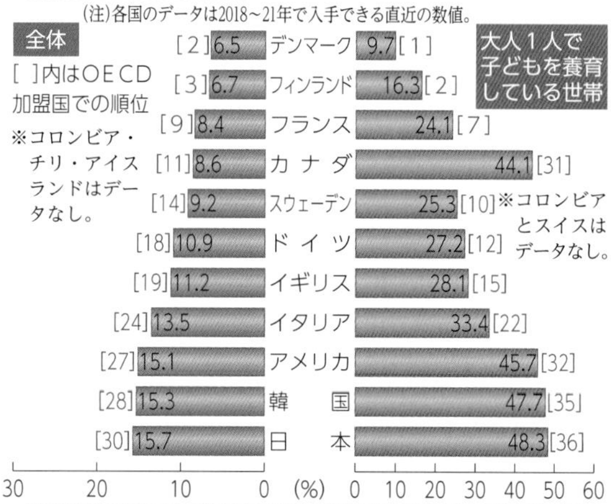

見えにくい相対的貧困

2021年の日本の子ども（17歳以下）の相対的貧困率は11.5％となっており、早急な改善が求められている。

ところで、日本国憲法第25条は、健康で文化的な最低限度の生活を営む権利を保障している。しかし、この「最低限度の生活」の内容は、個人の価値観によってさまざまである。また、親戚や友達、勤め先との関わりあいを維持し、社会的に孤立しないようにするためには、たとえ生活が苦しくても、電話代や服代、外食などの交際費に、ある程度お金をかけざるをえない。このため、相対的貧困は見た目にはわかりにくい。つまり、何をもっていない人が相対的貧困だ、という線引きはできないし、貧困世帯のお金の使い方の一部を取り上げて、貧困ではないと決めつけることもできない。

日本の格差の実態と福祉政策の現状

①ワーキング・プアの増加

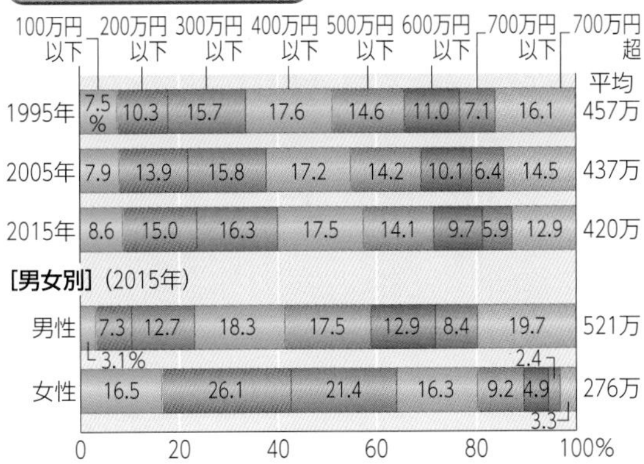

ワーキング・プア(働く貧困層)とは、正社員と同じようにフルタイムで働いても貧困から抜け出せない就労者をさす。その目安は、世帯構成にもよるため一概にはいえないが、一般的には年間所得200万円以下とされている。民間企業で働いた勤続1年以上の労働者のうち、年収200万円に満たない人は増加傾向が続き、1,100万人を超えている。

すでに2009年にOECDが、日本の労働者の貧困は先進国の中でも深刻な水準にあると警告し、その理由として「非正規労働者の割合が高いこと」を挙げていた。所得格差の解消に向けて、正規雇用者の拡大と最低賃金の引き上げ、同一労働同一賃金の実現、失業者への支援拡充など、抜本的な労働政策の見直しが求められている。

自由競争を基本原理とする資本主義社会では、ある程度の所得格差はやむをえないとする見方もある。しかし、格差が固定化し、子どもが十分な教育を受けられなくなれば、親から子への貧困の連鎖を断ち切れなくなる。生育環境によって子どもの将来が左右されることがないよう、教育の機会均等を保障するための有効な支援策が求められる。

②日本の福祉政策

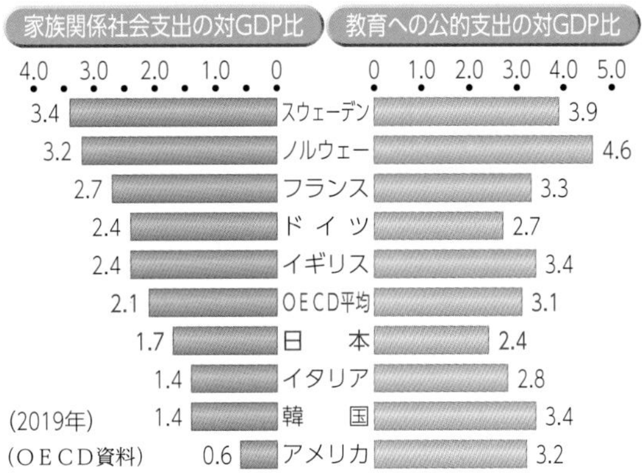

①就学支援の拡充

貧困の連鎖を防ぐための対策を国の責務とする「子どもの貧困対策法」と「生活困窮者自立支援法」が2013年に成立した。また、2014年度からは、高校生などに対して、国公立・私立ともに、一定の要件の下で就学支援金が国から支給されている(➲p.249)。2015年からは「生活困窮者自立支援制度」が始まり、地方自治体の支援窓口が整備されただけでなく、生活困窮家庭の子どもの学習・進学の支援事業などの新たな施策も始まっている。

②「大学無償化」の中身

大学無償化というと、大学の学費が無料になるということを想像するかもしれない。しかし、2020年に始まった日本の「大学無償化」は、低所得世帯の学生が、授業料や入学金の減免を受けられる制度のことである。また、従来の奨学金は将来返済しなければならない貸与型であり、「借金」に近いものであった。そこで、将来返済しなくてもよい給付型の奨学金が「大学無償化」の一部として創設された。しかし、制度の対象になるのが、大学・短大・専門学校の学生の2割程度といわれており、制度の拡充を求める声もある。

ベーシックインカムをめぐる議論

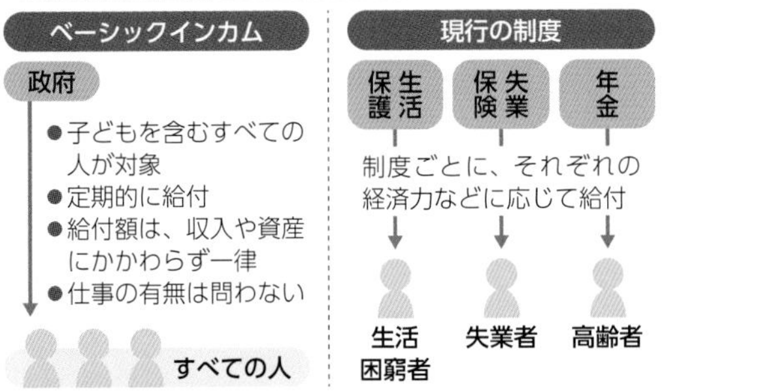

生活保護		ベーシックインカム
生活に困窮している世帯	対象	所得や資産の有無にかかわらず、すべての人に支給
世帯員全員が、資産・能力などを活用することが前提	条件	なし
受給漏れや受給しない人、受給できない人がでてくる	性質	受給漏れなどはなくなる
受給者を絞っているため、社会保障費の伸びを抑制できる	財源	巨額の財源を捻出するために、社会保障制度の大改革が必要
不正受給に対する批判があり、受給者への差別にもつながる	批判	労働意欲の低下の懸念や、「バラマキ」といった批判

すべての国民に対して、最低限の生活を送るのに必要な現金を一律に支給する制度を**ベーシックインカム**(Basic Income:BI)という。この制度は、フィンランドやオランダの一部ですでに試験的に導入されている。

従来の社会保障制度を廃止してベーシックインカムを導入すれば、年金や生活保護での受給漏れがなくなることや、複雑な制度が一元化されて行政経費が節減できることが期待される。また、生活保護には受給者への偏見をおそれて申請しない人々が存在するが、こうした人々にも支給がいきわたることが、メリットとして指摘されている。

しかし、ベーシックインカムを実施するには、莫大な財源が必要となる。例えば、国民1人当たり7万円支給するだけで100兆円の財源が必要になるといわれている。そのためには消費税や所得税率を上げる必要があるし、そもそも生活困窮者にとって7万円の支給額はきわめて不十分である。その上、富裕層にも支給することが前提であるため、所得課税や資産課税の最高税率を大幅に引き上げなければ、格差是正にもつながらない。また、支給額の使い道は個人の自由でため、医療・住宅扶助のように使途が決まっているほうが、効果的な貧困対策になるという指摘もある。

構想 社会保障政策と労働政策の視点から、貧困の削減と格差是正のための施策のあり方について構想しよう。

第1章　現代の国際政治と日本

特集 Feature　第二次世界大戦後の国際関係の変遷

年代	米	資本主義陣営	社会主義陣営	ソ	年代	第三世界(非同盟諸国)
1945		45.2　ヤルタ会談				
		45.7　アメリカ、原爆実験に成功				
		45.8　第二次世界大戦終結				
		45.10　国際連合発足				
		冷戦の激化				**アジア諸国の独立**
1946	トルーマン	チャーチルの「鉄のカーテン」演説		スターリン	1946	インドシナ戦争(〜54)
1947		トルーマン・ドクトリン	コミンフォルム結成(〜56)		1947	インド・パキスタン分離独立
		マーシャル・プラン				
1948		ベルリン封鎖(〜49)			1948	イスラエル建国
		韓国(大韓民国)成立	北朝鮮(朝鮮民主主義人民共和国)成立			→第1次中東戦争
1949		北大西洋条約機構(NATO)発足	経済相互援助会議(COMECON)発足			
		ドイツ連邦共和国(西ドイツ)成立	ドイツ民主共和国(東ドイツ)成立			
1950			ソ連、原爆保有　中華人民共和国成立			**アジア・アフリカ諸国の台頭**
			中ソ友好同盟相互援助条約(〜80)			
		朝鮮戦争(〜53)			1952	エジプト革命
1953	アイゼンハワー	朝鮮休戦協定調印	スターリン死去	フルシチョフ		
		雪どけ〜再緊張				
					1954	周恩来・ネルー会談→平和5原則
						ジュネーブ協定(インドシナ休戦)
1955		西ドイツ、NATO加盟　ジュネーブ4巨頭会談	ワルシャワ条約機構発足		1955	アジア・アフリカ会議(バンドン会議)
1956			スターリン批判		1956	エジプト・スエズ運河国有化宣言→
			ポーランド・ハンガリーで反ソ暴動			第2次中東戦争(スエズ戦争)
1958		仏、ド=ゴール政権発足(第5共和制)				
1959			キューバ革命　フルシチョフ訪米			
1960			中ソ論争公然化(63年に激化)		1960	「アフリカの年」　OPEC発足
1961	ケネディ	ベルリンの壁構築			1961	第1回非同盟諸国首脳会議
1962		キューバ危機			1962	中印国境紛争
		デタント・多極化				
1963		米・英・ソ、部分的核実験禁止条約(PTBT)調印			1963	アフリカ統一機構(OAU)発足
1965	ジョンソン	ベトナム戦争(〜75)				**南北問題・民族紛争**
1966		仏、NATO軍事機構脱退(2009年復帰決定)	中国、文化大革命開始(〜76)	ブレジネフ		
1967		欧州共同体(EC)発足			1967	第3次中東戦争
1968		核兵器拡散防止条約(NPT)採択				東南アジア諸国連合(ASEAN)発足
			ソ連、チェコスロバキアに軍事介入			
1971	ニクソン	ニクソン・ショック	中国、国連加盟(代表権獲得、台湾追放)			
1972		米中共同声明　東西ドイツ基本条約調印				
		米ソ、戦略兵器制限条約(SALT I)調印				
1973		第1次石油危機	東西ドイツ国連加盟		1973	第4次中東戦争

日本の動向①
- 1946　日本国憲法公布
- 1951　サンフランシスコ平和条約・日米安全保障条約調印
- 1956　日ソ共同宣言　国連に加盟

日本の動向②
- 1960　日米新安保条約調印
- 1964　東京オリンピック
- 1965　日韓基本条約調印

ジュネーブ四巨頭会談　英米仏ソの首脳が会談し、緊張緩和への一歩となった。

西ベルリンへの空輸　ソ連のベルリン封鎖に対抗して物資を空輸するアメリカ軍。

板門店の北緯38度線の休戦ライン　韓国と北朝鮮の事実上の国境となっている。

年代	米	資本主義陣営	社会主義陣営	ソ
1975	フォード	第１回先進国首脳会議（サミット）		
1976			ベトナム社会主義共和国成立	
1979	カーター	第２次石油危機　米中国交正常化　米ソ、SALTⅡ調印	米中国交正常化　米ソ、SALTⅡ調印 ソ連、アフガニスタン侵攻（～88）	
1980			ポーランドで「連帯」結成	
	レーガン			※
1986			ソ連、ペレストロイカ開始	ゴルバチョフ
1987		米ソ、中距離核戦力（ＩＮＦ）全廃条約調印	米ソ、中距離核戦力（ＩＮＦ）全廃条約調印	
1989	G・ブッシュ	マルタ会談・ベルリンの壁崩壊・東欧の民主化	マルタ会談・ベルリンの壁崩壊・東欧の民主化 中国で天安門事件	
		冷戦後の世界	**冷戦後の世界**	
1990		東西ドイツの統一	バルト３国、ソ連から独立宣言 東西ドイツの統一	
1991		湾岸戦争に多国籍軍を派遣 自衛隊、ペルシャ湾に掃海艇を派遣 米ソ、戦略兵器削減条約（ＳＴＡＲＴⅠ）調印 韓国と北朝鮮、国連加盟	COMECON解散 ワルシャワ条約機構解体 米ソ、戦略兵器削減条約（ＳＴＡＲＴⅠ）調印 韓国と北朝鮮、国連加盟 ソ連解体→独立国家共同体（ＣＩＳ）発足	
1992		自衛隊による初のＰＫＯがカンボジアに派遣 マーストリヒト条約（欧州連合条約）調印		(ロ) エリツィン
1993	クリントン	米ロ、ＳＴＡＲＴⅡ調印 欧州連合（ＥＵ）発足	米ロ、ＳＴＡＲＴⅡ調印 チェコとスロバキアが分離	
1994		北米自由貿易協定（ＮＡＦＴＡ）成立	ロシア、チェチェン侵攻	
1996		包括的核実験禁止条約（ＣＴＢＴ）採択（未発効）	包括的核実験禁止条約（ＣＴＢＴ）採択（未発効）	
1999		ＥＵ通貨統合　NATO、東方拡大 ＮＡＴＯ軍、ユーゴ空爆	NATO、東方拡大	
2001	G・W・ブッシュ	アメリカ同時多発テロ事件 →アフガニスタンでの軍事行動開始	中国、世界貿易機関（WTO）加盟	プーチン
2002		スイス、国連加盟	ロシア、ＮＡＴＯに準加盟	
2003		米英軍、イラク攻撃開始		
2006			北朝鮮、核実験実施	
2008		リーマン・ショック→世界金融危機	ロシア、ジョージアと武力衝突	メドベージェフ
2009	オバマ	オバマ米大統領のプラハ演説 ＥＵ、リスボン条約発効		
2010		米ロ、新ＳＴＡＲＴ条約調印	米ロ、新ＳＴＡＲＴ条約調印	
				プーチン
2014			ロシア、ウクライナのクリミア半島に侵攻	
2015		アメリカとキューバ、国交正常化		
2017	トランプ	核兵器禁止条約調印	核兵器禁止条約調印	
2018		ＣＰＴＰＰ発効	初の米朝首脳会談	
2020		イギリス、ＥＵ離脱		
2022	バイデン		ロシア、ウクライナに侵攻	

日本の動向③
1968　小笠原諸島返還
1972　沖縄返還
　　　日中共同声明→国交正常化
1978　日中平和友好条約調印

日本の動向④
1991　バブル経済崩壊→平成不況へ
1993　自民党が下野→55年体制崩壊

年代	第三世界（非同盟諸国）
1975	ベトナム戦争終結
1979	**イラン革命、カンボジア内戦**（～91）、中越戦争 エジプト・イスラエル和平条約調印
1980	**イラン・イラク戦争**（～88）
1982	フォークランド紛争
1986	フィリピン政変
1988	ビルマ、軍事クーデター
1990	**イラク、クウェート侵攻** **→湾岸戦争**（91）
1991	**南アフリカ共和国、アパルトヘイト廃止** クロアチアとスロベニア、ユーゴスラビアから独立宣言、以後内戦激化
1992	ソマリアに多国籍軍を派遣
1993	イスラエルとＰＬＯ、暫定自治協定に調印
1994	ルワンダで大虐殺が発生
1998	インドとパキスタン、核実験実施
2000	韓国と北朝鮮、初の首脳会談
2002	東ティモールが独立 アフリカ連合（ＡＵ）発足
2003	**イラク戦争**
2004	アフガニスタン、正式政権発足
2006	イラク、新政府発足
2008	コソボ、独立を宣言
2011	中東諸国で民主化デモが多発 南スーダンが独立
2012	シリア、内戦が泥沼化
2016	ミャンマー、民主派政党による新政権発足
2021	ミャンマー、軍部によるクーデターが発生

※ソ連書記長：1982～84年はアンドロポフ、1984～85年はチェルネンコ、エリツィン以降はロシア大統領。

イラン革命　ホメイニ師に指導された反体制派により、親米の王制が倒された。

撤去される「ベルリンの壁」（1989年）この翌年、東西ドイツの統一が実現した。

アメリカとキューバの首脳会談　2015年に54年ぶりに国交が正常化された。

国際政治

1 主権国家と国際法

要点の整理

＊1～8は資料番号を示す

❶国際社会の成立と国際法

①国際社会の成立：三十年戦争後のウェストファリア会議（1648年）……各国は対等な主権国家として参加
⟶**ウェストファリア条約**1を締結(ていけつ)：神聖ローマ帝国は事実上解体……近代主権国家体制の確立
• 18～19世紀……市民革命により**国民国家**2が成立⟶**ナショナリズム**の高まり

②国際社会と国内社会の比較

国際社会		国内社会
成文法：条約 不文法：国際慣習法	法の種類	成文法：憲法・法律・条例など 不文法：慣習法・判例法
なし。ただし、国家間での合意や、国連での条約の制定などがある	立法機関	議会
国際司法裁判所や国際刑事裁判所などがあるが、強制力は弱い	司法機関	裁判所が強制的に管轄する
なし。国連などの国際機関が一部補完	行政機関	政府（内閣）

⇧国際司法裁判所での審理

③**主権の及ぶ範囲**3……**領土・領空・領海**　※国連海洋法条約：1994年発効、日本は1996年批准・発効
④**主権の概念**4……国家権力そのもの（統治権）、国の政治を最終的に決定する最高の力、国家権力の最高独立性
⑤国際法の意義と役割
• **グロティウス**（1583～1645）5……「国際法の父」と呼ばれる
著書『**戦争と平和の法**』（1625年）：国際社会の秩序維持のために国際法の必要性を説いた
• **国際法**6……形式による分類：**国際慣習法**と**条約**があり、ともに法的拘束(こうそく)力がある
⑥国際裁判所7……**国際司法裁判所**（国連の機関として設置されている。国家間の紛争を裁判する常設の裁判所）
国際刑事裁判所（集団殺害や戦争犯罪、人道に対する罪を犯(おか)した個人を裁(さば)く常設の裁判所）
常設仲裁裁判所（国家や個人・組織などによる紛争を解決するための裁判所）
その他（国際海洋法裁判所・欧州人権裁判所・欧州司法裁判所・さまざまな特別法廷）

❷さまざまな国際人権条約8

1948年：**世界人権宣言**（国連）：法的拘束力なし
1966年：**国際人権規約**（国連）：法的拘束力あり……社会権規約（A規約）と自由権規約（B規約）・選択議定書からなる
1979年：**女子差別撤廃条約**（国連）　1989年：**子ども（児童）の権利条約**（国連）　2006年：**障害者権利条約**（国連）

1 ウェストファリア条約

? ウェストファリア条約はヨーロッパに何をもたらしたのか

⇧ウェストファリア条約の調印（1648年）

ウェストファリア条約（1648年）
①宗教上はルター派およびカルヴァン派の承認
②フランスはアルザスとライン左岸のメッツなどを獲得
③スイス・オランダの独立を正式に承認
④ドイツ諸侯は領邦君主権を確立　など
↓
神聖ローマ帝国の分裂が決定的となる⇒主権国家体制の確立

解説　**主権国家の成立**　ドイツの宗教戦争である三十年戦争（1618～48）を終結させるために**ウェストファリア会議**が開催された。この会議には当時のヨーロッパの国のほとんどが参加し、和平の条約（**ウェストファリア条約**）を締結した。この条約ではドイツの領邦一つひとつに独立した主権が与えられた。これにより、**ローマ教皇の権威(けんい)は低下し、神聖ローマ帝国が事実上解体された。**

2 国民国家の形成

? 国民国家成立の前と後では、どのような違いがみられるのか

国民国家の成立

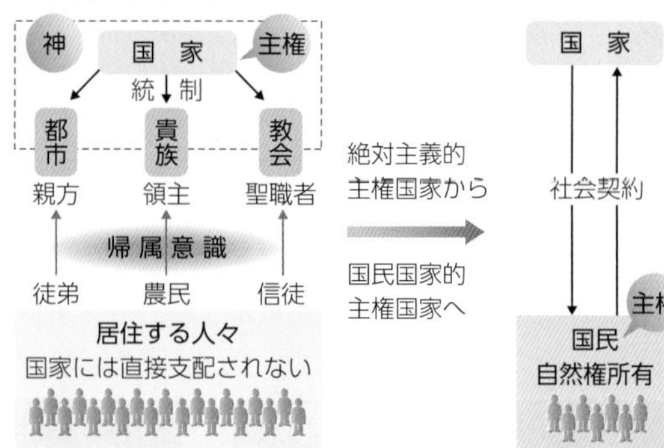

解説　**「国民」概念の誕生**　**国民国家**（nation-state）とは、国家の領域内にいる人々が一つのまとまった「国民」として統合された国家である。この国民国家は、フランス革命（1789～99年）などの市民革命を経て国民主権が成立したことをきっかけに、近代国家のモデルとして形成されていった。現在の国家も国民国家といえるが、先住民族や少数民族の権利をめぐる衝突(しょうとつ)や、欧州連合（EU）などの地域的経済統合の拡大、グローバル化の進行に伴(ともな)う移民の増加などによって、国民国家という概念が問い直される場面も増えてきている。

Zoom　**2つのウェストファリア条約**　ウェストファリア条約は、ドイツのオスナブリュックで署名された講和条約と、同じくドイツのミュンスターで署名された講和条約の2つの条約から構成される。

3 主権の及ぶ範囲 出題

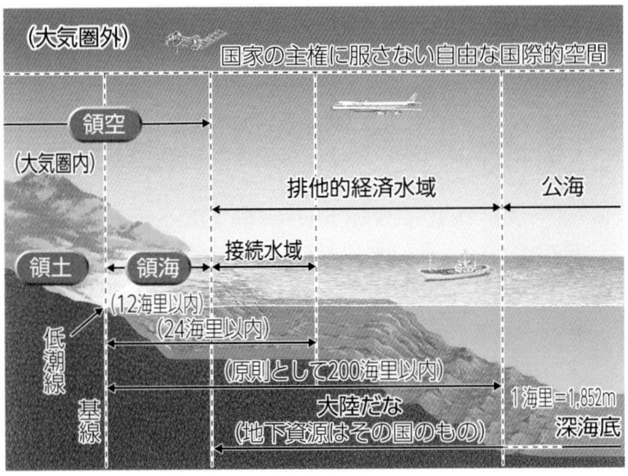

領海：基線から12海里(かいり)以内の範囲で定めることができ、主権が及ぶ。
接続水域：基線から24海里を超えない範囲(領海を除(のぞ)く)で定めることができ、自国の通関、出入国管理などに関して一定の規制を行うことができる。
排他的経済水域(ＥＥＺ)：基線から200海里(領海を除く)の範囲で定めることができ、沿岸国に天然資源の探査(たんさ)・開発の権利が認められている。航行の自由はすべての国がもつ。
公海：すべての国に**公海の自由**(航行、上空飛行、漁獲(ぎょかく)、海洋調査の自由)が認められている。
大陸だな：排他的経済水域の海底及びその下(一定の要件を満(み)たす場合には延長可能)を沿岸国の大陸だなとして、天然資源を開発する権利が認められている。

4 主権の３つの概念 出題

概念	内容	具体例
国家権力そのもの(統治権)	司法権・立法権・行政権の総称	〈ポツダム宣言第８項〉「日本国の**主権**は本州・北海道・九州及(およ)び四国……に局限(きょくげん)せらるべし。」
国の政治を最終的に決定する最高の力	政治のあり方を決定する最高の権力のこと	〈日本国憲法前文第１節〉「ここに**主権**が国民に存することを宣言し……」〈日本国憲法第１条〉「**主権**の存する日本国民の総意に基(もと)づく」
国家権力の最高独立性	国家がどこにも隷属(れいぞく)せず対外的に独立していること	〈日本国憲法前文第３節〉「自国の**主権**を維持し、他国と対等関係に立たうとする各国の責務である……」〈国連憲章第２条〉「この機構は、そのすべての加盟国の**主権**平等の原則に基礎をおいている。」

解説 **主権は絶対的か？**　主権の語を最初に定式化したのは、16世紀フランスの**ボーダン**(1530～96)であった。**彼は、著書『国家論』において、政治社会における唯一(ゆいいつ)・絶対・永続・不可分(ふかぶん)の権力として、主権を定義し、君主主権論を擁護(ようご)した。**後にボーダンの主権論は、自然法思想に基づく社会契約説や古典的自由主義思想に継承された。一方で、例えば欧州連合(ＥＵ)のユーロ参加国(➲p.351)では、通貨統合によって主権の一つである通貨発行権を放棄している。このように、グローバル化を特徴とする現代においては、地域的利益のために、主権が制限される動きもみられる。

なぜ、近海でも外国船が通過できるのか？

領海であっても、すべての国の船舶は、沿岸国の平和・秩序・安全を害しない限り航行できるとされる。これを**無害通航権**といい、潜水船は旗を掲(かか)げて海面上を航行しなければならない。ただし、基線の内側である「内水」とよばれる部分は原則として無害通航権が認められていない。

また、日本は「領海及び接続水域に関する法律」によって、国際的な航行に使用される海峡を「特定海域」としている。そして、この海域にかかわる領海は、「基線からその外側３海里の線及びこれと接続して引かれる線までの海域」とし、海峡の真ん中は領海に設定していない。「特定海域」の一つである津軽(つがる)海峡では、外国商船のほかロシアや中国の軍の艦艇が通過することもある。

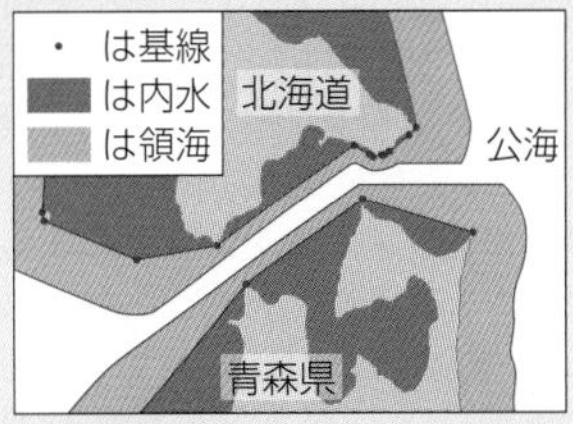

⬆**津軽海峡の領海**(海上保安庁資料)

解説 **国連海洋法条約**　日本は、四方(しほう)を海に囲まれた国であるため、海洋権益(けんえき)の確保は、経済的な観点から重要である。海洋利用・開発についての国際的なルールを定めたものが**国連海洋法条約**(1994年発効、日本は1996年批准・発効)である。この条約では、沿岸国の権益等について規定されている。日本では、これらの権益確保のために、2007年に**海洋基本法**を制定し、海底資源の開発や利用・海上の安全・環境保全など、海洋政策を総合的に推進している。

COLUMN
ナショナリズムの諸相

国民とはイメージとして心に描(えが)かれた想像の政治共同体である。……国民は、限られたものとして想像される。なぜなら、(国民は)限られた国境をもち、その国境の向こうには他の国民がいるからである。……国民は主権的なものとして想像される。なぜなら、この国民の概念は、啓蒙主義と革命が神授のヒエラルキー的王朝秩序の正統性を破壊した時代に生まれたからである。……国民はひとつの共同体として想像される。なぜなら、……国民は、常に、水平的な深い同志愛として心に思い描かれるからである。

(ベネディクト＝アンダーソン『想像の共同体』)

ヨーロッパではナポレオン戦争後、ウィーン体制によってフランス革命以前の国際秩序に戻された。しかし、フランス革命の「自由と平等、国民の統一」という理念はヨーロッパ各地に広まり、国民国家をめざす運動は、国内的には国家の統一性を、対外的には国家の独立性を維持・強化することをめざす考え方と結びついていった。このように、国民が集団としての意識を強めて、その独立・統一・発展を推し進めようとする思想や運動を**ナショナリズム**(国民主義)という。

その後、「国家は国民に優越し、国民は国家のために尽(つ)くすべき」とする国家主義や、民族独立の考え方に立つ民族主義がみられるようになった。現在では、これらも含めて広い意味でナショナリズムと呼ばれることが多い。このようなナショナリズムは、本質的に国民の連帯感や民族としての誇(ほこ)りを高めるものであるため、他国民や他民族に対する排他(はいた)性を有している。

TOPIC トピック 国際海里(かいり)において、１海里は、1.852キロメートル(12海里＝22.224キロメートル、200海里＝370.4キロメートル)と定められている。

用語解説 ㉑ウェストファリア条約，㉒国家主権，㉓グロティウス，㉔主権，㉕ナショナリズム

5 グロティウス『戦争と平和の法』

? グロティウスの国際法の主張はどのようなものか

グロティウス
(1583〜1645)

オランダの代表的法学者で「国際法の父」とも呼ばれるグロティウスは、諸国家は国際社会という共通の社会に属しており、共通の社会には共通の道徳があること、そして、戦争の開始や戦争遂行中にも通用する共通法が存在するということを確信していた。彼は『戦争と平和の法』の中で、「キリスト教社会を通じて、野蛮人さえも恥とするような戦争に対する抑制手段の欠如」があると述べた。また、「人々が些細な理由のために、あるいは理由もなく戦争に走り、武器を一度手にすると、あらゆる悪行が許されるかのように、神意法(神の意思による法)および人意法(人の意思による法)に対する一切の尊敬の念が消え失せてしまう。」と述べた。　（『戦争と平和の法』酒井書店などを参照）

解説 **「国際法の父」グロティウス**　オランダの法学者である**グロティウス**は、三十年戦争の惨禍を目にし、平和と正義の原理を示そうとした。そして、主著**『戦争と平和の法』**で、**自然法の立場から国際法の存在を主張した**。この中で、戦争は防衛など正当な理由に基づく場合のみ合法的であり、戦争が避けられない場合でも、一定のルールに従って行動しなければならないことを説いた。グロティウスはこのほかにも、海洋自由の原則を説いた『海洋自由論』(1609年)などを著している。

COLUMN 戦争の違法化　出題

パリ不戦条約　(1928年署名、1929年発効)

第１条【戦争放棄】　締約国ハ、国際紛争ノ為戦争ニ訴フルコトヲ非トシ、且其ノ相互関係ニ於テ国家ノ政策ノ手段トシテノ戦争ヲ放棄スルコトヲ其ノ各自ノ人民ノ名ニ於テ厳粛ニ宣言ス。

第２条【紛争の平和的解決】　締約国ハ、相互間ニ起ルコトアルベキ一切ノ紛争又ハ紛議ハ、其ノ性質又ハ起因ノ如何ヲ問ハズ、平和的手段ニ依ルノ外之ガ処理又ハ解決ヲ求メザルコトヲ約ス。

パリ不戦条約は、1928年に日本を含む15か国が署名し、最終的に63か国が当事国となった。この条約は、アメリカ国務長官ケロッグ(1856〜1937)と、フランス外相ブリアン(1862〜1932)によって提案されたため、ケロッグ・ブリアン条約ともいわれる。戦争による被害の拡大を防ぐためだけではなく、戦争自体を違法化するための初の多国間条約であったが、一方で、植民地を多く有していた欧米諸国による権益保護のための条約であるとの指摘もある。

この条約は、国際法として現在も有効とする説があるが、条約違反に対する制裁がないため、その実効性は乏しい。そのため、条約の形骸化は避けられず、第二次世界大戦の勃発を阻止することはできなかった。こうした反省をふまえて、国連憲章では、集団安全保障体制に基づいて、侵略国に対する武力制裁措置が規定されるなど、戦争の違法化をより徹底させている。

6 国際法　頻出

国際法の分類

形式による分類	国際慣習法	国家間に一定の行為が繰り返し行われ、その慣行が国際社会の法的義務だという認識が形成されたもの。国際法上、大きなウェイトを占めるが、現在では多くの国際慣習法が条約として明文化されている。 【例】公海自由の原則、内政不干渉の原則、主権平等の原則、民族自決の原則など
	条約	国家間、または国際機構を当事者として起草・文書化された規範。憲章・協定・規約・議定書なども条約の一種。 【例】国連海洋法条約、国際連合憲章、ＩＭＦ協定、国際人権規約、京都議定書など
適用時による分類	平時国際法	平常時での国家間の法的関係を規定したもの。 【例】人種差別撤廃条約、世界遺産条約など
	戦時国際法	戦争発生の際に、可能な限り人道を維持し、武力による惨禍を低減するために形成されたもの。近年では戦争法規の再構成が試みられ、「国際人道法」として体系化されつつある。 【例】開戦に関する条約、陸戦の法規慣例に関する条約、捕虜の待遇に関する条約など
	戦争の終了に関する国際法	戦闘の終止規則―戦時規約・休戦協定 戦争の終了規則―戦闘終結宣言・平和条約

• 戦争の法的終了は、平和条約の締結によってもたらされる。

おもな戦時国際法

類型	おもな条約
ハーグ法 戦闘の手段と方法の規制	開戦に関する条約 (1907年署名、1910年発効) 陸戦の法規慣例に関する条約 (1907年署名、1910年発効)
ジュネーブ法 捕虜・傷病者・文民など犠牲者の保護	1949年のジュネーブ諸条約 • 1950年発効(日本は1953年に加入) • 1977年に２つの追加議定書を採択 • 2005年に第３追加議定書を採択

• おもにジュネーブ法を中心に、紛争時における人身の保護を規定した諸条約を総称して「国際人道法」という。

条約と国内法の関係

国名	条約の位置づけ
オーストリア、オランダ	場合によっては憲法より上位の効力を認める
日本、フランス、ロシア	憲法より下位であるが、法律より上位の効力を認める
アメリカ、スイス、韓国	法律と同等の効力を認める
南アフリカ	憲法や法律に反しない限り、国法の一部と認める

（『国際法〔第５版〕』有斐閣を参照）

解説 **国際法の役割と位置づけ**　**国際法**の中でも、条約は当事国のみを拘束し、国家による署名・承認・批准の手続きが必要である(➲p.81)。批准した条約は政権が交代しても遵守する必要がある。また、戦争状態において適用される戦時国際法は戦争法とも呼ばれる。戦争状態になると、平時国際法の効力が一時的に停止されるため、戦争時でも人道を極力維持するために締結されている。

Zoom **天才グロティウス**　グロティウスは少年時代から神童として名高く、11歳で大学へ入学し16歳で弁護士を開業した。その後パリへ亡命し、ルイ13世によって学究生活を支えられた。パリ滞在中に「戦争と平和の法」を完成させた。

7 国際裁判所

?国際司法裁判所と国際刑事裁判所の課題は何か 出題

国際司法裁判所の裁判の流れ

A国がB国に共同付託を提案
- → B国が同意 → 裁判開始
- → A国が単独で国際司法裁判所へ付託
  - → B国が同意 → 裁判開始
  - → B国が同意せず → 裁判不成立

裁判開始

国際司法裁判所（ＩＣＪ）

裁判官は15人。国連総会と安全保障理事会で選出。任期９年

↓

判決

出席した裁判官の過半数により決定。国連憲章で判決に履行義務あり

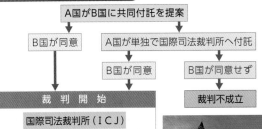

- → 判決を履行
- → 判決を不履行 → 安保理が勧告や措置を決定

⬆国際司法裁判所の外観

国際刑事裁判所の訴追の流れ

犯罪と思われる"状況"
①集団殺害（ジェノサイド）犯罪
②人道に対する犯罪
③戦争犯罪
④侵略犯罪

被害者は申し立て可能

国際刑事裁判所（ＩＣＣ）

検察局
・加盟国による付託
・安全保障理事会による付託
・検察官の職権で捜査

↓逮捕状・召喚状の請求　↑交付

予審裁判部　十分な嫌疑と証拠があると認定した場合、第一審裁判部に付託決定

← 安保理は捜査停止要求可能

↓

第一審裁判部　判決／上訴

↓

上訴裁判部　・上訴の棄却　・判決　・刑の破棄・修正　・新たな公判の命令 など

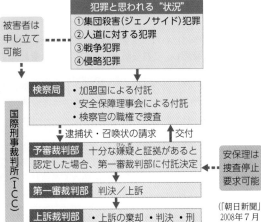

（「朝日新聞」2008年７月25日などを参照）

■ＩＣＪとＩＣＣの比較

国際司法裁判所（ＩＣＪ）		国際刑事裁判所（ＩＣＣ）
1945年 国際連盟の常設国際司法裁判所を引き継ぐ	設立	2003年 日本は2007年に批准
国連憲章第92条	根拠法	ＩＣＣローマ規程
ハーグ（オランダ）	本部	ハーグ（オランダ）
国際連合加盟国 （2023年現在、193か国）	当事国	ＩＣＣローマ規程締約国 （2023年現在、123か国）
国家間の紛争	対象	紛争時の個人の犯罪
紛争当事国の一方から要請があり、当事国間に合意が成立した場合のみ ※国際機関の要請による勧告的意見は可能	起訴 提訴	①加盟国または安保理の要請、②ＩＣＣ検察官１名の独自捜査 ※市民やＮＧＯも検察官へ捜査要請は可能
・原則的に一審制で、上訴は認められない ・判決は当事国への法的拘束力あり ・勧告的意見は法的拘束力なし	特徴	・第一審の判決に不服の場合は上訴可能 ・最高刑は終身刑で死刑はない ・裁判所設置以後の犯罪に限る
・紛争当事国間の合意がないと提訴できない ・判決に従わない国への対処は安全保障理事会に一任されている	問題点	・アメリカ・中国・ロシア・インドなどが未加盟 ・犯罪が締約国以外で行われた場合、その国で被疑者を逮捕できない
南極海における調査捕鯨問題…オーストラリアが日本の調査捕鯨を中止させるために提訴した。2014年３月、ＩＣＪは、現行制度での調査捕鯨は科学的でないとして、中止を命じる判決を下した。	具体例	ウクライナ情勢に関する事件…ロシアのウクライナ侵攻の過程で、ロシアがウクライナの子どもたちをロシアへ不法に移送しているとして、戦争犯罪の容疑でプーチン大統領に逮捕状を発付した。

■そのほかの国際裁判所

■常設仲裁裁判所（ＰＣＡ）（オランダ・ハーグ）
ハーグ平和会議（1899年）によって1901年に設置された。国と国、国と個人・組織間の紛争を扱い、当事者が選任する裁判官によって裁判する。判決は法的拘束力を有する。

■国際海洋法裁判所（ドイツ・ハンブルク）
1996年に国連海洋法条約に基づいて、同条約の運用に関する国家間紛争の解決を目的として設置された。判決は法的拘束力を有し、上訴はできない。

■欧州人権裁判所（フランス・ストラスブール）
1959年に欧州人権条約に基づいて設置された。欧州評議会の加盟国による人権侵害に対して裁判する。当該国の裁判所に提訴し、最終審でも救済されない案件のみを扱う。

■欧州司法裁判所（ルクセンブルク）
ＥＵの法令や条約が厳格に適用されることを目的に設置され、加盟国内の法律とＥＵ憲法の整合性を図ることを目的としている。

特別法廷

■カンボジア（クメール・ルージュ）特別法廷
カンボジアではポル=ポト政権（1976～79）時代に多数の市民が虐殺された。この責任者を裁くために、国連とカンボジア政府間の条約によって、プノンペンに設置された。ポル=ポト政権の幹部を裁いているが、被告人が高齢となり、訴訟能力がないことから訴訟の停止も生じている。裁判は二審制で、最高刑は終身禁固刑である。

■旧ユーゴスラビア特別法廷
旧ユーゴスラビアにおいて、民族対立が激化する中で発生した人道的な犯罪やジェノサイド、戦争法規違反などの罪を犯した個人を裁く。安全保障理事会により1993年オランダのハーグに設立された。

■ルワンダ国際戦犯法廷
安全保障理事会の決議により1994年にタンザニアに設置。ルワンダにおけるフツ族とツチ族の対立における非人道的行為を裁くために設置された。

解説　さまざまな国際裁判所　国際司法裁判所（ＩＣＪ）では、相手国から訴えられた場合に、これを拒否せずに受け入れる「管轄権受諾義務宣言」を行い、国際司法裁判所の強制的管轄権を受諾している国もある。日本もこれを受け入れているが、その国数は少ない。また、判決が履行されない場合の対応は安全保障理事会に一任されているため、大国間の利害により履行が強制されない場合がある。そのほかにも、地域的な常設裁判所や、個別の紛争ごとに設置される特別法廷などもある。

TOPIC トピック　国際司法裁判所は、かつて小和田恆氏が所長を務め、現在は岩澤雄司氏が判事を務めている。国際刑事裁判所は現在、赤根智子氏が判事を務めている。

用語解説　226国際法，227国際慣習法，228条約，229国際司法裁判所，230国際刑事裁判所

8 さまざまな国際人権条約

①集団殺害罪の防止及び処罰に関する条約（ジェノサイド条約）（抄）（1948年12月採択、1951年1月発効）

第１条【国際法上の犯罪】　締約国は、集団殺害が平時に行われるか戦時に行われるかを問わず、国際法上の犯罪であることを確認し、これを防止し処罰することを約束する。

第２条【定義】　この条約では、集団殺害とは、国民的、人種的、民族的又は宗教的集団を全部又は一部破壊する意図をもって行われた次の行為のいずれをも意味する。……

第４条【犯罪者の身分】　集団殺害又は第３条に列挙された他の行為のいずれかを犯す者は、憲法上の責任のある統治者であるか、公務員であるか又は私人であるかを問わず、処罰する。（『コンサイス条約集』三省堂）

解説 **ナチスの行為への反省**　ジェノサイド条約は、世界人権宣言が採択された前日に採択された。この条約は、**戦時・平時を問わず、集団殺害が国際法上の犯罪であるとし、それを行った個人を、国家元首・公務員または私人のいかんを問わず処罰するとしている**。人道に対する罪や戦争犯罪とは別に、集団殺害を独立した国際犯罪として確立したことが注目された。しかし、日本はこの条約を批准していない。

COLUMN

日本が批准していない人権条約

条約名	採択年
・集団殺害罪の防止および処罰に関する条約（ジェノサイド条約）	1948
・無国籍者の地位に関する条約	1954
・奴隷制度、奴隷取引ならびに奴隷制度類似の制度および慣行の廃止に関する補足条約	1956
・既婚婦人の国籍に関する条約	1957
・婚姻の同意、婚姻の最低年齢および婚姻の登録に関する条約	1962
・市民的および政治的権利に関する国際規約（B規約）の選択議定書	1966
・アパルトヘイト罪の禁止処罰に関する国際条約	1973
・死刑廃止をめざす、市民的および政治的権利に関する国際規約の第二選択議定書（**死刑廃止条約**）	1989
・すべての移住労働者とその家族の権利の保護に関する国際条約（**移住労働者権利条約**）	1990
・経済的、社会的および文化的権利に関する国際規約（A規約）の選択議定書	2008

ジェノサイド条約をはじめ、日本が未批准の人権条約はいくつかある。特に「死刑廃止条約」を批准していないことは、世界の3分の2以上の国々で死刑廃止となっている国際世論と大きく乖離している。欧州連合（EU）では、欧州人権条約で「戦時を含むすべての状況における死刑の完全廃止」を規定しており、死刑廃止はEU加盟条件の一つとなっている。また、いくつかの人権条約では、権利を侵害されたと主張する個人が、条約に基づいて設置された委員会に通報する個人通報制度が規定されている。しかし、日本は個人通報制度を一切受け入れておらず、上記の表の人権条約以外にも、女子差別撤廃条約、子どもの権利条約、障害者権利条約の個人通報制度に関する選択議定書を批准していない。

②世界人権宣言（抄）（1948年12月10日採択）　出題

前文

人類社会のすべての構成員の固有の尊厳と、平等で譲ることのできない権利とを承認することは、世界における自由、正義及び平和の基礎であるので、

……人類が、言論および信仰の自由を享受し、恐怖および欠乏からの自由を享受する世界を到来させることが一般の人々の最高の願望であると宣言されたので、

人間が専制と圧迫とに対する最後の手段として反逆に訴えることがないようにするためには、法の支配によって人権を保護することが肝要なので、

……すべての人民とすべての国とが達成すべき共通の基準として、この世界人権宣言を公布する。

第１条【人間の尊厳と平等】　すべての人間は、生まれながらにして自由であり、かつ、尊厳と権利とにおいて平等である。人間は、理性と良心とを授けられており、互いに同胞の精神をもって行動しなければならない。

第２条【差別の禁止】　①　すべて人は、人種、皮膚の色、性、言語、宗教、政治的その他の意見、国民的もしくは社会的出身、財産、門地その他の地位その他いかなる事由による差別をも受けることなく、この宣言に掲げるすべての権利と自由とを享有することができる。

第21条【政治的権利】　①　すべて人は、直接にまたは自由に選出された代表者を通じて、自国の統治に参与する権利を有する。

第23条【労働の権利・平等待遇】　①　すべて人は、勤労し、職業を自由に選択し、公正かつ有利な勤労条件を求め、失業からの保護を受ける権利を有する。

（『コンサイス条約集』三省堂）

解説 **すべての国が達成すべき共通の基準**　世界人権宣言は、第３回国連総会で採択された。この宣言は**法的拘束力をもたないが**、各国の国内立法などに少なからぬ影響を与えている。前文では４つの自由と国連憲章の一節を掲げている。条文は全30条からなり、自由権的基本権の規定が多いが、社会権的基本権も規定されている。

③人種差別撤廃条約（抄）

（1965年12月採択、1969年１月発効、日本は1995年12月批准）

第１条【人種差別の定義】　①　この条約において、「人種差別」とは、人種、皮膚の色、世系又は民族的若しくは種族的出身に基づくあらゆる区別、排除、制限又は優先であって、……あらゆる公的生活の分野における平等の立場での人権及び基本的自由を認識し、享有し又は行使することを妨げ又は害する目的又は効果を有するものをいう。

第２条【締約国の基本的義務】　①　締約国は、人種差別を非難し、また、あらゆる形態の人種差別を撤廃する政策及びあらゆる人種間の理解を促進する政策をすべての適当な方法により遅滞なくとることを約束する。……

解説 **人種差別の禁止を現実のものへ**　南アフリカでのアパルトヘイト政策（➲p.283）など、世界には人種差別の風潮が根強く残っていた。これを背景に採択されたのが、**人種差別撤廃条約**である。日本は1995年に批准し、これを受けて、1997年にアイヌ民族の存在を明記したアイヌ文化振興法が成立した。なお、この条約に基づいて、締約国の人権状況を監視する人種差別撤廃委員会が設置されている。

Zoom **ジェノサイド条約**　集団殺害罪（ジェノサイド）は、ジェノサイド条約で犯罪とされるほか、国際刑事裁判所でも対象犯罪の一つとされている。日本がジェノサイド条約に批准していないのは、ジェノサイドを処罰する国内法が未整備であるためとしている。

④国際人権規約(抄) (1966年12月16日採択、A規約は1976年1月3日発効、B規約は同年3月23日発効)

頻出

■A規約(経済的、社会的及び文化的権利に関する国際規約)

第1条【人民の自決の権利】 ① すべての人民は、自決の権利を有する。この権利に基づき、すべての人民は、その政治的地位を自由に決定し並びにその経済的、社会的及び文化的発展を自由に追求する。

② すべての人民は、互恵の原則に基づく国際的経済協力から生ずる義務及び国際法上の義務に違反しない限り、自己のためにその天然の富及び資源を自由に処分することができる。人民は、いかなる場合にも、その生存のために自由を奪われることはない。

第6条【労働の権利】 ① この規約の締約国は、労働の権利を認めるものとし、この権利を保障するため適当な措置をとる。この権利には、すべての者が自由に選択し又は承諾する労働によつて生活費を立てる機会を得る権利を含む。

第8条【団結権、ストライキ権】 ① この規約の締約国は、次の権利を確保することを約束する。

(a) すべての者がその経済的及び社会的利益を増進し及び保護するため、労働組合を結成し及び当該労働組合の規則にのみ従うことを条件として自ら選択する労働組合に加入する権利。……

第11条【生活水準についての権利】 ① この規約の締約国は、自己及びその家族のための相当な食糧、衣類及び住居を内容とする相当な生活水準についての並びに生活条件の不断の改善についてのすべての者の権利を認める。……

■B規約(市民的及び政治的権利に関する国際規約)

第1条【人民の自決の権利】 〔A規約第1条に同じ〕

第9条【身体の自由と逮捕抑留の要件】 ① すべての者は、身体の自由及び安全についての権利を有する。何人も、恣意的に逮捕され又は抑留されない。……

第18条【思想・良心及び宗教の自由】 ① すべての者は、思想、良心及び宗教の自由についての権利を有する。……

第19条【表現の自由】 ① すべての者は、干渉されることなく意見を持つ権利を有する。

第20条【戦争宣伝及び差別等の扇動の禁止】 ① 戦争のためのいかなる宣伝も、法律で禁止する。

② 差別、敵意又は暴力の扇動となる国民的、人種的又は宗教的憎悪の唱道は、法律で禁止する。

第26条【法の前の平等・無差別】 すべての者は、法の前に平等であり、いかなる差別もなしに法律による平等の保護を受ける権利を有する。……

(『国際条約集』有斐閣)

解説 **国際的な人権条約の完成** 国際人権規約は、国連総会で採択された**人権保障についての法的拘束力を有する規約**である。A規約(**社会権規約**)、B規約(**自由権規約**)およびB規約の**選択議定書**(個人が国際人権規約上の権利を侵害された場合、国際人権規約の規約委員会に直接、救済の申し立てをするための個人通報制度を規定)は1976年に発効した。その後、死刑廃止を目的とするB規約の**第二選択議定書**(死刑廃止条約)が1989年に採択された(1991年に発効)。また、A規約の選択議定書も2008年に採択された(2013年に発効)。

■国際人権規約の構造と日本の批准状況

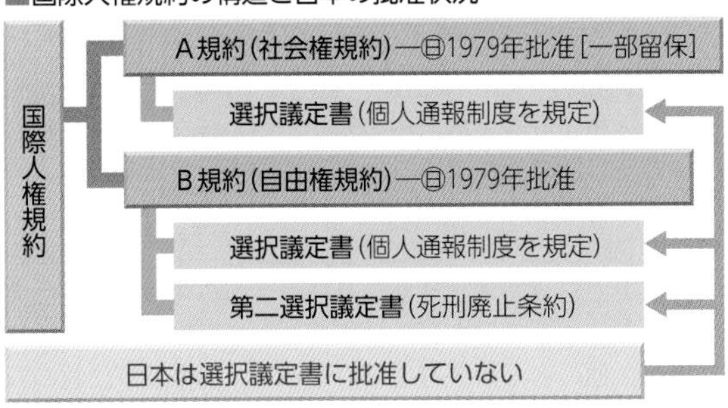

解説 **選択議定書には未批准** 国際人権規約をめぐり、日本は1979年に、**A規約で規定されている高校・大学教育の無償、地方公営企業職員のスト権、祝祭日の給与保障の3点につき留保して、A規約とB規約を批准したが、3つの選択議定書には批准していない。**なお、高校・大学教育の無償については、2012年に留保を撤回した。

条約の留保とは?

条約を批准する際に、条約の特定の規定を自国に適用しないことを一方的に宣言すること。多国間条約の増加に伴い、条約の厳格な運用を求めると、該当条約への加入をためらったり、国内法との関係で批准できなかったりする国が多くなる。そのため、多くの国家を条約に加入させることを目的として、条約の趣旨に反しない限りにおいて、条約の留保が認められている。

日本が留保付きで批准している条約は、人種差別撤廃条約(人種差別の扇動などを処罰するための立法措置義務の留保)や、子ども(児童)の権利条約(条約上の「児童」の定義[18歳未満]と少年法の「少年」の定義[20歳未満]との相違による留保)などもある。

COLUMN

国際人権規約、日本に対する評価

国際人権規約の規約委員会は、締約国の人権状況について定期的に審査し、評価および勧告を行っている。2013年には社会権規約委員会が、2014年には自由権規約委員会が、それぞれ日本の人権状況について最終見解を採択した。自由権規約委員会の最終見解によれば、おもに以下の日本の政策が肯定的に評価され、また、日本の人権状況の懸念事項が表明されている。

肯定的評価	• 同性カップルが公営住宅から排除されないという旨の公営住宅法の改正(2012年) • 嫡出でない子に対する差別規定を除去した、2008年の国籍法および2013年の民法の改正(➲p.42,45) • 強制失踪防止条約の批准(2009年) • 障害者権利条約の批准(2014年)(➲p.260)
懸念事項	• 自由権規約選択議定書の未加入 • 女性の再婚禁止期間と、男女の婚姻年齢の相違を設定する民法の差別規定(➲p.43) • ドメスティック・バイオレンスが広く存在し続けていること(➲p.44) • レズビアン、ゲイ、バイセクシャル、トランスジェンダー(LGBT)に対する社会的嫌がらせ • 韓国・朝鮮人、中国人などに対する憎悪や差別を煽り立てる言動(ヘイトスピーチ)の広がり(➲p.48) • 代用監獄制度の存在と、自白の強要が行われていること(➲p.57) • 憲法の「公共の福祉」の概念が曖昧で、必要以上の人権の制限を可能とすること • 特定秘密保護法における秘密指定事項が広範であり、重い罰則を規定していること(➲p.69)

TOPIC トピック 国際人権規約の締約国数は、A規約が172か国、B規約が173か国となっている(2021年8月現在)。

用語解説 ㉓世界人権宣言,㉔人種差別撤廃条約,㉕国際人権規約

⑤女子差別撤廃条約(抄)

(1979年12月採択、81年9月発効、日本は1985年6月批准)

第1条【女子差別の定義】　この条約の適用上、「女子に対する差別」とは、性に基づく区別、排除又は制限であって、政治的、経済的、社会的、文化的、市民的その他のいかなる分野においても、女子(婚姻をしているかいないかを問わない。)が男女の平等を基礎として人権及び基本的自由を認識し、享有し又は行使することを害し又は無効にする効果又は目的を有するものをいう。

第2条【当事国の差別撤廃義務】　締約国は、**女子に対するあらゆる形態の差別を非難し、女子に対する差別を撤廃する政策をすべての適当な手段により、かつ、遅滞なく追求すること**に合意し、及びこのため次のことを約束する。……

第11条【雇用の分野における差別撤廃】　①　締約国は、男女の平等を基礎として同一の権利、特に次の権利を確保することを目的として、雇用の分野における女子に対する差別を撤廃するためのすべての適当な措置をとる。

(『コンサイス条約集』三省堂)

解説　**家事と子育ては男女共同で**　国連は、女性への差別をなくすため、**女子差別撤廃条約**を1979年の総会で採択した。この条約は、女性に対する政治的、経済的、社会的分野での差別の撤廃に必要な措置を締約国に義務づけている。また、性別役割分担を否定し、家庭と子どもの養育に対する男女の共同責任を定めていることは注目される。日本はこの条約の批准に先立って、1985年に**男女雇用機会均等法**を制定した。

COLUMN

ハーグ条約

ハーグ条約～申請を受けた後の流れ　返還命令の場合

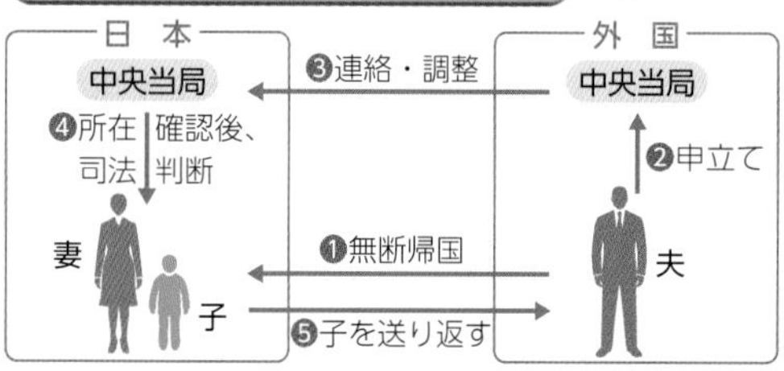

近年、国際結婚が増加するにつれて、その破綻によるトラブルも増えてきた。その一つが、「子ども(16歳未満)の連れ去り」についてである。日本では、離婚などで日本人の母親が子どもを外国から連れて帰るケースが多くみられる。しかし、これが「誘拐」とみなされ、元の居住国で指名手配されるケースもある。

こうした事案の対応については、多国間条約の「国際的な子の奪取の民事上の側面に関する条約」(**ハーグ条約**)の中で、原則として子を元の国に送り返すことが定められている。日本はG8の中で唯一未批准であり、諸外国から批判があった。そこで日本政府は2011年に加盟の方針を打ち出し、2014年に同条約に正式に加盟した。ただし、日本に帰国した母親が、元の居住国でのDV(配偶者間での暴力)による被害を訴えるケースでは、DV被害などに配慮して子どもの返還を拒否できる場合もある。

⑥子ども(児童)の権利条約(抄)　出題

(1989年11月採択、1990年9月発効、日本は1994年4月批准)

第1条【定義】　この条約の適用上、児童とは、18歳未満のすべての者をいう。……

第6条【生命の権利・発達の確保】　①　締約国は、すべての児童が生命に対する固有の権利を有することを認める。

第12条【意見を表明する権利】　①　締約国は、自己の意見を形成する能力のある児童が、**その児童に影響を及ぼすすべての事柄について自由に自己の意見を表明する権利を確保する**。この場合において、児童の意見は、その児童の年齢及び成熟度に従って相応に考慮されるものとする。

第32条【経済的搾取および有害労働からの保護】

①　締約国は、児童が、経済的な搾取から保護され及び危険となり若しくは児童の教育の妨げとなり又は児童の健康若しくは身体的、心理的、精神的、道徳的若しくは社会的な発達に有害となるおそれのある労働への従事から保護される権利を認める。

(『コンサイス条約集』三省堂)

解説　**子どもも人権を享受できる**　基本的人権が人類普遍の価値と認められた現代でも、子どもは大人が監督するものとしてしか認知されていなかった。これを改めるために採択されたのが、**子ども(児童)の権利条約**である。この条約は、18歳未満のすべての子どもに広範な基本的権利を規定した。その中には、差別や虐待から守られる権利や意見表明権など、子ども特有の権利が数多く含まれる。日本は同条約を一部留保付きで1994年に批准した。

⑦障害者権利条約(抄)　出題

(2006年12月採択、2008年5月発効、日本は2014年1月批准)

第1条【目的】　この条約は、すべての障害者によるあらゆる人権及び基本的自由の完全かつ平等な享有を促進し、保護し、及び確保すること並びに障害者の固有の尊厳の尊重を促進することを目的とする。

第9条【施設及びサービスの利用可能性】　①　締約国は、障害者が自立して生活し、及び生活のあらゆる側面に完全に参加することを可能にすることを目的として、障害者が、他の者との平等を基礎として、都市及び農村の双方において、物理的環境、輸送機関、情報通信……並びに公衆に開放され、又は提供される他の施設及びサービスを利用することができることを確保するための適当な措置をとる。……

第19条【自立した生活及び地域社会に受け入れられること】

この条約の締約国は、すべての障害者が他の者と平等の選択の機会をもって地域社会で生活する平等の権利を認めるものとし、障害者が、この権利を完全に享受し、並びに地域社会に完全に受け入れられ、及び参加することを容易にするための効果的かつ適当な措置をとる。……

解説　**障害者に人権を**　21世紀初の人権条約「**障害者権利条約**」は、2006年に採択された。障害者の尊重を目的とし、「障害」の原因が社会にあるという立場から、障害のある人が参加しやすい社会づくりを促している。このような考え方を「ソーシャル・インクルージョン」というが、こうした社会づくりに向けて、障害のある人に対する社会全体の意識向上も促していることが特徴としてあげられる。日本は2007年に同条約に署名した。これを受けて、2013年に**障害者差別解消法**(➲p.47)が制定され、2014年に条約を批准した。

Zoom　**子どもの権利条約の選択議定書**　子どもの権利条約には、児童売買やポルノの禁止に関するもの、子ども兵士の禁止などの武力紛争に関するもの、個人通報制度に関するものの、3つの選択議定書ある。日本は個人通報制度に関するもの以外を批准している。

2 国際連合の組織と役割

要点の整理

＊ 1 ～ 11 FILE は資料番号を示す

Ⅰ 安全保障体制と国際平和機構

❶ **国際平和機構の構想**……カントの『永遠平和のために』 2

❷ **安全保障政策の転換**……勢力均衡政策から集団安全保障体制へ 1

- **勢力均衡**……軍事同盟などにより、国家間の軍事力のバランスを均衡させ、戦争を抑止する考え。近代ヨーロッパの外交政策の基本
  ⟶ 第一次世界大戦の勃発を阻止できず、その限界を認識
- **集団安全保障**……世界の多くの国々が参加する国際組織の下で、武力侵略国に対し、集団で制裁を加え、戦争抑止を図る考え方

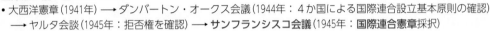

⬆国連本部ビル
（アメリカ・ニューヨーク）

❸ **国際平和機構の成立**

①**国際連盟** 2 3（1920年発足）……ウィルソン米大統領の「**14か条の平和原則**」 2

②国際連盟の問題点

(1)議決方式は全会一致制（迅速な議会運営が困難）

(2)侵略国への制裁は経済制裁のみ（総会・理事会の議決は勧告のみ）

(3)アメリカの不参加、ソ連は途中加盟・その後除名、日独伊は脱退

③**国際連合** 2 ～ 10（1945年発足）

- 大西洋憲章（1941年）⟶ ダンバートン・オークス会議（1944年：４か国による国際連合設立基本原則の確認）
  ⟶ ヤルタ会談（1945年：拒否権を確認）⟶ **サンフランシスコ会議**（1945年：**国際連合憲章**採択）
- 加盟国……原加盟国51か国。現在の加盟国193か国（2023年７月現在）
- 主要機関
  (1)**総会**……全加盟国により構成、一国一票の原則（多数決制）、安保理への勧告
  (2)**安全保障理事会**……５常任理事国（**拒否権**あり）・10非常任理事国（任期２年、毎年半数改選）
  安保理の決定は全加盟国に対して法的拘束力をもつ
  大国一致の原則＝拒否権の発動による機能不全⟶「**平和のための結集**」**決議**（1950年）
  (3)**経済社会理事会**……経済的・社会的・人道的な国際問題に関する研究・勧告
  ＮＧＯ（非政府組織）との連携強化（**国連ＮＧＯ**）
  (4)**事務局**……国連運営のすべての事務。事務総長は安保理の勧告により、総会が任命（任期５年）
  (5)**信託統治理事会**……パラオが独立し、活動停止（1994年）
  (6)**国際司法裁判所**（ＩＣＪ）……国家間の紛争における司法的解決を目的とする

❹ **国際連合の課題** FILE

①安保理改革……理事国数の拡大（第三世界の加盟国数が増加）、拒否権問題（第二次世界大戦の戦勝国が特権化）

②財政問題……抱える課題に比べて財政規模が小さい。国連分担金の未払い・滞納問題

Ⅱ 国連の安全保障措置

● **ＰＫＯ（国連平和維持活動）** 8 11……冷戦終結後、国家間対立から民族・宗教対立などの内戦を中心とした対立の増加
⟶ 紛争の鎮静化や解決を支援。軍事監視・平和維持・非軍事部門 ⟵ 国連憲章における規定なし（６章半活動）
ＰＫＦ（国連平和維持軍）……紛争当事者間に立って紛争の拡大を防止

Ⅰ 安全保障体制と国際平和機構

1 勢力均衡と集団安全保障 出題

？集団安全保障と勢力均衡はどのような点が異なっているのか

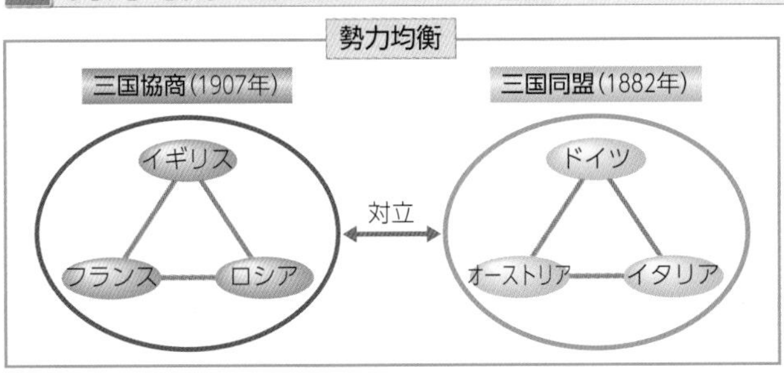

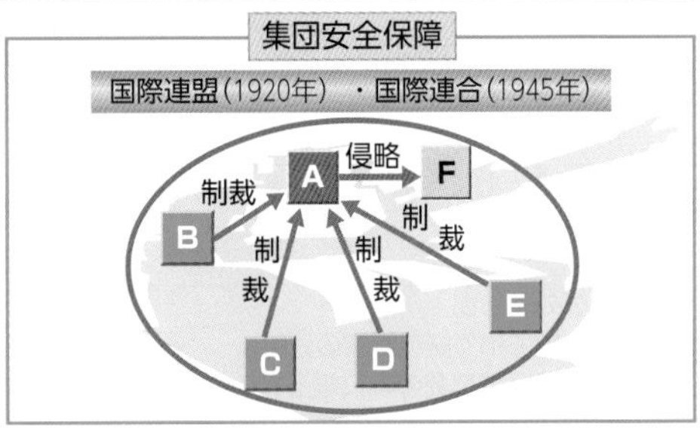

解説 **勢力均衡から集団安全保障へ** 三国同盟と三国協商にみられる**勢力均衡**は、自国の軍備を増強し、他の関係国との同盟関係を築くことで、敵対勢力との軍事的な均衡を維持しようとするシステムである。しかし、勢力均衡は戦争を否定するものではないため、軍拡競争をまねき、軍事力のバランスが崩れる危険性をはらんでいた。これが第一次世界大戦を防ぎきれなかった要因である。それに対して、**集団安全保障**は、対立状態にある国家を含む関係国すべてが国際機構を組織し、戦争を回避するための武力不行使のルールをつくり、違反国に対しては他のすべての国によって制裁を行う。国際連盟や国際連合はこの考え方を採用している。

TOPIC トピック 国連憲章はサンフランシスコ会議に参加した50カ国の代表によって採択・調印され、その後、会議に参加できなかったポーランドが調印して51番目の調印国となった。

用語解説 ㉞女子差別撤廃条約，㉟子どもの権利条約，㊱障害者権利条約，㊲勢力均衡，㊳集団安全保障

2 国際連盟から国際連合へ

第一次世界大戦 1914. 7～1918.11

ウィルソンの「14か条の平和原則」(1918. 1)
➡アメリカ議会に発表

▼

パリ講和会議 1919. 1～6

第一次世界大戦の講和会議。特別委員会(議長：ウィルソン)で、国際連盟の草案を決議

ヴェルサイユ条約(1919. 6)
➡この条約の第１編が国際連盟規約(全26条)となった。

▼

国際連盟成立(原加盟国数42か国) 1920. 1

世界で初めての国際平和機構であり、集団安全保障体制を採用したが、十分に機能しなかった。

▼

第二次世界大戦 1939. 9～1945. 8

大西洋憲章(1941. 8)……F＝ローズベルト(米)・チャーチル(英)が国際連合の基本理念に合意

連合国共同宣言(1942. 1)……26か国による宣言で、大西洋憲章の原則を確認。United Nations(連合国)の名称を使用

ダンバートン・オークス会議(1944. 8～10)……アメリカ・イギリス・ソ連・中国が、国連憲章の原案を発表
※ダンバートン・オークスは、首都ワシントンにある建物の名称。

ヤルタ会談(1945. 2)……アメリカ・イギリス・ソ連の首脳が、安全保障理事会の表決で５大国の拒否権を確認

サンフランシスコ会議(1945. 4～6)……連合国が集まり、国際連合憲章(全111条)に調印

▼

国際連合成立(原加盟国数51か国) 1945.10

■国際平和機構の構想

永遠平和のための第二確定条項

……諸民族は、その自然状態においては(つまり外的法則に拘束されていない場合は)、隣りあっているだけですでに互いに害しあっているのであり、そこで各民族は自分たちの安全のために、それぞれの権利が保障される場として、市民的体制と類似した体制に一緒に入ることを他に対しても要求でき、また要求すべきなのである。これは国際連合と言えるが、しかしそれは当然諸民族合一国家ではないであろう。

(宇都宮芳明訳『永遠平和のために』岩波書店)

↑カント
(1724～1804)

ウィルソンの14か条の平和原則

❶講和の公開、秘密外交廃止
❷公海の自由
❸平等な通商関係の樹立
❹軍備縮小 ❺植民地の公正な措置
⋮
⓫バルカン諸国の独立保障
⓬オスマン帝国支配下の民族の自治保障
⓭ポーランドの独立
⓮**国際平和機構**の設立

↑ウィルソン
(1856～1924)

解説 **国際平和実現のために** ドイツの哲学者カントは、1795年に発表した『永遠平和のために』で、法治国家の考えを拡大し、国際平和組織を設立する必要性を訴えた。また、アメリカ大統領ウィルソン(在任1913～21)が提唱した**14か条の平和原則**は、第一次世界大戦後のパリ講和会議の基調をなすものである。特に、勢力均衡を否定して国際平和機構を設立する構想は、国際連盟として実現した。しかし、アメリカは上院の反対によって国際連盟には不参加となった。

3 国際連盟と国際連合の比較 出題

?なぜ、国際連合は国際連盟と異なった表決手段が採用されているのか

国際連盟[League of Nations] 1920～1946年 本部：ジュネーブ(スイス)		国際連合[United Nations] 1945年～ 本部：ニューヨーク(アメリカ)
原加盟国42か国、最大加盟国59か国(1934年) アメリカは不参加、ソ連は1934年加盟(1939年除名) 日本・ドイツは1933年脱退、イタリアは1937年脱退	加盟国	原加盟国51か国、現在193か国加盟 中国の代表権は、当初は中華民国(台湾)であったが、1971年に中華人民共和国に移る
総会…全加盟国で構成 **理事会**…４常任理事国(日・英・仏・伊)と任期３年の４非常任理事国からなる(1920年) **事務局、常設国際司法裁判所、国際労働機関**	組織	**総会**…全加盟国で構成 **安全保障理事会**…５常任理事国(米・ロ・英・仏・中)と10非常任理事国 **事務局、経済社会理事会、国際司法裁判所、信託統治理事会**(現在は活動休止中)、その他専門機関など
平和の破壊、または威嚇に対して、経済制裁(金融・通商・交通上の関係の断絶)を実施する。軍事的制裁はとらない	制裁措置	平和の破壊または威嚇に対して、安全保障理事会は経済制裁とともに、軍事的強制措置をとることが可能。**国連軍による武力制裁**も認められている
総会・理事会ともに**全会一致制**	表決手段	総会…一般事項は出席国の過半数、重要事項は３分の２以上 安全保障理事会…手続事項は９理事国以上、実質事項は常任理事国を含む９理事国以上
• 米ソ大国の不参加 • 全会一致制による議事運営の難航 • 制裁措置が**経済制裁のみ**に限られ、武力進攻などに対する安全保障機能が不完全	問題点	• 安保理で５大国の拒否権行使による機能不全 • 財政問題(アメリカなどの分担金の未払い) • 安保理改革問題など

解説 **国際連合と国際連盟** 国際連盟は全会一致制の評決方法を採用し、制裁措置も経済制裁のみであった。そのため、侵略国に対する迅速で効果的な行動をとることができないという欠陥があった。この反省をふまえて国際連合(国連)では侵略国に対する制裁が強化された。しかし、国連も**安全保障理事会(安保理)**の常任理事国である５大国が**拒否権**を行使することにより、国際紛争に対する効果的な措置がとれないことが起きている。なお、安保理における手続き事項とは、会議の開催、補助機関の設置、手続き規則の採択などをいう。これ以外の実質事項については、常任理事国が一国でも反対(拒否権を発動)すると否決される。

Zoom **国際連盟を提案したウィルソン** 第28代アメリカ大統領のウィルソンは「行政学の父」ともよばれる政治学者でもあった。アメリカは国際連盟に参加しなかったが、彼は創設の功績により1919年にノーベル平和賞を受賞している。

4 国際連合の組織

頻出

?国際連合の組織の主要機関はどこか

安全保障理事会(THE SECURITY COUNCIL)

【任務】国連憲章に基づく国際社会の平和と安全保障。安全保障理事会の決定は、全加盟国に対し、法的拘束力をもつ

【構成】15か国の理事国で構成

- **常任理事国**(5か国)……アメリカ、イギリス、フランス、ロシア、中国の5か国。任期期限はない。**拒否権をもつ**
- **非常任理事国**(10か国)……地理的配分を考慮にいれ、総会が2年任期で選出(2期連続は不可)。毎年半数改選

【決議】

- **手続事項**(=会議の招集、議題の採択、会議への加盟国の招致、手続規則の変更など)……9理事国の賛成で決議成立
- **実質事項**(=重要事項)……常任理事国を含む、9理事国の賛成で決議成立(常任理事国が1か国でも反対すれば不成立=**「大国一致の原則」**で、これが「拒否権(veto)」と呼ばれる)

©UN Photo / Paulo Filgueiras

総会(THE GENERAL ASSEMBLY)

©UN Photo / Paulo Filgueiras

【任務】

- 安全保障理事会で検討中の紛争や事態に関するものを除き、国連憲章に関連して発生する全問題を検討し、加盟国および安全保障理事会に勧告
- 総会の実際の作業は、総会の下におかれた主要委員会と呼ばれる6つの委員会が分担

【構成】

全加盟国で構成される国連の最高機関

【決議】加盟国は1票の投票権をもつ(**一国一票制度**)

- **一般事項**……出席投票国の過半数で決議
- **重要事項**……出席投票国の3分の2以上の賛成で決議

➡近年では、事前に非公式な協議を通じ、全員が合意する提案を作成し、それを投票なしで採択する方式(**コンセンサス方式**)がとられることが主流

【総会】

- **通常総会**……年1回(毎年9月の第3火曜日~12月)
- **特別総会**……安保理の要請、または加盟国の過半数の要請で招集される
- **緊急特別総会**……安保理の9理事国以上の要請や加盟国の過半数の要請により24時間以内に事務総長が招集

事務局(THE SECRETARIAT)

【任務】各種国連活動を管理する機関で、国連運営に関するすべての事務を行う

【構成】行政職員の長である1名の事務総長と職員(=国際公務員)からなる。事務局は局(Department)と部・室(Office)から構成される ⟶ 法務部、軍縮局、国連安全調整官室など

【事務総長】国連事業について、総会に年次報告を行う。国際の平和および安全の維持に脅威となる事項について、安保理に勧告、調停者・仲介者の役割を果たす。安保理の勧告により、総会が任命。任期5年で再選可。「General Secretary」の邦訳。

国際司法裁判所(➡p.257)(THE INTERNATIONAL COURT OF JUSTICE)

信託統治理事会(THE TRUSTEE SHIP COUNCIL)

【任務】信託統治(第二次世界大戦時などに植民地となった地域の行政)を、国際的立場から監督する責任を負う。植民地の独立にむけた住民生活支援を目的として創設。1994年、**パラオ独立により活動を正式停止**

【構成】5大国で理事会を構成

総会によって設立された委員会

宇宙空間平和利用委員会
平和維持活動特別委員会
軍縮委員会　平和構築委員会　ほか

総会によって設立された機関

国連人権理事会(UNHRC):2006年、経済社会理事会の下部組織であった人権委員会が格上げされて発足。人権問題への対応のさらなる強化を図る。総会の下部機関の常設理事会として、定期会合も開けるようになった
国連環境計画(UNEP、➡p.365)
国連開発計画(UNDP、➡p.375)
世界食糧計画(WFP、➡p.357)
国連大学(UNU):世界的な諸課題について研究しているが、学生はいない。本部は東京
国連貿易開発会議(UNCTAD、➡p.359)
国連児童基金(UNICEF):子どもたちの権利擁護のための、医療や食料などの支援
国連難民高等弁務官事務所(UNHCR、➡p.289)　ほか

専門機関など

……国連と連携協定を結ぶ国際機関

国際原子力機関(IAEA)(➡p.295)
国際労働機関(ILO):労働条件の改善を国際的に実現(➡p.223)
国連食糧農業機関(FAO):食糧増産、農民の生活水準の改善
国連教育科学文化機関(UNESCO):教育・科学・文化を通じて、世界の平和と安全を図る
世界保健機関(WHO):世界の人々の健康の増進を図る
世界銀行グループ(➡p.344)
　国際復興開発銀行(世界銀行、IBRD)
　国際開発協会(第2世銀、IDA)
　国際金融公社(IFC)
国際通貨基金(IMF)(➡p.344)
国際民間航空機関(ICAO)
万国郵便連合(UPU)
国際電気通信連合(ITU)
世界気象機関(WMO)
国際海事機関(IMO)
世界知的所有権機関(WIPO):工業所有権と著作権について、国際的保護を図る
国際農業開発基金(IFAD)
国連工業開発機関(UNIDO)

世界貿易機関(WTO)(➡p.347)

経済社会理事会(THE ECONOMIC AND SOCIAL COUNCIL)

【任務】非政治分野での国際協力を目的とし、国際的な問題事項を研究し、総会や加盟国への報告・勧告を行う。また、民間団体とも協議できる(国連憲章第71条)。国連との協議資格を認められた**NGO(非政府組織)**がある(➡p.265)

【構成】54の理事国から構成。理事国は、総会で選挙される。任期は3年で、毎年3分の1ずつ改選

【決議】各理事国は1票の投票権をもち、過半数で決定

地域経済委員会

ヨーロッパ経済委員会
アフリカ経済委員会
西アジア経済社会委員会
アジア・太平洋経済社会委員会
ラテンアメリカ・カリブ経済委員会

機能委員会

統計委員会
人口開発委員会
社会開発委員会
持続可能開発委員会
婦人の地位委員会
麻薬委員会

解説 国連イコール連合国

国際連合は、英語ではUnited Nationsとされ、「連合国」の英語と同じである。これは国連が、第二次世界大戦の勝者である連合国が組織した国際機構であることを物語っている。

国際政治

TOPIC トピック　国連人権理事会は47の理事国で構成されている。ロシアのウクライナ侵攻に対して、人権理事会はロシアの理事国資格を停止し、侵攻の非難決議を賛成多数で採択した。

用語解説　㉟国際連盟，㊵安全保障理事会，㊶拒否権，㊷経済社会理事会

5 国際連合憲章 〔採択 1945年6月26日 発効 1945年10月24日〕 頻出

前文　われら連合国の人民は、
われらの一生のうちに二度まで言語に絶する悲哀を人類に与えた戦争の惨害から将来の世代を救い、
　基本的人権と人間の尊厳及び価値と男女及び大小各国の同権とに関する信念をあらためて確認し、……
　国際の平和及び安全を維持するためにわれらの力を合わせ、共同の利益の場合を除く外は武力を用いないことを原則の受諾と方法の設定によって確保し、
　すべての人民の経済的及び社会的発達を促進するために国際機構を用いることを決意して、
　これらの目的を達成するために、われらの努力を結集することに決定した。
　よって、われらの各自の政府は、サン・フランシスコ市に会合し、全権委任状を示してそれが良好妥当であると認められた代表者を通じて、この国際連合憲章に同意したので、ここに国際連合という国際機構を設ける。

第1章　目的及び原則

第1条【目的】国際連合の目的は、次のとおりである。
①国際の平和及び安全を維持すること。そのために、平和に対する脅威の防止及び除去と侵略行為その他の平和の破壊の鎮圧とのため有効な集団的措置をとること並びに平和を破壊するに至る虞のある国際的の紛争又は事態の調整または解決を平和的手段によって且つ正義及び国際法の原則に従って実現すること。
②人民の同権及び自決の原則の尊重に基礎をおく諸国間の友好関係を発展させること並びに世界平和を強化するために他の適当な措置をとること。
③経済的、社会的、文化的または人道的性質を有する国際問題を解決することについて、並びに人種、性、言語または宗教による差別なくすべての者のために人権及び基本的自由を尊重するように助長奨励することについて、国際協力を達成すること。

第2条【原則】この機構及びその加盟国は、第1条に掲げる目的を達成するに当っては、次の原則に従って行動しなければならない。
①この機構は、そのすべての加盟国の主権平等の原則に基礎をおいている。
②すべての加盟国は、加盟国の地位から生ずる権利及び利益を加盟国のすべてに保障するために、この憲章に従って負っている義務を誠実に履行しなければならない。
③すべての加盟国は、その国際紛争を平和的手段によって国際の平和及び安全並びに正義を危うくしないように解決しなければならない。
④すべての加盟国は、その国際関係において、武力による威嚇又は武力の行使を、いかなる国の領土保全又は政治的独立に対するものも、また、国際連合の目的と両立しない他のいかなる方法によるものも慎まなければならない。

第2章　加盟国の地位

第6条【除名】この憲章に掲げる原則に執拗に違反した国際連合加盟国は、総会が、安全保障理事会の勧告に基いて、この機構から除名することができる。

第3章　機関

第7条【主要機関】①国際連合の主要機関として、総会、安全保障理事会、経済社会理事会、信託統治理事会、国際司法裁判所及び事務局を設ける。

第4章　総会

第10条【任務及び権限】総会は、この憲章の範囲内にある問題若しくは事項又はこの憲章に規定する機関の権限及び任務に関する問題若しくは事項を討議し、並びに、第12条に規定する場合を除く外、このような問題又は事項について国際連合加盟国若しくは安全保障理事会又はこの両者に対して勧告をすることができる。

第12条【安全保障理事会との関係】①安全保障理事会がこの憲章によって与えられた任務をいずれかの紛争または事態について遂行している間は、総会は、安全保障理事会が要請しない限り、この紛争又は事態について、いかなる勧告もしてはならない。

第18条【表決】①総会の各構成国は、1個の投票権を有する。
②重要問題に関する総会の決定は、出席し且つ投票する構成国の3分の2の多数によって行われる。重要問題には、国際の平和及び安全の維持に関する勧告、安全保障理事会の非常任理事国の選挙、経済社会理事会の理事国の選挙、……信託統治理事会の理事国の選挙、新加盟国の国際連合への加盟の承認、加盟国としての権利及び特権の停止、加盟国の除名、信託統治制度の運用に関する問題並びに予算問題が含まれる。
③その他の問題に関する決定は、3分の2の多数によって決定されるべき問題の新たな部類の決定を含めて、出席し且つ投票する構成国の過半数によって行われる。

第19条【投票権の制限】この機構に対する分担金の支払が延滞している国際連合加盟国は、その延滞金の額がその時までの満2年間にその国から支払われるべきであった分担金の額に等しいか又はこれをこえるときは、総会で投票権を有しない。但し、総会は、支払いの不履行がこのような加盟国にとってやむを得ない事情によると認めるときは、その加盟国に投票を許すことができる。

第5章　安全保障理事会

第23条【構成】①安全保障理事会は、15の国際連合加盟国で構成する。中華民国※、フランス、ソヴィエト社会主義共和国連邦※、グレート・ブリテン及び北部アイルランド連合王国及びアメリカ合衆国は、安全保障理事会の常任理事国となる。総会は、第一に国際の平和及び安全の維持とこの機構のその他の目的とに対する国際連合加盟国の貢献に、更に衡平な地理的分配に特に妥当な考慮を払って、安全保障理事会の非常任理事国となる他の10の国際連合加盟国を選挙する。

※現在は中華人民共和国とロシア連邦

②安全保障理事会の非常任理事国は、2年の任期で選挙される。……退任理事国は、引き続いて再選される資格はない。

第24条【任務及び権限】①国際連合の迅速且つ有効な行動を確保するために、国際連合加盟国は、国際の平和及び安全の維持に関する主要な責任を安全保障理事会に負わせるものとし、且つ、安全保障理事会がこの責任に基く義務を果すに当って加盟国に代って行動することに同意する。

第27条【表決】①安全保障理事会の各理事国は、1個の投票権を有する。
②手続事項に関する安全保障理事会の決定は、9理事国の賛成投票によって行われる。
③その他のすべての事項に関する安全保障理事会の決定は、常任理事国の同意投票を含む9理事国の賛成投票によって行われる。
……

第6章　紛争の平和的解決

第33条【平和的解決の義務】①いかなる紛争でも継続が国際の平和及び安全の維持を危うくする虞のあるものについては、その当事者は、まず第一に、交渉、審査、仲介、調停、仲裁裁判、司法的解決、地域的機関又は地域的取極の利用その他当事者が選ぶ平和的手段による解決を求めなければならない。

第7章　平和に対する脅威、平和の破壊及び侵略行為に関する行動

第39条【安全保障理事会の一般的権能】安全保障理事会は、平和に対する脅威、平和の破壊又は侵略行為の存在を決定し、並びに、国際の平和及び安全を維持し又は回復するために、勧告をし、又は第41条及び第42条に従っていかなる措置をとるかを決定する。

Zoom 「6章半活動」のＰＫＯ　国連憲章の第6章には紛争の平和的解決が規定されており、第7章には軍事的措置を含めた強制措置が規定されている。憲章にＰＫＯの規定は存在しないが、その活動はこの6章と7章の中間に位置するものとして捉えられている。

第41条【非軍事的措置】安全保障理事会は、その決定を実施するために、兵力の使用を伴わないいかなる措置を使用すべきかを決定することができ、且つ、この措置を適用するように国際連合加盟国に要請することができる。この措置は、経済関係及び鉄道、航海、航空、郵便、電信、無線通信その他の運輸通信の手段の全部又は一部の中断並びに外交関係の断絶を含むことができる。

第42条【軍事的措置】安全保障理事会は、第41条に定める措置では不充分であろうと認め、又は不充分なことが判明したと認めるときは、国際の平和及び安全の維持又は回復に必要な空軍、海軍または陸軍の行動をとることができる。この行動は、国際連合加盟国の空軍、海軍又は陸軍による示威、封鎖その他の行動を含むことができる。

第43条【特別協定】①国際の平和及び安全の維持に貢献するため、すべての国際連合加盟国は、安全保障理事会の要請に基き且つ1又は2以上の特別協定に従って、国際の平和及び安全の維持に必要な兵力、援助及び便益を安全保障理事会に利用させることを約束する。この便益には、通過の権利が含まれる。

第47条【軍事参謀委員会】①国際の平和及び安全の維持のための安全保障理事会の軍事的要求、理事会の自由に任された兵力の使用及び指揮、軍備規制並びに可能な軍備縮小に関するすべての問題について理事会に助言及び援助を与えるために、軍事参謀委員会を設ける。

第48条【加盟国の行動】①国際の平和及び安全の維持のための安全保障理事会の決定を履行するのに必要な行動は、安全保障理事会が定めるところに従って国際連合加盟国の全部または一部によってとられる。

第51条【自衛権】この憲章のいかなる規定も、国際連合加盟国に対して武力攻撃が発生した場合には、安全保障理事会が国際の平和及び安全の維持に必要な措置をとるまでの間、個別的又は集団的自衛の固有の権利を害するものではない。この自衛権の行使に当って加盟国がとった措置は、直ちに安全保障理事会に報告しなければならない。……

第8章　地域的取極

第52条【地域的取極、地方的紛争の解決】①この憲章のいかなる規定も、国際の平和及び安全の維持に関する事項で地域的行動に適当なものを処理するための地域的取極又は地域的機関が存在することを妨げるものではない。但し、この取極又は機関及びその行動が国際連合の目的及び原則と一致することを条件とする。

第53条【強制行動】①安全保障理事会は、その権威の下における強制行動のために、適当な場合には、前記の地域的取極または地域的機関を利用する。但し、いかなる強制行動も、安全保障理事会の許可がなければ、地域的取極に基いて又は地域的機関によってとられてはならない。もっとも、本条2に定める敵国のいずれかに対する措置で、……この敵国における侵略政策の再現に備える地域的取極において規定されるものは、関係政府の要請に基いてこの機構がこの敵国による新たな侵略を防止する責任を負うときまで例外とする。

②本条1で用いる敵国という語は、第二次世界戦争中にこの憲章のいずれかの署名国の敵国であった国に適用される。

第15章　事務局

第97条【構成】事務局は、1人の事務総長及びこの機構が必要とする職員からなる。事務総長は、安全保障理事会の勧告に基いて総会が任命する。事務総長は、この機構の行政職員の長である。

第17章　安全保障の過渡的規定

第107条【敵国に関する行動】この憲章のいかなる規定も、第二次世界大戦中にこの憲章の署名国の敵であった国に関する行動でその行動について責任を有する政府がこの戦争の結果としてとり又は許可したものを無効にし、又は排除するものではない。

第18章　改正

第108条【改正】この憲章の改正は、総会の構成国の3分の2の多数で採択され、且つ、安全保障理事会のすべての常任理事国を含む国際連合加盟国の3分の2によって各自の憲法上の手続に従って批准された時に、すべての国際連合加盟国に対して効力を生ずる。

COLUMN　出題

NGOの活躍

NGO(非政府組織)は、国家や企業に縛られずに、地球規模の諸問題に対して取り組んでいる非営利の民間団体である。一般的には、国境を越えて活動しているNPO(非営利組織)はNGOと呼ばれている。

NGOの中には、国連の経済社会理事会の審査を経て、国連の会合への出席や意見の提案が認められている団体(国連NGO)もある。その活動は農業・食料・人権・軍縮・難民など多岐にわたり、国際政治をも動かす力となっている。拷問禁止条約や対人地雷全面禁止条約、クラスター爆弾禁止条約、核兵器禁止条約は、こうしたNGOの活動抜きには成立しなかった。また、NGOのほかに、戦時傷病兵に対して中立的立場からの保護を訴えたアンリ=デュナンが設立した、赤十字国際委員会も活動している。現在、赤十字国際委員会は国際人道法に基づいて、紛争や災害の被害者への救助・医療活動を行っている。

◀国連の会議に出席するNGOのメンバー

組織名	活動内容
アムネスティ・インターナショナル	国家権力からの迫害など、さまざまな人権侵害に対する告発や、難民・移民の差別禁止、死刑制度や拷問の廃止を訴えている。
国境なき医師団(MSF)	紛争地や難民キャンプ・発展途上国の無医村などの医療施設のない地域で、医療援助活動を行っている。
グリーンピース	核実験への抗議活動や気候変動・海洋汚染などの環境問題に対して取り組んでいる。日本では反捕鯨団体としても有名。
世界自然保護基金(WWF)	生物多様性の保護や環境汚染の防止、再生可能な自然資源の持続可能な利用の促進など、地球環境の保全に取り組んでいる。
地雷禁止国際キャンペーン(ICBL)	地雷の廃絶に取り組んでいるNGOの連合体。対人地雷全面禁止条約の成立にも積極的に関与した。
核兵器廃絶国際キャンペーン(ICAN)	核兵器の廃絶に取り組んでいるNGOの連合体。各国に核兵器禁止条約への加入をはたらきかけている。

※上記のうち、NGOの連合体である「地雷禁止国際キャンペーン」と「核兵器廃絶国際キャンペーン」以外は、国連経済社会理事会との協議資格をもつ「国連NGO」である。

TOPIC トピック　国連総会の議長は、地理的に公平に選出されるように5つの加盟国グループから毎年もち回りで選ばれる。なお、総会の決定は加盟国に対して法的拘束力をもつものではない。

用語解説　㉓国際連合憲章, ㉔NGO, ㉕アムネスティ・インターナショナル

6 国連の歩み

?国連の事務総長はどのような国から選出されているのか

(事務総長)	年・月	出来事
 リー(ノルウェー)	1945・10	国際連合発足
	1946・1	第1回国連総会開催(ロンドン)、実際の活動開始
	2	安保理でソ連が最初の拒否権行使
	1947・11	総会、パレスチナ分割案採択
	1948・1	国連インド・パキスタン問題委員会設置
	5	第1次中東戦争(パレスチナ戦争)始まる
	12	総会、ジェノサイド条約・**世界人権宣言**採択
	1949・10	中華人民共和国成立
	1950・1	安保理、ソ連の台湾追放決議案否決
	6	朝鮮戦争起こる
	11	総会、**「平和のための結集」決議**
	1952・2	軍縮委員会開催
 ハマーショルド(スウェーデン)	1956・10	スエズ戦争、ハンガリー動乱起こる
	11	緊急特別総会開催
	12	日本、国連に加盟(80番目)
	1958・7	米・英・レバノン、ヨルダンに派兵
	1960・7	コンゴ動乱←─ PKO派遣
	12	総会、植民地独立付与宣言採択
	1961・3	総会、南ア人種差別政策非難決議
 ウ＝タント(ビルマ)	1961・12	総会、中国代表権問題を重要事項に指定
	1962・3	18か国軍縮委員会成立
	10	ウ＝タント総長、キューバ危機を調停
	1963・12	キプロス内戦起こる
	1964・3	**第1回国連貿易開発会議(UNCTAD)**開催(ジュネーブ)
	1965・8	国連憲章改正(安保理・経済社会理の議席拡大)
	1966・12	総会、**国際人権規約**採択(76年発効)
	1967・6	第3次中東戦争起こる
	1971・10	中華人民共和国が国連に加盟し、中国の代表権獲得(台湾追放)
 ワルトハイム(オーストリア)	1972・6	**国連人間環境会議**開催(ストックホルム)
	1973・9	東・西両ドイツ加盟
	10	第4次中東戦争起こる
	1974・5	国連資源特別総会 ─→ 新国際経済秩序(NIEO)樹立宣言
	8	**国連世界人口会議**開催
	11	世界食糧会議(ローマ)
	1976・5	国連人間居住会議開催(バンクーバー)
	1977・8	国連砂漠化防止会議開催
	1978・5	**第1回国連軍縮特別総会**開催(ニューヨーク)
	1979・7	国連インドシナ難民会議開催
	12	総会、**女子差別撤廃条約**採択(81年発効)
 デクエヤル(ペルー)	1982・6	第2回国連軍縮特別総会開催
	1984・8	国連国際人口会議開催(メキシコ市)
	1985・10	国連40周年記念総会開催
	1986・5	国連アフリカ特別総会
	1987・7	国連安保理がイラン・イラク戦争停戦決議採択
	1988・5	第3回国連軍縮特別総会開催
	1989・12	総会、死刑廃止条約採択
	1990・8	国連安保理、イラクに対する武力行使を容認
	1991・9	韓国・北朝鮮、国連同時加盟
 ガリ(エジプト)	1992・6	**地球サミット**(リオデジャネイロ)
		ガリ、「平和への課題」を安保理に提出
	12	ソマリアへ多国籍軍派遣を決定
	1993・6	**国連世界人権会議**(ウィーン)
	8	グルジアへPKO派遣決定
	1995・9	**国連世界女性会議**開催(北京)
	1996・9	総会、包括的核実験禁止条約(CTBT)採択
 アナン(ガーナ)	2000・6	国連女性2000年会議
	9	国連ミレニアム・サミット ─→ ミレニアム開発目標(MDGs)を策定
	2001・6	国連エイズ特別総会(─→ エイズ政治宣言)
	8	世界人種差別撤廃会議(南ア・ダーバン)
	10	アナン事務総長、ノーベル平和賞受賞
	2002・8	環境・開発サミット(ヨハネスブルク)
	2003・8	国連駐イラク事務所爆弾テロ事件
	2006・3	総会、**国連人権理事会**設立を決定
 潘基文(パンギムン)(韓国)	2007・9	先住民族の権利に関する国連宣言
	2009・9	国連安保理、**「核兵器のない世界」をめざす決議**採択
	2010・8	広島平和記念式典に国連事務総長として初出席
	2012・6	**国連持続可能な開発会議**(リオデジャネイロ)
	11	総会、パレスチナ自治政府を「オブザーバー国家」に格上げ
	2015・9	持続可能な開発目標(SDGs)を策定
 グテーレス(ポルトガル)	2017・7	総会、核兵器禁止条約採択
	2018・6	総会、パレスチナ市民の保護を求める決議採択
	2020・9	国連総会、初のオンライン開催
	12	国連新型コロナ特別総会開催
	2021・2	国連主導のCOVAXファシリティ、発展途上国への新型コロナワクチンの配給を開始

歴代事務総長　リー：1946～52年、ハマーショルド：1953～61年、ウ＝タント：1962～71年、ワルトハイム：1972～81年、デクエヤル：1982～91年、ガリ：1992～96年、アナン：1997～2006年、潘基文：2007～16年、グテーレス：2017年～　※任期5年で再任可能

7 国連加盟国数

国連加盟国数の推移

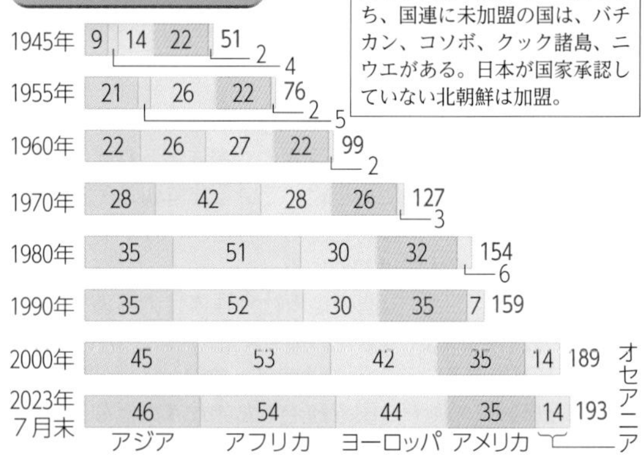

日本が国家承認している国のうち、国連に未加盟の国は、バチカン、コソボ、クック諸島、ニウエがある。日本が国家承認していない北朝鮮は加盟。

解説 **世界の大半(たいはん)を含む国連**　国連加盟国数は現在(2022年)193か国となっている。長年、「永世中立」をうたい、世界のどの地域的安全保障組織にも属していないスイスも、国民投票の結果に基づき、2002年に国連に加盟した。地域のバランスでみると、1960年ごろからアジア・アフリカの割合が高まり、冷戦後はソ連の崩壊(ほうかい)とユーゴスラビアの解体などでヨーロッパの加盟国数も増えた。近年では太平洋の島嶼(とうしょ)地域に対する国連の信託統治が終了したこともあり、オセアニアの国々の加盟が増えた。これに応じて、近年の国連職員に占(し)める発展途上国出身者の割合も増加傾向にあり、上級職の場合、全体の約半数を占めている。

Zoom **韓国と北朝鮮の国連同時加盟**　潘基文元事務総長の母国である韓国が国連に加盟したのは冷戦終結後の1991年。北朝鮮も同時加盟した。同年の12月に行われた南北首脳会談で、両国は将来の統一をめざして平和共存を確認する合意書に調印している。

Ⅱ 国連の安全保障措置

8 紛争解決手段 出題

？なぜ、国連憲章に規定されていないPKOや多国籍軍が必要となるのか

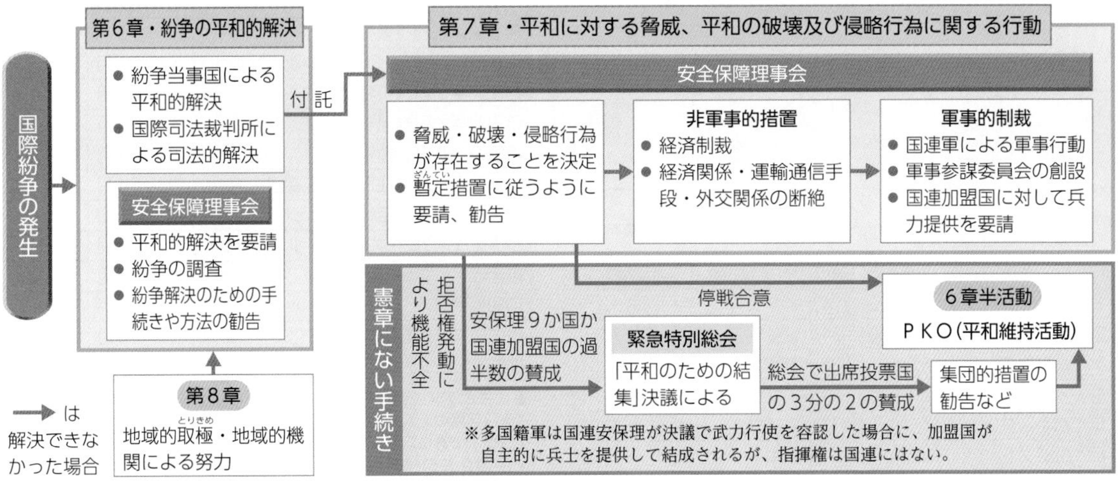

解説 **憲章に規定のない活動** 国連憲章第42条に規定されている**国連軍**は、安保理と加盟国との間で締結された特別協定に基づいて、加盟国が兵力を提供するものである。しかし、現在まで特別協定が締結されたことはなく、正規の国連軍は編成されたことがない。国連軍に代わるものとして、憲章に規定されていない**ＰＫＯ(平和維持活動)**が機能している。そのため、ＰＫＯは「**６章半活動**」とも呼ばれる。また、安保理の決議に基づいて**多国籍軍**が結成されることもある(➡p.268)。

9 安保理の大国一致の原則

常任理事国の拒否権行使回数 (2020年12月現在)

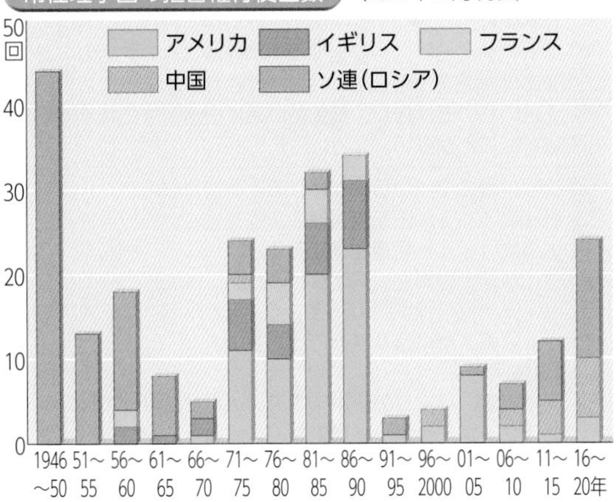

(国連資料などをもとに作成)

拒否権行使の事例〔シリア問題　2012年〕

決議案の内容…反政府組織との戦闘を続けているシリアに対して、国連停戦監視団の任期延長とアサド政権への制裁警告を要求→廃案

賛成：11か国　**反対**：２か国(ロ・中)　**棄権**：２か国

解説 **拒否権発動による機能不全** 安保理で常任理事国は実質事項に対して**拒否権**をもっている。冷戦期、米ソは利害の対立から、しばしばどちらかの国が拒否権を発動し、国連が機能不全に陥った。冷戦前半はソ連の拒否権発動が目立ったが、冷戦後半にはアメリカの拒否権発動が目立つようになった。この拒否権には、加盟国の主権平等主義に反するなどの批判がある。一方、拒否権の発動によって、大国に対する国連の軍事的制裁が阻止されることで、大国間、あるいは国連対大国の大規模な戦争を避けることができるという側面もある。

10 緊急特別総会

第１回 (1956.11)	スエズ危機 〔英・仏〕	スエズからの英・仏・イスラエル軍の撤退要求決議案採択
第２回 (1956.11)	ハンガリー動乱 〔ソ連〕	ソ連の撤退とハンガリー難民救済に関する決議案を採択
第３回 (1958.8)	米英のレバノン派兵〔米・ソ〕	レバノン・ヨルダンからの外国軍の撤退決議を採択
第４回 (1960.9)	コンゴ動乱 〔ソ連〕	国連を通さない軍事援助の停止を求める決議案を採択
第５回 (1967.6)	中東問題 〔なし〕	イスラエルのエルサレム併合を非難する決議案を採択
第６回 (1980.1)	アフガニスタン侵攻〔ソ連〕	ソ連軍の撤退要求決議案を採択
第７回 (1980.7)	パレスチナ問題 〔アメリカ〕	イスラエル軍の撤退要求の決議を採択
第８回 (1981.9)	ナミビア問題 〔米・英・仏〕	ナミビアを支配する南アフリカへの非難決議案を採択
第９回 (1982.1)	ゴラン高原併合問題〔アメリカ〕	ゴラン高原を併合したイスラエルへの制裁決議案を採択
第10回 (1997.4)	パレスチナ問題 〔アメリカ〕	イスラエルの入植活動に対する非難決議を採択
第11回 (2022.3)	ウクライナ侵攻 〔ロシア〕	ロシアに対する非難と軍の即時撤退を求める決議を採択

〔　〕は安保理で拒否権を行使した国

解説 **総会の権限の強化** 当初から、安全保障理事会はソ連の拒否権行使による機能不全が指摘されてきた。これに対して、朝鮮戦争勃発(1950年)の後、**「平和のための結集」決議**がアメリカなどの国々から提案され、採択された。この決議によって、大国の拒否権によって強制措置をとることができないときは、国連加盟国の過半数の要請などによって**緊急特別総会**が開かれ、出席投票国の３分の２以上の加盟国が賛成すれば、平和維持のために必要な措置を加盟国に勧告できるようになった。しかし、この勧告に基づく強制措置が行われたことはない。

TOPIC トピック 朝鮮戦争の際に、国連軍の名称でアメリカ軍を中心とする多国籍軍が組織されたが、憲章の規定外のものだった。なお、この朝鮮国連軍の初代司令官はマッカーサーであった。

用語解説 ㉕緊急特別総会

11 ＰＫＯ(平和維持活動) 出題

？PKOの実施件数の変化には、どのような背景があるのか

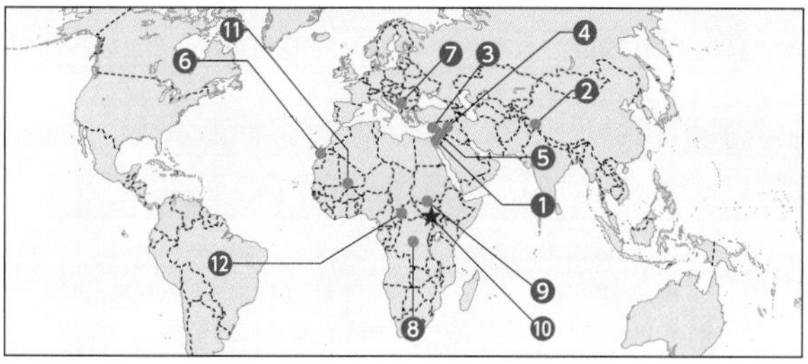

現在活動中のＰＫＯ

(2023年７月末現在、外務省資料)

ＰＫＯ	設立年・月	要員数
❶国連休戦監視機構	1948年６月	399人
❷国連インド・パキスタン軍事監視団	1949年１月	108人
❸国連キプロス平和維持隊	1964年３月	1,013人
❹国連兵力引き離し監視隊	1974年５月	1,271人
❺国連レバノン暫定隊	1978年３月	10,379人
❻国連西サハラ住民投票監視団	1991年４月	462人
❼国連コソボ暫定行政ミッション	1999年６月	352人
❽国連コンゴ民主共和国安定化ミッション	2010年７月	17,910人
❾国連アビエ暫定治安部隊	2011年６月	3,342人
❿国連南スーダン共和国ミッション	2011年７月	18,091人
⓫国連マリ多面的統合安定化ミッション	2013年４月	15,797人
⓬国連中央アフリカ多面的統合安定化ミッション	2014年４月	18,465人

★は日本がＰＫＯ協力法に基づいて要員を派遣中のもの。❿への自衛隊施設部隊のＰＫＯ活動は2017年５月に終了したが、４人の司令部要員を派遣中である。(2023年７月末現在)

・国連ＰＫＯ予算……64.5億ドル(日本の分担金は5.2億ドル)
・国連通常予算……31.2億ドル(日本の分担金は2.3億ドル)
　※ＰＫＯ予算は2022年７月～23年６月、通常予算は2022年

PKOの国別派遣人数

(2023年４月末現在、国連資料)

順位	派遣国	派遣人数	順位	派遣国	派遣人数
1	バングラデシュ	7,273人	24	イタリア	881人
2	ネパール	6,217人	34	ドイツ	664人
3	ルワンダ	5,941人	36	フランス	615人
4	インド	5,875人	46	イギリス	278人
5	パキスタン	4,344人	77	アメリカ	36人
6	エジプト	2,834人	104	日本	4人
10	中国	2,273人	―	合計(125か国)	76,369人

■ＰＫＯの原則と役割

ＰＫＯの基本原則

❶**当事国の同意**…ＰＫＯ派遣先の国がＰＫＯの受け入れに同意していること
❷**公平性**…当事国に対して優遇(ゆうぐう)や差別をすることなく任務を遂行(すいこう)すること
❸**自衛など防衛以外の武力不行使**…自衛のほか、民間人の保護などの任務への攻撃に対してのみ、武力を行使することができるということ

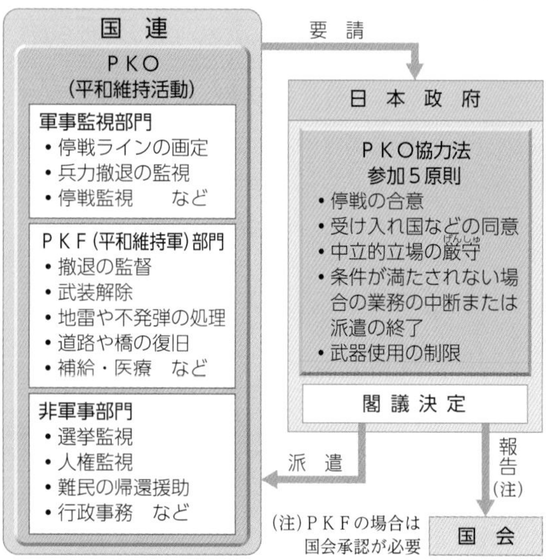

■国連軍・多国籍軍との違い

国連軍	国連憲章で予定していた国連軍は、侵略国などに軍事的強制措置をとるための軍隊である。しかし、指揮権などに関して安全保障理事会の意見が一致せず、現実には加盟国間で国連軍創設に関する協定は締結されていない。 国連憲章上の根拠…第７章第42条 p.265 ・安全保障理事会の決議に基づいて組織 **【具体例】** 朝鮮戦争において、安全保障理事会はソ連の欠席の中で国連軍の派遣を決定した。しかし、これは本来予定していた正規のものではなく、厳密(げんみつ)にいえば国連軍はこれまで組織されたことがない。
多国籍軍	複数の国の部隊から構成される有志連合軍。ＰＫＦよりも重装備である。国連安保理の承認を経ているが、指揮権は国連にはなく、派遣国側にある。 国連憲章上の根拠…規定なし。 ・安全保障理事会の決議に基づいて組織され、決議では第７章に言及することが多い。 **【具体例】** 湾岸戦争、ソマリア、ボスニア・ヘルツェゴビナ、アフガニスタン、イラク、リビアなどへ派遣
ＰＫＯ	世界各地の紛争地域の平和の維持・回復のための活動。ＰＫＦの装備は比較的軽く、指揮権は国連(事務総長)にある。選挙監視団や停戦監視団は非武装。 国連憲章上の根拠…規定なし ・総会や安全保障理事会の決議に基づいて組織 **【具体例】** 国連インド・パキスタン軍事監視団、国連スーダンミッション、国連ネパール政治ミッションなど

ＰＫＯ実施件数の推移

(国連資料)

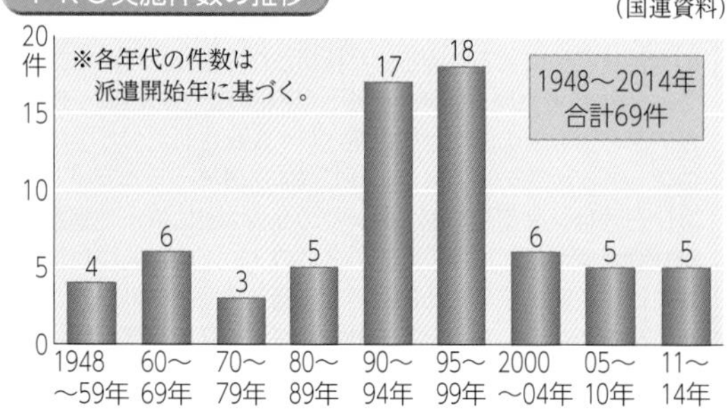

解説　**ＰＫＯの活動**　ＰＫＯ(平和維持活動)は、停戦監視を中心とする伝統的なＰＫＯから、多くの活動が任務に加えられた複合型ＰＫＯに移ってきた。複合型ＰＫＯは、選挙監視、文民警察、難民帰還支援、行政事務などのさまざまな要素が入ったものである。また、紛争当事国の完全な受け入れ同意がなくても活動が展開できる「平和執行部隊」構想もあったが、ソマリアでの失敗により、この構想は撤回(てっかい)された。その後、2000年にはＰＫＯの活動をより効率的かつ実効的に展開できるようにするための提言(ブラヒミ報告)がなされている。

Zoom　**ＰＫＯの組織形態**　ＰＫＯには、非武装の停戦監視団や軽武装の平和維持軍(ＰＫＦ)などがある。日本はＰＫＦの参加凍結を2001年に解除した。なお、1948年以降、平和維持活動中に3,700名以上の要員が亡くなっている。

FILE 27

国連の課題

国連は成立から70年以上が経過し、世界情勢は大きく変わった。しかし、国連の組織は当時の国際社会の理念や力関係を反映したままであり、さまざまなゆがみが生じている。国連が有効に機能し、国際平和のための役割を果たすためにも、国連改革の具体的な動向が注目されている。

通常分担金の割合 (国連資料)

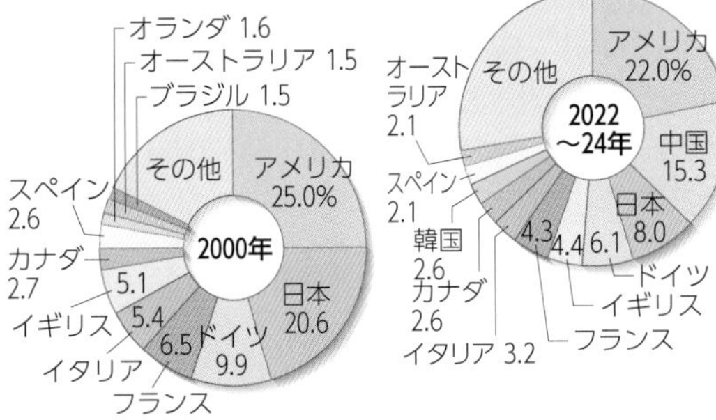

国連予算と職員 (国連資料ほか)

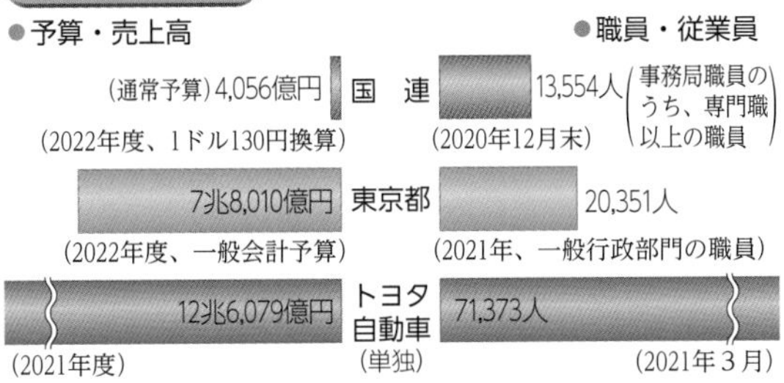

国連の財政問題

国連は、その活動範囲の広さの割に財政規模が小さく、しかも、慢性的な資金不足に陥っている。国連の財政は2年ごとに編成される通常予算のほか、PKO予算、自発的拠出金でまかなわれる特別勘定などによって成り立っている。このうち、通常予算は国連総会で決定され、加盟国が分担する。

各加盟国の分担率は、加盟国の国民総所得(GNI)や人口などを基礎として分担金委員会が算出し、国連総会が決定する。滞納額は全体で、1年分の通常予算の3割にもおよび、職員給与の支払いを懸念しなければならないほどに、深刻な財政難に陥っている。国連憲章では、2年間分の分担金の支払いが延滞している加盟国は、原則として総会での投票権を失うことになる。

なお、2021年には、新たに2022年から3年間の国連分担金比率が決定された。これによって、新興国の分担率が引き上げられる一方、日本の分担金は約8.6%から約8.0%へと引き下げられた。

「旧敵国条項」問題

国連憲章に関して、日本に関連するものとしては、旧敵国条項の削除問題がある。第二次世界大戦中、連合国と交戦していた「敵国」という文言が、第53条などに2か所みられる。日本やドイツなどが該当し、日本は削除を求めている。1995年、国連総会で削除へ向けての決議がなされたが、現在でも削除されていない。

国連安保理改革をめぐる問題

安保理の構成国数についても議論されているが、各国の思惑の違いから結論が出ていない。特に、日本・ドイツの大国化と新興国の発展が安保理改革の背景にあるが、改革の争点は大きく2つに絞られる。まず、5か国の常任理事国数をどうするか、さらに、拒否権の扱いをどうするか、である。現在、常任理事国入りに意欲を示しているのは日本・ドイツ・ブラジル・インド(G4)である。しかし、日本の常任理事国入りに反対している中国や韓国、ドイツの常任理事国入りに反対しているイタリアなど、近隣諸国から反対の声があがっている。また、アメリカやアフリカ諸国などもそれぞれの思惑があり、議論は進展していない。

このほか、常任理事国がもつ拒否権の廃止や、その行使に制限を加えるという案もあるが、現在の常任理事国が既得権を失うことになり、実現は難しいといえる。ロシアのウクライナ侵攻に対して、安保理の機能不全を批判する声があるものの、安保理改革を進めることは容易ではない。

日本の常任理事国入り問題～国内の賛否

賛成派

- 日本は、非常任理事国に最多の12回選出されており、さまざまな貢献をしている。
- 国連分担金の比率は、アメリカ・中国に次ぎ3番目であり、分担金の支払いも誠実に行っている。
- 常任理事国はすべて核保有国。被爆国日本は、非核三原則を遵守し、軍事面で抑制効果が期待できる。

反対派

- 国連憲章が定める軍事的制裁措置などは、日本国憲法第9条に抵触する。
- 国際貢献は常任理事国にならなくてもできる。
- 日本が過去の清算なしに、常任理事国入りすることは認められないというアジア諸国からの反発がある。

国連の日本人職員は少ない

国連分担金上位国の国連職員数

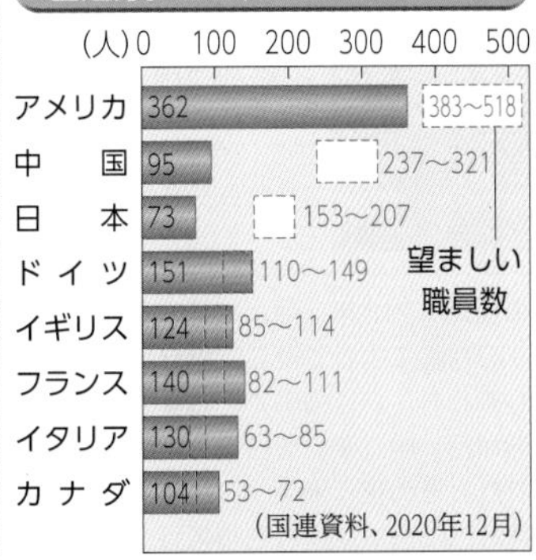

国連職員のうち、事務局で働く職員数は約3万7,000人。そのうち、専門職以上の職員数は約1万4,000人となっている。この中で、日本人職員数は、予算分担率から考えると非常に少なく、「望ましい職員数」から大きく乖離している。

※グラフ中の数値は、国連職員のうち、地理的配分の原則が適用されるポストに勤務する職員数であり、全体の職員数ではない。

TOPIC トピック　国連で活躍した日本人女性にはUNHCR(国連難民高等弁務官事務所)の高等弁務官を務めた緒方貞子氏が有名だが、2019年に中満泉氏が国連事務局次長に就任した。

用語解説　(247)平和維持活動，(248)平和維持軍，(249)国連軍，(250)多国籍軍

3 国際政治の動向

要点の整理

＊1～21 FILE は資料番号を示す

Ⅰ 冷戦体制の確立

❶第二次世界大戦の終結から東西対立へ

①**ヤルタ会談**1(1945年２月)……第二次世界大戦中に米英ソの首脳により、戦後の国際秩序を討議

②「**鉄のカーテン」演説**2(1946年)……チャーチル元英首相が、米英による共産主義勢力への対抗を訴える

西側		東側
トルーマン・ドクトリン(1947年)	政治	**コミンフォルム**結成(1947年)
マーシャル・プラン(1947年)	経済	**COMECON**(コメコン)結成(1949年)
NATO(ナトー)(**北大西洋条約機構**)結成(1949年)	軍事	**WTO**(**ワルシャワ条約機構**)結成(1955年)

❷米ソの代理戦争……**ドイツの東西分裂**(1949年)5、**朝鮮戦争**6(1950～53年)、**ベトナム戦争**7(1960～75年)

Ⅱ 多極化する世界

❶デタントと多極化

①米ソの対立から**緊張緩和**(かんわ)(**デタント**)へ9……ソ連のフルシチョフの**平和共存政策**、**キューバ危機**8(1962年)の回避(かいひ)
⟶米ソ首脳間のホットライン設置

②**多極化**9……西欧諸国や日本の経済発展・東欧諸国の反ソ運動(**ハンガリー動乱・プラハの春**など)・中ソ対立

❷第三世界の台頭11

①**平和５原則**(1954年、ネルー・周恩来(しゅうおんらい)会談)、**平和10原則**(1955年、アジア・アフリカ会議)

②**非同盟諸国首脳会議**(1961年)⟶東西両陣営に属さない**第三世界**(**非同盟諸国**)を形成

Ⅲ 新冷戦から冷戦終結へ

❶新冷戦12……ソ連のアフガニスタン侵攻により、米ソの緊張緩和は停滞(ていたい)⟶米ソのミサイル開発活発化

❷冷戦の終結

• ソ連の**ペレストロイカ・グラスノスチ**13(1986～91年)、新思考外交13⟶米ソ関係回復

• 米ソ関係正常化……**マルタ会談**14(1989年)⟶**冷戦終結**⟶**東欧の民主化**(1989年)、**ソ連の崩壊**(ほうかい)15(1991年)

Ⅳ 21世紀の国際社会

❶対テロ戦争とアメリカの軍事行動……西アジア・中東・北アフリカを中心にイスラーム過激派が勢力を拡大

• **アメリカ同時多発テロ事件**(2001年)17⟶英米軍の**アフガニスタン攻撃**(2001年)・**イラク戦争**(2003年)18

❷ヨーロッパの一体化19……ＮＡＴＯとＥＵ(欧州連合)の東方拡大⟶旧ソ連の勢力圏にまで拡大

• ロシアのウクライナ侵攻FILE……東欧や北欧では安全保障上の懸念(けねん)が浮上⟶冷戦後のＮＡＴＯの意義が高まる

❸中国の台頭と米中対立……中国の**一帯一路構想**(独自の経済圏構想)20⟷アメリカはオーカス・クアッドを形成21

Ⅰ 冷戦体制の確立

1 ヤルタ会談

⬅**ヤルタ会談**(1945年)
この会談で結ばれたヤルタ協定では、千島列島のソ連への引き渡しについても取り決められていた。ここに今日の北方領土問題(➲p.317)の原因がある。

解説 **戦後国際政治の原点** 1945年２月、ソ連のクリミア半島のヤルタで、米英ソの首脳によって第二次世界大戦後の枠(わく)組(ぐ)みと利害調整が話しあわれた。この中で、戦後のドイツの管理領域のほか、ソ連が日ソ中立条約を破棄し、対日戦に参戦することが確認された。その後、米英ソによるポツダム会談を経(へ)て、ソ連は８月８日に日本に宣戦を布告し、翌日に南樺太(からふと)と満州に進軍した。このヤルタ会談は戦後の国際政治の枠組みを決めたものであり、1989年の**マルタ会談**(➲p.274)までの冷戦期間を「ヤルタ体制」という。

2 「鉄のカーテン」演説

　バルト海のシュテティンからアドリア海のトリエステまで、ヨーロッパ大陸をまたぐ鉄のカーテンが降(お)りてしまった。その線の向こう側に、中・東欧の古き諸国の首都が並んでいる。……これらすべての有名な諸都市、そしてその周辺の人々は、私がソヴェトの圏域と呼ばねばならないものの中に位置し、それらすべては何らかのかたちで、ソヴェトの影響力に従属しているばかりか、とても強固で、多くの場合においてますます強まるモスクワのコントロールの下にあるのだ。……

(歴史学研究会『世界史史料11　20世紀の世界Ⅱ』 岩波書店)

解説 **冷戦の始まり** 1946年３月５日、イギリスの元首相**チャーチル**(1874～1965)は、訪米中にミズーリ州フルトンの大学で、ヨーロッパに「**鉄のカーテン**」が下ろされていると述べて、ソ連の影響下にある国々から一切の情報が伝わってこない状況を批判し、米英両国が協力して共産主義勢力の脅(きょう)威(い)に対抗することを訴えた。これにより、実際の戦争(「熱戦」)には至(いた)らないが、西側諸国と東側諸国が軍事的な緊張状態にある「**冷戦**」が始まった。

Zoom **ヤルタ会談でのドイツの扱い** ヤルタ会談では、ドイツを米英仏ソ４国で分割管理する方針を決定した。ドイツの無条件降伏後、ベルリンに進駐した４か国の司令官により「四国宣言」が出され、ドイツ全域の分割区域とベルリンの分割管理が示された。

3 ヨーロッパにおける冷戦構造 出題

?トルーマン・ドクトリンには、どのような情勢が背景にあったのか

■トルーマン・ドクトリン
～1947年３月の議会での演説～

私は、武装した少数者や外部からの圧力によって企(くわだ)てられた支配に抵抗している自由な諸国民を援助することこそ、アメリカ合衆国の政策でなければならないと信ずる。……もしギリシアが武装した少数者の支配に陥(おちい)ればその隣国のトルコに及ぼす影響は直接的で……自由な諸制度の崩壊と独立の喪失(そうしつ)とは、ギリシアとトルコにとってのみならず、世界全体に破滅(はめつ)的な結果をもたらすであろう。

（歴史学研究会『世界史史料11　20世紀の世界Ⅱ』岩波書店）

↑トルーマン大統領（米、1884～1972）

西側諸国（資本主義国・自由主義国）		東側諸国（共産主義国・社会主義国）
【トルーマン・ドクトリン】（1947年）…共産主義勢力の進出を阻止するための対ソ封じ込め政策。ギリシャ・トルコへの軍事・経済援助を行ったのが発端(ほったん)である。	政治	**【コミンフォルム（共産党情報局）】**（1947年結成）…東側諸国およびフランス・イタリアの共産党（労働者党）の代表者からなる情報機関。
【マーシャル・プラン】（1947年）…アメリカのマーシャル国務長官が発表したヨーロッパの経済復興を支援するための援助計画。東欧諸国はソ連の圧力で不参加となった。	経済	**【コメコン（経済相互援助会議）】**（1949年結成）…社会主義諸国を中心とした経済協力機関。東欧諸国のほかにモンゴル・キューバ・ベトナムなどが参加した。
【北大西洋条約機構（NATO）】（1949年結成）…アメリカを中心とした西側諸国の軍事同盟。原加盟国数は12か国で、現在の加盟国数は30か国。	軍事	**【ワルシャワ条約機構（WTO）】**（1955年結成）…NATOに対抗して、ソ連を中心に結成された東側諸国の軍事同盟。原加盟国数は８か国。

解説 **あらゆる分野で対立**　コミンフォルムとコメコンは、西側のトルーマン・ドクトリンとマーシャル・プランに対抗し、東側の結束(けっそく)を固めることが目的であった。コミンフォルムはソ連のスターリンによる独裁的体制の終了によって1956年に解散し、コメコンは冷戦終結後の1991年に解散した。また、NATO(ナトー)に対抗して結成されたワルシャワ条約機構も、1991年に解散した。なお、マーシャル・プランの受け皿(ざら)として設立されたのが欧州経済協力機構（OEEC）であり、1961年にOECD（➲p.360）に発展した。

4 東西両陣営の安全保障体制

?NATOはどのようなことを目的に設立されたのか

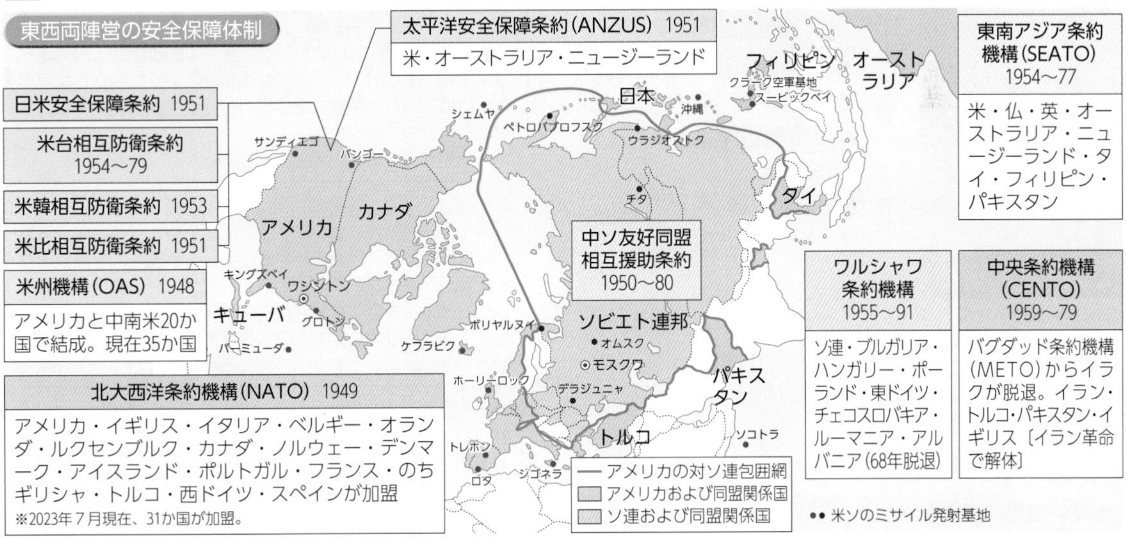

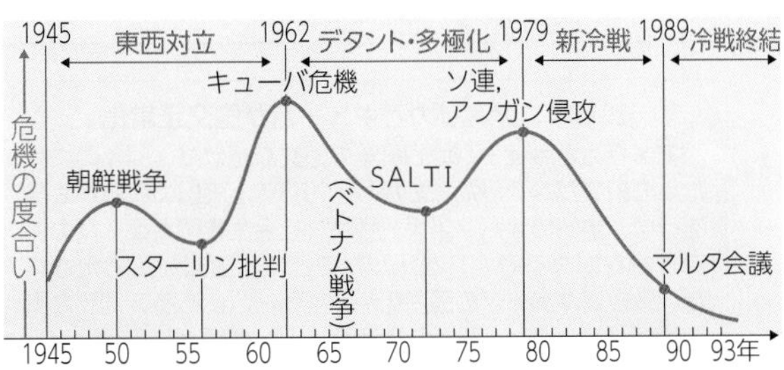

解説 **世界レベルでの対立**　東ヨーロッパと東アジアを中心に社会主義政権が成立すると、アメリカは日米安全保障条約（1951年）などの二国間の軍事同盟や、NATO（1949年）、ANZUS（1951年）、SEATO（1954年）、CENTO（1959年）、といった多国間の軍事同盟を結び、対ソ包囲網を築(きず)いていった。また、1950年代は核兵器を飛行機で運搬していたため、途中で給油できる同盟国を必要としていたことも、世界中に軍事同盟を張りめぐらした一因であった。

TOPIC トピック　アメリカ史上、唯一４選したF＝ローズベルト大統領であるが、1945年４月に病死したため、副大統領のトルーマンが大統領に就任し、第二次世界大戦の終結を迎えた。

用語解説 ㉛ヤルタ会談，㉜冷戦，㉝北大西洋条約機構，㉞ワルシャワ条約機構

5 ドイツの東西分裂

ドイツの分割占領

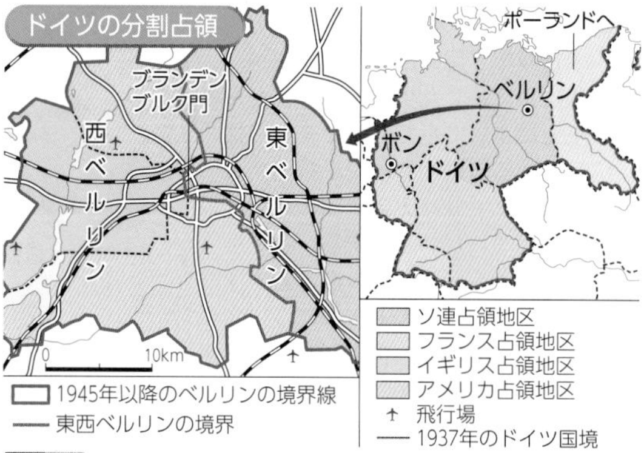

1945年以降のベルリンの境界線
東西ベルリンの境界

解説 **冷戦の象徴**　戦後のドイツは、米・英・仏・ソにより分割占領された。また、ソ連占領地区内に位置するベルリンも分割管理された。そのため、西側が管理する西ベルリンはソ連に包囲(ほうい)された状態になった。そして、1948年のベルリン封鎖をきっかけに東西ドイツの分裂が進み、1949年にドイツ連邦共和国(西ドイツ)とドイツ民主共和国(東ドイツ)が成立した。東西ドイツの分裂は、1961年に建設された「**ベルリンの壁**」(➲p.253)とともに、東西冷戦の象徴となった。

6 朝鮮戦争

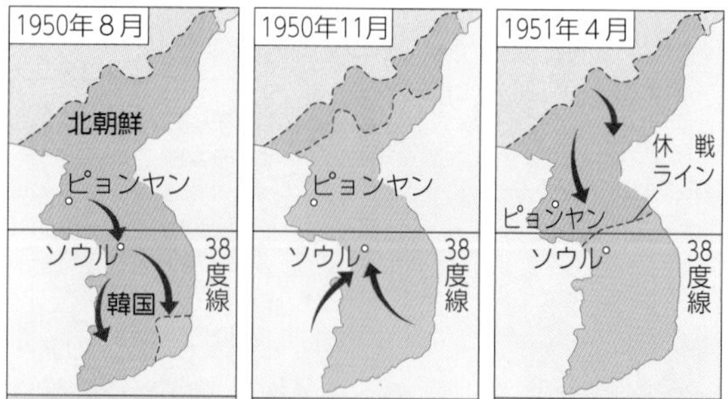

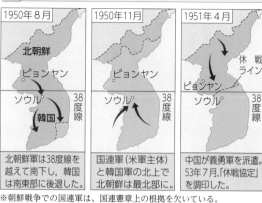

1950年8月	1950年11月	1951年4月
北朝鮮軍は38度線を越えて南下し，韓国は南東部に後退した。	国連軍(米軍主体)と韓国軍の北上で北朝鮮は最北部に。	中国が義勇軍を派遣。53年7月,「休戦協定」を調印した。

※朝鮮戦争での国連軍は、国連憲章上の根拠を欠いている。

解説 **朝鮮戦争の背景**　第二次世界大戦終了時、朝鮮半島は北半分をソ連が、南半分をアメリカが占領した。朝鮮戦争は1950年に北朝鮮が武力による半島統一を試(こころ)みたことから始まり、その後、3年あまり続く泥沼の攻防(こうぼう)戦となった。1953年に北緯38度線を軍事境界線とし、北朝鮮軍および中国義勇軍と、国連軍(米軍が中心)との間で休戦協定が調印された。朝鮮戦争は米ソ両国が直接戦火を交(ま)じえない代理戦争であった。

7 ベトナム戦争

インドシナ戦争(1946〜54)

北部：ベトナム民主共和国(ホー=チ=ミン国家主席)
　✕
南部：ベトナム国(バオ=ダイ主席)＝フランス

ジュネーブ休戦協定(1954)

1955　南に ベトナム共和国 成立

ベトナム戦争(1960〜75)

北部：ソ連、中国＝ベトナム民主共和国 ― 南ベトナム解放民族戦線
--北緯17度線--
南部：ベトナム共和国＝アメリカ　✕　南ベトナム解放民族戦線

ベトナム(パリ)和平協定(1973)

1973　米軍撤退(てったい)➡**サイゴン陥落**(かんらく)(1975)

1976　ベトナム社会主義共和国 成立

⬆ベトナム戦争でのアメリカ軍による空爆

ベトナム戦争の被害

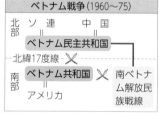

	死者	負傷者
北ベトナム・南ベトナム解放民族戦線	97.7万人	130
アメリカ・南ベトナム政府軍	16.3 ― 南ベトナム政府軍 5.6 ― 米軍	30.4 ― 43.6

アメリカ軍がベトナムに投下した爆弾総量は1,150万トン。これはアメリカ軍が第二次世界大戦で使用した爆弾総量の3倍以上である。

解説 **戦争の泥沼化**(どろぬま)　1960年、北ベトナムに南ベトナム解放民族戦線(ベトコン)が結成され、**ベトナム戦争**が始まった。アメリカは1965年から北ベトナムに空爆を行い、直接介入(かいにゅう)を開始した。戦争は泥沼化した末、アメリカ軍は撤退し、1976年の南北統一によって終止符(しゅうしふ)が打たれた。

8 キューバ危機

⬅ソ連船を監視(かんし)するアメリカの軍用機(1962年12月)
ソ連はキューバからミサイルを撤去し、これをアメリカの軍用機が監視しているところ。

1959年　キューバ革命
アメリカ資本に支援されたバティスタ政権は、1959年にフィデル=カストロらの指導する革命によって倒された。カストロはアメリカ系資産を没収(ぼっしゅう)し、社会主義宣言を行い、ソ連との結びつきを強めた。

1962年　キューバ危機
キューバはアメリカの経済制裁に対抗し、ソ連との経済協力を推(お)し進めた。1962年10月にはキューバ国内にソ連製ミサイル基地が建設されていることを、アメリカの偵察(ていさつ)機が確認した。アメリカのケネディ政権はキューバの海上封鎖を宣言し、米ソは核戦争勃発(ぼっぱつ)寸前の緊張状態となった。

解説 **全面戦争の回避**　ソ連のフルシチョフ首相は、キューバに対する内政不干渉の約束と、トルコの米軍ミサイル基地撤去の妥協(だきょう)案をアメリカから引き出すことで、キューバからのミサイルを撤去した。米ソの全面戦争は避(さ)けられ、1963年には両国首脳間に直通連絡回線(「**ホットライン**」)が設置され、平和共存政策のきっかけとなった。

2015年、アメリカとキューバが国交正常化
アメリカとキューバは1961年の国交断絶以降、54年間にわたって国交がなかった。しかし、2015年、両国の首脳が会談を行い、当時のオバマ米大統領が「社会主義国キューバの体制維持を認める考え」を示したことで、国交が正常化された。今後はキューバの民主化や、キューバにあるアメリカ軍施設「グアンタナモ基地」の返還などが課題となる。

Zoom **ベルリン封鎖**　戦後のドイツは、米・英・仏・ソにより分割占領されていた。1948年に西側3か国が占領地区で通貨改革を決定すると、ソ連は西ベルリンへの一切の陸水路を遮断した(ベルリン封鎖)。アメリカは西ベルリンに食料などを空輸して対抗した。

Ⅱ 多極化する世界

9 デタントと東欧の民主化運動 出題

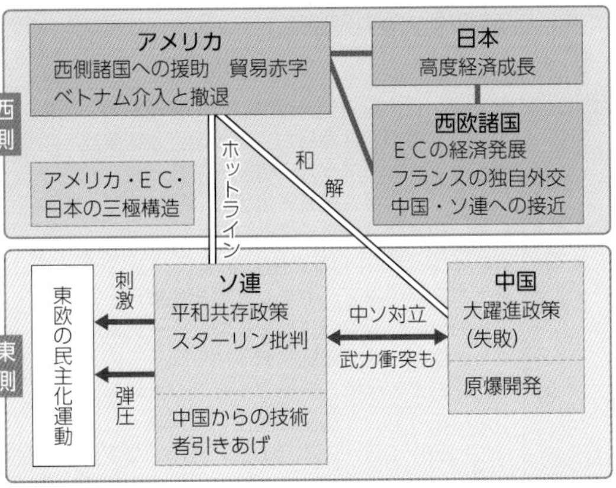

ハンガリー動乱（1956年）	ハンガリーでは、学生や市民による民主化要求デモが発生した。ナジ=イムレ政権も自由化を進めたが、ソ連が軍事侵攻し、運動は鎮圧された。
チェコ事件（1968年）	ドプチェク共産党第一書記が「**プラハの春**」と呼ばれる民主化・自由化を指導した。しかし、ソ連軍を主力とするワルシャワ条約機構軍が軍事侵攻し、改革の成果を消し去った。

解説 **多極化の時代**　1956年のスターリン批判をきっかけに、中ソは社会主義の路線をめぐって互いに批判し、関係が悪化した。一方、米ソはキューバ危機後のホットライン設置などによって、**緊張緩和（デタント）**を迎えた。また、1970年代には、アメリカが中国と関係改善を果たした。そのほか、フランスの独自外交をめざす動きや、ドイツ・イタリア・日本などの経済成長、独立を果たした第三世界の台頭などによって、世界は**多極化**が進展した。しかし、東欧諸国による民主化はソ連の介入によって進展しなかった。

10 アフリカの独立

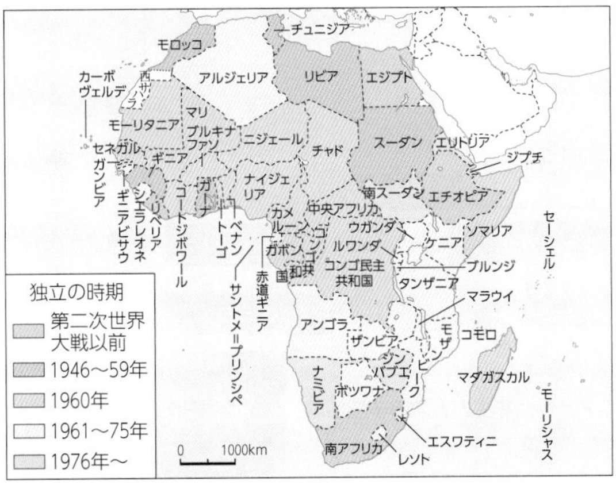

解説 **「アフリカの年」**　1960年は、ヨーロッパの植民地であったアフリカの17の国々が独立を果たし、「**アフリカの年**」と呼ばれた。同年の国連総会では、人民自決権が国際法上の権利として確認され、その際に採択されたのが「**植民地独立付与宣言**」である。その後、アフリカ諸国は加盟国の統一や生活水準の向上などを目的として、1963年に**アフリカ統一機構（OAU）**を設立した。OAUは2002年に**アフリカ連合（AU）**に改組され、現在に至っている。

11 第三世界の台頭

平和5原則と平和10原則

ネルー・周恩来会談（1954年）

平和5原則

中国とインド間におけるチベットに関する原則を、中国の周恩来首相とインドのネルー首相の共同声明において再確認し、国家間の関係の原則としたもの。

❶相手国の領土と主権の相互尊重
❷相互の不可侵
❸相手国の内政不干渉
❹平等と互恵
❺平和共存

ネルー（左）と周恩来（右）
この会談で発表された平和5原則は、アジア・アフリカ会議に影響を及ぼした。

アジア・アフリカ会議（1955年）

インドネシアのバンドンで開催された。「A・A会議」または「バンドン会議」とも呼ばれる。日本や中国を含む29か国が参加した。この会議で平和10原則が採択された。

平和10原則

❶基本的人権と国連憲章の尊重
❷すべての国の主権と領土保全の尊重
❸人種の平等および、すべての国の平等の承認
❹内政不干渉
❺国連憲章に基づく単独または集団的自衛権の尊重
❻(a)大国の特定の利益のための集団的防衛体制への反対
(b)他国への圧力の排除
❼武力行使による他国の領土や政治的独立の侵害の禁止
❽国際紛争の平和的手段による解決
❾相互の利益と協力の推進
❿正義と国際義務の尊重

非同盟諸国首脳会議

第1回非同盟諸国首脳会議（ユーゴスラビア・ベオグラード）
ユーゴスラビアのチトー大統領やエジプトのナセル大統領らの呼びかけにより、25か国が参加して開催された。非同盟諸国首脳会議は現在も定期的に開催され、約60か国が参加している。

解説 **途上国の発言力の強化**　第二次世界大戦後には、世界各地でナショナリズムが高まり、アジア・アフリカの多くの国が独立を果たした。発展途上国は、東西いずれの陣営にも属さない勢力として**第三世界（非同盟諸国）**を形成し、非同盟・平和共存による連帯を模索した。1955年の**アジア・アフリカ会議**では、これらの国によって世界平和と協力の促進が約束され、平和10原則が宣言された。また、1961年には、いかなる軍事組織にも属さず、独自の外交政策を模索するという基本方針の下、**非同盟諸国首脳会議**を発足させた。

TOPIC トピック　アジア・アフリカ会議は第2回以降も開催される予定だった。しかし、中印国境紛争、開催国インドネシアのスカルノ大統領失脚など、国際情勢が変化し、1回のみで終了した。

用語解説　(255)多極化，(256)第三世界，(257)非同盟諸国首脳会議

Ⅲ 新冷戦から冷戦終結へ

12 新冷戦

1979年，ソ連のアフガニスタン侵攻 ⇔ 新冷戦へ

アメリカ(レーガン政権 1981～89)

「強いアメリカ」
- 反ソ・反共路線＝軍拡
- 戦略防衛構想(ＳＤＩ)

＋

「小さな政府」
- 民間の経済活力を利用，減税

→ 財政赤字 ＋ 貿易赤字 ＝ 双子の赤字(➲p.327)

日本やＥＣの台頭 → 貿易赤字

解説 **デタントから新冷戦へ** 1979年、ソ連はアフガニスタンに武力進攻を行い、親ソ派の共産主義政権を支援した。この進攻をアメリカは強く非難し、デタントは終わりを告げた。レーガン米大統領(1911～2004)は、ソ連を「悪の帝国」と呼び、ソ連との対立姿勢を強め、ソ連のミサイルの脅威に対抗する手段として**戦略防衛構想(ＳＤＩ)**を打ち出した。これはソ連の核弾頭ミサイルをミサイル衛星からのレーザー兵器で破壊する構想であった。

13 ソ連の改革

ソ連経済の欠陥

自由競争の欠如 →
- 技術革新の遅れ＝ハイテク化できず
- 西側との関係悪化・軍事的負担

↓ 改革の必要性が逼迫

ゴルバチョフの改革
- ペレストロイカ(改革)、グラスノスチ(情報公開)
- 新思考外交……アメリカとの軍縮交渉
  →1987年、中距離核戦力(ＩＮＦ)全廃条約
- 1989年、アフガニスタン撤退

解説 **対立から協調へ** 米ソは軍拡競争によって財政が逼迫し、これ以上の対立は財政的に困難となっていた。この状況を打開するために、ソ連では1985年に**ゴルバチョフ**が政権に就くと、他国に対する対立的・抑圧的姿勢を改め、協調路線をとる**新思考外交**を提唱した。そして、1986年のアイスランド・レイキャビクでのレーガンとゴルバチョフとの米ソ首脳会談をきっかけに、両国関係は急速に修復した。

14 マルタ会談 出題

➲マルタ会談(1989年)

解説 **冷戦の終結** 1989年12月に地中海のマルタ島で、アメリカの**ブッシュ**大統領と、ソ連のゴルバチョフ書記長が首脳会談を行った(**マルタ会談**)。この会談では「東西の冷戦は終わり、新しい時代に入った」ことが宣言され、新たな世界秩序が構築される出発点となった。こうして、**第二次世界大戦後の東西対立を基調とする「ヤルタ体制」は崩壊した。**

15 東欧の民主化とソ連の崩壊 出題

? 東欧民主化のきっかけは何か

年．月	事　項
1989. 6	ポーランド、国会議員選挙で自主管理労組「連帯」が圧勝。9月、非共産勢力主導の連立政権成立
.10	東ドイツ、ホーネッカー書記長解任
.10	ハンガリー、社会主義労働者党(共産党)が一党独裁の放棄、政党名を社会党に改名
.11	東ドイツ、「ベルリンの壁」崩壊
.11	チェコスロバキア、ヤケシュ書記長解任、民主化へ
.11	ブルガリア、ジフコフ書記長解任、一党支配放棄
.12	**マルタ会談、冷戦終結宣言**
.12	ルーマニアで革命、チャウシェスク大統領処刑
1990. 3	ゴルバチョフ、大統領に就任(～91年)
. 3～5	バルト三国(エストニア、ラトビア、リトアニア)、独立宣言
.11	ＮＡＴＯとワルシャワ条約機構に加盟する22か国が欧州通常戦力(ＣＦＥ)条約に署名(1992年発効)
1991. 8	ソ連、守旧派によるクーデター失敗、共産党解散
. 6～7	コメコン解散、ワルシャワ条約機構解体
.12	独立国家共同体(ＣＩＳ)成立、ソ連消滅

解説 **ソ連の消滅** 1990年にソ連内のバルト３国(エストニア・ラトビア・リトアニア)が独立を宣言した。その後、ソ連では1991年８月に共産党守旧派がクーデターを起こした。このクーデターは失敗したが、ゴルバチョフは事実上失脚し、エリツィンが実権を握った。クーデターの関与が問われた共産党は実質的に解体され、バルト３国の独立も承認された。そして、同年12月ソ連は解体し、**独立国家共同体(ＣＩＳ)**(➲p.276)が設立された。こうして、**約70年にわたるソ連の歴史に終止符が打たれた。**

16 湾岸戦争

イラン・イラク戦争(1980～88年)

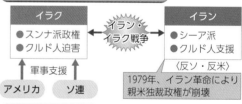

イラク
- スンナ派政権
- クルド人迫害

⇔ イラン・イラク戦争 ⇔

イラン
- シーア派
- クルド人支援

〈反ソ・反米〉

アメリカ、ソ連 → 軍事支援 → イラク

1979年、イラン革命により親米独裁政権が崩壊

湾岸戦争(1991年)

イラク → 侵攻 → クウェート〈石油資源〉

イラク → ミサイル攻撃 → イスラエル〈反アラブ〉

湾岸戦争 ← アメリカを主力とする多国籍軍

➲湾岸戦争で作戦を展開するアメリカ軍(1991年) イラクは１か月あまりで制圧された。

解説 **イラクの暴走** **イラン・イラク戦争**の終結後の1990年、突然イラクがクウェートを侵略した。侵略の原因はクウェートの保有する油田が目的であったとされる。これに対して、国連安保理決議に基づいて、米軍を中心に英・仏・サウジアラビアなどから約70万人の多国籍軍が組織され、1991年にイラクを武力制裁した(**湾岸戦争**)。

Zoom **マルタ会談の冷戦終結宣言** 記者会見で「冷戦は終わったのか」という質問に、ゴルバチョフは「私たちは、世界が冷戦という一つの時代を離れ、新たな時代に入ると言い合った」、ブッシュは「我々は永続的な平和と持続的な協力を実現できる」と応じた。

Ⅳ 21世紀の国際社会

17 アメリカ同時多発テロ事件 出題

？なぜ、アメリカはテロの対象となったのか

2001年９月11日　アメリカ同時多発テロ事件

炎上する世界貿易センタービル(2001年、アメリカ・ニューヨーク)　４機の航空機がテロリストにハイジャックされ、アメリカの世界貿易センタービルや、国防総省本庁舎(ペンタゴン)へ激突した同時多発テロが起きた。アメリカはこの事件の実行犯をイスラーム過激派のアルカイダと断定した。これをきっかけに、アフガニスタンやイラクへの軍事攻撃を開始することになる。

イスラーム過激派

イスラームの教えに厳格な宗教国家の樹立を名目に、ジハード(聖戦)と称して、イスラームとは異なる文化や欧米の価値観を暴力によって排除したり、テロによる反政府活動を行ったりしている。アメリカ同時多発テロ事件の後も、イスラーム過激派によるテロ事件は、世界各地で相次いだ。

アメリカの単独行動主義(ユニラテラリズム)

多国間の協調を重視する多国間主義(マルチラテラリズム)に対して、他国との協調よりも、単独行動によって国際問題を解決しようとする立場を単独行動主義(ユニラテラリズム)という。これは、新保守主義(ネオ・コンサバティブ)の支援を受けた共和党のブッシュ政権(在任2001～09)の外交姿勢でもあった。ネオコンの主張は、自由や民主主義という価値観を世界に広めることをアメリカの使命であるとし、そのためには軍事介入も辞さないという考え方をもつ傾向がある。

ブッシュ大統領(米、1946～)

18 アメリカによるアフガニスタン・イラクへの攻撃

2001年10月　米英軍、アフガニスタンを攻撃

年. 月	アフガニスタンに関する事項
1989	ソ連軍の撤退完了→内戦続く
1996	イスラーム原理主義勢力のタリバン、カブール制圧→暫定政権樹立を宣言
2001. 9	アメリカで同時多発テロ事件
10	米英軍、アフガニスタンを攻撃
12	タリバン全面降伏→暫定行政機構発足
2004.12	正式政権の大統領にカルザイ就任(～2014年)
2021. 8	アメリカ軍完全撤退→タリバンが全土掌握を宣言

アメリカは、同時多発テロの実行犯アルカイダをかくまっているとして、タリバン政権下のアフガニスタンに対して、国連憲章第51条(個別的および集団的自衛権の行使)を名目に、軍事行動を行った。2001年10月、米英軍はアフガニスタンに攻撃を開始し、タリバン政権を崩壊させた。

アフガニスタンの大統領選挙で投票に並ぶ女性(2009年)

2003年３月　イラク戦争開始

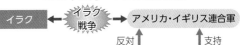

イラク ← イラク戦争 → アメリカ・イギリス連合軍

反対：フランス・ドイツ・ロシアなど

支持：日本・オーストラリアなど有志連合

年. 月	事 項
2003. 3	イラク戦争開始
12	フセイン元大統領を拘束
2004. 3	イラク基本法成立
6	暫定政府発足
2005.12	憲法に基づく国民議会選挙
2006. 5	イラク新政府発足
12	フセイン処刑
2011.12	アメリカ軍完全撤退

サダム＝フセイン(1937～2006)

ブッシュ政権は、イラクが大量破壊兵器を保有しているとして、イラク攻撃を開始した。これに対しては、フランスやロシアなどが反対する中で、攻撃の根拠となる国連安保理決議があいまいなまま行われた。また、攻撃の理由とした大量破壊兵器の保有について、アメリカは戦闘終結後に情報の誤りを認めることになった。

戦闘終結後の状況～悪化する治安と頻発するテロ

■**アフガニスタン**……2001年のタリバン政権崩壊後、新憲法が制定された。また、安保理決議によって国際治安支援部隊(ＩＳＡＦ)が設立され、2014年まで同国で治安維持活動を行った。しかし、タリバン派の武装勢力は根強く抵抗し、ついにはアメリカ軍の完全撤退後にタリバンによる支配が復活した。現在、タリバン政権の下では、女性の身体を覆う「ブルカ」着用の義務づけや、女子教育の停止などが行われており、国際社会から非難されている。

■**イラク**……2011年にアメリカ軍がイラクから完全撤退した。しかし、イラク北部では混乱に乗じて「イスラーム国」(ＩＳ)が勢力を拡大し、多くの都市がＩＳに占拠された。このため、アメリカ主導の「有志連合」が駐留し、2015年以降、有志連合の支援を受けたイラク軍がＩＳ掃討作戦を進めてきた。イラク政府は掃討の終結を宣言したが、ＩＳの残党が今もなお潜伏しているとみられており、治安は完全には回復していない。

アフガニスタンでの女性の権利を求めるデモ(2022年１月、アフガニスタン・カブール)

TOPIC トピック　アフガニスタンの支援を民間の立場でやり続けた日本人に、ペシャワール会の中村哲医師がいる。大規模な用水路を建設し、干ばつから多くの人々の命を救った。

用語解説　㉕⑧マルタ会談，㉕⑨ソ連崩壊，㉖⓪アメリカ同時多発テロ事件，㉖①イラク戦争

19 ヨーロッパの一体化 出題

？NATOが東方に拡大した背景には、どのような理由があるのか

ヨーロッパのおもな安全保障機構

2023年7月現在

欧州安全保障協力機構（ＯＳＣＥ）

- アンドラ　サンマリノ　バチカン　モナコ　リヒテンシュタイン　ボスニア・ヘルツェゴビナ
- スイス　セルビア　ウクライナ　ジョージア　モンゴル

欧州連合（ＥＵ）

アイルランド　キプロス　スウェーデン　マルタ　オーストリア

北大西洋条約機構（ＮＡＴＯ）

（EU加盟国）デンマーク　ギリシャ　フランス　ドイツ　イタリア　ベルギー　オランダ　ルクセンブルク　スペイン　ポルトガル　スロベニア　クロアチア　ブルガリア　ポーランド　ハンガリー　チェコ　スロバキア　リトアニア　ラトビア　エストニア　ルーマニア　フィンランド

（EU非加盟国）アメリカ　カナダ　イギリス　ノルウェー　アイスランド　トルコ　モンテネグロ　北マケドニア　アルバニア

独立国家共同体（ＣＩＳ）

ロシア　アゼルバイジャン　モルドバ　アルメニア　キルギス　ベラルーシ　カザフスタン　タジキスタン　ウズベキスタン　トルクメニスタン

赤字の国名は旧東側陣営の領域に属する国　（外務省資料）

欧州安全保障協力機構（ＯＳＣＥ）

ヨーロッパでの緊張緩和を図るために、ヨーロッパ諸国（当時はアルバニアを除く）とアメリカ・カナダによって欧州安全保障協力会議（ＣＳＣＥ）が1975年に開催された。1995年から欧州安全保障協力機構（ＯＳＣＥ）となり、外相理事会や常設理事会の役割、議長国の任期などが規定された。

解説 **ＮＡＴＯとＥＵの東方拡大**　冷戦終結後、ＥＣはマーストリヒト条約によって1993年にＥＵとなり、安全保障分野でも協力体制がとられている。また、ＮＡＴＯではフランスが2009年に軍事機構に復帰したほか、旧東側陣営の東欧諸国が加盟するようになった（**東方拡大**）。

旧ソ連の範囲とCIS

NATOの東方拡大

20 中国の対外進出

一帯一路構想

中国企業が運営するスリランカの港　インフラ建設のために中国から融資を受けたが、返済不能に陥ったため、99年間、港の運営権が中国企業にリースされている。

解説 **中国からの投資の拡大**　中国は2013年にアジアとヨーロッパを結ぶ「**一帯一路構想**」を発表した。これは、域内の鉄道や港湾などの社会資本（インフラ）整備に中国が投資し、巨大な物流ルートを構築しようとするものである。中国は**アジアインフラ銀行**（ＡＩＩＢ）（➲p.262）などを設立し、周辺国への投資を活発化させている。一方で、借り手の返済能力を超えた投資は「**債務のわな**」を引き起こし、返済不能に陥らせる可能性もある。中国資本によって建設された港湾は中国の海洋進出にも利用され、軍港化を懸念する声もある。

21 米中関係の新たな局面

米中対立の構図

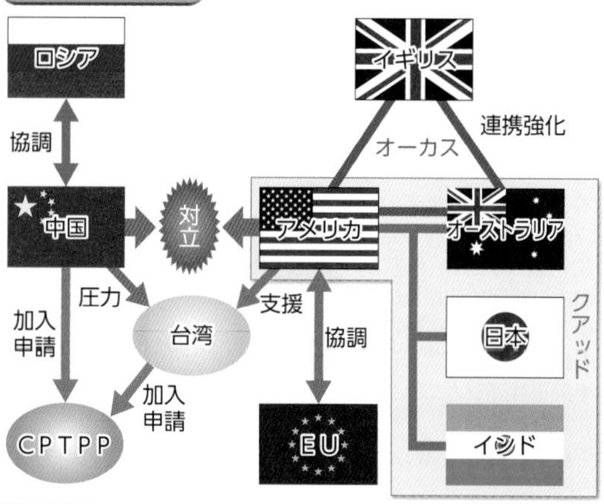

オーカス（ＡＵＫＵＳ）…米・英・豪による安全保障の枠組み
クアッド（ＱＵＡＤ）…日・米・豪・印による戦略対話の枠組み

解説 **米中対立のゆくえ**　2010年に中国のＧＤＰの規模が日本を超えて世界第２位となった。中国はそうした経済力を背景に、南沙諸島がある南シナ海や、尖閣諸島、台湾の近海などで軍事行動を活発化させ、存在感を強めている。アジア太平洋地域における相対的な地位の低下に危機感を覚えたアメリカは、「民主的価値と普遍的人権の重視」および「自由で開かれたインド太平洋」の実現を掲げて、中国に対抗する勢力を築こうとしている。軍事的には米英豪による**オーカス**（ＡＵＫＵＳ）、経済や先端技術などの分野では日米豪印による**クアッド**（ＱＵＡＤ）が形成されている。

Zoom **ＡＩＩＢとシルクロード基金**　ＡＩＩＢは、中国が主導するアジア太平洋地域のインフラ整備の国際金融機関で、2015年に設立された。一方、シルクロード基金は、2014年に中国が創設したファンドで、中国独自の判断で投資先を決めことができる組織。

FILE 28

ロシアのウクライナ侵攻

2022年２月、ロシアがウクライナに侵攻を開始した。アメリカをはじめ、日本を含むＧ７諸国はロシアを非難し、ウクライナに対する支援を表明した。ウクライナのゼレンスキー大統領は各国の議会などに対してオンライン演説を実施し、多くの支援を求めている。ロシアのウクライナ侵攻は、なぜ引き起こされたのだろうか。

ウクライナの対立

親ＥＵ派と親ロシア派との対立

年	ウクライナをめぐるおもな出来事
1922	ソビエト社会主義共和国連邦(ソ連)成立、ウクライナもソ連の一部となる
1991	ソ連崩壊、ウクライナ成立
2004	大統領選挙の結果をめぐる「オレンジ革命」が起こる その後、民主化は進展するものの、内政の混乱が続く
2013	親ＥＵ派による反政府デモ(マダイン革命)→翌年、親ロシア派大統領がロシアに亡命し、親ＥＵ派政権が発足
2014	クリミアで親ロシア派によるデモ→ロシアがクリミアに侵攻、東部では武装勢力が政府軍と衝突
2015	ウクライナとロシアとの間で「ミンスク合意」が成立
2019	ゼレンスキー大統領就任
2022	ロシアによるウクライナ侵攻

❶ロシアによるクリミア併合　ロシアのウクライナ侵攻を考えるには、ウクライナ国内で長年続く親ＥＵ派と親ロシア派との対立と、2014年のロシアによるクリミア併合を理解する必要がある。ウクライナでは地理的・歴史的な経緯から、西部はヨーロッパに親近感をもつ人が多いのに対して、東部はロシアに親近感をもつ人が多いという特徴がある。2004年の民主化(オレンジ革命)以降、政治の混迷が続いていたが、2014年に親ロシア派から親ＥＵ派の政権が交代すると、ロシア系住民が多数を占めるクリミアで独立を求めるデモが発生した。これにロシアが軍事介入し、住民投票の結果を受ける形でクリミアを併合した。

❷東部では親ロシア派が支配　一方、東部のドネツク州とルガンスク州では、ロシア軍が支援する親ロシア派武装勢力が独立を宣言し、ウクライナ軍との戦闘が激化した。これに対して、2014年から2015年にかけて、欧州安全保障協力機構(ＯＳＣＥ)の下でウクライナと親ロシア武装勢力による戦闘の停止をめざす取り決めがなされた(ミンスク合意)。しかし、この合意は、「親ロシア派武装勢力の支配地域に高度な自治を与える」とする内容を含むものであった。そのため、この合意はロシアによる東部２州の実効支配をもたらすとして、ウクライナでは不満の声が高まっていた。こうした中で、ゼレンスキー大統領はミンスク合意の履行を拒否し、ＮＡＴＯへの加盟をめざすとした。

ウクライナ情勢をめぐる対立の構図

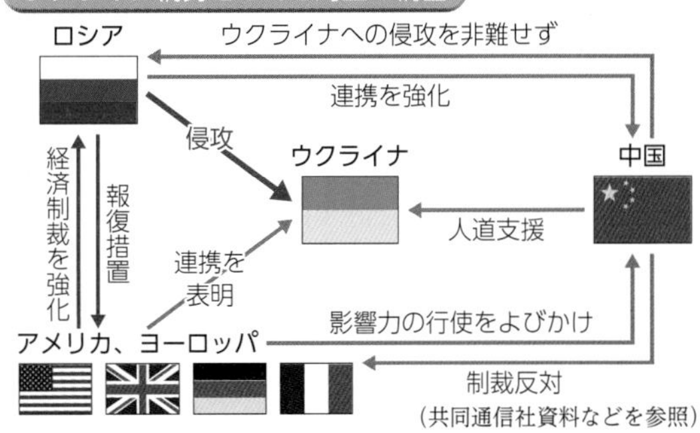

(共同通信社資料などを参照)

ウクライナ侵攻とその後

❶ロシア系住民の保護を名目にロシアが侵攻　ロシアのプーチン大統領にとっては、旧ソ連の構成国であるウクライナをロシアの勢力圏に留めておきたいとの思惑から、ウクライナのＮＡＴＯ加盟は何としても阻止すべきものであった。そして、2022年、ロシアはウクライナにおけるロシア系住民を守り、ウクライナの「非軍事化」「非ナチ化」をめざすいう名目で、ウクライナ国境に軍を集結させ、特別軍事作戦と称するウクライナ侵攻が始まった。ロシアの侵攻はウクライナ東部や南部だけでなく、西部や首都キーウ(キエフ)周辺にも広がり、地上戦のほか空爆やミサイル攻撃も激化した。

国境付近に集まるウクライナ避難民(ポーランド)　ロシア軍の攻撃によって、多くのウクライナ人が避難民として国外に脱出した。

❷各国の反応と高まるロシア脅威論　ロシアのウクライナ侵攻に対して、アメリカのバイデン大統領は強い表現でプーチン大統領を非難し、武器の供与を中心とするウクライナ支援を表明した。日本を含むＧ７やＥＵ諸国なども足並みをそろえてロシアを非難したが、思惑の違いからロシアへの非難を控える国もある。また、国連では2022年３月の緊急特別総会でロシアのウクライナ侵攻を非難する２度目の決議案が採択されたが、当事国であるロシアのほか、シリア・北朝鮮など５か国が反対し、中国やインドなど38か国が棄権した。

一方、ヨーロッパではロシアの脅威が高まる中で、これまで軍事的中立を保ってきたスウェーデンやフィンランドがＮＡＴＯ加盟を申請し、ウクライナとモルドバはＥＵ加盟候補国となった。ＮＡＴＯの東方拡大を警戒し、ウクライナ侵攻によってこれを阻止しようとしたプーチン大統領にとっては、誤算ともいえる結果となった。

4 国際紛争と民族・難民問題

要点の整理

＊ 1 ～ 6 FILE 論点 は資料番号を示す

Ⅰ 民族紛争・地域紛争

❶紛争の原因……政治的対立・経済的利害の対立、宗教問題、人種・民族問題、領土問題などを要因として起こる
エスノセントリズム（自民族中心主義）に陥り、さらなる対立が引き起こされる

❷消えぬ戦火　冷戦時代……米ソの代理戦争（例：朝鮮戦争、ベトナム戦争など）、キューバ危機など
冷戦終結後……民族対立・宗教的対立などの原因が目立つ（例：ユーゴ内戦、ルワンダ内戦など）

❸紛争や対立のおもな事例 1 ～ 3 FILE

①領土や領海の領有権をめぐる対立……フォークランド紛争、南シナ海の領有権問題など
②領土問題が民族・宗教対立と相まってエスカレートした事例……北アイルランド問題、**カシミール紛争**、**パレスチナ問題**、**チェチェン紛争**、**ユーゴスラビア内戦**、**東ティモール紛争**など
③植民地時代の人為的国境に起因する紛争……**ルワンダ内戦**、**ソマリア内戦**、**スーダン内戦**

❹難民・国内避難民問題 論点

①難民の発生と保護……**ＵＮＨＣＲ（国連難民高等弁務官事務所）**の設立（1951年）
・**難民条約**……「難民の地位に関する条約」（1951年）、「難民の地位に関する議定書（難民議定書）」（1967年）
②地域紛争や政治的迫害……難民や**国内避難民**の発生

Ⅱ おもな差別撤廃運動と多文化主義

①**アパルトヘイト**への抵抗（南ア共和国、現在は撤廃） 4 、アメリカの**公民権運動** 5
②**多文化主義（マルチカルチュラリズム）**への取り組み（カナダやオーストラリアなど） 6

国際政治

Ⅰ 民族紛争・地域紛争

世界のおもな民族紛争・地域紛争

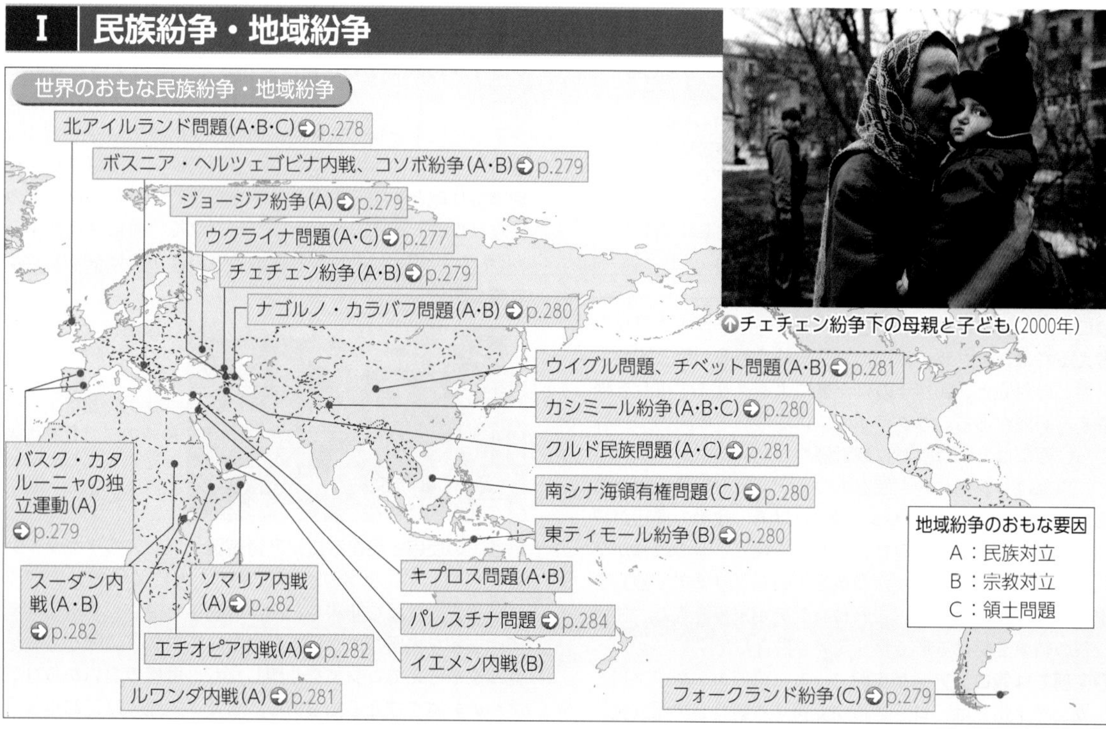

↑チェチェン紛争下の母親と子ども（2000年）

1 ヨーロッパ

?冷戦後のヨーロッパで民族紛争が発生した背景には、何があるのか

①北アイルランド問題

北アイルランドの宗教構成

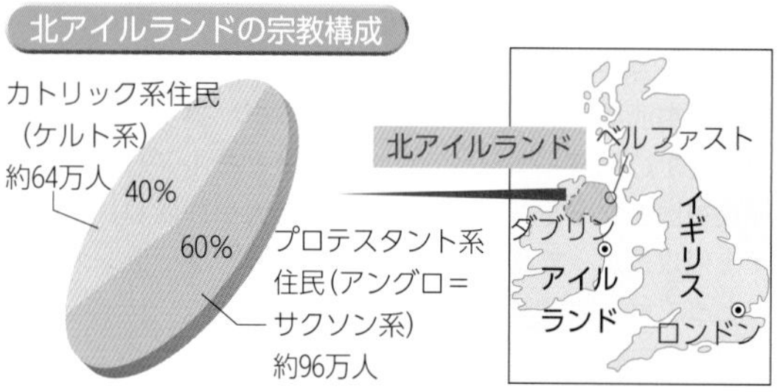

■**原因**　アイルランドは、1649年以降イギリスの支配下におかれた。1922年にアイルランドは独立したが、プロテスタント系住民の多い北アイルランドはイギリスに帰属した。これにより、北アイルランド住民の約４割にあたるカトリック系住民は、少数派として社会的な差別を受けてきた。

■**経緯・現在**　1960年代からカトリック系の過激派ＩＲＡ（北アイルランド共和国軍）によるテロ活動が過激化した。1998年に北アイルランドの自治権拡大を認める和平案が成立し、ＩＲＡによるテロ活動も沈静化した。2005年にはＩＲＡの武装解除が完了し、北アイルランドでは広範な自治が行われている。

Zoom ラグビーのアイルランド代表　1879年に発足したアイルランドラグビー協会は、政治的な混乱があるときでも、アイルランド共和国とイギリス領北アイルランドの両地域からメンバーを招集し、「統一アイルランド」として国際大会に出場している。

②フォークランド紛争

■概要　1982年、南大西洋のイギリス領フォークランド(アルゼンチン名はマルビナス)諸島の領有権をめぐり、アルゼンチン軍が武力進攻を行った。

■背景　当時、アルゼンチンは経済政策の失敗により、国内経済はハイパーインフレで疲弊しており、国民の不満は膨らんでいた。そこで、政府側が国民の目を領土問題に向けさせて不満をそらすために行ったといわれている。

■結果　イギリスは原子力潜水艦など海軍部隊の主力を派遣し、70日間にわたる紛争が行われた。結局、軍事力に勝るイギリスが勝利した。アルゼンチンはその後も領有権を主張したが、1990年には両国関係は正常化した。しかし、2010年には再びフォークランド諸島近海の海底油田開発をめぐって、両国間で緊張が高まった。

③チェチェン紛争・ジョージア(グルジア)紛争

■チェチェン紛争 出題　チェチェンは1991年にロシアからの独立を宣言すると、独立派と反独立派の対立が生じ、内戦状態になった。ロシアは反独立派を支援するため、軍事介入を行った。これに対して、チェチェン武装勢力はテロ活動を行った。チェチェンでは2003年に親ロシア派大統領が選出されたが、その後も武装勢力によるテロ活動は続いた。2009年、ロシアはチェチェンを対テロ掃討作戦地域とする指定を解除したが、緊張関係は現在も続いている。

■ジョージア紛争　ジョージア(グルジア)では北部の南オセチア自治州で、1990年代初めに多数派のオセット人による分離独立運動が起きた。1992年には南オセチアと独立に反対するジョージアが停戦に合意した。しかし、2008年にジョージア軍が南オセチアに侵攻し、南オセチアを支持するロシアと武力衝突を起こした。ロシアはジョージア国内に駐留し、南オセチアとアブハジアをジョージアから分離させた。

先進国でもくすぶる分離・独立の動き

多文化主義政策をとるカナダでも、民族間の対立が解消したわけではない。フランス系住民が多く住むケベック州では、歴史的にイギリス系が主体となっている現状への反発が根強い。1995年には独立をめぐる州民投票が行われ、僅差で否決されたものの、独立を支持する人は多い。

この他、先進国で分離・独立をめざす動きとしてはベルギーやイギリス、スペインなどにみられる。ベルギーでは、オランダ系の北部とフランス系の南部の言語的な対立があり、1993年には、南北および首都圏の３つの地域政府から構成される連邦制に移行した。また、イギリスでも、北部のスコットランドで独立を求める声がある。2014年の独立をめぐる住民投票では、独立反対が多数を占めた。しかし、イギリスのＥＵからの離脱に対して、スコットランドではＥＵ残留を望む住民が多く、独立運動が再燃する可能性もある。

↑スコットランドの独立支持派(2015年)

④ユーゴスラビア内戦 出題

■概要　バルカン半島は複雑な民族構成をなし、「ヨーロッパの火薬庫」といわれるほど歴史的に民族対立が激しい地域である。ユーゴスラビアでは、国家を統合していたチトー大統領によって民族対立が抑えられてきた。しかし、1980年のチトーの死去に加えて、1989年に冷戦が終結したことで民族対立が表面化し、複数の紛争が起きた。

↑チトー大統領
(1892〜1980)

■ボスニア・ヘルツェゴビナ内戦　スロベニアとクロアチアが1991年に独立を宣言した。これに対して、独立を阻止しようとする勢力との内戦が始まった。1992年にはボスニア・ヘルツェゴビナが独立を宣言したが、ムスリム・セルビア人・クロアチア人の３つの勢力の対立によって内戦は激化した。この過程で、「民族浄化」と称して多くのムスリムが虐殺された。1995年、ＮＡＴＯは人道的立場からセルビア人勢力に空爆を行い、その後、民族間で和平合意が結ばれた。国際的な監視の下で政治の安定化が図られている。

■コソボ紛争　セルビアのコソボ自治州では、８割を占めるアルバニア系住民とセルビア側との争いが激化した。1990年代後半には、コソボ独立をめざす武装組織とセルビア治安部隊との戦闘が拡大した。1999年にはＮＡＴＯ軍によってセルビア側への空爆が行われ、その後、和平案が締結された。2008年にはコソボがセルビアからの分離独立を宣言し、日本や欧米主要国がこの独立を承認したが、コソボを承認していない国も多く、国連加盟は果たせていない。

⑤バスク・カタルーニャの独立運動

■概要　スペイン北部のバスク地方とカタルーニャ地方は、独自の言語をもち、独立志向が強い。また、州議会では独立派の議席も多い。バスクでは独立をめざす過激派「バスク祖国と自由」(ＥＴＡ)によるテロが相次いでいたが、2011年に「停戦」を宣言した。一方、カタルーニャ州では独立を問う住民投票が2017年に実施され、独立支持が多数を占めた。スペイン中央政府はこの結果に反発し、カタルーニャ州の自治権を停止するなど、独立派との対立が深まった。

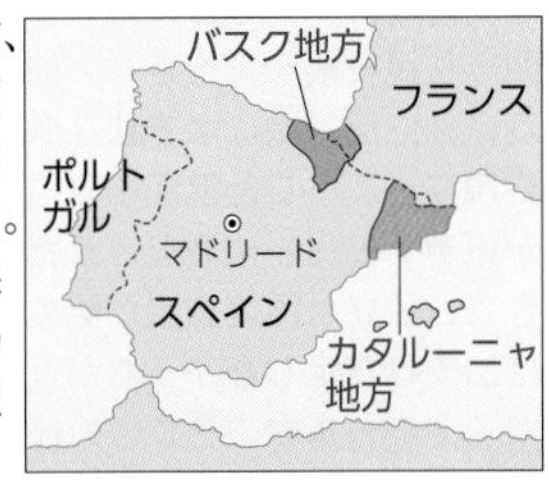

TOPIC トピック　分裂したユーゴスラビアでは、1984年にサラエボで社会主義国として初の冬季オリンピックが開催されている。ボスニア・ヘルツェゴビナ内戦でその多くの会場が破壊された。

①カシミール紛争

パキスタン

イスラーム(国教)	96%

インド

ヒンドゥー教	72%
イスラーム	12%
キリスト教	7%
シク教	2%

(「読売新聞」2007年8月12日などを参照)

カシミール地方

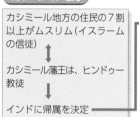

カシミール地方の住民の7割以上がムスリム(イスラームの信徒)
↕
カシミール藩王は、ヒンドゥー教徒
↓
インドに帰属を決定
→
第1次印パ戦争(1947〜49年)
第2次印パ戦争(1965〜66年)
第3次印パ戦争(1971年)
→パキスタン降伏、国連決議(1949年)に基づく住民投票は行われていない
↓
イスラーム過激派の活動が活発に

■原因　インドとパキスタンは1947年にイギリスから独立した。インドはヒンドゥー教徒を中心に、パキスタンはムスリムを中心に建国した。ヒンドゥー教徒のカシミール藩王はインドへの帰属を表明したが、住民の多くはムスリムであった。

■経緯　カシミール地方の帰属をめぐって、インドとパキスタンは1947年に戦争状態となった。両国は49年に国連の介入で停戦し、停戦ラインが決められたが、衝突はその後も続き、核の保有にまで発展した。

■現在　ＰＫＯによる停戦監視が続いており、カシミールは両国で分割統治が行われている。なお、東部は中国が支配しており、インドと中国間の領土問題となっている。

②東ティモール紛争　出題

■原因　世界最大のムスリム人口を擁するインドネシアに対して、東ティモールはキリスト教徒が圧倒的に多い。東ティモールはかつてポルトガルの植民地であったが、1974年にポルトガル本国でクーデターが起こると、植民地が放棄された。そして、東ティモールは独立へ向けての準備を進めた。しかし、1976年にインドネシアが侵攻して東ティモールを併合してしまったため、東ティモールでは独立運動が続けられた。

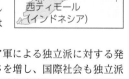

■経緯　1991年、インドネシア軍による独立派に対する発砲事件以降、独立運動は激しさを増し、国際社会も独立派を支持した。そして、スハルト政権崩壊後、独立の是非を問う住民投票が実施され、独立派が勝利した。しかし、今度は独立反対派による独立派への襲撃が相次いだ。

■現在　こうした混乱を収拾するため、多国籍軍やＰＫＯが東ティモールに派遣された。2002年には大統領選が実施され、独立と国連加盟が認められた。独立後しばらくの間は治安は安定しなかったが、独立から10年を経た2012年に、東ティモールでのＰＫＯの任務はようやく終了した。

③南シナ海の領有権問題

南シナ海とその周辺諸国

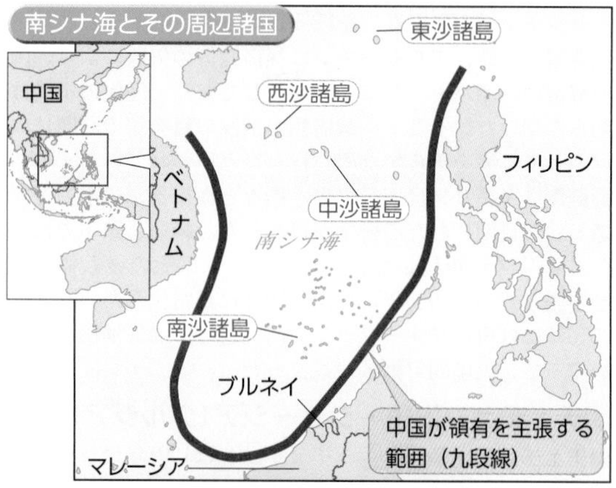

↻南沙(スプラトリー)諸島の岩礁に建設された中国の構築物(2015年)　南シナ海の南沙諸島は約100の岩礁からなる。

国連海洋法条約に基づく仲裁裁判

国連海洋法条約で規定されている紛争解決手段の一つとして、仲裁裁判所による仲裁がある。仲裁裁判所の裁判は当事国双方の合意を必要とせず、その判決は法的拘束力をもつ。

中国の南沙諸島における軍事拠点化をめぐって、フィリピンは「国連海洋法条約に違反する」として、2013年に国連海洋法条約に基づく仲裁裁判を起こした。2016年の判決では、中国の主張に国際法上の根拠はなく、また、中国が埋め立てた7つの岩礁は「島」ではなく、「岩」または満潮時に水没する「低潮高地」であり、したがって、中国には周辺の天然資源探査などの権利がないとして、中国の敗訴となった。しかし、中国は判決を受け入れないと表明している。

解説　中国の海洋進出の象徴　南沙諸島(スプラトリー諸島)は、中国・フィリピン・ベトナム・マレーシア・ブルネイ・台湾が領有権を主張している。この理由は、一帯の海底資源と漁業権を確保することである。特に、中国は南シナ海のほぼ全域に主権が及ぶと主張し、1980年代後半から同地域に進出した。また、海域内の岩礁を埋め立てて、滑走路などを建設して軍事拠点化を進めてきた。

④ナゴルノ・カラバフ問題

■概要　アゼルバイジャンのナゴルノ・カラバフ自治州の帰属をめぐる、ムスリムが多数派のアゼルバイジャンとキリスト教徒が多数派のアルメニアとの対立である。1980年代後半から対立が激化し、両国の間で武力衝突と停戦合意が繰り返されている。この地域は住民の4分の3をアルメニア人が占め、アルメニアが実効支配してきた。しかし、近年ではアゼルバイジャン側が優勢となり、2023年に起きた武力衝突の結果、アルメニア側が敗北し、同地を支配してきたアルメニア人組織も崩壊した。

Zoom 「九段線」　元々は破線で書かれていて、線の数が九つあるから「九段線」、牛の舌のような形から「牛舌線」とも呼ばれる。中華民国が1947年に設定し、共産党がこの線を踏襲して、1953年から中国国内の地図に明記するようになった。

⑤中国の民族問題 （地図は「読売新聞」2008年３月19日参照）

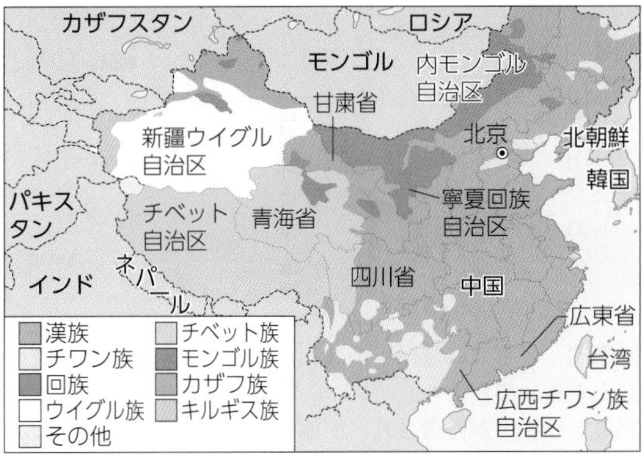

■**ウイグル問題**　新疆（しんきょう）ウイグル自治区にはムスリムのウイグル民族が多く住んでいる。しかし、中国政府による漢民族の移住政策によって、ウイグル民族の割合は低下している。2009年にはウイグル民族による大規模な暴動が発生した。この背景には、支配民族である漢民族との経済格差やウイグル人に対する差別などの不満の高まりがある。この動きは中国政府によって厳しく取り締まられ、治安部隊に鎮圧（ちんあつ）された。現在でも、ウイグル人に対する施設での拘束や強制労働などの人権侵害が行われているといわれ、欧米から中国政府に対する経済制裁が発動されている。

■**チベット問題**　チベット民族はチベット自治区や青海省（チンハイ）などに住んでいる。1959年、チベット民族は中国政府による支配に対して蜂起（ほうき）したが、武力鎮圧された。そして、チベット仏教の最高指導者ダライ=ラマ14世はインドへ亡命（ぼうめい）し、翌年にチベット亡命政府を樹立した。1965年にチベット自治区が設置されるが、中国の支配に対するチベット民族の反発は根強く、抵抗運動が繰り返し行われてきた。ダライ=ラマ14世は、チベット独立は経済的には現実的でないとし、中国政府に対して、チベットの高度な自治権の確保を求めている。

⬆中国政府の抑圧に抗議する人々（2021年、イギリス・ロンドン）

⑥クルド民族問題

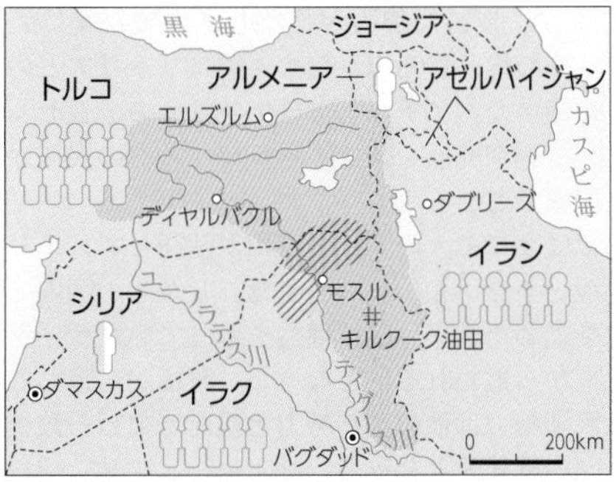

トルコでは、クルド人は山岳（さんがく）トルコ人と呼ばれている。

■**現在**　総人口が2,500万人以上ともいわれるクルド人は、トルコ、イラン、イラク、シリア、アルメニアなどに居住し、独自の国家をもたない最大の民族である。元々クルド人は遊牧民で、以前はオスマン帝国内に多く居住していたが、その後は各国内で少数民族としての生活を余儀（よぎ）なくされ、しばしば迫害されている。

3 アフリカ

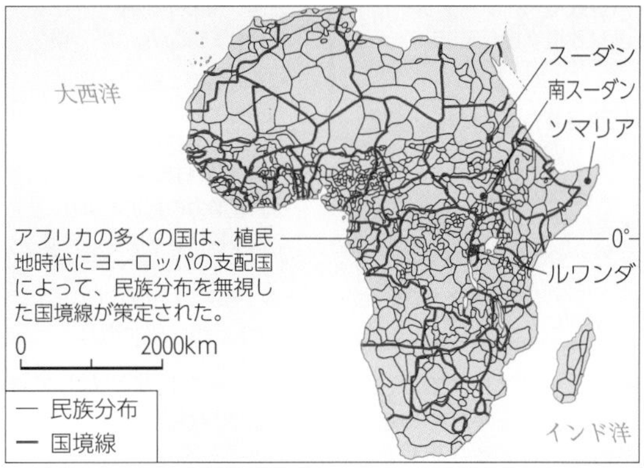

アフリカの多くの国は、植民地時代にヨーロッパの支配国によって、民族分布を無視した国境線が策定された。

①ルワンダ内戦 出題

植民地時代：ベルギーによるツチ族優遇
↓
1962年：**ルワンダ独立**
↓
1994年：フツ族出身の大統領が乗った飛行機が墜落（ついらく）
↓
1994年：**フツ族によるツチ族大虐殺**
……1994年４月から３か月間で、フツ族過激派により、ツチ族とフツ族穏健（おんけん）派が80～100万人殺された
↓
ツチ族による攻勢➡1994年７月、フツ族過激派を制圧。両民族による新政権が成立
↓
国民融和・和解のための諸改革に実施➡**民族融和が進む**

[民族別人口比]
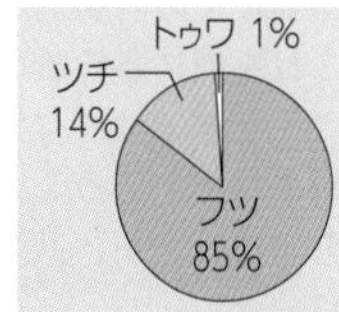

（2014年）

■**原因**　多数派のフツ族と少数派のツチ族の対立。元々フツ族とツチ族の違いは大きなものではなかったが、ベルギーの植民地政策によって少数派のツチ族が優遇され、民族対立が煽（あお）られた。

■**経緯**　独立後のルワンダは、フツ族中心の政治体制となった。これにツチ族が反発し、1990年頃から内戦状態となった。1994年にフツ族出身の大統領が暗殺されると、フツ族過激派によるツチ族の虐殺が行われた。その後、ツチ族を主体に結成された反政府組織「ルワンダ愛国戦線」がフツ族過激派を倒し、新政権が樹立（じゅりつ）され、内戦は鎮静（ちんせい）化した。

■**現在**　2003年には新憲法が採択され、内戦下で発生した多くの難民の帰還と国内の民族融和が進められている。現在、治安は比較的安定し、経済も着実に成長している。

⬅**虐殺の犠牲者を追悼（ついとう）する施設**　この施設は、2004年にルワンダの首都キガリに設立された。

内戦終結後、国連はルワンダ国際刑事裁判所を設立し、虐殺の指導者は処罰された。一方、ルワンダ国内では「国民和解委員会」が設置され、民族別の証明書の廃止などの改革を行った。国際社会から選挙監視要員を受け入れ、村落レベルから国政レベルまで選挙が行われた。現在、ルワンダの国会議員の６割を女性が占めており、女性の政治進出も進んだ。

TOPIC トピック　内戦終結後のルワンダでは女性の社会進出がめざましく、特に女性議員の割合では世界のトップクラスを誇っている。2017年に汚職対策に力を入れるカガメ大統領が３期目に立候補し、98.8%の高い支持を得て再選された。

②ソマリア内戦

バレ政権……クーデターにより政権掌握(1969年)

↓

反政府勢力によりバレ政権崩壊(1991年)

↓内戦状態に

- 実効支配する政府の不在で、劣悪な治安状態に
- 干ばつが深刻化で、飢餓状態に

→

国連ソマリア活動(UNOSOM、1992年)

- 停戦監視、被災民援助を目的とし、秩序回復のために武力行使を認める「平和執行型ＰＫＯ」

→武装勢力の抵抗により、多数の犠牲者を出し、失敗

↓暫定政府成立(2005年)

2012年、統一政府樹立

■原因　ソマリアでは、民族の内部は伝統的集団として複数の氏族に分かれている。この氏族間の対立が独裁政権の崩壊によって顕在化した。

■経緯　ソマリアは1960年に北部のイギリス領と南部のイタリア領が合体して建国した。1991年にバレ大統領の独裁体制が反政府勢力の「統一ソマリア会議」に倒されたが、これを機に各氏族の武装勢力間の内戦状態となった。さらに、北部では「ソマリランド」が独立を宣言し、南北が分断された。こうした状況を受けて、国連は1992年にＰＫＯを派遣したが、武装勢力の抵抗によって1995年には完全撤収した。

■現在　2005年には周辺諸国の仲介によって暫定政権が発足した。しかし、その後も暫定政権に反対する勢力との内戦が続き、周辺海域では海賊の被害が絶えない。暫定政権は2012年に暫定憲法を採択し、新内閣を発足させた。こうして21年ぶりに統一政府が樹立したが、現地の治安は回復していない。

COLUMN
紛争ダイヤモンドと「資源の呪い」

ダイヤモンドを採取する労働者(シエラレオネ)

アフリカでは、統治機構が脆弱な上に、法の支配が確立していないため、クーデターや武装勢力との内戦、近隣国との武力衝突を繰り返す国が少なくない。特に、ダイヤモンドや貴金属、石油などの資源が豊富な国では、資源から得られる利益をめぐって対立が引き起こされやすい。政府や武装勢力によって採掘された資源が先進国に売られ、その利益が武器の購入などの資金源に使われていることが指摘されている。

こうした国では、資源からの利益が国民に分配されず、支配層が独占していことも多い。また、資源をめぐって汚職や内戦が起こる結果、貧困がいっそう深刻化している。この「資源の呪い」といわれる問題に対して、2003年に発足した採取産業透明性イニシアティブでは、資源から得られる資金の流れを透明化して汚職や内戦を防止し、発展途上国の公正な資源開発を促進するための多国間協力の枠組みがつくられている。

③スーダン内戦

出題

スーダン

面積：188万㎢
人口：4,023万人
おもな民族：アラブ系
おもな宗教：イスラーム

南スーダン

面積：64万㎢
人口：1,234万人
おもな民族：アフリカ系
おもな宗教：キリスト教
伝統宗教

※人口は2015年　(外務省資料)

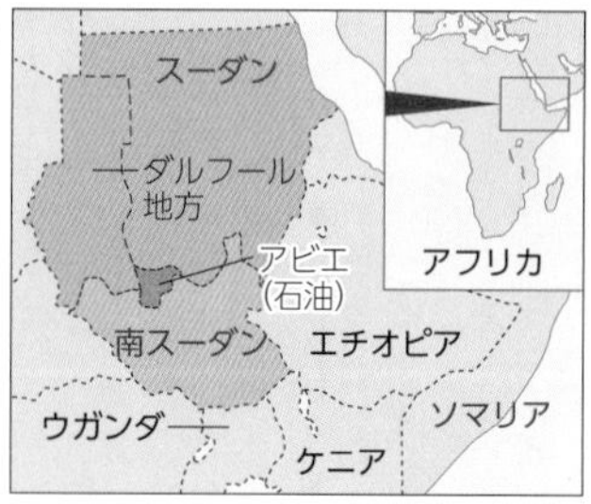

■原因　イギリス統治下のスーダンでは、南北間の交流を禁止する政策がとられていた。また、1956年の独立後は北部のアラブ人が優遇され、南部の黒人住民は差別された。

■経緯　独立をめざす南部と政府側の北部は20年以上にわたって内戦を続けてきた。これに加えて、2003年には、西部のダルフール地方で、スーダン政府に支援されたアラブ系民兵と、黒人系住民との間に紛争が起こった。この紛争では「民族浄化」と称する大量虐殺(ジェノサイド)が行われ、「世界最大の人道危機」といわれた。

■現在　南北間では2005年に和平合意が成立し、ダルフール紛争も2010年に和平合意が成立した。南部は2011年に独立の是非を問う住民投票が行われた結果、独立が認められ、南スーダンが誕生した。しかし、スーダンと南スーダンは油田地帯のアビエの帰属をめぐって対立している。

南スーダンでは、政府内部での派閥抗争が激化し、武力衝突が続いた。その後、2018年に派閥間の停戦合意がなされ、2020年に統一暫定政府が樹立したが、治安情勢は予断を許さない状況である。

④エチオピア内戦

エチオピアの内戦から逃れてきた避難民たち(2021年)

■原因　エチオピアでは1971年に帝政が崩壊して軍事独裁政権が誕生したが、反政府勢力が抵抗して内戦が続いた(1974～91年)。その後、1998年からは隣国エリトリアとの間で国境紛争が続いた。エチオピアはアフリカの成長センターの１つとして経済発展を続けてきたが、約80の民族からなる多民族国家でもある。

■経緯　2018年にオロモ人のアビー首相が就任して、エリトリアとの国境紛争を平和的に解決した。しかし、国内では中央集権化を進めた結果、既得権益をもっていたティグレ人勢力が政権から追われる形となった。政権から追われたティグレ人武装勢力は他の武装勢力と組んでアビー政権打倒をめざし、内戦状態となった。

■現在　2021年末から戦闘が激しくなったが、2022年にティグレ人武装勢力は一部地域から撤退し、「人道的停戦」に賛同する動きもみせている。なお、アビー政権の与党は議会で90％以上の議席を占めているが、内戦によって多くの地域で選挙が実施されていないことから、政権の正当性を疑問視する声もある。

Zoom　南スーダンにおけるＰＫＯ　南スーダン独立後、同国における平和の定着と安定、民主的な統治を支援するために、ＰＫＯ「国連南スーダンミッション」が設立された。現在、自衛隊からも４名の隊員がＰＫＯ協力法に基づいて派遣されている。

Ⅱ　おもな差別撤廃運動と多文化主義

4 アパルトヘイトの撤廃　出題

南アフリカ共和国のデクラーク大統領(1936～2021)と、黒人解放組織の議長マンデラ(1918～2013)(肩書は1992年当時)

解説　**90年代まで存続**　**アパルトヘイト**とは、南アフリカ共和国での非白人に対する差別政策である。これは「隔離」を意味し、社会のあらゆる分野にわたって法制化されていた。1989年に大統領に就任したデクラークはアパルトヘイトの廃止に動き出し、91年に黒人解放運動の指導者マンデラを釈放し、アパルトヘイトは撤廃された。その後、マンデラは全人種が参加する選挙を経て、94年に大統領に就任した。

5 アメリカの差別抗議運動

■公民権運動(1950～60年代)

ワシントン大行進(1963年)　公民権運動とは、人種差別に抗議し、白人と同等の権利の保障を要求した運動である。この運動を指導したキング牧師(1929～68)は、1968年に暗殺された。

■ブラック・ライブズ・マター(BLM)運動(2020年代)

「ブラック・ライブズ・マター(黒人の命も大切)」のスローガンを掲げてデモを行う人々(2020年)　黒人男性が警察官に窒息死させられた事件をきっかけに、差別への抗議運動が広がりをみせた。

解説　**繰り返される抗議運動**　アメリカでは1964年に**公民権法**が成立し、選挙や教育における差別が禁止された。しかし、黒人やマイノリティへの差別は今もなお問題となっている。近年では、アジア系市民への暴力などのヘイトクライム(憎悪犯罪)の増加も指摘されている。差別を乗り越え、多様性を推進するための取り組みが求められられている。

6 多文化主義政策　出題

多民族が集まるカナダ・トロントの通勤風景　カナダでは1971年に世界で初めて多文化主義政策が導入され、現在では200を超える民族が生活している。

解説　**多文化共生社会に向けて**　**多文化主義(マルチカルチュラリズム)**は、宗教や民族などの異なる人々が、互いの文化的な違いを認めあい、社会の一員としてともに生きていこうとする考え方である。複数の民族が混住する社会では、**自民族中心主義(エスノセントリズム)**を克服するため、多文化主義政策を導入している国もある。オーストラリアでも有色人種への移民制限や先住民族の隔離を中心とした白豪主義が撤廃され、1970年代から多文化主義政策が進められている。

先住民族の権利の尊重

世界の先住民族の多くは、近代以降の植民地政策や同化政策によって、みずからの社会や土地、固有の言葉や文化などを奪われてきた。現在、少なくとも5,000の先住民族が存在し、3億7,000万もの人々が90以上の国々で暮らしている。現在でも、先住民族は権利が保障されず、社会に強制的に同化させられているケースがみられる。みずからの権利を主張すると弾圧、拷問、殺害の対象となるため、迫害を恐れてしばしば難民となり、あるいは出自を隠して独自の言語や伝統的な生活様式を捨てざるをえないこともある。

国連はこうした先住民族の問題に長年取り組み、2000年には経済社会理事会の補助機関として「先住民問題に関する常設フォーラム」が設置された。また、2007年に「**先住民族の権利に関する宣言**」が国連総会で採択され、文化、アイデンティティ、言語、雇用、健康、教育に対する権利を含めて、先住民族の個人および集団の権利が明文化された。さらに、国連総会は、2014年に「世界先住民族会議」を開催し、宣言の目標達成に向け合意した成果文書を採択した。

国連世界先住民族会議でスピーチする先住民族(2014年)

国際政治

COLUMN 西洋社会のイスラーム

ヨーロッパでは第二次世界大戦後、イスラーム系移民が労働者として流入した。イスラーム系移民は白人との経済的格差が大きく、地域から孤立していると感じている人も多いといわれる。ヨーロッパでは反移民の風潮に加えて、イスラーム過激派によるテロが起きたため、イスラームに対する偏見や差別が拡大しつつある。欧米ではムハンマドを冒とくするような風刺画や映画がつくられたことで、イスラーム諸国で抗議デモが巻き起こった。

このほか、政教分離が徹底しているフランスでは、公の場から宗教色が排除されている。そのため、ムスリム女性が学校でスカーフを着用することは禁止されており、イスラーム系住民の反発をまねくことになった。

公立学校でのスカーフ着用禁止に抗議する少女ら(2004年、フランス)

TOPIC トピック　南アフリカのアパルトヘイト政策の根幹であった人種登録法や集団地域法を廃止したデクラークは、その後のマンデラ政権では副大統領を務め、ノーベル平和賞を受賞している。

用語解説　262アパルトヘイト,263多文化主義

FILE 29
パレスチナ問題

出題

パレスチナ(アラブ)人が住んでいる土地に、1948年、ユダヤ人の国としてイスラエルが建国された。それ以来、アラブ人とユダヤ人との争いが続いている。パレスチナ問題をめぐっては、和平の合意が結ばれた後も、引き続きテロと報復攻撃が続いている。両者の和解は果たして可能なのだろうか。

パレスチナ問題の発生

1世紀～　ユダヤ人が離散
→パレスチナにはアラブ人が定住＝**パレスチナ人**
1914～18　**第一次世界大戦**
1915　**フサイン・マクマホン協定**(英、アラブ人の独立を約束)
1916　**サイクス・ピコ協定**(英仏での中東分離を約束)
1917　**バルフォア宣言**(英、ユダヤ人国家の建設を約束)
1920　セーブル条約(パレスチナはイギリスの委任統治領)
→アラブ人の反英、反ユダヤ闘争
1939～45　**第二次世界大戦**
→ユダヤ人難民、パレスチナに大量移住
1947　国連総会、パレスチナ分割案採択
→アラブ連盟は拒否

4度にわたる中東戦争

1948. 5　**イスラエル建国宣言**←アメリカの支援
1948～49　**第1次中東戦争**(パレスチナ戦争)
契機：アラブ軍のパレスチナ侵入(1948.5)
●イスラエル軍の勝利、領土拡大　●ヨルダン、エジプトの領土拡大　●**パレスチナ難民発生**(約100万人)
1949. 5　イスラエル、国連に加盟
1956. 7　エジプトのナセル大統領、**スエズ運河国有化**宣言
1956.10　**第2次中東戦争**(スエズ戦争)
契機：イスラエル、英・仏軍、シナイ半島に侵入(1956.10)
●英・仏に対する非難高まる　●米・ソは戦争に反対→国連緊急軍の創設　●エジプト、スエズ運河国有化の達成
1964. 5　ＰＬＯ(**パレスチナ解放機構**)結成
1967. 6　**第3次中東戦争**(6日戦争)
契機：イスラエル軍、エジプト軍を奇襲(1967.6)
●イスラエル、領土拡大→新たな難民発生(約100万人)
●国連安保理の調停で休戦
→パレスチナ・ゲリラ、活動活発化
1968. 1　ＯＡＰＥＣ(アラブ石油輸出国機構)結成
1969. 2　アラファト、ＰＬＯ議長に就任
1973.10　**第4次中東戦争**(10月戦争)
契機：アラブ軍の先制攻撃(第3次での失地回復)(1973.10)
●ＯＡＰＥＣ、**石油戦略**発動
●イスラエルとアラブ、初めての直接交渉

中東和平への努力と曲折

1974.10　アラブ首脳、ＰＬＯをパレスチナ人民の代表として承認
1977.11　エジプトのサダト大統領、イスラエル訪問
1979. 3　イスラエル・エジプト平和条約
→イスラエル、シナイ半島を返還(1982.4)
1987.12　第1次インティファーダ(民衆蜂起)発生
1993. 9　**パレスチナ暫定自治協定**調印
2000. 9　第2次インティファーダ(民衆蜂起)発生
2003. 6　中東和平3者会談
2004.11　ＰＬＯのアラファト議長死去
2005. 8　イスラエル、ガザとヨルダン川西岸(一部)のユダヤ人入植者を退去
2007. 6　ハマス、ガザ地区占領
2011.10　ユネスコがパレスチナ自治政府を「国家」として加盟承認
2012.11　国連、パレスチナ自治政府を「オブザーバー国家」とする決議を採択
2014. 6　ファタハとハマスが統一内閣を組織、その後分裂

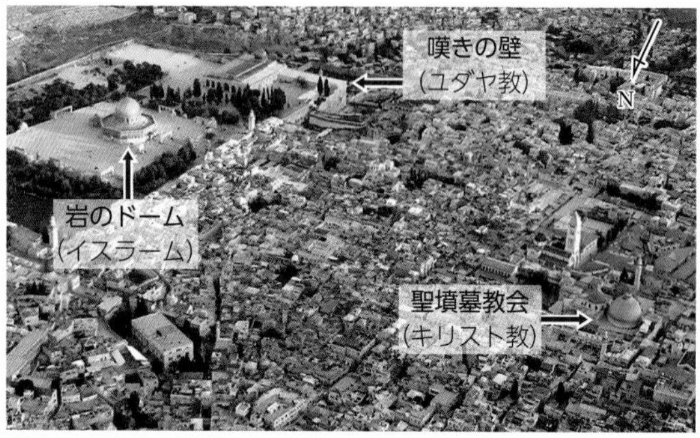

3つの宗教の聖地、エルサレム　写真は東エルサレムの旧市街。イスラエルはエルサレム全域を首都としているが、国際的には認められていない。一方、パレスチナ暫定自治政府は東エルサレムを将来的なパレスチナ人国家の首都と位置づけている。

パレスチナ問題の発端

ユダヤ人は紀元前からパレスチナに居住していたが、ローマ帝国の支配下に入ったため、世界各地に離散した。

19世紀末、ヨーロッパ各地で迫害を受けてきたユダヤ人の間で、故郷のシオンの丘(パレスチナ)にユダヤ人国家を建設しようとするシオニズム運動が起こり、多くのユダヤ人がパレスチナへ移住した。しかし、その頃のパレスチナはオスマン帝国の支配下にあり、多くのアラブ人が住んでいた。これがユダヤ人とアラブ人の対立の原因となった。

この対立を激化させたのは、イギリスの「三枚舌外交」といわれる。これは、イギリスが第一次世界大戦でオスマン帝国と対抗するために、アラブ人にはパレスチナでの独立を認める一方、ユダヤ人にはパレスチナでの国家建設を認め、そして、フランスとは中東を分割して支配するという、互いに矛盾した内容の秘密協定を結んだのである。

中東戦争とＰＬＯの結成

第二次世界大戦後、イギリスはパレスチナ問題に対応しきれなくなり、この解決を国連に委ねた。そして、1947年の国連総会でパレスチナ分割決議案が採択された。しかし、この内容は、人口では少数のユダヤ人にアラブ人よりも多くの土地(パレスチナ全土の57%)を与えるものであった。

1948年にイスラエルが独立を宣言すると、これに反対するアラブ諸国はイスラエルに侵攻した(**第1次中東戦争**)。その後、1973年までに数次にわたる戦争が勃発したが、一貫してアメリカの支持を受けたイスラエルがアラブ諸国を圧倒し、占領地を拡大していった。この戦争により多くのパレスチナ難民が発生した。1964年にはパレスチナの解放を目的に、政治組織である**ＰＬＯ(パレスチナ解放機構)**が結成され、イスラエルに対する武装闘争が行われた。また、イスラエル政府に対してパレスチナ住民が投石などで抵抗する民衆蜂起(**インティファーダ**)も行われた。

Zoom　ＰＬＯ　パレスチナ解放組織の統合機関として結成され、1974年に国連オブザーバー資格を得た。1993年にイスラエルと相互承認を行い、パレスチナ暫定自治協定で、ヨルダン川西岸地域とガザ地区に自治政府を組織することが認められた。

第二次世界大戦前のパレスチナ(1925年)

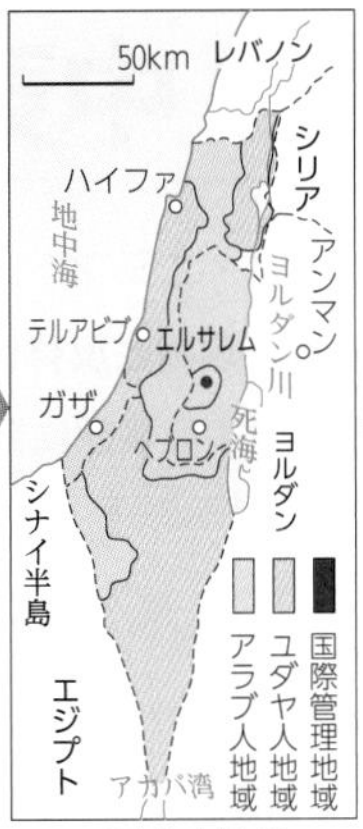

国連分割決議(1947年)

中東戦争による占領地(1948年、1967年)

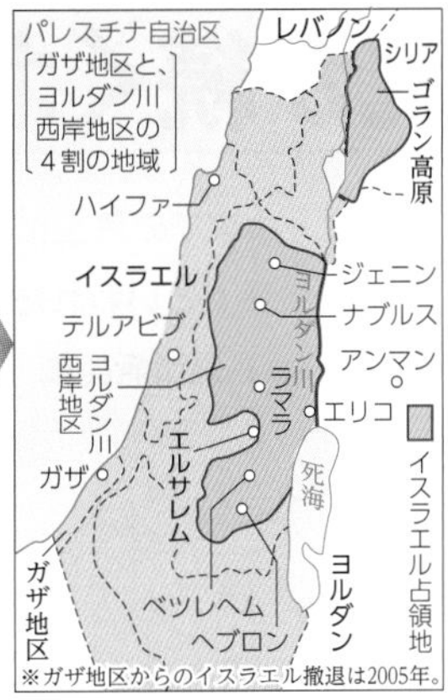

現在のイスラエル占領地(1995年〜)

イスラエルによって建てられた分離壁(ヨルダン川西岸地区)

進展しない和平プロセス

オスロ合意(1993年、アメリカ・ワシントン) パレスチナ暫定自治協定ともいわれ、アメリカのクリントン大統領が立ち会った。

イスラエルとＰＬＯによる和平に向けての秘密交渉の結果、1993年にラビン首相(1922〜1995)とアラファト議長(1929〜2004)の間で、イスラエルとＰＬＯが相互承認し、パレスチナの暫定自治を認める合意が交わされた(**オスロ合意**)。これに基づいて、1995年にガザ地区とヨルダン川西岸で、**パレスチナ暫定自治政府**が樹立された。

しかし、イスラエル・パレスチナ双方に和平反対派が存在し、オスロ合意後もテロ活動が継続された。1995年にはイスラエルのラビン首相が暗殺されたことで、イスラエルでは右派が主導権を握り、パレスチナ自治区への攻撃と占領地への入植が行われている。また、パレスチナ人居住区を隔離するため、パレスチナ占領地に分離壁を建設した。こうして、オスロ合意は事実上失効している。

さらに、アメリカのトランプ政権(2017〜21年)はエルサレムをイスラエルの首都に認定するなど、イスラエル寄りの姿勢を明確に示し、パレスチナ側の反発が激化した。

繰り返される対立

パレスチナでは、内部の派閥間の対立も表面化した。2004年にアラファト議長が死去すると、その後任はＰＬＯ主流派で穏健派の**ファタハ**から選任された。しかし、2006年の評議会選挙では、強硬派の**ハマス**が圧勝した。この頃から両者の関係が悪化し、パレスチナは、ハマスが実効支配するガザ地区と、自治政府が統治するヨルダン川西岸地区に分裂した。

2023年、ハマスがイスラエルを攻撃した。これに対して、イスラエルは報復攻撃を開始し、ガザ地区への激しい空爆と地上侵攻作戦が行われた。イスラエルは、ハマスの拠点が住宅密集地域や病院などの民間施設と一体化しているとみているが、こうした場所に向けた攻撃によって、ガザ地区では多くの民間人に死傷者が出ている。

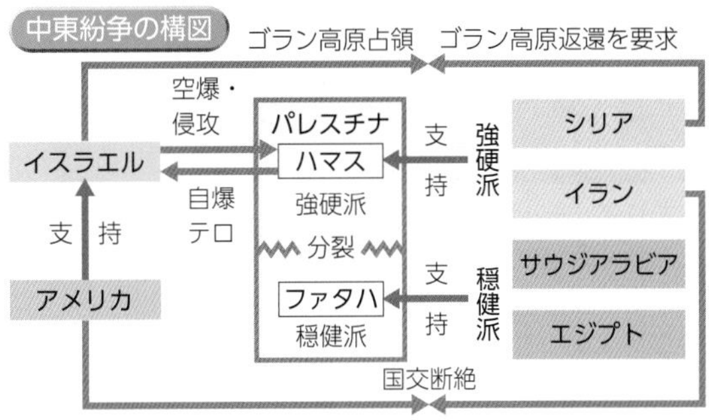

※イスラエルとハマスは攻撃と停戦合意を繰り返している。

国連、パレスチナを「国家」として認定

オブザーバーとは、会議への参加資格はあるが、投票権をもたない地位である。2011年、国連教育科学文化機関(ユネスコ)の総会で、オブザーバーの立場であったパレスチナが、国家資格で正式に加盟することが認められた。さらに2012年の国連総会では、国連オブザーバーであるパレスチナの地位を、「機構」から「国家」に格上げする内容の決議が採択された。

パレスチナは、国連への加盟を認められたわけではなく、オブザーバーであることに変わりはない。しかし、国連がパレスチナを「国家」と認めた意義は大きい。

この決議に対して、日本を含めて多くの国が支持したが、アメリカやイスラエルは反対した。ただし、アメリカやイスラエルだけでなく、日本や西ヨーロッパの国なども、正式な国家としてはパレスチナを承認していない(右図)。なお、国連が「オブザーバー国家」と認めているのは、バチカンとパレスチナだけである。

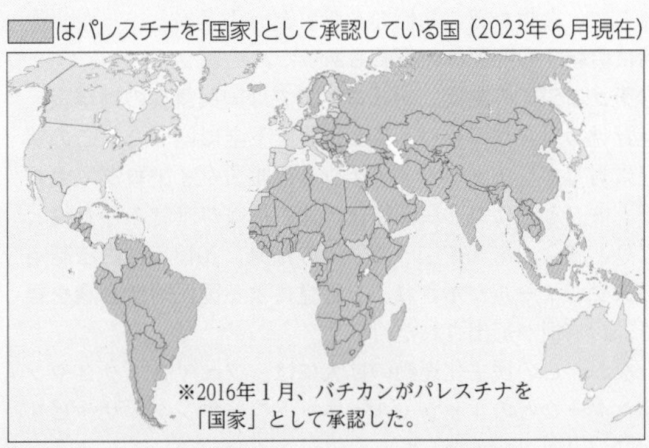

TOPIC トピック 親イスラエル政策をとったアメリカのトランプ政権は、2017年にイスラエルの都市テルアビブにあったアメリカ大使館をエルサレムに移し、エルサレムを実質的な首都として認めた。

FILE 30
混乱が続く北アフリカ・中東情勢

2011年に始まった北アフリカ・中東での民主化・反体制デモは、チュニジア・エジプト・リビアの長期独裁政権を崩壊に追い込み、「アラブの春」といわれた。しかし、シリアではアサド政権と反体制派との間で内戦が続き、この混乱に乗じてイスラーム系過激派組織「イスラーム国」（ＩＳ）が台頭する事態に発展した。

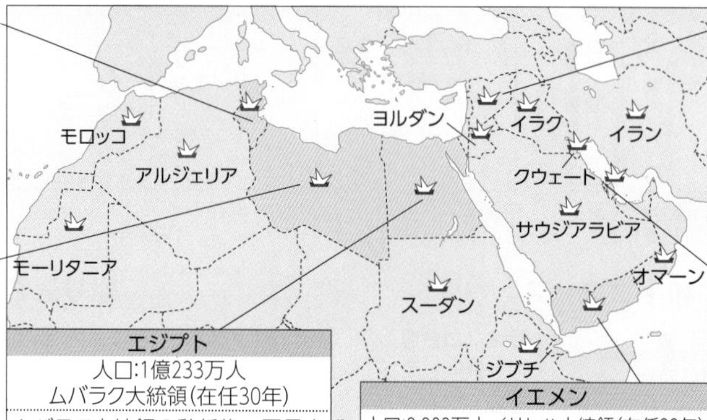

チュニジア
人口:1,182万人
ベン=アリ大統領(在任23年)
反体制デモの拡大に加えて、軍部が政権から離反し、2011年、ベン＝アリ大統領がサウジアラビアに亡命。その後、暫定政府が発足

リビア
人口:687万人
カダフィ大佐(在任42年)
反体制派とカダフィ大佐側との戦闘が長期化。NATOは反体制派への支援のため、リビアを空爆。2011年、カダフィ政権崩壊

エジプト
人口:1億233万人
ムバラク大統領(在任30年)
ムバラク大統領の辞任後、軍最高評議会が暫定政府を樹立。2012年に大統領選挙を実施し、ムスリム同胞団系のモルシ氏が当選したが、2013年、クーデターで解任

イエメン
人口:2,983万人／サレハ大統領(在任33年)
2011年1月からサレハ大統領退陣を求める反体制運動が続き、11月、湾岸協力理事会(GCC)提案の権限委譲案にサレハが署名し退陣

シリア
人口:1,750万人
アサド大統領(2000年就任)
イスラーム・アラウィ派のアサド大統領がスンナ派やクルド人などによる民主化デモを弾圧。国連安保理はシリアを非難する議長声明を採択

バーレーン
人口:170万人
ハマド国王(1999年即位)
2011年イスラーム・シーア派による民主化要求デモを鎮圧。政府を支援するため、サウジアラビアなどが軍を派遣

凡例　おもなデモ発生国
政権が打倒された国

※人口は2020年

「アラブの春」

◎チュニジアの反政府デモ(2011年)
このデモによって独裁政権が倒された事件は「ジャスミン革命」と呼ばれる。

2011年、チュニジアでは反政府デモによって、23年にわたる独裁政権が崩壊した。この民主化の動きは北アフリカや中東諸国に広がり、エジプトやリビアでも政権の崩壊につながった。この一連の政変は**「アラブの春」**といわれる。

❶デモの背景　デモの背景には、独裁政治を行ってきた権力者とその一族による利権の独占などの政治腐敗がある。また、これらの国では、報道の自由や野党の活動が制限されており、選挙で不正が行われていたことへの反発がある。さらに、食料などの物価の高騰、高い失業率といった、生活に直結する問題への不満もあった。

❷チュニジアの動向　チュニジアでは国民議会の選挙後、与野党の対立が深まり、議会は機能不全に陥った。この状況に対して「チュニジア・ナショナル・ダイアログ・カルテット」と呼ばれる民間団体の連合体が与野党の仲介役となり、議会の融和を図った。その結果、2013年に憲法制定のスケジュールが示され、与野党による国民対話会議を経て、新首相が選出された。

なお、この民主化運動の拡大には、フェイスブックやツイッターなどのソーシャル・ネットワーキング・サービス（ＳＮＳ）が力を発揮した。

エジプトとリビアの混乱

独裁政権が崩壊した国では、新政権が発足しても政情が不安定なままであり、混乱が続いている。

エジプトではムバラク政権が崩壊した後、軍による暫定統治を経て、穏健派イスラーム原理主義組織「ムスリム同胞団」系のモルシ氏が大統領になった。しかし、その後の経済や治安の悪化により、イスラーム原理主義とは一線を画す反体制デモが起きた。これに軍部が呼応し、事実上のクーデターが起き、モルシ氏は大統領を解任された。

イスラーム原理主義

イスラームの聖典クルアーン(コーラン)やイスラーム法(シャリーア)に基づく国家建設をめざす思想で、「イスラーム復興主義」といわれることもある。この背景には、欧米の文化が流入して伝統社会が崩れたり、貧富の格差が広がったりしたことに対する不満がある。

イスラーム原理主義組織には急進的なものもあるが、大衆から支持されている穏健な集団も多い。また、学校やモスクの建設や、貧しい人たちを救うためのボランティア活動を行っている団体もある。その意味では、過激派やテロ組織とは異なる。

独裁政権を倒した民衆デモはまた、みずから選んだ政権をも倒す結果となった。さらに、軍の介入をまねいたことで、真の民主化と安定化までの道のりは厳しいといわざるを得ない。現在でもエジプトでは、外貨獲得の源である外国人観光客が治安の悪化によって激減したため、経済的にも苦しい状況である。

カダフィ政権が崩壊したリビアでも新たな権力闘争が起こり、全土を統一できる政府が発足していない。この権力の空白に乗じてイスラーム系過激派組織などのテロリストがリビアを拠点化し、国内の混乱に拍車をかけている。

Zoom **チュニジアでの革命の契機**　チュニジアの路上で野菜売っていた男性が、当局から賄賂を要求され、抗議の焼身自殺を図った。そのことが契機となって、民主化を求める声が高まってデモにつながり、やがて大統領が亡命して政権崩壊が起こった。

「イスラーム国」（ＩＳ）の動向

イスラーム系テロ組織「**イスラーム国**」（ＩＳ）誕生のきっかけは、2003年のイラク戦争にまでさかのぼるといわれる。ＩＳはイラクやシリアが混乱している隙に、この地域で徐々に勢力を拡大し、2014年には国家樹立を一方的に宣言した。

ＩＳはこれまで、油田の確保と「税金」の強引な取り立てによって、財政基盤を整えてきた。また、インターネットを駆使して、世界各地から戦闘員を集めて戦闘やテロ活動を行った。しかし、その背後では、住民、特にキリスト教徒など非イスラームへの虐殺や迫害が行われ、ＩＳの支配地域では人道的な危機に直面した。

↑「イスラーム国」（ＩＳ）の戦闘員（2014年）

現在、現地の政府軍やアメリカを中心とする有志国連合の攻撃により、ＩＳの勢力は弱まっている。しかし、ＩＳを壊滅させるには至っておらず、今後、ＩＳの残党が世界中に分散してテロを拡散させることが危惧される。

シリア内戦と人道危機

←ＩＳによって破壊されたシリアのパルミラ遺跡（2016年）　下の写真は破壊される前の状態。

←地中海を横断してギリシャにたどり着いたシリア難民（2015年）　地中海を渡る途中で命を落とした難民も少なくない。

❶シリア内戦の経緯　アサド政権が続くシリアでは、イスラーム少数派でシーア派の一部（アラウィ派）が実権を握っており、多数派のスンナ派やキリスト教徒らの不満が高まっていた。こうした中、「アラブの春」の影響を受けて、シリアでも反政府デモが起きた。これに対して、アサド政権は軍による弾圧を続けたが、その後、アサド政権から離反した兵士たちが「自由シリア軍」と称して、政府軍と交戦状態に入った。さらに、複数の反体制派のほか、「イスラーム国」（ＩＳ）などのテロ組織がシリア国内で勢力を拡大させ、内戦は泥沼化していった。

対立の構図

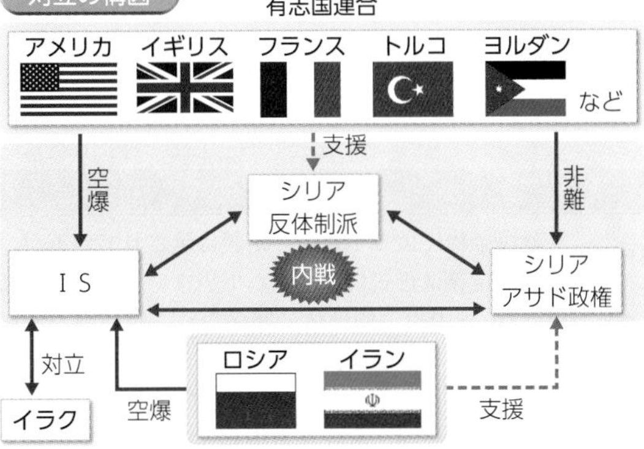

アラブ諸国はおおむねシリアの反体制派を支持しているが、シーア派のイランはアサド政権を支持している。また、国連安保理内部では、反体制派を支持するアメリカ・イギリス・フランスと、アサド政権を支持するロシア・中国が対立している。シリアの反体制派は統一組織「シリア国民連合」を結成し、反体制派を支持する国々の承認を取りつけている。一方、アサド政権に対しては、軍による化学兵器の使用が疑われており、国際的な批判の声が上がっている。

❷シリア難民のヨーロッパへの流入　この内戦は一般市民の生活や周辺諸国の情勢に深刻な影響を与えている。内戦による死者は2020年時点で38万人以上と推定されている。また、周辺国に逃れたシリア難民は約660万人以上、国内避難民は約615万人に達している。

シリア難民のうち、ヨーロッパに流入した人々の多くが、移民の受け入れに積極的とされるドイツや北欧をめざして移動した。シリア難民の急増に対して、ＥＵ（欧州連合）では、加盟国に難民の受け入れ人数を割り当てて対応した。しかし、ポーランド・ハンガリー・チェコは難民の受け入れを拒否しており、ＥＵ内部でも足並みはそろっていない。また、ＥＵの多くの国では、シェンゲン協定（➡p.351）によって域内の国境管理が廃止され、人が自由に移動できる。しかし、大量の難民の流入に対応するため、期限付きで入国審査を復活した国が相次いだ。

欧州で広がる難民流入への反発

ＥＵでは、これまで移民や難民に寛容であった国でも、大量の難民の流入による社会不安から、移民の受け入れに否定的な考えが広まっている。また、難民の流入と同時期に、ヨーロッパではテロ事件が相次ぎ、これが排外主義と反ＥＵを標榜する極右政党やポピュリズム政党が伸張する要因にもなった。2017年の各国の議会選挙では、躍進すると思われた極右政党が敗北したものの、現在でも一定の支持を集めている。また、イタリアでは、2018年にポピュリズム政党「五つ星運動」と極右政党「同盟」が連立政権を樹立した。

↑ドイツの反難民デモ（2016年）

アラブの春で30年にわたる長期政権から失脚したエジプトのムバラク大統領は、終身刑を言い渡されていたが、その後の政変により刑の執行が停止され、実質的に無罪放免となった。

諸課題の論点

Ⅵ 移民・難民問題

頻出

課題の把握

- 経済的安定を求めて母国以外で暮らす移民の数は増加している。また、紛争や迫害が原因で故郷を追われた難民の数も増加傾向にある。一方、移民や難民の受け入れをめぐっては、国内世論が分かれることが多い。

論点

日本は、外国人の永住権取得や難民の認定審査の条件が厳しいといわれる。特に、難民の認定は申請者のわずかに過ぎない。グローバル化が進む中で、今後、難民や移民の受け入れ体制は、どうあるべきか。

事実　移民・難民の受け入れの現状

①移民を多く受け入れている国では、多文化主義政策がとられていることがある。一方、外国人への差別感情が高まり、排斥運動が起こる場合もある。

②難民条約では、難民が迫害されるおそれのある国に送還・追放することを禁止するノン・ルフールマンの原則がある。

③日本の難民認定者数は欧米と比較するときわめて少ない。その一方で、技能実習生として受け入れる外国人の数は増加傾向にある。

主張

A 移民や難民の受け入れへの規制を緩和するべきである。

人口減少が進む日本において、外国人は労働力人口を補う存在になる。また、文化の多様性を受け入れることにより、社会の活性化が期待できる。さらに、難民の受け入れは人道支援にもなり、日本の国際貢献の一つにもなる。

B 移民や難民の受け入れの規制は厳格に行うべきである。

難民や移民を積極的に受け入れることは、国内の雇用水準や社会保障にさまざまな影響を及ぼすことにつながる。また、社会的な分断や摩擦を引き起こす可能性もある。せっかく受け入れても、外国人の安定した生活を保障できない。

Aの主張の根拠

①労働力人口を補完し、経済成長の担い手となる。

今後、日本の人口減少が進む中で、新たな労働力として外国人の活躍が期待されている。実際、サービス業や農業など外国人の労働力に依存している分野も少なくない。人口が増加すれば経済にも好影響を与える。

②多文化共生社会への移行は不可避である。

すでに日本でも総人口に占める外国人の割合が２％を超え、中には10％を超えている地域もある。グローバル化が進展する中で、国境を越えたヒトの移動はますます盛んになる。多文化共生社会の実現に向けて、日本も取り組むべきである。

③国際社会の一員として、難民条約の理念を遵守するべき。

日本は難民認定が厳しいとして批判されている。難民条約では難民の保護を理念とするが、日本もこの条約の義務を果たすべきである。難民を受け入れるという人道的な責任を果たすことで、国際社会における国家としての信用や発言力も高まる。

Bの主張の根拠

①国内の雇用悪化と財政・社会保障の負担が増加する。

外国人労働者が雇用面で自国民と競合すれば、自国民は雇用機会を失う可能性があり、経済の停滞が長引くことが予想される。また、社会保険や公的扶助などの費用が増加することが懸念され、財政上の負担も深刻になる。

②コミュニティ間の摩擦や分断が発生する。

世界的には、社会的寛容性が低下し、外国人との共生が必ずしもうまくいっていない事例がみられる。この中には、外国人に対する差別やお互いの憎悪が生まれ、コミュニティ間の分断が進んでいる地域もみられる。

③外国人に対するケアが行き届かなくなる。

外国人に生活の安定を保障するためには、人道目的であることが明確な場合や、一定の経済力をもつ者に受け入れを限定するべきである。受け入れを拡大しても、その後の居住や就労などの支援が追いつかず、生活困窮者が増加するおそれがある。

現状　移民の実情と動向

世界の移民の総数と国別移民数　（国連資料）

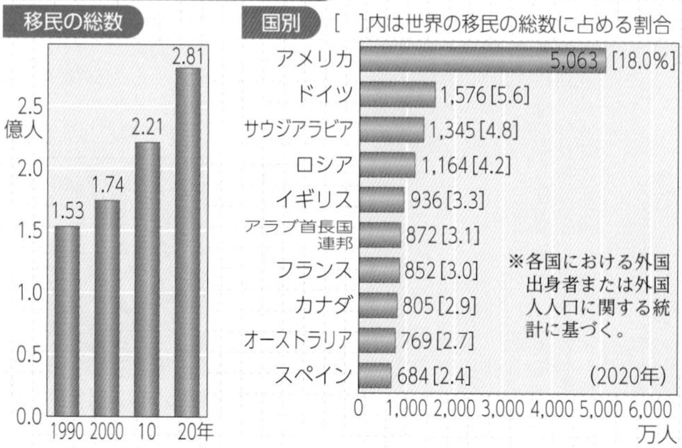

難民条約によって難民の定義は示されているが、移民の定義は正式には示されていない。一般的には、「移住の理由や法的地位に関係なく、定住国を変更した人々」を国際移民としているが、例えば、定住先の国籍を取得した場合(帰化した場合)や、二世・三世などの子孫、永住を希望しない者、長期の留学生などが「移民」に含まれるのかどうかは、はっきりしていない。ただし、国連では移民を「本来の居住国を変更したすべての人々」とみなし、この定義に基づいて各国の移民数を推計している。

アメリカやヨーロッパのように移民が多い国は、歴史的に移民を受け入れることで労働力を確保してきた経緯がある。また、中東の産油国でも、労働力としてアジアから移民を多く受け入れている。

用語解説　264難民，265難民条約，266国連難民高等弁務官事務所

現状 難民・国内避難民の保護

●難民・国内避難民の発生

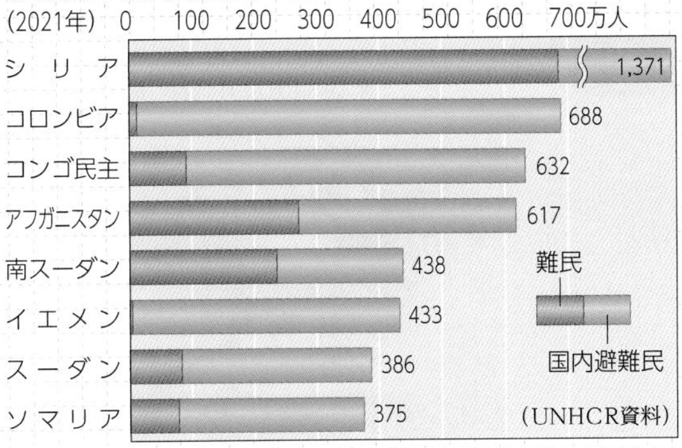

難民等の動向(2021年)

難民…2,710万人(庇護希望者を含む)
うちパレスチナ難民は約580万人
国内避難民…5,320万人
} 合計8,030万人
(世界の約100人に1人 難民の4割が子ども)

❶**UNHCRの役割**　国連難民高等弁務官事務所(UNHCR)は、1951年に国連総会の補助機関として活動を開始した。そのおもな任務は、難民の出身国への帰還支援や庇護国または第三国への定住である。支援対象者は難民だけではなく、庇護希望者や国内避難民、無国籍者も含まれる。

第三国定住

難民を最初に受け入れた国から別の国に移住させ、その国で長期的な滞在権利を与えること。難民を最初に受け入れるのは紛争地帯の周辺諸国が多く、難民キャンプでの長期滞在を余儀なくされることが多い。そのため、十分な医療や教育が受けられる第三国が難民の最終的な受け入れ先となることも求められている。

●難民条約とその基本原則

難民の地位に関する条約(抄) (1951年採択、1954年発効、日本は1981年批准)	
難民の定義 (第1条)	難民とは、人種・宗教・国籍・特定の社会集団の構成員であること、または、政治的意見を理由に、自国にいると迫害を受けるおそれがあるために、他国に逃れてきた人々のこと。
無差別の原則 (第3条)	難民に対して、人種・宗教・出身国による差別をしてはならない。
公教育 (第22条)	難民に対して、自国民と同等の初等教育の待遇を与えること。
公的扶助 (第23条)	難民に対して、自国民と同等の公的扶助および公的援助の待遇を与えること。
追放及び送還の禁止 (第33条)	難民の生命・自由が脅威にさらされるおそれがある領域の国境へ追放・送還してはならない(ノン・ルフールマンの原則)。
難民の地位に関する議定書(抄) (1966年採択、1967年発効、日本は1981年批准)	
国際連合との協力 (第2条)	締約国は、国連難民高等弁務官事務所または、これを継承する国連の他の機関が任務を遂行するために、これらの機関に協力し、便宜を与えること。

❷**難民条約の理念**　一般的に、「難民の地位に関する条約」と「難民の地位に関する議定書」をあわせて**難民条約**と呼ぶ。難民には亡命者も含まれる。しかし、国内に留まっていたり、国境を越えずに避難生活を送っていたりする人々は国内避難民と呼ばれ、難民とは区別されている。なお、第33条の「**ノン・ルフールマン**(フランス語で送還禁止の意味)**の原則**」は、国際法上の原則として評価されており、今では国際慣習法の一部とみなされている。

現状 難民の受け入れの現状

先進国における難民の保護

(UNHCR資料)

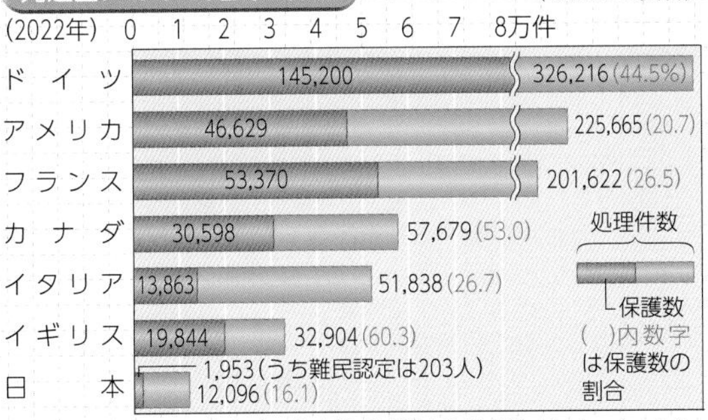

※処理件数は難民認定申請の処理件数(難民申請者数ではない)。また、保護数は難民として認定されなかったが、人道的見地から在留が許可された件数を含む。いずれも再申請や不服申立て等を含む。

ヨーロッパでは、2014年頃からシリア内戦などによって中東などから多くの難民が押し寄せる出来事があった。このとき、ドイツのように人道的見地から積極的に受け入れた国があったが、東欧諸国では受け入れを拒否した国もみられた。また、難民を受け入れた国でも反移民運動が起こり、国内での政治的対立が顕著になった。イギリスのEU離脱の背景には、EUが加盟国に課した難民受け入れ数への反発があったといわれる。一方、アメリカではトランプ政権(2017～21年)の時代に難民の受け入れに消極的であったが、その後、受け入れの拡大方針がとられている。

日本の難民申請者数と認定数

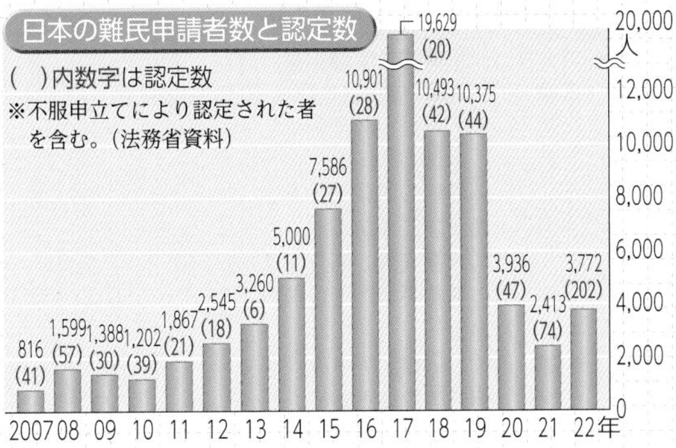

日本は1981年に難民条約に加入すると同時に、出入国管理令を**出入国管理及び難民認定法**(入管法)に改正し、おもにアジア地域から、一定の条件を備えている者の受け入れや定住を認めてきた。現在、日本はUNHCRに多額の拠出金を出している。しかし、難民認定数は先進諸国の中では極端に少ない。申請者数が増加した年もみられるが、認定審査が厳しいため、認定数は少ないままとなっている。

なお、ロシアのウクライナ侵攻で、多くのウクライナ人が国外に逃れている。日本政府は来日したウクライナ人に対して、長期滞在を認める「難民」ではなく、「避難民」として短期の滞在資格を与え、難民とは区別して一時的な措置として受け入れている。

小論文課題　移民・難民問題について、日本はどのような対応をとるべきだろうか？(➡p.382)

5 軍備管理と軍縮

要点の整理

＊1～11 FILEは資料番号を示す

❶軍拡と核開発 1～4

■**核兵器**……大量破壊・大量殺戮が可能な兵器
- 冷戦の激化……米ソ対立による軍備拡大
  ↓**核抑止論**に基づく核兵器開発、核開発国の拡大(核拡散)
- 核兵器開発……原爆・水爆・中性子爆弾
- 核運搬手段の開発……ＩＣＢＭ(大陸間弾道弾)、
  ＳＬＢＭ(潜水艦発射弾道弾)
  ↓核兵器の質の向上、量の増加。人類破壊の危険性

反核運動・核軍縮の動き……**ストックホルム・アピール**(1950年)、**パグウォッシュ会議**(1957年)など

⇧アメリカの核実験(1946年)

❷核軍縮・兵器の規制に向けた動き 5～8

①核兵器の規制
- 多国間条約……**部分的核実験禁止条約**(ＰＴＢＴ、1963年)、**核兵器拡散防止条約**(ＮＰＴ、1968年)、**包括的核実験禁止条約**(ＣＴＢＴ、1996年・未発効)、**核兵器禁止条約**(2017年)
- 米ソ(ロ)間……戦略兵器制限条約(ＳＡＬＴ)、**中距離核戦力(ＩＮＦ)全廃条約**(2019年失効)、**戦略兵器削減条約**(ＳＴＡＲＴ)、**新ＳＴＡＲＴ**(2010年)

②**国際原子力機関**(ＩＡＥＡ)……核の軍事転用の防止を目的として、加盟国の核施設を査察

③生物・化学兵器および通常兵器の規制 11……生物兵器禁止条約(1971年)、化学兵器禁止条約(1992年)、**対人地雷全面禁止条約**(1997年)、**クラスター爆弾禁止条約**(2008年)、武器貿易条約(2013年)

- 武器の貿易……輸出側(先進国・おもに国連安保理の常任理事国)⟷輸入側(発展途上国・紛争地域に該当する国を含む)

④反核運動 8……ストックホルム・アピール(1953年)、ラッセル・アインシュタイン宣言(1955年)、第１回原水爆禁止世界大会(1955年)、第１回パグウォッシュ会議(1957)年

⑤**「核兵器のない世界」**……カットオフ条約の締結や核兵器禁止条約の加盟国拡大に向けた取り組み FILE
⟷イラン・北朝鮮などの核開発問題 9 10

1 軍拡・軍縮の歩み 出題

?なぜ、軍備管理だけでなく軍縮を行うことが必要とされるのか

■軍拡

年	軍拡
1945	**アメリカ、世界初の原爆実験に成功** **広島(８月６日)、長崎(８月９日)に原爆投下**
1949	ソ連、最初の原爆実験実施
1952	アメリカ、水爆実験実施 イギリス、最初の原爆実験実施
1953	ソ連、水爆実験に成功
1954	アメリカの水爆実験で第五福竜丸が被曝
1960	フランス、最初の原爆実験実施
1962	キューバ危機
1964	中国、最初の原爆実験実施
1974	インド、最初の原爆実験実施
1983	レーガン米大統領が戦略防衛構想(ＳＤＩ)発表
1998	インド、パキスタン、地下核実験実施
2002	イラン、核施設を秘密裏に建設していることが発覚
2006	北朝鮮、地下核実験実施(2009年以降も数回実施)
2017	北朝鮮、大陸間弾道ミサイル(ＩＣＢＭ)発射実験実施

解説 **軍備管理から軍縮へ** 冷戦期には大国による核実験が繰り返され、現在の国連安保理常任理事国は結果的に核保有国となった。一時はアメリカが圧倒的な軍事力優位の時代が続いたが、しだいにソ連が軍事力を強め、核保有数はアメリカを上回るまでになった。このため、核兵器を使用するような環境を生じさせないように、軍事バランスを保った上で軍備を規制する**軍備管理**が行われるようになった。しかし、軍備の保有そのものが戦争の原因となるとの考えから、冷戦後には軍備自体を縮小する**軍縮**の方向に進みつつある。

■軍縮

年	軍縮
1946	国連総会、軍縮大憲章採択
1950	ストックホルム・アピール
1952	国連総会、軍縮委員会創設
1955	ラッセル・アインシュタイン宣言 第１回原水爆禁止世界大会開催(広島)
1957	パグウォッシュ会議、国際原子力機関(ＩＡＥＡ)設立
1963	部分的核実験禁止条約(ＰＴＢＴ)に米英ソが合意
1968	核兵器拡散防止条約(ＮＰＴ)に米英ソが同時調印
1972	米ソ、ＳＡＬＴⅠに合意
1978	第１回国連軍縮特別総会
1979	米ソ、ＳＡＬＴⅡに合意(米議会は批准せず)
1982	米ソ、戦略兵器削減交渉(ＳＴＡＲＴ)開始
1987	米ソ、ＩＮＦ全廃条約に調印(1988. ６発効) ⟶2019年失効
1989	マルタ会談で冷戦終結
1990	欧州通常戦力(ＣＦＥ)条約に調印
1991	米ソ、ＳＴＡＲＴⅠに調印
1992	中国、フランスがＮＰＴに加盟
1993	米ロ、ＳＴＡＲＴⅡに調印(未発効)
1995	ＮＰＴの無期限延長を決定
1996	包括的核実験禁止条約(ＣＴＢＴ)を採択(未発効)
1997	対人地雷全面禁止条約を採択(1999. ３発効)
2008	クラスター爆弾禁止条約を採択(2010. ８発効)
2009	国連安保理、「核兵器のない世界」をめざす決議を採択
2010	米ロ、新ＳＴＡＲＴに調印(2011. ２発効)
2015	イラン、核開発を縮小することで欧米と合意
2017	核兵器禁止条約を採択(2021. １発効)

Zoom **核兵器の種類** 核兵器には、高濃縮ウランやプルトニウムを使用し、核分裂を発生させる原子爆弾(原爆)と、三重水素などを使用し、核融合を発生させる水素爆弾(水爆)に分類される。原爆よりも水爆の方が高い技術を要する。

2 核拡散の現状と非核兵器地帯条約 出題

❓NPT未加入兵器国にはどのような特徴があるのか

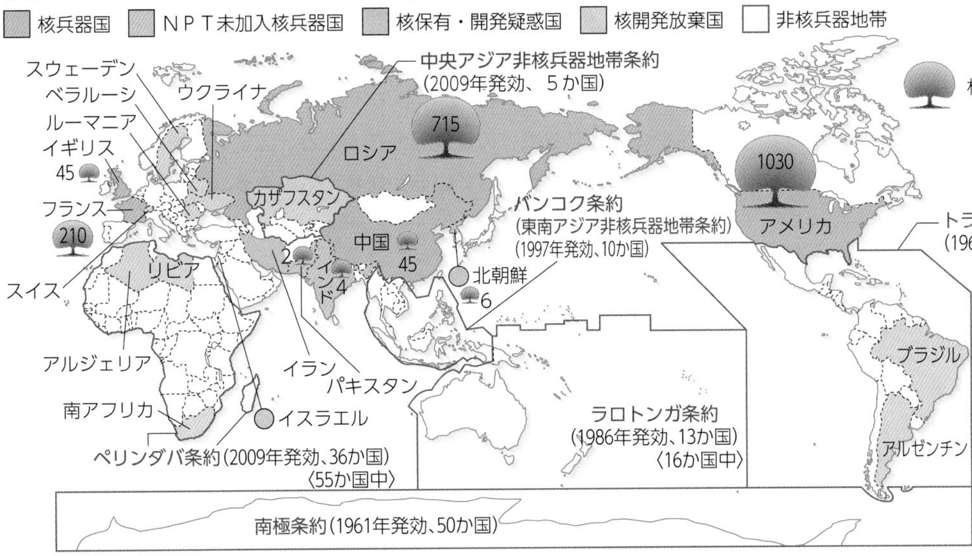

(注)南アフリカは、1990年代前半までに保有する核兵器を放棄した。

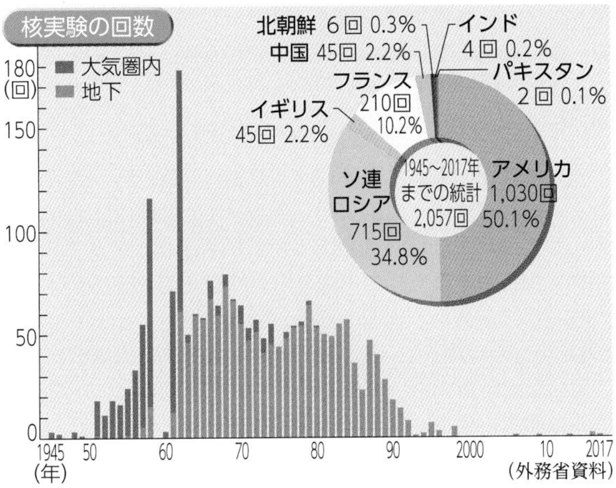

(外務省資料)

トラテロルコ…メキシコシティにある広場の名前
ラロトンガ…クック諸島にある島の名前
ペリンダバ…南アフリカのプレトリアにある町の名前

解説 **非核兵器地帯の拡大**　核兵器は、NPTによって保有が認められているアメリカ、イギリス、フランス、ロシア、中国のほか、NPTに加入していないインド、パキスタンが保有している。また、イスラエルも核兵器を保有しているとみられている。そのほか、北朝鮮は核実験により核保有の意思を示しており、イランは核開発疑惑がもたれている。その一方、非核兵器地帯条約も広がりをみせている。非核兵器地帯では、核兵器の開発・取得だけでなく、配備をも禁じている。今後もこうした地域が広がっていくことが望まれる。

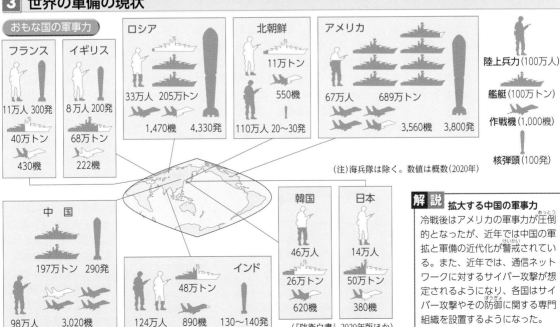

3 世界の軍備の現状

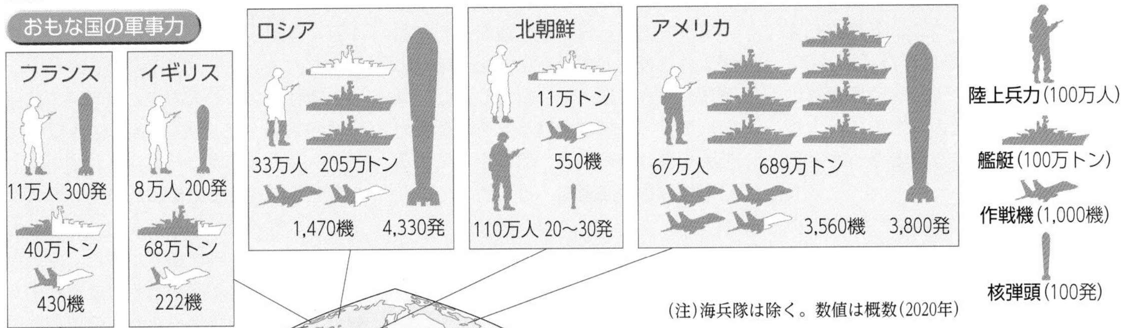

(注)海兵隊は除く。数値は概数(2020年)

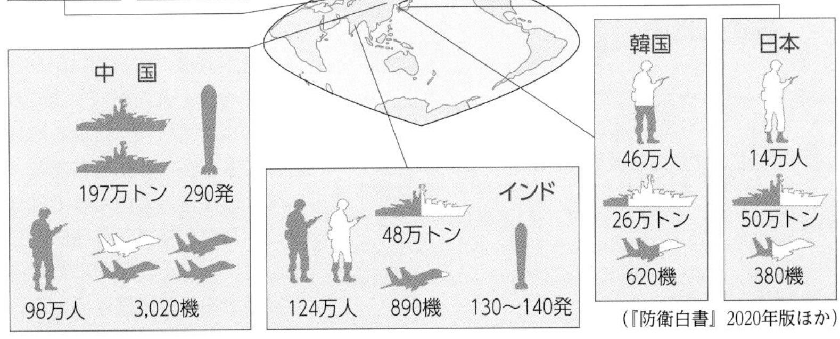

(『防衛白書』2020年版ほか)

解説 **拡大する中国の軍事力**
冷戦後はアメリカの軍事力が圧倒(あっとう)的となったが、近年では中国の軍拡と軍備の近代化が警戒(けいかい)されている。また、近年では、通信ネットワークに対するサイバー攻撃が想定されるようになり、各国はサイバー攻撃やその防御(ぼうぎょ)に関する専門組織を設置するようになった。

TOPIC トピック　アメリカなどでは、陸海空軍のほかに、洋上からの上陸作戦を任務とする海兵隊を設置している。アメリカの海兵隊は約18万人といわれる。

FILE 31

ヒロシマ・ナガサキ

1945年８月、２発の原子爆弾が、広島・長崎の２つの都市を一瞬にして壊滅させた。この出来事は、核の恐怖を世界に示した。世界には今日でも、人類を全滅させるだけの核兵器が存在する。広島・長崎への原爆投下を考察することで、核兵器が人類にとって、どのような意味をもっているかを考えてみよう。

広島平和記念資料館提供／米軍撮影

⇧原爆投下直後の広島(1945年)

日本写真家協会／日本写真保存センター

⇧被爆直後の市民　爆心地から2.2kmの御幸橋で撮影された。

マンハッタン計画

1939年、ドイツの原爆開発計画を知ったアメリカのローズベルト大統領は原爆の研究を開始した。1942年には原爆開発プロジェクト、いわゆる「マンハッタン計画」が開始された。アメリカ政府はドイツの原爆開発計画が1942年に中止されていたことを知っていたが、科学者には知らされず原爆開発が進められた。

1945年７月16日、ニューメキシコ州アラモゴードにあるトリニティ実験場での世界最初の原爆実験の成功がポツダム会談前のトルーマン大統領に伝えられた。国の総力をあげた「軍・産・学複合体」によるプロジェクトはその後の巨大科学(巨額の資金による大規模な研究開発)のひな形となったといわれている。

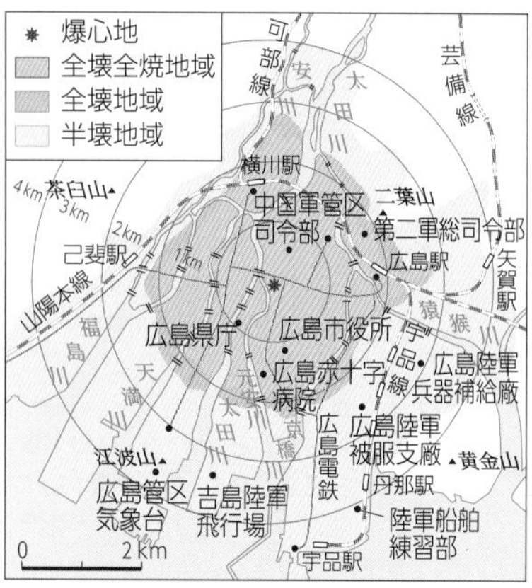

最初の原爆投下

1945年４月、広島、長崎のほか、東京湾や大阪、名古屋などを含む17地域が原爆投下目標の対象として選ばれた。５月には「爆風で効果的に損害が与えられる」などの条件から京都、広島、横浜、小倉(現在の北九州市)の４か所が選ばれ(その後、広島、小倉、新潟、長崎に変更)、さらに「労働者の住宅に囲まれた軍需工場に、事前通告なし」で行われるべきという点などから、最終的に最初の投下地として広島が選ばれた。

アメリカは、日本がソ連を通じた和平工作を模索していたことを、暗号の解読によって知っていた。しかし、戦後のアジア地域におけるソ連の影響力拡大を防ぐためには、原爆投下による日本の降伏が必要であると考えていた。

広島平和記念資料館提供／米国国立公文書館所蔵

⇦⇧広島の原爆による被害(左)と広島に投下された「リトル・ボーイ」(上)　広島に投下された原爆は「リトル・ボーイ」(ちびっこ)と呼ばれるウラン型原爆であった。爆発によって爆心地から２km以内は全壊・全焼し、４km以内の建物のほとんどが破壊された。

原爆の投下と被害

ポツダム宣言が発表される前日の７月25日、トルーマン大統領によって原爆投下の命令が下された。

1945年８月６日午前８時15分、アメリカのＢ29型爆撃機エノラ・ゲイから投下された原子爆弾は、広島市の上空約600メートルで炸裂した。また、同年８月９日午前11時２分、長崎市の上空約500メートルで２発目の原爆が爆発した。火球の中心部は数百万度、爆心地付近の地表面の温度は3,000～4,000度に達した。熱線と爆風、放射線は相互に作用しあい、大きな被害をもたらした。

犠牲になった人の中には当時の植民地から徴用されてきた人々や留学生、アメリカ人捕虜なども含まれていた。1945年の12月までに広島で約14万人、長崎で約７万人が亡くなったと推計されている。また、原爆投下後、救護活動や親戚を探すために被爆地を訪れ、残留放射線の影響で被爆した入市被爆者や、原爆投下直後に広範囲に降った、放射性物質を含んだ灰やほこりが混ざった「黒い雨」による被爆者なども存在する。放射線による障害は急性のものだけではなく、年月がたってから発病し死亡した例も多く、長期にわたって被爆者を苦しめ続けている。

Zoom **原爆による急性障害**　原爆投下直後に生き残ることができた人も、被爆後約１週間ほどで、多くの人たちが激しい吐き気、脱力感、下痢、発熱、出血に襲われ、髪の毛が抜け、皮膚に紫色の斑点が現れて、吐血を繰り返して死んでいった。

原爆投下直後の浦上天主堂

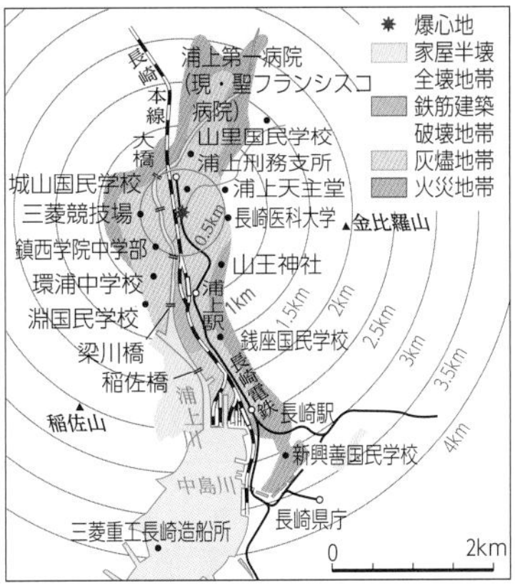

長崎の原爆による被害(左)と長崎に投下された「ファットマン」(上)　当初は小倉に原爆が投下される予定であったが、悪天候により急きょ長崎に変更された。長崎に投下された原爆は「ファットマン」(ふとっちょ)と呼ばれるプルトニウム型原爆であった。長崎では地形の影響で浦上川地域に被害が集中した。

原爆投下に正当性はあるか

1994年、ワシントンのスミソニアン博物館でエノラ・ゲイが一般公開された。この際に原爆関連の展示が計画されたが、退役軍人会や議会、マスコミの反発で中止され、館長が辞任するという出来事があった。

アメリカで原爆投下が正当化されるのは、日本本土での決戦によって多くのアメリカ兵が犠牲になることを回避するために、原爆投下はやむをえなかったという理解が一般的だからである。ただし、アメリカでも、原爆投下は戦後の冷戦を有利に進めるためのものであり必要なかった、との指摘や、広島・長崎で2種類の爆弾が使用されたのは新兵器の威力の実験だった、と指摘する歴史研究者は少なくない。

また、原爆を開発した科学者たちによって「事前通告なし」の投下に反対し、「威力実験による日本への警告」を求める報告書(フランク報告)が、原爆投下前に米陸軍長官にあてて提出されていたことが明らかとなっている。このような事実からも、多くの人々が生活している都市に原爆を投下する必要があったのかは疑問である。

スミソニアン博物館に展示されているエノラ・ゲイ(2006年)

伝えていくヒロシマ・ナガサキ

原爆の日を前にして行われた世論調査(2001年)で日本でも次のような結果が出ている。

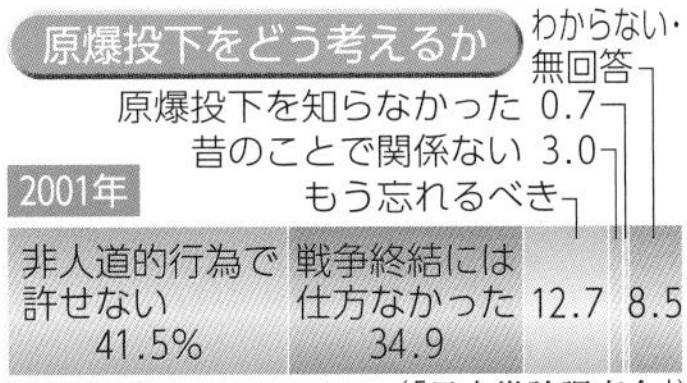

(「日本世論調査会」)

この調査では「原爆投下は戦争終結のためには仕方なかった」34.9%、「もう忘れるべき」12.7%、「昔のことで関係ない」3.0%といった原爆被害の風化を感じさせる結果が示されている。

原爆投下から80年近くが経ち、被爆した人は少なくなり当時のことが語られることも少なくなっている。しかし、核兵器の拡散が進む世界の中で、唯一の被爆国として、原爆の恐ろしさを世界に伝えるための日本の責任は重い。多くの国々では、キノコ雲の下で何が起こっているのかということが認知されていないのが実態である。広島・長崎の被爆の実状を正しく知り、一人ひとりが発信していくことの意味は、以前にも増して大きくなっているといえるだろう。

●被爆者救済の現状

原爆投下による被爆者は現在約17万人おり、被爆者健康手帳が交付されて医療費が無料となっている。そのうち、原爆症に認定された約8,200人が月額約13万9,000円の医療特別手当を受給している。また、原爆症に認定されていないが、放射線が原因の疾病をもつ約14万人が健康管理手当として月額約3万4,000円を受給している。

●救済対象者の拡大

2008年に被爆者援護法に基づく原爆症の認定基準が緩和された。また、2009年に原爆症救済法が成立し、原爆症集団認定訴訟の一審で敗訴した原告に対しても、金銭補償のための基金を設立して、原告全員を救済することになった。2021年には、国が指定した区域外での「黒い雨」などによる健康への影響を認める高裁判決に対して、政府は上告を断念し、被害にあった人への救済を早急に検討するとした。

●海外に住んでいる被爆者への援護

在外被爆者に対しては、2003年から健康管理手当の支給が受けられるようになり、2007年の最高裁判決を受けて過去の未払い分も全額支払われることになった。また、2008年には被爆者健康手帳の交付申請が海外から行えるようになり、さらに、2010年には、原爆症の認定申請が海外から行えるようになった。

■2016年、アメリカ大統領がはじめて被爆地を訪問

2016年5月、アメリカのオバマ大統領(当時)が広島を訪問した。今回の訪問は、原爆投下から71年目にして、現職のアメリカ大統領初の被爆地訪問となった。オバマ大統領は慰霊碑に献花した後、被爆者を前に17分にわたり演説し、犠牲者への哀悼の意を表するとともに、「核なき世界」の実現に向けた意欲を示した。一方、原爆投下の是非にはふれず、アメリカ世論にも配慮した内容となった。

TOPIC トピック　哲学者ロールズは「戦争に伴うさまざまな免責事項を勘案したとしても、ヒロシマへの原子爆弾も日本の各都市への焼夷弾攻撃も、すさまじい道徳的な悪行である」と指摘した。

4 核開発の理論

？核抑止論の問題点とは何か

核抑止論

攻撃されれば核兵器を使用するという意思を示すことで、他国からの攻撃を防げるようになるという理論。核兵器の開発は核抑止論を背景に行われてきた。また、「相互確証破壊(MAD)」と呼ばれる核戦略理論は、相手国に第一撃をかけても、相手国が核報復能力を確実にもつ場合、お互いに核兵器を使用せず、戦争を防止できるという考えである。

核抑止の概念図 （中国新聞社資料を参照）

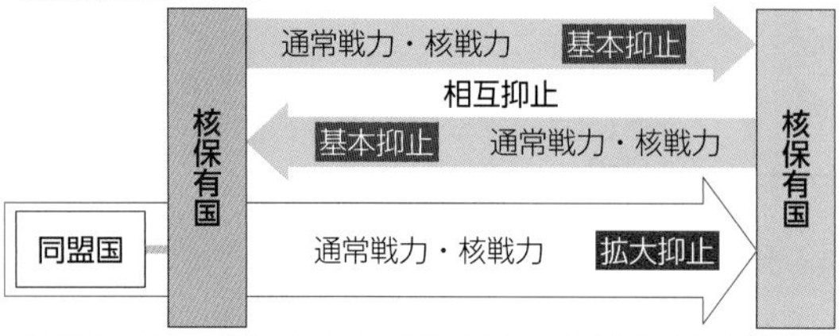

・核抑止には、自国への直接攻撃に対する「基本抑止」以外に、核をもたない同盟国への攻撃も思いとどまらせる「拡大抑止」という考えがある。これがいわゆる「核の傘」である。

	戦略核	中距離核(戦域核)	戦術核
射程距離	5,500km以上	500～5,500km	500km以下

戦略核	特　徴
大陸間弾道弾(ＩＣＢＭ)	相手の首都への使用を考える。命中精度は高いが、破壊されやすい。
潜水艦発射弾道弾(ＳＬＢＭ)	命中精度は劣るが、捕捉しにくい。
戦略爆撃機	命中精度は劣る。撃墜されやすいが、呼び戻せるため、常時警戒態勢に活用。

※地球の半径：6,378km　ニューヨーク・ロンドン間の距離：約5,500km
東京・北京間の距離：約2,100km　東京・大阪間の距離：約400km

解説 **核開発の背景**　核兵器は、その破壊力と放射能の脅威により、それまでの兵器とは異なる。冷戦時代には米ソがお互いを仮想敵国とみなし、核兵器の開発競争を繰り広げた。核軍拡の背景には核抑止論があったが、その本質は相手国への不信感であり、核兵器そのものがなくならない限り、核戦争の可能性がなくなることはない。

5 核に関する多国間協定

頻出

	部分的核実験禁止条約（ＰＴＢＴ）	核兵器拡散防止条約（ＮＰＴ）	包括的核実験禁止条約（ＣＴＢＴ）
内容	正式名称は「大気圏内・宇宙空間・水中における核実験禁止条約」。この条約は地下核実験を認めているため、「部分的」とされる。	アメリカ、ロシア(旧ソ連)、イギリス、フランス、中国の５か国を「核兵器国」と定め、「核兵器国」以外への核兵器の拡散を防止するための条約。この条約に加盟する非核保有国は、国際原子力機関(ＩＡＥＡ)が核査察を行う。	宇宙空間、大気圏内、水中、地下を含むあらゆる空間における核爆発を伴う核実験を禁止する条約。この条約の目的を達成するために、包括的核実験禁止条約機関(ＣＴＢＴＯ)を設立する。
成立年・参加国	1963年、アメリカ・イギリス・ソ連の間で調印。日本も1963年に調印、同年発効。フランスや中国といった核保有国は米英ソの核における優位性を容認するものだとして加盟しなかった。	1968年、アメリカ・イギリス・ソ連の核保有国３か国と非核保有国53か国の計56か国が調印。1970年に発効。2021年５月現在191か国が参加。日本は1970年に調印し、76年に批准。フランスや中国は当初これに参加しなかったが、冷戦後の1992年に加盟。 **非締約国**…インド・パキスタン・イスラエル・南スーダン。 北朝鮮は2003年に脱退を表明。	1996年に国連総会で採択。2023年２月現在186か国が署名、177か国が批准。日本は1996年に署名し、翌年に批准。発効には、研究用や発電用の動力用原子炉がある44か国すべての批准が必要なため、条約は未発効。 **未署名国**…インド・パキスタン・北朝鮮 **未批准国**…アメリカ・イスラエル・イラン・中国・エジプトなど
条約をめぐる動き	当初、フランスや中国は地下核実験を行っていなかったため、条約の締結を拒んだが、のちにこれらの国も核実験の場を地下に移行した。1980年の中国を最後に、地上での核実験は実施されていない。	新たな核保有国の出現(水平的拡散)を防ぐには効果的だが、核保有国の核の質的向上および量的増大(垂直的拡散)の防止には効果が薄い。1996年度中にＣＴＢＴをまとめるという条件つきで95年に無期限延長が決定した。	2009年には、アメリカのオバマ大統領による「核のない世界」の声明を受けて、国連安保理でもＣＴＢＴの早期発効がめざされた。しかし、核爆発が生じない未臨界実験までは禁止していないとして、アメリカなどはこうした実験を続けている。

核兵器国の場合

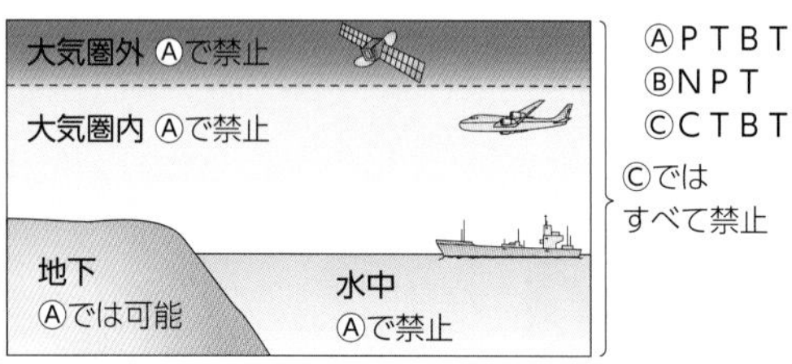

Ⓒは核爆発を伴わない未臨界実験を禁止していない。

非核兵器国の場合

Ⓑにより、核兵器の製造・保有が禁止されている。

ＣＴＢＴ対象外の核実験

未臨界実験(臨界前核実験)	新型核実験
プルトニウムが核分裂連鎖反応を起こす「臨界」の直前で止め、それ以降の反応をコンピュータ・シミュレーションで行うもの。1997年にアメリカで初めて実施された。	火薬を使わず、強力なＸ線を発生させる装置を使用する。これにより超高温・超高圧の状態をつくり、プルトニウムの反応を調べる。未臨界実験を補完するものといわれており、アメリカで2010年以降行われている。

解説 **ＣＴＢＴは未発効**　ＣＴＢＴの発効要件国44か国のうち、署名したのは41か国、批准したのは36か国である。未署名国であるインドとパキスタンは1998年に、北朝鮮は2006年に、地下核実験を実施した。このほか、核を含めた大量破壊兵器やその運搬手段であるミサイルの拡散を阻止するための枠組みとして、2003年にアメリカ主導で発足した**「拡散に対する安全保障構想」**(ＰＳＩ)がある。しかし、中国やインド、パキスタンなどは参加していない。また、2017年に**核兵器禁止条約**が採択された(2021年発効)。しかし、すべての核保有国および、アメリカの「核の傘」の下にいる日本やドイツ・韓国などが署名していない(➲p.298)。

Zoom　ＭＩＲＶ　複数個別誘導再突入体といわれる。一つの弾道ミサイルの中に複数の核弾頭があり、その数だけ異なる目標を攻撃することを可能とするシステムで、アメリカやソ連のＩＣＢＭやＳＬＢＭに搭載された。

6 米ロ(ソ)の二国間協定 出題

? INF全廃条約が破棄された背景には何があるのか

核兵器の上限を設定	1972年　SALTⅠ(第1次戦略兵器制限条約) ICBMやSLBMなどの核弾頭の運搬手段の総数を、5年間現状凍結(数量制限を定めた) ➡MIRV(多弾頭ミサイル)の開発を促進させる結果に
	1972年　ABM(弾道弾迎撃ミサイル)制限条約 弾道弾迎撃ミサイルシステムの開発・配備を制限 ➡2002年にアメリカが一方的に脱退し、失効
	1979年　SALTⅡ(第2次戦略兵器制限条約) ICBMやSLBMなどの核弾頭の運搬手段の総数を、2,250に制限(米ソ同量) ➡ソ連のアフガン侵攻でアメリカは批准拒否
核兵器を削減	1987年　INF(中距離核戦力)全廃条約 中距離ミサイルの全廃(核弾頭はミサイルから外して保管するため、核弾頭数は減らず) ➡2018年、アメリカは破棄を表明し、2019年に失効
	1991年　STARTⅠ(第1次戦略兵器削減条約) 配備する戦略核弾頭数を、米ソともに7年間で6,000発に削減 ➡米ソの核弾頭を同水準に
	1993年　STARTⅡ(第2次戦略兵器削減条約) 配備する戦略核弾頭数を、米ロともに2003年までに3,000～3,500発以下に削減 ➡未発効のまま死文化
	2002年　モスクワ条約(戦略攻撃能力削減条約) 配備する戦略核弾頭数を、米ロともに2012年までに1,700～2,200発に削減 ➡新STARTの発効に伴い失効
	2010年　新START 7年以内に米ロともに戦略核弾頭の配備数を1,550発に削減し、ICBMやSLBMなどの核弾頭の運搬手段を800基(うち配備済700基)に削減。2021年、5年間の延長に合意 ➡2023年、ロシアが履行停止を決定

米ロ核戦力の推移

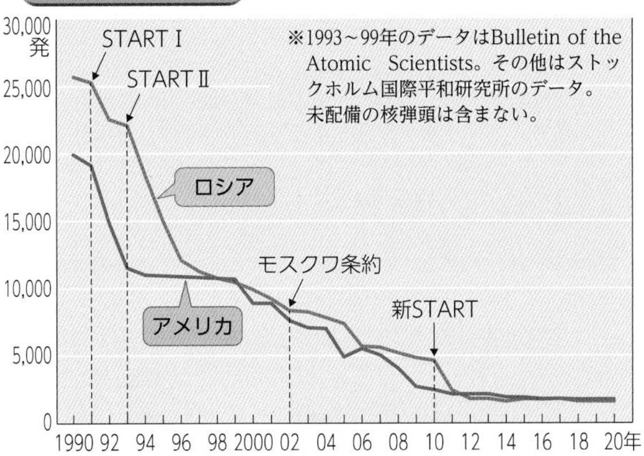

(ストックホルム国際平和研究所資料ほか)

解説 **多すぎる核兵器**　世界の核兵器の大部分を保有しているのが米ソ(ロ)である。米ソは冷戦期に二度にわたる**戦略兵器制限条約(SALT)**を調印し、ミサイルなどの核運搬手段の上限を規制した。両国がようやく核兵器を削減する方向に動き出したのは、冷戦後の**戦略兵器削減条約(START)**である。これにより、冷戦期に最大約70,000発(1986年)あった世界の核兵器は削減の方向に進んだ。しかし、地球上にはいまだに多くの核弾頭が存在し、その数は約1万5,000発ともいわれる。2011年には**新START**が発効したが、実戦配備から外して備蓄に回した核弾頭は削減対象になっていないことが問題点とされる。

7 IAEA 出題

国際原子力機関(IAEA)　1957年発足、本部はウィーン	
目的	原子力の平和利用の促進および原子力活動が軍事転用されていないことを検認するための保障措置の実施
事業	●原子力の平和利用 国際的な安全基準・指針の作成・普及、技術的な観点からの情報交換や各国への支援 ●平和利用からの軍事転用を防ぐための保障措置 核物質などが軍事利用されないことを確保するための保障措置(計量管理、監視、査察)の実施 ・追加議定書…保障措置を強化するため、1997年に採択された。通常の保障措置よりも原子力活動に関するIAEAへの申告や査察の範囲が広い。2023年1月現在、日本を含む140か国において締結
課題	●NPT加盟国だけが対象であり、また、各国が報告した施設以外には査察できない ●査察を拒否することもできる。また、査察を受けても核開発は可能

解説 **核不拡散の監視役**　国際原子力機関(IAEA)は、1957年に国際連合の下で設立された。2023年1月現在、IAEAの加盟国は176か国であるが、1970年に発効したNPTは、締約国(191か国・地域)に対してIAEAと保障措置協定を締結するように義務づけているため、査察の対象国はIAEA加盟国よりも広い。IAEAは追加議定書の発効によって役割が強化される一方、核の不拡散や軍事転用などの問題がないとされた国に対しては、査察回数を削減する措置がとられている。日本も査察回数の削減を認められた国の1つである。

8 反核運動 出題

1950年3月 **ストックホルム・アピール**	米ソの核軍拡競争で緊張状態が高まる中、スウェーデンのストックホルムで開催された平和擁護世界大会での声明。原子兵器の絶対禁止と厳重な国際管理、最初に核兵器を使用した政府を戦争犯罪人と規定した。世界中から5億人を超える署名を集めた。
1955年7月 **ラッセル・アインシュタイン宣言**	哲学者ラッセルと科学者アインシュタインを中心に、11名によって発表された。科学者が核廃絶と科学技術の平和利用を訴えた宣言であり、日本の湯川秀樹も署名した。
1955年8月 **原水爆禁止世界大会**	1954年3月、西太平洋のビキニ環礁で行われたアメリカの水爆実験で、第五福竜丸が被曝し、乗組員が死亡した。これをきっかけに、原水爆禁止を求める世界大会が広島で開催された。
1957年7月 **パグウォッシュ会議**	ラッセル・アインシュタイン宣言に賛同した世界の22名の科学者がカナダのパグウォッシュに集まり、平和に対する国際会議として第1回が開催された。その後、会議は現在も開催されている。

解説 **草の根レベルの反核運動**　冷戦期の米ソ対立によって、多くの国は東西どちらかの陣営に組みこまれた。そのため、国家としての反核運動は少なかった。しかし、市民レベルの「草の根の反核運動」は各地で行われてきた。日本でも、終戦直後から被爆者を中心とした反核運動が行われた。この運動は1954年に第五福竜丸が被曝したことがきっかけとなり、一気に国民運動となった。

用語解説 ㉗部分的核実験禁止条約, ㉘核兵器拡散防止条約, ㉙包括的核実験禁止条約, ㉚INF全廃条約, ㉛国際原子力機関, ㉜パグウォッシュ会議

9 イランの核開発問題

イラン核問題をめぐる対立の構図

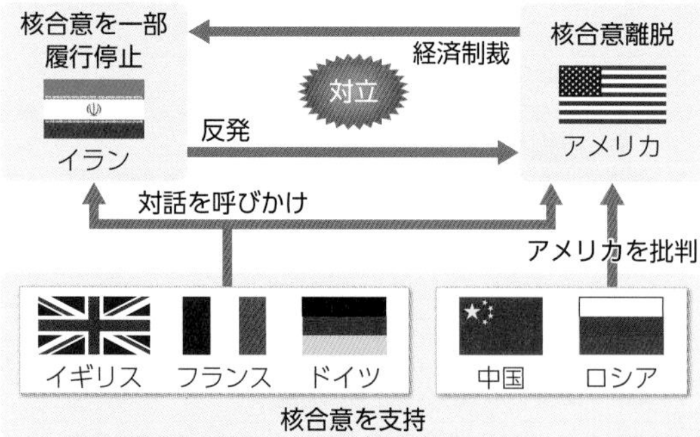

(「毎日新聞」2019年6月20日などを参照)

イラン核合意の経緯

イランは国際原子力機関(ＩＡＥＡ)と核兵器拡散防止条約(ＮＰＴ)に加盟している。しかし、2000年代に入ると、イランが核施設を建設していたことが反体制派によって暴露され、また、北朝鮮などの国と核関連の資材を水面下で取り引きする「核の闇市場」に関与していることが明らかになり、イランの核開発疑惑がもち上がった。これに対して、国連安保理は制裁決議を採択し、アメリカやＥＵはイラン産の石油の輸入禁止などの経済制裁を行った。

2013年に保守穏健派の政権が誕生し、国際社会との協調路線を進めるようになると、核問題の解決に向けた協議も前進した。そして、2015年、アメリカ・イギリス・フランス・ドイツ・中国・ロシアの６か国とイランとの間で合意が締結された。この合意では、イランが核開発を制限する見返りに、石油の輸入禁止などの経済制裁が解除された。

解説 **危機的な状況の核合意**　イランの核合意をめぐって、2018年、アメリカのトランプ大統領(当時)は合意からの離脱を表明し、イランへの経済制裁を再開させた。また、2020年には、米軍の空爆によりイラン革命防衛隊の幹部が殺害される事件が発生した。この事件を受け、イランは核合意に伴うウラン濃縮の制限を全面的に遵守しないと宣言した。また、2021年に政権を握った保守強硬派の政権は、核合意に後ろ向きな姿勢をとっており、合意は履行されていない。

10 北朝鮮の核開発問題

北朝鮮の核問題をめぐる動き

年．月	おもな出来事
2003．1	北朝鮮がＮＰＴからの脱退を宣言
2003．8	６か国協議の第１回会合が北京で開催(2008年までに６回開催)
2006．10	北朝鮮が初の核実験実施(2017年までに６回実施)
2007．2	６か国協議で寧辺の核施設の停止などを盛りこんだ共同文書を採択
2011．12	金正日国防委員長が死去。金正恩が後継者となる
2013．4	北朝鮮が寧辺の核施設再稼働を表明
2017．7	大陸間弾道ミサイル(ＩＣＢＭ)の発射実験を実施
2018．6	初の米朝首脳会談で、「朝鮮半島の完全な非核化」に向けて合意
2021．10	潜水艦発射弾道ミサイル(ＳＬＢＭ)発射実験を実施
2022．1	極超音速ミサイルの発射実験を実施

北朝鮮の弾道ミサイルの射程

(防衛省資料を参照)

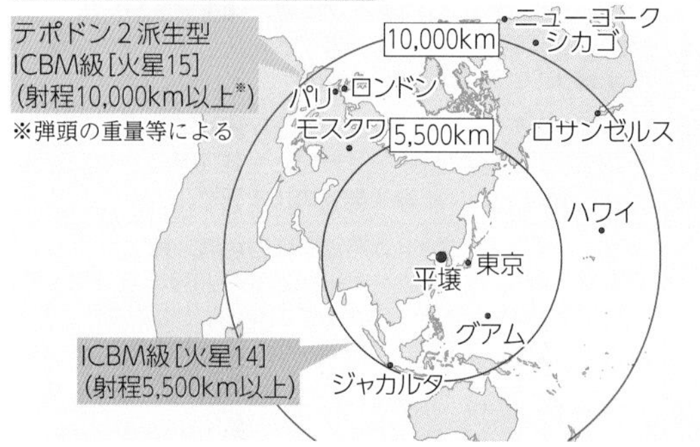

解説 **繰り返されるミサイル発射実験**　北朝鮮の核開発問題については、2003年以降、６か国協議が北京で断続的に開かれてきた。協議の参加国は、日本・韓国・中国・アメリカ・ロシアおよび北朝鮮。朝鮮半島の非核化をめざして６回開かれたが、2008年の協議を最後に進展せず、2017年までに６度の核実験が行われている。また、核を搭載するためのミサイル実験も繰り返し行われている。北朝鮮は2018年の米朝首脳会談で、「朝鮮半島の完全な非核化」に向けて取り組むことを約束したものの、その後もミサイル実験を行っており、先行きは不透明な状況である。

COLUMN

ＡＩ兵器と「ハイブリッド戦」

科学技術の発達に伴い、戦争の様態が大きく変容している。すでに、人間が遠隔操作するドローン兵器や無人攻撃機が実用化されているが、人工知能(ＡＩ)が実装されることで、こうした兵器の自律的な行動が可能になり、ＡＩみずからが判断して敵や目標を殺傷・破壊する自律型致死兵器(ＬＡＷＳ：Lethal Autonomous Weapons Systems)に発展する可能性が指摘されている。こうした**ＡＩ兵器**の開発は、国際法の観点や人道的な側面から問題視されており、現在、特定通常兵器使用禁止制限条約に基づく専門家会合で、ＡＩ兵器の規制のあり方が議論されている。

アメリカの展示会に出品された「ロボット兵器」

また、戦闘が行われる領域も、陸・海・空に加えて宇宙・サイバー・電磁波といった空間にまで拡大している。例えば、ミサイルによる人工衛星の破壊、サイバー攻撃による通信施設や発電所など重要インフラの破壊、高出力レーザーの兵器化などがあげられる。また、自国の立場が有利になるように、ＳＮＳなどのソーシャル・メディアを用いて自国のみならず他国の世論を操作したり、相手の軍に偽情報を流したりすることも現実に起きている。こうした軍事面と非軍事面の両方を組み合わせた手法は**「ハイブリッド戦」**といわれ、2022年のロシアのウクライナ侵攻でも注目された。

Zoom **民間軍事会社**　政府や反政府組織などからの委託を受けて、軍事作戦のアドバイスや後方支援を行う企業。この中には傭兵を雇って戦闘行為を行うものもある。戦闘員か民間人かの位置づけがあいまいで、法による統制がなされていないといった問題がある。

11 生物・化学兵器および通常兵器の規制

? 通常兵器の規制にNGOはどのような役割を果たしたのか

条約名 【 】は締約国数	内　容
生物兵器禁止条約【183】 1971年採択 1975年発効	生物兵器（細菌や毒素を使用した兵器や装置など）の開発・生産・貯蔵・取得・保有を禁止し、その廃棄や平和的目的への転用と不拡散を定めている。
未批准国…シリア・エジプト・ソマリアなど 未署名国…イスラエル・南スーダンなど	
化学兵器禁止条約【193】 1992年採択 1997年発効	化学兵器の開発・生産・貯蔵・使用を全面的に禁止し、化学兵器・化学兵器生産施設を10年以内にすべて廃棄する。一定の設備をもつ化学産業施設に対する検証も行う。
未批准国…イスラエル 未署名国…北朝鮮・エジプト・南スーダン	
対人地雷全面禁止条約（オタワ条約）【164】 1997年採択 1999年発効	対人地雷の開発・生産・貯蔵・保有・使用を全面的に禁止する条約。地雷禁止国際キャンペーンなどのNGOの運動によって採択された。日本は1998年に批准し、自衛隊が保有する地雷100万個を2003年までに廃棄した。
未批准国…マーシャル諸島 未署名国…アメリカ・ロシア・インド・中国・韓国・北朝鮮・イスラエル・イラン・ミャンマーなど	
クラスター爆弾禁止条約（オスロ条約）【111】 2008年採択 2010年発効	クラスター爆弾は親爆弾の中に大量の子爆弾を含み、空中で爆発して拡散する。そして、子爆弾の不発弾率が高いため、市民の犠牲者が多数発生している。こうしたクラスター爆弾の使用・開発・生産を禁止している。NGOの主導により制定された。
未批准国…インドネシア・ケニアなど 未署名国…アメリカ・ロシア・インド・中国・韓国・北朝鮮・イスラエル・イラン・ミャンマーなど	
武器貿易条約【113】 2013年採択 2014年発効	通常兵器の輸出入や移譲を規制し、人道犯罪につながる不正な取り引きを防止する。国連軍備登録制度の対象外の小型武器や弾薬なども対象となる。
未批准国…イスラエル・トルコ・タイ・アメリカなど 未署名国…北朝鮮・エジプト・インド・インドネシア・イラン・イラク・ロシア・パキスタンなど	

劣化ウラン弾の恐怖

原子力発電や核兵器の製造で生み出される放射性廃棄物の中に、劣化ウランがある。この劣化ウランが戦車などの砲弾（劣化ウラン弾）として転用されている。

劣化ウラン弾は、鉄や鉛などと比べて重く、被弾すると強力な威力を発揮する。このため、現在でも戦闘時には大量の劣化ウラン弾が使用されている。

しかし、劣化ウラン弾は放射能と重金属による毒性を伴う。このため、戦闘地域周辺の住民や、戦闘から帰還した兵士が、劣化ウラン弾の影響とみられる健康被害を訴えるケースが多数報告されている。

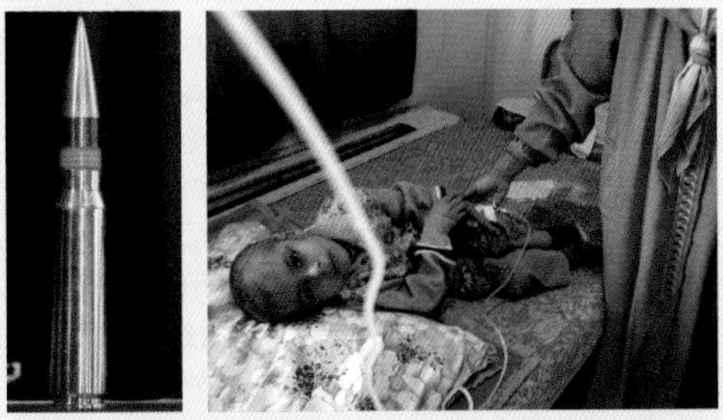

⊕劣化ウラン弾（左）と被害にあった子ども（右）

①対人地雷とクラスター弾

上写真提供：地雷廃絶日本キャンペーン

⊕地雷の撤去作業（左）と空から撒く地雷（右上）

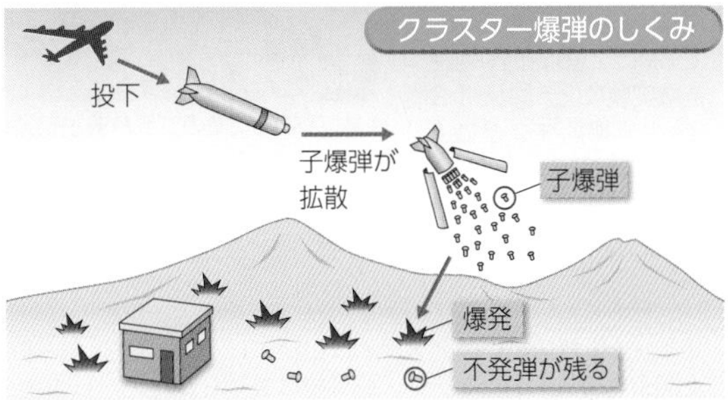

解説 **規制が遅れている通常兵器**　細菌・毒ガスなどの生物・化学兵器や、通常兵器の規制が国連を中心に行われている。通常兵器は火薬による砲弾などの一般的な兵器のことをさす。技術の発達によって、通常兵器の性能は高度なものとなり、無差別に被害を及ぼすようになった。また、撤去されない対人地雷やクラスター爆弾の不発弾によって、戦争終了後も民間人を中心に多くの犠牲者が出ている。これに対してはNGOが中心となって、生産や使用を禁止するための条約が作成された。

②通常兵器の輸出入

（2018～2022年）

2020年の世界の武器貿易総額は、少なくとも1,120億ドル（SIPRI資料）

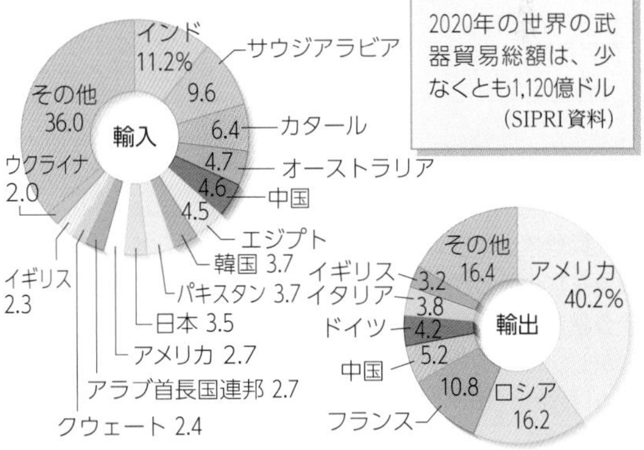

（『世界国勢図会』2023/24年版）

解説 **安保理常任理事国は武器輸出大国**　武器輸出の約７割が、安保理常任理事国５か国によって占められている。特に、アメリカとロシアの輸出が突出している。こうした国では、軍事産業と政府・軍関係者とが結びつき、巨大な利権をもつ**軍産複合体**が形成されている。アメリカでも経済に占める軍事産業の割合が比較的高く、兵器関連の製造が多くの雇用を生み出している。一方、武器輸入国は発展途上国が多く、紛争地帯を抱えている国もある。先進国で生産された兵器が、発展途上国の紛争に使用されているのである。

TOPIC トピック　核（Atomic・Nuclear）兵器、生物（Biological）、化学（Chemical）兵器は、その頭文字からABC兵器またはNBC兵器と呼ばれる。

用語解説 273対人地雷全面禁止条約

FILE 32

核兵器のない世界をめざして

出題

米ロを中心とする核軍縮の動きは冷戦後に確実なものとなったが、いまだに世界には多くの核兵器が存在している。また、従来の核保有国に加えて、インドやパキスタンも核兵器を保有し、北朝鮮もこれまで核実験を強行してきた。国際社会は「核兵器のない世界」をめざす一方で、核をめぐる世界の緊張は依然として続いている。

「核兵器のない世界」は実現するか？

⇧オバマ大統領のプラハ演説(2009年)

2009年、アメリカのオバマ大統領はチェコのプラハで演説を行った。この演説は、アメリカは核兵器を使用した国としての道義的責任があるとして、各テロの防止や包括的核実験禁止条約(ＣＴＢＴ)の早期批准などにより、「核兵器のない世界」をめざすというものであった。これを受けて、国連安保理では「核兵器のない世界」をめざす決議が採択された。そして、翌年にはアメリカとロシアとの間で新ＳＴＡＲＴが調印された。

しかし、2017年に就任したトランプ大統領は、核軍縮に消極的であった。2019年にはアメリカがロシアにＩＮＦ(中距離核戦力)全廃条約の破棄通告を行い、同条約は失効した。アメリカ主導の「核兵器のない世界」の実現は遠のいたといわざるをえない。

国際司法裁判所の「勧告的意見」(1996年)

1996年、国際司法裁判所(ＩＣＪ)は核兵器の違法性に関する「勧告的意見」を出し、「核兵器の使用と威嚇は、国際法、特に人道法の諸原則と諸規則に、一般的に反する」と結論づけた。ただし、「国家の生存が危機に瀕しているような極限的状況」における核兵器の使用と威嚇については、合法か違法かを判断することはできないとも述べられた。

国連総会「核兵器廃絶決議」(抄)(2019年)

- 核兵器のない世界の実現は国際社会の共通の目標である。
- 過去のＮＰＴ合意文書の履行の重要性を再確認。
- 核軍縮と安全保障が相互補完的であることを強調。
- 核兵器の壊滅的・非人道的な結末を認識し、指導者や若者たちの広島・長崎訪問を歓迎。
- 北朝鮮の非核化に関し、米朝プロセスへの支持を表明。

※2021年の決議は158か国の賛成で採択(反対は中国・北朝鮮・ロシア・シリアの４か国)。同決議は28年連続で採択されている。

核兵器禁止条約の加盟国の拡大

核兵器禁止条約交渉をめぐる投票結果

賛成(約122か国)

オーストリア、スウェーデン、スイス、メキシコ、ブラジル、イラン、エジプト、サウジアラビア、南アフリカ、キューバなど ― アメリカの「核の傘」に入らない非核国

- 核軍縮が進まないことへの不満
- 核兵器の法的規制は必要

反対(１か国)

オランダ

不参加(反対の立場)

核保有国・事実上の核保有国
アメリカ　ロシア　イギリス　フランス　中国　インド　パキスタン　イスラエル　北朝鮮

アメリカの「核の傘」に依存
日本　韓国　オーストラリア　ドイツなどのＮＡＴＯ加盟国

- 安全保障のバランスを崩す
- 段階をふまない条約は現実的でない

核兵器禁止条約は、核兵器の使用や保有、核兵器による威嚇を禁止する条約である。2017年、核兵器禁止条約の交渉会議が国連で始まり、同年に採択された(2021年発効)。しかし、この条約には、核兵器保有国だけでなく、アメリカの「核の傘」に守られている日本や韓国、ドイツなども反対している。これらの国々が反対する理由は、アメリカの核兵器による「核抑止力」が弱まるからだと主張している。

唯一の被爆国である日本は、毎年、国連総会に「核兵器廃絶決議」案の提出を主導し、採択している。こうした日本の取り組みと、核兵器禁止条約に反対する立場には、矛盾をはらんでいるとして、批判する声もある。

⇧核兵器禁止条約第１回締約国会議
(2022年、オーストリア・ウィーン)

今後の取り組み

● 核テロへ対策

核テロリズム ― ４つの脅威(外務省資料参照)

1 核兵器を盗む
2 盗んだ核物質で核爆発装置製造
3 放射性物質の発散装置(汚い爆弾)の製造
4 原子力施設などへの妨害破壊行為

核物質を利用したテロを未然に防ぐための対策が、国際社会の課題となっている。2010年からは、核兵器の略奪や原子力施設への妨害など核テロに対する国際協力を強化するため、核セキュリティ・サミットが開催されている。

● カットオフ条約の採択に向けた取り組み

カットオフ条約は「兵器用核分裂性物質生産禁止条約」とも呼ばれ、兵器用の高濃縮ウラン・プルトニウムの生産を禁止する条約である。これは、インドやパキスタンを含めた核兵器保有国の核開発を凍結させ、核兵器の数量増加を止めることを目的としている。核兵器廃絶条約に消極的な日本も、カットオフ条約は「核兵器廃絶の実現に向けた論理的なステップ」であるとして、積極的に関与している。カットオフ条約の問題点は、核の平和利用と軍事利用の区別化である。原発用のプルトニウムでも核兵器に転用することは可能である。原発用の核物質についての規制についても条約に盛りこまなければ、抜け穴になる可能性がある。

Zoom **ウィーン宣言**　核兵器禁止条約第１回締約国会議では、条約に加盟していないドイツやオーストラリア、オランダなどもオブザーバーとして参加したが、日本は参加しなかった。この会議では、「核なき世界」の実現をめざす「ウィーン宣言」が採択された。

6 日本の安全保障と自衛隊の役割

要点の整理

＊1～18 FILE は資料番号を示す

Ⅰ 憲法と自衛隊

❶**日本国憲法の平和主義** 1 2＝前文〔平和的生存権〕・第９条〔戦争の放棄、戦力及び交戦権の否認〕

❷**日米安全保障条約、自衛隊をめぐる憲法論争** 3（※最高裁判所の判決では合憲・違憲判断は示されていない）
　└→**砂川事件**　└→**恵庭事件、長沼ナイキ基地訴訟、百里基地訴訟**

❸**自衛隊の発足** 4……1950年６月：朝鮮戦争勃発（ぼっぱつ）⟶８月：**警察予備隊**創設（マッカーサーの指令に基（もと）づく）
⟶1951年：**日米安全保障条約**締結⟶1952年：**保安隊**に改組（かいそ）⟶1954年：日米相互防衛援助（ＭＳＡ）協定締結
……日本に防衛力増強の義務＝**自衛隊発足・防衛庁**設置（2007年：**防衛省**に改組）

❹**解釈改憲**＝時とともに解釈を変更＝現在の政府「自衛のための最小限度の実力を保持することは問題なし」4

Ⅱ 日本の防衛政策

❶**日本の防衛の基本方針** 5……日米安保を基調とした**専守防衛** 5
- **シビリアン・コントロール（文民統制）** 6……自衛隊の最高指揮権＝文民である内閣総理大臣（防衛大臣も文民）
- 従来は**個別的自衛権**のみ行使できるとしてきた⟶2014年、**集団的自衛権**の行使も一部容認へ 7
- **非核三原則** 8「核兵器を持たず、つくらず、持ちこませず」（1971年、国是（こくぜ）に）
  ⟶1955年：原子力基本法、1976年：核兵器拡散防止条約（ＮＰＴ）
  ※**事前協議制**⟶アメリカ軍による核持ちこみ疑惑　※日米間の核密約の存在

❷**武器輸出規制**……**武器輸出三原則** 9⟶2014年、**防衛装備移転三原則**……武器輸出を原則容認へ

Ⅲ 日米安全保障体制

❶**安保体制の変遷** 11 12　※日米安保＝アジア太平洋地域の安全保障を担（にな）う中心的な制度
- 1951年：サンフランシスコ平和条約・日米安全保障条約⟶米軍の日本駐留（ちゅうりゅう）、必要な基地を日本が提供
- 1960年：**新安保条約・日米地位協定**⟶1970年：新安保条約、自動延長⟶1978年：**日米防衛協力のための指針（ガイドライン）**

❷**基地問題** 13 14 FILE
在日米軍基地（専用施設）の総面積の約70％が沖縄県に集中＝普天間（ふてんま）飛行場の移設問題・**「思いやり予算」**の問題

Ⅳ 自衛隊の活動範囲の拡大

❶**自衛隊の海外派遣** 15 16 17
1991年：**湾岸戦争**⟶戦争終結後、掃海艇（そうかいてい）派遣＝人的貢献の不足指摘⟶1992年：**ＰＫＯ協力法**＝ＰＫＯ参加５原則
2001年：テロ対策特別措置法（失効）⟶2003年：イラク復興支援特別措置法（失効）⟶2008年：補給支援特別措置法（失効）⟶2009年：**海賊（かいぞく）対処法**（ソマリア沖の海賊問題に対処）⟶2015年：国際平和支援法

❷**有事法制の整備** 18 FILE
1996年：**日米安全保障共同宣言**⟶1997年：ガイドライン改定⟶1999年：ガイドライン関連法（周辺事態法など）
⟶2003年：有事関連３法⟶2004年：有事関連７法⟶2015年：ガイドライン改定、新しい**安全保障関連法**

Ⅰ 憲法と自衛隊

1 あたらしい憲法のはなし

いまやっと戦争はおわりました。二度とこんなおそろしい、かなしい思いをしたくないと思いませんか。こんな戦争をして、日本の国はどんな利益があったのでしょうか、何もありません。ただ、おそろしい、かなしいことが、たくさんおこっただけではありませんか。戦争は人間をほろぼすことです。……そこでこんどの憲法では、日本の国が、けっして二度と戦争をしないように、二つのことをきめました。その一つは、兵隊も軍艦も飛行機も、およそ戦争をするためのものは、いっさいもたないということです。これからさき日本には、陸軍も海軍も空軍もないのです。これを**戦力の放棄**といいます。……もう一つは、よその国と争いごとがおこったとき、けっして戦争によって、相手をまかして、じぶんのいいぶんをとおそうとしないということをきめたのです。……なぜならば、いくさをしかけることは、けっきょく、じぶんの国をほろぼすようなはめになるからです。また、戦争とまでゆかずとも、国の力で、相手をおどすようなことは、いっさいしないことにきめたのです。これを**戦争の放棄**というのです。

（1947年８月２日発行文部省社会科教科書『あたらしい憲法のはなし』）

解説 **平和主義のはじまり**「あたらしい憲法のはなし」は、1947年に当時の文部省が、日本国憲法の解説のために新制中学校１年生用社会科の教科書として発行した。しかし、1950年に朝鮮戦争が始まると副読本に格下げされ、1952年には廃止された。ＧＨＱの占領政策の変更と日本の再軍備化の流れの中で、政府の憲法第９条の解釈も変化していったのである。

TOPIC トピック 「戦争の放棄」は1946年のマッカーサー・ノートで初めて明文化されたとされる。発案者については議論があるものの、日米の合作であったと考えられている。

2 憲法第９条の構造

？戦争の放棄とはどのような考え方か　出題

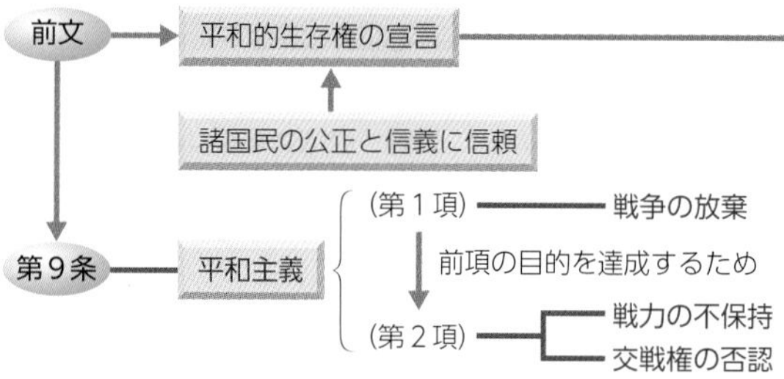

日本国憲法前文（抄）

……日本国民は、恒久の平和を念願し、人間相互の関係を支配する崇高な理想を深く自覚するのであつて、平和を愛する諸国民の公正と信義に信頼して、われらの安全と生存を保持しようと決意した。われらは、平和を維持し、専制と隷従、圧迫と偏狭を地上から永遠に除去しようと努めてゐる国際社会において、名誉ある地位を占めたいと思ふ。われらは、全世界の国民が、ひとしく恐怖と欠乏から免かれ、平和のうちに生存する権利を有することを確認する。

第９条［戦争の放棄、戦力及び交戦権の否認］

① 日本国民は、正義と秩序を基調とする国際平和を誠実に希求し、**国権の発動たる戦争**と、**武力による威嚇**又は**武力の行使**は、国際紛争を解決する手段としては、**永久にこれを放棄**する。

② 前項の目的を達するため、陸海空軍その他の**戦力**は、これを**保持しない**。国の**交戦権**は、これを**認めない**。

国権の発動たる戦争	宣戦布告など、相手国に戦争する意思を示すことによって開始され、戦時国際法の適用を受ける国家間の武力衝突のこと。「国権の発動たる」とは国の主権に基づいて行われることを意味するが、国権の発動によらない戦争が存在するというわけではない
武力による威嚇	武力をもって相手国を脅かす行為（1915年の中国に対する二十一カ条の要求など）
武力の行使	相手国に戦争の意思表示をしないまま行われ、戦時国際法の適用を受けない国家間の事実上の武力衝突。1931年の満州事変などがこれにあたる。国権の発動たる戦争を放棄しても、戦争には至らない武力行使まで否定しなければ、平和主義は達成されない
戦力	一般的には、戦争を遂行するための力であり、警察力を超える実力部隊を意味する
交戦権	交戦国が国際法上有するさまざまな権利の総称で、相手国の兵力の殺傷や破壊、相手国の領土の占領などの権能を含むもの

解説 **国際的にも際立つ憲法第９条**　「征服のための戦争」の放棄を定める規定は、フランス、ドイツなどの諸外国の憲法や、ハーグ平和会議（1899年と1907年）、パリ不戦条約（1928年）などの国際条約にも盛りこまれているが、それらと日本国憲法とを比較すると、日本国憲法は徹底した戦争否定の態度（①侵略戦争を含めた一切の戦争、武力の行使及び武力による威嚇を放棄、②戦力の不保持、③国の交戦権を否認）を宣言している点で際立っていると評価されている。

平和的生存権

日本国憲法前文には、「平和のうちに生存する権利」が明記されていることから、1960年代に憲法前文や第９条などが結合した権利として提唱された。第13条の幸福追求権（➲p.38）を根拠とする説もある。

平和的生存権が国民の権利として実態をもつかどうかについては、肯定する意見と否定する意見がある。長沼ナイキ基地訴訟（➲p.301）では、平和的生存権が第一審で認められたものの、第二審では否定されている。また、自衛隊のイラク派遣差し止め訴訟における名古屋高裁判決は、憲法上の法的な権利として認めるべきと述べている。

●第９条における戦争放棄の解釈の３つの類型

限定放棄説	侵略戦争は放棄されているが、自衛戦争は放棄されておらず、自衛戦争に必要な戦力の保持は認められている。
1・2項全面放棄説（学説の多数説）	１項では、侵略戦争が放棄されているが、自衛戦争は禁止されていない。しかし、２項の戦力および交戦権の否認によって、すべての戦争が放棄されたとみなす。
１項全面放棄説	１項ですべての戦争が放棄されているとされ、２項は１項を具体化したものである。

解説 **意見の分かれる憲法解釈**　政府は国家固有の自衛権に基づく最小限度の実力は戦力にあたらないとしている。しかし、警察力を超え、戦争遂行可能な能力をもつ自衛隊は戦力にあたり、違憲であるとする説が学問的な通説となっている。

COLUMN

世界の憲法と平和主義

国連憲章は、自衛目的以外の武力による威嚇や武力の行使を禁じており、各国の憲法においても平和主義を掲げたものや戦争を禁じたものは多い。コスタリカは常備軍をもたない国として知られているが、大陸間協定（米州相互援助条約）、もしくは国家の防衛のために、軍隊を招集できることが憲法で規定されている。

類型	おもな国
平和政策の推進	インド、アルバニア、スイス、エジプト、ギリシャ、など
スイス連邦憲法（1999年）：第２条④　スイス連邦は、……平和で公正な国際秩序のために尽力する。	
侵略戦争の否認	ドイツ、フランス、韓国など
ドイツ連邦共和国基本法（1949年）：第26条　……侵略戦争の遂行を準備する行為は、違憲である。	
国際紛争を解決する手段としての戦争放棄	日本、イタリア、ハンガリー、アゼルバイジャン、エクアドル
イタリア共和国憲法（1947年）：第11条　イタリア国は、他国民の自由を侵害する手段として、及び国際紛争を解決する方法として、戦争を否認し……	
核兵器の禁止・排除	パラオ、フィリピンなど
フィリピン憲法（1987年）：第２条⑧　フィリピンは……領土内において核兵器から自由となる政策を採用し追求する。	
常設軍の非設置	コスタリカ、パナマ
コスタリカ憲法（1949年）：第12条　常設の制度としての軍隊は、これを禁止する。	

Zoom **武力の行使**　不戦条約などによって形式的な戦争が禁じられた後も実質的な戦争が生じたため、実質的な戦争をも禁じる趣旨から国連憲章では「武力の行使」という表現が用いられた。憲法上の「戦争」もこれに含まれるとされる。

3 第９条をめぐる裁判

？判決にはどのような特徴があるのか　出題

		事件の内容と争点	判決の内容
安保条約に関して	砂川事件	1957年７月８日、東京都砂川町(現在の立川市)にある米軍基地立川飛行場の拡張に反対する学生らが、測量を阻止するために基地内に入った。これが、安保条約に基づく刑事特別法第２条に違反するとして起訴された。 • 争点　①在日米軍が憲法第９条のいう戦力にあたるかどうか。 ②裁判所が条約などの違憲審査ができるかどうか。 砂川事件については、一審判決の後に、当時の外務大臣や最高裁長官がアメリカの外交官と密談し、一審判決の破棄や最高裁での審議の時期について、事前にアメリカ側に伝えていたことが、2010年ごろに明らかとなった。	• **一審東京地裁(伊達判決)**　1959年３月30日　無罪 憲法第９条は、侵略戦争はもちろんのこと、自衛戦争および自衛力の保持も許さないとしている。日本が米軍の駐留を許容していることは、指揮権の有無、米軍の出動義務の有無にかかわらず、第９条第２項によって禁止されている戦力の保持に該当するといわざるをえない。 ⟶ **在日米軍は戦力にあたり、安保条約に基づく米軍の駐留は違憲。**このため刑事特別法第２条も無効であり、被告人は無罪。
			• **跳躍上告・最高裁**　1959年12月16日(一審後、政府は直ちに最高裁へ上告) 破棄差し戻し ⟶ その後、有罪 憲法第９条が禁止する戦力は、日本が指揮・管理できる戦力のことであり、日本に駐留する外国の軍隊は、戦力に該当しない。安保条約のように、きわめて高度の政治性のある問題については、明白に違憲無効と認められないかぎり、裁判所の司法審査の範囲外である。安保条約に基づく米軍の駐留は、憲法第９条や前文の趣旨などに照らし明白に違憲無効とはいえない。 ⟶ 日本が直接指揮できない外国の軍隊は戦力にあたらない。安保条約については、**統治行為論により判断を回避。**
自衛隊に関して	恵庭事件	北海道恵庭町(現在の恵庭市)の酪農民が、陸上自衛隊演習場での実弾射撃により乳牛に被害を受けた。その後、自衛隊と協定を結んだが破られたため、1962年に演習場の通信線を切断し、自衛隊法第121条違反で起訴された。 • 争点　自衛隊法第121条は合憲か。	• **一審札幌地裁**　1967年３月29日　無罪確定 切断された電話線は、自衛隊法第121条の「その他の防衛の用に供する物」にあたらず、被告人は無罪。自衛隊については、憲法判断は行われなかった。 ※**自衛隊法第121条**　自衛隊の所有し、又は使用する武器、弾薬、航空機その他の防衛の用に供する物を損壊し、又は傷害した者は、５年以下の懲役又は５万円以下の罰金に処する。
	長沼ナイキ基地訴訟	1969年、北海道長沼町の馬追山の保安林(洪水防止・水源涵養のために開発を制限している森林)が、防衛庁によるナイキ・ミサイル基地建設のために保安林指定を解除された。そのため、地元住民が指定解除の取り消しを求めた。 • 争点　①自衛隊の基地設置は保安林指定解除の要件である「公益上の理由」にあたるか。 ②自衛隊は合憲か。	• **一審札幌地裁(福島判決)**　1973年９月７日　原告勝訴 憲法第９条第２項で、無条件に一切の戦力の保持が禁じられており、**自衛隊は戦力**であるから**違憲**であるとした。保安林指定解除は無効。
			• **二審札幌高裁**　1976年８月５日　原告敗訴 保安林の代わりになるダムなどの建設により、住民が保安林指定の解除の取り消しを求める利益(訴えることの意味)が消滅したとして原告の訴えを退けた。自衛隊については**統治行為論により審査しなかった。**
			• **上告審・最高裁**　1982年９月９日　上告棄却、原告敗訴 訴えの利益なしとして、憲法判断を回避したまま上告を棄却した。
	百里基地訴訟	茨城県小川町(現在の小美玉市)の航空自衛隊百里基地建設予定地の所有権をめぐり、その土地を所有していた住民と国(原告)が反対住民(被告)と争い、1958年に提訴した。 • 争点　自衛隊は合憲か。	• **一審水戸地裁**　1977年２月17日　原告(国側)勝訴 第９条は自衛のための戦争までを放棄したものではなく、「自衛隊は一見明白に戦力だと断定できない」と判断。自衛隊の違憲性については「裁判所の審査対象とすることはできない」として、**統治行為論により判断を行わなかった。**
			• **二審東京高裁**　1981年７月７日　控訴棄却、原告勝訴 私法上の売買契約に関する争訟であり、「憲法判断の必要性自体が存在しない」として控訴を棄却した。
			• **上告審・最高裁**　1989年６月20日　上告棄却、原告勝訴 第二審の判決を支持。憲法判断は不要として上告を棄却した。
	イラク派遣差し止め訴訟	2003年に始まった自衛隊のイラク派遣に対して、2004年に愛知県などの住民が自衛隊の派遣差し止めを求めて訴訟を起こした。 • 争点　①自衛隊のイラク派遣は平和的生存権の侵害か。 ②自衛隊の海外派遣は違憲か。	• **一審名古屋地裁**　2006年４月14日　原告敗訴 平和的生存権は具体的権利ではなく、原告にはその他の具体的権利の侵害も見出せないとして棄却した。
			• **二審名古屋高裁(青山判決)**　2008年４月17日　原告敗訴確定 平和的生存権に一定の具体的権利性は認めたものの、原告の平和的生存権が侵害されたとはいえず、原告適格性がないとして訴えを棄却した。しかし、当時のイラクが戦闘地域に該当し、他国の軍事行動と一体化しており、イラク復興支援特別措置法の規定と憲法第９条第１項に違反していたと述べた。

解説　**憲法判断に消極的な司法**　これまで、裁判所では自衛隊や日米安全保障条約の合憲性について、**統治行為論**や原告不適格を理由として憲法判断を回避することが多かった。統治行為論とは、**「高度の政治性」を有する国家の行為は、その性質上、国民の代表である国会の決定を尊重すべきであって、司法判断の対象にすべきではない**とする考え方である。しかし、このような基準による憲法判断の回避は、三権分立の理念の形骸化につながるとの指摘もある。憲法第９条関連の裁判では、これらの他に、1950年の警察予備隊違憲訴訟がある。具体的な訴訟事件を伴わず、警察予備隊の無効(違憲)確認を求めて最高裁に訴状が提出されたが、日本の違憲審査が付随的違憲審査制(➡p.95)をとることから退けられ、憲法判断は行われなかった。また、2015年に成立した安全保障関連法についても、その合憲性をめぐって各地の裁判所で争われてきたが、憲法判断をしないまま訴えが退けられている。

TOPIC トピック　第９条の「永久に」放棄するという条文は、憲法改正においても変更できないとする説と、他の条文と同様に国家の方針を示しているだけで、改正可能であるとする説とがある。

4 戦後日本の防衛年表と自衛隊をめぐる憲法解釈の推移 頻出

■冷戦期―再軍備と日米安保体制の確立―

？政府の憲法解釈はどのように変化してきたのか

終戦→アメリカの対日政策の転換→再軍備

年	事項
1945	ポツダム宣言受諾
1946	日本国憲法公布（戦争放棄規定）
1950	マッカーサー指令により**警察予備隊**創設
	警察予備隊発足……朝鮮戦争の勃発によって日本に駐留していた米軍が朝鮮半島に出動することになったことから、日本国内の治安維持のための兵力を維持するために、警察予備隊令によって警察予備隊が創設された。警察力を補うための機関とされたが、戦車や小銃など軍隊に近い装備を有していた。
1951	サンフランシスコ平和条約・**日米安全保障条約**調印
1952	日米行政協定調印
	保安隊発足（警察予備隊を改組）
	保安隊発足……警察予備隊令にかわって制定された保安庁法によって警察予備隊は保安隊に改編された。「警察力の不足を補う」という文言はなくなり、準軍事組織としての性格がより明確化された。
1953	池田・ロバートソン会談（防衛力増強を約束）
1954	日米相互防衛援助（ＭＳＡ）協定調印
	防衛庁設置、**自衛隊**発足
	自衛隊発足……日米相互防衛援助（ＭＳＡ）協定をはじめとする関連４協定が結ばれた。この協定によって日本は防衛力の増強を義務づけられ、これを受けて自衛隊法と防衛庁設置法が制定された。自衛隊は「我が国の平和と独立を守り、国の安全を保つため、直接侵略及び間接侵略に対し我が国を防衛することを主たる任務とし、必要に応じ、公共の秩序の維持に当たるもの」とされた。
1956	日ソ共同宣言。日本、国連に加盟
1957	政府、「国防の基本方針」決定
1959	砂川事件最高裁判決
1960	**日米新安保条約**（日米相互協力および安全保障条約）調印。日米地位協定調印
1965	国会で「三矢研究」（朝鮮半島有事を想定した図上演習）が問題化
1967	恵庭事件一審判決（確定）
	政府、「**武器輸出三原則**」発表
1968	政府、「**非核三原則**」確認
1970	日米安保条約、自動延長
1971	国会で「非核三原則」決議
1972	沖縄、日本復帰
1976	政府、「防衛計画の大綱」（現「国家防衛戦略」）決定
	防衛費の対ＧＮＰ比１％以内を閣議決定

高度経済成長期

冷戦終結へ

①憲法解釈の変遷

自衛権の発動としての戦争も放棄
本案の規定は、直接には自衛権を否定はして居りませぬが、第９条第２項に於て一切の軍備と国の交戦権を認めない結果、自衛権の発動としての戦争も、又交戦権も放棄したものであります。
（吉田首相1946年６月）

⬅吉田首相

↓

警察予備隊の目的は治安維持にあり、**警察予備隊は軍隊ではない。**
（吉田首相1950年７月）

↓

「戦力」とは近代戦争遂行能力を備えるものであり、保安隊はこれにあたらない。
（吉田内閣統一見解1952年11月）

↓

自衛隊は合憲
憲法は自衛権を否定しておらず、**自衛隊は憲法違反ではない。**
（政府統一見解1954年12月）

⬅鳩山首相

↓

自衛のための必要最小限度であれば核兵器の保有も可能。
（岸首相1957年５月）

⬅岸首相

↓

戦力とは自衛のための必要最小限度をこえるもの。それ以下の実力の保持は禁じられていない。
（政府統一見解1972年11月）

⬆田中首相

相手国本土を破壊するための兵器を保有することは、自衛のための必要最小限度の範囲を超えることとなるため、認められていない。たとえば、大陸間弾道ミサイル（ＩＣＢＭ）や長距離戦略爆撃機、攻撃型空母の保有は許されない。

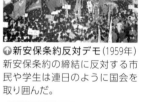

⬆**新安保条約反対デモ**（1959年）
新安保条約の締結に反対する市民や学生は連日のように国会を取り囲んだ。

②防衛関係費の推移

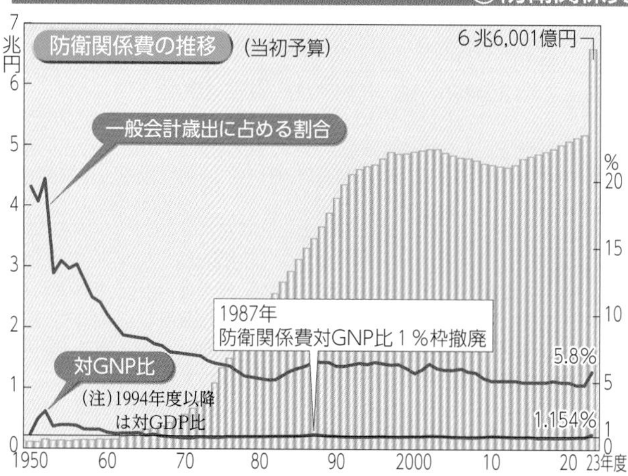

各国の国防費と対ＧＤＰ比（2021年）

国名	国防費（億ドル）	対ＧＤＰ比（％）	国名	国防費（億ドル）	対ＧＤＰ比（％）
アメリカ	8,007	3.48	フランス	566	1.95
中国	2,934	1.74	ドイツ	560	1.34
インド	766	2.66	サウジアラビア	556	6.59
イギリス	684	2.22	日本	541	1.07
ロシア	659	4.08	韓国	502	2.78

（『日本国勢図会』2023/24年版ほか）

解説 **ＧＮＰ比１％枠の撤廃** 政府は、防衛費の拡大抑止のために、1976年の閣議決定で防衛関係費がＧＮＰ比の１％を超えないことをめどにするという枠を設定した。その後、1987年には中曽根内閣の下で防衛費の増額が進められ、ＧＮＰ比１％枠は撤廃されている。

Zoom **憲法第９条の解釈** 第９条は「政治的マニフェスト」であって、法的拘束力はないとする見解と、第９条は「法規範」であって、これに反する国家行為は違憲であるとする見解があるが、後者が多数説である。

■冷戦終結から現在―自衛隊の海外展開―

	年	事項
冷戦終結へ	1978	「**日米防衛協力のための指針**」(ガイドライン)決定 ⟶旧ソ連の日本侵攻に備えた対応
	1981	ライシャワー発言(日本に核持ちこみの疑惑)
	1982	長沼ナイキ基地訴訟最高裁判決
	1986	安全保障会議設置(国防会議は廃止)
	1987	防衛関係費、対GNP比1%枠突破
	1989	百里基地訴訟最高裁判決 マルタ会談⟶**冷戦終結**
国際貢献の要請と日米安保再定義	1991	湾岸戦争⟶**自衛隊掃海艇、初の海外派遣** **自衛隊の海外派遣**……湾岸戦争後のペルシャ湾に自衛隊法の枠内の任務として掃海艇が派遣された。翌年にはPKO協力法(国際平和協力法)が制定され、海外派遣が自衛隊の任務として明確に位置づけられることになった。 ソ連消滅
	1992	**PKO協力法**成立 カンボジアでのPKOへ自衛隊派遣
	1996	「**日米安全保障共同宣言**」発表 • 1978年のガイドラインの見直しに合意 • 日米の軍事態勢を緊密に協議
	1997	「日米防衛協力のための指針」(ガイドライン)改定 ⟶朝鮮半島など日本周辺での有事に備えた対応
	1999	ガイドライン関連法成立 ⟶周辺事態法の成立、自衛隊法の改正など
自衛隊の活動範囲の拡大	2001	テロ対策特別措置法成立(2007年失効)
	2003	有事関連3法成立(➡p.312) イラク復興支援特別措置法成立(2009年失効)
	2004	有事関連7法成立(➡p.312)
	2006	北朝鮮、初の地下核実験実施
	2007	防衛庁が防衛省に移行、防衛施設庁廃止
	2008	補給支援特別措置法成立(2010年失効)
	2009	海賊対処法成立
	2010	日米間での核をめぐる密約の存在が明るみに
	2013	安全保障会議を**国家安全保障会議**に改組 政府、「国家安全保障戦略」決定
	2014	政府、「**防衛装備移転三原則**」発表 政府、「**武力行使の新三要件**」を閣議決定 ⟶集団的自衛権の行使を一部容認
	2015	ガイドライン再改定 ⟶北朝鮮の核開発や中国の軍備増強などに対応 **安全保障関連法**成立(➡p.313)
	2022	政府、「国家安全保障戦略」を改定(➡p.304 5) ⟶反撃能力(敵基地攻撃能力)の保有を明記 政府、2023年度から5年間の防衛予算の増額を閣議決定

⬆鈴木首相

集団的自衛権は行使できない

わが国が、国際法上、集団的自衛権を有していることは、主権国家である以上、当然であるが、憲法第9条の下において許容されている自衛権の行使は、わが国を防衛するため必要最小限度の範囲にとどまるべきものであると解しており、**集団的自衛権を行使することはその範囲を超えるものであって、憲法上許されない**と考えている。(政府答弁書1981年5月)

⬅海部首相

PKFへの参加も可能

武器使用は生命・身体の防護に限定し、紛争当事者間の停戦合意が破られた場合などには撤収することを前提とすれば、日本としてみずから武力行使はしない、あるいは、PKFの武力行使と一体化しないことが確保されるため、憲法9条に反しない。(政府統一見解1991年9月)

⬆村山首相

社会党が方針転換

私は、日米安全保障体制を堅持しつつ、自衛隊については、専守防衛に徹し、必要最小限の防衛力整備を心がけてまいります。(首相所信表明演説1994年)

社会党は、冷戦時代には一貫して自衛隊と日米安保条約に否定的であった。しかし、1994年に自民党・新党さきがけと連立政権を組むと、これまでの方針を転換した。

⬆安倍首相

集団的自衛権の限定的な行使を容認

わが国に対する武力攻撃が発生した場合のみならず、わが国と密接な関係にある他国に対する武力攻撃が発生し、これによりわが国の存立が脅かされ、国民の生命、自由及び幸福追求の権利が根底から覆される明白な危険がある場合において、これを排除し、わが国の存立を全うし、国民を守るために他に適当な手段がないときに、必要最小限度の実力を行使することは、……憲法上許容されると考えるべきであると判断するに至った。……**憲法上許容される上記の「武力の行使」は、国際法上は、集団的自衛権が根拠となる場合がある。**(閣議決定2014年7月)

解説 **解釈改憲** 政府は当初、憲法第9条は自衛権の発動としての戦争を放棄しているとしていた。しかし、国際情勢が変化する中、政府は新たな憲法解釈を示すことで防衛力の増強を行ってきた。このことを**解釈改憲**と呼ぶ。冷戦後には、解釈改憲によって自衛隊の海外での活動が容認され、その活動範囲も拡大している。

③ガイドラインの変遷

1978年策定	⟶ 冷戦の終結 日米安保再定義	1997年改定	⟶ 安全保障環境の変化 集団的自衛権の一部容認	2015年改定
❶侵略を未然に防止するための体制 ❷日本に対する武力攻撃への対処行動		❶平素から行う協力 ❷周辺事態における協力 ❸日本に対する武力攻撃への対処行動		❶平時から有事までの切れ目のない対応 ❷日本と日本以外の国に対する武力攻撃への対処行動
日本有事への対応	⟶	**周辺事態への対応**	⟶	**地球規模の協力へ**
自衛隊の活動範囲 ⟶**日本領域のみ** 自衛権の行使 ⟶**個別的自衛権のみ**		自衛隊の活動範囲 ⟶**日本周辺** 自衛権の行使 ⟶**個別的自衛権のみ**		自衛隊の活動範囲 ⟶**地理的制限なし** 自衛権の行使 ⟶**個別的自衛権と集団的自衛権**

解説 **冷戦後の日米同盟** 日米安全保障条約では共同軍事行動の規定が曖昧であったため、1978年の**日米防衛協力のための指針(ガイドライン)**で具体化された。冷戦の終結後、日米安全保障体制はソ連を仮想敵国とした枠組みに代わって再定義され、1997年にガイドラインが見直された。2015年には、前年の集団的自衛権を一部容認する閣議決定を受けて、ガイドラインが再改定された。これによって、**日米の安全保障協力は「日本周辺」から地球規模に拡大され、新しい安全保障関連法が整備されることになった**。なお、ガイドラインは条約ではなく、日米両国の外務・防衛閣僚4人からなる日米安全保障協議委員会(2+2)における合意である。

TOPIC トピック 「新しい権利」のように憲法の主旨に沿って解釈を広げていくことを「憲法解釈」というのに対して、条文の意味を解釈によって読み替える場合には「解釈改憲」と呼ばれる。

Ⅱ　日本の防衛政策

5　防衛の基本方針

●**国家安全保障戦略**（2022年12月16日閣議決定）

……世界の歴史の転換期において、我が国は戦後最も厳しく複雑な安全保障環境のただ中にある。その中において、防衛力の抜本的強化を始めとして、最悪の事態をも見据えた備えを盤石なものとし、我が国の平和と安全、繁栄、国民の安全、国際社会との共存共栄を含む我が国の国益を守っていかなければならない。

●**国家防衛戦略**（2022年12月16日閣議決定）

……戦後、我が国は、東西冷戦とその終結後の安全保障環境の大きな変化の中にあっても、我が国自身の外交力、防衛力等を強化し、日米同盟を基軸として、各国との協力を拡大・深化させ、77年もの間、我が国の平和と安全を守ってきた。また、その際、日本国憲法の下、**専守防衛**に徹し、他国に脅威を与えるような軍事大国にならないとの基本方針に従い、**文民統制**を確保し、**非核三原則**を堅持してきた。今後とも、我が国は、こうした基本方針の下で、平和国家としての歩みを決して変えることはない。

解説　**日本の防衛政策**　日本の防衛政策は「国防の基本方針」（1957年策定）を基礎としてきたが、2013年、日本を取り巻く安全保障環境の変化を理由に、「国防の基本方針」に代わるものとして「**国家安全保障戦略**」が策定された。2022年に改定された「国家安全保障戦略」では、自国への武力攻撃が発生した場合、相手国の基地を攻撃できるとする反撃能力（敵基地攻撃能力）の保有が明記された。また、防衛力強化の目標を定めた「防衛計画の大綱」は1976年以来６度改定された後、2022年の改定で「**国家防衛戦略**」に名称変更された。

6　シビリアン・コントロール　頻出

? シビリアン・コントロールは、どのように行われているのか

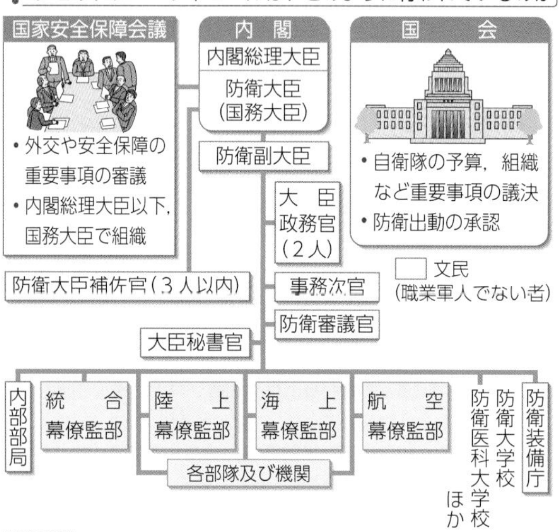

解説　**シビリアン・コントロールの意味**　軍によって市民的自由が脅かされないように、市民に選ばれた議会や政府が軍を統制することで、軍の政治介入を防ぐしくみを**シビリアン・コントロール（文民統制）**という。文民とは職業軍人ではない人をさす。シビリアン・コントロールに基づいて、日本では、文民である内閣総理大臣が自衛隊の最高指揮監督権をもっている。なお、これまでの安全保障会議は2013年に**国家安全保障会議**（日本版ＮＳＣ）に改組された。自衛官は必要とされる場合、この会議に出席することができる。

7　武力行使の三要件

従来の自衛権発動の三要件

①わが国に対する急迫不正の侵害があること。
②この場合にこれを排除するために他の適当な手段がないこと。
③必要最小限度の実力行使にとどまるべきこと。

↓

武力行使の新三要件（2014年７月、安倍内閣閣議決定）

①わが国に対する武力攻撃が発生したこと、**またはわが国と密接な関係にある他国に対する武力攻撃が発生し**、これによりわが国の存立が脅かされ、国民の生命、自由および幸福追求の権利が根底から覆される明白な危険があること。
②これを排除し、わが国の存立を全うし、国民を守るために他に適当な手段がないこと。
③必要最小限度の実力行使にとどまるべきこと。

武力行使を目的に、武装した部隊を他国の領土・領海・領空に派遣する海外派兵は、**自衛のための必要最小限度を超えるものであり、許されない。**

解説　**集団的自衛権はどこまで？**　2014年、それまでの「自衛権発動の三要件」に代わるものとして、集団的自衛権の限定的な行使を可能とした「**武力行使の新三要件**」が示された。政府は「あくまでも国の存立を全うし、国民の命と平和な暮らしを守るための必要最小限度の自衛の措置を認めるもの」としている。しかし、どこまでの範囲での活動が認められるのか不明瞭なことへの批判もある。

COLUMN

集団的自衛権の行使、一部容認へ

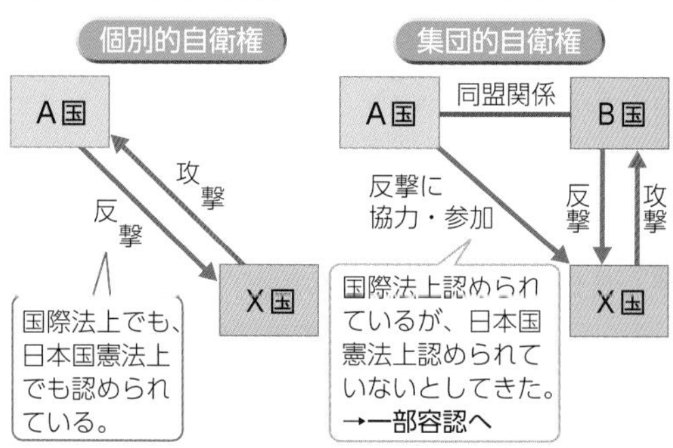

日本は集団的自衛権を国際法上（国連憲章第51条）保有しているが、憲法上その行使は認められないとしてきた。自衛隊がＰＫＯなどで海外派遣されるようになっても、政府はこの解釈に基づき、武器の使用を自衛隊員の防護のみに認めてきた。しかし、日本を取り巻く安全保障環境の変化を受けて、集団的自衛権の行使容認をめぐる議論が交わされるようになった。そして、2014年に政府は集団的自衛権の行使を限定的に容認する閣議決定を行い、安全保障関連の各法律が見直された。しかし、集団的自衛権を認めると、日本が容易に他国の戦争に巻きこまれるのではないかと心配する声もある。

Zoom　**集団的自衛権保持の根拠**　2014年の解釈変更は、「国連憲章には個別的・集団的自衛の固有の権利を害さないとあり、憲法は固有の自衛権を否定していない」とした砂川事件最高裁判決を根拠としたが、この判決文を根拠としたことには批判も大きい。

8 非核三原則

非核兵器ならびに沖縄米軍基地縮小に関する決議
(1971年11月24日 衆院本会議)

1．政府は、核兵器を持たず、つくらず、持ちこまさずの**非核三原則**を遵守するとともに、沖縄返還時に適切なる手段をもって、核が沖縄に存在しないこと、ならびに返還後も核を持ちこませないことを明らかにする措置をとるべきである。
1．政府は、沖縄米軍基地についてすみやかな将来の縮小整理の措置をとるべきである。右決議する。

解説 **疑念の多い「持ちこませず」** 佐藤首相が初めて**非核三原則**にふれたのは1967年12月であった。非核三原則自体は日本の国是を示したものであり、それ自体に法的拘束力はない。ただし、「つくらず」については、原子力基本法や核兵器拡散防止条約（ＮＰＴ）によって法的に禁止されている。

■ライシャワー発言（「毎日新聞」1981年５月18日）
核兵器を装備した米艦船の日本への「寄港、一次通過」は……事前協議の対象外であると米政府や軍部は理解している。この点に関しては日本政府の暗黙の合意がある。現に核兵器を装備した米空母と巡洋艦が日本に寄港しており……。
■核持ちこみ疑惑と核密約 日本政府は「アメリカからの事前協議の申し入れがない以上、米軍による核持ちこみはあり得ない」という見解であった。一方のアメリカは「艦船上の核兵器の存否は明らかにしない」とする政策をとっていた。しかし、2010年、外務省の有識者委員会の報告書で、米軍の核持ちこみに関する日米間の「暗黙の合意」の存在が明らかにされ、「広義の密約」があったと認定された。そして、日本政府は1968年から核持ちこみを黙認しており、歴代の首相もこのことを了承していたことが判明した。

事前協議制
在日米軍が日本側の意思に反して一方的な行動をとることがないよう、日本の領域内での米軍の配置・装備に関する重要な変更や、戦闘作戦行動のための施設・区域の使用に関しては、アメリカ政府と日本政府との間で事前に協議することを義務づけたもの。新日米安全保障条約第６条（➲p.306）の実施に関する「岸・ハーター交換公文」で明記された。

9 武器輸出三原則・防衛装備移転三原則 頻出

？武器輸出規制はどのように変化してきたのか

武器輸出三原則
佐藤首相による三原則の表明（1967年４月、衆議院決算委員会）
戦争をしている国、あるいはまた共産国向けの場合、あるいは国連決議により武器等の輸出の禁止がされている国向けの場合、それとただいま国際紛争中の当事国またはそのおそれのある国向け、こういうのは輸出してはならない。
三木首相による規制の強化（1976年２月、衆議院予算委員会）
⑴三原則対象地域については「武器」の輸出を認めない。
⑵三原則対象地域以外の地域については、……「武器」の輸出を慎むものとする。
⑶武器製造関連設備の輸出については、「武器」に準じて取り扱うものとする。

2014年、原則禁止から ⇩ 原則容認へ転換

防衛装備移転三原則（概要）
（2014年４月、安倍内閣閣議決定）
1．条約その他の国際約束・国連安保理決議に基づく義務に違反する場合や、紛争当事国への移転となる場合には、防衛装備の海外移転を認めない。
2．上記１以外の場合には、平和貢献・国際協力の積極的な推進や、日本の安全保障に資する場合に海外移転を認め、透明性を確保しつつ厳格審査を行う。
3．海外移転に際しては、適正管理が確保される場合に限定し、原則として、目的外使用および第三国移転について日本の事前同意を相手国に義務づける。

解説 **武器輸出規制の緩和** **武器輸出三原則**は、平和国家としての立場から、みずから輸出規制を表明した原則である。しかし、武器の国際共同開発が主流になる中で、日本の防衛産業・技術基盤を強化するため、アメリカへの武器技術の供与は例外として個別案件ごとに検討されるようになった。そして、政府は2014年に武器輸出三原則に代わる基準として**「防衛装備移転三原則」**を発表した。これにより、従来は原則禁止されていた武器輸出が原則容認されることになった。

10 自衛隊法（1954年公布、最終改正2022年） 出題

第３条【自衛隊の任務】 自衛隊は、我が国の平和と独立を守り、国の安全を保つため、我が国を防衛することを主たる任務とし、必要に応じ、公共の秩序の維持に当たるものとする。
② 自衛隊は、前項に規定するもののほか、同項の主たる任務の遂行に支障を生じない限度において、かつ、武力による威嚇又は武力の行使に当たらない範囲において、次に掲げる活動であつて、別に法律で定めるところにより自衛隊が実施することとされるものを行うことを任務とする。
1 我が国の平和及び安全に重要な影響を与える事態に対応して行う我が国の平和及び安全の確保に資する活動
2 国際連合を中心とした国際平和のための取組への寄与その他の国際協力の推進を通じて我が国を含む国際社会の平和及び安全の維持に資する活動
第７条【内閣総理大臣の指揮監督権】 内閣総理大臣は、内閣を代表して自衛隊の最高の指揮監督権を有する。
第76条【防衛出動】 内閣総理大臣は、……我が国を防衛するため必要があると認める場合には、自衛隊の全部又は一部の出動を命ずることができる。この場合においては、……国会の承認を得なければならない。
第78条【命令による治安出動】 内閣総理大臣は、間接侵略その他の緊急事態に際して、一般の警察力をもつては、治安を維持することができないと認められる場合には、自衛隊の全部又は一部の出動を命ずることができる。
第83条【災害派遣】 都道府県知事その他政令で定める者は、天災地変その他の災害に際して、人命又は財産の保護のため必要があると認める場合には、部隊等の派遣を防衛大臣又はその指定する者に要請することができる。

解説 **自衛隊の任務** 自衛隊は主たる任務である防衛出動のほか、従たる任務である治安出動、災害派遣などを任務としてきた。この主たる任務と従たる任務をあわせたものを「本来任務」と呼ぶ。2006年の改正では新たに従たる任務として国際平和協力活動が設けられ、後方地域支援、国際緊急援助活動などが付随的任務から本来任務に格上げされた。さらに、新しい安全保障法制の整備に伴う2015年の改正では、身の危険にさらされている在外日本人の保護（輸送を含む）措置や、存立危機事態（➲p.312）への対応、米軍などの部隊の武器を防護するための規定が追加された。

国際政治

TOPIC トピック 2015年、「背広組」といわれる防衛省内部部局の官僚（文官）と、「制服組」といわれる自衛官との関係が対等となり、「文官統制」が廃止された。

用語解説 ㉔専守防衛，㉕文民統制，㉖国家安全保障会議，㉗集団的自衛権，㉘非核三原則

Ⅲ 日米安全保障体制

11 日米安全保障条約 出題

?日米安全保障条約には、どのような特徴があるのか

①新旧安保条約の相違点

旧安全保障条約(1951年)	新安全保障条約(1960年)
• 5条からなる	• 10条からなる
• 米軍の日本防衛義務が不明確	• 日米による共同防衛が明記された
• 内乱に対しても駐留米軍が出動できる(内乱条項)	• 内乱条項は削除
• 期限なし	• 10年期限(自動更新)
• 日米行政協定で詳細を規定	• 行政協定は日米地位協定に改正

解説 **旧安保条約の特徴** 日米安全保障条約(安保条約)は、GHQによる占領後の日本への米軍の駐留を定めた軍事条約である。旧安保条約は、日本を朝鮮戦争における米軍の後方基地とするためのねらいがあった。また、大規模な内乱および騒じょうに在日米軍を使用できるという内乱条項が含まれていることへの批判もあった。

②新日米安全保障条約(抄) (日本国とアメリカ合衆国との間の相互協力及び安全保障条約)(1960年締結)

第2条【経済的協力】 締約国は、その自由な諸制度を強化することにより、これらの制度の基礎をなす原則の理解を促進することにより、並びに安定及び福祉の条件を助長することによつて、平和的かつ友好的な国際関係の一層の発展に貢献する。締約国は、その国際経済政策におけるくい違いを除くことに努め、また、両国の間の経済的協力を促進する。

第3条【自助及び相互援助】 締約国は、個別的に及び相互に協力して、継続的かつ効果的な自助及び相互援助により、武力攻撃に抵抗するそれぞれの能力を、憲法上の規定に従うことを条件として、維持し発展させる。

第4条【協議】 締約国は、この条約の実施に関して随時協議し、また、日本国の安全又は極東における国際の平和及び安全に対する脅威が生じたときはいつでも、いずれか一方の締約国の要請により協議する。

第5条【共同防衛】 各締約国は、日本国の施政の下にある領域における、いずれか一方に対する武力攻撃が、自国の平和及び安全を危うくするものであることを認め、自国の憲法上の規定及び手続に従つて共通の危険に対処するように行動することを宣言する。

第6条【基地許与】 日本国の安全に寄与し、並びに極東における国際の平和及び安全の維持に寄与するため、アメリカ合衆国は、その陸軍、空軍及び海軍が日本国において施設及び区域を使用することを許される。

第10条【効力終了】 この条約は、日本区域における国際の平和及び安全の維持のため十分な定めをする国際連合の措置が効力を生じたと日本国政府及びアメリカ合衆国政府が認める時まで効力を有する。

もつとも、この条約が10年間効力を存続した後は、いずれの締約国も、他方の締約国に対しこの条約を終了させる意思を通告することができ、その場合には、この条約は、そのような通告が行なわれた後1年で終了する。

極東の範囲の政府統一見解
……極東の区域は、……在日米軍が日本の施設及び区域を使用して武力攻撃に対する防衛に寄与しうる区域である。**かかる区域は、大体において、フィリピン以北並びに日本及びその周辺の地域であって、韓国及び中華民国の支配下にある地域もこれに含まれている。**(「中華民国の支配下にある地域」は「台湾地域」と読み替えている。)

解説 **双務性が強まった新安保条約** 1960年、新安保条約は日本国内の激しい反対(**安保闘争**)を押し切って調印された。新安保条約では、第5条でアメリカの日本防衛義務が明確化されたほか、第10条で10年間の有効期間が明記され、旧安保条約に比べて双務的な内容になっている。第6条には極東条項が含まれ、極東有事でも引き続き、在日米軍が作戦を展開することが認められた。

12 日米地位協定(抄)(1960年締結)

第2条1(a) 合衆国は、相互協力及び安全保障条約第6条の規定に基づき、日本国内の施設及び区域の使用を許される。……

第4条1 合衆国は、……日本国に施設及び区域を返還するに当たつて、当該施設及び区域をそれらが合衆国軍隊に提供された時の状態に回復し、又はその回復の代りに日本国に補償する義務を負わない。

第17条5(c) 日本国が裁判権を行使すべき合衆国軍隊の構成員又は軍属たる被疑者の拘禁は、その者の身柄が合衆国の手中にあるときは、日本国により公訴が提起されるまでの間、合衆国が引き続き行なうものとする。

日本国内で犯した罪	米軍	日本
アメリカの財産もしくは安全に対する罪	第一次裁判権(裁判権を最初に行使)	第二次裁判権(第一次裁判権が放棄された場合に行使)
米軍の構成員・軍属およびその家族に対する身体もしくは財産に対する罪		
公務執行中の作為または不作為による罪		
その他の罪	第二次裁判権	第一次裁判権

⬆**在日米軍構成員(米兵)、軍属(米国籍の文民で米軍に所属している者)の裁判権** 日米地位協定第17条5(c)によって、公務外の米兵による犯罪であっても、容疑者が基地内に逃げ込んでしまえば、日本の捜査当局は起訴まで身柄拘束ができない。

解説 **不平等な地位協定** 日本が米軍に対する施設区域の提供手続きなどを定めたものが**日米地位協定**である。1995年の米海兵隊員による沖縄の少女暴行事件では、地位協定に基づいて米軍が起訴まで被疑者の引き渡しを拒否し、大規模な抗議行動が起こった(➲p.309)。これらを受けて、地位協定の運用改善やアメリカ側が日本側に好意的配慮を払うことで日米が合意した。しかし、これはあくまでも運用改善であり、法的な義務ではないことから、地位協定の抜本的改定を求める意見もある。

Zoom **在日米軍の合憲性** 憲法第9条2項の「保持しない」の主語は日本国民であって、外国軍隊は違憲とならないとする見解や、憲法の平和主義に基づき、外国軍隊の駐留も違憲であるとする見解などがある。

13 基地問題

●在日米軍基地

おもな米軍基地

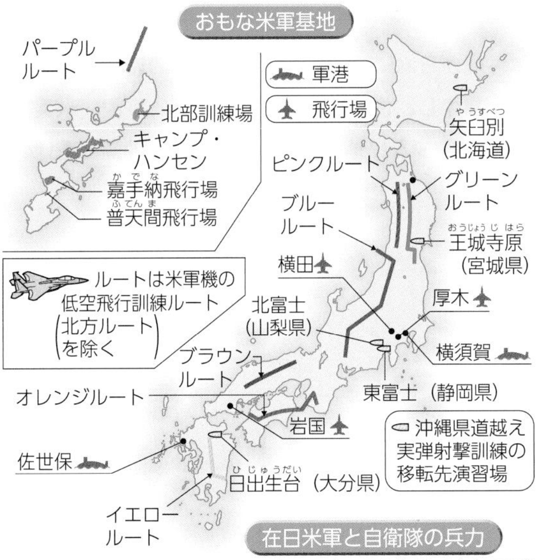

在日米軍と自衛隊の兵力

在日米軍専用施設の内訳

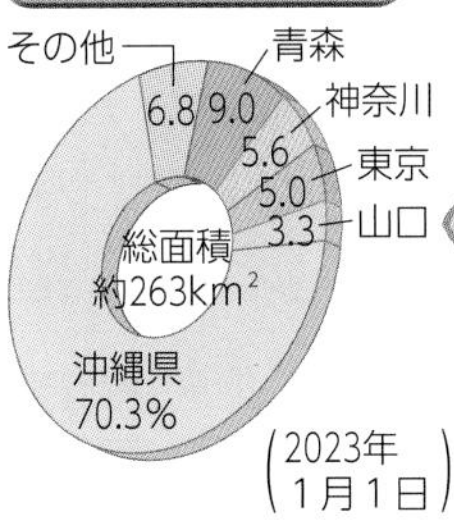

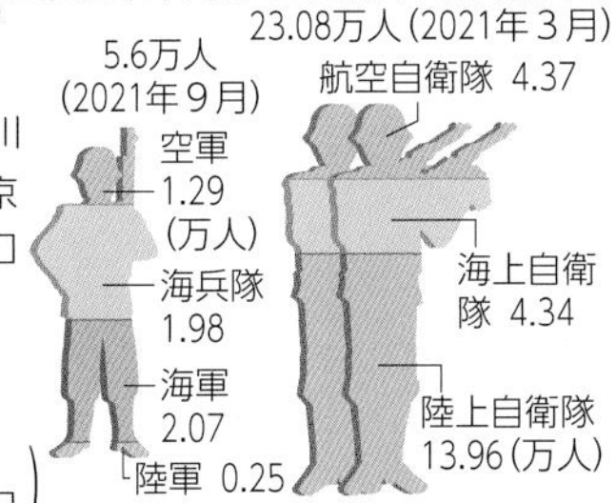

※統合幕僚監部等を含む。

（防衛省資料ほか）

米軍横須賀基地に接岸する原子力空母「ロナルド=レーガン」

●米軍の世界的配置

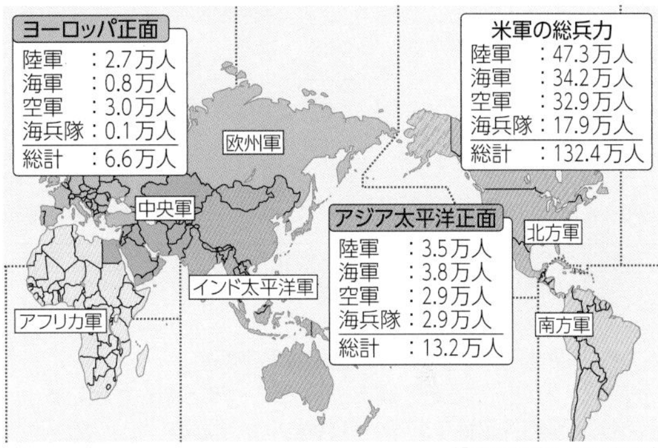

（『防衛白書』2022年版）

解説 **アジア太平洋の米軍の拠点** 日本にある米軍基地はアジア太平洋地域に展開するアメリカの拠点となっている。ベトナム戦争や湾岸戦争、イラク戦争の際には在日米軍が出動し、在日米軍基地の装備・弾薬などが使用された。

14 在日米軍駐留経費の負担(思いやり予算)

出題

●日米地位協定

第24条【経費の負担】1 日本国に合衆国軍隊を維持することに伴(ともな)うすべての経費は、2に規定するところにより日本国が負担すべきもの(注：施設及び区域並びに路線権)を除(のぞ)くほか、この協定の存続期間中日本国に負担をかけないで合衆国が負担することが合意される。

2 日本国は、第2条及び第3条に定めるすべての施設及び区域並びに路線権(飛行場及び港における施設及び区域のように共同に使用される施設及び区域を含む。)をこの協定の存続期間中合衆国に負担をかけないで提供し、かつ、相当(そうとう)の場合には、施設及び区域並びに路線権の所有者及び提供者に補償を行なうことが合意される。

解説 **本来はアメリカが負担すべき経費** 「思いやり予算」とは、**地位協定第24条には規定されていない基地従業員の基本給や水道光熱費などの負担のこと**である。地位協定では本来の土地所有者に支払う基地地代などを除いて、駐留(ちゅうりゅう)経費はアメリカ側が負担するとされていたが、ベトナム戦争などによる財政難に苦しむアメリカが駐留経費の分担を日本に求めた。1978年、当時の防衛庁長官はこれに応じ、その理由として「円高ドル安の事態を考えて行う思いやりだ」と答弁したことから「思いやり予算」と呼ばれるようになった。その後、1987年からは日米間の特別協定に基づいて「思いやり予算」が計上されている。現在、日本の駐留米軍経費負担額は、米軍の駐留を受け入れている国の中で最大となっている。

?「思いやり予算」とはどのような予算で、何を根拠としているのか

思いやり予算の推移 （防衛省資料）

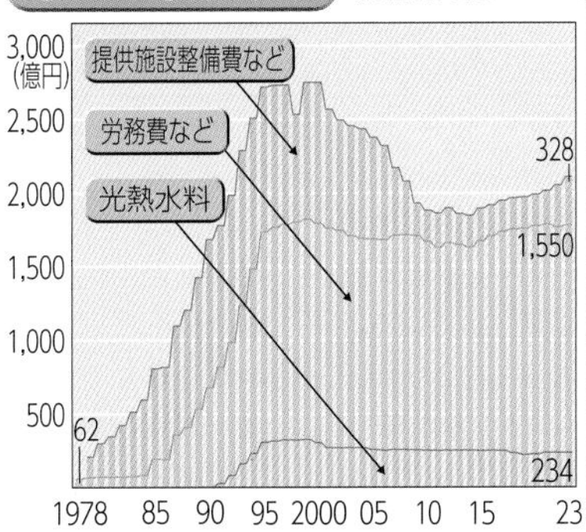

提供施設整備費
在日米軍の管理棟、家族住宅などの整備費
労務費など
在日米軍に勤務する従業員の給与、福利費
光熱水料
在日米軍施設で使用する光熱水料

駐留米軍経費負担額 （ ）は各国の負担率 （財務省資料）

直接支援……私有地にある米軍基地の経費など
間接支援……公有地にある米軍基地の経費など

防衛省の試算によると、2015年度の駐留米軍経費は2,210億円。このうち日本の負担は1,910億円で、負担率は86.4%となっている。

TOPIC トピック 「思いやり予算」ということばは当時防衛庁長官であった金丸信の答弁から生まれた。金丸はその後も要職を歴任したが、1992年に東京佐川急便事件で失脚した。

用語解説 ㉗⑨日米安全保障条約、㉘⓪思いやり予算

FILE 33

基地の島「沖縄」

第二次世界大戦が終わり、約75年となる。また、1972年に沖縄が日本に返還されてから50年の時が過ぎた。しかし、沖縄には、日本国内の米軍基地（専用施設）の約70％が集中し、住民は騒音、環境破壊、事故、米兵による犯罪などに苦しんでいる。なぜ、第二次世界大戦中に、国内で数少ない地上戦の舞台となった沖縄は基地の島とされ、長い間、さまざまな問題を抱え続けているのだろうか。

在日米軍の土地面積	約262.6km²
うち沖縄県	約184.5km²（約70％）

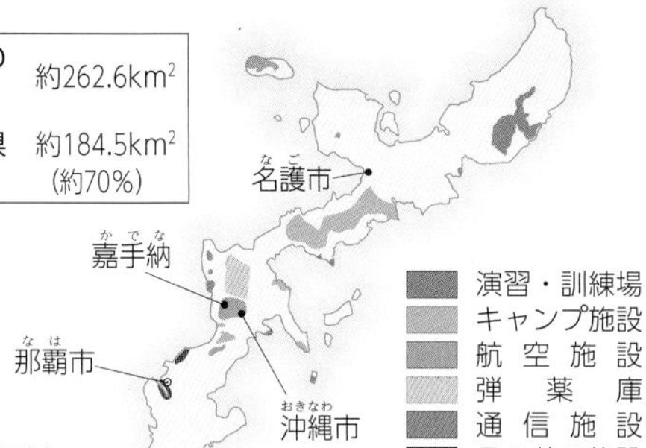

（2023年1月現在）

1952	サンフランシスコ平和条約発効により日本の主権回復 沖縄は、アメリカの施政権の下に置かれる
1960	沖縄県祖国復帰協議会結成
1969	佐藤・ニクソン会談（日米共同声明）
1970	コザ市（現在の沖縄市）で米軍に対する暴動が起こる
1971	沖縄返還協定調印。「核抜き・本土なみ」で合意
1972	沖縄、日本へ復帰
1987	沖縄国体開催中に「日の丸」焼却事件起こる
1995	平和の礎完成 米兵による少女暴行事件。大田知事、代理署名拒否
1996	日米地位協定の見直しの賛否を問う県民投票 沖縄に関する日米特別行動委員会（ＳＡＣＯ）が、米軍基地の整理・縮小に合意
2000	九州・沖縄サミット開催。首里城跡が世界遺産に登録
2004	大学構内に米軍ヘリコプターが墜落
2007	在日米軍再編特別措置法が成立
2016	北部訓練場のうち約4,000ヘクタール（県内米軍専用施設の約18％）が返還される
2019	普天間飛行場の移設をめぐり、名護市辺野古沖の埋め立ての賛否を問う県民投票で、反対が７割を超える

沖縄の地政学的位置

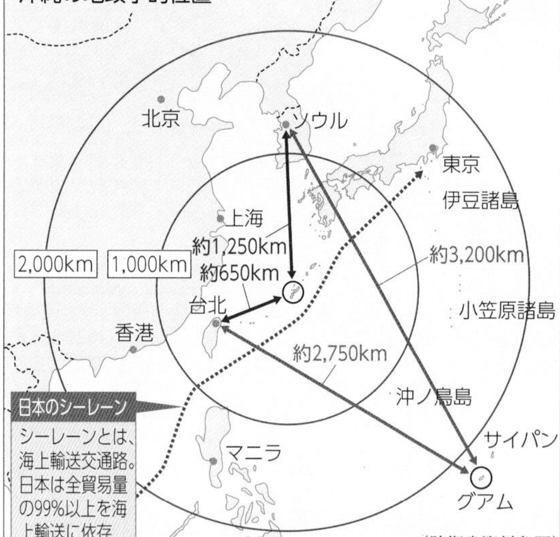

（防衛省資料参照）

アメリカにとっての沖縄の意味

沖縄は米軍の極東における「キーストーン（要石）」といわれるように、在日米軍基地が沖縄に集中しているのは、地政学的な理由からだといわれている。在日米軍は日本のみでなくアジア太平洋の安全保障のために駐留しているとされ、最近では対テロ戦争の「アジアの前線基地」とみなされている。米軍は沖縄に駐留することで、アジア太平洋地域だけでなく、インド洋方面にまで部隊を迅速に展開することができるということである。

沖縄に集中する米軍基地

沖縄県の面積は日本の国土の0.6％を占めるにすぎないが、在日米軍専用施設の約70％が沖縄県に存在している。また、日本にいる米兵のうち約２万6,000人が沖縄に駐留している（2011年現在※）。

アジア・太平洋地域に展開している米軍の規模は、日本のほか、ハワイやグアム、韓国、オーストラリアなどに加え、洋上展開している艦船に配置されている要員を含めて約13万人である（2020年現在）。このことを考えると、小さな沖縄に大きな負担が押しつけられていることが見えてくる。なぜ沖縄に米軍基地が集中しているのだろうか。

※2020年現在の日本の駐留米兵は約５万3,700人。沖縄に駐留している米兵は、2012年以降非公表。

沖縄返還後も進まない基地削減

1951年にサンフランシスコ平和条約が締結され、ＧＨＱによる統治が終結した後も、日本本土には多くの米軍基地が存在していた。しかし、各地で基地反対運動が起こるようになると、米軍基地の多くをアメリカ占領下にあった沖縄に移転させるようになった。この背景には、地政学的理由のほかに、極東の拠点である日本との関係を維持するために、本土の日本国民との摩擦を避ける必要があったからだといわれている。

本土から沖縄への基地移転に対して、沖縄でも反発は強く、「島ぐるみ闘争」が沸き起こった。しかし、米軍によって「銃剣とブルドーザー」と呼ばれた実力行使を伴う土地収用が行われ、基地が建設されていった。

1972年の沖縄返還の翌年、東京都心に近い米軍施設がまとめて返還され、横田基地への集約が行われた。こうして本土では人口密集地周辺から基地が消えていくことで、本土での反基地感情は急速に低下した。しかし、1972年以降、本土の米軍専用施設面積は約４割に減少した一方で、沖縄では復帰後に約３分の１が返還されたにすぎない。

現在、沖縄県にある在日米軍専用施設の面積は、沖縄県の面積の約12％を占めている。沖縄への基地集中は本土の基地問題軽減の結果といえる。

Zoom **在日米軍専用施設**　日米地位協定に基づいて在日米軍が管理・運営する施設。基本的には施設の運用に国内法が適用されず、立ち入り許可なども米軍の裁量による。専用施設のほかに、自衛隊が管理し、在日米軍と共同利用している共用施設もある。

基地建設に反対する集会(2010年)

米軍普天間飛行場(沖縄県宜野湾市)

基地による被害

基地の存在は軍用機による騒音や事故、米兵による犯罪などさまざまな負担を沖縄に強いている。

1995年には米兵による少女暴行事件が起こったが、アメリカ側は日米地位協定を根拠に、起訴前の米兵の身柄を引き渡さなかった。これに対して、沖縄県民の怒りが高まり、10月には沖縄県民総決起大会が開かれ、８万5,000人が参加し、基地の整理・縮小や日米地位協定の見直しが要求された。そして、日米地位協定の運用が改善されることになり、殺人など凶悪な犯罪の場合に、アメリカ側が「好意的な配慮」を行うこととなった(➲p.306)。しかし、米兵による犯罪はその後も毎年のように起こっている。

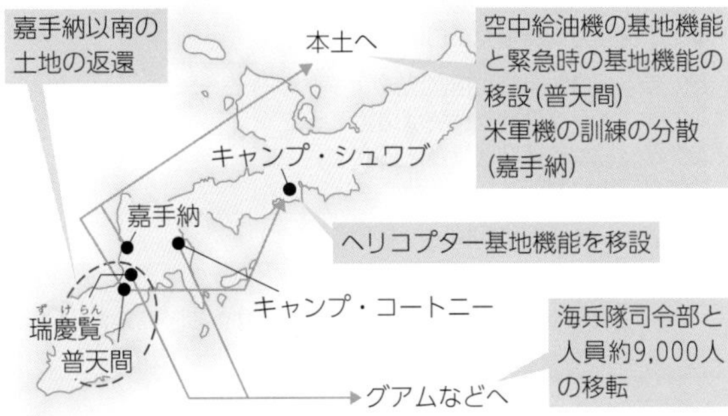

在日米軍の再編

(防衛省資料)

普天間飛行場移設問題

普天間飛行場は1950年代以降、米軍の基地として整備されていった。現在、周辺は住宅密集地であり、普天間飛行場の航空機が起こした事故も多い。現在、この飛行場を移設する計画が問題化している。

1995年の少女暴行事件や2004年の大学敷地内へのヘリコプター墜落事故などを受けて、2006年、キャンプ・シュワブにある辺野古沿岸部への飛行場移設が日米間で合意された。その後、2009年に「県外移設」を前提に再度審議されたが、移設の受け入れ先が決まらず、再び辺野古案が示されることになった。県内移設反対の県民世論が高まる中で、移設計画は停滞した状態であったが、2013年12月、沖縄県知事は辺野古沖の埋め立てを承認した。

その後、辺野古への飛行場移設は、反対の声の高まりを受けて、2016年に承認は取り消された。しかし、移設を推進する国が沖縄県を相手に裁判を起こした結果、最高裁判決により承認取り消し処分は違法とされ、移設工事が再開された。2019年には、沖縄県の条例に基づいて、辺野古沖の埋め立ての賛否を問う県民投票が行われ、反対が７割を超える結果となったが、国側は工事を継続している。

国側は辺野古への飛行場移設の理由について、「軍事的には沖縄でなくてもよいが、政治的に考えると沖縄が最適地だ」(2012年防衛大臣の発言)、「移設先となる本土の理解が得られない」(2020年安倍首相の発言)などとしている。

2017年に行われたNHKの世論調査では、沖縄以外の人の約６割は本土移転に反対している。また、国内の米軍基地の撤去や縮小を求める人ほど本土移転に反対し、現状維持を求める人ほど本土移転に賛成する傾向が示されている。

在日米軍では、沖縄の基地負担を軽減するため、沖縄に駐留する海兵隊の一部を2024年からグアムに移転する再編計画を進めているが、軍事的条件からすべてを移転することは難しいとされる。このため、国内では沖縄の米海兵隊の一部を本土へ移駐させるなど、基地負担を分散化する取り組みが進められている。一方で、移転先の騒音の増加や地域住民の不安などが問題として報じられることも増えてきている。沖縄の基地問題については、日米安保体制の下で、本土と沖縄とがどのように基地負担をしていくのか、議論していく必要があるだろう。

沖縄と基地経済

基地の存在は、沖縄に経済効果をもたらしているという指摘がある。土地を基地に貸している地主には地代収入をもたらしており、国から約1,000億円が支払われている。また、米軍施設での雇用が約9,000人いるほか、基地周辺での商業など基地関係の収入があり、「基地城下町」としての一面があるのは事実である。ただし、県民総所得に占める基地収入の割合をみると、基地よりも観光が沖縄の経済の柱になっている。

基地の返還は、短期的には経済的な負の影響が予測されるが、長期的にはむしろ経済的な発展につながるという試算もある。1987年に米軍住宅用地が返還された那覇新都心では、大型ショッピングセンターなどがつくられ、返還前よりはるかに大きな経済効果をあげている。

沖縄県民の所得に占める基地関係収入の割合

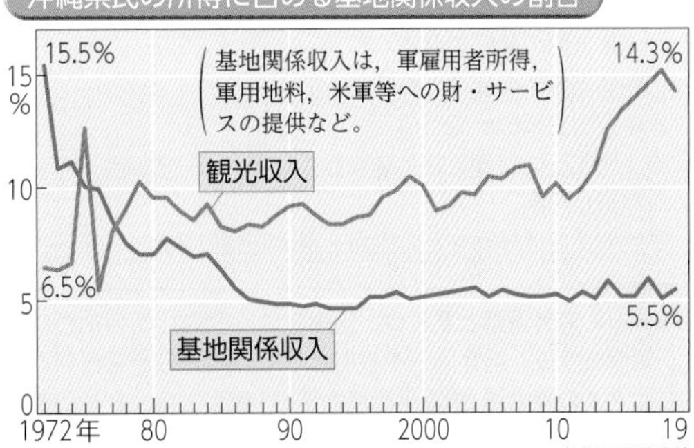

(沖縄県資料)

TOPIC トピック 1996年に行われた沖縄の基地整理・縮小などに関する県民投票の投票率は59.53%であった。その内訳は賛成が約48万票、反対が約５万票であった。

Ⅳ 自衛隊の活動範囲の拡大

15 自衛隊の海外派遣

？自衛隊の活動は、どのように拡大してきたのか

●湾岸戦争以降の海外派遣の動き

1991年　湾岸戦争勃発、国際貢献を求められる
→戦争終結後、ペルシャ湾へ自衛隊掃海艇を派遣

↓ 日本の国際貢献に対する海外からの批判

1992年　**ＰＫＯ協力法(国際平和協力法)**成立
→カンボジアに自衛隊を派遣(ＵＮＴＡＣ)
国際緊急援助隊法改正
→海外で大規模な災害が発生した場合に行われる国際緊急援助活動への自衛隊の参加が可能となる

↓ アメリカ同時多発テロ事件(2001年)

2001年　**テロ対策特別措置法成立**
2003年　**イラク復興支援特別措置法成立**
2008年　**補給支援特別措置法成立**
（以上、有効期限を定めた「時限立法」）
2009年　**海賊対処法成立**

↓ 新しい安全保障関連法の制定(2015年)

2015年　**国際平和支援法成立**
→国連決議に基づいて派遣された米軍や多国籍軍などに対する後方支援を随時可能とする「恒久法」

湾岸戦争の原因と経過

1990年、イラクがクウェートを侵略した。侵略の原因はクウェートの油田が目的であったとされる。これに対して、国連安保理決議に基づいて、米軍を中心に英・仏・サウジアラビアなどから多国籍軍が組織され、1991年にイラクを武力制裁した。

日本の対応

アメリカは日本に対して湾岸戦争に協力するよう求めた。しかし、国際紛争を解決する手段としての武力行使を禁じている日本国憲法に抵触するおそれがあるため、自衛隊を派遣できなかった。その代わり、日本は国際貢献として総額130億ドルを拠出し、さらに戦争終結後、自衛隊法第99条に基づいて掃海艇をペルシャ湾に派遣し、機雷の除去作業にあたった。

解説 **湾岸戦争での日本の評価**　アメリカから湾岸戦争への協力を求められた日本は、国外へ自衛隊を派遣できないため巨額の資金を拠出したが、国際的にはほとんど評価されなかった。クウェートが米紙に出した感謝広告に日本の国名がなかったため、日本国内でも議論を呼ぶことになった。

16 日本の平和協力活動

頻出

●国際平和協力法の概要(内閣府資料)

国連決議や国連事務総長・国際機関・地域的機関などの要請
↓
国際平和協力本部長(内閣総理大臣)
↓
閣議(業務実施の決定、実施計画の決定、関係政令の決定) → 国会へ報告
→ 一部業務につき国会承認
↓
国際平和協力隊の設置、自衛隊の参加など
↓ 実施計画　本部長作成の実施要領
国際平和協力業務を実施
・国連平和維持活動(ＰＫＯ)　・人道的な国際救援活動
・国際連携平和安全活動　・国際的な選挙監視活動
↓
国際平和協力業務の終了 → 実施の結果を国会へ報告

●日本のＰＫＯのおもな業務

ＰＫＯ
- 平和維持軍(ＰＫＦ)……停戦監視、武装解除監視、兵力引き離し、緩衝地帯設置など（自衛隊による）
- 停戦監視団、選挙監視団
- 文民警察活動、行政支援活動
（自衛隊のほか、警察官・行政職員・民間人による）

●日本のＰＫＯ参加５原則

①当事者間の停戦の合意
②紛争当事者の受け入れ同意
③中立的立場の厳守
④上記①～③が満たされなくなった場合は、独自判断による撤退が可能
⑤武器使用は隊員などの生命・身体防護に限定

← 2015年の改正で、武装集団に襲撃された他国のＰＫＯ要員や民間人などの防護(駆けつけ警護)にも、武器を使用できるとした。

●ＰＫＯ協力法に基づく自衛隊のおもな派遣

(2023年４月現在)

活動名	派遣先	派遣期間	業務内容など
国連カンボジア暫定機構[ＰＫＯ]	カンボジア	1992. 9～93. 9	施設部隊600人ほか
国連モザンビーク活動[ＰＫＯ]	モザンビーク	1993. 5～95. 1	輸送調整部隊48人ほか
ルワンダ難民救援活動[人道救援]	ザイール、ケニア	1994. 9～12	難民救援隊283人ほか
国連兵力引き離し監視隊[ＰＫＯ]	イスラエル、シリア、レバノン	1996. 2～2013. 1	輸送部隊44人ほか
東ティモール避難民救援[人道救援]	インドネシア	1999.11～2000. 2	空輸隊113人
パキスタンでのアフガン難民救援活動[人道救援]	パキスタン	2001.10	空輸隊138人ほか
国連東ティモール支援団[ＰＫＯ]	東ティモール	2002. 5～04. 6	施設部隊680人ほか
イラク被災民救援[人道救援]	イタリア、ヨルダン	2003. 7～ 8	空輸隊104人ほか
国連ネパール政治ミッション[ＰＫＯ]	ネパール	2007. 3～11. 1	軍事監視要員６人ほか
国連スーダン・ミッション[ＰＫＯ]	スーダン	2008.10～11. 9	司令部要員２人
国連ハイチ安定化ミッション[ＰＫＯ]	ハイチ	2010. 2～13. 2	施設部隊346人ほか
国連南スーダン共和国ミッション[ＰＫＯ]	南スーダン	2011.11～※	施設部隊401人ほか

※南スーダンにおける自衛隊の施設部隊は2017年５月に撤収し、2023年４月現在、司令部要員４名が派遣されている。　(外務省資料ほか)

解説 **海外派遣とＰＫＯ**　自衛隊は、武力行使のために海外に派遣すること(海外派兵)は憲法上許されないとされている。しかし、湾岸戦争後、自衛隊法を根拠とした自衛隊の通常任務として、初めてペルシャ湾に掃海艇が派遣(海外派遣)された(1991年)。翌年にはＰＫＯ協力法(国際平和協力法)が制定され、**ＰＫＯ参加５原則が満たされた場合に限り、国連平和維持活動(ＰＫＯ)のための海外派遣を認めた**。そして、2001年には**平和維持軍**(ＰＫＦ)本隊への参加の凍結が解除された(参加実績はない)。

Zoom **変化する国民の判断基準**　湾岸戦争直後の世論調査では自衛隊派遣を「違憲」とする回答が約67％、1992年の世論調査では成立前のＰＫＯ協力法に「反対」が約58％であったが、2021年には自衛隊のＰＫＯ参加への支持は９割に達している。

17 広がる自衛隊の海外派遣

?海外派遣の理由はどのように変化してきたのか

①自衛隊の海外派遣先(防衛省資料)

※2019年、初の「国際連携平和安全活動」として、エジプトのシナイ半島に自衛隊が派遣された。

解説 **自衛隊の海外派遣** 自衛隊の海外派遣は、着実にその活動範囲を広げてきた。内閣府が2015年に実施した世論調査では、自衛隊の海外での活動について「大いに評価する」が39.2%、「ある程度評価する」が50.6%で、合わせると９割近くにのぼった。自衛隊が国際社会においても一定の評価を得ている一方で、戦闘に巻きこまれるおそれのある地域での活動や、他国の部隊と共同で作戦を行うことも増え、武器使用や集団的自衛権に関する議論などが現実的なものになってきている。平和憲法をもつ国として、平和を定着させるための復興支援やインフラ整備、行政機構支援など、自衛隊としてふさわしい国際貢献の形を模索していく必要があるだろう。

②自衛隊の海外派遣の法的根拠

頻出

	ＰＫＯ協力法(1992年)	テロ対策特別措置法(2001年)	イラク復興支援特別措置法(2003年)	海賊対処法(2009年)	重要影響事態法(2015年)	国際平和支援法(2015年)
成立の経緯	1991年の**湾岸戦争**後の国際貢献をめぐる論議の高まりとペルシャ湾への自衛隊掃海艇派遣により、海外派遣の原則を定めることが求められ、これを受けて制定された。➲p.310	2001年９月11日に発生した**アメリカ同時多発テロ事件**を受けて制定された。アメリカなどがアフガニスタンで行う「対テロ戦争」を後方支援することを定めている。2007年に失効。→2008年に成立した**補給支援特別措置法**で活動を再開(2010年失効)。	アメリカなどによるイラクとの戦争と、それに引き続く事態に対して、復興を支援するために制定された。初めて戦闘のおそれがある地域に陸上部隊を派遣することになり、**非戦闘地域の定義や集団的自衛権の問題が議論された。**2009年に失効。	ソマリア沖・アデン湾で頻発する海賊被害に対して、多くの日本船舶がソマリア沖を航行しながら、護衛を他国の艦船に頼っていた。そのため、海賊行為の定義・処罰の定め、および海賊行為への適切かつ効果的な対処を目的として制定された。	新しい安全保障関連法の１つとして、1999年に成立した**周辺事態法**を改正した法律。周辺事態法の活動範囲である「日本周辺」という**地理的限定を削除し、活動範囲を世界規模に拡大した。**➲p.313	新しい安全保障関連法の１つとして成立。これまでの期間の定めがある「特別措置法」に代わり、**期間の定めがなく、米軍や多国籍軍などへの後方支援を随時可能とする「恒久法」として制定された。**
基本原則・内容	ＰＫＯ参加５原則に則って以下の活動を行う。 **❶ＰＫＯ** **❷国際連携平和安全活動** **❸人道的な国際救援活動**…紛争発生地域での医療や施設復旧などの被災民への救援活動 **❹国際的な選挙監視活動**…紛争地域での選挙や住民投票などの監視活動	•海上自衛隊がインド洋に派遣されて、米軍などに対する給油・給水などの支援活動を実施する。 •武力による威嚇または武力の行使にあたるものであってはならない。 •補給支援特別措置法で国会承認を不要とした。	•武力による威嚇または武力の行使にあたるものであってはならない。 •イラク国内で復興にあたる国連加盟国の支援として、医療、輸送、保管(備蓄を含む)、通信、建設、修理、整備、補給、消毒などを行う。	•警察官に準じた武器使用および、事態に応じて必要と判断される限度においての武器使用を認める。 •出動は内閣総理大臣の承認と国会への報告が必要。 •海上保安庁による対処に加えて、必要に応じて自衛隊の出動が可能。	•重要影響事態に際して、米軍などに対して、後方支援活動(補給・輸送・修理など)、捜索救助活動、船舶検査活動を行う(武器の提供はできないが、弾薬の提供はできる)。 •出動は原則として国会の事前承認が必要(緊急の場合は事後承認も可)。	•国際平和共同対処事態に際して、国連決議(総会または安保理の決議)に基づいて派遣された諸外国の軍隊に対して、後方支援(協力支援)活動、捜索救助活動、船舶検査活動を行う。 •出動は例外なく国会の事前承認が必要。
活動範囲	限定なし(ＰＫＯ５原則に従う)。	非戦闘地域であり、インド洋(ペルシャ湾を含む)および日本とインド洋の間の海域およびその沿岸国。	非戦闘地域である公海と、その上空または同意のある国の領域。	単に「海上」とされており、地理的限定なし。	地理的限定はないが、「現に戦闘行為が行われている現場」では実施しない。外国領域での活動は、外国の同意がある場合に限る。	地理的限定はないが、「現に戦闘行為が行われている現場」では実施しない。

※非戦闘地域……「①戦闘行為が行われておらず」、かつ、「②活動期間を通じて戦闘行為が行われることがない」地域。重要影響事態法と国際平和支援法では非戦闘地域の概念がなくなり、単に「戦闘行為が行われている現場以外」なら活動可能とした。

TOPIC トピック 2011年１月、中東地域の不安定化を受けて、日本関係船舶の安全確保に必要な情報収集を行う目的で、防衛省設置法第４条に基づいて自衛隊が派遣された。

用語解説 ㉛ＰＫＯ協力法、㉜海賊対処法

18 有事関連法

?「有事」とは、どのような状態をさすのか　出題

有事関連法の相互の関係

(「朝日新聞」2004年6月15日をもとに作成)

武力攻撃事態法（事態対処法）
日本への武力攻撃の際などに取る手続きや、関連法整備の方針を明示

↓

「武力攻撃事態」「武力攻撃予測事態」と認定し、対処基本方針を閣議決定。以下の法に沿って攻撃の排除、国民の安全確保などの対処措置を実施

改正安全保障会議設置法※
安全保障会議の役割の明確化・強化
安全保障会議に対処基本方針などを諮問・答申

有事関連３法（2003年６月）
有事関連７法（2004年６月）

捕虜取扱い法
捕虜の拘束や抑留などの手続きを規定

国際人道法違反処罰法
国際人道法違反の行為への罰則を規定

国民保護法
国民の避難・救援の手続きや、国民の協力のあり方を規定

特定公共施設利用法
港湾、空港などを自衛隊や米軍、避難民のどちらが優先利用するかを調整

海上輸送規制法
敵国への武器などの海上輸送阻止のため臨検を可能に

自衛隊法の改正
私有地や家屋の強制使用や、私有地の緊急通行を認めるなど自衛隊の行動を円滑化

自衛隊法の改正
米軍との物品・役務の相互提供の手続きを規定

米軍行動関連措置法※
物品・役務の提供で米軍の行動を円滑化、米軍の行動情報を国民に提供

武力攻撃排除のため　／　国民保護のため　／　国際人道法実施のため

有事に関するさまざまな「事態」

■2003年の武力攻撃事態法で定義

武力攻撃事態…武力攻撃が発生した事態、または、武力攻撃が発生する明白な危険が切迫しているに至った事態
→個別的自衛権の行使で対処

武力攻撃予測事態…武力攻撃には至っていないが、事態が緊迫し、武力攻撃が予測されるに至った事態
→自衛隊は出動待機（武力行使は不可）

■2015年の新しい安全保障関連法で定義

存立危機事態…日本と密接な関係にある他国に対する武力攻撃が発生し、これにより日本の存立が脅かされ、国民の生命、自由、幸福追求の権利が根底から覆される明白な危険がある事態
→集団的自衛権の行使が可能に

重要影響事態…そのまま放置すれば日本に対する直接の武力攻撃に至るおそれのある事態など、日本の平和や安全に重要な影響を与える事態（周辺事態法の「周辺事態」の定義を拡大し、地球規模に適用）
→米軍などを後方支援（武力行使は不可）

※安全保障会議設置法は2013年に国家安全保障会議設置法に改正。米軍行動関連措置法は2015年に米軍等行動関連措置法に改正。

有事への対処の手続き

(防衛省資料参照)

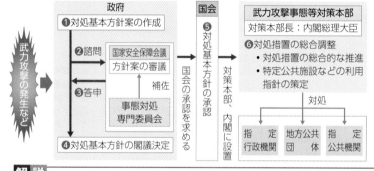

武力攻撃の発生など ⇒

政府
❶対処基本方針案の作成
❷諮問 → 国家安全保障会議　方針案の審議
❸答申 ←（補佐：事態対処専門委員会）
❹対処基本方針の閣議決定
→ 国会の承認を求める

国会
❺対処基本方針の承認
→ 対策本部、内閣に設置

武力攻撃事態等対策本部
対策本部長：内閣総理大臣
❻対処措置の総合調整
- 対処措置の総合的な推進
- 特定公共施設などの利用指針の策定

対処 → 指定行政機関／地方公共団体／指定公共機関

国民保護法のポイント

国の責任…国民の保護に関する基本方針を策定、避難警報を発令、原子力施設の安全確保、国民への情報提供

地方公共団体の役割…対策本部の設置、住民に対する避難の指示・救援・収容

指定公共機関※の役割…避難放送の実施、電気・ガスの提供、物資の輸送、医療・救援協力

国民の協力…被災者の救援、消火活動、衛生の確保

※放送・電気・ガス・運送事業者など

解説　**有事の際の具体的対応を規定**　1954年に制定された自衛隊法は、有事（武力衝突などのおそれのある非常事態）における国の具体的な取り組みを定めたものではなかった。そのため、1999年に**周辺事態法**が制定され、2003年と2004年に**有事関連法**が制定された（周辺事態法は2015年に**重要影響事態法**に改正）。有事関連法の中核となるのは**武力攻撃事態法**（2015年に事態対処法に改正）であり、基本理念のほか、国や地方公共団体などの責務と役割分担、国民の協力、対処基本方針の整備などの基本事項が定められている。

COLUMN ミサイル防衛

1960年代に大陸間弾道ミサイル（ＩＣＢＭ）が開発されると、これを着弾前に打ち落とす技術の開発が進められた。アメリカでは、1980年代にレーガン大統領によって戦略防衛構想（ＳＤＩ構想）が打ち出された。また、2000年代には、ブッシュ大統領が大気圏外での迎撃実験を制限していた弾道弾迎撃ミサイル（ＡＢＭ）制限条約を破棄し（2002年）、迎撃ミサイルの開発・配備を本格的に進めた。

日本では1998年の北朝鮮によるミサイル発射実験をきっかけに、ミサイル防衛（MD）に関する議論が活発化し、2003年にミサイル防衛システムの導入を決定した。その後、ＰＡＣ３やイージス艦などの装備の整備が進められ、自国の領域に侵入してきた弾道ミサイルを迎撃する体制が整えられた。

なお、配備が計画されていた地上配備型の「イージス・アショア」は、2020年６月に計画停止が決定された。

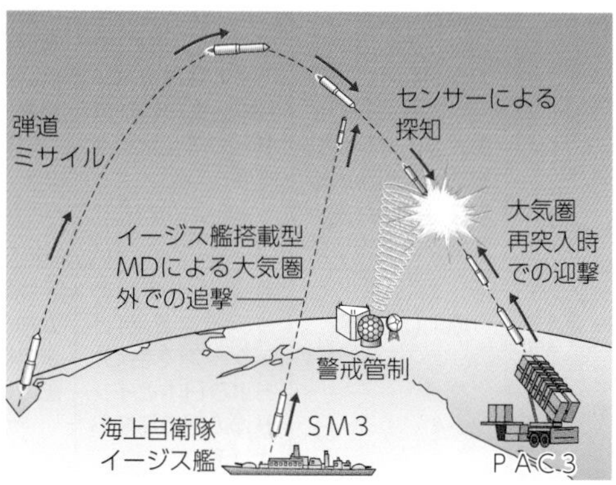

⬆**ミサイル防衛（MD）構想**　実際に北朝鮮が2009年に「テポドン２」とみられる弾道ミサイルを発射した際、自衛隊法に基づいて「破壊措置命令」が発令され、実行はされなかったものの、MDシステムで迎撃する体制が整えられた。

Zoom 自衛権の境界　有事に関するさまざまな「事態」への対応は自衛権を根拠としていることから、いずれも「日本の存立が脅かされ」「放置すれば日本に対する直接の武力攻撃に至る」などの文言が含まれるが、その境界は曖昧である。

FILE 34

新しい安全保障関連法の成立 頻出

2015年、武力攻撃事態法など既存の10の法律の改正と、自衛隊をいつでも海外に派遣できる恒久法である「国際平和支援法」の制定からなる新しい安全保障関連法が成立した(2016年３月施行)。新しい安全保障関連法で、日本の安全保障と自衛隊の海外での活動はどのように変わるのだろうか。

安全保障関連法の内容

	法　律	できるようになったこと
改正	事態対処法	•「存立危機事態」を新たに定義し、「武力攻撃事態」と「存立危機事態」における武力の行使が可能に
改正	重要影響事態法	•「重要影響事態」での米軍などに対する後方支援。弾薬の提供も可能に
改正	自衛隊法	•在外日本人の救出・輸送や、米軍の艦船の防護。任務を遂行するための武器使用は可能 •外国領域への出動には該当国の同意が必要
改正	ＰＫＯ協力法	•他国のＰＫＯ要員や民間人を防護するための武器使用(駆けつけ警護) •国連が統括しない「国際連携平和安全活動」への参加
改正	その他の改正…船舶検査活動法、米軍等行動関連措置法、特定公共施設利用法、海上輸送規制法、捕虜取扱い法、国家安全保障会議設置法	
新設	国際平和支援法	国連決議に基づいて活動している諸外国の軍隊に対する後方支援

拡大する自衛隊の活動

■集団的自衛権の行使→可能に

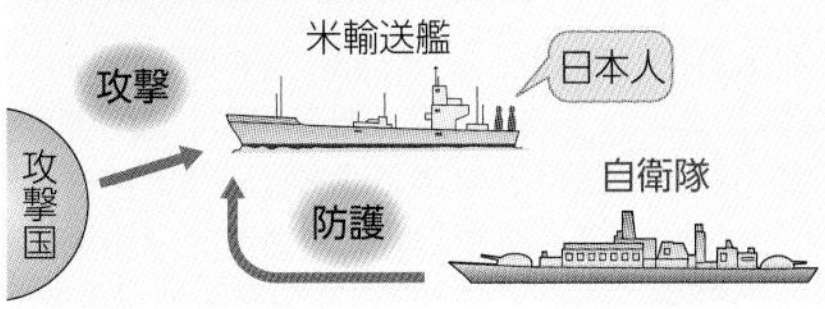

日本人を輸送中のアメリカの輸送艦の防護や、アメリカに対して発射された弾道ミサイルの迎撃
→武力攻撃事態法を事態対処法に改正

■後方支援の制約→緩和

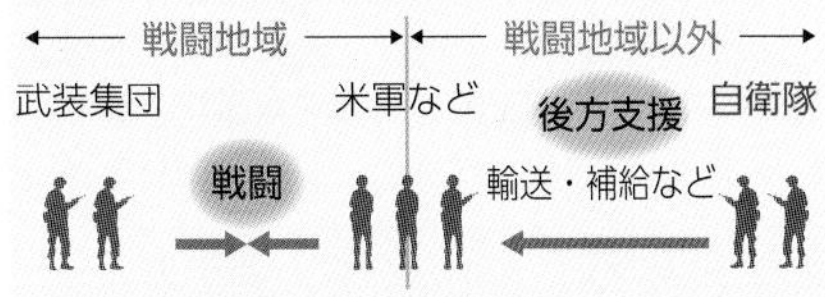

①有事での後方支援の地理的制約を削除→周辺事態法を重要影響事態法に改正
②紛争地域での他国軍への後方支援→国際平和支援法制定

■国連平和維持活動(ＰＫＯ)などに伴う「駆けつけ警護」→可能に

他国のＰＫＯ要員やＮＧＯが襲われた場合、自衛隊が武力行使を伴わない範囲での武器使用
→ＰＫＯ協力法改正

武器使用…自己や他の要員の防衛や、任務遂行に対する妨害を排除するための、必要最小限の武器の使用。
武力行使…国際的な武力紛争の一環としての戦闘行為であり、個別的および集団的自衛権に基づいて行使されるもの。

新安保法制の内容

2014年の集団的自衛権の限定的な行使を可能とする閣議決定を受けて、2015年に新しい**安全保障関連法**が制定された(2016年施行)。

新しい安全保障関連法は、武力攻撃事態法やＰＫＯ協力法など既存の法律の一括改正と、「国際平和支援法」からなる。これにより、有事の定義に「存立危機事態」や「重要影響事態」が追加された。そして、「存立危機事態」においては、他国に対する武力攻撃であっても、「日本の存立が脅かされ、国民の生命・自由・幸福追求の権利が根底から覆される明白な危険がある」と判断された場合には、武力行使が可能となった。

またＰＫＯにおいても、他国のＰＫＯ要員や民間人を防護するための武器使用(いわゆる駆けつけ警護)ができるようになった。今回の安保法制によって、集団的自衛権の限定的な行使は名実ともに可能となった。

賛否分かれた新安保法制

政府は今回の法整備について、テロの脅威やアジア太平洋地域の緊張の高まりなど、日本をとりまく安全保障環境の変化に対応するためには、同盟国との連携強化が重要であり、日本と国際社会の平和と安全のために必要だと説明した。しかし、多くの憲法学者が今回の安保法制を憲法違反であると指摘したように、憲法の平和主義の理念に反する「戦争法」だとして批判する声も大きかった。

↑新安保法制をめぐり、衆議院特別委員会の裁決に反対する野党議員(2015年)

集団的自衛権の行使容認をめぐる新聞の社説

賛　成

抑止力向上へ意義深い「容認」

米国など国際社会との連携を強化し、日本の平和と安全をより確かなものにするうえで、歴史的な意義があろう。…

今回の解釈変更は、内閣が持つ公権的解釈権に基づく。…「立憲主義に反する」との批判は理解し難い。「戦争への道を開く」といった左翼・リベラル勢力による情緒的な扇動も見当違いだ。…

(「読売新聞」2014年７月２日)

反　対

この暴挙を超えて

戦後日本が70年近くかけて築いてきた民主主義が、こうもあっさり踏みにじられるものか。…法治国家としてとるべき憲法改正の手続きを省き、結論ありきの内輪の議論で押し切った過程は、目を疑うばかりだ。

極端な解釈変更が許されるなら、基本的人権すら有名無実にされかねない。…権力を縛る憲法が、その本質を失う。

(「朝日新聞」2014年７月２日)

TOPIC トピック　2021年８月、タリバンがアフガニスタンを制圧した際には、2014年の安全保障関連法に基づいて、現地の日本人などの退避のために自衛隊機が派遣された。

用語解説　㉓有事関連７法、㉔ミサイル防衛

7 日本の外交と領土

要点の整理

＊1～5 FILE は資料番号を示す

❶日本の外交政策

①外交三原則 1

⑴国連中心主義 ⟶ 国連加盟国第３位の通常分担金の負担率、国連安全保障理事会の常任理事国入り問題
⑵自由主義諸国との協調 ⟶ アメリカを中心とする体制
⑶アジアの一員としての立場の堅持(けんじ) ⟶ アジアを中心とするＯＤＡ(政府開発援助)

②戦後日本の外交と課題

- **サンフランシスコ平和条約**(1951年) 2……同時にアメリカと**日米安全保障条約**を締結(ていけつ)。翌年、日本は主権回復
- **日ソ共同宣言**(1956年) 3……ソ連と国交回復。国連加盟を果たす
- **日韓基本条約**(1965年) 4、**日中共同声明**(1972年)・**日中平和友好条約**(1978年) 5……それぞれ韓国、中国と国交正常化 ⟶ 北朝鮮とは、金正日(キムジョンイル)総書記が日本人拉致(らち)を認めて謝罪、日朝平壌(ピョンヤン)宣言が発せられた FILE

❷日本の領土をめぐる問題 FILE

①**尖閣諸島**(せんかく)……海底資源の埋蔵(まいぞう)が確認されてから、中国が領有権を主張
②**北方領土**……択捉島(えとろふ)、国後島(くなしり)、色丹島(しこたん)、歯舞群島(はぼまい)の日本固有の領土の返還をロシアに求めている
③**竹島**……1905年、日本政府が閣議で領有を再確認。現在、韓国が不法占拠している

1 戦後日本の外交年表 出題

年	事　項
1945	第二次世界大戦終結、連合国による占領開始
1951	**サンフランシスコ平和条約**に調印、同日、**日米安全保障条約**(旧安保条約)に調印、米軍の日本駐留(ちゅうりゅう)継続
1952	台湾(中華民国)との間で、日華平和条約調印
1953	奄美群島返還協定調印→同年返還
1956	**日ソ共同宣言**→国連加盟
1957	**外交三原則**発表
1960	**日米相互協力及び安全保障条約**(新安保条約)調印
1965	**日韓基本条約**調印→日韓国交正常化
1968	小笠原返還協定調印→同年返還
1971	沖縄返還協定調印→翌年、沖縄が復帰
1972	**日中共同声明**→日中国交正常化、台湾との国交断絶
1978	**日中平和友好条約**調印
1982	中国・韓国が日本の教科書検定に対して抗議
1991	日朝国交正常化交渉開始→翌年中断(以降、数回交渉が行われる) ペルシャ湾に自衛隊の掃海艇(そうかいてい)を派遣
1992	**ＰＫＯ(国連平和維持活動)協力法**成立→カンボジアに自衛隊を派遣
1993	日ロ両首脳、北方領土問題の解決に関する東京宣言に署名
1996	米軍普天間(ふてんま)基地返還に合意、日米安保共同宣言を発表
2002	初の日朝首脳会談→日朝平壌宣言に署名、北朝鮮が日本人拉致を認める
2003	北朝鮮の核をめぐり初の６か国協議が開催
2012	日本政府、尖閣諸島国有化→中国で反日デモ
2014	集団的自衛権の行使を限定的に認める閣議決定
2015	慰安婦(いあんふ)問題をめぐり、日韓が合意→履行(りこう)されず
2016	オバマ米大統領が現職大統領として初めての広島訪問

解説 **戦後の日本外交**　1956年、日本の国連加盟が実現した。翌年に、岸信介(きしのぶすけ)内閣は「国際連合中心主義」「自由主義諸国との協調」「アジアの一員としての立場の堅持」を日本外交の原則とする「**外交三原則**」を打ち出した。一方で、戦後の日本外交では、日米安保条約を軸(じく)とするアメリカとの同盟関係が重視されてきた。そのため、現実に「外交三原則」が日本外交の基本方針となっているのかは疑問の余地(よち)がある。また、その当時、日本が「アジアの一員としての立場」を徹底させるためには、中国や韓国との国交正常化という克服(こくふく)すべき課題が残っていた。

2 サンフランシスコ平和条約

〔署名　1951年９月８日　発効　1952年４月28日〕

第１条【戦争の終了・主権の承認】　(a)　日本国と各連合国との間の戦争状態は、第23条の定めるところによりこの条約が日本国と当該(とうがい)連合国との間に効力を生ずる日に終了する。

第２条【領土権の放棄(ほうき)】　(a)　日本国は、朝鮮の独立を承認して、済州島(チェジュ)、巨文島(コムン)及び鬱陵島(ウルルン)を含む朝鮮に対するすべての権利、権原(けんげん)及び請求権を放棄する。

(b)　日本国は、台湾及び澎湖(ポンフー)諸島に対するすべての権利、権原及び請求権を放棄する。

(c)　日本国は、千島列島並びに日本国が1905年９月５日のポーツマス条約の結果として主権を獲得した樺太(からふと)の一部及びこれに近接する諸島に対するすべての権利、権原及び請求権を放棄する。

第５条【国連における集団保障・自衛権】　(c)　連合国としては、日本国が主権国として国際連合憲章第51条に掲(かか)げる個別的又は集団的自衛の固有の権利を有すること及び日本国が集団的安全保障取極(とりきめ)を自発的に締結することができることを承認する。

サンフランシスコ平和条約の調印　この条約によって、沖縄(1972年返還)や小笠原諸島(1968年返還)は、アメリカの施政(しせい)権下に置かれた。

解説 **主権を回復した日本**　1951年９月、サンフランシスコ講和会議で、日本は**サンフランシスコ平和条約**に調印した。社会主義国のソ連・ポーランド・チェコスロバキアは署名を拒否、中国や戦争状態にあった南北朝鮮は招待されなかった。この会議で、日本は48か国と講和し、翌年主権を回復した。また、同日、日本はアメリカと**日米安全保障条約**を締結し、米軍はそのまま日本に駐留した。

Zoom **サンフランシスコ平和条約の非調印国**　サンフランシスコ平和会議には、ソ連のほか、チェコスロバキア、ポーランドも出席したが調印しなかった。また、中国は招かれず、これに反発してインドとビルマ(現ミャンマー)は会議に参加しなかった。

3 日ソ共同宣言

〔署名　1956年10月19日　発効　1956年12月12日〕

1【戦争状態の終結】　日本国とソヴィエト社会主義共和国連邦との間の戦争状態は、この宣言が効力を生ずる日に終了し、両国の間に平和及び友好善隣関係が回復される。

4【日本国の国連加入】　ソヴィエト社会主義共和国連邦は、国際連合への加入に関する日本国の申請を支持するものとする。

9【平和条約・領土】　日本国及びソヴィエト社会主義共和国連邦は、両国間に正常な外交関係が回復された後、平和条約の締結に関する交渉を継続することに同意する。

ソヴィエト社会主義共和国連邦は、日本国の要望にこたえかつ日本国の利益を考慮して、歯舞諸島※及び色丹島を日本国に引き渡すことに同意する。ただし、これらの諸島は、日本国とソヴィエト社会主義共和国連邦との間の平和条約が締結された後に現実に引き渡されるものとする。

※歯舞群島

↑日ソ共同宣言の調印　サンフランシスコ平和条約に署名していない国とは、個別に交渉し、国交を回復した。

解説 **国連加盟が実現**　日本が独立を回復した後も、日ソ間は緊張状態が続いていたが、1956年の鳩山一郎内閣のときに**日ソ共同宣言**が締結され、国交が回復した。これにより、日本はソ連の支持を得て国連への加盟が実現した。しかし、北方領土(歯舞・色丹・択捉・国後)の返還問題については、この宣言においても解決の糸口がみつけられず、現在も未解決のままである(➡p.317)。ソ連崩壊後もロシアとの間で、平和条約締結の交渉は継続されている。

4 日韓基本条約

〔署名　1965年６月22日　発効　1965年12月18日〕

第１条【外交及び領事関係】　両締約国間に外交及び領事関係が開設される。両締約国は、大使の資格を有する外交使節を遅滞なく交換するものとする。……

第２条【旧条約の効力】　1910年８月22日以前に大日本帝国と大韓帝国との間で締結されたすべての条約及び協定は、もはや無効であることが確認される。

第３条【韓国政府の地位】　大韓民国政府は、国際連合総会決議第195号(Ⅲ)に明らかに示されているとおりの朝鮮にある唯一の合法的な政府であることが確認される。

解説 **日韓両国内で反対も**　**日韓基本条約**をもって、日韓関係は正常化した。この条約とともに、漁業・在日韓国人の法的地位・文化財に関する協定も締結された。また、日韓請求権・経済協力協定では、韓国が植民地時代の対日請求を放棄する代わりに、日本が８億ドルあまりの無償・有償・民間借款の経済協力資金を供与することを約束した。しかし、対日請求放棄はその後の個人補償問題の火種にもなった。

5 日中共同声明・日中平和友好条約

①日中共同声明

〔署名　1972年９月29日〕

1【国交正常化】　日本国と中華人民共和国との間のこれまでの不正常な状態は、この共同声明が発出される日に終了する。

2【中国政府の地位】　日本国政府は、中華人民共和国政府が中国の唯一の合法政府であることを承認する。

3【台湾の領有】　中華人民共和国政府は、台湾が中華人民共和国の領土の不可分の一部であることを重ねて表明する。日本国政府は、この中華人民共和国政府の立場を十分理解し、尊重し、ポツダム宣言第８項に基づく立場を堅持する。

4【外交関係の樹立】　日本国政府及び中華人民共和国政府は、1972年９月29日から外交関係を樹立することを決定した。……

5【戦争賠償の放棄】　中華人民共和国政府は、中日両国国民の友好のために、日本国に対する戦争賠償の請求を放棄することを宣言する。

↑日中共同声明の調印

②日中平和友好条約

〔署名　1978年８月12日　発効　1978年10月23日〕

第１条【平和５原則】①　両締約国は、主権及び領土保全の相互尊重、相互不可侵、内政に対する相互不干渉、平等及び互恵並びに平和共存の諸原則の基礎の上に、両国間の恒久的な平和友好関係を発展させるものとする。

②　両締約国は、前記の諸原則及び国際連合憲章の原則に基づき、相互の関係において、すべての紛争を平和的手段により解決し及び武力又は武力による威嚇に訴えないことを確認する。

第２条【覇権条項】　両締約国は、そのいずれも、アジア・太平洋地域においても又は他のいずれの地域においても覇権を求めるべきではなく、また、このような覇権を確立しようとする他のいかなる国又は国の集団による試みにも反対することを表明する。

第４条【第三国への影響】　この条約は、第三国との関係に関する各締約国の立場に影響を及ぼすものではない。

解説 **国際情勢を反映**　1972年にアメリカ大統領ニクソンが中国を訪問するなど、国際情勢が変化する中で、日本も田中角栄首相が中国との国交回復に踏み切り、**日中共同声明**が出された。1978年には**日中平和友好条約**が結ばれ、両国間の貿易や文化交流が盛んになった。こうした交渉の裏では、中ソ対立を背景に、ソ連を意識した覇権条項(第２条)に固執する中国と、ソ連批判を避けたい日本の間で対立があった。最終的には第４条で、この条約は第三国に影響を及ぼさないことを示す条項を盛りこむことで妥協が成立した。

国際政治

TOPIC トピック　戦後の日本の外交は平和主義と外交三原則の下で進められてきたが、近年は、日中・日韓関係、北朝鮮問題、日本の安全保障政策の変更などを背景に、転換点を迎えている。

用語解説　285日ソ共同宣言，286日韓基本条約，287日中共同声明

FILE 35 日本の領土

日本の領土面積は約38万k㎡で、世界で61番目の広さである。しかし、領海と排他的経済水域(ＥＥＺ：Exclusive Economic Zone)をみると約447万k㎡もあり、日本は世界で６番目に広い。日本の領土はサンフランシスコ平和条約によって最終的に定められたが、現在でも周辺諸国との間で領土をめぐる対立が存在している。

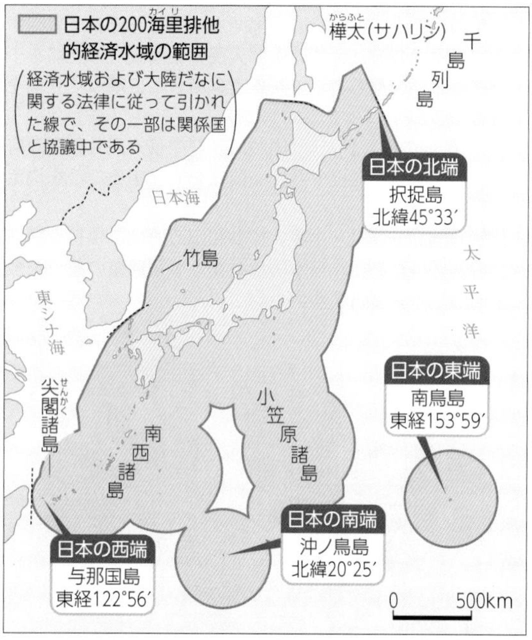

領域の画定

現代の国際法上、武力行使や強制を伴う征服・割譲・併合などによって領土を獲得することは、当然認められない。また、国家が自国領であることを宣言しただけであったり、探検家が無人島を発見して命名したというだけでは、領域とは認められない。現在、国家領域の画定については、「先占」の法理などが認められている。「先占」とは、ある国が、どの国にも所属していない土地(無主地)を、領有する意思をもって、実効的に占有することである。ただし、「先占」はかつてヨーロッパ諸国が植民地を獲得する際に正当化するための理論でもあった。

沖ノ鳥島

東京都小笠原村に属し、人が立てるくらいの２つの島からなる。満潮時にはわずかに海面上に出るだけの小島であり、波による侵食で高潮時には海面下に沈むおそれがある。そのため、日本政府は1987年から島の周りを囲む保全工事を行った。周囲の排他的経済水域(ＥＥＺ)は日本の総面積より広い約40万k㎡が認められている。沖ノ鳥島の維持費は年間２億円といわれる。

↑沖ノ鳥島(北小島)

尖閣諸島・東シナ海をめぐる動き

↑尖閣諸島(沖縄県)

■位置　沖縄県西表島北方の約160kmの東シナ海にあり、魚釣島・北小島・南小島・久場島・大正島からなる。現在、これらはいずれも無人島である。

■歴史　1895年、日本政府は尖閣諸島が無主地であることを確認した上で、沖縄県の所属とする閣議決定をした。第二次世界大戦後のサンフランシスコ平和条約では、沖縄県の一部としてアメリカの施政権下に置かれた。中国と台湾が領有権を主張しはじめたのは、東シナ海に石油が埋蔵されている可能性が指摘された後の1970年代に入ってからであり、尖閣諸島を含む沖縄がアメリカから日本に返還された時期と重なっている。近年、中国による周辺領海への不法侵入が多発したため、日本は2012年に尖閣諸島を国有化した。日本政府は尖閣諸島に関して、公式には「領土問題は存在しない」との立場をとっている。

日本側の主張	中国側の主張
日本は1895年に無主地であることを確認した上で、日本領に編入した。中国は1970年頃から主張しはじめたにすぎない。中国の主張を裏づける根拠となる史料もない。	明朝の時代から中国の領土であり、台湾の附属島嶼であったが、日清戦争で日本に奪われた。1992年に領海法を制定し、中国領として正式に定めている。

東シナ海ガス田問題

沿岸国双方の排他的経済水域が重なってしまう場合、境界を中間線とする考え方(日本が主張)と、大陸だなが終わる海溝部分を境界線とする考え方(中国が主張)がある。近年では、国際司法裁判所の判決で、「中間線」に基づいて境界を定めるケースが出ている。東シナ海の境界をめぐっては、2008年に日中双方はこの問題を棚上げし、日中中間線付近のガス田を共同開発することで合意した。しかし、中国はその後、一方的に付近のガス田を開発する動きをみせている。

■緊迫する東シナ海　2012年の日本政府による尖閣諸島の国有化後、中国軍機による日本領空への接近が相次いでおり、これを監視する自衛隊機と一触即発の事態に陥る危険性も増加している。こうした東シナ海での日中間の不測の事態を回避するため、日中両国の艦船や航空機間で緊急時の連絡方法を構築する「海空連絡メカニズム」の運用が2018年６月から始まった。

Zoom 海洋基本計画　日本政府は2013年に海洋政策の指針となる海洋基本計画を決定した。この計画では、メタンハイドレートの商業化など、海洋資源開発の強化のほか、離島の保全・管理の強化、排他的経済水域の管理の法制化を検討することも明記された。

竹島問題

竹島（島根県）　現在、竹島には韓国警備隊40人が常駐し、灯台やレーダー施設を建設している。なお、韓国では独島と呼ばれている。

■位置　日本海、島根県隠岐島北西157kmに位置し、２つの島（東島・西島）と数十の岩礁からなる。総面積0.23km²で、東京の日比谷公園とほぼ同じ大きさである。

■歴史①　1618年（1625年との説あり）以降、徳川幕府公認のアワビ漁が鬱陵島で行われた。竹島はその途中の休憩地となり、日本は17世紀に領有権を確立している。その後、幕府は鬱陵島を朝鮮領であることを認め、渡航を禁止したが、竹島への渡航は禁止されていない。明治に入ると、日本は1905年の閣議決定によって領有の意思を再確認し、島根県に編入した。

■歴史②　第二次世界大戦後の1952年、韓国は李承晩大統領が海洋主権宣言によって「李承晩ライン」を一方的に設定した。そして、韓国は1954年に竹島への武装警備隊員の駐留を開始し、現在まで不法占拠の状態が続いている。その後、日本は数度にわたって竹島問題を国際司法裁判所に提訴することを韓国に提案したが、韓国はこれを拒否している。2012年には李明博大統領が竹島に上陸している。

	日本側の主張	韓国側の主張
歴史的事実	古くは「松島」として知られ、江戸時代（18世紀の地図『改正日本輿地路程全図』などで描かれている。韓国の史料にある「于山島」は鬱陵島か、もしくは実在しない。	12世紀の『三国史記』や15世紀の『新増東国輿地勝覧』、17世紀の『輿地志』などで、「于山島」の記述がみられる。
1905年の日本編入	閣議決定や島根県告示で領有の意思を示し、日本の領土であることを再確認した。	日本の領有は侵略と同時に進められたものであり、無効である。
戦後処理の問題	ＧＨＱ指令は、あくまで行政権の範囲を規定しただけで、領土を最終的に決定したのではない。また、サンフランシスコ平和条約で日本が放棄した地域に竹島は含まれていない。	ＧＨＱ指令により、日本の竹島への行政権停止が指令され、日本から分離された。また、サンフランシスコ平和条約では、竹島がどちらの国に属するかまでは言及していない。

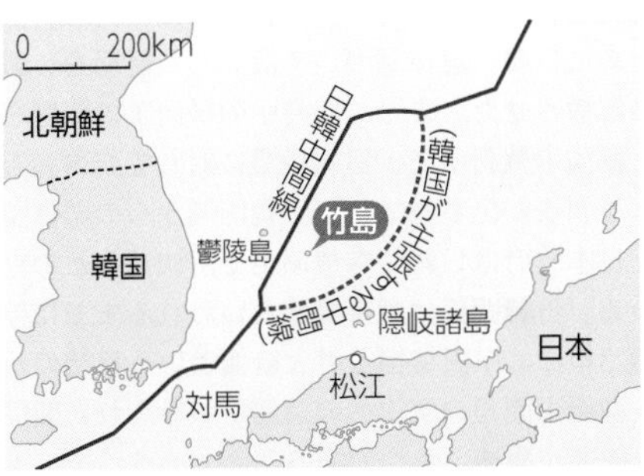

日韓中間線と竹島　現在の日韓漁業協定（1999年発行）では、竹島周辺などの水域を暫定水域として日韓両国が共同で資源管理を行うとしている。

北方領土問題

国後島での元島民の墓参　北方領土には52か所に日本人墓地があり、元島民やその家族らが、墓参などのために訪問することは、一定の枠組みの中で認められている。

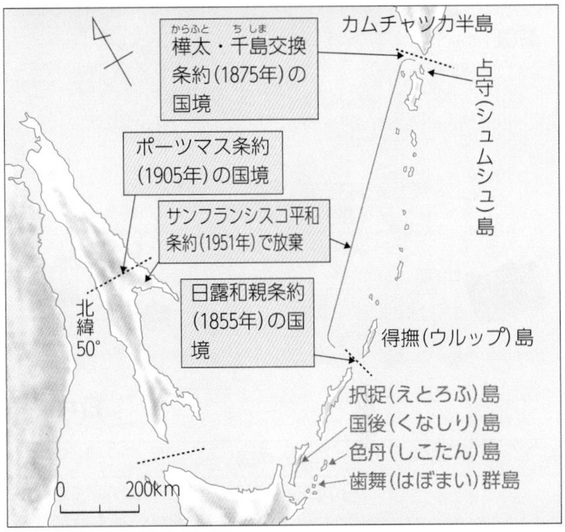

■歴史　1855年に締結された日露和親条約以降、北方領土は一貫して日本固有の領土であり、第二次世界大戦終了まで１万7,000人以上の日本人が居住していた。ソ連は戦争時に、日ソ中立条約を無視して1945年８月９日に対日参戦し、日本がポツダム宣言を受諾した後、北方４島を占領した。日ソが国交回復を取り決めた1956年の日ソ共同宣言では、平和条約の締結後に、歯舞群島と色丹島を日本に引き渡すことに同意した。ソ連崩壊後も、日ロ両首脳によって引き続き領土問題の交渉が行われている。しかし、具体的な進展はみられないまま、択捉島や国後島では、経済力を背景としたロシアの開発が進んでいる。

	日本側の主張	ロシア（ソ連）側の主張
ヤルタ協定（1945年）	この協定は秘密協定であり、日本は存在を知らず、拘束されない。	この協定で南樺太と千島列島をソ連領に編入することが決定した。
サンフランシスコ平和条約（1951年）	放棄した千島列島に北方４島は含まれない。ソ連はこの条約を締結していないので、権利を主張する立場にない。	千島列島には北方４島も含まれる。この条約において、日本は千島列島に関する権利を放棄した。

●冷戦後の北方領土をめぐるおもな動き

1991	ゴルバチョフ大統領が訪日し、北方４島の名前を列挙し、領土確定の問題の存在を文書化した。
1993	エリツィン大統領が訪日し、領土問題を北方４島の帰属に関する問題であると位置づけ、４島の帰属の問題を解決して平和条約を締結することを確認（東京宣言）
2001	イルクーツク声明で、日ソ共同宣言の有効性と、東京宣言に基づく領土問題の解決・平和条約の締結を確認
2010	メドベージェフ大統領、国後島を訪問
2018	安倍首相とプーチン大統領が「1956年宣言を基礎として平和条約交渉を加速させること」に合意

TOPIC トピック　元島民以外の一般の日本国民による北方領土への渡航は、ロシアの管轄権を認める行為となるため、自粛が求められている。

FILE 36

近隣諸国と日本外交

尖閣諸島・竹島・北方領土問題で対立している中国・韓国・ロシアとの関係、核や拉致問題をめぐる北朝鮮との関係…日本は近隣諸国と多くの課題を抱えている。特に、中国や韓国とは歴史認識をめぐっても隔たりがある。これらの国とは経済的な相互依存が強まる中、外交関係を進展させるための日本の政策はどうあるべきであろうか。

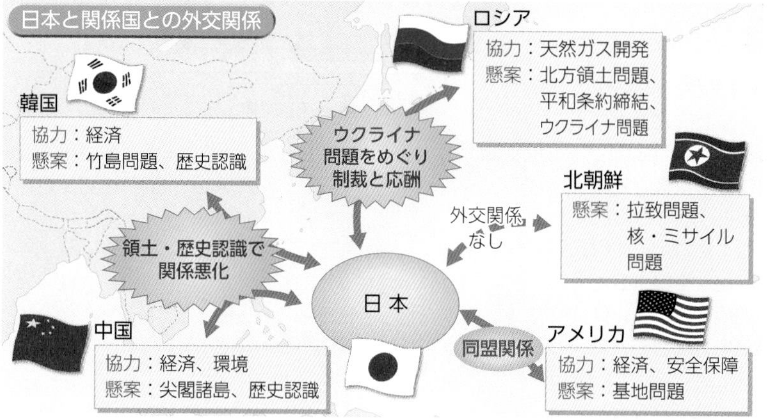

現在の日本の外交姿勢

安倍政権時代（2012〜20年）の外交姿勢は「価値観外交」といわれた。これは、民主主義や市場経済といった、日本と同じ価値観をもつ国との関係を重視する外交方針をさし、具体的にはアメリカ・オーストラリア・インドなどとの連携強化をめざしてきた。現在の岸田政権も、基本的には安倍政権の外交姿勢を踏襲しているとみられる。一方、慰安婦や徴用工の問題をめぐって冷え込んだ日韓関係の改善が模索され、ウクライナに侵攻したロシアとの関係にも変化が生じている。

日中・日韓関係の現状

日本と中国	年	日本と韓国
日中国交30周年、記念行事が両国で開催	2002	サッカー・ワールドカップ日韓共同開催
胡錦濤が国家主席に就任	2003	盧武鉉が大統領に就任
サッカー・アジア杯で中国人サポーターが反日的行為	2004	韓国、第４次日本文化開放→日本映画・音楽の全面解禁
中国各地で反日デモ	2005	日韓国交正常化40周年、記念行事が両国で実施
安倍首相が訪中し、「戦略的互恵関係」をめざすことに合意	2006	２月22日、島根県の条例に基づく初の「竹島の日」に韓国は反発
北京オリンピック（夏季）開催	2008	李明博が大統領に就任
尖閣諸島周辺の領海内で中国の漁船が海上保安庁の巡視船に「体当たり」	2010	
日本が尖閣諸島を国有化、中国各地で反日デモ	2012	李明博大統領が竹島に不法上陸
習近平が国家主席に就任	2013	朴槿恵が大統領に就任
	2015	慰安婦問題の最終的かつ不可逆的な解決に向けて合意→不履行
	2017	文在寅が大統領に就任
初の新型コロナウイルス感染者が武漢で確認	2019	日本が韓国向けの輸出管理を厳格化し、韓国は対抗措置を表明
北京オリンピック（冬季）開催	2022	尹錫悦が大統領に就任
原発処理水の海洋放出に反発し、日本産水産物の輸入を全面停止	2023	日韓両政府が徴用工問題の解決策に合意

↑中国の反日デモ（2012年）
デモ隊に襲われて破壊された日系デパート。

↑竹島に上陸した李大統領（写真左）（2012年）

❶日中関係の現状と課題　2022年に日中国交正常化50周年を迎える日中関係は、歴史認識をめぐる関係悪化と、経済関係を重視した関係改善を繰り返してきた。近年では尖閣諸島をめぐる対立も関係悪化の原因となっている。

2000年代に入り、日中関係のあり方として「戦略的互恵関係」が打ち出された。これは、両国が各分野で互恵協力を発展させて、その中で共通の利益を拡大させようというものである。2008年には日中の両首脳間で「戦略的互恵関係」に関する声明が署名され、日中関係は「最も重要な二国間関係の一つ」であることが確認された。しかし、その後、尖閣諸島沖での中国漁船と海上保安庁の巡視船との衝突事故、そして、日本政府による尖閣諸島の国有化をきっかけに日中関係は悪化した。

尖閣諸島近辺では中国公船による領海侵犯が頻発し、緊張関係が続く一方、日中間の経済活動の規模は拡大し、中国は日本にとって最大の貿易相手国となっている。

❷日韓関係の現状と課題　日韓関係は竹島をめぐる問題や、慰安婦問題や徴用工問題などの歴史認識問題が原因で、政治的対立が繰り返されてきた。

慰安婦問題については、2015年に日韓の両首脳間で「最終的かつ不可逆的な解決」に向けての合意が交わされた。しかし、韓国国内ではこの合意に対する反発も強く、二国間の国際合意は履行されていない。2018年には、元慰安婦への支援のために日韓合意に基づいて設立した財団を、韓国が一方的に解散させた。また、戦時中の徴用工の問題をめぐっては、韓国の裁判所で、日本企業に対して賠償金の支払いを命じる判決が出されている。韓国側からの賠償請求について、日本政府は日韓請求権協定で解決済みとの立場をとっている。日韓関係は戦後最悪といわれるまでに停滞したが、2023年には岸田首相と尹大統領という日韓の新政権の下で、徴用工問題の解決への道筋がつけられ、関係改善に向けた機運が醸成されつつある。

Zoom　台湾との関係は…　1972年の日中共同声明によって日本と台湾との国交は断絶した。それ以降は政府間の直接的な交渉は行われていないが、その代わりとして日台の交流の窓口として民間団体が設立され、この団体を通じて貿易や旅行などが行われている。

ウクライナ侵攻で変化した日ロ関係

安倍政権下では、2016年の日ロ首脳会談で北方四島における共同経済活動の実現が合意されるなど、経済協力の分野では比較的良好な関係を築いてきた。しかし、2022年のロシアによるウクライナ侵攻によって、日ロ関係をめぐる状況が変化した。岸田政権は、ロシアの行為は「戦争犯罪」であると非難するとともに、日ロ間の貿易の制限や、国際金融取引からの排除など、経済面で欧米諸国と歩調を合わせた制裁措置をとっている。

一方、日本はこれまで、サハリンでの石油・天然ガス開発プロジェクト「サハリン２」に対して、政府や民間企業レベルで総額３兆円を超える額を出資してきた。欧米企業がこのプロジェクトから撤退する中で、日本企業は出資を継続していた。しかし、2022年７月、プーチン大統領は日本への対抗措置として「サハリン２」の資産を無償でロシア企業に譲渡することを命じる大統領令に署名した。

➡**日本企業が共同出資する「サハリン２」** ロシアからの原油や天然ガスの供給が滞り、エネルギー価格の世界的な高騰が起きた。

⬅**来日したウクライナからの避難民** ロシアによる侵攻開始から５か月間で、1,600人を超えるウクライナ避難民が来日した。

北朝鮮との関係

⬅**北朝鮮から帰国した拉致被害者**(2002年) 現在、日本政府は17名の拉致被害者を認定しているが、このほかにも、拉致された疑いのある行方不明者が多数いるとみられる。

❶日本人拉致問題とは何か 1970年代から80年代にかけて、多くの日本人が国内外で行方不明となった。これらは、日本の捜査や亡命した元北朝鮮工作員の証言から、北朝鮮による拉致であることが判明した。当初、北朝鮮は拉致を否定したが、2002年の日朝首脳会談でようやく認めた。北朝鮮が拉致した理由は、特殊機関での日本語学習や、工作員が身分を偽って韓国や日本に侵入するためであるとされる。

❷形骸化する日朝平壌宣言 2002年９月、小泉純一郎首相が日本の首相として初めて北朝鮮を訪問し、金正日総書記と会談した。会談中、金総書記が日本人拉致への国家関与を認めて謝罪し、日朝平壌宣言が署名された。同年10月には拉致被害者５人が帰国した。

日朝平壌宣言の骨子　(2002年９月17日)

- 2002年10月中に国交正常化交渉を再開する。
- 日本は過去の植民地支配について、朝鮮の人々に「痛切な反省と心からのおわび」を表明する。
- 国交正常化後、日本は北朝鮮に経済協力を実施する。
- 両国は戦前の財産請求権を相互に放棄する。
- 北朝鮮は日本国民の生命と安全にかかわる遺憾な問題が再び生じないよう、適切な措置を行う。
- 北朝鮮は核問題に関連するすべての国際的合意を遵守する。

日朝首脳会談は2004年５月にも開かれた。その結果、拉致被害者の家族の帰国・来日が実現した。しかし、帰国者以外の安否不明となっている拉致被害者に関しては、状況が改善していない。日朝政府間協議は2014年に再開したものの、その後は問題解決に向けての動きがみられない。

「自由で開かれたインド太平洋」構想

「自由で開かれたインド太平洋」構想　(外務省資料を参照)

アジアとアフリカの「連結性」を向上させ、２つの海の中心に位置するASEANとともに、地域全体の安定と繁栄を促進する。

「自由で開かれたインド太平洋」の実現のための三本柱

①法の支配、航行の自由、自由貿易などの普及・定着
②経済的繁栄の追求…ＥＰＡ・ＦＴＡや投資協定を含む経済連携の強化
③平和と安定の確保…海上法執行能力の構築、人道支援・災害救援など

2016年に安倍晋三首相が発表したのが**「自由で開かれたインド太平洋」**構想である。この構想は、アジアから中東、そしてアフリカに至る地域に、「法の支配」に基づく国際秩序を構築して、安定と繁栄を促進するとともに、この地域の国々と政治的・経済的な結びつきを深めていこうとするものである。この地域は、世界人口の約６割、経済規模において世界の半分以上を占めており、今後の成長が大きく見込まれる。また、アジアとアフリカという「２つの大陸」と、太平洋とインド洋という「２つの大洋」が国際社会の安定と繁栄の鍵を握るという考え方は、中国の「一帯一路」構想(➡p.276)を牽制する意味ももっている。

「自由で開かれたインド太平洋」構想に対して、アメリカは支持を打ち出し、インド、オーストラリアなども賛同する姿勢を示している。また、この構想は、アメリカ・イギリス・オーストラリアの安全保障の枠組みである「オーカス」や、日本・アメリカ・オーストラリア・インドによる外交・安全保障を協議する枠組みである「クアッド」などの誕生にも反映されている(➡p.276)。その一方で、「自由で開かれたインド太平洋」構想が「中国包囲網」としての意味合いを強めるようになれば、日中関係に軋轢を生じさせるばかりか、中国からの経済支援も期待しているこの地域の国々からの支持も失ってしまう可能性がある。

国際協調について考える

各国がお互いに協調して国際社会全体の利益を追求できるようになれば、地球規模の課題の克服につながるはずである。しかし、現実の国際社会においては、各国の立場や国益の追求のしかたの違いから、さまざまな意見や利害の対立が存在するため、合意形成が困難であることが少なくない。

ゲーム理論による国際政治の分析

● ゲーム理論の基礎

スポーツの世界では、自分の得点を高めるために、相手の出方を予想し、自分の行動を考える。こうした場面における自分と相手との関係性を理論化したのがゲーム理論である。ゲーム理論で有名なのが「囚人のジレンマ」である。

まず、2人の囚人に、右表のような条件を与える。たとえば、囚人Aが黙秘、囚人Bが自白した場合、囚人Aは懲役8年、囚人Bは罪を許されるとする。また、2人は別の部屋にいて意思疎通できないものと仮定する。

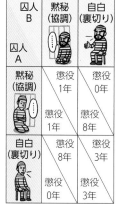

囚人B ／ 囚人A	黙秘（協調）	自白（裏切り）
黙秘（協調）	懲役1年 ／ 懲役1年	懲役0年 ／ 懲役8年
自白（裏切り）	懲役8年 ／ 懲役0年	懲役3年 ／ 懲役3年

次に、取り調べ官が囚人に対して、共犯者と協調して黙秘すべきか、それとも共犯者を裏切って自白すべきかを選択させる。この場合、自白を選択する方が、共犯者の行動がどちらであっても自分の刑は軽くなる。それゆえ、2人とも黙秘した方がお互い軽い刑になったのにもかかわらず、結果としては自白を選択してしまうというものである。

このように、「囚人のジレンマ」は、各々が利害追求のために足を引っ張り合う結果、協働の利益を失うことが多くなることを説明している。

● ゲーム理論の国際政治分析への応用

「囚人のジレンマ」を使って、国際政治における二国間の協調・対立関係を分析してみる。

例えば、A国とB国はお互いに話しあいができないという前提で、それぞれ「協調」するか、「非協調」をとるか、いずれかの政策を選択するとする。両国が得る利益が右表の点数であるとすると、やはり、お互いに非協調政策をとり、「囚人のジレンマ」と同じ状況となる。

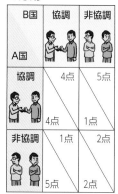

B国 ／ A国	協調	非協調
協調	4点 ／ 4点	5点 ／ 1点
非協調	1点 ／ 5点	2点 ／ 2点

● 安全保障政策と信頼醸成措置

現実の安全保障政策においても、相手国への不信によって協調的政策がとられず、軍拡競争や武力衝突に発展する場合がある。こうした状況は**安全保障のジレンマ**という。

ここで留意すべきなのは、このジレンマは「相手と話しあいをしない」状況にあることが前提だということである。つまり、対話によって相互不信を取り除けば、両国が協調的政策をとる余地が出てくる。したがって、両国間の直接対話や交流、軍事情報の公開などで信頼関係を構築していくこと（**信頼醸成措置**）が、国家の安全保障政策にとっては不可欠ということになる。

どうすれば協調できるか？

それでは、「囚人のジレンマ」を脱して、協調による利益を実現できる方法はないのであろうか。そこで、「**最後通牒ゲーム**」というものを考えてみたい。

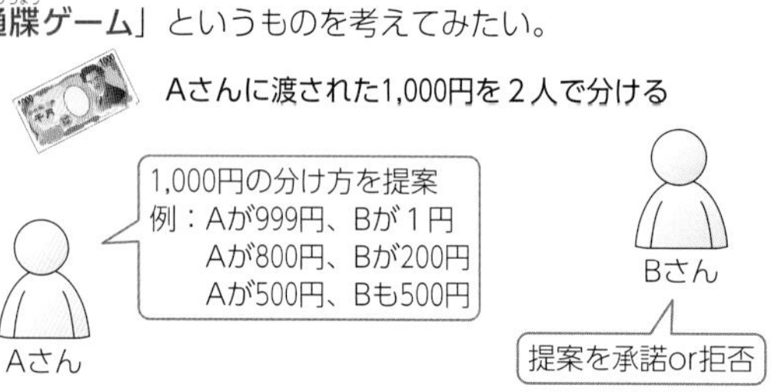
Aさんに渡された1,000円を2人で分ける
1,000円の分け方を提案
例：Aが999円、Bが1円
Aが800円、Bが200円
Aが500円、Bも500円
Aさん
Bさん
提案を承諾or拒否

Bさんが提案を拒否した場合は、2人とも1円ももらえない

> AさんとBさんの2人が存在し、Aさんに1,000円が渡される。この1,000円は2人で分けなければならないが、どのように分けるかはAさんが決めてよい。そして、AさんはBさんにいくら渡すか提案し、提案されたBさんは承諾するか、拒否するかを選択できる。提案を承諾すれば、そのお金を手にすることができるが、提案を拒否すれば1,000円は没収され、お互いに1円ももらえない。あなたがAさんの立場だったら、Bさんにどのような提案をするだろうか。

合理的に考えた場合、Bさんは自分が拒否すれば1円ももらえないため、Aさんの提案がいくらであってもBさんは受け入れたほうがよい。また、Aさんも同じように考えるため、Aさんは自分の利益を最大化して、限りなく1,000円に近い金額をBさんに提案するだろう。

しかし、現実的にみれば、こうしたAさんの利己的な提案はBさんにとっては不平等であるため、提案は拒否され、お金は没収されると感じるのではないだろうか。実際に「最後通牒ゲーム」を行ってみると、ほとんどの場合で利己的な提案は拒否されることが明らかになっている。

● 互恵主義の必要性

「最後通牒ゲーム」では、利他的な行動をとれば協調による利益を得やすくなることが示されている。このゲームを国際交渉におきかえて考えてみると、国益を最大化するために、国家が利己的な提案をする場合がある。しかし、このような提案は国際社会から反発され、受け入れられる可能性は低い。平等あるいは利他的な提案の方が合意に至りやすいと考えられる。さまざまな課題を抱える国際社会においては、**互恵主義**（相互主義）に基づく国際協調の姿勢をとることが重要であることが理解できる。

構想 安全保障のジレンマの具体例を考え、国際協調に向けた合意形成のために必要な制度や取り組みを構想してみよう。

構想しよう

平和構築について考える

世界各地では紛争が絶えず、不当な暴力で一般市民の生活が犠牲になってきた。また、紛争を解決して平和を回復するという名目の下での武力行使も行われてきた。世界の人々が平和のうちに生存する権利を保障されていくために、紛争や人権侵害に対して国際社会はどのような役割を果たすべきなのだろうか。

「人道的介入」から「保護する責任」へ

「**保護する責任**（R２P：The Responsibility to Protect）」とは、2001年に「介入と国家主権に関する国際委員会」が国連に提出した報告書で提唱された考え方である。この報告書では、国家主権は権利であるとともに責任でもあると位置づけて、自国民を保護する第一義的責任は国家にあるが、紛争などの発生によって国家がその責任を果たせない場合は、国際社会が「保護する責任」を負うとしている。

❶「保護する責任」論の背景

「保護する責任」が構想された背景には、「人道的介入」に基づく武力行使に対する批判がある。「人道的介入」は、国家による非人道的行為が起きている場合、武力行使によってこれを止めさせようとする考え方である。しかし、武力行使を行う基準があいまいだとの指摘があり、これまで十分な成果をおさめることができなかった。こうした経緯から「人道的介入」に代わって、武力介入の根拠として提唱されたのが「保護する責任」である。

❷「保護する責任」の課題

ただし、国際社会が「保護する責任」に基づく行動をとるための基準や手段の要件、範囲などが明確化されていないなど、「保護する責任」の考え方にも課題が残っている。また、武力介入を行えば付随的に民間人にも被害が及ぶことが想定されるが、民間人の保護や被害を受けた民間人への責任のあり方についても、明確化していく必要がある。

「保護する責任」の３つの段階

「保護する責任」

予防する責任
- 手段：開発援助、統治・人権・法の支配への支援など

↓

対応する責任
- 手段：制裁や訴追、非常時の武力介入などの強制措置

↓

再建する責任
- 手段：復興、再建、和解を含む完全な支援の提供

「保護する責任」は「予防する責任」「対応する責任」「再建する責任」の3つの責任からなる。このうち、最も優先されるべきは「予防する責任」であり、武力介入が検討される前に、紛争を予防するための手段が尽くされる必要がある。また、2005年の国連首脳会合では、「保護する責任」に基づく武力行使は、集団殺害・戦争犯罪・民族浄化・人道に対する犯罪といった「極端で例外的な場合」が発生したときに限り、その必要性が正当化されるとした成果文書が採択された。

予防外交と平和構築

国連には、対立の発生を未然に防ぐとともに、対立が紛争に発展する前に予防的に解決を図り、紛争が発生してしまっても、その拡大を食い止める機能が求められている。そのために求められるのが、予防外交と平和構築である。

1992年、国連事務総長が報告書「平和への課題」を安保理に提出した。この報告書では、**予防外交**を「対立が発生するのを予防し、現に発生している対立が紛争へ発展するのを防ぎ、そして紛争が発生した場合にその拡大波及を防止するための行動」と定義づけた。また、2000年には「ブラヒミ報告」が発表され、**平和構築**を「平和の基礎を組み立て直し、単に戦争が存在しないだけでなく、その状態以上を構築するための手段を提供するもの」と位置づけた。そして、2005年には、紛争解決から紛争後の平和構築に至るまでの統合戦略を助言する国連機関として**国連平和構築委員会**（ＰＢＣ）が設立された。日本はこれに設立当初から参加し、平和構築基金にも資金を拠出している。

このほか、日本は平和構築分野の人材育成事業にも取り組んでおり、現在、日本からの平和構築のための人材は、国際機関やＮＧＯ、政府機関の一員として活躍している。また、国連だけでなく、ＯＳＣＥ（ヨーロッパ安全保障協力機構）が欧州・北米・中央アジアにまたがる世界最大の地域安全保障機構へと展開をみせており、この活動に日本もパートナー国として参加している。

平和構築の概念図

（外務省資料）

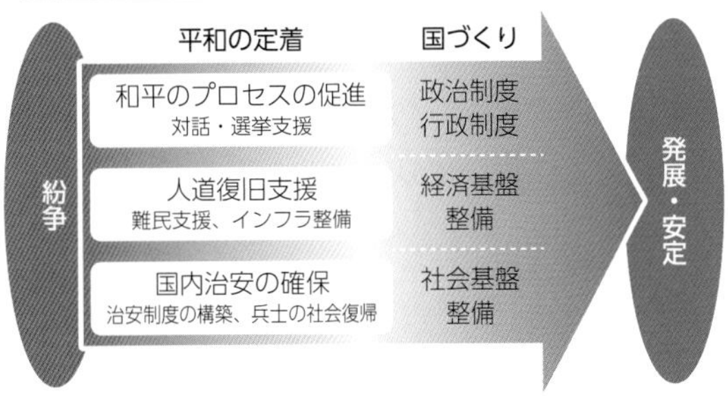

平和構築への日本の取り組み

（外務省資料）

現場での取り組み	①国際平和協力の推進 ・国連ＰＫＯなどへの積極的な貢献 ・国際平和協力に関する法的枠組みの整備
	②ＯＤＡの拡充 ・ＯＤＡ対応の重点課題として積極的に推進 ・さまざまな援助手法および体制の整備 ・機動的・効率的な援助の実施
人的貢献	・平和の定着と国づくり、オーナーシップの尊重、「人間の安全保障」などの理念・アプローチの進化 ・国連平和構築委員会などでのリーダーシップの発揮
人材育成	・アジアでの平和構築分野の人材育成事業の推進 ・アフリカ、マレーシアのＰＫＯセンターへの支援

構想 世界の平和構築のために、国際社会に求められる制度や取り組みと、日本が果たすべき役割を構想しよう。

第2章　国民経済と国際経済

特集 Feature　国際貿易の理論ー比較生産費説ー　頻出

■比較生産費説

今日、私たちが生活を営む上で、諸外国との貿易によって得られる財・サービスは欠かせないものである。しかし、それらのほとんどは自国での生産が可能である。それにもかかわらず、貿易が行われるのは、生産のために必要なコストが国によって異なるからである。

たとえば、衣料品は日本でも生産できるが、中国で生産し、輸入した方が安い。一方、日本は品質の良い自動車や家電製品を安く生産し、海外に輸出している。このように、他国よりも安く生産できる商品を生産して交換しあえば、お互いの利益となる。貿易は、このような背景から行われている。

こうした貿易構造の基礎を解き明かしたのが**リカード**である。リカードは、主著『経済学及び課税の原理』(1817年)において、生産コストに差がある場合には、絶対優位(他国と比較して生産コストが低い状態)をもたなくても、**比較優位**をもつ商品の生産に特化すれば、貿易を通じてお互いの利益を最大化できるということを、論理的に明らかにしたのである。

自由貿易

リカードは、19世紀に比較生産費説を唱え、自由貿易を主張した。彼は、各国がそれぞれ相対的に優位をもつ、比較優位のある財の生産に特化し、自由貿易によって交換することで、世界全体として利益を得ることができることを証明した。自由貿易の考え方は、今日の国際貿易の基礎となっている。主著は『経済学及び課税の原理』。

⇧リカード(英)(1772～1823)

■比較優位の発見

比較優位について、下の図をもとに考えてみよう。この図では、イギリスとポルトガルの毛織物とぶどう酒の生産についてのみ考え、それ以外の製品や国の存在は考えないものとする。

特化前

	イギリス	ポルトガル
毛織物1単位の生産に要する労働量	100人	90人
ぶどう酒1単位の生産に要する労働量	120人	80人

総生産量
毛織物2単位
ぶどう酒2単位

●毛織物とぶどう酒の生産に必要な労働量の比率
イギリス……毛織物100：ぶどう酒120＝1：1.2(0.83…：1)→毛織物に比較優位
ポルトガル…毛織物90：ぶどう酒80＝1：0.88…(1.125：1)→ぶどう酒に比較優位

特化後

	イギリス	ポルトガル
毛織物の生産	220人の労働者で2.2単位	—
ぶどう酒の生産	—	170人の労働者で2.125単位

総生産量
毛織物2.2単位
ぶどう酒2.125単位

特化とは、比較的生産費の安い製品に生産を集中することである。

特化前は、イギリスで100人・ポルトガルで90人の労働者がそれぞれ1単位ずつの毛織物を生産し、合計2単位生産していた。
また、ぶどう酒も両国あわせて200人の労働者で、合計2単位生産していた。

特化後は、イギリスで220人の労働者が、比較的生産費の安い毛織物の生産を行うことによって、2.2単位(220人÷100人)の生産物を得ることができる。
同じように、ポルトガルでは、170人の労働者がぶどう酒を生産することによって、2.125単位(170人÷80人)の生産を得ることができる。

このようにして両国は特化し、貿易を行うことによって利益を得ることができる。

①特化前

まず、イギリスとポルトガルの間で貿易が行われていない場合について考える。このとき、イギリスは毛織物を1単位、ぶどう酒を1単位生産する。ポルトガルも毛織物を1単位、ぶどう酒を1単位生産する。したがって、この2か国の総生産量は、毛織物・ぶどう酒とも、それぞれ2単位である。

ここで2か国の生産費を比較すると、毛織物もぶどう酒も、ポルトガルの方が少ない人数で生産できることがわかる。すなわち、ポルトガルは毛織物の生産においても、ぶどう酒の生産においても、イギリスに対して絶対優位をもっている。このような状況であれば、ポルトガルにとって貿易をすることによる利益はないように考えられるが、ポルトガルにとっても貿易のメリットは存在する。

②特化後

図のような状態のとき、両製品ともイギリスでの生産はポルトガルと比べて割高である。しかし、両製品の生産に要する労働量の比率を比べると、ぶどう酒を1とした場合、毛織物はイギリス(0.83…)の方がポルトガル(1.125)よりも相対的に少ない労働量で生産できる。このとき、イギリスは毛織物の生産に比較優位をもっていることになる。

そこで、イギリスは、毛織物の生産に国内の労働量のすべてを振り分けるものとする。一方、ぶどう酒に比較優位をもっているポルトガルは、国内の労働量のすべてをぶどう酒の生産に振り分けるものとする。つまり、お互いに比較優位にある商品の生産に**特化**するのである。これによって、イギリスで毛織物を2.2単位、ポルトガルでぶどう酒を2.125単位生産できる。

Zoom **リカードが生きた時代**　当時はイギリスで産業革命が起こっていたが、彼の主張はその中で受け入れられた。彼の主張は、地主の利益を守るために外国からの小麦輸入を制限していた穀物法の廃止へとつながった。

国際分業の類型

比較優位構造に影響を与える生産コストは、天然資源の存在量、労働人口の多さ、設備など資本の大きさなどによって決まる。こうした生産要素の量の違いに基(もと)づいて、各国はそれぞれの国にとって最適な財・サービスの生産を行い、貿易を通じて交換している。これが国際分業であり、垂直的分業と水平的分業の二つのかたちがある。

ー垂直的分業ー

垂直的分業とは、おもに先進国が工業製品を輸出して、発展途上国が原材料などの一次産品を輸出する分業体制である。たとえば、発展途上国から日本に対して原油が輸出され、日本から発展途上国に機械類が輸出されるような場合などである。

ー水平的分業ー

一方で、水平的分業とは、おもに先進工業国間で行われている、最終生産物や工業製品同士(どうし)の貿易をいう。たとえば、日本からアメリカには自動車が輸出され、アメリカから日本には航空機が輸出される場合などである。

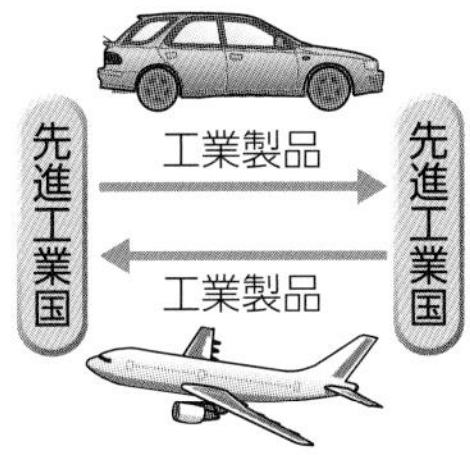

③特化後に貿易すると…

お互いの国が、比較優位にある製品の生産に特化することで、全体としての生産量は増加する。それでは、自国で生産していない製品(他国が特化している製品)に対して、自国内で需要が生まれた場合はどうすればいいか。ここで重要なのが、貿易(交換)を行うことでその需要を満(み)たすことである。

また、イギリスで毛織物の生産に特化すると、ぶどう酒の生産をすることができないため、それが機会費用(➲p.125)となる。これは、ポルトガルにおける毛織物の生産にもいえることである。しかし、イギリスからポルトガルに毛織物を、逆にポルトガルからイギリスにぶどう酒を輸出することで、その機会費用を埋(う)めることができる。このように、貿易は特化によって国内で生産されなくなった財の需要を満たすだけでなく、全体として生産が増加した一方で国内に生じる機会費用を、貿易という手段を通じて埋めることもできる。

このリカードの比較生産費説は、今日(こんにち)でも国際分業および自由貿易の重要性を説く基本的な考え方として位置づいている。

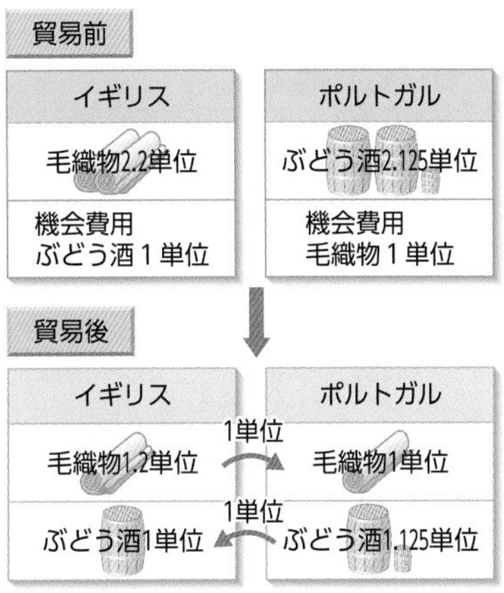

自由貿易か保護貿易か

生産を特化することで確かに利益は増えるが、リカードの主張に問題がないわけではない。第一に、国内の比較優位をもたない産業に犠牲を強(し)いることになる。先程(さきほど)の例でいえば、イギリスのぶどう酒産業とポルトガルの毛織物産業では、それぞれの労働者がその職を追われてしまうことになる。第二に、発展途上国は原料の輸出や農業に特化し、いつまでも工業化できない可能性がある。実際に、19世紀のドイツでは、圧倒的な国際競争力をもつイギリスの製品が流入していた。

これに対して、ドイツの経済学者リストは、幼稚(ようち)産業の保護・育成のために、保護貿易の重要性を主張した。現代においても、国際分業は発展途上国に**モノカルチャー経済**による経済的不安定をもたらす要因になっている。

自由貿易はこうした問題点が指摘できる。しかし、今もなおリカードの主張は国際貿易の基本的な考え方となっている。特に1929年の世界恐慌(きょうこう)を機に、各国がブロック経済政策を行ったことが、第二次世界大戦をまねいたとの反省から、戦後はＧＡＴＴ(関税及び貿易に関する一般協定)や、それを引き継いだＷＴＯ(世界貿易機関)を中心に、自由貿易が推進されてきた。

保護貿易

リストは、当時のドイツの状況を鑑(かんが)み、保護貿易を唱えた。彼は各国の経済的な発達段階には差があるため、ドイツのような後発工業国では、国内の幼稚産業を保護するために、輸入品に**関税**をかけたり、**輸入数量制限**を行うなどの政策をとることの必要性を説いた。主著は『政治経済学の国民的体系』。

⬆リスト(独)(1789～1846)

共通テスト対策　2011年度本試験(改)　実践編

右の表はＡ、Ｂ各国で、工業製品と農産品をそれぞれ１単位生産するのに必要な労働者数をあらわす。各国内の労働者は、この二つの産業で全員雇用されるとする。この表のみを条件として、農産品の生産をＡ国が１単位減らしＢ国が１単位増やすとする。すると工業製品の生産量の両国の合計はどうなるか、下の①～④のうちから一つ選べ。

	工業製品	農産品
Ａ国	２人	４人
Ｂ国	12人	６人

①1.5単位増える　②1.5単位減る　③0.5単位増える　④0.5単位減る

手順1　この表では工業製品について、Ａ国は２人で１単位、Ｂ国は12人で１単位、合計２単位生産していることがわかる。

手順2　次に、問題文のとおり、Ａ国で農産品の生産を１単位(＝４人)減らす。つまり、農産品従事者４人を工業製品の生産に移す。また、Ｂ国で農産品の生産を１単位(＝６人)増やす。つまり、Ｂ国では工業製品従事者６人を農産品生産に回す。すると、工業製品はＡ国で６人(＝ ３単位)、Ｂ国で６人(=0.5単位)となり、合計3.5単位生産することになる。最初の工業製品の生産が２単位であったので、1.5単位分増加したことになる。

正解…①

1 貿易の現状

要点の整理

＊1～6は資料番号を示す

❶世界と日本の貿易の特徴

①**垂直的分業**2……先進国の工業製品と、発展途上国の原材料や部品などを貿易する分業体制

②**水平的分業**2……同程度に経済発展を遂げた国(おもに先進国)の間での工業製品を貿易する分業体制

〈世界の貿易〉1

- 21世紀に入り、中国の輸出だけでなく、新興国としての市場も発展し、輸入も拡大
- 地域的経済統合や自由貿易協定に基づく貿易(ＥＵやＵＳＭＣＡなど)が拡大➲p.348
- 多国間での工程間分業による**グローバル・サプライチェーン**(世界的供給網)の構築が進む

〈日本の貿易〉4

- 日本の輸出品の中心は機械類と自動車であり、貿易相手国は中国や東南アジアの割合が高まっている

❷貿易自由化の効果

- 国内全体では自由化による利益が高まる
- 一方、安価な輸入品の増加によって国内生産が減少したり、輸出の増加が国内消費を縮小させたりすることもある

❸日米貿易摩擦 5

- 背景……戦後、日本の経済成長とともに輸出が拡大し、最大の輸出相手国であるアメリカとの間で輸出超過状態に
- 経過……1950年代：繊維製品　1960年代：鉄鋼　1970年代：カラーテレビ　1980年代：自動車・半導体
  アメリカでは1980年代に「双子の赤字(財政赤字と貿易赤字)」が問題になり、貿易摩擦が過熱
- 対策……1989年：**日米構造協議**　1993年：**日米包括経済協議**
  ⟶アメリカが日本に対して規制緩和や市場開放を求める

❹日中貿易の現状 6……2000年代後半に、中国がアメリカを抜いて日本の最大の貿易相手国に

- 「世界の工場」としての中国に生産拠点を設ける日本企業も増加
- 日中貿易や日本企業の中国進出にとって、政治的な摩擦がリスクとなる場合も

国際経済

1 世界の貿易の潮流

■各国の貿易相手国・地域

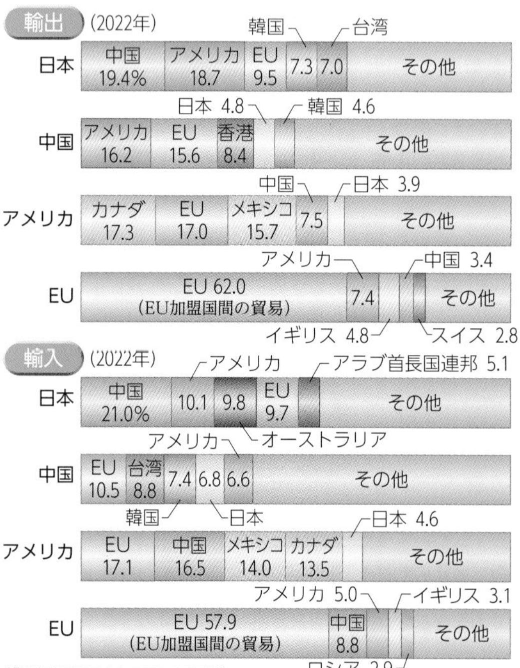

(『世界国勢図会』2023/24年版)

■各国の貿易額の推移

各国の輸出額の推移　(ともに『世界国勢図会』2023/24年版ほか)

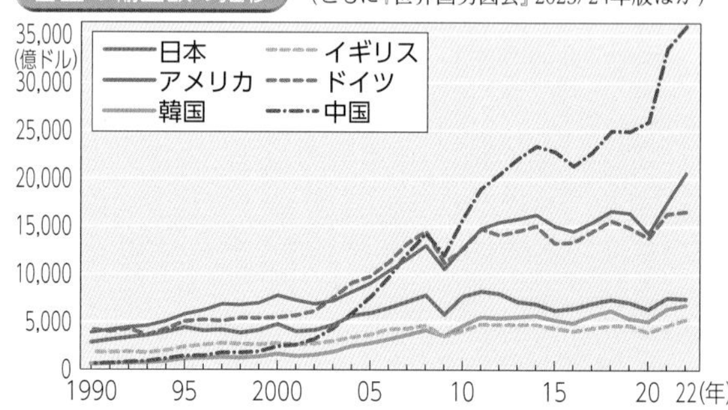

各国の輸入額の推移

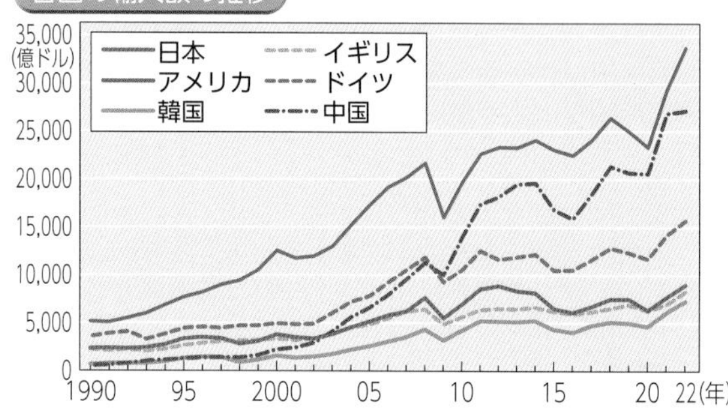

解説 **拡大する世界貿易**　主要国・地域の貿易相手をみると、日本は輸出入とも中国とアメリカの２国で約４割を占める。これに対して、アメリカはカナダやメキシコといったＵＳＭＣＡ(アメリカ・メキシコ・カナダ協定)加盟国を相手とした貿易が多く、ＥＵは域内での貿易が多いことが特徴である。また、主要国の貿易額をみると、中国の貿易額が急激に増加しており、2000年代後半からは他国の貿易額との差が広がっている。これは、中国が「世界の工場」として輸出を拡大させるとともに、世界最大の人口をもつ国としての旺盛(おうせい)な国内消費が背景にある。こうした中国の貿易額の拡大に伴い、各国の貿易相手国に占める中国の存在感も高まっている。

Zoom **貿易自由化の効果**　直接的には、輸入は消費者に利益をもたらし、輸出は生産者に利益をもたらす。ただし、輸入の場合は消費者の購買力の増加を通じて生産者に利益をもたらし、輸出は生産者の利益が労働者の賃金となって反映されるといった効果もある。

2 各国の輸出入品目構成

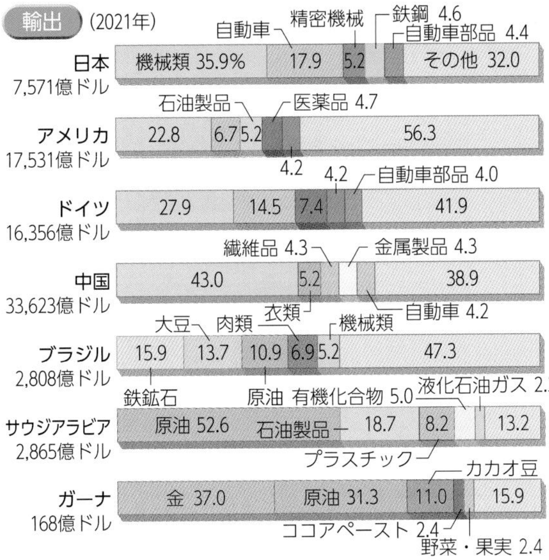

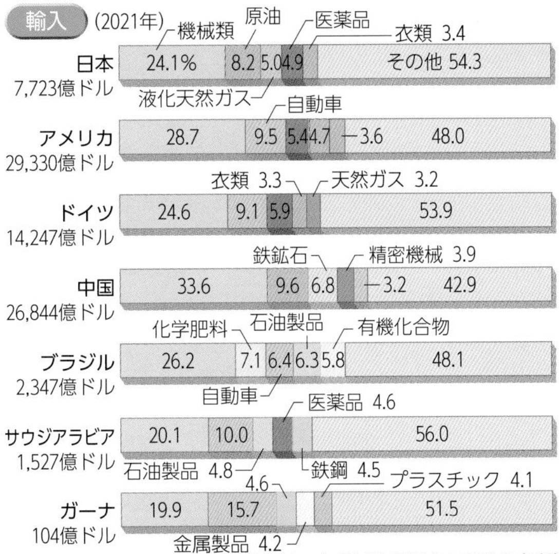

※ガーナは2019年。（『世界国勢図会』2023/24年版）

解説 **貿易の形態**　先進工業国間では、機械類や自動車などの工業製品を相互に輸出入する**水平的分業**がみられる。一方で、発展途上国では、天然資源などの一次産品の輸出が多く、工業製品の輸入が多いことから、先進国との間で**垂直的分業**が行われている。また、新興国では、先進国から部品を輸入し、それを組み立てて輸出する工程間分業（垂直的産業内貿易）も形成されている。

3 各国経済に占める貿易の大きさ

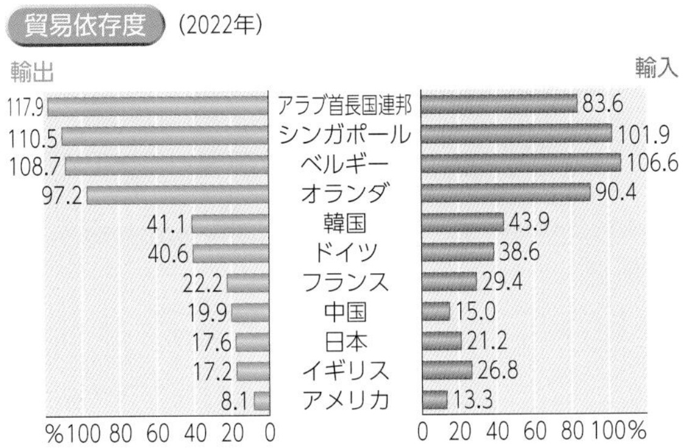

（『世界国勢図会』2023/24年版）

貿易依存度……国内総生産（GDP）に対する貿易額の割合。このうち、輸出額の割合を輸出依存度、輸入額の割合を輸入依存度ともいう。貿易の自由化とグローバル化の進展に伴い、貿易依存度は上昇傾向にある。

解説 **貿易依存度が高い国の特徴**　貿易依存度は、人口が少なく国内市場が小さい国で高くなる傾向があるが、シンガポールやベルギー・オランダといった国で特に高い。これらの国は貨物輸送の拠点として、一時的に陸揚げされた輸入品を再輸出する中継貿易で栄えているためである。また、原材料や部品を輸入して国内で加工し、海外に輸出する加工貿易の比重が高い国、原油などの資源輸出国、輸出志向型工業化政策を進めている新興国なども貿易依存度が比較的高い。

COLUMN

貿易自由化の効果

貿易が国内経済に与える効果を需要・供給曲線で考えてみよう。

国内での需要と供給のみの場合、ある財の生産量は均衡点（E）となる。これに対して、自由貿易が可能となり、図❶のように海外からの需要に対して価格 P_1 で輸出できるようになった場合、生産量は Q_2 となり、輸出量は Q_2-Q_1 となる。

一方、図❷のように自由貿易によって海外から安価な製品が価格 P_2 で輸入された場合、Q_2-Q_1 の分が輸入され、需要量は Q_2 となり、消費者はより安い製品を購入できるようになる。

このように、自由貿易が行われることで、輸出によって生産者が、輸入によって消費者が利益を得ることができる。しかし、理論上は、輸出の増加は国内価格の上昇をもたらし、国内での供給量も減少する。また、海外からの安価な製品が輸入されれば、国内生産者は生産量を減少させることになる。そのため、自由貿易は必ずしも全員にとって望ましい結果になるとは限らない。

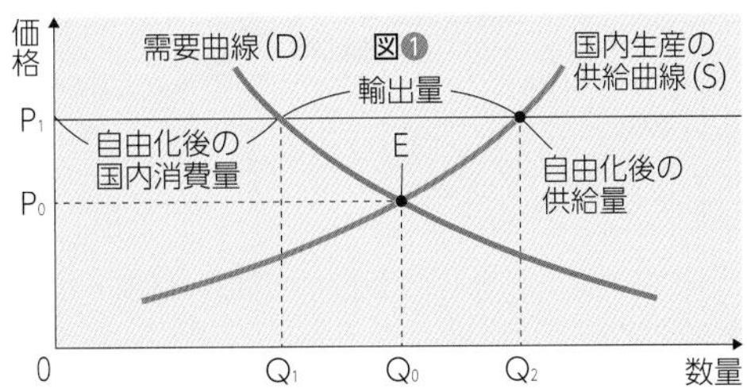

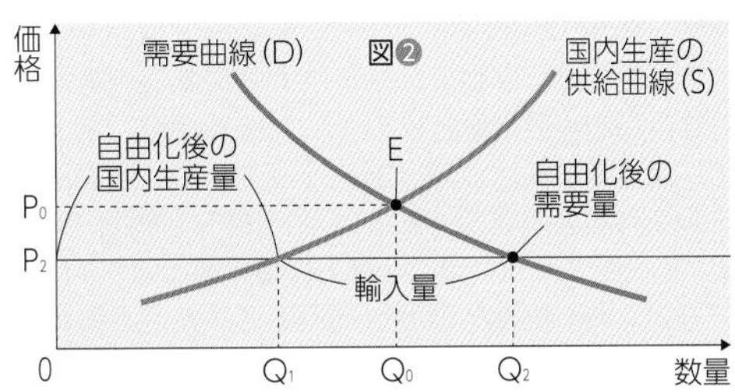

TOPIC トピック　貿易依存度が高い国・地域としては、アジアでは香港やベトナム、ヨーロッパではスロバキアやハンガリー、アフリカではジブチがあげられる。

4 日本の貿易の特徴

■日本の国別貿易品目構成

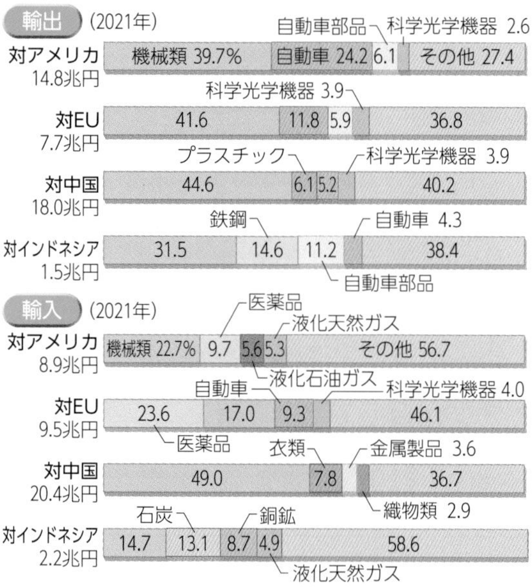

(『日本国勢図会』2023/24年版)

■日本の貿易相手国と輸出入品の変化

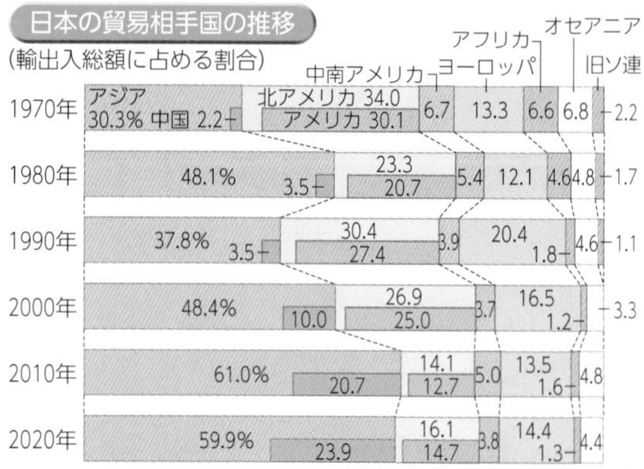

(『数字でみる日本の100年』ほか)

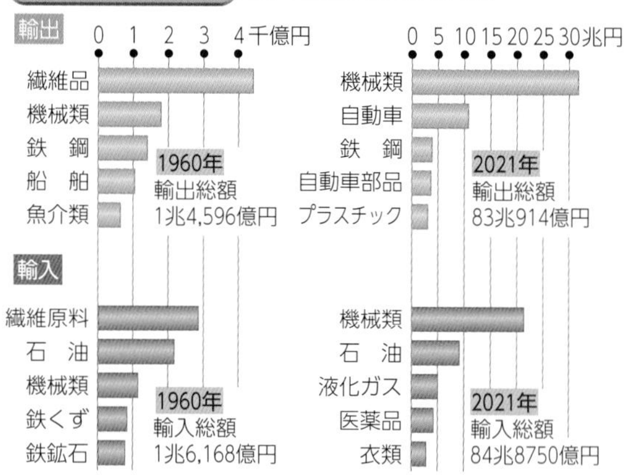

解説 **機械類と自動車で稼ぐ日本** 日本は多くの国・地域に対して機械類や自動車を中心に輸出している。一方、日本は機械類のほか、石油や液化石油ガス・液化天然ガスなどの化石燃料を多く輸入している。しかし、例えばインドネシアに対しては鉄鋼の輸出が多いといった特徴もある。日本の輸出品の変化をみても、重工業を中心としたものに変化しており、輸入品からもその傾向がみられる。貿易相手としてはアジア、特に中国の割合が高まっている。

COLUMN

グローバル・サプライチェーンと日本にとっての東南アジア

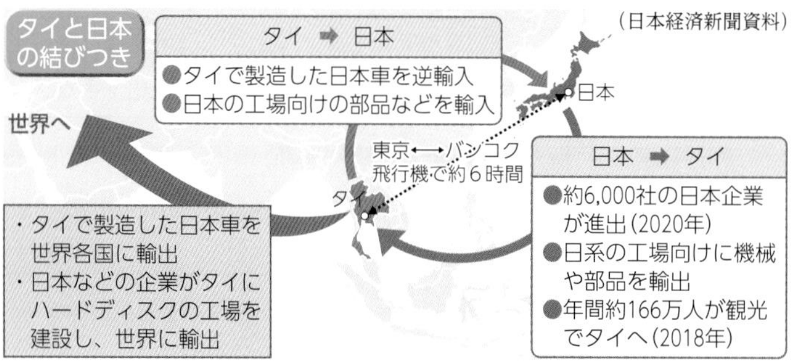

タイと日本の結びつき
(日本経済新聞資料)
タイ ➡ 日本
●タイで製造した日本車を逆輸入
●日本の工場向けの部品などを輸入
日本
世界へ
東京←→バンコク 飛行機で約6時間
タイ
日本 ➡ タイ
●約6,000社の日本企業が進出(2020年)
●日系の工場向けに機械や部品を輸出
●年間約166万人が観光でタイへ(2018年)
・タイで製造した日本車を世界各国に輸出
・日本などの企業がタイにハードディスクの工場を建設し、世界に輸出

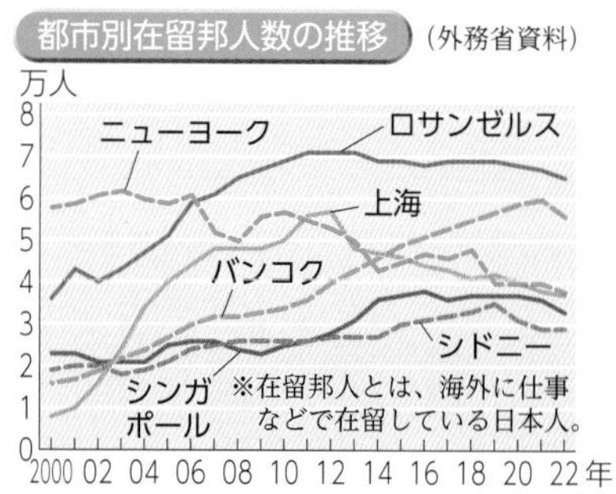

グローバル化が進む現代では、**グローバル・サプライチェーン**(世界的供給網)が構築され、製品の生産を一国内だけでなく世界規模で行っていることも少なくない。例えば、アメリカのアップル社の「iPhone」は、部品の生産をアジア諸国などで行い、それを中国で組み立てて、最終的な製品を世界に輸出している。このように、1つの製品の生産活動を細かい工程に分け、それぞれの活動に適した立地条件の場所で部品をつくり、それを1か所に集めて最終的な組み立てを行うことを**工程間分業**という。また、この過程で同一産業内で行われる部品と完成品との貿易を垂直的産業内貿易という。

日本のグローバル・サプライチェーンとして存在感を増しているのが東南アジア諸国である。なかでも、特に在留邦人数が多いのがタイである。日本の自動車メーカーの例をみると、各国で生産された部品がタイに集約され、タイで組み立てた製品を他の東南アジア諸国で販売している。これは、中国進出におけるリスクを分散する「チャイナ・プラス・ワン」の動きの一つでもある。

他方、新型コロナウイルス感染症の拡大でみられたように、感染拡大地域での工場閉鎖によって生産が停滞したことなどによって、世界的な半導体不足が生じたことなど、グローバル・サプライチェーンの負の側面もみられる。

Zoom 減少する日本企業の中国進出 日本企業の海外進出先として、中国は最大規模の進出数を誇るが、2012年をピークに減少傾向にある。その背景には、中国における人件費の上昇のほかに、知的財産権の流出や米中貿易摩擦の影響があげられる。

5 戦後の日米貿易の歩み

?日米貿易摩擦は時代ごとにどのような特徴があるか

年	事　項	
1950年代	繊維製品摩擦（～80年代）	軽工業
1957	繊維製品輸出自主規制→❶	
1960年代	鉄鋼摩擦（～80年代） カラーテレビ摩擦（～70年代）	重工業
1969	第１次鉄鋼輸出自主規制	
1970年代	工作機械摩擦（～80年代）	加工組立型・ハイテク産業
1972	第２次鉄鋼輸出自主規制	
1974	日本、大規模小売店舗法施行	
1980年代	自動車摩擦・半導体摩擦	
1981	自動車輸出自主規制	
1985	プラザ合意→❷	
1987	工作機械輸出自主規制	
1988	米、包括通商法（スーパー301条）制定→❸	
1989	米、日本のスーパーコンピュータなどにスーパー301条の適用を決定→その後の交渉で適用回避	
1989～	日米構造協議→❹	
1991	牛肉・オレンジ自由化実施	
1993～	日米包括経済協議→❺	
2000	大規模小売店舗法廃止	
2018	アメリカ、日本など各国から輸入する鉄鋼・アルミニウムに高関税を発動	
2019	日米貿易協定署名、翌年発効	

➡

❶**輸出の自主規制**…日本製品の大量の輸出はアメリカの産業界にとって脅威となり、アメリカ側からの対日批判が高まった。この結果、日本は輸出を自主的に抑制した。

❷**プラザ合意**…ドル高是正（＝円高誘導）が実施され、日本の輸出にブレーキがかかった。円高に対して、日本の自動車メーカーはアメリカでの現地生産を本格的に始め、1993年には現地生産台数が輸出台数を上回るようになった。

❸**スーパー301条**…包括通商法の条項の１つで、従来の通商法301条「不公正な貿易慣行によりアメリカの産業が損害を被った場合、適切な報復措置をとることができる」との内容を強化したもの。これは事実上、日本をねらい撃ちしたものであったが、ＷＴＯ違反との指摘もなされた。

❹**日米構造協議**…円高不況を乗り切った日本企業は輸出を増やしていった。これに対してアメリカは、日米間の貿易不均衡の原因は日本の非関税障壁にあるとして、系列取引や建設業界の入札、大店法の規制に対する是正など、閉鎖的な市場の開放を求めた。

❺**日米包括経済協議**…日本の経常収支黒字削減とアメリカの財政赤字削減の協議がなされたほか、政府調達、保険・金融サービス、自動車、半導体、知的財産権など分野別協議も行われた。

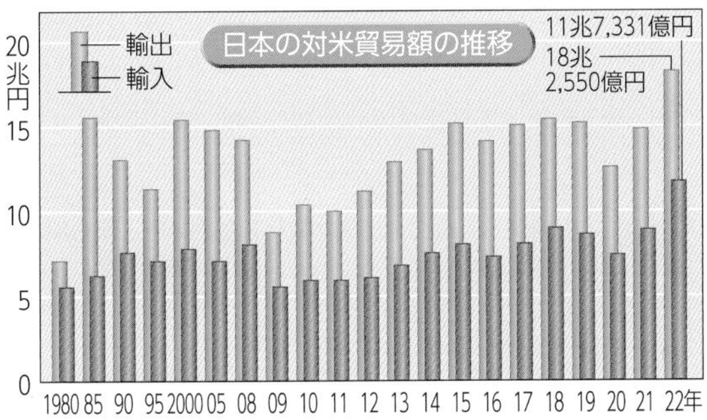

（『日本国勢図会』2023/24年版）

解説 **貿易摩擦が続いた日米関係**　日本は戦後、経済発展を遂げ、輸出を拡大してきた。しかし、日本にとって最大の輸出国であったアメリカとの間では、1950年代から貿易摩擦が続いた。アメリカは1980年代に「**双子の赤字**（財政赤字と貿易赤字）」が問題となると、輸出を拡大する日本に対して、日本の閉鎖的な市場を批判し、市場開放を求めた。その中で、1989年の**日米構造協議**や、1993年の**日米包括経済協議**などが行われた。今日ではアメリカの対中国貿易赤字が拡大したことや、日本の最大の貿易相手が中国になったことで、日本貿易摩擦は下火になりつつある。

6 日中貿易の拡大

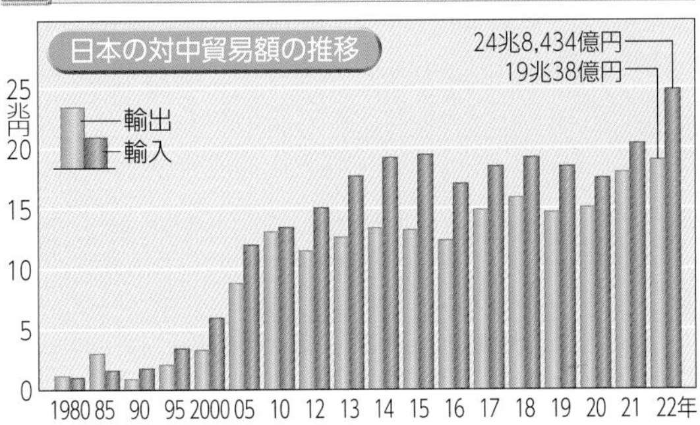

＊1990年の輸出減少の要因として、天安門事件（1989年）の影響による対外経済関係の悪化などがあげられる。　（『日本国勢図会』2023/24年版）

解説 **増える日中貿易**　日本と中国、さらには中国と世界各国との貿易額は、21世紀に入り急激に増加している。しかし、日中間の経済をめぐっては、模倣品などの違法商品に対する知的財産権をめぐる扱いや、中国産食料品への安全性に対する不信感など、さまざまな問題が発生してきた。また、尖閣諸島をめぐって日中間の政治的な摩擦が深刻化した際には、中国に進出している日本企業の工場や店舗がデモ隊によって破壊され、多くの損害を被った。

COLUMN 日本企業の中国進出

◀中国に進出した日本企業の食料品店（2021年・上海）

日本企業が中国で最も多いのは上海市であり、全体の約半分を占めている。上海市は製造業の進出も多いが、金融センターを有することから、金融関係の企業の進出も多い。また、進出企業の業種でみると、製造業と卸売業が多く、全体の約7割を占めている。これは生産拠点としての中国に目を向けたうごきである。一方で、サービス業も全体の約15％を占めるなど、「市場」としての中国に目を向け、進出している日本企業も少なくない。ただし、近年では、人件費の上昇や、ゼロコロナ政策に伴うロックダウン（都市封鎖）の影響で、生産拠点を中国以外の国に移転・分散させる動きもみられる。

TOPIC トピック　東南アジアの日本企業進出先として最も多いのがタイである。その背景には地理的な要素や、政府による積極的な誘致があげられる。次いでシンガポール・ベトナムの順に多い。

用語解説　292日米構造協議、293日米包括経済協議

2 国際収支のしくみ

要点の整理

＊1～8は資料番号を示す

❶国際収支の体系

①**国際収支**1 2……一定期間内(通常は1年間)における国家の対外的な収入と支出のこと

- 国際収支
  - **経常収支**
    - **貿易・サービス収支**
      - **貿易収支**
      - **サービス収支**
    - **第一次所得収支**
    - 第二次所得収支
  - 資本移転等収支
  - **金融収支**
    - **直接投資**
    - **証券投資**
    - 金融派生商品
    - その他投資
    - **外貨準備**
  - 誤差脱漏(ごさだつろう)

経常収支＋資本移転等収支－金融収支＋誤差脱漏＝0

②日本の国際収支の推移4

- 経常収支の動向……訪日外国人旅行者数の増加 ⟶ サービス収支のマイナスが減少
  貿易収支が赤字となる(2011～15年)一方で、第一次所得収支の黒字が拡大している
- 金融収支の動向……企業の海外進出が進み、対外資産の増加(＝債権国)が続く ⟶ 日本の対外純資産は世界一に

❷経常収支と国内経済の関係5

経常収支＝貯蓄－投資＋財政支出[租税－政府支出]
……国内の貯蓄が投資や財政赤字より少なければ、経常収支は赤字に

❸世界の国際収支の動向

①国際収支の国際的な不均衡(**グローバル・インバランス**)3
……中国・ドイツ・日本などは経常収支が黒字 ⟷ アメリカは大幅な経常収支の赤字
②**多国籍企業**の活動7 8……直接投資や証券投資による外国への企業進出 ⟶ 金融収支のプラスが増加
③**デジタル貿易**の拡大……**デジタル課税**をめぐる議論が進む

1 国際収支の体系

？経常収支と金融収支にはどのようなものが含まれるか　出題

■国際収支統計と日本の国際収支

(単位：億円)

	2000年	2020年	2022年
経常収支	140,616	156,739	115,466
貿易・サービス収支	74,298	－8,773	－211,638
貿易収支	126,983	27,779	－157,436
サービス収支	－52,685	－36,552	－54,202
第一次所得収支	76,914	191,209	351,857
第二次所得収支	－10,596	－25,697	－24,753
資本移転等収支	－9,947	－2,072	－1,144
金融収支	148,757	138,073	64,922
直接投資	36,900	90,720	169,582
証券投資	38,470	43,916	－192,565
金融派生商品	5,090	7,999	51,362
その他投資	15,688	－16,541	107,114
外貨準備	52,609	11,980	－70,571
誤差脱漏	18,088	－16,594	－49,400

■国際収支の内訳　国際収支は、大きく「**経常収支**」と「**金融収支**」に分けることができる。経常収支は、「**貿易・サービス収支**」、「**第一次所得収支**」、「**第二次所得収支**」に分かれる。「**金融収支**」は、「**直接投資**」や「**証券投資**」など投資の収支項目とともに、「**外貨準備**」(➡p.337)が含まれる。これに加えて、「**資本移転等収支**」と、統計上の誤差を調整するための「**誤差脱漏**」の項目がある。

解説　**国の「家計簿」からみえるもの**　国際収支表をみると、その国が一定期間に外国と行ったお金のやり取りが記載されており、その国がどのように稼(かせ)ぎ、逆に何を支払っているかといった特徴がわかる。例えば、日本は以前は貿易収支の黒字(プラス)が経常収支の黒字を支えていたが、現在では第一次所得収支の黒字が拡大し、2019年には初めてサービス収支が黒字になるなど、稼ぎ方も様変(さまが)わりしている。

項目	内容(具体例)
貿易収支	財貨(モノ)の輸出入を集計したもので、輸出額と輸入額の差額で示される。輸出＞輸入であれば黒字、輸出＜輸入であれば赤字となる。
サービス収支	サービス取引の収支が含まれる。 ①国家間で旅客や貨物を輸送したときの運賃 ②海外旅行先での買い物や宿泊・食事(旅行収支) ③特許権や著作権の使用料、上映・放映権料、通信サービス料など
第一次所得収支	①非居住者(短期の滞在者)が労働の対価として得た報酬(ほうしゅう)(雇用者報酬) ②直接投資や証券投資で得た収益や配当金・利子(投資収益)
第二次所得収支	①食料や医薬品などの消費財の無償援助や国際機関への拠出金 ②長期滞在している外国人労働者が母国にいる家族に仕送りした場合(労働者送金)や、海外留学中の子どもへの仕送りなど
資本移転等収支	①無償援助のうち、道路や施設など社会資本を整備するための資金協力 ②債務免除(めんじょ) ③商標権や鉱業権の取得・処分(権利の売買)
金融収支	金融資産にかかわる債権・債務の移動を伴う取引の収支であり、一定期間中に発生した資産の取得と処分の差額を表す。 ①海外で子会社や工場を設立した場合などによる**直接投資** ②利子・配当金などの投資収益を目的とした**証券投資** ③金融派生商品(デリバティブなど)の取引 ④その他投資(貸し付けや借り入れ、現金・預金の移動など) ⑤中央銀行などの通貨当局が保有する**外貨準備**

Zoom **国際収支統計の見直し**　2014年に国際収支統計が変更された背景には、1990年代以降の通貨危機を受けて各国の経済状態を正確に図る必要が生じたことや、世界経済のグローバル化や金融取引の高度化に伴って経済活動が変化したことがあげられる。

2 経常収支と金融収支の関係

?国際収支の「プラス」と「マイナス」の判断基準は何か

		プラス	マイナス
経常収支	貿易・サービス	輸出	輸入
	第一次所得	受け取り	支払い
	第二次所得	外国からの移転	外国への移転
資本移転等収支		外国からの移転	外国への移転
金融収支	直接投資 証券投資	対外純資産の増加	対外純資産の減少
	外貨準備	政府が保有する外貨の増加	政府が保有する外貨の減少

■練習問題　次の出来事は、国際収支の以下の[ ]内の項目において、日本にとってプラス、マイナスのどちらで計上されるか考えてみよう。

①日本が中東から原油を輸入した。[貿易収支]

②日本に来た外国人観光客が宿泊代を支払った。[サービス収支]

③海外で活躍する日本人スポーツ選手が、日本の家族に仕送りをした。[第二次所得収支]

④日本企業が、保有する海外企業の株式の配当金を受け取った。[第一次所得収支]

⑤日本企業が海外に子会社を設立した。[金融収支(直接投資)]

⑥日本が国連に加盟分担金を支払った。[第二次所得収支]

正解　①：貿易収支のマイナス、②：サービス収支のプラス、③：第二次所得収支のプラス、④第一次所得収支のプラス、⑤：金融収支(直接投資)のプラス、⑥第二次所得収支のマイナス

「国際収支」の考え方

■「プラス」と「マイナス」の捉え方　国際収支はその国のお金の出入りであり、例えば、輸出すればお金が入ってくるので貿易・サービス収支は「プラス」(黒字)となり、輸入すれば代金を支払うので「マイナス」(赤字)となる。また、第二次所得収支や資本移転等収支の場合、お金の移動(移転)でプラスとマイナスを考える。例えば、日本から国際機関への無償資金援助は、日本からお金が移動(移転)するので、マイナスとして扱われる。一方で、金融収支のうち直接投資と間接投資では、日本が外国で得た資産と、外国が日本で得た資産を比較し、日本が得た資産の方が多ければ「プラス」、外国が得た資産の方が多ければ「マイナス」となる。

■国際収支の合計はゼロ　国際収支表は複式計上の方式が採用されている。例えば、日本の企業がアメリカに1万ドルの自動車を販売し、アメリカの銀行の口座に代金が支払われた場合は、貿易収支に＋1万ドルが計上される。一方で、支払われた1万ドルはアメリカの銀行に貸し付けていると便宜上考えられる。そのため、金融収支に＋1万ドルが計上される。こうして、国際収支表では必ず「**経常収支＋資本移転等収支－金融収支＋誤差脱漏＝0**」となる。

解説　**プラス？マイナス？**　基本的に国際収支は、経常収支であれば、「お金の受け取り」はプラス、「お金の支払い」はマイナスとなる。例えば、日本であれば、日本(実際は1年以上の居住者)が相手国(日本の非居住者)からお金を受け取ったか、日本(居住者)から相手国(日本の非居住者)にお金が支払われたかで判断する。また、金融収支であれば「資産の増加」はプラス、「資産の減少」はマイナスとなる。例えば、日本企業が子会社を設立するために現地で支払いが発生しても、日本からみて「子会社」という資産は増加するので、プラスの扱いとなる。

COLUMN

見直しを迫られる日本の観光戦略

海外旅行者数の推移 (『観光白書』2023年版)

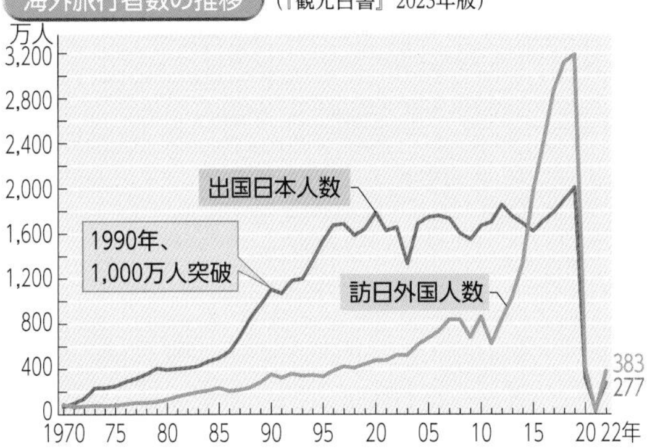

日本の旅行収支の推移 (日本銀行資料)
※旅行収支の支払いはマイナスとした。

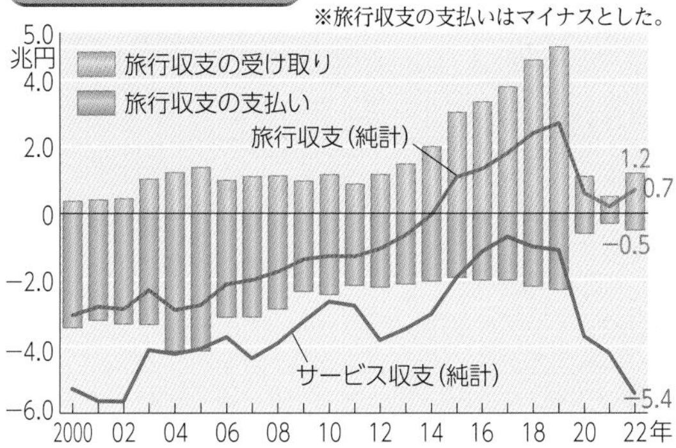

従来、日本人の海外旅行者数は訪日外国人旅行者数に比べて圧倒的に多く、先進国の中では外国人旅行者の少なさが目立っていた。それが日本のサービス収支の赤字の一因であった。しかし、2010年代に訪日外国人数は急増し、2015年には出国日本人数を上回った。

この背景にはさまざまな要素が考えられる。一つは為替相場が2012年末からほぼ一貫して円安傾向にあることがあげられる。また、中国などに対する個人向け観光ビザの適用が緩和されたことも背景の一つであろう。これ以外にも、ＬＣＣ(格安航空会社)の就航や、政府が2003年から実施している「ビジット・ジャパン・キャンペーン」も一定の役割を果たしているといえる。

2019年には訪日外国人数が過去最高の約3,200万人となったこともあり、旅行収支が統計を遡れる範囲で最大を記録した。東京オリンピック・パラリンピックの開催も後押しとなり、政府の目標である4,000万人の訪日外国人旅行者も現実のものとなってきた。しかし、そこで起こったのが新型コロナウイルス感染症の拡大である。東京オリンピック・パラリンピックは一年延期となり、訪日外国人旅行者数は急減した。

感染症拡大防止の観点から、訪日外国人の入国に伴う制限はしばらく続くことが予想される。また、観光地でのオーバーツーリズムなどの問題も明らかとなってきたため、観光戦略の見直しが必要となっている。

TOPIC トピック　新型コロナウイルス感染症拡大の影響を受け、2020年の外国人観光客は約400万人となったが、そのほとんどは3月頃までの観光客であった。

用語解説　㉙経常収支

3 各国の国際収支

2020年(億ドル)	日本	アメリカ	イギリス	ドイツ	中国	タイ
経常収支	1,645	−6,472	−954	2,663	2,740	163
貿易・サービス収支	−62	−6,817	−108	2,193	3,697	247
貿易収支	288	−9,156	−1,487	2,175	5,150	398
サービス収支	−350	2,339	1,379	18	−1,453	−152
第一次所得収支	1,946	1,816	−484	1,062	−1,052	−142
第二次所得収支	−239	−1,471	−362	−592	95	59
資本移転等収支	−17	−60	−24	−56	−1	0
金融収支	1,418	−7,436	−1,242	2,680	1,058	219
外貨準備	86	90	−42	−1	280	184

(『世界国勢図会』2021/22年度版)

各国の経常収支の推移 (内閣府資料ほか)

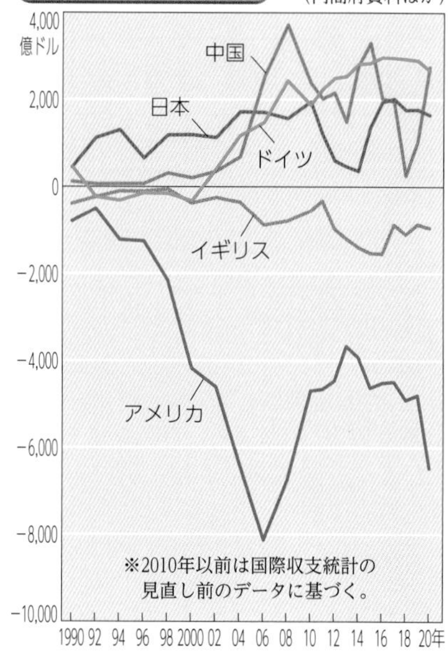

解説 **際立つ国際収支の「不均衡」** 先進国の中では、とりわけアメリカの経常収支、特に貿易収支の赤字が大きいことがわかる。通常、このような巨額の赤字を長期間にわたって続けることは難しいが、アメリカの場合、①国際通貨でもあるドル紙幣を自由に発行できる、②世界に流出したドル紙幣が再びアメリカに投資され、経常収支の赤字を埋めあわせているという背景がある。しかし、その一方で、アジア諸国や産油国の経常収支は黒字となっており、不均衡な状態が続いている。こうした不均衡は、**グローバル・インバランス**と呼ばれる。こうした不均衡の構造がいつまで続くのか疑問視する声や、アメリカの不均衡な構造から、基軸通貨としてのドルの先行きを不安視する声もある。

4 日本の国際収支の推移

?近年の日本の経常収支はどのように変化しているのか

経常収支の項目別推移 (財務省資料) ※1995年以前は国際収支統計の見直し前のデータに基づく。

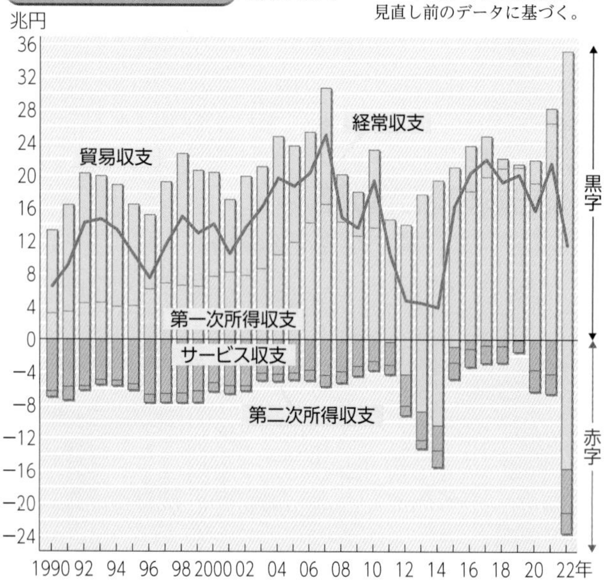

経常収支と金融収支 (財務省資料)

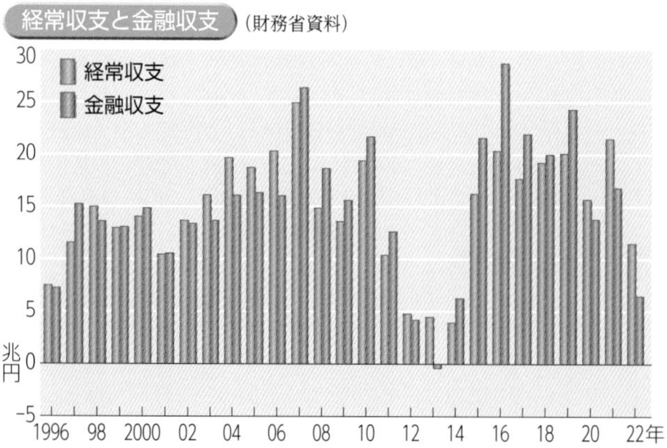

【戦後復興期】(1945～55年)
- 復興のための輸入超過により、貿易収支は赤字に
- アメリカの援助(ガリオア・エロア)と、朝鮮特需による軍関係の受け取りが増加し、経常収支は黒字に

【高度経済成長前期】(1956～64年)
- 貿易収支は生産の拡大とともに黒字化したが、景気の上昇による輸入拡大で赤字化することも→**「国際収支の天井」**による景気後退がみられた
- 貿易の拡大による輸送費の増加や特許料の支払いなどにより、サービス収支(貿易外収支)は赤字に

【高度経済成長後期～石油危機】(1965～70年代)
- 工業製品の国際競争力が高まり、貿易収支の黒字が拡大し、経常収支は黒字化が定着
- 二度の石油危機の直後には経常収支が赤字に

【安定成長期】(1980年代)
- 1980年代は輸出の増加により、貿易収支・経常収支の黒字が拡大(80年代後半は円高により黒字幅が減少)
- 海外旅行が増加し、サービス収支の赤字が拡大
- 企業の海外進出が加速し、資本収支の赤字※が拡大

【バブル経済崩壊後】(1990年代)
- 貿易収支は黒字であるが、減少傾向がみられる時期もあり、黒字幅は拡大せず
- 海外からの配当などにより、所得収支※の黒字は増加

【現在】(2000年以降)
- 2005年以降は所得収支が貿易収支の黒字を上回る
- 輸入資源の高騰やリーマン・ショック、東日本大震災の影響により、2011～15年は貿易収支が赤字に
- 輸入資源の高騰や円安の影響により、2022年の貿易収支が大幅な赤字に

※「資本収支の赤字」は「金融収支の黒字」に、「所得収支」は「第一次所得収支」に読み替えることができる。

Zoom **日本の国際収支の現状** 現在の日本の国際収支のうち、経常収支の黒字は第一次所得収支の割合が高まっているが、その内訳をみると、証券投資による収益が高い。また、近年では直接投資による収益も高まっている。

5 国際収支と国内経済との関係

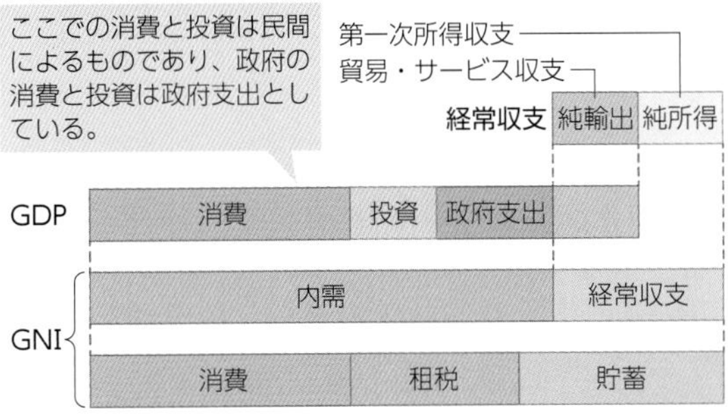

❶GNIは消費と租税に使われ、残りを貯蓄することから…
経常収支＝(消費＋租税＋貯蓄)－(消費＋投資＋政府支出)
＝貯蓄－投資＋ 租税－政府支出 となる。
❷ 租税－政府支出 は財政収支を示すことから、財政赤字なら
経常収支＝貯蓄－(投資＋財政赤字)となる。
※第二次所得収支は考慮しないものとする。

高齢化で経常収支はマイナスに？ 日本で経常収支の黒字(プラス)が続いてきたのは、民間貯蓄の黒字が財政赤字を上回ってきたためと考えることができる。現在、高齢化の進展に伴って社会全体としての貯蓄額は縮小しているが、一方で財政赤字は拡大している。今後、財政赤字が縮小しなければ、経常収支は黒字から赤字へ急速に変化することになる。

解説 **国内経済から考える経常収支** 国民総所得(GNI)は、収入面では内需と経常収支から構成される。また、支出面をみると、所得は消費と租税、貯蓄に振り分けられる。つまり、消費と租税、貯蓄から内需を引いたものが経常収支となる。内需は民間の消費と投資(設備投資や住宅投資など)、政府支出から構成される。これを変形すると、経常収支は貯蓄から投資を引き、租税と政府支出の差(財政収支)を加えたものとなる。このように、経常収支として外国との間で生じた金額は、国内の財政状況との関係で決まる。

6 国際収支の発展段階と項目別収支

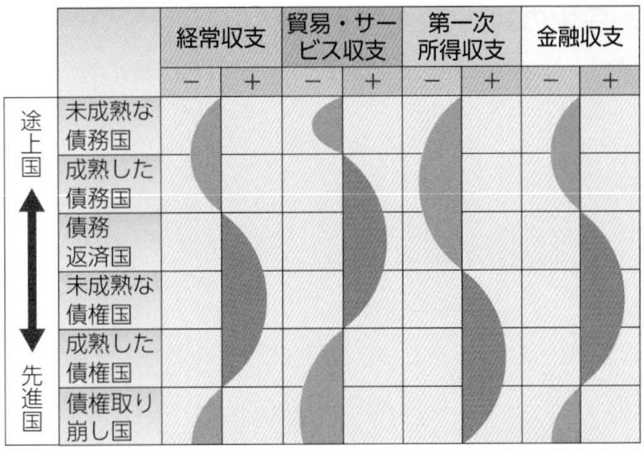

経常収支
貿易・サービス収支
第一次所得収支
金融収支
－ ＋
途上国
先進国
未成熟な債務国
成熟した債務国
債務返済国
未成熟な債権国
成熟した債権国
債権取り崩し国

(内閣府資料参照)

経済発展の段階	国際収支
発展途上国	輸出品の競争力がなく、輸入に依存するため、経常収支がマイナスになる。また、国内の開発のための資金を対外債務(借金)で賄うため、金融収支もマイナスになる。
新興国～先進国［中国・日本・ドイツなど］	輸出品の競争力が強まり、経常収支がプラスとなる。また、対外債務を返済するとともに、輸出で稼いだお金を海外に投資するため、金融収支もプラスになる。
成熟した先進国［アメリカ］	累積した対外純資産からの利益(投資収益)によって、第一次所得収支がプラスになる。一方、賃金の上昇や高齢化によって対外競争力が弱まり、貿易･サービス収支がマイナスに。

解説 **経済発展による国際収支の変化** 一国の経済が発展するにつれて、その国の国際収支の構造が変化するという説を**国際収支発展段階説**という。二国間における国際収支の各項目は、一方の国がプラスなら、他方の国はマイナスになるが、一国の国際収支は最終的に多国間の関係で決まるため、世界的な視野で把握する必要がある。

COLUMN

デジタル貿易とデジタル課税

デジタル貿易とは、経済協力開発機構(OECD)の定義では「基本的には国境をまたぐデータの移転を前提としたものであり、電子的または物理的に配送される物品やサービスの貿易にかかる電子的取引を包含するもの」とされている。この定義を受けて、経済産業省では具体的なデジタル貿易の内容として、「インターネットを通じた物品の売買、オンラインでのホテル予約、ライド・シェアリング、音楽配信サービスなど、オンラインプラットフォームを介して提供されるサービスを含む」としている。

デジタル貿易が盛んになる一方で、「GAFA」に象徴される巨大IT企業は、インターネットを通じて、拠点を置かない国や地域でも事業を展開している。しかし、現行の「国際課税の原則」の下では、国内に支店や工場などの物理的な拠点がない外国企業には原則課税ができない。そのため、巨大IT企業は適正な税負担をしていないという批判があった。それを受けて、OECDでは2021年に、法人税率の最低基準(➲p.174)とともに、**デジタル課税**のあり方で大筋合意した。これにより、国際課税の原則が見直され、巨大IT企業が拠点を置かない市場国にも課税権が認められることになった。

デジタル貿易の概念図 (経済産業省資料)

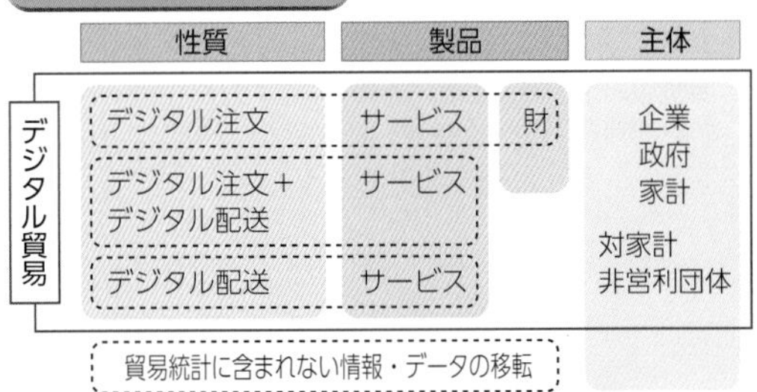

デジタル課税をめぐるOECDの合意事項

合意事項	内容
課税対象企業	売上高が200ユーロ(約2兆8,000億円)超で、売上高に占める利益率が10%超の多国籍企業
税の配分方法	売り上げの10%を超える利益のうち、25%を市場国(販売先の国)に配分
その他	各国が独自に導入したデジタル課税は廃止 条約締結後、2023年に実施予定

(日本経済新聞社資料ほか参照)

TOPIC トピック 日本企業は1980年代のプラザ合意以降に製造拠点の海外進出が進んだが、近年では海外での人件費の高まりや、技術流出の問題などから国内回帰の動きもみられる。

7 直接投資と証券投資

①日本の対外金融資産

日本の対外金融資産・負債残高 （日本銀行資料）

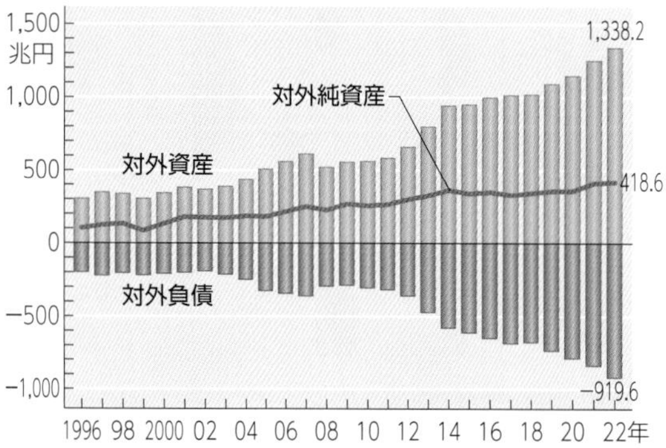

解説 **拡大する国際資本移動** 国際収支では、金融収支は**直接投資**や**証券投資**などに分類される。直接投資は通常、現地法人の設立や支店の開店、子会社化など、企業を直接経営することを目的とした、株式や不動産の取得である。また、現地に新しく工場を移転、建設することも含まれる。これに対して、証券投資は、値上がり益や利子、配当を得ることを目的とした、株式や国債・社債の売買がある。このほかにも、預金や貸し付けなども「その他投資」として金融収支に含まれる。日本の対外純資産は年々増加傾向にあり、その額は世界一となっている。

②対内・対外直接投資

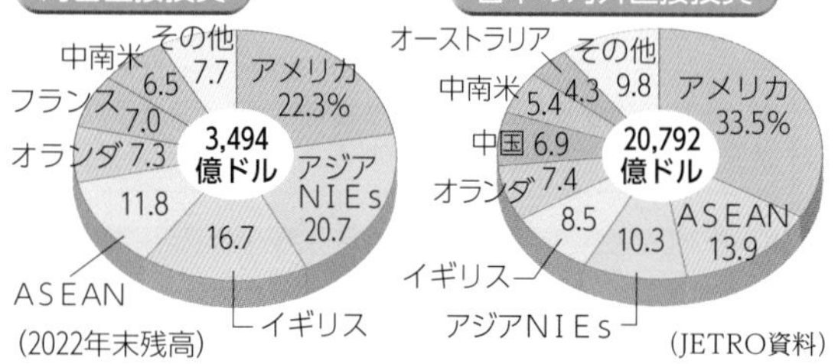

日本の対外直接投資残高

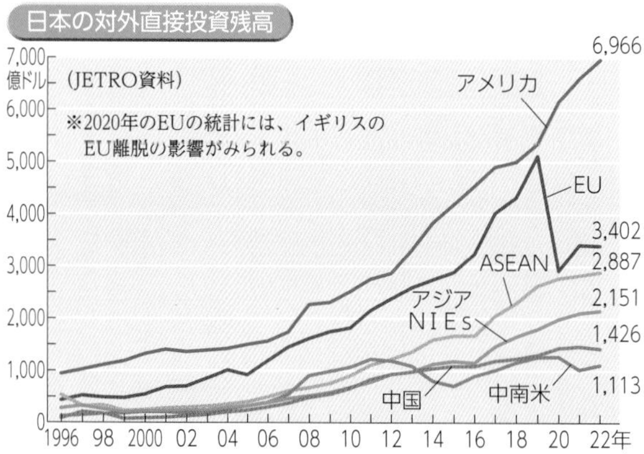

解説 **急増する中国への直接投資** 直接投資は、貿易摩擦の解消や、為替リスクの回避のため、貿易摩擦や円高が問題化した1980年代半ば以降に増加した。当初、進出先は北米や東南アジアが中心だったが、21世紀に入り、中国への直接投資も増加している。この背景には、安価な労働力を求めて生産拠点を移すためだけではなく、中国が経済発展する中で、市場としても重視されるようになってきたことがあげられる。

8 多国籍企業の活躍

多国籍企業の売上高 (2022年)

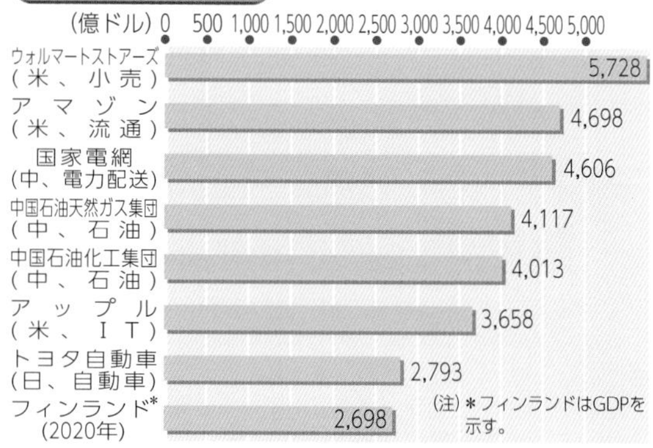

（『FORTUNE』ほか）

日本の製造業の海外生産比率の推移

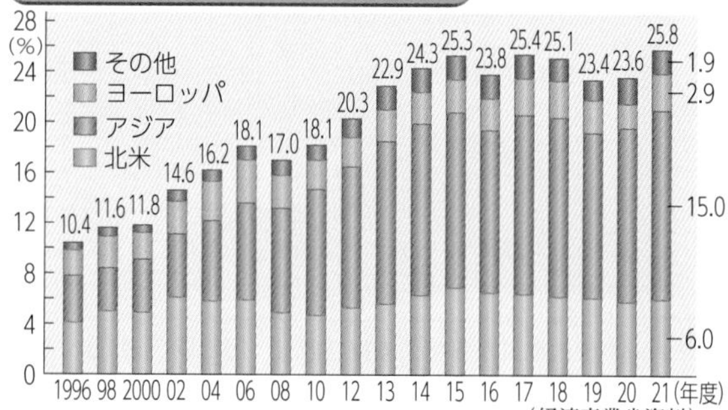

（経済産業省資料）

■多国籍企業が世界に与える影響

良い影響	心配される影響
○多国籍企業の海外進出は、生産能力の拡大や技術移転を通じ、進出先の国に新たな産業をもたらす。 ○ヒト・モノ・カネが国境を越えて移動することでグローバル化が進み、世界規模での企業間競争が起こり、消費者がより良い商品を購入できる。	○進出先の地場産業などの伝統的な産業や幼稚産業が衰退したり、大規模な工場の建設などによって、環境が悪化する。 ○海外に生産拠点を移転させるため、国内では産業の空洞化が起き、自国経済が停滞する一因となる。

投資協定

海外投資に関する規制をできる限りなくし、企業が海外で自由に事業を展開できる環境を整えるための国家間の協定のこと。二国間での協定をＢＩＴ(Bilateral Investment Treaty)という。年々、投資協定は増加しているが、その背景には、今日の世界経済において、企業の国境を越えた活動が活発化していることがあげられる。日本も1977年のエジプトとの締結を契機に、中国や韓国などのアジア諸国を中心に投資協定を結んでいる。また、ＥＰＡ締結の際に投資に関する条項を盛りこむことも多い。

解説 **影響力を増す多国籍企業** **多国籍企業**とは、活動拠点を複数の国に置いて世界的に活動している企業である。その目的は、原材料や低賃金労働力の調達、新興国での市場の開拓などである。多国籍企業の収益は一国のＧＤＰを上回ることもあり、その影響力は大きい。日本でも、1980年代の円高により、企業の海外進出が加速し、今日では製造業の海外生産比率は25％にまで達している。一方で、多国籍企業の拡大は、国内の産業の空洞化をまねくおそれもある。

Zoom **対日直接投資と日本の対外直接投資** 資料7の②の統計ではアメリカが最大であることに加え、ＡＳＥＡＮ諸国が一定の割合を占めていることがわかる。特に日本の対外直接投資では第２位となっており、日本とＡＳＥＡＮとの関係の深化がみられる。

3 外国為替相場のしくみ

要点の整理

＊ 1 ～ 3 レクチャー は資料番号を示す

❶外国為替相場

①**外国為替相場** 1 ……自国通貨と外国通貨との交換比率で、為替レートともいう。**固定相場制**と**変動相場制**がある

②外国為替相場の決定要因 2 レクチャー

為替相場の決定要因	「円高」になる要因	「円安」になる要因
(1)各国の物価水準(購買力平価説)	デフレーションが起きる	インフレーションが起きる
(2)国際収支の動向	経常収支が黒字(プラス)になる	経常収支が赤字(マイナス)になる
(3)各国の金利水準(内外金利差)	金利が上がる	金利が下がる
(4)その他の要因	経済成長率、景気動向などが改善	経済成長率、景気動向などが悪化

⟶ 日本の国際収支や金利、物価、経済成長率、景気動向など、一国の経済状態を判断する基礎的条件を**ファンダメンタルズ**(経済の基礎的条件)と呼ぶ

③戦後日本の為替相場の動向 3

- 固定相場制から変動相場制へ……1ドル＝360円の固定相場制 ⟶ **ニクソン・ショック**で金・ドル交換停止(1971年)
  ⟶ 変動相場制に移行(1973年) ⟶ **キングストン合意**(1976年)
- プラザ合意(1985年)以降、円高基調……最高値は1ドル＝75円台(2011年10月)
  ⟶ 円高になると輸出が減少して、産業の空洞化などの問題が起こる
- 為替介入(外国為替平衡操作)……為替相場の乱高下を抑えるために、政府・日銀が自国通貨を売買する

❷円高と円安 レクチャー

円高の影響	円安の影響
輸出が落ちこみ、日本国内は不況になる(**円高不況**)	輸出が伸び、輸出関連企業を中心に好況となる
輸入製品が安くなり、日本国内の物価が下がる	輸入製品が値上がりし、国内品の競争力が高まる
外貨預金による為替差損(ドル預金では損)が発生	外貨預金による為替差益(ドル預金では得)が発生
円の価値の上昇により、企業が海外に投資する	円の価値の下落により、日本への投資が増える
海外旅行が安くなり、海外旅行客が増加する	日本への観光客が増加する

国際経済

1 外国為替のしくみ

？外国為替のしくみは内国為替のしくみとどのように異なっているのか 出題

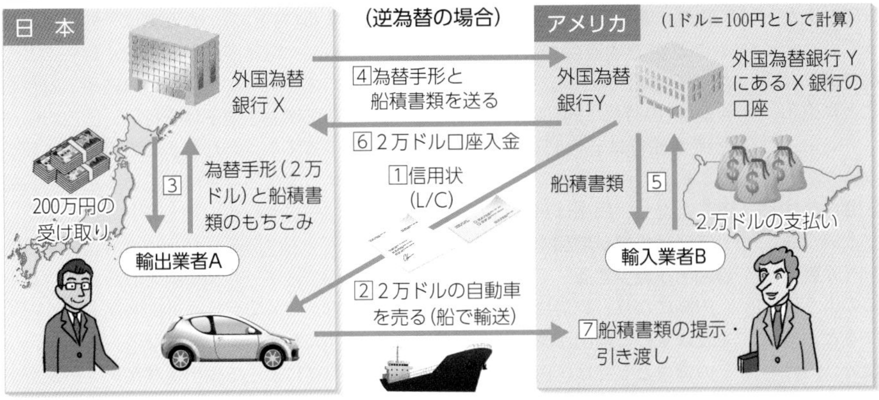

逆為替…図のようにお金を受け取る側が手形を振り出して、銀行に代金の取り立てを依頼する方法であり、外国為替取引では一般的に用いられる。
並為替…お金を支払う側が手形を振り出して、銀行に依頼して資金を送る方法。

日本の輸出業者Aがアメリカの輸入業者Bに2万ドルの自動車を売る契約をする。⟶ 契約が成立すると、BはY銀行に信用状の発行依頼を行う。依頼されたY銀行はA(またはX銀行)に信用状を発行する(1)。⟶ Aは貨物の船積みをし、船会社を通じて貨物が輸送される(2)。⟶ 輸送が終わると、Aは為替手形を発行し、この手形と船積書類をX銀行にもちこみ、2万ドル分の円価代金を受け取る(3)。⟶ 一方、X銀行はY銀行に手形と船積書類を郵送する(4)。そして、BはY銀行に船積書類と引き換えに2万ドルを支払い(5)、Y銀行はこのお金をX銀行の口座に振り込む(6)。⟶ Bは船積書類を船会社に提示し、貨物を引き取る(7)。

信用状(L/C)…輸入業者の取り引き銀行が、輸出業者に対して船積書類を提示することを条件として、輸入業者に代わって代金の支払いを保証するための書類

船積書類…一般的には、商品名や価格・数量などが記載されている出荷案内書や、船会社が輸入先の港で輸入業者に商品を引き渡すことを約束するための船積証券、輸送中に事故などで商品が損害を被った場合の保険となる保険証券など。船積書類が添付された為替手形は荷為替手形という。

解説 **貿易取り引き決済の実際**　上の図は、日本の輸出業者Aと、アメリカの輸入業者Bとの貿易のようすである。遠隔地間の金銭上の債権・債務の決済を、現金の輸送を行わず、金融機関を通じて行うことを**為替**というが、特に異なる国どうしで行われるものを**外国為替**と呼ぶ。多額の取り引きがなされる貿易では、さまざまなリスクを回避するため、信用状を使った取り引きが多く行われている。

TOPIC トピック　「為替」の歴史は古く、日本では江戸時代に発達した。例えば、江戸の商人が大坂の商人に代金を支払う場合は、両替商が仲立ちとなって為替手形による決済が行われていた。

Economics lecture
経済学レクチャー

円高・円安で何が変わる？

日々のニュースや新聞などで為替レートの変動が伝えられている。多くの人々にとっては、海外旅行に行くときしか外貨を扱うことがないため、為替相場(為替レート)の変動は普段の生活の中であまり意識しないだろう。しかし、為替相場の変動は、日本経済全体に関わり、私たちの生活にも大きく影響を及ぼしている。

為替相場の輸出への影響

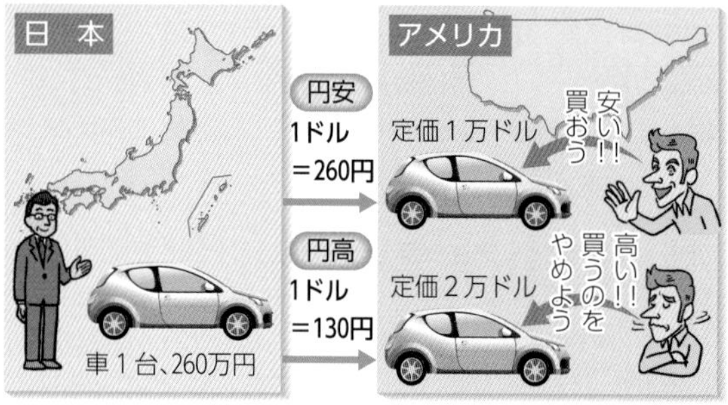

為替相場の輸入への影響

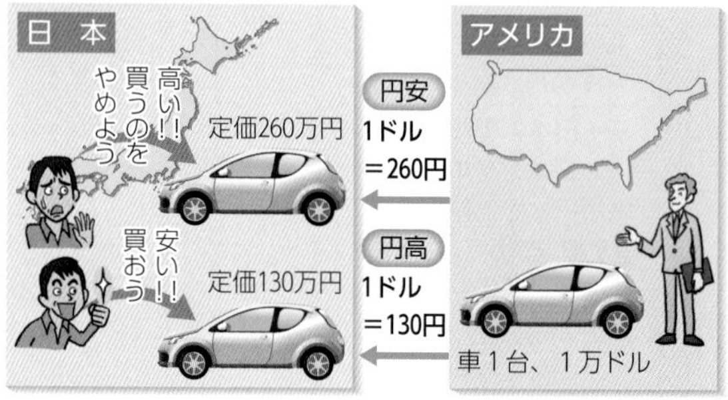

日本で1台260万円で販売されている車があったとする。もし、為替レートが1ドル＝260円なら、アメリカでの店頭販売価格は1万ドルである。これが1ドル＝130円になれば、販売価格は2万ドルに跳ね上がり、販売台数が減少する(需要が減少する)。逆に、アメリカで1台1万ドルで販売されている車を日本で販売する場合、為替レートが1ドル＝260円なら、260万円であるが、1ドル＝130円になれば130万円となり、販売台数が増加する(需要が増加する)。

円高・円安とは？

円高とは“円の価値が上がること”であり、円安とは“円の価値が下がること”である。たとえば、現在の為替相場が1ドル＝120円だとして、1か月後に1ドル＝100円になっていたら、これは「円高」である。円高でありながら、金額が下がっていることに違和感を覚えるかもしれない。

では、このように考えてみよう。先程の例を用いると、120円を出さなければ買えなかった「1ドル」という商品が、円高になることで100円で買えることになったのである。このようにみれば、120円から100円になると、ドルの価値が20円ほど下がった分、円の価値が上昇したと考えることができるであろう。

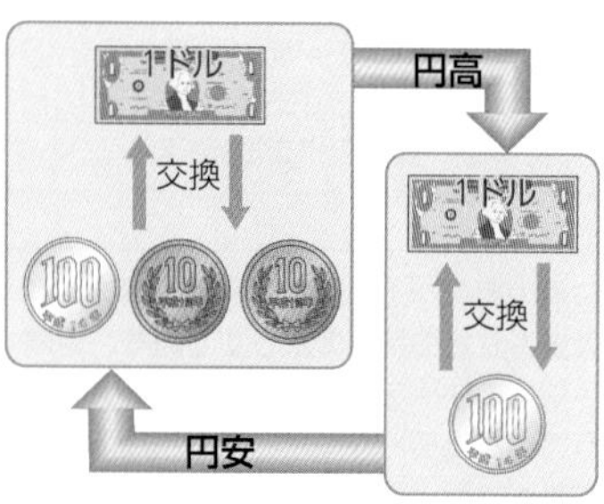

円高で何が変わるか

円高はどのような影響をもたらすだろうか。

❶海外旅行が安くなる

円高による利益を私たちが最も感じることができるのが、海外旅行に出かける場合である。例えば、1ドル＝360円の時代に約100万円かかっていた海外旅行は、今日の為替レートでは、約35万円程度まで値下がりしている。ただし、円高は日本への外国人観光客には負担が増加する。

❷輸出が減少する

円高になり、経済に最も大きな影響を及ぼすのは輸出産業に対してである。その背景としては、円高によって輸出先での販売価格が上昇して、輸出先での競争が厳しくなり、販売不振に陥るからである(左上図)。もし、輸出国での販売価格を据え置くなら、為替差損が発生し、円に換算した際の売り上げが減少する。

このような円高による不況を**円高不況**という。日本では、1985年のプラザ合意後に円高不況に陥った。このため、自動車などの輸出産業を中心に生産拠点を海外に移転する企業が出てくる。その結果として、国内では工場の閉鎖など**産業の空洞化**が生じる。

❸国内物価が安くなる

円のドルに対する価値が上昇して、外国製品の円表示での販売価格が下落する(右上図)。たとえば、外国産の食料品や電化製品などを安く買うことができるようになる。この結果、競合する国産品も値下げを行い、国内物価が下落する。ただし、この場合は、競合する国産品を生産している企業の利益が圧迫される。

一方、円高になっても外国製品の販売価格がそのまま据え置かれているなら、輸入業者は、外国製品をより安く仕入れていることになる。この場合は、円高によって輸出産業がダメージを受けるのとは逆に、為替差益が発生し、輸入業者の利益は上がる。

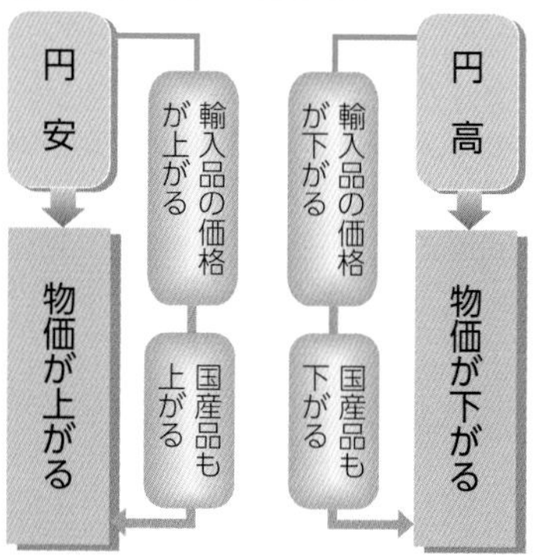

Zoom 為替相場の変動 為替相場の変動はさまざまな要因が関係している。短期的には各国の中央銀行の金融政策や、各国の金利差などによるが、長期的には経常収支や購買力平価も関係してくる。また、気候や政治情勢などによって左右されることもある。

円高・円安どちらがいい？

円高・円安ともにメリットとデメリットがあり、円安になると、円高とは逆の現象が起きる。たとえば、輸出品の価格が下がり、輸出が増加することで、日本の景気は良くなるであろう。一方で、輸入品の価格が上昇すれば、国内物価が上昇することも考えられる。

円高		円安
• 輸入品の価格が下がり、安く買える • 海外旅行の費用が安くなる • 国内の企業が海外の企業を買収しやすくなる	メリット	• 輸出品の価格が下がり、輸出が増加する • 日本を訪れる外国人旅行者が増加する • 外国資産を円に換金すると為替差益が発生する
• 輸出品の価格が上昇し、輸出が減少する • 企業が海外に生産拠点を移し、産業の空洞化が進む • 海外資産を円に換金すると、為替差損が発生する	デメリット	• 海外旅行の費用が高くなる • 輸入品の価格が上昇し、国内物価は高くなる • 日本で働く外国人が自国の通貨に換金して、家族に送金すると損失が出る

⊙円安の影響で輸入品の値上げを告知する食料品店（2013年５月）

⊙食品売場の「円高還元セール」（2008年10月）

それでは、円高と円安のどちらが好ましいかといえば、どちらとも一長一短であり、極端な円高や円安は好ましくない。為替レートの乱高下は、経済に直接的な影響をもたらすだけでなく、経済の見通しなどにも影響を及ぼす。政府・日銀が為替介入を行うのも、そのためである。

❹ドル表示のＧＤＰが大きくなる

１ドル＝200円のとき、日本人の１人当たりのＧＤＰが２万ドルだったとする。これが１ドル＝100円になった場合には、日本人の生活水準がほとんど変化しないにもかかわらず、ＧＤＰは４万ドルと、一気に２倍になる。そのため、各国の物価水準の差（内外価格差）を考慮した購買力平価（ＰＰＰ：Purchasing Power Parity）（⊙p.336）に基づいて算出されたＧＤＰを比較した方が、実体経済を的確に反映できるといわれる。

❺外貨建て資産の価値が低下する

日本に比べて海外の方が金利が高いため、金融資産を海外に投資して運用するケースが増えている。海外での資産運用の例として、外貨預金のほか、交換した外貨で株式や国債を買う「円キャリートレード」などがあげられる。しかし、海外での資産運用に対しても為替相場の変動リスクが伴い、円高が進めば、資産価値が目減りする。さらに、外国通貨と円との交換には手数料を支払う必要があるため、為替相場が変動しなくてもプラスになるとは限らない。

■練習問題　１ユーロ＝135円のとき、日本企業が商品をユーロ圏で販売し、２億ユーロの売り上げがあった。その半年後、１ユーロ＝115円になったとき、この企業が同じ数量の同じ商品をユーロ圏で販売し、２億ユーロの売り上げがあった。円に換算したときの売り上げはどう変化したか。

手順　１ユーロが135円から115円になれば、20円ほど円高になり、円に換算したときの売り上げはその分減少する。ユーロ圏での売り上げは、円高になっても２億ユーロのままであることから、２億×20円＝40億円が減少したことになる。

正解　40億円減少した。

購買力平価換算による各国の１人当たりGDP（2021年）

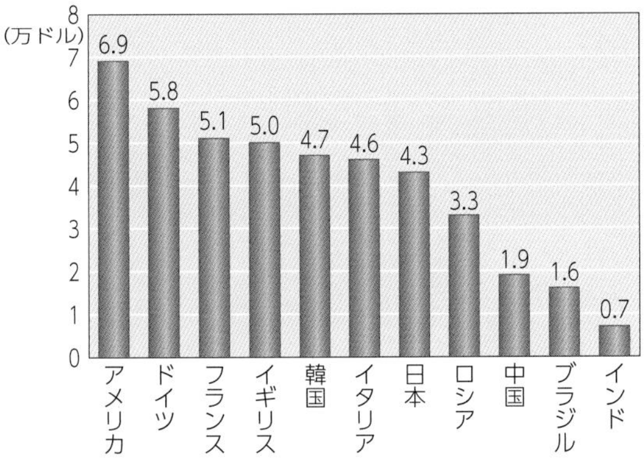

（『世界の統計』2023年版）

海外投資の為替変動リスク

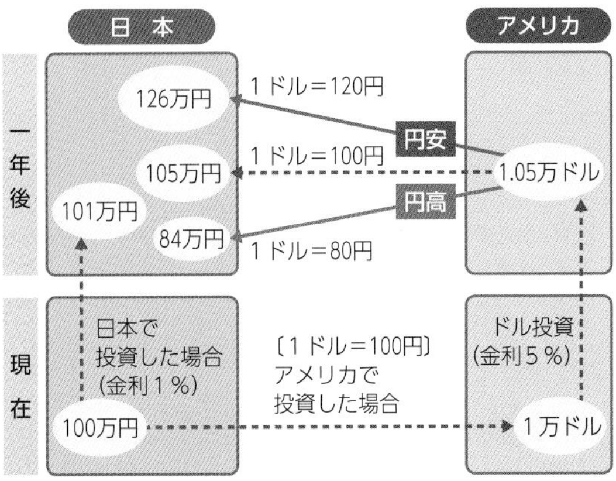

POINT

①１ドルが120円から100円になるように、円の数値が小さくなるほど「円高」となる。
②円高になると、輸入品を安く買うことができる一方、輸出が減少して産業の空洞化などの問題が起こる。
③日本は変動相場制移行後、円高基調で推移してきたが、近年では円安の傾向にある。

TOPIC トピック　日本では輸出のために「円安」の方がよいとの認識もあったが、近年の円安は、輸入資源や原材料の価格上昇に拍車をかけ、消費者の負担を増大させている。

2 外国為替相場

？外国為替相場の変動のおもな要因は何か　頻出

■外国為替相場とは何か

国境を越えて貿易や投資をする際には、各国で用いられている通貨を一定の比率で交換する必要がある。この異なる通貨間での交換比率のことを**外国為替相場**（**為替レート**）という。外国為替相場には、交換比率を一定の値に固定させる**固定相場制**や、為替相場を一定の幅の中で安定させる管理フロート制、市場の動向に応じて交換比率の変化を認める**変動相場制**がある（➲p.345）。

今日、先進国で広く用いられている変動相場制での為替相場は、外国為替市場における需要と供給の関係によって決定する。例えば、円とドルの関係において、円の需要が高まる（またはドルの需要が減少する）と、円高ドル安になり、逆に円の需要が減少する（またはドルの需要が高まる）と、円安ドル高になる。

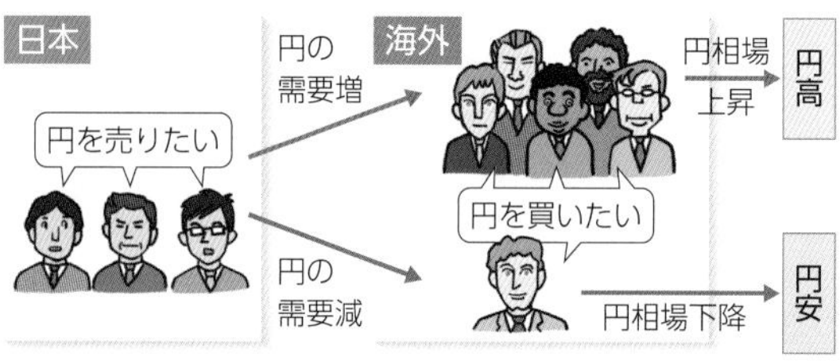

【為替相場変動の長期的要因】

各国間で、ある商品の価格に大きな差（**内外価格差**）があれば、安い国で買って高い国で売ることにより、その差額を儲けようとする動きが生じる。この取り引きが続けば、理論的には世界中の物価は等しくなる（「一物一価の法則」）。この考え方に基づくと、たとえば、ある商品がアメリカでは３ドル、日本では300円の場合、購買力平価は１ドル＝100円となり、現実の為替相場も長期的には購買力平価に近づくことになる。このような考え方を**購買力平価説**といい、代表的なものに、マクドナルド社のビッグマックを用いて購買力平価を求める「ビッグマック指数」がある。

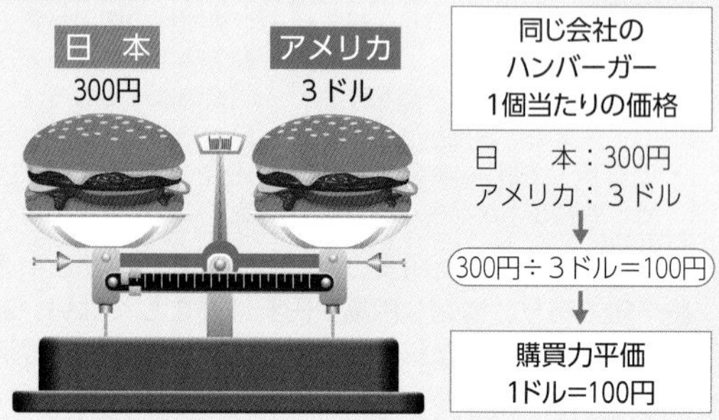

※消費者物価をもとにした現在の購買力平価は１ドル＝約120円。

■外国為替市場

➲為替ブローカーのディーリングルーム　現在ではコンピュータを使った取り引きが一般的である。

24時間眠らない外国為替市場

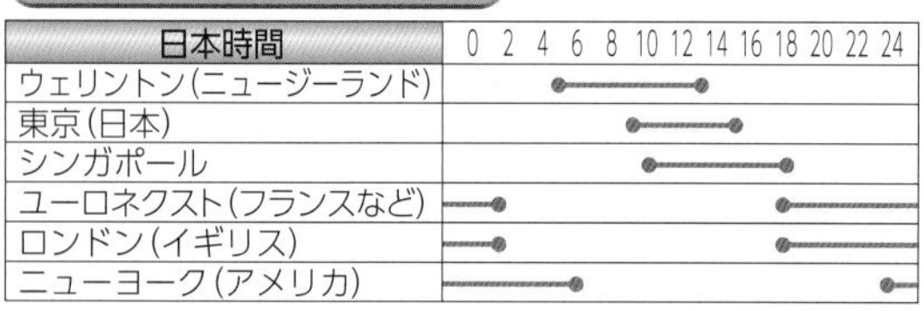

※その時間におもに取り引きされている市場をあらわす。

対顧客市場	銀行間市場（インターバンク市場）
海外旅行のための外貨への両替や、輸出業者がドル建ての為替手形を銀行にもち込み、円貨を代金として受け取ることなど、銀行と顧客との間での取り引き	銀行が顧客との取り引きで生じた円や外貨の過不足を調整するため、銀行間で行われる取り引き。一般に外国為替市場とは、銀行間市場をさすことが多い

解説　**膨大な取り引き額**　外国為替市場といっても、実際にお金をやりとりするための特定の場所が存在するわけではない。電話やコンピュータ回線で結ばれた国際的なネットワークである。ロンドン、ニューヨーク、東京など、世界の主要都市には外国為替市場があり、平日なら24時間、必ずどこかの市場が開かれている。外国為替市場での取引額は、世界全体で１日当たり約600兆円にのぼっている。

【為替相場変動の短期的要因】

外国為替相場の変動には、さまざまな要因が関係するが、短期的にはおもに以下の要因で決まる。

①国際収支の動向

経常収支の黒字……輸出＞輸入であるため、輸出に対して支払われたドル建ての代金を円に替えようとする流れが強く、円高になる。

経常収支の赤字……輸出＜輸入であるため、輸入に対する代金を支払うため、円からドルなどに替えようとする流れが強く、円安になる。

経常収支が黒字の場合（輸出＞輸入）

＊経常収支の赤字（輸出＜輸入）は、逆の流れを起こし、円安に

②各国の金利差（金利平価説）

資金は金利の低い国から高い国に流れる。もし、日本の金利が下がっていれば、金利の高い国で資金を運用するため、円を売って外貨を買う結果、円安になる。

海外に比べて日本の方が低金利の場合

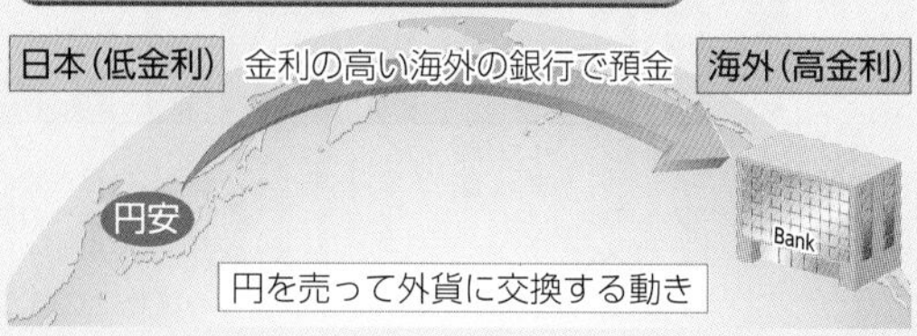

これらの要因以外にも、景気動向なども影響する。このような為替相場に変動を与える要因となる、経済成長率や物価、国際収支、失業率などを**ファンダメンタルズ**（経済の基礎的条件）という。また、近年では、投機目的での為替取引によっても為替相場は変動する。

Zoom　**円相場の動向**　円相場は実体経済の動向とかけ離れた値動きをすることもある。例えば、2011年の円高は、東日本大震災の被災者に対する保険金の支払いのため、保険会社が海外の資産を円に替えるとの予測から、資金が円に流れたことが原因となった。

3 円相場の動向

■円相場の推移(日本銀行資料ほか)

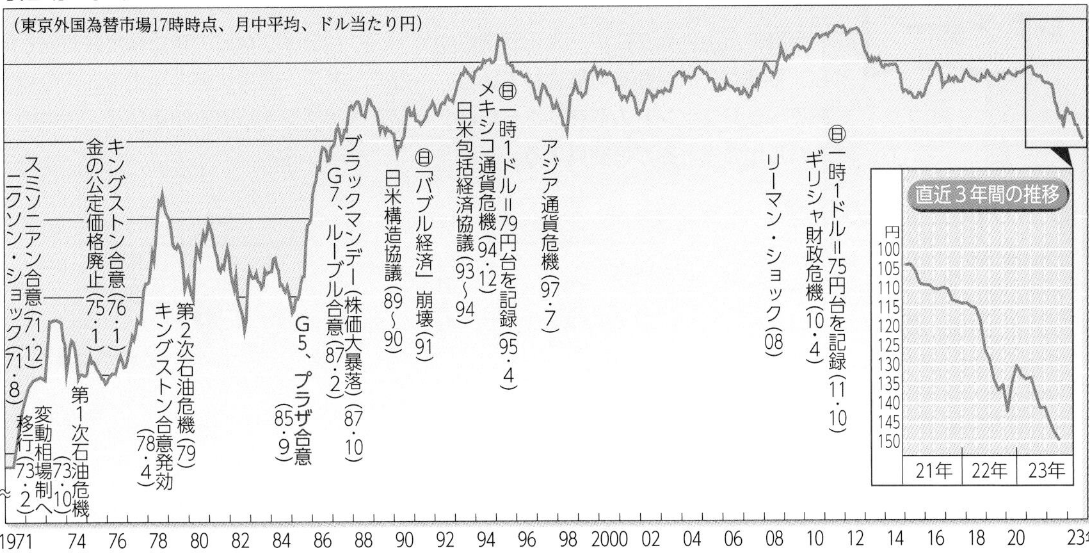

■為替相場と日本経済

1ドル＝360円の固定相場制(1949年～)

ニクソン・ショック(1971年8月)

- ■金・ドル交換停止に伴い、固定相場制が崩壊
- ■同年12月の**スミソニアン合意**で一時的に1ドル＝308円の固定相場制に戻るものの、1973年2月に変動相場制に移行
- ■1976年1月のキングストン合意で、金とドルの交換の廃止(金廃貨)と変動相場制移行を正式承認

1ドル＝200～250円で推移

プラザ合意(1985年)

- ■アメリカの「**双子の赤字**」(貿易収支の赤字と財政赤字)の改善を目的に、G5各国がドル高是正のための為替介入を協調して行うことで合意
- ■1987年の**ルーブル合意**まで協調介入は続き、1ドル＝150円まで円高が進み、日本は円高不況に陥る

日本は円高不況に苦しむ

バブル経済期以降(1986年～)

- ■政府は公定歩合を下げるなど、景気回復を行ったが、その余剰資金が地価や株価の高騰につながり、バブル経済が発生。1991年のバブル経済崩壊後、長期の不況に突入
- ■その後も円高基調が続き、特に、2011年10月には1ドル＝75円台を記録し、輸出産業に大きな影響を及ぼした(その後、円安傾向に)

解説 **固定相場制から変動相場制へ** 日本では1949年以来、**固定相場制**がとられてきた。しかし、1971年のニクソン・ショックをきっかけに固定相場制は崩壊し、1973年から**変動相場制**に移行した。円相場は、短期的にはその時々の経済情勢を反映して乱高下しているが、長期的には円高傾向で推移している。1973年からの40年間で、円はドルに対して約4倍高くなったが、日本企業は製造コストの削減や、海外現地生産への切り替えなどにより、円高対応能力を高めてきた。

COLUMN

固定相場制と管理フロート制

	内　容
管理フロート制(管理変動相場制)	自国通貨の為替相場の変動幅を一定の範囲内で認め、その範囲内でのみ、通貨が自由に取引される。
固定相場制(ペッグ制)	自国通貨の為替相場を固定することで、為替相場の変動を抑える。ドル相場に連動させる「ドルペック制」や、複数通貨の平均値に連動させる「通貨バスケット制」などがある。

通貨バスケット
複数の外国通貨の為替相場を加重平均して算出した数値に自国通貨を固定させる制度。中国は通貨バスケットを参考とするに留めており、人民元を連動させてはいない。

通貨バスケット制のしくみ

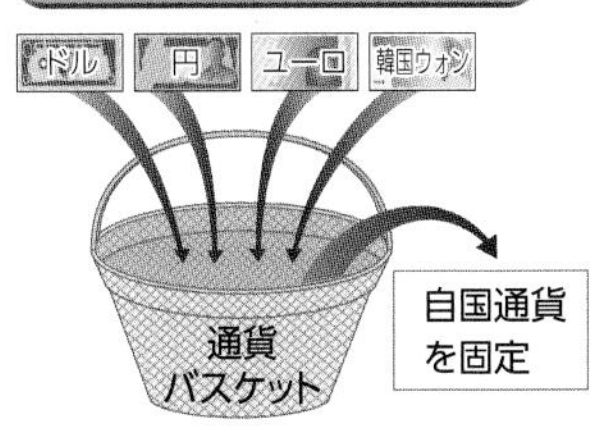

主要11通貨を参照して、中国人民銀行が人民元の為替レートを決定

発展途上国や新興国の多くは固定相場制や管理フロート制を採用している。こうした国では、為替相場の変動を抑えるために、通貨当局(中央銀行など)が外国為替市場で通貨を売買している。これを**為替介入**(外国為替平衡操作)といい、例えば、為替相場が自国通貨安に傾けば、通貨当局が外国通貨を売って自国通貨を買い支える。そのためには、相当額の外貨準備を保有していなければならない。また、政府が為替管理を行っており、通貨の取引を規制していることもある。

なお、変動相場制を採用する国でも、急激な為替相場の乱高下に対しては、為替介入を行うこともある。日本でも、日本銀行が財務省の指示に基づいて為替介入を行った事例がある。

TOPIC トピック 現在のアメリカのビックマックの価格を円換算すると約750円となるが、日本でのビッグマックの価格は390円であり、「ビックマック指数」は1ドル70円程度とされる。

用語解説 ㉖変動相場制, ㉗ファンダメンタルズ, ㉘購買力平価

Economics lecture
経済学レクチャー

国際金融をめぐる諸課題

頻出

金融の自由化やグローバル化が進む中で、デリバティブなどの新たな金融商品も誕生し、多様な経済活動を可能にしている。一方で、アジア通貨危機の発生や、その背景にあるヘッジファンドの存在、さらにはタックスヘイブンをめぐる問題など、金融のグローバル化の光と影が垣間(かいま)見える。

デリバティブの発達

金融の自由化・グローバル化が地球規模で拡大し、国際金融市場における資金の取引量が急速に増大している。それに伴い、金融に関する技術が高度化して、新たな金融商品が開発されるようになった。その代表例が先物(さきもの)取引、オプション取引、スワップ取引といった**デリバティブ(金融派生商品)**である。

デリバティブの目的と特徴

デリバティブの目的は、株式、債券、外国為替などを取引する際のリスクを低下させる(**リスクヘッジ**)ことである。一方で、短期間で高い収益性を追求する**投機**目的で利用する場合もある。また、デリバティブ自体は株式や債券を取引するのとは異(こと)なり、少ない投資金額で大きな取引ができるという特徴がある。これを「てこ」の原理に見立てて、**レバレッジ効果**という。

情報通信技術の発達と経済のグローバル化により、世界中の金融商品の取引が可能になり、加えてデリバティブによって莫大(ばくだい)な資金が取引されるようになっている。デリバティブは金融商品だけでなく、穀物や原油、金などの現物商品の取引にも活用されている。

デリバティブのリスク

デリバティブは、企業や投資家にとってメリットが大きい一方で、リスクも伴う。デリバティブをめぐっては、急激な円高が進むにつれて、金融機関に対する一般企業による裁判外紛争解決手続(金融ADR)の申し立て件数が増加した。この背景には、企業が金融機関からの融資を受ける際に、同時に十分(じゅうぶん)な説明がないままデリバティブ関連商品の購入を催促(さいそく)され、それによって損失を被(こうむ)った企業が増加していることがあげられる。

先物取引のしくみ

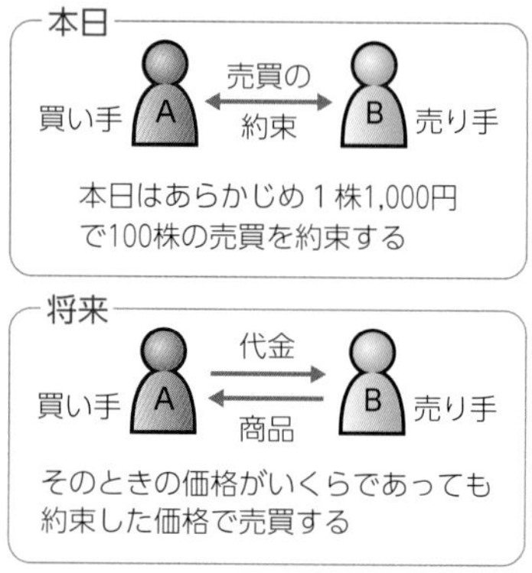

先物取引は、将来の売買について、価格と数量をあらかじめ現時点で約束をする取引のことである。例えば、A氏がある企業の株式を、3か月後に1株=1,000円で買う約束をB氏としたとする。A氏は3か月後に1株=1,000円で買わなければならないが、実際の株価が1,000円よりも高くなっていれば、A氏は得をする。その逆に、実際の株価が1,000円より安くなっていれば、A氏は損をすることになる。

オプション取引のしくみ

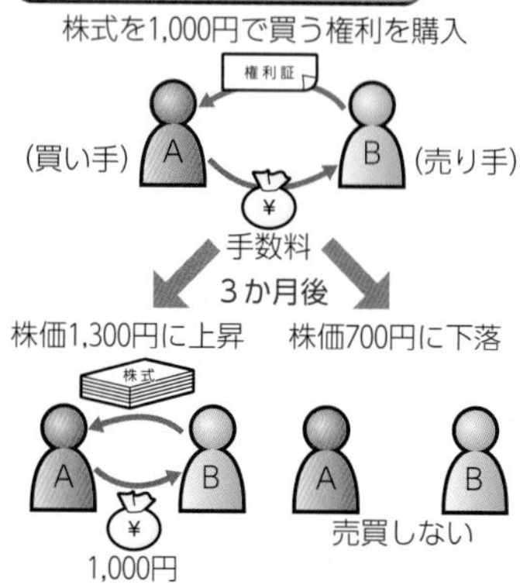

オプション取引は、将来の取引を行う「権利」を買うものであり、権利を行使する必要はない。例えば、A氏は100円の手数料をB氏に払い、「1株1,000円で買う権利」を買う。株式が1,300円に値上がりすれば、A氏は権利を行使し、1,300円の株式を1,000円で買うことができる。一方、700円に値下がりすれば、A氏は買う権利を行使しない。その結果、A氏の損失は手数料の100円だけで済む。

拡大する為替先物取引

デリバティブを外国為替に応用して、貿易の際の為替リスクを回避したり、大きな収益を上げる例もある。

例えば、輸出企業のA社は、3か月後にアメリカで100万ドルの利益を上げる予測をしたと考えてみる。次に、現在の為替相場が1ドル=100円で、A社は3か月後の利益を、現在と同じ1ドル=100円で円に替える先物取引をしたとする。

3か月後に実際の為替相場が円高になり、1ドル=90円になれば、A社の日本円での利益はどうなるだろうか。先物取引をしなかった場合は9,000万円にしかならないが、先物取引をしたため、1億円の利益が確保できることになる。しかし、予想が外(はず)れて1ドル=110円の円安になった場合は1,000万円分の利益を儲(もう)け損(そこ)ねることになる。

世界を揺るがすヘッジファンド

ヘッジファンドとは、特定の投資家から大口(おおぐち)の資金を調達し、デリバティブを駆使(くし)して株式や債券、外国為替、現物商品に投資するファンド(基金)である。また、不特定多数から広く資金を募(つの)る公募型の投資信託とは異なり、ヘッジファンドは各国の金融当局からの監督・規制下になく、登録義務や情報開示義務もない。

ヘッジファンドの目的は投機による巨額の収益であり、金融のグローバル化が進む中で、世界の為替相場や株価の乱高下(らんこうげ)の原因の1つとされている。こうしたヘッジファンドは、1990年代に起きた相次(あいつ)ぐ通貨危機の発端として知られるようになったが、21世紀に入ってからも、サブプライム・ローン問題やギリシャの財政危機の際にも問題視された。

Zoom **スワップ取引** 例えば、同じ種類の通貨で異なる種類の金利(固定金利と変動金利など)を取引の当事者間で交換(swap)すること(金利スワップ)。これはデリバティブの1つとされ、金利変動リスクを回避することが目的とされている。

タックスヘイブン規制

タックスヘイブンとは租税回避(かいひ)地のことで、個人や企業の所得に対して、無税または極(きわ)めて低い税率しか課(か)さない国や地域のことである。タックスヘイブンは中米やヨーロッパなど世界各地にみられ、ヘッジファンドのほか、企業や富裕層が資産を移転させ、本来の居住国に税金を納(おさ)めていないことが指摘されてきた。また、犯罪集団による不法な資金もタックスヘイブンに流入している。

金融取引が複雑化し、国家間の資金の流れが見えにくくなったことに加えて、タックスヘイブンの中には外国政府の調査に非協力的なところもある。このため、先進国を中心に、タックスヘイブンに対する監視・規制の強化に向けて、協力してルールづくりに取り組んできた。2021年には、法人税の最低税率を15%とする国際ルールが136の国と地域で合意された(➲p.174)。これにより、タックスヘイブンを利用した租税回避に対する規制は強化された。

➲政治家らの税金逃れに抗議する人々(2016年、イギリス)
「パナマ文書」によって、キャメロン英首相(当時)やその近親者がタックスヘイブンを使って利益を得ていたことが明らかになった。

2016年には、パナマの法律事務所によって作成された租税回避行為に関する内部文書(いわゆる「パナマ文書」)の内容が暴露(ばくろ)され、富裕層や各国首脳による租税回避行為の実態が明らかとなった。2017年には、英領バミューダの法律事務所から「パラダイス文書」が流出し、富裕層や各国首脳のほか、多国籍企業などによる租税回避行為が暴露された。

アジア通貨危機とは何だったのか

通貨危機とは、為替相場が暴落して、その国の経済に混乱が生じることをさす。**アジア通貨危機**とは、1997年のタイの通貨バーツの暴落に端(たん)を発する経済危機であった。

背景：タイではバーツの為替相場をドルと固定させるドル・ペッグ制を採用してきた。これによって1990年代前半までは、ドル安に連動してバーツの価値が低下して、輸出が拡大した。さらに金利の上昇によって海外からの投資が流れこみ、バブル経済が発生した。

原因：1995年頃からドル高傾向になると、バーツの価値が上昇して輸出が減少し、海外からの投資が引き上げられた。さらにヘッジファンドの投機的な為替取引により、バーツ売り・ドル買いが大量に行われた。この結果、タイは固定相場制を維持することができなくなり、バーツは暴落した。そして、ヘッジファンドは割安となったバーツを買い戻すことで、大きな利益を得た。

影響：ドルとの固定相場制をとっていた他の東アジア諸国でも、タイと同様の問題が発生するのではないかとの懸(け)念(ねん)から、欧米の機関投資家が投資を引きあげた。この結果、各国の通貨も下落し、アジア各国の経済成長率が一気に鈍化(どんか)した。また、タイ、インドネシア、韓国はIMFの管理下に入り、支援を受けることになった(➲p.344)。

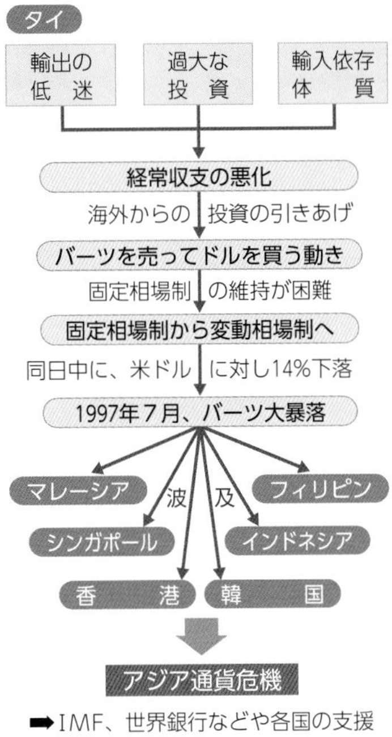

東アジア諸国の経済成長率

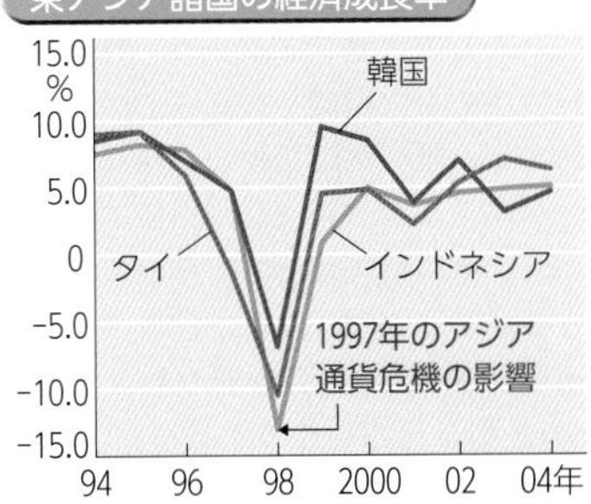

(内閣府資料)

金融規制は進むのか

金融のグローバル化により、企業は広く外国から資金を調達できるようになるなど、そのメリットは多い。しかし、投機目的の投資が拡大した結果、アジア通貨危機のような経済的な危機が起こるようにもなった。通貨危機はメキシコ(1994年)やロシア(1998年)などでも起きている。

アジア通貨危機では、ヘッジファンドに対する規制の必要性についても認識が高まった。ヘッジファンドの中には、**タックスヘイブン**(租税回避地)に架空(かくう)の企業を設立し、税金逃(のが)れをするなどの行為もみられる。このため、タックスヘイブンに対する規制の強化や、外国為替取引に税金をかける**トービン税**の導入を主張する声もある。各国が協調して国際金融取引を監視する必要性が指摘されている。

トービン税

アメリカの経済学者トービンが提唱(ていしょう)した課税方法であり、金融取引税などとも呼ばれている。トービン税は、全世界の外国為替取引に一定の税を課すものであり、取引の頻度(ひんど)を減少させるため、投機による為替相場の乱高下を抑制(よくせい)できるといわれている。

トービン税の導入に対しては、国際的な資金の流れを停滞させてしまうといった意見や、世界中のすべての国・地域が同時に実施しないと必然的に租税回避地が発生するため、現実的でないとの指摘もある。

POINT

①デリバティブ(金融派生商品)の目的はリスクヘッジであるが、投機目的にも利用されている。
②ヘッジファンドのデリバティブを駆使した投機は、アジア通貨危機をまねいた。
③国際金融取引に対する規制・監督について、各国が協調して行う必要性が高まってきている。

国際経済

TOPIC トピック　デリバティブの歴史は古く、日本では大阪の堂島にあったコメ市場で、コメの売買価格を収穫前にあらかじめ決めて取引することが行われていた。

用語解説 ㉙アジア通貨危機

FILE 37

世界金融危機と欧州財政危機

出題

アメリカのサブプライム・ローン問題に端を発する世界的な金融危機がようやく落ち着いてきた頃、今度はヨーロッパを中心に新たな財政危機が生まれた。ギリシャの財政状況の悪化が表面化したことで、ギリシャの国債が暴落し、財政赤字を抱える他のヨーロッパ諸国の国債価格も下落していったのである。世界金融危機や欧州財政危機は、日本をはじめ世界中に大きな影響を及ぼした。

世界金融危機

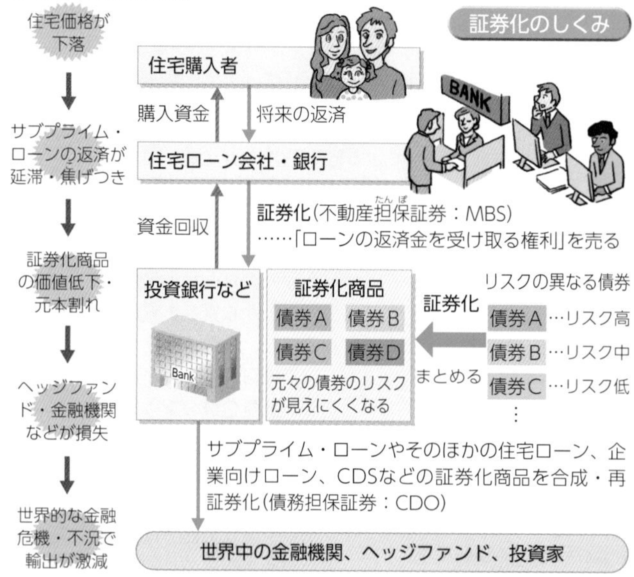

世界の不況が日本に与える影響

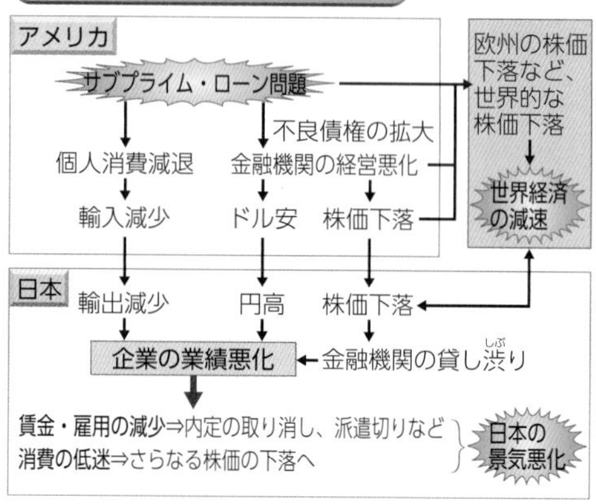

グローバル化の進展によって、海外の経済の動向が日本の景気を大きく左右するようになっている。海外で発生した不況や金融・財政危機は、円高の進行・輸出の減少・株価の下落など、日本の景気に悪影響を及ぼし、雇用不安が起こる原因となっている。

サブプライム・ローン問題の発生

アメリカで**サブプライム・ローン問題**が表面化したのは、2007年のことであった。

そもそもサブプライムとは、優良ではないことを意味する。アメリカのサブプライム・ローンとは、信用度が低い、低所得者向けの住宅ローンのことである。通常であれば、低所得者は金融機関にとって信用度が低く、融資を受けることができない。しかし、サブプライム・ローンは、担保となる住宅価格の値上がりを背景に拡大し続け、2006年末までにはその総額は1兆ドル以上にのぼった。

しかし、2004年にアメリカの中央銀行にあたるＦＲＢ(連邦準備制度理事会)が政策金利を引き上げたことがきっかけで、状況は変わっていく。これにより、住宅価格は2005年８月をピークに値下がりを始める。住宅バブルが崩壊し、担保となっている住宅価格の値下がりによって、ローンを返済できない人が続出し、サブプライム・ローンの多くが不良債権化した。

世界への波及過程

まず、サブプライム・ローンを販売する住宅ローン会社は、ローンの返済を受け取る権利を証券化し、ＭＢＳ(不動産担保証券)として投資銀行に販売した。次に、証券化されたサブプライム・ローンは、さまざまな金融商品と組みあわせて再証券化されて、格付け会社から「トリプルＡ」などの優良証券としての格付けを受け、世界中の金融機関に販売された。

こうして、サブプライム・ローンは世界中の金融機関や投資家に広まった。しかし、証券化の過程が複雑なため、サブプライム・ローンが不良債権化すると、その損失がどのくらいの規模になるかわからなくなり、世界中の金融市場に**信用収縮(クレジット・クランチ)**を引き起こしたのである。

この問題の悪化に伴い、2008年にアメリカの大手投資銀行(証券会社)リーマン・ブラザーズが破綻した。この「**リーマン・ショック**」は、さらなる金融機関の損失をまねき、「100年に１度の金融危機」を引き起こした。

金融危機の克服

世界金融危機を克服するため、各国政府は主要金融機関に対して財政・金融支援政策を行った。アメリカでは2010年に金融規制改革法(ドット・フランク法)が成立し、金融危機の再発防止のために、金融機関に対する規制・監督が強化された。また、世界に波及した金融危機は、先進国であるＧ８だけでは対応しきれないとして、2008年に中国やインドなどの新興国を加えた20か国・地域(G20)による**金融サミット**が開催された。

アメリカの住宅価格の推移

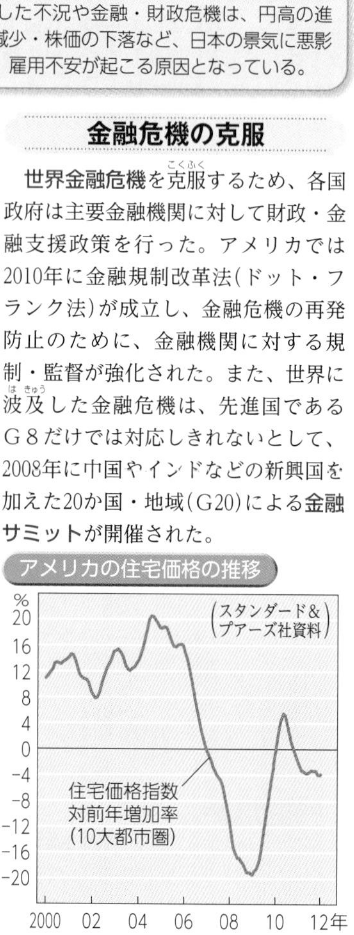

国際経済

Zoom **世界金融危機の日本への影響** 当時の日本でも深刻な不況に陥り、実質GDP成長率は2008年がマイナス1.0%、2009年がマイナス5.5%と、２年連続でマイナス成長となった。また、派遣労働者に対する「雇い止め」が社会問題となった。

格付け会社とは？

格付け会社は、国や企業の信用度を調査して、国債や社債の安全性を「格付け」する会社であり、アメリカのムーディーズやスタンダード・アンド・プアーズ(S＆P)が有名である。格付けが高いほどデフォルト(債務不履行)の危険性が少ないとされ、投資に際しての判断基準となっている。

格付け会社は、社債を発行している企業から依頼されて、企業の経営状態を調査した上で格付けする。この際の手数料が格付け会社の収入源となっている。一方で、企業の依頼なしに勝手に格付けする場合もあるが、手数料を支払った方が格付けがよくなるのではないかという「利益相反」の問題もある。

おもな国の国債の格付け　(S＆P資料、2023年5月現在)

投資適格	AAA	オランダ、カナダ、ドイツ、スイス、デンマーク
	AA	アメリカ(+)、イギリス、フランス、ベルギー、韓国、カタール、イスラエル(−)
	A	日本(+)、中国(+)、チリ(+)、スペイン、マレーシア、ポーランド、アイスランド、タイ(−)
	BBB	ポルトガル(+)、フィリピン(+)、イタリア、インドネシア、ハンガリー(−)、インド(−)
非投資適格	BB	ギリシャ(+)、グアテマラ、ブラジル(−)
	B	ヨルダン(+)、トルコ、イラク(−)
	CCC	パキスタン(+)、エチオピア、アルゼンチン(−)
	～以下、CC、C。返済不可能はD	

※AA～CCCは、上位格付けに近い場合は「+」、下位格付けに近い場合は「−」がつき、3段階に分かれる。

欧州財政危機

⬆**緊縮財政に抗議するデモ**(2010年、ギリシャ・アテネ)　財政危機を乗り越えるため、ギリシャ政府は公的医療費や年金の削減、増税、公務員削減などの緊縮財政政策を実施した。これに抗議して、各地でデモやストライキが発生した。

ヨーロッパの金融安定化対策　(『通商白書』2012年版ほか)

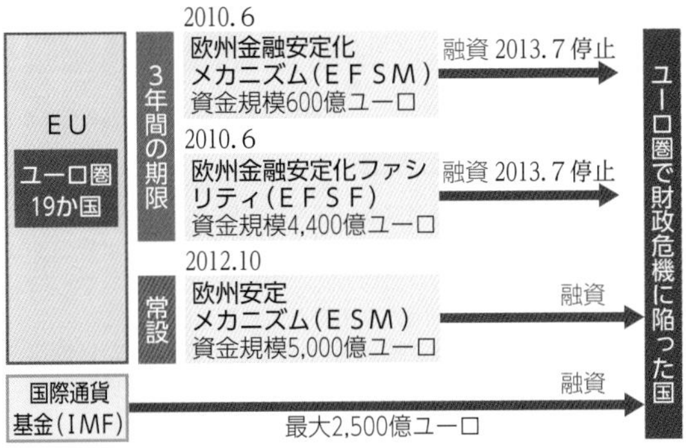

ギリシャ発の欧州財政危機

世界金融危機に対して、EU各国は財政出動によって景気悪化からの脱出を試みてきた。しかし、これが財政収支の悪化をもたらし、**欧州財政危機**という新たな火種を生むこととなる。

EUは加盟国に対して、ユーロ参加の条件として、「安定・成長協定」に基づき、①財政赤字は対GDP比3％以内、②国債残高はGDPの60％以内を規定している。しかし、この規定は必ずしも守られておらず、ギリシャは2009年の政権交代により、財政赤字の対GDP比が12.5％(後に13.6％に訂正)であったことが明らかとなった。ギリシャの財政赤字の背景には、世界金融危機に対する財政出動のほかに、公務員の高待遇、手厚い年金、脱税の横行などの問題点もあげられている。

拡大した危機

2009年末以降、ギリシャ国債は**デフォルト(債務不履行)**の不安が高まり、国債価格が暴落した。ギリシャがデフォルトに陥った場合、ギリシャ国債を大量に購入している他のEU加盟国に財政危機をもたらすおそれがあった。そのため、EUは2010年に欧州金融安定化ファシリティ(EFSF)を設立し、IMFとともにギリシャに対して融資を行った。2012年には、EFSFに代わって**欧州安定メカニズム(ESM)**が発足した。

また、ギリシャにとどまらず、PIIGSといわれるポルトガル・アイルランド・イタリア・ギリシャ・スペインといった財政収支の赤字国でも、同様のことが起こるのではないかと懸念され、財政危機が飛び火した。

EUの課題

今回の欧州財政危機は、EUが抱える問題を明らかにしたといえる。その一つには、ユーロを導入した結果、財政政策は各国が独自で行うことができるが、金融政策はECB(欧州中央銀行)に一元化され、独自で行うことができなくなったことがあげられる。

また、ユーロ加盟各国の経済規模はさまざまであり、経済状態も大きく異なっている。こうした背景から、欧州財政危機を契機に、加盟国が協力して難局に対処するしくみが構築された。2020年には新型コロナウイルス感染症の拡大を受けて「EU復興基金」が創設された。このしくみは、欧州委員会がEU復興債を発行し、それによって調達した資金をもとに、加盟国に補助金や融資を行うというものである。

欧州財政危機の影響によって、為替相場は2011年10月に1ドル=75円台と記録的な円高となった。これは、財政危機などで先行きが不安なドルやユーロよりも、円を選ぶといった市場心理があったためである。また、欧米諸国が輸出拡大のために、自国通貨安を容認したことも拍車をかけ円高の一因となった。東日本大震災からの復興途上の日本経済にもさまざまな影響をもたらした。世界金融危機や欧州財政危機は、改めて経済の世界的な結びつきを認識させた。

⬆EUのフォンデアライエン欧州委員長(左)とミシェルEU大統領(右)

国際経済

TOPIC トピック　EU復興債で集まった総額7,500億ユーロはコロナ禍からの経済再生に使われ、そのうち一定の割合を気候変動対策やデジタル化などの成長分野に投じられる見込みである。

用語解説　300サブプライム・ローン問題，301欧州財政危機

FILE 38

米中貿易摩擦に揺れる世界

アメリカ第一主義を掲げたトランプ前政権の時期から、「米中貿易戦争」とも表現される米中間の貿易摩擦が激化している。米中の覇権争いの様相もみせる中で、両国の対立は軍事的な緊張関係を生むリスクも抱えている。一方で、日本は地域貿易協定を結ぶなど、世界の保護貿易化が進む中で自由貿易の拡大に進んでいる。

■中国の貿易の現状

中国の貿易額の推移

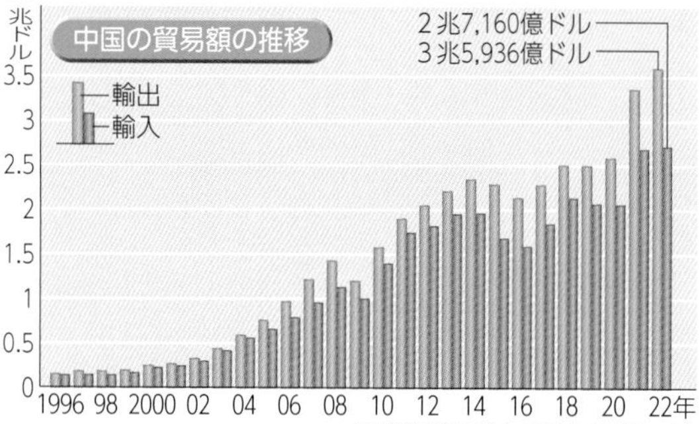

（『世界国勢図会』2023/24年版ほか）

中国の貿易額増加の背景

豊富な人口・低い生産コスト…豊富な労働力と生産コストの低さを目当てに各国の企業が生産拠点を構え、「世界の工場」と表現されるまでになった。さらに、大都市を中心に所得水準が上昇し、巨大な市場としても注目されている。

割安な人民元相場…固定相場制（**ドル・ペッグ制**）または**管理フロート制**によって為替相場が安定し、かつ、人民元が割安に設定されていることが、中国の輸出を後押ししている。

人民元の切り上げ→人民元の価値上昇

日本へのおもな影響	中国国内でのおもな影響
●中国からの輸入品の値上がり →消費減退、デフレ圧力軽減 ●中国への輸出競争力向上 ●人民元高に連動した円高ドル安 →欧米への輸出競争力低下	●輸出企業の競争力低下 →収益低下、失業者増加 ●輸入品価格の値下がり、購買力向上 →消費拡大、インフレ懸念後退 ●不動産バブルの抑制

米中間の高関税の応酬

%は追加関税率を示す。

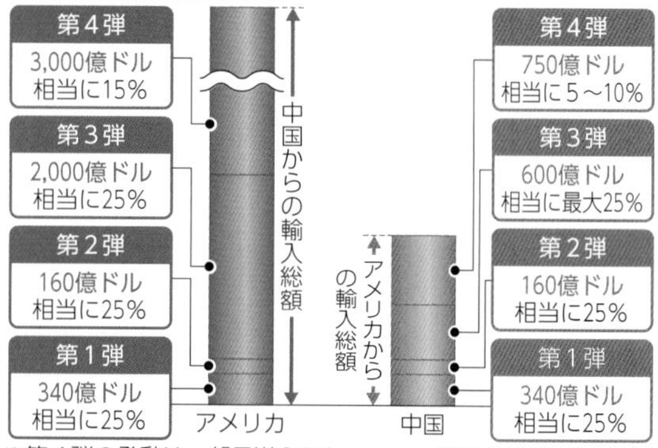

※第4弾の発動は一部見送られた。（毎日新聞社資料を参照）

日米中の輸出額の推移（ＪＥＴＲＯ資料）

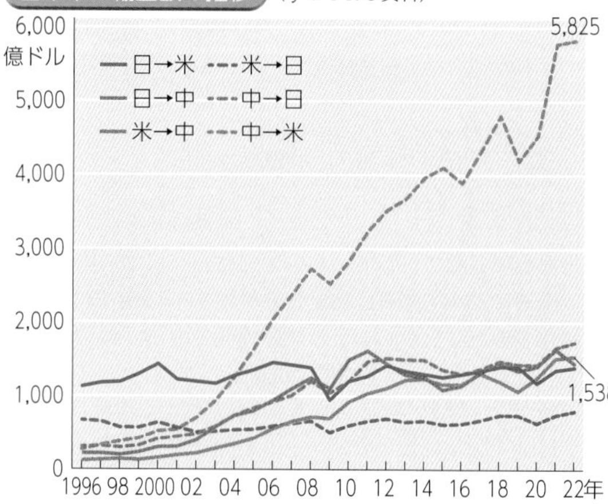

日米貿易摩擦から米中貿易摩擦へ

中国は「世界の工場」として輸出量を増加させるとともに、世界最大の人口による旺盛な消費により、輸入も増加している。しかし、中国とアメリカとの貿易をみると、中国からアメリカへの輸出が圧倒的に多く、アメリカの対中貿易赤字は拡大する一方となった。こうして、1950年代から始まった日米間の貿易摩擦は、2000年代に入ると米中間の貿易摩擦へと変容していった。

中国の輸出が増加した背景には、豊富な労働力、土地、資源と生産コストの低さがあげられる。そのため、日本からも多くの企業が生産拠点として中国に進出している。また、割安な人民元相場も輸出を支えた。中国では2000年代半ばまで固定相場制を採用していたが、管理フロート制に移行した後も、通貨当局によって人民元の為替相場の厳格な管理が続いている。これに対してアメリカは、人民元が不当に安価に設定されており、それがアメリカの対中貿易赤字につながっているとして、たびたび人民元の切り上げを求めてきた。

「米中貿易戦争」といわれる対立へ

2017年に誕生したトランプ政権は、中国に対する貿易赤字の是正に向けて強硬な姿勢をみせてきた。そのような中で起こったのが、米中間の相互の高関税の応酬である。

2018年から2019年にかけて、アメリカは中国による知的財産権の侵害を理由として、中国からの輸入品に制裁のための追加関税をかけた。それに対して、中国はアメリカからの輸入品に報復関税をかけるという事態が続いた。

また、トランプ政権は、中国の通信機器大手「ファーウェイ」や「ＺＴＥ」などが中国共産党や軍とつながっていると批判してきた。そして、安全保障上の脅威から守るためとして、これらの企業の製品や部品を政府が購入しないようにすることで、国内市場からの「排除」を進めてきた。この「排除」の動きはイギリスやカナダなどでもみられた。

バイデン政権でも、中国に対する強硬姿勢は変わらず、米中間の貿易摩擦は続いている。一方で、中国も国際的な影響力を強めるための外交を展開しており、今後も米中両国の経済にとどまらない対立が続くものと考えられる。

国際経済

Zoom 人民元相場のしくみ　中国では、中央銀行である中国人民銀行が毎日午前９すぎに人民元取引の基準となる為替レートの「基準値」を発表する。銀行はこの基準値の上下２％以内の水準でしか人民元を売買できないしくみとなっている。

4 国際経済機関の役割

要点の整理

＊1～4は資料番号を示す

❶国際貿易の歴史 1

①重商主義(16～18世紀)……保護貿易主義の時代、国王による特権商人の保護
②自由貿易主義(19世紀)……産業革命により、工業化を達成した欧州諸国、アメリカに自由貿易が浸透(しんとう)
③ブロック主義(第二次世界大戦前)……世界恐慌(きょうこう)を乗り切るために、宗主国が自国の植民地などで保護貿易を展開
④自由貿易主義(第二次世界大戦後)……**ブロック経済**の反省から、ＧＡＴＴおよびWTOの下で、自由貿易を推進

❷国際通貨制度の変遷 2

①**金本位制**(19世紀～20世紀初頭)……自国の通貨単位を一定の金と結びつけ、為替(かわせ)相場と物価を安定させる
⟶ 通貨の発行が制限され、不況時に自由な金融政策を行えないため、世界恐慌を機に放棄
②**ブレトンウッズ体制**(**ＩＭＦ・ＧＡＴＴ体制**、第二次世界大戦後～1971年)
……ブレトンウッズ協定(1944年)で、**ＩＭＦ**(**国際通貨基金**)および**ＩＢＲＤ**(**国際復興開発銀行**)を設立
- **固定相場制**を採用……戦前の為替切り下げ競争が第二次世界大戦を誘発したことへの反省
  金１オンス＝35ドルとし、ドルを中心に各国間の為替レートを決定(日本は１ドル＝360円)
- **ニクソン・ショック**(1971年８月)……金・ドル交換停止。ブレトンウッズ体制崩壊(ほうかい)
  ⟶ **スミソニアン合意**(1971年12月)で一時的に固定相場制に復帰(金１オンス＝38ドル、１ドル＝308円)
- **変動相場制**に移行(1973年～)……為替レートを市場の需給関係に委(ゆだ)ねる。**キングストン合意**(1976年)で正式承認

❸為替相場の変動と国際協調 3

①**サミット**(1975年～)……第１次石油危機に対応するため、Ｇ５の先進国首脳会議として初めて開催され、その後**Ｇ７**に。政治問題や経済問題、環境問題など、さまざまな議題を協議
- 1998年以降は**Ｇ８**となり、**主要国首脳会議**と呼ばれる ⟶ 2014年以降はロシアが参加を停止し、再びＧ７に

②**G20**(主要20か国・地域)による首脳会議(2008年～)……先進国だけでなく新興国も参加。国際経済を議論する中心的な場

❹ＧＡＴＴからWTOへ 4

①**ＧＡＴＴ**(**関税および貿易に関する一般協定**、1948年)……高関税による保護貿易が第二次世界大戦を誘発したとの反省から、関税引き下げによる自由貿易を促進 ⟶ **「自由・無差別・多角」**を３原則とする
- おもなラウンド……ケネディ・ラウンド(平均35％の関税引き下げ)、
  ウルグアイ・ラウンド(農業・サービス貿易・知的財産権も交渉対象に)

②**WTO**(**世界貿易機関**、1995年)……ＧＡＴＴの機能を強化し、国際機関として設立
- **紛争処理機能の強化**に特色がある ⟶ 違反国に対する措置(そち)の決定に**ネガティブ・コンセンサス方式**を採用

1 戦前の国際貿易～保護主義の高まりとブロック経済～ 出題

? ブロック経済の問題点はどのような点にあったのか

経済ブロックの形成

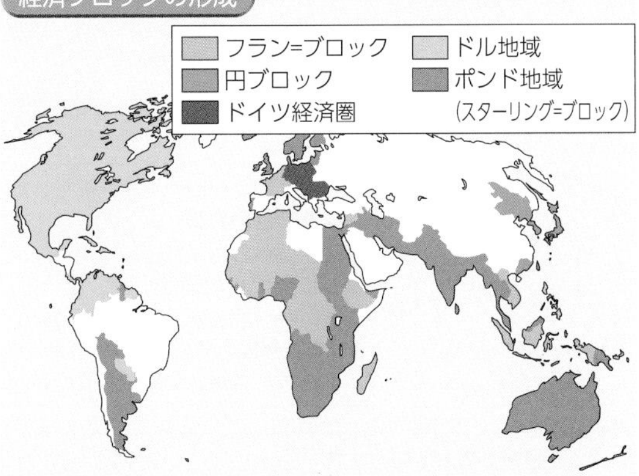

(注)イギリスは特恵関税制度を利用して、ポンドの国際通貨としての優位性を確保しようとした。しかし、カナダ=ドルはニューヨーク為替市場を通して、アメリカ=ドルと結びつく傾向が早期から強かった。

世界経済の縮小

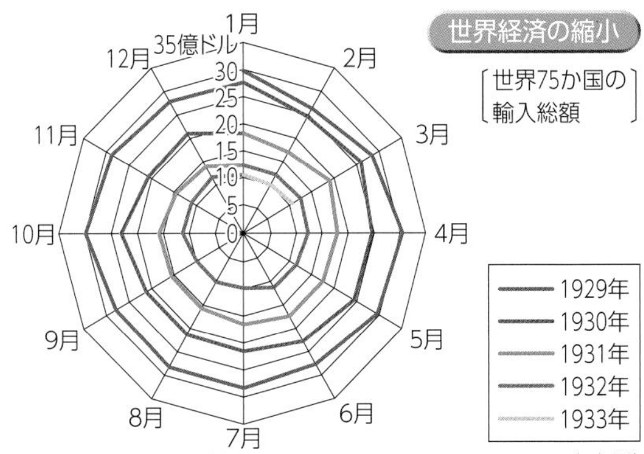

(「The World in Depression 1929-1939」参照)

ブロック経済…自国製品を保護する目的で、植民地や自国の影響下にある地域などを一つの経済圏とし、圏内に対する輸入に高い関税を課すことで外国製品を締め出すこと。

解説 **保護貿易が第二次世界大戦を誘発**　近代の国際貿易は、保護貿易と自由貿易を交互に繰(く)り返し、発展してきた。しかし、1929年の世界恐慌を機に、欧米列強諸国は自国通貨の切り下げやブロック経済圏を形成した。こうした保護貿易政策によって世界貿易は縮小していった。これに対して、植民地をもたず、経済的基盤が弱いドイツやイタリアではファシズムの台頭(たいとう)が起こり、侵略が進められた。第二次世界大戦後、保護貿易が戦争をまねいた一因であるとの反省から、ＩＭＦ(国際通貨基金)による国際通貨制度と、ＧＡＴＴ(関税および貿易に関する一般協定)による自由貿易体制が確立された。

TOPIC トピック　戦後の国際金融体制がアメリカ中心で築かれたのには、戦場とならなかった大国アメリカの主導の下で、アメリカの経済力に依存せざるをえなかったことが背景にある。

2 国際通貨制度の変遷

?ブレトンウッズ体制はどのような目的で構築されたのか

①金本位制

出題

19世紀　イギリス・ポンドが**金本位制**を確立
⇒世界の基軸通貨となる
19世紀までには主要国が金本位制を採用

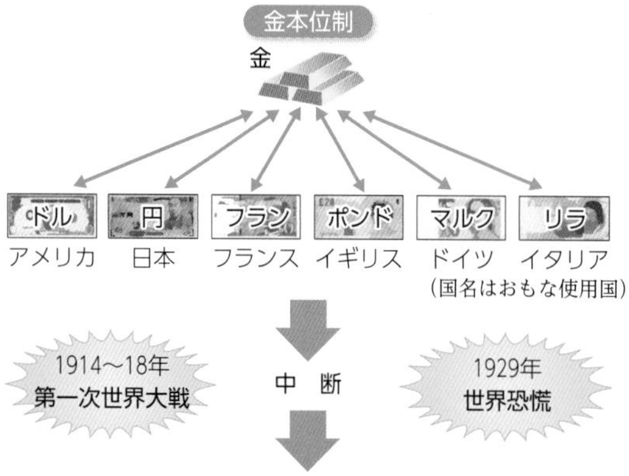

1944年7月、ブレトンウッズ協定調印(連合国44か国)
第二次世界大戦後、**ブレトンウッズ体制**(金・ドル本位制)が成立
⇒金との交換が保証されたドルが基軸通貨となる

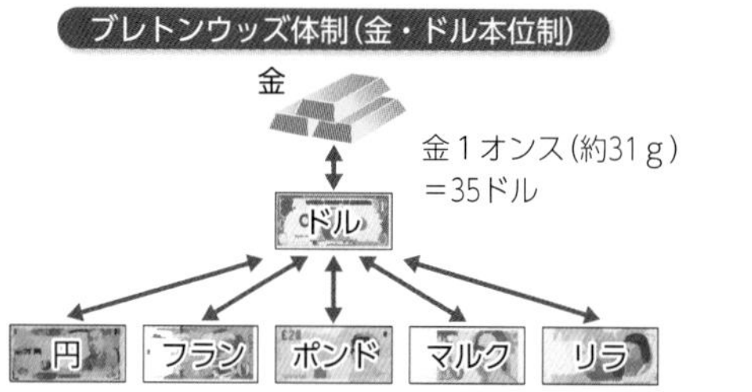

金本位制		
特徴	• 紙幣は金との交換比率を決められ、自由に交換できる • 国家間の金の移動が自由に行われる • 国内の通貨供給量は中央銀行の金の保有量によって決まる	
長所	• 為替レートが安定する	理由 為替レートが一定の範囲以上に変動すれば、貿易の決済が通貨ではなく金で行われるようになり、それ以上の為替レートの変動は生じないから
長所	• 国際収支のバランスが安定する	理由 貿易収支が赤字になると、金の流出が起きる。これにより、国内の通貨供給量は減少し、物価が下落する。物価の下落で生産物が安くなると、価格競争力が向上し、輸出が増大するから
短所	• 不況になっても金融緩和政策がとれない。国際流動性(国際的な通貨供給量)が世界経済の発展に追いつかない→デフレとなる傾向に	理由 国内の通貨量が中央銀行の金の保有量によって制限されるため

解説 **世界中で採用された金本位制**　**金本位制**の下では、金との交換が可能な兌換紙幣が発行され、事実上の**固定相場制**となった。日本も1897年にそれまでの銀本位制から転換した。第一次世界大戦の際には、各国は戦争に伴う対外支払い準備に備えて金を貯めこむ政策をとったため、一時的に金本位制を中断したが、その後、再び復帰している。しかし、1929年の世界恐慌をきっかけに、金本位制のマイナスの側面が明らかとなり、各国は相次いで金本位制から離脱した。

②ブレトンウッズ体制

頻出

①国際通貨基金(IMF)		
目的	GATT(➲p.347)が財貨面における数量制限・関税などの貿易障壁を撤廃し世界貿易の拡大を図ろうとしたのに対して、IMFは通貨・金融面で世界貿易の拡大を図ることを目的とした。具体的な協定内容としては、以下の3点が重要である。	
おもな協定内容	固定相場制の維持	①戦前、各国の為替レート切り下げ競争がブロック経済をまねき、第二次世界大戦の一因となったことを反省し、各国は固定相場制を維持する(為替相場の変動は平価の上下1%以内)。 ②アメリカが各国中央銀行に**金1オンス(約31グラム)=35ドル**の比率で金とドルとの交換を約束し、米ドルを**基軸通貨**(国際的に広く使われる通貨)とする。そのため金・ドル本位制ともいわれる。なお、金ドル交換比率は1971年のスミソニアン合意で1オンス=38ドルに変更された。
おもな協定内容	為替制限の撤廃	経常収支の赤字を理由に例外的に為替管理(注)の実施を認められている国を**IMF14条国**という。これに対して経常収支の赤字を理由に為替管理をしないことを宣言した国を**IMF8条国**という。IMF8条国への移行は加盟国に課せられた基本義務である。日本は1964年に8条国へ移行した。
おもな協定内容	短期の資金融資	一時的な国際収支の不均衡に直面している国に対して、短期の融資をする。1997年のアジア通貨危機では、タイ・インドネシア・韓国が支援を受けた。ただし、融資対象国は、財政赤字削減のための緊縮財政や金利引き上げなどの条件(**コンディショナリティ**)が課される。

(注)為替管理とは、輸出で得た外貨(ドル)を政府に集中させて、外貨が海外に流出しないように、外貨割り当てによる輸入制限を行ったり、海外旅行に際してドルの持ち出しを制限したりするなど、円とドルとの交換に制限を加えることである。

②国際復興開発銀行(IBRD)		
目的	戦争で疲弊した国の復興を図るために、長期的な資金を提供し、これにより為替レートの安定と自由貿易の発展を促すことを目的とする。	
おもな業務	戦災国の復興	日本もかつて東海道新幹線や東名高速道路建設のためにIBRDから支援を受けた。
おもな業務	発展途上国への援助	当初対象にした国々が戦後復興を果たした現在、IBRDは**世界銀行**とも呼ばれ、おもに発展途上国への融資を行っている。また、1956年に発足した国際金融公社(IFC)や、1960年に発足した国際開発協会(IDA)なども世界銀行のグループ機関であり、IDAは第二世銀とも呼ばれている。

解説 **戦後の経済体制を構築**　1944年、アメリカ・ニューハンプシャー州のブレトンウッズで、**国際通貨基金(IMF)協定**と、**国際復興開発銀行(IBRD)協定**が結ばれた。IMFとIBRDを柱とする戦後の国際経済体制は、**ブレトンウッズ体制**と呼ばれ、アメリカの金・ドル交換停止が発表された1971年まで続いた。なお、変動相場制移行後のIMFは、その役割を変え、現在は経常収支が短期的に赤字となった国への融資と、金融財政政策の助言を行っている。

国際経済

Zoom **国際金融のトレリンマ**　ある国が自国の金利を下げると、その国から資金が流出し、為替相場が変動する。このように、①独立した金融政策、②自由な国際資本移動、③固定相場制の3つを同時に満たすことはできない。これを国際金融のトレリンマという。

③固定相場制から変動相場制へ

IMF（1947、業務開始）

固定相場制／ブレトンウッズ体制

金・ドル本位制
- 固定相場制の維持（1ドル＝360円）
- ドルを基軸通貨（キー・カレンシー）
- 金1オンス（約31グラム）＝35ドル

1952　日本、IMFと世界銀行に加盟
1964　日本、IMF14条国から8条国に移行
1969　SDR創設

アメリカの経常収支が悪化し、ドルが流出
理由　戦後復興の援助、ベトナム戦争、日本や欧州の経済成長
↓
1960年代～　ドルの信用揺らぐ（ドル危機）

崩壊／変動相場制

1971.8　**ニクソン・ショック**

アメリカのニクソン大統領が金とドルの交換停止を発表し、ブレトンウッズ体制が崩壊

固定相場制／スミソニアン体制

1971.12　**スミソニアン合意**

ワシントンのスミソニアン博物館における会議で新たな固定相場制を決定
- 金1オンス＝38ドル
- 1ドル＝308円

固定相場制の維持困難

変動相場制／キングストン体制

1973　変動相場制に移行
1976　**キングストン合意**……変動相場制を正式承認
→SDRを金に代わる準備資産に
金の公定価格を廃止

円安・ドル高

1985　**プラザ合意**

ニューヨークのプラザホテルで行われたG5による会議でドル高是正のための為替介入を合意

円高の進行⇒円高不況⇒金融緩和

1987　**ルーブル合意**

パリのルーブル宮殿で行われたG7による会議でドル安進行の抑制を合意

日本、バブル経済発生

1991　日本、バブル経済崩壊
1997　アジア通貨危機
2008　リーマン・ショック→世界金融危機
2010　ギリシャ財政危機→ユーロ危機
2020　新型コロナウイルス感染症の世界的な拡大

？なぜ、固定相場制から変動相場制に移行したのか　出題

■ドル危機と流動性のジレンマ

戦後、アメリカはマーシャル・プランなどの西側諸国への援助やベトナム戦争の出費により、大量のドルを世界に流出させた。そして、アメリカの対外債務は膨らみ、金準備が激減することになった。この結果、アメリカはドルと金の交換に応じられなくなり、ドル危機に直面することになった。こうして、世界貿易が拡大する中、国際間でドルが用いられるためには、アメリカがドルを供給し続ける必要がある一方で、ドルを供給すればするほどドルの信用が低下する「**流動性のジレンマ**」に陥った。

アメリカの金準備（電力中央研究所資料）

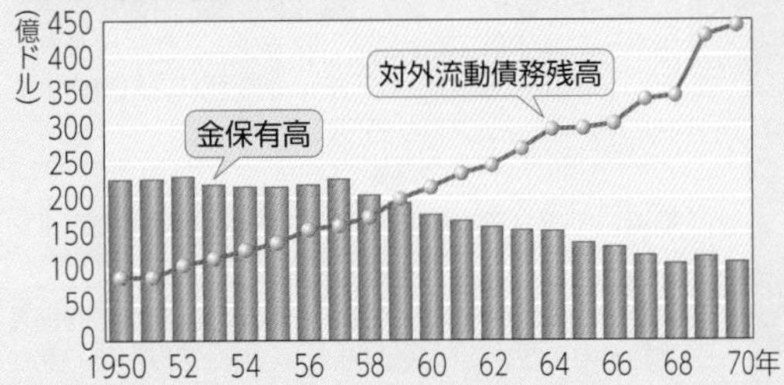

■ブレトンウッズ体制の崩壊

アメリカの金準備高が100億ドルを割るのを防ぐため、ニクソン大統領は、金とドルの交換停止を宣言した（**ニクソン・ショック**）。主要国は**変動相場制**に移行したが、当時は速やかに固定相場制に復帰すべきであると考えられていた。そのため、同年12月に**スミソニアン合意**が成立し、固定相場制が復活した。しかし、その後もドルに対する信用は回復せず、結局、1973年に主要国は変動相場制に移行し、1976年の**キングストン合意**で正式に承認された。

固定相場制		変動相場制
・為替レートの変動に伴う損失の危険（為替リスク）がないため、貿易や国際資本移動が安定的に行われる	長所	・理論上は、経常収支が赤字になったり、国内にインフレが発生しても、為替相場が自国通貨安になり、改善される
・政府は多額の外貨準備を確保して、為替介入を頻繁に行う必要がある ・輸入量を抑えるために、景気を抑制しなければならない場合もある	短所	・為替レートの変動に伴う損失の危険（為替リスク）がつねに存在するため、貿易や国際資本移動が安定的に行われない

COLUMN

特別引出権（SDR）

IMFには、**特別引出権**（SDR：Special Drawing Right）という制度がある。これは、他の加盟国から資金を調達するための、仮想の外貨準備資産であり、金やドルなどの準備資産を補完する目的で1969年に創設された。具体的には、IMFに特別引出枠を設け、加盟国にその出資額に応じて、一定の割合で特別引出権を配分しておく。そして、ある国が外貨を手に入れたい場合には、外貨準備に余裕のある国にSDRを引き渡して外貨と交換してもらう。なお、SDRの価値は主要国の通貨を一定の割合で組みあわせて算出されており、主要通貨の為替相場をもとに、国際的な重要性に応じて加重平均した通貨バスケット制（➡p.337）によって決定される。

SDRのしくみ　1SDR＝1.35ドル（2023年7月26日現在）

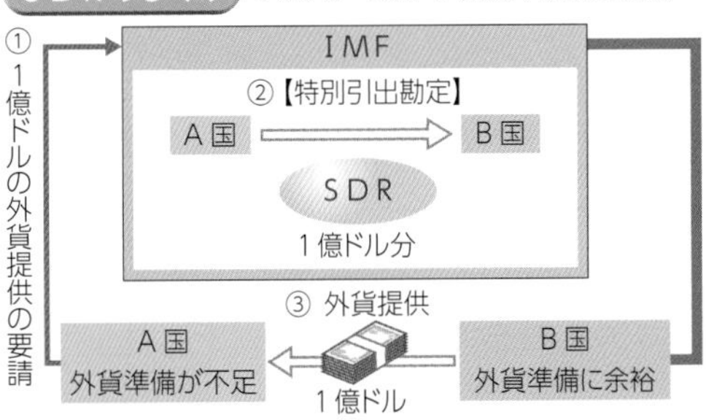

SDR構成通貨の割合…ドル：43.4%，ユーロ：29.3%，人民元：12.3%，円：7.6%，ポンド：7.4%

用語解説　302ブレトンウッズ体制，303国際通貨基金，304基軸通貨，305国際復興開発銀行，306ドル危機，307ニクソンショック，308スミソニアン協定，309キングストン合意，310特別引出権，311プラザ合意

3 G７からG20へ 出題

? G７やG20による協調が必要になった背景には、何があるのか

1973年　第１次石油危機

G７

1975年　**第１回先進国首脳会議（サミット）**　第１次石油危機に対して、先進諸国の経済問題を協議するために開催。日本、アメリカ、イギリス、西ドイツ、フランス、イタリアが参加。第２回サミット（1976年）からカナダが参加し、G７となる。第３回サミットからＥＣ（のちのＥＵ）代表も参加。

1980年代前半　アメリカ、ドル高と「双子の赤字」が深刻化

G５

1985年　**G５、プラザ合意**　ドル高と「双子の赤字」是正のため、日本、アメリカ、イギリス、フランス、西ドイツ（G５）の財務相会議がニューヨークのプラザホテルで開かれ、協調介入でドル安誘導することが決まった（プラザ合意）。

1986年　G７、第１回財務相・中央銀行総裁会議

急激なドル安

1987年　**G７、ルーブル合意**　ドル安の行きすぎを抑えるために、G７の財務相・中央銀行総裁会議がパリのルーブル宮殿で開かれ、為替レートの調整に合意（ルーブル合意）。

1990年代　冷戦の終結、通貨危機の発生

G８

1997年　**第23回サミット**　ロシアが正式に参加し、翌年からG８となる。名称も現在の主要国首脳会議に変更。

G20

2000年代～　新興国の台頭、世界金融危機の発生

2008年　G20首脳による金融サミットが開催

※2014年以降、主要国首脳会議はロシアの参加が停止されている。

アメリカの「双子（ふたご）の赤字」

財政赤字と経常収支の赤字のこと。1980年代にアメリカのレーガン大統領は「小さな政府」を標榜（ひょうぼう）した経済政策（レーガノミクス）を打ち出した。これは、政府支出の抑制と大型の減税などにより財政を立て直す計画であった。

しかし、レーガン大統領は同時に「強いアメリカ」をめざし、国防費を拡大させたため、大量の国債発行により財政支出は拡大し続けた。また、国内の過剰（かじょう）消費に加えて、ドル高によって国際競争力が奪われた結果、貿易赤字・経常赤字が拡大した。

G20
G８
G７
G５ アメリカ・イギリス・日本・ドイツ・フランス
イタリア・カナダ
ロシア
インド・中国・ブラジル・南アフリカ　BRICS
アルゼンチン・インドネシア・オーストラリア・韓国・サウジアラビア・トルコ・メキシコ・ＥＵ（欧州連合）

※「G」は「Group」を示す。BRICS首脳会議には2024年からサウジアラビアなども参加。

解説　**G８の役割は低下**　**主要国首脳会議**は、G７またはG８による首脳会議（**サミット**）である。当初は経済問題を話しあうために開かれたが、今日（こんにち）では、政治問題や環境問題など、あらゆるテーマが話しあわれている。近年では、新興国の台頭を受け、**G20**が重視される傾向にある。G20は1997年のアジア通貨危機をきっかけに、1999年に財務相・中央銀行総裁会議が開催されたことがはじまりであり、ＥＵ議長国やＩＭＦなどの国際機関も参加している。

G７サミット
（2023年、広島）　2014年のサミット以降、ウクライナ情勢を受けてロシアの参加が停止され、G７として開催されている。2023年の広島サミットには岸田首相が出席し、国際経済・貿易問題、ウクライナ問題、核軍縮・不拡散、気候変動・環境などの国際問題について話しあわれた。

⇧写真は前方中央から左回りに、岸田首相（日）、バイデン大統領（米）、ショルツ首相（独）、スナク首相（英）、フォンデアライエン欧州委員長、ミシェルEU大統領、メローニ首相（伊）、トルドー首相（加）、マクロン大統領（仏）

G20サミット
（2023年、インド・ニューデリー）　新興国の経済成長によって国際経済は多極化した。2008年の世界金融危機を契機（けいき）に先進国に新興国を加えたG20サミットが注目されている。今回のサミットでは、食料安全保障や気候・エネルギー問題になどに焦点（しょうてん）が置かれ、首脳間で活発な議論が行われた。

G20
भारत 2023 INDIA
वसुधैव कुटुम्बकम्
ONE EARTH • ONE FAMILY • ONE FUTUR

Zoom **史上最大規模の首脳会議**　2019年に大阪で開催されたG20サミットでは、G20メンバー国に加えて、ＡＳＥＡＮ議長国であるタイなど８つの招待国や、国連など９つの国際機関の代表が参加し、国内で開催された史上最大規模の首脳会議となった。

4 GATTからWTOへ

?GATTとWTOの違いはどのような点にあるのか 頻出

1 1948年：GATT（関税および貿易に関する一般協定）

【GATTの3原則】

①**自由**…輸入数量制限などの非関税障壁の撤廃や、関税の引き下げ
②**無差別**…特定の国を優遇あるいは差別せず、すべての国に同じ条件での貿易を適用（**最恵国待遇**）・国内にいる外国人や輸入品は自国民や国産品と同様に扱う（**内国民待遇**）
③**多角**…二国間ではなく多国間による交渉（**ラウンド**）

交渉名[参加国数]	期間	おもな合意内容
第1回交渉[23]	1947年	鉱工業品の関税引き下げ
第2回交渉[13]	1949年	鉱工業品の関税引き下げ
第3回交渉[38]	1951年	鉱工業品の関税引き下げ
第4回交渉[26]	1956年	鉱工業品の関税引き下げ
第5回交渉[26]（ディロン・ラウンド）	1960～61年	鉱工業品の関税引き下げ
第6回交渉[62]（ケネディ・ラウンド）	1964～67年	関税一括引き下げ方式を採用 鉱工業品の関税を平均35％引き下げ
第7回交渉[102]（東京ラウンド）	1973～79年	鉱工業品の関税を平均33％引き下げ 非関税障壁の軽減（補助金などのルールの明確化）
第8回交渉[123]（ウルグアイ・ラウンド）	1986～94年	鉱工業品の関税を平均40％引き下げ 交渉対象を農業・サービス貿易・知的財産権にも拡大 WTO設立を決定（マラケシュ協定）

2 1995年：WTO（世界貿易機関）

交渉名[参加国数]	期間	おもな合意内容
第9回交渉[159]（ドーハ・ラウンド）	2001年～	貿易の円滑化や環境についても話しあわれるが、合意に至らず交渉停止

2001年：中国加盟　2007年：ベトナム加盟　2012年：ロシア加盟

【GATTとWTOの違い】

GATT		WTO
ほとんど手付かず	**農業分野**	関税、国内助成、輸出補助金を削減
国際ルールが未整備	**サービス貿易**	国際ルールを整備
直接的な規定なし	**知的財産**	包括的に整備
認定基準が不明確	**ダンピング**	認定基準を明確化
発動要件が不明確	**セーフガード**	発動要件を明確化
全会一致（コンセンサス）方式で決定していたため、当事国の反対で報復できず	**違反国への報復措置**	全加盟国が反対しない限り報復できる（ネガティブ・コンセンサス方式）

WTOの紛争解決手続き

紛争発生
↓
二国間協議 → 解決
↓ 60日以内に解決できず
パネル（小委員会）を設置
紛争を検討（一審に相当） → 解決
↓ 不満
上級委員会へ
申し立て（二審に相当）
↓
委員会報告の採択
↓
勧告または裁定 → 解決
↓
対抗措置の承認

解説 GATTからWTOへ　1995年にGATTの役割を受け継ぐ常設の機関として、**WTO（世界貿易機関）**が発足した。この背景には、サービス貿易や知的財産権に関する取り決めなど、新たな課題が生じてきたことに加えて、GATTの紛争解決処理能力を強化する目的もあった。WTOは意思決定の場において、全加盟国が反対しない限り採択される「**ネガティブ・コンセンサス方式**」を採用しており、紛争解決手続きがスムーズに進行できるようになった。

【3原則の例外】

一般特恵関税	発展途上国からの輸入品の関税引き下げ
緊急輸入制限（セーフガード）	自国の産業を保護するための緊急的な関税の引き上げや輸入数量の制限
日本は2001年に初めて、中国産のネギ・生しいたけ・いぐさに対してセーフガードを発動した。	
反ダンピング措置	ダンピングに対する、関税の引き上げによる報復措置
ダンピング（不当廉売）…他国との競争で優位に立つため、国内価格よりも不当に低い価格で商品を輸出すること。	
相殺関税	政府の補助金を受けて生産された輸出品が、輸入国の国内産業に損害を与えている場合に、補助金の効果を相殺するための関税
その他	農産品の輸入数量制限、関税割当、地域的経済統合

解説 GATTの目的と成果　GATTは、自由貿易の障壁となるものを多国間での交渉で取り除くために設立された。成果としては、鉱工業製品の平均関税率が、約40％（1947年）から4％未満（1994年）まで引き下がり、自由貿易が促進された。また、**ウルグアイ・ラウンド**では、関税引き下げのほかに、サービス貿易に関する協定（GATS）や、知的財産権に関する協定（TRIPS）も成立した。なお、日本はGATTに1955年に加盟した。当初は、貿易収支が赤字になった場合など、国際収支上の理由で輸入数量制限を行うことできるGATT12条国であったが、1963年にはこれができないGATT11条国へ移行した。

見通しの立たないドーハ・ラウンド

中東カタールのドーハを中心に行われているドーハ・ラウンドは、「ドーハ開発アジェンダ」ともいわれ、発展途上国の開発問題を重大なテーマとして取り上げている。しかし、開始から20年以上が経過したが、合意に至らず中断している。この背景には先進国と新興国、発展途上国との対立がある。

第一に、農業の市場開放問題である。市場開放を要求するアメリカやオーストラリアと、これに反対する日本やEUの対立がある。第二に、交渉開始時よりも、中国やインドなどの新興国の存在感が格段に増したことである。アメリカは新興国にさらなる自由化を求めているが、新興国は反対している。このほかにも、反ダンピング措置の扱いなど、問題は山積している。

WTOでの国際的な枠組みの形成は難航し、2011年には全分野一括合意の断念が決まった。さらに、紛争解決を処理する上級委員会の裁定に不満をもつアメリカが、裁判官の役割を担う委員の選任を拒否しているため、紛争解決手続きは2019年末から機能不全に陥っている。一方で、FTAやEPAといった二国間の枠組みに軸足を移す動きもみられる。

WTOをめぐる各国の立場

積極的	←→	消極的
アメリカ オーストラリア	**農産品の関税削減などの自由化**	日本 EU
アメリカ以外	**国内の農業者への補助金の削減**	アメリカ
先進国	**鉱工業製品の関税削減**	発展途上国
先進国	**サービス貿易の自由化**	発展途上国
発展途上国	**労働者の移動の自由化**	先進国

（外務省資料参照）

国際経済

用語解説 ㉜GATT，㉝非関税障壁，㉞最恵国待遇，㉟一般特恵関税，㊱セーフガード，㊲ウルグアイ・ラウンド，㊳WTO

5 地域的経済統合

要点の整理

＊ 1 〜 3 FILE は資料番号を示す

❶ **経済統合の形態** 1 ……自由貿易協定→関税同盟→共同市場→経済同盟の順で統合度は深化：自由貿易圏の拡大を目的

❷ **ＦＴＡ・ＥＰＡの拡大と日本が締結する貿易協定** 2 FILE

①**ＦＴＡ（自由貿易協定）**……おもに２か国間での関税撤廃などをめざす協定

②**ＥＰＡ（経済連携協定）**……ＦＴＡよりも幅広い経済関係の強化を目的。資本や労働者の移動の自由化なども含む
⟶ ＦＴＡ・ＥＰＡいずれも、ＷＴＯ（世界貿易機関）を補完するものとして、世界各地で締結が進む

③**ＴＰＰ（環太平洋パートナーシップ）協定**……環太平洋地域の12か国による多角的なＥＰＡ。原則的にすべての分野での関税撤廃、投資や知的財産権などに関するルールづくりをめざす。日本は2013年に交渉参加。2016年に署名
⟶ 2017年、アメリカがＴＰＰ離脱を表明 ⟶ 2018年、アメリカを除く11か国がＣＰＴＰＰに署名・発効

④**日米貿易協定**……ＴＰＰを離脱したアメリカとの間で締結され、デジタル貿易協定を含む（2020年発効）

⑤**ＲＣＥＰ（地域的な包括的経済連携）協定**……中国・韓国との初めての貿易協定で、人口、経済規模は世界最大（2022年発効）⟷ 一方で、ＴＰＰほどの関税撤廃は実現せず、その割合は比較的低い

❸ **地域的経済統合** 3

①**ＥＵ（欧州連合）**……経済的統合、通貨統合を経て、最終的には政治統合をめざす。ヨーロッパの発展が目的
1967年：**ＥＣ（欧州共同体）**発足 ⟵ ＥＣＳＣ、ＥＥＣ、ＥＵＲＡＴＯＭを統合
1993年：ＥＵ（欧州連合）発足 ⟵ **マーストリヒト条約（欧州連合条約）**調印（1992年）
1999年：単一通貨ユーロ導入……2002年からは市場に流通、各国通貨に代替する（一部の加盟国は除く）
2007年：**リスボン条約**調印（2009年発効）……ＥＵ大統領・ＥＵ外相を新設
2010年：ギリシャの債務問題が発生 ⟶ 欧州金融安定化基金を創設。財政危機の拡大防止を図る
- ＥＵの金融政策：**ＥＣＢ（欧州中央銀行）**が一元化 ⟷ 財政政策：加盟国で不統一

②ＮＡＦＴＡ（北米自由貿易協定、1994年）……アメリカ、カナダ、メキシコで構成 ⟶ 2020年、**ＵＳＭＣＡ**が発効

③**ＭＥＲＣＯＳＵＲ**（南米共同市場、1995年）……ＥＵを目標にブラジルなど５か国で構成

④**ＡＰＥＣ**（アジア太平洋経済協力、1989年）……環太平洋の21の国・地域が参加

⑤**ＡＳＥＡＮ**（東南アジア諸国連合、1967年）……10か国が加盟 ⟶ 2015年に**ＡＥＣ**（ＡＳＥＡＮ経済共同体）が発足
- 日本・中国・韓国による地域協力（ＡＳＥＡＮ＋３）やＥＡＳ（東アジア首脳会議）も開催

国際経済

1 地域的経済統合の形態

形態	内容	ＥＵ	ＵＳＭＣＡ	MERCOSUR	ＡＥＣ	その他
地域協力（経済統合の前段階）	特定の課題について協議するための枠組み					ＡＰＥＣ ＡＵ
経済統合の5段階・地域貿易協定：自由貿易協定（ＦＴＡ）	加盟国は関税を撤廃して自由貿易を行う。域外に対しては加盟国独自の関税を設定できる		○		○	ＥＦＴＡ ＴＰＰ
経済統合の5段階・地域貿易協定：経済連携協定（ＥＰＡ）	ＦＴＡの一種で、物品のほか、サービス・投資・人の移動の自由化、知的財産の保護なども幅広く規定する		（労働市場の統合はなし）			
関税同盟	域内では関税を完全に撤廃し、域外に対しては共通の関税を設定する	○		○		
共同市場	域内の関税・貿易障壁を撤廃し、域内での労働・資本などの移動も自由化される	○	○	○		
経済同盟	域内の経済政策もある程度調整・統合する	○		○		
完全経済同盟	域内の経済関係の諸機関が統合され、経済政策を完全に統一した、最も進んだ経済統合	○				

地域貿易協定は世界貿易機関（ＷＴＯ）の最恵国待遇の原則に反するが、一定の基準を満たす協定については例外として認められている（ＧＡＴＴ第24条など）。

解説 **地域的経済統合の深化**　一定地域の複数の国の経済が統合されることを**地域的経済統合**といい、地域的経済統合を推進する考え方を**地域主義（リージョナリズム）**という。地域主義のメリットとしては、地域での経済統合が、世界的な経済統合やグローバリゼーションを促進するという側面がある。現在、世界で最も経済統合が進んでいるのが欧州連合（ＥＵ）である。ＥＵでは、加盟国が主権の一部を委譲する形で統合を進めており、経済面だけでなく、政治面や外交・安全保障の面でも政策の共通化が図られている。また、近年では地域を超えたＦＴＡ（自由貿易協定）やＥＰＡ（経済連携協定）も締結されるようになっており、日本とＥＵとのＥＰＡはその代表例である。

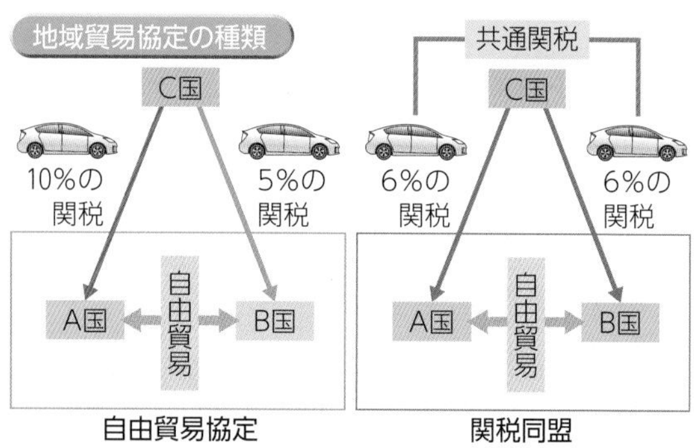

地域的経済統合の温度差　発展途上国を中心に、地域的経済統合の潮流から“置き去り”にされている国も少なくない。地域的経済統合の進展はグローバル化を進めるとされるが、一方で、世界的な経済格差を拡大させるという懸念もある。

2 ＦＴＡとＥＰＡ

？ＦＴＡとＥＰＡの違いはどのような点にあるのか

WTO・FTAの違い（外務省資料）　（日タイＥＰＡの場合）

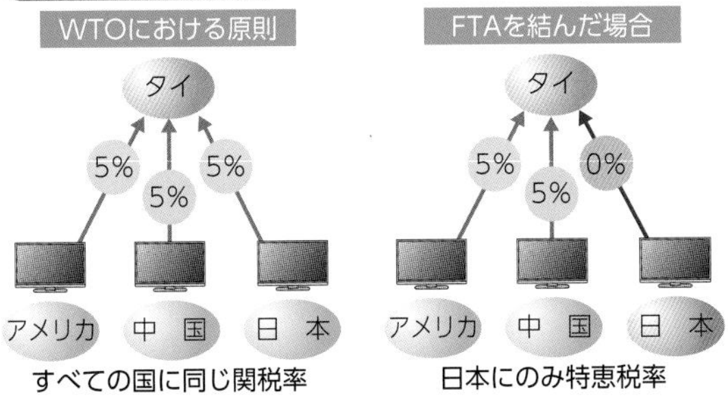

ＥＰＡ発効による貿易量の増加　（日本の対ベトナム貿易）

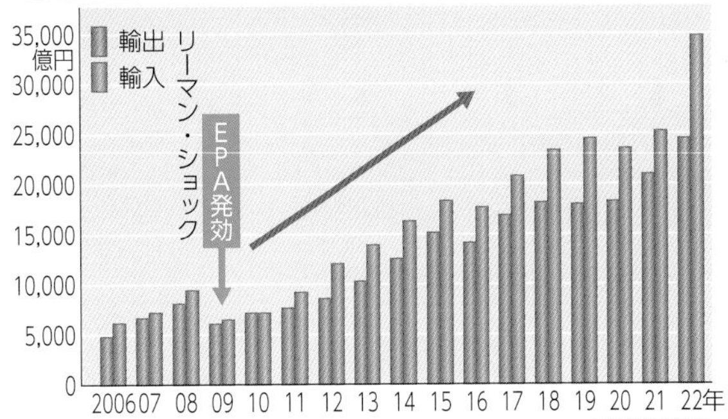

（財務省資料）

ＦＴＡとＥＰＡ（JETRO資料参照）

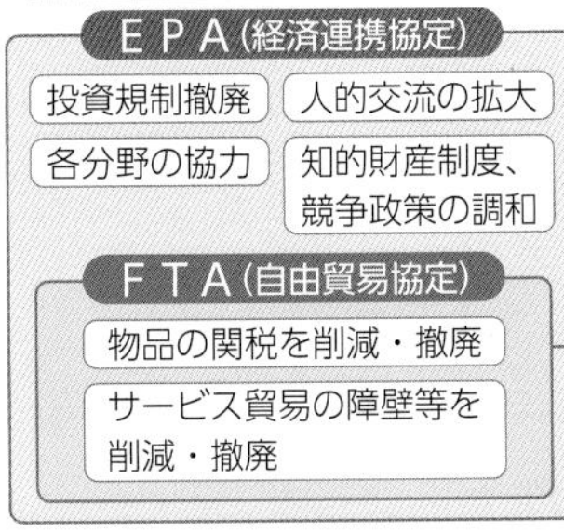

ＥＰＡ（経済連携協定）
ＦＴＡを柱に、ヒト、モノ、カネの移動の自由化、円滑化を図り、幅広い経済関係の強化を図る協定。

ＦＴＡ（自由貿易協定）
２か国以上の国や地域の間で、関税などの規定を削減・撤廃する協定。

解説 **進展するＦＴＡ・ＥＰＡ**　ＷＴＯでの貿易交渉が難航する一方で、**ＦＴＡ（自由貿易協定）**や**ＥＰＡ（経済連携協定）**などの地域貿易協定が拡大している。ＷＴＯの基本原則は、すべての国に同じ関税率を適用することである（最恵国待遇）。しかし、ＦＴＡやＥＰＡは協定を結んだ国や地域に対してのみ、例外的に関税を撤廃できる。ＦＴＡやＥＰＡを結んだ国との間では貿易量が急速に拡大するなど、その効果は大きい。なお、ＥＰＡは、ＦＴＡよりも幅広い経済関係の強化を図るものである。

3 世界のおもな地域的経済統合

出題

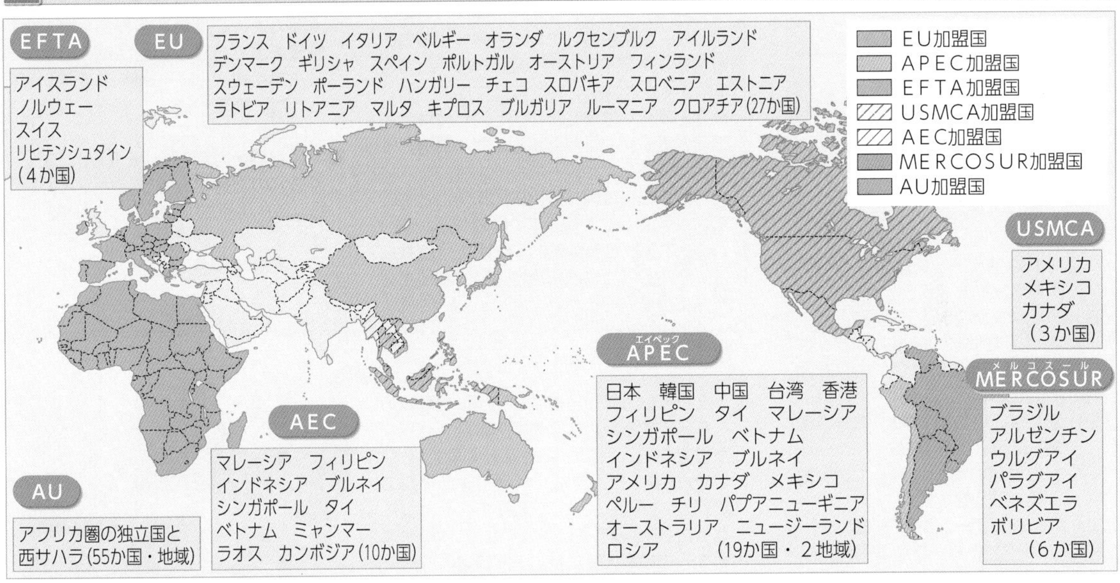

		名称	人口・GDP	形　態
先進国間	欧州	欧州連合（ＥＵ） 設立：1993年	5.1億人 16.3兆ドル	1967年にＥＣ（欧州共同体）が設立され、1993年にはマーストリヒト条約によってＥＵ（欧州連合）となった。経済統合が最も深化している。
先進国間	欧州	欧州自由貿易連合（ＥＦＴＡ） 設立：1960年	0.1億人 1.1兆ドル	ＥＥＣ（欧州経済共同体）に対抗して、イギリスや北欧諸国などによって、単一市場の形成を目的として発足。現在は存在意義が薄（うす）れる。
	北米	アメリカ・メキシコ・カナダ協定（ＵＳＭＣＡ）設立：2020年	4.8億人 20.7兆ドル	1994年に発効した北米自由貿易協定（ＮＡＦＴＡ）に代わる新協定。３か国間の関税はほぼゼロとなっているが、域外には共通関税をもたない。
	環太平洋地域	アジア太平洋経済協力（ＡＰＥＣ） 設立：1989年	28.8億人 44.0兆ドル	アジア・環太平洋地域での経済協力の強化を図るために設立した。「開かれた地域主義」を掲（かか）げ、より開放的な自由貿易圏をめざしている。
発展途上国間	東南アジア	ＡＳＥＡＮ経済共同体（ＡＥＣ） 設立：2015年	6.3億人 2.4兆ドル	ＡＳＥＡＮ（東南アジア諸国連合）が1993年に創設したＡＳＥＡＮ自由貿易地域（ＡＦＴＡ）を発展させ、地域のさらなる自由化が進められている。
発展途上国間	南米	南米共同市場（MERCOSUR） 設立：1995年	3.0億人 2.9兆ドル	南米４か国の関税同盟として発足（現在は６か国）。域内の関税撤廃と、貿易の自由化をめざす。ベネズエラは参加権が停止されている。
発展途上国間	アフリカ	アフリカ連合（ＡＵ） 設立：2002年	11.9億人 2.1兆ドル	アフリカ統一機構（ＯＡＵ）を発展・改組して発足。55か国・地域が参加し、政治的・経済的な統合のほか、紛争の予防・解決をめざしている。

＊ボリビアのMERCOSUR加盟については、各国議会の批准待ち（2023年7月現在）。人口とＧＤＰは2015年の数値（国連資料などを参照）

TOPIC トピック　日本のＥＰＡに基づく人材交流では、介護分野について、インドネシア、フィリピン、ベトナムの３か国から、介護福祉士資格の取得を目的とした受け入れを行っている。

用語解説　319ＦＴＡ、320ＥＰＡ

①ＥＵ(欧州連合)

?ＥＵはどのような歴史を経て、現在の形になったのか 頻出

■欧州統合の歴史

1952欧州石炭鉄鋼共同体（ＥＣＳＣ）	1958欧州経済共同体（ＥＥＣ）	1958欧州原子力共同体（EURATOM）

↓

1967　欧州共同体（ＥＣ）

●原加盟国
フランス・西ドイツ・イタリア・ベルギー・オランダ・ルクセンブルク
1968　関税同盟完成(域内関税の撤廃)

↓

拡大ＥＣ

●加盟国の増加
1973　イギリス、デンマーク、アイルランド
1981　ギリシャ
1986　スペイン、ポルトガル
1979　欧州通貨制度（ＥＭＳ）発足
　　　欧州通貨単位（ＥＣＵ）導入
1985　市場統合計画開始(域内市場白書採択)
1987　単一欧州議定書発効
　　　→1992年までに域内市場統合の完成を明記
1992　政治・経済・通貨統合をめざす欧州連合条約(マーストリヒト条約)調印(1993年発効)
1993　市場統合(単一市場)がスタート

↓

1993.11　欧州連合（ＥＵ）

1994　欧州経済領域（ＥＥＡ）発足
1995　オーストリア、フィンランド、スウェーデン加盟
1997　新欧州連合条約(アムステルダム条約)調印。(1999.5発効)
　　　→共通外交・安保政策について多数決制を導入
1998　欧州中央銀行（ＥＣＢ）設立
1999　経済通貨同盟（ＥＭＵ）成立、共通単一通貨ＥＵＲＯ(ユーロ)発行(2002年より流通)
2001　新たなＥＵの基本条約(ニース条約)調印(2003年発効)
　　　→加盟国の増加に対して、多数決適用分野を拡大
2004　10か国加盟→25か国体制に
2007　２か国加盟→27か国体制に
　　　リスボン条約調印(2009年発効)
2013　１か国加盟→28か国体制に
2016　イギリス、ＥＵ離脱の是非を問う国民投票で、離脱支持派が勝利
2020　イギリス離脱→27か国体制に

⇧欧州議会本会議場(フランス・ストラスブール)

ヨーロッパに恒久平和を！～ＥＣの誕生～

　第二次世界大戦後、歴史的に対立を繰り返してきたドイツとフランスとの戦争をなくすための方策が検討された。フランスの政治家ジャン=モネやロベール=シューマンは、独仏間でたびたび懸案事項となってきたアルザス・ロレーヌ、ルール、ザールの石炭と鉄鋼を、両国で共同管理する構想(シューマン・プラン)を抱いた。石炭と鉄鋼は経済復興の鍵であり、戦争の武器をつくるのにも欠かせない。これを共同管理することで、ドイツとフランスが戦争を起こすことは不可能になると考えたのである。
　こうして、西ドイツとフランスに、イタリア、ベルギー、オランダ、ルクセンブルクを加えた６か国で、**欧州石炭鉄鋼共同体**（ＥＣＳＣ）が設立された。ＥＣＳＣは、1957年のローマ条約に基づいて1958年に設立された**欧州経済共同体**（ＥＥＣ）・**欧州原子力共同体**（ＥＵＲＡＴＯＭ）と統合され、1967年、**欧州共同体**（ＥＣ）となった。

ECSCが資源を共同管理した地域

(「朝日新聞」2002年７月18日参照)

ＥＣの歩みとＥＵの誕生

　ＥＣは1968年に、域外の国との貿易には共通関税を設け、域内では関税を撤廃する**関税同盟**を実現した。また、農業分野についても、農業生産性の向上や農業従事者の所得増加を目的として共通農業政策（ＣＡＰ）が実施された。1970年代には、一時、統合の深化も停滞したが、1979年には**欧州通貨制度**（ＥＭＳ）が発足し、ユーロ導入まで続けられた。
　1980年代以降は、加盟国の増加とともに統合が進展した。1992年には**欧州連合条約（マーストリヒト条約）**が結ばれ、これによって1993年には**欧州連合（ＥＵ）**が誕生し、市場統合が完成した。

ＥＭＳの特徴

■**欧州通貨単位（ＥＣＵ）の導入**：加盟国の通貨の価値を組みあわせた通貨単位であり、加盟国間の公的な決済手段として1998年まで用いられた。紙幣や硬貨といった現金ではない。
■**為替相場メカニズム（ＥＲＭ）**：加盟国間の為替相場を安定させるため、域内の通貨間では固定相場制をとる一方で、域外の通貨に対しては変動相場制をとった(共同フロート制)。

ＥＵの深化

　ＥＵとなってからは、1998年に金融政策を一元化するために**欧州中央銀行（ＥＣＢ）**が設立され、翌年には経済通貨同盟（ＥＭＵ）が成立した。また、共通通貨**ユーロ**の流通が決済手段として使用されるようになった(現金の流通は2002年から)。単一通貨ユーロの導入により、ユーロ導入国間での経済状況の影響度も高まっている。
　2004年には東欧の10か国が加盟し、ＥＵは深化と拡大を続けた。また、ＥＵの新たな基本条約ともいうべき**リスボン条約**が2007年に調印され、ＥＵの機構改革が行われた(2009年発効)。
　ＥＵは経済･通貨統合のほか、共通外交･安全保障政策、警察・刑事司法協力などの政治統合をめざしている。現在、単一通貨ユーロの発行や、欧州中央銀行（ＥＣＢ）の設立などにより、経済・通貨統合は実現し、政治統合に向けた取り組みが行われている。しかし、深化を続けるＥＵも、ギリシャの財政危機を機に、構造的問題が明らかとなってきており、抱える課題も多い。

⇧ユーロ紙幣と硬貨

⇧検問所のない国境(オランダ・ベルギー間)

国際経済

Zoom　ユーロを導入しなかった国　1999年にユーロが導入された際、イギリス、デンマーク、スウェーデンでは自国通貨を維持した。その背景には、ユーロに対する不信や、自国の社会保障制度に対する制約の懸念などが背景にあるとされている。

■ＥＵの拡大と統合のメリット

Ｅ C原加盟国（６か国）
2004年までのＥＵ加盟国（９か国）
2004年以降のＥＵ加盟国（13か国）
赤字　ユーロ参加国（20か国）

シェンゲン協定には、ＥＵ加盟27か国のうち22か国が参加。ＥＵ以外の参加国は、スイス・アイスランド・ノルウェー・リヒテンシュタイン。

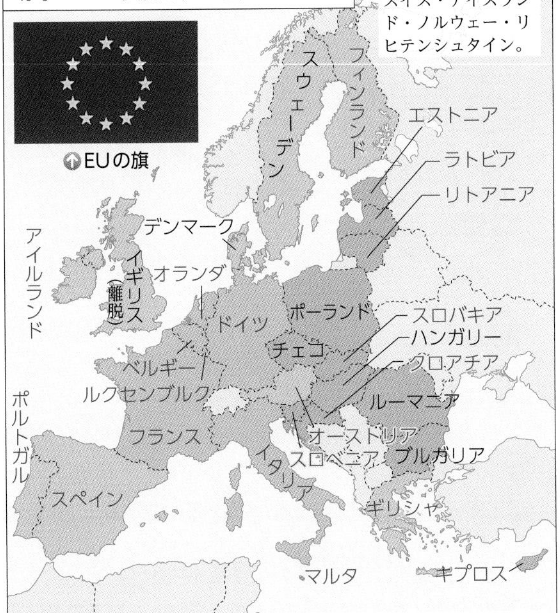

※イギリスは2020年１月にＥＵから離脱した。

■ＥＵの機構

・ＥＵ外交安全保障上級代表（ＥＵ外相）は欧州委員会副委員長を兼務する。

欧州理事会（首脳会議）
・最高協議機関、常任議長（ＥＵ大統領）は任期２年半、再任１回

ＥＵ理事会（閣僚会議）
・各加盟国の閣僚により構成、主要な政策決定機関
・欧州議会とともに立法機関としての役割も担う
・テーマごとに総務・対外関係、経済・財政、環境など

法案の審議（欧州議会→ＥＵ理事会）　法案の提案（欧州委員会→ＥＵ理事会）　決定（ＥＵ理事会→欧州委員会）

欧州議会（一院制）
法案や予算案の審議・議決権、欧州委員会に対する監督権限をもつ
・定数705名、議員は各加盟国での直接選挙によって選出
・各加盟国の議員数は人口に応じて配分
・任期は５年
・本会議は原則毎月１回

法案の提案（欧州委員会→欧州議会）　委員の承認・総辞職（欧州議会→欧州委員会）

欧州委員会
法案の提案や予算の歳出管理、法律の適用に関する監督など、ＥＵの行政執行機関
・各加盟国から１名ずつ任命された27名の欧州委員から構成
・任期は５年
・「省庁」にあたる分野別の総局を配置

選挙（加盟国の国民→欧州議会）

加盟国の国民（ＥＵ市民）

ＥＵ市民権…ＥＵ加盟国の国民は、ＥＵ議会への参政権を有するほか、地域内での移動・居住の自由や、出身国以外での居住地での地方参政権が付与されている。

ＥＵ統合のメリット

①**移動と労働の自由化**　ＥＵ加盟国の多くは国境管理の廃止に関する**シェンゲン協定**に参加している。これによって、ＥＵ市民は国境を越えて自由に旅行したり、働きに出たりすることが可能になった。また、医師や弁護士などの専門職資格の相互承認がなされ、どの国へも自由に移動して、その資格を生かすことも可能になった。

②**企業の経済活動の円滑化**　これまでは通関書類や積み荷のチェックのために、税関前で延々とトラックが並ぶことがあった。しかし、税関が廃止され、国境をスムーズに越えることができ、輸送も迅速に行えるようになった。また、通貨統合によって、通貨交換の手間がなくなったほか、モノの価格が一目で比べられるようになった。

ＥＵ理事会の意思決定のしくみ

EUの特定多数決

加盟国数の55%が賛成
賛成国人口が加盟国人口の65%

２つの要件を満たすと成立（外交・安全保障、司法・内務協力以外で適用）

多数決といえば、一人一票や一国一票（絶対多数決）が基本である。しかし、ＥＵ理事会では、国家間の人口のアンバランスを調整するために、原則として一国一票制ではなく特定多数決を採用している。これは、なるべく多くの加盟国が納得できる多数決のあり方が模索された結果といえる。

●ＥＵ諸国の基礎統計　€はユーロ参加国を示す。

国名	面積（1,000㎢）	人口（10万人）	1人当たりGDP（100ドル）	国名	面積（1,000㎢）	人口（10万人）	1人当たりGDP（100ドル）
ルクセンブルク €	3	6	1,337	スロベニア €	20	21	291
アイルランド €	70	50	1,011	エストニア €	43	13	280
デンマーク	43	59	680	チェコ	79	105	268
スウェーデン	411	105	607	ポルトガル €	92	103	247
オランダ €	34	176	579	リトアニア €	65	28	238
オーストリア €	84	89	538	スロバキア €	49	56	214
フィンランド €	305	55	537	ラトビア €	65	19	213
ベルギー €	31	117	512	ギリシャ €	132	104	206
ドイツ €	357	834	511	ハンガリー	93	100	187
フランス €	544	646	442	ポーランド	313	399	177
イタリア €	301	590	356	クロアチア €	56	40	170
マルタ €	0.3	5	336	ルーマニア	230	197	147
キプロス €	9	13	323	ブルガリア	111	68	122
スペイン €	505	476	301	イギリス［参考］	244	675	465

※人口は2022年、１人当たりＧＤＰは2021年の数値。　（ＥＵ資料ほか）

解説　**国家の枠組みを超えた機構**　ＥＵの機構のうち、欧州議会はＥＵ市民の声を反映させる立法機関で、人口に比例して加盟国に議席が配分されている。また、欧州委員会はＥＵの行政執行機関の位置づけである。リスボン条約によって、欧州理事会にＥＵの顔ともいうべき常任議長（**ＥＵ大統領**）が置かれた。また、新設された対外行動庁に外交安全保障上級代表（**ＥＵ外相**）のポストが置かれた。これにより、ＥＵの対外政策の一元化が可能になった。このほかに、ＥＵに関する条約の適切な解釈を行うためにＥＵ司法裁判所が設けられている。

TOPIC トピック　小国ルクセンブルクは一人当たりのＧＤＰが非常に高い。その背景には、ロンドンやフランクフルトに次ぐ、一大金融センターとしての地位を確立したことがあげられる。

用語解説　321 ＥＵ，322 ユーロ

FILE 39

ＥＵの課題

ＥＣの発足から半世紀以上が経過し、拡大の一途(いっと)をたどってきたＥＵ(欧州連合)が、2020年にイギリスの離脱という前例のない事態に見舞われた。ＥＵからイギリスが離脱するに至(いた)った背景は何だろうか。ＥＵは今後、どのような方向に進むのであろうか。

⇧欧州連合(ＥＵ)離脱の是非(ぜひ)を問う国民投票の結果を伝えるイギリスの新聞(2016年６月)　写真の新聞紙面に記されている「Brexit」とはBritain(イギリス)とexit(退出)を合わせた造語で、イギリスのＥＵ離脱を表している。

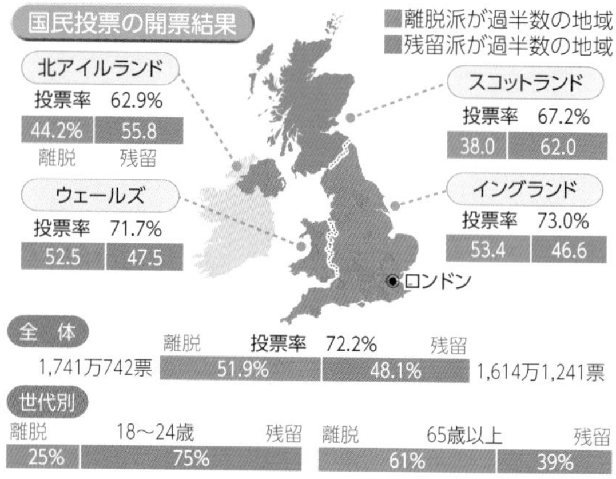

幾多の交渉の末に

2020年２月、イギリスのＥＵからの離脱が実現した。2016年の国民投票で離脱が決定して以来、ＥＵとの交渉の難航(なんこう)、国内での残留派と離脱派の対立といった困難を乗り越え、イギリスはＥＵから初めての離脱国となった。

ＥＵ離脱の背景

今回のイギリスの離脱決定には、移民・難民の増加や、ＥＵ圏内の相次(あいつ)ぐ債務危機で生じたＥＵへの不信感などが背景にある。イギリスでは増加した移民に予算が使われ、医療や雇用・福祉予算が圧迫されているという不満があった。今回の国民投票では、若者や収入の比較的高い人々の多くがＥＵ残留を望む一方、高齢者や低所得者層の多くがＥＵ離脱を支持したことはその表れともいえる。また、ＥＵが取り組んでいる難民の受け入れについても、加盟国の負担が増す結果となり、離脱へと動いた一因となっている。

欧州諸国の移民人口　上段は1990年、下段は2020年の数値

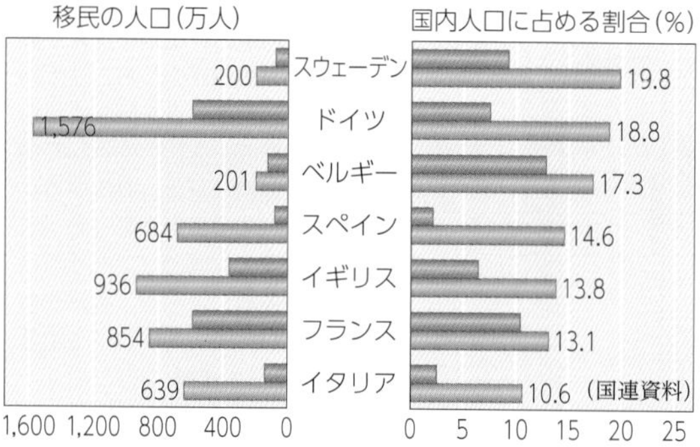

イギリスは離脱後も各国との自由貿易を継続するため、日本との間で日英ＥＰＡを締結し、さらにＣＰＴＰＰにも加盟する見通しである。イギリスは各国とも自由貿易協定を締結するなど、ＥＵから自立したイギリスとして、新たな道を歩もうとしている。一方、ＥＵ残留を望む北部のスコットランドでは、独立問題が再燃(さいねん)している。

イギリス離脱で岐路に立つＥＵ

深化を続けてきたＥＵであるが、ギリシャなどでの財政危機問題に象徴されるように、発足から30年あまりが経過した今日、その構造的な問題も明らかとなってきている。

そもそも、ＥＵ圏の経済大国であるドイツやフランスなどと、中東欧の国々では経済的な格差が大きく、産業の構造も異(こと)なる。そのような国々が経済統合により、同一の経済政策を行うことは、必ずしもすべての加盟国にとって望ましい結果になるとは限らない。また、ＥＵ域内でヒトの移動が自由になったことで、人々の対立も生じている。その一つが、イギリスでみられたように移民労働者が増加すれば、それによって各国の労働者と職の奪いあいが生じることになるという懸念(けねん)である。また、移民の増加は社会不安をもたらすとして、排斥(はいせき)運動が起きている国もある。

保護主義の台頭(たいとう)の中で

イギリスのＥＵ離脱決定という出来事に続き、アメリカではトランプ前大統領がＴＰＰからの離脱を表明した。ヨーロッパ各国でも国益を最優先しようとする極右政党やポピュリズム政党が勢力を伸(の)ばすなど、グローバル化の流れに反対する保護主義が台頭してきている。2019年の欧州議会選挙でも、ＥＵに批判的な政党が一定の議席を占めた。経済統合を進めてきたＥＵは、まさに岐路(きろ)に立っているといえるであろう。

⇧極右政党の台頭に抗議するデモ(ドイツ)

新型コロナウイルス感染症の拡大に対する「ＥＵ復興基金」(➲p.341)の合意などにより、ＥＵの価値が改めて見直された一方で、ＥＵの構造的な問題をどのように解決し、地域的経済統合の深化による自由貿易をどのように守っていくかが注目されている。

Zoom　**ＥＵ離脱後の混乱**　2020年のイギリスのＥＵ離脱後も、イギリスとＥＵの間では通商協定をめぐって混乱が続いた。ＥＵ離脱を問う国民投票の際に離脱派が主張した「離脱のメリット」が非現実的であることが明らかとなり、再投票を求める声も高まった。

②ＡＳＥＡＮ（東南アジア諸国連合）　出題

ＡＳＥＡＮ（東南アジア諸国連合）

1967年、反共産主義の立場をとる東南アジア諸国によって結成された。1990年代には社会主義国も加盟。加盟国の政治的･経済的･社会的安定をめざす。原加盟国はインドネシア、マレーシア、フィリピン、シンガポール、タイである。

ＡＳＥＡＮ地域フォーラム（ＡＲＦ）

- **東アジア首脳会議（ＥＡＳ）**　アメリカ・ロシア・インド
  - **地域的な包括的経済連携（ＲＣＥＰ）**　オーストラリア・ニュージーランド
    - **ＡＳＥＡＮ＋３**　日本・中国・韓国
      - **東南アジア諸国連合（ＡＳＥＡＮ）**　マレーシア・インドネシア・フィリピン・シンガポール・タイ・ブルネイ・ベトナム・ラオス・ミャンマー・カンボジア
- カナダ、パプアニューギニア、北朝鮮、モンゴル、パキスタン、東ティモール、バングラデシュ、スリランカ、欧州連合（ＥＵ）

※東ティモールは2024年にASEAN加盟予定。

ＡＳＥＡＮ地域フォーラム（ＡＲＦ）1994年発足	アジア太平洋地域における政治・安全保障問題について議論する政府間フォーラム。ＡＳＥＡＮを中核に、現在、26か国＋ＥＵが参加している。
ＡＳＥＡＮ＋３ 1997年発足	1997年のアジア通貨危機に際し、ＡＳＥＡＮ首脳会議に日本・中国・韓国が招待されて始まった。これ以降、金融や食料安全保障などの分野で実務協力が進展している。
東アジア首脳会議（ＥＡＳ）2005年発足	ＡＳＥＡＮ＋３にオーストラリア・ニュージーランド・インドを加えたＡＳＥＡＮ＋６によってスタートした。2011年からアメリカとロシアが参加している。エネルギー・安全保障・金融・防災などでの協力を推進している。
地域的な包括的経済連携（ＲＣＥＰ）協定 2020年署名 2022年発効	ＡＳＥＡＮ＋３とオーストラリア・ニュージーランドによる広域経済連携（交渉に参加していたインドは離脱）。その規模は、人口・ＧＤＰ・輸出額ともに世界全体の約３割に上り、アメリカが離脱したＴＰＰを上回る巨大ＥＰＡとして注目されている。

解説　**つながるＡＳＥＡＮと世界**　ＡＳＥＡＮは1993年にＡＳＥＡＮ自由貿易地域（ＡＦＴＡ）を発足させるなど、東南アジア諸国間の結びつきを強めている。2015年には、ＡＦＴＡを発展させるかたちで域内の自由貿易化や市場統合などをめざす**ＡＳＥＡＮ経済共同体（ＡＥＣ）**が発足した。これにより、現在の加盟国の域内関税はほぼゼロとなっている。ただし、ＡＥＣは加盟国の国家主権を維持する形で協力を進めており、加盟国が国家主権の一部を委譲(いじょう)する形で統合を進めたＥＵのように政策の共通化を図(はか)るものではない。一方、ＡＳＥＡＮはＡＲＦを通じて欧米諸国との関係を深めている。

ＡＳＥＡＮ首脳会議（2017年，フィリピン）

③ＵＳＭＣＡ（アメリカ・メキシコ・カナダ協定）

ＮＡＦＴＡ発足後の輸出の増加率（総務省資料）

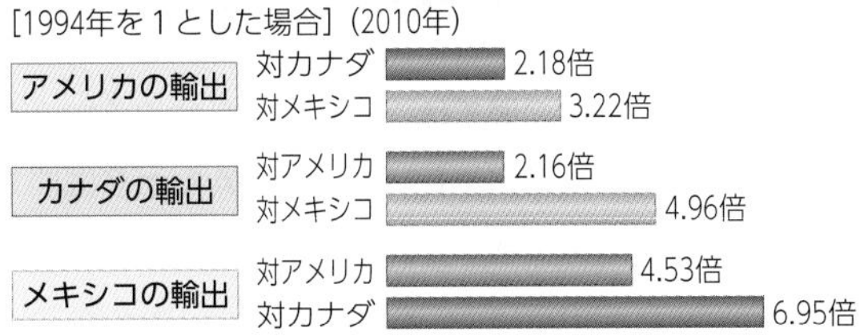

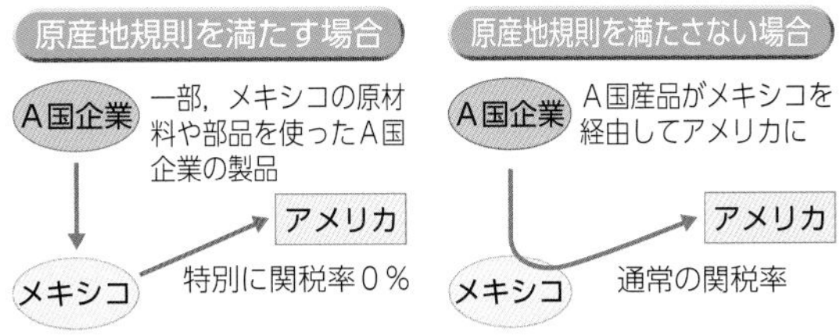

解説　**３か国間の経済連携協定**　ＮＡＦＴＡでは、域内貿易で関税ゼロの措置(そち)を受けるには、原材料や部品の一定割合以上が北米産でなければならないという**原産地規則（ローカル・コンテント）**が定められた。この原産地規則は、ＮＡＦＴＡに代わる新たな協定として2020年に発効した**「アメリカ・メキシコ・カナダ協定」**（ＵＳＭＣＡまたは新ＮＡＦＴＡといわれる）により強化され、域内原産割合が引き上げられた。そのため、メキシコの工場からアメリカに自動車を輸出している日本のメーカーが関税ゼロの適用を受けるには、アメリカまたはメキシコ産の部品の割合を増やさなければならない。

④ＡＰＥＣ（アジア太平洋経済協力）

GDPの割合（2021年）

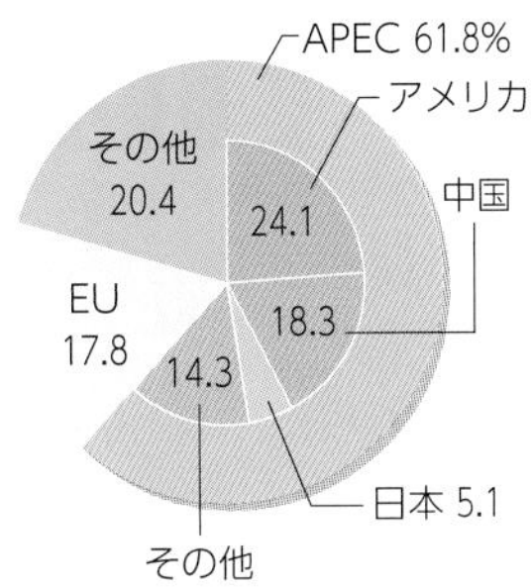

世界の輸出額の割合（2022年）

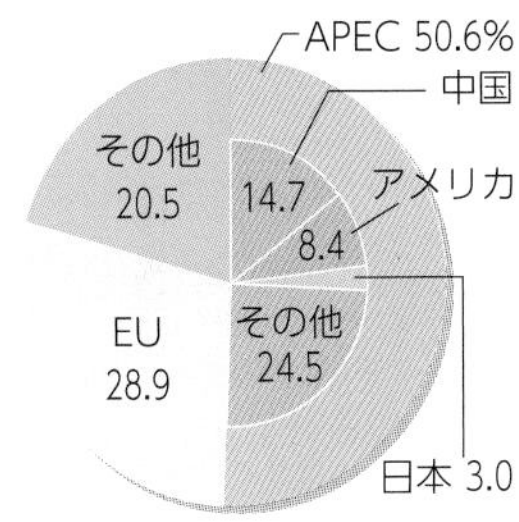

（JETRO資料ほか）

ＡＰＥＣの特徴

①協調的・自主的かつコンセンサスに基づく協力…加盟国に法的拘束(こうそく)力をもたない、緩(ゆる)やかな政府間協力の枠組みとして、各国の自発的な取り組みを重視すること。
②開かれた地域主義…ＡＰＥＣの活動によって得られた成果を域内だけでなく、域外の国とも共有しようとすること。
③ビジネス界とも緊密に連携

解説　**「開かれた地域主義」**　1989年に発足したＡＰＥＣの当時の参加国は12か国であったが、現在ではアジアや環太平洋地域の21か国・地域が参加し、人口や経済規模は地域協力の中で群(ぐん)を抜いている。1994年には**ボゴール宣言**を採択し、貿易・投資の自由化について、先進国は2010年まで、発展途上国は2020年までに達成するという目標を設(もう)けた。ＡＰＥＣ参加国内でＴＰＰ（環太平洋パートナーシップ）協定を締結する取り組みも行われた（➲p.354）。さらに、長期的にはアジア太平洋地域において、**アジア太平洋自由貿易圏（ＦＴＡＡＰ）**が構想されている。

国際経済

TOPIC トピック　ある研究機関がＡＳＥＡＮ諸国を対象に実施した調査によると、日本は「最も信頼できる強大国」「最も好きな旅行先」で１位に選ばれている。

用語解説　㉓ＡＳＥＡＮ，㉔ＵＳＭＣＡ，㉕ＡＰＥＣ

FILE 40
日本と地域貿易協定

出題

アメリカと中国の間では、貿易政策をめぐる対立が起きており、世界経済に影響を及ぼしている。その一方で、日本では、ＣＰＴＰＰやＥＵとのＥＰＡなど多国間での自由貿易協定を進め、自由貿易を推進する立場を明確にしている。人口減少社会を迎え、多様な課題を抱える日本の貿易政策は、今後どうあるべきだろうか。

日本のＥＰＡとＣＰＴＰＰなどの締結国（2023年７月現在）

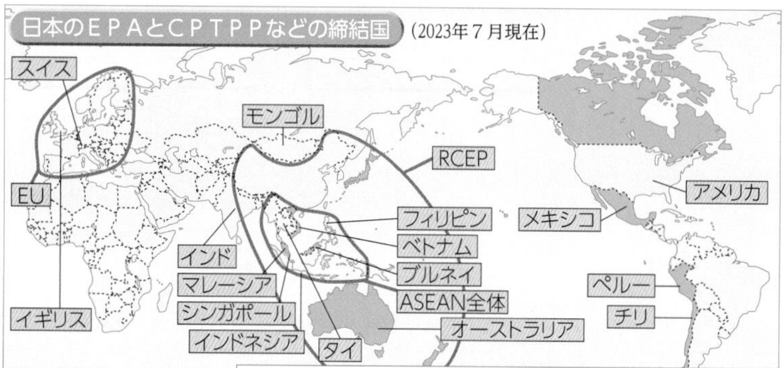

日本のEPA
- 発効済（20）
- CPTPP締結国（11）

※日本のEPA発効済（20）はCPTPPを含む。

CPTPP締結国	カナダ・メキシコ・ペルー・チリ・オーストラリア・ニュージーランド・ブルネイ・ベトナム・マレーシア・シンガポール・日本　※イギリスは2023年に署名。
RCEP締結国	ASEAN（ベトナム・カンボジア・ラオス・タイ・インドネシア・マレーシア・ブルネイ・ミャンマー・フィリピン・シンガポール）・日本・中国・韓国・オーストラリア・ニュージーランド

日本の貿易に占めるＥＰＡ締結国の割合

（2023年）　（外務省資料）

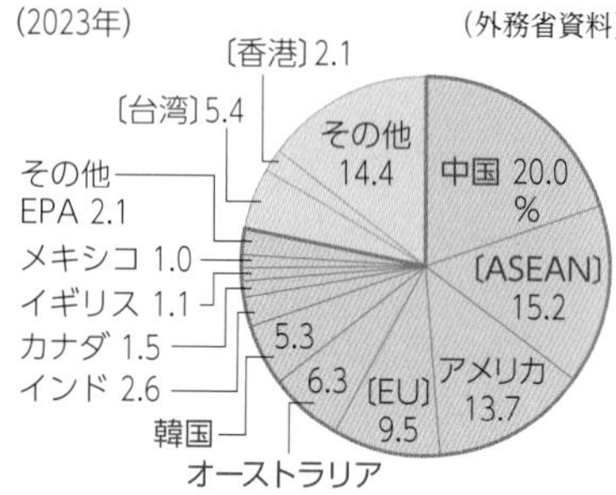

赤字はＲＣＥＰ参加国・地域を示す。

※EPA締結国にはCPTPP・RCEP協定・日米貿易協定の締結国を含めた。

発効済＋署名済：78.0％

（注）四捨五入の関係で合計は100％にならない

ＴＰＰ協定からＣＰＴＴＰへ

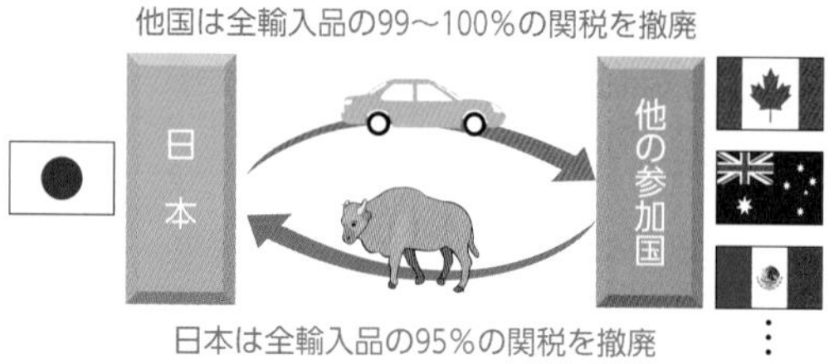

■日本の関税撤廃率（括弧内は即時撤廃率）
工業製品…100％（95.3％）　農林水産物…81％（51.3％）
■相手国の平均関税撤廃率（括弧内は即時撤廃率）
工業製品…99.9％（86.9％）　農林水産物…98.5％（84.5％）
※全品目のうち、関税を撤廃した品目の割合。

世界のＧＤＰに占める割合　**ＴＰＰ参加国のＧＤＰの割合**

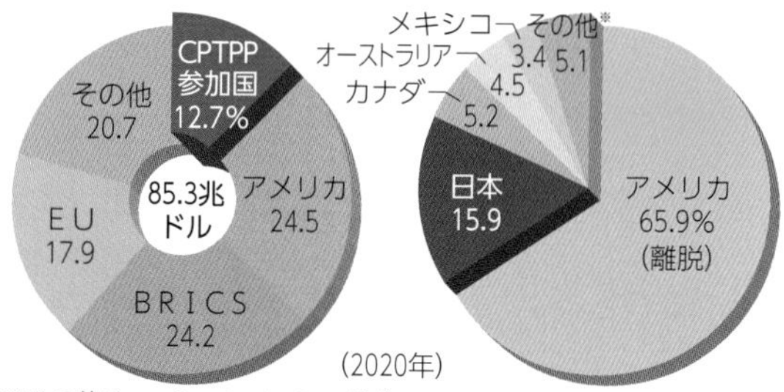

（2020年）

※その他は、マレーシア、シンガポール、チリ、ペルー、ニュージーランド、ベトナム、ブルネイ

ＴＰＰ（環太平洋パートナーシップ）協定は、自由化レベルが高い包括的な協定であり、貿易だけでなく、投資や知的財産、電子商取引、サービス、人の移動に関する新たなルールも採用されている。

ＴＰＰ協定のうち、関税の分野をみると、日本以外の参加国が日本製品にかけている関税は、段階的な撤廃を含めて全体の99～100％が撤廃される。

関税以外のおもな合意事項	
バイオ医薬品	新薬のデータ保護期間を実質８年間とし、その間の独占的な販売を認める →凍結
著作権	保護期間は作者の死後70年間とし、被害者の告訴がなくても取り締まりを可能に →凍結
その他	原産地規則、検疫、投資、金融、電子商取引、労働、政府による物品・サービスの購入や公共事業の契約、独占禁止や不公正な取引の排除など

※バイオ医薬品や著作権の保護などはアメリカの離脱によって凍結されたが、アメリカがTPPに復帰すれば凍結は解除される。ただし、著作権保護期間については、日本ではこれまで「作者の死後50年」としてきたが、合意通り「作者の死後70年」に延長した。

一方、日本は他の参加国からの輸入品のうち、95％の関税を撤廃することになった。この関税撤廃率は、国内の通商史上最高の水準に達する。ただし、これには例外もあり、日本は国内農家を保護するため、コメ、麦、牛肉・豚肉、乳製品、砂糖を「重要５項目」として、関税撤廃の例外とした。その結果、農林水産物の関税撤廃率は約80％（品目ベース）となった。

ＴＰＰ協定はもともとシンガポールなどの４か国で発効したＥＰＡであったが、アメリカやオーストラリアも交渉に加わり、2013年には日本も交渉に参加した。ＴＰＰ協定は2016年にアメリカを含む12か国で署名されたが、その後、自国第一主義を掲げるトランプ政権の誕生により、発行のめどが立たなくなった。そこで、アメリカを除く11か国での早期発効をめざして交渉が続けられ、2018年に**ＣＰＴＴＰ**（環太平洋パートナーシップに関する包括的および先進的な協定）が締結された。さらに、イギリスの加入が2023年に合意され、将来的には環太平洋地域を超えた貿易協定となる見通しとなった。

Zoom **メキシコとの貿易・投資の拡大**　2005年にメキシコとの間でのＥＰＡが発効して以来、日本からの輸出量は約1.6倍、輸入量は1.5倍に増え、ＮＡＦＴＡ（ＵＳＭＣＡ）を通じた北米市場への輸出を念頭に、メキシコへの自動車関連産業の投資も目立った。

自由貿易協定をめぐる二つの側面

日本は従来、ＷＴＯの枠組みを重視する立場から、ＦＴＡやＥＰＡの締結に消極的であった。しかし、2002年にシンガポールと締結して以降、日本は積極的に地域貿易協定の締結に取り組んでいる。

地域貿易協定のメリットの一つは、企業の視点からは相手国への企業進出が容易になり、関税が引き下げられることで企業活動を成長させることができることである。また、消費者の視点からは輸入品が安くなり、商品を購入する際の選択肢が広がる。他方、自由貿易協定は、ときに国内産業に深刻な影響を及ぼす。日本の農業は価格競争力が低いため、農産物の輸入が増加する結果、国内の農業は価格の面で太刀打ちできず、衰退することが予想される。そのため、どのように日本の農林水産業を守るかが課題となる。

ＦＴＡ・ＥＰＡ賛成派・反対派のおもな理由

賛成	○関税の撤廃により、日本製品の輸出能力は強化され、日本の製造業の活性化にもつながる。 ○地域貿易協定に後れをとっている状態では、企業にとっては海外企業との競争に負けてしまう。 ○相手国で知的財産権の保護が強化され、日本の技術やブランドが守られるようになる。
反対	○農業の衰退、食料自給率の低下につながり、農業従事者の失業を生み出すのではないか。 ○食品の残留農薬の基準値が緩められるおそれがあり、食の安全に不安が出るのではないか。 ○医療保険分野が自由化されることで、市場原理が導入され、国民皆保険が維持できなくなるのではないか。 ○国内に外国人の単純労働者が増えるのではないか。

ＲＣＥＰ（地域的な包括的経済連携）協定

ＲＣＥＰ協定発効による関税の変化

輸入	コメ、麦、砂糖、牛肉・豚肉、乳製品、鶏肉、鶏肉調整品	関税撤廃・削減の対象からすべて除外
輸入	マッコリ、紹興酒、マツタケ	段階的に撤廃
輸入	対中国：冷凍枝豆、冷凍タコ、冷凍アサリ、乾燥野菜	
輸出	対中国：日本酒、パックごはん、ほたて貝、電気自動車用リチウムイオン電池の一部	段階的に撤廃
輸出	対韓国：キャンディ、チョコレート、自動車のシートベルト	
輸出	対インドネシア：牛肉、しょうゆ	

（日本農業新聞資料などを参照）

世界に占めるＲＣＥＰの規模　（2019年）　（外務省資料）

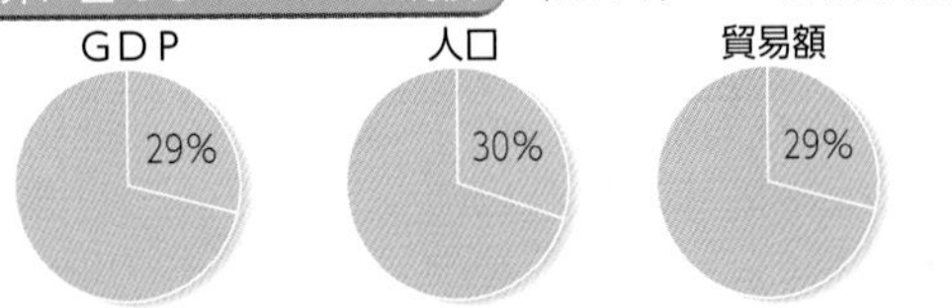

2022年、ＲＣＥＰ協定が発効した。当初参加していたインドが離脱したことでその規模は縮小したが、世界の人口とＧＤＰの約３割を占める巨大な自由貿易協定が誕生した。ＲＣＥＰの枠組みの中で、日本は自動車部品などの輸出の拡大が期待されている。一方で、ＣＰＴＰＰほどの関税撤廃は実現せず、すべての品目に占める関税撤廃率は比較的低い。

日本とＥＵ（欧州連合）とのＥＰＡ

ＥＰＡ発効による関税の変化

	品目	ＥＰＡ締結前の関税	合意内容
ＥＵ→日本	ワイン	５％または125円/ℓ	即時撤廃
ＥＵ→日本	パスタ	30円/kg	10年かけて撤廃
ＥＵ→日本	チョコレート	10%	
ＥＵ→日本	ナチュラルチーズ	原則29.8%	一定数量の低関税輸入枠を設定。枠内は16年目に無関税
ＥＵ→日本	革製品	最高30%	11年目または16年目に撤廃
日本→ＥＵ	自動車	10%	８年目に撤廃
日本→ＥＵ	自動車部品	３～4.5%	９割超の品目で即時撤廃
日本→ＥＵ	電気製品	最高14%	多くの品目で即時撤廃
日本→ＥＵ	しょうゆ	7.7%	即時撤廃

2019年、日本とＥＵとの間でＥＰＡが発効した。日本の対ＥＵの貿易額は中国、アメリカに次ぐ第３位であり、日本にとってはＣＰＴＰＰに次ぐ多国間での自由貿易協定となった。関税の撤廃によって、自動車産業の市場拡大が見込まれるとともに、投資の拡大も期待される。他方で、打撃を受けることが懸念されるのが農林水産業である。特に、畜産業界において、チーズは乳製品の輸入量のうち約７割を占め、そのうちＥＵからの輸入が約３割を占める。酪農家の数が減少する中で、酪農業の衰退に拍車をかけるおそれもある。

日米貿易協定

TPPの日米合意から変化した内容　（朝日新聞社資料を参照）

	品目	ＴＰＰ交渉時の合意内容	日米貿易協定での合意内容
アメリカ→日本	牛肉	38.5％を16年目に９％に	合意水準を維持。ただちにＴＰＰ加盟国の税率に引き下げ
アメリカ→日本	豚肉（高価格帯）	4.3％を10年目に撤廃	
アメリカ→日本	バター・脱脂粉乳	ＴＰＰ加盟国向けの低関税枠を設置	アメリカに対する低関税枠の設置は見送り
日本→アメリカ	自動車	2.5％を25年目に撤廃	協議継続
日本→アメリカ	自動車部品	８割以上の品目（おもに2.5％）で即時撤廃	
日本→アメリカ	牛肉	26.4％を15年目に撤廃	不特定の国を対象とする低関税枠を利用可能に

アメリカのＴＰＰ離脱後、日米貿易協定が2020年に発効した。日本は牛肉など農産物の市場をＴＰＰの水準内で開放する代わりに、アメリカに幅広い工業品の関税の撤廃・削減を求めた。日米貿易協定による関税撤廃率（金額ベース）は日本で84%、アメリカで92%となった。また、両国の間では、電子商取引のルールを定めたデジタル貿易協定も結ばれ、貿易やデジタル取引の自由化が進められることとなった。しかし、交渉の結果、ＴＰＰで合意していたアメリカの乗用車やトラックの関税撤廃は見送りとなった。

TOPIC トピック　北海道庁の試算によると、日本とＥＵとのＥＰＡによる国内農畜産物への影響は、最大で約700億円の生産減少と予測され、そのうち北海道が約半分を占めるとされている。

用語解説　326 ＴＰＰ

6 南北問題と政府開発援助

要点の整理

＊1～13 FILE は資料番号を示す

Ⅰ 南北問題

❶**南北問題の背景**……欧米諸国の植民地支配 ⟶ 独立後も**モノカルチャー経済**2に依存

❷**南北問題の現状**1……グローバル化に伴い、南北格差はますます拡大している4

- **南南問題**……発展途上国の中で、経済的発展を遂げた**新興国**や産油国と、**後発発展途上国**（ＬＤＣ）との格差が拡大
- 発展途上国では人口爆発や食料問題3のほか、**累積債務問題**5、サハラ以南のアフリカではＨＩＶ感染が深刻化

Ⅱ 新興国の台頭

❶**新興国**……かつてはＮＩＥｓ（**新興工業経済地域**）が代表格であったが、2000年代にはＢＲＩＣＳの経済発展が著しい

❷**ＢＲＩＣＳの経済発展**……ブラジル・ロシア・インド・中国・南アフリカ67

⟷ 一方で、国内では財政赤字やインフレ、経済格差、環境汚染など、さまざまな問題を抱えている

Ⅲ 南北問題への取り組み

❶**国際機関における取り組み**

1960年：ＯＰＥＣ（**石油輸出国機構**）結成 ⟶ **資源ナショナリズム**の台頭 ⟶ 1962年：「**天然資源に対する恒久主権**」宣言8

1964年：ＵＮＣＴＡＤ（**国連貿易開発会議**）⟶ ①ＧＮＰ１％援助、②一般特恵関税、③一次産品の価格安定を要求

1974年：**新国際経済秩序**（ＮＩＥＯ）樹立宣言8

❷**企業や消費者の取り組み**1011

①**フェアトレード**……公正な貿易のしくみ　②**マイクロクレジット**……貧困層に対する低利子での少額の融資

Ⅳ 経済協力とＯＤＡ

❶**ＯＤＡ（政府開発援助）**……援助の拡大と効率化のため、**ＯＥＣＤ（経済協力開発機構）**に**ＤＡＣ（開発援助委員会）**を設置12

❷**日本のＯＤＡの特徴**13……①対象国はアジア重視、②経済インフラへの援助が中心、③円借款が多い

- 2015年：**開発協力大綱** ⟶ 日本のＯＤＡの基本方針を明記
- 発展途上国の「自立」を促しながら、経済発展をめざすような援助が必要FILE

Ⅰ 南北問題

1 各国のＧＤＰ

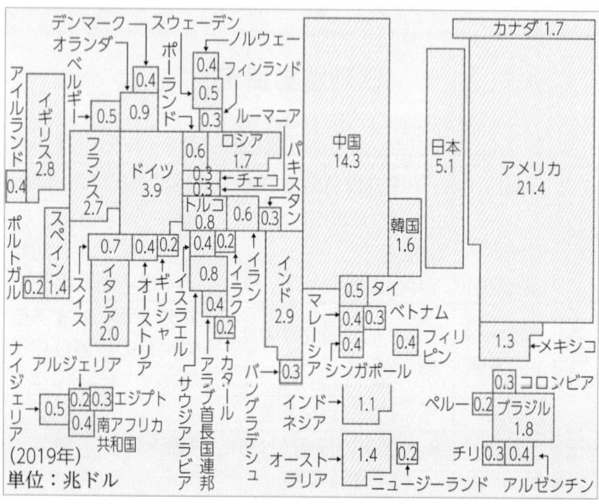

（『世界の統計』2022年版）

＊ＤＡＣ（開発援助委員会）の定義によれば、発展途上国は１人当たりＧＮＩが12,745ドル以下の国、後発発展途上国は直近３年間の１人当たりＧＮＩが1,025ドル以下などの基準を満たした国をさす（2017年現在の基準）。

解説 **先進国と発展途上国**　先進国はおもに北半球に、発展途上国はおもに南半球に位置している。先進国と発展途上国との経済格差をめぐる諸問題を**南北問題**という。世界人口の約５分の４は発展途上国に住んでいるが、世界のＧＤＰの約８割は上位20か国で占めている。一方、発展途上国間でも、資源をもつ国や新興国と、**後発発展途上国**（ＬＤＣ）との格差が拡大する**南南問題**が発生している。

2 モノカルチャー経済

? モノカルチャー経済にはどのような問題点があるのか

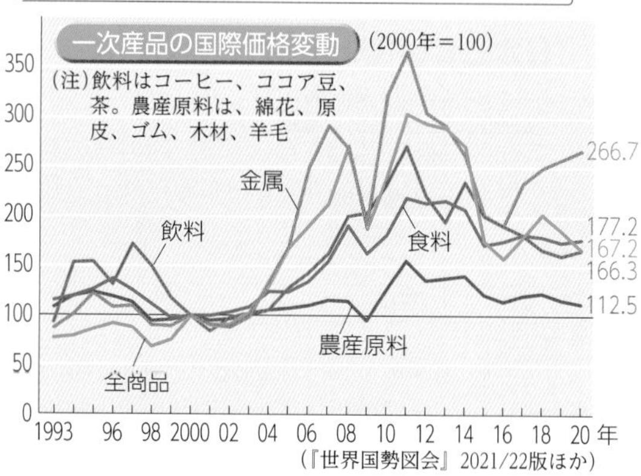

（『世界国勢図会』2021/22版ほか）

交易条件

輸出財の価格と輸入財の価格の比率であり、「交易条件＝輸出価格指数÷輸入価格指数」となる。この数値が大きくなることを「交易条件が改善する」といい、１単位当たりの輸出で得た代金で、より多くの輸入ができるようになる。

解説 **価格が不安定な一次産品**　発展途上国の多くは、植民地時代の影響から、**一次産品**（農業・漁業・鉱業・林業の生産物で、未加工のもの）の輸出に依存しており、こうした経済構造は**モノカルチャー経済**と呼ばれる。一次産品は価格の変動が激しく、天候にも左右されやすいため、発展途上国の安定的な発展を妨げる要因の一つである。また、一次産品の価格下落は、発展途上国の**交易条件**の悪化につながり、貿易を通じた自立を妨げることにもなる。

Zoom **国連の人口予測**　アジアは21世紀後半に人口増加が頭打ちとなり、アフリカは伸び続ける。また、2050年までの世界人口増加の半分以上は、インド、ナイジェリア、パキスタン、コンゴ民主共和国、エチオピアなどの９か国に集中すると予想されている。

3 食料問題と南北格差

?飢餓人口はどのような地域に集中しているのか

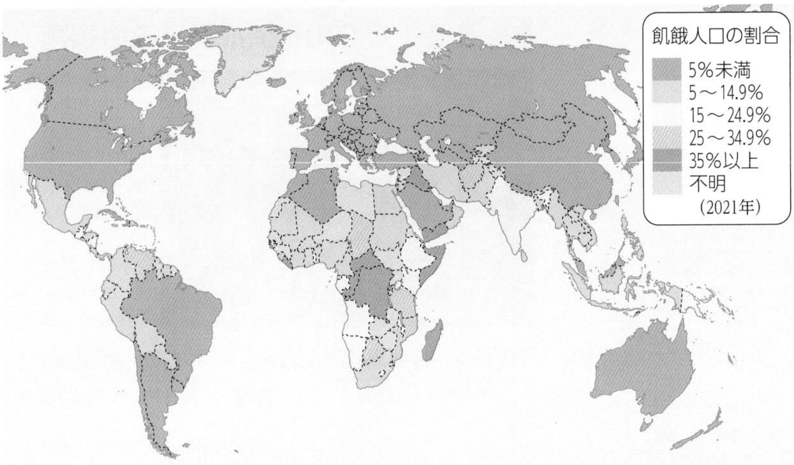

(国連世界食糧計画資料)

解説 **飢餓と飽食** 世界では、飢餓の地域と飽食の地域が混在している。飢餓の背景としては、貧困により食料を購入できないこと、紛争による土地の荒廃、人口増加による1人当たりの耕地面積の縮小、干ばつなどの天候不順があげられる。このような飢餓と貧困をなくすために、国連では1961年に**WFP(世界食糧計画)**が設立され、飢えに苦しむ地域の農村に食料を配給したり、学校に給食を提供したりするなどの活動を行っている。

4 世界の富の偏在と格差の拡大

?富の偏在は何が原因なのか

「シャンパングラス」 (国連資料)

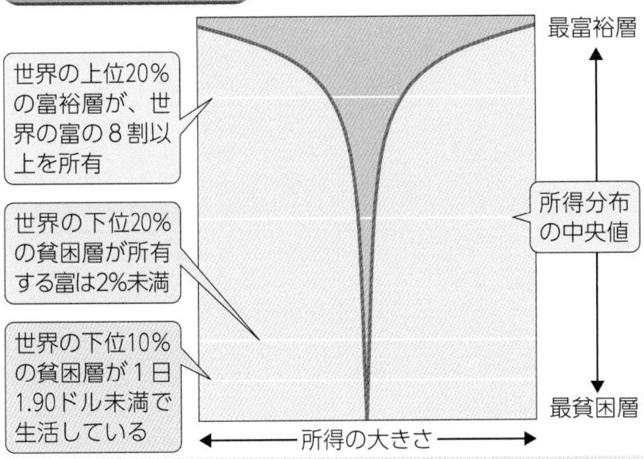

上のグラフの横軸は所得の大きさを示し、縦軸は世界の貧困層から富裕層までを並べたときの所得分布を示している。この図は世界の富の偏在を示しており、その形から「シャンパングラス」といわれる。

「エレファントカーブ」 (総務省資料)

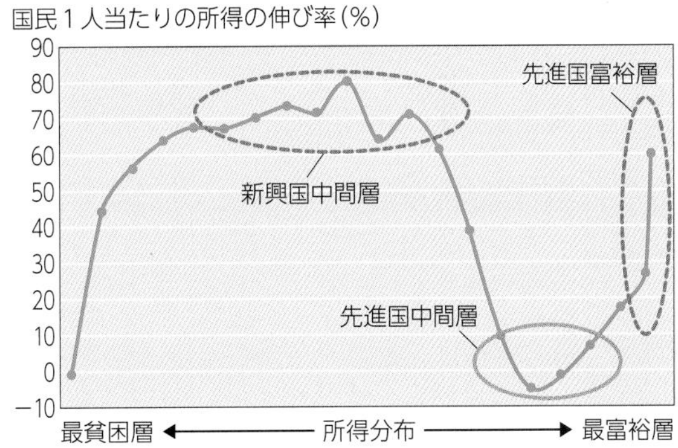

上のグラフの横軸は世界の貧困層から富裕層までを並べたときの所得分布を示し、縦軸は1988年から2008年までの所得の伸び率を示している。この格差拡大を示した図は、その形が象の形にみえるため、「エレファントカーブ」といわれる。

解説 **2つのグラフの意味** 「シャンパングラス」は国連の『人間開発報告書』などで発表された。国連によれば、世界の上位20%の富裕層が世界の富の8割以上を占める一方、下位20%の最貧困層は世界の富の2%未満にとどまっており、世界的な富の偏在がみられる。また、「エレファントカーブ」の図をみると、おもに先進国の富裕層と新興国の中間層の所得は伸びたが、その他の人々の所得は伸びていない。このように、先進国内および、発展途上国内(新興国と後発発展途上国)では格差が拡大していることがわかる。

5 累積債務問題

出題

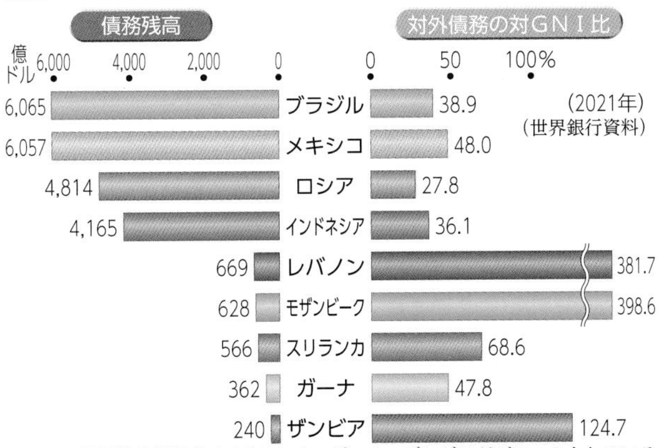

※2023年8月時点でスリランカ、ガーナ、ザンビアがデフォルトしている

解説 **深刻化する累積債務問題** 1970年代、ブラジルやメキシコなどの中所得国は外国から資金を大量に借り入れ、インフラストラクチャー(社会資本)の整備や工業化を行った。しかし、1980年代には一次産品の価格下落や、金利上昇などで債務危機に陥り、国際的な金融不安をまねいた。債務を返済できなくなった場合、**リスケジューリング**(返済の猶予)や、**デフォルト**(債務不履行)を宣言することもある。2002年にはアルゼンチンがデフォルトを宣言した。一方で、債務総額の対GNI比が高い後発発展途上国(**重債務貧困国:HIPC**)の問題も深刻である。重債務貧困国はアフリカに多く、過大な債務の返済が負担となり、これが貧困から抜け出せない原因の1つとなっている。

TOPIC トピック アメリカでは上位1%の富裕層が占める富は全体の2割を超えるのに対し、下位50%が占める富は全体の10%程度となっているといわれる。

用語解説 327南北問題, 328南南問題, 329累積債務問題

Ⅱ 新興国の台頭

6 ＮＩＥｓとＢＲＩＣＳ

？ＢＲＩＣＳにはどのような特徴がみられるのか

■アジアＮＩＥｓ(1970年代以降)

東・東南アジア諸国の輸出額 (2022年)

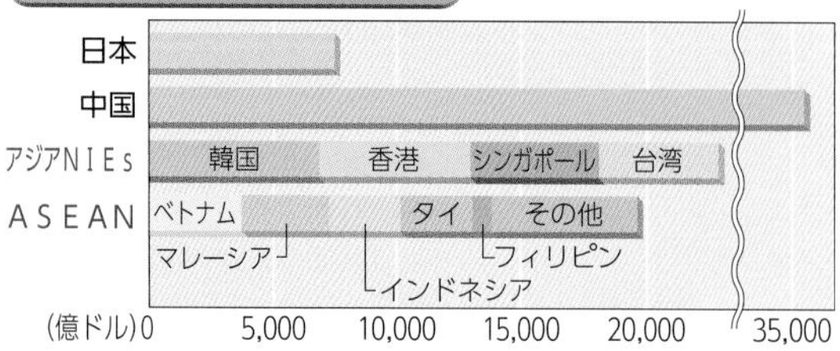

ＮＩＥｓ…発展途上国のうち、1970年代の石油危機後も高い経済成長率を維持した国と地域(新興工業経済地域)。韓国・台湾・香港(ホンコン)・シンガポールはアジアＮＩＥｓといわれる。

■ＢＲＩＣＳ(2000年代以降) 出題

世界に占めるＢＲＩＣＳの割合 (世界銀行資料ほか)

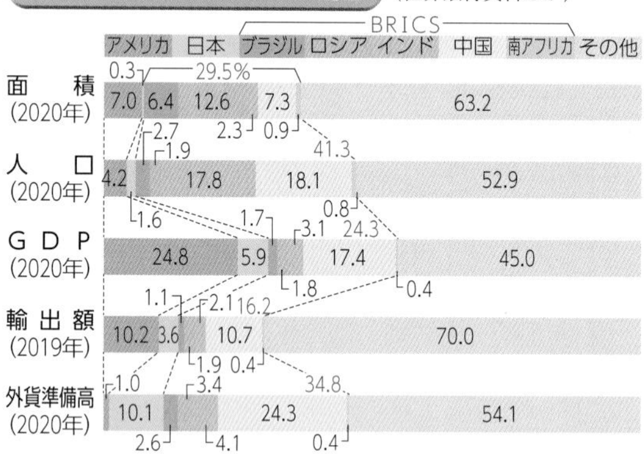

解説 **注目されるＢＲＩＣＳ**　かつての新興国の代表格であった**アジアＮＩＥｓ**(ニーズ)は、先進国並みの経済水準を達成した。現在、これらに代わって特に経済発展が期待されているブラジル、ロシア、インド、中国、南アフリカは、その頭文字をとって「ＢＲＩＣＳ(ブリックス)」と呼ばれる。ＢＲＩＣＳの特徴は、①広大な国土面積、②豊富な天然資源、③膨大(ぼうだい)な人口を有していることである。新興国市場は**エマージング・マーケット**と呼ばれ、将来性のある投資先として注目を集めている。

7 ＢＲＩＣＳの経済成長とその課題

ドイツの家電見本市に出店したレノボ(2013年)　中国のパソコンメーカー「レノボ」(聯想集団)は、アメリカＩＢＭ社のパソコン事業などを買収し、世界有数の多国籍企業となった。

	特　徴	課　題
ブラジル	面積：851.0万km² 人口：21,531.3万人 ＧＤＰ：16,089.8億ドル [１人当たり：0.8万ドル]	**特徴**：鉱物資源や農産品が豊富である。 **課題**：所得格差が大きい国の一つであり、インフレ率も高い。
ロシア	面積：1,709.8万km² 人口：14,471.3万人 ＧＤＰ：17,787.8億ドル [１人当たり：1.2万ドル]	**特徴**：石油や天然ガスなどのエネルギー資源が豊富である。 **課題**：ウクライナ侵攻に対する経済制裁の影響や物価の急騰。
インド	面積：328.7万km² 人口：141,717.3万人 ＧＤＰ：32,014.7億ドル [１人当たり：0.2万ドル]	**特徴**：人口増加率が高い。成長の背景にはＩＴ産業がある。 **課題**：貧困層が多く、カーストによる差別も根強く残る。
中国	面積：960.0万km² 人口：142,588.7万人 ＧＤＰ：177,341.3億ドル [１人当たり：1.2万ドル]	**特徴**：豊富な人口を抱え、巨大な市場を有し、投資も拡大。 **課題**：少子化が進む。アメリカなどとの摩擦も懸念される。
南アフリカ	面積：122.1万km² 人口：5,989.4万人 ＧＤＰ：4,190.2億ドル [１人当たり：0.7万ドル]	**特徴**：主要産業は鉱業であるが、第３次産業の割合も高い。 **課題**：格差の拡大や高い失業率、高い犯罪率。

※人口は2022年、その他は2021年の数値(『世界国勢図会』2023/24年版)
2023年の人口推計では、インドが中国を上回る見通し。

解説 **経済発展の影で**　先進国の経済発展が頭打ちとなってくる中で、ＢＲＩＣＳの存在が大きくなってきた。一方、国内の経済格差など、共通する課題も多い。また、これらの国は経済成長とともに、エネルギーや食料に対する需要を高めており、世界的な資源の争奪戦を引き起こす可能性がある。このほか、民族・宗教間の対立、国民の権利保護が不十分であるなど、経済以外にも多様な問題を抱(かか)えている。

ISSUE

経済を発展させるための工業化のあり方

？発展途上国が経済を発展させるためには、どのように工業化を進めればよいのか

輸入代替工業化政策		輸出志向工業化政策
輸入品に代わって、自国資本によって国内向けに工業製品を製造・供給する政策。	概要	外国資本を積極的に受け入れて、国内で製造した工業製品を世界に輸出する政策。
•国内の幼稚産業を保護するため、保護貿易政策がとられる。しかし、国内企業が外国企業との競争にさらされないため、効率化や技術の向上が遅れ、輸出力も高まらない。 •国内の人口が限られており、また、国民の所得が低い段階では、国内での消費が伸びない。	特徴	•国内企業はグローバルな市場における競争にさらされるため、効率化や技術の向上が進むとともに、狭い国内市場の制約から解放されて、輸出による規模の経済を追求することができる。 •外国から部品などの中間財を輸入し、自国で組み立てた最終製品(完成品)を輸出する場合もある。
経済成長は長続きせず、工業化のために外国から借り入れた多額の債務の返済が困難になる累積債務問題に直面する国もある。	結果	輸出の拡大とともに経済成長が促進されれば、国民の所得が高まり、国内での消費も拡大する。

工業化による経済発展の方法として、かつては、多くの発展途上国で**輸入代替工業化政策**が採用された。しかし、この政策は結果として累積債務問題を引き起こし、経済成長は長続きしなかった。この政策に代わって、**輸出志向工業化政策**を採用する国では、輸出の増加によって経済発展を維持している国が多い。アジアＮＩＥｓやＢＲＩＣＳなどの新興国と呼ばれる国ではこの政策が採用されてきた。

Zoom **ＢＲＩＣＳ首脳会議**　ＢＲＩＣＳは2009年から首脳会議を開催している(南アフリカは2011年から参加)。2023年のＢＲＩＣＳ首脳会議では参加国の拡大が決定し、2024年からエジプト、イラン、エチオピア、サウジアラビア、アラブ首長国連邦が加入する予定。

Ⅲ 南北問題への取り組み

8 資源ナショナリズム 頻出

? 資源ナショナリズムの動きの背景には何があるのか

1960年　ＯＰＥＣ（石油輸出国機構）発足

メジャー（国際石油資本）が産油国の了承なしに原油価格を引き下げた。原油価格の引き下げは、メジャーから産油国に支払われる利権料や所得税の減少につながる。これに対してイラン、イラク、クウェート、サウジアラビア、ベネズエラの産油国が反発し、ＯＰＥＣを結成した。現在の加盟国は13か国。

1962年　「天然資源に対する恒久主権」宣言

植民地が独立した後、発展途上国は相次いで国連に加盟し、国連総会における発言力を高めた。その成果の１つとして、「**天然資源に対する恒久主権**」宣言が出された。

1968年　ＯＡＰＥＣ（アラブ石油輸出国機構）発足

第３次中東戦争でＯＰＥＣが反イスラエルに結集しなかったことから、反イスラエルのサウジアラビア、クウェート、リビアの３か国が1968年に結成した。基本的にはＯＰＥＣを補完する立場をとる。現在の加盟国は10か国。

1974年　ＮＩＥＯ（新国際経済秩序）樹立宣言

1970年代前半の資源ナショナリズムの高まりを背景に、国連第６回特別総会（国連資源特別総会）で**ＮＩＥＯ**(New International Economic Order)樹立が宣言され、天然資源の恒久主権の確立や一次産品の価格安定化などにより、先進国に有利な国際経済秩序を変革しようとした。

解説 **資源をめぐる争奪戦**　中東の原油生産は、第二次世界大戦後も欧米の石油企業群であるメジャーによって行われていた。こうしたメジャーの利権に反旗を翻したのがＯＰＥＣやＯＡＰＥＣであり、第４次中東戦争に際して原油価格の値上げと生産削減を行い、第１次石油危機を起こした。自国の資源は自国が利用する権利があるという**資源ナショナリズム**の動きは、その後、銅などさまざまな分野に拡大した。

9 UNCTAD 頻出

目的	発展途上国の貿易、投資、開発の機会を最大化し、南北問題を解決すること
参加国	195か国（国連加盟国＋バチカン・パレスチナ）が加盟（2021年４月現在）。日本は設立時より加盟
組織	①**総会**…ほぼ４年に１回開催（このほかに貿易開発理事会が毎年１回開催）。2021年までに15回開催 ②**本部所在地**…ジュネーブ（スイス）
これまでのおもな活動内容	**【第１回総会**（1964年）**】開催地**：ジュネーブ 初代事務局長プレビッシュが報告書を提出し、ＧＡＴＴによる自由貿易体制への不満を表明した。この**プレビッシュ報告**に基づき、貿易や援助に関する目標が設定された。
	【第２回総会（1968年）**】開催地**：ニューデリー 以下の目標を決議 ①**発展途上国の製品に対する一般特恵関税の設定** ②**一次産品のための価格安定** ③**先進国のＧＮＰの１％を援助目標とする**
	【第３回総会（1972年）**】開催地**：サンティアゴ 先進国の**ＧＮＰ**（現在は**ＧＮＩ**）の0.7%を**ＯＤＡ**にあてるという目標が決議され、今日に至るまで国際的な目標となる

解説 **"援助よりも貿易を"**　発展途上国の経済開発を促進することによって南北問題を解決するために、国連総会の常設機関として**ＵＮＣＴＡＤ（国連貿易開発会議）**が設立された。第１回総会では、初代事務局長のプレビッシュがプレビッシュ報告を発表し、"援助よりも貿易を"を掲げた。これまで発展途上国の開発に取り組んでいる。

10 フェアトレード 頻出

フェアトレードのしくみ

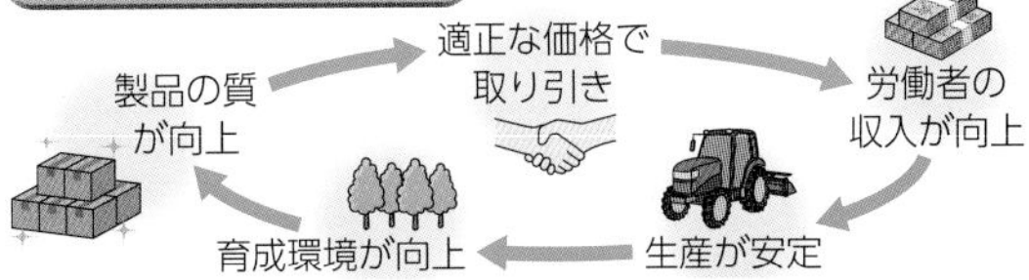

©フェアトレード・ラベル・ジャパン

⬆さまざまなフェアトレード商品

解説 **公正な貿易のあり方**　**フェアトレード**（公正な貿易）は、発展途上国で生産された原材料や製品を適正な価格で購入することで、発展途上国の生産者や、労働者の生活改善と自立をめざす運動のことをいう。フェアトレードは1960年代に欧米で始まった。その背景には、発展途上国の生産者が不当に安い価格で商品を買い叩かれ、その代償を得るために児童労働が行われたり、大量の農薬によって環境が破壊されていたりすることがある。

11 マイクロクレジットのしくみ

? マイクロクレジットはなぜ借り手の自立を促すといえるのか

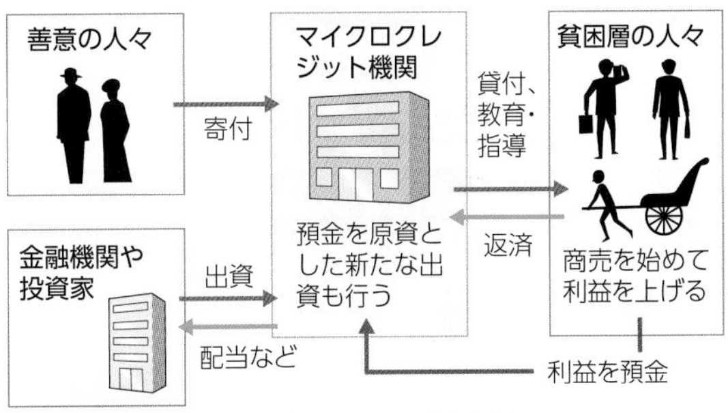

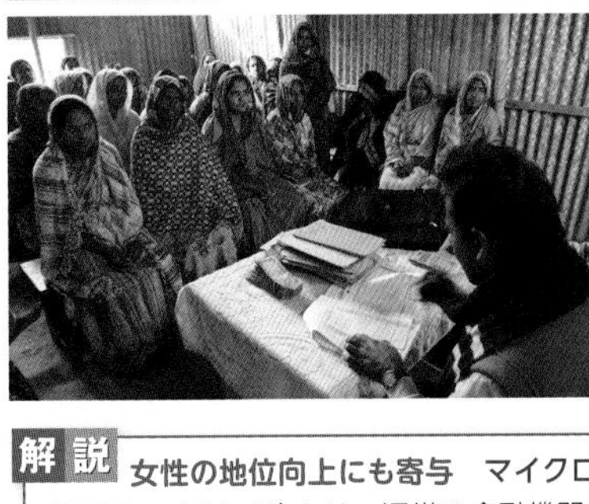

⬅**マイクロクレジットの融資を受ける女性**（バングラデシュ）　マイクロクレジットの融資対象は女性も多く、女性の地位向上にもつながっている。

解説 **女性の地位向上にも寄与**　**マイクロクレジット（マイクロファイナンス）**とは、通常の金融機関からは融資を受けにくい貧困層の人々を対象として、自活するための資金を無担保で少額融資することである。この起源はバングラデシュのグラミン銀行とされており、同銀行と創業者のムハマド゠ユヌス氏は、2006年にノーベル平和賞を受賞している。マイクロクレジットは、貧困撲滅だけでなく、住環境の改善、教育環境の整備など、目的は多方面にわたる。

TOPIC トピック　発展途上国の労働者は先進国向け製品を劣悪な環境で製造している。バングラデシュでは2013年にアパレルブランドの下請け工場で崩落事故があり、多くの犠牲者が出た。

用語解説　㉚ＢＲＩＣＳ，㉛ＮＩＥｓ，㉜資源ナショナリズム，㉝ＮＩＥＯ，㉞ＵＮＣＴＡＤ

Ⅳ 経済協力とODA

12 OECD(経済協力開発機構)

OECD(経済協力開発機構)	
1948年にマーシャル・プランの受け皿として欧州経済協力機構(OEEC)が発足。その後、先進国間の経済協力機構として、1961年にOECDに改組。事務局はフランスのパリにある。	
目的	①経済成長の維持　②発展途上国の援助 ③多角的な自由貿易の拡大
加盟国	■1961年設立時の原加盟国 オーストリア、ベルギー、カナダ、デンマーク、フランス、ドイツ、ギリシャ、アイスランド、アイルランド、イタリア、ルクセンブルク、オランダ、ノルウェー、ポルトガル、スペイン、スウェーデン、スイス、トルコ、イギリス、アメリカ ■その後の加盟国 日本(1964年)、フィンランド(1969年)、オーストラリア(1971年)、ニュージーランド(1973年)、メキシコ(1994年)、チェコ(1995年)、ハンガリー(1996年)、ポーランド・韓国(1996年)、スロバキア(2000年)、チリ・スロベニア・イスラエル・エストニア(2010年)、ラトビア(2016年)、リトアニア(2018年)、コロンビア(2020年)、コスタリカ(2021年)
組織	閣僚理事会のほか、下部組織として、DAC(開発援助委員会)など、30の委員会を置いている。

解説 **「先進国クラブ」** OECD(経済協力開発機構)は、長らく「先進国クラブ」と呼ばれてきた。加盟国の人口は世界の約2割にすぎないが、GNIは約7割にのぼり、海外援助のほとんどをOECD加盟国が行っている。近年、OECDは新興国も加盟するようになっている。

COLUMN 海外協力隊の活動

写真提供：久野真一/JICA

⬆現地の小学校で授業を行うJICA海外協力隊(タンザニア)

JICA海外協力隊は、発展途上国に対する日本の国際協力において、JICAが行う国民参加型のボランティア事業である。その活動の目的は、発展途上国の経済・社会の発展と復興への寄与、異文化社会における相互理解の深化と共生、ボランティア経験の社会還元の3つである。候補生として約3か月間の訓練の後、原則として2年間派遣されるが、短期でのボランティア活動もある。また、海外協力隊のうち、45歳以下を対象にしたものを青年海外協力隊といい、一定以上の経験や技能が求められる案件を対象にしたものはシニア海外協力隊という。

13 ODA(政府開発援助)

? 日本のODAの成果と課題にはどのようなことがあるのか

①ODA 出題

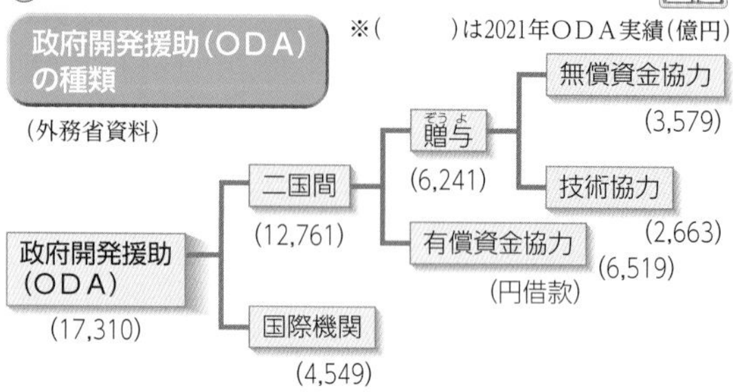

解説 **ODAとその推移** ODA(政府開発援助)とは、政府による途上国支援であり、日本ではJICA(国際協力機構)が実施している。ODAには、発展途上国を直接支援する二国間援助と、国際機関を通じて行う多国間援助がある。二国間援助には、返済義務を課さない**贈与**のほか、低金利で長期間貸し付ける**有償資金協力(借款)**があるが、返済条件が緩やかでなければODAとして認められない。また、ODAの充実のため、OECDの下部組織として**DAC(開発援助委員会)**が設置されている。

②日本のODAの目的と基本方針

ODA大綱(1992年閣議決定、2003年改定)	
目的	国際社会の平和と発展に貢献することを通じて、日本の安全と繁栄を確保すること
援助実施の原則	①環境と開発の両立 ②軍事目的や国際紛争を助長するような援助の回避 ③援助対象国の軍事支出や武器の輸出入に注意を払う ④援助対象国の民主化の促進、市場経済の導入、基本的人権の保障に注意を払う

⇩

ODA大綱の見直し、名称変更

背景：発展途上国の国内格差、持続可能性、法の支配などの課題
民間部門やNGO、PKOなどとの連携の必要性など

開発協力大綱(2015年閣議決定、2023年改定)	
目的	•国際社会の平和と安定、繁栄により積極的に貢献 •日本の平和と安全の維持など、国益の確保に貢献 •ODAは開発のためのさまざまな活動の中核
基本方針	①新たな時代の「人間の安全保障」 ②発展途上国との共創(社会的価値の創出と日本への還流) ③開発協力の国際的ルールの普及・実践
重点政策	①気候変動・保健・人道危機のほか、デジタルや食料・エネルギーなどの経済強靭化にも対処 ②法の支配に基づく自由で開かれた国際秩序の維持・強化 ➡「自由で開かれたインド太平洋」(➲p.319)実現のための取り組み推進を明記

解説 **ODA大綱から開発協力大綱へ** 日本が行う援助の基本方針や原則などを明記した**ODA大綱**が2015年に見直され、名称も**開発協力大綱**に変更された。開発協力大綱では、これまで認められてこなかった他国軍への支援が、災害時の支援など非軍事分野であれば認められることになったが、軍事分野に転用されるおそれがあるとして批判する声もある。2023年には、経済安全保障に対応した援助を行うことを目的として、開発協力大綱が改定された。

Zoom **国益とODA** 2015年の開発協力大綱では「国益」ということばが用いられた。ODAを通じて国益の確保に貢献するという内容が初めて盛り込まれたが、国益ばかり追求するようでは本来のODAの趣旨から逸脱ことになりかねない。

③日本のＯＤＡの推移と条件比較

主要国のＯＤＡ実績の推移

（外務省資料）

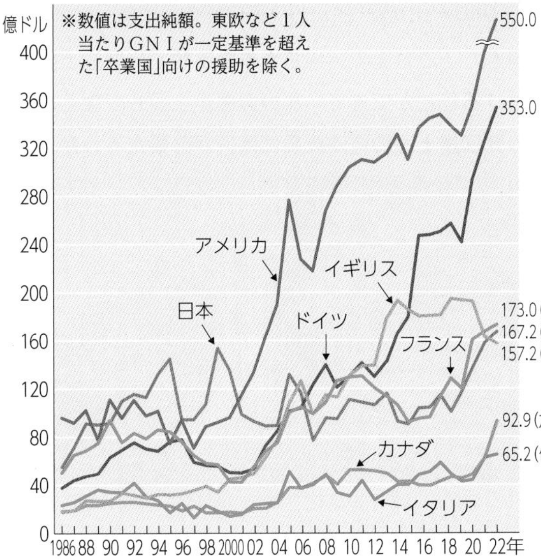

ＯＤＡの条件比較

（外務省資料）

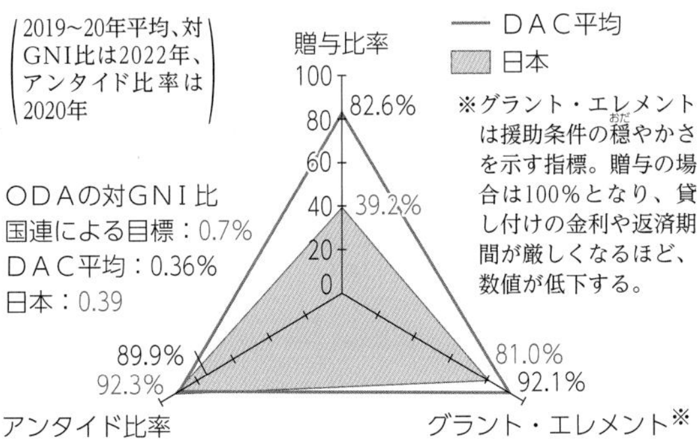

タイド（ひもつき）援助…援助による開発の際に、必要となる資材や機材の調達や工事の請け負いを、供与国（援助を行った国）の企業に発注することを条件とする援助

ＯＤＡの対ＧＮＩ比の国際比較

（2022年、暫定値）（外務省資料）

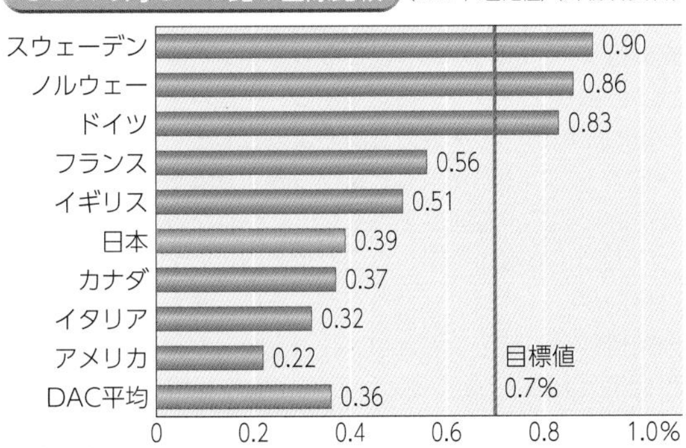

解説 **ＧＮＩ比と贈与比率が低い日本のＯＤＡ**　日本は現在でも有数のＯＤＡ大国ではあるが、国際的な目標のＧＮＩ比0.7%以上には達していない。また、有償資金協力（円借款）の割合が大きく、贈与比率は他の援助国に比べて低い。贈与比率が低い一因には、返済義務を課すことによって、規律のある援助が行われ、相手国の自助努力を促すことができるとの考えがある。なお、従来、日本のＯＤＡは「**タイド（ひも付き）援助**」が多かったが、現在は改善されている。

④日本のＯＤＡの配分状況

日本のＯＤＡの地域別配分

（外務省資料）

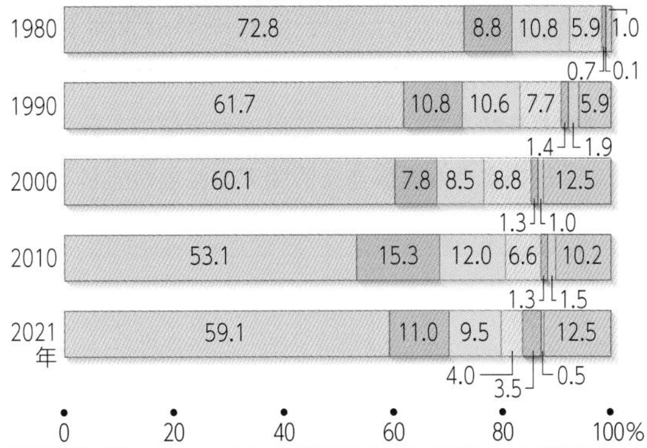

※中東は北アフリカを含み、アフリカはサハラ以南に限る。

ＤＡＣ主要国の地域別実績の割合

（外務省資料）

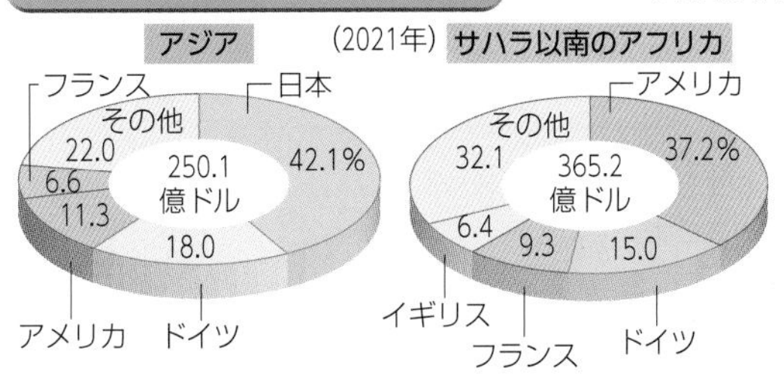

二国間援助の分野別配分

（外務省資料）
（2021年）

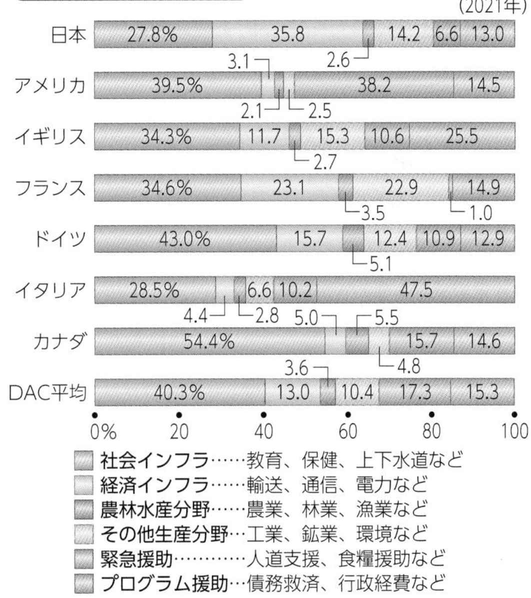

解説 **アジア重視・経済インフラ中心**　日本のＯＤＡの特徴はアジア重視、経済インフラ中心、有償資金協力（円借款）が多いという３点があげられる。経済インフラ中心の背景には、発展途上国の自立的発展には、道路や発電所といった国の発展の基盤となる社会資本の整備が不可欠であるという考えによる。しかし、経済インフラの建設にあたっては、環境破壊を引き起こすおそれがあることや、建設後の維持・運営のコストや債務返済がその国の財政を圧迫する可能性もあることに留意する必要がある。

TOPIC トピック　日本でのフェアトレードの市場規模は欧米と比べると小さい。フェアトレード商品は他の商品と比較して割高な傾向にあるため、購買行動に結びついていないという課題がある。

用語解説　335ＯＥＣＤ，336ＤＡＣ，337ＯＤＡ

FILE 41

発展途上国の経済成長には何が必要か？

南北問題の解消を掲げたUNCTADの設立から半世紀が過ぎた。これまで、さまざまな手段で発展途上国の経済成長を試みているが、この約半世紀で十分な経済成長を遂げることができていない発展途上国も少なくない。南南問題のような発展途上国間での格差も生じる中で、今後の発展途上国の経済成長には何が必要だろうか。

平和の定着が進行している国と情勢が不安定な地域

（外務省資料）

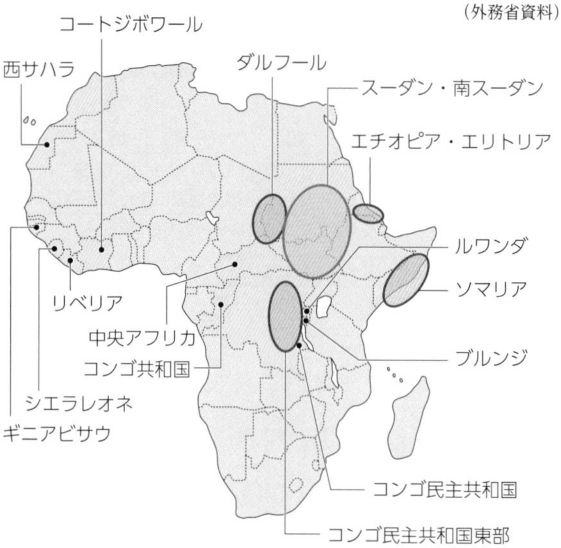

：情勢が不安定な地域　：平和の定着が進行している国

⊙ルワンダの首都キガリ（2018年）　ルワンダの経済成長は「アフリカの奇跡」とも称される。

多くの犠牲者を出した1990年代の内戦から20年余りを経て、ルワンダは現在、アフリカで最も経済成長率が高い国の一つになっている。頼れる資源がないルワンダは、ＩＣＴ産業、高付加価値の農業（ルワンダコーヒーなど）、観光業に集中的に投資している。アフリカ発の国産スマートフォンが同国で発表されたのはその象徴的な例である。また、ルワンダは環境先進国でもあり、国内でのビニール袋の使用は全面的に禁止されている。また、内戦後は元兵士の再教育をして雇用を促すなど、ルワンダの取り組みは発展途上国が経済発展していくための示唆が数多くあり、発展途上国支援のあり方を考える上でも重要なモデルといえる。

発展途上国の経済成長のために必要なこと

経済成長を遂げている発展途上国には、いくつかの特徴がみられるが、重要なことは、政治情勢が安定し、海外からの投資を受け入れやすい環境が整っていることである。たとえ化石燃料などの天然資源や労働力となる人口が豊富でも、内戦によって国土が荒廃し、経済成長の基盤となるインフラが整っていなければ、経済成長は期待できない。また、政権が安定していなかったり、法律が未整備であったりすると、国外からの投資を呼び込むことができず、継続した経済発展ができない。教育の不足や衛生環境の不備が生じると、それに拍車をかけることになる。

アフリカ開発会議と日本のアフリカ支援

日本とアフリカ諸国が支援と協力を話しあう場として、1993年から、**アフリカ開発会議**（ＴＩＣＡＤ）が５年に１回のペースで開催されている。アフリカは世界の国の約４分の１を占め、その人口は10億人を超えている。貧困や内戦、医療や教育水準の低さなど、課題が山積する一方で、鉱物資源が豊富で、将来的には市場としても魅力的な地域である。

その一方で、中国は国内の巨大な需要を満たすために、資源の輸入先に多額の援助や投資を行う「資源外交」を展開し、アフリカとのつながりを強めている。しかし、アフリカには人権保障が不十分な国も多く、こうした国に多額の援助を行うことに対しては、欧米を中心に批判する声もある。

日本が今後の援助先としてアフリカ重視を打ち出した背景には、国際社会で「アフリカを日本の味方につける」といった思惑もある。近年では、貿易や投資を通じてアフリカへの影響力を拡大させている中国に対抗するかたちで、援助額を大きく膨らませている。

「自立」も「援助」も

発展途上国の経済発展には、国際社会による「援助」も、発展途上国自身による「自立」も、どちらも必要である。国際社会による援助としては、国連の取り組みやＯＤＡ以外にも、各地域の開発銀行による金融支援がある。この中には、日本が最大の出資国となっている**アジア開発銀行**（ＡＤＢ）や、中国が主導して設立された**アジアインフラ投資銀行**（ＡＩＩＢ）があり、どちらもアジアを中心とした地域への融資を行っている。しかし、中国はＡＩＩＢを通じて援助先の国への影響力を高めようとしているといわれているように、援助が国益と結びつきすぎると発展途上国が経済的に従属する関係をつくり出しかねない（⊃p.276）。

一方で、発展途上国の自立を求めるにしても、ある程度の援助がなければ自立につながらない。また、紛争などで国内情勢が不安定な場合には、国際社会が紛争の解決と平和構築（⊃p.321）を支援し、経済発展の基盤を整えることが重要である。それに加えて、衛生環境の改善や、教育の普及、民主的な法制度の整備など、中長期的な経済成長を見据えた援助のあり方も検討する必要がある。

⊙日本のＯＤＡで建設された井戸（ザンビア）

Zoom **ＡＩＩＢ設立の背景**　中国がアジアからアフリカにかけて影響力を高めようとする「一帯一路構想」が、ＡＩＩＢ設立の背景にある。一方で、援助対象国が債権国から政策や外交などで圧力を受ける事態に陥る「債務の罠（わな）」も指摘されている。

7 地球環境と資源・エネルギー問題

要点の整理

＊ 1 ～ 13 FILE 論点 は資料番号を示す

Ⅰ 地球環境問題

❶地球環境問題のおもな種類 1 2

①**地球温暖化**……二酸化炭素やメタンなどの**温室効果ガス**により、気温の上昇傾向が続く 5
②**酸性雨**……硫黄酸化物（SOx）や窒素酸化物（NOx）が溶け込んだ雨により、森林・湖沼のほか、建造物にも影響
③**オゾン層の破壊**……フロンが原因でオゾン層が破壊。皮膚ガンや白内障などの原因とされる紫外線が増加
　⟶ **モントリオール議定書**（1987年）で、フロンなどオゾン層を破壊する物質の排出を規制
④そのほかの環境問題……熱帯林の減少、野生生物種の減少（⟶ **ワシントン条約**や**生物多様性条約**で保護）、
　海洋汚染、有害廃棄物の越境移動（⟶ **バーゼル条約**で規制）、
　砂漠化（⟶ 砂漠化対処条約採択）、水資源の減少など

❷環境に関するおもな国際会議と条約 3 4

①**国連人間環境会議**（1972年）……「かけがえのない地球」がスローガン。人間環境宣言採択、**国連環境計画**（UNEP）設立
②**国連環境開発会議**（**地球サミット**、1992年）……「持続可能な開発」がスローガン。**リオ宣言**を採択、**アジェンダ21**を策定
　⟶ 気候変動枠組み条約、生物多様性条約、森林に関する原則声明を採択
③**京都議定書**の採択（1997年、2005年発効）……地球温暖化防止のために、先進国の温室効果ガスの削減目標を設定
　⟶ 2020年以降の新たな枠組みとして、2015年に**パリ協定**を採択 FILE
④**環境・開発サミット**（持続可能な開発に関する世界首脳会議、2002年）……ヨハネスブルク宣言を採択
⑤国連持続可能な開発会議（**リオ＋20**、2012年）……環境と成長の両立をめざす「グリーン経済」の理念を確認

Ⅱ 資源・エネルギー問題

①エネルギーの需給 8 ……日本は化石燃料の90％以上を輸入しているため、エネルギーの安定供給が重要課題
②**新エネルギー・再生可能エネルギー** 12 ……太陽光、水力、風力、地熱、バイオマスなど
　発電効率やコストが課題
③新しい発電システムと資源開発 13 14 ……コージェネレーション、スマートグリッド、海洋鉱物資源の開発など
④**原子力発電** 7 論点 ……従来、日本では原子力発電を推進 ⟶ 東日本大震災以降、原子力への依存度が低下

Ⅰ 地球環境問題

1 地球環境の現状

？「プラネタリー・バウンダリー」によって何が把握できるのか

富栄養化により発生した赤潮

「プラネタリー・バウンダリー」（地球の限界）

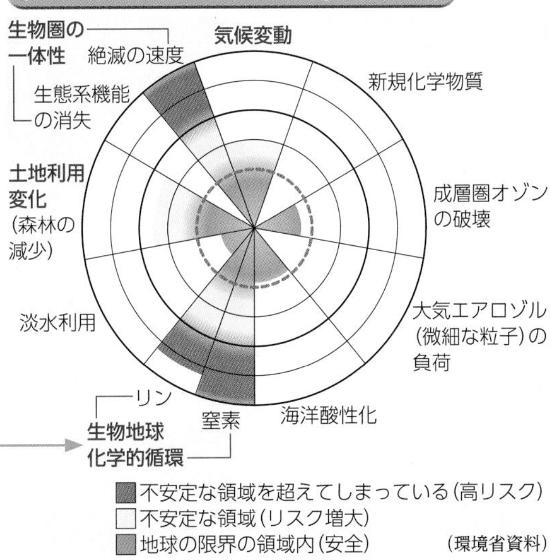

（環境省資料）

生物地球科学的循環とは？

地球上の物質は長い時間でみたときに循環している。このことを生物地球化学的循環という。穀物需要の増加に伴い、窒素やリンを含む化学肥料を大量に利用した農業が行われている。しかし、自然界に放出された窒素やリンは海の富栄養化を引き起こすなど、生態系を壊している。

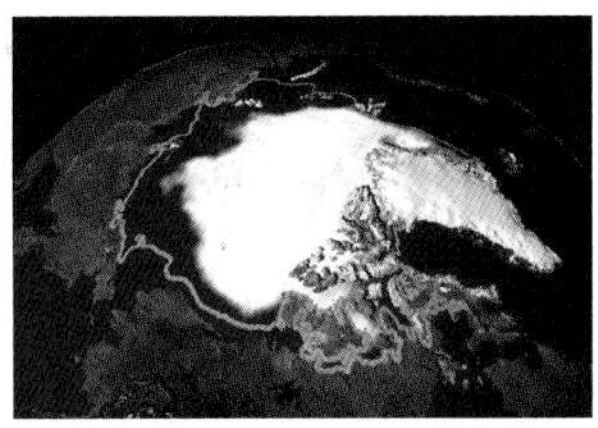

気候変動によって融解が進む北極海の海氷（2005年）　黄色の太線内は1979年時点の海氷部分。

違法に伐採されたアマゾンの森林
森林の減少によって、野生生物種の絶滅の速度は速まっている。

解説 **地球の「健康状態」のいま**　私たちは物質的な豊かさを追求して、経済発展を続けてきた。しかし、人類が豊かに生存を続けるための基盤である地球環境は限界に達しつつある。「**プラネタリー・バウンダリー**」とは、地球の限界（境界）という意味で、一定の限界内であれば、人類は将来にわたって発展を続けることができるが、その限界を超えると急激で取り返しのつかない環境変化が生じる可能性があるということである。上の図中の赤い破線の円内は、地球の「安全な機能空間」を表しており、ここを超えると危険域に入る。現在、気候変動、生物圏の一体性、土地利用変化、生物地球化学的循環については、人類が安全に活動できる限界をすでに超えていると分析されている。

TOPIC トピック　気候変動により、年々北極海の海氷の融解が進んでいる。一方で、北極海の航海の難しさが軽減され、新たなヨーロッパとアジアを結ぶ航路として北極海航路が注目されている。

2 地球環境問題のおもな種類

種類	内容と原因
地球温暖化（気候変動） ➡資料A	地球は太陽光で暖められる一方、地表からの熱を赤外線として宇宙に放出している。二酸化炭素・メタンガス・フロンガスなどの**温室効果ガス**は吸収した赤外線を再び地表に戻すはたらきをするため、温室効果ガスの濃度が高まると地球温暖化が生じる。 [おもな影響] ✓干ばつなどの異常気象の頻発 ✓砂漠化の進行 ✓海水面の上昇
酸性雨 ➡資料B	pH（水素イオン濃度）5.6以下の強い酸性の雨を酸性雨と呼ぶ。自動車の排気ガスなどに含まれるNOx（窒素酸化物）や工場の排出ガスに含まれるSOx（硫黄酸化物）などが雨に溶けることで発生する。 [おもな影響] ✓樹木の立ち枯れ ✓湖の魚の死滅 ✓建物や彫刻の浸食
オゾン層の破壊 ➡資料C	オゾン層は地上から10〜50km上空にあり、宇宙からの有害な紫外線を吸収している。オゾン層がクーラーや冷蔵庫の冷媒に利用されてきた**フロン**などによって破壊されると、地表に届く紫外線の量が増える。 [おもな影響] ✓皮膚がんの増加などの人体への影響 ✓植物プランクトンへの影響により海洋生態系が変化 ✓穀物収穫量の減少
海洋汚染 ➡資料D	河川から流れ込む排水、ごみの不法投棄、タンカー事故などが原因となる。また、近年はプラスチックごみの海洋汚染が問題となっている。波や紫外線の影響で砕けて5mm以下のプラスチック粒子となった**マイクロプラスチック**は、魚介類や海鳥の体内からも見つかっている。 [おもな影響] ✓海洋生態系への悪影響
水資源の減少 ➡資料E	地球上に存在する水のうち、人が利用できる淡水はわずか0.8％にすぎない。20世紀中に世界の人口は３倍以上に増え、水の使用量も７倍近くまで増えた。しかし、利用できる水は偏在しており、また、水質汚染の影響もあって、約10億人が安全な水を利用できずにいる。 [おもな影響] ✓食料不足の発生
森林破壊	世界の森林のうち、特にアフリカと南アメリカの地域における森林減少が著しい。これらの発展途上国における森林減少の原因としては、先進国向けの商業伐採の増加、持続可能な形でない無秩序な焼畑農業、燃料用の薪炭材の過剰採取などがあげられる。 [おもな影響] ✓生物多様性の喪失 ✓二酸化炭素吸収量の減少による地球温暖化への影響 ✓保水力の低下による水資源の減少
砂漠化	気候の変化などの自然的要因に加えて、過度の耕作や放牧、不適切な灌漑などの人為的な要因もある。一度砂漠化した土地は、土壌の塩類化や乾燥化がさらに進み、植生（植物の生態系）の復活が難しくなる。 [おもな影響] ✓穀物収穫量の減少 ✓水資源の不足 ✓生物多様性の喪失
有害廃棄物の越境移動	先進国で有害廃棄物の処理に関する国内の規制強化が進む一方、規制が緩く、処理費用も安い発展途上国に有害廃棄物が輸出されてきた。 [おもな影響] ✓不適切な処理による環境汚染

A：地球温暖化のしくみ

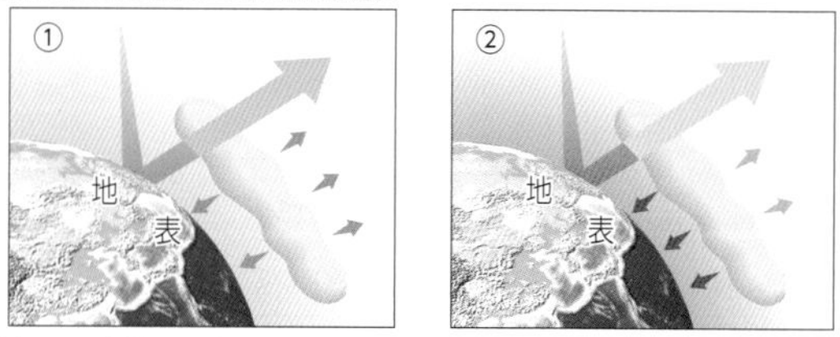

①地表面から放射された赤外線の一部は、大気中の二酸化炭素やメタンなどの温室効果ガスに吸収されて地表を適度な気温に保つ。

②化石燃料の大量消費やフロンの放出などにより大気中の温室効果ガスの濃度が上がると、地表温度が急に上昇する。

B：酸性雨発生のしくみ

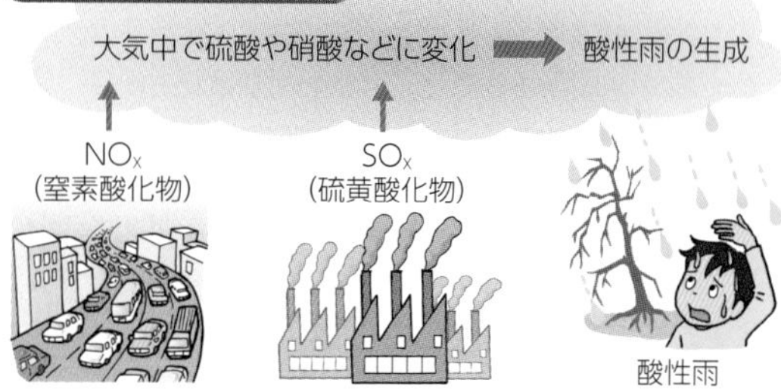

C：拡大するオゾンホール

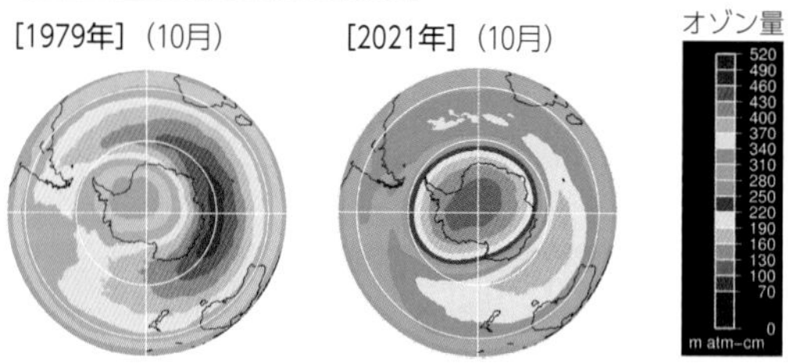

南極上空ではオゾンホール（上写真）と呼ばれる部分が拡大傾向にあるが、近年、北極上空でもオゾンホールが確認された。

D：プラスチックによる海洋汚染

➡海洋に投棄されたプラスチックごみ（フィリピン）

世界各国で脱プラスチックの動きが起きている。日本ではレジ袋の有料化が義務づけられたほか、プラスチック製の使い捨て食器の削減が推進されている（➡p.207）。

E：世界の水不足の危険度

（国土交通省資料）

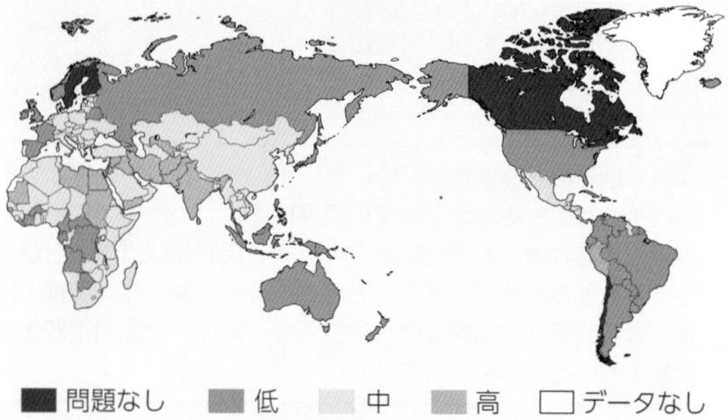

Zoom 海洋プラスチック問題　海洋プラスチックごみに対する関心が世界的に高まっている。もともと極小サイズで製造されるマイクロビーズは歯磨き粉などに使われている。日本でも使用の抑制に努めることが法律に明記された。

3 地球環境問題への国際的な取り組み

頻出

年	できごと・条約	対象分野	内容
1971	ラムサール条約	湿地	渡り鳥など水鳥の生息地として重要な湿地(湖沼や干潟)を登録して保全する
1972	国連人間環境会議 ➲資料4	全般	環境問題をテーマとする初の国際会議で、ストックホルムで開催。「かけがえのない地球」をスローガンに人間環境宣言を採択。日本からは水俣病患者も出席した
	ローマ・クラブが「成長の限界」を発表	その他	民間人による国際組織であるローマ・クラブが資源の有限性を指摘し、工業化による経済成長の限界を示唆。ボールディングの「宇宙船地球号」の理論的背景にもなった
	ロンドン条約	海洋汚染	廃棄物の海洋投棄や、洋上での焼却処分などを規制
	世界遺産条約	その他	国連教育科学文化機関(UNESCO)の総会で採択される。文化遺産と自然遺産の保護が目的
1973	国連環境計画(UNEP)の設立	その他	前年の国連人間環境会議で設立が決定。国際的な環境協力のための国連機関で、本部はケニアのナイロビ
	ワシントン条約	生物多様性	絶滅のおそれのある野生動植物の保護のために、国際取引を規制
1979	長距離越境大気汚染条約	大気汚染	各国に越境大気汚染の防止を求め、酸性雨に関する研究の推進や、国際協力について規定。その後の議定書で、硫黄酸化物や窒素酸化物の排出削減などの具体的措置を実施
1982	国連海洋法条約	海洋汚染	海洋に関する包括的な条約。海洋環境の保護についても規定
1985	ウィーン条約	オゾン層	オゾン層保護のために必要な研究・対策を行う
1987	モントリオール議定書	オゾン層	ウィーン条約に基づき、フロンガスの生産・使用を規制、その後全廃へ
1988	気候変動に関する政府間パネル(IPCC)設立	地球温暖化	各国政府を代表する専門家が、地球温暖化問題について科学的見地から評価を行うことを目的とする。世界気象機関(WMO)と国連環境計画(UNEP)により設立された
1989	バーゼル条約	廃棄物移動	有害廃棄物の国境を越える移動(輸出)や処分について規制し、廃棄物の輸出には輸入国の同意を必要とした。2019年の条約改正ではプラスチックごみも規制対象とされた
1992	国連環境開発会議(地球サミット)➲資料4	全般	リオデジャネイロで開催。「持続可能な開発」の理念に基づきリオ宣言を採択。行動計画であるアジェンダ21のほか、**気候変動枠組み条約**や**生物多様性条約**も採択された
1994	砂漠化対処(防止)条約	砂漠化	干ばつや砂漠化に直面する国における砂漠化防止策や資金・技術援助を規定
1997	地球温暖化防止京都会議 ➲資料4	地球温暖化	気候変動枠組み条約第3回締約国会議(COP3)のこと。地球温暖化防止のために、先進国の温室効果ガスの削減目標や排出量取引などを定めた**京都議定書**を採択
2002	環境・開発サミット ➲資料4	全般	ヨハネスブルクで開催。アジェンダ21の実施状況や新たな課題を検証し、国連ミレニアム開発目標(MDGs)にそった貧困解消に向けての取り組みを確認
2010	生物多様性条約第10回締約国会議(COP10)	生物多様性	遺伝資源による利益の公平な分配ルールを定めた**名古屋議定書**と、人類と自然が共生できる世界の実現に向けた個別目標を定める愛知ターゲットを採択
2012	国連持続可能な開発会議(リオ+20)➲資料4	全般	地球サミット20周年を契機にリオデジャネイロで開催。持続可能な発展のために、環境保護と経済成長の両立をめざす「グリーン経済」の推進の重要性が認識された
2013	水銀に関する水俣条約	水銀汚染	地球規模の水銀汚染の防止をめざして、水銀の採掘・貿易や、水銀を含む製品の製造などを禁止
2015	パリ協定 ➲資料4	地球温暖化	京都議定書に代わる2020年以降の新たな温暖化防止対策を定めた協定。196の国や地域が参加したCOP21(気候変動枠組み条約第21回締約国会議)で採択

*条約の年は採択年を示す。

地球環境問題への取り組みに関する国際的な原則

■**持続可能な開発**……「将来の世代の欲求を満たしつつ、現在の世代の欲求も満足させるような開発」のこと。環境と開発は互いに対立するものではなく、共存できるものであり、環境保全を考慮した節度ある開発が重要であるという考えに基づいている。

■**共通だが差異のある責任**……地球環境問題に対しては、どの国も共通して責任を負い、開発に際しては環境への配慮が求められる。しかし、先進国と発展途上国の間には技術力や資金力に差があることや、これまでの環境悪化の原因はおもに先進国にあることから、各国の取り組み方に差異を設けるべきであるとする考え方。この原則はリオ宣言で取り上げられた。

解説 **地球環境問題への国際的な対策** 地球環境問題は、国境を超えた国際的な問題である。このような地球環境問題の深刻化に伴って、国際的な取り組みが進められている。ただし、条約の交渉には各国の経済的な利害関係も複雑に絡み合い、先進国と発展途上国の対立がみられることもある。

COLUMN 『沈黙の春』

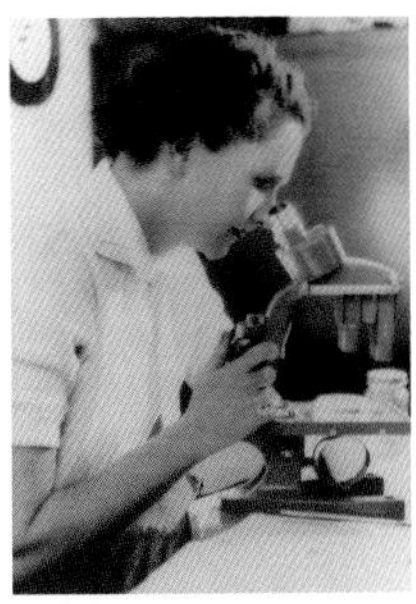

➲レイチェル=カーソン

アメリカの海洋生物学者レイチェル=カーソン(1907〜64)は、1962年に出版した『沈黙の春』の中で、農薬として使用されるDDTなどの化学物質が大量に使われることで生態系が破壊される危険性を、「春がきたが、沈黙の春だった。……新しい生命の誕生を告げる声ももはや聞かれない」と表現した。この本には、農薬などの製造会社から激しい攻撃があったが、彼女の主張を覆すには至らなかった。当時のアメリカ政府には、農薬や殺虫剤によって有害生物を絶滅させる構想があったが、この本をきっかけに方針転換し、DDTの全面禁止につながったといわれる。

TOPIC トピック 1973年に設立された国連環境計画(UNEP)は、ケニアのナイロビに本部が置かれている。UNEPは、はじめてアフリカ大陸に置かれた国連機関の本部である。

用語解説 ⑬国連環境計画, ⑭モントリオール議定書

4 おもな国際会議の概要

頻出

地球環境問題全般

1972年　国連人間環境会議

概要

スウェーデンのストックホルムで開催。「Only One Earth（かけがえのない地球）」をスローガンに、国連として環境問題全般について取り組んだ初めての国際会議。

成果

①**人間環境宣言**の採択……環境保護を人類の主要な課題として確認し、環境問題に取り組む際の原則を明示

②**国連環境計画**（ＵＮＥＰ）の設置を決定

1992年　国連環境開発会議（地球サミット）

概要

ブラジルのリオデジャネイロで開催。ほぼすべての国連加盟国、ＮＧＯ、産業界の代表が参加し、「**持続可能な開発**」を共通理念として、多くの問題が話しあわれた。

成果

①**リオ宣言**……「持続可能な開発」に関する原則。人間を持続可能な開発概念の中心に位置づけた

②**アジェンダ21**……リオ宣言の原則を実施するための具体的な行動計画

③**気候変動枠組み条約**……地球温暖化に対する国際的な取り組みを規定

④**生物多様性条約**……生物多様性の保全と遺伝資源の利益の公平な配分を規定

2002年　環境・開発サミット（持続可能な開発に関する世界首脳会議）

概要

南アフリカ共和国のヨハネスブルクで開催。アジェンダ21の実施状況の検証と計画の見直しがなされた。

成果

①「実施計画」の採択……アジェンダ21を、より具体的な行動に結びつけるための指針となる文書

②**ヨハネスブルク宣言**の採択……各国首脳が持続可能な開発に向けた政治的意思を示した文書

課題

従来の先進国と発展途上国との間の対立だけでなく、環境規制を強めようとするＥＵと、それに抵抗するアメリカや日本など、先進国間の対立も表面化した。

2012年　国連持続可能な開発会議（リオ＋20）

概要

地球サミット20周年として、再びブラジルのリオデジャネイロで開催された。

成果

成果文書「私たちの望む未来」が採択された。環境保全と貧困根絶などに関する新たな「持続可能な開発目標（ＳＤＧｓ）」の策定に向けた交渉を始めることが決まった。

課題

各国の関心・意欲は乏しく、環境重視の先進国と経済成長優先の発展途上国との対立も解消されなかった。例えば、最大のテーマであったグリーン経済（経済成長と持続可能性の両立をめざす環境に優しい経済）の実現については、各国の自主的取り組みに任せることになった。

リオ＋20の不十分な成果に対して抗議するグループ

地球温暖化（気候変動・気候危機）分野

1997年　地球温暖化防止京都会議（気候変動枠組み条約第３回締約国会議：ＣＯＰ３）

＊COPとは、Conference of the Partiesの略で、条約における締約国会議という意味。

概要

日本が議長国となり京都で開催された。二酸化炭素やメタンなどの温室効果ガスの排出量の削減目標を定めた「**京都議定書**」が採択された（ロシアの批准で2005年に発効）。

京都議定書の内容

①概要……1990年を基準として、温室効果ガスを2008～12年の間に、先進国全体で５％削減するという法的拘束力のある目標を定めた。発展途上国には削減目標がない

②おもな国の削減目標……ＥＵ：－８％、アメリカ：－７％（2001年に離脱）、日本・カナダ：－６％、ロシア：±０％

③**京都メカニズム**（排出削減のための補完的手段）の導入

- 排出量取引：先進国間で排出枠を取引する
- 共同実施（ＪＩ）：先進国間で削減プロジェクトを協力して実施し、これによる削減量を当事国間でやりとりする
- クリーン開発メカニズム（ＣＤＭ）：先進国が発展途上国の排出量削減事業を支援し、その削減量の一部を先進国の削減量に組み込む

課題

アメリカは2001年に離脱し、また、中国やインドなどの新興国にも排出削減義務がないため、実効性が乏しい。

2011年　気候変動枠組み条約第17回締約国会議（ＣＯＰ17）

概要

南アフリカのダーバンで開催された。京都議定書の約束期間が終了する2013年以降の国際的な枠組みが話し合われた。京都議定書を延長して第二約束期間（2013～2020年）を設定することが合意された（ダーバン合意）。

京都議定書第二約束期間の内容

①2013～20年の間に、先進国全体の温室効果ガス排出量を1990年に比べて18％削減する目標を設定

②ＥＵ・オーストラリアなどは削減の数値目標を設けるが、日本・カナダ・ロシアなどは数値目標をもたず、自主的に削減

課題

日本は発展途上国に削減義務を課さなければ効果がないとして、京都議定書の延長に反対した。最終的には、日本は京都議定書の批准国ではあり続けるが、2013年以降の削減義務の延長を拒否した。

2015年　気候変動枠組み条約第21回締約国会議（ＣＯＰ21）

概要

京都議定書に代わる2020年以降の新たな温暖化防止の取り組みに関する合意「**パリ協定**」が採択された（2016年発効）。

※2020年に離脱したアメリカは、2021年に復帰した。

パリ協定の内容

①産業革命前からの気温上昇を２℃未満（できれば1.5℃未満）に抑えることを目標とし、今世紀後半には温室効果ガスの排出量実質ゼロ（**カーボンニュートラル**）をめざす

②新興国や発展途上国を含むすべての国が、自主的に温室効果ガスの削減目標を定めて、国連に報告

③各国の目標は５年ごとに修正。先進国から発展途上国への技術指導と資金援助を義務づけたほか、発展途上国間での資金協力も推奨

課題

法的拘束力をもつが、削減目標を達成できなくても、各国に対する罰則はない（目標達成義務なし）。

Zoom **NGOが果たす役割**　各国の利害が複雑に絡み合う環境問題の国際的なルールづくりは、各国政府のみの協議では議論がまとまらないこともある。国際会議では話し合いにＮＧＯも加わって活発な提言を行っている。

5 地球温暖化の現状

①世界の平均気温の推移

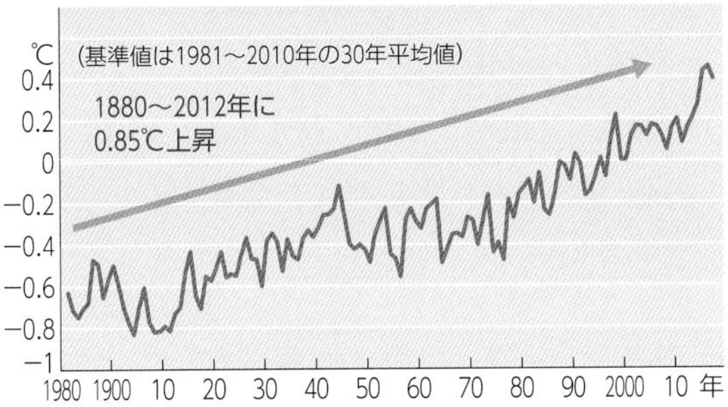

（環境省資料）

解説 **上昇する気温**　気候変動に関する政府間パネル（ＩＰＣＣ）が2013年に発表した報告書では、二酸化炭素（CO_2）排出量と世界平均気温の上昇は、ほぼ正比例であることが判明した。また、世界の平均気温は今世紀末には1986～2005年と比べて最大4.8℃上昇し、気温上昇がこのまま続くと、地球環境のさまざまな面に影響を及ぼすと予測されている。

②二酸化炭素（CO_2）排出の現状

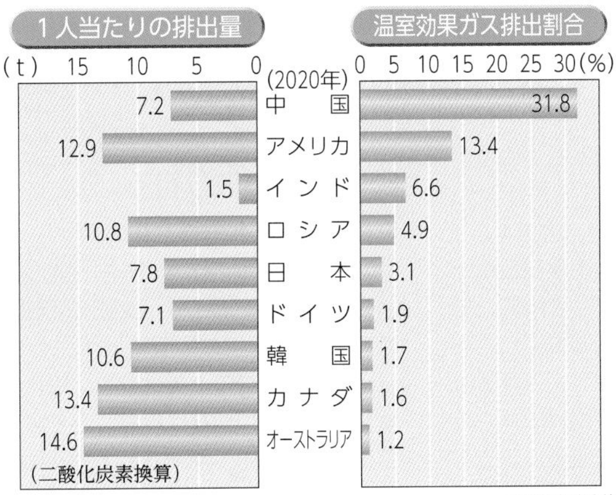

（環境省資料）

解説 **新興国で増加する排出量**　現在でも、１人当たりの二酸化炭素（CO_2）排出量でみると、先進国の方が発展途上国よりも排出量が多い。しかし、近年は中国やインドなどの急速な経済成長によって、発展途上国（特に新興国）からの排出量が増加している。

6 温暖化対策をめぐる各国の立場 出題

京都議定書（第一約束期間）	京都議定書とパリ協定の比較	パリ協定
2008～12年	削減実施期間	2020年～
先進国全体で1990年比で温室効果ガスを5.2％削減	削減目標	産業革命前からの気温上昇を２℃未満、できれば1.5℃未満に抑える
38か国・地域（先進国のみ、アメリカは離脱）	削減目標をもつ対象国・地域	196か国・地域（発展途上国を含む）
削減量を各国に割り当て	各国の削減目標の設定方法	削減目標を各国がみずから設定
削減目標の達成	各国に課される義務	削減目標の提出
あり（罰則あり）	目標達成義務	なし

温暖化対策をめぐる各国の主張

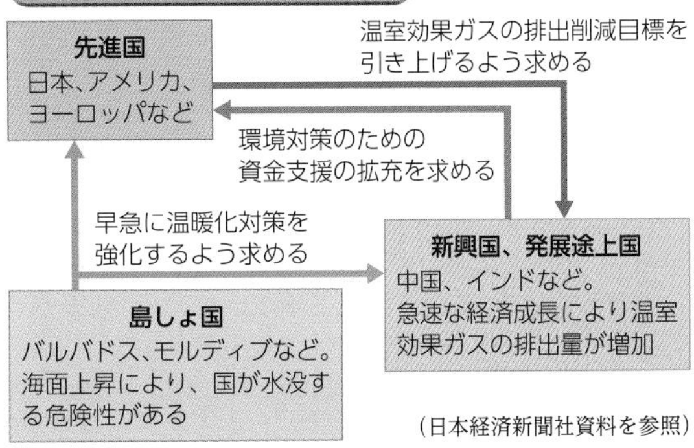

（日本経済新聞社資料を参照）

近年、発展途上国による温室効果ガスの排出量が増加しているため、先進国は、発展途上国もそれなりの削減義務を負うべきだと主張している。一方、発展途上国からは、これまでの環境悪化の原因はおもに先進国にあることから、削減への取り組みには差異があってしかるべきだとの意見や、先進国に対して削減のための技術支援や資金援助の役割をよりいっそう果たすよう求める意見が出されている。

解説 **対立の要因**　各国の立場の違いは先進国と発展途上国という二項対立だけで捉（とら）えることはできない。例えば、発展途上国でも水没の危機に瀕（ひん）する島しょ部の国々は、今すぐすべての国が排出削減に取り組むべきと主張している。先進国も各国の国内政治の状況や経済構造の違いによって、排出削減に対する考え方の違いが存在する。

COLUMN

次世代の自動車開発

近年、二酸化炭素などを多く排出する従来のガソリン車に代わり、二酸化炭素の排出量が少ない低公害車が世界的に急速な普及をはじめている。低公害車には、電気自動車（ＥＶ）や水素をエネルギーとする燃料電池自動車（ＦＣＶ）などがある。

カーボンニュートラルを実現するために、ＥＵでは2035年以降、日本でも2030年代に通常のガソリンのみで走る自動車の新車販売を禁止する方針を打ち出している。電気自動車や燃料電池自動車の新車販売が主流になるとみられており、日本のメーカーをはじめとする自動車会社は環境に優しい低公害車の開発を加速させている。

↑**燃料電池バス**　充塡（じゅうてん）した水素と空気中の酸素を反応させて、燃料電池で発電し、その電気でモーターを回転させて走る。排出されるのは水だけである。

TOPIC トピック　車載電池を開発している電池メーカーは、日中韓、そして欧米のメーカーも加わり、熾烈な開発競争を続けている。

用語解説　㊵国連人間環境会議，㊶国連環境開発会議，㊷生物多様性条約，㊸京都議定書

国際経済

FILE 42

低炭素社会に向けた各国の取り組み 出題

地球温暖化を防ぐために2020年以降の新たな枠組みを定めたパリ協定が2015年に採択された。しかし、パリ協定における締約国の温室効果ガス排出削減目標は不十分であるとの指摘もあり、各国は削減目標を大幅に高めることが求められている。持続可能な社会を構築するために、各国はどのような取り組みを行うべきなのだろうか。

カーボンニュートラルをめざして

カーボンニュートラル(炭素中立)とは、温室効果ガスの排出量を全体としてゼロ(実質的にゼロ)にすることである(下図参照)。二酸化炭素をはじめとした温室効果ガスの排出量を削減するとともに、やむを得ず排出する量と同等の量の温室効果ガスを、植林や森林管理などによって吸収することで実現される。

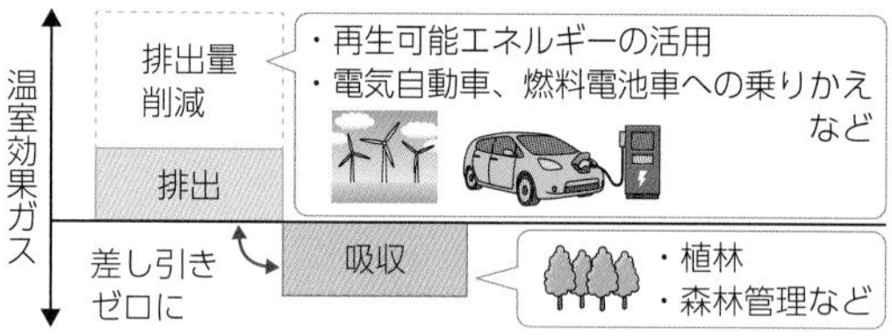

パリ協定はカーボンニュートラルを長期的な目標としており、カーボンニュートラルをめざすことを宣言する国が増えてきている。日本も2020年10月に、2050年までにカーボンニュートラルをめざすことを宣言した。

主要国のカーボンニュートラル表明状況(資源エネルギー庁資料)

	日本	EU	アメリカ	中国
2020			2021年1月 パリ協定復帰を決定	
2030	2013年度比で46%減、さらに50%減に向けて挑戦(2020年に首相が表明)	1990年比で少なくとも55%減(パリ協定)	2005年比で50〜52%減(パリ協定)	2030年までにCO_2排出を減少に転換(国連演説)
2040				
2050	カーボンニュートラル(法定化)	カーボンニュートラル(長期戦略)	カーボンニュートラル(大統領公約)	
2060				カーボンニュートラル(国連演説)

※日本はパリ協定における削減目標を「2030年度に2013年度比で−26%減」としたが、その後、「野心的な目標」として上記の削減を表明した。

パリ協定の「市場メカニズム」

❶「市場メカニズム」のしくみ

地球温暖化対策においては、経済的手法(➡p.156)を活用して、各国や企業間で温室効果ガスの排出削減をめざす取り組みもみられる。

パリ協定では、温室効果ガスの排出削減量の取り引きを国内外で実施する「市場メカニズム」について規定された(第6条)。これは排出量取引のことである。各国や企業が温室効果ガス排出量の削減事業を実施した場合、これまでの排出量(ベースライン)と比べて削減された分(クレジット)を取り引きすることができる。

売却できる排出削減量

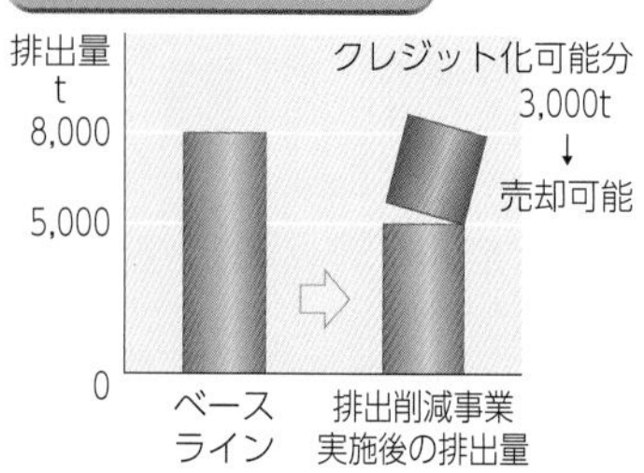

「市場メカニズム」の実施によって、2030年までに世界全体で年間最大90億トンのCO_2の削減が実現できるという試算もある。

❷二国間協力による削減量の扱い

京都議定書では、先進国は発展途上国への支援によって実現した削減量を自国の削減分として算入してきた。一方、パリ協定では、先進国のみが削減義務を負った京都議定書と異なり、発展途上国も削減目標を設定している。そのため、発展途上国は先進国の協力によって実現した削減量を、自国の削減分として計上したいと主張した。

二国間クレジットのしくみ

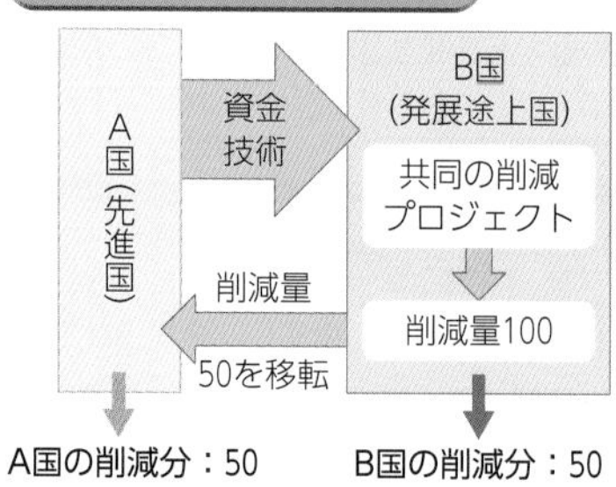

二国間協力によって実現した削減量については、どちらの国もすべての削減量を自国の削減分に算入すれば、削減量の「二重計上」が生じることになる。こうした削減量の算入に関するルールづくりについては2021年のCOP26で合意に至った。

日本の取り組みは?

日本政府は2021年に「2050年カーボンニュートラルに伴うグリーン成長戦略」を策定した。グリーン成長戦略とは、「経済と環境の好循環」をつくっていく産業政策のことであり、温暖化対策を経済成長につなげる考え方である。

この戦略の中で明記されている「成長が期待される14の重点分野には、新エネルギーの普及や自動車の電動化などが含まれる。その一方、原子力発電の高速炉や火力発電用の燃料アンモニアの開発も含まれていることに対しては、批判的な見方もある。

グリーン成長戦略の重点分野
①洋上風力・太陽光・地熱
②水素・燃料アンモニア
③次世代熱エネルギー
④原子力
⑤自動車・蓄電池
⑥半導体・情報通信
⑦船舶
⑧物流・人流・土木インフラ
⑨食料・農林水産業
⑩航空機
⑪カーボンリサイクル・マテリアル
⑫住宅・建築物・次世代電力マネジメント
⑬資源循環関連
⑭ライフスタイル関連

Zoom **米国が進めるグリーン投資** 気候変動対策に消極的であったアメリカだが、バイデン大統領は気候変動対策のための巨額なインフラ投資を選挙公約に掲げて当選した。投資規模は2兆ドルを超える巨額なものである。

7 各種エネルギーの比較

? 各種エネルギーの特徴と、日本のおもなエネルギー源は何か

	種類	長所	短所
火力発電	化石燃料 ・石油 ・石炭 ・天然ガス など	・比較的簡単に採掘できる ・電力の需要にあわせて、発電量を調整しやすい	・石油や石炭は特に地球温暖化への影響が大きい ・原料価格が不安定 ・いつかは枯渇する
原子力発電	ウラン プルトニウム	・少ない燃料で大きなエネルギーを得られる ・発電時に二酸化炭素を出さない	・安全性や、放射性廃棄物の保管・処理に課題がある ・軍事転用のおそれがある
水力発電	— ［小規模の水力発電は新エネルギーに分類される］	・発電時に二酸化炭素を出さない ・電力に変換する際のエネルギー効率が高い	・ダム建設のための初期費用が高く、環境破壊も起きる ・降水量が少ないと発電できない
新エネルギー	太陽光 風力 バイオマス など	・環境への負荷が比較的小さい ・枯渇せず、日本にも豊富にある	・本格的な普及には発電コストの抑制や送電網の拡充が必要である

日本の電源別発受電電力量の推移

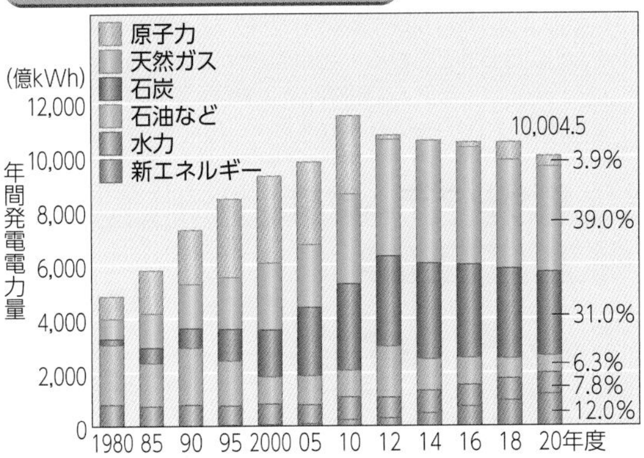

(資源エネルギー庁資料)

解説 **各種のエネルギーがもつ長所と短所** 私たちは、自然に存在するエネルギーを利用し日々の生活を送っている。太陽光や風力といった新エネルギーを含めて、どのようなエネルギーを組み合わせて利用していくのかという**エネルギーミックス**に関する国民的な議論が求められている。

8 各国の一次エネルギー 出題

供給割合

(『世界国勢図会』2023/24年版)

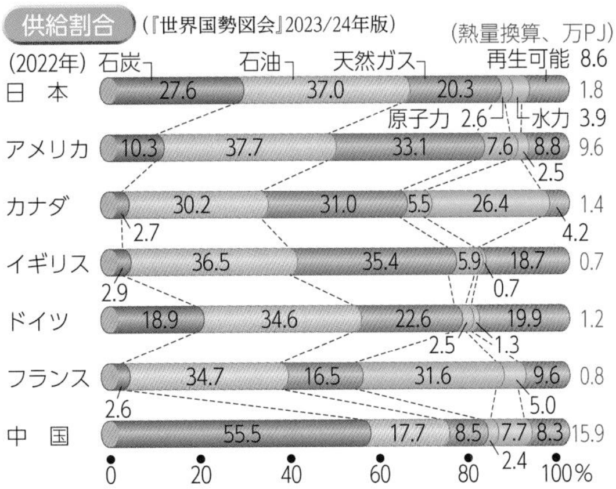

1人当たりの供給量と自給率

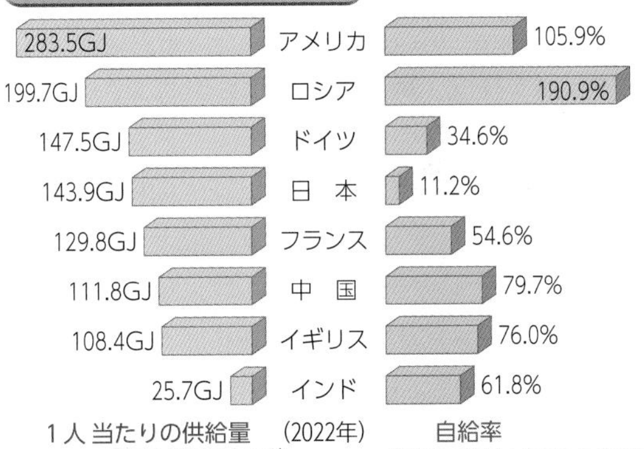

(『世界国勢図会』2023/24年版)

自然に存在しているエネルギー(化石燃料や新エネルギーなど)を**一次エネルギー**といい、電気などのように一次エネルギーをもとに変換したものを二次エネルギーという。

解説 **化石燃料に頼る日本のエネルギー** 日本はエネルギー供給の多くを化石燃料の輸入に頼っており、世界情勢の変化に影響を受けやすい状況にある。化石燃料への過度な依存は、地球温暖化をまねくため、持続可能性の観点から課題を抱えている。合理的な価格でエネルギーが継続的に利用できるようにすることが社会の安定につながるという**エネルギー安全保障**の視点をもつことも必要である。

COLUMN

レアメタルとレアアース

埋蔵量が限られている**レアメタル**(希少金属)は、日本ではコバルト・クロム・プラチナ・チタンなど31種類の鉱物が指定されている。レアメタルは自動車やエレクトロニクスなどの基幹産業に欠かせない金属になっている。そのため、レアメタルの需要が増えており、市場価格が不安定になっている。レアメタルの中でも、特に採取が困難なものを**レアアース**(希土類)といい、17種類の鉱物が指定されている。その用途は広く、永久磁石やガラス研磨材、蛍光体などに用いられている。

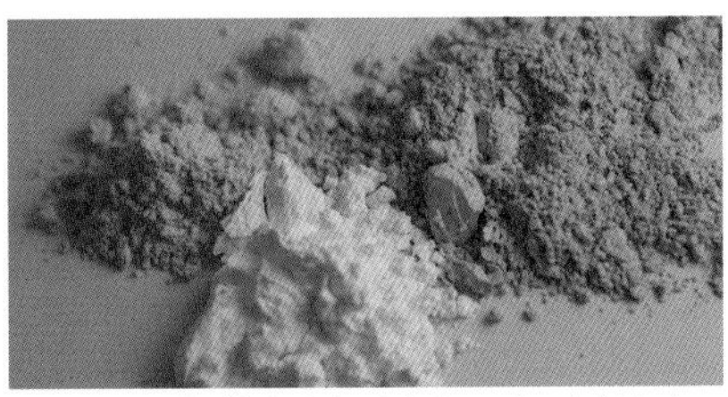
レアアース(左からセリウム、イットリウム、ネオジムの酸化物) 日本は世界のレアアース需要の半分を占めるといわれる。

日本はレアアースの大半を中国から輸入しているが、2010年の尖閣諸島の領有をめぐる日中間の対立を機に、中国がレアアースの輸出を停止したことがあった。そのため、レアアースの中国以外の新たな輸入先の開拓や、レアアース不使用の製品の開発が進められている。

TOPIC トピック 現在でも日本の輸入原油の中東諸国への依存度は約9割と高い水準にある。エネルギー安全保障の観点からは、特定の地域に依存することは望ましいことではない。

用語解説 344レアメタル, 345新エネルギー

9 日本のエネルギー政策の変化 出題

? 日本のエネルギー政策は、どのように変化してきたのか

戦後復興期……石炭の増産	
1946	傾斜生産方式の採用(➲p.196)
高度経済成長期……エネルギーの主体が石炭から石油へ(エネルギー革命)(➲p.198)	
1955	**原子力基本法成立**→原子力の研究・開発・利用を平和目的に限定し、公開・自主・民主の原則を明記
1966	東海発電所(茨城県)で初めて原発の営業運転開始
1973	第1次石油危機
安定成長期以降……省エネ・脱石油依存へ(原発促進の本格化)	
1974	サンシャイン計画→新エネルギーの供給技術の開発 「電源3法」成立→原発立地自治体に補助金を交付し、原発の建設を促進
1979	省エネルギー法成立→省エネの推進 アメリカ・スリーマイル島で原発事故
1986	ソ連(現ウクライナ)・チェルノブイリ(チョルノービリ)で原発事故
1993	ニューサンシャイン計画→太陽光発電や燃料電池などを重点的に研究開発(2000年終了)
2002	**エネルギー政策基本法**→化石燃料以外のエネルギー開発の促進、エネルギー政策基本計画の策定を義務づけ
2011年、福島第一原発事故発生……原子力政策の見直し、新エネルギー本格的導入へ	

福島第一原発の破損した原子炉建屋 2011年3月11日の東日本大震災により、福島第一原子力発電所は国内の原発で初めてのメルトダウン(炉心溶融)を引き起こした。この事故により、多くの周辺住民が避難生活を余儀なくされている。

2011	**再生可能エネルギー特別措置法**→再生可能エネルギーの固定価格買取制度の導入➲資料10
2012	環境省の外局として**原子力規制委員会**が発足 従来の原発を監督する組織は複数の省庁に分散し、規制が不十分であったとの反省から、これらの組織を一元化し、独立性の高い行政委員会として原子力規制委員会が設置された。2013年には原子力規制委員会によって、原子力施設の設置や運転などの可否を判断するための新しい規制基準が設けられた。
2016	電力小売り部門の自由化を開始
2020	電力事業の**発送電分離**を実施➲資料11
2023	GX(グリーン・トランスフォーメーション)推進法 →成長志向型カーボンプライシングの導入などによって、脱炭素成長型経済構造へ移行を推進

解説 **エネルギー政策の変遷** 安定成長期以降、石油に依存しすぎることのないエネルギーの供給がめざされ、原子力発電(原発)の拡大が推進された。原発が立地する地方自治体に対しては、地域振興の名目で国から交付金が支払われ、また、補助金や原発関連施設の固定資産税なども流れこんだ。こうした「原発マネー」によって地元の公共事業が進められ、地域の雇用の安定も確保された。こうした見返りによって、地元自治体の原発への不安や批判は包みこまれていった。

10 再生可能エネルギー特別措置法 頻出

固定価格買取制度のしくみ

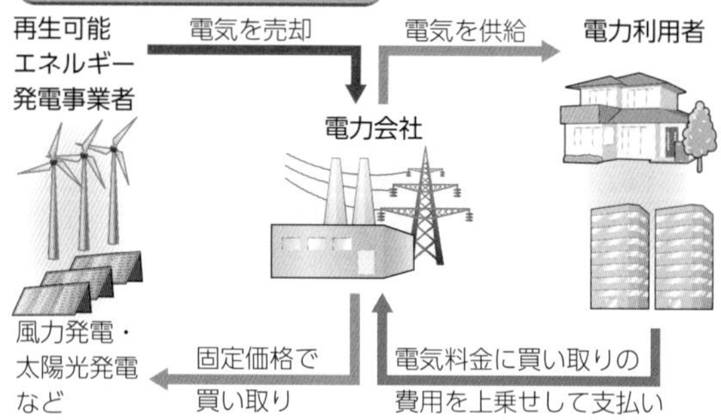

2011年に成立した**再生可能エネルギー特別措置法**は、再生可能エネルギーの利用促進を目的としている。同法では、再生可能エネルギーで発電した電気を、国が決めた固定価格で電力会社が一定の期間買い取ることを義務づける**固定価格買取制度**(FIT:Feed in Tariff)が導入された。発電事業者による大規模な発電だけではなく、ソーラーパネル付き住宅での太陽光発電なども対象となっている。

解説 **FITの課題への対応** 固定価格買取制度では、電力会社が買い取ったコストの一部は電気料金に上乗せされ、国民が負担している。また、電力の需要と供給のバランスの観点から、固定価格による買い取りではなく、市場のニーズや競争によって価格が決まる制度に移行する必要も指摘されてきた。こうしたことから、発電事業者が市場の売電価格に対して一定のプレミアム(補助額)を上乗せして電力を売るための制度(FIP:Feed in Premium)も2022年に導入された。

11 電力システム改革 出題

日本の電力供給の流れ

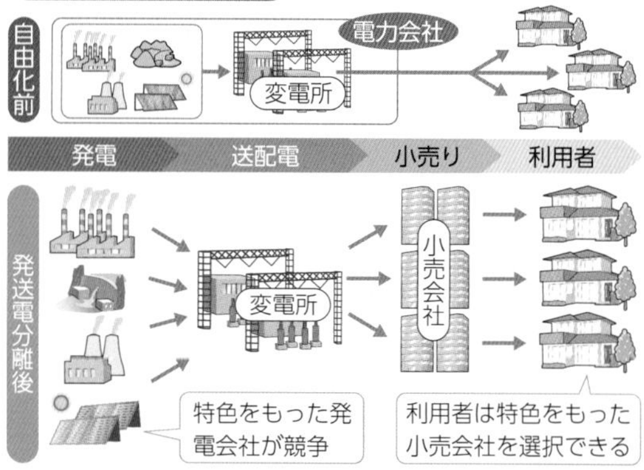

日本の電力事業は、地域ごとに分かれた電力会社がほぼ独占してきた。しかし、2016年に電力の小売りが全面自由化され、消費者は電力の購入先を選べるようになった。また、2020年には大手の電力会社の送配電事業が分社化された。これらの改革により、価格やサービス面で競争が期待されるほか、消費者は再生可能エネルギーによる電力だけを購入することもできるようになった。

解説 **課題は供給と価格の安定化** **発送電分離**によって電力を完全に自由化すると、大手電力会社の電力供給義務がなくなり、電力の安定供給に不安が生じるとの指摘がある。また、発送電分離を実施している欧米では、電気料金がかえって上昇したという問題も起きた。なお、2017年には都市ガスの小売りも全面自由化されている。

Zoom **固定価格買取制度の国民負担** 再生可能エネルギーの買い取りに要した費用は「再生可能エネルギー発電促進賦課金」として、毎月の電気料金の一部として利用者が支払っている。経済産業省の試算によると、その負担額は1世帯あたり年間約1万円である。

12 さまざまな再生可能エネルギー 出題

	風力発電	太陽光発電	地熱発電	バイオマス
内容	 ⇧洋上風力発電　風の力で風車を回して発電する。海や湖にある洋上の風力発電は景観・騒音への影響も小さく、大型風車の導入が比較的しやすいため、ヨーロッパを中心に普及が進んでいる。	 ⇧太陽光発電　太陽光を太陽電池によって電気に変換する。大規模なメガソーラーであればコストが安いが、発電装置の設置には補助金が支給されており、家庭での普及も進んできた。	 ⇧地熱発電　地中深くのマグマによる高温の熱エネルギーを蒸気として取り出し、タービンを回して発電する。発電量が安定しており、火山の多い日本では東北地方や九州地方に適地が多い。	 ⇧バイオマス発電　バイオマスとは間伐材や農作物といった生物由来の資源。そのまま燃やして発電するほか、加工して燃料化される。家畜の排泄物や生ごみを利用する発電施設もある。
欠点	• 天候によって発電量が変動し、電力供給が安定しない。 • 野鳥の衝突によるトラブルが起きる。 • 陸上風力発電では、景観破壊や風切り音による騒音などの問題が発生しやすい。	• 天候によって発電量が変動し、電力供給が安定しない。 • 景観破壊のほか、傾斜地に設置されたメガソーラーは土砂災害を発生させる可能性があるため、設置場所を選定する必要がある。	• 調査や開発に時間とコストがかかる。 • 国立公園や温泉地が建設候補地となりやすく、景観保護や地元の観光業との調整が必要になる。	• 穀物から生産されるバイオエタノールやバイオディーゼルの需要が高まると、穀物の生産が食用から燃料用にまわされ、食糧不足や穀物価格の高騰につながりかねない。

再生可能エネルギー

水力発電　波力発電

新エネルギー

地熱発電　太陽光発電
太陽熱利用　風力発電
雪氷熱利用
バイオマス発電・熱利用
廃棄物発電・熱利用
温度差エネルギー

※新エネルギーには、小規模の水力発電とバイナリー方式の地熱発電を含む。

バイオマス発電のしくみ

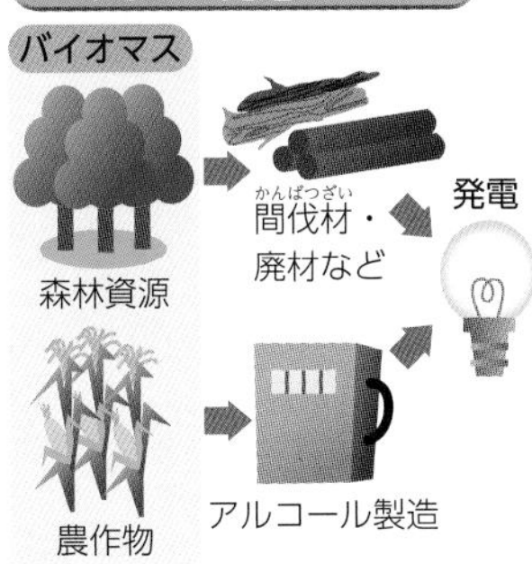

解説 **万全ではない再生可能エネルギー**　日本でも再生可能エネルギーの普及が進む一方で、無秩序な発電施設の設置が地域の自然や景観を損なう事例が発生したり、寿命を迎えた太陽光パネルの処理への対応が必要になったりしている。

13 コージェネレーション

家庭用コージェネレーションの例

(日本ガス協会資料参照)

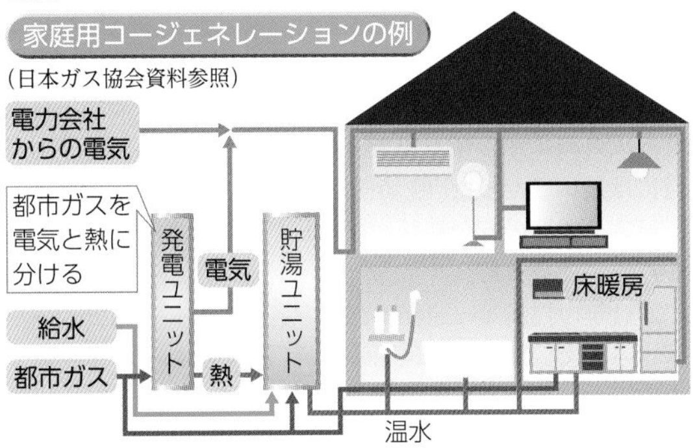

解説 **余熱も利用し省エネへ**　コージェネレーション(cogeneration)とは「熱電併給システム」ともいわれる。これは、電気をつくるときに発生する排熱(廃熱)を、冷暖房や給湯に利用してエネルギー効率を高めるしくみである。発電所からの電力は送電の途中で半分以上が失われる「送電ロス」が伴うが、コージェネレーションは電気を利用する場所で発電を行うため、「送電ロス」がなくなるという利点もある。

14 スマートグリッド 出題

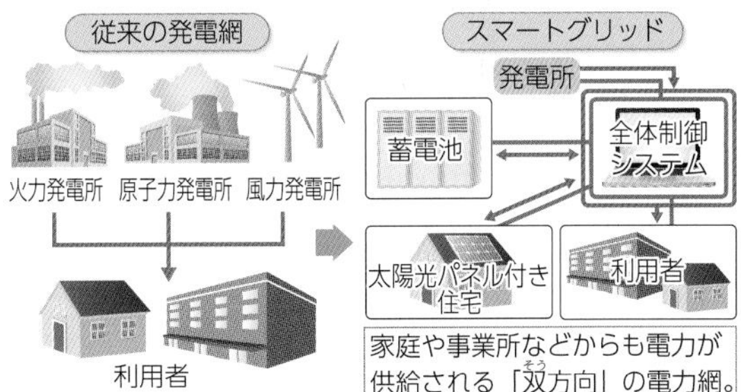

発電所から利用者へ電力を送る「一方通行」の電力網

家庭や事業所などからも電力が供給される「双方向」の電力網。情報をやりとりすることで需給の最適化を実現

解説 **次世代送電網**　「賢い送電網」という意味のスマートグリッドは、ICT技術を駆使して電力の流れを供給側・需要側の両方から制御し、自動的に最適化する送電網のことである。家庭やオフィスなどにスマートメーターを設置し、通信ネットワークを活用して、いつ・どこで・どのくらい電力を使用しているかといったデータを収集することで、無駄のない効率的な電力のやりとりが実現される。

COLUMN

期待されるエネルギー

メタンハイドレートは、メタンガスを含むシャーベット状の塊で、低温高圧の場所でしか固体の状態を保てないため、深海底や永久凍土の地下深くにしか存在しない。

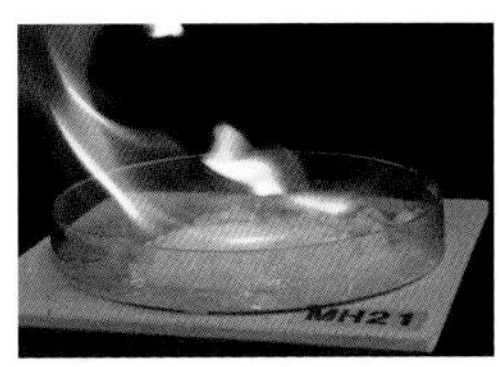

⇧燃えるメタンハイドレート

日本の近海では、国内の天然ガス消費量の約100年分のメタンハイドレートが埋蔵されていると推定されている。ただし、採掘コストが高いことや、メタンガスそのものは温室効果が大きいこともあり、次世代のエネルギー源として実用化するには課題も多い。

TOPIC トピック　福島第一原発事故から10年以上が経過した現在も、福島県双葉町・浪江町などの地域では住民が戻ることができない帰還困難区域が残されている。

諸課題の論点

Ⅶ これからの日本のエネルギー政策

課題の把握

● 日本では石油危機以降、石油依存からの脱却をめざし、原子力発電を推進した。しかし、2011年の東日本大震災では福島第一原発事故が発生した。これからの日本のエネルギー政策はどうあるべきだろうか。

論点

エネルギー政策を考えるにあたっては、環境、安全性、経済性、安全保障などさまざまな観点から議論する必要がある。この観点から考えた場合、日本のエネルギー政策において原子力発電をどう位置づけるべきか。

事実　日本のエネルギーをめぐる現状

①政府はカーボンニュートラルを2050年までに実現することを宣言した。しかし、現在、日本の電力の多くは化石燃料による火力発電に頼っている。
②原子力発電には、発電時に発生する放射性廃棄物の処理の問題がある。日本では核の放射性廃棄物の最終処分場はいまだに決まっていない。
③日本はエネルギー資源のほとんどを海外からの輸入に頼っており、エネルギー自給率はきわめて低い。

主張

A　これからも、一定の原子力発電を維持すべきである。

原子力発電は、天候、昼夜を問わず、一定量の電力を安定的に低コストで供給できる重要な「ベースロード電源」である。地球温暖化防止のためにも、エネルギー安全保障のためにも、安全性を確保できた原発を再稼働させるべきである。

B　原子力発電の割合を減らしていき、将来的には原発ゼロをめざすべきである。

自然災害の多い日本では、原発の建設や稼働に対する規制基準を厳格にしても、事故のリスクはゼロにはならない。省資源・省エネルギー政策を推進し、再生可能エネルギーへの大胆な政策転換を行うべきである。

Aの主張の根拠

①原発は発電時の温室効果ガスの排出量が少ない。
原油や石炭などの化石燃料は将来枯渇するといわれており、また、発電時に二酸化炭素をはじめとする温室効果ガスを排出する。そのため、原子力発電のほうが環境に対する負荷が少ない。
②新規制基準を満たす原発のみ再稼働すれば安全である。
原発の稼働に対する新規制基準は、自然災害などの対策を強化している。新規制基準を満たしているか厳格に審査し、基準を満たす原発のみを再稼働すれば安全性は保障される。
③コストや安定供給の面から、原発の維持は経済合理性がある。
電力の安定供給は、日本の経済成長を支える根幹である。原子力発電は、コストが安く、昼夜を問わず安定的に発電できる「ベースロード電源」として優れている。

Bの主張の根拠

①核のゴミを出し続ける原発は、持続可能ではない。
原発によって発生した核のゴミ（放射性廃棄物）は長期間厳重に管理する必要があるが、最終処分場すら決まっていない。また、燃料であるウランも化石燃料と同様に有限である。
②自然災害の多い日本で原発を続けるのはリスクが高い。
原発で事故が起これば、人体・環境・経済に取り返しのつかない被害が発生する。実際に、事故を起こした地域の住民は、長期間にわたる避難生活を続けることを余儀なくされている。
③再生可能エネルギーのコストは低下してきている。
技術の進歩や普及により、再生可能エネルギーの発電コストは年々低下してきている。原子力発電は、廃炉にかかる経費なども考慮すると、再生可能エネルギーよりも割高になる。

現状　日本の原子力発電の現状

日本の原子力発電所の現状　（注）2023年11月10日現在。

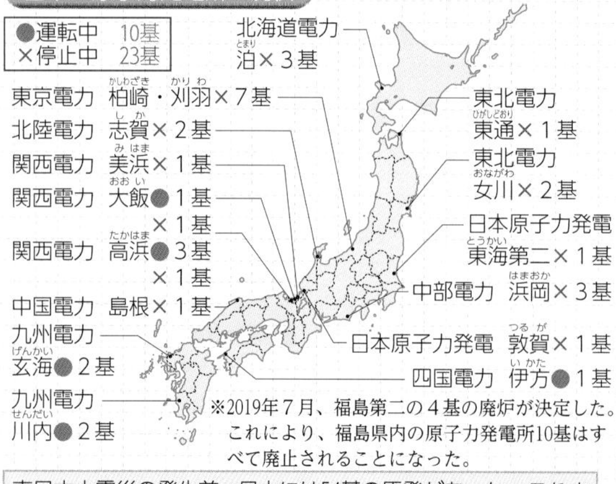

※2019年７月、福島第二の４基の廃炉が決定した。これにより、福島県内の原子力発電所10基はすべて廃止されることになった。

東日本大震災の発生前、日本には54基の原発があった。これまで、21基の廃炉が決定している。

資源が乏しい日本では、原子力発電所の建設と核燃料サイクルが推進されてきた。地球温暖化防止のために、化石燃料以外のエネルギーが求められてきたことも、原子力発電には追い風だった。しかし、福島第一原発の事故によって日本の原発の安全神話が崩壊し、エネルギー政策の見直しが急務となった。

2011年の福島第一原発事故後、各地の原発は稼働が一旦停止された。2013年には原子力規制委員会によって、原子力施設の設置や運転等の可否を判断するための新しい規制基準が設けられたが、この規制基準に基づく安全性審査のために、現在でも多くの原発が稼働していない。

政府は、安全性を最優先したうえで、原子力発電の存続を重視している。その一方で、国民の間には、脱原発や原発依存からの脱却を求める声も根強い。こうした中で日本の電力は再び化石燃料への依存を高めざるを得ない状況となっている。

用語解説　346核燃料サイクル

視点　エネルギー政策の基本的視点

「３Ｅ＋Ｓ」　（資源・エネルギー庁資料）

Safety 安全性　安全性が大前提

- 安定供給　Energy Security（自給率）
  東日本大震災前（約20％）を上回る約25％程度のエネルギー自給率を2030年度に実現
- 効率性　Economic Efficiency（電力コスト）
  コストを現状よりも引き下げる
- 環境適合性　Environment（環境への負荷）
  欧米に遜色ない温室効果ガス削減目標を実現

❶安全性：原子力発電は、発電所の事故の際の爆発による被害のほか、使用済み核燃料から放射性物質が拡散することによる汚染の被害が危惧されており、安全性が最も問われる発電システムである。
❷安定供給：エネルギー資源は地球上に偏在している。日本に輸入されている原油の多くは中東の産油国に依存しており、安定供給の面で課題がある。
❸効率性：電力の供給においては、省資源・省エネルギーを推進して、希少な資源・エネルギーをより効率よく活用することが求められている。
❹環境適合性：火力発電所は温室効果ガスを排出し、原子力発電所は事故の際の環境への影響が甚大（じんだい）である。環境への負荷が少ないエネルギー資源を利用する必要がある。

原子力規制委員会は、原発の建設や稼働にあたっての新規制基準を2013年に策定した。新規制基準によって、地震・津波などの自然災害への対策を強化することや、原発の運転期間を原則40年とすることが決まった（延長も可能）。

現在、エネルギー基本計画に基づいて、日本のエネルギー政策は安全性を大前提とし、安定供給、経済効率性、環境適合性という「３Ｅ＋Ｓ」を基本的視点に据（す）えている。一方、原子力発電も安全性の確保を前提とした上での重要な「ベースロード電源」であるとしている。

現状　最終処分場の問題と核燃料サイクル

原子力発電では、放射性物質を含んだゴミである放射性廃棄物が発生する。放射性廃棄物は、放射能が大きく減少するまでの間（少なくとも1,000年以上）は、隔離（かくり）して厳重に管理する必要があり、地中深くに埋設することが検討されている。しかし、この最終処分場は決まっていない。

そこで、日本では原子力発電所の使用済み核燃料を再び燃料として利用する**核燃料サイクル**が計画された。しかし、この計画の柱になる**高速増殖炉**は技術的に難しく、事故が相次（あいつ）いだ。2016年に政府は高速増殖炉「もんじゅ」の廃炉を決定したが、核燃料サイクル自体は継続するとしている。また、2009年からはプルトニウムをウランと混ぜたMOX燃料を利用するプルサーマル発電も行われている。しかし、プルサーマル発電を行っていた福島第一原発３号機の水蒸気爆発は、ウランより毒性の高いプルトニウムを自然界に放出する結果をまねいた。

核燃料サイクルのしくみ

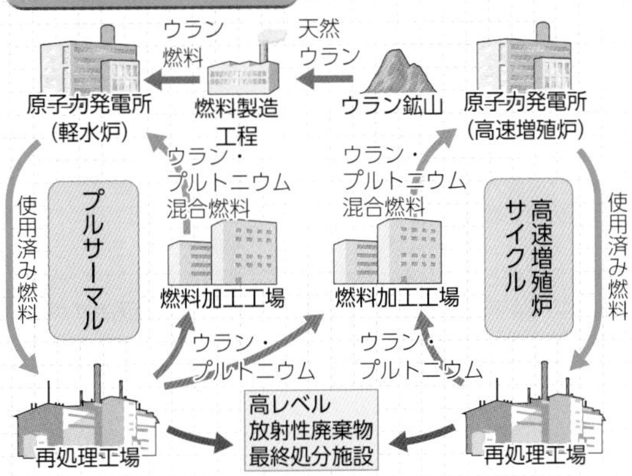

現状　発電のコストとエネルギーの安定供給・安全保障

発電エネルギーのコストの推移

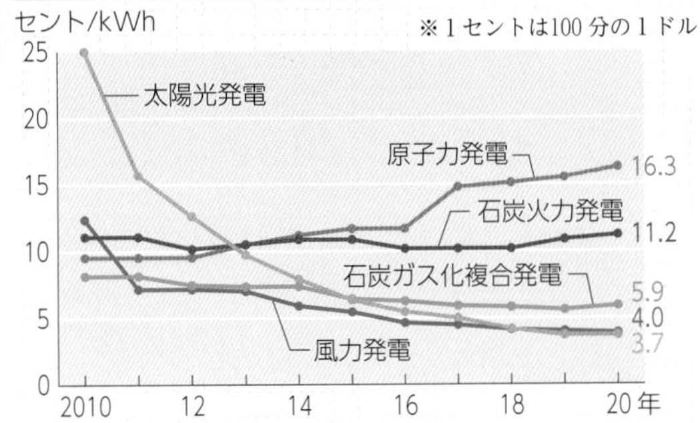

（自然エネルギー財団資料）

上の図は、アメリカで発電を行った場合のコストを発電方法別に示したものである。太陽光・風力エネルギーは、急速に発電コストが低下している。経済産業省による2030年時点での発電コストの試算でも、太陽光・風力による発電が、原子力や石炭火力よりもコストが小さい可能性があることが示されている。しかし、再生可能エネルギーは発電量の変動が自然条件に左右されるという欠点をもつ。そのため、原子力や火力に頼らずにエネルギーの安定供給を維持できるのかという指摘がある。

一方、日本には国産の化石燃料がほとんどないため、エネルギー自給率は極端に低い（➲p.369）。この状況では、大規模な国際紛争が発生した際などに安定的なエネルギー供給が難しくなることが予想される。**エネルギー安全保障**の観点から、政府や民間による石油の備蓄（びちく）は行われているが、根本的な解決のためには再生可能エネルギーの導入など、化石燃料に頼らないエネルギー政策が求められている。

期待される「夢のエネルギー」

核融合発電の実用化に向けた研究開発が進められている。これは、太陽がエネルギーを生み出す原理と同様に、原子核どうしが衝突させて核融合反応を起こして、その際に得られるエネルギーを電気に変換する発電システムである。原発事故で起きたようなメルトダウン（炉心融解（ろしんゆうかい））が原理的におきず、出される廃棄物も放射性のレベルが低く、現在の原子力発電と比べると安全性は高いといわれる。

◀核融合実験装置　核融合エネルギーの国際プロジェクト「ＩＴＥＲ計画」は、日本を含む各国が協力して研究開発を行っている。

国際経済

小論文課題　これからの日本のエネルギー政策はどうあるべきだろうか？（➲p.383）

構想しよう

ＳＤＧｓへの取り組み方を考える

頻出

日々の生活の中で、ＳＤＧｓについて見聞きしたことのある人は多いだろう。ＳＤＧｓについて学び直すことを出発点として、現代社会に生きる私たち個人や、企業、政府の国際貢献・地域貢献の取り組みについて、望ましい方法を考えてみよう。

●持続可能な開発目標（ＳＧＤｓ）とは？

日本のＳＤＧｓ達成状況（2023年）　[深刻な課題←■■■■→達成済み]

❶貧困をなくそう
❷飢餓をゼロに
❸すべての人に健康と福祉を
❹質の高い教育をみんなに
❺ジェンダー平等を実現しよう
❻安全な水とトイレを世界中に
❼エネルギーをみんなに そしてクリーンに
❽働きがいも経済成長も
❾産業と技術革新の基盤をつくろう
❿人や国の不平等をなくそう
⓫住み続けられるまちづくりを
⓬つくる責任つかう責任
⓭気候変動に具体的な対策を
⓮海の豊かさを守ろう
⓯陸の豊かさも守ろう
⓰平和と公正をすべての人に
⓱パートナーシップで目標を達成しよう
➡達成度ランキングは166か国中21位

2015年に国連で「**持続可能な開発目標**」（ＳＤＧｓ）が採択された。ＳＤＧｓは、世界から貧困をなくすことと、現代の世界の「続かない（持続不可能な）社会・経済・環境」から「続く（持続可能な）社会・経済・環境」へと変革することを２つの柱とする目標である。この目標を達成するために、2030年を期限として、17のゴール（目標）、ゴールを具体化した169のターゲット、そして達成状況を判断するための232の指標が設定された。

ＳＤＧｓは条約のように国連加盟国を法的に拘束するものではないが、先進国、新興国、発展途上国すべてがともに取り組むものであり、実現にあたっては「**誰一人取り残さない**」ことがうたわれている。

■ＭＤＧｓからＳＤＧｓへ

ＳＤＧｓには２つの起源に基づく流れがある。一つは1992年に開かれた国連環境開発会議（地球サミット）のスローガンになった「**持続可能な開発**」である。もう一つの起源が、**ミレニアム開発目標**（**ＭＤＧｓ**）である。2000年の国連ミレニアム・サミットでは、貧困削減や初等教育の普及など、2015年までにめざすべき８つの目標がＭＤＧｓとして示された。この２つが統合され、ＭＤＧｓの後継として誕生したのが、ＳＤＧｓである。

（日本のSDGs達成状況は『Sustainable Development Report』2023年版）

人間開発指数

各国の人間開発指数と不平等調整済み人間開発指数

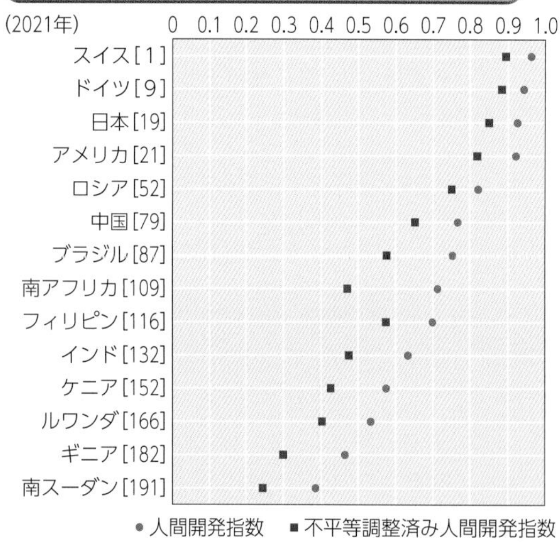

※[　]内の数字は189か国中の人間開発指数の順位

世界全体の人間開発指数の対前年増加率

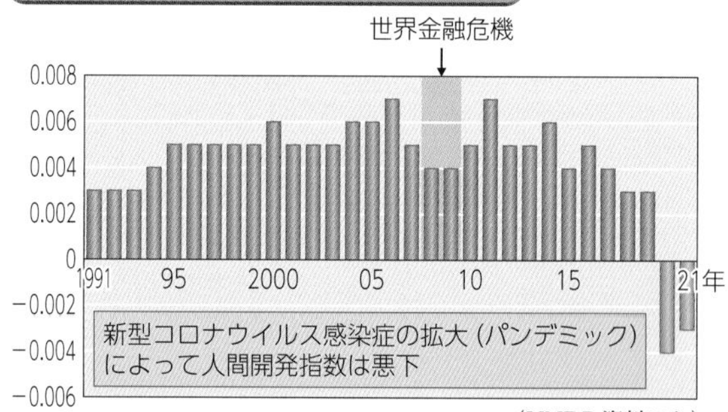

（UNDP 資料ほか）

■**不平等調整済み人間開発指数**（ＩＨＤＩ）…人間開発指数は、その国の平均値をもとに作成されるため、一国内に存在する人々の格差は反映されない。このため、人間開発指数から国内の不平等の大きさを差し引いた指標として、不平等調整済み人間開発指数（ＩＨＤＩ）も発表されている。

人間開発指数（Human Development Index：**ＨＤＩ**）とは、社会の豊かさや人々の生活の質を測る指標で、①健康・保健（出生時平均余命）、②教育・知識（就学率など）、③所得・生活水準（１人当たりＧＤＰ）の３つの指標を用いて、国連開発計画（ＵＮＤＰ）が作成している。

所得は人間が自由になる手段の一つであって、人間らしい生活をおくるためには、健康であり、自分の将来を切り開くための能力（**ケイパビリティ**）が必要である。ＨＤＩはこのような考え方をふまえて作成されたため、所得以外の内容を指数に組み入れている。ＨＤＩの低位国は、サハラ以南のアフリカ（サブサハラ）に集中している。これらの国々の人々のケイパビリティの拡大が世界の課題である。

人間の安全保障

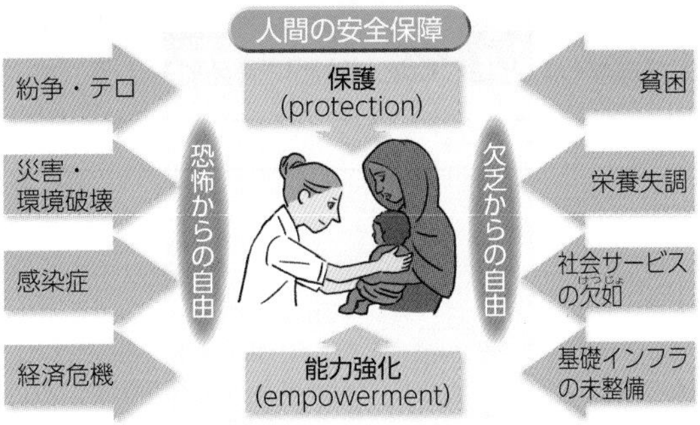

	国家の安全保障	人間の安全保障
焦点	国家中心	人間中心(個人や社会)
脅威と対策	外敵からの攻撃、軍事力に対し、軍事力により国境を守る	多様な脅威から人々を保護(恐怖・欠乏からの自由、尊厳をもって生きる自由)
担い手(主体)	国家	国連・国際機関、地域機関、NGO、市民社会など多様
対象(客体)	国家(国民)	一人ひとりの人間
実現のための手段	軍事力の増強	保護・エンパワーメント(能力強化)

(長有紀枝著『入門 人間の安全保障 増補版』中公新書を参照)

人間の安全保障(human security)は、地域紛争、貧困や飢餓、疾病、環境破壊やそれに伴って起こる難民問題など、直面するさまざまな脅威に対し、国家ではなく人間一人ひとりに焦点をあてて取り組んでいこうとする考え方である。1994年に国連開発計画(UNDP)が『人間開発報告書』の中で「人間の安全保障」の概念を提起した。

人間の安全保障の概念が提起された1994年は、冷戦が終結した時期にあたる。冷戦の終結によって核戦争や大規模戦争の脅威が低下した一方で、地域的な問題や国内的な問題が表面化するようになった。また、経済のグローバル化に拍車がかかり、南北の格差、経済的な不均衡が一挙に加速した。このような時代背景の中で、従来の国家が自国の領土と国民の生命・財産を守るという「国家の安全保障」の観点を補完する観点から「人間の安全保障」という概念が提起された。

2001年に国連に設立された「人間の安全保障委員会」で、元国連難民高等弁務官の緒方貞子(1927〜2019)とともに共同議長を務めた経済学者**セン**(1933〜)は、「発展途上国の人々が、より人間らしい生活や人生をみずから選びとることができる制度を保障し、そのための人間開発の推進(ケイパビリティの拡大)が、国際社会の最優先課題である」と指摘している。日本もまた、「人間の安全保障」を外交の柱の一つと位置づけている。

民間企業の取り組み・個人の取り組み

海外で広がるヤクルトレディ　ヤクルトは発展途上国を含む世界40か国で事業を展開している。人の健康に資する乳酸菌飲料を販売すると同時に、現地の人々を宅配員(ヤクルトレディ)として採用し、女性などに就労機会の提供を行っている。

災害ボランティア
写真は2020年の豪雨で被害を受けた熊本県の市街地で泥を運び出す高校生ボランティア。ボランティアには、自主性・社会性・無償性・創造性の4つの原則がある。

● SDGsをビジネスに活かす

年間所得が購買力平価ベースで3,000ドル以下の低所得者層はBOP (Base of the Pyramid)層と呼ばれ、その人口は世界人口の約7割を占めると推測されている。

BOPビジネスは、おもに発展途上国のBOP層に対して有益な商品やサービスを提供し、その国の生活水準の向上に貢献するビジネスである。企業にとっても、これから所得の向上が見込まれるBOP層を新たな顧客とすることは、企業が持続的に発展できる有望なビジネスであるといえる。

(JETRO 資料)

● 身近なことから貢献する

SDGsや人間の安全保障への取り組みは、海外に限定されるものではない。2011年の東日本大震災を人間の安全保障の観点から見つめ直すと新たな気づきが得られる。この震災では、高齢者や障害者の死亡率が他の人々に比べて高かった。また、その後の避難生活でも高齢者、障害者、女性といった社会的弱者はさまざまな困難に直面した。このような社会的弱者の存在を意識した上で、災害ボランティア活動に参加することも私たちがみずからできる取り組みといえる。

SDGsや人間の安全保障の取り組みと聞くと、地球規模の取り組みを思い浮かべがちである。しかし、個人でできることや自分たちが住んでいる地域でできることも数多くある。また意識せずにこれまでやってきたことをSDGsの枠組みで捉え直すと、その価値を再認識できることもあるだろう。身近なこと、自分でもできることから、少しずつ取り組んでみよう。

構想　SDGsや人間の安全保障の観点から、私たちができる国際貢献や地域貢献について構想しよう。

課題探究学習の方法

「政治・経済」の課題探究学習にあたっては、ここまでの各章で学んだ事項を総合的・一体的に捉えて考察・構想することが必要である。政治と経済とのつながり、日本と世界とのつながりなどについて、改めて考えてみよう。

●課題探究学習の流れ

1課題の設定
- 課題についての予備学習
- テーマの決定
- 課題探究の計画を立てる

▶

2情報収集
- 図書館
- 新聞
- インターネット
- アンケート調査
- 取材、インタビュー

▶

3課題の探究
- 2で得た情報を分析し、課題の解決に向けて考える
- ほかの人の意見も聞きながら、考えを深める

▶

4まとめとふり返り
- 3の活動をもとに、改めて自分の考えをまとめる
- 1～3の活動をふり返り、さらに何を学びたいか考える

1課題の設定

●課題についての予備学習

日常生活で気になっていることや、疑問に思っていることはあるだろうか？ 身近な疑問から、課題に関連のある内容を調べてみよう。そのうえで、課題についてさらに学習し、現状や問題点を確認しよう。

●テーマの決定

具体的なテーマを決めよう。テーマを決める際には、次のような点から検討することが大切である。

□問題意識が明確で、調べることがはっきりしているか
□最後まで意欲をもって取り組める課題か
□調査や分析のために資料集めができるか

●課題探究の計画を立てる

テーマが決まったら計画を立てよう。調査の時期や進め方を考えて、友だちや先生などからアドバイスをもらおう。また、調査に入る前に自分なりに仮説を立てておくと、より意義のある学習になる。

2情報収集

図書館 	●百科事典、白書、年鑑、新聞の縮刷版などからテーマに関する資料を集める。資料が見つからない場合は、図書館のコンピュータでテーマに関連するキーワードから関係のありそうな資料を検索したり、司書やレファレンスサービスを活用して資料収集の相談をしたりしてみよう。 ●書籍は情報の信頼性が高いものが多いが、最新の情報が反映されにくく、情報が古くなっていることもある。
新聞 	●新聞は情報の信頼性が高いものが多い。全国紙や地方紙、業界紙など種類も豊富でさまざまな情報が得られる。 ●ニュースを取り上げる視点、解説、論調、分量などは、新聞各紙によって異なる。そのため、一つの新聞のみから情報を得るのではなく、同じニュースを取り上げた別の新聞はないか調べて、読み比べてみるとよい。
インターネット 	●スマートフォンやパソコンから、簡単に世界中の最新情報を得ることができる。 ●インターネット上には膨大な量の情報があふれている。これは、公的機関や民間企業だけでなく、私たち個人もSNSなどで簡単に情報を発信できるようになったためである。しかし、個人がSNSなどで発信している情報は信頼性が高くない場合もある。情報を見きわめ、取捨選択する力が求められる。 **インターネットで信頼性の高い情報を得るには** ●政府や大学など公的機関のウェブサイトの情報は、信頼性が高いと考えられる ●企業のウェブサイトでも、発信者やその経歴が明らかにされていたり、引用元の資料が明記されていたりすれば、信頼できる場合が多い ●情報の発信元が情報を発信する目的は何かを考える ●複数のサイトの情報を見比べる
アンケート調査 	●多数の人に対して同じ質問をすることで、さまざまな立場からの意見を収集することができる。その一方で、一つひとつの回答に対して深堀りがしづらいといった面もある。 ●質問の趣旨が明確でなかったりすると、アンケートが無意味なものになってしまう場合がある。
取材、インタビュー 	●実際のようすを見たり、専門家などに直接話を聞いたりできるので、精度の高い情報を得られる。 ●取材相手の時間や労力を無駄にしないために、事前準備をしっかりとしておくことが大切である。 **取材・インタビューをしてみよう！** ❶**取材・インタビューの予約をする**……相手の都合を考慮して、候補を複数用意する ❷**計画を立てる**……日時、場所、参加者、質問内容などを決める。また、相手に事前に質問内容を伝えておけば、当日スムーズに取材が行える ❸**取材・インタビューをする**……時間やマナーを守って、簡潔に質問する。写真撮影や録音・録画をする際は、必ず相手の許可を得る ❹**結果をまとめる**……できるだけ早くまとめる。聞きもらしたことなどがあれば、録音を聞き返したり、電話や手紙で質問したりする ❺**礼状を書く**……取材・インタビューのお礼とともに、調査結果のまとめなども送る。写真を撮らせてもらった場合は、それも同封するとよい

3課題の探究

●情報を分析し、課題の解決に向けて考える

集めた情報を分析してみよう。情報を分析する際には、次のような視点を意識しよう。

- **比較**……複数の情報を比べて、共通点や相違点を見いだす
- **分類**……共通点や相違点をもとに、情報を整理する
- **関連づけ**……複数の情報を結びつけて考える
- **総合**……複数の情報を一つにあわせてまとめる

●ほかの人の意見も聞きながら、考えを深める

一人で考えているばかりでは、なかなかよい考えが浮かばないこともあるだろう。そんな時は、グループでの話しあいなどを通してお互いの意見を共有しながら、多面的・多角的に考えてみよう。

※多面的……日常生活や社会で発生する事象を、政治的、経済的、社会的などのさまざまな側面から分析し、捉える

※多角的……日常生活や社会で発生する事象について、国民、企業、政府など異なった立場から分析し、捉える

4まとめとふり返り

●自分の考えをまとめる

情報を分析したり、ほかの人の意見を聞いたりした上で、改めて自分の考えをまとめよう。レポートやプレゼンテーションなどを通して自分の考えをほかの人とも共有し、議論してみよう。議論の際には、次のような視点を意識しよう。

- **妥当性**……客観的に見て因果関係が適切か、一般的に当てはまるか、目的にかなっているか、実態に即しているか
- **効果**……よい結果がどの程度もたらされるのか
- **実現可能性**……実現させるための方法はあるのか、その方法は現実的か

☑レポートでまとめる

レポートと作文は別物である。テーマについて、ただ自分の体験や感想を書いただけのものは作文であり、レポートとはいえない。レポートとは、テーマについて問題を提起し、それについての事実やデータをまとめ、それをふまえて自分の意見や今後の課題について述べたものである。

レポートの構成

- **序論**：テーマを示す。また、そのテーマを取り上げた理由や背景などについても示す。分量は全体の2割程度
- **本論**：調査の方法や、調査・研究の結果からわかったことなどを整理し、分析する。分量は全体の6割程度
- **結論**：調査・研究の結果をふまえて、自分の意見や今後の課題について述べる。分量は全体の2割程度

レポートを書くときの留意点

- 文末は「～だ・～である」調に統一する。
- 調査・研究の結果と自分の意見は、はっきりと区別する。
- 書籍などから文章を引用する場合は「　」でくくって自分の文章と区別する。出典も明記する。
- 写真を掲載する場合は、撮影場所・日時を示す。
- グラフや図を掲載する場合は、元となった資料を明記する。
- 取材・インタビュー相手の連絡先を書く場合は、必ず相手の許可を得る。
- 参考文献は、レポートの最後にまとめる。

［参考文献の書き方の例］

○書籍：編著者名、『書名』、出版社、出版年

○雑誌：著者名、「見出し(記事名)」、『雑誌名』巻号、ページ

○ウェブサイト：著者名、「ページタイトル」、『トップページタイトル』、URL、閲覧日

☑プレゼンテーション

自分の主張を理解してもらうための発表を、プレゼンテーションという。プレゼンテーションにおいては、発表内容や発表資料について検討するだけでなく、話し方や時間配分などに気を配ることも大切である。

プレゼンテーションに向けて

❶条件の確認

発表時間、会場の広さ、参加者数、使用できる設備などについて確認する。

❷発表内容の検討

レポートと同様に、序論→本論→結論の構成でまとめるとわかりやすい。発表を通して自分が伝えたいことを明確にさせておこう。

❸発表資料の作成

文章だけを書き連ねるのではなく、図、写真、統計資料を掲載するなど工夫しよう。図や写真は聞き手の興味を引きやすく、統計資料は自分の主張に説得力をもたせることができる。また、発表用の原稿やメモも準備しておく。

❹リハーサル

時間をはかったり、録画したりしながら、実際の資料を用いてリハーサルをしておこう。友達に見てもらって、改善点を指摘してもらうのもよい。

❺発表

発表時間は必ず守ろう。また、発表原稿の棒読みにならないように注意しよう。発表が終わったら質問や意見を募り、より考えを深めていこう。

プレゼンテーションをするときの留意点

❶時間配分

時間オーバーにより結論が伝えられなくては発表の意味がない。リハーサルをして、発表時間が短すぎたり長すぎたりした場合は発表内容や原稿を見直そう。

❷資料の提示

- 黒板・ホワイトボード…字の大きさなどに注意して、色を使って分かりやすく書こう。あらかじめ模造紙に書きこんでおいて貼りつけてもよい。
- プレゼンテーション用ソフト…グラフや写真などの画像を取り込んでビジュアルに作成した資料を提示すれば、説得力のあるプレゼンテーションができる。
- ビデオ…取材やインタビューの内容を録画・編集してまとめたものを提示すれば、現場の雰囲気がよく伝わる。ただし、長すぎると逆効果なので気をつけよう。

❸発表の態度

発表原稿をただ読み上げるだけにならないようにしよう。聞き手のようすを見ながら、適度な間(ま)をとることも大切である。

探究・小論文

小論文の書き方

原稿用紙を前にして、何を書いていいのか思いつかなかった経験はないだろうか。どうすれば文章をスラスラ書けるようになるのだろうか。ここでは小論文の書き方と日頃からどのような対策をとればよいのかを紹介する。

1 小論文とは？

小論文とは、「主張」とその「根拠」が示されている文章をいう。次のA、Bの二つの例文のうち、どちらが小論文としてふさわしいか考えてみよう。

例文A 日本の高校には、制服がある学校とない学校がある。私は制服が好きだ。それに、制服があれば、毎日何を着ていくかを考える必要もない。学生服は高校生らしさの象徴といえる。

例文B 日本の高校には、制服がある学校とない学校がある。私は、高校生に制服は必要だと思う。なぜなら、生徒の家庭の経済状況はさまざまであり、制服があれば親に余分な経済的負担をかけないですむからである。

例文Aは、作文としてはよいかもしれないが、主張も根拠も不明確である。それに対して、例文Bは、主張とその根拠が明確に示されている。したがって、例文Aよりも、例文Bの方が小論文の条件を満たしているといえる。自分の主張を明示的にわかりやすく書くことが大切である。

小論文の満たすべき条件

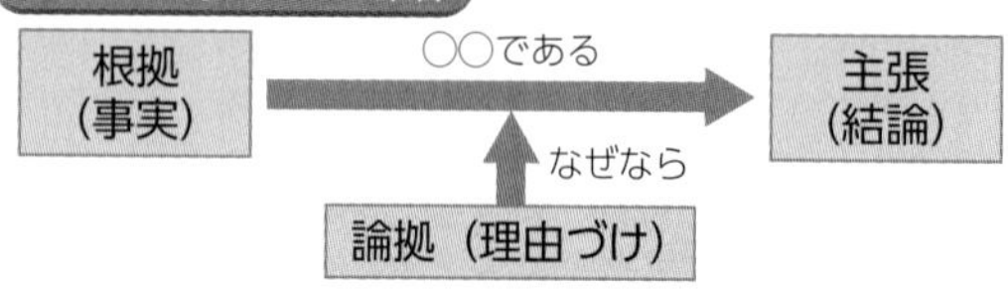

2 小論文の大学入試での出題形式

大学入試・小論文で一番多いのは、一問の指定字数が600～800字のタイプである。また、出題形式は、大別すると次の３通りに分類できる。

◆テーマ型 「～について述べよ」というタイプ	最も基本的な出題形式で、大学入試・小論文の約３割はこの形式である。推薦入試の提出書類には「志望動機について述べよ」など、このタイプのものが多い。
◆課題文型 「次の文章を読み、筆者の主張を要約し、それに対するあなたの考えを述べよ」というタイプ	課題文を与え、問１で要約をさせ、問２で解答者の意見を求めるタイプ。大学入試小論文のうち、この形式が最も多い。要約は正解が存在し、得点差がつきやすい。筆者の主張は「課題文によれば～」などと示し、自説と区別して書く。
◆データ型 「データから読みとれることを考察せよ」というタイプ	データとして、表・グラフなどが使われることが多い。さまざまな実験結果や調査結果をもとに分析し、推理する能力が問われる。

3 小論文の基本的な構成

①序論	テーマをめぐる現状、問題提起などを書く。全体の10～20%の分量
②本論	自分の主張とその根拠・理由を示す。 理由や根拠は、 第一に、…… 第二に、…… 第三に、…… などと、わかりやすく示す。最初に箇条書きにしてみて、それを膨らませていくとよい。全体の70～80%の分量
③結論	再度、自分の主張を簡潔に繰り返す。 結論はわかりやすくストレートに述べる。

序論で問題を提示し、結論はその答えになっていることが望ましい。小論文の構成を考える際は、以下のような構成メモを作成するとよい。

①出題意図を見抜き、思いつくままメモをとる

- 身近な例、体験、新聞やテレビで見た例、歴史、外国の例、対立する意見、将来どうすべきか、などといった視点から、知恵を絞り出す。
- 冷蔵庫が空っぽでは料理ができない。文章を書く場合も同じで、なるべくたくさんの材料を集める。

↓

②結論（メッセージ）を決定し、短い文章でまとめる

- 文章化することによって、結論を明確にする。

↓

③全体の構成を考える

- 構成は、序論→本論→結論とする
- 序論・本論・結論のそれぞれのおおよその字数割り当てを決め、全体のフローチャートをつくる
- この部分は、建物でいえば全体の設計図にあたる。小論文の良し悪しはここで決まる。

- この段階で、頭の中には全体の構想ができていなければならない
- ここまでで制限時間の４分の１程度を使う

↓

④書き始める

- 書き始めたら、一気に最後まで書く。途中で筆が止まると論理展開に断絶が起きる。途中で止まることがないように、書き始める前の③の段階で、全体の構成をしっかりと完成させておく。

ADVICE! 高校生が文章を書くことを苦手とする理由とその対策

①基本的知識が不足している → 日頃から関連する情報を集めておこう！
②自分で考える機会が少ない → 物事を論理的に考える習慣を身につけよう！
③日本語の表現力が不足している → 読書によって「硬い表現」に馴染もう！

4 小論文を書く際の諸注意

①主語・述語の関係をはっきり書く。なるべく主語のない文章は書かない。
②一文の長さは50字以内が原則。特に文章を書くことが苦手な人は、必ずこの原則を守ること。長い文章は、どうしても主語と述語の「ねじれ」が生じやすい。短く、きびきびとした文章を書こう。
③丁寧(ていねい)な字で書くこと。誤字・脱字は印象を悪くする。
④１行目はインパクトのある短い文章で、「読んでみようか」と思わせる文章がよい。
⑤語尾の文体は「～である」調が基本。もちろん、強調したい部分は「～だ」と強く断言してもよい。「～と思う」「～と感じる」といった表現は自信のなさの表われであり、使ってはならない。根拠を示し、断定的に論じること。
⑥400字以下の場合は段落分けをしなくてもよい。

5 文章を添削してみよう

次の文章は、「やさしさとは何か」(600字以内)というテーマで高校生が書いた小論文の一部である。下線部ⓐ、ⓑ、ⓒの文章を、どのように直せばよいか考えてみよう。

> 世間一般で言われている「優しさ」とは、困った人を見たら助けてあげる類のことをいう。実際、辞書で調べると「周囲や相手に気を使って控えめであること」などとある。しかし、「優しさ」とはそれだけのことをいうのであろうか。
> ⓐ私の考える「優しさ」とは、第一に、相手への思いやりや気配りの他に、相手の今の心情を理解しなければならない。たとえば、電車でお年寄りに席を譲っても、必ずしも喜ばれるとは限らない。ⓑ私は以前、お年寄りに席を譲ったら、お礼を言われるどころか、反対に「失礼な人だ」と怒り出してしまった。おそらく、その人はお年寄り扱いされたくなかったのだろう。
> 第二に、必要に応じて時には厳しく接することである。ⓒクラブの練習では先生から厳しい指導が行われるが、そうした厳しさは私たちのためを思ってのことであり、将来の私たちの財産になるかもしれないので、本当の優しさとは厳しさも含むものでなければならない。
> 第三に、公平に接することも優しさの一つである。えこひいきをしないことだ。学校の先生や看護師さんのように多くの人と接する職業の人には、特にこうした「優しさ」が求められる。
> 人間関係において「優しさ」は非常に重要である。相手の心情を理解すること、時には厳しく接すること、公平に接すること。以上の３点が私の考える「優しさ」である。

●解答例

ⓐ主語と述語だけを取り出すと、「優しさとは、……理解しなければならない」となり、文がねじれている。
⟶「理解することである」に修正する。
ⓑここも文がねじれており、主語である「私」が怒り出したようにとられる。
⟶「怒り出してしまって」を「怒られて」に修正する。
ⓒ一文が長い(96字)。
⟶２つ、もしくは３つの文に切り、適当な接続詞(「しかし」「したがって」など)でつなぐ。

6 小論文を書く際の諸注意

課題

「インターネットと現代」というテーマで、あなたの考えを800字程度で述べなさい。

第１段階 思いつくままメモをする

ことばで表現することにより、「もやもや」が消える。

●例
- 電車の中で、みんなスマホを見ている
- メール、ニュース、検索、ゲームなど利用価値大
- いまやスマホは必需品
- その一方で、インターネットの負の側面も
  ⟶スマホ依存症、架空請求、なりすまし、プライバシーの侵害、出会い系サイトによる犯罪など
  ⟶読書離れ、新聞離れも引き起こす
- ネットやスマホの発達で、人々のコミュニケーション能力は高まったか？
- メール、電話、直接会って話す ⟶ 使い分けが必要

第２段階 結論とその理由を決める

まず結論を決め、その結論を導くために、どのような切り口で切りこむか、その理由はなぜかをはっきりさせる。小論文のテーマや課題の内容によって求められる観点も異なる。

第３段階 全体の構成を考える

①序論
朝、電車に乗ると、多くの人が携帯電話を見ている。メールを打つ人、ニュースを読む人、ゲームをする人など、さまざまである。…………
…………
インターネットは、はたして人々のコミュニケーション能力を高めたのであろうか。

②本論
私は、インターネットの出現によって、人々のコミュニケーション能力はかえって低下しているのではないかと思う。その理由は、第一に…………
…………
第二に、…………
…………
第三に、…………
…………

③結論
以上、述べたようにインターネットは人々のコミュニケーション能力をかえって低下させているといえる。

第４段階 第３段階の「設計図」をもとに、一気に答案を書く

ADVICE! 「盛りこみすぎ」は混乱の原因
全体の構成を考えるとき、あれもこれも盛りこんではいけない。知っていることを、すべて浅く広く書くのではなく、テーマを絞って、なるべく深く書く。

Ⅰ これからの地方自治のあり方

(➡p.102〜103)

課題

地域社会が特色を生かしながら自立し、住民生活が向上していくために必要な政策について、600字以内であなたの考えを述べよ。

●解答例文

私は、地域社会の自立と住民生活の向上には、地方分権の推進と地方交付税の増額が不可欠と考える。

確かに、地方自治体間の財政力の違いがある中で、地方分権は格差をもたらすとして反対する意見もある。しかし、国が行政サービスの内容を一律に決定して財源を分配するよりも、地方自治体の裁量で地域住民が求める行政サービスを提供した方が、効率的な行政サービスが提供できるのではないか。また、ＩＣＴの発展によって、効率的な行政サービスが実現するだけでなく、住民や企業にとって都市と地方との障壁が下がることで、テレワークや地方移住、企業の地方移転も進んでいる。

したがって、地方自治体への分権を進め、地方の裁量で使える地方交付税の額を増やして、その地域の特色や課題に合わせた政策を実施できるようにすべきである。そして各地方自治体がそれぞれの地域住民のニーズに沿った行政サービスを展開して、住民や企業にとって「住みやすい街づくり」を進めるべきである。このことは、地方移住者や企業の地方移転増加をもたらす。地域の基幹産業が維持されれば、住民の雇用と税収も確保され、住民生活の向上につなげることができるのではないか。

このような理由から、私は、地方分権を進め地方交付税を増やすことにより、住みやすい街づくりを進めるとともに、国と地方が地方移住や企業の地方移転を積極的に支援する政策を取るべきだと考える。

課題へのアプローチ

第１段落 自分の主張

⟶ 地域社会の自立・住民生活の向上……地方分権の推進と政策実施を裏づける財源の確保が必要

第２段落 反対意見の提示と自分の主張の裏づけ

反対意見：財政力の違いがあるため、地方間格差が拡大するおそれ

自分の主張：①地方自治体が政策決定を行った方が効率的
②ＩＣＴの発展で地理的な障壁がなくなる
③テレワークの普及、地方移住者や地方に移転する企業の増加

第３段落 具体的な政策提案

⟶ たんに権限・財源を移すのではなく、住民のニーズに沿った「住みやすい街づくり」を行う

第４段落 結論

地方が住民にとっても企業にとっても魅力あるものでなければ、地域社会の発展はない

●評価のポイント

①地方自治の課題を、国との関係の中で捉(とら)えているか。
②技術革新や働き方の多様化などの視点から、地域の現状が変化していることをを捉えているか。
③地域社会の自立のために必要な政策について、具体的に提案できているか。

Ⅱ 財政改革のあり方

(➡p.178〜179)

課題

日本の財政赤字が増大している原因および、財政改革のあり方について、600字以内であなたの考えを述べよ。

●解答例文

日本の財政赤字が止まらない。これまでに発行した国債残高の累計は1,000兆円を超え、いまや先進国の中でも最悪の状況にある。なぜこうした事態をまねいてしまったのか。この状況を改善するにはどうしたらいいのだろうか。

不景気になったら国債を発行してもいいから有効需要を高めて、景気を回復させるべきであると主張したのはケインズである。彼の主張は経済理論としては間違ってはいないだろう。しかし、これを現実の経済政策として実行すると新たな困難に直面する。すなわち、民主主義制度の下では、国民は減税には賛成しても、増税には反対する。その結果、不景気に借金をしても、好景気になった時に借金を返すための増税を政治家は主張できないのである。これに加えて、60年償還ルールの存在が財政規律を一層緩ませてしまった。それが今日の財政赤字の根本原因である。

では、日本が財政破綻を起こさないためにはどのような改革をすべきなのだろうか。財政赤字を止めるためには基本的には二つの方法しかない。一つは歳出を切り詰めることであり、もう一つは歳入を増やすことである。歳入を増やすためには経済成長による自然増収が望ましい。しかし、それが困難なら増税もやむを得ない。

財政赤字を解消することは困難であるが、次の世代に負担を残さないための努力を惜しんではならない。

課題へのアプローチ

第１段落 財政赤字の現状

- 国債の累積残高が1,000兆円を超えている
  ⟶ 先進国の中では最悪の状況である

第２段落 財政赤字をまねいた原因

- 不景気のときに国債を発行をしてもいいと主張したのはケインズである
  ⟶ しかし、民主主義の下では、増税は世論に反対されるために行いにくい。このため、ケインズ理論に基づく政策は財政赤字を深刻化させることになった

第３段落 財政改革の方向性

- 基本的には歳出を切り詰(つ)めるか歳入を増やすしかない
  ⟶ 経済成長による自然増収が一番望ましいが、それが無理なら増税もやむを得ない

第４段落 結論

財政赤字の解消は容易ではないが、次世代にツケを残さないための最大限の努力をすべきである

●評価のポイント

①日本の財政の現状を理解しているか。
②財政赤字の原因について、経済理論や財政制度をふまえた上で、自分の考え方を示しているか。
③序論・本論・結論の形式をふまえて、全体が論理的に展開されているか。

Ⅲ これからの農業政策のあり方

（➡p.220〜221）

課題

現在の日本の農業が直面している課題をあげて、それに対するあなたの考えと、これからの農業政策のあり方について、600字以内で述べよ。

●解答例文

　第二次世界大戦後、日本の農業は食糧管理制度などによって手厚く保護されてきた。しかし、それにもかかわらず農業は衰退し、農村の過疎化が進んでいる。現在、日本の農業が直面している課題とは何か。また、それを解決するためにはどのような対策をとるべきなのか。

　日本農業の課題として次の三つを指摘したい。第一に食料自給率が低いことである。カロリーベースで約40%しかなく、食料安全保障の面からも課題といえる。第二に、国際競争力がない。グローバル化が避けられないとすれば、日本の農業が生き延びるためには国際競争力をつける必要がある。第三に、後継者不足である。

　これら三つの課題は別々の問題ではない。根底にある問題は一つであり、日本の農業が経営として成り立たないところにすべての原因がある。したがって、解決策としては「儲かる農業」に転換することが基本的な方針となる。例えば、農業の大規模化を進めて生産性を高めたり、６次産業化を進めたりするのも一つの方法である。また、インターネットの活用によって販路を拡大したり、生産した農産物のブランド化を図ったりする方法もある。そして、こうした未来型の農業を進める後継者に対して、政府が積極的に支援することも大切である。

　戦後、日本の農家は一律に保護されてきた。しかし、食料自給率を高め、国際競争力を強化するためには、今後は中核となる農家に絞って保護育成するべきである。

課題へのアプローチ

第1段落 戦後の日本の農業を振り返る
- 食糧管理制度により保護されてきたこと
- 保護政策がかえって農業を衰退（すいたい）させてしまったこと

第2段落 日本の農業の課題を指摘する

⟶ ①食料自給率が低いこと
　②国際競争力がないこと
　③後継者不足が深刻なこと

第3段落 第２段落で述べた課題の解決方法を提示する

⟶ ①農業経営の大規模化……生産性を高める
　②６次産業化
　③インターネットの活用と販路拡大
　④ブランド化の推進

↓

「儲かる農業」への転換

第4段落 結論

日本の農業の中核となる農家に絞って保護育成することが必要である

●評価のポイント

①戦後の農業政策の展開を理解しているか。
②日本の農業が直面する課題を的確に指摘しているか。
③上記②で指摘した課題に対して、解決方法を具体的に提案しているか。

Ⅳ 働き方の多様化と労働政策のあり方

（➡p.234〜235）

課題

ギグワーカーなど働き方が多様化する中での望ましい労働政策について、600字以内であなたの考えを述べよ。

●解答例文

　日本の年功序列を前提とした終身雇用は、右肩上がりの経済状況を前提としているので、長く雇用するほど賃金が上がる。しかし、日本の経済成長率は低迷しているため、日本型雇用の維持が困難になってきている。

　欧米では職務内容を限定して労働契約を結ぶジョブ型雇用が主流である。ジョブ型雇用は同一労働同一賃金になりやすく、若手には収入の増加が見込めるが、社内で職務が必要なくなった場合は解雇もあり得る。欧州には労働者１人当たりの労働時間や賃金を減らして雇用を確保するワークシェアリングを行っている国もある。

　近年、フリーランスやギグワーカーも増えている。日本でもプラットフォーム企業を通じて仕事を請け負うギグワーカーを見かけることが増えてきた。フリーランスは自由な時間で働けるというイメージがあるが、企業と業務請負契約を結んで仕事を請け負う個人事業主である。企業に雇用されていないため、労働基準法などの保護を受けることができず、仕事上の事故があっても労災保険が適用されないため、十分な補償が受けられない。

　どのような働き方を選んだとしても、人としての尊厳が保てるような労働条件、すなわちディーセントワークを政府は保障しなければならない。そのためには、今後増えることが予想されるギグワーカーに限らず、働く者の生活を保障する法整備やワークシェアリングの導入が、日本でも不可欠である。

課題へのアプローチ

第1段落 日本型雇用の現状
- 日本経済の現状への理解……右肩上がりでない低成長
  ⟶ 自分の主張：日本型雇用が維持困難になっている

第2段落 諸外国の従来の労働政策の例
- 例：ジョブ型雇用、ワークシェアリング
  ⟶ 欧米の労働政策のメリットとデメリット

第3段落 新しい働き方の例
- 例：フリーランス、ギグワーカー
  ⟶ 注目されている働き方の光と影
  ……企業に雇用されているかどうかが大きな違い

↓

個人事業主に対する労働者保護法制の必要性

第4段落 結論
- 本来の労働政策のあり方
  ⟶ 人としての尊厳が保てるような労働条件を保障するために、日本の現状に合わせて政府はどのようなことをするべきか……ディーセントワークへの理解

●評価のポイント

①日本型雇用の現状を理解しているか。
②多様な働き方の特徴をふまえて問題点を把握しているか。
③ディーセントワークの理念を理解した上で、自分の考えを説明しているか。

Ⅴ これからの子育て支援あり方

(➡p.248〜249)

課題

誰もが安心して子どもを産み育てることができるための支援について、600字以内であなたの考えを述べよ。

●解答例文

日本の社会保障費の中で、子育て支援の予算は少ない。北欧やフランスのように合計特殊出生率を回復するためには、子育て支援の予算を増額する必要がある。しかし、今の財政状況では思い切った予算の増額は難しい。そのため、限られた予算の中でできることとして、現物給付と現金給付のバランスから問題を考えてみる。

核家族化が進行し、共働き世帯も増加する中で、子育ては家庭の中だけで解決できる問題ではなくなっている。こうした理由から、保育所の整備など、現物給付による支援は政府が一律に行う必要があるとされる。しかし、どのような保育サービスを求めるかは、家庭によってさまざまであり、家庭のニーズに応じた保育サービスを行うためには、公的機関だけでは限界がある。

その点、児童手当のような現金給付であれば、民間企業が提供する保育サービスを利用者が選択して購入すればよい。ただし、現金給付の場合、安価で質の高い保育サービスが保障されるとは限らないし、利用者が少ない地域では、近所に事業者がみつからない可能性もある。

このように、現物給付と現金給付にはそれぞれ課題があるが、政府が子育て支援として最低限の現物給付を保障し、その上で現金給付を利用者のニーズに応じて加えていくことが現実的である。その際、予算を有効活用するために、費用対効果分析の手法を取り入れて実施することも必要になる。

課題へのアプローチ

第1段落 子育て支援の問題点

- 現状：日本の子育て支援予算の少なさ
  ……現在の財政状況を考えた場合、予算の増額は困難
  ⟶ 現物給付と現金給付のバランスから解決策を考える

第2段落 具体的な事例による問題点の提示１

例：現物給付の課題
⟶ 利用者の多様なニーズに応えることが困難

第3段落 具体的な事例による問題点の提示２

例：現金給付の課題
⟶ 質の高いサービスが提供されるとは限らない

第4段落 結論

- これからの子育て支援のあり方
  ⟶ 政府は最低限の現物給付を保障し、その上で現金給付を利用者のニーズに応じて上乗せ
  ⟶ 給付については、予算を効率的に活用するために、費用対効果分析の手法を取り入れて実施

●評価のポイント

①福祉の中での子育て支援の問題点を理解しているか。
②現物給付と現金給付のそれぞれの課題をふまえて、自分の主張を述べているか。
③望ましい子育て支援のあり方について、具体的に提案できているか。

Ⅵ 移民・難民問題

(➡p.288〜289)

課題

移民・難民問題について、日本がとるべき望ましい対応について、600字以内であなたの考えを述べよ。

●解答例文

世界の移民・難民は政治的・経済的理由から増加傾向が続いている。これまで日本は移民や難民を積極的には受け入れてこなかったが、本来の望ましい対応とはどのようなものだろうか。

近年、日本社会は少子高齢化が進み、これまで経験したことがない人口減少社会を迎えている。労働力人口も減少し、各方面で慢性的な人手不足が発生している。政府は子育て支援や若者支援などの対策を行ってきたが、成果は上がっていない。一方、日本は外国人技能実習生や特定技能制度の下で多くの外国人を受け入れてきた。

そこで、本格的に日本も移民や難民を受け入れるべきだとの議論もある。もともと、ＥＵ諸国をはじめ、世界では移民や難民を積極的に受け入れてきたし、それが社会を活性化させている側面もある。難民条約の枠外で、難民キャンプで暮らす難民を、別の国が受け入れている場合も多い。しかしながら、日本が移民・難民を積極的に受け入れるためには、制度上の準備が整っているとはいえない。また、多くの外国人が流入することで、地域社会ではさまざまな摩擦が起こることも想定される。

一方で、移民・難民の積極的な受け入れは、同質的な日本に多様性をもたらし、社会を活性化させる原動力の一つになる可能性もある。私は移民・移民を受け入れることの意義を十分理解して、社会全体の合意の上で受け入れを模索するべきだと考える。

課題へのアプローチ

第1段落 移民・難民問題の課題

- 問題提起：政治的・経済的な理由から、世界では移民・難民は増加している

第2段落 日本社会の現状

- 少子高齢化の進行 ⟶ 人口減少社会へ
- 労働力人口の減少とその対応……外国人技能実習生や特定技能制度による外国人の受け入れ

第3段落 本来の移民・難民支援のあり方

- ＥＵ諸国をはじめ、多くの国で移民・難民を受け入れ
  ⟷ 日本では受け入れ態勢が不十分で、地域社会における摩擦(まさつ)が懸念(けねん)される

第4段落 結論

- 将来の日本社会のあり方
  ……移民・難民を受け入れることは、社会の多様性を広げて日本社会の活性化につながる可能性がある
  ⟶ それには社会全体の合意と理解が必要

●評価のポイント

①移民・難民問題の現状を理解できているか。
②日本社会での受け入れ議論の背景について理解し、具体的にふれられているか。
③受け入れのメリット、デメリットをふまえた上で、自分の考えを述べているか。

Ⅶ これからの日本のエネルギー政策

（➡p.372〜373）

課題

これからの日本のエネルギー政策における原子力発電のあり方について、600字以内であなたの考えを述べよ。

●解答例文

　これからの日本のエネルギー政策においては、原子力発電への依存を少しずつ減らすべきである。化石燃料を用いた火力、水力、再生可能エネルギーなど多様なエネルギーを組み合わせながら私たちの生活に必要なエネルギーを確保するべきだと考える。

　石油などの資源に恵まれない日本においては、安定的に供給できる原子力発電は重要なベースロード電源としての役割を果たしてきた。発電時に二酸化炭素などの温室効果ガスの排出が少ないことも利点といえる。一方で東日本大震災による福島第一原発事故の影響で、現在もなお避難生活を続ける人もいる。地震などの自然災害が頻発する日本では、持続可能性や安全性の観点からは、原子力発電をエネルギー政策の柱とすることは難しいと考える。また、放射性廃棄物の最終処分場の建設についても、国民的な合意を得ることが困難である。

　しかし、ただちに現在稼働中の原子力発電所をすべて停止して廃炉にする政策は非現実的である。地熱、風力、太陽光などさまざまな再生可能エネルギーの発電に徐々に移行することが現実的である。

　エネルギーの最適な組み合わせは時代によっても変化する。これからのエネルギー政策を考えるにあたっては、安全性、供給の安定性、価格などの経済効率、環境への負荷の度合いなど、さまざまな観点から考察することが重要である。

課題へのアプローチ

第1段落　エネルギー政策に対する自分の主張

- 原子力発電への依存を少しずつ減らしていくべき
- エネルギーミックスの視点から考えていくべき

第2段落　原子力発電の利点と課題

- 原子力発電の利点
  ……発電時の温室効果ガス排出が少ない
  　　コストや電力の安定供給の面から経済合理性がある
- 原子力発電の課題
  ……自然災害の多い日本で原発を続けるリスクは高い
  　　放射性廃棄物の最終処分場の建設は合意が困難

第3段落　エネルギーミックスの視点

- ただちに原子力発電をゼロにすることは現実的ではない
  ⟶計画的に再生可能エネルギーの割合を増やす

第4段落　結論

- さまざまな観点をふまえて政策を考える必要がある
  ⟶安全性、安定供給、経済効率、環境適合性など

●評価のポイント

①課題に対して、どのような立場をとっているか、そしてその理由は何かを的確に表現しているか。
②原子力発電の利点と課題を具体的に述べているか。
③エネルギー政策について、さまざまな観点をふまえて考察しているか。

出題形式別 小論文に求められる能力

■課題文型小論文に求められる能力
〜課題文の内容を的確にふまえて書く〜

　課題文型小論文は、長文を読み、自分の意見を述べる問題である。そこでは、第一に、与えられた課題文の内容を的確に把握しているかどうかが採点対象となる(200字程度で課題文の要約が課せられる場合もある)。課題文の内容から大きく外れた解答は、減点の対象となる。自分の考えを述べるにあたっては、課題文の内容を理解していることを示すために、「課題文の主題＝筆者の言いたいこと」を内容に盛りこみながら、意見を主張していくことが求められる。

■テーマ型小論文に求められる能力
〜求められていることは何かを正確に把握する〜

　「〜について、あなたの意見を述べよ」というタイプの出題は、書き始める前に、自分の意見をしっかりまとめることが大切である。まず、自分の意見の結論を定めて、その結論を根拠づける事実関係をあげていくとよい。また、「〜は必要かどうか、あなたの意見を述べよ」などのように、設問文にテーマの是非（ぜひ）を問うものがあれば、賛成か反対か、自分の立場を冒頭で示してから、その理由を展開するとよい。

■データ型小論文に求められる能力
〜データから推定できることを正確に読みとる〜

　データとして実験データ、アンケート調査、社会調査結果などが、表やグラフで示されることが多い。特に、理系学部でこうしたタイプの出題が多い。まずは、データをじっくり読みこみ、データから何が読みとれるのか、どういうことが推定されるのかを考えよう。また、データの特徴に注目し、仮説を立てたり、現実に起きていることを推定したりしよう。複数のデータが示されている場合は、それらのデータを因果関係で読みとることが必要な場合もある。

評価される小論文とは？

❶自分の立場をはっきり示していること

　課題文型小論文では、「自分の考えを述べよ」、「(筆者の考えに対して)賛成もしくは反対の立場からあなたの考えを述べよ」と問われる場合が多い。そのため、自分の立場をはっきりと示し、小論文を作成していくことが大切である。出題テーマに対して、自分の立場を明確に定められない場合は、自分がどちらの立場なら、説得力をもって書けるのかを考えて選ぶという方法もある。ただし、その論拠が独善的にならないように、日頃から自分とは反対の意見にも目を向けて、客観性のある論拠で書けるようにしよう。

❷全体の構成がまとまっており、結論が明確であること

　小論文は、基本的に「序論、本論、結論」の順に従って書くが、小論文で最も評価が低いのは、結論が明確ではない文章である。自分の考えは、問題で問われている重要なポイントなので、小論文の結論の部分で明確にすればよい。しかし、小論文が苦手な人は、最初に結論を述べ、以下にその理由を、最後に再度結論でまとめるという展開方法を試してみるのもよい。

❸データに対しては論理的にアプローチしていること

　データ型小論文では、問1でデータを読みとらせ、問2でデータに基づいて課題解決を考えさせる問題が多い。その場合、問1のデータの読みとりと、問2の課題解決は決して無関係ではない。「データからこのようなことを読みとることができる。だから、この部分をこういうふうに変えていけば、課題解決につながるはずだ」というように、データを利用して全体の論理を構成することが有効な場合もある。データを無視して、自分勝手な答案を書いても合格点にはおぼつかない。文章の表現力よりも、論理的に書くことに注意を払おう。

法令集

1 日本国憲法

・公布　1946(昭和21)年11月３日　・施行　1947(昭和22)年５月３日

上諭

朕は、日本国民の総意に基いて、新日本建設の礎が、定まるに至つたことを、深くよろこび、枢密顧問の諮詢及び帝国憲法第73条による帝国議会の議決を経た帝国憲法の改正を裁可し、ここにこれを公布せしめる。

御名御璽

昭和21年11月３日

内閣総理大臣兼外務大臣	吉田　茂	国務大臣	男爵	幣原喜重郎
司法大臣	木村篤太郎	内務大臣		大村　清一
文部大臣	田中耕太郎	農林大臣		和田　博雄
国務大臣	斎藤　隆夫	逓信大臣		一松　定吉
商工大臣	星島　二郎	厚生大臣		河合　良成
国務大臣	植原悦二郎	運輸大臣		平塚常次郎
大蔵大臣	石橋　湛山	国務大臣		金森徳次郎
国務大臣	膳　桂之助			

前文

日本国民は、正当に選挙された国会における代表者を通じて行動し、われらとわれらの子孫のために、諸国民との協和による成果と、わが国全土にわたつて自由のもたらす恵沢を確保し、政府の行為によつて再び戦争の惨禍が起ることのないやうにすることを決意し、ここに主権が国民に存することを宣言し、この憲法を確定する。そもそも国政は、国民の厳粛な信託によるものであつて、その権威は国民に由来し、その権力は国民の代表者がこれを行使し、その福利は国民がこれを享受する。これは人類普遍の原理であり、この憲法は、かかる原理に基くものである。われらは、これに反する一切の憲法、法令及び詔勅を排除する。

日本国民は、恒久の平和を念願し、人間相互の関係を支配する崇高な理想を深く自覚するのであつて、平和を愛する諸国民の公正と信義に信頼して、われらの安全と生存を保持しようと決意した。われらは、平和を維持し、専制と隷従、圧迫と偏狭を地上から永遠に除去しようと努めてゐる国際社会において、名誉ある地位を占めたいと思ふ。われらは、全世界の国民が、ひとしく恐怖と欠乏から免かれ、平和のうちに生存する権利を有することを確認する。

われらは、いづれの国家も、自国のことのみに専念して他国を無視してはならないのであつて、政治道徳の法則は、普遍的なものであり、この法則に従ふことは、自国の主権を維持し、他国と対等関係に立たうとする各国の責務であると信ずる。

日本国民は、国家の名誉にかけ、全力をあげてこの崇高な理想と目的を達成することを誓ふ。

第１章　天　皇

第１条〔天皇の地位・国民主権〕　天皇は、日本国の象徴であり日本国民統合の象徴であつて、この地位は、主権の存する日本国民の総意に基く。

第２条〔皇位の継承〕　皇位は、世襲のものであつて、国会の議決した皇室典範の定めるところにより、これを継承する。

第３条〔天皇の国事行為に対する内閣の助言と承認〕　天皇の国事に関するすべての行為には、内閣の助言と承認を必要とし、内閣が、その責任を負ふ。

第４条〔天皇の権能の限界、天皇の国事行為の委任〕　①　天皇は、この憲法の定める国事に関する行為のみを行ひ、国政に関する権能を有しない。

②　天皇は、法律の定めるところにより、その国事に関する行為を委任することができる。

語句解説

〔上諭〕

◆**朕**　天皇が自分をさしていうことば。日本国憲法になってからは「私」と自称するようになった。

◆**枢密顧問**　明治憲法下で、重要な国務について天皇の諮詢に応える機関である、枢密院の構成員。天皇によって任命された。

◆**諮詢**　意見を聞くこと。

◆**裁可**　明治憲法下で、天皇が帝国議会の議決した法律案や予算を成立させること。

◆**御名御璽**　天皇の名前と印。

〔前文〕

◆**恵沢**　恩恵を受けること。

◆**主権**　国家の政治のあり方を最終的に決める権利。

◆**信託**　信用して任せること。

◆**権威**　他人に強制し、服従させる威力。

◆**権力**　支配者は被支配者に服従を強要する力。

◆**福利**　幸福と利益。

◆**人類普遍の原理**　全人類にあてはまる根本的な原則のこと。

◆**法令**　法律・命令・規則などの総称。

◆**詔勅**　天皇が意思を表示する文書。

◆**隷従**　部下として従うこと。

◆**偏狭**　度量の狭いこと。

〔第１条〕

◆**象徴**　シンボル。抽象的な目に見えないものを、目に見えるもので表すもの。(例)平和→鳩

〔第２条〕

◆**世襲**　地位・財産・職業などを子孫が代々受け継ぐこと。

◆**皇室典範**　皇位継承・皇族・摂政・皇室会議など、皇室に関係ある事項を定めた法律。

〔第３条〕

◆**国事行為**　天皇が国の仕事として行う一定の行為。

〔第４条〕

◆**権能**　ある事柄を行使できる能力。権限。

第５条〔摂政〕 皇室典範の定めるところにより摂政を置くときは、摂政は、天皇の名でその国事に関する行為を行ふ。この場合には、前条第１項の規定を準用する。

第６条〔天皇の任命権〕 ① 天皇は、国会の指名に基いて、内閣総理大臣を任命する。

② 天皇は、内閣の指名に基いて、最高裁判所の長たる裁判官を任命する。

第７条〔天皇の国事行為〕 天皇は、内閣の助言と承認により、国民のために、左の国事に関する行為を行ふ。

1 憲法改正、法律、政令及び条約を公布すること。
2 国会を召集すること。
3 衆議院を解散すること。
4 国会議員の総選挙の施行を公示すること。
5 国務大臣及び法律の定めるその他の官吏の任免並びに全権委任状及び大使及び公使の信任状を認証すること。
6 大赦、特赦、減刑、刑の執行の免除及び復権を認証すること。
7 栄典を授与すること。
8 批准書及び法律の定めるその他の外交文書を認証すること。
9 外国の大使及び公使を接受すること。
10 儀式を行ふこと。

第８条〔皇室の財産授受〕 皇室に財産を譲り渡し、又は皇室が、財産を譲り受け、若しくは賜与することは、国会の議決に基かなければならない。

第２章 戦争の放棄

第９条〔戦争の放棄、戦力及び交戦権の否認〕 ① 日本国民は、正義と秩序を基調とする国際平和を誠実に希求し、国権の発動たる戦争と、武力による威嚇又は武力の行使は、国際紛争を解決する手段としては、永久にこれを放棄する。

② 前項の目的を達するため、陸海空軍その他の戦力は、これを保持しない。国の交戦権は、これを認めない。

第３章 国民の権利及び義務

第10条〔国民の要件〕 日本国民たる要件は、法律でこれを定める。

第11条〔基本的人権の享有〕 国民は、すべての基本的人権の享有を妨げられない。この憲法が国民に保障する基本的人権は、侵すことのできない永久の権利として、現在及び将来の国民に与へられる。

第12条〔自由・権利の保持の責任とその濫用の禁止〕 この憲法が国民に保障する自由及び権利は、国民の不断の努力によつて、これを保持しなければならない。又、国民は、これを濫用してはならないのであつて、常に公共の福祉のためにこれを利用する責任を負ふ。

第13条〔個人の尊重・幸福追求権・公共の福祉〕 すべて国民は、個人として尊重される。生命、自由及び幸福追求に対する国民の権利については、公共の福祉に反しない限り、立法その他の国政の上で、最大の尊重を必要とする。

第14条〔法の下の平等、貴族の禁止、栄典〕 ① すべて国民は、法の下に平等であつて、人種、信条、性別、社会的身分又は門地により、政治的、経済的又は社会的関係において、差別されない。

② 華族その他の貴族の制度は、これを認めない。

③ 栄誉、勲章その他の栄典の授与は、いかなる特権も伴はない。栄典の授与は、現にこれを有し、又は将来これを受ける者の一代に限り、その効力を有する。

第15条〔公務員選定罷免権、公務員の本質、普通選挙の保障、秘密投票の保障〕

① 公務員を選定し、及びこれを罷免することは、国民固有の権利である。

② すべて公務員は、全体の奉仕者であつて、一部の奉仕者ではない。

③ 公務員の選挙については、成年者による普通選挙を保障する。

④ すべて選挙における投票の秘密は、これを侵してはならない。選挙人は、その選択に関し公的にも私的にも責任を問はれない。

第16条〔請願権〕 何人も、損害の救済、公務員の罷免、法律、命令又は規則の制定、廃止又は改正その他の事項に関し、平穏に請願する権利を有し、何人も、かかる請願をしたためにいかなる差別待遇も受けない。

〔第５条〕
◆**摂政** 天皇に代わって国事行為を行う職。
〔第６条〕
◆**任命** 職務を命ずること。
〔第７条〕
◆**政令** 内閣の制定する命令。憲法や法律の規定を実施するためのものと、法律の委任した事項を定めるためのものがある。
◆**公布** 成立した法律・命令・条約を発表し、国民に広く知らせること。
◆**全権委任状** 国際会議などで特定事項に関して外交交渉を行う全面的な権限を与えることを記して、元首が外交使節に交付する公文書。
◆**信任状** 大使・公使などの外交使節が正当な資格をもつことを示した公文書。
◆**認証** ある行為や文書の作成が、正当な手続き、方式で行われたことを公の機関が証明すること。
◆**大赦** 恩赦の一種。政令で定めた罪に対して、刑罰の執行を赦免すること。
◆**特赦** 恩赦の一種。特定の犯人に対して刑の執行を免除すること。
◆**栄典** 栄誉を表すために与えられる地位や勲章など。
◆**批准** 国家間で結ばれた条約を確認し、それに同意すること。
◆**接受** 受け入れること。
〔第８条〕
◆**賜与** 与えること。
〔第９条〕
◆**基調** 根底にある基本的傾向。
◆**希求** 願い求めること。
◆**国権** 国家の権力。
◆**戦争** 武力による国家間の闘争。
◆**威嚇** おどかし。
◆**武力の行使** 正式の戦争以前の段階での戦闘行為。
◆**戦力** 戦争を遂行できる力。
◆**交戦権** 国家が戦争をなしうる権利。
〔第11条〕
◆**享有** 生まれながらに身に受けてもっていること。
〔第12条〕
◆**公共の福祉** 社会全体の共同の幸福。
〔第14条〕
◆**信条** かたく信じることがら。宗教的信仰、政治的信念、世界観などのこと。
◆**社会的身分** 人が社会において占めている地位でそれについて事実上社会的評価をもっているもの。
◆**門地** 家柄。
◆**華族** 明治憲法下で、公・侯・伯・子・男の爵位を授けられた者とその家族。
〔第15条〕
◆**罷免** その職をやめさせること。
◆**普通選挙** 身分・性別・教育・信仰・財産・納税などで差をつけることなく、一般の成年者に選挙権を認める選挙。
〔第16条〕
◆**請願** 願い出ること。

第17条〔国及び公共団体の賠償責任〕 何人も、公務員の不法行為により、損害を受けたときは、法律の定めるところにより、国又は公共団体に、その賠償を求めることができる。

第18条〔奴隷的拘束及び苦役からの自由〕 何人も、いかなる奴隷的拘束も受けない。又、犯罪に因る処罰の場合を除いては、その意に反する苦役に服させられない。

第19条〔思想及び良心の自由〕 思想及び良心の自由は、これを侵してはならない。

第20条〔信教の自由〕 ① 信教の自由は、何人に対してもこれを保障する。いかなる宗教団体も、国から特権を受け、又は政治上の権力を行使してはならない。
② 何人も、宗教上の行為、祝典、儀式又は行事に参加することを強制されない。
③ 国及びその機関は、宗教教育その他いかなる宗教的活動もしてはならない。

第21条〔集会・結社・表現の自由、通信の秘密〕 ① 集会、結社及び言論、出版その他一切の表現の自由は、これを保障する。
② 検閲は、これをしてはならない。通信の秘密は、これを侵してはならない。

第22条〔居住・移転及び職業選択の自由、外国移住及び国籍離脱の自由〕
① 何人も、公共の福祉に反しない限り、居住、移転及び職業選択の自由を有する。
② 何人も、外国に移住し、又は国籍を離脱する自由を侵されない。

第23条〔学問の自由〕 学問の自由は、これを保障する。

第24条〔家族生活における個人の尊厳と両性の平等〕 ① 婚姻は、両性の合意のみに基いて成立し、夫婦が同等の権利を有することを基本として、相互の協力により、維持されなければならない。
② 配偶者の選択、財産権、相続、住居の選定、離婚並びに婚姻及び家族に関するその他の事項に関しては、法律は、個人の尊厳と両性の本質的平等に立脚して、制定されなければならない。

第25条〔生存権、国の社会的使命〕 ① すべて国民は、健康で文化的な最低限度の生活を営む権利を有する。
② 国は、すべての生活部面について、社会福祉、社会保障及び公衆衛生の向上及び増進に努めなければならない。

第26条〔教育を受ける権利、教育を受けさせる義務〕 ① すべて国民は、法律の定めるところにより、その能力に応じて、ひとしく教育を受ける権利を有する。
② すべて国民は、法律の定めるところにより、その保護する子女に普通教育を受けさせる義務を負ふ。義務教育は、これを無償とする。

第27条〔勤労の権利及び義務、勤労条件の基準、児童酷使の禁止〕
① すべて国民は、勤労の権利を有し、義務を負ふ。
② 賃金、就業時間、休息その他の勤労条件に関する基準は、法律でこれを定める。
③ 児童は、これを酷使してはならない。

第28条〔勤労者の団結権〕 勤労者の団結する権利及び団体交渉その他の団体行動をする権利は、これを保障する。

第29条〔財産権〕 ① 財産権は、これを侵してはならない。
② 財産権の内容は、公共の福祉に適合するやうに、法律でこれを定める。
③ 私有財産は、正当な補償の下に、これを公共のために用ひることができる。

第30条〔納税の義務〕 国民は、法律の定めるところにより、納税の義務を負ふ。

第31条〔法定の手続の保障〕 何人も、法律の定める手続によらなければ、その生命若しくは自由を奪はれ、又はその他の刑罰を科せられない。

第32条〔裁判を受ける権利〕 何人も、裁判所において裁判を受ける権利を奪はれない。

第33条〔逮捕の要件〕 何人も、現行犯として逮捕される場合を除いては、権限を有する司法官憲が発し、且つ理由となつてゐる犯罪を明示する令状によらなければ、逮捕されない。

第34条〔抑留・拘禁の要件、不法拘禁に対する保障〕 何人も、理由を直ちに告げられ、且つ、直ちに弁護人に依頼する権利を与へられなければ、抑留又は拘禁されない。又、何人も、正当な理由がなければ、拘禁されず、要求があれば、その理由は、直ちに本人及びその弁護人の出席する公開の法廷で示されなければならない。

〔第17条〕
◆不法行為 故意または過失によって他人の権利を侵害し、他人に損害を与えること。

〔第18条〕
◆苦役 苦しい労働。

〔第21条〕
◆結社 多数の人が特定の目的のために団体を結成すること。
◆検閲 信書・出版物・映画などの内容を強制的に検査すること。

〔第24条〕
◆婚姻 結婚すること。
◆配偶者 夫の立場から妻、妻の立場から夫のこと。
◆両性の本質的平等 男性と女性とが、人間として同じ価値をもつこと。

〔第25条〕
◆社会福祉 貧困者や保護を必要とする人々に対する援護・育成・更生を図ろうとする公私の社会的努力を組織的に行うこと。
◆公衆衛生 国民の健康を保持・増進させるため、公私の保健機関や地域組織などによって行われる組織的な衛生活動。

〔第26条〕
◆普通教育 社会人として、人間として一般共通に必要な知識・教養を与える教育。

〔第28条〕
◆団体交渉 労働組合が労働条件について使用者と交渉すること。
◆団体行動 使用者と対等の立場で交渉するための行動。ストライキ・デモ行進など。

〔第29条〕
◆財産権 経済的利益を目的とする権利。

〔第33条〕
◆現行犯 行為中または行為直後に見つけられた犯罪。
◆司法官憲 司法権の行使に関与する公務員。ここでは裁判官のこと。
◆令状 強制処分の判決・決定・命令を記載した裁判所の書状。ここでは逮捕状のこと。

〔第34条〕
◆抑留 比較的短期間、身体の自由を拘束すること。
◆拘禁 留置場・刑務所などに留置し、比較的長期間、身体の自由を拘束すること。

法令集

第35条〔住居の不可侵〕 ① 何人も、その住居、書類及び所持品について、侵入、捜索及び押収を受けることのない権利は、第33条の場合を除いては、正当な理由に基いて発せられ、且つ捜索する場所及び押収する物を明示する令状がなければ、侵されない。

② 捜索又は押収は、権限を有する司法官憲が発する各別の令状により、これを行ふ。

第36条〔拷問及び残虐刑の禁止〕 公務員による拷問及び残虐な刑罰は、絶対にこれを禁ずる。

第37条〔刑事被告人の権利〕 ① すべて刑事事件においては、被告人は、公平な裁判所の迅速な公開裁判を受ける権利を有する。

② 刑事被告人は、すべての証人に対して審問する機会を充分に与へられ、又、公費で自己のために強制的手続により証人を求める権利を有する。

③ 刑事被告人は、いかなる場合にも、資格を有する弁護人を依頼することができる。被告人が自らこれを依頼することができないときは、国でこれを附する。

第38条〔自己に不利益な供述、自白の証拠能力〕 ① 何人も、自己に不利益な供述を強要されない。

② 強制、拷問若しくは脅迫による自白又は不当に長く抑留若しくは拘禁された後の自白は、これを証拠とすることができない。

③ 何人も、自己に不利益な唯一の証拠が本人の自白である場合には、有罪とされ、又は刑罰を科せられない。

第39条〔遡及処罰の禁止・一事不再理〕 何人も、実行の時に適法であつた行為又は既に無罪とされた行為については、刑事上の責任を問はれない。又、同一の犯罪について、重ねて刑事上の責任を問はれない。

第40条〔刑事補償〕 何人も、抑留又は拘禁された後、無罪の裁判を受けたときは、法律の定めるところにより、国にその補償を求めることができる。

第4章 国 会

第41条〔国会の地位・立法権〕 国会は、国権の最高機関であつて、国の唯一の立法機関である。

第42条〔両院制〕 国会は、衆議院及び参議院の両議院でこれを構成する。

第43条〔両議院の組織・代表〕 ① 両議院は、全国民を代表する選挙された議員でこれを組織する。

② 両議院の議員の定数は、法律でこれを定める。

第44条〔議員及び選挙人の資格〕 両議院の議員及びその選挙人の資格は、法律でこれを定める。但し、人種、信条、性別、社会的身分、門地、教育、財産又は収入によつて差別してはならない。

第45条〔衆議院議員の任期〕 衆議院議員の任期は、４年とする。但し、衆議院解散の場合には、その期間満了前に終了する。

第46条〔参議院議員の任期〕 参議院議員の任期は、６年とし、３年ごとに議員の半数を改選する。

第47条〔選挙に関する事項〕 選挙区、投票の方法その他両議院の議員の選挙に関する事項は、法律でこれを定める。

第48条〔両議院議員兼職の禁止〕 何人も、同時に両議院の議員たることはできない。

第49条〔議員の歳費〕 両議院の議員は、法律の定めるところにより、国庫から相当額の歳費を受ける。

第50条〔議員の不逮捕特権〕 両議院の議員は、法律の定める場合を除いては、国会の会期中逮捕されず、会期前に逮捕された議員は、その議院の要求があれば、会期中これを釈放しなければならない。

第51条〔議員の発言・表決の無責任〕 両議院の議員は、議院で行つた演説、討論又は表決について、院外で責任を問はれない。

第52条〔常会〕 国会の常会は、毎年１回これを召集する。

第53条〔臨時会〕 内閣は、国会の臨時会の召集を決定することができる。いづれかの議院の総議員の４分の１以上の要求があれば、内閣は、その召集を決定しなければならない。

〔第35条〕
◆**捜索** 裁判官・検察官・司法警察職員が、証拠物件または犯人を発見するため、強制的に家宅・身体・物件などについて探し求めること。
◆**押収** 裁判所が証拠品を差し押さえ、取り上げること。

〔第36条〕
◆**拷問** 肉体に苦痛を加えて自白を強いること。

〔第37条〕
◆**刑事事件** 刑罰を科すべきかどうかが問題となる事件。
◆**被告人** 検察官から罪を犯した疑いによって訴えられた者。
◆**審問** 裁判所が審理のために書面または口頭で問いただすこと。

〔第38条〕
◆**供述** 尋問に答えて事実や意見を述べること。
◆**自白** 自分の犯罪事実を認める意思表示。

〔第39条〕
◆**遡及** 過去にさかのぼること。
◆**一事不再理** すでに判決が確定した事件について、再び訴訟できないという原則。

〔第45条〕
◆**解散** 衆議院の全議員に対して、その任期が終わる前にその資格を奪う行為。

〔第49条〕
◆**国庫** 国家財政の収入・支出を扱うところ。主として財務省が行っている。
◆**歳費** 議員に毎年支払われる給料。

〔第51条〕
◆**表決** 議案に対する賛否の意思を表すこと。

〔第52条〕
◆**常会** 毎年定例として開かれる国会。通常国会のこと。国会法では、毎年１月中に召集され、会期は150日と定められている。

第54条〔衆議院の解散・特別会、参議院の緊急集会〕 ①　衆議院が解散されたときは、解散の日から40日以内に、衆議院議員の総選挙を行ひ、その選挙の日から30日以内に、国会を召集しなければならない。

②　衆議院が解散されたときは、参議院は、同時に閉会となる。但し、内閣は、国に緊急の必要があるときは、参議院の緊急集会を求めることができる。

③　前項但書の緊急集会において採られた措置は、臨時のものであつて、次の国会開会の後10日以内に、衆議院の同意がない場合には、その効力を失ふ。

〔第54条〕
◆**総選挙**　衆議院議員の任期満了・解散によって、全定数について行われる選挙。これに対して参議院の選挙は、**通常選挙**と呼ばれる。

第55条〔資格争訟の裁判〕　両議院は、各々その議員の資格に関する争訟を裁判する。但し、議員の議席を失はせるには、出席議員の３分の２以上の多数による議決を必要とする。

〔第55条〕
◆**争訟**　訴訟を起こして争うこと。

第56条〔定足数、表決〕 ①　両議院は、各々その総議員の３分の１以上の出席がなければ、議事を開き議決することができない。

②　両議院の議事は、この憲法に特別の定のある場合を除いては、出席議員の過半数でこれを決し、可否同数のときは、議長の決するところによる。

〔第56条〕
◆**議事**　会議で審議すること。

第57条〔会議の公開、会議録、表決の記載〕 ①　両議院の会議は、公開とする。但し、出席議員の３分の２以上の多数で議決したときは、秘密会を開くことができる。

②　両議院は、各々その会議の記録を保存し、秘密会の記録の中で特に秘密を要すると認められるもの以外は、これを公表し、且つ一般に頒布しなければならない。

③　出席議員の５分の１以上の要求があれば、各議員の表決は、これを会議録に記載しなければならない。

〔第57条〕
◆**秘密会**　非公開で会議を行うこと。
◆**頒布**　広くゆきわたるように分けて配ること。

第58条〔役員の選任、議院規則・懲罰〕 ①　両議院は、各々その議長その他の役員を選任する。

②　両議院は、各々その会議その他の手続及び内部の規律に関する規則を定め、又、院内の秩序をみだした議員を懲罰することができる。但し、議員を除名するには、出席議員の３分の２以上の多数による議決を必要とする。

〔第58条〕
◆**役員**　国会法第16条によると、議長・副議長・仮議長・常任委員長・事務総長をいう。
◆**懲罰**　不正または不当な行為に対して制裁を加えること。

第59条〔法律案の議決、衆議院の優越〕 ①　法律案は、この憲法に特別の定のある場合を除いては、両議院で可決したとき法律となる。

②　衆議院で可決し、参議院でこれと異なつた議決をした法律案は、衆議院で出席議員の３分の２以上の多数で再び可決したときは、法律となる。

③　前項の規定は、法律の定めるところにより、衆議院が、両議院の協議会を開くことを求めることを妨げない。

④　参議院が、衆議院の可決した法律案を受け取つた後、国会休会中の期間を除いて60日以内に、議決しないときは、衆議院は、参議院がその法律案を否決したものとみなすことができる。

第60条〔衆議院の予算先議、予算議決に関する衆議院の優越〕 ①　予算は、さきに衆議院に提出しなければならない。

②　予算について、参議院で衆議院と異なつた議決をした場合に、法律の定めるところにより、両議院の協議会を開いても意見が一致しないとき、又は参議院が、衆議院の可決した予算を受け取つた後、国会休会中の期間を除いて30日以内に、議決しないときは、衆議院の議決を国会の議決とする。

〔第60条〕
◆**予算**　一会計年度（４月から翌年の３月まで）の国または地方自治体の収入・支出の計画。

第61条〔条約の承認に関する衆議院の優越〕　条約の締結に必要な国会の承認については、前条第２項の規定を準用する。

〔第61条〕
◆**条約**　国家間の合意で、法的拘束力をもつもの。
◆**締結**　条約や契約を取り結ぶこと。

第62条〔議院の国政調査権〕　両議院は、各々国政に関する調査を行ひ、これに関して、証人の出頭及び証言並びに記録の提出を要求することができる。

第63条〔閣僚の議院出席の権利と義務〕　内閣総理大臣その他の国務大臣は、両議院の一に議席を有すると有しないとにかかはらず、何時でも議案について発言するため議院に出席することができる。又、答弁又は説明のため出席を求められたときは、出席しなければならない。

第64条〔弾劾裁判所〕 ①　国会は、罷免の訴追を受けた裁判官を裁判するため、両議院の議員で組織する弾劾裁判所を設ける。

②　弾劾に関する事項は、法律でこれを定める。

〔第64条〕
◆**訴追**　弾劾の申し立てを行い、裁判官の罷免を求める行為。
◆**弾劾**　罪状を調べ、あばくこと。

第5章　内　閣

第65条〔行政権〕　行政権は、内閣に属する。

第66条〔内閣の組織、国会に対する連帯責任〕　①　内閣は、法律の定めるところにより、その首長たる内閣総理大臣及びその他の国務大臣でこれを組織する。

②　内閣総理大臣その他の国務大臣は、文民でなければならない。

③　内閣は、行政権の行使について、国会に対し連帯して責任を負ふ。

第67条〔内閣総理大臣の指名、衆議院の優越〕　①　内閣総理大臣は、国会議員の中から国会の議決で、これを指名する。この指名は、他のすべての案件に先だつて、これを行ふ。

②　衆議院と参議院とが異なつた指名の議決をした場合に、法律の定めるところにより、両議院の協議会を開いても意見が一致しないとき、又は衆議院が指名の議決をした後、国会休会中の期間を除いて10日以内に、参議院が、指名の議決をしないときは、衆議院の議決を国会の議決とする。

第68条〔国務大臣の任命及び罷免〕　①　内閣総理大臣は、国務大臣を任命する。但し、その過半数は、国会議員の中から選ばれなければならない。

②　内閣総理大臣は、任意に国務大臣を罷免することができる。

第69条〔内閣不信任決議の効果〕　内閣は、衆議院で不信任の決議案を可決し、又は信任の決議案を否決したときは、10日以内に衆議院が解散されない限り、総辞職をしなければならない。

第70条〔内閣総理大臣の欠缺・新国会の召集と内閣の総辞職〕　内閣総理大臣が欠けたとき、又は衆議院議員総選挙の後に初めて国会の召集があつたときは、内閣は、総辞職をしなければならない。

第71条〔総辞職後の内閣〕　前2条の場合には、内閣は、あらたに内閣総理大臣が任命されるまで引き続きその職務を行ふ。

第72条〔内閣総理大臣の職務〕　内閣総理大臣は、内閣を代表して議案を国会に提出し、一般国務及び外交関係について国会に報告し、並びに行政各部を指揮監督する。

第73条〔内閣の職務〕　内閣は、他の一般行政事務の外、左の事務を行ふ。

1　法律を誠実に執行し、国務を総理すること。
2　外交関係を処理すること。
3　条約を締結すること。但し、事前に、時宜によつては事後に、国会の承認を経ることを必要とする。
4　法律の定める基準に従ひ、官吏に関する事務を掌理すること。
5　予算を作成して国会に提出すること。
6　この憲法及び法律の規定を実施するために、政令を制定すること。但し、政令には、特にその法律の委任がある場合を除いては、罰則を設けることができない。
7　大赦、特赦、減刑、刑の執行の免除及び復権を決定すること。

第74条〔法律・政令の署名〕　法律及び政令には、すべて主任の国務大臣が署名し、内閣総理大臣が連署することを必要とする。

第75条〔国務大臣の特典〕　国務大臣は、その在任中、内閣総理大臣の同意がなければ、訴追されない。但し、これがため、訴追の権利は、害されない。

第6章　司　法

第76条〔司法権・裁判所、特別裁判所の禁止、裁判官の独立〕　①　すべて司法権は、最高裁判所及び法律の定めるところにより設置する下級裁判所に属する。

②　特別裁判所は、これを設置することができない。行政機関は、終審として裁判を行ふことができない。

③　すべて裁判官は、その良心に従ひ独立してその職権を行ひ、この憲法及び法律にのみ拘束される。

第77条〔最高裁判所の規則制定権〕　①　最高裁判所は、訴訟に関する手続、弁護士、裁判所の内部規律及び司法事務処理に関する事項について、規則を定める権限を有する。

②　検察官は、最高裁判所の定める規則に従はなければならない。

③　最高裁判所は、下級裁判所に関する規則を定める権限を、下級裁判所に委任

〔第65条〕

◆**行政**　司法以外で、法の下において公の目的を達するためにする作用。

〔第66条〕

◆**首長**　組織・団体の長のこと。

◆**文民**　軍人でない人。職業軍人の経験をもたない人。

◆**連帯**　二人以上の人が連合して事にあたり、責任を共にすること。

〔第67条〕

◆**案件**　議題とされることがら。

〔第69条〕

◆**不信任**　信用せず、物事を任せないこと。

◆**総辞職**　内閣総理大臣以下、全国務大臣が辞職すること。

〔第70条〕

◆**欠缺**　ある要因が欠けていること。

〔第72条〕

◆**国務**　国家の仕事。

◆**行政各部**　総務省・経済産業省などの各省庁のこと。

〔第73条〕

◆**総理**　事務を統一して管理すること。

◆**時宜**　そのときの事情。

◆**官吏**　公務員のこと。

◆**掌理**　取り扱って処理すること。

〔第74条〕

◆**連署**　同一の書面に二人以上が並べて署名すること。

〔第76条〕

◆**下級裁判所**　最高裁判所(上級裁判所)以外の裁判所で、高等裁判所・地方裁判所・家庭裁判所・簡易裁判所をさす。

◆**特別裁判所**　特殊の人・事件について裁判権を行使する裁判所。家庭裁判所のように、最高裁判所の下にある下級裁判所として設置されるものは特別裁判所に入らない。明治憲法下の軍法会議などをいう。

◆**終審**　審級制度において、それ以上は上訴できない最終の裁判所の審理。

◆**職権**　職務上、もっている権利。

〔第77条〕

◆**訴訟**　法律を適用することで原告・被告間の権利義務や法律関係を確定することを、裁判所に求める手続き。

◆**検察官**　犯罪を捜査し、公訴を行い、裁判の執行を監督する行政官。

することができる。

第78条〔裁判官の身分の保障〕 裁判官は、裁判により、心身の故障のために職務を執ることができないと決定された場合を除いては、公の弾劾によらなければ罷免されない。裁判官の懲戒処分は、行政機関がこれを行ふことはできない。

第79条〔最高裁判所の裁判官、国民審査、定年、報酬〕 ① 最高裁判所は、その長たる裁判官及び法律の定める員数のその他の裁判官でこれを構成し、その長たる裁判官以外の裁判官は、内閣でこれを任命する。

② 最高裁判所の裁判官の任命は、その任命後初めて行はれる衆議院議員総選挙の際国民の審査に付し、その後10年を経過した後初めて行はれる衆議院議員総選挙の際更に審査に付し、その後も同様とする。

③ 前項の場合において、投票者の多数が裁判官の罷免を可とするときは、その裁判官は、罷免される。

④ 審査に関する事項は、法律でこれを定める。

⑤ 最高裁判所の裁判官は、法律の定める年齢に達した時に退官する。

⑥ 最高裁判所の裁判官は、すべて定期に相当額の報酬を受ける。この報酬は、在任中、これを減額することができない。

第80条〔下級裁判所の裁判官・任期・定年、報酬〕 ① 下級裁判所の裁判官は、最高裁判所の指名した者の名簿によつて、内閣でこれを任命する。その裁判官は、任期を10年とし、再任されることができる。但し、法律の定める年齢に達した時には退官する。

② 下級裁判所の裁判官は、すべて定期に相当額の報酬を受ける。この報酬は、在任中、これを減額することができない。

第81条〔法令審査権と最高裁判所〕 最高裁判所は、一切の法律、命令、規則又は処分が憲法に適合するかしないかを決定する権限を有する終審裁判所である。

第82条〔裁判の公開〕 ① 裁判の対審及び判決は、公開法廷でこれを行ふ。

② 裁判所が、裁判官の全員一致で、公の秩序又は善良の風俗を害する虞があると決した場合には、対審は、公開しないでこれを行ふことができる。但し、政治犯罪、出版に関する犯罪又はこの憲法第３章で保障する国民の権利が問題となつてゐる事件の対審は、常にこれを公開しなければならない。

第７章　財　政

第83条〔財政処理の基本原則〕 国の財政を処理する権限は、国会の議決に基いて、これを行使しなければならない。

第84条〔課税〕 あらたに租税を課し、又は現行の租税を変更するには、法律又は法律の定める条件によることを必要とする。

第85条〔国費の支出及び国の債務負担〕 国費を支出し、又は国が債務を負担するには、国会の議決に基くことを必要とする。

第86条〔予算〕 内閣は、毎会計年度の予算を作成し、国会に提出して、その審議を受け議決を経なければならない。

第87条〔予備費〕 ① 予見し難い予算の不足に充てるため、国会の議決に基いて予備費を設け、内閣の責任でこれを支出することができる。

② すべて予備費の支出については、内閣は、事後に国会の承諾を得なければならない。

第88条〔皇室財産・皇室の費用〕 すべて皇室財産は、国に属する。すべて皇室の費用は、予算に計上して国会の議決を経なければならない。

第89条〔公の財産の支出又は利用の制限〕 公金その他の公の財産は、宗教上の組織若しくは団体の使用、便益若しくは維持のため、又は公の支配に属しない慈善、教育若しくは博愛の事業に対し、これを支出し、又はその利用に供してはならない。

第90条〔決算検査、会計検査院〕 ① 国の収入支出の決算は、すべて毎年会計検査院がこれを検査し、内閣は、次の年度に、その検査報告とともに、これを国会に提出しなければならない。

② 会計検査院の組織及び権限は、法律でこれを定める。

第91条〔財政状況の報告〕 内閣は、国会及び国民に対し、定期に、少くとも毎年１回、国の財政状況について報告しなければならない。

〔第78条〕
◆**懲戒** 不正・不当な行為に対して制裁を加えること。裁判官の場合、戒告・過料にあたる。

〔第82条〕
◆**対審** 被告・原告など裁判に関係する人々を対立させて行う取り調べ。民事訴訟における口頭弁論、刑事訴訟における公判手続きのこと。

〔第84条〕
◆**租税** 国家または地方公共団体が、その必要な経費をまかなうために、国民から強制的に徴収する収入。

〔第85条〕
◆**債務** 借金を返すべき義務。

〔第86条〕
◆**会計年度** ４月１日にはじまり、翌年の３月31日に終わる。

〔第87条〕
◆**予見** まえもって知ること。

〔第88条〕
◆**皇室の費用** 内廷費(天皇や内廷皇族の日常の費用)、宮廷費(内廷費以外の宮廷諸費)、皇族費(皇族の日常の費用)のこと。
◆**計上** 計算に入れること。

〔第89条〕
◆**公金** 公のお金。
◆**便益** 都合がよく利益のあること。

〔第90条〕
◆**会計検査院** 国の収入・支出の決算を検査し、その他法律に定める会計の検査を行う機関。

第８章　地方自治

第92条〔地方自治の基本原則〕　地方公共団体の組織及び運営に関する事項は、地方自治の本旨に基いて、法律でこれを定める。

第93条〔地方公共団体の機関、その直接選挙〕　①　地方公共団体には、法律の定めるところにより、その議事機関として議会を設置する。

②　地方公共団体の長、その議会の議員及び法律の定めるその他の吏員は、その地方公共団体の住民が、直接これを選挙する。

第94条〔地方公共団体の権能〕　地方公共団体は、その財産を管理し、事務を処理し、及び行政を執行する権能を有し、法律の範囲内で条例を制定することができる。

第95条〔特別法の住民投票〕　一の地方公共団体のみに適用される特別法は、法律の定めるところにより、その地方公共団体の住民の投票においてその過半数の同意を得なければ、国会は、これを制定することができない。

第９章　改　正

第96条〔改正の手続、その公布〕　①　この憲法の改正は、各議院の総議員の３分の２以上の賛成で、国会が、これを発議し、国民に提案してその承認を経なければならない。この承認には、特別の国民投票又は国会の定める選挙の際行はれる投票において、その過半数の賛成を必要とする。

②　憲法改正について前項の承認を経たときは、天皇は、国民の名で、この憲法と一体を成すものとして、直ちにこれを公布する。

第10章　最高法規

第97条〔基本的人権の本質〕　この憲法が日本国民に保障する基本的人権は、人類の多年にわたる自由獲得の努力の成果であつて、これらの権利は、過去幾多の試錬に堪へ、現在及び将来の国民に対し、侵すことのできない永久の権利として信託されたものである。

第98条〔最高法規、条約及び国際法規の遵守〕　①　この憲法は、国の最高法規であつて、その条規に反する法律、命令、詔勅及び国務に関するその他の行為の全部又は一部は、その効力を有しない。

②　日本国が締結した条約及び確立された国際法規は、これを誠実に遵守することを必要とする。

第99条〔憲法尊重擁護の義務〕　天皇又は摂政及び国務大臣、国会議員、裁判官その他の公務員は、この憲法を尊重し擁護する義務を負ふ。

第11章　補　則

第100条〔憲法施行期日、準備手続〕　①　この憲法は、公布の日から起算して６箇月を経過した日から、これを施行する。

②　この憲法を施行するために必要な法律の制定、参議院議員の選挙及び国会召集の手続並びにこの憲法を施行するために必要な準備手続は、前項の期日よりも前に、これを行ふことができる。

第101条〔経過規定――参議院未成立の間の国会〕　この憲法施行の際、参議院がまだ成立してゐないときは、その成立するまでの間、衆議院は、国会としての権限を行ふ。

第102条〔同前――第１期の参議院議員の任期〕　この憲法による第１期の参議院議員のうち、その半数の者の任期は、これを３年とする。その議員は、法律の定めるところにより、これを定める。

第103条〔同前――公務員の地位〕　この憲法施行の際現に在職する国務大臣、衆議院議員及び裁判官並びにその他の公務員で、その地位に相応する地位がこの憲法で認められてゐる者は、法律で特別の定をした場合を除いては、この憲法施行のため、当然にはその地位を失ふことはない。但し、この憲法によつて、後任者が選挙又は任命されたときは、当然その地位を失ふ。

〔第92条〕
◆**地方公共団体**　都道府県・市町村・特別市・特別区・地方公共団体の組合、財産区などのこと。
◆**本旨**　本来の趣旨。
〔第93条〕
◆**吏員**　地方公務員。
〔第94条〕
◆**条例**　地方公共団体がその管理する事務に関し、法令の範囲内でその議会の議決によって制定する法。
〔第95条〕
◆**特別法**　ある特定の地域・人・事項または行為に適用される法律。
(例)広島平和記念都市建設法(1949年公布)・長崎国際文化都市建設法(1949年公布)など。
〔第96条〕
◆**発議**　議案を提出すること。

〔第98条〕
◆**条規**　条文の規定・規則。
◆**遵守**　法律や道徳などにしたがい、それを守ること。

〔第100条〕
◆**起算**　数え始めること。

2 大日本帝国憲法(明治憲法)

• 発布　1889(明治22)年２月11日　　• 施行　1890(明治23)年11月29日

上諭

朕祖宗ノ遺烈ヲ承ケ万世一系ノ帝位ヲ践ミ朕カ親愛スル所ノ臣民ハ即チ朕カ祖宗ノ恵撫慈養シタマヒシ所ノ臣民ナルヲ念ヒ其ノ康福ヲ増進シ其ノ懿徳良能ヲ発達セシメムコトヲ願ヒ又其ノ翼賛ニ依リ与ニ倶ニ国家ノ進運ヲ扶持セムコトヲ望ミ乃チ明治14年10月12日ノ詔命ヲ履践シ茲ニ大憲ヲ制定シ朕カ率由スル所ヲ示シ朕カ後嗣及臣民及臣民ノ子孫タル者ヲシテ永遠ニ循行スル所ヲ知ラシム

国家統治ノ大権ハ朕カ之ヲ祖宗ニ承ケテ之ヲ子孫ニ伝フル所ナリ朕及朕カ子孫ハ将来此ノ憲法ノ条章ニ循ヒ之ヲ行フコトヲ愆ラサルヘシ

朕ハ我カ臣民ノ権利及財産ノ安全ヲ貴重シ及之ヲ保護シ此ノ憲法及法律ノ範囲内ニ於テ其ノ享有ヲ完全ナラシムヘキコトヲ宣言ス

帝国議会ハ明治23年ヲ以テ之ヲ召集シ議会開会ノ時ヲ以テ此ノ憲法ヲシテ有効ナラシムルノ期トスヘシ

将来若此ノ憲法ノ或ル条章ヲ改定スルノ必要ナル時宜ヲ見ルニ至ラハ朕及朕カ継統ノ子孫ハ発議ノ権ヲ執リ之ヲ議会ニ付シ議会ハ此ノ憲法ニ定メタル要件ニ依リ之ヲ議決スルノ外朕カ子孫及臣民ハ敢テ之カ紛更ヲ試ミルコトヲ得サルヘシ

朕カ在廷ノ大臣ハ朕カ為ニ此ノ憲法ヲ施行スルノ責ニ任スヘク朕カ現在及将来ノ臣民ハ此ノ憲法ニ対シ永遠ニ従順ノ義務ヲ負フヘシ

御 名 御 璽

明治22年２月11日

内閣総理大臣	伯爵	黒田清隆	枢密院議長	伯爵	伊藤博文
外務大臣	伯爵	大隈重信	海軍大臣	伯爵	西郷従道
農商務大臣	伯爵	井上　馨	司法大臣	伯爵	山田顕義
大蔵大臣兼内務大臣	伯爵	松方正義	陸軍大臣	伯爵	大山　巌
文部大臣	子爵	森　有礼	逓信大臣	子爵	榎本武揚

第１章　天　皇

第１条　大日本帝国ハ万世一系ノ天皇之ヲ統治ス

第２条　皇位ハ皇室典範ノ定ムル所ニ依リ皇男子孫之ヲ継承ス

第３条　天皇ハ神聖ニシテ侵スヘカラス

第４条　天皇ハ国ノ元首ニシテ統治権ヲ総攬シ此ノ憲法ノ条規ニ依リ之ヲ行フ

第５条　天皇ハ帝国議会ノ協賛ヲ以テ立法権ヲ行フ

第６条　天皇ハ法律ヲ裁可シ其ノ公布及執行ヲ命ス

第７条　天皇ハ帝国議会ヲ召集シ其ノ開会閉会停会及衆議院ノ解散ヲ命ス

第８条　①　天皇ハ公共ノ安全ヲ保持シ又ハ其ノ災厄ヲ避クル為緊急ノ必要ニ由リ帝国議会閉会ノ場合ニ於テ法律ニ代ルヘキ勅令ヲ発ス

②　此ノ勅令ハ次ノ会期ニ於テ帝国議会ニ提出スヘシ若議会ニ於テ承諾セサルトキハ政府ハ将来ニ向テ其ノ効力ヲ失フコトヲ公布スヘシ

第９条　天皇ハ法律ヲ執行スル為ニ又ハ公共ノ安寧秩序ヲ保持シ及臣民ノ幸福ヲ増進スル為ニ必要ナル命令ヲ発シ又ハ発セシム但シ命令ヲ以テ法律ヲ変更スルコトヲ得ス

第10条　天皇ハ行政各部ノ官制及文武官ノ俸給ヲ定メ及文武官ヲ任免ス但シ此ノ憲法又ハ他ノ法律ニ特例ヲ掲ケタルモノハ各々其ノ条項ニ依ル

第11条　天皇ハ陸海軍ヲ統帥ス

第12条　天皇ハ陸海軍ノ編制及常備兵額ヲ定ム

第13条　天皇ハ戦ヲ宣シ和ヲ講シ及諸般ノ条約ヲ締結ス

第14条　①　天皇ハ戒厳ヲ宣告ス

②　戒厳ノ要件及効力ハ法律ヲ以テ之ヲ定ム

第15条　天皇ハ爵位勲章及其ノ他ノ栄典ヲ授与ス

第16条　天皇ハ大赦特赦減刑及復権ヲ命ス

第17条　①　摂政ヲ置クハ皇室典範ノ定ムル所ニ依ル

②　摂政ハ天皇ノ名ニ於テ大権ヲ行フ

第２章　臣民権利義務

第18条　日本臣民タルノ要件ハ法律ノ定ムル所ニ依ル

語句解説

◆**遺烈**　先人が残した功績。
◆**万世一系**　永遠に同じ系統が続くこと。
◆**恵撫慈養**　めぐみ愛し、いつくしみ養うこと。
◆**懿徳良能**　立派な徳と生まれながらの才能。
◆**翼賛**　力をそえて助けること。
◆**進運**　進歩・向上の方向にある成り行き。
◆**扶持**　助け支えること。
◆**詔命**　天皇の命令。
◆**履践**　実際に行うこと。
◆**大憲**　憲法。
◆**率由**　従うこと。
◆**後嗣**　子孫。
◆**循行**　命令に従って行うこと。
◆**継統**　皇位を継承すること。
◆**紛更**　かき乱して改めかえること。

〔第３条〕
◆**神聖**　尊厳でおかしがたいこと。
〔第４条〕
◆**元首**　国際法上、外部に対して国家を代表するもの。
◆**総攬**　一手に握ること。
〔第５条〕
◆**協賛**　明治憲法下で、議会が法律案及び予算を有効に成立させるために、必要な意思表示を行ったこと。
〔第６条〕
◆**裁可**　明治憲法下で、天皇が議会の協賛した法律案及び予算を裁量して、確定の力を付与すること。
〔第８条〕
◆**勅令**　帝国議会の協賛を経ずに、天皇の大権により発せられた命令。
〔第９条〕
◆**安寧秩序**　公共の安全と社会の秩序。
〔第10条〕
◆**官制**　行政機関の設置・廃止・名称・組織および権限を定めた勅令など。
〔第11条〕
◆**統帥**　軍隊を指揮・統率すること。
〔第13条〕
◆**諸般**　いろいろの事柄。
〔第14条〕
◆**戒厳**　戦争や事変のときに、軍司令官に全部または一部の地方行政権・裁判権をゆだね、兵力で全国またはある区域を警備すること。
〔第15条〕
◆**爵**　華族の地位を表す称号。公・侯・伯・子・男の５階級があった。
◆**位**　くらい。位階。

第19条　日本臣民ハ法律命令ノ定ムル所ノ資格ニ応シ均ク文武官ニ任セラレ及其ノ他ノ公務ニ就クコトヲ得
第20条　日本臣民ハ法律ノ定ムル所ニ従ヒ兵役ノ義務ヲ有ス
第21条　日本臣民ハ法律ノ定ムル所ニ従ヒ納税ノ義務ヲ有ス
第22条　日本臣民ハ法律ノ範囲内ニ於テ居住及移転ノ自由ヲ有ス
第23条　日本臣民ハ法律ニ依ルニ非スシテ逮捕監禁審問処罰ヲ受クルコトナシ
第24条　日本臣民ハ法律ニ定メタル裁判官ノ裁判ヲ受クルノ権ヲ奪ハルヽコトナシ
第25条　日本臣民ハ法律ニ定メタル場合ヲ除ク外其ノ許諾ナクシテ住所ニ侵入セラレ及捜索セラルヽコトナシ
第26条　日本臣民ハ法律ニ定メタル場合ヲ除ク外信書ノ秘密ヲ侵サルヽコトナシ
第27条　①　日本臣民ハ其ノ所有権ヲ侵サルヽコトナシ
②　公益ノ為必要ナル処分ハ法律ノ定ムル所ニ依ル
第28条　日本臣民ハ安寧秩序ヲ妨ケス及臣民タルノ義務ニ背カサル限ニ於テ信教ノ自由ヲ有ス
第29条　日本臣民ハ法律ノ範囲内ニ於テ言論著作印行集会及結社ノ自由ヲ有ス
第30条　日本臣民ハ相当ノ敬礼ヲ守リ別ニ定ムル所ノ規程ニ従ヒ請願ヲ為スコトヲ得
第31条　本章ニ掲ケタル条規ハ戦時又ハ国家事変ノ場合ニ於テ天皇大権ノ施行ヲ妨クルコトナシ
第32条　本章ニ掲ケタル条規ハ陸海軍ノ法令又ハ紀律ニ牴触セサルモノニ限リ軍人ニ準行ス

第３章　帝国議会

第33条　帝国議会ハ貴族院衆議院ノ両院ヲ以テ成立ス
第34条　貴族院ハ貴族院令ノ定ムル所ニ依リ皇族華族及勅任セラレタル議員ヲ以テ組織ス
第35条　衆議院ハ選挙法ノ定ムル所ニ依リ公選セラレタル議員ヲ以テ組織ス
第36条　何人モ同時ニ両議院ノ議員タルコトヲ得ス
第37条　凡テ法律ハ帝国議会ノ協賛ヲ経ルヲ要ス
第38条　両議院ハ政府ノ提出スル法律案ヲ議決シ及各々法律案ヲ提出スルコトヲ得
第39条　両議院ノ一ニ於テ否決シタル法律案ハ同会期中ニ於テ再ヒ提出スルコトヲ得ス
第40条　両議院ハ法律又ハ其ノ他ノ事件ニ付各々其ノ意見ヲ政府ニ建議スルコトヲ得但シ其ノ採納ヲ得サルモノハ同会期中ニ於テ再ヒ建議スルコトヲ得ス
第41条　帝国議会ハ毎年之ヲ召集ス
第42条　帝国議会ハ３箇月ヲ以テ会期トス必要アル場合ニ於テハ勅命ヲ以テ之ヲ延長スルコトアルヘシ
第43条　①　臨時緊急ノ必要アル場合ニ於テ常会ノ外臨時会ヲ召集スヘシ
②　臨時会ノ会期ヲ定ムルハ勅命ニ依ル
第44条　①　帝国議会ノ開会閉会会期ノ延長及停会ハ両院同時ニ之ヲ行フヘシ
②　衆議院解散ヲ命セラレタルトキハ貴族院ハ同時ニ停会セラルヘシ
第45条　衆議院解散ヲ命セラレタルトキハ勅令ヲ以テ新ニ議員ヲ選挙セシメ解散ノ日ヨリ５箇月以内ニ之ヲ召集スヘシ
第46条　両議院ハ各々其ノ総議員３分ノ１以上出席スルニ非サレハ議事ヲ開キ議決ヲ為スコトヲ得ス
第47条　両議院ノ議事ハ過半数ヲ以テ決ス可否同数ナルトキハ議長ノ決スル所ニ依ル
第48条　両議院ノ会議ハ公開ス但シ政府ノ要求又ハ其ノ院ノ決議ニ依リ秘密会ト為スコトヲ得
第49条　両議院ハ各々天皇ニ上奏スルコトヲ得
第50条　両議院ハ臣民ヨリ呈出スル請願書ヲ受クルコトヲ得
第51条　両議院ハ此ノ憲法及議院法ニ掲クルモノヽ外内部ノ整理ニ必要ナル諸規則ヲ定ムルコトヲ得
第52条　両議院ノ議員ハ議院ニ於テ発言シタル意見及表決ニ付院外ニ於テ責ヲ負フコトナシ但シ議員自ラ其ノ言論ヲ演説刊行筆記又ハ其ノ他ノ方法ヲ以テ公布シタルトキハ一般ノ法律ニ依リ処分セラルヘシ
第53条　両議院ノ議員ハ現行犯罪又ハ内乱外患ニ関ル罪ヲ除ク外会期中其ノ院ノ許諾ナクシテ逮捕セラルヽコトナシ
第54条　国務大臣及政府委員ハ何時タリトモ各議院ニ出席シ及発言スルコトヲ得

〔第23条〕
◆**審問**　詳しく問いただすこと。
〔第29条〕
◆**印行**　印刷し発行すること。
〔第31条〕
◆**天皇大権**　天皇が国土・人民を統治する権限。帝国議会の関与を得ないで行使できる。天皇大権には、国務大権・統帥大権・皇室大権がある。
〔第32条〕
◆**牴触**　法律などにふれること。
◆**準行**　ある物事を標準として、これに従って行うこと。
〔第34条〕
◆**勅任**　勅令によって官職に任ずること。
〔第40条〕
◆**建議**　議院がその意思または希望を政府に申し述べること。
◆**採納**　とりいれること。
〔第49条〕
◆**上奏**　意見や事情を天皇に述べること。
〔第50条〕
◆**呈出**　さし出すこと。
〔第53条〕
◆**外患**　外国から攻められる心配。

第4章　国務大臣及枢密顧問

第55条　①　国務各大臣ハ天皇ヲ輔弼シ其ノ責ニ任ス

②　凡テ法律勅令其ノ他国務ニ関ル詔勅ハ国務大臣ノ副署ヲ要ス

第56条　枢密顧問ハ枢密院官制ノ定ムル所ニ依リ天皇ノ諮詢ニ応ヘ重要ノ国務ヲ審議ス

第5章　司　　法

第57条　①　司法権ハ天皇ノ名ニ於テ法律ニ依リ裁判所之ヲ行フ

②　裁判所ノ構成ハ法律ヲ以テ之ヲ定ム

第58条　①　裁判官ハ法律ニ定メタル資格ヲ具フル者ヲ以テ之ニ任ス

②　裁判官ハ刑法ノ宣告又ハ懲戒ノ処分ニ由ルノ外其ノ職ヲ免セラルヽコトナシ

③　懲戒ノ条規ハ法律ヲ以テ之ヲ定ム

第59条　裁判ノ対審判決ハ之ヲ公開ス但シ安寧秩序又ハ風俗ヲ害スルノ虞アルトキハ法律ニ依リ又ハ裁判所ノ決議ヲ以テ対審ノ公開ヲ停ムルコトヲ得

第60条　特別裁判所ノ管轄ニ属スヘキモノハ別ニ法律ヲ以テ之ヲ定ム

第61条　行政官庁ノ違法処分ニ由リ権利ヲ傷害セラレタリトスルノ訴訟ニシテ別ニ法律ヲ以テ定メタル行政裁判所ノ裁判ニ属スヘキモノハ司法裁判所ニ於テ受理スルノ限ニ在ラス

第6章　会　　計

第62条　①　新ニ租税ヲ課シ及税率ヲ変更スルハ法律ヲ以テ之ヲ定ムヘシ

②　但シ報償ニ属スル行政上ノ手数料及其ノ他ノ収納金ハ前項ノ限ニ在ラス

③　国債ヲ起シ及予算ニ定メタルモノヲ除ク外国庫ノ負担トナルヘキ契約ヲ為スハ帝国議会ノ協賛ヲ経ヘシ

第63条　現行ノ租税ハ更ニ法律ヲ以テ之ヲ改メサル限ハ旧ニ依リ之ヲ徴収ス

第64条　①　国家ノ歳出歳入ハ毎年予算ヲ以テ帝国議会ノ協賛ヲ経ヘシ

②　予算ノ款項ニ超過シ又ハ予算ノ外ニ生シタル支出アルトキハ後日帝国議会ノ承諾ヲ求ムルヲ要ス

第65条　予算ハ前ニ衆議院ニ提出スヘシ

第66条　皇室経費ハ現在ノ定額ニ依リ毎年国庫ヨリ之ヲ支出シ将来増額ヲ要スル場合ヲ除ク外帝国議会ノ協賛ヲ要セス

第67条　憲法上ノ大権ニ基ツケル既定ノ歳出及法律ノ結果ニ由リ又ハ法律上政府ノ義務ニ属スル歳出ハ政府ノ同意ナクシテ帝国議会之ヲ廃除シ又ハ削減スルコトヲ得ス

第68条　特別ノ須要ニ因リ政府ハ予メ年限ヲ定メ継続費トシテ帝国議会ノ協賛ヲ求ムルコトヲ得

第69条　避クヘカラサル予算ノ不足ヲ補フ為ニ又ハ予算ノ外ニ生シタル必要ノ経費ニ充ツル為ニ予備費ヲ設クヘシ

第70条　①　公共ノ安全ヲ保持スル為緊急ノ需用アル場合ニ於テ内外ノ情形ニ因リ政府ハ帝国議会ヲ召集スルコト能ハサルトキハ勅令ニ依リ財政上必要ノ処分ヲ為スコトヲ得

②　前項ノ場合ニ於テハ次ノ会期ニ於テ帝国議会ニ提出シ其ノ承諾ヲ求ムルヲ要ス

第71条　帝国議会ニ於テ予算ヲ議定セス又ハ予算成立ニ至ラサルトキハ政府ハ前年度ノ予算ヲ施行スヘシ

第72条　①　国家ノ歳出歳入ノ決算ハ会計検査院之ヲ検査確定シ政府ハ其ノ検査報告ト倶ニ之ヲ帝国議会ニ提出スヘシ

②　会計検査院ノ組織及職権ハ法律ヲ以テ之ヲ定ム

第7章　補　　則

第73条　①　将来此ノ憲法ノ条項ヲ改正スルノ必要アルトキハ勅命ヲ以テ議案ヲ帝国議会ノ議ニ付スヘシ

②　此ノ場合ニ於テ両議院ハ各々其ノ総員3分ノ2以上出席スルニ非サレハ議事ヲ開クコトヲ得ス出席議員3分ノ2以上ノ多数ヲ得ルニ非サレハ改正ノ議決ヲ為スコトヲ得ス

第74条　①　皇室典範ノ改正ハ帝国議会ノ議ヲ経ルヲ要セス

②　皇室典範ヲ以テ此ノ憲法ノ条規ヲ変更スルコトヲ得ス

第75条　憲法及皇室典範ハ摂政ヲ置クノ間之ヲ変更スルコトヲ得ス

第76条　①　法律規則命令又ハ何等ノ名称ヲ用ヰタルニ拘ラス此ノ憲法ニ矛盾セサル現行ノ法令ハ総テ遵由ノ効力ヲ有ス

②　歳出上政府ノ義務ニ係ル現在ノ契約又ハ命令ハ総テ第67条ノ例ニ依ル

〔第55条〕
◆**輔弼**　政治を行うのを助けること。
◆**副署**　天皇の名にそえて、輔弼する者が署名すること。

〔第56条〕
◆**諮詢**　問いはかること。

〔第60条〕
◆**特別裁判所**　通常の裁判所の系列に属さない裁判所。軍法会議や皇室裁判所があった。

〔第61条〕
◆**行政裁判所**　行政官庁の行った行為の適法性を争い、その取り消し、変更を求める訴訟の審理及び判決のための裁判所。

〔第62条〕
◆**報償**　損害を償うこと。

〔第64条〕
◆**款項**　予算の分類に用いた語で、款は最大の項目、項は款の細別。

〔第68条〕
◆**須要**　必要とされること。

〔第70条〕
◆**需用**　必要なものを求めること。
◆**情形**　情勢。

〔第74条〕
◆**皇室典範**　皇室に関する基本事項を定めた法。明治憲法下では憲法と同格の位置づけであった。

〔第76条〕
◆**遵由**　よってしたがうこと。

3 民法(抄)

- 公布　1896(明治29)年４月27日　法律第89号
- 最終改正　2023(令和５)年６月６日　法律第53号

(以下の条文は2023年４月１日施行の内容)

第１編　総則

第１章　通　　則

第１条〔基本原則〕　①　私権は、公共の福祉に適合しなければならない。

②　権利の行使及び義務の履行は、信義に従い誠実に行わなければならない。

③　権利の濫用は、これを許さない。

第２条〔解釈の基準〕　この法律は、個人の尊厳と両性の本質的平等を旨として、解釈しなければならない。

第２章　人

第３条〔私権の享有〕　①　私権の享有は、出生に始まる。

②　外国人は、法令又は条約の規定により禁止される場合を除き、私権を享有する。

第４条〔成年〕　年齢18歳をもって、成年とする。

第５条〔未成年者の法律行為〕　①　未成年者が法律行為をするには、その法定代理人の同意を得なければならない。ただし、単に権利を得、又は義務を免れる法律行為については、この限りでない。

②　前項の規定に反する法律行為は、取り消すことができる。

第３章　法　　人

第33条〔法人の成立等〕　①　法人は、この法律その他の法律の規定によらなければ、成立しない。

②　学術、技芸、慈善、祭祀、宗教その他の公益を目的とする法人、営利事業を営むことを目的とする法人その他の法人の設立、組織、運営及び管理については、この法律その他の法律の定めるところによる。

第34条〔法人の能力〕　法人は、法令の規定に従い、定款その他の基本約款で定められた目的の範囲内において、権利を有し、義務を負う。

第４章　物

第86条〔不動産及び動産〕　①　土地及びその定着物は、不動産とする。

②　不動産以外の物は、すべて動産とする。

第88条〔天然果実及び法定果実〕　①　物の用法に従い収取する産出物を天然果実とする。

②　物の使用の対価として受けるべき金銭その他の物を法定果実とする。

第５章　法律行為

第90条〔公序良俗〕　公の秩序又は善良の風俗に反する法律行為は、無効とする。

第93条〔心裡留保〕　意思表示は、表意者がその真意ではないことを知ってしたときであっても、そのためにその効力を妨げられない。ただし、相手方がその意思表示が表意者の真意を知り、又は知ることができたときは、その意思表示は、無効とする。

第94条〔虚偽表示〕　①　相手方と通じてした虚偽の意思表示は、無効とする。

②　前項の規定による意思表示の無効は、善意の第三者に対抗することができない。

第95条〔錯誤〕　①　意思表示は、次に掲げる錯誤に基づくものであって、その錯誤が法律行為の目的及び取引上の社会通念に照らして重要なものであるときは、取り消すことができる。

1　意思表示に対応する意思を欠く錯誤

2　表意者が法律行為の基礎とした事情についてのその認識が真実に反する錯誤

第96条〔詐欺又は強迫〕　①　詐欺又は強迫による意思表示は、取り消すことができる。

②　相手方に対する意思表示について第三者が詐欺を行った場合においては、相手方がその事実を知り、又は知ることができたときに限り、その意思表示を取り消すことができる。

第120条〔取消権者〕　①　行為能力の制限によって取り消すことができる行為は、制限行為能力者又はその代理人、承継人若しくは同意をすることができる者に限り、取り消すことができる。

②　錯誤、詐欺又は強迫によって取り消すことができる行為は、瑕疵ある意思表示をした者又はその代理人若しくは承継人に限り、取り消すことができる。

第121条〔取消しの効果〕　取り消された行為は、初めから無効であったものとみなす。

第７章　時　　効

第144条〔時効の効力〕　時効の効力は、その起算日にさかのぼる。

第162条〔所有権の取得時効〕　①　20年間、所有の意思をもって、平穏に、かつ、公然と他人の物を占有した者は、その所有権を取得する。

②　10年間、所有の意思をもって、平穏に、かつ、公然と他人の物を占有した者は、その占有の開始の時に、善意であり、かつ、過失がなかったときは、その所有権を取得する。

第166条〔債権等の消滅時効〕　①　債権は、次に掲げる場合には、時効によって消滅する。

1　債権者が権利を行使することができることを知った時から５年間行使しないとき。

2　権利を行使することができる時から10年間行使しないとき。

第２編　物権

第２章　占有権

第180条〔占有権の取得〕　占有権は、自己のためにする意思をもって物を所持することによって取得する。

第189条〔善意の占有者による果実の取得等〕　①　善意の占有者は、占有物から生ずる果実を取得する。

第190条〔悪意の占有者による果実の返還等〕　①　悪意の占有者は、果実を返還し、かつ、既に消費し、過失によって損傷し、又は収取を怠った果実の代価を償還する義務を負う。

第３章　所有権

第206条〔所有権の内容〕　所有者は、法令の制限内において、自由にその所有物の使用、収益及び処分をする権利を有する。

第239条〔無主物の帰属〕　所有者のない動産は、所有の意思をもって占有することによって、その所有権を取得する。

第240条〔遺失物の拾得〕 遺失物は、遺失物法の定めるところに従い公告をした後３箇月以内にその所有者が判明しないときは、これを拾得した者がその所有権を取得する。

第３編　債権

第１章　総　　則

第399条〔債権の目的〕 債権は、金銭に見積もることができないものであっても、その目的とすることができる。

第415条〔債務不履行による損害賠償〕 債務者がその債務の本旨に従った履行をしないとき又は債務の履行が不能であるときは、債権者は、これによって生じた損害の賠償を請求することができる。ただし、その債務の不履行が契約その他の債務の発生原因及び取引上の社会通念に照らして債務者の責めに帰することができない事由によるものであるときは、この限りでない。

第446条〔保証人の責任等〕 ①　保証人は、主たる債務者がその債務を履行しないときに、その履行をする責任を負う。

第２章　契　　約

第533条〔同時履行の抗弁〕 双務契約の当事者の一方は、相手方がその債務の履行を提供するまでは、自己の債務の履行を拒むことができる。ただし、相手方の債務が弁済期にないときは、この限りでない。

第623条〔雇用〕 雇用は、当事者の一方が相手方に対して労働に従事することを約し、相手方がこれに対してその報酬を与えることを約することによって、その効力を生ずる。

第628条〔やむを得ない事由による雇用の解除〕 当事者が雇用の期間を定めた場合であっても、やむを得ない事由があるときは、各当事者は、直ちに契約の解除をすることができる。この場合において、その事由が当事者の一方の過失によって生じたものであるときは、相手方に対して損害賠償の責任を負う。

第５章　不法行為

第709条〔不法行為による損害賠償〕 故意又は過失によって他人の権利又は法律上保護される利益を侵害した者は、これによって生じた損害を賠償する責任を負う。

第710条〔財産以外の損害の賠償〕 他人の身体、自由若しくは名誉を侵害した場合又は他人の財産権を侵害した場合のいずれであるかを問わず、前条の規定により損害賠償の責任を負う者は、財産以外の損害に対しても、その賠償をしなければならない。

第711条〔近親者に対する損害の賠償〕 他人の生命を侵害した者は、被害者の父母、配偶者及び子に対しては、その財産権が侵害されなかった場合においても、損害の賠償をしなければならない。

第721条〔損害賠償請求権に関する胎児の権利能力〕 胎児は、損害賠償の請求権については、既に生まれたものとみなす。

第４編　親族

第１章　総　　則

第725条〔親族の範囲〕 次に掲げる者は、親族とする。

1.六親等内の血族　2.配偶者　3.三親等内の姻族

第２章　婚　　姻

第731条〔婚姻適齢〕 婚姻は、18歳にならなければ、することができない。

第732条〔重婚の禁止〕 配偶者のある者は、重ねて婚姻をすることができない。

第733条〔再婚禁止期間〕 ①　女は、前婚の解消又は取消しの日から起算して100日を経過した後でなければ、再婚をすることができない。

②　前項の規定は、次に掲げる場合には、適用しない。

1　女が前婚の解消又は取消しの時に懐胎していなかった場合

2　女が前婚の解消又は取消しの後に出産した場合

第734条〔近親婚の制限〕 直系血族又は三親等内の傍系血族の間では、婚姻をすることができない。ただし、養子と養方の傍系血族との間では、この限りでない。

第739条〔婚姻の届出〕 ①　婚姻は、戸籍法の定めるところにより届け出ることによって、その効力を生ずる。

②　前項の届出は、当事者双方及び成年の証人２人以上が署名した書面で、又はこれらの者から口頭で、しなければならない。

第750条〔夫婦の氏〕 夫婦は、婚姻の際に定めるところに従い、夫又は妻の氏を称する。

第４章　親　　権

第818条〔親権者〕 ①　成年に達しない子は、父母の親権に服する。

②　子が養子であるときは、養親の親権に服する。

③　親権は、父母の婚姻中は、父母が共同して行う。ただし、父母の一方が親権を行うことができないときは、他の一方が行う。

第７章　扶　　養

第877条〔扶養義務者〕 ①　直系血族及び兄弟姉妹は、互に扶養をする義務がある。

第５編　相続

第２章　相続人

第886条〔相続に関する胎児の権利能力〕 ①　胎児は、相続については、既に生まれたものとみなす。

第３章　相続の効力

第900条〔法定相続分〕 同順位の相続人が数人あるときは、その相続分は、次の各号の定めるところによる。

1　子及び配偶者が相続人であるときは、子の相続分及び配偶者の相続分は、各２分の１とする。

2　配偶者及び直系尊属が相続人であるときは、配偶者の相続分は、３分の２とし、直系尊属の相続分は、３分の１とする。

3　配偶者及び兄弟姉妹が相続人であるときは、配偶者の相続分は、４分の３とし、兄弟姉妹の相続分は、４分の１とする。

4　子、直系尊属又は兄弟姉妹が数人あるときは、各自の相続分は、相等しいものとする。ただし、父母の一方のみを同じくする兄弟姉妹の相続分は、父母の双方を同じくする兄弟姉妹の相続分の２分の１とする。

第７章　遺　　言

第967条〔普通の方式による遺言の種類〕 遺言は、自筆証書、公正証書又は秘密証書によってしなければならない。ただし、特別の方式によることを許す場合は、この限りでない。

4 労働基準法(抄)

- 公布　1947(昭和22)年4月7日　法律第49号
- 最終改正　2022(令和4)年6月17日　法律第68号

第1章　総則

第1条〔労働条件の原則〕 ①　労働条件は、労働者が人たるに値する生活を営むための必要を充たすべきものでなければならない。

②　この法律で定める労働条件の基準は最低のものであるから、労働関係の当事者は、この基準を理由として労働条件を低下させてはならないことはもとより、その向上を図るように努めなければならない。

第2条〔労働条件の決定〕 ①　労働条件は、労働者と使用者が、対等の立場において決定すべきものである。

②　労働者及び使用者は、労働協約、就業規則及び労働契約を遵守し、誠実に各々その義務を履行しなければならない。

第3条〔均等待遇〕 使用者は、労働者の国籍、信条又は社会的身分を理由として、賃金、労働時間その他の労働条件について、差別的取扱をしてはならない。

第4条〔男女同一賃金の原則〕 使用者は、労働者が女性であることを理由として、賃金について、男性と差別的取扱いをしてはならない。

第5条〔強制労働の禁止〕 使用者は、暴行、脅迫、監禁その他精神又は身体の自由を不当に拘束する手段によつて、労働者の意思に反して労働を強制してはならない。

第6条〔中間搾取の排除〕 何人も、法律に基いて許される場合の外、業として他人の就業に介入して利益を得てはならない。

第7条〔公民権行使の保障〕 使用者は、労働者が労働時間中に、選挙権その他公民としての権利を行使し、又は公の職務を執行するために必要な時間を請求した場合においては、拒んではならない。……

第2章　労働契約

第13条〔この法律違反の契約〕 この法律で定める基準に達しない労働条件を定める労働契約は、その部分については無効とする。この場合において、無効となつた部分は、この法律で定める基準による。

第15条〔労働条件の明示〕 ①　使用者は、労働契約の締結に際し、労働者に対して賃金、労働時間その他の労働条件を明示しなければならない。……

第20条〔解雇の予告〕 ①　使用者は、労働者を解雇しようとする場合においては、少くとも30日前にその予告をしなければならない。30日前に予告をしない使用者は、30日分以上の平均賃金を支払わなければならない。但し、天災事変その他やむを得ない事由のために事業の継続が不可能となつた場合又は労働者の責に帰すべき事由に基いて解雇する場合においては、この限りでない。

第3章　賃金

第24条〔賃金の支払〕 ①　賃金は、通貨で、直接労働者に、その全額を支払わなければならない。……

②　賃金は、毎月1回以上、一定の期日を定めて支払わなければならない。ただし、臨時に支払われる賃金、賞与その他これに準ずるもので厚生労働省令で定める賃金(第89条において「臨時の賃金等」という。)については、この限りでない。

第4章　労働時間、休憩、休日及び年次有給休暇

第32条〔労働時間〕 ①　使用者は、労働者に、休憩時間を除き1週間について40時間を超えて、労働させてはならない。

②　使用者は、1週間の各日については、労働者に、休憩時間を除き1日について8時間を超えて、労働させてはならない。

第34条〔休憩〕 ①　使用者は、労働時間が6時間を超える場合においては少くとも45分、8時間を超える場合においては少くとも1時間の休憩時間を労働時間の途中に与えなければならない。

第35条〔休日〕 ①　使用者は、労働者に対して、毎週少くとも1回の休日を与えなければならない。

第36条〔時間外・休日労働〕 ①　使用者は、当該事業場に、労働者の過半数で組織する労働組合がある場合においてはその労働組合、労働者の過半数で組織する労働組合がない場合においては労働者の過半数を代表する者との書面による協定をし、厚生労働省令で定めるところによりこれを行政官庁に届け出た場合においては、……労働時間を延長し、又は休日に労働させることができる。……

第37条〔時間外、休日及び深夜の割増賃金〕 使用者が、……労働時間を延長し、又は休日に労働させた場合においては、その時間又はその日の労働については、通常の労働時間又は労働日の賃金の計算額の2割5分以上5割以下の範囲内でそれぞれ政令で定める率以上の率で計算した割増賃金を支払わなければならない。ただし、当該延長して労働させた時間が1箇月について60時間を超えた場合においては、その超えた時間の労働については、通常の労働時間の賃金の計算額の5割以上の率で計算した割増賃金を支払わなければならない。

第39条〔年次有給休暇〕 ①　使用者は、その雇入れの日から起算して6箇月間継続勤務し全労働日の8割以上出勤した労働者に対して、継続し、又は分割した10労働日の有給休暇を与えなければならない。

第6章　年少者

第56条〔最低年齢〕 ①　使用者は、児童が満15歳に達した日以後の最初の3月31日が終了するまで、これを使用してはならない。

第61条〔深夜〕 使用者は、満18才に満たない者を午後10時から午前5時までの間において使用してはならない。ただし、交替制によつて使用する満16才以上の男性については、この限りでない。

第6章の2　妊産婦等

第64条の3〔危険有害業務の就業制限〕 使用者は、妊娠中の女性及び産後1年を経過しない女性(以下「妊産婦」という。)を、重量物を取り扱う業務、有害ガスを発散する場所における業務その他妊産婦の妊娠、出産、哺育等に有害な業務に就かせてはならない。

第65条〔産前産後〕 使用者は、6週間(多胎妊娠の場合にあつては、14週間)以内に出産する予定の女性が休業を請

求した場合においては、その者を就業させてはならない。

② 使用者は、産後８週間を経過しない女性を就業させてはならない。ただし、産後６週間を経過した女性が請求した場合において、その者について医師が支障がないと認めた業務に就かせることは、差し支えない。

③ 使用者は、妊娠中の女性が請求した場合においては、他の軽易な業務に転換させなければならない。

第67条〔育児時間〕 生後満１年に達しない生児を育てる女性は、第34条の休憩時間のほか、１日２回各々少なくとも30分、その生児を育てるための時間を請求することができる。

② 使用者は、前項の育児時間中は、その女性を使用してはならない。

第68条〔生理日の就業が著しく困難な女性に対する措置〕 使用者は、生理日の就業が著しく困難な女性が休暇を請求したときは、その者を生理日に就業させてはならない。

第８章　災害補償

第75条〔療養補償〕 ① 労働者が業務上負傷し、又は疾病にかかつた場合においては、使用者は、その費用で必要な療養を行い、又は必要な療養の費用を負担しなければならない。

第76条〔休業補償〕 労働者が前条の規定による療養のため、労働することができないために賃金を受けない場合においては、使用者は、労働者の療養中平均賃金の100分の60の休業補償を行わなければならない。

第77条〔障害補償〕 労働者が業務上負傷し、又は疾病にかかり、治つた場合において、その身体に障害が存するときは、使用者は、その障害の程度に応じて、平均賃金に別表第二に定める日数を乗じて得た金額の障害補償を行わなければならない。

第78条〔休業補償及び障害補償の例外〕 労働者が重大な過失によつて業務上負傷し、又は疾病にかかり、且つ使用者がその過失について行政官庁の認定を受けた場合においては、休業補償又は障害補償を行わなくてもよい。

第79条〔遺族補償〕 労働者が業務上死亡した場合においては、使用者は、遺族に対して、平均賃金の1,000日分の遺族補償を行わなければならない。

第９章　就業規則

第89条〔作成及び届出の義務〕 常時10人以上の労働者を使用する使用者は、次に掲げる事項について就業規則を作成し、行政官庁に届け出なければならない。次に掲げる事項を変更した場合においても、同様とする。

1　始業及び終業の時刻、休憩時間、休日、休暇並びに労働者を２組以上に分けて交替に就業させる場合においては就業時転換に関する事項

2　賃金(臨時の賃金等を除く。以下この号において同じ。)の決定、計算及び支払の方法、賃金の締切り及び支払の時期並びに昇給に関する事項

3　退職に関する事項(解雇の事由を含む。)

5　労働者に食費、作業用品その他の負担をさせる定めをする場合においては、これに関する事項

5 労働組合法(抄)

- 公布　1949(昭和24)年６月１日　法律第174号
- 最終改正　2023(令和５)年６月６日　法律第53号

第１章　総則

第１条〔目的〕 ① この法律は、労働者が使用者との交渉において対等の立場に立つことを促進することにより労働者の地位を向上させること、労働者がその労働条件について交渉するために自ら代表者を選出することその他の団体行動を行うために自主的に労働組合を組織し、団結することを擁護すること並びに使用者と労働者との関係を規制する労働協約を締結するための団体交渉をすること及びその手続を助成することを目的とする。

第２条〔労働組合〕 この法律で「労働組合」とは、労働者が主体となつて自主的に労働条件の維持改善その他経済的地位の向上を図ることを主たる目的として組織する団体又はその連合団体をいう。但し、左の各号の一に該当するものは、この限りでない。

第２章　労働組合

第６条〔交渉権限〕 労働組合の代表者又は労働組合の委任を受けた者は、労働組合又は組合員のために使用者又はその団体と労働協約の締結その他の事項に関して交渉する権限を有する。

第７条〔不当労働行為〕 使用者は、次の各号に掲げる行為をしてはならない。

1　労働者が労働組合の組合員であること、労働組合に加入し、若しくはこれを結成しようとしたこと若しくは労働組合の正当な行為をしたことの故をもつて、その労働者を解雇し、その他これに対して不利益な取扱いをすること又は労働者が労働組合に加入せず、若しくは労働組合から脱退することを雇用条件とすること。……

2　使用者が雇用する労働者の代表者と団体交渉をすることを正当な理由がなくて拒むこと。

3　労働者が労働組合を結成し、若しくは運営することを支配し、若しくはこれに介入すること、又は労働組合の運営のための経費の支払につき経理上の援助を与えること。……

第８条〔損害賠償〕 使用者は、同盟罷業その他の争議行為であつて正当なものによつて損害を受けたことの故をもつて、労働組合又はその組合員に対し賠償を請求することができない。

第３章　労働協約

第14条〔労働協約の効力の発生〕 労働組合と使用者又はその団体との間の労働条件その他に関する労働協約は、書面に作成し、両当事者が署名し、又は記名押印することによつてその効力を生ずる。

第４章　労働委員会

第19条〔労働委員会〕 ① 労働委員会は、使用者を代表する者、労働者を代表する者及び公益を代表する者各同数をもつて組織する。

用語解説

❶国家の三要素(➲p.7)　国際法上、国家として認められるには、一定の**領域**(領土、領空、領海)、**国民**、**主権**が必要となる。これが「国家の三要素」である。
❷夜警国家(➲p.7)　政府の役割を治安・国防などに限定して必要最小限のはたらきをする国家のこと。**消極国家**ともいわれる。市場原理を生かし、政府の役割を最小限にすべきという「**小さな政府**」論を、ラッサールが批判的に述べたことば。
❸福祉国家(➲p.7)　国民に最低限度の生活を保障するために、経済活動に積極的に介入して、社会的弱者を救済する役割を行う国家のこと。**積極国家**ともいわれる。
❹法(➲p.8)　一般的には、社会秩序維持のために、国家などの権力によって定められたもので、強制力を伴う。
❺民法(➲p.9)　市民生活に関するルールを定めたもので、私法に分類される。具体的には、財産(物権・債権)や家族関係(親族・相続)を扱っている。
❻自然権(➲p.10)　人間が生存するために、根源的にそなわっている権利のこと。社会契約説を展開するうえで、重要な概念。
❼王権神授説(➲p.10)　王権は神から授けられたもので絶対不可侵であり、いかなるものの反抗も許さないとする政治理論。
❽社会契約説(➲p.11)　「自然状態」にある人々が、互いに契約を結ぶことによって、社会や国家が成立するという考え方。イギリスの**ホッブズ**が最初に唱え、イギリスの**ロック**、フランスの**ルソー**がそれぞれ異なる社会契約説を展開した。17～18世紀の市民革命の理論的背景となった。
❾法の支配(➲p.12)　専制君主が恣意的に人民を支配する「**人の支配**」に対抗する考え方。「法の支配」は、人民の意思に基づいて制定された法が、権力者を含めて国家全体を支配するという考え方であり、市民革命期に主張された。一方、**法治主義**は、政治の形式・手続きの適法性を問うのみで、必ずしも法律の内容や正当性を問わない。
❿権利章典(➲p.14)　1688～89年の名誉革命によって王位についたウィリアム３世とメアリ２世が、議会の議決した「権利宣言」を認め、法律として発布したもの。「**王は君臨すれども統治せず**」の立憲君主制の基本的原則を確立した文書である。
⓫自由権(➲p.14)　「国家からの自由」と呼ばれる権利で、国家から強制・制約なしに、個人で物事を決める権利の総称。この権利は基本的人権の中核的な地位を占める。
⓬アメリカ独立宣言(➲p.14)　アメリカの植民地政府が、イギリスから独立することを宣言した文書。ロックの思想が色濃く反映されており、自然権や抵抗権など民主主義の基本思想が、国家レベルで明確に規定された世界最初の文書である。
⓭フランス人権宣言(➲p.15)　フランス革命の根本理念である、「自由・平等・友愛」の精神が明らかにされた文書。国民主権、人権の不可侵、所有権の保障、権力分立などが規定されている。
⓮ワイマール憲法(➲p.15)　第一次世界大戦の敗戦国であるドイツが、共和国として再生するにあたって採択した憲法。この憲法は、生存権・労働権などを含む社会権の規定を盛りこんだ画期的なものであった。
⓯社会権(➲p.15)　19世紀以降、資本主義の発展に伴って生じた失業、貧困などの問題に対して、社会的弱者の保護など、国民が人間らしく生活できるように保障される権利。国民の実質的平等を保障するために、国家の積極的介入(積極国家)を要求する点で、自由権とは異なる。
⓰直接民主制(➲p.17)　国民みずからが直接、国家意思の形成に参加する制度。現代の国家では事実上不可能であるが、国民発案・国民投票・解職請求など、**間接民主制**を補完するものとして一部採用されている。
⓱議院内閣制(➲p.19)　議会(下院)の信任に基づいて内閣が政治を行う制度。内閣は議会に対して連帯責任を負う。内閣には議会の解散権があり、議会には内閣不信任決議が認められている。通常、内閣総理大臣は下院第一党の党首が議会によって選ばれ、主要閣僚は下院議員で構成される。
⓲大統領制(➲p.19)　国民から選出された大統領が、議会から独立した形で強大な権力(行政権)を背景に政治を行う制度。アメリカのように大統領が行政を担当する場合と、フランスのように大統領の指名した首相が内閣を組織する場合などがある。
⓳民主集中制(➲p.19)　権力分立を否定し、党や議会に全権力を集中させるしくみ。社会主義国がこの制度を採用してきた。現実的には、議会は国民の意思を代表することがなく、共産党の一党独裁政治が行われた。
⓴軟性憲法(➲p.20)　通常の法律と同様の手続きによって改正が行われる憲法のこと。
㉑社会主義(➲p.26)　生産手段の私有と自由競争という資本主義社会の原則を批判して、生産手段の社会的所有、計画的な生産と平等な分配を要求する思想と運動、または、そのような社会体制のこと。
㉒全国人民代表大会(➲p.26)　中国の立法機関(全人代)。一院制の国会に相当し、人民法院・人民検察院も全人代の下にある。また、すべての国家機関は中国共産党の指導の下にある。
㉓開発独裁(➲p.26)　発展途上国が経済的繁栄を遂げる手段として、政治的安定を確保するために、国民の政治的自由を制限し、軍事独裁を正当化する政治体制。1970年代の東アジアは、この体制で経済成長を遂げた。政権の長期化などに伴う弊害も多い。
㉔欽定憲法(➲p.29)　君主主権の思想に基づいて、君主によって制定された憲法をいい、大日本帝国憲法やプロイセン憲法がこの代表である。これに対して、国民主権の思想に基づいて、国民によって制定された憲法を「**民定憲法**」という。
㉕天皇大権(➲p.29)　大日本帝国憲法の規定で保障された天皇の政治上の権限で、統治権のほかに、国務大権、統帥大権(軍の最高指揮権)、皇室大権(憲法によらず皇室典範で規定)に分類される。
㉖法律の留保(➲p.29)　法律によって国民の権利を制限することができるという考え方。大日本帝国憲法では「法律の範囲内」でのみ臣民の権利が認められていた。
㉗ポツダム宣言(➲p.31)　1945年７月26日、連合国側が米・英・中の名で、日本政府に軍の無条件降伏を促した文書。日本に軍国主義の排除と民主主義的傾向の復活を促し、その受諾を要求した文書である。
㉘連合国軍総司令部(ＧＨＱ)(➲p.31)　ポツダム宣言に基づき、日本の占領・管理のために設置された。アメリカのマッカーサーを総司令官として、11か国により構成されていた。
㉙国事行為(➲p.34)　天皇が、国家機関として行う行為。その行為は、名目的・儀礼的・形式的なもので、内閣の助言と承認を必要とする。具体的な内容は、日本国憲法第６条と第７条に明記されている。
㉚憲法改正手続き(➲p.35)　日本国憲法第96条に規定があり、各議院の総議員の３分の２以上の賛成で国会が発議し、国民投票で過半数の賛成で憲法の改正が承認される。国民投票の手続きに関しては、2007年に制定された**国民投票法**に定められている。
㉛硬性憲法(➲p.36)　条文の改正に関して、法律の改正要件よりも厳格な要件を設ける憲法のこと。日本国憲法も硬性憲法にあたり、世界各国の成文憲法の多くは硬性憲法である。
㉜憲法審査会(➲p.37)　2007年の国民投票法の制定に伴い設置された組織。これまで憲法の広範かつ総合的な調査を行ってきた憲法調査会を引き継ぐ。衆参両院に設置され、改正原案の国会への提出権限を有する。
㉝法の下の平等(➲p.41)　人は生まれながらにして平等であるとする原則のこと。法の下の平等を保障するためには、法律を平等に適用することを行政府に要請するとともに、平等な内容の法律の作成を立法府に要請することも必要である。
㉞政教分離(➲p.51)　政治と宗教を切り離す思想・制度のこと。第二次世界大戦前は、天皇制と国家神道が結びついていたが、日本国憲法では政教分離の原則を採用しており、憲法第20条・第89条で規定している。
㉟検閲(➲p.54)　公権力が出版物や映画などの内容を事前に審査し、不適当と認めるときはその発表などを禁止する行為をいう。日本国憲法は表現の自由のために検閲を禁止し、通信の秘密を保障している。
㊱通信傍受法(➲p.54)　組織的な犯罪の捜査のため、捜査機関が裁判所または裁判官の発する傍受令状を根拠に、電話などの通信を傍受することが認められる。
㊲罪刑法定主義(➲p.55)　どのような行為が犯罪にあたり、どのような刑罰に処せられるかを、あらかじめ法律で規定されていなければならないとする原則。
㊳令状主義(➲p.55)　憲法では、人身の自

由のため現行犯の場合を除き、裁判官の発する令状がなければ逮捕されないと定めている。また、住居や所持品について家宅捜索や証拠押収を受ける場合も令状を必要としている。

㊴二重の基準(➲p.59)　精神の自由は個人の尊重と密接に結びついており、世論の形成などを通じて民主制の基礎を形づくっている。そのため、経済の自由に比べて、精神の自由は特に保護すべきであるとされる。

㊵生存権(➲p.60)　人間に値する生活を国民の権利として国家が保障するものである。個々の国民に対して具体的な権利を保障したものではないが、環境権など新しい人権を主張する際の根拠の一つとなっている。

㊶プログラム規定説(➲p.60)　生存権は、社会保障などについて国の関与を要請する権利であるが、憲法第25条は、直接個々の国民に対して具体的な権利を与えたものではなく、国に対してその実現に努めるべきとする道義的指針にとどまるとする説。

㊷教育基本法(➲p.61)　義務教育の機会を保障し、教育に対する国および地方公共団体の責務について定めている。1947年に制定され、2006年に改正された。

㊸人事院(➲p.62)　国家公務員法に基づいて設置されている行政委員会。国家公務員の労働基本権制約の代償措置として、給与などの勤務条件の改定を国会や内閣に勧告している。

㊹参政権(➲p.63)　**選挙権**のように政治の意思決定に参加する権利のこと。外国に居住する日本国民であっても国政選挙権の行使は保障される。

㊺環境権(➲p.67)　日常生活において、良好な環境を享受する権利。**新しい人権**として、生活環境の悪化や自然破壊に対処するため、生存権や幸福追求権を根拠に環境権が主張されている。しかし、最高裁判所の判決ではこれまで認められていない。

㊻知る権利(➲p.69)　政府や行政機関に対して情報公開を求める権利としての性格をもつ。新しい人権の一つで明文規定はないが、国や地方公共団体に対する情報公開制度は、知る権利を背景として導入された。

㊼情報公開法(➲p.69)　国の行政機関が保有する文書の内容を公開するための法律。非開示決定に対する不服申立ては情報公開・個人情報保護審査会にて諮問される。情報開示請求には国籍や年齢を問わない。

㊽個人情報保護法(➲p.70)　個人のプライバシーを守るため、個人情報保護法の改正をはじめとする個人情報保護関連法が2003年に制定された。これにより、個人情報保護法の対象に民間部門も加えられるなど、情報保護の対象が広げられた。

㊾アクセス権(➲p.71)　情報の送り手であるマス・メディアに対して、受け取った情報に反論する場を要求する権利のこと。最高裁判所では認められていない。

㊿肖像権(➲p.71)　肖像(特定の人物の容貌・姿態などを写しとった絵・写真)について、本人の意に反して描かれたり、撮影されたり、公表されたりすることを拒否することができる権利。

51自己決定権(➲p.72)　自己の生命・身体や趣味・嗜好などの私的事柄について、公権力や他者から干渉されることなく決定できる権利のこと。

52委員会制度(➲p.76，78)　国会の本会議の前に委員会で実質的な審議を行う制度。**常任委員会**と**特別委員会**からなり、国会議員は必ず常任委員会の一つ以上に所属しなければならない。

53二院制(➲p.76)　**両院制**ともいう。それぞれ独立した二つの議院から立法府が構成されている制度。慎重な審議ができるというメリットと、政策決定に時間がかかるというデメリットがある。

54内閣提出法案(➲p.77)　内閣が議会に提出する法案。日本では議院内閣制を採用しているため、内閣提出法案による立法が中心であり、議員提出法案による立法(議員立法)は少ない。

55衆議院の優越(➲p.78)　衆議院と参議院の議決が一致しなかった場合に、衆議院の議決を優先させる制度。法律案の議決、予算の議決、条約の承認、内閣総理大臣の指名で、衆議院の優越が認められている。

56弾劾裁判(➲p.78，89)　裁判官を罷免するための裁判。裁判官訴追委員会の訴追を受けて弾劾裁判所が裁判を行う。裁判官訴追委員会と弾劾裁判所の裁判官は国会議員から選任される。上訴の制度はない。

57議院証言法(➲p.79)　国会での証人喚問など、憲法第62条の**国政調査権**に基づいた証人の出頭、証言、記録の提出について定めた法律。虚偽の証言や、理由のない出頭拒否に対しては罰則が定められている。

58党首討論(➲p.79)　イギリスのクエスチョンタイムを参考に1999年に始まった制度で、首相と野党の党首が議論する。2000年からは国家基本政策委員会で行われている。

59首相公選制(➲p.80)　国民が首相を直接選挙で選ぶ制度。首相公選制は、議会と首相との対立などから、かえって政治が不安定化するという指摘もある。

60国務大臣(➲p.81)　内閣を構成する大臣のこと。国務大臣は文民でなければならない。また、内閣総理大臣がその他の国務大臣を任免でき、その過半数は国会議員でなければならない。

61衆議院の解散(➲p.82)　日本国憲法は衆議院の解散を定めている。憲法第69条の内閣不信任決議案が可決された場合のほか、憲法第７条の天皇の国事行為への助言と承認という手続きによって、内閣が裁量的に解散できる。

62委任立法(➲p.83)　行政機関が法律の委任によって立法行為を行うこと。社会の複雑化や国家の役割の拡大などにより、議会がすべての立法を行うことが困難になっていることが委任立法の増加の要因とされる。行政権の肥大化を懸念する声もある。

63官僚制(➲p.83)　行政組織のような規模の大きな組織を管理・運営するのに適した管理システムとされる。一方で、規則に基づく運営や専門分化といった特徴が、杓子定規な対応や縦割りなどの弊害を生みやすいことも指摘されている。

64行政手続法(➲p.83)　1993年に制定され、許認可や行政指導、不利益処分の手続きを明確化することが定められている。2005年の改正で、命令(省令や政令)を定めるときは、事前に意見公募手続(パブリック・コメント)を求めることが定められた。

65許認可権(➲p.83)　行政機関が規制のために行う許可や認可の権限のこと。本来は経済活動の公正や国民の権利の保護などを目的とするが、経済活動の活発化を阻害したり、既得権の維持が優先されやすいといった批判もある。

66天下り(➲p.84)　公務員が退職後に、勤務していた行政機関と関係のある企業や特殊法人などの幹部として再就職すること。行政の公正さを妨げる可能性があることや、巨額の退職金を得ながら企業を渡り歩くことなどが問題になっている。

67行政委員会(➲p.85)　政治的中立性が求められる分野について、内閣からある程度独立して設置される合議制の行政機関。準司法機能と準立法機能をもつ。

68オンブズマン(➲p.85)　行政機関を外部から監視するための職。日本では公的機関として条例等によって定められた公的オンブズマンと、市民がみずから組織した任意団体である市民オンブズマンとがあるが、国レベルでは導入されていない。

69独立行政法人(➲p.85)　各府省の行政活動から事務・事業の一部を分離し、これを担当する機関に独立の法人格を与えたもの。業務の質向上や活性化、効率性の向上、自律的な運営、透明性の向上を目的としてつくられた。

70特殊法人改革(➲p.86)　特殊法人に対して、「民間企業を圧迫している」、「天下り先になっている」などの批判が高まる中で、2001年に成立した小泉内閣では、構造改革の柱として道路公団民営化や郵政民営化をはじめとする改革が実行された。

71三公社の民営化(➲p.86)　日本専売公社、日本電信電話公社、日本国有鉄道という３つの公共企業体が民営化されたこと。1981年に発足した第２次臨時行政調査会で民営化が提言され、1985～87年に中曽根内閣の下で実施された。

72司法権の独立(➲p.88)　公正な裁判を行うために、司法権は裁判所に属し、裁判所は憲法および法律以外から支配・影響されないこと。裁判官の独立と裁判所の独立からなる。

73国民審査(➲p.89)　直接民主制の一つで、憲法第79条の規定に従い、罷免したい裁判官に×印をつける。投票者の過半数が×印をつければ、その裁判官は罷免されるが、現在まで罷免された裁判官はいない。

74三審制(➲p.90)　裁判の公平・慎重を目的として、原則として裁判を３回受けることが保障されている制度。最高裁判所が終審裁判所になる。

75再審制度(➲p.90)　裁判で判決が確定し

用語解説

たのちに、証拠が虚偽であったことが証明された場合や、新たな事実が判明して真実が明らかになった場合などには、裁判をやり直せる制度。

76 裁判の公開(➡p.90)　国民に裁判の傍聴を許可し、裁判を公開して行うこと。憲法で公開裁判の原則が定められているが、公序良俗を害するおそれがある場合には、裁判官の全員一致で対審を非公開にできる。

77 裁判外紛争解決手続(ADR)(➡p.91) 裁判によらずに、民事上のトラブルを解決する方法・手段のこと。和解の仲介(調停や斡旋)が該当する。公正な第三者が関与して解決を図る。

78 知的財産高等裁判所(➡p.91)　2005年に、知的財産権に関する事件を専門に扱う裁判所として設立された。知的財産高等裁判所は東京高等裁判所の特別支部とされている。

79 裁判員制度(➡p.92)　有権者が裁判員として、重大な刑事裁判の第一審に参加し、有罪か無罪か、また有罪の場合はどのような刑にするか(量刑)を裁判官と一緒に決定する制度。抽選された6名の裁判員と3人の裁判官により、多数決で決定する。ただし、被告人を有罪とするには、必ず裁判官1人以上が賛成していることが必要となる。

80 検察審査会(➡p.93)　有権者の中からくじで選ばれた11人の検察審査員が、検察官が被疑者を起訴しなかった事件に対して審査する制度。犯罪の被害者や犯罪を告発した人からの申し立てで審査を始める。2009年より、同一の事件で2回、検察審査員8人以上が起訴を支持した場合は、強制的に起訴されることになった。

81 違憲審査権(➡p.95)　法律などが憲法に違反していないか審査する権限。日本はアメリカ型の付随的違憲審査制を採っている。最高裁判所のほか、下級裁判所も違憲審査権をもっている。

82 統治行為論(➡p.95)　国家機関の行為のうち、軍事・外交など、高度な政治的判断を必要とする行為は、裁判所の司法の審査にはなじまないとする考え方。最高裁では、砂川事件、苫米地事件などの裁判で、違憲審査を回避するための根拠とされた。

83 地方自治法(➡p.97)　1947年に公布され、そのおもな内容は、首長・議会の議員の選挙、住民の直接請求などに関する規定が記されている。

84 首長の拒否権(➡p.98)　議会が議決した条例や予算に対して、首長が再議を求めること。この場合、議会が出席議員の3分の2の多数で賛成すれば、議決は確定する。

85 地方分権一括法(➡p.98)　地方分権改革の一環として2000年に成立した。国から地方に多くの権限を移譲し、機関委任事務を廃止した。地方公共団体の自主性・自立性がある程度高められることになった。

86 機関委任事務(➡p.98)　本来は国が行うべきところを、地方公共団体に委任して行わせる事務で、国の関与は強い。地方分権一括法により廃止された。

87 自治事務(➡p.98)　地方公共団体の事務のうち、**法定受託事務**以外のもの。法律の範囲内で地方公共団体が独自に行う。

88 NPO法(特定非営利活動促進法)(➡p.98)　市民による自発的な社会貢献団体に法人格を与えて活動を支援するために、1998年に制定された。NPO法人には税制上の優遇措置がとられている。

89 直接請求権(➡p.99)　直接民主制の一形態。住民が**住民発案**(**イニシアティブ**:条例の制定・改廃、事務の監査)、**住民解職**(**リコール**:議会の解散・首長や議員などの解職)を直接請求する権利。

90 事務の監査請求(➡p.99)　地方公共団体の有権者の50分の1以上の署名があれば、地方公共団体の事務全般を対象として、監査請求を監査委員に行うことができる。監査の結果は、議会や首長に報告される。

91 住民投票(レファレンダム)(➡p.99)
1つの地方公共団体のみに適用される特別法は、住民投票で過半数の同意を必要とする。議会が住民投票条例を制定すれば、地方公共団体は独自に住民投票を実施できるが、その結果は法的拘束力をもたない。

92 構造改革特区(➡p.100)　地域を限定して規制緩和を行う試みであり、地域経済の活性化を目的として2003年に導入された。

93 地方交付税交付金(➡p.101)　地方公共団体間の財政格差を是正するため、国が交付する。**国庫支出金**と異なり、使途は限定されない。

94 政党(➡p.104)　19世紀までの制限選挙の時代の政党は、知識や教養、財産をもつ名望家による**名望家政党**であった。20世紀に入り、普通選挙制の実施に伴い、政党は幅広い支持基盤をもつ大衆政党となった。

95 連立政権(➡p.105)　単独で議会の過半数を占める政党がないとき、2つ以上の政党により連立が組まれる。その場合、政策協定を結び政権を担当する。

96 派閥(➡p.106)　政党の中で考え方を同じくする人々の集団。1955年の保守合同により誕生した自民党は、結党と同時に派閥が生まれた。

97 圧力団体(➡p.107)　自分たちの利益を追求するために結成された団体。政権獲得を目的とせず、政府・議会・議員などにはたらきかけを行う。利益集団とも呼ばれる。

98 族議員(➡p.107)　特定の分野の政策決定に対し、強い影響力をもつ議員。関係の深い省庁や圧力団体の要望などを代弁する。

99 政治資金規正法(➡p.107)　政治資金の不透明さを問う事件が多く、たびたび改正されている。2009年からは、政治家の資金管理団体などの人件費以外の支出は、すべての領収書を徴収・保存・公開することなどが定められた。

100 政党助成法(➡p.108)　1994年に成立。政党の活動を税金で支援するもの。国民1人当たり250円の税金を、国会議員5人以上または国政選挙で2%以上の得票があった政党に支給する。

101 小選挙区制(➡p.109)　選挙制度のうち、1つの選挙区から1名が当選する。選挙資金が少なくて済み、また、政局が安定するなどのメリットがある。一方で、**死票**が多くなり、少数意見が尊重されにくい。

102 公職選挙法(➡p.110)　1950年に制定された。公明な選挙の実施と民主政治の健全な発達を目的とした法律。国会議員・地方公共団体の議員や首長などの選挙について定めている。

103 連座制(➡p.110)　候補者のみでなく、選挙の主宰責任者、出納責任者、配偶者などが選挙違反行為に関連して刑罰が確定した場合、候補者本人が関係していなくても当選が無効となる。また、5年間は同一選挙区からの立候補が禁止される。

104 小選挙区比例代表並立制(➡p.111)　衆議院の選挙制度。候補者は小選挙区と比例代表の両方に重複して立候補でき、重複立候補者は小選挙区で落選が決まると、比例代表での復活当選を争う。各党の比例代表の候補者名簿は同じ順位に複数の重複立候補者を並べることができ、その場合、小選挙区での**惜敗率**の高い候補から当選となる。

105 非拘束名簿式(➡p.111)　参議院の比例代表制で導入されている。政党が届け出た名簿に記載された「候補者名」か「政党名」を書いて投票する。候補者名票と政党名票を合わせた総得票数に応じて、**ドント方式**で各政党の当選人数を決定し、得票数の最も多い候補者から順に当選人が決まる。

106 政治的無関心(➡p.115)　社会問題や政治に対して、関心のない態度を示すこと。政治は政治家にまかせるという考え方や、政治に対する無力感、政治は自分には関係ないという意識などが背景にある。

107 メディア・リテラシー(➡p.121)　情報通信機器を使いこなす能力、情報やメディアの特質を理解する能力、情報発信者の意図を読み解く能力などの総称。

108 資本主義経済(➡p.126)　土地や機械など資本の私有が認められ、企業の利潤追求の自由が保障された経済システム。18世紀末にイギリスの産業革命により確立した。

109 重商主義(➡p.126)　富とは金・銀であるという考えの下で、国内に金・銀が蓄積されることを推進する経済政策・経済思想。16～18世紀の絶対王政下のヨーロッパで主張された。金・銀の蓄積のために、輸出促進や輸入制限などが重視された。

110 産業革命(➡p.127)　蒸気機関の発明などの技術革新や工業化の進展によって、社会が劇的に変化したことをさす。18世紀後半にイギリスから始まり、その後に欧米諸国や日本にも波及した。

111 アダム=スミス(1723～90)(➡p.127)
18世紀のイギリスの経済学者・道徳哲学者。主著『**国富論**(諸国民の富)』において、富の源泉は労働であるという観点に立ち、重商主義の体系的批判を試みた。また、それぞれの個人の利己的活動が、結局は「**見えざる手**」に導かれ、本来は意図していなかった社会全体の福祉につながると説いた。

112 世界恐慌(➡p.128)　1929年、アメリカの株価大暴落をきっかけに世界中に波及した恐慌。1933年には失業率が25%にも達したアメリカでは、F=ローズベルト大統領による**ニューディール政策**によって、この危機的状況を乗り切ろうとした。一方、植民地をもつイギリスやフランスではブロック経済、植民地をもたないドイツや日本ではファシズムや軍国主義が台頭した。

113 **ケインズ**(1883～1946)(➲p.128, 129) イギリスの経済学者。主著『雇用・利子および貨幣の一般理論』において、有効需要の原理を提唱し、働きたくても職に就けない非自発的失業の発生要因を論証した。自由放任主義を批判し、政府の政策的介入の必要性を明らかにした。

114 **有効需要**(➲p.128) 貨幣の支出を伴う需要のこと。消費需要、投資需要、財政支出、純輸出からなっている。ケインズは、有効需要の大きさが社会全体の生産量、国民所得、雇用量を決定するとした。

115 **混合経済**(➲p.129) 資本主義における自由な経済活動を前提としつつ、社会保障、公共投資などを通じて、政府が市場に介入する経済体制のこと。私的経済部門と公的経済部門が併存する。

116 **マネタリスト**(➲p.129) 貨幣政策を重視する立場で、**フリードマン**を中心とする学派。長期的には、貨幣量の増加は生産量や雇用量に影響を与えず、物価上昇率だけに影響を与えると考え、インフレーションを制御するためには、一定の率で安定的に貨幣量を増加させるべきであるとした。

117 **新自由主義**(➲p.129) 市場メカニズムを信頼し、アダム=スミス以来の自由主義を支持する立場の考え方。ケインズ主義的な裁量的財政政策に反対し、「小さな政府」を理想とする立場で、1970年代に登場した。

118 **マルクス**(1818～83)(➲p.130) ドイツの哲学者・経済学者。マルクス主義思想を創始し、その後の社会主義運動、労働運動に大きな影響を与えた。主著『**資本論**』において、資本主義には失業や恐慌が伴うと批判的に分析し、資本主義が、社会主義に移行するのは歴史的必然とした。

119 **社会主義経済**(➲p.130) 土地、労働、資本といった生産手段の公有制を基本とする経済システムであり、ソ連や東欧・中国などで採用された。国家の指令に基づいて生産や分配が行われる中央集権的な計画経済であるが、しだいに、労働意欲の低下や特権的官僚の支配などによって危機的停滞をまねくこととなった。

120 **改革開放政策**(➲p.131) 1978年に始まる鄧小平により推進された経済改革と対外開放政策の総称。人民公社の解体、郷鎮企業の設立、経済特区の設置など。課題を抱えつつも、中国の高成長を実現させた。

121 **社会主義市場経済**(➲p.131) 中国が始めた独自の経済システム。土地や資源など生産手段の公有制を維持しつつ、計画経済を改め、市場経済の活力を組みこもうとする試み。「改革開放政策」の成果を踏まえ、1993年に憲法を修正し、社会主義市場経済の実行が宣言された。

122 **ドイモイ**(➲p.131) ベトナム語で刷新を意味する。1986年のベトナム共産党大会において提起された。経済の非効率性を改善するために、市場メカニズムや外国資本の導入によって経済の建て直しをめざした。

123 **経済主体**(➲p.133) 生産や消費などの経済活動を行う単位のことで、家計、企業、政府の３つをさす。

124 **生産要素**(➲p.133) 労働、土地、資本といった生産を行う上で必要とされるもののこと。労働に対しては賃金、土地に対しては地代、資本に対しては利子もしくは利潤がそれぞれ配分される。

125 **有限会社**(➲p.135) 会社企業の一形態。家族経営などに多く、有限責任社員のみで構成され、株式は発行しない、2006年に施行された会社法では、株式会社に統合され、有限会社の新設はできなくなった。

126 **株式**(➲p.135, 138) 企業に対して資金を出資した証のこと。資金を調達したい企業は株式を発行し、多くの人から資金を集める。一方、株式の所有者である**株主**は、配当を得る権利などが与えられる。

127 **株式会社**(➲p.135) 今日の代表的企業形態。その特徴は、出資者の持ち分が株式という形をとり、その所有者(株主)には、所有する株式数に応じて議決権、利益配分権が与えられ、出資額以上の法的責任が及ばないこと(**有限責任制**)などがある。

128 **Ｍ＆Ａ**(➲p.136) 企業による合併(Merger)と買収(Acquisition)。つまり、他の企業の経営権や事業資産を取得すること。相手企業の同意を得る友好的買収と相手企業の同意を得ない敵対的買収がある。

129 **持株会社**(➲p.136) 傘下の企業を、株式を保有することで支配する会社のこと。自らは事業を行わない持株会社を純粋持株会社といい、事業を行う持株会社を事業持株会社という。一般的に持株会社と呼ぶ場合、前者をさす。戦後、独占禁止法で設立が禁止されていたが、1997年の独占禁止法の改正によって解禁された。

130 **コングロマリット**(➲p.136) 複合企業と訳される。企業を買収したり合併したりすることで、複数の事業を多角的に行う巨大化した企業形態のこと。

131 **企業の社会的責任(ＣＳＲ)**(➲p.137) 企業が持続的な社会の発展のために、株主、消費者、従業員、地域住民などの利害関係者(ステークホルダー)に対して、何らかの形で貢献していくべきだとする考え方。

132 **ディスクロージャー**(➲p.137) 企業が投資家などに対して、企業内容に関する情報を開示すること。証券取引所に上場している企業が投資家に対して行う広報活動はＩＲ(インベスター・リレーションズ)といい、ディスクロージャーの一種である。

133 **メセナ**(➲p.137) 企業が芸術･文化活動を支援、援助すること。一方、**フィランソロピー**とは、企業の慈善事業と訳され、企業の従業員がボランティア活動に参加することなどをさして使われることばである。

134 **コーポレート･ガバナンス**(➲p.140) 企業統治と訳される。企業の健全な経営を実現し、不正行為を事前に防止するしくみをさす。企業による不祥事が相次ぐ中で、内部統制の強化や社外取締役の設置など、経営に対して、さらなる監視機能の強化が求められている。

135 **完全競争市場**(➲p.144) 売り手と買い手が多数存在し、価格支配力をもつ者がいない市場。売り手と買い手の市場への参入と撤退は自由である。

136 **価格の自動調節機能**(➲p.144) 需要と供給の関係で価格が変化し、それに伴い自動的に需要と供給が調節されるはたらきのこと。自由な市場の下では、価格の自動調節作用がはたらき、資源がもっとも効率よく活用されると考えられている。

137 **市場の失敗**(➲p.150) 自由な競争が行われる市場において、市場機構がうまくはたらかずに、資源配分がうまくいかないこと。公害など市場を通さずに他の経済主体に悪い影響を与える外部不経済や、公園や警察など、市場にまかせておいても供給されない公共財の存在、市場参加者が少数であるために、資源の最適な配分が行われない独占や寡占などがある。

138 **寡占**(➲p.150) 一般的に少数の大企業からなる市場を意味する。寡占市場では、企業間の価格競争が著しく減退し、広告などの非価格競争を行うようになる。また、同一産業内で価格支配力をもつものが**価格先導者(プライス・リーダー)**として、管理価格を形成し、それに従う価格追随者が現れることもある。

139 **カルテル(企業連合)**(➲p.150) 同一産業内の複数の企業が生産量や価格について協定を結ぶこと。価格競争が行われなくなるため、独占禁止法で禁止されている。

140 **価格の下方硬直性**(➲p.151) 独占や寡占市場において、価格競争が行われず、商品の価格が高止まりしてしまう性質のこと。

141 **管理価格**(➲p.151) 寡占市場において、需給関係やカルテルによってではなく、価格支配力をもつプライス・リーダーによって暗黙のうちに決定された価格。他の企業もその価格に追随する。

142 **非価格競争**(➲p.151) 企業の競争が価格以外で行われること。寡占市場で行われることが多い。広告や宣伝、デザインなどの他社との差別化、アフターサービスの充実などが代表的な非価格競争の例である。

143 **独占禁止法**(➲p.152) 1947年、ＧＨＱによる戦後の経済改革の一環として制定された法律。公正かつ自由な競争の推進、一般消費者の利益の確保、国民経済の民主的で健全な発達を促進することを目的とする。

144 **公正取引委員会**(➲p.152) 独占禁止法を運用するために設置された行政委員会。委員長と４名の学識経験者で構成され、準立法的、準司法的な権限が与えられている。独占禁止法に違反する行為は、審査のうえで行政処分を科すことができる。

145 **電子商取引**(➲p.153) パソコンやスマートフォンを使って、インターネット経由で行われる発注や決済などの商取引のこと。ｅ-コマースといわれる。企業には、業務の効率化や調達・流通などのコストが削減できるというメリットがある。

146 **公共財**(➲p.154) 多くの人が同時に利用可能でなくてはならず(**非競合性**)、また、特定の人の消費を排除できない（**非排除性**）という性質をもつ財・サービスのこと。民間企業によっては供給されにくいため、政府によって供給される。

147 環境税（➡p.156） 環境に負荷を与える商品に課せられる税金。大気汚染や温暖化を防止する目的で石油や石炭などの化石燃料に課せられる炭素税が代表的。日本でも2012年に地球温暖化対策税が導入された。

148 三面等価の原則（➡p.161） 国民所得において、生産面・支出面・分配面で数値が一致すること。生産面では、どの産業がどれだけの付加価値を生み出したか、分配面では、生み出された付加価値が誰の所得になったか、支出面では、誰がどのように支出したか、という観点から捉えられる。

149 経済成長率（➡p.162） 一国の経済規模の拡大のこと。一般的に国民所得・ＧＤＰの増加率のことをさす。物価の影響を修正した実質経済成長率と、物価の影響を考慮に入れず算出する名目経済成長率がある。

150 インフレーション（インフレ）（➡p.165） 物価が継続して上昇する現象。需要が供給を上回るために生じる**ディマンド・プル・インフレ**、人件費や原材料費など生産コストの上昇による**コスト・プッシュ・インフレ**などがある。

151 スタグフレーション（➡p.165） 不況とインフレーションが同時進行する現象で、景気が悪いのに物価上昇が続く。二度の石油危機に際してこの現象がみられた。

152 デフレーション（デフレ）（➡p.165） インフレとは逆に、物価が継続して下落する現象。有効需要が総供給量より小さいことがおもな原因とされる。生産が低迷するため、賃金低下や失業者増大をまねき、景気後退や不況に結びつくことが多い。

153 デフレスパイラル（➡p.165） デフレの悪循環のこと。物価の下落は企業の利益を減らし、賃金も下がる。そのため、家計が苦しくなり消費が控えられる（需要の減少）。このように、物価の下落と景気の後退がらせん状に繰り返される状態をさす。

154 景気変動（➡p.167） 資本主義経済下で好況、後退、不況、回復の４つの局面を繰り返すこと。その原因としては、短期的には需要と供給のアンバランス、長期的には技術革新などが考えられる。

155 会計検査院（➡p.169） 国の歳入と歳出を検査する独立した行政機関。毎会計年度が終了すると「歳入歳出決算」が作成され、予算が適正に使われているかチェックされる。

156 ビルトイン・スタビライザー（自動安定装置）（➡p.170） 好況時には需要を抑制して景気の過熱を防ぎ、不況時には需要を維持することで景気の落ちこみを防ぐ、財政の自動的な景気調整機能。

157 フィスカル・ポリシー（裁量的財政政策）（➡p.170） 好況時には増税などで需要拡大を抑制し、不況時には積極的に減税や公共事業の拡大を行うなど、意図的・裁量的に景気の波の行き過ぎを抑える政策。

158 直間比率（➡p.173） 歳入構成における直接税と間接税の割合。直接税はおもに生産年齢層（現役世代）が負担し、間接税は全年齢層が満遍なく負担する。

159 シャウプ勧告（➡p.173） 1949年にＧＨＱに提出された税制改革の報告書。これにより、日本の税制は間接税中心主義から直接税中心主義に改められた。シャウプはコロンビア大学の経済学者。

160 所得税（➡p.174） 個人の所得に課税される税金であり、租税収入の中心的な存在。所得が多いほど段階的に高くなる累進税率が適用されるため、税負担の垂直的公平を図るしくみになっている。

161 累進課税制度（➡p.174） 所得の多い人には高い税率を適用し、所得の低い人には低い税率を適用する。これにより所得分配を平準化する。累進課税制度は相続税にも適用される。

162 法人税（➡p.174） 法人（企業）の所得に対して課される税金。所得税、消費税と並んで国税収入の３本柱を構成する。1991年のバブル崩壊以降、所得税と法人税が減少し、代わりに消費税の割合が高まっている。

163 特例公債（赤字国債）（➡p.175） 公共事業費以外の一般会計の歳入不足を補うための国債。本来は財政法で禁止されているが、財政特例法を制定することで発行している。財政赤字の穴埋めを目的とするため赤字国債とも呼ばれる。

164 基礎的財政収支（➡p.179） 歳入総額から国債などの新たな借金を除いた正味の歳入と、歳出総額から過去の借金の返済に充てる国債費を除いた歳出とを比較したもの。基礎的財政収支が均衡していれば、新たな借金は増えない。政府はこの収支の黒字化を財政健全化の目標としている。

165 管理通貨制度（➡p.181） 政府の金保有量に関係なく、通貨が発行される制度。通貨発行量は物価や景気の動向にあわせて調整される。発行される紙幣は金と交換できない**不換紙幣**である。

166 間接金融（➡p.181） 家計がいったん金融機関に預金し、その後、金融機関が企業に貸し出したり、国債を購入したりすることによって資金を融通する方式。一方、金融機関を経由しない方式は**直接金融**という。

167 コール市場（➡p.181） 金融機関が一時的な資金の過不足を調整するために短期で貸借を行う市場。コール市場の金利（コールレート）は日銀の政策金利となっている。

168 信用創造（➡p.183） 預金業務・貸出業務を行う銀行が、貸し出しと預金を繰り返すことで、当初の預金額の何倍もの融資額を生み出す機能。

169 護送船団方式（➡p.185） 第二次世界大戦後、大蔵省（現財務省）が行ってきた金融行政の方式。経営基盤が劣る弱小の金融機関が倒産しないように、金融業界全体の存続を図った。

170 金融ビッグバン（➡p.185） 1996年に発表された金融自由化政策で、金利の自由化、業務の自由化、金融の国際化を推進する政策をさす。これにより、銀行・証券・保険の相互参入が可能となり、金融機関の再編が一気に進んだ。

171 不良債権問題（➡p.186） 不良債権とは、金融機関が融資した貸出金のうち、回収が困難になった債権をいう。バブル経済崩壊後、担保の土地や株が値下がりしたため、日本の多くの金融機関が巨額の不良債権を抱え、問題となった。

172 ＢＩＳ規制（➡p.186） 国際決済銀行（ＢＩＳ）が銀行経営の健全性を示すために定めた自己資本比率に関する国際基準。自己資本比率が低いと経営に不安がある。ＢＩＳ規制では国際業務をする場合、この比率を８％以上にすることが求められる。

173 ペイオフ（➡p.187） 金融機関が経営破綻した場合、預金の元本1,000万円までとその利息を、預金保険機構が払い戻すこと。金融不安の高まりを受けて、1996年に政府が預金を全額保護するようになったが、2005年にペイオフが再開された。

174 日本銀行（➡p.188） 日本の中央銀行。発券銀行、政府の銀行、銀行の銀行という３つの機能をもつ。金融政策を通じて物価の安定や景気調整などを行う。

175 公開市場操作（オペレーション）（➡p.188） 中央銀行が国債や手形などを公開市場で売買することによって通貨供給量を調節する金融政策。不況期には、日銀は国債や手形を買う（買いオペレーション）。景気過熱期には、日銀は国債や手形を売る（売りオペレーション）。現在の金融政策の代表的なものである。

176 マネーストック（➡p.189） 家計や企業が保有する通貨量の残高。政府や金融機関が保有する現金・預金は含まない。従来のマネーサプライから変更された。

177 量的緩和政策（➡p.189） 1999年にゼロ金利政策を導入しても景気が回復しなかったため、2001年、日本銀行が新たに始めた政策。これは日銀当座預金（日銀と民間金融機関の取引に使われる口座）の残高を、買いオペなどにより増額し、これにより、金融機関に潤沢な資金を供給し、景気刺激を図る政策である。

178 バブル経済（➡p.195，200） 活発な投機によって、土地や株式などの資産価格がその実質的な価値以上に高騰する経済の状況をさす。日本では1986年頃から1991年までが該当する。

179 ドッジ・ライン（➡p.196） 第二次世界大戦後、日本のインフレを収束させるためにアメリカの銀行家ドッジが1949年に行った緊縮財政。公債発行停止、単一為替相場の設定（１ドル=360円）などが実施された。

180 国民所得倍増計画（➡p.197） 1960年、池田勇人首相が打ち出した経済政策で、10年間で国民所得を２倍にするという計画。実際は７年間で２倍になった。活発な民間設備投資、国民の高い貯蓄率、良質で豊富な労働力などがこの計画を可能にした。

181 石油危機（オイル・ショック）（➡p.198） 第１次石油危機とは、1973年10月に第４次中東戦争が勃発した際に、アラブ石油輸出国機構（ＯＡＰＥＣ）が原油の生産削減と原油価格の大幅引き上げを決めたために、世界経済が大混乱したことをさす。その後、1979年には、イラン革命をきっかけとする第２次石油危機が起きた。

182産業の空洞化(➲p.199)　国内の企業が、海外に比べて割高な人件費や、円高の進行に対応するため、より生産コストが安い海外に生産工場などを移転し、国内の産業が縮小していく現象。雇用の減少など国内経済への悪影響が懸念される。

183環境影響評価(環境アセスメント)(➲p.205)　大規模な開発や建設が自然環境に及ぼす影響を事前に調査・予測・評価し、環境破壊をできるだけ未然に防ごうとする制度。1997年に制定された環境影響評価法(環境アセスメント法)では、調査項目について、地方公共団体や地域住民などの意見も反映されるようになった。

184環境基本法(➲p.205)　公害対策基本法や自然環境保全法を引き継ぎ、1993年に制定。環境政策全体に関する基本方針を定めた法律。地球環境問題や新たな都市・生活型公害に対応する必要もあって制定された。

185汚染者負担の原則(ＰＰＰ)(➲p.205)　公害を発生させた企業に、環境の原状回復や被害者救済のための費用を負担する義務があるとする原則。1972年にＯＥＣＤが提唱し、日本でも、1973年にこの原則を導入した公害健康被害補償法が成立した。

186消費者の４つの権利(➲p.209)　アメリカのケネディ大統領が1962年に提唱したもので、その後の世界の消費者運動の指針となった。４つの権利とは、①安全である権利、②知らされる権利、③選択できる権利、④意見を聞いてもらう権利をさす。

187消費者基本法(➲p.210)　2004年に消費者保護基本法(1968年施行)が改正され、消費者基本法となった。この法律は、消費者政策の基本となる事項を定めた法律で、消費者の権利の尊重と消費者の自立支援を基本理念としている。

188消費者契約法(➲p.210)　消費者保護のために2000年に成立した法律。事業者が契約にあたって事実と違う説明をした場合などは、その契約を解除できることを定める。

189クーリング・オフ(➲p.210)　訪問販売などのように不意打ち的な勧誘で、冷静に判断できない状態で契約をしてしまうような販売方法に対して、一定の期間内であれば無条件に契約を解除できる制度。

190特定商取引法(➲p.210)　訪問販売法を2000年に全面改正した法律。訪問販売や通信販売などの販売形態について、一定期間内であれば違約金や取消料を支払うことなく契約を解除できるクーリング・オフの制度を定めている。

191消費者庁(➲p.213)　消費者の利益を守るために、複数の省庁にまたがっていた消費者行政の一元化を図ることを目的として2009年に設置された。

192ベンチャー企業(➲p.215)　「新しい技術やビジネスモデルによって、大企業では実施しにくい創造的・革新的な事業を展開する新興企業」のこと。

193食料自給率(➲p.217)　国内の食料消費が、国内の農業生産でどの程度まかなえているかを示す指標のこと。日本の食料自給率(カロリーベース)は、近年は40％前後であり、先進国の中でも最低の水準である。

194食糧法(➲p.218)　日本国内におけるコメ・麦などの主要食糧の流通を安定させるための法律。1995年施行。従来の食糧管理法は、政府米主体の管理を行ってきたが、食糧法は民間による流通米を主体とした管理に変わった。

195ミニマム・アクセス(➲p.219)　最低輸入量のこと。1993年のウルグアイ・ラウンドにおいて、コメの部分開放が決定し、1995年からミニマム・アクセスが義務づけられた。現在、国内消費量の7.2％にあたるコメを政府が一元的に輸入している。

196ＩＬＯ(国際労働機関)(➲p.223)　第一次世界大戦後の1919年、ベルサイユ条約によって、国際連盟と提携する自治機関として発足し、現在は国連の専門機関となっている。労働条件の改善を通じて、世界中の労働者のために、社会正義を促進することを目的として設立された。

197団結権(➲p.224)　日本国憲法第28条で規定されているに労働三権の一つ。労働者が、使用者と対等な立場に立つために、労働組合を結成する権利。

198労働基準法(➲p.224)　労働者の賃金や労働時間、有給休暇など、労働条件の最低基準を定めた労働の基本法規。使用者は、この基準を下回る条件で労働者を使用することはできない。

199労災保険(労働者災害補償保険)(➲p.226)　労働者が業務上の事由などで負傷・病気・死亡した場合に、労働者災害補償保険法に基づいて、被災労働者や遺族を保護するために保険給付が行われる。使用者の負担する保険料で賄われる。

200企業別労働組合(➲p.227)　企業単位の労働組合。日本では第二次世界大戦後、工場や事業所ごとに労働組合がつくられ、世界でも稀な企業別労働組合中心の国となった。他の国では、企業の枠を越え、産業ごとに労働者を組織し、産業単位で労働条件を決める**産業別労働組合**が多い。

201終身雇用制(➲p.230)　従業員が入社から定年まで、生涯一つの企業に雇用され続ける制度。**年功序列型賃金体系**とあわせて、従業員の安定雇用や生活を保障し、高度経済成長を支えてきた。

202年功序列型賃金体系(➲p.230)　勤続年数や年齢が高くなれば、それに応じて役職や賃金も上昇していく制度。

203パートタイム労働法(➲p.230)　パートタイム労働者の権利を守ることを目的として1993年に制定。パートタイム労働者の定義は「１週間の所定労働時間が通常の労働者の所定労働時間に比べて短い労働者」と定義されている。2018年の改正で、パートタイム・有期雇用労働法に名称変更された。

204男女雇用機会均等法(➲p.232)　女子差別撤廃条約の批准に先立って1985年に制定された、雇用における男女差別を撤廃するための法律。現在では間接差別の禁止、妊娠・出産などを理由とする退職強要や配置転換の禁止、男女双方に対するセクハラ防止対策の義務化なども規定されている。

205男女共同参画社会基本法(➲p.232)　男女が対等なパートナーとして社会に参画することをめざして1999年に制定。積極的改善措置(ポジティブ・アクション)を含む施策を国と地方公共団体の責務としている。

206ワークシェアリング(➲p.234)　一つの仕事を多数で分けあうという考え方や政策のこと。１人当たりの労働時間を短縮し、より多くの人数で少しずつ働くことで、雇用確保および失業対策を目的に実施されることが多い。

207社会保障法(➲p.237)　1935年に、ニューディール政策の一環としてアメリカで成立し、年金保険、失業保険、公的扶助・社会福祉サービスについて規定された。

208国民皆保険・国民皆年金(➲p.238)　日本では、1958年に国民健康保険法が全面改正され、また、1959年には国民年金法が制定された。こうして、1961年に全国民がいずれかの公的医療保険・年金に加入する体制が整った。

209社会保険(➲p.240)　事前に保険料を支払うことによって、疾病や労働災害などの際に、一定の給付により生活を保障する相互扶助のしくみ。医療保険、年金保険、雇用保険、労災保険、介護保険の５種類の公的保険がある。

210国民年金(➲p.240)　1986年に基礎年金制度が導入され、学生をのぞく20歳以上60歳未満の日本に住むすべての人が国民年金に強制加入となった。なお、20歳以上の学生も1991年に強制加入となった。

211厚生年金(➲p.240)　公務員や企業で働く大部分の従業員が加入する年金制度で、全員加入が義務づけられている。保険料は労使折半。2016年10月に加入資格が緩和され、非正規労働者の加入者が拡大した。

212医療保険(➲p.241)　日本では、国民全員がいずれかの公的医療保険に加入している。一般的に、３割(75歳以上の後期高齢者は原則１割)の自己負担で医療サービスが受けられる。

213介護保険(➲p.242)　40歳以上の人が支払う介護保険料と、国・地方公共団体が負担する公費を財源として、要介護者たちに介護サービスを提供する社会保険制度。2000年４月から開始された。介護保険のサービスを受けるためには、申請して「要介護・要支援」と認定される必要がある。

214雇用保険(➲p.243)　政府が管掌する強制保険制度で、労働者が失業した場合に、生活および雇用の安定と就職の促進のために失業等給付を支給する。また、失業の予防、雇用状態の是正など、労働者の福祉の増進を図るための事業を実施している。

215公的扶助(➲p.243)　生存権の理念に基づき、国が生活困窮者に対して、最低限度の生活を保障する制度。扶助の内容は生活・教育・住宅・医療・介護・出産・生業・葬祭の８種類。

216社会福祉(➲p.244)　児童・母子(父子)・

高齢者・障害者など社会的弱者に対する援助で、自立を支援できるように、施設やサービスなどを提供している。

217 障害者総合支援法(➲p.244)　障害者自立支援法が2012年に改正され、障害者総合支援法となった。障害者の定義に難病などを追加し、2013年４月から施行された。

218 ノーマライゼーション(➲p.244)　高齢者、障害者、健常者など、すべての人が一緒に助けあいながら暮らしていくことができる環境づくりを進める考え方。

219 合計特殊出生率(➲p.245)　１人の女性が、一生の間に出産する子どもの平均人数。日本の人口置換水準(それ以下になると人口減少をまねく)は2.07。

220 貧困率(➲p.250)　絶対的貧困率と相対的貧困率がある。絶対的貧困率は、世界銀行によれば、１日の所得が1.90ドル未満で生活する人が全人口に占める割合。一方、相対的貧困率は、ある国の世帯を所得順に並べて、中央の世帯の半分の所得に満たない世帯の割合。

221 ウェストファリア条約(➲p.254)　1648年に締結された三十年戦争終結のための講和条約。ドイツの諸侯に同盟締結権を認め、オランダ・スイスの独立が認められた。これにより、神聖ローマ帝国は事実上崩壊し、主権国家を構成単位とする国際社会が形成された。

222 主権国家(➲p.254)　近代における独立国家の基本的枠組み。近代では、内政不干渉を原則として国家が存在し、国家は軍や警察を独占し、外交などの方針を決定する権限を有している。

223 グロティウス(1583～1645)(➲p.254)　オランダの法学者で「国際法の父」と呼ばれる。三十年戦争の惨禍を目の当たりにし、国家が従うべき国際法の必要性を説いた。主著は**『戦争と平和の法』**や**『海洋自由論』**。

224 主権(➲p.255)　政治社会における唯一・絶対・不可分の権力。16世紀にフランスの**ボーダン**が定式化した。対内的には、統治権や最高意思決定権として、対外的には、国家権力の独立性の意味で用いられる。

225 ナショナリズム(➲p.255)　国民主義・国家主義・民族主義ともいわれる。民族や国家の独立・発展をめざすための思想。中央集権的な体制により教育・言語を統一して、国民として一つにまとまることに最高の価値を見出す。

226 国際法(➲p.256)　国際社会において国家間の関係を律するために適用される。形式により国家間で合意された内容を文章化した条約と、一定の行為の繰り返しから生まれた国際慣習法がある。

227 国際慣習法(➲p.256)　多数の国家間において繰り返し行われた慣行を法的に認めたもの。**領土不可侵**、**公海自由の原則**、**内政不可侵**、**外交特権**などがその代表である。

228 条約(➲p.256)　国家間で締結される合意文書。協約・協定・規約・議定書・憲章なども条約となる。条約は締結国を拘束し、締約国は国際法に基づき条約内容を履行しなくてはならない。

229 国際司法裁判所(ＩＣＪ)(➲p.257)　国際連盟の常設国際司法裁判所を引き継ぎ、国際連合の主要機関としてオランダのハーグに設置された。国家のみ提訴可能で、紛争当事国双方の合意により開始される。総会と安全保障理事会で選挙された15名の裁判官により構成される。

230 国際刑事裁判所(ＩＣＣ)(➲p.257)　2002年にオランダのハーグに設置。集団殺害(ジェノサイド)や人道に対する罪、戦争犯罪、侵略犯罪を犯した個人を裁く常設裁判所。18人の裁判官で構成される。訴追は加盟国または安全保障理事会によるが、アメリカ、中国、ロシアなどが未批准である。

231 世界人権宣言(➲p.258)　1948年、第３回国連総会で採択されたすべての人民と国が達成すべき共通の基準。これは、法的拘束力をもつものではないが、各国の国内立法などに少なからぬ影響を与えている。

232 人種差別撤廃条約(➲p.258)　あらゆる形態の人種差別を撤廃する政策を加盟国に求める条約で、1965年に国連総会で採択された。日本は1995年に批准した。

233 国際人権規約(➲p.259)　1966年に国連総会で採択された人権保障についての法的拘束力を有する規約。Ａ規約、Ｂ規約および３つの選択議定書からなる。

234 女子差別撤廃条約(➲p.260)　男女の完全な平等の達成を目的とする条約で、1979年に国連総会で採択。日本は1985年に批准。

235 子ども(児童)の権利条約(➲p.260)　1989年、国連総会で採択された子どもの人権を包括的に規定した条約。18歳以下のすべての子どもに対して、意見表明権など数多くの権利を保障。日本は1994年に批准。

236 障害者権利条約(➲p.260)　障害者の基本的人権を確保し、障害者の尊厳の尊重を目的とした条約で、2006年に国連総会で採択。日本は2014年に批准。

237 勢力均衡(➲p.261)　友好国と同盟を結び、敵対国との軍事的バランスを保とうとする安全保障政策。軍拡競争に陥りやすい。

238 集団安全保障(➲p.261)　国際連盟や国際連合のような国際平和機構の下で、各国が相互不可侵を約束し、その中から侵略国が出れば、全加盟国が侵略国に制裁を加え、国際平和・秩序を維持しようとする考え方。

239 国際連盟(➲p.262)　1920年、アメリカ大統領ウィルソンの**14か条の平和原則**により世界初の国際平和機構として設立。スイスのジュネーブに本部を置き、原加盟国は42か国。総会・理事会の議決は**全会一致制**を採用。制裁処置も経済制裁のみで軍事的制裁はできない。提案国アメリカは不参加。

240 安全保障理事会(安保理)(➲p.262)　国際社会の平和と安全の維持に関する責任を有する主要機関であり、決定には法的拘束力がある。拒否権を有する常任理事国(アメリカ、イギリス、フランス、ロシア、中国の５か国)と任期２年の非常任理事国10か国で構成。重要事項である実質事項は、常任理事国を含む９理事国の賛成が必要。

241 拒否権(➲p.262, 267)　安全保障理事会で手続き事項以外の実質事項の表決時に、常任理事国が一国でも反対すると、議案は否決される。これを**大国一致の原則**という。

242 経済社会理事会(➲p.262)　国際連合の専門機関などの経済・社会活動を調整する。任期３年の54理事国で構成される。

243 国際連合憲章(➲p.264)　1945年６月にサンフランシスコで開催された国際機構に関する連合国会議(サンフランシスコ会議)で採択された。同年10月に成立した国際連合の目的と、組織・運営における基本原則を定めたものである。

244 ＮＧＯ(➲p.265)　民間の個人・団体による非政府組織。経済社会理事会の協議資格を与えられ、国連の会議にオブザーバーとして参加可能なＮＧＯを国連ＮＧＯという。

245 アムネスティ・インターナショナル(➲p.265)　各国の政治犯や思想犯など、人権侵害に苦しめられている「良心の囚人」を、国際的に救援することなどを目的としたＮＧＯ。

246 緊急特別総会(➲p.267)　拒否権の乱発により、安全保障理事会が機能しなくなったことを契機に、安保理の同意を必要としない「平和のための結集」決議が総会で採択された。加盟国の過半数または安保理理事国９か国以上の要請により開催され、総会が軍事的措置を勧告できるようになった。

247 平和維持活動(ＰＫＯ)(➲p.268)　安保理決議に基づき、紛争当事国の合意の下に、紛争の拡大防止、停戦監視、停戦後の選挙活動の監視などの活動を行う。国連憲章６章の「平和的解決」と７章の「強制行動」の中間的性格であり、「６章半活動」とも呼ばれる。

248 平和維持軍(ＰＫＦ)(➲p.268)　総会・安保理により派遣決定される。紛争地域の停戦監視、緩衝地帯への駐留、武器解除の履行監視などを行う。使用する武器は自衛のための軽武装のみに限られ、中立を原則とする。派遣に関しては派遣先の事前同意が必要である。

249 国連軍(➲p.268)　国連憲章の下で、侵略の防止・鎮圧などの軍事的強制措置を行うための軍隊。国連憲章では第42・43条に軍事的強制措置を規定している。安保理と加盟国間での事前特別協定締結により編成されるが、国連憲章に基づく正規の国連軍はまだ一度も編成されていない。

250 多国籍軍(➲p.268)　国連憲章で規定された国連軍と異なり、安保理での決議に基づいて編成・派遣されるが、指揮権は派遣国側にある。

251 ヤルタ会談(➲p.270)　1945年２月、米・英・ソの首脳がソ連のクリミア半島のヤルタに集まり、戦後の世界秩序や国連の創設などについて確認した。

252 冷戦(冷たい戦争)(➲p.270)　第二次世界大戦後のアメリカを中心とした資本主義陣営とソ連を中心とした社会主義陣営の対立。朝鮮戦争・ベトナム戦争など、米ソの代理戦争として対立は続いた。1989年のマルタ会談で冷戦は終結した。

253 北大西洋条約機構(ＮＡＴＯ)(➲p.271)　1949年に北米、ヨーロッパの西側諸国により設立された集団安全保障体制。アメリカを中心とした対ソ封じ込め政策を目的とした軍事同盟であった。冷戦終結後は、加盟国の領土および国民を防衛することを最大の責務としている。また、現在は東欧諸国の一部の国々も加盟国となった。

254ワルシャワ条約機構(WTO)(➲p.271) 1955年にNATOに対抗するため、ソ連と東欧8か国により結成された東側陣営の集団安全保障体制。本部はモスクワに置かれた。冷戦の終結により1991年に解体した。

255多極化(➲p.273) 第二次世界大戦後は、米ソの対立を中心に国際政治が動いていた。しかし、日本・西ドイツの急速な経済発展、ECの結成などによる西側陣営におけるアメリカの地位の低下、中ソ対立による東側陣営の足並みの乱れなどがみられた。また、1970年代以降は第三世界の台頭もあり、2極化から多極化となった。

256第三世界(➲p.273) おもに第二次世界大戦後に独立を果たした、アジア・アフリカの発展途上国諸国のことをいう。資本主義陣営と社会主義陣営のいずれにも属さず、反植民地主義・軍事同盟不参加を掲げ、非同盟中立政策を推進した。

257非同盟諸国首脳会議(➲p.273) 1961年、エジプトのナセル、インドネシアのスカルノ、ユーゴスラビアのチトーなどが中心となり、25か国が結集した会議。東西いずれの軍事同盟にも参加しない中立的な国々により、平和共存、反植民地主義を掲げ、国際緊張緩和を目的とした。現在は、発展途上国の経済問題を中心に取り組んでいる。

258マルタ会談(➲p.274) 1989年、地中海のマルタ島で行われたG=ブッシュ米大統領とゴルバチョフ・ソ連書記長による会談。東西冷戦の終結が宣言された。

259ソ連崩壊(➲p.274) 1991年の軍部・保守派によるクーデターの失敗により、ゴルバチョフ大統領は共産党書記長を辞任し、党の解体を宣言。その後、エリツィン・ロシア大統領が実権を掌握し、ソ連は解体され、独立国家共同体(CIS)が創設された。

260アメリカ同時多発テロ事件(➲p.275) 2001年9月11日、ハイジャックされた旅客機が、アメリカの世界貿易センタービルに2機、国防総省(ペンタゴン)に1機突っ込み、他の1機は途中で墜落した。アメリカは、事件の実行犯をイスラーム過激派のアルカイダと断定した。

261イラク戦争(➲p.275) 2003年にアメリカは大量破壊兵器の保有を理由に、イギリスとともにイラクを攻撃し、フセイン政権を崩壊させた。明確な安保理決議を経ない攻撃には賛否が分かれた。その後、イラクに大量破壊兵器がないことが判明した。

262アパルトヘイト(➲p.283) 南アフリカ共和国で行われていた人種隔離政策で「分離・隔離」を意味し、1948年に制度化された。国民の75%を占める黒人は、全国土の15%の地区に強制的に押しこまれ、政治・経済・社会の全分野においてさまざまな差別を受けていた。アパルトヘイトは1991年に廃止された。

263多文化主義(➲p.283) 異なる民族やマイノリティの言語・文化・習慣などの存在を認め、積極的に共存を図ること。国家の枠の中における多様な価値と文化の統合を推進するものである。代表的な国として、カナダやオーストラリアがある。

264難民(➲p.288) 人種・宗教・国籍・政治的意見や特定の社会集団に属することなどを理由に、自国内で迫害を受ける、または受けるおそれのあるため、他国へ逃れた人々。亡命者も含まれる。国内に留まり避難生活を送る人々は**国内避難民**という。

265難民条約(➲p.289) 正式名称は「難民の地位に関する条約」で1951年採択、1954年発効。この条約により、難民に対する国際的な保護協力体制が確立された。さらに、1967年には「難民の地位に関する議定書」が国際連合において採択されている。

266国連難民高等弁務官事務所(UNHCR)(➲p.289) 難民問題解決のため、1950年の国連総会で設立された機関。難民に国際的保護を与え、自国または第三国での定住を援助する。なお、すでに国連パレスチナ難民救済事業機関の支援を受けていたパレスチナ難民の一部は対象外である。

267部分的核実験禁止条約(PTBT)(➲p.294) 1963年、米・英・ソ間で調印された多国間条約。大気圏内・宇宙空間および水中における核実験を禁止する条約。地下核実験までは禁止していない。核保有国の中国とフランスは不参加。

268核兵器拡散防止条約(NPT)(➲p.294) 1968年に国連総会で採択、1970年発効。核兵器国を米・ソ(ロ)・英・仏・中の5か国と定め、それ以外の非保有国への核兵器譲渡・開発援助を禁止する。非保有国の製造・取得も禁止している。インド・パキスタン・イスラエルは締結していない。

269包括的核実験禁止条約(CTBT)(➲p.294) 1996年の国連総会において採択。あらゆる空間における核爆発を伴う核実験を禁止する条約。条約は未発効。核爆発を生じない未臨界実験は禁止されていない。

270INF(中距離核戦力)全廃条約(➲p.295) 1987年に米ソで調印され、射程5,500km以下の中距離核ミサイル(INF)を3年以内に全廃することを取り決めた条約で、1988年に発効した。

271国際原子力機関(IAEA)(➲p.295) 1957年に国連の準専門機関として設立。原子力の平和利用促進、軍事利用転用防止、原発事故発生の場合の原因究明・再発防止対策、汚染調査を行う。NPT未加盟国には効力をもたないという問題点がある。

272パグウォッシュ会議(➲p.295) 核兵器廃絶と科学技術の平和利用を訴えたラッセル・アインシュタイン宣言(1955年)を受けて、1957年にカナダのパグウォッシュで第1回会議が開催された国際会議。

273対人地雷全面禁止条約(オタワ条約)(➲p.297) 1997年、NGOを中心とした活動により、対人地雷の使用、生産、取得、貯蔵などが禁止された。締約国には4年以内の貯蔵地雷の完全廃棄と、10年以内の埋設地雷の廃棄を義務づけた。アメリカ・ロシア・中国・イスラエル・北朝鮮は未加盟。

274専守防衛(➲p.304) 相手から武力攻撃を受けたとき初めて軍事力を行使し、その軍事力を行使する場合も自衛のための必要最小限にとどめるとする原則。保持する防衛力についても自衛のための必要最小限のものに限る。

275文民統制(➲p.304) シビリアン・コントロールともいう。軍隊の最高指揮権が文民に属することをいう。日本では、文民とは、現役自衛官以外の人とされる。日本国憲法では、自衛隊の最高指揮権を持つ内閣総理大臣をはじめ、防衛大臣を含む国務大臣も文民でなければならない。

276国家安全保障会議(➲p.304) 内閣に置かれた機関で、国防・外交に関する重要事項や緊急事態への対処に関する重要事項を審議する。議長は内閣総理大臣が務め、防衛大臣、外務大臣をはじめ、緊急事態に関わりが深い大臣がメンバーとなる。2013年に安全保障会議を改組して組織された。

277集団的自衛権(➲p.304) 国連憲章第51条に認められた権利。直接攻撃を受けていない国が、攻撃された国と同盟関係にある場合、共同で防衛を行う権利のこと。

278非核三原則(➲p.305) 「核兵器を持たず、つくらず、持ちこませず」のこと。1967年、佐藤首相が安全保障政策の基本方針として表明した。この非核三原則は、1971年に国会で決議され、日本の国是(国の方針)として現在に至っている。

279日米安全保障条約(➲p.306) サンフランシスコ平和条約と同日に日米間で結ばれた条約。1960年には新安保条約に改定された。アメリカ軍が日本に駐留することを認め、日本への武力攻撃に対して共同で対処することを定めている。

280思いやり予算(➲p.307) 在日米軍の駐留経費の日本側の負担のうち、日米地位協定で定められた範囲を超えるもので、基地従業員の人件費や光熱水料などからなる。

281PKO協力法(➲p.310) 国際平和協力法ともいわれる。1992年に制定された、自衛隊や文民の海外派遣の根拠法である。PKOに参加するためには相手国の同意などの「PKO参加5原則」が満たされている必要がある。

282海賊対処法(➲p.311) ソマリア周辺での海賊被害の急増に対して自衛隊が航行中の船舶を護衛し、海賊の取り締まりや処罰ができるようにするため、2009年に制定された。

283有事関連7法(➲p.312) 武力攻撃を受けたり、武力攻撃が予測される場合の対応について定めた7つの法律。2004年に制定された。国民を守るための避難や救援の手続きを定めた国民保護法や捕虜取扱い法、米軍等行動関連措置法などからなる。

284ミサイル防衛(➲p.312) イージス艦やPAC3などによって、着弾する前の段階の弾道ミサイルを打ち落とすことで、自国を防衛すること。日本は2003年に導入を決定。

285日ソ共同宣言(➲p.315) 1956年、日ソ

両国首相により署名され、両国の国交が回復した。平和条約締結後にソ連が日本に歯舞群島と色丹島を引き渡すことを規定した。さらにこの宣言により、シベリア抑留日本人の帰国、日本の国連加盟支持、日本への賠償請求権放棄が併せて規定された。

286日韓基本条約(➲p.315)　1965年に署名され、韓国を朝鮮半島における唯一の合法的政府とし、日韓関係は正常化した。これにより、1910年の韓国併合以前に締結された条約は、すべて無効となった。

287日中共同声明(➲p.315)　1972年、日本は中華人民共和国が唯一の合法政府であり、台湾は中華人民共和国の一部であるとすることを確認。これにより、日本は台湾との日華平和条約(1952年締結)を破棄した。また、共同声明により、中国は日本への戦後賠償請求権を放棄した。その後、両国は1978年に**日中平和友好条約**を締結した。

288比較生産費説(➲p.322)　リカードによって提唱された外国貿易および国際分業に関する理論。一国における各商品の生産コストを他国と比較し、生産コストが低い商品(比較優位)を輸出して、それ以外の商品を輸入すれば双方が利益を得ると主張し、**国際分業**と**自由貿易**の必要性を説いた。

289リカード(1772～1823)(➲p.322)　イギリスの経済学者。貿易における**比較生産費説**を主張し、今日の自由貿易の理論的基礎を築いた。著書には『経済学および課税の原理』などがある。

290リスト(1789～1846)(➲p.323)　ドイツの経済学者。当時のドイツの状況を鑑み、後進国では国内の幼稚産業を保護するために、保護貿易を行うことの必要性を説いた。著書には『政治経済学の国民的体系』などがある。

291保護貿易(➲p.323)　自由貿易と対置される概念で、自国産業の保護などを目的に、国家が諸国間の貿易に介入して制限を加えること。関税(輸入品に課せられる税金)による方法や非関税障壁(輸入数量の制限などの関税以外の方法)によるものがある。

292日米構造協議(➲p.327)　1989～90年にかけて行われた日米間の貿易不均衡(日米貿易摩擦)の解消を目的とした協議。関税などの貿易政策だけでなく、日本の大型店舗の規制や、土地税制などに関しても協議された。この協議を受け、大規模小売店舗法は2000年に廃止された。

293日米包括経済協議(➲p.327)　日米構造協議から引き継がれ、1993年に発足した日米間の経済協議。日米間の貿易不均衡を是正するため、2001年までに、構造問題と個別の産業についての協議が行われた。

294経常収支(➲p.328)　一国の国際収支を評価する基準の一つで、「貿易収支」「サービス収支」「第一次所得収支」「第二次所得収支」の４つから構成される。

295為替レート(外国為替相場)(➲p.335)　外国通貨と自国通貨との交換比率のこと。外国為替相場には、自国通貨建てと外国通貨建ての２通りの表示方法があり、日本にとって、「１ドル＝100円」という表示は「自国通貨建て」、「１円＝0.01ドル」という表示は「外国通貨建て」となる。

296変動相場制(➲p.336)　外国為替相場(為替レート)を一定比率に固定せずに、外国為替市場での需要と供給に委ねる制度。

297ファンダメンタルズ(➲p.336)　経済成長率、物価上昇率、国際収支など、一国の経済状態を判断する基礎的条件をいう。

298購買力平価(➲p.336)　自国通貨と外国通貨で同じものを購入できる比率によって為替レートを決定するという考え方。例えば、同じ商品がアメリカでは３ドル、日本では300円の場合、１ドル＝100円となる。

299アジア通貨危機(➲p.339)　1997年７月のタイ・バーツの変動相場制への移行に端を発し、東アジア・東南アジア諸国に波及した通貨危機のこと。この結果、アジア各国の経済成長率が一気に鈍化した。

300サブプライム・ローン問題(➲p.340)　信用力が低い低所得者向けの住宅ローンである。サブプライム・ローンはアメリカの住宅価格の上昇を背景に、2000年代中頃まで急増したが、住宅バブルが弾け、サブプライム・ローンが不良債権化したことで、証券化商品が暴落し、多数の金融機関や投資機関が巨額の損失を被ることになった。

301欧州財政危機(➲p.341)　2009年のギリシャでの政権交代を機に、前政権の巨額の財政赤字隠しが発覚し、それに端を発してヨーロッパで起こった一連の経済危機。

302ブレトンウッズ体制(➲p.344)　第二次世界大戦後の国際経済体制のために、1944年に発足した体制。ブレトンウッズ協定に基づき、国際通貨基金（ＩＭＦ)、国際復興開発銀行(世界銀行、ＩＢＲＤ)が設立された。また、この時のＩＭＦ協定によって、各国は金１オンス＝35ドルを基軸として、自国通貨の対ドル為替相場を固定する**固定相場制**が採用された。

303国際通貨基金（ＩＭＦ）(➲p.344)　通貨と外国為替相場の安定化を目的とした国際連合の専門機関で、1944年のブレトンウッズ協定により発足。ＩＭＦのおもな業務は、加盟国の出資金を原資として、経常収支が一時的に悪化した国への融資にある。

304基軸通貨(➲p.344)　世界中で輸出入の支払いや金融取引などに使われる通貨のこと。基軸通貨は、国際取引の決済に一般的に使用され、各国通貨の交換にあたって、価値基準として用いられる。現在の国際通貨体制では、ドルが基軸通貨となっている。

305国際復興開発銀行（ＩＢＲＤ）(➲p.344)　1945年、ブレトンウッズ協定に基づき、第二次世界大戦からの加盟各国の復興と開発のための貸し付けを目的として設立された国際金融機関。現在では、発展途上国に対する長期的な融資が主要業務となっている。

306ドル危機(➲p.345)　1960年代に、ベトナム戦争に伴う軍事支出の増大や、第二次世界大戦直後から続く対外経済援助などによって、アメリカの経常収支が悪化した。これが原因でアメリカから金が流出し、金とドルとの交換の維持が困難になったこと。

307ニクソン・ショック(➲p.345)　1971年、ニクソン米大統領がドルと金との交換停止を発表したことで、ドルを基軸通貨とするブレトンウッズ体制が崩壊したこと。

308スミソニアン協定(➲p.345)　ニクソン・ショック(金とドルとの交換停止)による国際通貨体制の混乱を防ぐために、1971年12月にワシントンのスミソニアン博物館で締結された協定。金１オンス＝38ドルにドルが切り下げられ、１ドル＝308円の新しい円の対ドル為替相場が決定された。

309キングストン合意(➲p.345)　1976年にジャマイカのキングストンで締結された協定。主要先進国は1973年にすでに**変動相場制**に移行していたが、変動相場制への移行に関する正式な承認が決定された。

310特別引出権（ＳＤＲ）(➲p.345)　ＩＭＦ加盟国がＩＭＦを経由して、他の加盟国から外貨を調達する制度。具体的には、ＩＭＦに特別引出枠を設け、加盟国にその出資額に応じて一定の割合で特別引出権を配分しておく。そして、借り入れが必要な場合には、ＳＤＲを外貨準備に余裕のある国に引き渡して必要な外貨を手に入れる。

311プラザ合意(➲p.345)　1985年９月、ニューヨークのプラザホテルで開かれたＧ５(米、英、仏、日、西独)での合意。ドル高を是正し多額の貿易不均衡に対処するため、基軸通貨であるドルに対し、参加各国の対ドル為替相場を引き上げることを決定した。

312ＧＡＴＴ(関税および貿易に関する一般協定)(➲p.347)　保護貿易が第二次世界大戦を誘発したとの反省を受けて、各国間での自由貿易を促進し、その障壁となるものを国際間での交渉で取り除くために結ばれた国際協定。「自由」、「無差別」、「多角」を三原則として、関税の撤廃や輸入数量制限などの非関税障壁の撤廃に取り組んだ。

313非関税障壁(➲p.347)　関税以外の手段による輸入制限のこと。具体的には、輸入数量制限や、輸入課徴金といった輸入時の障壁や、工業規格などの国内流通時の障壁、政府による国内生産者に対する補助金などがある。

314最恵国待遇(➲p.347)　条約や協定において、締約国の一方が他方に対し、通商・関税・航海などの事項について、最も有利な待遇を与えている第三国(最恵国)と同等の待遇を与えること。ＧＡＴＴでは、無差別原則の一つとして、各国に最恵国待遇を適用することを定めている。

315一般特恵関税(➲p.347)　発展途上国から輸入する農産品や製品などの関税を低くするか無税にして、発展途上国の経済発展を支援するしくみのこと。国連貿易開発会議(ＵＮＣＴＡＤ)において、南北問題解決の一手段として制度化された。

316セーフガード(➲p.347)　特定の産品の輸入急増によって、国内生産者が重大な損害を被った場合や、その恐れがある場合、緊急措置として、その産品の関税を引き上げたり、輸入数量制限などを行う制度。「緊急輸入制限」ともいう。ＷＴＯでは自由貿易の例外として認められている。

317ウルグアイ・ラウンド(➲p.347)　1986年

にウルグアイで交渉開始が宣言された、ＧＡＴＴの多角的貿易交渉のこと。従来のモノの貿易だけでなく、知的所有権の取り扱いから、サービス貿易の国際的取引の自由化、農産物の例外なき関税化に関する取り決めが行われた。

318 ＷＴＯ(世界貿易機関)(➲p.347)　1995年にＧＡＴＴを土台として発足した、貿易に関する国際機関。貿易障壁の除去による自由貿易推進のため、多角的貿易交渉の場を提供するとともに、国際貿易紛争を処理することを目的としている。

319 ＦＴＡ(自由貿易協定)(➲p.349)　地域間または国との間で、関税や非関税障壁などの貿易障壁を相互に撤廃し、自由に貿易を行うことによって相互の利益を図ることを目的とする協定のこと。ＷＴＯの例外として認められている。

320 ＥＰＡ(経済連携協定)(➲p.349)　ＦＴＡ(自由貿易協定)の枠組みに加えて、幅広い経済関係の強化をめざして、貿易や投資の自由化・円滑化を進める協定。

321 ＥＵ(➲p.350)　ヨーロッパの外交・安全保障政策の共通化と、通貨統合の実現を目的とする統合体。**欧州連合**の略称。経済分野では、域内関税の撤廃や、域外共通関税の設定、市場統合を実現し、1999年には単一通貨**ユーロ**を導入した。政治分野では、2007年のリスボン条約により、ＥＵ大統領とＥＵ外相がおかれた。

322 ユーロ(➲p.350)　ＥＵの共通通貨。1999年より銀行間取引などで使用が始まり、2002年からはユーロ参加国内で紙幣・硬貨の一般流通が開始した。財政赤字がＧＤＰ(国内総生産)比３%以下、債務残高がＧＤＰ比60%以下など、導入には諸条件がある。ユーロ圏の統一的金融政策はＥＣＢ(欧州中央銀行)が行う。

323 ＡＳＥＡＮ(➲p.353)　東南アジア諸国の経済や安全保障分野などの発展のために、1967年に設立された地域協力機構。東南アジア諸国連合の略称。2015年にＡＳＥＡＮ経済共同体(ＡＥＣ)が発足するなど、東南アジア諸国間の結びつきを強めている。

324 ＵＳＭＣＡ(➲p.353)　アメリカ、メキシコ、カナダの３か国間内での貿易障壁や域内関税の段階的撤廃などを目的として結ばれた協定。1994年に発効したＮＡＦＴＡ(北米自由貿易協定)に代わって2020年に発効した。

325 ＡＰＥＣ(アジア太平洋経済協力)(➲p.353)　アジア太平洋地域の経済協力の枠組み。今日では貿易や投資の自由化・円滑化、国際協力などをめざしつつ、「開かれた地域主義」の推進を標榜している。

326 ＴＰＰ(環太平洋パートナーシップ)協定(➲p.354)　環太平洋地域の国々による経済の自由化を目的とした、多角的な経済協定。モノやサービスの貿易自由化だけでなく、競争政策などの幅広い分野を対象としている。アメリカの離脱後、2018年に参加11か国によりＣＰＴＰＰとして発効。

327 南北問題(➲p.356)　おもに北半球に位置する先進国と、おもに南半球に位置する発展途上国との間の著しい格差から生じる問題。第二次世界大戦後、ＵＮＣＴＡＤなどが中心となり経済協力などを行ってきたが、発展途上国内でも格差が生じている。

328 南南問題(➲p.356)　発展途上国間の経済格差とその格差から生じる諸問題。資源保有国と非保有国との格差などが原因とされる。

329 累積債務問題(➲p.357)　累積債務とは、その国の返済能力からみて過大な水準にまで累積された一国の対外債務をいう。累積債務問題とは、特に発展途上国が先進諸国の政府や金融機関から借り入れた債務が累積して巨額に達していることをさす。

330 ＢＲＩＣＳ(➲p.358)　これから高い経済成長率が期待できるブラジル(Brazil)、ロシア(Russia)、インド(India)、中国(China)、南アフリカ共和国(South Africa)の５か国の頭文字をとったものである。

331 ＮＩＥｓ(新興工業経済地域)(➲p.358)　1970年代以降、輸出産業を軸に急速な工業化を遂げ、高い経済成長率を達成している諸国・地域のこと。シンガポール、香港、台湾、韓国はアジアＮＩＥＳと呼ばれる。

332 資源ナショナリズム(➲p.359)　天然資源を保有する発展途上国で、先進国の大企業による生産と利益の独占を排除し、自国の発展のために資源を役立てようとする動き。組織的な取り組みとしては、ＯＰＥＣ(石油輸出国機構)やＯＡＰＥＣ(アラブ石油輸出国機構)がある。

333 ＮＩＥＯ(新国際経済秩序)(➲p.359)　発展途上国の経済発展や利益を重視した、国際経済の新しいあり方。1970年代前半、発展途上国が、不平等や経済格差をなくした新しい国際経済秩序の樹立を主張した。1974年に国連資源特別総会で採択された「新国際経済秩序(ＮＩＥＯ)樹立に関する宣言」に盛りこまれた。

334 ＵＮＣＴＡＤ(国連貿易開発会議)(➲p.359)　先進国と発展途上国との経済格差を是正し、発展途上国の経済開発を促進するために、1964年に設置された国連総会の常設機関。南北問題を解決することを目的としている。第１回の総会では、**プレビッシュ報告**がなされ、「援助よりも貿易を」というスローガンが生まれた。

335 ＯＥＣＤ(経済協力開発機構)(➲p.360)　ＯＥＥＣ(欧州経済協力機構)が前身となり、経済成長、貿易自由化、途上国支援の３つを目的とした活動を行っている。

336 ＤＡＣ(開発援助委員会)(➲p.360)　ＯＥＣＤ(経済協力開発機構)の下部機関として、先進国の発展途上国に対する援助政策の調整機能を果たしている。ＯＥＣＤ加盟国38か国のうち31か国とＥＵにより構成される。なお、ＤＡＣはＯＤＡ(政府開発援助)などに関する討議も行っている。

337 ＯＤＡ(政府開発援助)(➲p.360)　先進国の政府や諸機関が、発展途上国に対し、経済の発展や福祉の向上を目的として行う援助のこと。無償資金協力や技術協力(贈与)などがあるが、グラント・エレメント(貸付条件の緩やかさを数値化したもの)が25%以上になる有償資金協力(借款)もＯＤＡに該当するとしている。

338 国連環境計画(ＵＮＥＰ)(➲p.365)　1972年の国連人間環境会議に基づいて設立された国連機関。国際的な環境保護・協力を目的とする。事務局はケニアのナイロビ。

339 モントリオール議定書(➲p.365)　オゾン層保護のためのウィーン条約に基づいて、1987年に採択された協定。オゾン層破壊の原因となるフロンガスの生産・販売・使用の規制と、将来的にフロンガスを全廃することが定められている。

340 国連人間環境会議(➲p.366)　1972年にスウェーデンのストックホルムで開かれた国連主催の環境問題に関する初の国際会議。**「かけがえのない地球(Only One Earth)」**をスローガンとし、**「人間環境宣言」**を採択したほか、国連環境計画(ＵＮＥＰ)の設立を決めた。

341 国連環境開発会議(地球サミット)(➲p.366)　1992年にブラジルのリオデジャネイロで開催された国連主催の国際会議。各国の政府代表のほかに、多くのＮＧＯ(非政府組織)も参加した。「持続可能な開発(発展)」という基本理念を盛りこんだリオ宣言、行動計画としてのアジェンダ21、さらに**気候変動枠組み条約**(地球温暖化防止条約)や**生物多様性条約**などが採択された。

342 生物多様性条約(➲p.366)　絶滅危惧種を含む多様な生態系と生物の多様性を保全することを目標として、1992年の地球サミットで採択された条約。2010年に名古屋で開かれた第10回締約国会議(ＣＯＰ10)では、遺伝資源の利用で得られた利益の、原産国と利用国との間での公平な配分を定めた**名古屋議定書**が採択された。

343 京都議定書(➲p.366)　1997年に京都で開かれた気候変動枠組み条約第３回締約国会議(ＣＯＰ３)で採択された合意文書。二酸化炭素などの**温室効果ガス**を、2008〜12年のうちに1990年比で一定の値を削減することを先進諸国に義務づけ、排出量取引など**「京都メカニズム」**と呼ばれる新たなルールを導入した。しかし、アメリカは離脱し、また、日本・ロシア・カナダは2013年以降の延長に参加しなかった。

344 レアメタル(➲p.369)　埋蔵量が少なかったり、抽出が困難なため、純粋な金属として得がたい金属の総称。携帯電話や液晶テレビ、パソコンなど生活に身近なものに不可欠な素材である。

345 新エネルギー(➲p.369)　太陽光、太陽熱、風力、バイオマス、廃棄物発電などの再生可能エネルギーのほか、燃料電池など従来型エネルギーの新利用形態なども含まれる。

346 核燃料サイクル(➲p.373)　使用済み核燃料を再処理して利用するシステム。「ウランの加工→発電→再処理→再発電」という循環が構想されたが、その要となる高速増殖炉「もんじゅ」の事故以降は、プルトニウムをウランと混ぜて燃やすプルサーマル発電が行われている。

索　引

※複数のページで扱った用語は，関連度の高いページを赤字で示しました。

く

け

こ

さ

ね・の

は

ひ

ふ

へ

ほ

ま

み

む・め

も

略語一覧

※赤字の略語は重要語句を示す。

【A・B】

AA会議　Asia-Africa Conference　アジア・アフリカ会議(1955年29か国の首脳会議)

ABM　Anti-Ballistic Missile　弾道弾迎撃ミサイル

ADB　Asian Development Bank　アジア開発銀行

AFTA　ASEAN Free Trade Area　東南アジア諸国連合(ASEAN)自由貿易地域(アフタ)

ANZUS　Security Treaty between Australia, New Zealand and the United States of America　オーストラリア・ニュージーランド・アメリカ相互安全保障条約(太平洋安全保障条約)(アンザス)

APEC　Asia-Pacific Economic Cooperation　アジア太平洋経済協力(エイペック)

ARF　ASEAN Regional Forum　ASEAN地域フォーラム

ASEAN　Association of South-East Asian Nations　東南アジア諸国連合(アセアン)

AU　African Union　アフリカ連合

BIS　Bank for International Settlements　国際決済銀行(ビス)

【C・D】

CFE　Conventional Armed Forces in Europe　欧州通常戦力

CIS　Commonwealth of Independent States　独立国家共同体

COMECON　Council for Mutual Economic Assistance　経済相互援助会議(コメコン)→1991年6月解体

COP　Conference of the Parties　締約国会議

CSCE　Conference on Security and Cooperation in Europe　欧州安保協力会議

CTBT　Comprehensive Nuclear-Test-Ban Treaty　包括的核実験禁止条約

DAC　Development Assistance Committee　開発援助委員会(ダック)

【E・F】

EAS　East Asia Summit　東アジア首脳会議

EBRD　European Bank for Reconstruction and Development　欧州復興開発銀行

EC　European Community　欧州共同体→現在EU

EEA　European Economic Area　欧州経済領域

EEZ　Exclusive Economic Zone　排他的経済水域

EFTA　European Free Trade Association　欧州自由貿易連合(エフタ)

EMS　European Monetary System　欧州通貨制度

EPA　Economic Partnership Agreement　経済連携協定

EU　European Union　欧州連合

FAO　Food and Agriculture Organization　食糧農業機関

FRB　Federal Reserve Bank　アメリカ連邦準備制度理事会

FTA　Free Trade Agreement　自由貿易協定

【G・H】

GATT　General Agreement on Tariffs and Trade　関税及び貿易に関する一般協定(ガット)→WTOに移行

GDP　Gross Domestic Product　国内総生産

GHQ　General Head Quarters　連合国軍総司令部

GNI　Gross National Income　国民総所得

GNP　Gross National Product　国民総生産

G7　Group of 7(Seven)　先進7か国財務相・中央銀行総裁会議

【I・J】

IAEA　International Atomic Energy Agency　国際原子力機関

IBRD　International Bank for Reconstruction and Development　国際復興開発銀行(世界銀行)

ICBM　Intercontinental Ballistic Missile　大陸間弾道弾

ICC　International Criminal Court　国際刑事裁判所

ICJ　International Court of Justice　国際司法裁判所

IDA　International Development Association　国際開発協会(第二世界銀行)

ILO　International Labour Organization　国際労働機関

IMF　International Monetary Fund　国際通貨基金

INF　Intermediate-range Nuclear Forces　中距離核戦力

IPCC　Intergovernmental Panel on Climate Change　気候変動に関する政府間パネル

ISO　International Organization for Standardization　国際標準化機構

IT　Information Technology　情報技術

JAS　Japanese Agricultural Standards　日本農林規格(ジャス)

JETRO　Japan External Trade Organization　日本貿易振興機構(ジェトロ)

JIS　Japanese Industrial Standards　日本工業規格(ジス)

【L・M】

LDC　Least Developed Countries　後発発展途上国

LNG　Liquefied Natural Gas　液化天然ガス

M&A　Merger & Acquisition　企業の買収・合併

MD　Missile Defense　ミサイル防衛

MERCOSUR　Mercado Común del Sur　南米共同市場(メルコスール)

【N・O】

NAFTA　North American Free Trade Agreement　北米自由貿易協定(ナフタ)

NATO　North Atlantic Treaty Organization　北大西洋条約機構(ナトー)

NGO　Non-Governmental Organization　非政府組織・民間公益団体

NI　National Income　国民所得

NIEO　New International Economic Order　新国際経済秩序(ニエオ)

NIES　Newly Industrializing Economies　新興工業経済群(ニーズ)

NNP　Net National Product　国民純生産

NNW　Net National Welfare　国民純福祉

NPO　Non-Profit Organization　非営利組織

NPT　Treaty on the Non-Proliferation of Nuclear Weapons　核兵器拡散防止条約

OAPEC　Organization of Arab Petroleum Exporting Countries　アラブ石油輸出国機構(オアペック)

OAS　Organization of American States　米州機構

ODA　Official Development Assistance　政府開発援助

OECD　Organisation for Economic Co-operation and Development　経済協力開発機構

OEEC　Organisation for European Economic Co-operation　ヨーロッパ経済協力機構

OPEC　Organization of the Petroleum Exporting Countries　石油輸出国機構(オペック)

OSCE　Organization for Security and Co-operation in Europe　欧州安保協力機構→1995年1月CSCEを改称

【P・S】

PKF　Peace Keeping Forces　国連平和維持軍

PKO　Peace Keeping Operations　国連平和維持活動

PL　Product Liability　製造物責任

PLO　Palestine Liberation Organization　パレスチナ解放機構

POS　Point of Sales　販売時点情報管理

PPP　Polluter Pays Principle　(公害の)汚染者負担の原則

PSI　Proliferation Security Initiative　拡散に対する安全保障構想

PTBT　Partial Test Ban Treaty　部分的核実験禁止条約

SALT　Strategic Arms Limitation Talks(Treaty)　戦略兵器制限交渉(条約)(ソルト)

SDI　Strategic Defense Initiative　戦略防衛構想

SDR　Special Drawing Rights　(IMFの)特別引出権

START　Strategic Arms Reduction Talks(Treaty)　戦略兵器削減交渉(条約)(スタート)

【T～W】

TOB　Takeover Bid　株式の公開買い付け

TPP協定　Trans-Pacific Partnership　環太平洋パートナーシップ協定

UN　United Nations　国際連合

UNCTAD　United Nations Conference on Trade and Development　国連貿易開発会議(アンクタッド)

UNDP　United Nations Development Programme　国連開発計画

UNEP　United Nations Environment Programme　国連環境計画

UNESCO　United Nations Educational, Scientific and Cultural Organization　国連教育科学文化機関(ユネスコ)

UNHCR　Office of the United Nations High Commissioner for Refugees　国連難民高等弁務官事務所

UNICEF　United Nations Children's Fund [United Nations International Children's Emergency Fund]　国連児童基金(ユニセフ)

WHO　World Health Organization　世界保健機関

WTO　World Trade Organization　世界貿易機関→1995年1月ガットに代わって発足

WTO　Warsaw Treaty Organization　ワルシャワ条約機構→1991年7月解体

写真・資料提供者 (敬称略・五十音順)

朝日新聞フォトアーカイブ，アフロ，岩沼市観光物産協会，江戸切子協同組合，FSCジャパン，大阪城パークマネジメント株式会社，沖縄県知事公室，独立行政法人家畜改良センター，キユーピー株式会社，ゲッティイメージズ，厚生労働省(あかるい職場応援団)，独立行政法人国際協力機構(JICA)，国際労働機関(ILO)，国土交通省関東地方整備局京浜河川事務所，国連広報センター，参議院事務局，時事通信フォト，地雷廃絶日本キャンペーン(JCBL)，水平社博物館，智頭急行株式会社，東京労働局，特許庁，内閣府男女共同参画局，内閣府北方対策本部，長崎原爆資料館，公益財団法人日本環境協会，日本銀行金融研究所貨幣博物館，日本写真家協会/日本写真保存センター，公益社団法人日本臓器移植ネットワーク，株式会社日本取引所グループ，一般財団法人日本品質保証機構，日本弁護士連合会，農林水産省，PPS通信社，PIXTA，広島平和記念資料館，フェアトレード・ラベル・ジャパン，福山市役所，富士フイルム株式会社，法務省，毎日新聞社，株式会社ヤクルト本社，一般社団法人ユニバーサルヘルプカード協会(折り紙ヘルプカード)，ユニフォトプレスインターナショナル，読売新聞社

総合年表 第二次世界大戦後の日本と世界の歩み

日本

時期	内閣	年	政治	経済
戦後復興期	東久邇宮	1945	降伏文書調印	**労働組合法**成立
	幣原	1946	衆議院議員総選挙➡**20歳以上の男女による普通選挙**	第1次農地改革開始
	吉田		**日本国憲法**公布〔47年施行〕	労働関係調整法成立
		1947	地方自治法成立	**労働基準法**成立 独占禁止法成立
	片山			
	芦田	1948		経済安定9原則
	吉田	1949		ドッジ・ライン➡1ドル＝360円 シャウプ勧告➡**直接税中心**
		1950	公職選挙法成立 警察予備隊発足	［朝鮮戦争による**特需景気**］ 生活保護法全面改正
		1951	サンフランシスコ平和条約・**日米安全保障条約**調印	
		1952	警察予備隊を保安隊に改組	IMF・世界銀行に加盟
		1954	防衛庁・**自衛隊**発足	［神武景気(～57年)］
55年体制(自民党単独政権)	鳩山	1955	社会党統一・自民党結成	GATTに加盟
		1956	日ソ共同宣言➡**日ソ国交回復** **国際連合に加盟**	経済白書で「もはや戦後ではない」と規定
	石橋			
	岸	1958		［岩戸景気(～61年)］ 国民健康保険法改正➡**国民皆保険**
		1959		国民年金法成立➡**国民皆年金**
		1960	**日米新安保条約**・日米地位協定調印	
	池田			国民所得倍増計画決定
		1961		農業基本法成立
		1962		［オリンピック景気(～64年)］
		1963		中小企業基本法成立 GATT11条国へ移行
		1964	東海道新幹線開通 東京オリンピック開催	IMF8条国へ移行 OECDに加盟
	佐藤	1965	日韓基本条約調印 ➡**日韓国交正常化**	［いざなぎ景気(～70年)］ 補正予算で**戦後初の特例公債(赤字国債)発行**(65年度)
		1966		初の建設国債発行
		1967	朝日訴訟最高裁判決	公害対策基本法成立
		1968	小笠原諸島返還 政府、非核三原則を確認	●**GNPが資本主義国で2位に** 消費者保護基本法
		1970	日米安保条約、自動延長	公害関係14法が成立
		1971	沖縄返還協定調印	環境庁設置
		1972	沖縄の施政権返還	
	田中		日中共同声明→**日中国交正常化**	
		1973		第1次石油危機 ➡「狂乱物価」(激しいインフレ) ↓
		1974		●**GNP成長率、戦後初のマイナスに**
	三木	1975		
		1976	ロッキード事件が表面化	
	福田	1978	日中平和友好条約 日米防衛協力のための指針(ガイドライン)決定	

経済の民主化(45～47年)
❶財閥解体
❷農地改革
❸労働民主化

経済の時期区分：高度経済成長期(1954～1973)、安定成長期(1974～)

世界

時期	年	政治	経済
冷戦	1945	国際連合発足(10月)	
	1946	チャーチル「鉄のカーテン」演説	
	1947	(西)**トルーマン・ドクトリン** (東)**コミンフォルム**結成	(西)**マーシャル・プラン** IMF業務開始
	1948	ソ連、ベルリン封鎖 世界人権宣言	
	1949	(西)**北大西洋条約機構**(NATO)発足	(東)コメコン発足
	1950	**朝鮮戦争**勃発(～53年) ストックホルム・アピール採択	
	1952		欧州石炭鉄鋼共同体発足
	1953	ソ連、スターリン死去	
雪解け～再緊張	1954	周恩来(中)・ネルー(印)会談 インドシナ停戦協定	
	1955	(東)**ワルシャワ条約機構**発足 ジュネーブ四巨頭会談	アジア・アフリカ会議
	1956	スエズ動乱・ハンガリー暴動	
	1957	第1回パグウォッシュ会議	
	1958		欧州経済共同体発足 欧州原子力共同体発足
	1959	キューバ、カストロ政権樹立	
	1960	「アフリカの年」	石油輸出国機構(OPEC)発足
	1961	東独、ベルリンの壁構築 第1回非同盟諸国首脳会議	
	1962	**キューバ危機**	
デタント・多極化	1963	**部分的核実験禁止条約**調印 ケネディ米大統領暗殺	
	1964	パレスチナ解放機構(PLO)結成	第1回国連貿易開発会議(UNCTAD)開催
	1965	米、ベトナム北爆開始	
	1966	仏、NATO軍事機構脱退 国際人権規約採択	
	1967	第3次中東戦争➡**イスラエル、パレスチナのヨルダン川西岸やガザ地区などを占領**	**欧州共同体**(EC)発足 東南アジア諸国連合(ASEAN)発足
	1968	チェコスロバキアで「プラハの春」⬅**ソ連が介入** **核兵器拡散防止条約**調印	アラブ石油輸出国機構(OAPEC)発足
	1969	中ソ国境紛争	IMF、特別引出権を創設
	1970		
	1971	国連、中華人民共和国を招請し、台湾を追放	**ニクソン・ショック** **スミソニアン協定** ➡**1ドル＝308円に**
	1972	ニクソン米大統領が訪中 米ソ、SALTⅠ調印	国連人間環境会議 ➡**人間環境宣言を採択**
	1973	ベトナム和平協定調印 東西ドイツ国連加盟 第4次中東戦争 ➡	**変動相場制に移行** ➡**第1次石油危機**
	1974		国連資源特別総会➡**新国際経済秩序(NIEO)樹立宣言**
	1975	**ベトナム戦争終結** 第1回先進国首脳会議(サミット)	
	1976		**キングストン合意** ➡**変動相場制を正式承認**

スミソニアン体制→キングストン体制

※年表は概略を示しており、内閣と政治・経済の事項は必ずしも一致していない。内閣の成立年月および、その時期に起きた事項については、➲p.11～118「第二次世界大戦後の内閣と政党の変遷」を参照。

日本

政権	内閣	年	政治	経済	時期
55年体制(自民党単独政権)	大平	1979		第２次石油危機	安定成長期
	鈴木	1980		**●この頃から日米貿易摩擦が激化**	
	中曽根	1985	電電公社➡ＮＴＴ 専売公社➡ＪＴ（三公社民営化）	労働者派遣法成立 男女雇用機会均等法成立	
		1986		［バブル景気(～91年)］	バブル期
	竹下	1987	国鉄➡ＪＲ（三公社民営化）		
	宇野・海部	1989	昭和から平成へ	消費税導入(３%) **日米構造協議**開始	
		1990		**●日経平均株価が急落**	バブル経済崩壊後の日本 ❶不良債権の増大／❷公債残高の膨張／❸非正規雇用の増加／❹高度情報社会／❺少子高齢化から人口減少社会へ
		1991	自衛隊掃海艇をペルシャ湾に派遣〔初の海外派遣〕	牛肉・オレンジの輸入自由化	
	宮澤	1992	東京佐川急便事件 **ＰＫＯ協力法成立→カンボジアに自衛隊を派遣**		
非自民連立	細川	1993	非自民連立政権発足	**日米包括経済協議**開始 環境基本法成立	
	羽田	1994	**衆院選に小選挙区比例代表並立制を導入**	初めて１ドル＝100円を突破 普通預金金利の自由化	
	村山	1995	阪神・淡路大震災	育児・介護休業法成立	
自民党中心の連立政権	橋本	1996	**日米安全保障共同宣言** **➡日米安保再定義**	金融の自由化・国際化をめざす「日本版ビッグバン」を宣言	
		1997	日米ガイドライン改定	消費税５%へ引き上げ	
	小渕	1998		金融監督庁発足 **➡2000年、金融庁に改組**	
		1999	ガイドライン関連法成立 国会審議活性化法成立 **➡2001年、副大臣・大臣政務官を設置し、政府委員を廃止**	コメの輸入関税化 男女共同参画社会基本法成立 食料・農業・農村基本法成立 **➡農業基本法廃止**	
	森	2000	**地方分権一括法**施行**→機関委任事務を廃止** **参議院の比例代表選挙で非拘束名簿式を導入**	**介護保険制度**開始 容器包装リサイクル法完全施行	
	小泉	2001	中央省庁、１府12省庁に再編 テロ対策特別措置法成立	環境庁が環境省に改組 家電リサイクル法完全施行	
		2002	日朝首脳会談・日朝平壌宣言		
		2003	個人情報保護法成立 イラク復興特別措置法成立		
		2004	裁判員法成立 **➡09年、裁判員裁判開始**	消費者基本法成立 労働審判法成立	
		2005	**道路公団民営化**	会社法成立**➡06年施行、最低資本金制度の撤廃など**	
	安倍	2006	教育基本法改正		
	福田	2007	防衛省発足・**国民投票法**成立 **郵政民営化**	労働契約法成立	
		2008	国家公務員制度改革基本法成立	後期高齢者医療制度開始	
	麻生	2009	海賊対処法 **➡自衛隊、ソマリア沖に派遣**	**公債発行額が一般会計税収を上回る**	
民主党	鳩山・菅	2010			
	野田	2011	**東日本大震災** ➡	**➡福島第一原発事故発生** １ドル＝75円台に	
自民党中心の連立政権	安倍	2013	特定秘密保護法成立		
		2014	集団的自衛権の限定的な行使を容認する閣議決定	消費税８%へ引き上げ	
		2015	日米ガイドライン再改定 **選挙権年齢を18歳以上に引き下げ**(16年６月から) 新しい**安全保障関連法**成立	女性活躍推進法成立 共済年金を厚生年金保険に統一	
		2017	テロ等準備罪成立		
		2018		働き方改革関連法成立	
		2019	平成から令和へ	消費税10%へ引き上げ	
		2020			
	菅	2021	東京オリンピック開催		
	岸田	2022	**成人年齢を18歳に引き下げ**	１ドル＝140円台に	

世界

時期	年	政治	経済	経済の動向
新冷戦	1979	ソ連、アフガニスタンに侵攻	初の東京サミット開催	アメリカの双子の赤字が拡大
	1980	イラン・イラク戦争勃発		
	1982	フォークランド紛争		
	1985		**プラザ合意➡ドル高是正**	
冷戦終結	1986		ソ連、ペレストロイカ開始 ウルグアイ・ラウンド開始	
	1987	米ソ、中距離核戦力全廃条約調印	ルーブル合意➡**ドル安是正**	
	1988	ソ連、アフガニスタン撤退開始		
	1989	**ベルリンの壁崩壊・マルタ会談**		
冷戦終結後の世界 ❶民族の分離・独立運動と地域紛争の増加／❷深刻化する核拡散／❸イスラーム過激派によるテロの増加	1990	イラク、クウェート侵攻 東西ドイツ統一		グローバル化の進展と国際経済 ❶地域的経済統合の増加／❷通貨危機・金融危機の世界的な広がり／❸新興国の台頭
	1991	**湾岸戦争** 南ア、アパルトヘイト廃止 米ソ、ＳＴＡＲＴⅠ調印 **ソ連消滅**		
	1992	ユーゴスラビア、内戦激化	マーストリヒト条約調印 国連環境開発会議	
	1993		アジア太平洋経済協力(ＡＰＥＣ)発足 **欧州連合(ＥＵ)**発足	
	1994	ロシア、チェチェン進攻	北米自由貿易協定(ＮＡＦＴＡ)発足	
	1995		**世界貿易機関(ＷＴＯ)**発足	
	1996	**包括的核実験禁止条約**(ＣＴＢＴ)採択		
	1997	英、香港を中国に返還	**アジア通貨危機**	
	1998	インドとパキスタン、核実験実施	ロシア通貨危機	
	1999	ＮＡＴＯ軍、ユーゴ空爆	ＥＵ通貨統合、ユーロ導入	
	2000	韓国と北朝鮮が初の首脳会談	国連ミレニアム開発目標(ＭＤＧｓ)策定	
	2001	**アメリカ同時多発テロ事件** **➡英・米、アフガニスタンへの軍事行動開始**		
	2002	東ティモールが独立 スイス、国連加盟	ユーロ紙幣・硬貨の流通開始 環境・開発サミット	
	2003	英・米、イラク攻撃開始 **➡イラク戦争** 北朝鮮問題をめぐり、第１回６か国協議開催		
	2005		**京都議定書**発効	
	2006	北朝鮮、初の核実験実施		
	2008	コソボが独立を宣言	米、**リーマン・ショック** **➡世界金融危機に発展**	
	2009	オバマ米大統領、「核のない世界」に向けたプラハ演説		
	2010		**ギリシャ財政危機** **➡ユーロ危機に発展**	
	2011	中東諸国で民主化デモが発生 **➡「アラブの春」** 南スーダンが独立	京都議定書の延長決定(13～19年)	
	2014	ロシア、ウクライナのクリミア半島に侵攻		
	2015	アメリカとキューバ、国交正常化	国連持続可能な開発目標(ＳＤＧｓ)策定	
	2016	ミャンマーで民主派政権が発足	パリ協定が発効	
	2017	核兵器禁止条約採択		
	2018	初の米朝首脳会談	ＴＰＰ11協定発効	
	2020	**新型コロナウイルス感染症**の感染拡大 ➡	イギリスがＥＵから離脱 ➡ＷＨＯがパンデミックを宣言	
	2021	ミャンマーで軍事クーデター		
	2022	ロシア、ウクライナに侵攻	ＲＣＥＰ協定発効	

アラスカ
(アメリカ合衆国)
グリーンランド
(デンマーク)
アイスランド
カナダ
オタワ
アメリカ合衆国
ワシントン
メキシコ
メキシコシティ
米州機構　OAS(35か国)
アメリカ　カナダ　メキシコ
ドミニカ国　セントルシア
セントビンセント　ガイアナ
アンティグア・バーブーダ
セントクリストファー・ネービス
キューバ　ハイチ　ジャマイカ
ベリーズ　ホンジュラス
バハマ　グアテマラ　パナマ
エルサルバドル　ニカラグア
コスタリカ　グレナダ　スリナム
ドミニカ共和国　バルバドス
コロンビア　エクアドル　ペルー
トリニダード・トバゴ
ボリビア　チリ
南米共同市場
MERCOSUR(6か国)
ブラジル　アルゼンチン
ウルグアイ　パラグアイ
ベネズエラ　ボリビア
カラカス
ベネズエラ
ガイアナ
スリナム
ギアナ(仏領)
ボゴタ
コロンビア
キト
エクアドル
ペルー
リマ
ブラジル
ブラジリア
ラパス
ボリビア
パラグアイ
チリ
アルゼンチン
ウルグアイ
サンチアゴ
モンテビデオ
ブエノスアイレス
モロッコ
ラバト
アルジェリア
西サハラ
モーリタニア
ヌアクショット
マリ
カーボベルデ
ガンビア
セネガル
バマコ
ブルキナファソ
ギニアビサウ
ギニア
シエラレオネ
コートジボワール
ガーナ
トーゴ
ベナン
リベリア
赤道ギニア
石油輸出国機構
OPEC(13か国)
ベネズエラ　イラン　アンゴラ
ナイジェリア　赤道ギニア
ガボン　コンゴ共和国
アラブ石油輸出国機構
OAPEC(10か国)
アルジェリア　イラク　リビア
クウェート　アラブ首長国連邦
サウジアラビア
バーレーン　エジプト　シリア
カタール

中央アメリカ

0　500km
バハマ
キューバ
メキシコ
ジャマイカ
ドミニカ共和国
ハイチ
ベリーズ
セントクリストファー・ネービス
アンティグア・バーブーダ
ドミニカ国
ホンジュラス
セントルシア
セントビンセント・グレナディーン諸島
バルバドス
グレナダ
トリニダード・トバゴ
グアテマラ
エルサルバドル
ニカラグア
コスタリカ
パナマ
コロンビア
ベネズエラ

ヨーロッパ

タリン
エストニア
リガ
ラトビア
アイルランド
ダブリン
イギリス
アムステルダム
デンマーク
コペンハーゲン
リトアニア
ビリニュス
ミンスク
ロシア
オランダ
ロンドン
ベルリン
ワルシャワ
ベラルーシ
ブリュッセル
ベルギー
ドイツ
ポーランド
キーウ
パリ
ルクセンブルク
プラハ
チェコ
ウクライナ
0　500km
スロバキア
リヒテンシュタイン
ヴィーン
モルドバ
ベルン
ブダペスト
キシナウ
フランス
スイス
オーストリア
ハンガリー
ルーマニア
スロベニア
クロアチア
ベオグラード
ブカレスト
アンドラ
サンマリノ
ボスニア・ヘルツェゴビナ
セルビア
ポルトガル
マドリード
モナコ
イタリア
コソボ
ブルガリア
ソフィア
リスボン
ローマ
モンテネグロ
バチカン市国
ティラナ
アンカラ
スペイン
アルバニア
北マケドニア
トルコ
ギリシア
アテネ

世界の地勢

アラスカ湾
ロッキー山脈
アパラチア山脈
大西洋
ミシシッピ川
メキシコ湾
西インド諸島
ユカタン半島
カリブ海
太平洋
パナマ地峡
アンデス山脈
ブラジル高原